程延平 范忠义 张 青 主编

洪洞大槐树移民史

HONGTONG DAHUAISHU YIMINSHI

下部

山西出版传媒集团　山西人民出版社

洪洞大槐树移民史 ①
HONGTONG DAHUAISHU YIMINSHI

洪崖古洞灵秀地
莲城六门富饶地

书画家张瑞金 作　　书法家李新民 书

书画家史耐娃 作

槐乡味道　　　　老鹳窝村

中华姓氏苑

魁星楼　　　茶楼　　　槐树庄·石牌楼

民俗村全景

中国楹联文化名园（蒋有泉 题）

山西作家洪洞大槐树创作基地（张明旺 题）

中国华侨国际文化交流基地（石齐 题）

母亲石（书画大师董寿平 题）

霍岳朝晖（李代远 题）　　心（穆涛山 题）

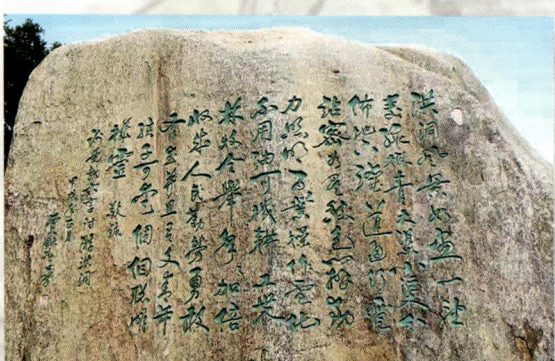
谢觉哉 诗　贾树勋 书

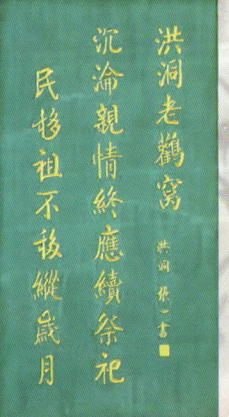
"根"字影壁对联（张一 书）

洪洞大槐树志

洪洞大槐树寻根

洪洞县志及部分大槐树书籍

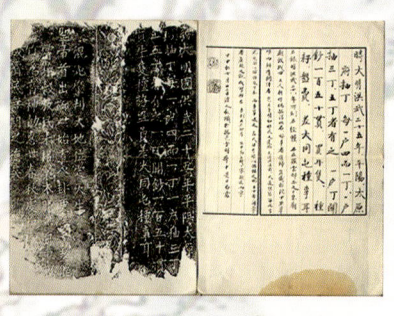
洪洞大槐树移民碑拓片

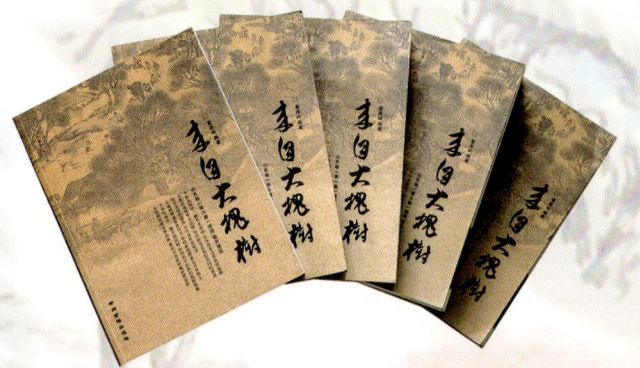
黄泽岭《来自大槐树》系列丛书

洪洞古大槐树志（民国二十年）

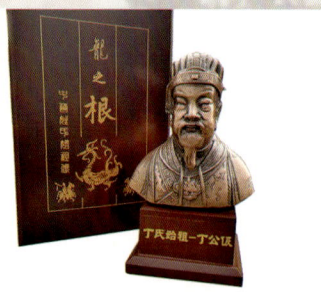

洪洞大槐树始祖铜像

洪洞大槐树姓氏大扇

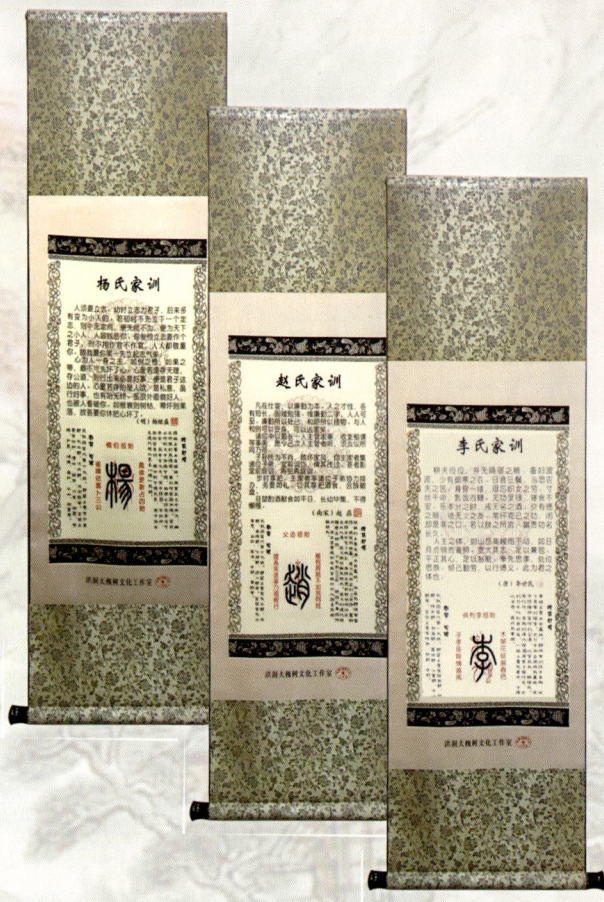

洪洞大槐树百姓家训

洪洞大槐树姓氏瓷盘

洪洞大槐树百姓家谱

民国先贤、古槐遗址修葺者　景大启

民国先贤、古槐遗址修葺者　柴汝桢

民国十八年（1929）洪洞县县长柳蓉（前排左三）主持编辑《增广山西洪洞古大槐树志》，并与编辑人员合影

民国二年（1914）古槐了孙捐银献物在大槐树遗址古墟上创建的碑亭、长廊和木牌坊等纪念建筑物

寻根祭祖

外国驻华使者来大槐树游览参观

台湾学生来大槐树寻根研学

河南老年团队虔诚祭拜大槐树

海外华裔青少年中国寻根之旅

遆氏移民后裔寻根祭祖

郑州水磨周村周氏寻根祭祖

台湾 65 名教师前来大槐树寻根问祖

2019 年清明节移民后裔祭拜古大槐树

印尼洪姓后裔家族古槐寻根

瓜瓞绵绵

中华羊氏宗亲联谊会在洪洞大槐树召开

北京黄龙酒业有限公司祭祀典仪

三主粮公司拜神祈愿

西安九锦台实业有限公司签名留念

周氏祭祖大典奠酒献礼

赠送纪念品

天狮集团寻根祭祖典仪

漯河移民后裔祭祖大典

为移民后裔披戴槐巾

濮阳市明永乐年间移民所植槐树

濮阳市明洪武年间移民所植槐树(1)

濮阳市明洪武年间移民所植槐树(2)

清丰县明洪武年间移民所植槐树

迁民执照

神 祇

部分移民后裔信函

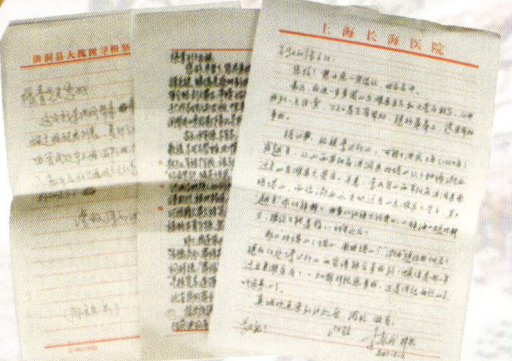

民国十八年（1929）河南省扶沟县李氏与洪洞李托村李氏联宗函

安徽省萧县刘氏族谱

河北省大城县张家屯张氏族谱

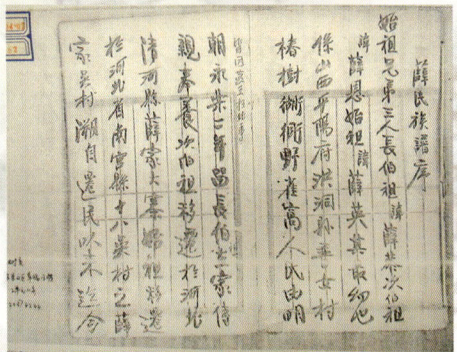

北京市薛氏族谱

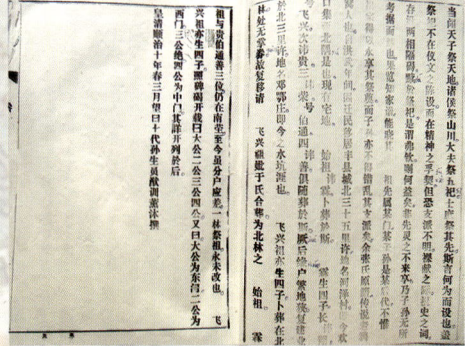

江苏省丰县张氏族谱

河南省新乡市刘氏族谱

山东省巨野县逯氏族谱

天津市静海区李氏族谱   山西省太原市刘氏族谱   河南省巩义市贺氏族谱

北京市袁氏族谱   上海市李氏族谱

吉林省伊通县赵氏族谱   河南省濮阳市谢氏族谱

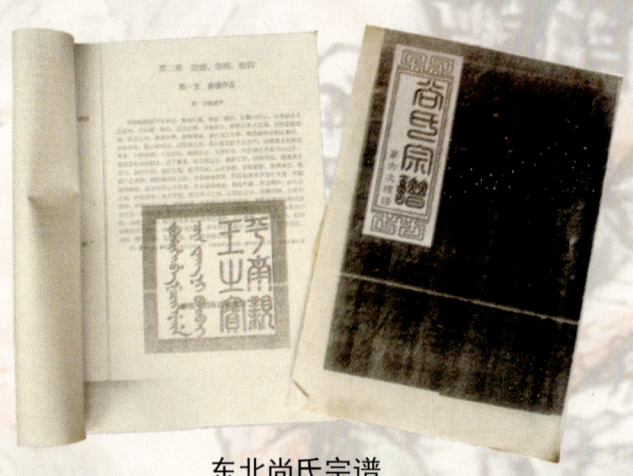

东北尚氏宗谱

山西省洪洞县张氏家谱

湖南省娄底市羊氏族谱

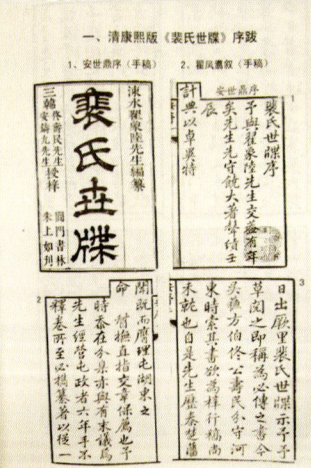

江西省九江市裴氏族谱

内蒙古续修张氏族谱

山东省莘县耿王村村碑

河南省卓氏祖碑

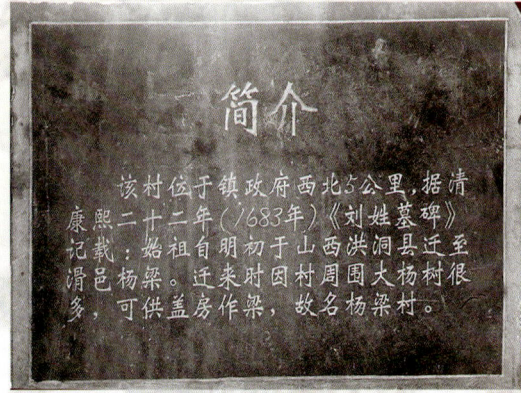
河南省滑县杨梁村村碑

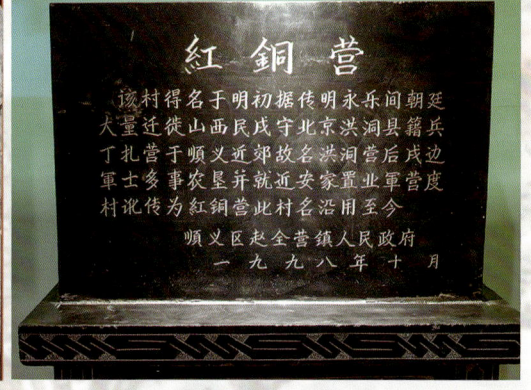
北京市顺义红铜营村碑

河南省内黄县王氏祖碑

河南省清丰县李氏祖碑

河南省李氏祖碑

河南省濮阳市胡村乡明代迁民裴王合村碑

山东省莘县侯氏祖碑

河南省濮阳市徐氏祖碑

河南省濮阳市管氏神位

厚重洪洞

卜骨（西周）
1954年坊堆村出土

恒父作旅簋（西周早期）
1980年永凝堡出土

父乙鼎（西周早期）
1957年永凝堡出土

叔作鬲（西周早期）
1957年永凝堡出土

夔纹簋（西周中期）
1980年永凝堡出土

亳父乙卣（西周）
1953年坊堆村出土

父丁鼎（西周）
1957年永凝堡出土

兽面纹甗（西周）
1953年坊堆村出土

兽面纹分裆鼎（西周）
1953年坊堆村出土

夔夌纹簋（西周）
1954年坊堆村出土

商簋（西周）
1957年永凝堡出土

甬钟（西周晚期）
1980年永凝堡出土

安邑宫鼎（西汉早期）
1975年李堡村出土

翻瓷花鸟纹罐（明）
1934年洪洞县出土

孔雀绿釉刻花罐（明）
1951年洪洞县晋养初墓出土

淹底乡卦底村伏羲画卦处

赵城镇侯村女娲陵

羊獬·历山"三月三"接亲活动

曲亭镇师村师旷墓

甘亭镇士师村皋陶祠堂

广胜寺·飞虹塔

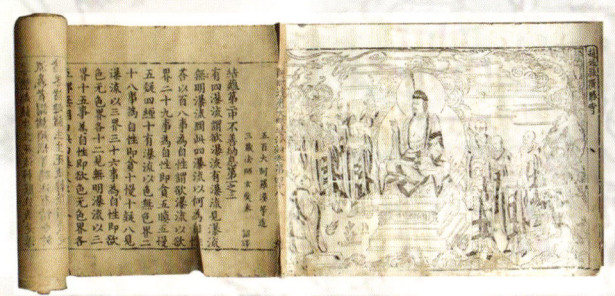

广胜寺·赵城金藏

水神庙·元代壁画

明代监狱·大门

明代监狱·虎头牢

辉煌历程

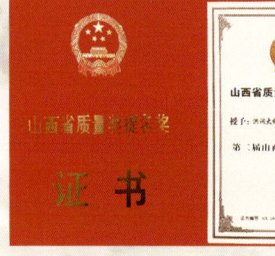

大槐树人家训

一要有效学习 善学善用
不要不学假学 不思进取
二要学习榜样 树立正能量
不要打击先进 制造歪风
三要精诚团结 打造团队
不要说三道四 拉帮结伙
四要扎实工作 体现成果
不要浮光掠影 影响自己
五要游客为本 服务至诚
不要敷衍应付 冷漠生硬
六要培养人才 打造品牌
不要排挤压制 无所作为
七要重视安全 人人负责
不要玩忽职守 践踏生命
八要节约能源 勤俭办事
不要铺张浪费 贪图享乐
九要善于批评 敢于担责
不要逃避问题 推诿塞责
十要忠诚守信 惜福感恩
不要投机取巧 忘恩负义

洪洞大槐树寻根祭祖园有限公司
Hongtong Dahuaishu Ancestor Memorial Garden Co.,Ltd.

洪洞大槐树寻根祭祖园有限公司办公楼

洪洞大槐树民俗饭店

洪洞大槐树旅行社

编委会成员研讨书稿

编委会成员在根雕大门前合影

目　录

序　一 / 程延平 ··· 1
序　二 / 李书吉 ··· 4
序　二 / 王志超 ··· 9
概　述 ·· 13

上　部

卷一　中国有个洪洞县 ··· 1
第一章　地理环境 ··· 14
第二章　建置沿革 ··· 15
第三章　行政区划 ··· 18
　　第一节　历史区划 ·· 18
　　第二节　中华人民共和国成立后的区划 ································· 21
第四章　城镇乡村 ··· 24
　　第一节　县　城 ··· 24
　　第二节　镇 ·· 25

　　　　第三节　乡 ……………………………………………… 31
　　　　第四节　村 ……………………………………………… 34
　第五章　姓氏谱牒 ………………………………………………… 58
　　　　第一节　源于洪洞的姓氏 ……………………………… 58
　　　　第二节　洪洞县姓氏 …………………………………… 59
　　　　第三节　主要姓氏分布 ………………………………… 63
　　　　第四节　谱　牒 ………………………………………… 64
　　　　第五节　祠　堂 ………………………………………… 68

卷二　根系洪洞老鹳村 ………………………………………………… 73
　第一章　大槐树移民遗址沿革 …………………………………… 76
　　　　第一节　明代移民遗址 ………………………………… 76
　　　　第二节　古大槐树处 …………………………………… 77
　　　　第三节　大槐树公园 …………………………………… 79
　　　　第四节　洪洞大槐树寻根祭祖园 ……………………… 80
　　　　第五节　景点建设 ……………………………………… 82
　　　　第六节　基础设施 ……………………………………… 99
　第二章　匾额　楹联 ……………………………………………… 101
　　　　第一节　景区匾额　楹联 ……………………………… 101
　　　　第二节　征集楹联 ……………………………………… 109
　第三章　碑　记 …………………………………………………… 119
　　　　第一节　遗址修葺碑记 ………………………………… 119
　　　　第二节　捐款碑记 ……………………………………… 125
　　　　第三节　其他碑记 ……………………………………… 131
　第四章　寻根祭祖节 ……………………………………………… 134
　　　　第一节　缘　起 ………………………………………… 134
　　　　第二节　大槐树寻根祭祖仪式 ………………………… 136
　　　　第三节　祭　文 ………………………………………… 140

卷三　大槐树下是家山 ………………………………………………… 169
　第一章　精神家园　大槐树下老鹳窝 …………………………… 172
　第二章　尧天舜日　五千年文明看山西 ………………………… 177
　第三章　运筹帷幄　移民垦养定国策 …………………………… 183

第四章	重建文明　祖槐移民遍九州	189
	第一节　移民的史实考证	189
	第二节　移民的姓氏考证	195
	第三节　移民的地域考证	195
	第四节　移民的著名人物	215
第五章	文明认同　形成信仰共同体	218
	第一节　移民的时空规模	218
	第二节　移民的政治作用	220
	第三节　移民的经济效应	221
	第四节　移民的文化影响	223
	第五节　大槐移民后裔遍全球	229

卷四　实直义勇槐乡人　233

第一章	移民屯田、运筹帷幄的帝王将相	237
第二章	根深叶茂、源远流长的中华三姓	242
第三章	前赴后继、献身革命的共产党人	247
第四章	传孝立德、感天动地的文明典范	260
第五章	行业翘楚、声名显赫的豪门望族	275
	第一节　业盐起家的家族	275
	第二节　科举仕宦的家族	304
	第三节　文武兼修的家族	318
	第四节　农商起家的家族	322
第六章	刚正不阿、敢于斗争的悲壮斗士	336
第七章	勇敢坚毅、奋不顾身的燕赵遗风	342
第八章	侠肝义胆、忠烈不屈的千秋之举	354
第九章	经世致用、以身许国的文人士族	357
第十章	历代勇猛、传承有序的尚武世家	379
第十一章	多才多艺、各领风骚的槐乡精英	391

卷五　全球后裔数亿众　419

第一章	河南省	422
	第一节　区位沿革	422
	第二节　地理分布	425

第三节　地方文献 …… 429
　　第四节　家谱提要 …… 526
　　第五节　谱序选辑 …… 543
　　第六节　村碑摘要 …… 601
　　第七节　墓碑摘录 …… 607
　　第八节　墓志摘编 …… 629
　　第九节　其他碑录 …… 637
　　第十节　公务信函 …… 668
　　第十一节　后裔信件 …… 669
第二章　山东省 …… 680
　　第一节　区位沿革 …… 680
　　第二节　地理分布 …… 692
　　第三节　地方文献 …… 696
　　第四节　家谱提要 …… 751
　　第五节　谱序选辑 …… 758
　　第六节　村碑摘要 …… 777
　　第七节　墓碑摘录 …… 780
　　第八节　墓志摘编 …… 784
　　第九节　其他碑录 …… 788
　　第十节　公务信函 …… 789
　　第十一节　后裔信件 …… 790
第三章　京、津、冀 …… 797
　　第一节　区位沿革 …… 797
　　第二节　地理分布 …… 811
　　第三节　地方文献 …… 818
　　第四节　家谱提要 …… 859
　　第五节　谱序选辑 …… 861
　　第六节　墓碑摘要 …… 867
　　第七节　墓志摘录 …… 868
　　第八节　其他碑录 …… 869
　　第九节　公务信函 …… 871
　　第十节　后裔信件 …… 872
第四章　陕、甘、宁 …… 881

		第一节 区位沿革	881
		第二节 地理分布	908
		第三节 家谱提要	910
		第四节 墓碑摘录	911
		第五节 公务信函	911
		第六节 后裔信件	912
第五章	皖、苏、鄂、湘		915
		第一节 区位沿革	915
		第二节 地理分布	966
		第三节 家谱提要	968
		第四节 谱序选辑	970
		第五节 其他碑录	971
		第六节 公务信函	972
		第七节 后裔信件	972
第六章	山西省		976
		第一节 区位沿革	976
		第二节 地理分布	990
		第三节 地方文献	992
		第四节 家谱提要	997
		第五节 谱序选辑	1003
		第六节 墓碑摘录	1005
		第七节 公务信函	1005
		第八节 后裔信件	1005
第七章	东北及其他		1007
		第一节 地理分布	1007
		第二节 家谱提要	1009
		第三节 谱序选辑	1009
		第四节 后裔信件	1014

中　部

卷六　洪洞移民千百姓 …… 1017

寻根问祖大槐树　源远流长百家姓 …… 1019

第一章 中华百姓 百姓一家……………………………………………… 1021
　　第一节 中华姓氏起源 ………………………………………… 1021
　　第二节 姓氏始祖 ……………………………………………… 1026
　　第三节 郡　望 ………………………………………………… 1029
　　第四节 名、字、号 …………………………………………… 1030
　　第五节 祠堂、堂号、堂联 …………………………………… 1038
　　第六节 家　谱 ………………………………………………… 1051
　　第七节 字　辈 ………………………………………………… 1060
　　第八节 家风、家训 …………………………………………… 1062
第二章 洪洞大槐树百家姓……………………………………………… 1066

下　部

卷七　文论文集叙事实………………………………………………… 2395
第一章 情真意切咏祖槐………………………………………………… 2398
　　第一节 木本水源忆沧桑 ……………………………………… 2398
　　第二节 一枝一叶总关情 ……………………………………… 2462
　　第三节 古槐逢春话乡愁 ……………………………………… 2476
第二章 旁征博引论移民………………………………………………… 2558
第三章 重走迢迢移民路………………………………………………… 2867

卷八　传说故事代代陈………………………………………………… 2897
第一章 移民典故传说…………………………………………………… 2900
　　第一节 祖根洪洞是吾家 ……………………………………… 2900
　　第二节 慎终追远家族事 ……………………………………… 2915
　　第三节 开枝散叶遍寰宇 ……………………………………… 2922
　　第四节 槐乡技艺扬华夏 ……………………………………… 2949
第二章 洪洞民间传说…………………………………………………… 2961
　　第一节 厚重文明话先贤 ……………………………………… 2961
　　第二节 文物荟萃颂名胜 ……………………………………… 3026
　　第三节 源远流长说村名 ……………………………………… 3057
　　第四节 口耳相传育后人 ……………………………………… 3079

| 卷九　杨国赵里汉唐风 | 3087 |

第一章　文物古迹	3113
第一节　古遗址、古墓葬	3113
第二节　古建筑	3119
第三节　文物保护单位	3139

第二章　旅游	3147
第一节　旅游景区景点	3147
第二节　旅游基础设施建设	3152

| 第三章　非物质文化遗产 | 3154 |

第四章　民间传统节日	3157
第一节　春季节日	3157
第二节　夏秋季节日	3172
第三节　冬季节日	3178
第四节　其他节日	3184

第五章　民间传统礼俗	3200
第一节　诞生礼俗	3200
第二节　养成礼俗	3208
第三节　婚嫁礼俗	3213
第四节　寿庆礼俗	3230
第五节　丧葬礼俗	3232

第六章　民间生活习俗	3254
第一节　服饰	3254
第二节　饮食	3259
第三节　待客	3261
第四节　民居	3263
第五节　出行	3283

第七章　其他	3286
第一节　庙会	3286
第二节　戏曲	3292
第三节　曲艺	3294
第四节　鼓乐	3298
第五节　武术	3299
第六节　洪洞大槐树景区情景剧	3301

第八章　槐乡文化著述提要 …………………………………………… 3303
　　第一节　历代知名文人 ………………………………………… 3303
　　第二节　历代著书辑录 ………………………………………… 3309
　　第三节　中华人民共和国成立后著述 ………………………… 3314
　　第四节　主要著述提要 ………………………………………… 3318

卷十　大事有序史为真 ………………………………………………… 3329
大事记 ……………………………………………………………………… 3331

后　记 / 范忠义 ………………………………………………………… 3380

华人老家洪洞县　精神家园大槐树 / 张　青 ………………………… 3383

卷七

文论文集叙事实

對聯

维桑与梓，必恭敬之。故人离乡背井，远徙乡关，临风怀想，而乡情切切。洪洞大槐树大移民大壮举，世所垂仰。思故乡者，文字记叙为志，言之为诗，吟之为文。盖民族乡思为人之本能，游子怀故乃情之所依。六百年来，大槐树移民后裔吟诵故乡、抒情咏怀的诗词文斌。洋洋大观，其中不乏佳品之作。民国十年（1921年），景大启撰《古大槐树志》，民国二十年（1931年）柴汝桢再修《增广山西洪洞古大槐树志》，系统征集碑、记、歌行、律诗、绝句、题咏、杂体等百余篇。世纪之后，洪洞大槐树寻根祭祖园举行了数届"洪洞大槐树根祖杯海内外诗词大赛"，广纳海内外佳作。在诸多报纸刊物上，亦有众多槐乡后裔发表的诗文，或鸿篇巨制，或短小精悍，虽时代不同，风格各异，但均迸发出共同心声，其言虔虔，其情切切，感人肺腑，溶槐根系。

清代著名学者张澍说："山有脉派也，脉为来龙。水有源也，源为养泉。草有根也，根为本。山自昆仑来兮，不知几千亿峰也。水自江河兮，不知几千亿派也。草木发为枝叶，不知其几千亿枝叶也。而诊其脉，寻其源，为其本，固可以得山之性、水之性，与草木之性矣。而人姓之始岂有不得而识别者。"（见《姓氏五书》）

华夏同根，万姓同祖。"问我祖先在何处，山西洪洞大槐树。"每当听到这句人人皆知的民谣，每个人都会想道：我的老家也是洪洞吗？不少专家学者将根祖、移民、古道、古槐以及与大槐树移民有关的各种问题，作为自己研究的课题，并为此付出了极大的精力，取得了显著的成绩，已成为三晋文化研究、根祖文化研究、移民文化研究的重要组成部分。

读万卷书，行万里路。将地方文献、谱牒碑文资料与专家学者的考证研究成果互相结合，加之实地走访考察，为我们描绘出明代移民迁徙的真实画卷。它既可满足亿万大槐树移民后裔寻根问祖之所需，更可为他们关注大槐树、关注老家洪洞、关注山西经济文化发展，提供真实可信的第一手资料。

第一章　情真意切咏祖槐

第一节　木本水源忆沧桑

古大槐树行
用黄山谷松风阁诗韵
（邑人）贺柏寿（莘辅）

东涧西汾夹平川，道旁丰碑接屋椽。薄游访古意适然，大槐流传五百年。
斧斤勿翦当参天，胜迹媲美武城弦。左环山兮右潆泉，誉延嘉树集群贤。
忆昔此地开琼筵，庆祝民军解倒悬。宾至如归携戎卷，时正秋水日潺湲。
遥把玉峰增翠妍，远祖于是曾鬵饘。南望城郭起炊烟，一朝饮水思源泉。
保障功在纪元首，旧雨晨星感长眼。世人何苦羡腰缠，我已廿载脱拘挛。
愿与群贤共周旋。

大槐树怀古
（冀城）李春浦（荫南）

苍苍秦岭松，郁郁汉宫柳。长留天地间，谁与争悠久。
云山护大槐，垂荫可数亩。聚族万千家，鳞比难齿数。
有明洪永年，朔南迁户口。天涯各一方，至今不忘祖。
民国改革初，行役归故土。基址何处寻，殷勤问老叟。
昔日树参天，今时何所有。丰碑矗其前，高塔耸其后。
廊庑焕然新，景君功居首。贺君大文章，武君火书手。
古迹今复存，斯人亦不朽。我来且停车，瞻仰周道右。

又游古大槐树处怀古

(河津)薛廷华

明代移民自此行,古槐遗迹感情生。昔闻故国称乔木,今到名区驻柳营。
巫觋绵延怀故里。梓桑恭敬忆扬城,树人原是百年计,迁地仍良远播声。
五百年前启远征,扶疏老树锡嘉名。南柯落月游人梦,北郭浮云旅客情。
今日还乡欣化鹤,当年去国忆迁莺。种族攸关思木本,生齿口繁枝发荣。

咏大槐树古迹五古一首

(河津)薛廷华

蔽芾咏甘棠,成荫赋桃李。古槐留遗爱,交柯浓荫美。
明祖定鼎初,南北同文轨。开疆版宇阔,兆民分迁徙。
栅怅道路难,寺中烦驻趾。深忧行役劳,频迁皇华使。
大树喜有托,邦畿惟所止。瞻言立家室,遑择遐与迩。
王化期大同,敦俗臻上理。胜事云已往,传闻在人耳。
代远年久湮,屡遭兵燹毁。渺焉不可睹,欲追无由纪。
翳翳闾阎间,青青维桑梓。见之必恭敬,矧乃同原始。
邑人有景公,缅怀征文史。殷殷善念萌,寻芳思树杞。
爰溯葛蕾萦,用以缀兰芷。群力资赞襄,建碑补遗址。
茶室构道旁,过客欣然喜。数杯释尘渴,清情净如水。
回忆曩时树,高盖午荫里。今昔虽异时,生来俱得侪。
遥遥续前徽,熙熙称仁里。从此擅名胜,令闻延无已。
东接玉峰麓,西临汾之涘。共兹不朽风,河岳同流峙。

大槐树怀古

(翼城)刘克笃

待觅槐安道,垂杨正散花。白添箬笠雪,绿衬板桥霞。
宝塔玲珑起,回廊曲折遮。高名齐帕米,遗族满天涯。
昔日兵南下,停麾问旧乡。摩挲遍碑碣,爱护及垣墙。
故国瞻乔木,新诗赋梓桑。桃源谁海外,松菊忍全荒。

咏大槐树

(汾城)李云千

昔铸上升鼎,又刻封禅碑。金石邀鉴赏,树岂无摛辞。

阴阴夹道绿，培植定何时。迁民传古语，诚哉不我欺。
水源与木本，慨然动遐思。爱而不忍伤，差比甘棠遗。
试稽手栽者，惜乎未传谁。攀条再三叹，胡为此栖迟。

张近堂先生以洪洞大槐树志见示感赋
（莱阳）王瀛南

昔我闻父老，相与谈往迹。齐鲁燕豫人，强半晋中徙。
代远年复湮，世系漫无稽。语焉弗能详，中心常凝结。
今我来沂州，会与张生识。手持大槐志，为我述巅末。
胡元乱天纪，都市糜遗孑。有明定燕京，播迁宝边域。
尔时叔向邑，生民称蕃殖。当下闻诏令，老幼相提携。
亲朋苦别离，槐下会相迹。从此大槐树，留名自今昔。
于今有景君，修葺名胜迹。寺塔既已新，复作征诗启。
我亦居齐甸，闻之增欢喜。极目望西方，仿佛见广济。
塔影何参差，树色应嫩碧。嗟彼古之人，家乡不可觅。
流荡在他县，子孙世为籍。但愿从此无行役，更莫年年常作客。

题大槐树应韪师命
（简邑）王鸿顺

咫尺杨侯国，驱车几度经。槐馀明代绿，山接霍峰青。
古寺空遗址，丰碑孰勒铭。无须感离索，大地一浮萍。
唐封欣未远，千古此河山。树自何年植，人从隔代远。
小亭汾水曲，孤塔夕阳间。父老联情话，浮文一例删。

题大槐树拟古并序
（猗氏）乔禊亭（兰修）

余尝游于豫、燕、晋、齐、陇间，每询姓氏祖籍，多以洪洞大槐树对，并有述其迁徙之事者，言人人殊，就中以明初之说为多。骤闻之，虽似齐东野语，然以语系及习惯推之，诚不诬也。短文明之，族谱籍特详，尚多有克溯邑里而可考其世系者乎，是洪崖之下，固吾国民族之繁衍地，亦吾北方各省民族之发祥地焉。民国第一癸丑，余摄洪篆，时大槐里绅景公尔宇，由鲁致仕归，叙及远方，称道斯树之隆，眷念之殷。因谋发起构亭竖碑，今则告成，而韩次郊诸先生又谋辑成树志，尤盛举也。方之曲阜与耶路撒冷固渺乎不可及，惟于吾族播迁发达之历史，实有不可以泯焉弗志者。

平阳道中行，皋陶里前横。羊獬故墟在，师旷实挺生。
晋为叔向邑，有年新莽亭。高粱亦即此，刘师曾返旌。
灵槐荫如盖，不殊孔林桧。爱珍同梓桑，繁滋日硕大。
霍泉沛洋洋，瑞色呈霭霭。北拱观堆峰，南束涧河带。
人杰地又灵，庶富无零丁。四方亦凑集，邑聚为满盈。
中原恒多故，屠戮战血腥。齐鲁云更残，豫直亦苦兵。
吁嗟乎！境内千里无舍烟，谁复建议限名田。
牛种劝播迁，朝廷谋生聚。晋俗勤远略，跋涉著先鞭。
一传再传后，瓜瓞庆绵绵。狐死正首丘，故乡时吟呕。
每遇洪崖客，款款作色留。景公笃古道，古迹是所忧。
建亭兼竖碣，启后又阐幽。杨县多遗老，笃行又文藻。
直笔记所知，徵求穷搜讨。光大我先风，继述乃祖考。
既寿其永昌，猗欤大有造。

过古大槐树下与父老谈迁民事有感
（邑人）李登云（舒青）

拱把之桐梓，惟在得所养。终朝三徙之，生机已多枉。
树木通树人，其理本无两。老氏贵自然，所见本非罔。
惟古陶唐民，帝力安所仰。耕凿乐有余，鼓腹而击壤。
后王勤远略，开疆务宽广。边庭阒无人，孰为辟榛莽。
徙民以实之，碌碌逐尘鞅。言语非所习，举止多差爽。
草木辞本柯，生理无久享。民气日以浮，太平空有象。
苟以遂其生，安计离居荡。或曰姑舍是，此义未足仗。
方今世大同，万事殊理想。重洋九万里，揽之不盈掌。
况且一域中，来去何怅惘。且未知当前，奚暇咎既往。
占之各成理，君子贵不党。二说且并存，沽洒共欣赏。
颓然卧闲亭，槐隙月初上。

咏槐树古迹
（邑人）王毓瑛（汉珍）

忆昔贻谋善，三槐植我家。同根原一本，化作万枝化。

明代初开国，迁民走天涯。大槐群荟萃，分发别途赊。
背井离乡感，邮亭众口哗。滁和燕豫鲁，去国咸咨嗟。
道左荫盈亩，枝柯正交加。壮丁负末耜，老稚载同车。
所至草莱辟，新居种桑麻。迄今年五百，繁衍庆瓞瓜。
争说洪崖地，乡关认不差。大槐留遗迹，乔木尚堪夸。
荫庇群生远，延誉古树嘉。碑亭新建筑，经塔镌法华。
种族关怀切，乡心洽迩遐。停骖重话旧，眺望夕阳斜。

古大槐树谣

（邑人）刘大观（宾于）

明代屡迁民，永乐与洪武。两次作纪念，共指大槐树。
当时虽离乡，官给田与屋。还定安集之，余俱无所苦。
我晋称桃源，乃丁浩劫酷。水旱复兵役，处处皆旧符。
草木乐无知，长楚诗可赋。怀意欲迁移，何处是乐土。
抚碣长叹息，今人不如古。

游古大槐树处

（邑人）刘大观（宾于）

此地别故乡，明代迁移忙。
五百余年后，古槐民不忘。

题古大槐迁民古迹

单庭兰

胡元运尽群雄扰，芟夷民命如蒿草。北平靖难寻干戈，邑里丘墟废垒多。
春来归燕巢林木，芜城荒社穴狐兔。萧条千里绝人烟，白坟赤埴等石田。
真人御宇理疆索，盈虚酌剂纡筹策。冀州自古号帝都，分疆划井启鸿图。
表里山河形利便，当关一夫磐石奠。玄黄血洒战群龙，桃园世外自绥丰。
鸡犬桑麻尘＊表，地狭人稠旷士少。窦融遗种在河西，户口殷繁任取携。
诏书迭下命移送，远旋滁和近保定。豫燕青齐右北平，部别区分结队行。
官为资迁设董事，适中地居广济寺。南通蒲隰北太汾，迁人禋属集如云。
期会守候更何处，遗迹艳传大槐树。殖民伟烈非寻常，纪载能生邑乘光。
允宜护异留纪念，永为汉族竟存签。郭隗金台司马桥，在人耳目犹昭昭。
三闾汨罗投金濑，年湮代远仍宛在。兹寺计严树婆婆，光价何止百倍过。

胡为寺毁不重修,树亦无复根株留。沧海桑田夷陵谷,陇么秋风但禾黍。
故老相传日淡忘,无人从事为表章。兹幸诸君宏愿力,募筑从新标胜地。
愧无燕许大手笔,挥斥丰碑为之记。

题大槐树
（香山）梁国勋

羊舌故墟大槐树,云是迁民点行处。
行者一去不复返,槐树千古仍如故。
吁嗟乎!
古人性静若邱山,举止凝重常不迁。
今人性动如流水,涉足重洋轻万里。
乐山乐水各有因,讵必今人逊古人。
假令斯民无转徙,至今人世尚浑沦。

题洪洞大槐树
（孟县）闫永仁

问我始祖来何处,晋南洪洞大槐树。槐树荫泽及广覃,北平山左及河南。
吁嗟兵燹成羽化,子孙罗到已无价。嗜古君子拟永垂,醵资勒铭竖隆碑。
骚客联袂吟佳句,令余彷徨不忍去。聊亦向风逗枯肠,为我族氏所发祥。
距今已逾五百岁,沧桑虽变名不坠。曾见孔桧端未楷,秀色翻风成巨材。
又见汉武将军柏,老干参天尽咫尺。均堪上寿比山川,且比灵椿之大年。
何若此槐关历史,无数生灵产于此。将看不朽同地天,芳名赫赫势绵绵。

读古槐志感怀
（平定）刘振采

洪洞韩次郊广文同事多年,雅称投契,顷出征集大槐树诗文,属题。按予族谱,初由河南杞县迁山西之洪洞,嗣复由洪洞迁之平定,则予先世亦洪籍也。念来源之有自,幸古迹之未湮,因为作歌,续貂之诮所弗辞也。

展诵诸君槐树篇,纷如珠玉落九天。我愧不文乃貂续,拈毫四顾心茫然。
在昔元胡当末造,如毛群盗相纠连。焚屠都邑无完室,萧条千里绝人烟。
淮上真人奠疆域,传檄移民欲实边。维时此邦称蕃庶,欲耕往往无余田。
南徙滁和北燕鲁,鱼鳞有册令重编。回头远颦乡关树,但见高槐午荫圆。
众口喧传示孙了,此为乃祖所自迁。吁嗟了!黄种肇兴自黄帝,发祥同踞昆仑巅。

厥后累代事迁徙，书缺有间惜无传。安得尽如此槐树，永留纪念在人间。

谁其纪者景（尔宇）与韩（次郊），建亭竖碣名不刊。我今幸得附骥尾，庶其传之千万年。

感赋大槐树七古
（介休）梁续祖

杨侯故国有乔木，婆娑老态枝叶秃。

木犹如此人何堪，感慨系之志种族。

嗟嗟东西南北人，数千余年天生民。

海外罡风枯桑折，黑甚乱落俱怀新。

读山西洪洞古大槐树志并序
（鲁省古琅琊）赵宝璘（文珊）

民国壬戌夏五端阳前，茂才张近堂世讲，以山西景公尔宇所撰《洪洞大槐树志》一卷示余，志中详载大槐树系明初洪永之际迁民点行处。数百年来树啃于汾，树外之广济寺，迄今已成瓦砾，景公触目伤情，纠合同志，醵金重修，工竣又手自为文以记之，一时阖邑绅耆，四方诸君子，载歌续赓，声明景公提倡之力表彰数典忘祖之非，俾后之经斯地者，慨然睹故国乔木，击发思古怀旧之隐，念意良厚也。夫水源木本，人有同情，彼葱茏嘉卉，至无情者也，岂以景公有情之人，对无情之物，而情独深欤。抑无情之物，藉有情之人，而因以传耶，然古迹幸未尽湮，景公踵事增华，行旅过客谈及先人，盘桓休憩之所，尊祖敬之心，未有不油然而生者。《礼》曰："狐死正首邱，不忘本也。"《易》云："剥果蒙泉，孔重告烁，饩羊存余脉，昭证据也。"古槐之修，殆此物此志乎。客岁，是书已附石印，仲冬，初版告成景公一一分给同人，乃意犹未慊，拟再征同志者各抒鸿篇，因为二集，方称全毕，近堂以余与伊同属山右人，自作七律一首，复浼余为文，以联先祖同乡之谊，余不敏，妄思附骥，敢耻续貂，言之不足故长言之，不计工拙，但求详备。倘后人将槐与古槐志并嗣而修之，则洪洞之古槐不朽，古槐之志并因之而不朽，而余之续古槐文，庶几隋之亦不朽云。

人本乎祖物本天，乐乐所生礼反始。吾家祖籍信堪稽，晋阳琅邪分端委。

初迁江南居瓜州，次隶山左旁沂水。时遭兵燹各流离，谱牒亡失无片纸。

忆昔唐尧曾建都，后嗣聚国族于是。舜生诸冯迁负夏，欲第富贵封有库。

天生神禹奠山川，太原既修覃怀底。历圣相传四百年，声明文物臻上理。
盘庚迁殷文迁丰，武王迁镐拓新址。梁惠移民于河东，诩羽尽心殊自喜。
秦皇吞并灭六国，悉驱豪杰咸阳里。汉高击筑歌大风，故乡不忘丰沛市。
晋隋唐宋多变迁，史册历历不胜指。元胡运移国祚终，王室气焰几如毁。
郊野当道遍豺狼，朝廷执政鲜懈豸。龙兴金陵景命膺，中国复有圣人起。
太祖洪武初叶间，延访群臣资燮理。金曰幅员既孔长，开疆辟土斩荆杞。
齐鲁燕豫户口稀，议将晋民暂迁徙。永乐二年诏书颁，北平徙务犹未已。
借问当时议者谁？前有刘（九皋）杨（靖）后徐（礼）李（恪）。
诚足酌盈而剂虚，奚翅注兹而挹彼。官吏迫民急就道，结伴行行复止止。
士人负笈以担簦，农夫秉耒而载耜。道路负戴仗男丁，褓褓携持赖妇子。
翘首遥见古羊城，危楼千尺堞百雉。广济寺近望霍门，玉峰迤西汾水涘。
寺旁旧有古绿槐，黛色参天不盈咫。点行预为启行谋，弃井离乡如敝屣。
总览泽潞辽汾人，溯其迁地皆由此。吾祖亦在迁徙中，泽州沁永认故里。
山西二字守勿忘（阅族谱，予五世祖正伸公谆谆告语，莫忘了山西二字），
先人遗言犹在耳。
今居临沂十世余，瓜绵椒衍繁生齿。明清两代数百年，流传弗替识姓氏。
余家科第本无多，代有书香相继美。同堂伯兄登贤书，如拾地芥取青紫。
惜哉中道归道山，四十未得强而仕。前后差喜多茂才，自愧难称文学士。
宣统辛亥清鼎革，民国共和车同轨。迄今回忆迁民时，岁月流转疾如驶。
道旁古槐付汾流，广济寺院亦倾圮。景公募金重葺修，弗忍古迹久废弛。
楼亭牌坊焕然新，不数临春与结绮。文人到此生恭敬，武夫触景感桑梓。
彼黍何须歌王风，此藁可以补国史。我诚谫陋愧不文，率尔操觚词鄙俚。
懿休哉！
君不见老鹳窝下古槐前，山色苍苍水弥弥。
又不见珠玉琳琅古亭联，毫发尽备难诋訾。
愿公文留天地间，千秋万岁永为此亭之念纪。

故乡吟

（寿阳）祁宿藻

予家老籍洪洞，已数百年于此矣。今日重至故里，殆天缘也。感而赋诗，时主玉峰书院讲席。

吾家迁居旧槐里，五百年来还过此。
男儿有志在四方，况此他乡是故乡。

人乡不识乡间路,父老当年钓鱼处。
一经莲桥花满城,问津疑是桃源渡。

玉峰书院杂咏四律大槐树访旧
（寿阳）祁宿藻

相逢父老话因缘,故里重寻竟失传。
世代难稽新谱系,钓游仍是旧山川。
更无乔木枌榆社,剩有《唐风·蟋蟀》篇。
城郭依旧人事异,那堪丁鹤去家年。

题大槐树古迹用杜甫送巢父韵
（邑人）尉濬（沧川）

临水孤村数家住,村树苍苍凝烟雾。云间石塔语风铃,传闻兹有大槐树。
陶唐旧壤生齿繁,椒聊盈掬朝复暮。有时编户实边疆,星火飞檄促登路。
前明更番议徙民,征文考献知其故。槐荫话别几沧桑,古刹荒凉委草露。
景君尔宇挂冠余,建亭竖碑汙莱除。遗址遥遥阅两代,为树无存存以书。
过客倘逢尹（元孚侍郎）王（伟人相国）李（天生检讨,三公皆原籍洪洞,见先正事略）,见兹感慨当何如。

题大槐树五绝四章
（介休）赵德润

依郭二三里,长亭接短亭。桑椿俱可寄,群蚁说螟蛉。
当年初殖民,襁负自西至。周道此经过,槐安谈故事。
古木半心空,新柯复生瘿。藕塘迎晚凉,风动婆娑影。
松柏几春秋,老槐才一息。南柯属附庸,万古杨侯国。

咏大槐树五绝四章
（邑人）柴鸿谟（子嘉）

争说迁民事,天涯各一方。古槐留纪念,阅世感沧桑。
霍峰横北郭,汾水自环流。此地一为别,行人万里征。
共有离家恨,昔人遣远行。乡关多感触,迁客溯明前。
老树婆娑尽,新枝已补栽。依然城郭是,化鹤可重来。

道出洪洞访大槐树遗迹
（汶上）岳砚田

山枢蟋蟀著风诗，唐俗忧勤宛见之。何事移家离故土，他乡何似故乡时。
槐花满地影扶疏，驻马停鞭访古居。惹得乡人齐问讯，此邦风景竟何如。
故里重来迹已迷，浮屠高峙夕阳西。道旁树有丰碑在，且扫苍苔认旧题。
祖籍前朝溯始迁，今番重到亦前缘。故乡乔木欣无恙，过眼沧桑五百年。

古槐志感怀
（黔南）曾肇嘉

从来乡谊重枌榆，逝水流光过隙驹。此树婆娑生意尽，低徊古迹有今吾。
槐安国祚已频移，土著无存怅远离。倘到故乡休倦步，清荫夹道忆明时。
塔影参差人望中，芜城感赋意相同。蝉吟惊起南柯梦，记否何年作寓公。
想象当年手植王，韩宣嘉誉费平章。而今断碣摩娑处，凭吊文吟古战场。

题大槐树七绝四章
（介休）董漳

古迹纷纷侈口传，碑铭款识觅残编。道旁余荫留佳话，枝叶纷繁遍大千。
老树婆娑生感慨，木犹如斯我何堪。百年强半光阴迅，夹道斜阳话酒酣。
古驿通衢大道旁，行行去去舍甘棠。剪圭封第传闻外，华胄遥遥德孔长。
人民进化日蒸蒸，乔木堪将故国征。叶落归根文献在，清明寒食诉黄陵。

感赋大槐树余兴呈韩次郊先生
（介休）蛰庐

君家宣子誉嘉树，此树婆娑何所思。
我亦年来如此树，无多生意发枯枝。

古大槐树七绝三首
（长治）李克宽

朳杈奇特剩枯身，无复南柯梦里人。祇有深根生气在，年来常放一枝春。
心无一物已全空，老干盘龙势倍雄。阅尽世情归惨淡，奇形怪状画难工。
无心与物竞鲜妍，化雨滋培不计年。漫道干枯生意歇，尚留枝叶长风烟。

古大槐树七律一首
（长治）李克宽

参天拔地几千春，老干枒杈倍足珍。
得免斧斤全节概，饱经霜雪尚轮回。
看过历代兴亡局，难问当年树植人。
若早被搜成大厦，亦应随例作灰尘。

咏大槐树
（汾城）邓镇卿

蔽日干霄夹道荫，昏时频集旧喧禽。
迁民古语犹传耳，直令行人说到今。

感赋大槐树
（介休）温大勋

老槐生意欲婆娑，为问人间世若何。
十二万年开辟事，殖民谈话说南柯。

咏大槐树古迹七言绝句四首
（河津）薛延华

嘉树荫浓古道旁，屯云交翠午风凉。当年胜况凭谁忆，史乘流传未可忘。
明祖初兴国际隆，迁民殖地业恢宏。往来庇荫知多少，不减棠荫遗爱风。
时序迁流古迹湮，忍看沧海易桑田。乡人果有贞如石，遥接方徽播远传。
碑亭高建表前休，茶室清香泽更优。过客衔杯论往事，览今思古意悠悠。

抚大槐树有感
王恺

天教民地两相参，故尔迁徙各北南。槐树于今留佳迹，犹烦过客屡停骖。
高车驷马焕光荣，久向他乡过此生。讵意家山风景红，红莲香绕水边城。
老鹳窝傍是我家，一为迁客遍天涯。每适夏午重经过，且喜槐阴夹道遮。
游人何日跨归鞍，去里应知返里难。临水有亭聊小坐，槐风吹彻不胜寒。
聚散无常虽是缘，当年分手意缠绵。即今五百馀年后，回溯迁民尚惘然。

大槐树七绝五首
（邑人）王笃诚

迁民遗迹未成墟，望霍门前二里余。古木不知何代植，传闻犹是说明初。
当日迁民事有无，欲寻旧址已荒芜。彷徨古道无人问，拟向汾川访钓徒。
生生世世说前因，同是杨侯国里人。莫道源渊无考证，私家记述最为真。
幽燕豫鲁并滁和，异派同源认未讹。故老相传谈轶事，问君足指果如何。
槐树荫中认故乡，殖民往事感沧桑。芳踪千载终难没，赖有群贤任表章。

军次洪崖游古槐树处怀古
（山东郓城陆军二十九军军需处长）杨凌昆（仰宸）

（其一）

万里从军鞍马劳，道经乡国秋初高。
遍寻老鹳窝何在，独有大槐插九霄。

（其二）

往事迁民竟相传，遥观佳木忆当年。
停骖未遑访家族，暂憩清阴亦怅然。

游古大槐树有感
（邑人）景宝敬（廉臣）

郊外停骖认故乡，婆娑古树色苍苍。
迁民遗迹今犹在，父老相逢话梓桑。
忆昔前明几播迁，殖民政策重筹边。
树人原是保邦本，永固沧桑已有年。

游古大槐树处有感
（邑人）孙玉康（锡侯）

辛亥义师赴晋南，朔方士卒念家山。秋毫不犯安如故，罗拜邮亭尽解颜。
先吐钓游汾水滨，古槐荟萃纪迁民。遥瞻祖国重回首，遗爱甘棠语夙因。

题大槐树五律一章
（介休）郭耀宗

策马临汾路，行行杨国东。稻花流水碧，柿叶夕阳红。
火道蝉鸣远，高柯蝶梦通。几人谈胜概，玉树赋青葱。

题大槐树五律一章
（介休）梁泽英

不尽沧桑感，杨侯故国来。一株乔木荫，万古守官槐。
废驿余亭垒，迁民溯草莱。即今经坂下，贳酒且徘徊。

题大槐树
王桂廷

鄙人于弱冠授笔后，时宦游于山之左右，曾忆客秋赴长安访友，旅抵洪邑，为侣伴羁滞，品茗之余，散步北门外，见夫土岭层叠环列，水道纵横潆洄，察其情景宜人，因访询迁民遗迹，乡老曰：此即大槐树也。遵口占各七律哥一章以志纪念。

仗剑行千里，西风夕照天。将为大梁客，难昧幼时缘。
塔影当空立，槐花似旧鲜。终年苦行役，故国且停鞭。

七律一章
王桂廷

闲将移徙溯当年，短碣犹存迹未湮。祖籍遥传前代事，家山竟结再来缘。
闲亭恰对汾流曲，高塔孤撑夕照边。父老相邀谈旧事，几番杯酒话缠绵。

过古大槐树处有感四律
（邑人）段连方（伯堃）

闲步邮亭路，临村植绿杨。迁民思往事，酹剂仰先皇。
胜迹难回首，行人欲断肠。幸留经塔在，遗址未全荒。
亭前人伫立，隐隐古杨城。迁客今何在？大槐尚有名。
郊原皆禾黍，田界互纵横。极目天无际，长歌遣旅情。
结伴寻遗迹，塔阶步步高。面前临雉堞，背后负虹桥。
霍岳朝曦好，汾川晚景饶。婆娑槐树下，把酒话前朝。
当日迁民事，于今五百年，人从前代想，槐认劫余天。
故老津津道，家乘细细编。客游来兹地，欲去且流连。

七律二章
（江苏）封璜（卜熊）

徙民争说大槐树，乔木犹存旧典型。郑重居人征故事，摩挲遗迹未凋零。

到今历历横空塔，终古劳劳过客亭。伫见有诗笼满壁，一时绮丽炳丹青。
我友燕南苏季子，旧云从此卜莺迁。昔时爵里已无考，故国山河尚宛然。
去萃衣冠成望族，来膺民社有天缘。看君搞藻诵先德，不数谢家述祖篇。

古大槐树怀古
（肥城）朱家垣

故土苍茫胜一邱，万家乡思黯然收。旋亭新建吟题处，石塔高标在上头。
道左碑台游客迹，坊前柳色故园秋。感怀桑梓今何在？汾水多情昼夜流。
勒马踟蹰魂欲销，水源木本忆先朝。村连忠定韩公里，地接侠豪豫让桥。
古驿斜阳烟树合，平林遗迹水云遥。桑田沧海循环理，留得诗人恨不消。

题大槐树七律一章
（介休）董演苏

劳劳亭畔夕阳迟，国士桥西水势危。
荫碧交柯官驿静，花黄落影守宫疑。
秋风飘忽长安陌，夜月沉荫有道祠。
商代五迁民志定，空桑等是证生伊。

题大槐树七律一章
（介休）张宗游

龙门未凿世洪荒，蹄迹纵横草木昌。
湮水重灾难讳鲧，殖民佳话竞谈黄。
汉家华胄堪遥溯，旧族苗顽祗自伤。
杨国故城槐坂下，恼鸦惊起噪夕阳。

题大槐树七律
（贵州）谢师荩

槐花不复灿黄金，老树无存寄慨深。此是前民迁徙处，每怀余荫别离心。
沧桑改变情难遣，碑碣摩挲事可寻。台阁参差坊自古，重新宝刹集丛林。
仆夫载道马蹄骄，不见槐荫透碧霄。聊当午风谈轶事，几经庚伏历前朝。
浮屠数级斜阳外，华表千年古迹销。万里长征人在否，好凭史乘采风谣。

洪崖驻防游古大槐树处怀古
（晋城）李冠军（武杨）

杨国驻师保卫周，公余散步欲探幽。

桥邻国士千寻岸（简城国士桥与此地相距十余里），地接哨门百尺楼（哨门楼当日屯兵处）。

驿路徘徊何忍去，鹳窝眺望且勾留。大槐古迹今安在，但见汾川空自流。

阋墙相斗幸方休，一本同根动我愁。南下雄师曾罗拜，北来壮士亦低头。

碑亭矗立乡关认，经塔高悬过客游。迁民当日留余荫，嘉树延誉五百秋。

七言律二首
（邑人）刘大观（宾于）

闲将逸事话前朝，佳木葱茏迹未销。龙干盘拿疑攫地，虬枝偃蹇欲凌霄。

星罗棋布人千里，水秀山明路一条，最爱西风残照里，乱蝉声曳马蹄骄。

漫将生意感婆婆，赢得征人笑语多。相宅已成新里第，还家犹念旧山河。

百年乔木安无恙，一曲汾流静不波。珠玉在前休自愧，放怀且唱打油歌。

访大槐遗迹
（邑人）李荫昌（伯棠）

禾黍油油古道中，大槐遗迹已成空。新荫远引汾流碧，孤塔高悬夕照红。

此日征人还驻马，当年中泽集飞鸿。休言迁徙非长策，绵瓞繁椒一例间。

咏古大槐树处七律四章
用渔洋秋柳韵
（邑人）贺椿寿（友宣）

古槐牵惹别离魂，投止征人欲望门。北郭新亭曾息影，南柯旧梦已无痕。

桃源鸡犬谁为主，草泽英雄尚有村。五百年来遗爱远，试将民族与君论。

不知历遍几星霜，空忆荫浓半亩塘。石壁琳琅披绿宇，浮图经典压青箱。

秋风游子歌骊曲，春梦何人谒蚁王。太息蝉声无觅处，驿亭犹话古时坊。

屈指秋来应授衣，乍看城郭是耶非。林宗祠畔荫依旧，景叔庭前绿已稀。

此日虬龙交翠舞，何年辽鹤向空飞。眷怀故国望乔木，桑梓敬恭愿莫违。

苔岑相契复相怜，往事陈陈已化烟。百世本根邀葛庇，四方兄弟感瓜绵。

梁间乳燕归今日，塞上征鸿忆昔年。试向城南城北望，有人伫立夕阳边。

咏大槐树七律二首
（邑人）郭兆麟

右映汾流左玉峰，灵槐高矗郁葱茏。人依祖荫留佳话，树长(上声)孙枝失旧容。
不与桑田随世变，常怀梓里使人恭。而今坊额标嘉植，往事殷殷问老农。
移居豫鲁与幽燕，历尽明清数百年。乔木犹存思故国，清荫不改庇遥天。
归来鹤化人民异，追溯莺迁父老传。靳柏堆青名胜在，大槐风景亦依然。

访大槐树遗址
（邑人）王祖侗（运生）

夹道清渠路不迷，古槐遗迹画桥西。
闲亭小憩联情话，短碣犹存认旧题。
驿路遥通汾水曲，浮屠高与霍峰齐。
时清无复迁民事，寄语林鸟莫乱啼。
过客真如丁令威，绿杨城郭是耶非。
剧怜乔木留嘉荫，好引征骖认故扉。
五百年前从此去，数千里外一来归。
濒行赠别无多语，珍重乡关莫暂违。

题大槐树
（邑人）岳嶔（崧山）

一经迁徙去禽昌，北辙南辕各一方。燕子重来春杜候，槐花犹是昔时乡。
柯分枝别荫弥茂，胙衍椒繁泽孔长。几度行人闲驻马，塔铃不语对斜阳。

访大槐树古迹
（邑人）柴鸿谟（子嘉）

其一
乔木堪兴故国思，迁民往事尚留遗。重寻汉代枌榆社，如读唐风栲杻诗。
梓里追踪怀盛迹，杨侯锡土忆前时。老槐纪念今犹在，游子归来读古碑。

其二
汾水之滨古道旁，大槐旧址映斜阳。窝称老鹳曾迁客，屋上飞鸟久别乡。
忆昔扶疏同荫樾，迄今爱戴比甘棠。行人返里寻遗迹，父老相逢话梓桑。

其三
迁民昔日四方游，老树婆娑眼底收。唱罢骊驹成往事，言旋黄鸟写离忧。

丰碑矗立遗风在，经塔高悬古迹留。日暮乡关人过访，追怀古木意悠悠。
　　其四
异乡客至认同乡，祖籍初分隶古羊。荟萃人群称乐土，迁移种族到遐方。
当年应抱离居感，乔木犹留异代芳。先世钓游知此处，几番啸傲在沧浪。

咏洪洞县古大槐树
（鲁省古琅邪）张守仁（证堂）

危楼翘首望西方，旧事重提到古杨。五百年前人去国，二千里外客思乡。
霍峰遥共文峰秀，汾水知如沂水长（文峰积雪、沂水拖蓝，琅琊八景之二，载在县志）。万劫不磨大槐树，春风秋雨几沧桑。

游古大槐树处偶咏
（嶂县）刘子伟（英甫）

余以会稽微秩，供职洪崖，荏苒十载，公余之暇，游古大槐树处，父老相逢，话迁民往事甚详。今吾友柴干宸先生《增广槐树志》汇辑告成，行将石印，勉做俚句，聊志鸿爪雪泥，非敢言诗也。

木本水源流泽长，古槐庇荫到他方。昔人广结枌榆社，后代犹怀桑梓乡。
宣子嘉名传美树，召公遗爱比甘棠。碑亭闲立频游览，往事迁民语最详。

过古大槐树处有感
（襄陵）梁培芝（紫阶）

　　其一
古槐盘屈始何时，闻说民迁肇于斯。客地曾兴微子叹，异多恒动少陵悲。
行人今慰离家恨，游子能无故土思。拾级登临凭眺久，幸看杰塔路旁垂。
　　其二
天教迁戍永离家，远隔异方度岁华。我抚古槐增感慨，客过大树应吁嗟。
还乡行旅偏停骥，夹道枝柯旧集鸦。曾记昔年科试日，长亭举子话黄花。

过古大槐树处有感四律
（邑人）段伯堃（连方）

　　其一
古槐矫矫始何年，忆昔民从此地迁。想是江东云日暮，感同渭北树春天。
离乡人迹已长渺，夹道鸦声空自宣。散处四方卜新宅，于今瓜瓞咏绵绵。

其二
夕阳影里驻征骈,古堞依然拥翠微。汾水西流仍淼淼,霍山北耸自巍巍。
多年树木犹如此,各处人民已尽非。故国真堪称乐土,会看宾至庆如归。

其三
为甚游人感慨多,古槐今自路旁过。树垂密荫犹如此,民徙他乡恨若何。
作客长愁还北里,思家旧梦到南柯。水源木本常留念,遐迩同思老鹳窝。

其四
迢递关河客路长,游人至此庆还乡。雪来共赋采薇句,柳往同歌杖杜章。
乔木世臣怀故国,深情遗爱比甘棠。迁民往事成陈迹,独有古槐对夕阳。

古槐树诗一律
(邑人)李景纲[仰纪]

策马曾经此地临,回思往事感难禁。
遍原烽火消兵气(变乱之际,霍赵皆灾,而洪藉以无损),故国关河系客心。
夹道长枝今尚在,还家旧梦喜重寻。迁民遗迹从何溯,惟有枯槐历古今。

游古大槐树处感迁民往事偶咏
(邑人)郭彤廷(管卿)

当日迁民事可稽,古槐荟萃认鸿泥。重寻北郭踪犹在,欲续南柯梦不迷。
乔木遥瞻怀故国,桑梓幸到访前题。丰碑矗立名垂远,遗爱召棠与共齐。

偶游古大槐树处勉成一律
(邑人)孙燕翼[安轩]

公余独步任邀游,凭吊名胜忆从头。鹳窝老槐早已朽,迁民遗迹今尚留。
嘉植还偕玉峰翠,芳泽更同汾水流。旅客今已归故里,惜无族谱可稽求。

古大槐树杂志题词
(玉田)孙奂仑(药痴)

汾水白云时往还,十围种树已荒烟。驿亭断碣摩挲处,旧事犹传五百年。
浥露含烟别样娇,南柯分植长新条。青青也似临淮柳,能向风前试舞腰。
文章点缀费搜寻,思古幽情一往深。片土能生乡国色,忍教胜记付销沉。
洪崖宦辙我曾经,种柳栽花梦亦清。今读使君古槐志,前尘回首不胜情。

露古大槐树遗迹
（贵州）陈元栋

安土从来重远迁，有明遗恨至今传。依稀父老灯前话，不比盘庚上下篇。
漫言此树竟婆娑，俯仰低徊感慨多。千载快心刘季事，还乡得唱大风歌。
十亩浓荫促远行，攀条犹胜柳枝轻。此中可有桓温在，来赠将军衣锦名。
异地相依长子孙，枌榆遥望上朝暾。朱家寸土今何在？争及遗黎有故园。
物换星移不计春，衔杯何处吊前民。古今几醒南柯梦，记杏槐安早笑人。
移粟移民计已非，相沿陋策自贻讥。当年化鹤知谁是，尚说南山有令威。
一时甲士解输金，留结云山义气深。六百年来余荫在，同袍原有爱乡心。
重提往事作参观，选韵征诗兴未阑。欲广王家无限意，清荫培与世人看。

古大槐树志题词
（泰兴）吴人达

移居往事溯明初，故老相传记载疏。何物当年凭感触，大槐永系梓乡居。
某山某水话分明，乔木参天地以名。五百年来风雨蚀，更无高处一蝉鸣。
先生怀旧发幽思，重植南柯补志遗。有客还乡寻木本，新荫犹见子孙枝。
夹道成荫获驿亭，遍征题咏袭丹青。可知恭敬维桑意，留与千秋作纪铭。

古大槐树杂志题词
（邑人）郭兆麒

大槐树迁民轶事，邑中旧志阙而不载，经景君尔宇惨淡经营，提倡而表彰之，古迹赖以不朽。已未夏，景君来游并门示以所集诗、赋、词、歌序数首，属为貂续，以备哀集古大槐树杂志之鳞爪，以余谫陋，何敢轻画蛇足，因感景君之热诚，且关系古迹之发扬也，勉成颂词，用志芳踪，自愧不文，工拙非所论也。

惟王建国，正位辨方。度地居民，相其阴阳。生育长养，动罔不藏。
明室初叶，拓土开疆。酌盈剂虚，补短绝长。维时蕃庶，是曰古杨。
人满为患，迁地乃良。滁和旧邑，孤竹遐荒。旷土瘠地，顿异丰穰。
水则宜稻，陆则宜粱。秧分初夏，九月筑场。悬帆击毂，以实天仓。
东至海岱，鱼盐称强。辟地殖民，大风洋洋。豫州旧壤，在国中央。
移民移粟，是直是匡。农负耒耜，士携缥缃。工善其事，行货曰商。
糇粮乃裹，于橐于囊。携妻褓子，就道仓皇。尔宅尔田，弃置若忘。
维桑与梓，爱比甘棠。自古在昔，关山津梁。跋涉艰难，山梯海航。
化彼蛮族，被以冠裳。矧在腹地，转移何伤。民族发展，史乘之光。

矧兹叔季，阻险康庄。轨速电掣，轮倍风樯：南越北胡，容与翱翔。
乃言屯垦，筑室遵旁。更议迁徙，诸费周章。岂曰古圣，后人惟狂。
处置失道，各爱其乡。绿槐森森，汾水汤汤。靳柏长青，玉峰叠苍。
史公适鲁，夫子庙堂。此物此志，古迹表扬。行当载酒，共话沧桑。

题洪洞大槐树词词寄百字夸

（介休）曹淮

幕天茵地，经几许紫陌红尘拂面。秃顶虚心，描不尽古怪稀奇幻变。午梦清荫，晴云夹路，花落鸦黄窝夕阳蝉噪，一声声复如颤。

争说屈曲虬柯盘，盘拏龙爪，处处邀青眷。市后街前成底事，锦箫音堪羡。古驿临汾，秋风大道，忒自韵光贱，乡间父老坐谈先德案。

题洪洞大槐树右调多丽

（解北）王殿元

云山青，汾川一色苍冥。记那回洪崖道出，夹槐翠翳云屏。残碣剥落经霜蚀，古刹颓倾腐草萤，树犹如此，人何以堪，物我终古一飘零。自洞中葛洪仙去，大梦一场醒。空留得两行疏柳，驿路蝉听。

待土人道旁话旧，移民议实边庭，附岸河流，当日址横天。塔影耸风铃。过眼云烟，故宫禾黍，行人驻马感浮萍。似曾识丰碑屹屹，摩攀遗迹铭，景氏子流连好古，纪念名亭。

景君尔字以大槐树命题征诗率填一阕调寄水调歌头

（邑人）郭裕祯

古槐何处是，流水一村环，共道迁民遗址，究竟在何年？我欲停车过问，只恐年湮代远，古老已无传，西风残照里，且唱念家山。

憩小亭，登高塔，瞰汾川。缅怀曩事，已几经沧海桑田。人有流离转徙，树有荣枯采伐，大化听推迁。但愿此邦族，繁衍遍人间。

咏洪洞大槐树满江红

（古费）王景崇

古木虬蟠，忆曩日荫浓荫远。是桐圭剪页，晋侯分建，遗爱犹存汾水曲。灵根近接鉏溯明初镌石记移民，通衢畔。

怀祖德，思乡县，敬桑梓，戢强悍。值年逢辛亥，潜消兵患。余芘云礽齐感惠，椒聊诗句赓蕃衍，庾兰成枯树慨婆娑，空留恋。

题洪洞大槐树满江红
（馆陶）韩飞章

　　洪洞城边，有古树遗踪在此。闻朱明下诏，移民伊始，松柏长辞邱墓远。榛苜新辟田园，启嘱子孙，桑梓永无忘源地。

　　辛亥岁，革命际，从军者，幽燕土。喜班荆清话，全销兵气。樾荫纵然虡芘覆，椒蕃犹自连根柢。征诗文郑重立贞珉，标灵异。

山西大槐树古迹满江红
（古黄）王景祜

　　一片琅玕，在洪洞古城之下。忆当日，盘庚三诰，牛车齐驾。故里永辞桑梓地，他乡另结枌榆社。有参天绿荫蔽行人，真萧洒。

　　汾水岸，狂涛打，朱明代，遗民寡。叹槐安大国，空留神话。翦伐河曾余枝叶，凭陵自足销兵马。树丰碑恩慕比甘棠，非松槚。

咏大槐树七绝三首辘轳体
（邑人）卢福申（受天）

　　杨氏城边是我家，先人从此徙天涯。大槐树处留碑碣，胜迹名传问不差。
　　乔迁旧事近犹哗，杨氏城边是我家。老树婆娑生意在，游观此地客停车。
　　自徙山隈与水涯，曾经六百纪年华。槐株不朽分明在，杨氏城边是我家。

大槐树古迹咏
（河津）周道隆

　　有明初定鼎，建都金陵城。迨至永乐间，遂以迁燕京。
　　燕京形势天然重，北辰居所众星拱。土地人民三宝全，拓宁开疆神州拥。
　　齐鲁燕豫晋北平，酌盈剂虚规模宏。邦畿千里惟所止，险阻康庄教化行。
　　洪邑城北广济寺，旁有古槐浓荫萃。大槐庇荫云良多，小民咸来集此地。
　　清风相送登云路，遗爱独留甘棠树。岁月蹉跎故物非，传闻父老犹无误。
　　当地迁民并移民，世代于今族谱存。沿流溯源追往事，欢爱俨若平生人。
　　询及树枯寺迹毁，黯然神沮叹靡已。贤哉邑人有景公，建碑表坊补遗址。
　　君不见汾水南流不复还，丰碑屹屹在人间。
　　又不见玉峰耸翠连云巘，共此嘉名传久远。

题大槐树迁民古迹调寄念奴娇用东坡赤壁怀古韵
（邑人）郭兆禧

彼汾南去，浪淘尽前代繁华风物。杨氏城边无处觅，广济丛林旧壁。夹道灵槐，迁乔胜迹，历久经霜雪。山川如昨，此邦时有人杰。

遥想洪（洪武）永（永乐）当年，盈虚消息，徙民从此发。燕豫滁和，连海岱一体荆榛夷灭。异国安居，前踪尽话，自渔樵白发。参天高树，群鸦还集明月。

咏大槐树临江仙
（邑人）景钟麟（华封）

忆昔迁民从此去，正逢满地槐花。黯然一别即天涯。萍踪各分散，何日再还家。

五百年来多少事，都如白浪淘沙。重来故里暂停车。小亭闲伫立，恰对夕阳斜。

题大槐树调寄南柯子
（邑人）景鸿慈

乔木垂荫远，古槐流泽长。绵绵瓜瓞往他乡，祖国惓怀，遗爱比甘棠。

北郭为迁客，南柯梦里寻。水源木本感难禁，恭敬梓桑，槐下舞垂荫。

槐树行有序
（高平）冯德廷（子隆）

予莅任洪崖之次年七八月间，适值军队过境，从戎者多系燕赵豫鲁之人，谈及明代迁民一事，莫不流连兴叹曰：此故国也。到洪之时，守律法綦严，种族之念感人深矣。今同志有续槐树志之刊，刊诗于予，予心恧焉，未敢应也，继取其前稿读之，见其悱恻缠绵，有流溢于楮墨间者，意怦怦，其有感怀，跃跃而欲宣，因不揣谫陋，作行一首，聊当瓦缶之鸣，非敢云诗也。

古迹昭昭驿道旁，绿杨荫里认村庄。故国乔木资保障，酌盈剂虚溯明黄。
广济寺有大槐树，翠影森森满庭柱。龙干参天鹤往还，虬枝攫地神呵护。
忆昔洪永迁民时，行人累累此栖迟。警心飞电繁华歇，过眼浮云景物移。
斜阳返照风吹野，鸟雀无依奈何许。断碣磨灭卧荒烟，废基冷落余残土。
离离禾黍偏郊原，大树飘零遗迹寸。仿佛能寻垂荫处，低徊怕认劫灰痕。
君不见盛衰荣枯如转毂，荏苒光阴抑何促。时来小草争向荣，运去高柯亦蒙辱。
吁嗟乎！大槐已朽不堪言。空留遗事万传口。
但愿后之新植者，护以雕栏俾与召公之甘棠，同垂遗爱于万年。

古大槐树歌
洪洞晚香守坛偈谛

古杨城北望霍岳，汾河湾里费婆娑。大槐已没鹳窝失，丰碑屹立尚堪歌。
明初燕幽与滁豫，旷土草莱少人犁。争城夺地一场空，人民清壑填满盈。
事后移民实边防，洪崖荟萃驱异乡。父老群集分道驰，扶疏老树荫垂时。
父母妻子感分袂，相传至今已远离。故老话旧若有证，饮水思源抒襟胸。
各子其子各事事，各认其足有并趾。见塔矗立形若鍼，到此胥生故土心。
塔经镌已近模糊，碣亭崭然新修筑。茶厢塔室堪徘徊，各思祖宗经此来。
树寺渺渺已沧桑，老去新栽补芜荒。贺志景竖柴赞助，当日已足资称杨。
君不见古迹与文人，彼此相传识古今。又不见胜事多蹉跎，古往今来何其多。
退步安然称自在，好事何由得古传。放浪洒洒行如仙，槐荫结处有炊烟。
胜地同游歌代意，木本原来出自天。

古大槐树歌
（邑人侍坛）李宴春（晓园）

古大槐树志成久，诗词歌赋皆名手。余愧不文呼咄咄，强词夺理徒掣肘。
当日迁民老鹳窝，槐树倾圮费婆婆。幽燕深滁少人居，大风起兮战云密。
英雄豪杰气空存，饮水思源木本心。相传后裔足并趾，过往行旅心戚戚。
汾水南流势悠悠，塔影当天经传留。茶亭茅榭留寄足，俯仰家乡思故迹。
明皇戡乱逐元胡，血水交流稀城都。先迁自由后压迫，父老男女相提携。
明鼎革后满胡来，世传一系三百载。鼎革犹如掣闪电，转眼民国已念年。
同盟英俊此地稀，何若槐树不倾圮。丰碑屹立塔影圆，凭今吊古心依然。
慷慨悲歌聊伸意，歌已复向塔碑立。临流不去任徘徊，奇景堪夸谁安排。
吁嗟乎！遗迹得存在，陶情淑性忘形骸。

牌坊题咏
偈谛

木本水源流泽长，依依杨柳认村庄。行人还里前踪记，遗爱深情比召棠。
迁民往事忆当年，柱杖穿云窅夕烟。嘉木扶疏堪纪念，犹留经塔耸巍然。
古道青槐倚夕阳，浮屠突兀插云傍。窝名老鹳相传久，高建丰碑姓字香。
西湖北霍旧河山，碧翠清流四面环。荟萃人文称乐地，云烟过眼古乡关。

七绝二则

偈谛

绿槐远荫遮道旁,当日迁民赖表彰。
足趾传为双有跂,水源木本已沧桑。
燕幽滁豫道途赊,父老相携走天涯。
子姓油然思故土,远来话旧说桑麻。

题大槐树

(女师范生)冉光荣

祖籍燕京,寄居上党,舅氏沁源望族,尝由舅家绕观九曲黄河于龙门三浪间,道经霍山之南平阳之北,渠塘掩映峦坳互列,绿荫隐隐中,遥见雉堞参差,询之行人,始知为洪洞大槐树之旧迹也,因念荣父尝言先世亦家于此,不禁代前人发一去国怀乡之感,略题数语,借着行踪,工拙所弗计也。

指点三岔路,高槐近夕阳。山环兼水绕,草碧更花香。
柯老荫弥茂,年深气更苍。停鞭曾借问,当日是同乡。
乌鸦老去情犹在,古迹存时景倍新。
丁令威仙飞不到,依凭华表唤频频。
千年古迹今朝在,十载存疑一旦消。
不是天缘为我凑,有谁遗韵溯前朝。

题大槐树

耿阳女史

高塔孤悬夕照边,古槐遗迹已成烟。道旁赖有丰碑在,留话沧桑五百年。

题大槐树

清平乐

(女师范生)乔桂蝉

绿荫如幕,槐黄花又落,故里重经亦云乐,怎忍匆匆过却。
高塔凌空矗立,小亭背水常开,过客无妨小憩,家山几时重来。

侨居洪崖览槐树志偶作

(介休)宋月云(绵龄)

绵上城东嘉树传,汉槐苍老直参天。今来杨国寻名迹,民族当年几播迁。

槐树荫浓流泽长，人群荟萃到他乡。子孙繁衍思乔木，故国相传永不忘。
明代移民往实边，于今五百有余年。碑亭矗立名垂远，天壤长留志一编。
扶疏古树迹全消，槐志编成集瑷瑶。自是挥毫珠玉满，故教展诵认前朝。

题大槐树古迹七律十二首并序

（邑人）郭兆麒（丙郊）

辛未肃霜，重阳风雨时，毅儿殁已两月余矣。麒五十，知非三生无幸，当此西河有痛秋日多悲，即事遣怀，以歌代哭乌容已乎，念明代晋棚燕棣，终为鬼录之雄，而大槐树秋露春霖，一例沧桑之泪，于斯有感，取以为题。其闻树木树人咸资保障，亦复维屏维翰悉入讴歌，适逢槐志重编，正是龙吟虎啸，用缀芜词，成什等诸鸦噪蛮鸣云尔。

贤王不数朱家桶，英辟还推白帽王。轻使小民离梓里，终成大业在楼桑。
龙兴虎视规模远，棋布星罗屏翰长。吾邑古槐犹有处，当年十万徙咸阳。
全盘布子着棋忙，昔日一方今万方。天下人民都有几，其间消息本无常。
绥荒要甸胥臣妾，花木江山一帝王。是否听从姚广孝，赢来槐树作甘棠。
仆仆征途多少人，停车每每问前因。道旁无复大槐古，陇畔惟余一树新。
汾水秋风雁过日，辽东夜月鹤归衣。沧桑悠忽都如此，暂对南柯话苦辛。
从来保障赖贤人，况有灵槐能庇民。此次车书告旁午，刚逢历数纪重辛。
千年城郭终安堵，十万貔貅不起尘。一幅天然图画好，争辉赵氏晋阳臣。

昔年辛亥，清军多燕鲁人，今年辛未，客军多豫鲁人，到此呼为老家。不稍惊扰，竟买大槐古迹照片以去，犹有水木本源之思也。而前后宰邑者，昔为张公伯寅，前为柳公镜塘，今为郭公春泉，种族之念，保障之功，与尹铎井美矣。

盈虚消息不于常，酌剂频频烦帝王。当日人民苦迁徙，而今草木有馨香。
鲁桑燕栗高曾远，唐柏汉槐岁月长。六百年来传轶事，昔君文武宣重光。
频经旭日与斜阳，玉阜西边汾水旁。鸦集蝉吟时点缀，鸟飞鹊绕夜凄凉。
两朝雄略勤民远，五百余年乔木长。过去兴亡多少事，此君应亦感沧桑。
万年枝暖挂温暾，故事槐安迹未湮。夏日清荫成句后，秋风汾水断章辰。
昏鸦栖处同为客，夜鹤归时亦作宾。古往今来谁是主，输他高卧北窗人。
托根不到广寒官，玉阜西边汾水东。得地栽培成上品，此君富贵比三公。
一身曾感荣枯异，百世可知损益同。独立道旁多岁月，惯听归鹤话宵中。
树有浓荫憩喝人，昔年明代此迁民。树犹如故人非旧，人欲云何树与亲。
水溯源头汾一曲，天培根本木千春。云飞风起枌榆社，正是锦衣归里辰。

莫向槐安问旧邻，从无人寿可千春。淮南鸡犬都仙去，栗里田园几劫尘。
祗有清荫当陇畔，何曾古寺在河滨。沧桑未改沧浪水，暂作临流觅句人。
曾经明代屡迁民，独立亭亭六百春。阅世自坚林下节，清荫不受道旁尘。
参差图画玉峰麓，左右山川汾水滨。当日邑中编八景，偏教遗此出何人。
孤高有似葛天民，羞与杏桃争艳春。会见清荫媚长夏，偶逢朝雨浥轻尘。
良宵一梦槐安道，胜日寻芳汾水滨。不信此间风景好，青山绿水总宜人。

题大槐古迹七律二首
（邑人）郭毅

密迩红莲绿柳城，幽燕齐鲁旧知名。桑恭梓敬人同意，鸦集蝉吟物有情。
可与甘棠分馥郁，不随萤荚作虚盈。场师无此栽培手，定是笃材天所成。
杨柳依依大道边，谁逢急景不凋年。此君争得松柏节，阅世饶他陵谷迁。
明代至今多岁月，移民何事向幽燕。豳岐囊橐曾亲见，几度临淄拥毂肩。

访大槐树故里慨然有作
祁韵士

书带阶前草，柴桑里中树。前哲既云遥，旧迹良可慕。
田园无一存，流连及邱墓。数典重根本，矧敢忘其故。
系维吾祖德，绵绵衍世祚。相传手植槐，家在洪洞住。
当明洪武中，移民实诸路。卜宅寿水阳，北过龙门渡。
斯言岂无证，少小闻已屡。今我迈西征，过县偶停驻。
入境重徘徊，遍访窥一遇。井邑忽已改，苍莽述前赴。
但见阡陌平，川原自萦互。犬吠不知村，绿树生烟雾。
杏林不可即，桃源谁再度。感叹古今人，淹没殆无数。
遥遥祁大夫，华胄吾敢附。十四世以前，钓游难远溯。
肇迁作土著，贻谋守儒素。寄语后世人，忘本吾所惧。

赵城至洪洞道中
张瑞玑

大槐亭畔石桥平，马上看山又一程。
一幅天然云水画，绿杨环水水环城。

迁移歌
焦拉仓（九敬）

汉槐葱葱生故园，祖辈耕读乐余年。忽闻朝廷迁民诏，离乡背井别家园。
古槐树下荟萃地，始发地北与天南。阴历九月天渐冷，可怜身上衣正单。
押官声声急催逼，迢途茫茫日如年，一日难行百里路，风餐露宿受饥寒。
旬余到达顺德府，交归县府管束严，暂搭茅庐砖砌灶，西北风起炊烟寒。
诏令同姓不同村，父兄分离倍凄惨。独立无支土著欺，衣食无着度日艰。
田地荒芜汗水垦，春种夏耕盼丰年。所幸三年不纳粮，才使仓囤有余棉。
虽说置产又立业，心中依旧索故园。故园依稀别时貌，更有古槐记心间。
岁月黄土催人老，后辈子孙代代传。问我故乡哪里住，洪洞古槐是家园。

古大槐树歌集序
（芝北）李兆麟（霞轩）

清光绪戊申，予捧檄署洪洞事。戚谊枣阳王小坡君函述始祖隶大槐树籍。明时始迁枣阳，并以溯本枝访遗迹相属。予因公出望霍门北二里许，至大槐树村寻访王氏本支，邈不可得，遗迹亦不概见，询之父老，只略述大槐树迁民之事，而言之不详。旧县志古迹亦复阙漏，《续文献通考》载有明洪永间迁居北平、滁、和、保安等语，又未及楚之枣阳，或迁居后又有转徙，亦未可知，然已年远无稽矣。洪洞景君尔字自山东宦游归，怀旧思古，醵金修置，若碑亭，著庙塔，若牌坊，保存名迹，耳目一新。续修洪洞志，复朴载迁民遗事，大槐树之名由此千古而枣阳王君前十余年所嘱托亦可述近事以慰远念，因歌以志之。

君不闻罗汉院里寒翠轩，古松修竹笼晴烟。
又不闻通幽桥北邃绿亭，长楸老梧凌空冥。
洪邑自古多名迹，陵谷变迁沧海易。塌入汾流堆沙碛，荒滩草色不敢碧。
惟大槐树今犹昔，昔废今举犹难得。槐荫堆青如靳柏，勿剪勿伐常护惜。
有坊题额誉嘉植，有塔藏经留层级。有碑屹立垂金石，有亭高覆避风日。
民遗事资考实，何止茫茫空叹息。
藉间提倡伊谁力，惟好古者司其役。景君筹画推巨擘，热忱高谊不可及。
点缀风景今历历，不徒游观增特色。远溯明初殖民策，对此不忘始祖籍。
枣阳王氏吾姻戚，祖籍即在杨候国。惜与景君未相识，逊听亦且称啧啧。
他日访古来洪邑，抚摩槐树思先泽。新修邑乘复增辑，况多题咏成汇刻。

大槐树歌
（猗氏）荆虚心

我曾漫游经洪崖，道旁奇僵古大槐。神州丧乱苦兵革，千里蔓草缠枯骸。
移民轶事溯远祖，北医无间南江淮。族姓繁滋遍中夏，胞与恫鳏念孔怀。
父老殷勤说故乡，故乡景物相传扬。遥知拓殖当年事，子姓争期奕叶昌。
古干拿云忘秦汉，丰碑屹立苔花香。忠定遗徽光史册，敢搏寸管歌以张。

大槐树歌
（介休）王家鼎

忆昔驱车长安路，沿途遗迹频瞻顾。森森覆荫普润东，居人指点大槐树。
槐树浓荫遍郊原，啧啧人言徙户烦。农老恋乡安旧俗，性之所乐即桃源。
忽闻诏下迁民令，愿行愿止随万姓。槐下聚人来益多，黔黎孰敢违朝命。
行者给种畀大田，官家重把户册编。从此离乡去故族，空留大树茂年年。
年复一年月复月，风霜剥蚀皮肤没。数十百年枝叶疏，老干几遭樵斧伐。
邑绅景子最热心，那堪坐视陈迹沉。集资鸠工刊碑石，亭宇辉煌茂木森。
婆婆古木仍依旧，螭头字迹法史籍。文人博士游憩多，鸿篇钜什夸锦绣。
而今我已倦轮蹄，话到登临欲攀跻。溯源我亦愧迁族，恨不杖藜访故栖。
时时槐国萦魂梦，身似闲云懒出洞。兴来聊作大槐歌，祈向壁间厕其空。
吁嗟乎！
介城东有汉时槐，联袂赋诗曰几回。
他年重到大槐处，拟与群贤醉酒杯。

大槐树歌
（介休）王新之

吾家远祖植三槐，堂下森森手自栽。槐树于今资口说，嗣续散处普尘埃。
杨国又传大槐树，将信将疑羌无故。槐底居人大地迁，此间居者何方募。
人生迁徙本无常，四海茫茫皆故乡。何必误认槐安是，故土免散鸿离无。
定方即，今道旁，大槐巍巍树。或者迁民志离苦。
今忽成古古忽今，继起无人陈迹腐。遗迹至今历有年，化旧为新属后贤。
征诗镑石亭壁垩，异口同声啧啧传。君不见唐代木瓜秦时柏，汉时老槐耸百尺。
要非树垣刊石封，几何不遭斧斤厄。大槐树古志迁民，何必拘拘认假真。
周迁晋迁皆如是，普天一例昆仑尘。禹列九州置伯牧，安知不是洪洞。
误作迁民向谁询，吁嗟乎！拘儒不必苦斷斷。

古大槐树歌
张淑琳

冀州底定自神禹，声华文物重千古。尔后相传数千载，生口蕃殖民生苦。
大明有国廿一年，移民大计出户部。言者郎中刘九皋，侍郎杨靖议水乳。
遂令潞泽二州民，告愿豫燕辟榛莽。次岁洪武记甲戌，迁者一百六十户。
始由沁民张从整，应募后军都督府。佥事徐礼给田钞，回沁更募相继武。
五年李徐（佥事李恪，徐礼）再上言，验报确往迁之数。
彰德卫辉及广（平）大（名），东昌开封立新坞。
为户五百九十八，安土服俗不噢咻。十年之后效大著，部使更核晋丁簿。
太原平阳两府属，泽潞辽沁汾州五。地狭人稠生计难，分其丁口实畿辅。
永乐二载令始行，万户北京客为主。我尝三复顾氏书，兹举始末如亲睹。
遥想募集遣送时，四方男妇真蜂午。官家定有董理人，约期指地此焉聚。
洪洞野外广济寺，行人共认大槐树。他乡安乐虽忘归，此事传闻尚周普。
尔来历年过半千，庙宇早圮树亦腐。唯留经塔尚岿然，遗迹有待后人补。
清末我赴长安道，盘桓塔下几摩抚。民国纪元历四五，我复三度经兹土。
华表焕然临通衢，茶亭碑碣新建竖。借问路旁作者谁？佥称邑人景尔宇。
我虽未识景君面，雅事令人眉飞舞。我闻辛亥义旗举，娘关败衄遭外侮。
客军长驱下晋南，兵燹遍地等豺虎。独经杨邑焰骤敛，数典弗肯忘其祖。
献忠致敬张恶子，梅冈未被黄巢房。盗贼尚知报所出，岂特郑国有原圃。
抑闻元魏分东西，后周武帝幸大卤。曾移并州四万兵，安插化为关中伍。
展转迁徙布全国，愿各细考氏族谱。

古大槐树歌
（邑人）韩垧（次郊）

景君既为古槐志，劝我更作古槐歌。古槐之古不可见，下笔其如古槐何。
昔在洪武方初叶，徙民政策殊恒科。维时邑民称繁庶，颇苦口少而丁多。
廷臣佥曰徙之便，北实齐豫南滁和。北平之徙自永乐，名则保安实烦苛。
吁嗟小民重家室，讵忍弃之填洪河。大槐森然当道左，广荫盈亩交枝柯。
当徙者众萃于此，一麾去之勿蹉跎。富者连骑并结轸，贫者檐簦复荷蓑。
少者呱呱方在抱，老者星星鬓已皤。作客长辞汾水曲，还乡梦寄洪崖阿。
从此南北各分散，天汉落落群星罗。子孙繁衍经数世，有时下马重经过。
古槐轮囷不复见，相传已付汾流波。树侧古刹已尽烬，浮图百尺高巍峨。

行人到此增叹息，但见秋风动黍禾。辛亥北军方南下，长枪利刃相鸣磨。
军容肃然加竦敬，刚健一化为婀娜。五百年前家于此，闻诸故老空追摩。
桑梓之乡宜保障，牛酒况足化干戈。景君家此增感激，搜考遗闻无差讹。
建亭竖碣工点缀，玉峰黛色堆青螺。我今饥驱且累载，文字无益空轗轲。
桑田沧海倏变幻，世界俨如一刹那。安得归去古槐下，与君终朝觞咏相婆娑。

题洪洞大槐树用李白乐府将进酒韵
（解北）王调元

君不见召棠遗爱从古来，樵牧百折总不回。君不见孔明庙柏裂石发，百十千年饱霜雪。

树木树人犹如斯，历久经天比日月。吊古汉槐过洪邑，风尘策马归去来。
土人告予广济寺，古刹物化左慈杯。王相国，李天生，归车故乡停。
永乐移民议，父老走送骊歌听。忆昔洪崖垂古洞，葛仙飞升大梦醒。
人不如物同一哭，惟有此槐寿其名。景生好古与人乐，追寻古迹笑傲谑。
望霍门外竖丰碑，亭名纪念过客酌。
飞觞酒，换貂裘，依树婆婆消尘渴，请君歌曲一莫愁。

古大槐树歌
（邑人）史书言（右卿）

盘庚都亳成五邦，教民涉河迁为良。庶殷徙洛号新邑，涧东瀍西营周疆。
梁惠尽心重民食，移居河东救岁荒。秦皇并吞拓帝业，十万豪杰实咸阳。
自古迁民多政策，粤稽经史备且详。吾洪亦有迁民事，幽燕豫鲁皆远至。
稗官野史多散佚，邑乘从未载一字。父老传说尚确凿，点行曾由广济寺。
有大槐树今婆娑，维桑与梓即其地。昔去桑梓路迢迢，所向适意皆乐郊。
孙曾递衍五百载，前明前清历两朝。而今安宅成土著，不随萍迹波飘摇。
殖民有地扩民族，例如南洋诸华侨。华侨居外历年久，爱我祖国情何厚。
洪民迁徙不一方，须记本籍在山右。文献通考实录存，洪永之间曾出走。
新成县志已采人，数典何至忘其祖。复建古大槐树碑，大槐千古名不朽。
树犹如此人何堪，我常摩挲不释手。今年畿辅旱成灾，灾黎转徙尽西来。
回乡相见不相识，但道老家是大槐。槐叶零落秋萧瑟，绕树三匝空徘徊。
无枝可依仍荡析，嗷嗷鸿雁鸣声哀。吁嗟乎！莽莽神州廿世纪，大同主义方倡始。
谁非黄帝之子孙，四海足弟成一体。何分远近与亲疏，人有饥溺皆由己。

况询籍贯在一乡，当年陈朱或孔李。睦姻任恤礼宜然，肥瘠宁忍秦越视。
愿得遍种灵槐千万株，使人广庇福荫大欢喜。

古大槐樹行并序

（河北）苏毓琦（镜韩）

洪洞城北三里许古大槐书树，明洪武、永乐间，移民北平各地处也。迄今数百载，经行旅客犹称道弗衰，民国建始，兵戎倥偬荷戈者多，北平健儿，至其地，徘徊不忍去，守规律特严。乡里之念，感人至深。事平，邑人景君尔宇，醵金筑亭，贺君莘甫为文，刻石以张之。余家旧移自洪，碣载永乐二年，视洪志所记，微有先后，盖卬定居时言耳。七年绾符斯邦。逾岁，政稍暇。适次郊韩先生旋里，以诗唱酬，得句云：有约恰逢今日雨，无心偏作鼓山云。意颇自喜，今先生与李君梅峰、王君运生诸公，以大槐树命题征诗，赋长句遗之，并镌石嵌之亭壁。泥上偶然之鸿，华表归来之鹤，俯仰流连有不胜今昔之感者矣。

古杨城北邮亭路，摩挲不见大槐树。汾水东南日夜流，浪淘沙啮犹如故。
路旁车马何班班，当日移民去不还。游子大风悲故国，离歌朝雨唱阳关。
芥子须弥天地改，桃核昆仑桑田海。人生代谢今几时，乡音换尽乡心在。
新枝低亚未堪攀，嘉荫垂垂拂此间。赢得健儿双泪落，大呼齐和念家山。
妻碑深刻照间里，敬恭从古维桑梓。人民城郭总依然，鳞鳞水屋炊烟起。
搦笔留题扣锦囊，漫天黄雨落琴堂。南柯唤醒春婆梦，却笑桐乡是故乡。

第一届"根祖杯"诗词大赛获奖作品

九日归洪洞县寄大槐树

（辽宁）徐长鸿

一天摇落翠云收，萧瑟长街满目秋。
信是西风吹不尽，年年乡思系枝头。

（一等奖）

古槐颂

（湖南）朱兆麟

洪洞古槐天下奇，繁柯密叶逞雄姿。绿云盖地张翠幕，黛色参天展蛾眉。
槐生故国千龄外，秦耶汉耶忘年代。顺行其德地中升，君子积小以成大。

十围躯干励冰霜,万千根系分厥派。浩然正气塞苍冥,不以三公易其介。
叶落归根培蕴厚,根组文化流传久。怀乡念祖寄深情,炎黄华胄同翘首。
木有本兮水有源,群生受命在于天。赤子于槐敢不敬,一腔碧血荐轩辕。
神州此日春意遒,江山有待复金瓯。浩荡春恩不私物,槐荫远覆日南州。

(一等奖)

洪洞槐树歌
(新加坡)陈雪娥

君不见人有本兮树有根,慎终追远兮传子孙。黄土地兮出炎黄,称共祖兮共荣光。人问我家在何方?山西洪洞有故乡。何乡何村如云雾,只记古寺大槐树!大槐树,祖宗树,认祖归宗应不误,浓荫翠绿留春驻。家谱序文先人书,昔日移民自明初。中原古为定鼎地,群雄逐鹿如游戏。百姓四散无穷已,一时赤地竟千里。几次南迁乱如麻,闽人粤人称客家。客家一去兮不回返,其后海外遥更远。元末板荡复如此,两河一带空桑梓。一年草木比人高,十年荒丘狼鬼号。明代立国泰阶平,四海一统喜清明。山西移民向河南,家家户户抽丁男。一张麻纸到洪洞,县令遵旨疾如风。弟兄二人抽一人,一夜离家辞双亲。牵衣顿足家家哭,官催兵押敢不服?呼天天不应,喊地地不覆。平明集结古寺前,点名对册正热天。少小家穷未读书,寺名不识步踌躇。地点未知是何处,只记寺前大槐树。大槐树,祖宗树,认祖归宗自不误,浓阴翠绿留春驻。南迁移民一批批,你向东来他向西。同村一行百馀人,怀庆府里暂安身。安居不足三百年,清兵入关又南迁。八千里路云悠悠,扬州杭州到福州。历经八代清朝亡,军阀混战日月长。祖辈乘船辞家国,结义联帮下南洋。星洲狮城佳名多,正名应叫新加坡。星洲炎热苦备尝,华族团结力量强。抗辱御寇显神威,撑起星国脊与梁。独立开国振人心,经济腾飞如龙骧。星洲椰雨又蕉风,思乡常在月明中。共建祠堂敬先人,数典岂能忘祖宗!万水千山思乡路,梦中长拜大槐树。大槐树,祖宗村,认祖归宗永不误,浓荫翠绿留春驻。君若问我何地人?扬眉吐气"洪洞陈"。思乡念树兮舞婆娑,南洋为我兮起洪波。莫辞为君兮奏一典,唤作《洪洞槐树歌》!

(一等奖)

洪洞古槐歌
(福建)刘楷彬

伊昔地志阅遗文,溟蒙千载复扬尘。洪洞老槐冥灵寿,五大夫松为仲昆。
汉高汉武成异物,此独延誉传云孙。古来劫火安可免,羲和照见雷斧痕。

想当神兵施手处，辊雷赫怒恣狂奔。雌伏一世尽瑟缩，巨石千仞堕昆仑。
虬枝战罢长郁怒，拏空依旧向天阍。年多物化隳形质，倔曲犹自见深根。
可怜三世茂枝叶，佳气葱郁久更新。此亦寻常不足道，誉延口碑与细论。
运移元鼎凌谷变，宇内荆棒寡民人。三晋繁滋挥汗雨，宸钧调剂乃去频。
老槐阅人五百姓，车马轨辙来四邻。侄惚莫辨菰鲈味，共别老槐去问津。
零落黄埃耆老尽，谁复解道病中呻。归梦所萦惟此树，越声所讴惟此亲。
谁是古槐迁来客，桑梓之思要难泯。
君不见太白逆旅吟短章，举头明月故乡真。
愿兴太白九原下，长歌古槐泻琼珍。自此明月堪并美，故国乔木寄心神。

（二等奖）

金缕曲·根祖吟
（上海）杨逸明

异国花千树。恁西风、偏吹黑发，早凋无数。赤子心泉何所以？一座黄河水库，蓄几顷、浪狂云怒。回首少年剖肝胆，聚神州、意气相期侣。壶口瀑，共倾吐。

梦回灯火阑珊路。望东方、那人却在，地平线处。但愿此身成灰后，化作流星之雨，仍陨落、高坡黄土。余指九天以为正：半为伊、半为轩辕故！飘泊叶，向根舞。

（二等奖）

同学赴美留学，临别赠之以槐树根雕"归心"留念，并题小诗持嘱
（湖南）肖征山

羡尔青云路，飘洋插锦茵。
殊方勤问道，此物慎蒙尘。
叶落山山雨，根留处处春。
儿时槐米饭，犹待望乡人。

（二等奖）

瞻洪洞大槐树
（湖南）蒋昌典

问祖为汾霍，寻根认大槐。花繁香满径，叶茂绿侵阶。
不改黄肤色，宁移赤子怀。相思从此系，浪迹任天涯。

（二等奖）

归乡

（湖南）杨福林

平阳回处太行低，三晋川原纵马蹄。
山抱楼台云暧暧，花开庭院草萋萋。
天涯尽日愁风雨，故国今朝止鼓鼙。
最是乡音乡梦美，月移槐影画堂西。

（二等奖）

念奴娇·大槐树情结

（山西）时新

大河南下，越青冥、带去乡音千古。槐老霍山，长记那、汾上白云飞絮。醉里悲声，吟边愁结，尽付洪洞路。驿亭锦缆，难寻残梦归处。

情洒海角天涯，飘萍游梗，怎个思乡苦。想起鹳窝犹映月，长泪滂沱如雨。遥嘱吴郎，斫除丹桂，依阙栽槐树。举头明月，绿风吹遍环宇。

（二等奖）

题古大槐树处

（山西）杨安君

虽非衣锦却还乡，瞻仰洪崖祭祖堂。
巨擘赋成非左氏，大风歌起岂刘郎。
生离死辊情尤烈，雪砺霜磨叶更苍。
一脉绵延发千树，神州处处有槐香。

（三等奖）

洪洞大槐树

（河北）赵国山

问我祖先在何处，山西洪洞大槐树。民谣代代人相传，槐树时时心底驻。
当初种树是祖先，槐树底下有家园。世代安居多少辈，男耕女织不计年。
可叹神州多战乱，兵匪横行民遭难。频年杀伐几时休，洒遍人间都是怨。
白骨盈野只堪惊，血流成河狐哀鸣。千顷良田变焦土，万家残破少人行。
百战迎来新天子，怜我生民多战死。疆土岂忍沦丘墟，恩准移民降一旨。
圣旨一道催迁移，自古热土最难离。大槐树下亲朋在，分别宁步泪凄凄？

绳捆索绑催上路，千辛万苦无处诉。含泪回头望故乡，不见故乡见槐树。
槐树依依总多情，送别亲人万里行。从今不论身何在，记得故乡树青青，
一迁异乡千万里，遍向废墟觅新址。垦荒种地好安家，诛茅结庐人烟起。
人烟起处渐成村，世代难忘是祖根。父老犹能言往事，民谣一曲教儿孙。
物换星移几百载，故乡槐树依然在。雷轰电击树难移，风吹雨打颜不改。
雄姿不改信有神，天留此树唤亲人。祖先恩深千秋忆，槐树不老万代春。

（三等奖）

大槐树之歌
（湖南）王巨农

人爱槐龙叶，青青出晋原。
深根连海岛，巨盖覆家园。
恋本争趋树，思亲更溯源。
埙笙谐奏日，联袂拜轩辕。

（三等奖）

宿宿大槐树公园
（江苏）张世龙

望亲台上觅亲情，淡淡云开月照明。
万里风来槐下过，沙沙尤作唤儿声。

（三等奖）

踏莎行·洪洞古槐
（河北）杨路平

嘀笑萦心，兴亡入目，仙翁化此苍苍树。沧桑见惯是麻姑，纷纭世事何曾顾？
万里缘牵，千秋情注，神州高筑通霄路。欧风美雨纵宜人，漫天叶聚根盘处。

（三等奖）

金缕曲·问祖
（江苏）赵荣洲

问祖西来路，记分明，枝头挂月，叶儿连宇。梦里寻根根不见，根在神州何处？
人道是，洪洞槐树。万里秋风吹落帽，叹欺人白发难遮住。游子恨，夜听雨。
中台一脉多凭据。记当年，成功光复，继光呵护。欲裂金瓯轻手足，俱是痴

人呓语。杯已满,何时共举。唤起同胞联众手。拨乌云且待晴光吐。江海阔,百川赴。

(三等奖)

谒洪洞大槐树
(马来西亚)王纪唐

云天万里一机航,喜向槐前认祖乡。
欲问老根长几许,牵魂竟得到南洋。

读旅英友人信后却寄
(山西)王增旺

水丰物盛在伦敦,难觅青槐慰客魂。
繁茂应知惟故地,哪能随处便生根。

(三等奖)

赞洪洞大槐树
(四川)刘星灿

三晋遮阴不计年,众生繁衍始开天。
丁村遗石鱼虫化,霍岳祭台日月旋。
仰止高枝栖凤种,焕然新蕊继龙传。
泥香来自归根叶,人溯先宗水溯源。

(三等奖)

洪洞大槐树
(甘肃)张嘉光

华盖擎天百亩阴,抓岩破土扎根深。
叶翻奏响摇篮曲,枝动掀开慈母襟。
故国文明兹处始,先民踪迹此中寻。
悠悠华夏同源起,耿耿情怀一样心。

(三等奖)

思祖怀乡
（湖北）刘耀武

探家几日又离家，回望大槐泪眼花。
故土飞尘仍恋我，沾衣相送到天涯。

（三等奖）

第一届"根祖杯"诗词大赛入围作品

海外归来
（美国）刘国城

落花风雨又经年，几向重洋眼欲穿。
去国常怀忧国梦，思乡怕咏望乡篇。
忽随鹏翼临沧海，更驾云霓飞碧天。
最喜舷窗凭眺处，烟峦尽是自家山。

留日感怀
（陕西）金中

君中爱神灵矢无？痴情但觉女郎姝。
胸怀澎湃殷红血，心意分明莽黑奴。
奔放诗魂游五岳，依稀春梦到三吴。
异邦丈室萧然壁，高挂雄鸡大版图。

咏故乡槐
（安徽）李俊伴

海天遥问故乡槐，频托征鸿衔叶来。
惆怅双亲坟上草，蹉跎一世腹中才。
窗前对酒犹含泪，灯下敲棋难遣怀。
劫后通关何绕渡，归心唯愿雾云开。

洪洞寻根谒大槐
（湖南）刘多寿

水源木本总萦怀，情系炎黄谒大槐。
我亦大槐枝上叶，为光根祖送青来。

洪洞大槐树
（山西）武正国

百尺高槐根作基，人行万里念回归。
成群结队思乡鸟，每至清明绕树飞。

古槐吟
（山西）张俊杰

身披黄土走天涯，耿耿民心国与家。
满淌漳汾离井泪，遍开吴越拓荒花。
神州尽聚寻根热，台湾频催拜祖槎。
须解槐荫无尽意，枯枝岁岁发新芽。

槐树恋
（湖南）贺刚

几度凭栏望故乡，家山渺渺水茫茫。
萦怀旧友频成梦，对镜青丝半著霜。
月照轩窗思绪苦，天斜孤雁唳声长。
多情最是大槐树，牵尽离人九曲肠！

槐荫寻根行
（山东）张增祥

清明三月艳阳天，溪流冰消荡微澜；东风吹落桃花雨，绿肥红瘦柳含因。
太好春光寻何处，洪洞知名大槐树；历尽风霜势不衰，挺拔葳蕤招客聚。
车毂扬尘四方来，十万游子共举杯；相逢追溯前朝事，问祖情思涌心怀。
忆昔兵燹乱不止，水旱蝗疫迭次袭；天灾人祝两相侵，黄淮赤地几千里。
太行吕梁万仞高，屏障三晋喜丰饶；物阜民康人丁旺，皇家移民颁御诏。
大槐树下人集结，广济寺前画名册；凭照发毕早登程，钦差驻足催不歇。
风萧萧兮汾水寒，故土一别不复还；临行佛前三炷香，默祷平安口无言。
北雁南飞横天杪，鸣蛩啼晚烟如扫，荒桥古道行匆匆，望断乡关秋色老。
路漫漫兮步远程，朝坡晨曦暮戴星；"计民授田"破野，根扎齐鲁庆新生。
瞬间已历几百载，儿孙繁衍展风彩；时逢盛世人思乡，寻根洪洞缘不解。
佳节祭祖春融融，香烟缭绕殿堂中；屈膝参拜遵古仪，苍槐根连情浓，礼罢牵手长街走,古城新貌千般有;楼厦栉比百业兴,凤举龙骧倾心久。
君不见、汾水清清意绵绵,移民后裔藕丝牵,
祭祖归去临歧路,共祝华夏一统金瓯圆。

西江月·根祖颂
（湖南）石毓根

雨打六朝兴废,风吹九棘荣枯。
峥嵘岁月几乘除?来证人间根祖。
海角浪平涛静,天涯日暖云舒。
休因宿雾误歧途,晏了天伦团聚。

台胞寻根报祖
（台湾）刘治庆

槐树千秋荫子孙,台胞跨海晋寻根。
中华史迹斑斑在,上国衣冠处处存。
喜见群伦排绿党,欣看众族振黄魂。
施行两制繁荣共,兄弟相亲报祖恩。

水调歌头·寻根问祖
（山东）张学明

洪洞一槐著,闻在寺中繁。驹光荏苒千载,遐迩众情牵。多少炎黄儿女,远道骖麟驭凤,问祖殿堂前。一瓣心香祭,归梦落晴川。

天上水,边关月,续前缘。山河作证,犹记先辈八荒迁。古道商飚漫卷,何惧飞沙扑面,异地赋新篇。游子归根日,共祝九州圆。

沁园春·洪洞游
（福建）李国梁

醉也何妨,送目登楼,枕石听泉。此晋南胜境,风姿绰约;叔虞故里,气象悠然。山舞青霞,花喧紫陌,春浸新渠古道边。惊桑海,喜红灯高挂,辉映心田。

乡音叩梦无眠,倚槐树芳斟月正圆。恰舟摇塔影,铃声荡漾;车驰市井,商贾蹁跹。祖地寻根,增华踵事,民族之魂贯九天。情酿酒,对金瓯美景,能不流连!

别大槐树
（辽宁）陈文杰

故园一别步迟迟，泪眼回看霜叶披。
老树千秋犹带血，杜鹃夜夜抱枝啼。

题洪洞大槐树
（湖北）李明华

征鸿归日织秋光，暗把朝霞一树妆。
片片叶飞如致信，莫忘根祖在槐乡！

拜槐
（湖南）廖铁

移民去国走天涯，问祖寻根认老家。
古大槐前千百拜，方知我是小枝芽。

大槐树感怀
（山西）李慧英

汾水之滨古道旁，大槐树下话沧桑。
多年老鹳栖飞地，数度移民集散场。
出秀分枝难见面，归根落叶又还乡。
同胞厚谊当珍爱，骨断筋连莫阋墙。

闻侨胞至大槐树举行联宗活动有感
（山西）李伯伦

命寄一风吹，离枝味最苦。
飘零过大洋，不敢忘根祖。

洪洞山水
（浙江）林峰

云外青山何渺茫，门前流水是柔肠。
柔肠长绕青山转，水到天涯是故乡。

古槐歌（并序）

（新疆）万拴成

我冀中乡里十字街头有一古槐，树冠如盖，荫蔽二三亩；树干数人始可围抱；中空，可藏二三童子。传说先民离洪洞县时取籽而种，树龄已达数百年，远近闻名，惜"文革"中被当作"四旧"砍伐焚烧，悲哉！

十字街头古槐树，遮天蔽地二三亩。铁干龙鳞数十围，树空童子"藏猫虎"
树前绰绰成广场，搭台时唱梆子腔。斗棋品茶槐荫下，说古道今享清凉。
闻说初民洪洞来，洒泪依依别老槐。向阳枝头取槐籽，落脚之处细细栽。
秋霜冬雪三春露，黄童白发勤浇护。瓜瓞绵绵成村落，幼苗长成遮天幕。
黄鹂关关唱春曲，布谷声声令布谷。父老耕罢歇困乏，路上行人避风雨。
铁钟千斤蛟龙盘，铭文铸自义和团。自古高挂横柯上，一声轰鸣百里传。
卢沟桥头起狂飚，抗日烽火冀中烧。铁钟声声聚豪俊，十字街头举枪刀！
日寇豺狼心毒辣，杀人放火抢牛马，米面细软堆成山，乡亲驱赶槐树下。
壮士被捆"倒背剪"，刺刀拍背血花溅，刀痕累累伤我心，父老掩面不忍看。
地道纵横藏蛟龙，天兵何处起杀声？英雄啸起青纱帐，杀得鬼子无影踪。
抗日勇士遍平原，终教日寇举降幡。树下连唱庆功戏，《血泪仇》和《王秀鸾》。
村中父老感恩深，时向槐树祭忠魂，兰香三柱折腰拜，高揖祖荫护乡邻。
忽降天罚人相斗，槐树同悲祸同受。翁郁芳馥数百年，一夜风来成"四旧"。
宵小向槐挥刀斧，劝声怨声浑不顾。刀劈斧剁轰然倒，满树枝叶泪簌簌。
全村父老只远观，咬牙切齿不敢言。书画同焚等秦火，化作满街滚滚烟。
滚滚浓烟不想去，村头屋角久盘纡。从此烈日无遮挡，行人无处避风雨。
三中全会开言路，十年积怨方一吐。大骂宵小不良心，砍我怀乡思祖树。
一人走来笑盈盈，能让古槐再重生。当年偷得老树种，十年已成树葱茏。
村民奔走喜相告，带土移来争分秒，家珍国宝失复得，儿童绕树拍手笑。
一树三代灵寿长，燕赵悲歌唱尾章。冀中根接洪洞县，华夏子孙共荣昌。

大槐树下忽忆去台之壮丁

（湖北）挣续斌

少小离家今老翁，乡关难见泪蒙蒙。
岛中野草年年绿，梓里桃花岁岁红。
夜念亲人常入梦，日思故友几登峰。
一轮明月长天照，兄弟何时此处逢。

洪洞故园情
（山东）苏振学

大槐树下凤来仪，万里寻根遂愿时。
海角天涯多少梦，一枝一叶总相思！

思乡
（山西）张红

山光水色尽伤神，异域终输梓里亲。
一棵洪洞大槐树，根牵多少断肠人。

古槐吟
（安徽）吴旭林

古槐依旧绿，愧我祭来迟。
海上云消日，重瞻慰所思。

洪洞拜大槐树
（印尼）赵永刚

且把清蒩作祖堂，槐前一拜泪千行。
此身行作他乡土，回首风波倍断肠。

洪洞大槐树怀古
（四川）叶锦文

晋地千年树，中华历史碑。
寻根怀祖德，垂荫庇孙支。
裔嗣雄当代，江山胜昔时。
遥祈孤岛客，早日择归期。

唐多令·寻根
（山西）赵鼎新

世代递相传，洪洞是故园。念移民，六百年前。木本水源难忘记，情切切，意绵绵。
汾水自潺潺，古槐根未残。看新枝，势拂云天。千里归来同祭祖，追往事，几悲欢。

台湾老兵清明节思归祭槐祖
（海南）阮应天

物换星移春复回，清明岁岁令心哀。
何时日月潭中水，汲一瓢归浇祖槐。

蝶恋花·流芳
（广西）梁瑞光

千里寻根思祖树，我把梦魂，刻在碑亭处。幸得梦魂刊载入，寸心万绪能雕塑。
一朵槐花一包土，惜别乡关，远下东吴楚。四海三江香暗渡，流芳漫上五洲路。

忆秦娥·念游子
（山西）陈桂花

波渺渺，天涯海角音容杳。音容杳，雁回天际，雾遮云绕。大槐树下相思老，望穿秋水心如绞。心如绞，为伊遥伫，待归来早。

洪洞大槐吟
（辽宁）汤和伟

立地擎天华夏根，千年播绿染乾坤。
若非后辈怀先祖，九域何多槐树村。

双亲机场送别
（香港）何祥荣

秋日披星起，孑然直北行。
金风磨眼倦，铁翼破云轻。
游子三年梦，春晖万世情。
山楼窗下渺，何日是归程。

蝶恋花·思乡鸟

百尺高槐临甬道，错节盘根，郁郁园中俏。枝上槐树春又笑，迎来队队思乡鸟。
万里风尘生树杪，古调乡情，洗尽人间噪。绿水青山成大道，寻根问祖回归早。

洪洞古槐颂
（湖北）洪源

高原热土育灵根，翠盖如云世共尊。一自客家迁徙后，长牵游子梦中魂。

鹊桥仙·中秋
（新加坡）王志伟

玉光添彩，银波分浪，月上中天如昼。今宵对景最思亲，峡对岸、亲人知否？盘堆甜饼，杯斟美酒，父老同声问候。神州人月共团圆，不知道、还须多久？

蝶恋花·一掬故乡土（并序）
（河南）胡吉祥

前年清明节，余到洪洞祭祖，偶遇一年逾古稀之台胞。他自言祖根在洪洞，明初迁居豫南，20世纪40年代再迁台湾。这是他平生第一次到此寻根，并带回一掬故乡土作留念。余为此事所感，遂填《蝶恋花》词以志之。

忆昔洪洞尊始祖，先徙河南，再徙台湾府。万里思根朝复暮，而今喜拜大槐树。袅袅香烟穿薄雾，遥望归程，漫漫天涯路。老鹳滩前留恋处，包回一掬故乡土。

海外秋槐
（河北）谢文合

疏柯岁岁浣秋风，我的家在远东。
再度烦君捎落叶，真情一片寄洪洞。

祭轩辕
（湖北）揭封五

洪洞青山秀，古槐独占妍。
炎黄多睿智，兄弟有情缘。
中镇一抔土，东瀛半壁天。
问根寻落叶，祭祖慕轩辕。

为参加"根祖杯"诗词大赛而作
（河北）王晓立

家有大槐树，流传几百年。

枝繁浓蔽日，干直挺摩天。
游子千山近，乡情万水绵。
亲朋行处有，洪洞是因缘。

赞大槐树
（湖北）骆亿年

历尽风霜不计年，功勋处处口碑传。
古槐一本枯荣史，黑发黄肤世代看。

赞山西洪洞大槐树
（台湾）万清华

欣闻洪洞大槐树，高耸云端欲顶天。
雨露均沾枝益壮，风霜久厉干尤坚。
象征唐汉春秋盛，荫庇炎黄子女贤。
伫候河山归一统，寻根问祖我来显。

洪洞大槐树
（辽宁）郑雪峰

苍苍老干色如铁，儿孙几辈曾攀折。
临陌繁枝荫碧云，藏鸦疏影摇寒月。

游子吟
（安徽）谢清泉

炎黄裔胄遍全球，浮海归来载梦游。
心向洪洞思远祖，大槐一树荫千秋。

致远嫁山西故家的次女
（宁夏）秦中吟

次女秦风，大学毕业，远嫁山西，诗以励之。

汝还先祖地，为父不心伤。
叶自归根本，花应向太阳。
古槐荫秀翠，春雨润芬芳。
结果同甘美，亲人梦亦香。

遥拜洪洞古槐
（吉林）苏雨智

古槐嘉树立汾河，历尽沧桑日月磨。
先祖当年从此过，回头几望老鹳窝。

万里天涯恋祖根
（安徽）金嗣水

天涯一叶独飘零，梦里村头槐树迎。
喜见儿时好同伴，千言万语是乡情。

谒大槐树
（山西）李增山

见树无须问祖家，归人泪湿鬓霜花。
荣枯莫与前朝事，都付寒枝噪暮鸦。

问根
（广东）李泽宣

贫富无忘孕育恩，花开花落总留痕。
大槐万世撑天宇，枝系寰瀛叶问根。

赤子心
（海南）梁光

拜祖寻根万里来，礼轻自愧口难开。
提壶宝岛温泉水，赤子虔诚献大槐。

读去台老兵来信随感
（湖南）曹百灵

背井离乡年复年，寒灯独夜苦熬煎。
愁肠百结无由解，清泪两行只自咽。
去国犹怀汾水古，寻根怕梦大槐迁。
嗟今已作龙钟态，何日归帆祭祖先。

解手的由来
李杰生

人因吃饭和喝水，大便小便是常规。为何统称叫解手，需从迁民讲来由。
元末明初很混乱，两河山东多灾难。人民逃亡万万千，到处荒芜断人烟。
洪武年间天下定，移民垦荒大事情。当时山西人烟稠，由此迁民有来由。
多次迁民千万户，集散洪洞大槐树。因为大家不愿意，所以迁民是强制。
不分男女和老幼，各绑一手怕跑丢。人多路远走得慢，你屙他尿喊不断。
你叫给我解开手，想屙憋的无法走。他喊要求手解开，撒尿完毕就回来。
天长日久如此喊，看押人员不耐烦。言说只喊给解手，拉屎撒尿莫上口。
解手喊的成习惯，大家一听都了然。迁居以后得自由，解手仍挂嘴上头。
逐渐传到各个省，不用解释都能懂。此后解手成代号，不是拉屎就撒尿。
解手一语很文明，拉屎撒尿多难听。谁知此语有故典，昔日迁民苦难言。

第二届"根祖杯"诗词大赛获奖作品

庭中槐树
（河南虞城）孙付斗

一树金黄取次开，浓荫如盖覆苍苔。
老来方解严亲意，满院清光只种槐。

（一等奖）

游子吟

梦驻魂留不愿醒，大槐荫覆小茶亭。
根犹故土何曾断，话是乡音最耐听。
欹枕五更长似岁，凭栏百岛小于星。
青枝绿叶仍相待，海雨天风怨鹳鸰。

（广东高州苏俊）

（二等奖）

返乡留句
（浙江台州）王莹莹

游子情怀处处同，十年风雨惯匆匆。
可怜诗笔徘徊久，一段乡愁写不工。

重九思归

欲问归期枉自伤,长年辗转又重阳。
宁如几片飘零叶,好借秋风入故乡。

月夜寄怀

遥望银河绪未宁,十年辗转作飘萍。
故乡恰是一轮月,客子犹如万点星。

(二等奖)

青玉案·寻根大槐树
(山西清徐)高中昌

翠云霭霭谐春步,更托起,思无数。六百年前伤别路,一番离散,几多风雨,剩有青如故。

天南地北乡思旅,暖暖烟霞眷晨暮。千里关山携梦渡,谁人解得,情为何物,泪湿根深处。

(二等奖)

洪洞大槐树
(南京市)舒贵生

一树烟霞绕,万方魂梦牵。枝如新凤鬻,根似老龙眠。
祖脉三千里,宗风六百年。归心期合抱,身手共擎天!

(三等奖)

大槐树下
(河北)朱志国

多年羁旅系槐乡,一脉源流信也长。
启德已然弥九域,扬帆应是过重洋。
离歌昔日曾分鬻,盛举今朝赖共襄。
自有馨风传不朽,归来依旧汉衣裳。

(三等奖)

金缕曲·寻根
（重庆）文伟

漫漫天涯路。向家园、登高长眺，水横山阻。转絮飘萍孤零雁，梦里乡关何处？欲说起、清愁无数。最怕子规斜阳里，一声声、唤不如归去。落叶下，念根祖。

洪洞月色应如故。照当年、县中迁客，离乡背土。不尽汾河游子泪，流到如今更苦。这次第、何堪回顾？七（百）年间情犹在，割不断、血脉同宗谱。老鹳在，大槐树。

（三等奖）

故乡
（黑龙江）张智深

官街酒巷柳婆娑，疏雨飘寒梦未磨。
几度归来秋色里，新楼渐比故人多。

（三等奖）

谒大槐树
（广东省）王连生

客梦三千里，归程六百年。
新槐无鹳影，惆怅夕阳前。

（三等奖）

洪洞大槐树歌——代移民后裔言

大槐树，大槐树，回首朝朝与暮暮。几生几世不相见，青青槐色应如故？
故园洪洞旧冀州，千年百年梦中晤。洪崖斩断岩险峻，古洞连云仙人渡。
伏羲卦画女娲陵，岁时礼拜酹清酤。皋陶律例万世仰，师旷贤高为乐傅。
百里晋阳连霍山，山下人家山上墓。畇畇川原走高低，时见大泽飞白鹭。
夜半钟声广胜寺，诲慈劝善千家喻。春风早发大槐前，袅娜绿穗不胜数。
夏蝉戛戛掩清昼，槐阴氤氲浮绿雾。五月麦风熟且香，挑担推车槐下遇。
遇见不觉话长短，槐花零落散成雨。雨里寒秋复冬至，槐叶汁滓可咽哺。
哺食老鸹多慈性，巢枝累累叶间住。不识阆苑琼仙枝，但感槐功胜春煦。
愿槐成市月常圆，奕叶无尽共依附。
依附未觉世沧桑，岂料圣谕来堂堂。敕令本土迁外土，要认他乡作故乡！
爹娘搥胸跪地悲，妻子儿女泪如浆。欲去不去争奈何，官如虎豹兵如狼。

老槐树下领凭照，广济寺钟敲残阳。声声饮泣烂脾肝，前路未知何茫茫！
替人争鸣不平事，老鸹哑哑声嘶伤。不知此别成永别，盘枝向人久回翔。
回首已隔断村烟，槐树依依村路旁。槐叶一瓣沾泥土，如珍如宝随身藏。
渐行渐远渐无泪，凄露寒风满山冈。汾河水急怒喧腾，秋云薄薄怜衣裳。
不似昭君出紫塞，犹能琵琶语仓皇；不似金盘辞汉日，犹有高轩为盛装。
回风吹转殊路雨，低头束手如牛羊。挥泪拭汗惨不能，仆仆尘中出吕梁。
队队缰绳执絷紧，解手也未得寻常。行久趾甲都碎裂，斑斑血染土苍黄。
乡亲分散各天涯，胼手胝足去垦荒。坎坷万事皆等闲，记得故里慎莫忘！
故里遥遥隔梦里，乡思深深入骨髓。老槐树下春如何？触手仿佛在咫尺。
便植槐树绕屋舍，时时得见黄花蕊。花蕊纷纷开且落，人生代代无穷已。
艰辛营造辟乐土，草木禽虫化角齿。江山风云每多变，惟有乡思不能弭。
岁节皆向晋南望，槐阴树下焚香祀。嘉翠参差通情感，蒲柳白杨焉可比？
渺渺乡关归何处，儿孙多向槐间指。鹊飞鸟语亦有恨，何时归认原乡梓？
乡梓千山万水赊，古槐树根尚槎枒。历久经天同灵椿，如葆如盖浓荫遮。
如今秀色剩想象，古槐碑前认故家。故家烟湮不可究，黯然倍对夕阳斜。
乡亲倒屣喜相迎，双手捧来杨县茶。感慨萍踪叙故事，声声欢喧同鹳鸦。
指看古槐根脉广，腾腾又抽新枝芽。新芽粲然竞春风，几日成荫荫更佳。
若非灵木庥庇远，怎得绵绵咏爬瓜？登高眺望慰相思，入眼新景堪甚夸。
霍泉洋洋接汾水，玉峰巍巍认不差。愿景长好春长在，惠风福荫遍迩遐。
屯云交翠多瑞色，新槐再享万年华！

（三等奖）

瞻洪洞大槐树
（湖南）罗金龙

蟠根无语阅沧桑，撑出炎黄一脉长。
阿里山头人尚在，也来寻迹问槐乡。

（三等奖）

老槐
（江苏）汤俊峰

遥思故土又凝神，碧野花红景色新。
我自归来槐不识，却将游子当游人。

（三等奖）

清明寻根
（山西）高海生

皴身犹泛旧时苔，三五老鸹鸣古槐。
又是清明城外路，寻根人自四方来。

（三等奖）

怀大槐树移民
（山西）李江明

一别乡关赴九荒，此生归路已茫茫。
拼将血汗浇贫土，舍却身家固远疆。
埋骨常思桑梓好，种槐空惹露华凉。
百年兴替惟民苦，青史可曾书几行？

（三等奖）

槐树情
（北京）王跃平

相连血脉断难侵，团聚情真别更深。
老树枝枯根尚在，感召四海未归心。

（优秀奖）

念奴娇
（天津）耿振元

海空澄澈,算飞鸿,难寄神州风物。万里汪洋长隔阻,只恨当时轻别。辛苦征程,他乡孤旅,寂寞纷如雪。天涯从此,丹心难与人说。

望断万水千山,劳劳魂梦,迢递归心切。记得苍槐应合抱,又是落花时节。潘鬓催生,沉吟易醉,耿耿愁难灭。危楼还上,遥看沧海明月。

（优秀奖）

根祖思
（沈阳）马建勋

枝繁晋土蕴深根，四海同宗一树魂。
遥路时闻惊夜鹳，积年独倚望乡门。

离愁不落窗前月,旧梦长衔陌上村。
隔世春风今又现,青葱无语解心痕。

(优秀奖)

洪洞大槐树

(湖北通城)李宏伟

此地槐根即祖根,根须遍布地球村。
问其根系名和姓,复姓炎黄号子孙。

(优秀奖)

金缕曲·槐树吟

(安徽安庆)丁纯

故土何能别。念当时、家园破碎,鹳鸣幽咽。欲拭秋霜纷作泪,古寺洪崖悲彻。行路远、回眸深瞥。槐树依依情万里,暗叮咛、滩险平安越。愁国夜,对孤月。

而今游子归来切。浸乡思、寻根问祖,此心犹热。汾水如歌萦入耳,似见亲人欢悦。六百载、浓荫层叠。历尽沧桑昂然立,乘春风,喜把神州阅。扬正气,普天澈。

(优秀奖)

水调歌头·题大槐树

(河南洛阳)李兆海

梦系汾河水,魂绕吕梁山。由来何处,只在苍郁老槐前。漫赏经幢照影,细读碑亭题字,感慨有遗篇。茶室凭窗坐,叙旧话同源。

诗助兴,心明志,鸟争喧。洪崖古洞,南北相合两悠然。先祖离乡创业,后裔寻根寄语,勤勉未偷安。历数天涯客,报国共拳拳。

(优秀奖)

浣溪沙·洪洞寻祖感怀

(河北清苑)陈双田

思土怀人泪有痕,乡音族脉总萦心。知恩念祖系长根。
老鹳窝中同梦暖,大槐树下共荫深。认亲何用验基因。

(优秀奖)

还乡见祖屋老树
　　（成都）伍蔚冰

夔橙先父植，其日正当春。
佼佼远来树，翩翩初长人。
一生无著述，满腹是经纶。
化此清芬气，年年飨四邻。

（优秀奖）

洪洞大槐树寻根
　　（山东武城）李葆国

村前村后落槐花，轻抚盘根认老家。
青瓦门墙石碌碡，紫藤院落旧篱笆。
人行万里不忘祖，水绕千遭仍系槎。
雁过几多慈母泪，每牵魂梦到天涯。

（优秀奖）

敬谒山西洪洞大槐树
　　（辽宁阜新）邓世广

人有乡心树有根，万方咸颂此方尊。
庭槐长系家山梦，杜宇难招故国魂。
拜罢三躬萌百感，会须一醉饮千樽。
香烟不尽氤氲意，似把真情告子孙。

（优秀奖）

满庭芳·大槐情
　　（广东）陶利

　　心铸根牢，情钟枝茂，老鹳窝上云开。翠韶春意，谁为巧安排？重趁烟梢露叶，风亭下、同置樽罍。怜芳信、参差万绿，谁伫望乡台？

　　高槐，凭认作，江山脊柱，民族筋骸。任沧海成田，不改襟怀。望极关河万里，明月夜、人在天涯。清阴里，茶香酒熟，游子合归来。

（优秀奖）

槐香

（广东高州）苏王曦

最难忘是古槐香，一缕能教一断肠。
更着秋风吹入梦，天涯谁个不怀乡！

槐根

最难忘是古槐根，一寸能招万里魂。
我亦有家隔东海，白头无计答亲恩！

槐枝

最难忘是古槐枝，一段平生未了痴。
守到梢头明月上，人天无夜不相思！

（优秀奖）

洪洞祭祖

（黑龙江）张德新

心香系着大槐魂，细数年轮当有痕。
骨肉虽离汾水远，沧桑难解霍山恩。
千秋过后弘家国，万里寻来龙子孙。
一旦春风能约定，天涯何处不生根。

（优秀奖）

浣溪沙·乡思

（南京市栖霞区）钟振振

风雨不挪老鹳窝，洪洞县里好人多。大槐树色近如何？
乡恋难凭花打发，客愁只借酒消磨。举头奈得月明么？

（优秀奖）

满庭芳·寄怀洪洞大槐树

（广东）苏些雩

古树谁栽？先民谁荫？几回遥望星辰。大槐依旧,风雨扎深根。长记当年驿道，天涯是、各逐征尘。空凝伫，夕阳西下，鸦雀噪孤村。

乡魂！藏梦底，中宵企盼、嘉木欣欣。纵相隔千山，一脉能分？若有朱弦锦瑟，当奏响、《龙的传人》。倾情听、五湖和唱,容我舞缤纷。

(优秀奖)

洪洞大槐树
(湖北省)罗衷美

寻根万里唱金瓯,山水峥嵘见晋州。
一树槐花香四海,八方龙子仰千秋。
惯看异域风霜老,非复当年涕泗流。
惟愿而今无战火,新新世界作环游。

(优秀奖)

洪洞老槐树寻根
(湖南)吕可夫

开枝散叶老槐根,每到清明更断魂。
六百年来香火盛,磕头皆是树儿孙。

(优秀奖)

无题
(杭州)何智勇

我住北山阳,君生南水浦。
谁知是一家,根在大槐树。

(优秀奖)

题古槐
(浙江玉环)林郁

形销骨犹立,气在脉长存。
风雨千年后,万方归一根。

(优秀奖)

名家诗咏

颂大槐树
苗波

古槐根深布华夏,炎黄子孙爱中华。
树高千丈叶觅根,遥指槐荫是我家。

大槐树下寻根来
马少波

幼时祖训常记怀,前代晋人入蓬莱。
今日有缘回尧地,大槐树下寻根来。

古槐怀古忆故居
寒岳

祖居古宗彰德府,家庙祀在东南营。匡扶宋室三朝相,洹水侧畔有祖茔。
靖康外掳犯天阙,亲族慷慨论抗金。国破城沦哭无泪,庶民迫走避蹂躏。
南走海南文昌县,西去洪洞万庵邻。辽取金夺盗匪起,宋亡明乱元掠城。
遍野奸杀鬼蟠照,十室九亡一户空。百年争战中原苦,千里白骨野蒿生。
晋域相安勤耕读,衍生十代无相争。一觉洪武定天下,开发中原大移民。
押解流得古槐泪,离故回乡念故人。亲缘相亲难相伴,海教洪洞忆槐荫。
滏阳河源安新舍,遥拜二地先祖灵。乾韩一转六百载,一代朝野一代臣。
五湖四海宗族旺,八百余年百万民。今日西来访故土,哪为宗源哪为根。
安得人民掌天下,论遍华夏全姓中。

杂咏
刘观臣

明初怀庆尽蒿莱,洪武移民代代传。
筚路蓝缕启山林,祖先业绩何伟哉!
派衍洪洞匾高悬,信面有证非虚传。
始祖刘成古杨来,绵绵瓜瓞人三千。
惟桑与梓必恭敬,诗有明言铭吾心。
饮水思源源何处,大槐树下是乡亲。

赞古槐

(河南坠子)

王金榜

说的是千载巨槐屹洪洞，她祖孙三代同根生。一代古槐已不存在，二代古槐是干枯荣，三代古槐正茁壮茂盛，象征着洪洞人民要振兴。古槐虽然在洪洞，古今中外享盛名。若知为何声誉高？有一段故事讲得清。

元朝末年天下乱，军阀混战闹得凶。瘟疫传染遭荒旱，六粮不收遭年成。黄淮流域灾情重，赤地千里无人行。朱元璋建立大明朝，徐达奏本献朝廷：迁民屯田开荒地，强国利军富百姓。有道的明君准了本，一道圣旨到洪洞。洪洞县文明古老多繁华，在全国人口密集很有名。派出钦差到洪洞县，迁民局设在洪洞城。

城北二里广济寺，古槐树下扎下营。出榜文，贴告示，晓喻洪洞众百姓：响应号召愿前往，都到大槐树下来报名，登记造册领路费，迁民局发给通行证。洪武五年开始迁，直到永乐年间停。先后共有四十载，分八批往那东南行。河南、河北、安徽、山东，分布四省安百姓。经过历史五百载，人口变迁真不轻。

洪洞的迁民遍全国，还有海外侨居去谋生。内蒙古流传一副对，世代相传记得清："若问家乡在何处？山西洪洞大槐树。"大槐树后裔有特征：小拇脚指甲是复型。是古槐后裔脱鞋看，实践验证是真情。走起路来背抄手，都是大槐树后裔的特征。槐裔民族多古老，繁衍全国多闻名。后裔要继承古槐志，发扬祖先的好传统。坚强勇敢多勤劳，誓做四化的开路兵。紧密团结跟党走，奔向光辉的锦绣前程。

游古大槐树处有感

(洪洞) 孙丕康

一

辛亥义师赴晋南，朔方士座念家山。
秋毫不犯安如故，罗拜邮亭尽解颜。

二

先世钓游汾水滨，古槐荟萃纪迁民。
遥瞻祖国重回首，遗爱甘棠语凤因。

浣溪沙·洪洞大槐树清明观鸟

(山西) 武正国

节值清明月待圆，大槐树处显奇观，思乡飞鸟准时还。

结队盘旋宗庙顶,成群降落老枝端,众人仰望尽叹然。

洪洞大槐树
(江苏)丁芒

大槐树下说移民,海内儿孙散若星。
发展原为人本性,寻根何必忆飘零?

大槐树
(山西)马斗全

古槐故里古杨侯,六百年来说不休。
为是动人乡思树,曾传枝叶满神州。

洪洞大槐树即兴
(山西)李旦初

万里来寻老鹳窝,大槐树下泪滂沱。
归途不做南柯梦,只为乡音此地多。

为洪洞大槐树清明飞来万余只"祭祖鸟"而作
(山西)张希田

曾迁鲁豫达幽燕,历尽沧桑数百年。
已令淤河重改道,复将荒野再回田。
常思郁郁洪崖秀,尤念郯郯霍水鲜。
今日寻根大槐树,枝头栖鸟或前贤。

老槐树
(山西)谢啟源

大树根深最月情,归来游子祷心声。
不分香火多或少,祖荫护佑看其诚。

大槐树根祖歌
(山西)郭述鲁

霍山霍水润槐根,千里绵延万里伸。
破土槐芽吐新绿,天涯何处不儿孙。

大陆台湾一脉承，炎黄同种更同文。
任凭李扁搞分裂，难断胞波共祖心。

访洪洞大槐树
　　（山西）戴云蒸
绿女红男结伴行，大槐树下忆缘情。
伤心洒泪天涯去，嘉木生根四海荣。
祭祖寻源查姓氏，思乡品茗念群生。
故园风景蝶飞舞，骨肉同胞心共鸣。

大槐树
　　（山西）张灯
先祖居何处？洪洞大槐树。
枝枯根不断，代代青春驻。

大槐树寻根祭祖
　　（山西）王相军
昔闻故老散家乡，今上苍槐一炷香。
但愿人间消祸乱，不教骨肉离别伤。

大槐树
　　（山西）周毅
大槐树下客如流，祭祖堂中烟气浮。
喜看寻根掀热浪，谁来不带几钱油。

洪洞
　　（山西）马乃骝
古槐树下沐慈庥，念祖东迁饥困愁。
纵使蓬飞千万里，槐阴不忘护村头。

洪洞行
　　（北京）马少波
幼时祖训记心怀，前代晋人入蓬莱。

今日有缘回故地,大槐树下觅根来。

古槐寻根
（吉林）张福有

朝欣壶口瀑花黄,夜宿迁民槐树旁。
怕是从今思故里,一声别去泪千行。

大槐树移民纪略
（山西）王志华

忆昔元末战乱年,中原板荡少人烟。惟有河东天独厚,免受兵燹生齿繁。
迨及永乐成化间,九次移民实中原。豫鲁陕甘觅新土,南及淮海北幽燕。
为人谁不恋故国?背井离乡实堪怜!中原榛莽赖以辟,中原丁口得从蕃。
明季清兵下江南,弟发屠城肆凶残。辗转流离再播越,闽浙湖广及台湾。
至今心如返乡难,每依南斗望家山。极目故土大槐树,心香一瓣祝南山。

游观洪洞大槐树
（芮城）高建中

洪武雄才地域开,移民泪洒望乡台。
旧家水土难忘却,世代寻根谒大槐。

访洪洞大槐树
（山西）魏红

驱车冒雨访槐乡,祭祖寻根意兴昂。
古树已随沧桑去,却留传统永绵长。

洪洞祭祖节
（绛县）薛胜保

堂前罗拜寂无声,缕缕香烟缕缕情。
四海五湖同此祭,千枝万叶一根生。

参观洪洞槐树重读毛泽东祭黄帝文感赋
（晋城）柏扶疏

常忆桥山祭祖陵,一文读罢寇能平。

纵无龙阙传龙种,深信凤巢珍凤声。
百姓根归老槐树,万方人聚大家庭。
炎黄二字行天下,海角长存棠棣情。

鹧鸪天·洪洞大槐树怀古
（临汾）翟耀文

溯本追源流泽长,碑房矗立对斜阳。
今朝想见当时苦,古树犹存异代霜。
儿觅父,女呼娘,官催兵逼景凄凉。
后人祭祖寻乡里,只认槐乡是故乡。

题大槐树
（洪洞）景北记

遥指苍槐认故乡,寻宗问祖荐心香。
脉承霍岳文明远,根系河汾流泽长。

题大槐树
（浙江）钱明锵

朝宗访胜入槐乡,先祖家乘姓氏香。
嘉木浓阴笼四海,寻根数典溯源长。

槐乡春身三章
（洪洞）景北记

一

空径落红雨,碧枝绕白云。
游人谁不醉?香气满衣襟。

二

春水蛇行远,汾湾树戴花。
几行细细雨,都落菜农家。

三

几丝杨柳雨,一缕杏花风。
万物知时节,逢春祖七情。

癸未清明古大槐树处书所见

（洪洞）景北记

祭祖堂前泪眼开，旧曾因梦几番来。
飘萍万里觅乡月，落叶归根仰古槐。

裔韵联翩（"十八省"移民后裔诗作）

洪洞大槐树歌

（甘肃）胡喜成

霍岳高耸白云里，洪洞平畴植桑梓。松林房栊鸡犬喧，临流一曲汾河水。
时衰世乱起兵戈，九州坵墟密烟萝。换代迁徙千万里，南下江淮西渭河。
忍别家园异方去，去后亲人何时聚？哭声渐远路途遥，他时重寻大槐树。
渭河西去到渭源，鸟鼠山高禹迹存。西徙更至金城远，黄水风尘日月昏。
朔风劲吹关山路，皋兰山泉迷烟雾。家移张掖近酒泉，乡心遥挂汾河树。
祁连山上起风云，祁连山下马羊群。风尘漠漠胭脂色，隐隐驼铃摇斜曛。
黄河滚滚东向海，日落月升山河改。飘蓬犹待回风旋，泛梗尤须溯波载。
陇山归鸟下翠微，振翮却向霍岳飞。河汾波浪连天起，遥望槐树生光辉。
槐树代代生未已，春花秋月总相似。昔忆遥望情益深，此日相逢悲亦喜。
河汾汤汤有故园，摩挲枝干易黄昏。树下徘徊不忍别，此树还知四海尊。

寄怀洪洞大槐树

（辽宁）王震宇

乡国知何处，心魂系故枝。年深难溯远，世换幸逢时。
浓荫滋甘雨，繁花泛玉卮。明明辽海月，共待好风吹。

大槐树移民

（山西）樊积旺

中原战火熄，山西移民起。晋南丁口多，抽遣常不止。
招聚广济旁，相别槐荫里。往南过皖苏，向北越幽冀。
捆绑习背手，防逃传裂趾。后裔十八省，姓氏一千几。
拓垦荣华夏，幽思系桑梓。倏忽六百年，根祖情难已。
祭祀总绵绵，深衷岂尔尔。兴怀论高吟，何分彼与此！

洪洞大槐树寻根兼忆慈父
（宁夏）闫云霞

又是清明共上坟，祭亲祭祖泪淋淋。
哪来哪去高难问，月夜流星犹见痕。

咿呀屡屡灌乡音，大树洪洞系老根。
小趾区分晋南子，却羞愚犟不如人。

平生喜醋唱苏三，谁晓忽然生死间。
纵倾湖海三江水，难释心头阵阵酸。

闻香溅泪味犹亲，一朵槐花一寸心。
聚散匆匆多少辈，来寻大树慰离魂。

虞美人·山西洪洞大槐树
（广西）黄小甜

翠浓黛浅知多少？茁茁千般俏！凝成绿魄化苍龙，际会风云吞吐自从容。
长空奋博降甘露，缱绻携春顾。珠玑点点注深情，一脉绵延华夏共峥嵘。

虞美人·大槐树
（湖北）詹骁勇

村头合抱大槐树，根系回家路。将雏老鹳又归巢，憔悴天涯游子酒空浇。
开枝散叶随风转，三宿犹长恋。市居容易触乡愁，梦里槐香负手走神州。

念奴娇·洪洞寻祖
（安徽）郑虹霓

东风伴我，向槐荫深处，探寻畴昔。簌簌衣襟花落满，游子情怀难释。入耳鹳鸣，盈渠水碧，梦里曾相识。呢喃紫燕，绕梁轻举羽翼。

回首翻覆当年，泉流四溢，散作飘萍客。草树斜阳闲话后，脱履认为同脉。拂去京尘，吟来旧曲，引领长天北。驰归今日，一览川原空阔。

鹧鸪天·谒大槐树
（吉林）吴晓琳

血脉千年系老根，故园风雨每牵魂。交鸣荫下鹳犹在，滋养源头渠尚存。
缘祖迹，认宗亲。漫凭枝叶证前尘。乡愁到此堪消解，古道斜阳又一春。

洪洞大槐树
（河北）王玉祥

心香一柱未须疑，霾里寻根慰所期
我更无言槐下拜，荡胸风雨怅浇漓

八声甘州·洪洞大槐树
（河南）黄飞鹏

阅频仍海沸又河清，忧欢一千年，佑衣冠存继，子孙蕃息，功合金镌。列举唐梅汉柏，莫散与齐肩。动静风云里，守志弥坚。
固愿埋名僻地，奈方今隆誉，最扰清闲，为推根称祖，感慨竟联翩，早寻常，荣衰定数，许矜持，崛首对苍天。都休说，看长亭外，古道蜿蜒。

大槐树赋
（天津）曹长河

古槐余荫几春秋？末趾依然骈甲留。
顾我残年思奋进，好圆国梦替乡愁。

山西洪洞大槐树
（北京）郑雪峰

苍苍老干色如铁，儿孙几辈曾攀折。临陌繁枝荫碧云，藏鸦疏影摇寒月。
一朝迁户有官文，送尽天南地北人。行人无数纷回首，其如嘉木渐迷尘。
迷尘槐向梦中蠹，迩来天地几翻覆。一脉相承树有孙，婆娑犹作当年绿。
客来万里为孤寻，飘萧风叶正秋深。化泥多少归根意，不尽乡怀去国心。

洪洞大槐树
（江苏）钟振振

寻常一槐树，八九百年身。见惯别离事，走过千万人。
迁移曾活国，苦难只生民。不死根犹在，神州神此神。

洪洞寻根
（内蒙古）贾学义

问君故土在何处？千里来寻鹳鹊楼。
鹳鹊窝前诗默诵，大槐树下泪长流。
南腔北调合家乐，祖位宗牌众户求。
滚滚黄河东入海，中华一统写春秋。

槐根
（湖南）陈樵哥

风有回声月有痕，九州同系一条根。
深恩不为时空隔，百世归宗认此门。

第二节 一枝一叶总关情

古大槐树赋
山西汾城 崔秀峰

　　平河之北，简邑之南，有古大槐树焉。浓荫蔽日，老干撑霄，托根乎彼汾之曲，出郭不半里而遥。面临雉堞，背负虹桥，缭垣墙而周护，惧风雨之飘摇。话迁民之遗迹，聊考古于今朝。忆夫！元房解纲，中原无主，民枕藉乎川原，路交横于豺虎。昔之三辅强宗，两河编户，礼乐冠裳，楼台歌舞，莫不撄凶，锋膏利斧，千里萧条，化为旷工。淮上真人，膺符崛起，逐彼腥膻，复我冠履，乃稽版图，乃整疆理。将酌盈而剂虚，宜徙此而实彼。溯邑乘之轶闻，为迁民所由始，洎乎靖难兵起，屡有播迁，既攀萝而度岭，亦杭苇而涉川。结茅筑宅，列肆受廛，星罗棋布，椒衍瓜绵。于是邑人之散处四方者，迄今已五百余年。然而东西南北，惟所命之者，王者无外之义也。木本水源，不忘所自者，人民反本之思也。是以高轩戾止，行李交驰。凡经此树下者，莫不欣然色喜。慨然怀思，或留情话，或赋新诗，或登孤塔，或读丰碑，见夫良田万顷，清水盈陂，莲城密迹，槐荫蔽亏。犹且志和意惬，心旷神怡，而况生生世世，聚家族于斯者乎。爰为之歌曰：古杨城畔日西斜，夹道高槐噪暮鸦。共说迁民从此去，不知迁去落谁家。（民国十年）

洪洞大槐树赋

湖南永顺　胡志身

巍巍古槐，屹立芳园，添晋南之胜景，湛洪洞之蓝天。溯其远也，位三公而自傲，幸其荣也，度百劫以尤欢。客王府之庭兮，佑少君作宰；观盛衰之变兮，入史册斑斓。

斯槐也，得乾坤之正气，承日月之辉光。荫遮四域，根扎八荒，树擎天之躯体，播遍地之芬芳。展刚劲之虬枝，高张伞盖；聚河汾之灵秀，漫写词章。

或曰，此嘉树也。得树之嘉，黎民恒安，建亭刻石，赞语流传：

"饮水思源"，"誉延嘉树"；

"御灾抗患"，"荫庇众生"。

惊夫九州原野，陡起祸端。元蒙趋兵，地生劫难。洪蝗肆虐，天降灾殃。元军未靖，朱棣恃强，声称"靖难"，意在争王。硝烟不止，田地抛荒。两河万众，十有九亡。唯晋南之野，林茂花香。无干戈之惊扰，有沃野之屯粮。日丽而风和兮，万民乐业，鸟鸣而槐茂兮，百事荣昌。熙熙焉！攘攘焉！是人之福于树耶？抑树之佑于人耶？此中真谛，应向和谐求阐释，须从生态看端详。

天道无常，桃源难永。人丁之稠密兮，供求失衡；朱明之朝堂兮，闻情而警。始求其策以解困，终疏其民于诸省。

洪武以降，首遣移民，至于永乐，秋而复春。迁徙数度，历年五旬。傍槐设局，依卷遣人。辞槐辞里，难舍难分。满树老鹳兮，悲声切切；成群男女兮，珠泪纷纷。云路茫茫，各兴艰苦业；风尘仆仆，每起故园心。

大槐树兮影历历，古城畔兮寺萧萧，老鹳鸟兮声哑哑，离乡人兮路迢迢。山下激荡兮雷动，云霞哀伤兮雨浇。

浩浩神州，万里河岳。槐下之民，天涯海角。或卧其薪，或登其阁；或建国齐家，或经商治学；或为将以征四方，或悬壶而研医药。无论其操千行百业，而未有见忘于故乡之大槐树者。故槐里之移民，多有植新槐于庭者，此亦思念槐乡之情而所致也。

驹光易逝，岁月难羁。倏忽千载而槐树不移。恨历朝之战乱，仇帝寇之凌夷，怒军阀之内讧，痛四害之相欺。惊万山之颓兀，幸斯槐之依稀。是洪洞之喜，乃举世之奇！此非天道、树德、地利、人和而不可得之良因也！移民喜甚，全民尤喜之极也。

今天下大治，世道兴隆，跃醒狮于东亚，振科技于寰中。创汇引资兮，招募商贾；归港收澳兮，呼唤台澎。既成两制。更贺三通。行开放之善策，乘改革之东风。驱长龙兮，横穿南北；驾银燕兮，畅越西东。取宝藏于地下，荡神舟于苍穹。百族欢欣兮，开鸟巢之盛况；北京沸腾兮，庆奥运之恢宏。颂民强而国富，歌伟绩与丰功！根源相系之民，归庆大槐之健壮；表里山河之域，忱开洪洞之新风。名区大县，党兴政隆，高瞻远瞩，不负群公。喜我槐乡兮，槐树常亲鹳鸟；庆吾华夏兮，华邦永耀寰中。祭移民之先烈兮，慰其爱民之大志；励槐裔之后昆兮，颂其荫庇之丰功。

大槐亲迎故友，西湘自荐新朋。身非两瓣趾形，许是槐乡迁客；心涌一腔热血，源承华夏龙宗。一赋输诚，盼大槐永茂；千言寄意，愿鹳鸟兴隆。庆社会和谐，祝九州大同！难成雅韵，循履追踪，更摇秃笔，忝献雕虫：

启户赏槐，问根连何处？洪洞芳园居老鹳；

驱车归里，看碑树其间，小亭铭语赋新声。

洪洞大槐树赋
甘肃崇信　刘志刚

炎黄播火之域，尧舜传耕之地。水流生命之脉，土蓄文明之迹。驰驱天下，腾起龙宗传人；荣光世界，称誉华夏后裔。根寻大槐，枝牵九州；祖祭洪洞，人亲万里。拱手一揖，四方相爱；登坛一拜，四海来仪。

岁月悠悠，历千年而频生故事；古槐巍巍，经百患而长发新枝。自元而明，战乱灾荒纷起；由南而北，国祸民殃难医。十室九空，人丁不兴；诸业俱废，生息难计。甚幸洪武谋深，移民开发；犹凭晋中人众，举族迁徙。呼儿唤女，洒泪水于槐下；扶老携幼，换证照于村西。臂挎衣被盆壶，怀搂祖上牌位。将往他乡，前途茫茫；复望故土，此情依依。五十年来，草木之色亦悲；百千里外，鸦鹳之唳亦凄。人人揉眼，老鹳之窝犹见；步步回头，汾水之声渐逝。

立家室于新村，滋我椿萱；斩荆棘于荒野，荣我社稷。跋山涉水，拓田园于鲁苏；栉风沐雨，开基业于京冀。耕云织月，理桑麻于豫皖；煮露烹霜，植谷米于云贵。入鄂转川，兴文振商；赴陕迁甘，安疆御敌。二十余省，方方立营扎寨；四百余县，处处布德施义。千万里山河誓志，多少英雄豪杰；六百年风雨书史，无穷丰功伟绩。或兴业于五洲，报国为本；犹朝祖于三晋，植槐为记。

念先祖之恩德，仰大槐之节气。敬拜神树，乱兵止掠；化育乡风，顽劣不欺。奉香火于高堂，泯恩仇于祖祠。既而国臻兴盛，光宗励后；倘或民不聊生，羞王愧帝。行止在民，其德自彰；享乐在己，其勋不齿。驱世间之污浊，毋教苏三重冤；效嘉槐之博大，长将众生荫庇。

物华天宝，地灵钟于禹甸；文治武功，人杰闻于国际。海晏河清有象，国泰民安有日。故园新荣，常添丽景；华夏复兴，宏开盛世。革古创新，科学发展争先；安居乐业，和谐构建图治。振煤电化，工业腾飞；兴粮果菜，农业增值。新型厂矿溢彩，生态田园流碧。文兴科教，立馆阁为书苑；商活贸易，辟城村为华市。传书信于电脑，发消息于手机。大路通天，处处游鱼飞燕；鲜花匝地，家家唤犊闻鸡。绿树碧波调色，山水挂画；琼楼玉厦填词，园林题诗。

问道于春秋古楼，悟禅于广胜名寺。览胜于殿阁宫台，访幽于峰林泉溪。汾河岸边放歌，亲情盛吟；大槐树下迎客，共祖同祭。幸我炎黄血脉，代代相传；乐我中华儿女，生生不息。开创无比辉煌，造就无数神奇。港澳归根，尽雪前耻；台澎问祖，徐来赤子。一槐牵魂，骨肉连体；万国来贺，歌乐献礼。有成事业，荣载史册；无穷盛景，更启来时。

洪洞大槐树赋
江苏镇江　黄鹏飞

临汾尧壤，洪洞舜天。大哉槐树，尊者祖先。鹳巢启后，槐荫承前。百姓同源，汾河注黄河入海；九州仰岳，霍山并泰山比肩。风带鹳声，萌去国之离感；光影移树，拨思乡之心弦。撷云拭汗，树峨欲与天接；挽水洗尘，情笃当将海牵。

元末兵燹灾患，哀鸿遍野；晋南风调雨顺，流佚避殃。洪崖斩壁，古洞栖凰。安定繁荣，得天独厚；人丁兴旺，落地为乡。洪武登基，移民新政；朝廷设局，迁户外方。广济寺中，演绎凄风苦雨；汉槐树下，流传背井离坊。冀鲁豫苏皖鄂，跋山涉水，风风雨雨；陕甘宁云贵川，筚路蓝缕，莽莽荒荒。趾甲验骈五十载，鹳窝注目十万双。赤县连云，云依故里；洪洞举树，树发他疆。播文明于荒野，兴经济于农桑。共济同珍，破地域之壁垒；偕行渐进，维王朝之殿堂。失乡之民，数代丧神落魄；拓业之举，一朝富国安邦。

汉槐唐寺，毁于洪水；经塔碑亭，留住遗踪。誉延嘉树，感景刘之功德；荫庇群生，化兵匪之残凶。赵城营，红铜营，四海同延一脉；击壤曲，狩猎曲，五方合唱相重。四百五十姓氏，故土溯流索隐；十轮甲子春秋，同胞探迹寻源。荡魄摇魂，震撼威风锣鼓；吹笙击筑，追思远祖轩辕。

辛未清明，首届祭典，大吕黄钟，牺牲鼎鼐。童稚折柳，翁妪举艾。汉服与西装并肩，乡党偕游子参拜。外省方言杂陈，本土乡音和蔼。老泪纵横，热血澎湃。十八年芳草欣荣，九万里树裔际会。寻根团年年升温，祭祖节届届创最。或曰唐尧文化之滥觞，实诚槐树精神之传载。晋山蕴铁，晋野产煤；晋土易陶，晋风博爱。地沃一方，胜开当代。槐乡酒楼，槐家铺子，槐云发屋，展商业经营之丰沛。槐根大门，槐都大厦，槐荫大街，融精神文化之涵盖。寻根一脉，大槐三代参天；振羽千峰，群鹳九霄集霭。

共和六秩，峥嵘岁月；改革卅年，锦绣辉煌。十三亿自强不息，当歌神州崛起；

六百年厚德传承，欣赋大树沧桑。表里山河，和气布春，仰先祖填海移山之卓绝；小康社会，谐音满邑，钦洪洞与时俱进之富强。唯树重根，循圣槐拓展之轨迹；以根为本，立华夏复兴之轩昂。莺啼序，正续春天故事，不负皇天后土；蝶恋花，同为龙脉传人，难忘大树槐香。中华大树，福祉无疆。山西洪洞，永为心乡。

归来兮，超时空之仰望；归来兮，普天下之炎黄。先祖在上，列宗在堂。呜呼幸哉！尚飨。

洪洞大槐树赋

重庆　胡健

维洪洞之为县，镇河内之要冲。壮杨侯之旧墟，伟造父之故封。河山积乎表里，造化运其神工。物产饶于三晋，人文秀于八纮。开拓洪荒，慕三皇之功业；强徙编氓，叹洪武之誉谤。森森万槐，鉴兴亡之变易；芸芸百族，历春秋之沧桑。呜呼！老干新枝，思今追往，百代播迁，传奇滥觞。重阳而登高，翘首以回望，云山兮相隔，涕泗而感伤。

伊昔中土板荡，朝统迭替，黄河溃泛，赤地千里。酷吏猛于豺狼，麒麟悲于沟隙。田枯半垂之禾，民无一日之积。朽骨弃为柴薪，姑妇贱作辗泥。于是风起云涌，豪雄并起于草莽；鲸吞蚕食，英主奄执乎神器。欲行明政，调有余补不足；思效王化，化荒芜以生机。驱晋民如犬马，自是无德；轻天伦如浮尘，亦为失计。别尧舜之池邑，拓周召之新基。斯为鼎祚之福，岂是民家之祉。朝敷甘霖，暮发雷霆。恩深则三年不科，威烈则缧绁在身。哀声震野，坠飞鸿于青霄；荆棘塞道，仆羸躯于鬼门。改宗易姓，离兄而别父；裂甲束手，剜肉而割心。不忍回盼，见横柯之断落日；欲将留连，闻老鹳之鸣黄昏。囊寸土矣，或留兹土之思；折一枝焉，将回彼地之春。秋风萧瑟兮方疾，愁云惨淡兮何阴。伤复伤兮泪成河，行复行兮苦已深。悲矣哉！狐向首丘，鸟恋故林，禽兽如此，况复于人。春梦兮一去，孰不为之摧肝而断魂。

惟数百年以来，迁徙不绝；数千乡之内，繁衍不息。伊际天之若木，曾一时之弱枝。信步陇亩，尽见故国之槐；举目间阎，多逢三晋之裔。合风习于燕蓟，同流俗于淮泗。关山道远，非有志不能越；沧海浪高，惟无畏方可济。松柏历寒而愈秀，又岂可比论于淮北之枳。

汾河蜿蜒兮潆潆，古道杳渺兮苍苍。汉干落落兮寂寞，犹存精魄；新柯萋萋兮峥嵘，独向春阳。风横雪摧，荫庇壤芥于桑梓；碑断寺沉，不湮祖迹之遗香。青鸟翩翩兮蔽空，菡萏猗猗兮自芳。是以北地士子，南国贾商，寻本溯源，攘来熙往。自怀凭吊，蹑旧辙于汾浦；独具仰止，辑轶闻于槐壤。或考谱牒，或和辞章，情多慷慨，语复激昂。问趾则扼腕唏嘘，登台而烟雨茫茫。思先世之不易，怅往事之凄凉。嗟呼！曩昔罹毒于奔离，维今鼓腹而击唱。愿吾侪不离不弃，永沐斯大槐树之休光。

洪洞大槐树赋
山西潞城　姜惠源

伟哉大槐，德业昭彰。生杨侯之故国，历千年之沧桑。采飞云以为冠，披彩霞以为裳。汲汾水而隽挺，比霍箕而轩昂。芙蓉国里，荷花映日，益增清雅高洁；鹳雀之乡，万鸟来仪，更显威武端庄。伏羲日观荣枯，始知阴阳；轩辕镂干造鼓，克敌兴邦；尧王访贤，恋槐荫而驻足；舜耕历山，闻槐香而心旷。福荫百里，富甲一方，恩泽万民，人丁兴旺。嗟呼！天有不测风云，人生苦乐无常。本是家和邻睦，何故妻离子散？本是安居乐业，缘何背井离乡！

壮哉大槐，痛而弥坚。泰山崩于前而不惧，苍天压于顶而不弯。元明交替，遍地狼烟，田地荒芜，蝗灾泛滥，中原百姓，十不留三。三晋大地，其身独善，稼穑葳蕤，百姓胪欢。身在家坐，祸降从天。洪武永乐，迁民实边，凡十八次，共五十县，十万百姓，枷锁绳拴，刀逼棒喝，割趾为骈。儿哭女嚎，憾地动天，别爹离娘，肝肠寸断。回眸故里，古槐依然；鹳窝仍在，鹳声已远。刘家爷爷断耳，乡音不再；牛家兄弟打锅，亲情难断。摘一片槐叶，永藏心底；带一把槐籽，遍洒人间。"问我故乡在何处，山西洪洞大槐树，祖先故居叫什么，大槐树下老鹳窝"，歌六百年而不衰，虽数万里而相传。自古福祸相连，从来忧喜相伴，民以殷实而招祸，树因迁民而誉延。

荣哉大槐，万姓共仰。荣枯兴替，生生不息；自立自强，枝繁根壮。六百年之绵衍，如汾河之汤汤；数千万之槐裔，似繁星之朗朗。今日中华，鼎祚隆昌。北京奥运，圆百年之梦想；飞天奔月，环玉宇而名扬。海内海外，无数槐裔谒祖寻根；政界商界，多少精英衣锦还乡。同戴一方天，同捧一抔土，同为一个根，同是槐乡人，同心振家声，同力兴吾邦。丰功勋业慰先祖，富国强民铸辉煌。

大哉大槐，荫佑八方。民族之复兴可期，中华之崛起在望。

洪洞大槐树赋
河北定兴　韩全兴

虬枝盘错，密叶流青；根源于汉，嗣衍于今；历三代之数，荫万世之民。枝横六合，万姓同宗之地；香溢千里，九州共祀之身。东迁冀鲁，西济甘秦；盛凭血汗，传以火薪；彼时流徙，立四极而重兴；今朝归故，祭古树以赤诚。

其德盛兮！昔华夷祸乱，独洪洞安详。凭山河为表里，怀仁义而昭彰；生民广富，势运隆昌。挥滴汗以成雨，举袖衽而为云；开古刹以通善路，布槐荫以济生民。兢勤为法，克俭为方；修篱园而豢鸡豕，屯四野以收黍粱；被盛德而人烟密，好诗书而治世长。有千秋佳话，曰苏三起解，女娲补天；尧王访圣，舜帝耕山；更百世奇绝，曰唐时古柏，元时壁画，飞虹宝塔，赵城金藏；经兴替更迭，其形未损；得天人庇佑，其名愈彰。

其民广兮！夫天下初定，河海方清；十空九户，顷无一氓。是吾先祖，别古槐而徙他乡，顾老鸦而望前路；一时间，哀鸣阵阵，泪水涟涟；挟老怀幼，挈女拖男；嗟尔古槐，横枝牵挽，别远去之故朋；鸦影徘徊，期回程之佳讯；乃有九州得济，华夏振兴；洒深情于九域，开盛世于今朝；凭槐乡之荫德，壮徙地之家邦；开枝散叶，使四海而同根；携子牵孙，望洪洞而祭祖。

其功伟兮！光阴流转，岁月沧桑；淳风未老，血气方刚；承数辈之力，烁千古之光；昔时阡陌，囿于掌间；今时通衢，达于天外；运营矿藏，经济民生；无因循之气，兴改革之风；消百姓之疾苦，添氓庶之笑容；俯仰处，楼宇林立，车辆穿行；长空溢彩，大地飞虹！

先祖别故，我辈朝宗；遥天地以凭吊，抚枝干以寄情；叹峥嵘于既往，冀繁盛于今明；谨以痴言，兼续涕零；诚期古树，永佑生灵！

洪洞大槐树赋
湖南长沙　吕可夫

九万里神州浩浩兮，天高地厚；五千年禹夏煌煌兮，根深树华。皇天后土，荣草木葳蕤；巨木长根，孕风骚古雅。梓楠楸柏诚贵，未若槐树尊大。周居公卿之列，汉入帝王之家；唐植街坊里巷，宋栽馆驿官衙。文人墨客，槐咏不绝于诗；神话传说，槐颂长歌如画。

晋南洪洞，灵秀山川。霍山峻险，汾水蜿蜒。炎黄初地，得天独厚形胜。尧舜古迹，人文始祖故园。更有广济大槐，遐迩名闻四海。秦月汉关，先祖始栽。唐风宋雨，亭亭如盖。元霜明雪，离离花开。清寒肆虐，生机无改。冠盖浓荫数亩，虬盘遒劲不衰。誉延嘉树，成千年之图腾。荫庇群生，更百姓之倚赖。看江山数易，不绝香火鼎盛。证迁徙十八度，往古历历萦怀。

忆昔表里山河，独承王恩隆绍。暂得一隅安定，更兼雨顺风调。一时人丁兴勃，多年经济昌兆。怎奈苛政如虎，激起民怨狂飙。先以红巾义起，血火烽烟飘摇。继而靖难役兴，刀剑干戈不消。兵燹连年，水旱频遭。家国动乱，苍生煎熬。村少炊烟，道多饿殍。无奈离乡背井，争相颠沛离逃。因闻洪洞桃源，年年避难涌潮。仗彼宽厚荫泽，多年庇佑尔曹。及至元灭明兴，方始戮乱弥消。朝廷推行新政，强制移民迁巢。开垦守卫疆土，人口以多补少。五十载不断迁徙，十八度驱民疲劳。当年槐畔道上，黎庶外徙如潮。

胡园伤别，乡土牵情。齐齐举家携口，纷纷槐下辞行。秋晚风冷，槐叶凋零。云暗天低，鸦噪鹳鸣。夕阳斜古道，跪土复登程。一步一回首，几泣几吞声。想未卜之前路，皆潸然而泪涔。

洪洞槐种，随遇而安。水土不择腴瘠，气候不畏暑寒。异邦他乡，落地生根，天南地北，顽强生长。岁复一年，村继一乡。八荒九州中，尽闻晋音响。血浓于水，情高过天。虽离万里，故土难忘；纵居四海，长念槐乡。为解思乡情切，随处植槐修谱；何日落叶归根？每时梦回家邦。

星移斗转，时过境迁。放眼九域，河清海晏。今日洪洞，春满人间。改革开放，科学发展。农业富民，工业强县，城镇扩张，旅游发端。文明和谐，人本为先。朗朗乎乾坤，山青水碧。丽丽乎画境，红日蓝天。人逢盛世，树迎春天。堪慰六百年离乡先民之梦魂，更激数百姓别土后裔之思瞻。

岁序己丑，时维清明。风和日煦，天朗气清。寻根祭祖，十九节庆。五洲龙裔，万里归心。四海槐嗣，不辞劳辛。人流熙攘络绎，车水马龙堵行。咸集霍山之下，齐聚汾河之滨。饮水思源，祭槐问亲。香烟缭绕，烛火腾升。谨具三牲之献，恭奉五谷之品。瞻仰古槐，膜拜祖亲。忆先辈之艰辛，喜故土之日新。了多年之夙愿，诉渴念之心声。肃穆叩首，祈祖槐世代蓬勃兮，庇我子孙，永享太平；虔诚寄心：愿上苍年岁吉祥兮，佑我中华，指日振兴。

洪洞大槐树赋
湖北武汉　刘峻安

根在古槐，魂系洪洞，山岳顿首，河海朝奉；汾水碧波曾映移民之身影，广济禅寺叩响惜别之晨钟。

元末明初，岁月峥嵘；中原大地，刀闪剑怒；兵燹战乱，十室九空；万间茅舍无人住，千里良田无牛耕。咒烽火之劫难，痛无辜之百姓；噫！谁不愿干戈入库，谁不盼天下太平。

洪武永乐，五十年间，十八次迁徙，兴师动众。泪涟涟兮背井离乡，路迢迢兮暮宿晓行。苦垦荒而稼穑，心血换来五谷之丰；高筑墙而广积粮，先祖立下汗马之功。

饮水思源，寻根不忘祖；荫庇华裔，觅亲不忘宗。若问谁是槐乡人，脱履小趾验甲形。

若夫,一鸡报晓,五星东升,港澳双归,宝岛三通,真乃苍生有幸,可贺可庆!四海之赤子,五洲之精英,思乡之心切切,拜祖之情浓浓;八方云集,万里归程,异口同声曰:水是槐乡甜,月是故乡明。

大槐树下喜相聚,老鹳窝前泪相涌;一腔晋剧传乡音,几坛陈醋醉宾朋。仿佛世外之桃源,风情万种;恰似香格之里拉,天堂若梦。感吾好客之乡亲,沐浴淳朴之民风;畅饮古窖之杜康,乐在桑梓之仙境。欣然写奋进之诗章,放声颂英模之丰功。

爱吾洪洞,蜂歌伴蝶舞,柳绿映桃红;唱吾槐乡,黄土沃其野,汾河贯其中,有道是天时地也利,人和物亦兴;循环经济生态园,和谐自然利民生。

壮哉故里,美也槐城;禾浪拍天,织就田畴之锦绣;奇葩吐艳,巧绘时尚之画屏;芳草萋萋任君赏,白云悠悠伴尔行。放眼槐乡,赞前贤跃马著先鞭,看今朝万骑竞驰骋。心灵与山川同辉,忠孝与社稷并重。击掌而歌之曰:免征千年之农赋,惠及万户之群众;以城带乡乡兴旺,以工哺农农繁荣;倡科学兮康泰永恒,谋发展兮福寿无穷;逢盛世兮告捷频传,展宏图兮扬帆出征;笑指火箭射天狼,嫦娥奔月游太空。

嗟夫,归去来兮,共创文明;浩浩兮乾坤,巍巍兮珠峰;请听松涛呐喊,海螺共鸣:一株东方大槐树,万世永结中华情!

洪洞大槐树赋
山西朔州 阎金熹

公元二〇〇九年,农历三月初九清明节,岁次己丑,序列暮春。槐乡后裔虔诚致祭于大槐树先祖祠前曰:

天地玄黄兮,宇宙洪荒;世事更替兮,人道罔常。昔有我祖兮,集散槐乡,去此乐土兮,适彼四方。元朝末年兮,水旱瘟蝗,苛政横暴兮,黎庶遭殃。兵燹频仍兮,生灵涂炭;哀鸿遍野兮,饿殍塞道。太祖揭竿举义旗,洪武定鼎安社稷。方此时也,京、冀、鲁、豫、鄂、陕、陇、苏、皖、浙等省,十室九空,田地荒芜,民生凋敝。唯有晋地,表里山河,人烟稠密。更闻河东有乐土,人丁兴旺户殷足。聚三晋以辐辏,扼四省而昌荣。人杰地灵,俊贤共胜景辉映,物阜民丰,商贾并贩卒熙攘。

治国理政,当虑民先,民为邦本,本固邦宁。于是明府颁诏:征发晋民,悉聚洪洞,于广胜寺大槐树下,驻员设局,调拨迁徙民众,充塞各省。乃举先后历洪武、永乐二朝,略计十八次,凡五十余年,移民近百万。由是国乃固,邦乃兴。

舍我家园兮,风云际会,一夕辞别兮,星散四方。携妻将雏兮,背井离乡,路途渺渺兮，编列长长。汪然出涕兮，一步三叹，泪眼婆娑兮，百转千肠。离故土兮频顾，闻老鹳兮哀鸣，车容与兮不进，步踯躅兮淹留。

揣天井土兮，斩荆棘丛，适彼异乡兮，筑憩身所。执耒耜兮开田，耘陇亩兮生根。鞠躬勤劳作，瘠壤皆乐土。天涯若比邻，不惮言语疏。

唯荷蓧耘锄之隙，舟济贩运之余，流落异域之地，清月盈辉之际。遥思故里风物：古槐、老井、原野、汾河……历历如晤，唏嘘萦怀。兆亿次梦魂来归，些微处故乡览遍。重山阻隔兮不减乡思，大洋飞渡兮又增情怯。"若问祖先在何处？山西洪洞大槐树。祖先故里叫什么？大槐树下老鹳窝。"

六百年斗转星移，数十纪沧海桑田。或沉或浮兮，笃执赤心；或显或蹙兮，未尝忘本。吾乃今归，感槐乡昌隆，庶绩咸熙；百姓昭明，允恭克让。

赤子返乡兮，寻根溯源；瞻拜先祠兮，认祖归宗。

赞曰：天道循环兮，华夏复兴；谟明弼谐兮，海晏河清。血脉相连兮，四海相通。槐乡后裔兮，齐颂大同！再拜稽首，伏维尚飨！

洪洞大槐树赋
江西余干　雷银喜

维公元二千零九年清明，我槐乡后裔寻根祭祖虔具清酌庶馐之奠，致祭于洪洞大槐树下，文曰：

泱泱华夏，悠悠史迹，亦喜亦悲，可歌可泣。遥想元季，战乱频仍，天灾相继，田园荒芜，经济凋敝，哀鸿遍野，民生艰危。幸"表里山河"，安定一隅，天人契合，土肥物美，战火不到，人丁旺矣。故难民沓来，诚乱世桃源也。尤以晋南洪洞，土地广袤，众口云集。

江山易主，朝代更替。至大明一统，洪武登基，励精图治，休养生息。诏令移民，开荒垦地，发展生产，巩固国基。时有洪洞广济，寺旁汉槐云翳。寺内设局移民，槐下伤别之地。秋风飒飒，槐叶瑟瑟。斜阳依依，鸦声凄凄。

漫漫半世纪，移民十八回，槐下儿女，应命迁徙。百万子民，背井离乡；五百众姓，天各一方。奈何月是故乡明，水是故乡甜。一山一水总关情，一草一木亦有缘。一步一回首，涕泪两涟涟。割不断故土情，带不走祖坟山。一捧土、随身带，万里心、在乡关。或拓荒、或戍边，性命交与朝廷，告儿女、告乡邻，槐树永牵乡情。一把故乡土，小槐留梦影。一颗思乡心，洪洞筑新营。

树有根，水有源，游子思故园。岁月流逝，感情不变。"问我祖先何处来，山西洪洞大槐树。祖先故里叫什么，大槐树下老鹳窝。"一声大槐树，自古亲到今。槐是根槐是祖，槐是梦槐是魂，大江南北怀缕缕，天涯海角怀纷纷……

星移斗转，六百年已过往；风吹雨打，大槐树幸无恙。槐乡后裔，瓜瓞绵延。建功立业，裕后光前。"谁是古槐迁来人，脱履小趾验甲形。"槐乡子孙，乡思难停。犹记民国二年，山东景公先行，寻根问祖，树碑建亭，标"古大槐树处"，题"饮水思源"铭。难忘"誉延嘉树"，感念"荫庇群生"。时及八十年代，春风化育万灵。神州万里，龙腾凤鸣。改革开放，海晏河清。人民政府，泽惠人民。槐乡儿女，重修园林。槐树郁郁葱葱，洪洞开怀迎亲。万方游子，时有归心。更喜寻根祭祖，已成定景，而今槐青草绿，又值清明。天下有心之游子，不远万里之乡行。脚踏故乡土，泪洒槐树旁：感槐树之厚荫，念血脉之流长。喜故土之情热，乐盛世之隆昌。

今我槐乡后裔，虔拜故土古槐，同燃心香，共告先祖：祖辈拓荒远徙，槐根绵延；后裔建功四海，槐香无边；家国和谐富裕，槐荫万年！

伏维尚飨！

洪洞大槐树赋

山西太原　褚杰生

公元二〇〇九年清明节，洪洞县人民政府及各界人士，公祭移民先祖于大槐树公园。逢斯盛典，作是赋以祭云。

夫树之扬名也，晋祠周柏，寿逾三千年头；洪洞大槐，德孚亿万人望。地誉其名者，山西乃播迁之源，洪洞成移民之乡。洪洞古县，天下盛名。东依太岳，西控河汾；南接平蒲，北达幽并。物华天宝，人杰地灵。形胜既开千载，舆图尤壮一境。古有伏羲演八卦，深蕴玄机；大舜耕历山，早传美称。女娲炼石幸苍天补，师旷作乐而周礼成。九州教化颂尧舜，华夏隆兴创文明。离城北四里，有通衢大道；近河东一岸，麇广济僧众。汉槐茂于寺旁，荫蔽广地；老鹳巢于树巅，星罗云空。

忆昔元室竭蹶，至正祚终；汉廷重振，洪武运兴。元朝朝廷易主，天下大乱；朱家叔侄阋墙，兵革未靖。继之蝗灾肆虐，水旱频仍。遂使山河失色，黔首殒命。荒芜田园，锐减人丁。江淮水乡，十无二三；冀鲁大地，十室九空。魂宿野草，鬼火荧荧，百间无人烟；骨侵寒霜，悲风飒飒，千里无鸡鸣。诚沧桑巨变时，处历史浩劫中。昔帝主牧民，原重开垦荒地；朝廷为政，尤在奖励农耕。时三晋偏处一隅，未燎战火，风调雨顺；河东安守一境，未被兵祸，物阜民丰。稼穑桑麻，广育人丁。

待天下少安，俾有司具奏：宜徙晋民，以实四境。始则以诈谋实施，而后循政令颁行。广济寺内，官府设局办事，成一时之闹市；大槐树下，人头簇群如潮。集数州之民众。有司欲聚民远徙，诳言聚树下者不迁，故蜂拥甚众；兵丁却串绳强缚,迫使来避迁者难回,而悲愤莫名。然则,诳骗难为久计,行政律以威令:三口留一人,六口留两丁。既而推车挑担,上路启程;扶老携幼,离乡背井。长途跋涉,不容踟蹰,驱赶常以鞭棍加身;官员引领,杜绝返回,故意绕出弯道远行。朝廷纵有畀土之惠,百姓宁无恋乡之情。当是时也,移民号哭,一步一回头,大槐亦悲哽;亲友惨别,三步再徘徊,老鹳也哀鸣。砍甲留痕,疑为子虚,或借证徙途身窘;"解手"有据,绝非乌有,更传衍汉语词成。

已矣哉!当年移民十八次,历时五十载。人丁既来自三府:汾州、平阳、太原;复征自四州:辽沁、泽州、潞安。人口近百万之众,地域涉五十八县。其先后散居京冀苏鲁豫皖诸地,复之鄂桂陕甘宁青以远。同宗不聚居,姓名未更换,遂使四百五十余姓,遍布九州几十省间。后更达于海外,遍及世界。老槐韧性不屈,植根一方泥土;移民勤劳不辍,撑起片片新天。生存空间,得合理分布;土地资源,有几倍翻番。赋税骤增,户口繁衍。国计民生,赖以休养生息;社会经济,获得复苏发展。忍我庶民灾劫,撑起国家大安。富国强兵,民固为本也;济危解困,水可载舟焉。

"飞鸟恋旧林,池鱼思故渊。""问我祖先何处来,山西洪洞大槐树。祖先故里叫什么,大槐树下老鹳窝。"祖地岂能忘却,民谣广为流传。中华儿女,常验"骈甲"以证乡谊;齐鲁同袍,总询"打锅"而连族党。先人千里移徙,力能创业他乡;后代百感萦念,心思祭拜祖堂。乡耆集资虔建碑亭,时逢民国初立;祖地寻根誉延嘉树,历经岁月沧桑。唯因见证移民,大槐走进历史风雨;旨在凝聚国人,祭典唤起民族感情。六百余年过去;一元新纪登程。几页风云如烟散,三代槐树同根生。根地扩建为公园,年将三十,早乘改革东风;祖庭公祭就节日,届临十九,创自开放新政。临乡敬祖,昔日乱兵拜树犹顶礼;饮水思源,今时赤子续谱齐认宗。祭拜堂前,三炷香烛献真情;望亲亭下,万里乡思圆好梦。寻根祭祖,华夏文明共海内,兴文化旅游;招商引资,洪洞经济上台阶,促实业勃兴。望今日洪洞,百业腾飞,初开美景,成就一片膏腴大地;眼前大槐,新枝苗壮,无限风光,增色十里荷花名城。

盛矣哉!大槐永在,根地常存。一年一度举盛典,四面八方连同心。一赋未尽,四韵成吟:绳索加身悲苦多,当年远徙泪成河。揪心怎舍大槐树,回首难忘老鹳窝。百代炎黄恋根祖,八方赤子涉烟波。从今岁岁清明日,共话和谐献祭歌。

伏维尚飨。

洪洞大槐树赋
湖北公安　王书文

时值三春，槐超千载。鹳集洪洞，声蓥中外。是时也，古槐意雅，广邀汉晋隋唐宋明裔；老鹳情深，尽引东西南北中外亲。饮水思源，寻根祭祖。绍续炎黄之美德，弘扬华夏之雄风。

是槐也，历沧桑而劲勃，见离别而沉思，闻歌哭而淡定，睹衰兴而超迈，承寄托而坚毅，凝同胞而情深。其德也大，其情也殷。故此赋而赞，扬而旌也。

是槐也，根盘黄土，抱故壤而接灵气；须吻黑煤，吸热能而强铁干。径粗数围，作熊腰以抗朔气；干挺几丈，成龙形而傲苍穹。植之先人，魂荫昔之弱苗；仰之后裔，神绕今之壮躯。瘢痕累累，外化拓荒肩膀之痂；皮色深深，内凝寻路泪眼之光。

是槐也，枝挺东西，宛如指向之慈手；柯横南北，恰似抗敌之铁矛。几弯几折，黄河流回复流去；数断数生，长江浪落又浪升。秋风萧瑟，曾向游子频招手；春鸟啁啾，又望飞鸿长寄思。何羡灞桥折柳客；只恋洪洞抚槐人。不慕洋槐奇树另类样；独拜古槐祖地发轫枝！

是槐也，叶样纤纤，如柔荑之美指；叶肤嫩嫩，若蟢蛴之雅吟；叶色淡淡，恍天青之古瓷；叶脉青青，拟徘徊之香径。且叶叶弄风，睫睫闪眼。片片细响，声声低语。叶缀冠盖，似麒麟耸甲；叶满长枝，犹飞龙振鳞。槐叶，怀耶？槐叶，怀也！叶夹谱书走西口，叶插发髻下南洋，叶藏行李闯关东，叶当饥粮御北风！然矣哉，叶踮万枝以祈槐子福祉；叶倾万耳以侯槐孙佳音。

是槐也，花形简细，呈儒让之德；花色浅黄，近华裔之肤。不与名花争高下，只求淡馥爽古今。是花也，香伴五洲两瓣小趾甲；韵豪四海九州大中华！

吁嘻哉！王张刘李陈，四百五十姓；工农商学兵，亚欧美非人。问我祖先何处来？指她洪洞槐树根！绵绵槐根，深入人心；巍巍槐干，提振国魂；虬虬槐枝，播布祥云；菁菁槐叶，逗和鹤鸣；簇簇槐花，旌佩子孙！

噫嘻！天下大槐，大怀天下！吾槐本属乔木兮，图腾彰显和平。同根血脉美于虹兮，精神家园灿于心。神圣古槐永繁茂兮，中华儿女长旺兴！

洪洞大槐树赋
黑龙江哈尔滨　李　勇

吾之始祖，兴于山西洪洞，故为大槐树之裔也。有十一世祖曰李大槐，时值明季崇祯间。其以"大槐"为名，盖不忘本根也。今当国强开放，访祖者不绝如缕，槐名益彰。而自明至今，大槐树已成凝聚华夏人之图腾耳。恰逢故里举办征赋活动，遂欣然提笔以赋之。其辞曰：

泱泱中华，谁为本根？近六百载，大槐是尊。大槐居何？洪洞贾村。鹳鸟鸣树，瑰姿临汾。涵晋南之风水，耀山西之人文。

我亦槐裔，叶落龙沙。远离故里，日夜思家。每闻旧典，唏嘘咨嗟。念及洪武，生离死别，神明树下，小趾刀割。路辐四方，异域变安身之所；足履九牧，伟枝兴梦寐之思。北松漠，南鄂渚，东瀛海，西巴蜀。复趾滋蔓，苗裔无数。背手解手，皆缘此树，大姓小姓，多由此处。诚得此树之荫，福禄永驻；诚得此树之魂，文明远布。继绝存亡，护边固土，壮我神州，功在千古！

我祖大槐，叶茂根深。弘扬国之古韵，位伦公孙；延神州之血脉，福佑乾坤。然而自汉以来，历经风雨。蘖生新桢，尧舜是绪。零妇七廑，雄根新塑。二世三代，风采连属。遭民初兵燹，赵城顿成残市；仗兹树灵威，洪洞犹是桃源。改革新风，槐香飘远，海国华人，乡梓归来。寻根因一脉，祭祖恋徘徊。

我祖大槐，虽古犹春。迎盛世之东君，其荫益大；壮伟岸之中国，其蕴弥深。表里山河，蒸蒸日上；中外炎黄，在在龙骧。

歌曰：树有根兮人有宗，大槐树兮茂洪洞。嗣五千年之文化兮，启遐荒之昧蒙。继禹甸亿万人之血脉兮，使游子相认同。慕千古之丕绩兮，祝永世以繁荣！

洪洞大槐树赋
香港　高文富

问先祖居何处兮？洪洞西北槐树。访斯木以寻根兮，寻祖上之所住。览枝叶之扶疏兮，怀植树之先主。想筚路之褴褛兮，身栉风而沐雨。墙垣无踪，城狐社鼠。漂泊江湖，浪萍难驻。至蓬莱而忘归兮，不思蜀者难恕。

既用兵复压民兮，苦内外而交煎。蒙铁骑之横行兮，黄淮水更难缠。嗟黎民不聊生兮，红巾军欲变天。殊死战之时发兮，血成河而腥鲜。百姓伤亡枕藉兮，终元朝不及编。靖难役之接踵兮，冀鲁豫皖俱癫。悄万里而无人兮，难民山西流迁。洪洞人口稠密兮，如大槐之无边。

明十八次移民兮，望古槐而神伤，老鹳声声哀鸣兮，泪潸然离故乡。一方民散四方兮，历五世而其昌。咬牙根以垦荒兮，固边防而开疆。

桑梓遥不可及兮，植槐树寄相思。用原籍以名区兮，记何来莫笑痴。槐树分千百姓兮，六百年前连枝。三镇兵掠山西兮，到槐树而供施。小趾甲俱两瓣兮，古槐后裔可知。纵秋毫而无犯兮，老家焉能扰滋。

景氏落叶归根兮，返故里之槐窗。修碑亭建茶室兮，誉嘉树之无双。人饮水而思源兮，水甘味沁芳香。转瞬又过百年兮，水香更胜琼浆。共和国建六旬兮，酒酣胸胆开张。卅载改革开放兮，盛世强音铿锵。神舟奥运并举兮，龙人气宇轩昂。

小康路阔奔驰兮,休管两鬓微霜!

汉古槐今不存兮,第三代同根挚。县府扩建公园兮,大槐如盖如芝。游人四季不绝兮,发幽情而赋诗。望槐树而盘桓兮,不胜眷恋依依。同胞根心相连兮,情深一往如斯!

洪洞大槐树赋
辽宁锦州　王旭秋

洪洞大槐,晋南嘉树,誉延四海,脉通五洲。汲清汾而沃黄土,荫子孙而播福禄。木印沧桑,三代春华依旧;魂系故土,八方槐子同株。

思夫洪武之初,百废待兴,移民荒垦,诏令颁行。晋土槐乡,万人背井,大槐呜咽,老鹳悲鸣。折槐枝以辞家兮,望鹳窝而盘桓。植槐种于新土兮,念故地而潸然。春秋代序,星移斗迁。汗滋荒野,血沃家园。新苗吐其幼枝,老树展其铁干。槐根绵延十八省,槐裔遍及五百县。槐花香飘九万里,槐冠绿映尧舜天。

嗟乎!六百年历史,三千里云烟。至而今,河清海晏,国泰民安。大河上下,开放之花竞艳;洪洞内外,改革之果争鲜。农业富民,工业强县,城镇扩展,旅游发端。文明与科技并举,人本共和谐为先。美哉槐乡!中华文明之摇篮。壮哉洪洞!安康富裕之家园。

呜呼!鸟恋旧林,鱼怀故塘。华屋在侧,犹思老鹳之房;甘醴于口,更念槐酒之浆。莫时馐兮在四海,仰神木兮越五洋。万里寻根,焚心香于树下;今朝祭祖,祈华族其永昌。

霍山苍苍,汾水汤汤,槐祖恩泽,大德无疆。

第三节　古槐逢春话乡愁

乡愁
范忠义

晓春末,春雨润园,料料峭峭,点点滴滴,又淅淅沥沥。逢市作协文人雅集,与众文友畅游大槐树寻根祭祖园。故园新绿,十里丝雨,撑开文人一纸乡愁。逾月,文稿渐来,细细研读,或述移民往事,或念游子情怀,或能凭古吊今;文风或俊朗隽逸,或藻思绮合,或微言毫芒。琳琅珍苑,璀璨莹目。然则缠绵悱恻,满纸愁萦,故园之思昭然。通读之下,则感我之情萦,实由他口诉说。可怜一片乡心,山高水长处处同!

问我故乡在何处,山西洪洞大槐树!

祖先故居叫什么，大槐树下老鹳窝！

四句歌谣，二十八字。淡去疆场金戈挥铁马，隐去中原赤地露白骨，淹没御案挥斥点方遒。明黄黄皇诏千里直下，一朝间家园终成故乡。离乡千里，移民百载。世人的乡愁是先祖谱牒中和泪重写的序言，和了移民前夜离人哭喊，沾染上老槐悲恸的浮香，百年千载千里万里，成了心中绕不开的结！

总体而言，乡愁是一首无言的史诗。中国历史上每一次大的社会变动都会带来许多人的迁徙和远行，或义无反顾，或无可奈何，但最终都会进入这首无言的史诗。《诗经》中有，《离骚》中有，唐诗宋词元曲中都有。我们可以凭借前人诗文谈论乡愁，而实际上，许多更强烈的漂泊感受和故土情结是难以言表的，只能凭寸心去体验。明初袁氏落户曹县黄岗集，取名"袁家固堆"，并题词曰："洪洞分枝老门第，曹州安居旧家风。"位于陕西韩城的党家楼，祠堂面东而建，朝拜祖先故里。民国文人祁宿藻有"吾家迁居旧槐里，五百年来还过此"。当代，马来西亚诗人写下自己的心声："欲问老根长几许，牵魂竟得到南洋。"浮现出的乡愁往往只是冰山一角，历史长河中哽哽咽咽又荡气回肠。

乡愁不一定总是哽哽咽咽湿湿嗒嗒泪眼蒙眬。这一点，在大槐树移民中体现得淋漓尽致：先祖离开故乡，在外地奠定后世基业。在远行立业的苦楚中播下着生命的火种，镢头抛洒的土壤中振奋出文明的激荡。如同一棵树，拼命地开展枝叶，接收雨露阳光，也拼命地扎根厚壤，越扎越深。越是苗壮，越要紧握根本，守护传统。最要紧的是，不忘记故乡，为人一世，要让故乡以我为荣。

中国文人的乡土情结和国家情结是一体相通的。《孟子》有言："天下之本在国，国之本在家"，家是国的基础，国是家的延伸，国人的精神谱系里，国家与家庭、社会与个人，都是密不可分的整体。家国情怀，与其说是心灵感触，毋宁说是文化自觉和家道传承。无论是《礼记》里修身齐家治国平天下的人文理想，还是《岳阳楼记》中"先天下之忧而忧，后天下之乐而乐"的大任担当，抑或是陆游"家祭无忘告乃翁"的忠诚执着，家国情怀从来都不只是摄人心魄的文学书写，更近乎你我内心之中的精神归属。那种与国家民族休戚与共的壮怀，那种以百姓之心为心、以天下为己任的使命感，就来自那个叫做"家"的人生开始的地方。

"埋骨何须桑梓地，人生无处不青山。""小家之道"凝聚"大国情怀"。坦然面对大劫后的荒凉，挥去彷徨中的噩梦阴霾，赶走迷茫中的空虚和绝望，以大槐树根植泥土的韧性和造化天地的雄浑气魄，移民先祖在他乡开始了筚路蓝缕的创业，不辞劳瘁的耕耘，汗水滴粟，筋骨化犁，在劫难的莽原中打开一片生机，铸就民族坚实的脊梁。

由此可见，乡愁它是下有根基、上有境界的。表面上看乡愁只是对故土的乡情，其根源是同根同脉的血缘亲情，是与国家休戚相关的责任担当。融故土情怀与爱国情感为一体，从孝亲敬老、爱家报恩的小家之道走向济世救民、匡扶天下的家国情怀。乡愁是历史长河中的一琏星辉，闪烁着民族的精神之光，浸润着国人的精神之壤。

"让城市融入大自然，让居民看得见山、看得见水、记得住乡愁"、"延续城市历史文脉"……中央城镇化工作会议强调的这些内容，让很多人眼前一亮、心绪难平。作为移民祖根的大槐树，在长期的社会迁延与情感沉积中，更是渐渐成为中华文化的传统元素与精神基因，成为民族情感的依凭与精神家园的归附，是中华民族乡愁情结最浓郁的体现。

所以激扬这一份情怀，延亘这一支文脉，守候这一精神源地，当为文人之责。籍作协雅会，众人呕心沥血，得文稿四十三篇，批阅增删，结成这集《记得住的乡愁：洪洞大槐树》。众文友文采斐然。暗想，这满纸乡愁，可不是民族复兴的坦途大道？

西风残照里，且唱念家山！

奔腾的史诗

郭 林

凡故事，总有开头的地方，就像中国历史上几次大的移民，起始于洪武年间的洪洞大移民是从"大槐树"开始的一样。

一个有故事的地方，选择什么样的开头并不重要，因为所有的开始就像道路，不论路宽路窄、路长路短，都通向"家"的所在。

我们的故事从洪洞开始，从大槐树开始。

时间：明朝洪武元年。

地点：山西洪洞广济寺。

一通响亮的锣声过后，几个衙役簇拥着一位身着官服的老爷来到路旁一株高大的槐树下，他站在道旁的高台上，环视一下周围的民众，掸掸衣袖，清清嗓子，高声道："父老乡亲啊……"他指着身旁大槐树上的移民告示，向面前的人们开始讲解有关朝廷移民的"政策"……

这是距今 600 年前大槐树移民时的情景，当年这里发生的一切，仿佛就在昨天——昨天的清晨或黄昏。

一

春雨淅沥，轻风如丝。漫步于洪洞大槐树祭祖园，望着眼前沧桑古槐和安扎在树上的一只只老鹳窝，以这样的心境和方式体会当年移民们离乡背井的心情，犹如在读一部气势恢宏的大书，令人细致而明确地感受到了当年乡民们阔别故土的诀别和伤感。

这是一副镶嵌在墙壁上的雕塑,画面记录的是明朝洪武年间大槐树移民时的情景。此刻,我正默默伫立在它的对面:

一位老者持笔端坐于桌前,正在依照官府要求,对即将离家出走的乡民登记造册。人群中有男有女,有老有少;有位坐在木轮车的妇女,怀中抱着吃奶的孩子,头发散乱,眉头紧锁,看上去她多病、孱弱,脸上布满了悲伤和忧愁;有个年轻人正跪在地上,哀求官兵希望能让自己留下来,以便照顾年老体弱的父母。可以想象,这样的结果是徒劳的。故土难舍,骨肉难分,但官命难违,移民们只能将万千的无奈化作离别前的嘱托;老人对儿女们千叮咛、万嘱咐,家安顿好了,别忘了给爸妈带个信回来,即使今生不能相见,来生也期盼着再次相聚;而另一边,官兵手中的鞭子炸响了,这是离别的时刻,这是启程的号令,随着人流的蠕动,恸哭之声顿时四起。有母亲死死拽住儿子不忍松手;有人在官兵的皮鞭声中,扑通跪到,面对父母久久不起;对他们来说,这一次离别,预示着今生再难以聚首;还有人已经走出老远了,又回到树下,从头顶的树上折下一根树枝,插在了自己的铺盖卷中;那家姓牛的三兄弟,情急之中,竟然将背上的铁锅就地摔碎,各自收起一块揣在怀中……

那一刻,时间凝固了。吕梁山像一条盘踞在远处的卧龙,沉默无言;天空的流云瞬间变幻成了一抹黑色的写意;汾河在灰暗的天穹下呜呜咽咽,是在祈祷还是诅咒?谁也听不懂,但声音粗犷、浑厚,透着一种亘古的苍凉;成群的老鹳炸了窝,在大槐树的上空久噪不息;天空、大地、山脉、河流,弥漫着一种生命的悲怆之气。

人潮像一股黄色的浊流,一路奔涌,从大槐树延伸到遥远的天际……

这样的队伍,一段时间里,每天要在这里出走几拨或几十拨。

久久地凝视着眼前的画面,眼睛变得潮湿而朦胧,我看见移民大军的布鞋将久旱的土地搅起不绝的黄土,沉重的脚步暴风雨般敲击着大地,滚滚人流在漫天的黄尘里向苍黄的天边涌去……

我的心头止不住一揪……

"莫道石人一只眼,此物一出天下反。"元朝末年,以红巾军为主力的农民起义率先揭竿而起……

"天雨线,民起怨,中原地,事必变"。红巾军大起义成为民族矛盾与阶级矛盾爆发的导火索……此后,日益激化的民族矛盾和阶级矛盾导致各地农民起义此起彼伏……

至正八年(1348)浙东方国珍异地突起……

至正十二年（1352），徐寿辉、彭莹玉领导起义军攻占了杭州，队伍很快增加到百万人……

至正十三年（1353）泰州张士诚又奋起响应……

各地此起彼伏的农民起义，不但打击了当时的地主阶级，同时也为新的明王朝敲响了警钟。巩固自己的统治基础，尽快发展农业生产，成为刻不容缓的当务之急。新上任的朱元璋采纳属下的建议，决定在全国范围内移民屯田，由此掀开了洪洞大槐树移民的序幕。

从那时开始，奔腾的移民浪潮在其后的半个世纪中从未间断。

明朝洪武年间的移民为什么会在山西，又为什么起始于洪洞大槐树？

原来，位于太行山与黄河中游的山西，其"形势最为完固"，历史上每当分裂或战乱时期，山西总是会吸引大量外来人口，成为大批难民的庇护所。风调雨顺、粮食丰收、社会稳定、经济繁荣、人丁兴旺，成为那个时期的山西大写照。据统计，明洪武十四年，山西周边的河南省有人口一百八十九万一千，河北省有人口一百八十九万三千，而山西的人口却达四百零三万之多，超过以上两省人口的总和。山西人口如此密集，平阳府又冠具首位，而地处晋南交通要道的洪洞县，又是平阳府的人口大县，这样，明政府便将移民局设在洪洞的广济寺。广济寺门前的大槐树就成为各地移民汇集、开拔外迁的集散之地。在这里，官府集中移民，编排队伍，发放川资，然后被发往全国各地。

从洪武元年（1368）开始，到永乐十五年（1417）结束，经历洪武、建文、永乐三朝的明朝大移民，历时50余年。移民总数达百万以上，覆盖大半个中国。移民分布全国18个省（市），1186个县（市），姓氏涉及1562个……长达半个世纪的移民，加快了华夏各民族之间的融合，有力促进了明朝各地经济的繁荣发展……

二

十多年前，当地的一位农民在耕田的时候，掘出了一口铁器，考古专家赶来后仔细看过，断定这是当年移民离家时埋下的铁锅，这样的文物，离开现在应该有600余年了吧。600年前的主人，从离开家园的那一刻起，就梦想着有一天再回到故乡。

600百年前的大槐树周边是什么样子，我们不知道。我们只知道在这里的山下，在这里的河边，他们开荒种地，纺棉织布，然后生儿育女，他们每日里随意地唱着当地的歌谣，看老鹳在头顶的树上鼓噪筑窝。总之，这里是他们的家园。

可是，这一年不同以往了。收秋了，地里的庄稼要仔细的收割晾晒，该入瓮的入瓮，该还债的还债。他们要把历年该了结的事都做一了结，因为入冬前，他们就要离开家乡，迁徙到遥远的地方去了。即使一家人，也不能去往同一个地方，这是官府的规定，谁也不得违抗。

　　一批又一批地乡民来到大槐树下，他们接受了官府的迁徙执照和路费盘缠，和送别的亲人道别后，又一批一批的踏上远行之路。对于何时再次重逢，他们不知道，也许三年五载，也许十年八年，也许这一别，今生今世再难以相见，但在心中，他们期盼着有那么一天再回到家乡，回到大槐树下老鹳窝旁。上路前，他们纷纷从头顶的大槐树上折下一枝枝树枝，或者从脚下的土地上掬起一捧黄土带在身边，以此寄托对家乡的思念，他们不会忘记自己是在汾河岸边出生的，是在老鹳窝下长大的……

　　金窝银窝不如自己的狗窝。有人不愿意离开原籍，于是，"逃迁"的事例比比皆是，但最终他们还是被官兵从黄土地的褶皱里，从大山的沟壑中，从河边的草丛间，强行带走了。

　　"四口之家留一，六口之家留二，八口之家留三……"，以这样的比例迁民，任何人不得抗拒。

　　西风古道，冷月如霜。荒凉的大地，肃穆的群山，迁徙的人流织就了一幅恢宏的画卷，铺展在秦岭山下，大河滩头。回首来路，黄尘迷蒙，大槐树何在？亲人何在？忧心如焚，愁肠百结，悲伤难抑，骨鲠在喉。于是，无论是离家的还是留守的，他们以泪洗面，和思念相依，和牵挂相随。

　　鹳影绕霞勾往事，槐风惊梦动归心。600年岁月沧桑，今天，无以数计的大槐树后裔不远万里，重返桑梓地，共话血肉情。

　　有位前来寻根的游人说："每一个洪洞人都是我的表亲，因为我的小脚拇指也是大小两瓣。"这话听了，真叫人感到可亲。

　　今天的我们虽然不能十分清晰地勾画出昔日春夏秋冬的交替和沧桑世事的演变，但我们仍能从一草一木、一砖一石中，领略岁月的浩渺和沧海桑田。奇怪的是，此刻的我，全然没有了往日游历大山长河的潇洒浪漫，有的只是"怆然泪下"的感念和嗟叹。

　　因为移民，人们关注起了大槐树，因为移民，后人铭记住了大槐树。就像一个沧桑老人，大槐树目睹了一切，大槐树见证了一切。大槐树不再是一般意义的物象，她成了华夏民族大融合的标志和象征。

　　感慨之余，我们不禁想到，在明朝，大槐树的子民们为朝廷、为国家承担了多么值得称颂的重任！这究竟是山西人粗犷、豪放、雄悍的秉性，注定了他们艰苦卓绝的英雄主义悲剧人格，还是历史的巧合？由此看来，山西人比之其他外省的人，牺牲的利益更多，付出的代价更大，自然也为当时的社会经济做出得贡献更为突出。

今天的大槐树以其丰富、翔实的历史事实与浓烈的民族气息，带给我们的除了扑面而来的冲击，更有着直抵心灵深处的震撼和感动。

梦断天涯呼老鹳，情系故里拜灵槐。

——这是一位 80 岁的老者，用颤抖的双手写下的真切感受。

枝繁邑土，根在尧乡，纵然天各一方，同是轩辕真血统；

鸟恋初巢，云依故岫，姑且蓬飘万里，也知洪洞最源头。

——这是一位地处祖国大西南的大槐树后裔用热泪浇筑成的慷慨之词。

是的，许多来到大槐树寻根问祖者，他们敏感柔软的心灵，常常因了大槐树上的老鹳窝而眼含热泪，他们写下了许多关于大槐树的许多诗词文章，由此，大槐树祭祖园竟变得诗情画意了。

他们都习惯将大槐树视作家。

以大槐树为标志的家，一定是文化的家乡，而文化的家乡，一定又以一种特别的物象为标志。这些年，来自世界不同地方的人，从一踏进祭祖园的大门，脸上就立即变得庄重肃穆，看得出来，他们心潮激动，热血喷涌，每一个动作，每一副表情，都带着对先祖的虔诚和敬仰。他们乐于把自己归于"大槐树的后裔"，甚至会在大庭广众之下，毫不顾忌地褪去鞋袜，理直气壮地说：看，我的小脚趾也是大小两瓣哩！

今天，活跃在世界各地的大槐树后裔们，继承了大槐树柔韧的、倔强的、刚烈的、执着的、不屈不挠的秉性，凝聚着信念、力量、奋发的天性和挣扎挺进的气质，他们在收获了奋斗和创业双赢的同时，还以自己的身份而荣。

三

历史远去了，往事远去了，故事远去了。然而，现实的阳光透过历史的帷幕，以无言的形式向我们诉说着昨天。

据说第一代大槐树已经在早先的一次洪水中被冲走了，现在我们看到的是第二代和第三代。不管是第几代，我惊奇的是，这个具有如此生命力的树种，竟然如此蓬勃旺盛，挺拔云天。是脚下黄土的滋养，还是一种超自然的神力？抚摸着大槐树斑驳的躯体，就像触摸着历史额头的伤痕……

谁能说明末清初的农民起义军中，没有大槐树的后裔？谁又敢断定如今世界五百强的良才精英身上，没有大槐树的血统？

前后长达 600 余载的洪洞大移民，那是一座用躯体堆砌而成的山峰，是一条用血脉汇集而成的大河，是华夏民族历史中一道耀眼的风景，更是一部精神凝聚成的奔腾的史诗。我们不仅在对朱元璋做出一番复杂的评价之后，再次对他投去一种钦佩的眼光。

问我祖先在何处,
山西洪洞大槐树;
祖先故居叫什么,
大槐树下老鹳窝。

点上一炷香,朝着祖宗的牌位拜一拜吧,为了怀念,也为了感恩。

掘开厚厚的地表,我正在将目光穿过风雨浩渺的历史屏障,执着地探寻"大槐树"这个庞大的民族根系……

祖槐
李存葆

在中国两千多个县份中,知名度最高的恐要数山西洪洞了。洪洞所以芳名远播,首先是因了一位天姿掩霭的青楼女子那段凄婉哀凉的吟唱:"苏三离了洪洞县……"京剧是国粹,喜好者兴发时自会哼几句《玉堂春》,不好者偶尔打开电视机、收音机,眼睛或耳朵里说不定也会蹦进个苏三来,于是"洪洞"便深嵌在国人记忆的屏幕上。

改革开放后,中外文化交流频繁,好奇的洋人竟也学唱京剧,《玉堂春》遂成了他们的首选剧目。前些年,我飞越太平洋参加中美作家对话会时,曾在几个大都市里聆听过洋小姐清唱的苏三唱段。金发碧眼的女郎们启动的虽不是樱桃小口,唱起来也不会字正腔圆,对戴枷苏三的心境更不可能有真正的体味,但通过她们那湿润丰腴的红唇,却使"洪洞"这个县名,在异邦传扬流播。这是文化特有的魔力。

华夏的禅山佛寺何其多,张继的一首《枫桥夜泊》,竟使姑苏城外寒山寺的盛名历千载而不衰。九州的楼阁亭榭何其众,范仲淹的一篇《岳阳楼记》,却使一座平平凡凡的楼阁,成了自北宋以降游人不绝于途的胜迹,即使当今高楼广厦拔地而起,岳阳楼也没有失重,它永远是我们这个民族的"精神楼"。

我乃山东五莲人氏,儿时,却不知有五莲而先知洪洞。在村里,李姓只有近支三家,属外来户。在我牙牙学语时,祖母就曾一遍又一遍地教我哼唱这样一首歌谣:

"问咱老家在何处,山西洪洞大槐树。祖先故居叫什么,大槐树下老鸹窝。"

黑黑的老鸹又名乌鸦,在乡人眼中,向为不祥之鸟。先祖怎会住在名叫老鸹窝的地方呢?我幼小的心灵迷瞪不解。年长后,我曾多次问父亲老家究竟在哪里,父亲总是以不容置疑的口吻说,老家就在洪洞县的老槐树下,是洪武年间迁来的。

投锄从军后，烹文煮字的生涯使我有了遍游鲁豫燕赵的机会。不论是在宋江的家乡郓城、墨子的故里滕州，还是在沂蒙大山皱褶里的小村落、中原腹地里的开封府，谈及先祖何处，不管耄耋老叟、垂髫少年，还是田夫村姑、文人雅士，大都说他们的先祖也在洪洞。前些年，我浏览过不少鲁北豫东农村的族谱、牒文、墓铭，大多记载其先祖是明初从洪洞老槐树下迁来的。后来我又发现，那首"大槐树下老鸹窝"的歌谣，竟流行于大半个中国。那么多的百姓，以洪洞一县为发祥地，以老槐一树为遗爱品，实为千古之奇。这使我憬悟到：洪洞名重神州，苏三之唱仅有些许作用，而主要是因了明初的农民大迁徙。怀恋是人类通有的情愫。姓氏与故里，对中国人来说，永远是座斑驳陆离的大迷宫。对故里的沿波讨源，对姓氏的探赜索隐，是国人天性使然。

临汾，地处晋南，古称平阳。在进入临汾市区东西南北的大道上，各矗立着一座崇宏轩昂的牌坊。牌坊的门楣上，皆嵌有赫然醒目的五个镏金大字："天下第一都"。这绝非临汾人的自我夸示。究览那万签插架的史乘典籍，人们会感到，临汾冠以"天下第一都"名下无虚。上苍造就了晋南这片风土吉壤，这里曾是华夏先民的洞天福地。

至于故里为洪洞的两位古代大隐士巢父、许由的传说，也在洪洞百姓中代代流传，耳熟能详。洪洞羊獬村是尧的小女儿女英的出生地。游览村旁那占地近百亩的姑姑庙，人们会看到一副值得玩味的对联："姐皇后妹皇后姐妹皇后，父帝王夫帝王父夫帝王。"这对联平白如话，却概括了亘古称誉的"尧天舜日"的史前清世。唐尧晚年，急于禅让，为考察他选定的继位人虞舜，将大女娥皇、二女女英嫁给了舜。舜其时躬耕洪洞历山，乃一介农人。舜继大位后，娥皇、女英姐妹俩皆为皇后，父亲丈夫皆当过帝王……在全国，关于舜耕历山的传说地，有21处之多，这与舜年轻时遭后母及名叫象的异母弟的虐待，迫使舜四处漂泊有一定关系；但更主要的是，舜继位后，德泽黎庶，恩被百姓，声誉日隆，人们出于钦敬，都希冀舜曾在自己居住的一方水土上劳作过……然而，舜到底躬耕于哪座历山不牵强附会，洪洞一桩赓续了四千多年的习俗，会让人们觉得舜耕于洪洞历山，更合乎情理。自娥皇、女英嫁到70里外的洪洞历山后，羊獬人与历山人便结成了姻亲。羊獬人称娥皇、女英为姑姑，历山人叫娥皇、女英是娘娘。每年三月三，羊獬人要到历山接姑姑回娘家祭祖，待到四月二十八尧的生日这天，历山人便来羊獬把娘娘迎回。这接姑姑迎娘娘的活动，历四千余年承传今日而不衰。每年农历的三月三，羊獬村的男女老少都彩服盛装，以接皇后的礼仪，组成千余人的銮驾去接姑姑。人们或擎执事，或护凤辇，或扬万民伞，或秉金瓜、斧钺、朝天蹬，或举金锤、银锤、方天戟，或抬着猪羊，或担着美酒，浩浩荡荡，迤逦向70里外的历山走去……最令人荡魄摇魂的是那由数百人组成的威风锣鼓队伍了。这些陶寺鳄鱼皮鼓发明者的后裔们，统着杏黄色的短服，齐刷刷，劲抖抖，唐唐哉，威威哉。但闻锣钹击节，金鼓奏响，起落有序。鼓手们时而跳打，时而搓打，时而举打，时而骑打，鼓声如惊雷滚地，似银瓶乍裂，若壶口瀑布泻来，敲醉了山，敲酥了水……相传，鼓手们敲打的曲牌中，有五种为尧舜亲作。接姑姑的队伍到达历山下的七个自然村后，七村父老倒屣相迎，暖炕新被，陈醑佳肴，奉若贵宾……每年的农历四月二十八，在娘家住了一个多月的娥皇、女英就要回历山参加夏收了，历山七村的乡亲又以同样的规模，同样的礼仪，来羊獬村迎娘娘。在接姑姑迎娘娘的活动中，所经村落无不虚门掩户，跪拜接驾，街中村头，水果食品满盘盈桌，供迎送队伍吃得齿颊留香。这种接送活动，在"文革"中也未中断。百姓不能大张旗鼓地搞，便自发地组织起来，三五成群，怀揣馍馍，掬一把艾茎为香，汲几瓶泉水当酒，去虔诚地完成心的祭奠。一种习俗，在两个相距70多里的村落里，竟延续了四千多年，这在我国历史上恐是绝无仅有。它说明尧舜的盛德，在洪洞民间的刻痕是何等沦肌浃髓！

在尧都临汾，在"神圣之邦"洪洞，华夏民族的始祖、先祖们，曾展示过壮士的抱负，曾尝试过英雄的果敢，曾进行过文明的征服。虽然传说的氤氲为始祖先祖们披上了层层神秘的袈裟，虽然后人想象中的宫阙殿宇早已坍塌，但他们神圣的灵光不会消散，因为一切曾憧憬过、寻找过的灵魂，总会涌动在后来人的血脉中……洪洞，华夏的大半部古文明史在你这里浓缩；临汾，你是抓一把泥土就能攥出古老文明液汁的地方。

……

念情依依，别意悠悠。祖槐，我就要拜别你了。从太始之初那最早的一瞬间，到刚刚逝去的一刹那，都包容在你根系的泥土里，你是剪裁春秋的历史老人，你是亿万槐裔的灵魂。在你伟岸的身躯面前，我只不过是个幼稚的孩子。来前，我那在你枝丫上筑巢的"是鸹还是鹳"的小问号，虽然已经拉直，但一连串的更沉重更僵硬的问号又涌向我的脑际。祖槐，在你慈爱仁厚的怀抱里，请允我仰天发问——

我拜问"三皇"之首的伏羲：

你结绳织网，你演绎八卦，你是华夏大地的开山鼻祖，你是聪明睿智的化身，你画下的太极图，使操纵电脑的现代人都难以破译，但你能点拨一下天下民的未来吗？你能勾勒出人类命运的"终极图"吗？

我叩问炎黄子孙的始祖女娲：

你是英雄母亲的象征，你是果敢坚毅的女神！当"四极废，九州裂，天不兼覆，地不周载"的大难之际，你炼五彩之石，以补苍天，挽救了天下生灵！当今，你的传人们头顶的昊天上，果真出现了两个偌大的黑洞，足以使一切生命面临灭顶之祸，你炼的那些美丽的五彩石，还能缀补得了吗？

我恭问天下为公的唐尧、虞舜：

你们曾创造过"尧天舜日"的朗朗乾坤、清平世界，使80老叟鼓腹击壤，使生齿兆庶安和宁靖，面对当今那"玩的就是心跳""过把瘾就死"，只顾"潇洒走一回"的人流，面对愈来愈奢华的物欲世界，你们会用何种方法开顽启蒙、施以教化？

我敬问冰肌雪骨兰心蕙性的巢父、许由：

你们的清高几近不食人间烟火，这与当代人的追求判若云泥。你们视王位如草芥，观名利如浮云，重操守如泰山，谨修身以自洁。倘若你们再世，面对物化的浮嚣之气，你们能耳不杂听、目不旁骛吗？你们该到哪里去寻找一条澄明清亮的流溪，去清洗那听脏了的耳朵？去涤净那牧犊口角上的浊水？

……

我还要顺便问一声歌唱家郭兰英大姐：

汾河水滋润出你黄莺般纯美的歌喉。你歌唱祖国，以大河的波涛、沃野的稻香，去陶冶人们爱国的心灵；你歌唱汾水，用汾河的澄波、阳春的杏花，去唤起人们对美好家乡的挚爱。然而,面对污染断流的汾河,你还能吟唱出"人心就像汾河水，你看那滚滚长流日夜向前无牵挂"吗？

……

别意悠悠，念情依依。就要辞别洪洞，就要辞别临汾了。友人要陪我一道去登临汾市中的大鼓楼，并援引民谚说："不登大鼓楼，白来平阳游。"我知道，这全国最大的鼓楼上，有巨钟一口，重达5000斤，游人均以击钟为福。我忆起济南千佛山门楣上那副楹联："晨钟暮鼓唤醒人间名利客，经声佛号惊回宦海梦迷人。"有多少香客游人，曾在这楹联前伫留沉思，然而，"以物喜，以己悲"的人群依旧。我想，即使再大的警钟,恐亦难使"名利客""梦迷人"返璞归真。对眼前这大鼓楼，不登也罢。

列车驶出临汾，隆隆北上，眼看就要离开先祖们曾居住过的这片皇天后土了。我深知，区区如我，声音是那般微弱乏力；然而，我仍在心中默默呼唤：

归去来兮，我曾厌恶过却懂得"报孝"的乌鸦；

归去来兮，那洁白如雪的精灵——我梦中寻觅的大鸟……

我们的老家

薄生荣

中国的中部地区，山西的平阳大地，有一个天下闻名的地方，它就是全球华人共同的根祖、共同的老家——洪洞。

洪洞县位于临汾盆地北端，东靠太行，西倚吕梁，背霍拥箕，雄视平阳，三面环山，一面阔野，自古以来就是一块水旱从人、不知饥馑的膏腴之地。早在史前文明的5000多年前，我们的祖先就发现了这块山水环抱、气候适宜的"风水宝地"，在这里生存和发展，并孕育了中国的史前农耕文明。洪洞县山川秀美，物产丰富，历史悠久，人杰地灵，至今仍然是一个美丽富饶的"天府之国"。作为一位华人，你要想了解中国的农耕文明，了解五千年的中国"乡土社会"，要想知道你从哪里来，我们共同的根祖在哪里，你真应该来一次洪洞。

我们的老家——洪洞，圣贤之邦，神明之区，是中国古代神话和传说集中发生的地方。从伏羲女娲到尧王舜王，从霍山神到貌姑射仙子，从公孙轩辕到洗耳许由，成龙配套，传承不衰。相传伏羲女娲，曾经在这里，明临照，肇嫁娶，序人伦，炼石补天，断鳌立极，一卦天开，开启了华夏文明，形成了中国源远流长、丰富多彩，活态传承的"东方创世神话"。

我们的老家——洪洞，冀州故地，尧天舜日，是中国三代圣王活动的核心区域，是尧舜的故乡，洪洞人把太阳叫"尧王"，把"尧王"唤作太阳。尧王、舜王在这里遵循天数，敬授农时，爰教稼穑，以开粒源。凿水井，修沟洫，筑窑居，制陶器。和睦家族，协和万邦，一年成居，二年成邑，三年成都，创造了中国的农耕文明，成了中国国家的源头。洪洞县至今仍有浓厚的尧舜遗风，唐尧故园和历山神立庙之间延续了四千多年的三月三"接姑姑"活动，就是一部活在民间的《尧典》和《舜典》。

我们的老家——洪洞，有着丰富的山水文化和特殊的气候、地理环境，人民的勤劳和大自然的赐予，使这里形成了一个以水为中心的"乡土社会"。相传人类凿井始于洪洞，大禹治水始于洪洞，洪洞成为中国水利事业发展最早的县份之一。从舜穿井，到大禹登霍山察看地形，在扬盱泽以身作祷，到利用霍泉、引汾引洪，逐步建立起了一个比较完整的水利社会，形成了一个黄土高原的水乡泽国和鱼米之乡，而且创造了世界上最早"三七分水"的水权制度。唐、宋、金、元时代，洪洞就是全国重要的税赋之地，洪洞以水为中心的"乡土社会"就是中国一部区域性的、多学科的社会发展史。

我们的老家——洪洞，这里是十三亿华人共同的根祖。华夏同根，万姓同祖。这个主根就在洪洞。伏羲女娲始制婚姻，是最早的姓氏起源，是炎黄子孙共同的人文根祖。这里伏羲女娲的传说、遗址，羲皇一体，二圣相依，活态传承。

我们的老家——洪洞，是全国诸多姓氏形成和发展的地方，这里有几亿人口的血缘始祖。炎帝、黄帝以及尧、舜、禹和他们的几位大臣就是中国姓氏的祖源。洪洞县仅帝尧、帝舜、皋陶等后人形成的姓氏就有几十个，从我国目前人口排名前20位的诸多大姓中，李王刘陈、黄赵徐孙、朱马胡郭这十二个姓氏的主根和血缘始祖都在洪洞。

我们的老家——洪洞，又是中国移民历史上的一大奇迹。"问我老家在何处，山西洪洞大槐树。祖先故居叫什么，大槐树下老鹳窝。"身畔鹳窝，眼前槐树，又成为几千万明代大移民后人唯一可以回望的故土。根祖认同和集体记忆，把槐树和鹳窝认作祖先、认作老家，真是世界奇事、人间奇迹。

我们的老家——洪洞，更是一个，文化积淀非常深厚的地方。整个洪洞县就是座浓缩的华夏文明博物馆。这里不仅有丰富的地下遗存，而且有众多的地面文物。这里有秀峙中区的中镇霍山，有神人居住的藐姑射山，有道教圣地永宁官，有洪壁和宝，有帝王故里，有帝王陵寝，有六千年前的大房遗址，有原始部落凿建的窑洞，全县的城池、衙署、府第、民居、书院、祠堂、寺庙、陵墓、楼阁、古塔、戏台、乐楼、桥梁、水井、监狱等，应有尽有，真是一座古代建筑博物馆。广胜寺、大槐树、苏三监狱就是洪洞众多文物中的一角。

我们的老家——洪洞，是一个佛道文化非常丰富的地方。洪洞县霍山南麓就有一座举世闻名的佛教古刹——广胜寺。广胜寺是佛教传入中国初期兴建的一座寺院，原名俱卢舍寺，是当时中国建有阿育王塔的十九座著名寺院之一。稀世珍宝的《赵城金藏》、鬼斧神工的琉璃宝塔、珍贵无比的元明壁画，世人称为"三绝"。到了唐代洪洞又成为中国道教发展的核心区域，到明清时代，洪洞的佛教寺庵多达50余座。道教庙宇多达150余座。佛道至善圆满的教育对洪洞的思想文化产生了巨大的影响，不仅形成了深厚的佛道文化，而且积累了精深的佛教艺术，进一步使我们的老家——洪洞，广大于天，名胜于世。

我们的老家—洪洞，承源上古，缘起三代，有着五千多年不曾间断的文明，独特的地理环境，优秀的文化传统，为我们留下了丰富、珍贵的文化遗产。洪洞文化已成为洪洞人的血型，如果你对洪洞有了进一步的了解，就会明白什么是文化，什么不是文化。如果你对洪洞有了进一步的了解，你就会对洪洞丰富的创世文化、尧舜文化、根祖文化、农耕文化、水利文化、佛道文化、戏曲文化以及建筑艺术、古代民居、书画音乐所感动，让你震撼，令你感叹，使你目不暇接。

作为一个山西人，过去我自己认为对洪洞比较了解，但是经过两年多的调研和考查，我才认识到洪洞其实就是一本难以读懂的古书。在与洪洞人几年的交往过程中，我发现洪洞之所以天下闻名、"风教固殊"的根源还在于洪洞文化和洪洞人。洪洞存在着一种独特的精神氛围。而洪洞文化和洪洞人的品位、道德、智能，又成为洪洞的一种文化软实力。

笔墨和图画是有限的，所以你要想真正了解我们的老家——洪洞，你还是亲自来体验一下，你才能真正感到我们全球华人的老家是一个多么美丽、神奇，多么富有诗意，多么值得自豪的一座精神家园。

槐乡女儿的情思

胡丽丽

我的出生地——洪洞白石村，离大槐树园只有9公里。我从小就知道大槐树园是寻根问祖的圣地。那园子里弥漫着思乡的缱绻情怀和无法告别的乡愁。所以它比我长大以后看过的任何景观都更吸引我。那浓浓的大槐树情结浸透了我整个生命。我走到哪里，都不能够停止对大槐树的思念和追寻。

"问我祖先在何处？山西洪洞大槐树。祖先故居叫什么？大槐树下老鹳窝。"这首古老的民谣我从小就耳熟能详。从13岁离开家乡在外求学、求职，辗转好几个地方。但在我的地图上，只标注着我的家乡洪洞。我孱弱的灵魂紧紧地依偎在那棵大槐树根须下。还有，我的耿直、我的忧郁、我的悲悯情怀和多愁善感，仿佛是祖先遗留给我的某种因子，神秘地潜流在我的血液里。

今年5月21日（农历四月十五），薄暮时分，我一个人来到大槐树园。这是我特意挑选的日子（初一或者十五）。我不想要任何的陪伴，更不希望有喧哗声。在我心里这块圣地应该是被寂静罩着，它带给我的一切应该是幽静凄清的。

默默地走进根雕大门，我就觉得不是我在走，而是我的心灵在静静地游动。我心中涨满的苍凉沉郁和这伟岸厚重造型古老的大门固化在一起。这种情感久违了，尤其是在这日色欲尽的时候。

园子里芳草萋萋、树木寂寂，静幽幽的，一切都显得很凝重。迎面赫然入目的"根"字影壁，色彩古朴，气韵古典，细腻有致。看得出来每一个细节都被精心设计和雕琢过。尤其是"根"字朴厚遒劲，古拙深远，笼罩着浓厚的历史气息。我默默地凝望遐想，兀地，感受到一种引领。是的，它引领我勾想起远去的历史烟尘——折槐枝，离愁似如云翠盖；包泥土，悲咽如绕树鹳鸣，恍惚回到辽远的古代。

回眸六百年前那史无前例的移民迁徙——

纵观寰宇，唯晋丰腴。茫茫中原，千里赤地。雷霆举措，钦定迁徙，聚民槐下，播迁四极。渺莽云水，去程迢递。千里万里，可歌可泣！

马萧萧，人远去，悲莫悲兮生别离。那场移民大迁徙真正是遥远的绝唱和绝响。

它震撼的不仅仅是华夏大地，还是世界。

所以，无论春夏秋冬，无论栉风沐雨，这庄严肃穆的"根"字影壁会百年千年地矗立在这里，诉说着桑梓情深，延伸着千里寻根！鸟恋旧林，鱼思故渊。古槐后裔，血脉相连。天涯地角有穷时，只有相思无尽处。

"上有青冥之长天，下有渌水之波澜。天长路远魂飞苦，梦魂不到关山难。长相思，摧心肝。"李白《长相思》里的诗句是"根"最好的诠释。这"根"的化身使莘莘槐乡后裔心中有了"根"的印记、"家"的标志、"祖"的象征。没有"根"，依依梦里无处寻。

肃穆地伫立在"根"前，我感觉是伫立在一种精神源头，它让我深深地依偎着，也让我更深地眷恋着这块土地。

我没有沿着中轴线走，而是向东顺着一条蜿蜒小径慢慢穿行。小径两旁丛灌葳葳，花卉蓊郁，幽菁婉曲，景色恬美。无论哪个角落都是满眼装不下的绿。园林景观像一幅古老庄园里的油画。但映在我心里，却不是当画看，而是当志读。而且是一部厚重的志，也是一部关于灵魂的史诗。

走过"朝堂决议"，走过"移民情景"，走过"大槐树故事"，走过"移民浮雕图"……感觉自己是在穿过历史的峰峦和烟云，追寻历史的踪迹。尤其是史诗般的移民浮雕，真切地再现了六百年前移民别离乡土、迁徙途中的悲壮情景。

走到牌坊这里，我被一种静谧而神秘的感觉所劫掠。身边阒无一人，阴森森的，我感到心头一紧。再往前，就是神圣的祭坛——明代迁民遗址。我看见了，穿过牌坊就是。我在一步一步靠近它，脚下沉重得迈不动。是因为眼神里的庄重？抑或是心里的敬重？还是情感里的凝重？

暮色苍茫中，一排排燃亮的红烛映照得迁民遗址门楼散发着一种更加零落疏离的情怀。香炉里一缕缕袅袅升腾的轻烟，辉映着十五这个日子。香火这么旺，说明今天来祭奠凭吊的人非常多。我恭请了三炷香，虔诚地跪拜着、默祷着、缅怀着。

这里，这里的一切都是那么陈旧，门楼、瓦砾、石碑、断墙、残椽，被岁月锈蚀得那么旧。我怅怅地张望着，好像穿越了时间的隧道回到了从前，被推着进入了一个神秘的世界。

这里，这里的一砖一瓦深情地讲述着那斑驳的往昔。六百年前，迁徙的队伍就是从这里集结开拔，流徙中原。不可想象，这里曾汇聚着稠密的人头，惊恐的眼神，悲壮的心跳。先祖们就是在这里折槐枝涕泪俱下，依依不舍，一步三回头，向大槐树流连反顾。天苍苍，夜茫茫，萋萋槐枝别故乡。

这里，在这里，在这大槐树遗址门楼下，覆盖着一种永恒的东西——明洪武年间向全国18个省1186个县市进行了18次大移民，移民人数达百万之众，声势之大、范围之广，旷古绝今。巍巍古槐，八方荫蔽。茫茫中原，万户萧疏。人丁不兴，十室九空。沃土槐乡，业兴人众。移民屯田，复兴农桑。迁民戍边，背井离乡。漂泊千里，复望故乡。

这里，这里仿佛让我看见了六百年前的"我"——那个栖栖惶惶的前尘梦影；那"物是人非事事休，欲语泪先流"的我；那"小风疏雨萧萧地，又催下、千行泪。吹箫人去玉楼空，肠断与谁同倚？一枝折得，人间天上，没个人堪寄"的我；那"黯乡魂，追旅思。明月楼高休独倚，酒入愁肠，化作相思泪"的我……

这里，这里是历史的见证之地。每年清明佳节，芸芸槐乡儿女，莘莘古槐后裔聚集到这里，以鲜花珍果雅乐之仪，恭祭古槐迁民遗址。追思先祖移民创业伟大壮举，缅怀列宗复兴中原历史功绩。六百年来，从大槐树下走出去的移民，经过世代繁衍生息，子孙后代已遍及全国，遍及全世界。世界上凡是有华人的地方，就有大槐树下的移民后裔。到今天，"移民华人后裔"已是一个固有名词。

这里，这里倏忽千载而槐树不移。第一代大槐树已经1800年，几经沧桑，生命仍不萎落。由一代滋生的第二代大槐树也已400年树龄，它的枝杈向天空伸展着丰富的线条，一年四季挂满了相思带，在槐乡儿女心中它永远挺着，活着。由二代滋生的第三代大槐树虽也百年树龄，但枝密叶茂，翠影飘摇，苍翠的伞形树冠丛翠挺秀，展示着旺盛的生命力。我想它们之间一定会有不被时空阻隔的对话，要不，怎么解释每年祭祖节那盘旋于槐树园上空的"飞鸟"呢。那是一个人类无法走进的神秘世界，那是一部人类无法破译的秘籍。

这里，这里有着太多太多无法描述的过去。它在让我眺望历史的同时，更让我感到迷惘。我迷惘于每年寻根祭祖节从四面八方飞来的成千上万只飞鸟。白天围绕槐树园上下翻飞翱翔，晚上静静栖息于园中树丛。来时鸣音欢啼，回时哀鸣而去。归云一去无踪迹，梦魂悄断烟波里。神鸟，它从哪里来，到哪里去了？只有神明知道。乡亲们说是移民先祖英魂所变，生不能归故里，死后化作鸟儿也要飞回故乡看看，并亲切地称为"思乡鸟"。

"思乡鸟"，思乡的鸟儿啊，我相信你是会哭泣的鸟。那悲泣无法诉诸语言，也无法化成语言。那就让我为你不忍闻的啼声配上不朽的旋律——请你到柔婉的《孤独な巡礼》中去悲咽，请你到深沉的大提琴曲《殇》中去哀鸣，请你到缠绵的《琵琶语》中去低吟。还有，小提琴曲《寂色》，二胡独奏曲《二泉映月》，萨克斯曲《等你回家》……鸟儿啊，让那深情如醉的旋律去抚慰你们，让那低回婉转的音符去陪伴你们。

暮色越来越深，我的沉思越来越远。

从迁民遗址拐过来，"千年槐根"又攫住了我。旁边的石碑上刻着："据考古人员鉴定，此根大约生长在宋元时期，距今约一千年左右，远在明初移民之前。槐根高度 6.2 米，是一棵罕见的大型古槐真根。"这盘根错节的千年槐根，浑身像长满了疤痕，仿佛在诉说什么，是很深很深的伤痛吗？你看，它蜷曲成偌大的一团，苍老得就像来自远古时代的恐龙，透着一种石化般的凉。它曾经是怎样在地下、在泥土里婉转缠绵挣扎，有了今天这雕塑般的容颜。面对它，我不能不对自然界的鬼斧神工顶礼膜拜。这深邃的外表下一定藏着我们不知道的古老传说。我想这古槐真根才是槐树园里真正的支撑。它支撑的是千年历史，更是一种生生不息的万世精神。

怀着沉思来到祭祖堂广场。这空旷让我感觉空间被放大了。向北仰望，巍然屹立在高高台阶上的祭祖堂在暮色苍茫中更加威严、肃穆、神圣、至上。台阶两旁"祭祖圣地，华人老家"八个大字深情地召唤着络绎不绝来这里认祖的槐乡后裔。我的目光向四周张望着，深翠的松柏一棵接一棵地挺立着，挺立出满目的苍莽葱郁。一杆杆印有"根"字的黄色旌旗在风中凛凛飘扬着。

雄浑壮美的祭祖堂是全国最大的姓氏祠堂，也是天下民祭第一堂。里面供奉着 1230 个姓氏牌位。我曾无数次地到"胡"姓祖先牌位前点香磕头祈福。磕头的时候让我感受到一种灵魂的观照，感受到一种宗教般的神圣和敬畏。在敬畏中我领会着——"净土并不远，就在你心中"。

我久久地盘桓于祭祖堂广场，心头涌出无限遐想与追思。在这里已隆重举办了二十六届大槐树祭祖节。我曾 4 次受报社特派执行祭祖节新闻报道任务。那万人祭典的盛况至今还清晰地印在我的记忆里。

那是永远带有香火味的记忆——我忘不了迎请神主、敬香通神、典帛安神的庄严场面；忘不了槐乡儿女敬献三牲、五谷、百果、面点供品的崇敬之情；我难忘典酒献礼：一巡敬天，感念上天滋润万物；二巡敬地，感念大地厚德载物；三巡敬祖，感念先祖垂世勋功；我难忘敬致祝文、歌舞告祭的画面；难忘向先祖行礼、恭送先祖神灵时一张张虔诚的面孔。一年一年，一届一届，芸芸后裔以殷殷之情追思缅怀列祖列宗。2008 年 6 月，大槐树祭祖习俗被列入了国家级非物质文化遗产名录。我目睹了宗亲会、青年学生等团体来这里寻根拜祖。"根祖文化"在不断发扬光大。

从祭祖堂广场穿过华丽壮观的献殿，在莲馨桥、槐香桥、鹳鸣桥三座桥前犹豫地停下了脚步。我不知道该从哪座桥上走过去。

莲馨桥，是我喜欢的。洪洞自古就有莲花城的美誉，盛产莲藕，莲花盛开香沁人。"青荷盖绿水，芙蓉披红鲜。下有并根藕，上有并头莲。"《青阳渡》里的诗句让我偏爱着莲馨桥。何况灼灼莲花是圣洁之花、君子之花。"莲馨"谐音"连心",又寓意着老家人与移民后裔永远心连心。

槐香桥,是我难舍的。桥名沉穆透着古雅的清香。槐香桥,槐香桥,不湮祖迹之遗香。老树枝枯根尚在,树因迁民而誉廷。千年百年梦中晤,大槐树下喜相逢。感慨古槐根脉广,青史可曾书几行?"槐香"代表我梓乡,故里香浓慎莫忘。

鹳鸣桥,是我相思的。桥名深藏着岁月故事,随着岁月的流逝,鹳鸣桥越来越深情。哺食老鹳多慈性,古槐树下无鹳影。六百年前伤别路,一番离散作飘萍。千里关山携梦渡,梦驻魂留不愿醒。鹊飞鸟语亦有恨,遥路难闻鹳鸣声。此地鹳桥即祖根,老鹳窝前泪相涌。

最终,我怀着一种复杂零落的情怀走过莲馨桥,又转身踏上槐香桥,折身步入鹳鸣桥。每一座桥都藏着沉默的力量。

感谢槐树园。我的精神世界里需要这远古的喟叹!

当我走出园子时,暮色已悄悄地抹向大地,远处已沉入无际的黑暗。作为槐乡女儿,此时此地我的家国情怀不仅仅是被触动,而是更深地扎根于内心深处。

我深情地朝着槐树园行着注目礼!我的根在古槐,我的魂系洪洞!

大槐树,在等你

李瑞华

一

那个晚上,我在灯火照耀的街上行走,路旁的树木在夜色中生长,地上映出它们茂密的影子,我的影子很小,像一棵缓缓飞着的鸟儿,从一棵树上,跳到另一棵树上。我仿佛听到自己欢快跳跃的声音,这声响越来越响,以至于我惊异于自己幻境的逼真,然而我分明看到地上的影子多了起来,越来越多,我抬起头来,看到数不清的鸟儿的影子掠过天空,飞经上空的夜幕,向着前方飞去。

我惊呆,然后惊叹,然后惊喜。

那是1991年的一个不寻常的夜晚。我身在洪洞。这个城市,将在次日举办首届大槐树"寻根祭祖节"。

那并不是我的幻觉。街上的人们相继发现了这一奇观,惊叹声不绝于耳。这一盛况可以从日后官方的报道中,得到详情。在首届"寻根祭祖节"的头天晚上,有成千上万只小鸟从天而降,先飞往洪洞县委、县政府院内,然后黑压压云集到大槐树祭祖园,白天飞翔于祭祖园上空,黑夜栖居在祭祖园的树丛中,增添了几分传奇色彩。落满枝头的鸟儿徘徊起落,交颈私语,人们都说:"移民的子孙要来祭祖,这些鸟儿也具有灵性,代表移民的子子孙孙,也是回老家来看望亲人来了。"

这些鸟儿每天傍晚飞来，凌晨时分又向东北方向飞去。这一壮观景象一直到清明节后才全部消失。

在它们不来的日子里，我怅然，茫然，我觉得它们是我远去的亲人，它们来过，但它们已成为漂移的鸟儿，不能长久落地，只能飞在了流浪的无尽天空。它们只能短暂驻足，而再也无法长做居留。

后来，因为学习和工作的原因，我曾在这里住过两年。再后来，我像这些鸟儿一样，离开了这里。去了别的城市，可是，在以后的日子，我总是会想起它。

想起洪洞，就想起一个叫苏三的美丽女子。在苏三监狱前，我在那所古老的所在中久久驻足，那个女子期艾的眼神如在眼前。在明代小说家冯梦龙的小说里，我仔细阅读着这篇叫做《玉堂春落难逢夫》的故事，这篇故事被收入《警世通言》流传至今，但这并不是冯梦龙的闭门造车，在历史里，确有其人。苏三生于明朝山西省大同府，五岁时父母双亡，后被拐卖到北京苏淮妓院，遂改姓为苏，起名苏三。

在遇到王景隆之前，她活得如此悲摧，连自己的姓名都赋予得如此草率。然而天生丽质的她，聪慧好学，琴棋书画样样精通。因此，在南京原礼部（吏部）尚书的公子王景隆（王金龙）上京赶考来到此地时，见到的苏三，已经是一枚精致的妹子。两人结识、相恋，写就了传奇般的恩怨和爱情故事。

"玉堂春"是苏三的花名。现在，这花朵一样的名字酿进了美酒。优质上乘的高粱、豌豆、大麦，再取富含矿物质及微量元素的霍泉之水，成就了清澈柔和、甘甜绵爽、味香醇厚的佳酿。她的清香低回而不激烈，绵长而不恬淡，像极了苏三的品格。她在命运的摆布中热爱、追求、柔情似水静待佳期如梦却又一波三折终于成就真情。这滋味，令人品之伤之，悉之感之，忆之叹之。

嗅着这酒的清香，听着戏曲唱段中苏三一声声呼唤的三郎，那王三公子，是苏三的唯一，就像每一个男人，是每一个女人的爱情梦想。可是男人们，总是抛开、远离，去求取功名、指点江山，万里之外不回还。在一日日的守候里，爱情在，花枯萎，再华贵的凤冠霞帔又怎敌得过似水流年的感伤？如花美眷，终枯萎于断壁残垣。能扬眉吐气成就爱情的，又有几个？在最好的年龄里，貌美的女子遇到了青春正好的王三公子，在最好的年华里，她遇到了最爱的人，可是，她因此而来的多舛命运，又全部是因此而起。在苏三的故事里，她是被人冤枉秋后处决的，倘若她没有再遇到已掌权柄的王景隆，是不是她注定就只能含冤而死赴黄泉、一缕香魂随风散？

历史终归是历史，不容猜度和重写。美丽的新洪洞，在我居住的那些日子，已让我有了更多的留恋。

想起洪洞，在每天早上走在街上的时候，常会被饽糕、饸饹面的香味所信仰。随便找一家坐下来，两分钟不到，一碗香喷喷的面就端上了桌。实诚的洪洞人，总是在碗里给你加足各种的料。足量的酥肉、满盈盈的面条，加上一把碧绿的葱花，还没吃，就已经馋的要掉口水了。包着韭菜、鸡蛋、粉条的饽糕，配上一碗酥肉面，再加上山西陈醋，撒上店家自己炒制的油泼辣子，那滋味，真叫一个美！

想起洪洞，还想起独特的乡音。洪洞男人，豁达、直爽，喝酒用大杯，说话大嗓门，干活出力气，走路如刮风，是真爷们，猛汉子。而洪洞的女人们，吃苦耐劳、爱家守家，实实在在，让你觉得稳当、踏实。都是过日子的好手。洪洞土话朴素、直接、扎实，和洪洞的人一样，亲切质朴，总能让人一见如故。在离开这里后，我常常想起这里独特的话语，想起他们的热情和包容。以至于我在梦中，会一一又回到这里。

这是一处怎样的家园？为什么，不管我身在哪个地方的哪个路口，我都如此情牵难舍？

这是一方怎样的土地？为什么，无论我在哪条道路上行走，我的脚趾，总扯起隐秘的疼痛？

仿佛冥冥之中的牵引，我的脚步踏过了很多地方，都仿佛身在流浪，终于，我认定，这里，就该是我长住的地方。

是的，我像一只笃定的鸟儿一样，以筑巢的方式，宣告，这里，将是我从此之后生活的地方。

我盛装，披上红色的衣裳，在这里安家，从此，结束了流浪。

一点一滴，我接近着这里的历史，见证着这里的发展，一点一滴，我爱上了这个地方，在根系壮大的大槐树下，找到了踏实生活的力量。

二

移民，移民。这如此简单的两个字，这如此精短的一个词，却割舍和撕裂出多少永生难以愈合的伤痛。明初这场持续时间最长、规模最大、辐射最长、影响最广的移民壮举，已历数百年。百万移民生生不息，寻根儿女时代思乡。

问我祖先在何处？

问我祖先在何处？

莫相问。已远离。从未忘记，又如此害怕被人问起。

问我祖先在何处？

问我祖先在何处？

2016年四月的一个早上，在雨声淋漓的大槐树下，一幕情景剧演绎着那段历史的真实。尽管对这段历史耳熟能详，但我仍然忍不住感伤，默默流泪。泪水和着雨水，我的周围是我的乡亲，我的心里是我的乡亲，我的梦里魂里难舍难离的，是我受苦受难的乡亲啊，我的祖国，我的亲人……

在雨水的激荡里，我看到我身边的一位老者鼻翼翕张，眼睛里满是浑浊的泪水，我看到我身后，打着花伞的美丽少女，泪水静静的滑过脸庞，我看到情景剧中紧紧拥抱着的三个壮年兄弟，毫无矫饰的泪水畅流交织。我们在雨水里咀嚼着历史的变迁，咀嚼着难忍的苦涩，在那刻，每一个人的心都被共同的血脉牵系着，共痛，共悲，共心痛，共伤怀！

历史的悲喜多么巨大啊，让居于平凡生活中的我们，每一个都如微小的尘埃。我们的祖先曾拥抱成团，守护着美丽的家园，我们的祖先又艰难远行，从我们的家园迁徙。从此，守候是一扇开着的木门，守候是夜夜难眠的孤灯，和一辈子的期待和守候。

在无数次的挂念和泪眼里，千里万里之外，亲人们，你们现在可好？

在无数次的思念和期待中，今生来生之时，亲人们，你们何时才归？

问我祖先在何处？

山西洪洞大槐树。

大槐树，大槐树，大槐树……亲人们，你们亿万次念起想起和提起这几个字，在遥远的异乡，在吃饭时，在走路时，在带孩子玩闹时，在从街旁那些不是故乡大槐树的树木旁经过时，你们心心念念起这三个字。

大槐树，大槐树啊，故土里深深扎根的大槐树，故土中埋葬着的你们的先祖，故土中繁衍着的你们的家园。你们思心难压，你们归心似箭。

回来吧，亲人们！发展变化的家乡在等你，笑容可掬的可爱稚童在等你，永远不变的亲切乡音在等你，千秋传承的血脉亲情在等你、亘古不变的黄河母亲在等你，年年新绿的大槐树，在等你！

无论你走多远，根在这里

杨谪峰

老鹳，我是一只老鹳，我住在大槐树上，我的窝就安在大槐树的枝杈间，当我看到一批批移民从这里生离死别，哭得肝肠寸断，踏上渺茫的行程时，我心里也难过得悲痛欲绝。我扇动我一双黑色的翅膀，犹如一个黑色的精灵，盘旋在枝杈间、半空中，不断地哀鸣，即使声嘶力竭，依旧悲鸣不断。历经沧桑岁月后，虽然我的躯体已经腐烂，干化，最后遁形于尘埃中，但我的灵魂不灭，我不会忘记那曾经的过往，那曾经发生在大槐树下的辛酸离别。我的灵魂甚至远赴重洋，告诉那里的人们：请你们不要忘记，凡是有华人的地方，就有洪洞古槐移民后裔。

"问我祖先在何处，山西洪洞大槐树。祖先故居叫什么？大槐树下老鹳窝。"这首民谣已家喻户晓，妇孺皆知。这让我无比感动，我作为一只老鹳，已成为一种载体、一种标志，幻化成了洪洞大槐树移民后裔对先辈的无限思乡情结。这实在是让我感到太幸福了。

我要告诉你们的是其实洪洞大槐树移民并非从明代开始，从宋、金便有，元朝就已经源源不断，到了明初，则形成规模宏大的有政府组织的移民行动，主要是在洪武和永乐年间，直到清乾隆年间，这种活动还在延续。

洪洞大槐树迁徙的移民并不是只迁洪洞人。洪洞大槐树是山西迁民的聚集地，迁出居民以太原、平阳二府，泽、潞、辽、沁、汾五州为主之人。据《明史》《明实录》记载，当时行政区划为太原府辖州六县二十二：阳曲县、太原县、榆次县、太谷县、祁县、徐沟县、清源县、交城县、文水县、寿阳县、临县、孟县、静乐县、河曲县；平定州：乐平县；忻州：定襄县；岢岚州：岚县、兴县；代州：五台县、繁峙县、崞县；保德州；石州：宁乡县。平阳府辖州六县二十九：临汾县、襄陵县、洪洞县、浮山县、赵城县、太平县、岳阳县、曲沃县、翼城县、汾西县；蒲县；蒲州：临晋县、荣河县、猗氏县、万泉县、河律县；解州：安邑县、夏县、闻喜县、平陆县、芮城县；绛州：稷山县、绛县、垣曲县；霍州：灵石县；吉州：乡宁县、隰州：大宁县、石楼县、永和县。泽州辖县四：高平县、阳城县、陵川县、沁水县。潞州辖县六：长子县、屯留县、襄垣县、潞城县、壶关县、黎城县。辽州辖县二：榆社县、和顺县。沁州辖县二：沁源县、武乡县。汾州辖县三：孝义县、平遥县、介休县。所以迁出地是临汾、运城、晋中太原、长治和晋城等地区。几乎包括整个山西中南部。这些地区的迁民临行前，来到洪洞大槐树下，办理迁移手续，领取户部颁发的迁移凭证，悲痛离别，然后各自踏上行程。仅史书有确切记载的，洪洞大槐树迁移活动就达18次之多，其中洪武年间迁徙有10次。洪武六年与九年曾两次"迁山西及真定民屯凤阳"。洪武二十一年，往河南彰德和太康迁民；二十二年和二十五年先后往河南迁民两次，总计3次。洪武二十一年，往山东临清、二十二年往山东东昌、先后两次迁民；二十二年，还从沁州往山东迁去自愿应募屯田者；二十五年又往山东迁民，往山东迁民共4次。往京师地区迁民共5次，洪武二十一年，迁往真定，二十二年迁往大名和广平、二十二年又迁往北平、二十五年迁往河北、三十五年迁往北平。洪武二十五年往大同等地，二十八年往塞北（即山西雁北、内蒙古、陕西等长城以北地区）迁民。永乐年间8次迁民全是往京畿地区（即河北、北京、天津等地）迁民的。

随着时间的推移，苍茫的大槐树和枝杈上我的这枚老鹳窝就成了移民惜别家园的标志，这株古槐也牢牢刻在了所有移民心中。古槐就是故乡，古槐和家园融为一体。从此以后，一代代、一辈辈，父传子、子传孙，"问我祖先在何处，山西洪洞大槐树"，"祖先故里叫什么，大槐树下老鹳窝"，便成了流传久远的歌谣。辛酸往事凝结为永久的记忆，在漫漶的时间中沉甸甸地积淀下来，并得以升华。洪洞大槐树和我这枚老鹳窝对于老百姓来说已不是单纯对祖居地的记忆，而是对故乡对祖先的感念以及恋恋不舍的思念情结，为我们中华民族的血液中留下了悲欢离合的一段刻骨铭心的记忆，时刻让人紧紧萦绕在脑间心中，常使人唏嘘感叹。

蓊郁的槐树
贾哲慧

其实，事情的脉络很简单：先有古槐，槐是汉槐；其次广济寺，寺为唐建；最后迁民，迁民明代，距今区区六百年。

之此，一句俗语广为流传："问我祖先在何处？山西洪洞大槐树；祖先故居叫什么？大槐树下老鹳窝。"这句俗语几百年来，蘸着泪水传来流去，槐树的根扎到那里，它便被镌刻在那里，没有槐树的地方，便画在神祇上贡奉于家族祠堂里。

洪洞县历史悠久，在唐、虞、夏、商时代，为冀州之域，西周时为杨侯国，秦时为杨县，隋义宁二年（618年）改为洪洞县。

在中国两千多个县份中，知名度最高的恐怕要数洪洞县了。有人说，洪洞之所以芳名远播，是因了一位青楼女子凄婉哀怨的吟唱："苏三离了洪洞县……"。如果仅是这样，便小觑了洪洞，其实与尧都一样，洪洞也是中华文明的发源地，洪洞有仰韶文化遗址，有女娲娘娘庙，有伏羲画卦村，有许由让贤，有舜耕历山；洪洞还钟灵毓秀，皋陶、造父、师旷、范镐鼎、张瑞玑、董寿平，一路走来。

洪洞县北达幽并，南通巴蜀，为三晋锁钥，晋南要冲，城北约二里建有驿站，驿站西边有一古刹，叫广济寺。广济寺建于唐朝，明朝时，已经殿宇巍峨，僧众济济。明代迁民就在"广济寺设局驻员，发给凭照川资"。

广济寺旁矗一汉槐，树近汾河，洪洞为"水包座子莲花城"，汾河两岸芙蓉拥簇，鹳鸟蹁跹。血阳暮下，倦鸟归巢，巢于槐树，密如槐角。

迁民有五十年的历史，五十年来，时光荏苒，悲欢离合。山西有俗语：看不见烟囱腿发软。山西人是安分守家的，因为风调雨顺、风平浪静，尤其晋南，左手吕梁，右手太行，南面中条，三面屏障，一条汾河，将这里滋养得丰丰腴腴，草肥苗壮。也由此，人丁兴旺，民风淳朴。软处好取土，明代统治者便拿这里开刀，被迁者泪眼婆娑，脚甲留记，双手反剪，步履维艰。包袱里裹着铁锅碎片，别离的信物；怀中揣着古槐的枝条，兴家的希望。他们甚至不知道这是什么地方，只记得曾被一片大槐树的浓荫笼罩过。

渐渐地，原先那个朝代老了，亡了，后来的朝代也老了，大槐树下的故事则越念叨越悠长，昔日的槐树枝条随着子民的迁徙扎根滋生，毕毕剥剥，绿烟四起。而那个始作俑的地方却被洪水冲毁了，汉槐冲走了，广济寺淹没了，仿佛岁月的大手在沙画上一拂一抹。所幸石经塔还在，基座、须弥座、塔身、塔冠，一个都不能少，大鹏金翅鸟不能少，八大金刚护法神不能少，回头石狮不能少，"大佛顶万行首楞严神咒"不能少，它们都是迁民的见证。

清朝末年，洪洞贾村景大启在山东做官，当地人得知他从大槐树下来，亲如兄弟，每到一处，他都会看见葱郁的大槐树，看到抄在神祇上的那句俗语，意识到迁民遗址的重要意义，于是会同亦在外省做官的刘子林、贺柏寿募银建成了"古大槐树处"碑亭、茶室和木牌坊，将广济寺的石经塔移建在碑亭的窑顶之上。

那时的建筑少且简陋，木牌坊下仅可通过一辆皇家马车；那时慈禧仓皇的马蹄余音刚刚消散，卢永祥暴戾的枪痕尚未褪尽，芳草萋萋，偌大空旷，汾河漫漶，木筏咳喘；第二代大槐树则生机勃发，英姿飒爽。

1952年，古大槐树处东侧修建革命烈士碑亭；1959年，古大槐树处列为县级文物保护单位；1982年，修建了门楼与围墙，成立了"大槐树公园管理所"；1991年，举办了首届洪洞大槐树寻根祭祖节；1997年，"洪洞县大槐树公园管理所"更名为"洪洞大槐树寻根祭祖园管理所"，扩建开发；2002年，成为"国家AAAA级旅游景区"；2005年，转制改组成立了洪洞大槐树寻根祭祖园有限公司；2008年，"大槐树祭祖习俗"被列为第二批国家级非物质文化遗产名录；2012年，开始了"国家AAAAA级旅游景区、国家级旅游服务业标准化试点单位"的创建。

一个个年份，一件件大事，似洪洞威风的鼓点，时代的跫音，阵痛中的呐喊。

新一代决策者谙知——大槐树不仅仅是一处景区，不纯粹是散发着铜味儿的金饭碗，它承载着根祖文化、"老家"理念。大槐树像一颗发光体，移民的光芒射向五湖四海，四面八方，毫不夸张地讲，凡有华人的地方，就有可能存在大槐树下人。

忘不了七旬老妪，风尘踉跄，就为了却老父的遗嘱；忘不了沉疴之夫，辗转数地，仆地一拜，涕泪交垂，只为死而瞑目。于是不搞皇家祭祀，只展现民间问祖；不做刻板游览讲解，而追求情景剧与游子的交融。

忘不了汾水肆虐，毁我汉槐，淹我老鹳，于是治理汾河，改善生态，槐荫簇簇，杨柳依依，"沙鸥翔集，锦鳞游泳"。

忘不了洪崖古洞，水座莲花，于是插秧植荷，麇集蜂萃，芙蓉田田，莺歌燕舞。

恍然间，河还是那条汾河，寺还是那座广济，鸟还是那些老鹳，树还是那棵汉槐。

其实，往昔不在，星移物换。槐是新槐，汉槐滋生的第三代；寺亦广济，新世纪重建；迁民已逝，后代欣然，扶老携幼，今朝溯源。

大槐树景区里的大与小

王双定

穿过细密的雨帘，挤出摩肩接踵的游客队伍，我终于走近了身居鹳鸣桥和莲馨桥之中的槐香桥。一看到它，我就骤然心跳加快，热血沸腾，甚至激动得热泪欲滴。

这是世界上独一无二的袖珍桥，和它的姊妹桥同属仿明风格的石拱桥，宽5米，长15米。这座大厅里都可以装得下的小桥，却可以容纳地球上亿万华人华裔的心。它虽然静若处子，冷如铁石，却暖似春风拂面，亲过慈母见儿，能让在迢迢万里之外的两端槐乡移民热情拥抱，欣喜若狂。它只不过是一座概念桥，却浓缩了海内外无数移民思乡念土的浓浓情缘。在广大移民心目中，它情感丰富，心地善良，有海洋般的胸襟，山岳般的崇高。它是千千万万移民祖祖辈辈的精神寄托，是与亲人相会，跟故土重逢的最好媒介和纽带。

槐香桥寓意巧妙，引人产生联想。连我这样年迈迟钝的人，一见它就想到槐香与槐乡、怀乡谐音的用意。"槐香"寓意春天。春天浓浓的槐花香味随风飘荡，传播故土的香味，激发思乡情结。不知别人如何，每到槐花飘香的日子里，我就会想起大槐树，想起故乡的山山水水和风土人情，想起我天真无邪又多灾多难的童年。那种情感五味杂陈，在眉头和心头之间徘徊，实在难以割舍。"槐乡"既是大槐树的家乡，也是槐树下移民的家乡。它的含义比较单纯。一提这两个字，人们的心就像离弦的箭，毫不含糊，直击以大槐树为标志的靶心。"怀乡"则是广义的怀念故乡，无论土著洪洞人（含在外地工作生活的人），还是从槐树下走出去的移民，只要离开故土，就会怀念它，也应该怀念它。我虽然不是移民，但经常怀念故乡。年龄越大，其情感越浓。今天站在槐香桥上，体会尤为深切。真是相见时难别亦难，不思故乡难上难。

我国的桥梁历史悠久，在世界桥梁史上占有重要的地位。远在周朝就有了桥梁，秦汉开始，已进入璀璨的发展阶段。隋代的赵州桥，唐朝长安的灞桥，明代江西的万年桥等等，都是著名的古桥梁。当今京沪高速铁路丹阳至昆山段的特大铁路桥，是世界第一特大桥。它长164.851公里，是我们中华民族的骄傲。但它们只是一种交通设施，一种时代先进技术的标志。它们没有承担槐香桥所承担的这种难度很大，耗时特长，又艰苦细致的光荣任务。

还有一种寄托某种思想意识的桥，也不具备此种功能。传说天上有鹊桥，但它平时不存在，还需到七月七日那一天，无数喜鹊临时突击搭建，而且每年只有这一次。那是一种可想不可及的虚拟桥，我们凡夫俗子只有望桥莫及的份儿。鬼城丰都有一座仿人间司法部门机制而建的奈何桥。那是表现阴阳两界、生死之间复杂情感的一种哲学构想。曾经的缠缠绵绵，海誓山盟，须臾之间化为迷迷糊糊，烟消云散。只留下惩恶扬善的教化作用，可供办事做人的参考。

虚也好，实也罢，无论哪种桥梁，都没有槐香桥那种特有的功能和独具的情愫。槐香桥最核心的职能就是它历久不衰的凝聚力，它能团结所有移民及海内外华人华侨，吸引他们和祖国人民同心同德共圆中国梦。

当年孙中山先生看到外国人在华横行霸道，各地军阀只顾争权夺利，人民群众受苦受难时，气愤地说，中国人是一盘散沙。这话一语破的，充分说明团结是十分重要的。团结就是力量。团结才能到明天。革命先烈邓中夏说过一句用血泪总结出来的话："五人团结一只虎，十人团结一条龙，百人团结像泰山！"革命和建设都需要团结，团结全国乃至全世界一切可能团结的人，才能取得胜利！

拿破仑曾经针对中国说："让这条龙睡吧，它一醒来，西方世界就麻烦了！"现在这条龙已经醒了，而且爆发出非凡的活力！西方世界不得不服气我们，不得不敬畏我们！

然而，我们应该冷静地看到，这方面我们还存在着不小的差距。海外至今尚有不少可以吸引团结回来的有识之士。他们还不太了解我们，仍在等待，在观望，在犹豫。不管有哪一种心态的人，都可以理解。无须遮丑，国内还有一些崇洋媚外的无耻之徒。祖国和人民辛辛苦苦把他们培养成人了，他们翅膀硬了，却昧着良心走出国界，去当卖国贼，挖祖国的墙脚！或者让家属携巨资迁到境外，自己当起了时刻准备金蝉脱壳的裸官。这种人，不可原谅，最多只盼其良心发现，或者碰壁回头。

槐香桥，应该面对这种现实，想尽办法作这些人的工作，把他们吸引和团结回来。槐香桥还年轻，没有大槐树那么深厚的阅历和成熟的经验。但是，年轻具有年轻时蓬勃的活力，敏捷的思维，可以刻苦学习，积累经验。努力吧，锦绣前程就在前面热情招手！

这次我首次拜访槐香桥，对它一见钟情，有一种初恋的感觉，并对它寄托着厚望。

初夏的雨，斯斯文文，依然从容地下着，好像没有丝毫暂停的意思。而我，在雨中站得久了，确实有点累，只得依依惜别槐香桥了。

我试着从哲学的角度草草解读了槐香桥，自我感觉还行，不由的心中默念道："啊！槐香桥啊，你虽小，但却以小见大，意义大，作用大，影响大！"这时候，一阵欢快又热烈的锣鼓声传来，打断了我的思绪。蓦然回首，却见景区的锣鼓队正给游客表演,那声音浸透了洪洞人一实二直三勇的粗犷耿直个性,也饱含着槐香桥浓浓的意念。

古槐四章

张文达

魂牵梦绕古槐处

这就是古大槐树处吗?

这就是遍布华夏土地上的无数儿女不辞辛苦、千万里迢迢前来寻觅和祭典的"祖之根"吗?

这就是人们魂牵梦绕心向往之的神圣之所吗?

风,从树梢上掠过,从亭头上拂过,像一段问候,随之,轻轻地,轻轻地拐进其后的古驿道去了。

古驿道自有古驿道的古朴。客观上,它是古大槐树处的一个衬托,将古槐处衬出了几许静谧和苍郁。古驿道为唐宋时所设,其职能是办理四方往来公差事务的。脚踏在这片古老的巷道里,仿佛能倾听到千百年来古人匆忙的足音,能听到一声声渐次模糊了的将士的呐喊。古驿道上古朴厚重的大青砖显然并非当年的铺陈了。可以想象,一辈又一辈古人勤勉的脚步,不知在其上磨下了多少坑洼不平;可以想象,它随着岁月的推移和朝代更迭的风雨,剥蚀了一批又一批。可是,磨不去的,是由来已久的悠悠地脉;剥蚀不了的,是古驿道展示给人们的独特气象。那曾经传递军情、传达十万火急的清脆急促的马蹄声,似乎依然在敲击着这一片故土,震动着一块块厚重的秦砖汉瓦。

如今,古驿道连同一端的古门楼均隐在一片树木的葱茏和时空的幽静里了,昔日古道上繁忙的脚步早已被悠长岁月稀释得一干二净。只有四周古建筑上的一条条砖缝儿,如同历史老人的一张张嘴巴,在默默讲述着风云变幻与尘世沧桑。

古驿道是从古大槐树处的浓荫下穿越而过的,如今,它成了"古大槐树处"的陪衬和背景。

还是再回到祭祖园的第一景点——古大槐树处。据相关史料载,古大槐树为汉代所植。它距明代移民之时,已生存了一千一百多年。如若活到今天,也近一千八百年的历史了。张青先生的《寻根》一书中曾写道:据张氏家谱记载,张氏祖先一代一代传下一个数——"七庹零一媳妇"。在张氏祖先离别洪洞大槐树时,为了牢牢记住大槐树并告诉子孙们不忘故里,特意量了一下树粗。当时没有尺子,只好几个人手拉手同树而量,七个男人连起来还差一段,当时正好有一个年轻媳妇站在一旁观看，人们就让她站在空缺处，正好接上。这个"七庹零一媳妇"世代相传，已有六百多年了。古时一庹为五尺，"七庹零一媳妇"也就在40尺左有，就是说围长在13米，直径在4.2米左右。如此粗大的槐树，难怪人们说其"树身数围，荫遮数亩"了。这也就是当时要将迁民集聚在大槐树下的原因了。由于它长在广济寺中，人们又称它为广济寺槐。清顺治八年（1651年），汾河暴发百年不遇的大洪水，大槐树毁于一旦。

今日看到的古槐亭，实则为碑亭，1914年建于第一代大槐树遗址上。立碑之意为以碑代树，故而镌刻了"古大槐树处"五个大字。后来又为石碑修建了一座修长秀丽的碑亭。细看石碑左右，有补壁赫然入目，分别镶嵌了"举节""兴乡"纪事碑各一通。碑亭雕梁画栋，飞檐斗栱，造型秀美，一顶四坡各建吉祥鸟兽，檐下四龙观瞻四方，其寓意为，龙的传人奔向东西南北四面天地；四只大象固守四个角落，其寓意为，四象威镇妖魔鬼怪，八方平安。

"古大槐树处"五个大字，是石碑正面中部阴刻的隶体，上下均有龙飞云绕图案作为衬托。碑冠在盘龙细雕中刻有篆体"纪念"二字。碑阴刻有迁民事略碑文一篇。

在亭边立柱上，有洪洞邑人、著名书法家燕森甫先生撰写的楹联一副：

开疆拓土筚路蓝缕启山野，

报本溯源铭功昭德兴中华。

其意为，当年被迫迁移离开家乡的先辈们，他们驾着柴车，带着简陋的家当，穿着破烂的衣服，在国家需要的地方开疆拓荒，备受艰辛，耕耘在人迹罕至的荒野；如今我们安居乐业，过上了幸福的日子，应当报答祖先的恩德，寻找移民历史的脉络，多记他们的功劳，宣扬他们的精神，振兴我们的家园。

要寻求移民的历史脉络，首先从民间广为流传的那首民谣说起吧。

问我祖先在何处？

山西洪洞大槐树。

祖先故居叫什么？

大槐树下老鹳窝。

这首民谣广泛流传于山东、安徽、河南、河北、江苏、湖北十多个省市，几百个县。据梁武魁和范忠义二位先生所编著的《寻根祭祖纵横谈》一书分析，迁民后裔们之所以代代传唱它，是因为深深的恋乡情结。站在历史的角度，纵观那场举世无双的迁民活动，它的确表现了统治者的高明与远见。毫无疑问，它有利于国家的富强，有利于经济的发展，有利于疆土的开拓和人口的分布。可是，具体到某一个小家、某一个人，则意味着家庭的破裂和个人命运的扭转。从众多的相关史书里，我们了解到当时朝廷对迁民制定了许多的优惠政策，同时也从大处宣讲了这么做的利国利民的道理。但人非草木，孰能无情，故土难舍，骨肉难离呀！我们能想象到迁民们拖儿带女、哭天喊地的悲惨情景，可以想象到他们被疾病困扰、饿毙于路途的惨状。但是，人总有一个念头，即使在最绝望的时候，他们在离开故土的最后一刻，也要用手攀一把槐叶或折一条细枝，握在手里，像握住了自己的家园；他们一步一回头，看着故园里熟悉的草木庄禾，看着最富标志性的大槐树上一团团黑黑的圆圆的老鹳窝……

他们在异乡又开辟了家园时候，他们年迈了的时候，已无力再返回遥远的故土去看一眼久违了的大槐树。但是，老鹳窝已深深地刻在了他们的心里。他们向自己年幼的孙子讲述旧事，讲述老鹳窝和硕大的老鹳鸟儿，自然，会情不自禁地吟出这首民谣来。

这是孩子们的歌谣，是他们稚子时代的启蒙诗。这首民谣在几百年的流传中，难免个别字句有误，比如，"大槐树下老鹳窝"中的"鹳"字，在山东等地误传为"鸹"。因为老鸹就是乌鸦，乌鸦众所周知，身小，嘴大且直，全身羽毛呈黑色，尾长，翼有绿光。《辞海》中说，老鹳体高且翼长，羽毛色灰、白、黑不一，体长约1米左右，嘴长而直，尾圆而短，活动于水边，主食鱼虾蛙蚌，夜宿高树。北方大部分地区常见灰色和白色的鹳，恰与汾河滩大槐树环境相适应。

如此巍峨壮观的大槐树，只有北方巨大的鹳鸟才有资格在这里宿居。因鹳鸟之大，其柴窝也大，那是高处结实的树杈上，鹳鸟用嘴衔柴，一根一枝筑起来的圆形巢窝。它结实、讲究、实用，外形美观。迁民之所以走得老远了，还看得见它，说明老鹳窝的硕大和引人注目。

另一个字是"大槐树下老鹳窝"的"下"字。老鹳鸟夜宿高树，鹳窝自然是在树上，在树冠巨大的浓荫之下的树杈上，而不是在树下。这首民谣流传的时间太长，地域太广，就有人把"老鹳窝"误理解为一个村庄了。村庄自然在大槐树之下。不过从广义上讲，"大槐树下老鹳窝"是一种具象的说法，老鹳窝又是大槐树的一种指代，家就在大槐树下。

第一代古槐树就留在今人深长的忆念和美好的想象中了。它神话一般举世无双的伟岸形象永远留在槐乡儿女和迁民后裔的心中了。尽管有凄涩和辛酸在里面，却更增添了悲壮与雄浑的色彩。念想是一条河流，它在涓涓流淌着，流向心域的开阔处，流向历史的深沉处。

第二代古槐树是在古大槐树粗壮的根须下滋生而出的，它在祭祖园的北端，古大槐树的东边。如果说第一代大槐树留给人们是无尽的念想和无形的勾画的话，那么，那二代大槐树就是展示在人们眼前的一团凝重的历史，一具可触可摸的巨大的"标本"。它虽已干枯，但昂然挺立，雄姿不逊，如同一具古槐化石，高高的躯干仍然直刺青天。

第二代古槐衍生于明朝神宗万历年间。距今已有四百余年，同第一代大槐树共同生长了六十余年。据测，它树高10余米，胸围2.1米，树冠直径20余米。由于历史久远，地形的不断变化，树根曾悬裸露在土层之外，故而过早地枯萎了。尽管如此，人们仍视其为移民历史的象征，将其作为保佑群生之神灵。每逢佳节，人们给它披红挂花，装点一新，就如供奉神祖一般。有诗赋道：

芽杈奇特剩枯身，

相思南柯梦里人。

祗有深根神气在，

年来也放一枝春。

第三代大槐树，生长于清朝光绪年间，树龄已达百余年了。它身高11米，胸围1.7米。眼下，它枝繁叶茂且长势良好。年年春夏二季，顶一树浓绿，飘十里香馨，迎接四方八面前来拜谒的人们。

三代大槐树携带着一段段可歌可泣的悲壮历史，走进人们的心中，嘉树的形象不仅是移民壮举的物化见证，也成了迁民祖先的人格化身。看到它们，年迈的心域里就鲜活了，年轻的心域里就充实了。平稳、牢固、扎实、悠久、饱满的"根"的感觉，便从心头滋生，翠绿鲜亮的叶片，便从生命里抽发出来，那是灵魂啊！

注视石经幢

远远看去，石经幢挺拔高耸，高大修长，灰中泛白的底色标志着它通体的石质。之所以成为广济寺唯一的遗物，乃因了石质的坚固使它能穿越岁月风云和尘世的喧嚣，静默着站立于汾河岸畔，感受着人间的沉浮与炎凉。

石经幢，是建置于佛寺中的一种佛经标志。上面刻有佛寺主持、化募方丈及建寺人等的名字。经幢的高低、内容、雕刻的精细度，均表明佛寺的年代、规模及香火旺盛的程度。

顺治八年（1651年），汾河水暴涨，惊涛漫岸，又冲垮堤坝，直朝广济寺冲来，一时间寺塌院毁，惟石经幢在滔滔洪水中依然耸立。洪水退后，寺院僧侣把唯一遗存的石经幢移至古大槐树北侧。

广济寺又名宏济寺，位于贾村之西的永安里。初建于唐贞观二年（628年），到了宋时，进入全盛时期，佛像金身，殿宇雄峙，而香客游人信男善女则如织如蚁。广济寺山门朝东，建有大雄宝殿、天王殿、三圣殿、藏经楼、钟鼓楼，以及祖师堂、方丈室、禅堂、斋堂、塔林、库舍等。临河近城，佛事兴旺，闻名于晋南。到了金章宗承安五年（1200年），法师惠琏修建了楞严幢，即现存的石经幢。这座石经幢，高9.4米，共分四层十五级，每节有方有圆，搭配别致，周身又有59件石雕构件连接而成。层层图案各异，内容不尽相同。最上一层，刻有"奉南乘惠琏大师建立楞严胜咒幢"十四枚字样。中层青石之上，分八面，雕有八个栩栩如生的金刚大力士，其上又雕八个大鹏金翅鸟。佛教密宗相传，金翅大鹏以大海中龙鱼为食，龙王怕自己断子绝孙便禀报如来佛。如来大发慈悲，令大鹏不可再食龙鱼种，其食物由佛门供给，并封为护法大鹏。自此，佛门僧侣每每用斋时，必先夹一些斋饭，放于寺院洁净处，以示供养大鹏。下层的青石八面，刻有大佛顶万行首楞严经里的神咒。由于年代久远，风雨侵蚀，字迹已难辨认。据考，楞严咒载：释迦牟尼时，堂弟阿难随佛出家。一天外出化斋，遇上一位美丽的伽女，一见钟情后，便把阿难抱进暗室，使其昏迷，将破戒体。释迦得知，派文殊菩萨持楞严咒前去搭救。文殊用破美女的幻术，救回阿难。此后，佛门定楞严咒为早课，天天必读，人人能诵。石经幢修建后，凡间信徒们纷纷摸石诵文，以求菩萨保佑，使其美满姻缘不受外人干扰。

寺毁之后，僧侣佛心更坚，于顺治八年（1651年）在贾村正东二里之距的湾里村重建佛寺，更名为北桥寺。并把记载迁民业绩的石碑也一并移在新寺里。不幸的是，清咸丰三年（1853年）八月，粤军从平阳北窜，城陷寺毁，连迁民史碑也痕迹无留。目前只有这座坚固挺立的石经幢和大槐树是古槐迁民的见证，另有一张《古槐迁民纪略》的石碑照片。

几百年来，多少迁民后代每每寻根至此，只能深情地站立于石经幢之侧，倾听它静默地诉说那如烟的往昔；多少文人墨客也常常以石经幢为佐，以抒满腹的故园之情：

故里重来迹已迷，
浮屠高寺夕阳西。
道旁树有丰碑在，
且扫苍苔认旧题。

又：

迁民昔日四方游，
老树婆娑眼底收。
唱罢骊驹成往事，
喜旋黄鸟写离忧。
丰碑矗立遗风在，
经塔高悬古迹留。
日暮乡关人过访，
追怀古木意悠悠。

憩茶房里话楹联

100多年前，当洪洞邑乡绅士们筹资修建古槐碑亭和仪门的时候，好客而厚道的槐乡人士没忘了在碑亭一侧同时修建一座专供远道而来的游子们歇脚休息、品茶聊天的茶房。

远远看，茶房的样式像晋南清末民初时的极为寻常的民居。可它是"家"呀，能让远道前来寻根的客人们，有一种家的感觉、家的温馨和家的氛围。这是晋南人特有的好客情怀，也是晋南淳朴民风的一个小小体现，是晋南地域文化的浸润。

茶房里，可以话古今沧桑，可以诉别情离意，在这里，只要你一落座，那种亲切、那种闲适、那种无拘无束就驱使你畅所欲言。一壶浓浓的大叶子茶，色泽橙红，口感醇醇。它是槐乡人们待客的最庄重、最珍贵的饮品，也是槐乡数百年来形成的茶文化。古人曾有诗云：

碑亭高建表前休，

茶室清香泽更优。

过客衔杯忆往事，

览今思古意悠悠。

茶房里，有几副楹联就像洪洞大叶儿茶一样韵味无穷，品茗读联，愉悦身心，颇有一番悠然自得的情怀。

先看内侧的楹联：

茶可解烦碧乳澄清通世味，

亭堪栖迹绿槐夹道识乡情。

坐在这里饮茶，可以解除旅途劳累和心中诸多烦闷，清澈的茶水，可以让人感悟人生况味，尘世坎坷；来到这个亭子里休息，能享受到槐树荫凉和清新洁净的空气，引人联想到往昔，一股亲情与乡情扑面而来。

外侧的楹联是：

香把行襟留快饮，

荫清古道倚斜阳。

其大意为：在夕阳照着的槐荫古道上，旅行的人们享受着清新的空气；在槐花飘香的茶坊里，畅饮故园之水，溢满胸襟，一扫旅途劳顿，心中自然无比欢悦。

从茶房出来，精神肯定为之一振，神清气爽，周身轻松，正好到祭祖堂去焚香祭祀。

祭祖堂跪祭

在祭祖园的北端，古槐碑亭的西边，坐落着古朴庄严的祭祖堂。堂面宏伟，庭院宽敞，走进里间，香火缭绕。在幽雅静谧的气氛中，一批又一批人们来这里祭祖跪拜。

如果说祭祖园是一篇古朴典雅的大文章，古槐亭是文章的中心的话，那么，祭祖堂便是这篇文章的题眼。寻根与祭祖，是不可分割的一个整体，又是人们前来履行的某种使命。在这里，寻根的含意如果说更具象的话，那祭祖的蕴含就要更宽泛一些，可祭自己的姓氏之祖，族脉之祖，更可祭祀我们的华夏之祖，人文之祖。

人文之祖，它有着多么深广的意义。它可以追溯到太古三皇，即，天皇、地皇、人皇；也可以追溯到史书纲鉴上的上古三皇，即：伏羲、神农、黄帝。虽说祭祖园祭祖似乎寄寓明初移民之祖，这只是表层之意，谁不想追至太古、上古之祖呢？

"祖斯"；

"桑梓"。

这是院门内外门额木匾上，书法家张一先生的题词。字体端庄文雅，观之令人生敬仰之情。祖斯，我们的祖先即在此地：欢迎四方八面的游子前来寻根祭祖。桑梓，家乡的桑树梓树是父母所植，游子理应虔诚祈福，回报故土。

在祭祖堂里，姓氏寻根是一项重要内容，来自四方八面的游子，谁不想弄清自己的姓氏之源？这里，可以满足这一要求。姓和氏现在是一个意思。在上古时代却是两个概念。女生为姓，源于母系社会，由一个老祖母传下来的人为一姓，主要起"明血缘"、别婚姻的作用，以避免近亲婚配，使族人种姓退化。氏为姓的分支，同姓之人可因封地改氏，可以官职命氏，不一而足。氏起源于父系氏族社会。"男子称氏，氏随父亲"。如黄帝为姬姓，曰轩辕氏，炎帝为姜姓，曰神农氏；尧本是姬姓后人，因其母为炎帝族伊耆姓，故从母姓为伊耆，号陶唐氏。同姓之人有氏者贵，无氏者贱。故氏在上古时期有着分别贵贱的作用。

夏、商、周三代后，随着父权的进一步加强，姓氏合二为一，姓和氏便都是以父姓而定，再无分别。

自古以来，我国的姓氏流变很多，几达数千家。现在的华人大多始于炎、黄，可以说大都是帝尧同族远祖的后人。在姬姓后代中，帝尧陶唐氏这一支又分出伊、祁、傅、路、唐、刘、杜、范等数千个姓氏。许多大姓如张、李、王等，虽不出唐尧，但在历史上均有尧的后裔改为上述诸姓或婚嫁这些姓氏者。如舜与尧的两个女儿娥皇、女英生儿育女，他们仍然有帝尧血脉。遍布全球的陈、胡、袁、姚、王、虞、田、孙、车、陆十姓的华人皆属舜的后代，总人数有2亿之多。再加上禹的后裔夏、沈、越、邓、诸、鲍、计等和尧舜的大臣契、稷、伯益、皋陶等十余人的后裔汤、祖、孔、秦、赵、黄、李、吕、岳等一大批姓氏，总数在300多个。这些姓氏多数在《百

《家姓》中，均排在前面，属于大姓。这些尧、舜、禹及其大臣后裔，连同与他们有血统关系的华人子孙，大体可囊括我国人口的四分之三以上。

面对列祖列宗，只有长跪三拜，才可表达游子的祭祀与怀念之情。

面对槐根

张行健

驻足于这一架硕大无朋又气宇轩昂的古老槐根面前，真正被一种气势震撼了，语言是多余的，表达惊叹与钦佩的唯一方式只能是静默，静默。

在静默中注视；

在静默中体悟；

在静默中倾听。

这深植于地下两千余年的汉槐巨根，这在黄土中延伸了二十多个世纪的树之先祖，你还氤氲着地气的温热吗？你还扩散着土地的香馨吗？在那么漫长的岁月里，寂寞中你固执地朝着大地的纵深里探索，像一个善于扩张极富占有欲的巨爪，把泥土，把泥土中的沙石紧紧地、紧紧地抓住，牢牢地握在那只巨大的网络里。每一条根须，都是一个勤勉的吮吸者和输送者，在给养地表槐身的同时，也在默默中茁壮着自己，雕塑着自己。

在深深的泥土里用岁月雕刻自己的这架巨根，也在向往着地表上的日子吗？明媚的阳光，轻柔的春风，浓郁的草木和艳丽的花朵，一年四季色彩不同的季节变换和黑黑白白的日夜交替，还有，在大地上奔跑着自由着的生命们，不然，你为什么要把自己的周身雕刻成如此这般生动活泼的图像：一条欲腾飞的长龙，一头深沉静走的大象，一匹嘶鸣着奔跑着的骏马，一只低首吃草儿的绵羊……还有，那分明是一尾跃起水面的大鱼……你向往蓝天的开阔浩瀚，故而便有龙身的形成；你钟情林木的茂密和神奇，便用这种情愫生长成大象，你在漆黑的地下多么神往一条坦途，那匹奔马便抒发了这种飞跑的心愿；山坡，青草，牧人，还有悠长的短笛，你寄情于一只温顺的绵羊，听着古老纯朴的牧歌儿，多想挨上一阵轻抚的带有溺爱意味的牧鞭呀！身边河流是你的意境遥远的追求么？其实，你每时每刻都在倾听它不舍昼夜的喧响，她的潮涨潮落，她的惊涛大浪，每每也牵动了你的心房，你受着她的滋润，你把根须朝了滋润里伸展，不就是潜意识里的羡慕么。可是，咫尺天涯，你毕竟无法触摸到汾河的水花，无法直接感受浪涛的激越人心的翻涌。那么，你便在自己的躯体上，刻下了一尾生动活泼的大鱼，它高高的跳起，似乎游离于水面，又好像在水中的一个别致的造型。

各种形象并非人们的主观联想和纯客观的品评。它们惟妙惟肖但绝对是神韵相似，是大写意的自然之笔。时间是巨匠和圣手。它造化出如此神奇的苍虬老根，并赋予它众多的意向图形，这完全是一种意蕴丰厚的图腾。在槐树的世界里，在根的阵容里，没有比这种图腾更为神奇，没有比这显而易见的根文化更为丰富，更为壮丽的了。

　　两千多年的历史，在这一架巨根的躯体上，忽然就浓缩了，浓缩得如此凝重，浓缩得如此具象。面对一方秦砖，面对一页汉瓦，人们会投去敬畏的目光，那是在敬畏着历史哟！朴拙厚重的秦砖和造型大气的汉瓦，它们带着那个朝代的大度和气势，在岁月的尘埃中，在时间的风雨里，它们见证了荣辱沉浮的历史，它们经历了盛衰强弱的沧桑，接纳着日月，迎送着阴晴。槐根却是在另一个世界里默默地感受着历史的，没有晨昏，没有喧嚣，在难耐的静默中，把自己的情怀倾注于两个极端，这便是把根系深刺入地下，把头冠高扬于苍天，吐一树碧绿，缀一树金黄，织一树诗意，飘一树清香。那枝那叶，那花那香，是根的灵感，是根的情愫。世间还没有其他之物能像面前的这架巨根一样，用那么一种独特的方式去感悟着尘世，它如同上古时代的真隐士，也像目下颇具道行的高僧，在属于它的那个静谧的区域里，闭目而视，修炼着也历练着，接纳着也倾吐着，静憩着也观望着。漫漫黄土与漫漫尘世一样，有属于它们自己的变化，土浪同地上的水流一样，一刻不停地翻滚和起伏，涌动和组合。槐根处变不惊，感恩绵绵黄土的厚爱，倾听来自地心的跫音。

　　其实，槐根一直在与岁月作着无边无际的抗争。这是怎样的一种忍耐和柔韧、毅力与信念？难以想象到那种不见天日，尽期遥遥的孤独，那可是凄涩与漫长的大孤独。但是，她高擎着一面生命的旗帜，那是作为树身的旗杆和树冠的旗面，猎猎地，飘扬在日月之下，展示在凡俗之中。

　　两千多个年头过去了，古槐该在树身刻印下多少个丰满的年轮？或许，槐根苦心成就了的槐树早已不复存在，在岁月的风尘里枯成了一段陈旧的记忆。槐根却依然在泥土中粗砺粝硕壮着。并把她积蓄的情意在地表上冒出新的槐枝儿。春天就这样来临了。爱，又在一个春季里开始轮回。在槐根老母一般的滋养下，在槐根老父一般的呵护下，一代又一代的槐树们能营造一片绿荫，高擎一片蓝天的时候,苍老的槐根就业已完成了她的土层里使命。终于，她从两千余年的地下被"请"出来了，极虔诚的，极恭敬的，被请到这样的祭祖园里。槐根像一位善良的老者，慈祥地被人们供奉，被人们拜谒，甚或被人们审视。

　　此时的老槐之根并非寻常意义上的槐根了。她早游离于木株之本源的单义走向，在这座明初移民之根的特殊园子里，她的人文之根就有了极深广的历史意蕴和文化含量，让一方地域一个种族，都在追溯自己的来龙去脉，来重新书写太古之初以来的文字典籍。人祖之根便成了一个神秘意向,成了一个历史的符号,成了悠悠岁月里寻根情结的广义象征了。

在苍古的巨根前沉思,夏日的纷纷细雨是人们思维的触须。

一棵树 千条根 万古情
黄梅英

走千里走万里我回头望,
大槐树下站着我的故乡,
三百年呀五百年一辈辈都在唱,
唱不尽的思念比路长……

一曲悲怆歌曲,演绎大槐树下六百多年的迁徙伤痛。

六百多年的日日夜夜,苍劲、繁茂的大槐树耸立在黄河东岸洪洞这片故土上,见证、记载着我们的先祖们万端离愁、百感交集的迁徙史。

六百多年前那个秋风萧瑟的清晨,大槐树正由绿变黄的树叶,时不时从空中慢慢飘落而下,在一只只纷乱的脚下与泥土成为一体。拥挤在大槐树下的人们被一纸"移民诏书"惊呆:祖辈生活在故土的人们,将被聚集在大槐树下向他乡迁移。

只因江淮以北大部分的地区因战争导致城郭为墟、田地荒芜,只因战争创伤未愈、天灾祸及大半个国土、经济凋敝。"移民屯田、开垦荒地"是天子朱元璋为保手中皇权稳固,在立国之初就做出的一项决策。风调雨顺、五谷丰登的汾河沿岸,因少受战乱祸害,地沃水足、人烟稠密,首当其冲被移送出走。至此,一场长达半个世纪的迁徙大潮,从大槐树下拉开帷幕……

明朝晋辖的79个县,先后有71个县的逾百万人口,经过十八次的迁移,被送到了今天的北京、山东、安徽、河南等地……

槐树下,官府强行登记,强发凭照,百姓是哭声震天,泪水遍地。飘落的叶驮不动苦难的重负,与眼泪一起飘落。

难舍家乡的一土一木,临别的乡亲,在大槐树的树枝上系上一条相思的红绳:带走的是身,留下的是心,从此一别,即是天涯;折一节细细的槐枝揣在怀里,让故乡的记忆随身而走;一对祖传的佛像,一对苦命的兄弟,相拥深拜后各自珍藏:若干年后,我们的子孙以此佛像认亲归宗;一口铁锅摔碎成四片,无论何年何月归,这就是我们相见时的凭证……

再深深地叩拜一次吧,再回头望一眼吧,望一眼被泪水模糊了的高大的槐树,望一眼老槐树枝丫间的那簇老鹳窝……

一家一户，被无情的根绳相拴，被冷酷的刀逼棒胁，吞声饮恨，一步三回头，走向背井离乡的路……

路啊，千曲百回，留下晨与昏、夜与昼的长叹；山哪，千难万险，留下骄阳与阴雨、旋风与暴雪的无奈；从此，音信难传，娇儿再听不到爹娘的呼唤；从此，道路遥远，儿女再不能为父母尽孝道。归乡，从此只在梦里了。

夕阳西下，断肠人在天涯！

儿时，曾在家中的箱底翻出父亲珍藏的卷轴，饱受父母的一番责骂，才知是清朝先祖的一张圣旨。问其内容，父亲只能说出大概。后请教蒲一中语文教师名震全县的张振国（梅岗）先生细问详情。对史诗和古典文学颇有造诣的张先生，在我们的期盼下，慢慢打开了这道圣旨。这张长约三米、因年代久远、两边淡黄的锦缎稍一用力，就会脱落的圣旨（已经散落的十几片残破的绘着云层的锦缎，被包在一个发黄的绵纸里）。圣旨两端各有一米长，中间的字是满文和没有标点的汉字对应而写，也占有一米，落款是康熙十八年和满文康熙的红红方方的大印。圣旨的开始和现在影视里演的一样都是"奉天承运，皇帝诏曰……"，只是影视里圣旨太小太短，一个人就可以捧起来读。

经张先生的解读，我们终于清楚了这是清康熙十八年（1679年）为表彰平叛有功的将军而下的一道圣旨，上面同时还提到表彰在家照顾老人孩子有功的将军夫人，并将河东（现运城）北相方圆百里的土地封赏给了我们这位黄氏名将，和这个内容匹配的应该还有另一张圣旨（早不见踪影）。张先生说这张圣旨已有将近三百年的历史，是非常有价值的东西，值得世代珍藏的"宝贝"。

我的先祖是战功赫赫的名将，我们黄氏家谱也记载着这一切。成年时，曾和父亲回到老家运城，在老宅子的房梁上找出发黄的黄氏家谱。时隔多年，内容还记得大概：从明初洪武颁布移民政策，大同府黄氏兄弟，应诏领，于洪武七年（公元1374年）从大槐树迁址砀山黄草庙，遂居栖焉，此后，由此发展直河南之宁陵、安徽之萧县、山东之单显。先祖奉诏远涉移民，正值古代交通不便之时，跋岭涉水，风餐露宿。然祖宗具有武略之才，奉命讨柳州之乱。功高被当朝皇帝加爵封地，垂于明史……

还记得1992年的秋天，家里突然来了一位六十多岁的老人和他二十多岁的孙子，自称是陕西西安人，是父亲的同族兄弟，多年前从湖北迁移到西安生活，祖辈曾在广西做官，同辈曾有在西南军区做领导的……

来人的话让我们兄妹听得云里雾里，但父亲很确信来人肯定是他的族人，可惜那时候他已重病在身，老人和孙子吃过饭后就惜惜告别。他们走后，我问父亲为什么那么肯定来人就一定是家人时，父亲才说他曾多次回运城细阅家谱，先祖从大槐树下迁出，几代人都以武功为傲，驰骋疆场。明末就有奉命讨云南叛将立功的，只可惜没有留下太多的资料，到康熙十八年先祖才遗留下这么有案可稽的一纸圣旨。他说他那个受康熙帝嘉奖的、居功自傲的又年轻潇洒的先祖，立功后并未回到河东，先后在云南福建逗留，贪恋江南美女，先后又娶了好几房姨太太，风流种子遍地遗留，谁敢说来者不是黄氏之孙？世上还有乱认祖宗的？父亲说受先祖荫庇，先曾祖父几代人都不思进取，身边的姨太太就有十多个，曾祖父手里也有七八个姨太太，整日吃喝嫖赌，没钱就卖地卖姨太太。我的祖父，还因抽大烟导致倾家荡产。祖父不是一次告诉父亲，选个好日子，给祖宗烧烧高香，保佑黄氏家族再次兴旺。

父亲从出世时家中就败落了，是他的发奋，成为一名救死扶伤的医者。可惜因工作繁忙，尽管嘴上多次说要去大槐树走走，但因工作繁忙，直到去世，从未去过大槐树，也从未为他的祖宗烧过高香，也几乎没有走进过庙门。

大槐树，在记忆中曾是一个抽象的代名词，从历史课本到现实，从先祖遗留下的圣旨到黄氏家谱，它似乎离我很陌生、很遥远……直到走进2016年的5月7日，我真真切切站在大槐树下，站在我们许许多多人共有的这方故土，才感到这不是梦，先祖的一切都在这里变得那么真实、难么可信……它震撼着我，烧灼着我，威逼着我向倾注了无限深情的大槐树深深叩拜下去……

谁是古槐迁来人，脱履小趾验甲形。在华夏民族深厚的历史文化土壤上，有多少人在儿时就被父辈们抚摸着小脚趾，遥指着天边白云生处的那棵大槐树，提醒着我们就是出自大槐树的根！

大自然赋予灵魂的、奇绝高巍的大槐树，生命力如此顽健的大槐树，几百年来生生不息，盘根错节，已生长出第三代大树。而从大槐树下迁出的黄氏家族经过六百多年的年轮，瓜瓞绵绵，有记载的也有三十八代传人了。在我之前，他们已在祭祖的大潮中，不远千里万里，一次又一次走向大槐树，认祖归宗……

他们走多远，就洒下多长的乡愁；

他们走多高，就留下多深的思念。

翻翻《洪洞县志》，我们望文兴叹；阅阅《明实录》《明史》，我们望史感慨。

想先祖们在叩别大槐树，负载着未知的历史使命，启程迈向那一片片赤地千里、哀鸿遍野的土地时，他们把生命的活力和热量，把先进的生产技术和丰富的生产带到"年深外境犹吾境，日久他乡即故乡"的神州大地时，不正像这生机勃勃的大槐树为大地洒下的浓浓绿茵吗，它荫护了许许多多的大槐树子孙！

大槐树下走出的长长的、支系繁多的移民，他们在"异乡日多，故乡日少"

的生活中，在年复一年、日复一日的思乡煎熬中，一个个高昂的身躯，最后都慢慢变成一抔黄土，与大地成为一体，像大槐树一样，把根深深埋在大地，那是生命的消亡也是生命的延伸。

大槐树，被岁月剥蚀的大槐树，浓缩着一部六百多年古今风景的大槐树，它永远传唱着和这片土地相濡以沫的悲歌，永远聚集起生命的热血精神的向往，它托起我的精神我的思想我的情感，也托起每年二十余万来这里寻找自己先祖的根脉和姓氏的人们的精神、思想和情感，让我们在有着天籁自然的风骨、又有历史沧桑的风貌的大槐树面前永永远远叩拜下去……

啊，

故乡的大槐树，

大槐树的故乡，

树连着血脉根连着根，

真魂魄总绕在你身旁……

老槐树下是我家

张春茂

我出生在村东头的老四合院里，对我影响最深的有两棵树，一棵是院中的石榴，一棵是院外的老槐。

在我幼小时的记忆中，这两棵都充满着神秘。那时候，四合院住着四户人，北房住着兄弟俩，东房住另一户本家，我家住西房。走进门来，满院都姓张，大大小小十余口，虽然出了五服，但却长幼有序，辈分清晰，年龄大的晚辈不直呼年龄小的晚辈的名字，一院人和和睦睦宛如一家。

我家所住的西房，乡间换作西厦。石榴树就在西厦前的窗户下，按祖辈遗传的房契划分，石榴树属于我家，但果实从来不曾独享，属于院里所有住户，也属于左邻右舍的孩子们。农历八月十五过后，是石榴成熟的时节，树枝上了挂满沉甸甸的石榴，或是高悬于枝梢，或是低挂于枝端，一个个笑开了肚皮，露着水晶一般诱人的果实。石榴树结甜甜的果实，甜在嘴里，美在心里。可以解馋，但却不能多吃。那时候，我尚不知道石榴来自西域，对爷爷的话从不怀疑。爷爷说，石榴来自阴间，吃多了不好。现在想想，这样的说法，大概是因石榴汁水多属阴的缘故吧，抑或是爷爷不让怕吃多坏肚子。彼时，我跟其他人一样，对会写对联、讲故事被别人唤作先生的爷爷充满了崇拜。农闲时节，四合院里远比故事书里写的热闹。晚饭过后，消闲的邻居们一个个走进院里，坐在高大的石榴树下，听爷爷讲《三国》《水浒》的故事，欢乐的笑声和叫好声常常盈满了整个小院。

笑声传出院外，老槐树是能听到的。四合院外的老槐树，一代一代听过这样的故事。四合院东西南均是沟，沟东边曾是古平阳最古老的道观之一老君观，"文革"被毁后，老君观的道士们后人并没有离去，他们住在老君观下的窑洞里，夜幕降临的时候，沟那边道士的后人们会传来唢呐悠悠扬扬的曲调。四合院的西边还是沟，沟西边的土窑洞里也住着人家，土窑洞的背后是清代赵城县令李寿芝督修的石头坡，这条古官道，慈禧太后出逃时曾走过这里。周易八卦上讲，三面临沟的地方易有瘴气冲撞。按照家乡人的说法，这样的房子需要大槐树的荫避。四合院所在地方村里人叫东头，东头的老井儿多，住的人多，老槐树也多。四合院外的老槐树是最粗的一棵。老槐树在院落东侧靠北的方向，谁也说不清它有多少年轮，经历了怎样的沧桑。老槐树要三四人才能合围，粗粗壮壮的老枝伸向半空，靠上的老枝虽然干枯多年，却风雨不折，一种坚强不屈傲立苍穹的姿态。枯枝下是繁密的枝杈，春来老槐抽新枝，夏到槐荫左右舍。这时节，老槐树蓬蓬勃勃，郁郁葱葱。孩子们在老槐树下过家家，做游戏。大人小孩都对老槐树充满着呵护和敬畏。酷暑难耐的季节，邻居们摇着蒲扇，搬了小凳，或是席地而坐在老槐树下，拉着家常或是听着祖辈人代代相传的故事，小孩子们就围在大人的身边，无忧无虑地享受着来自沟畔凉爽的清风，似懂非懂地听着或是闹着。那时候，我自然想象不到，在中国有移民的后裔的无数村庄里，演绎着多少这样祥和而有动人的场景，一代一代唱着"问我家乡在何处，山西洪洞大槐树"的古老民谣。

　　最初知道村子的来历和大槐树移民的故事，也是在老槐树下的四合院里。四合院下的院落有一个奇怪的称谓：纪爷（ya）里。纪爷里住着数户人家，其中一户孩子过生日时，邀请爷爷编写了一副对联，上联是"门对南山雄狮盘踞照吉祥"，下联是"西绕汾水银龙飞舞出忠良"。

　　不懂历史，自然不清楚对联的意思。那时候，站在纪爷里的院落边，沟对面的山头如一头卧着的雄狮，守护着院落的安宁，西南方向望去，汾河波光闪耀如银龙一般飘荡在无边的绿色麦浪里。爷爷对联里所写的忠良正与纪爷里的称谓有关。我所在村子叫上纪落，村南与国士桥相连的是下纪落村，老君观里的元代碑刻记载，村子原为一个村，分上纪、下纪和西纪。后来，村子人口增多，逐渐形成上纪落和下纪落两个村子。村子的来历与一名汉代将军有关。相传，汉朝名将纪信、樊哙都是赵城人，一起跟随刘邦，项羽围攻荥阳，纪信为救刘邦而亡，后把灵柩运回村安葬，落叶归根。刘邦为纪念纪信将军，特以村中一坡分界线，坡上为上纪，坡下为下纪。妇孺皆知的《鸿门宴》上，纪信曾与樊哙等助刘邦安全返还。《史记·项羽本纪》记载，汉王三年，刘邦项羽围困于荥阳城内粮草告罄，危在旦夕时，替刘邦解困的正是纪信。史记中写道：汉将纪信说汉王曰："事已急矣，请为王诳楚为王,王可以间出。"这就是历史上纪信诳楚的来历。当纪信假扮刘邦带领同样假扮的妇女士兵走出城门的时候,刘邦已在众将领的带领下出逃,发现被骗后,纪信被气愤之极的项羽火烧而死。

没有纪信诳楚,哪来汉家天下。在刘邦君临天下、大肆封赏将士的时候,刘邦或许是淡忘了为汉家江山献身舍命的纪信。历代诗人均有不少纪念纪信的诗词。唐代诗人卢藏用的诗里这样感慨:"感将军之发愤兮,壮大义之在兹,仰前修以砥节兮,顾车回而马迟。呜呼!身既焚兮业既昌,楚歌绝兮汉道光。君不旌兮史不扬,功不录兮殁不殇。奄孤坟以载葬,抑千祀而为荒。"清代诗人李棠这样感叹:"汉业艰难百战秋,焚身原不为封侯,敢于诳楚乘黄幄,遂使捐躯重泰丘。隆准单骑从此脱,重瞳双眼笑谁酬?天今荒草空祠宇,一片忠魂万古留。"

纪信为汉家天下献出了生命,勇气与忠心日月可鉴。虽无封赏,但并没有被后人遗忘,世人修建纪信祠纷纷纪念,并将纪信庙称为"城隍庙",庙中的纪信塑像即"城隍老爷"。

爷爷对联里的忠良说的便是纪信。纪爷里相传为纪信出生的地方,村中也曾有纪念纪信的祠堂。民国名流张瑞玑在诗词《赵城至洪洞道中》写道:飞絮飞花三月时,东风剪剪柳丝丝。断桥流水青山外,匹马寻碑纪信祠。可惜的是,至今已碑祠全无,空留感叹。

在世人的眼里,纪信作为洪洞人,他的身上体现着洪洞人仗义豪爽敢作敢为的性格,体现着槐乡儿女忠勇坚强敢于争先的精神,纪信所体现出的品格,不仅是槐乡儿女的精神,更是中华民族坚强不屈乐于奉献的精神。一代代槐乡儿女,一辈辈洪洞父老,名人辈出,忠良不断,在历史的长河里闪烁着名字中何止纪信一个。

当历史的河流,从汉代流向明初,从一个人的献身到数辈人的迁徙,洪洞被永久地记录在中华民族的史册中。从洪武三年到永乐十五年,18次历史大移民,谁能记清槐乡儿女经历了怎样的曲折和苦难,洪洞儿女经历了怎样的辛酸和苦楚,多少人累死途中,多少人病死荒野,在异域他乡,他们离别父老,开垦种植,养儿育女,繁衍生息,把槐乡儿女的拼搏和志气带到外地,把家乡父老的热情与豪爽带到了他乡。而今,槐乡儿女满神州,古大槐树正逢春,家乡建设热情高涨,大槐树祭祖园名满华夏,寻根儿女蔚然成风。无论走向何地,传唱不衰的依然是大槐树下老鹳窝的不老歌谣。

祭祖园二章

张耕夫

望亲亭里念故人

祭祖园的东南,是一大片浓郁的树木与花草,月季花淡淡的香馨,氤氲在整个园子里。

细雨蒙蒙的天气,雨雾把树、把翠绿的叶儿、把树下的花草们罩得如梦如幻般神秘。天晴的时候,太阳像一把无形的金扫帚,把浓雾与神秘统统掠去了,剩下了树的清新与草的纯净。人们这时候才倏然发觉,在树与草的掩映背后,"玉立"着一个秀美可人的亭子——望丘上的望亲亭。

这是一处有青石假山,有溪水环绕,有莲池潋滟,有藕荷蓬茂的令人相思处。看清池四周,无名花卉尽展风姿,小叶嫩草各吐其绿。顺了溪流,有小桥曲拱;沿着小桥,又有一台一台的青石阶;踏了石阶,便登上了望亲亭。

细看小亭,是六柱、六角、六檐的造型格局。周边开放,四面无墙,造型别致、小巧,是极其典型的中国小型艺术亭子。来这里的游人,站立在四面开敞的亭子里不由的要朝远处眺望,望什么呢?是眺望苍苍茫茫的洪赵大地,还是眺望烟波浩渺的远逝的往昔?烟波里,有古人的身影在渐渐远去,渐渐远离了脚下的这片故土;古人的泪,像清明时节的雨,淋在槐叶儿上,渗进沃土里。

望亲亭下,原是一座高高的土丘,靠村临路,一片荒草萋萋。

六百年前大移民的时候,这片浑厚的土丘也仿佛是一个憨厚的见证者。官府在近旁的广济寺里,设局驻员,组织迁民。

广告规定:四口之家,迁一丁;六口之家,迁二丁;八口以上迁三人。晋南这一大片土地,历年风调雨顺,粮棉丰获,是难得的富裕之乡,百姓安居乐业,家家人丁兴旺,每个家庭人口均在六口八口以上。也就是说,每家都有二三人属于迁民之列。

可以想象,那是一个怎样无奈而凄凉的情景。周简段在其《山西洪洞大槐树》一文中说:被迫迁移的百姓"离开洪洞时,人人悲伤,个个哭泣。有的灌一桶洪洞县的霍泉水,有的撮一把洪洞的黄土,有的揣上几片槐树叶,三步一回头,五步一转身,状极可怜。当广济寺在视线中渐渐消失时,人们总想在最后一瞥中寻找个有纪念意义的东西,作为今后思念故乡的标记。当然,那棵苍老挺拔、高耸入云的古槐,以及树上的老鹳窝,便深深地印在移民的心目中了"。

老父老母、儿子儿媳、孙子孙女,在这样的六口之家里,必须有二人北上迁徙。昏灯长夜，燃烧着伤悲承受着熬煎。还有什么选择呵？自然是中年的儿子和年轻的孙儿忍痛别离，去到遥远而未知的荒芜之地。家里呢？这个原本结构合理而祥和幸福的六口之家，一下子就抽去了两个强壮劳力，犹如房屋抽走了顶梁大柱，剩下的，是年迈的父母，是中年的妻子和她的小女儿……

　　那是生别死离、撕心裂肺的伤心场面，一家老少看着自己的亲人被长长的绳索捆绑着，和其他移民一起串起来，如同串起一长串蚂蚱。一时间，大槐树周围，哭声恸地。乡民们拉拽着自己的亲人，而官兵在殴打和驱赶着移民，老父老母妻子女儿一次次挤进人海里，又一次次被官兵推拽到了一边。终于，钟声响了，鼓声响了，那是官兵们催着上路的号令。在难舍难离、洒泪而别的过程中，一长串迁移者走出了高高的小土丘，离大槐树越来越远了。一家老少总算在人群里看见了自己的亲人，很快，亲人的影子又被后面的人流遮挡住了，挤涌着前去……

　　还是小孙女儿聪明，她带着爷爷奶奶和妈妈，快快地爬上了高高的土丘，拨开低矮的树丛，踩着齐膝的蒿草，登上了最高处。爷啊，快看——那不是，那不是我爸和我哥吗？就在那儿，看哟——在如海的人流里，在如蚁的人丛中，顺着小孙女儿手指的方向，爷爷奶奶果真望见了远去的儿孙的背影，他们熟悉儿孙的脊背，熟悉刚给孩儿换上的外衣……看着，望着，人群一队队走了过去，熟悉的背影成了模糊的一团儿，成了远处的一个黑点儿。可是，土丘上的老老少少还不想离去。老父劝慰着全家人回去，他却在这土丘上搭起了草庵布帐，住在了土丘上，早早晚晚朝儿孙离去的方向长久地痴痴地瞭望。他是在期盼着奇迹的出现，期盼着一早一晚里某一个时辰儿子或孙子，兀显在大路上，他们回来了，与家人团聚了；还是用这种方式遥祝自己的后代在异域他乡能安康地生活，能如同在故园一样过上舒心的日子。

　　明朝从洪武到永乐年间，历时五十多年，进行了中国移民史上辐射范围最广、影响也最大的移民活动。年复一年，代复一代，这座高高的土丘就成了望亲丘。

　　此后，为了让千里迢迢前来祭祖的人们，更具体更形象地了解当时移民的悲惨情状和某些细节，在原有的土丘遗迹上修起了这座寓意深远的望亲亭。

　　望亲亭不仅仅是一道景致，它能时时提醒人们忆起夕阳故道上古人远去的背影。正是这些远去的背影们，在一笔一画书写着移民历史的某些细节；而细节是生动可感的，从某种意义上讲，它是大槐树根祖文化形成的不可或缺的文眼。

古牌坊怀古

　　祭祖园的中部，有一座神秘古老的旧牌坊，砖木结构，琉璃脊厦。在其前面，置有石狮一对。两侧各立石碑一座。牌坊顶部双梁双檩，两坡两厦，精妙小巧又古朴大方，是一座典型的清代民间木质小牌坊。

牌坊的正面牌额上，镌刻了"誉延嘉树"四个苍劲古朴的大字，而其背面牌额上又镌刻有"荫庇群生"四字。前后牌额，均系清末洪洞人士贺伯寿所书。顾名思义，大槐树的美名一直在神州大地上传颂着、远播着，而大槐树的浓荫还在守护着、保佑着它的众生。寥寥八个字，却有着一些让人感慨、使人动容的传说。

明朝末年，李自成的义军进军北京时，一路人马路经洪洞，义军本来进城心切，一路且战且走，但来到洪洞境内，却扎下了营寨。首领们有重任在肩，严令拔营起寨，兵丁们却不闻不动。原来，兵丁们烧香焚纸，叩头参拜。在袅袅香烟与纷飞的纸灰里，祭奠先祖的英灵，抒发对故园的问候。首领们不解其意，询问将士之后，才得知，义军官兵多系河南、陕西籍人，他们的祖先就是从大槐树下迁去的，意外地路经祖先迁移之地。他们私下里互相传告，都有寄托思乡之情，都有祭奠先祖之意。首领们为了安顿军心，顺从兵意，决定以军方名义，隆重地置办丰盛供品，且让士兵们列队排序，轮流祭祖。就这样，他们一路视百姓为乡亲，视此地为故土，珍视一草一木，秋毫未犯。这自然令本地乡绅义士颇多感慨，众多百姓一呼百应，早有了树碑立传的意念。

到了1911年，孙中山先生领导的辛亥革命推翻了大清王朝，建立了共和政府。但窃国大盗袁世凯却梦想恢复帝制，自当皇帝，因而背叛革命，镇压革命军。民国元年（1912年），为剿清山西革命力量，袁派三镇总兵卢永祥进攻山西，从太原一路南下，直逼平阳。卢军到了赵城后，因赵城籍人张煌刺杀了山西巡抚陆钟琦，卢永祥受命报复其乡，故变本加厉，肆意践踏。赵城一张姓名士上书袁世凯与张巡抚，描述了卢军的残暴：

无富贵贱，一律被抢，不余一家，不遗一物，冰雹猛雨，无此遍及。三日之后，终载而南去也，车四百辆，骆驼三百头，马数千蹄，负包担囊，相属于道。而城无市，邻无炊烟，鸡犬无声，家无门户窗，箱箧无遗缕，盘盖无完缶，书籍图画无整幅，墙壁倾圮，地深三尺……

后来，赵城人为了宣泄卢永祥踩踏赵城的这口恶气，把卢永祥铸成跪姿铁人，放置在县城的南门一隅，让百姓们路过此地，唾他骂他，以解胸中愤恨。卢永祥是山东济阳人，北洋武备学堂毕业，皖系军阀。卢生得紫酱面皮，方头大耳，留有浓黑的八字胡须，性格粗悍，言行野蛮。洪洞人听说卢永祥在赵城的恶行，怕洪洞也重蹈覆辙，城郊居民纷纷关门锁户，弃家而逃。不料卢军行至洪洞大槐树下，纷纷驻足不前了，面树而跪，叩拜不止。他们大都知道，洪洞是祖先的老家，一时间动了恻隐之心，少有抢劫百姓者。卢永祥大惑不解，并大骂部下不服从命令，作战不力。副官赶紧给卢详细地介绍了大槐树的故事，并苦口婆心地劝说，应当顺乎民意，拜谒祖先，否则，先人之灵，也不会放过我等的……卢永祥听得半信半疑。

恰此时，卢永祥忽觉眼前发黑，头痛难忍，军医医治，仍不见好转。卢的身边有几个鲁豫籍士兵前来相告：大槐树处是我们共同的老家，五百年前祖先由此移民，将军此疾，恐是先祖英灵责怪而致，当赶快谢罪才是。卢永祥听此言说，惧怕神威，忙呵令随从统统下跪，请求神灵宽恕，更不敢让士兵们胡作非为伤害百姓了。

洪洞，由于大槐树的缘故，百姓们又一次受到了庇护。

因有了如上的历史记载、动人的传说，才有了"誉延嘉树""荫庇群生"这寓意深远的牌额。并以此告慰天下：大槐树誉满天下，佑延百代；槐乡儿女托树之福，百代流芳。

牌坊两侧，尚有四首七绝古诗，在此撷其二首。

其一：
古道青槐倚夕阳，
浮屠突兀插云旁。
窝名老鹳相传久，
高建丰碑姓字香。

其二：
木本水源流泽长，
依依杨柳认村庄。
行人还里前踪记，
遗爱深情比召棠。

近百年来，又名"仪门"的古牌坊在岁月的风风雨雨里，一如既往地伫立着，沉静而又自信。它容纳着有关嘉树庇众生的动人典故，在静默中抒发着情怀；它同众生一样，在受到神树阴荫庇的同时，也对槐树有着无尽的感激，并将这种感激之情诉说给千千万万的人们。

大音希声，这是静默中的一种品格。

何处是故乡

边小燕

"问我故乡在何处，山西洪洞大槐树"。

在一个细雨蒙蒙的清晨，我走进了多年来我梦中的故乡，走近了那棵神秘而苍老的大槐树。

在我很小的时候，父亲就曾郑重地告诉我们："其实我们真正的故乡并不是冀中平原上那个名叫南固店的小村。很久以前，我们的先人来自山西洪洞县的大槐树下，那里才是我们真正的故乡。"

那个寂静的早晨，我站在那棵历尽沧桑的古槐树下，仰望着它枝叶纷披的树冠，整个院子空旷静谧杳无声息。然而在静默中，我却听到了早已远去的沉重而嘈杂的足音。透过时间的尘埃，我看到了六百年前那场空前绝后的悲壮的历史大迁徙。

如今的史志记录着如下的文字："元末失政，群雄纷争，兵燹连年，两湖江淮一带，人民颠沛流离饥饿死亡者十之八九。明代洪武永乐年间，为恢复中原经济，官府在洪洞县广济寺设局驻员，征招山西居民，迁徙冀、鲁、豫、苏、皖及北京一带。广济寺古槐一株，荫蔽数亩，移民在槐树下集散，临行前频频折槐为记，恋恋告别故乡。以后历史久远子孙繁衍各地，追溯无始，都以大槐树为籍……"

如此的轻描淡写掩盖的是一场旷世的大别离。十几万移民携儿带女洒泪告别他们世代生息的故土。浩浩荡荡征尘蔽日，一时间吕梁山为之战栗，汾河为之鸣咽，这场面何其悲壮，何其惨烈。

在这浩浩荡荡别土离乡的大军中，有一个高大健壮的年轻人，他与许许多多的人一样痛别故里，走在远去的队伍中。他的肩上挑着一副罗筐（实际是席篓），前面坐着他的儿子，后面是他的全部家当，他年轻的女儿推车跟在他的身后，他们默默地走在人流中，走在这不可知的命运之中。这个青年人就是我的先人，他的名字叫边世友。

不知经过了怎样的长途跋涉，他们来到一个大平原上。这里战乱刚熄，万户萧疏。他们举目远望这空寂的四野，远处是残垣断壁，近处有荒冢白骨，所幸的是这是一群有着顽强的生命力，有着质朴信念的人们，他们的血液中渗透了我们这个民族太多的坚韧与勤劳。

我的先人边世友和千千万万的移民以及他们一代又一代的子子孙孙们用他们的双手开垦着这些土地，用他们的血汗浸泡着这些土地，他们顽强地生息繁衍在这新的家园，于是便有了这些土地今日的繁荣。

穿过数百年岁月的烟尘，我遥望着那条不见首尾的浩荡蜿蜒的人流，不禁怦然心动。我真切地感受到他们步履的沉重，感受到他们离别的痛楚，因为他们的背井离乡，不是因为贫穷与饥饿。他们原本过着安定与小有的日子，日出而作，日入而息，男耕女织，温馨宁静。只是历史在那个瞬间偏偏选择了他们，让他们承担起一个沉重的使命，这使命改变了他们的命运。他们不幸因此而备受磨难，他们又有幸因此而被载入史册。而大槐树也从此成为千千万万移民后裔的精神支柱和思念的故园。

千里寻根到洪洞

刘金忠

一首古远的民谣，一个朦胧的移民故事

从孩提时代，就听着奶奶一边纺线一边讲，咱村子里六姓，都是燕王登基坐殿时，从山西洪洞县大槐树下迁来的。说着说着，奶奶还会哼唱着一首娓娓动听的古老的歌谣：

要问老家在何处？山西洪洞大槐树；

祖先故居叫什么？洪洞城北老鹳窝！

那里本是那平阳府，那里有条汾水河……

奶奶哼着这首歌谣时，神情是虔诚的、神往的、缱绻的，唱着唱着，还会情不自禁地潸然泪下。儿时，虽不懂得老人心底那浓重而悠长的期许，更不可能体察其中的文化根因，但却也感到那份深切与沉重；知道这时候是不能调皮嬉闹的，于是情不自禁地向奶奶发问："谁是燕王？""为什么我们要从山西往这儿搬家？""什么朝代的事？"奶奶的解答全属模糊逻辑："燕王是燕王。""这边人少，让燕王扫北给杀光了。""燕王扫北朝代。"燕王扫北是哪个朝代？这个燕王为什么要杀人？奶奶都解答不出，一概叱责道："别打岔！""一边子玩去！"——而我全然不懂这种用长辈的威严来掩盖文化困窘的难堪，一再刨根问底，奶奶就会暂时放下手中的活计，无奈地叹口气说："快长大了去念书吧，书里准有！"久而久之，这首歌谣，连同这些疑问，竟流进了心底，流进了血液……

于是我就盼着长大，盼着能念书的那一天。虽然由于那个饥饿的年头儿地瓜干子的严重不足而书也读得不多，但爱读书的习惯却保持了下来。这得归功于奶奶。

读了几本书，有了一些文史知识，自不免特别留意这方面的记载。只可惜，出版物虽多，事涉洪洞移民的记载却犹如凤毛麟角。事实一再打破奶奶那"书里准有"的论断。读起书来，不觉就对《诗经》里那些描写离乱之苦、思乡之痛的诗篇格外动情："四月维夏，六月徂暑。先祖非人，胡宁忍予？""秋日凄凄，百卉俱腓。乱离瘼矣，爰其适归？……"参加工作之后，出差到冀、鲁、豫三省的任何地方，与当地人攀谈起来，关于远祖的来历，几乎都有和奶奶完全相同的说法，都在流传与奶奶哼唱的类似的歌谣。这就更加激发起我的兴趣与好奇心：总有一天，我要把这个问题搞清楚。这在我心底里凝结成一种洪洞情结，撩拨得人心里时而激奋，时而烦躁……

有了这样一个念头，也就有了探索的激情，也就不会因为史料的稀少而放弃努力。渐渐地，从一些史书上懂得了：所谓"燕王"，是明成祖朱棣继位之前的封号；燕王虽也曾奉旨征北，但并不以"扫北"名世，倒是为了和他侄儿朱允炆争夺帝位，而兴兵征讨南京这一点，使他在历史上大大著名。民间广泛流传的"燕王扫北"，实应为"燕王扫'碑'"，是那些用正统思想武装到血脉的大臣们对于朱棣的讽刺与蔑视：你作为朱允炆的亲四叔，却和侄子争帝位，这就既"以长欺幼"，又"犯上作乱"，岂不把树立在南京城的朱元璋的"功德碑"也给扫掉了！潜台词是明白无误地叱责朱棣："成何体统？""脸面何存？"这就直截了当地为朱允炆的"我大明"曲线救国了。朱棣为此挺恼火的，登基之后，把持"扫碑说"而又不肯转变观点的大臣们的吃饭家伙砍下来不少。现在济南"大明湖"公园里的"铁公祠"所祭奠的山东布政使铁铉，便是持"扫碑说"而终以身殉的代表人物之一。

朱棣当了皇帝，年号"永乐"。江山还是姓朱，社稷还是"我大明"，迂腐的大臣们不但白白丢掉了脑袋，还辜负了伟大的亚圣孟老师关于"民为贵，社稷次之，君为轻"的教诲。真也有几分不值得！大概出于这个原因，铁铉的祠宇香火从来都不旺盛。铁铉没有成神。络绎如织的游人没有几个知道它的纪念意义，到那里去只是把它当作一个风光旖旎的游玩去处罢了。

然而"永乐"却是个不错的皇帝。他在位二十二年，为明王朝的近三百年基业打下了一个坚实的基础。明王朝当国之初，便进行了一次小小的革新：从朱元璋开始，年号固定，终生不变。从此，给了臣民们称谓方面的方便："洪武"就是朱元璋；"永乐"就是朱棣。"我大清"因袭了这种作法，后人才可以称"康熙""乾隆"什么的。在此之前，皇帝们一个个像患了"改元癖"似的，遇到好事先改年号。武则天在位期间，改元十六次。创造了"开元盛世"的风流天子李隆基，仅仅因为有人报告说是地下挖出了个什么值钱的好东西，马上改元"天宝"，这下子，"开元之治"变成了"天宝之乱"，还弄得后人们不知道该称他"开元"好还是"天宝"好。

不过，永乐帝和我们从老家（包括华北、华东、中原地区许许多多人的老家）从山西迁来到底有什么关系？既然面积如此之大、范围如此之广的人们都持此说，应当是一次政府行为下的有计划的移民了！这次移民与德州的关系如何？这些中心问题还是不甚了然。也曾向学有所长的前辈请教，皆曰"民间传说，正史无载！"令人灰心而又绝不甘心！极想到当地去找点资料，说来也怪，在三十年的工作经历中，我到过北京、上海、西安等许多地方，远及古代西凉州——甘肃武威，但偏偏没有进过山西一步。有次到河北井陉，下一站就是娘子关了，却又因故折了回来……

《明史》中的山西洪洞移民

80年代中，在《中国人口报》上读到一篇长约千余字的散文《洪洞古大槐树记》，作者王家铃，对这次移民作了概略的、艺术化的描写。美中不足的是所引史料极少，仍不足以解决我的疑问。但却也再度燃发了我的热情。乃自费购置了二十五史，在业余时间抉微钩沉，仔细研读。终于有所发现：

《明史》卷七十七；志第五十三；食货一；户口、田制（上海古籍版《明史》第二〇七页）记道："户部郎中刘九皋言：'古狭乡之民，听迁之宽乡，欲地无遗利、人无失业也。'太宗采其议，迁山西泽、潞民于河北。"我为之狂喜，不管怎么说，"正史无载"的说法被打破了！没有文化的奶奶那"书里准有"的预言被证实了！

同文记道："明初，尝徙苏、松、嘉、湖、杭民之无田者四千余户，往耕临濠，给牛、种、车、粮，以资遣之，三年不征其税。"这可以领会明代政府对移民的经济补贴政策。

用今天的语言说，就是在"民政部主管农民生产生活事宜的司长刘九皋的建言"下，明初的移民工作成为一项长期的、用以恢复元末以来因战争造成的农业经济的破败局面的有力措施。同文记道："又徙登、莱、青民于东昌、兖州。又徙直隶、浙江民二万户于京师（指南京）。充仓脚夫。太祖时徙民最多，其间有以罪徙者。建文帝命武康伯、徐理往北平度地处之。成祖核太原、平阳、泽、潞、辽、沁、汾丁多田少及无田之家，分其丁口以实北平。自是以后，移徙者鲜矣！"

又记道："……中书省言：'河南、山东、陕西、山西及直隶、淮安诸府屯田。凡官给牛种者十税五，自备者十税三，诏且勿征，三年后亩收租一斗。'"这可以领会成明政府对于屯田性移民的体恤和照顾，让他们得以休养生息。

正史的记载总是简略的。涉及明永乐帝的就那么一段。明史为清相张廷玉等所修，当不至于有"为尊者讳"的顾虑。中国的正史除"前三史"即《史记》《汉书》《后汉书》为当代人写当代史以外，余均为后世人所修，在这类具体问题上应该是比较客观公正的。而问题是，原始档案的阙如与详略不当均可能造成许多地方的隐晦不明。不过就是这样，也已经为明初的移民勾画了一个相当清晰的轮廓了。

由于元末长达数十年的农民战争，由于战争的善后无人问津，造成尸横遍野、瘟疫流行，又由于水旱灾害频繁，华北地区人烟稀少，耕地过剩。在德州地区的许多县份都流传着这样的传说：新任地方官为验证人少到什么程度，把银元宝放置到原野上的交叉路口上，三天后前往验看，元宝仍在草丛里银光闪烁，无人拾捡。这位朝廷命官大哭一场，给皇帝上书说：臣请从人多地狭之区往这儿移民。三个月不见移民到来，请陛下看在臣追随多年的分上，派员来给臣收尸。臣无民可牧，有疆难守；与其当不称职的地方官被皇上处死，还不如自裁了事。生不能当大明忠臣，死愿作大明忠鬼，把我埋到这里，也算大明曾置官设守管辖过这里的见证……朝廷怕他上来这股子孤忠脾气当真自杀，又为这番铮铮烈烈、忠诚感人的言辞所感动，乃决定从速移民。移民的主要来源地选在了山西平阳府，即今天的临汾地区。

临汾地处晋南平原，左有太行屏障，右有吕梁回护，俨然一个天然的"独立王国"；这里风调雨顺，人和物阜，人民勤劳，极富耕作经验而又极少受兵燹之害。农业经济的高度发展，造成了这些地区"地狭人稠"，"村庄相连不盈里"，与山左、河朔、中原地区的地广人稀形成鲜明对照。迁民总站选定在人口众多、地理适中的洪洞县广济寺。因这里有一棵千年古槐，遂被称为大槐树下、老鹳窝等俗名。

这是一个完全正确的决策，这是一幅何其悲壮的画图！

先民们按着政府的抽丁，往大槐树下集中，然后拖家带口，扶老携幼，横越太行山脉，往华北地区迁徙。别了，世代生息的热土；别了，依依长流的汾水河；别了，埋葬先人的祖茔；别了，相依为命的兄弟姐妹、三亲六故、师长睦邻……从此天各一方，何年何月再见？过去我和你吵过架，骂过街，这全都怨我，原谅我吧；高看我那留在这里的老父老母、兄弟姐妹一步吧！我给父老乡亲们磕头了……

长须过胸的老族长们强忍悲恸，进行最后一次家训："我的孩子们，你们不是去逃难，你们是为光大祖宗的荣誉，为皇上为国家拓荒垦殖！不要忘了你们是尧帝的子孙！不要忘了列祖列宗是在尧帝的国土上发祥的，不要忘了祖茔还在尧帝的故里呀，无论走到哪里，都不要给家乡丢脸哪！记住这棵大槐树吧，这里有你们的根……"说着，已是老泪纵横、泣不成声。

于是，人们眼含热泪，虔诚地、高尚地向家乡行了一跪四叩的诀别大礼，然后带着那份崇高与感动，义无反顾地踏上了屯垦拓荒的征程。当他们眼含热泪走出一箭之遥，再向家乡投去撕心裂肺、肝肠寸断的最后一瞥时，他们只看到大槐树上那高高的老鹳窝……

630年后，他们的一个子孙在他的小说《故渎》里，用饱蘸深情的笔触，对这次移民作了真情灌注的描述，曾受到诸多评论家的赞许……

那时候，在作家的心海里，那些衣衫褴褛的先民们，在太行山脉的高陵深谷、羊肠小道上，前攀后援、艰难跋涉着。一路上，他们辞娲庙、过尧山、经微水、出石门……历经千般辛苦、万种悲楚，终于走出了大山的遮蔽，来到前所未见的广袤苍莽的大平原上。那身影，像最伟大的青铜雕塑那样富于立体感；那画面，像最伟大的油画作品那样清晰而又带着经典的古铜色。

他觉得这就是我们民族历劫不复、生生不息的生命之流，是我们民族生命力的一根砸不断、烧不烂、世界上任何力量都无法折损的链条。

这幅画面就此在他的心灵的底片上定影了……

于是他联想到共工触山、女娲补天、夸父逐日、后羿射日……

于是他想起了尧与颛顼、舜与娥皇女英、禹与皋陶……

于是他想起了孔孟、老庄、墨翟、公孙龙和他们的百家争鸣……

他还想到了李世民、包文正、岳飞、彭老总……

他还想到了改革开放带来的物质的大大充盈和精神的相对匮乏……

理所当然，他还想到了"科学与文化、民主与法制"这样一个几乎涵盖了现代生活的全部内容的概念，他觉得这是人类社会永恒的话题；21世纪的人们，还将讨论这些生活话题等等。

于是，他比任何时候都强烈地意识到一种责任：这个世界上任何一个炎黄子孙都应感到骄傲，都应该非常自觉地把自己变成民族文化的载体，以世代相续的"藜焰传薪"精神，把民族文化的薪火传承下去。这种传续，由于"文化大革命"对于民族文化实行了大摧毁而濒于绝灭，因而特别迫切。

思考至此，顿觉视野为之开阔，心胸也豁然开朗，于湖居士有诗云："悠然心会，妙处难与君说……"这是何等境界！

所以他想再写一部；

所以他需要寻根；

所以他要到洪洞去……

"靖难之役"与定居德州的山西移民

老百姓口碑相传的东西，虽然在细微处难免有以讹传讹之虞，但在大的方面却绝不会错。千千万万的人一起说谎或"同时记错了"，都是不可思议的事情。事过六百年，奶奶坚信我们村"六姓"由山西迁来都与"燕王扫碑"有关，当不会大错。那么，"燕王"朱棣与德州移民到底是一种什么关系？依据现有资料、口碑流传，原来与所谓"靖难之役"有关。

经过几十年的杀伐征战，安徽凤阳的贫苦农民、雇工朱元璋穿戴上了象征天子威仪的龙袍与冠冕，成了大明王朝的开国之君。他在位31年后驾崩，而他立的太子朱标先于他死去，于是毫无"祖制"根据地将皇位直接传给皇太孙朱允炆，史称建文帝。长达31年的统治，使穿龙袍的贫民朱元璋来得及收拾掉所有为他开基立业立了汗马功劳的元勋重臣，以为大明江山消除"隐患"；但他却想不到会后院起火，他死后家族内立即展开了一场你死我活的权力之争——朱允炆即位后，立即感到他那些"皇叔"们对他的皇位的威胁。他们一个个身居藩王之位，都有争夺大位的资格，且都拥有一支据说是为了自卫的兵力。于是朱允炆根据亲信大臣们的意见开始"削藩"——不但削去藩王们的权力，多数还要加以消灭肉体。雄才大略的朱棣本来对没有接班一肚子意见，这次有了起兵夺权的理由，立即发兵"靖难"。叔侄双方都憋足了劲儿，打了一场长达四年的争夺最高权力的战争。在建文帝这边，"削藩"的重点就是这位武功赫赫的皇四叔；他削藩的第一刀就是在开封的周王朱橚,因为朱橚是朱棣的同母弟弟,"削周是剪燕手足也!"而在燕王朱棣这边,争的就是皇位。南北两军兴师的目的性都是很明确的。

扼南北两京孔道的古战场德州,再一次成为"必争之地"。

先是,太祖在德州置"德州正卫",驻有朝廷精兵,又在北郊老虎仓屯粮。现在的德州市政府,便是明代的管理屯粮的政府机关——德州督粮道署。建文帝元年,朝廷的五十万大军在曹国公李景隆的统帅下,"驰至德州"。燕兵乘胜攻德州,李景隆退守济南,德州陷于燕军。燕军收德州储粮"百余万担",稍后南军又"乘隙收复德州"……

此后三年,南军和北军像拉锯一样,投入兵力以百万计,在德州反复厮杀。德州像一块肥肉,一会儿被南军攻陷成了明惠帝朱允炆的"战利品",一会儿被北军夺取成了大明皇叔朱棣的"缴获物";德州又像块面团,被战争机器来回地揉搓着,反复如是者十数次。

如此惨烈的血战恶争,老百姓所受的惊扰与屠戮是可想而知的。

现在德州近郊长庄乡境内的十二连营(城)是当年李景隆的屯兵之所,也是南北两军反复争夺的主战场之一。这里直到新中国成立之初,还残存着明显的战争痕迹:地上劫灰沉湮,衰草荒丘,冷风斜阳;地下时有明代的箭镞、火器出土。农民耕作时不时会遇上荒冢朽骨,被犁耙带出,当是牺牲的兵士乱葬于此。其中夹杂着多少无辜百姓,只有天知道了。康熙年间德州学者田雯有古风《十二连城歌》,记录了当年战事的惨烈:

连城城北十二城,村墟草木皆甲兵;

旧鬼磨灭三百载,天阴雨湿青磷生;

当时靖难戎马作,旌旗斜卷安陵郭;

五十万师自南来,方山之野扫秋箨!……

战争,造成了华北地区人烟减少。人民有死于战火的、有死于流离失所的,有死于战后瘟疫的……水旱灾害的交错肆虐,加剧了人口减少的趋势,造成了一个又一个无人区……

朱允炆的五十万大兵终于不能抵挡燕王的精锐之师。李景隆是个书生,明史上说他"不知兵"。"唯自尊大,诸宿将皆不为用"。这样一个外行领导内行的三军统帅,无可避免地弄到了部属"皆不为用"的地步,这决定了南军败绩已定。果然,他在屡战屡败后投降了朱棣。"虎貔熊罴五十万,纷如槁叶随风零"。"济上犹传铁太守,白沟空恨李将军"。他是在时势的无奈中作了投降将军。

朱棣替侄子清除奸臣的"靖难之役"以朱允炆投火自焚而告结束,这标志着朱棣的权力之鼎得到稳固。他立即采取了两个有重大历史意义的措施:一个是将国都迁到了他的封地北平，并更名为北京；一个是在明初移民的基础上，再度从山西往北京及其周边地区移民。他要弥补战争给这个地区造成的创伤——包括人口的减少与生产的恢复。而移民是解决这两件互为因果的大事的唯一可行的办法。《明史》所谓"成祖核太原、平阳……丁口，以实北平"，说明北平及其周围地区——包括德州地区的"丁口"已经出现了可怕的"空虚"了。

迁都北京，开创了现代中国政治地理的新格局。从此，中华民族大一统的政治象征——"三足宝鼎"正式形成。这尊宝鼎的三条腿，分别是西安、南京和北京。三座故都稳稳地拱卫着中华民族的发祥之地——黄河中下游地区，拱卫着祖国母亲的腹心地带中原大地。在地图上，你怎么度量，它都是一个完美无缺的等腰三角形！一个这样完美的中国政治地理的"金三角"自西周奠基，历经漫长的二千五百零三年，至明永乐帝最后完成！——应该指出，只有明王朝才是第一个由汉民族建立的大一统的王朝（把首都设在北京），只有明成祖朱棣才是第一清醒地认识到中国的政治中心设在北方的重要性、必要性的皇帝。在此之前的大元王朝，享有半壁江山的金王朝的定都北京，都不过是因地制宜之举，一种权宜之计罢了。

于是，我们德州一带就出现了一些永乐年间从山西迁来的移民。

于是，这件史实便被老百姓口碑相传下来，并且像他们的村名一样，也像黄帝和尧、舜、禹的传说一样，历千古而不会传错……

难道人们会传错了自己的村名？

难道人们会记错了自己的祖先？

不会的。

只不过，这种流传的价值去向，也有着正统思想的消极影响。"正统思想"是一个坏得不能坏的东西，是阻碍中国社会进步的羁绊。试看人们只说"燕王扫碑"把人"杀光了"，却不说"惠帝削藩"把人给"杀光了"。"杀光了"云云，显然是一种夸张，而且是偏袒后的夸张。德州旧志的《艺文志》中，保存了几首清人描写这场战争的诗作，无一例外地表现了对于朱允炆的同情。"自昔燕王觎神器，内蛇外蛇纷斗争"。"纨绔竖子何足道，青史秽传羞北平"。"屯兵谁失长河险？剪纸维招故国魂！试倚寒云望江左，铜仙依旧泣黄昏……"

三百多年过去，从这些诗中仍然听得出对于朱棣的咬牙切齿之声。学术地位之高如田雯先生，以诗论史竟也全然不顾事实！可怜的李景隆那五十万"王者之师"，明明惨败得血本无归，他的声威仍被夸张为"扫秋箨"，意即扫荡垃圾。中国封建士大夫的"老王情结"，堪称牢固至极！凡是"先帝爷"已经决定的东西，一概进入法统，成为祖制。而一旦成为祖制，那就管它曾经祭起五股妖风，把老百姓的盘中餐当作"秋箨"给扫荡到爪哇国里去，也不能改动。反正只要按祖制办事，就显得"无限忠于"而成为进身之阶、登龙之木，退一步说，也高尚也光荣也不会犯错误丢官儿，何惠而不为呢？难怪从枢机大臣到未入流品的鱼盐小吏，一个个都以精神上的"托孤之臣"自居，有一股子非得替皇上摆平家务不可的积极性呢！

故事的结局——没有结局的故事

去年初夏，我终于有了一个机会，到晋南、豫东一带参观学习，就便做一点考察民俗、收集创作素材的工作。于是，我来到了"心仪久矣"的山西洪洞县。

多少年来魂牵梦绕的洪洞古城，虽不能说和我想象的完全一样，却使我没有一点点陌生的感觉。

那古色古香的关帝庙大街，那全国仅存的一座明代监狱——苏三监狱，甚至那老街上店铺门楣上方的砖雕木刻，无不显示着洪洞的文明与古老，无不洋溢着浓郁扑面的明代气息。一街两行的各式面馆，可以说是中国面食总汇，卖刀削面的可以执面团在手，像削苹果皮那样，团团旋转，使硕大的一碗面竟然是一刀削成的一根，令人叹为观止，不忍下筷……种种切切，无不炫耀着典型的三晋风情。

现在，我一步步走近了位于县城北郊的古大槐树公园。

那株令千千万万炎黄子孙魂牵梦绕的大槐树，就在这座公园内。第一代大槐树早已枯朽，第二代大槐树也已成老干虬枝，现在枝繁叶茂供人们瞻仰的是第三代了。好像是一种民族延续的征象，第二代和第三代都是从那棵母树的老根上钻出的新芽。在古槐树荫里，树立着一幅陶瓷烧制的巨型壁画《明代移民图》，画家用凝练而富于想象力的笔触，再现了当年移民远行在即、生离死别的动人场景。据公园负责人介绍，洪洞县政府已经把每年四月初一至初十定为"寻根祭祖节"。这样一个凝结着炎黄子孙与生俱来的追本溯源意识、寻根问祖情结的"金点子"，自然对海内外华人及华裔产生了极大的吸引力。

我在这个县结识了张青先生，他多年来潜心于古大槐树移民史的研究，与同事一起著有《古大槐树志》一书，真可谓呕心沥血、孜孜以求；举凡当代能够搜集到的各种资料，一一详列，实在是给中外研究提供了极大方便。于是有人乘便将资料收入自己的所谓"著作"中，一本经山西人民出版社出版过的严谨的学术资料著作，竟被收入两个出版物中。这些"收入者"极为聪明，把全书内容作了若干肢解，有些内容分别收入不同地方，并且不署原作者姓名。这样一来似乎就成了他们自己"编著"的作品。张青先生一笑置之："好在收到他的'书'里也是宣传洪洞！"这使我看到了洪洞人民的宽厚、善良与恢宏。他告诉我："每年祭祖节时，总有大批美丽的小鸟，鸣叫着从天而降，它们来到大槐树公园里，在大槐树上欢歌笑语，甚至落在祭祖的人们的肩头，轻轻地啄弄他们的头发、耳朵，十分亲呢。"祭祖节一结束,群鸟随风飘逝,不知所向。带几只鸟向生物学家请教,竟不知其名。洪洞人民于是自行名之曰"吉祥鸟"。我认为,从我们懂得珍视民族文化并主动为此作些努力那一天起,我们的民族就要真正"从此走向繁荣富强"了!吉祥鸟的不期而至,也许是征兆。大家深以为然。

听洪洞的同志说,张青先生最初写《古大槐树志》时,想到中国历史博物馆研究员、地方志专家、著名史学家傅振伦先生,如果请傅老为文作序,不但在学术方向上有所遵循,于政治上也是一种支持。但也难免有所顾虑:"傅先生位居清要,德高望重,会不会答应我们?"不意说明来意后,八十高龄的傅老击节赞赏:"大好事一桩!我欣然从命!""一使这份民族优秀文化遗产得以总纂保存;二使我辈得免于数典忘祖也!"等拿到《序文》一看,洪洞的同志们全都愣了。傅先生写道:"我家世居河北新河城召村,十二世祖傅百万、宝成三兄弟于成化十一年从洪洞迁来。以爱桑梓之情,并喜此书资料丰富、翔实可信,可补旧作《新河县志·洪洞移民考》之缺,因应命序于简端。"

原来,傅老也是明代山西洪洞移民的后裔,而且早在20年代就写下过《洪洞移民考》,同时他的序言又提出了明代成化年间移民的问题。

看来,一部民族文化的历史,就像是浩瀚的大海,任多少人付出毕生的精力也难以穷其理而尽其义,让我们为此而竭驽尽钝,并为民族复兴提供殷鉴。其中,那些移民史联系着社会的变动和经济的消长,更是弥足宝贵。明代"洪洞移民",便是研究中国移民史、经济史的宝库,一块当代史学的处女地。美国犹太学会收藏我国家谱、地方志五千余种,用以研究我先民姓氏来源、迁徙、发展、体质寿限等,作为历史学优生学的依据。一个顽强图存的民族把中华民族的文化拿来作为复兴本民族的范本!这使我震惊之余,心头泛起难言的苦涩与惆怅。扶膺之能,涌入毫端。多年来,我们对于自己的民族文化遗产都干了些什么?!时至今日,又拥有多少张青和傅振伦呢?有几位史学家把这次移民作为他们的课题呢?……近日在《新闻联播》中,见有关部门在呼吁重视谱牒资料的研究,认为它保存了大量珍贵资料,更加感到"文化大革命"对这些珍贵文化遗产的破坏是多么可惜!而这种破坏又岂止"文化大革命"一次!从新闻媒体的报道看来,也许事情有了转机,无疑这是令人欣慰的!

现在,我来到了那庄严肃穆的祭祖堂前。我仿佛感到六百年前祖先们那生生不息的开拓精神;我仿佛看到了民族文化的一个辉煌的制高点。一个古远而神圣的声音在朗诵着《诗经》的富于哲理的预言:"山有蕨薇,隰有杞荑。君子作歌,维以告哀。"

我整衣肃容,绝无犹疑地大步登上了台阶。

洪洞"大槐树"的祖先记忆

李鹏为　陈汾霞

"问我祖先在何处,山西洪洞大槐树。祖先故居叫什么,大槐树下老鸹窝。"山西洪洞"大槐树",几乎海内皆知,基本上已经到了一提起洪洞,人们就会想起"大槐树",影响很大。每年很多人认祖归宗,都要来到"大槐树"祭祖。

在明初发生过一场大规模的移民活动,规模、范围、影响在我国历史上都很大,而山西正是这场移民活动的出发地之一。其中山西移民主要迁移到了河北、河南、北京、山东、安徽等地。而洪洞大槐树则基本上已经成为当时山西移民历史的一个象征。在这些移民们背井离乡的时候,在远离故土的时刻,曾经经停的一棵大槐树,慢慢口口相传,成为几代人延续至今的不忘记忆。

元末,山西动乱较少,人口仍在相对较快地繁衍。据统计,洪武十四年,"山西有人口 4030454 人",而"河南 1891087 人"。也就是说,山西移民的背景正是基于元末动乱造成的人口大量减少现状,明初中央政府才制定"移民垦荒"政策,《明实录》《明史》《续文献通考》等史料均有提及。实际上,"大槐树"乃至洪洞只是这场历史罕见移民活动的集散地之一。由于洪洞地处晋中南交界地,临汾水,往返平阳、太原皆顺达,地理优越,是以便利官府设局移民。出于这种现实情况,明初和明中期阶段出现了较大规模的以"大槐树"为集散地的山西移民活动,全国各地家谱族谱、县志府志等或多或少都有记载,形成了独特的"大槐树"历史记忆。

无独有偶,今洪洞县城北明代大槐树移民遗址内的金代石经幢也见证了这段移民历史。

洪洞经幢原为广济寺遗物,四层十五级,底承石基,厚约十厘米,上有八角形基座。幢体呈八角形,各面均雕刻有佛教神祇故事、建筑花纹等。

其中第一层幢身上盖石雕筒瓦扇形条石檐,幢身则刻有楷书《大佛顶万行首楞严神咒》,后记年款及捐资人姓名,又有康熙十三年重修记;石檐上施六重托座,托座上雕饰力士、伎乐、狮像、莲瓣等图案,上托第二层幢身,幢身有楷书刻就的《佛顶尊胜陀罗尼经》,后刻"大金承安五年仲秋日门人僧惠璇建,洪洞吕琢书,龙泉玉本刊"款识。顶为八角形盖顶。上施两层莲花卷云托座,托座之上有小八角形佛龛,龛内已无神像,惟东西两侧线刻二护法神像,皆坐北朝南。龛北侧楷书"奉为文悟大师建立尊胜咒幢"十二字。龛上有六角形华盖,角处悬六枚铁铎铃。华盖上由莲花托座托出又一小八角形佛龛,坐南向北,内置菩萨坐像一尊,左右线刻菩萨形象。其南侧楷书"释迦文佛多宝如来"八字,又有"万历癸未中秋日,生员赵汝梅施"题记。龛上八角华盖,亦悬铁铎铃,唯存五。刹顶饰火焰宝珠。整座经幢轮廓秀丽,古韵盎然。

通过以上信息可知,该经幢年代至迟为金承安五年(公元1200年),明清两代均有修缮。明万历1591年《洪洞县志》载:"广济寺,唐贞观二年建,后被汾水浸塌。"《重修大槐树古迹碑》曰:"广济寺倾塌已尽,其巍然独存者,惟寺之浮屠也。"《洪洞古大槐树志》载《古碑保障说》曰:"广济寺……仅留古塔,矗立其间,惟闻风铃而已。"又该书《序二》曰:"所谓古大槐树早已无存,其遗址在村中石塔前,而亭之建,石之立,迁民胜迹得以保垂久远。"浮屠,可能指的就是这尊经幢。古塔、石塔或为经幢之误。另据《平阳府志》,我们知道,广济寺中原来确实有此经幢,这对于我们推测这尊经幢与古槐曾经同时存在,提供了一个相对可以借鉴的证据。

尽管《洪洞县志》等地方志并没有记载相关的移民活动,但正如我们上文中所讲的那样,明代以来,山西移民事迹在很多官方史籍中都有记载,这是无可指摘的。关于洪洞"大槐树"的民间记忆在当地县志中没有记载,并不能说明这段历史不存在。况且洪洞只是当时移民集散地之一,这场移民活动也是陆陆续续的,并不是一次性、大规模的全部迁移,这在当时的史料中也可以很清晰地看到。至于"大槐树"的史料未载,我们推测,很有可能是因为在当时它太不值得称道了。试想,一株寺庙外普通的大槐树,又如何会被县志所记载呢?只是看到它的人多了,就记在了这些移民们的心中,慢慢地流传下来。

实际上,流传下来的不仅仅是大槐树,还有很多其他民俗的内容。比如"解手"一词,很多人认为,这是在明初山西移民过程中产生的。还有河南一些地区流行的"打锅牛"的认宗习俗,据说也都和洪洞移民有关。甚至一些学者认为,寒食本是山西的一个地方习俗,正是由于移民的影响,才逐渐成为全国性的民间节日习俗。民国时期河北《广宗县志》就这样记载,"广宗人民初多迁自山右,数百年来,食、德、服、畴犹有唐魏之遗风"。人有更替,而乡音难改。作为北方主要方言的晋语,其覆盖范围早已超出了山西一省,晋、冀、鲁、豫、内蒙古等很多省份的大部分或者部分地区仍属于晋语方言区域,这也是山西移民存在的一个重要证据,值得日后从方言学的角度来深化"大槐树"移民研究的内容。

当年一批批移民,经由洪洞等地,远赴当时的北京、彰德、真定、顺德诸地,繁衍生息。广济寺外,歇脚之时,那葱郁的古槐,也曾或多或少地给予这些远赴他乡的子民以些许清凉。今天,这尊经幢依然默默独立,古朴庄重,述说着往日的祖先记忆。而大槐树,则成了全体山西移民后代的心灵之根,无声地见证了这段历史的存在。

洪洞大槐树散记

杨馨远

一

"问我祖先在何处？山西洪洞大槐树。祖先故里叫什么？大槐树下老鸹窝。"这首传诵600余年既悲怆又亲切的民谣，不知唤起多少华夏儿女对洪洞和大槐树的憧憬神往。

4月1日下午4时，应洪洞县委、县政府的邀请，我从首都北京转车踏上"第十九届中国·洪洞大槐树寻根祭祖节"之旅。由于这天全国列车大改点，所乘的K603次列车，原本走京九线中经石家庄再进入山西的路线，改走为经北京房山、河北涞源再进入山西的路线了。据说这条铁路是20世纪六七十年代修的战备路，改革开放后是晋煤外运的专用线，因而火车轰轰隆隆在群山中穿行。

列车行至山西境内时，已是深夜，万仞高山中，一个接一个的隧道，手机信号时有时无，让人难以安睡。其实不能入睡的原因还是自己如游子般的思念和情感，随着列车"咣当、咣当"的节奏迸发出来的——我的洪洞之行似乎准备的时间太长了：从1984年算起，已是二十五年了，占了我现时的生命之半。想想，自己心仪的地方还真没有哪个要等待这么久才能成行。的确，只有洪洞才让我如此牵肠挂肚却又小心翼翼地准备着，生怕为她准备的礼物被退了回来。

二

第一次听说洪洞还是孩童时，是祖父还是族里其他人告诉的，已记不清了，模模糊糊地只记得一句"杨家老根在洪洞"，稍后，十年"文革"，没人敢提敬祖祭祖之事，就连记载人类繁衍明辨亲疏的家谱都成了"封建"东西，被毁之七八，何谈寻根祭祖。

再次知道洪洞是1986年，我已经调入河北省大城县地名办工作。一天，办公室来了一位老者，还没有说明来意，他却小心翼翼地掏出一个蓝布小包，打开是几张发黄的老照片。老照片上有碑亭、有大树，分别拍摄于1930年、1950年、1959年、1963年，相同的是都有"古大槐树处"碑亭，碑亭的左侧是房屋建筑，右侧是大槐树。由于拍摄的年代、季节不同，古槐形状也是不一的。1930年那张照片，拍摄时间大概是夏秋之际，古槐浓荫茂盛；1950年那张照片，古槐树下的绿草盖地，但枝叶明显稀少；1959年和1963年的照片上，古槐已干枯，枝干间露出了两个老鸹窝。老者告诉这是明初山西洪洞大槐树移民的地方。"古大槐树处"是第一代古槐的遗址，而照片上的古槐是第二代古槐。他还告诉，大城十之七八村庄就是从山西洪洞迁移来的。说着说着，老人竟微闭双眼哼起了那首耳熟能详的民谣，其神情至今记忆犹新，也就是从那一刻起，洪洞大槐树成了我心中挥之不去的物象。

我很纳闷，大城至少在春秋战国时代就建有城邑了，西汉初又置为县，说明这个地方从来就人口繁盛，却为何明初要从山西洪洞移民。当接触更多的地名资料后，了解到河北及京津地区也多为明初山西洪洞移民时，我震惊了——明初大移民？山西洪洞？大槐树老鸹窝？这是怎么一回事的历史啊。正在疑惑之时，我从《文史知识》杂志上读了李广洁先生写的明初山西洪洞移民的文章，这才明白山西洪洞有个唐代广济寺；广济寺旁有株汉代大槐树；大槐树下是明初山西移民荟萃之处。于是就有了"问我祖先在何处？山西洪洞大槐树。祖先故里叫什么？大槐树下老鸹窝"这首传唱六百余年的歌谣了，因而在编纂大城地名志时，基本是照搬李先生的文章填上本地移民事例数字而已。后来，我又如法炮制地写了篇全廊坊市的明初迁民文章，还获了市社科优秀论文奖。

1999年9月的一天，我在梁从惠先生家看到山东潘永修先生编著的《根在洪洞》一书，爱不释手，索之，还大言不惭地说："将来还您一本比这内容更多的书。"因为我看到了此书多是记载山东、河南移民的文章，而缺少冀、京、津地区资料。我也是书生脾气，当即给潘先生写了一封信，毛遂自荐地"由我来写河北部分吧"。于是找来《明史》等工具书，又翻阅了河北的86个市区县和京津13个区县的地名资料，逐一查找统计。这时，我才真正了解到明初河北（含京津地区）为什么成了山西移民之地的历史原因了。

三

这是一册充满血与泪的史记啊——蒙古汗国时期，中原特别是黄河以北的地区，屡遭人祸。有本《两朝纲目备要》记述河北"人民杀戮几尽，金帛子女，牛马羊畜，皆席卷而去，屋庐焚毁，城郭丘墟"。《元史》刘秉忠传中记载邢州（今邢台）"旧万余民，兵兴以来，不满数百，凋坏日甚。"武强县孙善自撰的墓志铭里"河朔大乱，凡二十余年，数千里间，人民杀戮几尽，共存者以户口计，千百不一余"。元朝河北共有1170231人，人数直降汉唐以来的最低数，仅为金代总数的9.66%，减少90%之多。在元末二十八年之中，河北的天灾也是接连不断，据《元史》记载，水、旱灾15次，蝗虫18次，如"至正四年（1344）五月霸州大水，人相食""至正十八年（1358）七月京师大饥疫，死者相枕藉二万余""至正十九年（1359）一月保定路莩死盈道，军士掠弱为食；四月霸州、通州、真定、河间之临邑皆蝗，草木俱尽，饥民捕蝗以食"。元末明初，中原地区因受战乱破坏而人少地荒，《明史》是这样记载的："洪武元年（1368），大将徐达等率师发汴梁徇取河北州县，时兵革连年，道路皆榛塞，人烟断绝。"明朝建立后，河北地区"兵燹之后，人物凋耗，土地荒旷，旧有存者仅二三"，这是明嘉靖真定府志的追述，就连讨过饭见惯腥风血雨的皇帝朱元璋也说："丧乱之后，中原草莽，人民稀少，所谓田野辟，户口增，此正中原之急务"（《明太祖实录》）。他采纳了臣子们的建议，在全国范围内施行移民屯田、奖励开垦的活动，掀开了明初洪洞大槐树移民的序幕。

尽管朱元璋为巩固其封建政权，实行了一些调整阶级关系及发展社会生产的措施，如解放奴婢、奖励移民垦荒、兴修水利工程等等，到洪武二十六年（1393）河北人口比十二年前增加了33595人，但仅占全国人口的3.18%，也就是当时河北每县不足万人，小县则更少，如高阳，洪武二十四年（1391）仅864户2900人。洪武之后的燕王朱棣以北平为根据地，与皇侄朱允炆发生了长达四年的"靖难之役"，因而河北再次遭到浩劫，《明史》里记述燕王军队在白沟河"斩首数万，溺死者十余万"，"围雄（州），拔其城，屠之"，在真定"斩首三万级"。古代，战争带给人类的是普通百姓比军队受到的伤害更大，明嘉靖南宫县志就有"燕京以南，所过为墟，屠戮无遗"的记述。因上述诸多因素，这才有了从洪武四年（1371）到永乐十五年（1417）持续近50年的明初移民河北的历史现象。

四

为什么要移山西之民？在列车巧遇的同乡、去运城经商的李先生就提了这一问题。

这也是有历史原因的。山西因地形为"表里山河"，元代时，山西自然灾害较少，又未有大的战乱波及，相对风调雨顺，较之他省经济繁荣、人丁兴旺。数字虽抽象，但也最能折射出历史的本来面目——洪武十四年（1381）时，山西人口是4030450。而河北（含京津）仅为1893000，这还包含了此前由山西、江浙及内蒙古等地移入的至少二三十万的移民人口。

有关山西移民河北，《明史》里是这样记载的，洪武二十一年（1388）八月"徙山西泽、潞二州民无田者，往彰德、真定、临清、归德、太康等闲旷之地。"建文四年（1402，实际成祖掌权）九月"户部遣官核实太原、平阳二府、泽、潞、辽、汾、沁五州丁多田少及无田之家，分其丁口以实北平各府州县"。永乐二年（1404）、三年（1405），各"徙山西太原、平阳、泽、潞、辽、汾、沁万户实北平。"至于民间的记述，更是比比皆是，如盐山张帽圈张氏"本山右洪洞县人，户口繁多，素称旺族……前永乐初年诏迁居民，我始祖兴偕我叔祖荣，同时内徙，兴祖住天津盐山县，村曰张帽圈村……我叔祖荣，由盐山转莅平舒（指大城）张思河村"（《盐山张帽圈张氏族谱》）；临漳齐庄齐氏"世当元末，燕赵为用武之地，生命凋残，庐舍灰烬，蓟南汴朔，靡有孑遗。明成祖永乐四年，诏迁山西平阳府洪洞县余丁，以实河南漳邑（今归河北）民户，先祖齐克忠奉诏迁此，垦复地田，永为定业,得名齐家庄"(《临漳齐庄齐氏族谱》)。还有以诗文形式记述先祖迁移情况的,如广宗庞村周氏"祖住山西洪洞县,永乐二年把民迁。野鹊窝处起了身,顺德广宗立家栾。广宗城北四十里,庞庄村内把身安"(《广宗庞村周氏家谱》);巨鹿苏家口村胡氏"大明永乐第二年,天下处处将民迁。祖居山西平阳府,住在洪洞县西南。迁在顺德大陆郡,苏家口村把家安……"(《巨鹿苏家口胡氏家谱》);大城缴交河缴氏"永乐甲申别洪洞,祖随万户实京城。路皆白骨无人葬,极目东海心不宁。两河交汇焦家口,始祖来村更其名。台黄蒲芦交河柳,草舍柴扉且太平"(《大城缴氏族谱》)。有些移民后裔为不忘记祖先,勒石记之,如赵州沟岸张氏,"吾祖伯达,原籍山西洪洞人氏,明永乐之年,公迁赵州沟岸"(《赵州勾岸张氏五世碑》);南庄李氏"我始祖山右洪洞县城南郭保村人也,永乐二年特奉敕旨迁居赵州东鄙四十余里许"(《赵州南庄李氏始祖碑》);藁城靳庄李氏"明永乐二年有诏迁外省民实内地。吾祖李公者,山西洪洞县人,奉诏迁直隶正定府藁城近庄村,遂家焉。迄今五百有年,家谱失传,次序难稽,因以立石,相志不忘焉耳"(《藁城靳庄李氏祠碑》)。甚至还有将移民事例铸在器皿上,如涞水邢各庄古庙钟上就有邢氏先祖邢有珠、邢有旺兄弟二人迁此的记载(《涞水县地名资料汇编》)。

我将《明史》和河北地区地名资料相互印证,得出明初山西向河北移民约80000户,如每户以5人计算,约为400000人。当然,山西还向今河南、山东、安徽等地区大量迁民。有专家估算,明初山西向外移民约在百万之众。当然明初移民河北的不仅山西,还有今天的内蒙古、山东、浙江、江苏等十余省份之移民,如《明史》记载洪武四年(1371)"又徙沙漠民32860户屯田北平"、永乐元年(1403)"徙直隶(今南京)、苏州等十郡、浙江等九省富民实北京(约3000户)"。从河北、北京、天津三地地名资料上查出,明初时河北成了今山西、山东、浙江、江苏、上海、安徽、江西、湖南、湖北、福建、广东、四川、河南及内蒙古等14个省市区的移民之地,据此统计,移入河北之民约135000户,约计675000人。这个研究我是用多半年的时间才完成的,潘永修先生看后说"不在专家学者水平之下",并将该文收录到再版的《根在洪洞》一书中。我亦欣欣然——毕竟我为洪洞做了些事情。随后,我又加上山东、江浙等十余省移民河北的内容整理为《明初河北移民》,还在国家重点社科期刊的《寻根》上刊发。

五

或许我对明初移民的研究引起洪洞同仁的关注,2001年11月12日,洪洞地方志办主任张青先生带着中央电视台"根在洪洞大槐树"摄制组来大城,因而我结缘洪洞,并称张青他们是"老家人",还写了散文《老家客人》在报刊上发表。第二年、第三年,也就是2002年和2003年,洪洞县委、县政府发函邀我去参加每年清明节时举办的"中国·洪洞大槐树寻根祭祖节"活动,那两次我都因工作原因未能成行。今年的3月中旬又接洪洞大槐树移民文化研究会的邀请函,我知道这是师友张青的美意,何况还随函寄来了张青先生厚重的《洪洞大槐树寻根》和梁武魁、范忠义先生著的《洪洞大槐树寻根祭祖纵横谈》等书籍。尤其张青《洪洞大槐树寻根》一书中,1547至1554页记述了他来大城采访我的事,并将我杨氏族谱序收入书中,这是其他地方同仁所未享受到的待遇,于是我马上与张青通了电话,告诉他"今年我一定去!"他那浓重的地方口音传了过来,"好!好!我等你。"随之印着当地县委县政府领导名字的精美邀请函寄来了。于是,我提前一天踏上了洪洞寻根之旅。

列车经过一夜的奔驰,于晨曦中到了介休。"介休!"我的脑海中马上联想到明初迁民时它属于汾州,大城二姑院梁氏家族就是从介休城剪子巷迁出的。出了介休就应是古平阳府的地界了,也就是离洪洞不远了,我的寻根兴奋源点再次被点燃,赶紧从卧铺跃起,欣喜地向外张望。列车继续向南奔驰,在两山相夹的河谷中穿行,东面,是属于太行山脉的绵山;西边,那条随山而弯的河床就是晋省母亲河的汾河。如今这条母亲河已被晋煤染色,少得可怜的河水大概还是城市排出的污水吧。汾河西岸是吕梁山山脉。望着裸露黄土的山脉,我内心有些"窃喜"——当年从这里迁出的先民何尝不是一种幸福呢?!也就在我"窃喜"之际,列车冲出了群山驶进了丘陵地带,且越向南走,地面越加开阔平坦起来,东边的太行山西边的吕梁山如同两条卧蚕,煞是好看。有旅客告知:快到洪洞了。

"洪洞!"我的脸颊紧紧贴在列车窗上。

初春的洪洞大地虽尚未绿草蔽地,但沟渠间、村落间、纵横交错的公路网上,还是点染了片片绿色。一个个聚落散落在丘陵、平原、河畔之上,现代化的工厂不时闪过。赶路的大车、小车,播种的农民、打工的摩托车、自行车,已经吵醒了这块土地。呀!这就是"左手一指是太行,右手一指是吕梁",——电影《我们村里的年轻人》拍摄的地方,这里就是百万移民浩浩荡荡别土离乡的地方,这里就是我为之神往萦怀的地方。

我轻轻地说:您好,洪洞!我来了。

六

早7时许,不到200元的车费且还是舒适的卧铺、时间是15个小时,我便从北京来到了心仪已久的洪洞了。遥想当年,我们的祖先于秋风中,肩挑车推,穿越崎岖不平的太行山,每日行程不过五、六十里的样子,风餐露宿,是何等的艰辛啊!想想,叫我们如何不敬畏先祖呢。

我之所以提前一天到洪洞,是怀有"私心"的。

上世纪 90 年代初我曾编修本族族谱。我的故乡天津北辰区赵虎庄，杨氏家族是明末清初从村东南二三十华里的一个叫盐坨子地方迁来的，到我这辈是第十一世。因老城区改造，盐坨子地方已不存在。我们杨氏到何处寻根问祖？族里最老者回忆：听老辈们讲，盐坨子杨是从山西洪洞迁来的。我知道这是指明初迁民之事。多年的文史知识累积，我也知道我们杨姓发源的地方还真是山西的洪洞，《姓氏词典》等典籍亦有记载，张青先生的《洪洞大槐树寻根》一书更是明确地记述了我们杨姓的由来：杨姓源自姬姓，即来自中华民族人文始祖之一的黄帝；东周时，杨姓的祖先就在洪洞生活了。

杨姓的始祖是伯侨。在洪洞，曾经有两个杨氏侯国，其国都遗址在今洪洞县城东南九公里的地方。先是周宣王的小儿子尚父，幽王时被封为杨侯，后幽王被犬戎杀死，这个杨侯便失去了封国。平王东迁，因得力于晋国和郑国的帮助，便将原来的杨国赐给晋武公。晋武公封次子伯侨于杨，称杨侯，是为杨姓受姓始祖。伯侨生文，文生突，食邑于羊舌，为羊舌大夫，是为羊舌氏。羊舌辖有铜鞮、杨氏、平阳三邑。突生职，职生赤、肸、鲋、虎、李凤，其中第二子肸字叔向，是晋平公时的著名政治家，官至太傅，以杨国为食邑。叔向生伯石，伯石字食我，称杨石，又称杨食我。公元前 514 年，晋灭强宗祁氏、羊舌氏，杨食我有子逃居华阴，以杨为姓，因而说正宗的杨姓根在山西洪洞了。

去洪洞前，我从张青先生的书中看到洪洞有两支杨氏古谱，一谱百余世，另谱更长，一百二十余世。我想拜读这两支同祖家谱，于是比研讨会通知的日子早一天来了，可走时忘了抄地址，只好还得向张青"求援"。张先生见我到了，非常高兴，拉着我到了郊外的接待住处槐源宾馆，听明我早来之意后，他手挠头，说道："呀，这几天太忙了，一时想不起来了。这样，你先住下休息，下午再说这事。"见他一脸疲惫，我知他此时很忙和劳累，便只好如此了。中午，我领略了老家洪洞人的热情了，几杯老白汾让我酣睡小半天。醒来时，发现窗外竟飘起了绵绵春雨，催得杨柳吐翠，大地撒绿。蓦然间，发现烟雨中有片开白色花的树林，立时杜牧那首清明诗句涌了出来："清明时节雨纷纷，路上行人欲断魂。借问酒家何处有，牧童遥指杏花村"，我不正是那个"行人"吗？只可惜一问才知那不是什么杏花，而是山楂花，一时间，说不清道不明理还乱的怀古幽情被冲散了。

春雨傍晚时才住。张青先生又接来了南开大学历史学院的常建华教授。张青还为我们带来了他主编的《洪洞县志》及由他点校的民国《洪洞县志》、清道光《赵城县志》、民国《大槐树志》，再加上常教授的《中国宗族史》著作，我那点"私心"就没法再提了。

七

第二天上午正当我想"单独行动"寻访杨氏古谱时，祭祖节的领导给了我和常教授一个"特殊"任务——抽18名参加研讨会的专家学者参加敬献"百果"的祭祀活动。为什么是18人？这是因为明初山西洪洞迁民分布在今天的18个省市区。往年的18个省移民后裔代表由全国各地的游客中寻找，张青先生告诉今年之所以从移民文化研讨会的学者中出，是省市县领导对今年大槐树寻根祭祖节的高度重视。的确，清明这一天全国举行规模最大的祭祀活动有两个地方，一是陕西的黄帝陵，另一个则是山西洪洞大槐树祭祖园了。由于其他与会的同仁尚未赶到，我和常教授被临时封了"领队"的"官"，要参加彩排活动，无奈我的"私心"再次被压下。

大槐树祭祖园在洪洞县城的西北角，离火车站很近。我和常教授从西侧门进了会场，便被盛大的彩排活动所吸引。两小时后彩排结束，领我们来的同志问是否先参观下整个园区。常教授和我想法一致，为了不破坏明天正式祭祀活动的情绪，不约而同地谢绝了他的好意，却又提出另一个意愿，就是领我们观看晋省母亲河的汾河。

汾河就在大槐树祭祖园的西侧。

我们乘车沿着汾河东岸向北行数百米，驶上汾河大桥，驶过大桥，又折了回来。这里的汾河有四、五华里宽，河床基本没有水，正萌芽的春草铺满了河床，像毛茸茸地毯。陪同的同志见我们有些失望，告诉说二三十年前的汾河是常年有水的，鱼虾也多，鸟儿也多。他还告诉前几年汾河发大水，连大槐树祭祖园也进了水。可以想象，那时的汾河水面足有十余华里。

虽没看到流淌清水的汾河，但她仍然是我们祖先生活过的母亲河啊。我内心里充满敬意的暗暗说：您好，赋予我祖先生命的母亲河。

八

我们下榻的宾馆离洪洞县城有十余华里，要外出是不方便的，于是我选了离宾馆最近叫南磨村采风访俗。村子坐落在丘陵边缘，随地形建造的房屋大多是青色的，平顶带有女儿墙，且都有台阶通到房顶，房顶上能晾晒若干的东西。

傍晚回来时，参加研讨会的30余位同仁也都来了。他们之中有国家社科院的，山东、河南大学的，最远的是从广州来的暨南大学历史系的冀满红教授。我还见到了我的移民文化启蒙老师李广洁先生，他50出头，一个标准的知识分子，目前担纲着山西人民出版社。

这些专家学者都是我崇敬的老师，因为我是唯一的基层业余作者，能和这些天南地北的老师们在一起，仿佛前世修来的缘。

其实，我更知道这是大槐树移民祖先赐予的缘。

九

4日清明节这天，洪洞的天似乎格外晴朗。

早餐后，我和常教授很快"拉起"一支敬献"百果"的队伍，每个同仁都以能参加这个仪式活动为荣。这天，洪洞县城一片节日的气氛，和数万全国各地赶来的游客一样，怀着崇敬的心情，从正门的南大门进入大槐树祭祖园的主会场。

祭祖大典会场设在巍峨的祭祖堂前。

在庄重的古乐声中，祭祖大典拉开了序幕。鸣炮、启门、宣读祭文、敬三牲、奉五谷、供肴馔后，就是象征着明初遣往18省的移民后裔敬献百果仪式了。我们18个同仁虔诚地随着手捧百果的姑娘们身后，一步一步地拾级来到祭祖大堂前，恭恭敬敬地行了三个鞠躬大礼。那一刻真是百感交集，犹如一片树叶落在大地上——终于找到根的感觉，正像洪洞籍的著名作家孟伟哉先生所讲的"苦难与不幸也罢，胜利与骄傲也罢，光荣与耻辱也罢，都是历史。人们想知道历史，自己的或者家族的，家族的或者民族的，地区的或者国家的，往昔的或者现实的。"人类也像树叶一样，只有在生养自己的土地上，才有脚踏实地的感觉。其实这种"叶落归根"的感觉，就是我们中华民族祖先崇拜和敬畏孝道的表现，也是人类社会所必有的感恩观念，有句老话讲的好，"祖宗虽远，祭祀不可不诚"。那一刻，我了却了一大心愿。

这一天，洪洞人民敞开宽广博爱的胸怀，免费迎接着祖国四面八方的移民后裔到大槐树祭祖园寻根祭祖。游客中，既有白发苍苍的老人，也有不远万里来自海外的华侨，还有稚子。有的，上香数柱祭奠先祖，缅怀先祖开疆拓土之功；有的，叩拜大槐树，抒发饮水思源之情。

一群形似麻雀的鸟儿在古槐上叽叽喳喳的欢叫，不时飞上飞下，也似乎在朝拜。据当地人讲，这是"思乡鸟"。原先洪洞没有这种鸟儿，从1991年第一届"寻根祭祖节"开始，每年都有数万只这样的鸟儿在清明节前飞来，节后，又不知所往，因而有人说这些鸟儿是六百年前移民先祖之魂，化作小鸟回老家探亲的，因此这些不知名的鸟儿在洪洞又称为"神鸟"。

十

洪洞在山西省的南部，临汾盆地的北端，其地域面积1493.8平方公里，人口79万，是山西省的第一人口大县。其实1954年以前的洪洞县并没有这么大；1954年，洪洞北的赵城县被合并过来。

洪洞县名来历是源于"洪崖"和"古洞"。洪崖是指城南洪安涧河南岸的一条红土崖。东晋时山西文人郭璞有"洪洞先生炼丹诗"，本指今江西新建之洪崖，后被洪洞人巧妙借之；古洞是指城北官庄崖头的中古时代隐士之洞。"洪崖"与"古洞"地名的结合是唐武德元年（618）的事情。此前洪洞古称杨县，杨县是秦代所置，县名源于西周时的杨侯封邑。

大凡来洪洞寻根问祖者，基本都能在大槐树祭祖堂近千尊的姓氏牌位上找到自家牌位，于是，一种落叶归根、认祖归宗的感觉油然而生，匍匐在地，喜极而泣。的确，至今洪洞大地上生活着645个姓氏，这在传统农耕的土地上还是鲜有的。张青在其主编的县志第一句话是"在中国2000多个县份中，知名度最高的是山西省的洪洞县"。洪洞之所有这个底气，归纳了三个主要原因：一是这里有株见证明初迁民的大槐树；二是这里有句"苏三离了洪洞县"的唱词；三是这里有座闻名中外的佛教名刹广胜寺。我虽赞同这些观点，但作为大槐树的后裔觉得似乎还应有其他更重要的因素，所以这也是我要亲自来的原因。我个人认为，青楼女子苏三这个人物不能代表洪洞。苏三的故事是大槐树迁民后的正德年间的事情，而唱词大概是清人所为，且不讲她还有句伤害人的"洪洞县里没好人"的唱词，用毛泽东先生的话：她这是一棍子连累了一大片好人。至今在洪洞演《玉堂春》，这句唱词要改为"洪洞县衙没好人"，一字之改，也体现了当地领导的包容胸怀。至于广胜寺，它原属于赵城县，只不过随行政区划调整过来的，与明初的洪洞历史并无多大的关系。

大凡懂些历史或爱动脑筋者，往往会提出这么一个问题——明初洪洞有多少人？又有多少人被迁出？为何洪洞大槐树成为山西移民后裔心目中的神圣之树？

这个问题在移民文化研讨会上就被一家媒体所疑问。

其实明初的洪洞有多少人，明代的《山西通志》早就告诉了两组数字：洪武二十四年（1391）为11999户92872人；永乐十年（1412）为11592户87775人。两相对比，洪洞在21年间人口不但未增反减少5097人。表面上看洪洞21年里只迁出5097人，可按人口自然增长率及洪武二十四年前和永乐十年后的移民活动推算，明初洪洞移民至少不少于30000人，虽然约占当时洪洞全县人口的1/4，可显然与百万山西大移民的历史相差很远。其实这个"距离"就是洪洞大槐树何以成为山西移民文化地标的地方。

十一

洪洞大槐树何以成为山西移民文化的地标？我想，无外乎三点：一、当地人口的密度；二、所处的便利交通；三、有移民办公的地方。这三点洪洞都具备了。还是以《山西通志》所载为例，洪武二十四年（1391）山西全省79个县计4873946人，而约占全省1/5面积的洪洞所在的平阳府28个县的人口就有1847790人，占全省的人口37.91%。明代的平阳府即今临汾市，其地域还包括今天的运城地区。

这是人口密度，再来看洪洞大槐树所处的地理位置。

大槐树遗址位于今天的洪洞大槐树祭祖园。昔时，她在广济寺东旁。广济寺创建于唐贞观二年（628），寺院建有大雄宝殿、弥陀殿、毗卢殿外，方丈室、法堂、斋堂、客房俱全。由于广济寺位于北达太原南抵黄河渡口的阳关古道西侧，西傍汾河，水陆交通便利，官府便在寺院旁建有驿站，办理四方公差事务。广济寺东侧的汉代古槐，阳关古道在其荫下穿过；汾河滩上老鹳在古槐上构巢，星罗棋布，甚为壮观，不免被过往的芸芸行人牢牢记住了。

明初的洪洞汉代大槐树是什么样子呢？据当地一家谱的记述，其树身有8人合围之粗，树高约30米，树冠约60余米，荫蔽6亩地。是想，当年移民时官府在这里办理移民的"凭照川资"，大槐树有幸见证了这场持续近五十年的大移民活动。不幸的是，见证移民活动的汉代大槐树及唐代广济寺，在清顺治八年（1651）被汾河洪水冲毁。又幸运的是，汉槐的第二代古槐衍生于明万历年间，她和母亲一起生活了六十多年。二代古槐在汉槐的东北二十余步地方，地势比汉槐略高一些。或许洪水未浸到这里，或许当年正年轻，她躲过了这一劫难，然而随着岁月地形的变化，其根悬裸于外，不幸"中年夭折"。这株二代古槐虽已干枯，但在当地政府保护下，仍昂然挺立。据测，其身高10余米，胸围2.1米，树冠直径20余米。第三代大槐树在第二代古槐北数米的地方，她滋生于清光绪年间，树龄亦有百岁了。如今这株即年青又古老的大槐树身高11米，胸围1.7米。或许古槐是不争春的品格，这个季节她没有像杨柳那样抽芽吐翠，也没有桃杏繁花竞艳，如同饱经风霜的老人，默默地垂看着川流不息的朝拜子孙。不知是谁在二代古槐和三代古槐之间拴上五彩绳索，上满挂着红、黄、绿、白、黑五色书写着"先祖赐福 平安顺利"的布标，在和煦的春风中，向着游人频频地笑，招呼着你，给了你无限的遐想和宽慰。站在古槐面前，每个人一定都会得出这两株看似普通的古槐，已超越了历史的时空，成为亿万槐裔灵魂的"祖槐"。

仰望大槐树，我在想国人为什么对槐树情有独钟？翻开汉语大词典，槐树已不仅仅是落叶乔木、材质致密、可供建筑和制器用的树种了，上至皇室，下至黎民百姓，都赋予她美好的希望和精神的寄托。如皇帝居住的地方被称为"槐宸""槐掖"；朝廷重臣则被称为"槐卿""槐鼎""槐望"；学子求学的地方称为"槐馆"，每年槐花开的时候，也是"槐花黄，举子忙"的季节，唐李淖《秦中岁时记》里有"进士下第，当年七月复献新文，求拔解，曰：'槐花黄，举子忙。'"离明朝最近的元人马致远、武汉臣还将"槐花黄"写进文学作品，广泛流传。在文学家眼里，槐芽饼还是即可食又可入诗的物件了，如宋人苏轼《二月十九日携白酒鲈鱼过詹史君食槐叶冷淘》诗："青浮卵碗槐芽饼，红点冰盘藿叶鱼。"槐芽饼是一种凉食，以面与槐叶、水等调和,切成饼、条、丝等形状,煮熟,用凉水汀过后食用,唐人杜甫也有《槐叶冷淘》诗。在医生和民间里,槐的花蕾、种子和根上皮,是药物,宋人欧阳修"失音可救。曾记得一方,只用新好槐花,于新瓦上慢火炒,令熟,置怀袖中,随行随坐卧譬如闲送一二粒置口中,咀嚼咽之,使喉中常有气味,久之声自通,病逾。"

洪洞大槐树不仅以其硕大的树身闻名于世,更是以三代同根相生所传奇。这株"祖槐"在今天移民后裔分布的18省市的600多个县市中,之所以成为槐裔灵魂"圣树",就在于她的生命顽强不息。时至今日,移民后裔经过多次迁徙,已遍布神州,有的还漂洋过海,可以说,世界上凡有华人的地方,就有大槐树的移民后裔;凡有大槐树移民后裔的地方,就有大槐树移民的故事,"祖槐"顽强不息的精神早已植入华夏儿女的心间了。我想,每年近二十万的"祖槐"后裔自发到此寻根问祖,反映了我中华民族同根、同祖、同溯源的民族凝聚精神,这正是成为"山西洪洞大槐树移民文化标志"的地方,因为她是亿万移民后裔心目中"根"的象征。

说到同根、同祖的洪洞大槐树,不得不说自清末民初以来保护大槐树和弘扬大槐树移民文化的众多人物。

清末民初,保护大槐树有功的三位人物是景大启、刘子林、贺柏寿。此三人曾在山东、河南等地为官,交游甚广。当地人得知他们是洪洞人时,都热情款待,明言祖上是从"大槐树老鸹窝"迁来的,还以谱书为证。之后,这三人分别募得一些银两寄回洪洞,托人筹建古大槐树古迹建筑。恰在此时又发生了一起大槐树庇护洪洞人民的故事。原来1912年1月,袁世凯命第三镇协统卢永祥部进攻山西革命军。卢军顺古道南下,所到之处肆意抢掠,1月30日攻克赵城时,烧杀抢掠无恶不作,赵城顿成一片火海。2月2日,卢军冲到洪洞,卢永祥又纵兵抢劫,可士兵不但秋毫不犯,还将他处抢来的部分财物供在古槐处。原来卢军多为冀鲁豫省人,皆知洪洞大槐树是其祖宗老家之处,自然不敢骚扰。洪洞人托大槐树的福荫避免了一场浩劫,以为是大槐树有"荫庇群生"之功,于是当地人修建大槐树古迹的热情更加高涨。1914年大槐树古迹工程完工,建有碑亭、茶室、牌坊三组建筑物,其雕梁画栋,飞檐斗拱,精巧玲珑。如今这些建筑仍然保存完好。古广济寺的唯一遗物石经幢,依然屹立在"古大槐树处"的碑后。再向北百余米,便是近年复建的广济寺,其建筑辉煌,诵经声悠扬回荡。

如今的大槐树寻根祭祖园占地300余亩,布局巧妙,功能完备;自东向西,分为大槐树古迹区、祭祖堂建筑区、洪洞民俗游览区。凡来洪洞寻根祭祖者,都能在这里弄明白"我的祖上为什么迁出"等一系列移民问题。这一切一切的工作,都与当地主要领导和文化名人的努力是分不开的。刘郁瑞、樊纪亨、李春芳、王德贵、柴高潮这些洪洞的地方领导，他们之中有些同志并不是洪洞人，但他们在洪洞大槐树的保护和开发工作上，都做出了突出贡献。洪洞籍的文化名人孟伟哉、晋廷瑞、肖邑仁、张青等先生，对大槐树移民文化的弘扬与传播功不可没。张青，1982年毕业于山西大学历史系，和李广洁先生为校友。为了传播洪洞移民文化，怀着"以书报国、以书报乡"的情怀，为开发大槐树祭祖园提供史实资料，翻阅了上百种有关书籍，跑遍了大半个神州大地，积累了上百万字的翔实资料。他还编写了《洪洞大槐树迁民考略》《山西洪洞大槐树》《洪洞古大槐树志》《寻根在洪洞》《洪洞名胜与传说》《历代名人咏洪洞》等十几册很有考古、研究、珍藏价值的著作，对洪洞大槐树移民的年代、数量、次数、分布、姓氏、移民故事以及历史原因，都作了翔实的研究和考察。我相信，历史会给张青先生记下不凡的一页。

十二

不到洪洞，不知洪洞的天高地厚；不到洪洞，不知洪洞的历史渊源；不到洪洞，不知洪洞"老家人"的炽热情感。洪洞，这方富饶而丰腴的土地，得天独厚的自然环境，她是我们五千年华夏文明的重要发源地之一，这里，多处仰韶文化遗迹的发现，将洪洞的历史推到了石器时代。"丁村人"先民们在这块宝地上劳动、生息、繁衍，创造了许多可歌可泣、炫目灿烂的文化，因而被称为中华民族的发祥地之一。张青先生说：华夏的大半部文明史在洪洞浓缩；在这里，抓一把泥土就能攥出华夏古老文明的汁液来！

他这话，我是信的，或许这才是亿万古槐移民后裔为之"认祖归根"最为根本的原因吧。

请跟随皇皇巨著的《洪洞县志》巡礼洪洞吧，在这里，我们能找到许多耳熟能详的人物来：

黄帝故里，在洪洞西的公孙堡村，相传轩辕父少典由山东迁此，旧有轩辕黄帝庙。

尧帝故里，在洪洞西南的羊獬村，尧生于临汾伊土，因听闻洪洞生有一只能识忠奸辨正邪的独角羊，遂迁居此。

皋陶故里，在洪洞西南的土师村，黄帝后裔，华夏司法制度的鼻祖。

舜王故里，在洪洞东北的圣王村。

师旷故里，在洪洞东南的师村，为春秋时晋国乐师，精于音律，被尊为中华音乐鼻祖。

蔺相如故里，在洪洞北的许村。

纪信故里，在洪洞北的纪落村，汉刘邦大将，替主身死，旧有祠。

薄太后故里，在洪洞东南的薄村村，刘邦妃，子汉文帝刘恒。

徐晃故里，在洪洞东北的封里村，三国曹魏名将。

孙思邈故里，在洪洞南的孙张村，隋唐名医，华夏"药王"。

洪洞东南的卦底村，传为华夏远祖人物伏羲画八卦的地方。

洪洞北的女娲陵，传为女娲炼石补天的地方，至今遗有五色石。

源于洪洞的姓氏不仅有我杨姓，她还是李姓、阮姓、舒姓、许姓和赵姓的发源地。李姓始祖是皋陶，其后裔利贞为避商纣王迫害改为李姓；皋陶后裔中还有以阮、舒为姓氏。许姓始祖为许由，相传许由是尧舜时期的高士贤人，帝尧曾有意禅位给他，他坚辞不受，还逃至洪洞东北的九箕山下，农耕而食。后来尧又请他做九州之长，他到山泉处洗耳，表明心迹，因而此泉被称为"洗耳泉"，死后还葬于九箕山，其后裔便以许为姓了。赵姓发源地是赵城，相传上古时颛顼帝号高阳氏，生于若水，居于帝丘，其后裔有一名造父者，为周穆王驾车大夫。穆王乘造父驾驭的车，西行到昆仑见西王母，乐不思归，后来东南方的徐偃王造反，穆王令造父疾驰而返，平息了叛乱。周穆王以造父平乱有功，便将他封于赵城，造父的子孙就以封邑为姓氏。战国初造父裔孙赵襄子联合魏、韩二氏三家分晋，建赵国，国都晋阳（后东迁邯郸）。此地赵姓，史称正宗赵姓。

在洪洞，"尧天舜日"的故事妇孺都能讲得绘声绘色，可我的同仁却对当地每年"三月三接姑姑，四月二十八接娘娘"的风俗更感兴趣。

这个风俗是这样的：尧生于临汾伊土，建都平阳，后在洪洞羊獬村安居。舜生于洪洞诸冯村（今改为圣王村）。尧帝访贤时，在历山得舜，并以二女妻之，因而羊獬与历山两地结为亲戚，每年的农历三月三这一天，羊獬人以娥皇、女英的娘家人身份，敲锣打鼓、金牌銮驾地前往历山接二位"姑姑"回乡省亲；四月二十八日，历山人也是旌旗蔽日、鼓乐喧天地到羊獬迎"娘娘"回夫家团圆。羊獬与历山相距70余华里。旧时，每年的这两个日子里，沿途百姓洁屋浆被，沽酒备饭，叩接跪送，历时4000余年未断。据当地人讲，既在抗日烽火的岁月和"文化大革命"破"四旧"的日子里，两地也是变着法儿你来我往，演绎了中华民族男娶女嫁姻联亲情的风俗。

"山西庙多"，此话不假。研讨会期间，热情的东道主拉着大家参观了名胜广胜寺。

广胜寺位于洪洞东北17公里处的霍山南麓。这里依山傍水，古柏苍翠，泉水潺潺，风景秀丽。这座寺院始建于东汉建和元年（147），初名俱卢舍寺，唐代改称今名。广胜寺仅晚于我国第一座寺院白马寺79年。广胜寺分上下两寺和水神庙三处。上寺在霍山巅，翠柏环抱，十二级的飞虹塔耸峙，琉璃构件金碧辉煌，令人赞叹。下寺在山麓，随地形起伏而建，高低错落，部落有致。水神庙在下寺的西侧，仅一墙之隔，庙内主殿供奉水神明应王，殿内四壁布满壁画，尤元代戏剧壁画国内外享有盛名。与之对应的是广胜寺前的霍泉，其泉眼108处，千百年来奔涌不息，每秒流量约在4立方米，十万亩土地皆受益此泉。

在这里，还知道了国宝《赵城金藏》原存于此，抗战间为避日寇毒手才转移出去的。广胜寺的飞虹塔、元代戏剧壁画和《赵城金藏》，堪称"稀世三绝"。

洪洞有多少庙？当地人说：有人的地方就有庙宇。可以想象下当年移民主要地区的平阳府该有多少个"广胜寺"了。我的手头有一本1986年出版的《中国名胜词典》，收录平阳府明代以前保存下来的"国宝"级的寺庙就有尧庙（在临汾，晋代建）、大云寺（在临汾，唐代建）、坤柔圣母庙（在吉县，宋代建）、千佛洞（在乡宁，隋代建）、蒲县东岳庙（晋代重建）、池神庙（在运城，唐代建）、常平关帝庙（隋代建）、解州关帝庙（隋代建）、广仁王庙（在芮城，唐代建）、永乐宫（在芮城，金代建）、临猗双塔（隋代建）、白胎寺（在新绛，唐代重建）、福胜寺（在新绛，唐代建）、兴龙寺（在新绛，宋太祖曾寓此）、稷益庙（在新绛，元代重建）、万固寺（在永济，宋代重建）、栖岩寺（在永济，北周时建）、普救寺（在永济，唐代建。原名西永清院，唐人元稹《莺莺传》元人王实甫的《西厢记》里的故事地）、万荣东岳庙（唐代建）、古后土祠（在万荣，西汉后元年建）、稷王庙（在万荣，金代重建）、青龙寺（在稷山，唐代建）、法王庙（在稷山，元代重建）。

一座庙宇，就是一个文化素养的符号，一方水土的精神寄托，同时也是一个地方经济状况的反映。我之所抄列这些，就是想我们的祖先们在告别这片故土时，他们不知道要迁移的地方是否还有精神寄托的地方？是否还有教育他们子孙成长的文化环境？同样，也正是这些老祖先们将洪洞、将晋南的文化在新的家园之处传播、传承下来，这也是河北人与山西人所共有的"燕赵风骨"基因的地方。

十三

在洪洞，我还解开了几个困惑多年的问题。

困惑一：民谣里不是有句"祖宗故里叫什么？大槐树下老鸹窝"，而到洪洞后才知"老鸹窝"应是"老鹳窝"。在河北，"老鹳"是鲜见的。而"老鸹"随处可见，这种鸟学名是乌鸦，全身黑色的，其貌不扬，其鸣不雅，故不被人所喜，因而每当听到祖宗家乡是"老鸹窝"时，心中总是疙疙瘩瘩的感觉，可老鸹在树上筑巢，天经地义，还是被移民后裔所接受了。来到洪洞，才知当年在大槐树上构巢栖身的不是"老鸹"而是"老鹳"。

鹳，当地见过的人讲它是体长约一米的大型涉禽，形似鹤亦似鹭，嘴长而直，羽毛灰色、白色或黑色，翼长大而尾圆短，飞翔轻快。这种鸟常活动于水边，主食鱼虾、蛙和蚌类，夜宿高树。这让我想起王之涣那首"白日依山尽，黄河入海流。

欲穷千里目,更上一层楼"的《登鹳雀楼》诗来。鹳雀楼就在洪洞南的运城汾河旁,那里是汾河汇入黄河的地方。倘无鹳鸟,何有"鹳雀楼",又何有王之涣的千古佳句。恰在此时,张青先生一脸春风地告诉大家:4月2日清晨,大槐树祭祖园的水面上飞来了几只灰色的鹳鸟,被守候的摄影师抢拍了几张。原来鹳鸟三十年前在洪洞汾河两岸是随处可见的,只是近年人类只顾自身的生存,而挤占了人类"朋友"赖以生存的环境,才让今天的人们难觅其踪影了。这个困惑迎刃而解。

遥想当年,我们的祖先就是在鹳鸟的声声凄凉哀鸣中踏上征程的,自然不免潸然泪下,一步一回头,留在脑海最后的印象就是大槐树与老鹳窝了,当他们来到新家许久后,再告诉子孙:我们的老家在山西洪洞,那里有棵大槐树,大槐树是我们祖根的地方,大槐树上的老鹳窝也是我们老家的地方。久而久之,没有见过老鹳的第二代第三代或第四代的移民后裔们,就按自己的想象,把个老鹳窝改成了老鸹窝,有的地方还改成了喜鹊窝,把大槐树改成大柳树或大杨树……

其实,历史有时不也存在一些传讹的现象吗。

困惑二:在迁民传说中,迁民活动是强制性的,甚至是被武装"押送"的。相传,为了防止移民途中逃跑,一根绳子,捆了一串队伍。初时,哪个要大便小便,便对押解者央求道:差官大人,请麻烦解开手,我要方便。一路上,不知碰上多少回这样的事了,被捆者不耐烦了,每每要方便时颇带怨气地喊道:"解手",于是,押解的差人就知道这是怎么回事了,而"解手"传说也似乎成了移民专用词了。在去洪洞前,我对这个说法是深信不疑的。去了,才知这也是经不起推敲的"传说"。那天,我到南磨村访俗,问当地人"大小便"怎么说时,才知他们也是用"解手"一词。这就怪了,被迁之民"创造"的词,怎么未迁者也在用?是押解的差人带回的?可又何必引用这种颇含"屈辱"的词汇。我的困惑更大了。幸亏洪洞去年创办了一本刊名《老家》的杂志,一翻看才明白当地人说的"解手"之词是"解溲"的演变。原来流传很广的移民专有"解手"一词,并不是被武装押送才所形成的词汇,这也佐证了我们祖先虽并不愿离别老家故土,但还是挥泪上路了——因为政府为他们描绘了远方的新家是如何如何的好:那里没有交通不便的山地、丘陵,有的是一望无际的大平原,每人15亩粮田,还有2亩蔬菜地,免租3年,额外垦荒者永不起科;愿迁天子脚下顺天府的,人拨荒闲田50亩,自愿多耕者悉便,官家还提供耕牛帮助营田生产……排灌自如的河流,四通八达的官道,村与村鸡犬相闻,遍地的财宝等着俯身去拣去拾……当然,"解手"之词的专利权还是归老家洪洞所有,我们的祖先只不过继续在使用,不知被后来的哪位"秀才"搞成了文学作品而已。

困惑三:传说是不是洪洞移民,一验小脚指甲便知诮,这是最具广汓和"权威"的传说。

说是洪洞迁民后裔的足小趾甲是两瓣形状，大槐树祭祖堂内不也悬挂着"举目鹳窝今何在？坐叙桑梓骈甲情"的对联吗。传说当年移民时无人愿迁，于是朱元璋就想出了一个法子，放风道：凡不愿迁者三天内到大槐树下可躲避；愿迁者，在家等待。于是乎，十万人家推车担担地赶到大槐树下；结果，大队武装的官兵包围了大槐树，一声"大明皇帝敕命：凡来大槐树下者，一律外迁"。于是，惊天泣地的哀鸣声，此伏彼起，如雨如雷，可谓惊天地泣鬼神。传说官兵为了防止这些移民逃回老家，在每人小脚趾上都砍上一刀，留下标记。于是，移民的后裔便遗传了这一"洪洞移民"特有的标记。

其实，这更是经不起推敲的传说，如果这是真实的历史，岂不看低了我们祖先的智商。

我在南磨问俗时，了解到当地人的小脚指甲也是两瓣形的。有关洪洞人小脚趾甲分瓣的传说，洪洞是这样说的：大禹执政时，有个跟随治水有功的羌人。羌人原以游牧为业，后来在洪洞安居，向黄帝的子孙们学习农耕。再后来，殷王从南边的黄河过来狩猎，见一美貌的羌女，欲无礼，羌女誓死不从，恼怒的殷王举双剑杀害了羌女。羌女倒地时，身破之处跳出一男一女两个小孩。这两个孩子一出母体就一手握着一脚，号啕着，原来他们的小脚趾被殷王刺伤。后来，这两个小孩长大成人，与当地的黄帝子孙通婚，生出的子孙双足小趾甲就成了两瓣形的。

这个传说到为我提供了一个思路，这就是中华民族的产生是与各民族的迁徙、融合是分不开的。研究中国人口史的葛剑雄教授说过"历史是人创造的，是人口在时间和空间中活动的结果。文化是以人为载体的，主要靠人口的流动来传播和发展。从这一意义上说，移民是人类历史上最重要的活动……没有移民，就没有中华民族，就没有中国疆域，就没有中国文化，就没有中国历史。"

呀呀，我们中华民族五千年的文明史，不正是从黄帝东迁又南下开始的吗？！

十四

"别了，洪洞！别了，大槐树！" 4月6日，我掬把洪洞热土，踏上返程的列车，经过路基西侧的大槐树时，再次凝望这株亿万移民后裔心中的圣树。我和大槐树相望的时间虽然以秒计算，但还是想起了华夏移民史来。历史上的移民可分为官方移民和自然移民两种形式。

自然移民是为逃避天灾、战祸而导致的黎民百姓的乃至社会各阶层自发的迁徙。历史上大规模的自然移民有东汉末到西晋永嘉年间的晋民南渡和安史之乱时期的唐民南奔；北宋末年，又有士大夫及广大百姓随宋朝宗室南迁之举。这些南迁之民到了福建、江西等地，往往被称为"客家"人。与大城相邻的河间就迁出一詹姓家族，他们的一个后裔便是近代史名人詹天佑。这支詹姓今天人口已逾十万,遍布我国东南沿海、台湾以及东南亚国度,他们以河间为祖宗发祥之地,这也是中华民族"寻根"文化情结的地方。

官方移民,实事求是地讲,历史上基于军事、政治、经济诸多原因,有组织、有计划、有目的的移民历代都有,可明代洪洞大槐树移民无论从时间上、从地域范围上、从组织规模上,无疑是封建社会移民史上的顶峰,是中国历史上规模最大的一次移民。无疑,由此产生的大槐树移民文化,像杯老白汾醇香而又火辣辣的,个中滋味,让人荡气回肠,弥久难忘……

我的洪洞之行的"私心"虽未了却,但我在祖先诞生的地方生活了数天,了解和见识了这方热土,还是颇感欣慰的。

感谢我们的祖先吧,是他们历尽艰辛又赐予了我们美好生命和美好的生活。

根在洪洞大槐树

"问我祖先在何处?山西洪洞大槐树。祖先故居叫什么?大槐树下老鹳窝。"这里为您诉说的是一段令亿万黄河儿女梦绕魂牵的情结;这里为您吟唱的是一首令所有炎黄子孙荡气回肠的歌谣。它忽明忽灭,闪烁在漫漫六百年的历史长河;它如泣如诉,传遍了大半个中国。大凡有华人的地方,都跳动着它那哀婉而又亲切的音符——这就是发生在黄河岸边、洪洞大槐树下移民的故事。

洪洞,古称"神圣之邦"。演绎八卦太极图的伏羲,炼石补天、抟土造人的女娲,统领四方的黄帝,禅让天下的唐尧,体恤万民的虞舜,都曾在洪洞留下深深的印迹。

在山西洪洞一带,流传最广的当数帝尧与虞舜的传说。帝尧乃洪洞羊獬人,相传帝尧访贤于历山而识贤者舜,决定禅让,并将两个女儿娥皇和女英许嫁于舜。这样羊獬人与历山人就结成了姻亲。每年农历三月初三,羊獬人敲锣打鼓去历山接姑姑回娘家;四月二十八,历山人又鼓乐齐鸣到羊獬迎娘娘回婆家。这种习俗在两个相距60多里的村落里,竟延续了4000多年,足见尧舜的盛德,在洪洞民间的刻痕是何等沦肌浃髓!

可以说,华夏的大半部文明史在洪洞浓缩。在这里,抓一把泥土就能攥出古老文明的液汁。难怪发生在洪洞这个"神圣之邦"的故事,生生不息,源远流长。

(上集)岁月沧桑话原委

14世纪中叶,"只识弯弓射大雕"的元朝统治者的强力征服和残暴统治,进一步激化了阶级矛盾和民族矛盾。元顺帝至正十一年,即公元1351年,黄河溃堤冲垮了山东盐场,使国库收入锐减,元朝统治者不得不强令汴梁、大名等13路民工疏浚黄河。民夫们在兰考县的河道里挖出一个独眼石人,背后刻字两行:"莫道石人一只眼,此物一出天下反。"当石刻的谶语与流行的民谣相吻合时,不堪忍受黑暗统治和残酷压迫的广大农民，便以谶谣相召纷纷揭竿而起。

（采访山西大学教授马玉山："元朝统治者的实力还是强大的，所以他对农民起义和对人民群众的镇压也是相当残酷的。所以这一场起义造成的后果就是人口锐减，土地荒芜。"）

元至正二十六年，元顺帝出亡漠北，长达16年的元末战乱方才告终。可惜好景不长，一波未平，一波又起。就在朱元璋于石头城易地更天，结束金戈铁马、硝烟鼙鼓不久，又发生了令人心折骨惊的"靖难之役"。

（采访作家刘家忠："洪武三十一年，朱元璋去世，立皇太孙朱允炆为帝。这样就引起了他的第四个儿子燕王朱棣的不满。朱棣是一个雄才大略的杰出人物，本来对于没有接班就一肚子意见，这一下给了他一个借口，于是就起兵靖难，靖难的含意就是给他的侄子朱允炆清除身边的奸臣，所谓清君侧，起兵反抗南京政权。在这种情况下，从建文元年一直到建文四年，打了长达四年的战争。"）

（采访民俗学者边守道："燕王朱棣当时被封到北京来做燕王以后，因为他一心想着做皇帝，所以在满城这个地方大搞练兵。因为他怕走漏消息，就把周围的人全部杀光，所以满城周围的人大部分都杀光了。满城到定县这一代，来往拉锯战打了好多次，所以满城的人就被杀光了，另外周围几个县也没有人了。"）

战乱和灾荒，往往是历史之树上同时并生的两颗毒瘤。就在元末战乱时，水旱蝗疫也倾注而至。从至正元年到二十六年，水旱灾害山东20次，河南18次，河北16次，两淮地区10次，黄河、淮河频频溃堤，几乎岁岁都有灾害光顾。使中原地区"湮没田庐，死者众"，"禾不入土，人相食"，村庄城邑多成废墟。与此同时大蝗灾发生18次，大瘟疫发生15次。至正十七年河南大饥，十八年京师大饥，十九年冀鲁豫大饥。

（采访刘金忠："经过'靖难之役'，德州人口稀少到什么程度呢？可以用当地广泛流传的这么一个故事来说清楚。说是朝廷派了一个地方官到这里来当知州，他为了验证人少到什么程度，就把白银放在通往集市的三岔路口，过了三天以后再去看，白银仍然在那里闪闪发光，没有人捡。说明人已经稀少到这个程度了。也就是说战争，包括原来的元末明初的农民战争和'靖难之役'，以及水旱灾害造成的人口稀少，已经使德州的许多地方成了'无人区'"。）

《明太祖实录》中记载："名城扬州被元军攻克后，杀得仅存十八户。"《开州志》中纪录："元军席卷濮阳县后，居民仅存七姓，丁不满千。"河南温县牛洼村《牛氏族谱》中记载："兵燹河南，赤地千里。"山东临清《李氏族谱》载："盖燕王靖难兵起，在建文时南北构兵，或杀、或刚、或逃，东西六七百里，南北近千里，几为丘墟焉。"

兵燹灾荒，涂炭了生灵，吞噬了中原，同时也拉开了明初大移民的序幕。于是，汾河岸畔的那棵并不超群出众的汉槐，便以无与伦比的身姿，走进了历史的风雨，走进了岁月的沧桑，走进了一个民族的记忆……

（中集）悲歌一曲铸伟绩

当一幕幕战争的悲剧在燕赵鲁豫轮番上演时，东有太行为屏藩，西有吕梁做遮挡，南据风陵、孟津为门户的三晋大地却是另一番景象，元人钟迪在《河中府修城记》中写道："当今天下劫火燎空，洪河南北噍类无遗，而河东一方居民丛杂，仰有所事，俯有所育。"正是当时山西的真实写照。再加上周边各省难民流入，这里的人口比河南、河北两个省的人口总和还要多。面对中原地区"人力不至，久致荒芜"，"积骸成丘，居民鲜少"，"累年税租不入"的惨重局面，素有雄才大略的朱元璋为圆其龙腾云涌万世一系的美梦，慨然采纳了郑州知州刘琦、户部郎中刘九皋等人的奏议，做出了顺乎历史潮流的抉择，把移民屯田的目光投向了人口最稠的山西。这样，空前绝后的大移民，不可避免地在这里发生了。

史载，明初山西辖五府，三直隶州，十六散州，共七十九县。移民主要是来自辽州、沁州、泽州、潞安府、汾州府和平阳府。这些地区共有五十一县，而平阳府就辖二十八县，可见移民最多的是当今临汾。元人郭嗣兴有一首五言诗描写当时平阳的景况："形胜开千载，舆图壮一方，城池殊屏蔽，庙宇式轩昂……鼠肥偏喜食，鱼美鲜求尝……"可见当时的晋南富甲一方，而洪洞"背霍山面涧水，箕山东峙，汾水西绕，山川形胜，草木夭乔，甲诸三晋，固一方之雄邑也"。明初人口最稠，至今仍为山西第一人口大县，作为一个县份，移民最多自是必然。但遍布大半个中国的移民后裔修葺的谱牒里，几乎都记载祖先来自洪洞，这是何原因呢？

（采访山西大学历史系教授冀满红："战乱的时候，好多百姓就往安定的地方跑，当时山西是比较安定的，没有战争，所以难民大都逃到山西，而元末明初的平阳府，指现在临汾地区和运城地区，这些地方一是安定，一是比较富庶，所以逃难的百姓都来到这里。所以相对来说这个地方人口就比较集中，第二个原因是，洪洞这个地方交通比较便利，最后一个原因是，洪洞历史上就有迁民的历史，最早可以追溯到宋朝，至少有两次记载从洪洞迁民到河南"。）

（采访临汾市副市长成洪才："明时的迁民虽不全是迁的洪洞人，但是洪洞作为迁民的重点，这就说明了明朝政府要在我们洪洞县城北的广济寺设局驻员，集中移民，编排队伍，发放凭照川资，所以广济寺前的汉植大槐树下，成为移民外迁的集中之地。"）

据《明史》《明实录》《日知录之余》等正史和笔记史料记载，及家谱、碑文等资料统计，明初洪武初年至永乐十五年间，有迁民记载的年份有四十一年，从山西迁民的记载达十八次之多，人口逾百万。其声势之大、范围之广，堪称旷古绝今。迁民地域分布达十八个省市，五百余县。涉及八百余姓，包括汉、蒙、回三大民族。

（采访河北省沧州市民族宗教管理局回族事务委员会副主任吴丕清："沧州的回族比较多，一共有八十七姓，其中戴姓是从山西过来的，燕王朱棣坐天下以后，又随着移民一起来到这儿。"）

明初移民是皇帝的旨意。凡是决定外迁的百姓，都叫奉旨外迁，带有很大的强制性。吴晗先生在《朱元璋传》中这样写道："迁令初颁，民怨即沸，至于率呼众蹙。惧之以戒，胁之以剸刑。"山东曹县一刘姓的族谱里，记载着他们的祖先是"独耳爷爷"。独耳爷爷就是因为在迁徙途中多次逃跑，被官兵割掉一只耳朵的。

明朝移民条律中还规定，凡同姓同宗者不能同迁一地。"行不更名，坐不改姓"是中华文化崇尚的一种人格风骨，这条明律就迫使一些同宗兄弟为了生活在一起，不得不更名易姓，如河南黄县就有魏姓与马姓，陈姓与邵姓，周姓与单姓，都是异姓同宗。类似情况，在河北、山东也不胜枚举。

移民，割断了亲情，也割舍了乡情。山东蓬莱，水天一色，空灵隽秀。当年，许多苦难的迁民含着热泪告别古槐，告别家乡，离开了丰沃厚重的黄天后土，离开了富足安康的中原大地，被迫迁到这避岸孤岛的天之尽头。再也看不到汾水岸畔的渡船，再也听不到萦绕槐园的鹳鸣，迎接他们的只是汹涌的波涛和缥缈的鸥影……为了生存，他们用扶惯了耕犁的双手，在无边的海上耕耘出一片片生命的沃土，编织出一片片生存的天空，也把对思乡的追忆编织成一代代人期盼的梦。如今，他们的生命已融入了大海，对故乡的思念也成为一个遥远的梦，永远镌刻在人们深深的记忆中。

（采访山东省蓬莱市聂家村聂希谦："这个家谱是我们聂氏的族谱，从始祖到历代逝去的人都留在这上面。始祖是从洪洞县大槐树底下迁民到这儿来的，到我们现在已是十五世了。每年过年时，我们把族谱请出来供奉起来，让后人知道前辈人是怎样的一种情况。"）

文明有时会来自野蛮。大迁徙可算是朱明王朝富国强权的得意之作，但对一家一户却是莫大的悲哀。它造成的精神创伤，甚至几代人都难以平复。在冀鲁豫皖一带至今流传着许多围绕这次大迁徙听来令人百脉沸涌，低回唏嘘的故事。最为普遍的传说是，大迁徙所以能够成功，是缘于朱明统治者设下的一个弥天骗局。迁徙伊始，明政府颁告示于三晋："不愿迁徙者，到洪洞大槐树下集合，限三天赶到。愿徙者可在家等候。"消息不胫而走，三晋百姓簇拥而来，三日之内，大槐树下呼啦啦集结了十万之众。这时，大队官兵蜂拥而至，对集结者强行登记，强发凭照，强行迁徙。十万百姓，根绳相拴，如串蚂蚱，在刀逼棒喝之下，吞声饮恨，踏上了迁徙的路途"举目鹳窝今何在，坐叙桑梓骈甲情"，"谁是古槐底下人，双足小趾验甲形。"洪洞大槐树寻根祭祖园祭祖堂里的两副楹联，也道出了明初移民的一则悲惨故事。

（采访洪洞县大槐树祭祖园解说员孙洁婷："许多人问过我这个问题，说我们的脚小趾指甲盖为什么会有两瓣的特征呢？关于这个传说是这样的，相传官兵怕人们逃跑，便在每个人的脚小趾上砍一刀作为记号。虽然说这个传说有些荒诞，但是透过传说，你还是可以感觉到明初大迁民那种凄凉的情景。虽然说指甲盖看看好像是砍了一刀之后愈合的样子，不过这个说法并不太科学，因为砍一刀并不能遗传一代又一代，所以只能说是一方水土养育了一方人。关于迁民的说法还有好多，比方说'解手'一词的由来，也是官府怕人们逃跑。便用绳子把人们的双手，全部反绑在后面走。可是路途遥远，人们难免要上厕所，所以只好说，'报告老爷，请解开手，我要上厕所'。久而久之，人们就把这么麻烦的话简化成一句'解手'了。"）

被迫迁徙的先祖们，在空前的迁徙中，没有消沉，没有绝望，为了生存，他们在异地他乡开始了筚路蓝缕的创业，不辞劳瘁的耕耘。明政府为了恢复和发展经济，设置了"司农司"，专门负责移民事宜，并制定了一系列鼓励移民的政策，采取计民授田的办法，给移民人均荒地十多亩，有的到达迁居地后，政府还拨给迁徙者部分安家费、耕牛和种子，根据实际情况免收三至五年的赋税。这些政策对保证大移民的顺利进行和明初经济迅速恢复起到了极大的促进作用。

一部明初的移民史，就是一部古槐先民饱受艰辛、可歌可泣的创业史。移民们将凝重的汗珠结实地撒落在陌生的原野，以强韧的筋骨撑起了另一方蓝天，很快便拓展出一片片生机勃勃的生命的空间，至洪武二十六年，全国土地总数由洪武十四年的三百六十万顷，骤增至八百五十五万顷，全国岁入税粮也比元代增加了两倍。《明史》曾这样描绘大移民后的生产发展状况，"是时宇内富庶，赋入盈羡，米粟自输京师数百万，府仓库蓄积甚丰，至红腐不可食。"

（采访著名书画家刘恪山："移民带过去一系列的民风、民俗、文化、风俗习惯，整个都带过去了。包括农业、科学技术都带过去了。所以我们对洪洞大槐树的认识，不要单纯看作是移民的问题，或者说老刘家、老郭家、老王家祖宗是在哪儿，这只是外表。还有内涵很深刻的东西，就是带去了科学技术，带去了农业生产的先进技术，带去了文化，带去了先进的东西。当时来讲是先进的，现在来讲某些东西仍然是先进的。使得优秀的中华文化传统，得以扩散到南方各个省，包括客家人。福建、江西、广东、海南岛，这个影响就大了。由于有客家人，还有很多华侨在世界各地,东南亚、欧美、非洲,移民实际上把中国的文化扩散到了世界各地。根,就在洪洞大槐树。")

明正德、嘉靖年间建成的洪洞广胜寺飞虹塔,是我国目前保存最完整、历史最久的琉璃塔。足见当时洪洞琉璃技术已至上乘。在陶都淄博,随处可见的是工艺精良的陶瓷制品。目前,这项产业已成为当地经济发展的支柱了。据当地人讲,最初这种技术,还是在明初由洪洞的移民带过去并流传下来的。

(采访淄博宝华玻璃有限公司总经理孙宝刚:"我经常听我父亲,我爷爷讲过,孙氏家族是从山西洪洞县搬迁过来的。并且孙氏家谱也有所记载,琉璃产品是从山西洪洞县传授过来。到目前为止,我们孙氏家族已经把琉璃产品搞得红红火火,可以说,成为我们淄博地区的一个主导产品。")

大移民给明初社会带来了经济的繁荣,但更具意义的是,它合理地分布了人口生存的空间。移民与当地居民在文化上、心理上、生活习俗上不断地交揉、渗透、融合,为各地农业生产,耕作方法,物品物种等方面的广泛交流和丰富发展发挥了极大的促进作用,对明初社会生产力的恢复和发展,乃至对整个中华民族经济和文化的大融合都起到了不可忽视的作用。"尧天舜日"这块古老土地上的古老文化,与博大精深的中原文化相互融合,交相辉映,产生出更加灿烂耀眼的中华文明。

(下集)魂牵梦绕游子情

"鸟近黄昏皆绕树,人当岁暮定思乡。"当第一代迁徙者归根无望之时,面对故乡明月,他们谱不出《逐水曲》,唱不出《游牧歌》,脱口而出的是这首"问我祖先在何处?山西洪洞大槐树。"悲歌可以当泣,远望可以当归。数百年来,这首古朴的民谣,不知慰藉过多少古槐后裔的创伤,感动过多少古槐后裔的心房,唤起过多少古槐后裔的向往……

怀恋是人类共有的情愫。思归如汾水,无日不悠悠。自移民的第一天起,移民及其后裔对故乡的思恋就一刻也没有停止过。你看:就要告别家乡丰腴的土地了,就要告别先人们"接姑姑迎娘娘"时那令人心醉的威风锣鼓了,大批扶老携幼的迁徙者,怎能不五内俱焚,寸心如割!故乡的一涧一溪、一谷一黍、一草一卉、一鸟一虫,早已化为迁徙者生命的血肉,深深镶刻在迁徙者的心田。当他们恋恋依依,一步一回首,三步一徘徊,渐远乡井的时候,他们的泪眼最后看到的是那棵高大的古槐,是那古槐枝丫间的一簇簇令人惆怅的老鹳窝。于是,大槐树和老鹳窝便成了迁徙者们诀离故土时的最后标识。怀着对故园的深深眷恋,人们便在异地他乡栽下槐树,在它身上寄托浓浓的乡情。在我国北方,特别是冀、鲁、豫、皖诸省,至今仍留有一个传统习惯,就是人们把槐树视作吉祥树,把它植在庭院,当作故乡的象征,当作祖先的象征,特别是那些古老的槐树,更是被视为"神树",

人们把它保护起来，求它福佑安康。

（采访洪洞县大槐树祭祖园管理所所长范忠义："辛亥革命爆发后，洪洞赵城人张煌率兵杀死山西巡抚陆钟崎，接着袁世凯派新巡抚张锡銮率三镇兵卢永祥部，进逼山西革命军。卢率军顺古官道南下，进军平阳。所到之处，烧杀掳掠，无所不为，尤以张煌故里赵城受害最甚。兵入洪洞，卢下令，'半天不点名'，暗示士兵仍可恣意抢掠。然而军中士卒来到洪洞大槐树处都驻足不前，纷纷下马罗拜，更将一路抢掠之物，供于二代古槐之下，诚惶诚恐顶礼膜拜，原来卢军士卒多为冀、鲁、豫籍，相互传言，洪洞乃吾祖籍，再施暴虐，愧对祖宗……是乡情唤醒了他们的良知！是古槐荫庇了洪洞的芸芸众生！"）

"君自故乡来，应知故乡事。"清末，洪洞贾村人景大启、刘子林、贺柏寿分别在山东曹州、长山等地为官，宦游燕、赵、鲁、豫诸省。所到之处，上至官吏，下到平民，当得知他们是洪洞人时，便让梨推枣，斯抬斯敬，三茶六饭，洁樽款待，视之为"吾先世邦族也"。问及故乡，询及古槐，更是亲切有加。足见古槐后裔思乡之切，爱乡之深。景大启、刘子林等人倡议筹资修建古槐遗址，山东曹州、长山等地的古槐后裔纷纷解囊，很快便捐足数百纹银，于是便有了供人凭吊的"古大槐树处"碑亭一座，也有了供游子品茗怀乡的茶室三盈。古槐后裔报本溯源之情，山川可鉴！

"春去秋复来，相思几时歇。"多少年来，遍及全国，乃至海外，根系祖槐的莘莘游子，情系槐乡，故土难忘。他们遥望三晋，临风怀想者有之；迢迢远归，虔诚谒拜者有之；挥笔抒怀，缅怀先祖者有之；寻根问祖，认宗续谱者有之；问君足趾，共叙桑梓者有之；慷慨解囊，助建家乡者有之……特别是当社会顺乎历史走向，走入正常轨道后，深藏多年的祖槐情愫得以尽释，一股寻根问祖的热浪扑面而来，尊祖敬宗之海内外古槐后裔，纷至沓来，络绎不绝。旅居海外的游子，香港、澳门同胞和海峡对岸的台湾同胞，怀着对先祖的敬仰，对故土的眷恋，瞻仰古槐树的雄姿，寻觅老鹳窝的踪迹，验证脚趾复形的特征，笑说"解手"和"背手"的故事。

"惟桑与梓，必恭敬之。"洪洞人民政府顺乎亿万古槐后裔之意愿，从1991年起，开始举办每年一届的洪洞大槐树"寻根祭祖节"。从4月1日至10日，每届10天，主祭日为我国传统的清明节。

（洪洞县委书记柴高潮同期声："我六十八万槐乡儿女，决心秉承先祖遗志，肩负时代的重托，让一个文明富裕、充满生机、兴旺发达的新洪洞，矗立于三晋大地。"）

耐人寻味的是，1991年首届寻根祭祖节就有奇迹出现。节日的前一天晚上，一种当地从未有过、连名字也叫不上来的小鸟，成千上万，从天而降。之后的每天早上，在祭祖园槐树枝头盘旋鸣唱，甚为壮观。十年来，每年如此，从无间断。这种鸟通体灰黑，比麻雀略大，来时鸣声响亮，啾啾欢啼，去时叫声凄婉，哀鸣而去。人们称之为"思乡鸟"，都说这是移民灵魂化作鸟儿回家看望。思乡鸟为寻根祭祖节增添了一分神秘和凄美。

每年清明节主祭日，在肃穆的气氛里，数以万计的槐裔们款款走到大槐树祭祖园，拳拳赤子之心，殷殷恋乡之情，感人肺腑、动人心魄。故乡，对漂泊海外的游子来说，更是一部用怀恋和崇敬谱写的常忆常新的朦胧诗卷。

（采访作家孟伟哉："我因为工作的需要，情况的变化，也到过一些国外的地方，在国外，在海外，也碰到一些华裔外国人，或者是侨民，说起来，交流起来，其中有一些人问我是哪里人，我说我是山西洪洞人，他们就觉得很有亲近感，说他们的祖上也是洪洞人，是从洪洞迁出来的，先迁到中国的其他地方，后来由于种种原因他们又到了海外。"）

自祭祖节举办以来，每有白发苍苍的海外槐裔，携子领孙，跪拜于祭祖堂前，颤巍巍老泪纵横，其情其景真让人潸然泪下。由台湾海峡两岸文化交流协会组织的"三晋文化演习营"曾叩拜于大槐树祭祖园，抚物睹景，流连忘返。（台湾同胞同期声："现在，让我们来自台湾宝岛的各位先生、女士，怀着对我们伟大祖先的崇敬的心情，向我们的祖先致三鞠躬礼。"）此刻，置身槐园的台湾同胞，深深体味到同宗同族、血浓于水的手足情深。

马来西亚中国客家文化寻根团经六次寻根活动后，沿着客家人第二次大迁徙的路线寻根，1999年9月29日抵达大槐树下，团长新山客家公会会长萧光麟先生说："这才是我们寻了十多年找到的最大的根，也是我们民族的根。"

令亿万古槐后裔梦牵魂绕的洪洞，伴随着社会的进步与发展，正与时共进，步入社会经济发展的快车道，全县20万人民发扬"能吃苦、不服输、敢争先"的洪洞精神，在洪洞这块丰沃的热土上，用自己的执着续写着新的辉煌。

（采访洪洞县政府县长高洪元："洪洞不仅过去是辉煌的，改革开放以来，在历届县委县政府的带领下，洪洞的经济发展得比较快，在全省，从数字统计看，主要经济指标位居前十名。这不仅是洪洞人自己劳动、创造的结晶，也和亿万古槐后裔对洪洞的关心、支持和帮助是分不开的。所以我们现任县委、县政府感到压力很大，责任也很大，我们应该有信心，不仅不辜负当地人民的期望，而且不辜负亿万古槐后裔的嘱托，应该把洪洞县建设得更好。"）

槐乡牵着游子心，祖国缠绕故树情，滔滔奔流的黄河是我们的血脉，傲然屹立的长城是我们的脊梁，东方的中国，是我们美丽的家！

（主题歌《思乡谣》歌词："问我祖先在何处，山西洪洞大槐树，祖先故居叫什么，大槐树下老鹳窝。"）

注：此为电视片《根在洪洞大槐树》解说词，由赵双宝、景北记、樊新民、张青撰。

第二章 旁征博引论移民

移民之根

葛剑雄

在中国移民史中，有几次大规模的移民都联系着一个特殊的地名——移民共同的源头，如南雄珠玑巷、麻城孝感乡、洪洞大槐树、苏州阊门外、江西瓦屑坝等，分别被看作移民的故乡。这几次移民构成了宋元以来移民史的重要篇章，如今，这些移民的后裔广泛分布在珠江三角洲、四川、重庆、陕南、贵州、云南，华北各地，苏北，皖江流域，数以亿计。

这些移民及其后裔心中的故乡，或者他们先人的出发地，都只是一个很小的范围，不过是一乡一巷，甚至只是一个点——一棵大槐树。这么一个小的地方有那么多移民输出吗？难道在这些地点之外就没有移民外迁吗？而且，除了"湖广填四川"以外，这几次移民大多不见于正史记载，或者只有零星的、间接的记录。但从当初的历史背景加以考察，通过地方志、家谱、碑刻、地名、风俗、民间传说等加以印证，完全可以复原出波澜壮阔的移民浪潮、可歌可泣的移民历史。

由山西向北京与华北各地的大规模移民发生在明朝初年。

在蒙古灭金的过程中，华北多数地方沦为战场，大批人死亡或外逃。到元初，人口的北南之比达到历史上的最低点——大约3:7。在整个元朝，北方的人口也没有得到恢复，元末明初的战乱更是雪上加霜。明太祖朱元璋死后，燕王朱棣为夺取皇位而发动"靖难之役"，兵锋所及又造成巨大破坏。但另一方面，也留下了大量无主荒地和无人居住的城镇村落。

相比之下，山西因不处于南北交通要道，较少受到直接的战乱影响。加上地理环境相对封闭，成为周边难民避乱的场所。但山西山多田少，土地贫瘠，气候干旱，人口稍近饱和就会产生生存压力。

洪武年间，朝廷实施地区间移民，以加快战乱地区的恢复与开发，其中就包括从山西移民华北各地。这次移民虽因"靖难之役"而暂停，但因朱棣很快夺得皇位而重新开始，并且发展至高潮。永乐元年（1403），朱棣宣布以北平为"行在所"，实际已将首都从南京迁至北京。新首都及其周边地区不仅需要由南京迁来的皇亲国戚、文武百官、能工巧匠，还需要有大批卫士兵丁、农夫百姓，地近京畿的山西中部北部移民自然成为首选。这类迁移往往按迁出地集中安置，因而在北京周边产生了很多以山西的县、镇命名的新地名。与此同时，大批山西移民迁往今河北、河南，在土地充足的地方就近开垦定居。直到一个地方的土地基本垦复，尚未定居的移民和新来的移民又迁往更远的地方，直到遍及华北各地。

山西移民当然不是出于大槐树周围，也不可能只有洪洞一县。那么怎样解释"洪洞大槐树"呢？有人以为"洪洞大槐树"是指他们的出发地，因为各地的移民都要至大槐树集中，然后由官府发给准许迁移的凭证，再由此出发，我也曾持这样的观点。但稍作分析，就发现难以成立。一则到目前为止尚未发现支持此说的史料，一则这不符合就近迁移的规律。从山西外迁的道路很多，步行的移民完全没有必要从家乡绕道洪洞，多走数百上千里路，还浪费很多时间。再说，当时多数移民并非真正"奉旨"或由官府强制，而是带着生存和发展强烈愿望的自发行动，并不需要领取官府凭证。华北各地也正求之不得，招徕唯恐不及，哪里还要什么凭证？

其实，当时绝大多数移民不识字，没有留下文字记录，也没有明确的迁移目标。他们或其后裔在各地定居下来后，对于故乡的记忆已经模糊不清，或者毫无印象。等到一些人口繁衍、经济和社会地位上升的家族需要续修或新修家谱时，只能根据历代口耳相传的说法请文人作出解说，于是"洪洞大槐树"这样具体而鲜明的印象成为一些家族故乡的共同标志。更多本来已经不知道自己来历的家族，也在从众心态的驱使下，认同"洪洞大槐树"，并使它最终演变为山西移民的根。

这是亿万移民后裔心中的根、文化的根，也是最可靠、最重要的根。至于本人来自何县、何村、何家，反而已无关紧要。

明朝洪洞大槐树移民的伦理意义

张书剑

摘要：洪洞、大槐树、老鹳窝，家祠、牒谱、地方志，家、家族、民族，汾河、黄河、黄土地构成了洪洞大槐树精神家园的文化符号。这些文化符号伴随着明代洪洞大槐树的移民影响了中国北方伦理道德，重塑了以汉民族为主体的儒家伦理纲常，续接了民族血脉，凝聚了民族意志，提振了民族信心，促进了中华民族的大融合，构建了中华文明的大认同。

关键词：大槐树移民伦理意义

"问我祖先在何处，山西洪洞大槐树。祖先故居叫什么，大槐树下老鹳窝。"在中国的北方这段话和大槐树移民的故事被人们口耳相传，流传至今。洪洞大槐树在中国北方有着广泛的民间基础，民间修谱都将祖先追溯到洪洞大槐树移民，这是一个民间文化的大认同。自明朝建立，无论是官方还是民间便开始了重塑汉民族儒家纲常伦理，试图扭转元朝草原文化对汉民族传统文化冲击所产生的社会纲常伦理松弛的局面，祭奠祖先、修家谱成为民间潮流。众多的山西移民及其后代修家谱时都将洪洞大槐树作为其祖先故土家园的象征，这不仅仅是认祖归宗、敬宗收族、建家族谱系的问题，而且推动了汉民族的儒家纲常伦理文化的重建，对北方伦理道德产生了重大的影响，带动了中华文化的大认同。

一、明朝洪洞大槐树移民事略

葛剑雄先生在《中国移民史》中写道："在中国移民史上辐射范围最广、影响最大的一个移民发源地，大概要算洪洞大槐树了。"1127年，北宋灭亡以后，中原沦陷，士大夫及广大百姓随宋朝宗室南逃。蒙古汗国灭金后，1279年灭南宋。北方的自耕农在战乱中被掠为驱奴，蒙古贵族抢占大片农田作牧场，大量农民流离失所。草原文化严重冲击了传统中原文化，致使社会纲常伦理松弛。1368年朱元璋在应天称帝，建立了大明王朝。北方中原地区人口的南流，连年战争，造成明初中国北方土地荒芜、人烟稀少。为了巩固统治，恢复农业生产，明政府制定全国范围内移民屯田、奖励开垦的政策，拉开明朝洪洞大移民的序幕。

明朝建立以后，中国北方土地荒芜、人烟稀少。巩固统治，恢复和发展农业生产，就成为明初统治者的当务之急。中原地区"积骸成丘，居民鲜少"（《明太祖实录》卷一百七十六），"人力不至，久致荒芜"，"累年租税不入"（《明太祖实录》卷六十一）。山西境内，大的战乱很少波及，自然灾害少。山西社会稳定，经济繁荣，人丁兴盛。邻省的难民纷纷流入山西，使山西人口暴增。《明太祖实录》卷一百四十载：洪武十四年，河南人口1891000人，河北人口1893000人，山西人口4030454人，是河南、河北两省人口的总和。山西人口稠密，平阳府居首位，而洪洞县是山西省人口大县。明政府把移民局设在洪洞县广济寺，集中移民，此地成了各地移民聚集、开拔外迁之地。根据《明史》《明实录》等史书记载，明初洪武年间先后从山西移民10次，永乐年间移民8次，共计移民18次。民间家谱碑文记载从洪武到永乐年间的50年里几乎年年都有移民。山西洪洞的移民一直延续到明末清初。移民分布18省市500余县，移民始祖姓氏1230个，有汉、蒙、回、满四大民族，参与人口逾百万，经600余年转迁，至今其后裔分布神州大地，人口逾2亿，可以说凡是有华人的地方就有大槐树移民后裔。

二、洪洞大槐树移民谱牒中伦理道德的体现

洪洞大槐树移民修谱牒自明朝至今有三次高潮：一是明初，在朱元璋恢复汉民族正统地位的政策下，私修家谱现象越来越普遍，修谱牒为大槐树移民热衷。

二是民国初,孙中山先生提出"驱除鞑虏,恢复中华"的口号。在民族主义的旗帜下,大槐树移民修谱牒不只是追思祖先,更是团结民族、抵御外辱的体现。三是在现代,改革开放后人们的物质生活水平不断提高,开始关注精神生活,并掀起了学习国学和修谱牒的热潮。

1. 谱牒字辈谱中伦理道德的体现

谱牒字辈谱是以儒家伦理道德为指导,体现了儒家的伦理思想。

清光绪十三年张允选等修《张氏家谱》,山东黄县张姓一支字辈谱为:"基业可久,名望常昭,延庆为志,肇锡永超。"清光绪十八年张授青刊修《张氏家谱》,江苏润城张姓一支字辈谱为"好学用典,有文斯远,积庆之家,儒宗以衍,运际昌明,明乘光显"。清嘉庆二十年张光瑾编《张氏家谱》,浙江勤县有张姓一支字辈谱为:"洪应文,承嘉光,积善家,有余庆,坤载学,乾建行,贞元会,世永昌。"另一宗支字辈谱为:"惟德,福延长,致孝享,位同堂,萃聚上,涣来章,亿万祺,传芬芳。"

清光绪三十年王昌荣修《王氏家谱》,京江开沙王氏家谱为:"三原福寿,富通善庆,贤良方正,乾坤清泰,圣学新明,纪纲宏裕,礼制尊崇。"又1935年王集成修《王氏家谱》,安徽绩溪王氏字辈谱为:"玉大元祥兆,安邦维义诚,宏开能绍业,积德庆长春,俊杰辉光显,家声永茂庭,骅骝驹骥马骙,龙凤鹿孝麒麟,卜吉谦恒益,希贤智勇仁,俭勤忠信让,均正适时平。"

清光绪年间李几屏修《李氏家谱》,河北高邑李氏家谱为:"发荣从晋,钟秀在高,世继昌盛,光裕永昭。"江苏昆山李姓一支字辈谱为:"世以厚德传家,儒雅修身为本。"

据《赵氏族谱》,山西沁水县赵姓一支字辈谱为:"忠和树德,孝友传芳。"清雍正十一年赵伦撰《赵氏宗谱》,浙江萧山赵姓一支字辈谱为:"齐圣广渊,明允笃诚,忠肃恭懿,宣慈惠和。"

2. 家规家训中伦理道德的体现

谱牒中家规家训是对家族宗族伦理道德的规范,是对法律法规、村规村约的补充。家规家约中对伦理道德的规范有助于维持社会秩序的稳定。

河南赵村东南街《张氏宗谱》序,"吾族始祖张公讳钦者,乃山西洪洞县老鹳窝故里也。明初洪武年间奉旨别故新异迁至澶北赵村安居哉,屈指六百有余岁也,其间积德行仁,艰苦创业,功勋卓越,其后世蕃就者频而广之,殖子孙布中州,日流月转,久远矣,恐失家乱祖,受族行之托,世俊指教、世梅、普君、道关等议决,依总谱为据,慕叙本街家谱让后世分长幼,知亲疏,明大宗之意也。发扬光大先人业绩,做文明礼貌为民多贡献之新秀,昔先祖振族兴业立功勋,看今朝尊宗敬祖后继有人，愿国策振兴定太平，其后世传家接代流芳百世"。

河南清丰县固城乡《朱氏家谱》序："族人有谱，不独为亲者亲，尊者尊，更追祖德宗功以垂永久，上慰先灵，下迪苗裔。以期勤俭持家，诗书报国之家风代代相传，世世荣昌。追我先祖，源于姬姓，亦即黄帝之后裔。相传周武王定国，封颛顼后人于邾（今曲阜东南）。邾国贵族以邾为氏，战国时改'邾'为'朱'。数千年来，朱氏文以治国，武以安邦者代不乏人。譬如我祖宏仁，清雍正年间成进士，知昌乐，多仁政，少刑狱，清廉为官，礼贤下士，人称'赛包公'，实乃我族之荣，国家之幸。至于我族，相传明朝初年由山西洪洞迁入，世代繁衍，人众财丰。其间虽各有迁徙，然族谱均详载备极。奈因清末之战争离乱，使我族谱遗失净尽。以致堂堂先祖不知其讳，煌煌族史不知其源，至今族人路不相识。今故里族人朱珂馨、朱兆成、朱世春、朱世杰、朱世曙等继先人之遗志，首倡重修族谱，不辞艰辛，四方跋涉，历尽酷暑严寒，饱经雨露风霜，追本溯源，访知清丰、内黄、濮阳等村朱氏，虽枝分叶离而同出于一本。而今四方族人欢聚一堂，共议族谱，谨溯源于清初继增、天秋二先祖，上缺十代无以追源，堪称憾事。谱既成，不惟先人昭穆有序，子孙相传有依，且异地同室可考，亲睦相识。切望世代子孙永记先辈之芳馨，朴者勤农桑，秀者勉诗书，尊长爱幼，广守礼法，益于民而报效于国，绵世泽于千秋。"

河南濮阳市开发区西白仓《杨氏家谱》序："四世始祖杨公，讳所操，德配边老太君所生一子，五世祖讳杨盛泰德配管老孺人，所生二子长门六世杨天罡，次门六世杨天德，六世祖长门杨天罡配史、李两夫人，所生二子长子杨嵩、次子杨王贵，七世祖长门杨嵩德配管、唐两夫人，所生三子长门杨御增，次门杨御选，三门杨御兴，杨氏居濮北德高望重，家门昌盛，良田千顷，为国为民贡献积德捐献精粮五百石，约十五万斤谷，救济灾民，清嘉庆年间赠金匾以表旌，其门诗书传家宝耕读世继长道德立人世忠厚人颂扬，为国多勤政为民仁慈祥，扬善邪恶止功过择其细。我杨氏姬姓也，世居开州现为濮阳西白仓镇相历千百余年矣。后有我弘农杨氏自明初从洪洞迁来定居于濮北西白仓镇，历明清民国至共和国今已将六百年矣，赖先人之德泽子孙之自强，家业昌盛，人口繁衍久为濮北望族，继年代湮远心记口传难免有失误之处，于是有族谱之修。自此系统明，支派清，上下辈次有条而不紊，依谱检视，一目了然。……善处真看子，叮咛是祸胎暗中休使箭，乖里藏些呆，养性须修善，欺心别吃斋，□门休出□□□□和谐安分身无辱，是非口不开世人依此语灾退福至来。"

《纪念韩氏迁居六百年》序："自明永乐二年（1404），始祖茂公从山西平阳府洪洞县迁居大名府清丰县东佛塔寺西坡，彼时是地久作战场，人烟闲寂，惟与吴公为邻,处于坑中团茅为屋,斩木护庐因名韩家寨。大水坑繁衍生息,积德无量,历经清朝、民国至今六百年。为发扬韩氏家族传统,真诚团结,保家卫国,遵纪守法,劳动致富,于公元2003年古历二月二十八清丰、濮阳、山东韩氏族人代表云集五百余人,在大水坑举行迁居六百周年庆典纪念日。韩氏源远流长,从《左传》《史记》、信书等有关史书记载看,远在前21世纪的夏朝就有韩姓。韩姓源起受封晋国食采韩源,韩姓重视修谱。早在魏晋时期就开始有了家谱。后来至宋明清时期,族人认为族而无谱陋也,谱而不修益陋也。族而无谱微族也,谱而不修未族也。贤哲折之是以修之,由于修谱写下了一道道亮丽的族文化和家规家训,传留后世。其家是规孝敬父母不近烟赌,不交谖朋。家训是孝敬为先是,兄弟怡怡,睦宗睦族,夫妻恩敬婚,不慕财勤俭持家,理财得法安心农工,公平经商,志不可穷,忍让为道,不效非理。最后闪亮的一点是六个字,即勤,勤劳为本;善,乐善好施;学,重教重读;严,严以治家;宽,宽以待人;忠,忠于国事。韩姓盛事奇多,名人辈出,精神之光照耀寰宇,皓如日月,先祖功德流传后世。望各韩氏族人借纪念庆典发扬光大耀祖传德。韩氏庆德六百年,先祖功德代代传。遵纪守法勤劳富,兴国爱党永向前。"

三、明朝洪洞大槐树移民的伦理意义

1. 重建和传播了汉民族儒家的纲常伦理

南宋灭亡,元朝成为中国历史上第一个由少数民族统治全国的封建王朝。草原文化冲击了传统中原文化,使得社会纲常松弛。蒙古人在进入中原以前,一直从事单纯的游牧经济,几乎对汉族农业文明全无接触和了解。同时,历年征战中,蒙古人接触的,除汉族文明,还受中亚伊斯兰文化、吐蕃佛教文化、欧洲基督教文化等多种文化的影响。蒙古统治者对汉民族文化的学习程度,对汉民族伦理道德采纳程度都是有限的。另一方面,在历年征战中,存在着严重的人口掠夺现象。蒙古诸王、大小汉族军阀都大量掠夺人口,做为私奴,在法律上,他们都属于贱人,是主人财产的一部分,可以任意转卖。所有这些都严重阻碍了儒家伦理道德的发展。

明朝建立面对纲常伦理松弛的局面需要重塑以汉民族为主体的儒家纲常伦理道德。洪武皇帝下令郡县设立官学,推广道德教化。1375年,他还亲自撰写了《资世通训》教育全体臣民如何做一个合格的臣子。朱元璋竭力扭转被"胡化"的过去,恢复"中国先王之旧制"。他运用儒家思想,用三纲五常为核心的伦理道德和礼教,来重建汉民族的正统性以及明王朝的正统性。1384年,朱元璋在四个月内接连表彰了山西五位普通妇女的"贞洁"。在地方,士绅们对儒家伦理道德的言传身教,也推动了儒家伦理纲常文化的重建。平民百姓开始热衷于修家谱、立祠堂。这些都深刻地影响了洪洞居民的精神生活。

洪洞大槐树移民都受儒家文化熏陶，认同儒家纲常伦理。他们大规模长时间的迁徙将汉民族的纲常伦理文化带到了中国北方各地，传播了中华文明，促进了中华文化的大认同。

2. 影响了家规家训中的伦理道德

谱牒中家规家训（或称之为族规族约、宗规宗约）尤为重要。这些规范的制订，有的经历了数代，几十年甚至上百年。如浦江郑氏家族历时长达330多年，历经宋、元、明三代，十五世同居，同财共食，人数最多时达3000余人，被朱元璋赐名为"江南第一家"。宗族首领郑濂，他的六世祖郑文融撰写了《家范》3卷，凡58则，五世祖郑钦增至70则，郑铉又增至90则。传至郑濂这一辈，又与兄弟共同增删修订，增至168则，刊行于世。这一家规，历经六世，近200余年才完成。家规家训对后世有很大影响，如《颜氏家训》《朱氏家训》等。尤其是《朱氏家训》对明代的家族规约产生了很大影响。可以说，很多家族法规都是以《朱氏家训》为范本，损益修订而成的。

明朝洪洞大槐树移民谱牒中的家规家训，一方面影响了当地的村规村约，在村规村约的制定中遵循汉民族"仁、义、礼、智、信"的道德规范，使其符合儒家的纲常伦理，维系了各个家族稳定的关系。另一方面影响了当地的家规家训，使其遵从"三纲"，君为臣纲、父为子纲、夫为妻纲，规范了道德关系，维系了家族的延续。洪洞大槐树的大规模移民，恢复了儒家的纲常伦理，使其成为当时社会的主流伦理道德思想。

明代洪洞大槐树谱牒中家族家规的内容，大致包括以下几点：1."圣谕当遵"，明太祖朱元璋的"圣谕六言"："孝顺父母，恭敬长上，和睦乡里，教训子孙，各安生理，无作非为"，很多宗族都将其列入家族家规中，要求家族人员认真遵守，"圣谕六言"是各家族家谱中必须备载的金科玉律，宗族子弟必须奉行唯谨，不敢有丝毫违背。2. 和睦乡里，在农业社会中，宗族子弟世代定居一处，附着于土地之上，求生存、求发展，势必经常与邻里乡党发生诸多联系。因此，很多宗规宗约都把和睦乡党，禁止寻衅闹事当做重要内容，列入家规之中。如明初名儒方孝孺所著《宗仪九首》中，在列举"睦族"之后，又列举了"广睦"之条，他的目的就是由"睦族"而广推之于乡，达到和睦乡里、美风俗的目的。3. 和睦家族，这是家族族众续谱的根本目的。方孝孺在《宗仪九首》中专门列举了"睦族"之条，强调了和睦宗族的问题。明代其他家族家规，也都强调同宗族之人必须休戚相关，互相帮助、扶持。如江都卞氏宗族规定：本宗子孙有贫不能嫁娶殡葬者，同宗之人自当念及。其中殷实之家，自当笃念本支，为之周助。同时，该家规还规定：卑幼不可以犯上，尊长亦不得以尊凌卑，富贵不可蔑视贫贱，强众不可凌虐寡弱，违者家长要进行责罚，祖宗也会厌弃他们。同时，一些家族还规定，同宗之人，都是同一祖先一气所生，即使小有矛盾冲突，也应忍气息争，以和为贵。即使矛盾冲突很激烈，也应在同宗族内调解，不得径直告官，由官府办理。4. 婚姻当谨，在婚姻方面，很多家族族规都重视婚姻的门当户对，强调良贱不婚，反对婚姻论财及卖女为妾。婺源江氏宗族祠规专门列有"慎嫁娶"之条文，规定凡嫁娶须择门第相等，且对方父母性情笃厚者，方许结婚；禁止卖女为妾，违者将其家长开除族籍。对于妇女的节操，各宗族都十分强调"闺门当肃"，要求以三从四德教育妇女，使其养成内勤职守，勤俭持家，侍公婆以孝，侍丈夫以礼，待娣姒以和，抚子女以慈的传统美德。5. 家族对成年男子择业也有规定。值得注意的是，明初家族对择业仍持传统观点，强调士为四民之首，农为本。明中后期则随着商品经济的发展，宗族规约对择业的规定也有了变化，有些家族规约中出现了"工商皆本"的观念。此外，明代家族的家规中，都规定了孝顺父母，尊敬长上，名分当正，反对赌博，反对奢侈等内容。对于个体家庭生活，也要求家族子弟，谨守儒家伦理纲常，做到父慈子孝、兄和弟恭、夫妻相敬如宾。对于大家庭中的婆媳、妯娌、姑嫂、祖孙、叔侄、叔嫂关系也作了相应的规定。

明代大槐树移民谱牒中家族家规是以儒家的伦理纲常为指导，教导族人遵守纲常名教、伦理道德，做一个安分守己、遵纪守法的正人君子。这些家族家规体现的伦理道德具有重要的作用：1. 家族家规首先是族长统治族人的依据。通过家族家规，族长对家族实施统治和管理，解决家族纷争，分配家族内部利益。家族家规规范了宗族成员的生活、行为，统一族人思想，便于维系族人的团结，巩固宗族组织。而家族对于田产、坟茔等不动产的明确规定，保持了族产的不流失，使家族有稳定的物质基础。2. 具有辨别世系、昭穆，明确族人血缘关系，联系族人的作用。在一个拥有成百上千丁口的大家族中，没有明确的家谱记载族人的辈分、血缘关系，势必发生紊乱，无法辨别族人之间的亲疏关系。有了一部家谱，并且每三五十年一修，历经几世，族人之间的关系便记载得一清二楚了。3. 是明代朝廷法律的补充，约束了家族成员的生活，使之服从于政府，有利于社会的稳定。

3. 使公共伦理道德规范化，普及了礼教

一个或者几个人迁移到当地，往往会被当地的文化同化，遵循当地伦理道德标准。而大规模的大槐树移民的迁入，当地文化很难同化全部移民，移民所带来的文化会和当地人的文化融合，在这个过程中形成新的公共伦理道德。另一方面，相对弱势的落后的文化和强势的先进的完善的文化接触时，逐渐学习先进的完善的文化，受强势文化的影响，慢慢具有先进的文化特征。在这个过程中先进的完善的儒家伦理道德会逐步影响当地相对落后的伦理道德，儒家伦理道德中重要的

部分礼教也会渗透到当地人中。明王朝重视思想道德的治理，把伦理学作为官方思想，在这样的环境下大槐树移民会把强势的完善的儒家理学的伦理道德作为标准，融合当地民俗，规范统一化公共伦理道德，使其符合社会的要求。大规模移民的存在，使当地人成为少数人，在日常生活中，移民会自觉地遵守和维护儒家的伦理道德，而且对少数违反儒家的公共伦理道德的人的行为进行规劝和制止，形成强大的舆论力量，迫使一些行为偏离儒家伦理道德的人规范自己的行为，形成规范化的伦理道德的社会风气。在这样的循环过程中，使礼教普及到每一个人。礼教就是"为礼以教人，使人以有礼"，礼教以道德教育人们，通过礼来规范人们的行为。人们不是因为畏惧而不犯法，而是因为羞耻之心而不犯法。礼教提高了个人的道德素质，也提高了社会公德的水平，使儒家纲常伦理深入人心。

四、结论

凡是有华人的地方就有大槐树移民后裔，现今洪洞大槐树成了闻名海外的明代移民遗址，即大槐树寻根祭祖园，是海内外数以亿计的大槐树移民的圣地。洪洞大槐树被当做家，被称为根，是移民后裔的精神家园。大槐树移民被强制告别家乡，离开祖祖辈辈生活的土地，来到陌生的地域，凭借着勤劳勇敢的精神开垦出一片新的天地，但是思乡的情结如同那首歌谣深深烙印在一代代人的记忆中。大槐树移民以坚忍不拔的毅力扎根异乡，恢复和传播了儒家的纲常伦理，使儒家文化辐射更远，改变了落后地区的伦理道德文化；促进了各地区、各民族之间的文化融合，使得宋代理学的伦理道德思想得以发展，儒家伦理思想达到完备形态和顶峰；大槐树移民带着相对先进的完善的儒家伦理思想规范了当地的公共伦理道德，普及了礼教，提高了个人的道德素质，使社会有制有序，为中华文明的发展做出了贡献。大槐树移民对当地人在伦理道德上的渗透，为他们在文化上、心理上、生活习俗上的相互融合、统一发挥了促进作用，对明朝的恢复和发展，对整个中华民族经济的发展和文化的融合起到了不可忽视的作用。葛剑雄先生在《移民之根》中说："这是亿万移民后裔心中的根，文化的根，也是最可靠最重要的根。"大槐树移民坚忍不拔、不畏艰险、自强不息的精神，是中华民族之魂。

参考文献：

1. 孙奂仑（民国）：《洪洞县志》，山西人民出版社，1992。
2. 柳蓉（民国）：《增广山西洪洞古大槐树志》，洪洞县积祥斋石印局。
3. 胡广（明）：《明实录》。
4. 宋濂（明）：《元史》，中华书局，1976。
5. 张青：《洪洞县志》，山西音像出版社，2002。
6. 安介生：《山西移民史》，山西人民出版社，1999。

7. 曹树基：《中国移民史》，福建人民出版社1997.
8. 李广洁：《洪洞古槐与明代移民》，山西人民出版社.
9. 张青：《洪洞大槐树寻根》，山西古籍出版社2003.8.
10. 王明辉：《何谓伦理学》，山西戏剧出版社2005.
11. 章海山：《伦理学引论》，高等教育出版社2005.

明初山西之民迁移河北综考

杨馨远

河北在我国历史上占有很重要的地位，是中华民族的发祥地之一：考古表明，远在四五十万年前，境内已有人类生活。大约在四千多年前，华夏人文初祖炎、黄二帝就带领部落在此繁衍、生息，并创造了中华民族灿烂的文化。河北素有发达的文化、农业和手工业，也是人口密集地区。但在明朝初期，河北却成了今山西、山东、浙江、江苏、安徽、江西、湖南、湖北、福建、广东、四川、河南、陕西以及内蒙古等省，尤其山西洪洞之民迁移之地。这一历史现象，是如何造成的？山西移民对河北究竟有什么历史作用呢？笔者根据有关史料和全国地名普查的第一手资料，对这一历史现象进行了一些研究。不确之处，还请方家指正。

本文所指的河北，基本是以现河北省界为基准，为能更符合历史状况，仍含今北京、天津二市辖区范围。

一、移民的历史背景

明以前的元朝统治时期，其社会经济虽有发展，但存在着诸多阻碍社会发展的因素，尤其是蒙古汗国时期的掠夺战争，使中原特别是黄河以北的地区屡遭破坏。河北较之全国，因其地理位置独特，遭受战乱破坏更为严重，使河北人口减少尤甚，"人民杀戮几尽，金帛子女、牛马羊畜，皆席卷而去，屋庐焚毁，城郭丘墟"（《两朝纲目各要》卷十四）。金宣宗南迁途中，曾"徙河北军户百万余口于河南"（《金史·陈规传》）。如邢州（今邢台），"旧万余民，兵兴以来，不满数百，凋坏日甚"（《元史·刘秉忠传》）。武强县孙善自撰的墓志铭记述当时状况，"河朔大乱，凡二十余年，数千里间，人民杀戮几尽，共存者以户口计，千百不一余"。元朝，当时河北仅有506839户、1170231人（《河北人口史》）。户数、人数均降到汉唐以来最低数，为金朝河北人口总数的9.66%，减少90%之多。元统治者没有很好地总结经验，而是连连对外用兵，对内实行民族压迫，致使国库空虚，民怨沸腾。而蒙古大臣伯颜竟奏请杀张、王、刘、李、赵5姓汉人（《元史·五行志》），更激起河北等地人民的反抗。如至正十一年（1351）爆发了以河北广平路永年县韩林儿与河南颍州刘福通领导的红巾军起义（《中国通史》）。另外，在元末28余年中，河北天灾更是接连不断，其中水、旱灾害15次，蝗虫18次（《元史·五行志》）。如至正四年（1344）五月，霸州大水，人相食；至正十八年（1358）七月，京师（今北京）大饥疫，死者相枕藉二万余；至正十九年（1359）一月，保定路殍死盈道，军士掠弱为食。四月，霸州、通州、真定（今正定）、河间之临邑皆蝗，草木俱尽，饥民捕蝗以食（《元史·五行志》）。

明朝建立后，河北"兵燹之后，人物凋耗，土地荒旷，旧有存者仅二三"（《明嘉靖真定府志》）。如高阳，洪武二十四年（1391），全县仅有864户、2900人（《明天启高阳县志》）。据洪武二十六年（1393）人口统计，河北为334792户、1926595人，为全国人口的3.18%。洪武之后，燕王朱棣以北平（今北京）为根据地，与皇侄朱允炆发生长达四年的"靖难之役"（《明史·成祖记》）。因此，河北再次遭到空前浩劫：燕军在真定"斩首三万级"，在白沟河"斩首数万，溺死者十余万"（《明史·成祖记》）。"燕京（指北京）以南，所过为墟，屠戮无遗"（《明嘉靖南宫县志》），"河北数千里，几无孑遗"（《清东光县志》）。

因上述诸多因素，明初的河北"道路皆榛塞，人烟几断绝"（《明太祖实录》卷二十九），因此，才有持续近50年的移山西之民入河北籍的历史现象。

二、移民的历史记载

明朝初建都于应天府（今南京）。洪武元年（1368），明军攻占大都（今北京），诏以大都为北平府。洪武二年（1369），置北平行中书省，辖府八州三十七县一百三十六。洪武九年（1376）改行中书省为承宣布政使。永乐元年（1403）以北平为北京，改北平府为顺天府，称为"行在"。永乐十九年（1421），明廷正式迁都顺天府，改北京为京师。京师辖顺天府、延庆州（今延庆）、万全都司（今宣化）、保安州（今保安）、永平府（今卢龙）、保定府（今保定）、真定府（今正定）、河间府（今河间）、顺德府（今邢台）、广平府（今永年）、大名府（今大名）（《明史·地理志》）。

河北由于"人物凋耗，土地荒旷"造成"累年租税不入"（《明太祖实录》卷六十一），威胁着明王朝的统治。因此，以朱元璋为首的明朝统治集团，为巩固其初建的封建政权，积极整治社会创伤，恢复已被严重破坏的社会经济，实行了一些调整阶级关系及有利于恢复和发展社会生产的有力措施。如解放奴婢、奖励移民垦荒、屯田和兴修水利工程等等。其中在河北采取了移民垦荒屯田的方法。

据《明史》等文献记载，山西移民河北情况如下：

洪武二十一年（1388）迁山西泽（今晋城）、潞（今长治）二州无田之民于彰德（今安阳，所辖临漳、磁县、涉县、武安今归河北）、真定、临清（今临清）、归德（今商丘）闲旷之地，令自便置屯耕种，免其赋役三年，户给钞二十锭，以备农具（《明史·太祖记》)。

洪武二十二年（1389）九月，后军都督奏疏，山西贫民迁大名、广平、东昌（今聊城）三府者，给田26072顷（《明太祖实录》卷一七九）。

洪武二十五年（1392）十二月，后军都督佥事李恪、徐礼进京报，此前山西民愿迁彰德、卫辉（今汲县）、广平、大名、东昌、开封（今祥符）、怀庆（今沁阳）7府民达598户（现代史学家认为此数应为59800户；亦有598屯之说。笔者认为此记述应指洪武二十一年、二十二年所迁之民）。计今年收谷、粟、麦300余万石，棉花11803000千余斤。现种麦苗12180余顷（《明太祖实录》卷二二三）。

洪武二十八年（1395）十一月，后军都督佥事朱荣等言，东昌、大名、广平三府的迁民已达58124户（《明太祖实录》卷二四三。笔者认为：此应为洪武时期迁民之总数）。

建文（实为永乐）四年（1406）九月，迁山西无田之民于北平，赐钞，免租五年（《明史·成祖记》）。

永乐二年（1404）九月，迁山西太原（今太原）、平阳（今临汾）、泽、潞、辽（今左权）、沁（今沁县）、汾（今汾阳）民10000户于北京（《明史·成祖记》）。

永乐三年（1405）九月，再迁上年山西10000户于北京（《明史·成祖记》）。

永乐四年（1406）四月，湖广、山西、山东等县吏李懋等240人自愿迁居北京（《明太宗实录》卷五十）。

永乐五年（1407）五月，迁山西平阳、泽、潞，山东之登（今蓬莱）、莱（今莱州）等府5000户于北京上林苑监。同年，又迁山西榆（今榆次）、汾等处民入籍深州、饶阳（《明太宗实录》卷五十九）。

永乐十四年（1416）十一月，迁山东、山西、湖广流民2300余户于保安州，免赋役三年（《明史·成祖记》）。

永乐十五年（1417）五月，迁山西平阳、大同（今大同）、蔚州（今蔚县，现归河北）、广灵等府州县民于北京广平、清河、真定、冀州、南宫等处（《明太宗实录》卷一八八）。

综上所述，洪武时期移入河北之民约为50000户。永乐时期，移入河北之民约为30000户。洪武、永乐两个时期共移入河北之移民约80000户，如每户按5口人计算，移民可达400000人；如每户按8口人计算，则为640000人。

三、移民的地理分布

山西移民河北，不仅《明史》等文献有记载，河北各地方志也记载翔实。如"藁城当燕赵之墟，古今必争之地也，兵燹之后，人物凋耗，土地荒旷，户口旧有存者仅三分之一，永乐十四年徙山西诸户以实藁城"（《明嘉靖藁城县志》）。"国初干戈甫定，以成安土著人稀，徙山右（指山西）实之，编户三十里，社二十有二，屯八。社民即土著者，屯田即新徙者"（《明万历成安县志》）。这些资料为研究山西移民在河北的地理分布提供了可靠的证据。

山西缘何迁出如此之多移民，这不仅是因为山西与河北相邻，移民便利，同时也与元末明初山西的社会状况有关。

山西，东有太行为屏险；西依黄河为襟带；北有阴山、大漠为外蔽，而雁门为内险；南则首阳、砥柱、析城诸山滨河错峙。境内关、口、岭、渡星罗棋布。元末，蒙古贵族察罕贴木儿及其子扩廓贴木儿据此为根据地，外面的兵灾很少波及，加之连年的风调雨顺，故经济繁荣，人丁兴盛。元人钟迪在《河中府修城记》中说："当今天下劫火燎空，黄河南北噍类无遗，而河东（指山西）一方居民仰有所事，俯有所育。"但随着时间的推移，和周围省份难民的大量涌入，至明初，山西已形成地狭民稠生计难的社会现象（《明太祖实录》卷一九三）。洪武十四年（1381），山西人口为4030450人，河北人口仅1893000人。洪武二十一年（1388），户部郎中刘九皋奏言："今河北诸处，自兵后田多荒芜，居民鲜少，山东、西之民自入国朝，生齿日繁，宜令分丁徙居宽闲之地，开种田亩，如此则国赋增而民生遂矣"（《明太祖实录》卷一九三）。故朱元璋说："丧乱之后，中原草莽，人民稀少，所谓田野辟，户口增，此正中原之急务"（《明太祖实录》卷二五）。因此，才有大规模移山西之民的活动。

"问我祖先何处来，山西洪洞大槐树。问我老家在哪里，大槐树下老鹳窝。"这首盛传我国广大地区的民谣，记述了山西移民的人文现象。

明初山西洪洞有多少人口？大槐树、老鹳窝何以成为家乡？笔者借安介生先生所著的《山西移民史》（山西人民出版社）一书解开谜团：洪洞人口在洪武二十四年（1391）为11999户、92872人，永乐十年（1412）为11592户、87775人。这组数字说明，20余年间，洪洞人口不仅未增，反减少407户、5097人，表明明初洪洞之民外迁约千余户，约15000人（按人口自然增长因素估算）。

洪洞移民河北的有关记述比比皆是：盐山张帽圈张氏"本山右洪洞县人，户口繁多，素称旺族……前永乐初年诏迁居民，我始祖兴偕我叔祖荣，同时迁徙，祖兴住天津盐山县，村曰张帽圈村……我叔祖荣，由盐山转莅平舒（指大城）张思河村"（《盐山张帽圈张氏族谱》）。临漳齐庄齐氏"世当元末，燕赵为用武之地，生命凋残。庐舍灰烬，蓟南汴朔，靡有孑遗。明成祖永乐四年，诏迁山西平阳府洪洞县余丁，以实河南漳邑（今归河北）民户，先祖齐克忠奉诏迁此，垦复地田，永为定业，得名齐家庄"（《临漳齐庄齐氏族谱》）。天津赵虎庄杨氏，"本晋古杨邑侯国（指洪洞）望族，明永乐年间，先祖奉诏迁顺天府天津卫盐坨子，后转居赵虎庄"(《津北杨氏家谱》)。一些地方还以诗文形式记述先祖迁移情况,广宗庞村周氏"祖住山西洪洞县,永乐二年把民迁。野鹊窝处起了身,顺德广宗立家栾。广宗城北四十里,庞庄村内把身安"(《广宗庞村周氏家谱》)。巨鹿苏家口村胡氏"大明永乐第二年,天下处处将民迁。祖居山西平阳府,住在洪洞县西南。迁在顺德大陆郡,苏家口村把家安……"(《巨鹿苏家口胡氏家谱》)。有些移民后裔为不忘记祖先,勒石记之,赵州沟岸张氏,"吾祖伯达,原籍山西洪洞人氏,明永乐之年,公迁赵州沟岸"(《赵州沟岸张氏五世碑》),南庄李氏"我始祖山右洪洞县城南郭保村人也,永乐二年特奉敕旨迁居赵州东鄙四十余里许"(《赵州南庄李氏始祖碑》)。藁城靳庄李氏"明永乐二年有诏迁外省民实内地。吾祖李公者,山西洪洞县人,奉诏迁直隶正定府藁城近庄村,遂家焉。迄今五百有年,家谱失传,次序难稽,因以立石,相志不忘焉耳"(《藁城靳庄李氏祠碑》)。还有些甚至将移民经过铸在器皿上,涞水邢各庄古庙钟上就有邢氏先祖邢有珠、邢有旺兄弟二人迁此的内容(《涞水县地名资料汇编》)。

如说河北、河南及山东民间所传老祖皆洪洞人,也不是准确的。如《明隆庆赵州志》载:"本州与宁晋县境内田地,国初大半抛荒。永乐年间迁山西屯留、长子等民实之。"一些民间谱书也有明确记载,如涉县段曲村申氏,"吾祖考其原籍,自明朝高祖申公任道兄弟十八人、姐妹六氏……潞城县天贡村人氏,明初变乱迁移洪洞县,次迁河南涉县段曲村(今归河北)"(《涉县段曲申氏族谱》)。景县乜氏族谱也证实了这点,"祖籍山东青州,明永乐年间,叔侄二人为躲避战乱,迁之山西洪洞县,适逢当地人丁疏散,随移居此地"。

山西迁河北之民,为什么多称洪洞为其祖籍,这也是有历史原因的。据史载,洪洞因靠近人口最密集的平阳府(占当时山西总人口的40%),交通便利,故成为移民荟萃之处。可以想象,移民在城北广济寺大槐树下办完移民"川资凭证"手续后,难舍难离故土,因此望着高耸的古槐,听着栖息在树上老鹳的声声哀鸣,无不潸然泪下,频频回首,最后只看见大槐树和老鹳窝,并深印在脑中。由于当时移民大多没有文化,迁离后,日久天长便将原籍名字忘记了,但对办理移民手续的洪洞和大槐树及老鹳窝却没齿难忘,因而将此当成家乡的名字传给后人。在传的过程中,许多人把洪洞传成红桐,大槐树传成大柳树或大杨树,老鹳窝传为老鹳窝或喜鹊窝等等。因而形成了山西移民河北、河南、山东等地皆称山西洪洞大槐树或洪洞大槐树老鹳窝的移民历史文化。

明初山西移民在河北的地理分布,这在20世纪80年代全国地名普查中得到了确切统计,如唐山地区,"据地名普查统计,这里明初建村的约占现自然村的70%"(《河北省地名志·唐山分册》)。"沧州一带移民,多系明永乐二年前后迁此占产立庄，今沧州地区的聚落地名6290条中，有4297条是在这个时期形成的，占总数的68.3%"（《河北省地名志·沧州分册》）。笔者根据河北地名资料统计，明初移民所建聚落为24500余个。其中石家庄地区2000余个，邯郸地区2800余个，邢台地区2000余个，衡水地区2500余个，沧州地区4200余个，保定地区2000余个，廊坊地区1500余个，唐山地区2500余个，秦皇岛地区2000余个，张家口地区2000余个。移民所建聚落占当时一半左右，甚至还要多，这也印证了山西之民迁移河北的历史是真实可信的。

四、移民的历史作用

翻开中国历史，大多数封建政府为维护自己的统治，都有移民之举。而明初的山西移民活动，可以说是历史上移民最多、组织工作最严密、时间最长、成效最显著的移民活动。山西移民活动不仅恢复和发展了河北的社会经济实力，也给河北人文景观带来新的变化，并一直影响至今。

1. 人口的增加，促进了农业生产的发展。农业生产是封建社会最主要的经济来源。明政府在恢复和发展社会经济中，把发展农业放在重要的位置。要发展农业生产，就必须保证农业有足够的劳力资源。移民活动，有效地解决了河北人力缺乏和其他省份人多地少的社会矛盾。

为发展农业生产，明政府的主要措施是奖励移民垦荒，如"人给（田）十五亩，蔬（菜）地二亩，免租三年（有的为五年）"，"额外垦荒者永不起科"，尤其迁入"顺天府所属州县内人，拨荒闲田五十亩，有力自愿多耕者听"，"凡官给牛者，十税五，自备者十税三"（《明史·食货志》）。政府还派员劝农种植桑、枣、柿、胡桃、棉、麻等经济作物。由于劳力的迅猛增加，河北经济得到恢复和发展，如赵州"历宣德、正统、成化以来，生齿日繁，赵州等处各增里额。至于弘治初年，物货盈满坊市，人迹殆无所容，可谓盛矣"（《明隆庆赵州志》）。这在《明史》中也有记载："宇内富庶，赋入盈羡，米粟自输京师数百万石外，府县仓廪蓄集甚丰，至红腐不可食。"因其经济的发展，人民安居乐业，所以河北人口也相继增加，至万历六年（1578），人口达4047544，占全国总人数的6.67%，已超过全国人口的发展水平。

2. 百业兴旺，经济发达。明政府在恢复发展农业生产的同时，还加强了经济的建设，如对盐场的管理。洪武二年（1369），明政府在河间置长芦都转运盐使司，所属利民等24场，招收移民生产，岁课78852引（每引400斤）。河北盐质量上乘，时为高价，超过其他省份盐价的三四倍。当时商人纳粟中盐，浙盐每引一石三斗，山东盐为二石，而河北盐为六石。河北盐不仅供应本省，还供应河南、山西部分地区。以后明政府还在永平府增设盐场，进一步扩大了供盐范围。明宣德元年（1426），明政府在遵化开办冶铁厂，解决了已往用铁多从南方购置费用浩大的弊端。

粮、棉、盐、铁四大产业的发展,也带动了其他各业的兴旺发展。据《高阳织布简史》介绍,高阳织布业就是明初移民在棉花丰收的基础上发展起来的。高阳织布在当时社会生产中占据很重要的地位,以至影响到清朝和民国年间。

3. 拱卫首都,巩固边疆。由于河北地处北部边防,明朝初年,常有残元势力骚扰,边境不靖。故此,明初多以重兵屯防。实行移民政策后,军民屯防,有效地增加了边防力量,还减少了军事费用。朱棣四次出征残元势力,五次征讨蒙古鞑靼,都是以河北为基地,足见河北在维护国土中的重要作用。永乐初年,山海卫(今山海关)、天津卫、延庆州、万全都司和保安州的设置,不仅有效地管理当地居民的生活生产,对控制和防御蒙古与控制东北地区,维护边疆安全,均有极其重要的作用。明廷正式迁都北京后,除对维护国家的统一有积极意义外,对平衡南北经济、人口的发展,也有促进作用。同时,也提高了河北在全国的政治地位。

4. 丰富了人文景观。移民活动,不仅促进了河北的政治、社会、经济的发展,同时也丰富了河北的人文景观。笔者以山西移民的事迹,简述移民对河北人文的贡献。

傅珪,山西移民后裔,清苑傅庄人。成化年间进士。曾编修《大明会典》《孝宗实录》。其生性刚正不阿,连权监刘瑾也既恨又怕。正德年间任礼部尚书,他视事从简,成效卓著。时皇帝好佛,赐番僧百顷田做法事,傅佯装不知而未办理,故被革职。同僚皆言,傅有"古大臣风"(《明史·傅珪传》)。

移民给河北带来的人文是丰富多彩的,如明以前的地名,多以地形地物特征为指代,明初,大量移民的迁入,往往以先迁之民姓氏命名聚落名称,因而才有了今天各地的张家庄、李家庄、张家屯、李家屯等地名。以姓氏命名地名,简单明了,形成新的人文景观。有的移民不仅人迁来,还将故乡的名称也迁来,如红桐(洪洞)营、长子营、赵城营、蒲州营(均在北京),这些地名表明了它们最初的始建者为上述地方的移民。还有的地名,由于移民读音与土著读音不同,形成独特的人文景观。如北京有个八角庄,不知其意者,以为村庄有八个角落,其实是因洪洞八家移民居此得名,因洪洞移民将"家"念成"角"音,当地居民也随读"角"音,久之,"八家庄"就变成了"八角庄"了(《宛署杂记》)。

河北人文特质自古以"燕赵多慷慨悲歌之士"而著称。元末明初,古燕赵之民寥寥无几,幸有"人性劲悍"(《天府广记》)的山西之民移入,几方结合,才较好地继承了原有的人文特质。

回顾山西移民河北的历史,既有背井离乡辛酸的一面,也有复耕拓荒、资源利国利民的积极一面。大城缴氏族谱诗就反映了这一历史现象:"永乐甲申别洪洞,祖随万户实京城。路皆白骨无人葬,极目东海心不宁。两河交汇焦家口,始祖来村更其名。台黄蒲芦交河柳,草舍柴扉且太平。"(《大城缴氏族谱》)这首诗真实地再现了移民的艰辛历史和安居以后的各种变化,可谓移民史的真实写照。

总览明初山西移民河北的历史现象,是一部世代相传的文化遗产,也是一部让后人永远读不完的经典历史长卷。

作者简介:

杨馨远,原籍天津。1960年,生于广东省海南岛。1978年参加工作。本科学历。现为:中国管理科学研究院学术委员会特约研究员、中国炎黄出版社特约编审、河北省历史文化研究发展促进会会员、河北省地名学会会员、河北省作家协会会员、《中国地名》学刊特约通讯员、《廊坊日报》特约通讯员、大城县(第六届、第七届)政协委员兼提案委员会及文史委员会委员、大城县城乡规划委员会委员、大城县首届十大文化名人、大城县民政局区划地名出版编辑。曾参编《大城英烈史略》(两册)、《大城县民政志》《大城县地名志》(副主编)、新编《大城县志》(副主编)、《大城县文化艺术志》(副主编)、《大城历代名人录》(副主编)等书籍。撰写学术论文数十篇,发表小说、散文、诗歌近百篇。著有散文《知馨集》,学术、评论、随笔《知新集》。3次荣获河北省地名学研究成果优秀奖,5次荣获廊坊市社会科学优秀成果奖,廊坊市人民政府首届修志先进个人,大城县人民政府6次记功、嘉奖,县管专业技术拔尖人才。

明初廊坊市迁民综考

杨馨远

"问我祖先在何处,山西洪洞大槐树。""不论刘王李赵张,大槐树下谈故乡。"这一民谣五百多年来在我们廊坊市祖辈相传,老幼皆知,许多村庄的族谱也都有"吾祖于明洪武(或永乐)年间,奉诏从江南或山西迁此占田立村"的记载。据1981年地名普查统计,我市有1182个村镇是明朝洪武至永乐年间从江南和山西等地移民建成的,其中安次区为195个村,三河市为45个村,大厂回族自治市为153个村,香河县为85个村,固安县为122个村,永清县为209个村,霸州市为153个村,文安县为208个村,大城县为192个村,占现在村镇30%以上,更占明初村镇一半以上。

众所周知,我市早在数千年前就有人类活动。如三河市孟各庄发现的古村落遗址,为新石器时代晚期的一处以农业为主,农、猎业并存的村落遗址,距今已有六千余年的历史。四千多年前,我国原始社会发展到父系氏族时期,黄帝为北方部落首领,据史书载,"黄帝制天下以立万国始经安墟",这个古安墟就在安次区的常甫村附近。春秋战国时期,我市大部属燕国。秦朝,北部属渔阳郡,中部属广阳郡，南部属巨鹿郡。西汉初，置安次县、文安县、东平舒（今大城县）、方城县（今固安境内）、益昌县（今霸州境内）。据《河北人口史》资料显示，时每县人口为2万~3.5万。唐朝时，每县人口为5万~10万。也就是说，我市在历史进程中，人口众多，经济发达，而为什么在明朝初年要大量迁入移民呢？回答这个问题，就要从唐朝以后的历史谈起。

唐朝瓦解后，我国历史上出现五代十国现象，战争与天灾不断，致使人口剧减，到了北宋时期，我市因地处宋辽边境，居民又大量南迁。元朝时，由于统治者对待汉人极其残暴，禁止汉人持兵器，其大臣巴延奏请杀张、王、刘、李、赵五姓汉人。为了生存，河南刘福通首先起义于颍川，元朝诸王将领也各怀异志，内战遂起，江淮朱元璋趁机起兵夺天下。以上3次兵灾为时16年，军队的残杀，造成全国人口数量减少。而天灾也接踵而来。据《元史》载，仅元末至正四年（1344）到至正二十四年（1364）20年中，在我市境内较大的水、旱灾害10余次，大蝗灾10余次：至正四年五月，霸州大水，人相食。至正十年，京师大饥，蝗灾民饥，民食蝗，人相食。至正十九年一月，京师大饥，死者无数，保定路殍死盈道，军士掠屠弱以为食，四月大都、霸州、河间皆蝗，食禾稼，草木俱尽，饥民捕蝗食。元末兵祸和天灾创伤未及医治，明燕王朱棣又发动长达四年的"靖难之役"，造成"淮以北鞠为茂草"，以至于"春燕归来无栖处，赤地千里少人烟"。当时我市各县人口不过万，可谓荒地遍野。明朝为了巩固政权，早在洪武年间就采取了移民垦荒屯田政策。洪武四年，徙山后民35800户于北平卫府，又迁沙漠移民32860户屯田北京，徙蒙边境民17274户于内地。朱棣称帝后为充实京都北京，更是大量移民河北等地。明朝移民原则是从人多地少的地方移到人少地多的地方。洪武初对"北方近域地多不治，召民耕，人给15亩，蔬菜地2亩，免租3年"这一政策，持续近50年之久。

我市移民的迁入，始于洪武年间，大量的迁民为永乐年间。先是从江南"徙直隶（今南京）苏州等十郡,浙江等九省富民实北京"（《明史·成祖纪》）。所谓"富民"即经济实力强的居民，因为这些人具有雄厚的物质基础，对开发荒地有优越条件，故我市各县亦有少量江南省份移民，如安次区的陈家务陈氏、大厂回族自治县的回民孙氏和王氏即是从南京迁来的，而更多的迁民是从永乐二年开始，主要迁山西太原、平阳二府和潞、泽、辽、汾等州居民，较大的迁民活动达十四五次，每次逾万户。其中我市政府所在地廊坊即是明永乐年间由山西洪洞县迁民侯安、侯敖兄弟二人而建的。

为什么从山西移民？大槐树和老鹳窝为什么会成为迁民老家呢？通过翻阅大量史料，才搞清这一问题：山西因地形为"表里山河"，元末明初山西地区水旱蝗疫较少，战乱较少，相对显得安定，风调雨顺，连年丰收，较之邻省，经济繁荣，人丁兴旺；再者，相邻诸县亦有大量难民逃亡山西，山西成了人稠地狭的地区。《明实录》记载，洪武十四年（1381），河北人口为1893000人，山西人口却达4030450人。而山西人口最稠密地区为太原、临汾地区，而以临汾附近的洪洞县为最。山西大多移民为何称洪洞为老家，这与洪洞县人口稠密，又地处交通要道有关。史料载：洪洞县城北二里许有座唐贞观二年建的广济寺，寺院宏大，殿宇巍峨。唐宋以后又建有驿站，方舍宽大，驿官在此办理四方来往公差事务。大槐树就在寺旁，相传大槐树为汉朝所植，树冠硕大，驿道从树下通过因临近汾河滩，河滩上老鹳便在古槐树上构巢垒窝。明永乐年间移民时，当地政府在广济寺设局驻员，集中办理移民手续，而大槐树下就成了移民集合地。《明实录》记载，移民活动大多在晚秋，此时槐树正凋落，老鹳窝显得十分醒目，故土难离，移民临行前望着高耸的古槐，听着那凄凉的老鹳声，不觉潸然泪下，一步一回头，最后只能看见槐树的老鹳窝。为此大槐树和老鹳窝的故事流传给后代，唱出了"问我祖先在何处，山西洪洞大槐树。问我老家在哪里，大槐树下老鹳窝……"聊解思乡之情。久而久之，大槐树和老鹳窝被传成大槐树村或老鹳窝村。

当时移民是有组织、有计划的。移民要根据政府部门安排，领取"凭照川资"至所分之州县报到，并非传说中走到哪是哪，见哪地阜物丰就在哪定居。官府为防止移民途中逃跑，强制性地将移民捆成一队，即每人只绑一只胳膊，几十人用绳子串成一线，一人要动，就会牵动一串，谁也逃不脱。途中，如需大小便，就要说声"官差大人，请解手，我要方便"。后来，只要喊"解手"，人们就明白是要大小便，一路如此，移民说顺了嘴，所以直到定居后仍把"解手"当成大小便的代言词，直至影响到今天。移民落户时多利用原来村落定居并冠以姓氏命名村镇名称，如安次区万庄镇，原有沈姓居住，名沈家场。万姓迁此后，改为沈万庄，后去"沈"字简称万庄。

追溯那扶老携幼、挥泪离乡的移民史，我市大城县缴交河缴氏家谱诗曰："永乐甲申别洪洞，祖随万户实京城。路皆白骨无人葬，极目东海心不宁。两河交汇焦家口，始祖来时更其名。台黄蒲芦交河柳，草舍柴扉且太平。"这首诗写出移民的艰辛和所居之处的变迁，可谓移民史的真实写照。

明政府推行移民垦荒振兴农业的政策，虽然其目的是巩固封建王朝的统治，但客观上缓和了社会矛盾，调动了农民的生产积极性，使农业生产逐步得到恢复，社会得到安定。但是我市属京师天府所辖，人口的增加，解决了劳动力不足的问题，使昔日荒地得到耕种，生产迅速恢复，促进了社会经济的繁荣，使明朝国都更加繁华，也丰富了我市人文景观。如明户部尚书梁材（大城县旺村人）、云贵总督刘源颖（永清县刘街人）、民国时期国务总理张绍曾（今大城县张思河人）、中国人民解放军中将孙毅和孙勇（今大城县人）都是当年移民的后代。

现山西洪洞县尚有大槐树移民遗址，是由大槐树、碑亭、茶室和牌坊组成。青石碑额有"纪念"二字，碑身镌刻"古大槐树处"五个大字。碑阴记有迁民事略，茶室楣匾为"饮水思源"，是备槐乡子孙品啜乡味之处。牌坊额为"誉延嘉树"。阴面为"荫庇群生"。明朝大槐树和广济寺早被汾水冲毁，后在大槐树东旁同根滋生第二代古槐又干枯，1974年被巨风吹倒。第三代古槐为第二代古槐北旁同根滋生，现枝叶繁茂，生长茁壮。古大槐树被列为国家重点文物保护单位，建有门楼与围墙，已辟为翠柏绿槐、清静幽雅的公园。每天都有古槐移民后裔到此寻根访乡，回顾祖先背井离乡之情景。

（原载《廊坊社会科学》1999年第4期，该文获廊坊市第三届社会科学优秀论文三等奖）

明初大城县迁民综考

杨馨远

"问我祖先在何处，山西洪洞大槐树。""不论刘王李赵张，大槐树下谈故乡。"这一民谣500年来在我县祖辈相传，老幼皆知，一些村庄的族谱和家谱也都有"吾祖于明永乐年间，奉诏由山西平阳府洪洞县迁大城县占田立村"的记载。有的还记有"吾祖奉诏从山西洪洞县迁北平，而后拨民至大邑……"据1982年村名普查统计，大城县有相当一部分居民祖先是从明朝初年大规模移民时由山西洪洞一带迁来的。另外还有一少部分迁民来自安徽、江苏、河南、山东、陕西等地。除一些富户是奉诏迁至此地外，有的迁民是先至山西洪洞县后再转迁到此地占田立庄的。

明初为什么要大量移民？回答这个问题就要从当时的时代背景和历史状况谈起。大城自北宋起因地处宋辽边境，战争连年不断，加之在辽、金时期居民为躲避战乱，大量南逃。元朝末年，政府又连年对外用兵，对内施行民族压迫，致使民不聊生。河北、河南、山东、两淮之农民起义连绵十余年。元统治者大肆屠杀镇压汉民，居民十亡七八，所剩无几。另外水、旱、蝗、疫连年不断。据《元史》载，仅元末至正四年（1344）到至正二十四年的20年中，河北境内较大的水、旱灾害15次，大蝗灾18次。从以下资料就可以看出当年的惨景：至正四年五月，霸州大水，人相食。至正七年六月，彰德路大饥，人相食。至正十年，京师大饥，民食蝗，人相食。至正十九年一月，京师大饥，死者无数。保定路殍死盈道，军士掠屠弱以为食；四月大都、霸州、河间皆蝗，食禾稼草木俱尽，饥民捕蝗食。元末兵燹和灾害之创伤未及医治，明建文年间燕王朱棣又发动长达四年的"靖难之役"，再次加剧了河北等地的荒凉局面，道路皆阻塞，多是无人之地。为了巩固政权，恢复生产，早在明初洪武年间政府就采取了移民垦荒振兴农业的措施。明洪武四年，徙山后民35800户于北平卫府，又徙沙漠遗民32860户屯田北京，徙蒙边境民17274户于内地。到永乐年间，为充实京都，更是大量移民河北等地。历史上有组织、最广泛的迁民活动持续近50年。

明朝移民原则是把农民从窄乡移到宽乡，从人多地少的地方移到人少地广的地方。洪武初对北方郡县的荒芜田地，召乡民无田者垦辟，每人给50亩，另给2亩蔬菜地，有余力者不限亩数，免租税三年，以鼓励农民发展农业生产。时"表里山河"的山西因战乱少，灾疫少，加上风调雨顺，连年丰收，经济繁荣，人丁兴旺；再者，相邻诸省亦有大量难民逃亡山西，致使山西成了人稠地狭的地区。明初规模较大移民十四五次。每次逾千过万户。当时主要移山西太原、平阳二府，潞、泽、辽、沁、汾等州居民。即今太原、临汾、晋城、长治等地为移民的集散中心，而以临汾的洪洞县为最，这与洪洞县人口稠密，又地处交通要道有直接关系。同时，江浙、江南等地亦有少量移民。

据史料载：洪洞县城北二里许有座唐贞观二年建的广济寺，寺院宏大，殿宇巍峨。唐宋以后又建有驿站，房舍宽大，常驻驿官办理四方来往的公差事务。大槐树就在寺旁，驿道从树荫下通过。因临近汾河滩，河滩上老鹳便在古槐枝上构巢垒窝。明初迁民时，在广济寺设局驻员，集中移民，编排队伍，发放"凭照川资"。大槐树下成了荟萃之所，由此而散奔冀、鲁、豫、皖各地。据《明实录》记载，移民活动大多在晚秋时行（十王堂村古名秋成屯即证实此说），此时槐树叶已凋落，老鹳窝显得十分醒目。故土难离，移民临行前望着高耸的古槐听着那凄哀的鸪声，不觉潸然泪下，一步一回头，最后只能看见在槐树上的老鹳窝。为此，大槐树和老鹳窝成了移民惜别家乡的标志。迁徙的人们寄居他乡，把洪洞县大槐树、老鹳窝的故事流传给后代，唱出了"问我祖先在何处，山西洪洞大槐树。问我老家在哪里，大槐树下老鹳窝"，聊解思乡之情。

当时移民是有组织、有计划的。移民根据所发"凭照川资"到所分之州县，当地官员再根据情况分派所居村庄。移民大都利用原来村落。如郝庄马氏所居该村原名郝庄。马怀德斩蟒义举也证实了当时大城境内土地荒芜、人烟稀少的状况。当时移民多为强制性的，为了防止移民反抗，州府官员和押解差人把所有的移民捆起来，先是大绑，因行动不便又改成小绑，每人只绑一只胳膊，几十人用绳子串成一队，一人要动，就会牵动别人，谁也跑不脱。因此，无论是路途中，还是晚上休息的时候，如需大小便，就要说声"差官大人，请解手，我要方便"。后来，只要喊声"解手",差人就急忙给解开手让其大小便。一路如此移民说顺了嘴,所以直到定居后仍把"解手"当成大小便的代言词。至今北方移民居住的地方都把大小便说成"解手"。据考大城县400多村庄,居民大都移自山西,占当时村庄的十之七八。如仰止村张姓家谱就十分准确地记载为永乐年间从山西平阳府洪洞县洛郭里迁来。从山东移民为少量。如北赵扶刘氏从山东汶上县迁入。西白洋村邓氏从山东蒲台县迁山西洪洞,又从洪洞转迁大城。还有江南移民,如毕演马毕姓从南京宝塔胡同迁居于此。移民大多以姓氏为村名,这在全县比比皆是。也有以迁出故地为村名的,如小青州移民即从山东青州府迁此,为纪念家乡,遂名小青州。缴交河缴氏家谱追述先祖移居大城情景时,赋诗道:"永乐甲申别洪洞,祖随万户实京城。路皆白骨无人葬,极目东海心不宁。两河交汇焦家口,始祖来村更其名。台黄蒲芦交河柳,草舍柴扉且太平。"这首诗真实地写出了移民的经历和所迁之地变更情况,可谓移民史的真实写照。

明政府推行移民垦荒振兴农业的政策,缓解了当时的社会矛盾,调整了生产力,使河北等地农业生产得以恢复,稳定了封建王朝统治。依据当时全省总人口推断,大城人丁不过万,当时大城属顺天府,为京畿要地,移民的迁入,促进了大城社会经济的繁荣。

现山西洪洞县尚有大槐树处迁民遗迹,是由大槐树、碑亭、茶室和牌坊组成。青石碑额有"纪念"二字,碑身镌刻"古大槐树处"五个大字。碑阴记有迁民事略。茶室楣匾为"饮水思源",是备槐乡子孙品啜乡味之处。牌坊额为"誉延嘉树",阴面为"荫庇群生"。明朝大槐树和广济寺早被汾水冲毁,后在古大槐树东旁同根滋生第二代古槐又干枯,1974年被巨风吹倒。第三代古槐为第二代古槐北旁同根滋生,现枝叶繁茂,生长茁壮。古大槐树被列为国家重点文物保护单位,建有门楼与围墙,现已成为翠柏绿槐、清静幽雅的公园。每天都有古槐移民后裔到此寻根访乡,回顾祖先背井离乡之情。

同治《洪洞刘氏族谱》述略

常建华

有关山西洪洞大槐树移民问题的研究,已经有了不少成果,主要探讨的是移民输出的传说、流向、分布以及移民原因与原籍认同等。笔者关心的则是洪洞县当地的族谱、宗族以及姓氏问题,而这方面鲜有研究。这种向内的探讨,或许有助于全面认识洪洞大槐树移民文化。目前已知现存清代、民国所修洪洞县的族谱主要有刘、韩、晋、王、董、段、樊、邢等8姓约14种,我已经论述过韩、晋两姓的宗族与族谱,现在想继续探讨刘姓的族谱与宗族。现存洪洞刘氏的族谱实际上是两大宗族的，一是苏堡刘氏，另一是原来居住洪洞城内德化坊的刘姓，均保留下来多次续修的族谱。下面介绍的是洪洞德化坊刘姓的族谱。

一、《洪洞刘氏族谱》历修与存世情况

笔者阅读了吉林大学图书馆古籍部所存同治四年（1865）刊《洪洞刘氏族谱》，根据该谱的记载，得知至同治年间，该谱已修七次，历次纂修的情况如下：

一修：万历四十七年（1619）八世孙陕西凤县主簿承宠、封佥都御史承光创定；

二修：顺治十年（1653）九世孙通政使司通政使令誉、鸿胪寺序班循誉重辑；

三修：康熙三十二年（1693）九世孙沛誉、云南平彝卫千总允誉重修；

四修：雍正七年（1729）十一世孙癸酉科武举周颂暨十二世孙云南按察使业长重修；

五修：乾隆三十年（1765）十一世孙国子监监生日寀重纂；

六修：道光元年（1821）十三世孙捐职府经历振基续纂；

七修：同治四年（1865）十四世孙勋总理。

该族保持了几十年一修族谱的传统。一修距二修三十四年，三修距二修近四十年，四修距三修三十九年，五修距四修三十六年，六修距五修五十六年，七修距六修四十四年，大约间隔三四十年重修一次。

检索国家档案局二处、南开大学历史系等编《中国家谱综合目录》刘姓部分，可知上述七次所修谱的存世情况：

四修本，五卷，刻本，四册，日本、美国有藏。

五修本，刻本，八册，藏于中国科学院文献情报中心。

六修本，五卷，刻本，附刘氏族谱图考一册，藏于辽宁省图书馆。

七修本，十五卷，首一卷，重刻本，十六册，藏于吉林大学以及日本、美国。

此外，还有刘钟英纂辑，民国三年（1914）刻本，十七卷，首一卷，藏于辽宁省大连市图书馆、山西省洪洞县档案馆。推测该谱应当是八修本。

总之，洪洞刘氏族谱至少纂修过八次，已知今存清雍正七年四修以后的五种续修族谱。这样连续性的族谱保留下来，是很珍贵的。

二、同治《洪洞刘氏族谱》目录

同治四年（1865）刊《洪洞刘氏族谱》，十五卷，首一卷，由十四世孙勋总理，宗祠藏板。该谱目录如下：

卷首：总目，序文（四篇），自序（八篇），谱例（六则）；

卷一：世系表上；

卷二：世系表下；

卷三：纶音（录传附空廿九通）；

卷四：诰敕上（廿八通）；

卷五：诰敕下（廿六通），御祭文，御祭；

卷六：坊表（十七座），乡贤传（四），名宦呈词（二），忠臣传（六），义士传（二），孝子传（一），节孝传（六），碑文（五），德政碑，神道碑（九），碑志；

卷七：志铭上；

卷八：志铭下；

卷九：墓表（十一），碑阴（二）；

卷十：行状上；

卷十一：行状下；

卷十二：祠堂，祠图，创建祠堂碑记，祠堂基址详记，阖族公约，分甲记略，更换户名琐言，永无甲头经祠存案，玉峰茔小引，扩充祠宇款语，保全家祠记，食盒序，祀事，加七、十月祭扫，食盒记，祭田（亩数契据并附），坟墓（十五所），封树记；

卷十三：诗文上；

卷十四：诗文中；

卷十五：诗文下，谱跋，功德记。

由此可见，该谱的体例主要是序文、谱例、世系表、纶音、诰敕、传记、碑文、志铭、墓表、行状、祠堂、坟墓、诗文等，相当全面。

三、洪洞刘氏与族谱的纂修

万历四十七年（1619）八世孙承宠的《族谱序》最早记载了该族迁到洪洞的历史。他说：

我鼻祖自洪武定鼎占籍于洪，有三子讳怀德、存德、敬德，旋携季子归原籍去，遗祖母与伯仲隶洪之德化坊为编氓，后祖母葬玉峰茔，伯仲昭穆之，其仲另立一族，亦有子孙，而伯遂为洪洞刘氏始祖焉。相传支派从豫之光州分来，然亦未有确据，只因兵燹之后，隐于田间，不求闻达，事多草昧。

该族是明朝初年由河南光州迁到洪洞的，居住在化德坊，以怀德公为始祖，祖坟在玉峰。明初该族务农，并不彰显。至明中叶，由于科举的成功，该族强盛起来。刘承宠《族谱序》说：

至我高祖封君存肃公，承先启后，开创基业，家道渐积昌大，我曾祖硎轩公于维扬客邸从擒昌邢司成先生学，游庠序，旋食饩，既而升太学，授职指挥，迁别驾。余祖介石府君，授易于同邑乔司徒，汾川先生兄弟下帷茹苦，嘉靖丁酉同举于乡，文运自此而开，是后由科甲而仕者八人，由太学而仕者五人，由岁荐而仕者二人，以太学而终者二人，以文学而终者十二人，太学候铨者四人，席珍待聘者尚三十余人，率皆少年英俊，积学有素，吾族者其在斯乎。立法以为谱，学者之事也。

该族重视教育，至嘉靖十六年（丁酉，1537）族人中举，开启了文运，以后科举成功者辈出，出仕者众多，成为望族。谱中记载了廷臣、应时、守仁、承光四位族人的乡贤传，前三位是嘉靖隆庆时的进士，最后一位是清代的乡贤，我们在清代的地方志中可以看到对于上述四位乡贤的介绍，足以彰显该族的地方影响。因此，修谱记载宗族历史成为正在崛起的刘氏士大夫的责任。

刘氏族谱是经过了碑谱才草创的。九世孙令誉顺治十年（1653）的《族谱后序》记载：

伯考少尹见宗支殷繁，率无可考，先为始祖树碑墓左，镌世系于碑阴，分流别派，井井不乱，立谱之法已阴胎于此矣。及诸弟姊妹婚嫁事备。悠然家居，宗眉山小宗法而编纂之，亦记述先人之志事尔。

始祖碑刻的碑阴记载了世系，分流别派，是为碑谱。然后加以扩充，编成族谱。《族谱后序》记载了续修谱：

谱凡八卷，旧谱纶音二、世表一、志撰二，益以碑记一、诗文二、纶音世表缺者补之，志撰碑记遗者增之，诗文则余与循弟搜讨广辑，裁伪黜浮，宇刻无滥，谱不数人，诗不数首，文不数篇，虽一斑而窥全豹，亦见余家不惟世有谱，即诗文亦有谱，谱牒于是始称全书云尔。

可见初修谱已有纶音、世表、志传，初具规模，续谱补缺增遗，广辑诗文，实为补编，全谱达到八卷之多，相当完备。

雍正七年（1729）十二世孙业长《重修族谱序》记载了三修本：

首列世表，昭亲亲也；敬刊诰敕，荣君恩也；坊表志科第之蝉联，乡贤彰祖宗之功德；名宦碑记勋业广垂百世，墓志行状品谊流芳千秋，详记祠堂祀典，子孙之孝思何穷，备载祭田坟墓，祖宗之田舍如在，诗文附后，刊为五卷。

该谱的内容增加，卷数减少，属于重修。

乾隆三十年（1765）十一世孙寀的四修，所做工作："除原集仍旧外，特将后来爵秩封赠敕谕志铭毕录叙入，及子孙名讳更详填世表。"属于续修。

道光元年（1821）十三世孙振基《续族谱序》说这次五修，"补叙一遵谱中成法。"此后的两次续修也是一切条例率由旧章。

四、同治《洪洞刘氏族谱》内容

该谱内容丰富，反映出明代嘉靖、万历时期就开始了宗族建设。卷九《参伯中斋刘公墓表》记载："参知政刘公山西洪洞人，万历乙亥三月二十一日卒于家，其孤承宠千里走状，乞余表厥墓……公姓刘氏，讳应时，字子易，别号中斋，家世耕读。为洪洞望族，年来簪绂蝉联不绝，公生而天性纯笃……凡有作，悉传诵，如《宗范》一时纸贵。"刘应时撰成该族的《宗范》。应时之子承宠也"修族谱以厚宗盟，立祭田以保本始"，继续加强宗族建设。

康熙五年（1666）该族创立宗族祠堂。卜基于德化坊四世祖旧址，为先人发迹地。坐西向东，四椽三楹。通过建祠"一以报祖宗之德，一以继先君之志，一以敦阖族之情，一举而三善毕"，并提出要求："凡我族众，倍宜竭诚孝享，敦睦骨肉。"

该谱的卷十二保留了大量的有关宗族事务的资料。如该族制订有《阖族公约》十二条，就是该族的族规。就族人的职业、祭祖仪式、新年团拜、科甲捐输、祭田管理、备荒积银、任用礼生、奖励科举、管理祭田交割、成人礼银载名、设立支头、耆老显宦等作了规定。

族谱还大量记载了祭祀祖先事宜，诸如祭品、仪注、祭文、奖赏食盒等，记载详细。康熙五年规定在祠堂的祭祀为："于春秋丁之次日致祭，端阳、长至日再祭"，即春秋戊祭外，兼备端阳、冬至二祭。此外，四世存肃祖十一月十六日宴辰，没有专祀。清明墓祭也很重要，清明前五日祭始祖，以二世祖讳信、二世祖讳恩、讳义、讳贤、讳达列次，清明前四日祭三世祖讳贤，以四世祖讳恭、五世祖讳庆、讳企、讳荣、讳宜、讳滔配享。道光二十六年（1846）增加清明日祭十二世族祖讳国伟，以十三世族伯讳崇绩、十四世族兄讳谦配享，此系酬功之祭。《加七、十月祭扫》记载：

吾族四时祀事旧有定例，清明祭扫亦有成规，惟七月十五、十月初一日各家止祭本支祖先，而始祖茔暨三世祖茔清明祭扫外，概不致祭，水源木本之诚，未免有缺。柞于乾隆五十四年与族事侄孙等议加两祭（七月十三、九月廿八）日祭始祖、二世祖，（七月十四、九月廿九）日祭三世祖、四世祖。不能遍传阖族，约族事数人齐集管账者家，同诣两茔致祭。所有祭品照酬功食盒备办，早备汤饭，午以祭物，酌备数器，共享祖惠。

斯举也，于公项之中不致靡费，而报本之忱庶可稍尽矣。

为了与七月十五、十月初一日各家祭本支祖先相配合，在七月十五日中元节、十月初一日寒衣节两节前后增加了祭祀，祭始祖、二世祖、三世祖、四世祖。

祭田增值的过程在谱中有详细记录。分为始祖祭田、三世祖茔等项，还有《续捐祭田条约》。如始祖祭田经过了天启六年、崇祯七年、崇祯十年、顺治十五年、康熙四年、康熙十年、康熙三十四年、康熙三十五年、雍正七年、道光二十六年、道光二十七年、道光二十八年、同治元年十三次不断续置，增长很快。

坟墓的记载亦多。《秦壁桧峰茔封树记》记载了该族对于风水与植树关系的认识，指出："后世重藏风聚气之说，俾地势宏而生机畅遂，于是勤其栽培，积以岁月，连山弥谷间，松柏因之茂密焉。"即认为为了坟墓重藏风聚气，栽培松柏，遂使茂密成林。该族有"秦壁村西南桧峰茔，我先曾祖父暨伯叔祖以下四门墓田，界画宛若，昭穆鳌然。营兆以来，四门共植大小柏树数百株，迨道光庚寅，鹤于墓北建造庭院，为春秋祭扫往来憩息之所，院左右则为守墓佃户所居，场圃墓棚，罔有不备。每夏秋时遥望墓门庐舍掩映于清阴披拂之中，维先人勤劳经营，乃能若是之葱郁也"。在秦壁村西南桧峰茔，四门子孙共植大小柏树数百株，道光年间于墓北建造庭院，便于墓祭。墓门庐舍掩映于葱郁之中，景色宜人。作者刘元鹤认为宋范文正公义田、祭田条约详尽，然纯是圣贤所为，殊未易言，而陆游（字务观）的家训则可借鉴，引其言：汝辈于诸墓，须时切省视，近岁族人不幸，有剪伐贸易者，吾力为禁止，虽遭怨詈，皆所不恤，汝辈须念念不忘，举措各当，乃不至于陷于不孝，戒之云云。并告诫刘氏子孙："吾四门孙曾辈佩陆氏念念不忘之箴，不为外诱，不为贫移，畏国法而怀先型，令手泽常存焉。"这种观念客观上有利于植树造林，保护生态。

综上所述，同治《洪洞刘氏族谱》是一部经过多次纂修、体例严谨、内容丰富的族谱，具有较高的学术价值，值得继续深入研究。

（常建华，1957年生，南开大学中国社会史研究中心主任，历史学院教授，博士生导师。）

大槐树祭祖仪式与社会变迁研究

石菊红

中国到现代社会，民间信仰始终渗透于普通民众的日常生产、生活中，是中国文化的重要组成部分。它包括信仰、仪式与象征三个不可分开的体系：信仰体系包括神、祖先和鬼三类；仪式形态包括家祭、庙祭、墓祭、公共节庆、人生礼仪以及占验术；象征体系包括神系的象征、地理情景的象征、文学象征、自然物象征等。在这三个体系中，仪式作为信仰与象征的行动载体，不仅体现了民众的信仰，而且还承载着复杂的象征意义。仪式中隐喻着政治权力的实践、经济利益的驱使以及文化意义的传承和再造。

一、关于仪式的研究

关于仪式的研究一直都是学者们研究的重要领域之一。以往的人类主要将仪式的研究集中在对仪式本身的功能分析上。代表人物有涂尔干、埃蒙德利奇、特纳、格尔茨等。涂尔干认为信仰是舆论的状态，表达了神圣事物的性质，也表达了神圣事物之间的关系以及神圣事物与凡俗事物之间的关系，而仪式则是某些明确的行为方式。埃蒙德利奇认为，仪式是表达文化概念与模式的媒介，反过来引导其他社会行为，仪式会促使人们在修正社会秩序的同时，确认社会秩序的基本范畴。特纳将仪式看成是"社会戏剧"，认为仪式就是表现社会关系的过程，他力图以象征本质和戏剧论来理解仪式。格尔茨认为，正是通过圣化了的行动——仪式，才产生出"宗教观念是真实的"这样的信念，通过某种仪式行为，动机与情绪及关于存在秩序的一般观念才是相互满足和补充的。通过仪式，生存的世界和想象的世界借助于一组象征形式融合起来，变为同一个世界，而它们构成一个民族的精神意识。后来，芮玛丁、王斯福、魏勒等人类学家又将仪式与政治相联系，探讨仪式中的政治意义。芮玛丁指出，中国民间仪式雷同于衙门的政治交流过程，是一种意识形态的交流手段，是自己系统化的符号和程序。魏勒认为社区祭仪是地方政治的一种操练，祭祖是家族伦理的再现。王斯福指出，汉人的民间宗教隐含着历史上帝王统治的形象，但在地方上民间仪式的实践具有地域性，民间仪式往往与中华帝国时代的政治空间模式有关，但是民间的神和祭仪所表达的是不同的观念，官方的仪式通过庙宇仪式化，在象征上创造帝国的象征政治格局。对民间而言，这种格局成了仪式上的傀儡，操演它的是地域性的社区和不同的民间代表人。

从已有研究来看，对仪式的研究大多集中在对信仰、仪式内容本身的意义和功能方面，而对仪式实践者的行动逻辑以及信仰以外的复杂的权力关系缺乏动态的研究，尤其是很少有学者从社会学的角度来关注仪式功能变化与社会变迁之间的复杂关系。就"大槐树寻根祭祖"这一仪式来看，以往的研究主要是从历史学、民俗学的角度对移民史进行探讨，而对祭祖仪式背后所隐藏的深层权力运作逻辑、文化内涵以及不同历史时期国家、社会精英与民众在仪式不断制度化和传统不断延续的过程中各自所起的作用等均探讨不足。本文试图将大槐树祭祖仪式置于纵向的社会变迁的大背景中，从各个阶段具体的政治、经济、文化的发展变化来展示国家、社会精英与民众之间动态的互动过程与利益角逐。

二、大槐树祖先信仰

洪洞县位于山西省南部临汾盆地北端，东隔霍县与古县交界，西靠吕梁与蒲县相连，北与霍州、汾西为邻，南与临汾接壤。元末明初，战乱连年，水、旱、蝗、疫等自然灾害频发，黄河、淮河多次决口，中原地区大多数田地被淹没，死亡百姓不计其数，大部分村庄城邑变成一片废墟。而山西位于太行山与黄河中游的峡谷之间，以太行山、吕梁山为天然屏障，地势险要，易守难攻，很少受到战乱波及。除此之外，山西也没有受到自然灾害的危害，所以与邻近省份相比，山西出现了风调雨顺、连年丰收、社会稳定、人丁兴旺的大好局面。为了医治元末以来天灾人祸所造成的创伤，明朝政府做出了向中原大规模移民的战略决策，山西洪洞县由于人口稠密，地处晋南南北东西交通要道，自然就成了人口主要迁出地之一。

据史料记载:"官府预先贴出告示说,除广济寺大槐树底下的人不迁,所有地方的人都迁,结果,当成千上万的民众聚集在大槐树下的时候,官方出其不意调集大批官兵,将大槐树下团团包围,所到之人不论男女老幼,一个不留,全部迁移。"老百姓被迫离开自己的家乡,临行时纷纷折槐留做纪念,他们不停回头望着大槐树和大槐树上的老鹳窝,"大槐树"和"老鹳窝"就作为根和故乡深深印在了移民的心里。

600多年过去了,如今的祭祖园位于洪洞县古槐北路公园街,西临大运高速公路,东依同蒲铁路和霍侯一级公路,南距临汾市30公里,与美丽的汾河为伴,占地22公顷,总体布局以祠堂格局为主,仿明代建筑风格。园内的古大槐树已经干枯,旁边滋生了第二代、第三代古槐。近些年来从全国各地及海内外前来寻根祭祖的移民后代络绎不绝。

伴随着社会的变迁,大槐树已经被国家、社会精英和民间大众共同塑造成了一种神圣的象征,承载着移民对故乡的思念和对祖先的崇拜。大槐树祖先信仰已经不断被制度化为现代化进程中整个中华民族的象征。

三、大槐树祭祖仪式与社会变迁

从洪洞移民迁往异地开始,他们就开始了对祖先的崇拜和对故乡的思念,但是伴随着社会的发展,不同时期的移民祭祖表现出了不同的方式和内容,从祭祖仪式的变迁中,可以看出不同时期内仪式所蕴含的意义以及仪式中国家权力、民众以及社会精英之间的互动,这不仅有利于我们深入认识这种文化现象,而且可以展示出整个社会的变迁。

(一)传统时期的家祭

家祭是家族的祖先祭祀,洪洞移民到达新的定居地后,对家乡仍念念不忘,他们大多栽种了槐树以寄托对亲人、故乡的思念之情。这一时期移民的祭祖仪式并无统一规定,而是根据自身情况来祭拜先祖。虽然史料中没有关于祭祖的具体记载,但是从各地的族谱中可以看出,这时的祭祀主要是以家庭、家族为单位的祭祖。

以家庭为单位的祭祖主要发生在移民的早期阶段。移民时,很多家族都被分成了不同的家庭分配到不同的地方,当移民到达新的定居地之后,大多是一个独立的家庭,祭祀祖先也就只能是以单个家庭为主。这时期大多数人祭祀祖先的仪式都相对简单,仅仅限于为祖先焚烧纸钱、供献物品并祈求祖先的保佑。移民中还有一种特殊的怀念故乡、崇拜先祖的方式,那就是"种槐树"和"唱民谣"。很多移民到了新的地方都种槐树以寄托对祖先、家乡的思念之情。同时还以编唱民谣的形式告诉后人故乡的所在地,"问我祖先在何处,山西洪洞大槐树。祖先故居叫什么，大槐树下老鹳窝"，在他们眼里，离别时的大槐树就是家乡和祖先的象征。这首教育后代、思念家乡的民谣成为海内外槐乡后裔追根溯源的指南。

以家族为单位的祭祖。移民在新居住地安定下来以后，通过辛苦耕耘创下了不小规模的家业。随着时间的推移，移民家庭的经济实力不断增强，不断壮大，逐渐发展成为家族，具备了隆重纪念家族共同祖先的能力。各地各个家族虽然都表现出不同的祭祖仪式，但大都是以家族集体祭祀为主，从各地族谱的记载中，我们可以看出集体祭祖的痕迹。河南省博爱县刘家祠堂的匾额为"派衍洪洞"；偃氏牛氏家庙大厅的楹联是："十八祖平阳世泽，五百年亳西名门"；武陟县大陶村孙氏神位的对联是"祖洪洞支迁沁左，籍山西裔延河南"；偃师市韩寨村赵氏宗谱载"始兄弟四人，名经、营、槐、显"，连起来为"经营槐乡"，兄弟四人的名字表达了他们思念故乡的情怀。

无论是早期单个家庭的祭祖还是后来以家族为单位的集体祭祖，都体现出移民对祖先的崇拜和对故乡的思念，不同的是二者祭祀的目的和传播历史记忆的方式。家庭祭祖的主要目的是移民实现与祖先的交流、互动，并祈求获得祖先保佑。早期移民中的普通民众由于政治地位、经济条件和文化水平的限制，只能在家中以简单的方式祭祖，而且也只能以"种槐树"和"唱民谣"的通俗方式来记载这段集体的历史记忆。槐树显然已经被他们视作故乡、祖先的象征，他们对这一象征的确立和传播也为后代祭祀大槐树先祖奠定了基础。而在家族集体祭祖中，其间的精英人物即传统时期的士绅、族长与国家权力之间存在密切关系，掌握着丰富的政治、经济和文化资源，他们在家族中具有很大的影响力，并操纵着族谱记载的权力。将大槐树先祖载入族谱，这不仅表现了他们对自身历史身份的认同，而且在一定程度上还巩固、加强了人们对历史的记忆，为移民后代寻根祭祖以及大槐树祖先信仰的形成及其制度化提供了有力的史实依据。对于家族本身来说，强调共同的祖先和血脉之亲，能够进一步加强族人对本家族成员身份的认同，增强家族成员之间的凝聚力，维护了家族的稳定与发展。

（二）过渡时期的非正式祭祖

从1914年到1991年，中国社会经历了一系列重大历史事件。伴随着社会的变革和大槐树移民遗址的修建，移民们陆续从异地他乡返回到老家洪洞大槐树下来瞻仰、祭拜先祖，这一时期的祭祖仪式表现出了多样化的趋势，虽然筹建了祭祖的地点，但是具体的祭祖时间、祭祖仪式都没有明确的规定。

1. 祭祖前奏：大槐树移民遗址的修建

长期以来，由于经济条件的限制和交通不便利，很少有移民后裔回到槐乡祭祖，而洪洞当地也很少有人意识到迁民遗址的重要性。直到清朝末年，同为洪洞人的山东曹州官员景大启和山东长山县为官的刘子林，在宦游中受到了上至官吏下至平民的殷勤招待，两人深切感受到了洪洞老家在移民心目中的重要性，于是商量筹建古大槐树古迹，并在山东筹得300余两纹银寄回洪洞托人筹建。第二年，洪洞人贺柏寿从河南杞县告老还乡，回洪洞后又筹钱300多吊积极筹建移民古迹。就在古迹筹建之时，卢永祥率军进攻平阳，一路烧杀抢劫，但是当军中士卒来到洪洞大槐树时纷纷下马罗拜，异口同声说"回到洪洞老家了"，不但没有抢劫，反而将所抢夺的财物供于大槐树下。因为这棵大槐树使洪洞人躲过了一场劫难，当地人纷纷说是祖先显灵。这件事极大地推动了洪洞人修建古槐遗址的热情。民国三年建成了碑亭、茶室和南面的牌坊，并题字——荫庇九州。

在遗址筹建的过程中，洪洞籍的政治和经济精英起到了显著的作用。景大启、刘子林和贺柏寿凭借自身的政治地位及社会声望，筹钱得到地方经济精英和民众的支持。而且从贺柏寿的《古槐保障说》"余窃叹槐树之古迹，其关乎民族纪念，以保障我邑人者，甚重甚巨"中可以看出，政治精英将修建古迹与整个民族、国家联系起来，这与当时的社会背景相适应。清末列强的侵略使中国人开始意识到亡国的威胁，为了鼓舞国人的斗志，有爱国心的精英们就利用自己手中的权力，把大槐树塑造成一个族群的象征，这就有利于提高民族的凝聚力，实现民族团结。而对于普通民众来说，现实诉求是推动他们参与筹建的主要力量，"祖先显灵，保佑他们躲过了灾难"，为了感谢祖先的庇佑，他们就应该为祖先立牌建亭。在民众那里，祖先被神圣化了，被塑造成了具有神力的权威，只要他们对祖先进行祭拜，祖先就会保佑他们的平安。二者虽然初衷不同，但是却共同促成了遗迹的修建。

从遗址建成到新中国成立之前，由于没有人组织，祭祖只限于来往于洪洞的客商和洪洞本地人，并没有固定的仪式，外地的移民后裔只是在大槐树下抚景留恋，瞻仰先祖，本地人也很少献祭供品，茶室也就成了南来北往的客人暂时歇脚的地方。当然"故乡"也跟着客商传到了神州各地。

2.烈士扫墓与清明祭祖

中华人民共和国成立后洪洞县人民政府对文物古迹保护更为重视。1952年洪洞县在古大槐树东侧修建了革命烈士碑亭。1957年4月邓小平视察参观了古大槐树。1959年古大槐树作为县级文物保护单位，由人民政府建立了"古大槐树遗址碑"，并明文规定："东至贾村，西至汾河，北500米，南1000米，为古大槐树遗址的保护范围，古大槐树是文物古迹，为全民财产，应妥善保护，不得破坏。"

这一时期的祭祖仪式主要是伴随烈士扫墓而进行，附近的各个村子以及政府各单位为了表示对党和国家的忠诚，每年清明节都会给烈士扫墓，而且还要举办各种具有地方特色的文艺节目，这时祖先和烈士就被置于相同的地位共同受到后人的祭拜。政府将祭祖与缅怀革命烈士联系起来，将二者置于同一情景之中，相辅相成，这在一定程度上实现了国家与民间社会在文化资源上的互动与共享。民间信仰和国家在这里达到了统一，不仅能实现人们祭祖保平安的意愿，也能培养人们的爱国情感，扩大本地区的影响力。

1966—1976 年"文化大革命"期间，洪洞县委书记李春芳在本身受到强烈冲击的情况下，不顾个人安危，挺身而出，阻挡说服了要把"古大槐树处"当做"四旧"彻底破掉的革命行动，使移民地免遭劫难。这期间，祭祖仪式被迫中断。

3. 祭祖仪式的恢复

改革开放以来，洪洞县经济得到了快速发展，政治体制也逐渐趋向民主，经历了"文化大革命"的惨痛教训以后，国家意识形态的强制性有所缓和，对民间信仰政策逐渐放宽，并且出台了一系列保护文化遗产的相关政策，给祭祖仪式的恢复与发展提供了空间。在这一社会背景下，全国各地的移民后裔以及洪洞本地人纷纷走进了大槐树祭祖园祭拜自己的祖先，主要表现为上香祈福，为祖先捐赠布施。1988 年驻洪某部队全体官兵来到大槐树祭祖园瞻仰先祖，并捐资 15000 元兴建槐荫亭。从 1989 年开始，马来西亚新山客家工会先后率领客家文化寻根祭祖团 6 次来到洪洞大槐树举行寻根祭祖活动。正是由于国家的宽容政策和移民后裔祭祀祖先的热情促成了寻根祭祖节的举办，寻根祭祖逐渐走向了制度化。

（三）现阶段的正式公祭

1991 年，为了满足广大移民后裔寻根祭祖的心愿，洪洞县人民政府举办了第一届洪洞县大槐树寻根祭祖节，祭祖时间为 4 月 1 日—4 月 10 日，主祭日为清明节，由洪洞县人民政府主办，至此拉开了大槐树正式公祭的帷幕。在社会各界人士的慷慨资助下，祭祖园规模不断地扩大，2005 年 1 月，大槐树祭祖园改制为大槐树寻根祭祖园有限公司。随着山西经济的发展和对外开放的不断扩大，越来越多的移民后裔知道了洪洞大槐树，"寻根祭祖"已经成为凝聚海内外华人的一个重要纽带。2007 年，洪洞大槐树寻根祭祖大典由山西省、临汾市、洪洞县三级政府共同主办，祭祖规模一跃成为历史上最宏大的一次。

从第一届寻根祭祖节开始，祭祖大典仪程就有了明确的规范，虽然为了适应社会的进步和人民的需求每年都会略有不同，但总体上有了固定的范式。除清明节以外，其余九天都是各种民间文艺之间的竞赛和展演，比如威风锣鼓大赛、名优小吃大赛、民间书画艺术展、地方戏曲表演、"根祖杯摄影大赛"、民间艺人绝活比赛等等充满地方特色的民俗活动。主祭日要进行庄严肃穆的祭祖大典，大典由三个部分组成：迎亲人、寻根乐、祭祖灵。主要参加人员有国家、地方有关部门的领导、对大槐树扩建有特殊贡献的企业家，以及来自全国各地的移民后裔和本地群众。

迎亲人。旌旗仪仗队、威风锣鼓队、百家姓刀旗队"夹道欢迎"远方客人；鼓乐齐鸣、彩旗挥舞；身着彩装的古槐后裔代表向领导和嘉宾敬献花篮；礼仪小姐用柳条沾水轻洒在嘉宾身上，欢迎远道而来的客人。

寻根乐。主要是由地方群众和著名歌星表演各种有地方特色的曲目，曲目的主题都是以怀念先祖、歌颂家乡为主。

祭祖灵。由政府官员主持祭祖大典，宣布"中国·洪洞大槐树寻根祭祖大典"开始；鸣鼓三声，祭祖堂大门在18响礼炮声中徐徐开启；向大槐树移民先祖敬献花篮；嘉宾代表分批敬献花篮；向大槐树移民先祖敬献供品；政府官员恭读祭文；大槐树移民后裔代表致回乡感辞并祈愿；嘉宾进入祭祖堂认亲。以2007年寻根祭祖节为例，主祭人为副省长宋北杉，恭读祭文的是省长于幼军。

从祭祖仪式中我们可以看出，国家、社会精英和民众在仪式中都展现出了不同的角色和作用，而且三者在正式公祭的过程中都有各自不同的行动逻辑。

1. 国家在祭祖仪式中的运作逻辑

国家在民间仪式中有其自身的行动逻辑。祭祖活动的主办权由县级上升为省、市、县三级联合主办，充分体现了国家权力对这项活动的承认和日益重视。中国·洪洞大槐树寻根祭祖成功地带动了洪洞地方产业结构的调整，拉动了旅游业的发展。自从祭祖节开始举办，洪洞县游客人数迅速增加，旅游综合经济收入突破3亿元，旅游业已成为县域经济增长的新亮点。仅2007年，游客人数达110万人次，门票收入达到1700万元。而且利用"寻根祭祖大典"还可以提高山西在海内外的知名度，吸引越来越多的移民后裔回乡投资，促进山西的经济发展。同时，也弘扬了传统文化。

2. 社会精英在仪式中的运作逻辑

经济精英作为祭祖园不断扩建和举办祭祖活动的主要经济支持者，其主要目的是为了扩大资本，获得经济利益，提高企业的声誉和影响力。大槐树寻根祭祖园有限公司与其他普通企业不同的是，它经营的是文物古迹，属于中国传统文化的组成部分，会得到政府的大力支持，这样国家和企业在祭祖问题上就形成了共谋发展的关系。一方面，企业利用国家权力可以获得政策上的支持，保障自身在市场发展过程中的有利地位；另一方面，国家也利用企业缓解了扩建祭祖园和举办祭祖活动所需资金，二者在这一问题上达成了共识。

在祭祖仪式中表现活跃的还有文化精英，如著名演艺家的精彩演出和各种民间艺术比赛中的艺人，他们的精彩表演都是对大槐树祭祖活动的支持和宣传，他们的参加提高了寻根祭祖的文化层次，丰富了祭祖文化。

3. 民众在仪式中的运作逻辑

不管是政府要实现其政治目的还是企业要扩大其经济资本，都必须以民众对祖先的广泛信仰为前提。在长期的历史发展过程中，早已通过口头叙事和文本记载的方式将大槐树先祖扎根在了广大民众心中，尤其是关于祖先灵验的各种传说更是进一步加强了民众对祖先的崇拜。但是随着社会的发展，人们的思想观念在不断进步，外地的移民后裔回到家乡祭祖，更多的是基于一种情感的留恋，感谢祖先所创下的家业；而对于本地民众来说，在祭祖期间都饱尝了一顿文化大餐，极大地丰富了民众的精神文化生活。祭祖节的各种比赛活动为民间艺人提供了一个展现才华的舞台，有利于民间文化的传承和发展。在这里，民间利用政府的权力支持和经济精英的捐助实现了祭祖的心愿，丰富了文化生活，而政府和企业也通过民众的祭祖活动实现了他们各自的目的。

四、结语

伴随着社会的变迁，大槐树祭祖在不同时期表现出了不同的方式，祭祖的主持权力也经历了从普通民众、社会精英（包括家族精英）到地方政府的转变，并且形成了现代祭祖仪式"政府主导、社会支持、民众参与"的运作体制。为了迎合社会的变迁，仪式所承载的社会功能也在不同时期表现出了不同的特点。

（一）传统时期，早期移民纪念大槐树先祖的主要目的是寄托对故乡的思念并祈求祖先的保佑。对于他们来说，在一个陌生的地方，祖先是最好的庇护神。到了后期，随着家族的不断壮大，在他们心中，祖先不但是庇护神，也是团结家族的重要力量。

（二）过渡时期，在社会精英的组织倡导和民众的支持下建成了大槐树迁民遗址。中华人民共和国成立后，国家权力介入祭祖仪式。地方政府将祭祖与给烈士扫墓两者融合起来，实际上是为了借助移民民众对祖先的崇拜之情来强化人们对自身移民后裔身份和共同祖先的认同，从而达到凝聚民族感情、激发人们爱国热情的政治目的。

（三）现代祭祖仪式中，经济和文化功能尤为突出。自从第一届祭祖节以来，大槐树寻根问祖之旅已经成了洪洞县旅游业的支柱，每年清明节都会吸引全国各地的移民后裔前来祭祖，而且还有很多移民后裔投资家乡建设，有效拉动了洪洞地方经济的发展。除此之外，每年祭祖节期间举办的民俗活动，不仅满足了民众的娱乐要求，而且都是对洪洞地方优秀文化的传承和发扬。

在这一变迁中，国家、社会精英和民众在不同发展阶段都发挥着不同的作用。其中，社会民众是基础，传统时期正是因为他们对移民祖先有崇拜的需求，才直接促成了国家、社会精英对大槐树祭祖的重视和发展；而社会精英在过渡时期所做的努力都为祭祖的制度化奠定了基础；对于国家来说，地方政府作为国家权力的代表，会根据具体情况不断调整对祭祖的念度，并努力引导祭祖与国家的意识形态相符合。祭祖这一民间信仰在现代社会中成了带动地方经济发展、活跃地方文化、团结海内外华人的一个重要纽带。

参考文献：

1. 千铭铭：《社会人类学与中国研究》，广西师范大学出版社，2005.
2. 涂尔干：《宗教生活的基本形式》，上海人民出版社，2006.
3. 索端智：《信仰与仪式中的文化、权力与秩序》，青海民族学院学报，2008.
4. 郭于华：《仪式与社会的变迁》，社会科学文献出版社，2000.
5. 郑守来：《大槐树寻根》，华文出版社，1999.
6. 刘郁瑞：《古槐移民与古槐文化》，山西师范大学出版社，2001.
7. 张青：《洪洞大槐树移民志》，山西古籍出版社，2000.

移民文化　功铸千秋
——略论历代规模性移民对促进社会经济文化融合发展的伟大历史意义

李代远

从古至今，社会规模性移民不外自移和强移两种。自移多始于灾荒、战乱或经济生存需要；强移则为政府法令所驱遣：充军、屯垦、实边、垦荒、填补战争或自然灾害形成的人口空缺，以利国家人口均衡分布，均衡发展和财政赋税之需。虽为满足统治者一时之需，但从整个国家民族或人类发展的历史来讲，移民运动对促进社会经济文化融合发展的历史意义，则不知要比统治者的原始初衷大出多少倍。

仅以笔者对中国历史上多种移民文化史事的粗略了解分析可知：

公元前11世纪初，武王伐纣胜利后建立周王朝，为推行"宗周制"，周王把自己的子弟和功臣分封到全国各地，命他们带上自己的军队和臣民，在那里建立邦国，和当地原始居民和平相处，交流而繁衍生息，经过八百年的历史演化和诸子百家争鸣，最终为秦汉时期的中华民族思想文化的成熟和大疆土意识的形成及大统一大发展打下坚实基础，为形成华夏民族的统一文化功铸千秋。

战国晚期，秦昭襄王派张仪、司马错伐蜀，建立蜀郡，"移秦民万户实之"，而后有"李冰治水""文翁化蜀"诸盛事。秦民与蜀地原住居民长期交流，共同开发，使四川在两百年间成为举世闻名的"天府之国"，在全国范围内形成史称"扬一益二"的经济文化发展规模，造就了文化上"汉征八士，蜀有四焉"的文化鼎盛期，更为秦汉两朝的大中华帝国奠基性统一作出了不可磨灭的巨大贡献。

西晋末年，天下大乱，内有孙恩、卢峒起义，外有外族入侵中原，迫使东晋政权南迁。司马王室与士族集团率军队与民众南渡长江，开垦江南，使南方经济逐步领先中原，最终产生了东晋、南朝及隋唐经济文化之鼎盛；留下了王羲之"兰亭修契"、隋炀帝"三下江南"及唐人诗歌中"旧时王谢堂前燕，飞入寻常百姓家"的风流盛衰韵事。

北魏孝文帝拓跋氏自大同举族南迁，从上至下，实行自觉汉化，不仅为中华民族的壮大和历史统一做出了巨大贡献，更为中国和世界留下"云冈石窟"和"龙门石窟"两大无与伦比的文化遗产和历史宝藏。

同比，唐末黄巢起义，朱温乱国，山河陵替，民不聊生。关洛李唐王室，中原士族亦因战乱南迁。宋末"靖康之乱"，赵宋王朝亦率军民南渡，过长江，下钱塘，南达越赣闽广，数百年间，形成名声显赫、富甲天下、独具特色的太湖文化、钱塘文化、皖南文化、八闽文化诸江南文化名区。

元末明初发生在山西洪洞的国家法令性大移民，更是历史上屈指可数的特大移民运动。元末红巾揭竿，中原战乱。朱明义军北逐蒙元，南扫群雄，卅年烽火，黄河长江白骨遍野，千里荒芜。山西表里山河，经济稳定，人口稠密。晋南尤其富庶，因而，发生在洪武永乐两朝的"洪洞大槐树移民"成为中国历史上最大规模的国家移民运动，不仅面积大、人口多，而且时间长、影响大。先后四十余年，移民十八省区，六百年的社会发展，移民子孙已遍及神州和海内外，至今移民后裔达三亿余，并各自在所移范围生根开花结果，繁衍后裔。同时，因移住区域自然历史文化环境的差异又形成若干新的地域性的分支文化。

清初康熙朝的"湖广填四川"移民，也是国家有计划、有组织的法令性移民，国家给予一定的政策优惠，占地称为"插占"，并以为恒产，同时减免税收和给予补助奖励性政策。这不仅能均衡人口分布，促进地方生产发展，由于移民来自两湖、两广、福建、江西、陕西、山西等广大区域，更能促进感情交融，生产技术交流和经济文化的发展。移民文化和地方文化的认同、趋同、融合、升华，形成了今天所谓的"盆地意识"和川菜、川剧、川腔及若干地域文化生活观念。

移民和移民文化是一个不容忽视的历史史实，更是一个不容忽视的多达数亿人口，子孙遍及中外的社会大载体，其历史意义和现实意义极为深远。"美不美，乡中水，亲不亲，故乡人。"仅以山西临汾洪洞对大槐树移民文化的整理和发掘，移民史志专家张青先生和他的同事们做出了功不可没的历史性贡献；洪洞大槐树祭祖园的创建和扩建，洪洞故乡领导功德千秋，他们不仅为数亿移民后裔填补了寻根问祖的精神需要，更为移民后裔创建了规模宏巨的祭祀殿堂。经过百余年数代有心人的艰辛考证，六百年前的大槐树移民史事才得以面目清晰地呈现在我们面前，移民后裔才得以在这里庄重肃穆地缅怀祭祀先人并讨论其历史功绩和文化意义。

我是一个移民后裔，自然有一分很深很厚不可言喻的移民情结，因而对移民史事文化的探索和思考也是极其自然不过的感情驱使。仅将这些想法和思考整理出来，与诸专家学者同仁共勉。不足之处，敬请指正。

李代远：当代著名书画家、诗词家、美评家、文艺理论家，中国青城画派、中国昆仑诗派创意人、领军人，学者。大观堂古文化艺术综合研究院院长，北京市中友协龙墨轩书画院院长，中国社会经济文化交流协会书画院常务副院长，文化部中国文化艺术交流协会副主席。

塑造地方形象的努力
——洪洞大槐树移民传说中的士绅角色分析

冀满红　吕霞

由于大量见于各类家谱与方志记载，山西洪洞大槐树移民传说一直以来便深受学术界重视，相关研究成果也颇为丰富。大槐树移民传说虽然在华北地区流传，然自明清以来相当长的一段时期内并未得到民众的广泛认可，充其量只是作为山西向外省移民的一组成部分，并无自己的独特位置。然时至今日，大槐树却成为众望所归的家园象征，这其中究竟经历了怎样的过程？究竟是谁在其中扮演了什么角色？因此，本文关注的重点在于在大槐树移民这一说法由民间传说转变为社会主流文化意识形态过程中地方绅士所起的作用。

一、遗址：传说的造势

作为记忆历史的方式之一，传说的产生与一定的历史背景和地方风物相联系，虽然带有虚构性的文学色彩，然或多或少能反应一定的历史真实。山西洪洞大槐树移民传说亦是如此。这些传说因故事本身的趣味性和亲切感而在民众间享有广泛的市场。如《御箭射雁》，叙述胡大海在不得志之时在河南受人歧视，在朱元璋的军中屡建奇功后得到"一箭之地"的复仇许可。胡大海射箭于雁尾，雁飞过处即遭血洗。《燕王扫碑》与《三洗怀庆府》这类关于洪洞大槐树移民缘起的传说即为同种类型的故事。为解决因动乱而造成的人口稀少的困窘，明朝政权不得不下令移民填补由杀戮而引起的人口稀少的地区。洪洞大槐树移民即由此始。

虽然，以史学眼光来看，有关洪洞（在明清时期，洪洞隶属于平阳府）大槐树移民的传说并不可信，然而，这些传说却反映了明洪武和永乐年间山西民众在国家政策的强制下向外迁徙的历史事实，这一历史事实在正统官方文献中多有记载：

洪武三十五年九月，命户部遣官核实山西太原、平阳二府，泽、潞、辽、沁、汾五州，丁多田少及无田之家，分其丁口以实北平各府州县，仍户给钞使置牛具、子种，五年后征其税。

永乐十五年五月，山西平阳、大同、蔚州、广灵等府州县民申外山等诣阙上言：本地土饶且窄，岁屡不登，衣食不给，乞分丁于北京、广平、清河、真定、冀州、南宫等县宽闲之处，占籍为民，拨田耕种，依例输税，庶不失所，从之。仍免田租一年。

尽管山西洪洞移民作为不争事实的存在，然在时代鼎革、社会动乱之际的被迫性迁徙或在承平时期为实现人口的均衡发展而由官方意志介入的强制性迁徙都是社会秩序重新整顿的手段之一，其存在较为普遍，如永嘉南迁、安史之乱后中原人民的南迁。作为历史经常性移民活动中的一小部分，洪洞大槐树移民的传说本无足轻重，然而，此处移民之所以能够成为移民浪潮中的重要支流，其地位的彰显主要因为民国初年地方士绅对于洪洞大槐树移民这一历史存在的关注以及为了这一存在得到世人的认可而作出的种种努力。

这种努力首先表现在对大槐树遗址的重建上。大槐树移民传说背后所反应的事实虽然存在，然毕竟年代久远，且一直以来并没有得到足够的重视，甚至当地民众对其了解亦不深入。据曾在洪洞任职的李兆麟记载：

清光绪戊申，予捧檄署洪洞事。咸谊枣阳王小波君函述始祖隶大槐树籍，明时始迁枣阳，并以溯本枝访遗迹相属。予因公出望霍门北二里许，至大槐树村寻访王氏本支，邈不可得，遗迹亦不概见，询之父老，只略述大槐树迁民之事，亦言之不详。旧县志古迹亦复阙漏，《续文献通考》载有明洪永间迁居北平、滁、和、保安等语，又未及楚之枣阳，或迁居后又有转徙，亦未可知。然已年远无稽矣。

此中包含两层意思：一是在光绪戊申即1908年之时，对洪洞大槐树移民传说及其遗迹了解的人甚少；二是旧县志缺乏相关记载。有学者研究，洪洞县志有明嘉靖三十三年、万历十三年、顺治十六年、康熙十二年、雍正九年、同治十一年、光绪八年等版本，但未见洪洞大槐树移民之相关记载。因此，在大槐树遗迹已然消失并且缺乏文献可考证的情况下，选择与大槐树移民遗址的地基就只能依据"故老之传闻"来作出决定。

虽然自晋商兴起以来，洪洞地方社会价值体系及社会风尚有所变易，然而地方士绅所构建的传统权力网络依然在基层社会中占有主导地位，大槐树遗址修建的资金提供虽然有从商者的捐助，然而遗址修建从最初的策划以及之后的志书编撰，主要贡献当推景大启、刘子林和贺柏寿等乡绅的努力。为改变既定遗址"历年久远，槐树无存，寺亦毁于兵燹"的状况，洪洞地方士绅在募集到一定资金之后便着手在原先荒烟蔓草之地植树、刻碑、立坊等，初步建立起了大槐树移民遗址的雏形。因为对于地方士绅而言，利用自己的文化权势，塑造具有区域特色的符号象征则是提升地方形象的重要手段。

从某种程度上而言，地方士绅的这些行为实际上是为大槐树移民传说造就了最基本的实物证据，为民众提供了心理寄托的平台，虽然倡导者建立遗址的初衷缘于在异乡的故土情结。然而，正是这一遗址的建立，使洪洞大槐树移民的传说得到实物的证实。传说本作为民间记忆历史的方式之一，其可信性令人怀疑，但当这一传说得到历史实物的证实之后，就容易成为一种信而不疑的事实存在。

二、文本：传说的强化

洪洞大槐树遗址的修建，仅仅是地方乡绅为打造移民传说迈出的第一步。为了使大槐树移民得以穿越单纯的民众传说视角进入地方士大夫或者说地方正统领域，文字记载便成为普及大槐树遗址印象的重要手段。在民国五年（1916）重修的《洪洞县志》中对大槐树移民之说有这样的记载：

大槐树，在城北广济寺左，按《续文献通考》：明洪武、永乐间，屡移山西民于北平、山东、河南等处，树下为集合之所。传闻广济寺设局驻员，发给"凭照川资"，因历年久远，槐树无存，寺亦毁于兵燹。民国二年，邑人景大启等募资，竖碑以志遗迹。

在此段话后另有"新增"两字，表明大槐树移民传说正式被纳入地方正统认可的范围之内乃是在其遗址建立之后。除《洪洞县志》之外，民国十年（1921）又有《洪洞古大槐树志》的出版印行。然而这两本书的遗憾之处在于前者的流传有一定的地域局限，且其关于大槐树记载的直接文字并不多见；而后者由于经费的局限则数量有限，因而社会影响并未达到预期的效果。

为了获得更广泛范围内的移民情感认同，地方乡绅策划在原先《洪洞古大槐树志》的基础上进行增修补订，以期充实。这种想法得到包括时任洪洞县知县的柳蓉等众多乡绅的支持。他们一方面力邀本地仁人志士参与对大槐树遗址的诗词歌赋的撰写；另一方面约请迁徙自洪洞大槐树而居于山东、江苏、贵州、四川等地移民的加入，这种征集文辞范围的扩大本身就是对大槐树传说的一种宣传。经过不懈努力，新编之书是"志碑记、杂体诗、词歌赋共得若干，分为十六门，辑成上下二卷，凡各门类旧作编于前，新作增于后，先后井然不紊"。《增广山西洪洞古大槐树志》的出版印行不容置疑地扩大了大槐树移民这一传说的社会影响力，并为历经迁徙辗转的民众的家谱、族谱的修订或者重修提供了可能的身世来源。

家谱、族谱作为记录宗族起源、迁徙、盛衰演变以及制度建设的文本，由于带有强烈的情感意识而造成史料价值的不确定性。从某种程度上而言，族谱实际上可以说是宗族历史传说故事的另一种文字记载方式，而这种方式也是长久以来中国士绅借以炫耀身份以及社会地位的方式之一。洪洞大槐树移民遗址的建立促使具有"洪洞后裔"可能性的士绅的乡土意识的觉醒,也由此产生更多的"洪洞后裔",而《增广山西洪洞古大槐树志》的发行则直接促使了这一过程的加剧。从民国初年所修订的家谱中就可以清楚地看出这种状况。如《长垣赵氏家谱》〔民国十三年(1924)修〕记载:

先世相传"自明洪武年间由山西洪洞县迁居长垣城南枣科村,迄今已十三世,族姓繁衍达千余口,而转迁徙迁流他方遂成土著者,尚实繁有徒,谱牒散逸,非第洪洞先世无可稽考,即自迁居长垣以来,五百余年间,世系相传亦浸遗失,数典忘祖,耻孰甚焉。"

又如《平定郭氏家谱》〔民国二十一年(1932年)续修〕载:

谱主原籍洪洞,后迁至石艾(平定),因谱系失散,明代远祖、始祖世系无考。

诸如此类的家谱的特征在于尽管先世曾经辗转流离,遥远而不可追述,然都奇迹般地与洪洞大槐树移民这一意象相联系,虽然不排除作为洪洞正牌后裔的可能性,但不可否认其中有"虚构自己祖先"这一情况的存在。

推究这种情况出现的原因,一方面主要是因为洪洞乡绅对洪洞大槐树移民传说这一意识的强力渗透,大槐树遗址的修建、志书的出版印行为民众提供了得到官方正统意识承认的身世参考;另一方面这也是迁徙民众自我身份认同的回归。在讲求实际的民众当中,大槐树移民作为具有共同乡土情结的移民集团,在筚路蓝缕的奋斗过程中,具有控制与争夺生活资源的优势地位。这种实在的利益或许是驱使民众虚构自己祖先的重要原因。然而,有一点需要注意的是,参与家谱的修订者往往是家族中的读书人士,身兼地方士绅与洪洞后裔双重身份的职责,或有意或无意地影响了他们书写家族历史的"洪洞化"倾向,故洪洞移民的传说才因此具有"但不见诸史,惟详于谱牒"的特性。

三、成效:地方形象的凸显

自古以来,深受儒家学说影响的中国士人对血缘与地缘关系就极为重视,即便是在他乡身居高官,亦有落叶归根的选择,而对于长期生活在这片区域的士绅来说,躬亲力行实现自己的价值寄托则是他们的首要选择,这正如张仲礼在《中国绅士》一书中所言:

绅士作为一个居于领袖地位和享有各种特权的社会集团,也承担了若干社会职责,他们视自己家乡的福利增进和利益保护为己任。在政府官员面前,他们代表了本地的利益,他们承担了诸如公益活动、排解纠纷、兴修公共工程,有时还组织团练和征税等许多事务。他们在文化上的领袖作用包括弘扬儒学社会所有的价值观念以及这些观念的物质表现。

具体到洪洞大槐树移民这一传说，地方士绅通过建立大槐树遗址的举止行为以及纂修志书、族谱的话语表达来强化洪洞移民传说这一事实的存在。在他们的塑造之下，洪洞大槐树不仅作为联系地方民众以及宗族情感的纽带，同时成为散居在外的游子想象中的家园象征，或者直接成为家园的代名词：

山西省历朝迁民并非一次，有明一代，洪武、永乐年间，因直鲁豫秦等省受元末兵荒灾歉，居民丧亡殆尽，徙太原、平阳、洪洞、蒲、绛等处人民动辄数十万户，前往填殖，并非专迁洪洞人也，亦可分道分批往也，而远省耆老世世相传，众口一词，佥称自洪洞大槐树迁来，仅知有洪洞，不知有他处，仅知大槐树，不知长大槐树之村庄，以一县为发祥地，以一树作遗爱品，入人心之深，千古不移，奇矣！

从这个层面上而言，洪洞士绅对于大槐树这一标志符号的树立是成功的，"洪洞后裔"成为寻根时尚中攀附的主要对象，这是南雄珠玑巷、山东枣林庄以及南京杨柳巷这类同种性质的寻根规模所无法比拟的，而出现这种差别的主要原因则可以归结为地方士绅对于大槐树这一意象的舆论宣传的成效。

自近代以来，除了咸丰、同治年间的太平天国战争以及捻军的影响外，光绪初年的罕见灾荒均给予洪洞社会以严重打击，尽管洪洞具有"南通秦蜀，北达神京，车辙马迹，络绎如织"的地理位置，仍不免处于被不断边缘化的地位。洪洞能否恢复有如往昔之重要成为当地士绅思考的重要课题。因此，彰显洪洞古老文化的资源优势，塑造新的兴奋点便成为洪洞士绅提升地方知名度的最佳方式，洪洞大槐树移民的传说则是这一考虑下的产物，尽管时至民初，然士绅对乡村基层社会的文化影响依然存在，民众对于士绅宣扬洪洞大槐树移民这一行为的认可也是对乡村主流文化的认可。虽然，大槐树移民遗址建造之初只是作为精神家园的意象，并不具备实际的经济利益。但是，在民国初年大槐树因庇护洪洞人民免受卢永祥军队破坏的功德而益发得到民众的厚爱。这个故事的流传不仅加强了原本具有浓郁的宗教信仰的地方民众对大槐树的信赖度，同时也使地方士绅所精心塑造的大槐树形象日益深入人心。

进一步而言，选择在民国肇始之际打造洪洞大槐树形象，也隐隐反映了地方士绅在社会变革时期对地方文化的一种焦虑。清季以降，社会阶层发生变化，商人地位上升，而相应的则是地方士绅在基层民众中控制力减弱，为维护作为地方权威代言人的优势，强化地方认同，选择具有广泛影响力的社会行为，诸如具有文化韵味的书院建设、寺庙改造以及洪洞大槐树遗址的修建都是维护其精英地位的有效策略。然而洪洞士绅的地方意识以及自我意识却在某种程度上暗含当时社会流行的民族、国家这一话语体系："后世子孙闻其地（大槐树）而眷怀乡井者，种族之念为之也。"正是这些不断层垒的符号象征使得洪洞以及洪洞大槐树得以被更广区域范围内的人士所熟悉。

总而言之，为改变晚近以来洪洞地区逐渐被边缘化的趋势，提升地方形象，具有强烈"地方史"意识的洪洞士绅通过对传统资源的改造——洪洞大槐树遗址修建这一适当契机，为移民传说造就了最基本的实物证据，提供了供民众凭吊祖先的重要平台。为强化对洪洞移民的传说的确认，地方士绅又通过对地方志、族谱等书籍的编纂，成功使得洪洞大槐树移民传说逐渐成为被官方正统所接受的主流文化意识形态，为民众寻求身份回归提供了重要参考。虽然，地方士绅的所作所为有为在传统乡村权力网络中挽救权威的下滑的努力，然洪洞大槐树这一物象毕竟超越洪洞区域的限制而成为众多人士的心灵寄托与精神皈依。

民众迁徙、家园符号与地方认同
——以洪洞大槐树与南雄珠玑巷移民为中心的探讨

冀满红　吕霞

作为中国历史上移民浪潮中的重要支流，洪洞大槐树移民与南雄珠玑巷移民一直以来都备受学术界重视，相关研究成果也颇为丰富。虽然一处华北，一在华南，但地理距离的遥远无法阻挡这两地同样成为众望所归的家园象征。然而，在被塑造成为家园符号的过程中这两地究竟基于什么共同之处成为众人青睐的对象？而又有什么独特之处使之成为独一无二的大槐树或珠玑巷？而这正是本文所要探讨的问题。

一、作为寻根文化中的重要组成部分，洪洞大槐树与南雄珠玑巷是众多人士心目中精神家园的象征，这些意象的表达大量见于各类家谱、族谱与方志记载。在翻阅相关资料的基础上，试就对洪洞大槐树与南雄珠玑巷移民的迁徙缘由、时机选择以及文字记载方面的相似之处略作分析。

第一，迁移缘由：传说文本的衍生。

在有关山西洪洞大槐树移民与南雄珠玑巷移民的书面记载中，一个很有意思的现象是带有虚构性色彩的传说故事成为解释民众迁徙的主要缘由。虽然此类故事并非历史真相之保留，然这些传说因本身的趣味性和亲切感而被民众所广泛接受。洪洞大槐树移民缘起主要有《御箭射雁》的传说。这个故事叙述胡大海在不得志之时在河南受人歧视，在朱元璋的军中屡建奇功后得到"一箭之地"的复仇许可。胡大海射箭于雁尾，雁飞过处即遭血洗。为解决因杀戮而造成的人口稀少的困窘，明朝政权不得不下令移民填补人口稀少的地区。洪洞大槐树移民即为平衡战争造成的人口失衡而采取的方略。

有关珠玑巷移民缘起的传说主要为苏妃的故事,虽版本各异,然主要情节类似:苏妃因言行不慎得罪皇帝而私逃出宫,隐瞒身份遇南雄富民黄贮万委托终身而定居南雄保昌县,在遭人上告、事情败露之后,文武官员怕皇帝的责怪而密谋清洗该县,迫使当地居民潜逃。虽然,以史学眼光来看,有关洪洞大槐树与南雄珠玑巷移民的传说并不可信,然而,这些传说却反映了这两地的民众在外力——或来自国家强制手段的干预或来自社会动乱的影响下被迫离开原先的居住地而向外迁徙的历史事实。

随着社会历史的发展,关于洪洞大槐树与珠玑巷移民的传说在历史的过程中不断得到补充,并随着历史背景的变换而得到丰富与发展。如有关大槐树移民的《燕王扫碑》和《三洗怀庆府》的故事。这些民间传说的流行,不仅为洪洞大槐树与南雄珠玑巷的民众离开家园提供了合理的民间解释,而且在一定程度上反映了两地民众在面临迁徙时的无可奈何与心理恐慌。对于安土重迁的中国民众而言,"生于斯,长于斯"是最理想的生存状态,只有在连基本生存都成为问题之后,离开故土才是一种迫不得已的选择。《御箭射雁》中的屠杀与对南雄保昌县的血洗都足以构成对民众生存的威胁感,而这种威胁感在传说故事的流传中得以释放。

第二,时机选择:朝代鼎革社会秩序重整之际。

尽管洪洞大槐树移民"并非自明始,早在宋、金、元三朝就有外迁居民的活动,并延及明一代,一直到清乾隆年间,还陆续有此种迁民活动",但作为形成迁民浪潮的主体迁移活动则相对集中于洪武元年(1368)至永乐十五年(1417)间,前后历三朝五十年。在这段时间内刚刚建立的明朝政权不仅要面对水灾、蝗灾以及瘟疫等自然灾害,亦要医治元末农民起义以及"靖康之难"所造成的战争创伤,山西因其地理位置的优越而损失较少——不论是经济损失还是人口损失都较少而成为人口外移首要考虑的对象:

古者狭乡之民迁于宽乡,盖欲地不失利,民有恒业,今河北诸处,自兵后田多荒芜,居民鲜少。山东、西之民自入国朝,生齿日繁,宜令分丁徙居宽闲之地,开种田亩,如此则国赋增而民生遂矣。

如此一石三鸟之计不仅可以解决山西人多地少的矛盾,增加国家赋税,同时最重要的是将山西人口迁移他省并按照里甲制度编户居住,从而在最短时间内实现了对社会基层人口的重新控制。我们由此可以看出,在时代鼎革、社会动乱之际的被迫性迁徙或由官方意志介入的强制性迁徙都是社会秩序重新整顿的手段之一,洪洞大槐树移民与南雄珠玑巷移民即为逢天灾人祸之双重打击之后为实现人口的均衡发展而采取的措施。尽管它们之间存在微小的差别,前者是对其消极后果的处理方略,而后者则是被动的承受者。对于后者,南海苏廷鉴曾在《苏氏族谱》

中对这一状况做了细致的描绘：

> 珠玑南迁，前后两次不同。一为宋高宗绍兴元年，乡民因天灾流行，又奉旨取土筑寨，民惧集兵之扰，罗贵等九十八名呈请给引南迁，三月十六日起程，四月初三日赴南海县立案开籍，其引载有苏汝卿、苏汝相姓名，此前次由珠玑巷南迁也。一宋末益王昰景炎元年，即元世祖十三年九月，吕师夔等将兵入梅岭，赵溍遣曾逢龙、熊飞御于南雄，逢龙战死，熊飞奔韶州，守将自立以城降，飞率兵巷战，兵败赴水死，时宋末民避兵燹，亦由珠玑巷南迁，此后次迁居也。

第三，文字记载：详于谱牒而略于正史。

关于山西向外移民情况，在《明实录》《明史》中多有记载，建文四年（1402）九月：

> 命户部遣官核实山西太原、平阳二府，泽、潞、辽、沁、汾五州，丁多田少及无田之家，分其丁口以实北平各府州县，仍户给钞使置牛具、子种，五年后征其税。

虽然据学者研究，洪武年间山西向外移民10次，永乐年间8次。然而，这正如上资料所显示的那样，平阳府（在明清时期，洪洞隶属于平阳府）只是作为山西移民的一小部分，在众多资料中的出现频率并不是很高，何况当时平阳府下领众多州县。洪洞大槐树之所以作为众多民众家园这一身份的确定实有赖于家谱与族谱的记载。张青先生长年搜集有关大槐树移民资料所编写的《洪洞大槐树移民志》中收录了110份移民的家乘提要，从这些提要中我们可以看出移民的身世背景，如曹县《大马王王氏合谱》载：

> 始祖原系山西平阳府洪洞县老鹳窝之民，居洪洞东二十里王家滩，门前置槐三株，由大明永乐二年兄弟二人东迁。

又如临清《张氏族谱》：

> 张氏系出于山西之洪洞，发源有自，世代无穷。自有明奉迁徙清源，遂聚族而家焉。

洪洞大槐树移民文字记载所具有的"但不见诸史，惟详于谱牒"的特性，同样也适用于南雄珠玑巷移民情况。除部分见于地方县志之外，迁民的缘由、路线等一系列细节大都依靠家谱或族谱的文本保存。如《南海鹤园陈氏族谱》：

> 宋度宗咸淳九年癸酉岁，怀王妃胡氏逃于南雄府保昌县沙水村珠玑巷，溺水。至次年行文访查，民虑及难，各挈家逃窜荔枝山下者万余人，遂结竹为牌，顺水漂流，乃狂风大作，牌散溺水死甚多，旋至一处，见岸上童子，问之，得悉里中有忠勇将军，甚显灵，从即赴祠祈祷。后抵连州水口，始各奠居，故我祖来寓于佛山。

又如《粤东简氏大同谱》：

吾宗各谱，有由南雄来者，以其时南雄有胡妃逃至。于是珠玑巷人虑祸及，故相率而迁，盖相传云然，广州诸家族谱亦多云然。

诸如此类的家谱、族谱的记载很多。作为记录宗族起源、迁徙、盛衰演变以及制度建设的文本，家谱或族谱由于带有强烈的情感意识而造成史料价值的不确定性。但是，从某种程度上而言，它们实际上可以作为定格宗族历史的一种文字记载方式，不仅可以与官方历史记载相佐证，同时也可以深度挖掘这一记载背后所体现的社会文化意义。

二、虽然洪洞大槐树移民与南雄珠玑巷移民在迁徙缘由的解释上都伴随着种种传说，都选择在朝代更替之时把移民作为社会秩序重新整合的手段之一，而且，还通过文本形势加以强化并在文字记载上出现详于谱牒而略于正史的共同特点。但是，洪洞大槐树与南雄珠玑巷毕竟是分处两地且在不同时代的移民，在迁徙的动机、规模以及组织领导方面都有各自的与众不同之处。

第一，迁徙动机：避战自保与巩固统治的需要。

与历史上大多数动乱时期的被迫性移民相同，珠玑巷移民南迁也是应对社会秩序失调时期所采取的最佳措施，他们移民的直接动机可以说是在战乱频繁之时为获得基本生存权而采取的无可奈何的举动。如《庞氏族谱序》云：

吾族自成周以来毕公之子封于庞，其后遂以国为姓，吾始祖沙村公讳晏者，宋祥兴间由南雄珠玑巷避乱迁南海。谱自南雄以上不可考矣。

又如高明《罗氏族谱》：贵祖因宋朝烽火离乱，由南雄珠玑里南迁新会萌底。

其实，由于历史发展背离常态而引起的迁徙是民众自发的寻求自我保护与自我生存的有效手段，如永嘉南迁，安史之乱之后中原人民的南迁。但是洪洞大槐树移民却不是如此，它是国家为处理战乱过后赤地千里、人烟稀少的状况而采取的善后策略。因为在元末明初朝代更替之际，国家各方矛盾突出，元代统治集团内部争权夺利的内讧、农民起义的破坏、重新统一中国的战争都给社会秩序造成了极大混乱，这使得甫定天下的明代统治者朱元璋不得不实施"与民休息"的政策。这一政策的实施虽然带有贫苦出身的朱元璋对农民的一份同情："四民之业，莫劳于农，观其终岁勤劳，少得休息。时和岁丰，数口之家犹可足食，不幸水旱，年谷不登，则举家饥困。"然而，这更多考虑的是改朝换代之后开国之君所必须采取的巩固国家统治的策略，受灾较少且人口密度较大的山西成为向外省提供移民的主要地区，而驻入地则以军事要地为首先选择。如：

（洪武二十五年八月）冯胜、傅友德帅开国公常升等分行山西，籍民为军，屯田于大同、东胜，立十六卫。

（洪武三十五年九月）命户部遣官核实山西太原、平阳二府，泽、潞、辽、沁、汾五州，丁多田少及无田之家，分其丁口以实北平各府州县。

迁徙民众开发军事要地与国家重镇乃是明朝统治者的首要目的，然"籍民为军"的策略与直接移民屯田的方针在客观上为社会经济的恢复提供了直接的人力支持，有力地促进了明朝初期国家生产的发展。

第二，移民规模：迁徙次数与地域分布的悬殊。

如前文所言，从洪武元年（1368）至永乐十五年（1417）这50年间，山西先后向外省移民18次，被认为是"移民史上的巅峰，是中国历史上的第三次规模大的也是最大的一次移民"，具体详见下表：

山西移民情况表（1368-1417）

年代	迁出地	迁入地	人口数
洪武六年	山西及真定	凤阳	不详
洪武九年	山西及真定	凤阳	不详
洪武十三年	山西	不详	二万四千余户
洪武二十一年	山西泽、潞二州	河南、北田	不详
洪武二十二年	山西	大名、广平、东昌	不详
洪武二十二年	山西沁州	不详	一百一十六户
洪武二十五年	山西平阳、太原	大同、东胜	不详
洪武二十五年	山西	彰德、广平、开封等	五百九十八户
洪武二十八年	山西马步官	塞北	二万六千六百人
洪武三十五年	山西太原、平阳、泽、潞等	北平	不详
永乐元年	山西	北京、永平	不详
永乐二年	山西太原、平阳、泽、潞等	北平	万户
永乐三年	山西太原、平阳、泽、潞等	北平	万户
永乐四年	山西	北京	不详
永乐五年	山西平阳、泽、潞等	上林苑监	不详
永乐十二年	山西流民	隆庆州	不详
永乐十四年	山西流民	保安州	不详
永乐十五年	山西太原、大同、蔚州等	北京、广平、清河	不详

资料来源：据张青主编《洪洞大槐树移民志》（山西古籍出版社，2000年版）第48~50页制。

由上表可以看出，山西迁出民众遍及北京、安徽、直隶、河南、山东等地，分布范围较为广泛，然由于社会形势的变化发展，不少民众面临二次迁徙甚至多次迁徙的遭遇，如（民权）《太原王氏家谱》记载：

粤自洪武定鼎，吾祖由山右太原洪洞而迁于直隶大名府邑东南隅，距城五十里之许之毅村，夫自明迄清，吾族于兹土也有年所矣，其间一逢改革，几遭兵火。自是中原鼎沸，自是而边陲之扰，自是而窜奔止远者，迨元虚日。

与洪洞大槐树移民相比，南雄珠玑巷移民规模要小很多。据众多族谱以及相关县志记载，珠玑巷民众南迁前后有两次：

一为宋高宗绍兴元年，乡民因天灾流行，又奉旨取土筑寨，民惧集兵之扰，罗贵等九十八名呈请给引南迁，三月十六日起程，四月初三日赴南海县立案开籍，其引载有苏汝卿、苏汝相姓名，此前次由珠玑巷南迁也。一为宋末益王昰景炎元年，即元世祖十三年九月，吕师夔等将兵入梅岭，赵溍遣曾逢龙、熊飞御于南雄，逢龙战死，熊飞奔韶州，守将自立以城降，飞率兵巷战，兵败赴水死，时宋末民避兵燹，亦由珠玑巷南迁，此后次迁居也。

从分布范围而言，珠玑巷移民的一次迁徙只限于广东珠江三角洲地区，而不是像山西洪洞移民一样在众多省份皆有分布。当然由于此后辗转迁徙的原因，珠玑巷后裔也同山西洪洞后裔一样有"遍神州"的说法。

第三，组织领导：官方的强制命令与民众团体的自发迁徙。

由于洪洞大槐树移民分布范围广泛且涉及省份较多，在古代交通不甚便利的情况下，这样大规模的长途跋涉没有官方的得力组织无法实现。虽然存在个别的自愿迁徙的情况，如山西平阳、大同、蔚州、广灵等府州县民申外山等诣阙上言："本地土饶且窄，岁屡不登，衣食不给，乞分丁于北京、广平、清河、真定、冀州、南宫等县宽闲之处，占籍为民，拨田耕种，依例输税，庶不失所"，但这毕竟不能改变洪洞大槐树移民整体上由官方主导的性质。官方对洪洞大槐树移民的意志渗透主要表现在如下方面：中央政权审时度势对移民命令的下达；在"广济寺设局驻员，发给凭照川资"的准备工作；在迁徙途中对民众的管理与引导；在到达目的地之后的安顿编排以及提供农业生产的工具、种子、耕牛等等。如果说，没有官方的组织引导，在历史上形成这样大规模、长距离的民众迁徙工程是无法实现的。

与此相对应的是，南雄珠玑巷移民因为局限在一个省份之内，迁徙所要面对的问题就少一些。加之珠玑巷移民的领导者为地方精英——其代表人物为罗贵，在当地享有一定声望，具有一定的号召力与领导力，对移民活动有全面计划，对所要到达的"南方烟瘴地面，田多山少，堪辟住址"的状况有所了解，但与此同时，他们也力求获得来自官方的许可：

始兴县牛田坊十四图珠玑村岁贡生罗贵，居民麦秀、李福荣、黄复愈等连名团为逃难，俯乞文引蚤救生灵事。贵等历祖辟住珠玑村，各分户籍，有丁应差，有田赋税，别无亏缺，外无违法向恶背良，为因天灾地劫，民不堪命，十存四五，犹虑难周，及今奉旨颁行，凡民莫敢不遵，贵等团思近处无地堪迁，素闻南方烟瘴地面，田多山少，堪辟住址，未敢擅自迁移，今开居民九十七人，团情赴大人阶下，伏乞立案批给文引，经渡关津岸陆，度众生早得路迁移，安生有址，沾恩上词。绍兴元年正月初十日，团词人罗贵等。

在这个实例中，虽然官方许可为民众迁徙提供了重要通行证，然对于为躲避战乱的民众而言，他们更重视的不是徒具形式的引文，而是自身生存权的保障。因此，整个家族的集体性外迁是他们选择的主要方式，而对于洪洞移民来说，更多的家族成员则是由于官方的强行分配而遭受被各自分开的命运。

三、洪洞大槐树与南雄珠玑巷本是作为地方具体物象，但在有关民众迁徙的历史记载中却被看成故土家园的代名词，成为形成地方认同的中间介质。推其原因，主要是因为有关这两地移民情况的记载大多见于地方谱牒以及相关县志，而在追溯这两地移民历史的过程中，谱牒与县志却是理所当然地成为首要参照对象，当然，这其中又以家谱数量占据优势。因此，可以这样说，正是各家族家谱的记载成为构建大槐树以及珠玑巷移民历史的主要史料来源。虽然，对于历史学者而言，这些史料的价值颇值得商榷，但"它们多少有一定的可靠性和准确性，在地方史的研究中应该可以在被解读的基础上作为史料来利用。不能只以其所记述事实本身是否可靠来评价，而应考虑到有关历代祖先故事的形成和流变过程所包含的历史背景，应该从分析宗族历史的叙事结构入手，把宗族历史的文本放到当地的历史发展的脉络中去解释"。因此，对大槐树与珠玑巷这两个由具体实物成为精神家园这一形成过程中相关家谱、族谱史料的解读，可以为我们探寻众多民众在历经辗转迁徙的情况下维系宗族以及地方认同提供重要的历史参照。

家谱、族谱作为记录宗族起源、迁徙、盛衰演变以及制度建设的文本，实际上是将家族传说传统改造为文字传统的过程。在这种历史叙述中，无论是真实记录还是附会掩饰，都有可能成为此后民众记忆家族与地方认同的有效凭证。如长垣《赵氏家谱》记载：

先世相传"自明洪武年间由山西洪洞县迁居长垣城南枣科村，迄今已十三世，族姓繁衍达千余口，而转迁徙迁流他方遂成土著者，尚实繁有徒，谱牒散逸，非第洪洞先世无可稽考，即自迁居长垣以来，五百余年间，世系相传亦浸遗失，数典忘祖，耻孰甚焉"。

又如广州《杨氏家谱序》：

尝谓根深者木必茂，德大者后必昌，是子孙繁衍皆祖宗留诒也。然传世日远，记载不详，数典忘祖，昔人所讥。吾家系由闽省迁寓雄州，后复递籍顺邑岳步乡，自宋至清历数百余年，迭经兵燹，谱牒残缺，遍访故乡父老，略有传闻。

从上面的史料中可以隐约察觉，尽管先世曾历经辗转流离，然追溯其源流，却或多或少与大槐树或珠玑巷意象相联系，虽然不排除作为正牌后裔的可能性，但不可否认其中有"虚构自己祖先"这一情况的存在。推究这种情况出现的原因，一方面主要是因为在洪洞大槐树与南雄珠玑巷的传说已经被官方正统意识所认可的情况下，对大槐树或珠玑巷的尊奉为自己在动乱社会的存在身份提供了安全参考；另一方面这也是迁徙民众寻求身份认同的需要。在中国传统社会中，乡土情结是联结他乡客者的主要媒介，而洪洞大槐树与南雄珠玑巷则是这一介质的重要体现。

然而，有一点需要注意的是，无论是在山西还是广东，参与家谱的修订者往往是地方文人，对于深受传统儒家文化影响的他们来说，在迁徙之后能迅速获得新的正统意识的身份认可乃是进行诸如参与宗族祭祀、参与基层管理等其他社会活动的先决条件。这种潜在利益的存在，或有意或无意地影响了他们书写家族历史的洪洞化或珠玑巷化倾向，并在此基础上构建了一套新的地方价值观念与道德评价体系。这正如陈乐素在《珠玑巷史事》中所言：

在封建社会里，维护族姓各自权益的手段，就是利用封建社会传统的宗法观念，血缘观念，而族谱的制作，就是作为权益的实证，法律的依据。家谱、族谱的制作与保存，主要在于维护家长制，维护产权，维护各自的经济利益。因此，家谱、族谱的记载，多自远祖始，以明渊源有自，其实多属于传闻，甚至虚构以显扬家声，而无碍于产权的确定。

从这个层面上而言，本地民众或迁徙他乡的民众后裔对于大槐树与珠玑巷这类家园象征符号的认可，在很大程度上归根于地方家族为在新的地理区域塑造新的权威系统的考虑，因为要获得新的区域身份认可，对旧有资源的改造——表现为对于原有族谱的修改就显得极为重要，而这在某种程度上也暗合民众需求。对于迁移民众来说，作为具有共同身份认可的大槐树或珠玑巷移民集团分子，地方文人的族谱文本不仅可以为其提供正统身份认同，同时也使之在控制与争夺地方资源的过程中获得一定的人脉优势。然而，不可忽视的是，地方文人有意或无意地塑造地方形象、构建地域认同的努力亦有情感因素使然——延绵几千年来中国民众所最为在意与最为维护的存在。为保持对旧有家园的共同怀念，利用自己的文化权势，塑造具有区域特色的符号象征乃是寄托感情的必需。大槐树与珠玑巷正是作为情感符号的象征才得以超越区域限制而被更广范围内的人士所熟悉，进而成为寻根时尚的主流。

蓬莱移民与洪洞大槐树

沙向阳

"问我祖先在何处，山西洪洞大槐树。"一句脍炙人口的民谣，道出了蓬莱移民的主要来源。六百年前后的移民大潮，使蓬莱乃至山东近半数以上的人有了一个共同的根——洪洞大槐树。据《明史》《洪洞县志》及其他典籍称，明代从洪洞大槐树过往移民数百万，其中迁往山东约50万人，涵盖几百个姓氏。山西师大地方史研究所所长朱亚菲认为，山西移民人数约占山东人口的20%，涉及全省92个县市，蓬莱为其中之一。

为了搞清蓬莱的移民问题，蓬莱历史文化研究会派专人对本市村庄进行了全面调查，历时两年多，行程近万里，搜集了180多本姓氏族谱，为了解村庄的历史变迁及姓氏的来历提供了第一手资料。据研究会和蓬莱地名办提供的资料分析可以看出：蓬莱市现有584个村庄，其中隋唐时（建村）命名有50多个，宋代命名20多个，元代命名有10多个，余者近500个村庄都是明清以后建村命名的。这个统计数字不十分准确，明清后的500个村庄有不少是在消失了的老村庄的废墟上建立的，这500个村庄的居民多是从各地移民而来。从目前掌握的资料来看，蓬莱的土著人口不到20%，约100个村庄，80%的村庄属于明代以后迁移重建的。其中有100多个村庄来自河南、河北、湖南、湖北及江浙一带。400多个村庄为云南、小云南来的，占村庄总数的70%。直呼为"小云南"的有300多个村庄，约占总数的55%。对约占15%的村庄从"云南"移民之说，我们持有异议。通过多年研究加上专家学者及周边县市史志部门实地考察认为，云南自古为边远荒蛮之地，人烟稀少，不具备对外移民的条件。查稽《明史》及明代修纂的《云南通志》等，也无对外移民的只言片语。而早在清中叶修纂的《莱阳县志·云南移民考释》曾明确指出："居民传说，其先世来于明洪武二年，迁自云南。征诸历史，度以理势，滇洱蛮荒，久居化外，元置行省不及百年，而洪武二年，梁王犹为元首，大理仍属段氏，'明兵力未及。安得有迁民之举？其说不攻自破也。"另据《明太祖实录》称，洪武十五年（1382）才将云南收复，划归明朝版图。洪武二十六年（1393）云南人口59576户，259270人。也就是说当时云南仅20多万人口，而山东人口已达300多万。并且两地相隔万里之遥，移民之说难以置信。另据《明史·兵志》称，明洪武十五年二月平定云南后，先后向云南乌撒卫等地设军卫屯戍之，后增至20卫，拥兵15万，军民合并不足40万人，哪里有民可移？但是不排除历代的人口有自发零散流动，加之当朝的军队调防，形成了少量的人口流动。明洪武三十一年，朱元璋授命徐辉祖在东南沿海设立边防卫所，其卫戍的士兵就有从乌撒卫换防过来的，有的到胶州湾的琅琊等地驻守，称为"云南移民"的部分例证，似有可信。而多数村庄是把"小云南"误为"云南",以讹传讹。葛剑雄教授曾指出:"元末明初,山西是北方唯一能够输出人口的省份。"早在北魏太延二年(436)就在山西设置云州,辖今山西大部、河北、蒙古部分地区。唐武德四年(621),改置云州都督府,周边的州县地名皆带"云"字,云北、云中、云南、云岗、云泉。当时大同以南,太原洪洞等地则被称为"云南"不足为奇。后来天下统一,云南省归于中华版图,后人为有区别,才将山西之"云南"称之"小云南",流传至今。《莱阳县志·云南移民考释》也指出:"何谓'小云南'?为山西地也。盖阴山之南,恒山之北,曰都、曰州、曰府、曰路,自昔即以云称,其土人必以'云南'称者……而迁者不忘故土,故传称为'云南'又以非云南省,故又别之为'小云南'。"

　　从蓬莱搜集的村庄史和姓氏谱书中,也可以找到大量从"小云南"迁移而来的例证:(一)蓬莱王言家族,俗称太原王氏。据王氏保存最早的明嘉靖修纂的谱书及清乾隆续修的《王氏族谱》称:王氏祖先,始自太原秦拼之后,遂家莱州府高密县大河焉,洪武四年任莱州侍尉,洪武七年,调拨登州时已五世。(二)蓬莱市北沟镇北唐村《唐氏族谱》称:唐氏祖籍山西晋唐,平阳府、云中南部、唐家埠,明代先移于奉天府西河沂落难,天顺二年(1457)后移于黑山岛,又南迁蓬莱县南乡蔚阳山后唐村落户。(三)蓬莱北沟镇上口赵家《赵氏族谱》称:赵氏于明嘉靖年间,从山西洪洞县大槐树下祭祖后东迁,兄弟三人,一个至莱州住下,一个居黄县,一个到蓬莱城西上口赵家落户。(四)大辛店井湾子周家《周氏族谱》称:周氏祖先,六世周应元,于成化年间由山西小云南迁至蓬莱城里北大街土地庙附近,七世周琏由城里迁至龙山北麓井湾子安家。(五)村里集镇上王家《王氏族谱》称:王氏于洪武年间,由小云南崖头村,迁至莱阳亭儿山,永乐年间遭水灾,又迁至蓬莱城黄水河上游居住,取名王家村。(六)蓬莱阁街道小皂村《宁氏族谱》称:宁氏祖先自明嘉靖年间,从山西平阳府蒲城东迁至蓬莱城东山左落户安家。(七)南王街道宿驾埠《梁氏族谱》称:梁门南郡世族也,小云南是故家,蓬莱诸谷梁家是我祖先移之地,后有一支迁居宿驾埠。(八)北沟镇《聂氏族谱》称:明洪武五年(1372)聂祖从山西云台山经洪洞大槐树迁至山东莒州落居,后来一支迁到蓬莱聂家定居。(九)北沟镇下魏家《魏氏族谱》称:魏氏于明成化年间(1465)由小云南棘子沟迁至蓬莱城西南25里处定居。(十)潮水镇观里村《曲氏族谱》记载较详:"粤稽吾族,眈于曲沃(古邑,在今山西闻喜东北),桓叔其始封也,桓叔为晋昭侯叔父,实唐叔虞支裔,分封桐叶,上昭姬宗,而曲沃为晋所分邑,今属山西太原绛州。曲氏一世祖,(讳)绅公,于明永乐年间,由小云南迁至登郡蓬莱观里屯。"

　　类如上述,蓬莱共有300多个村庄由"小云南"迁来。这些村庄几乎村村都有古槐，大多数新中国成立后伐毁，幸存的还有数十棵，仍然生机勃勃，虽然经历了数百年的风雨沧桑，依然顽强地屹立于世，成为大槐树移民的又一有力的佐证。

这种大槐树俗称家槐，学名国槐（有别于洋槐）。据专家称此品种原产于中国北部，是华北平原和黄土高原常见的树种，而在南方难以生存。王诵亭先生在"文明移民"曾文，早在唐代，诗人白居易就注意到此现象，在其《庭槐》中云："南方饶竹林，唯有青槐稀，十种七八死，纵活亦支离……"凡到过云贵的人都知道，那里大榕树等树种漫山遍野，却很难见到大槐树。而在山西、山东等地，数百年的大槐树比比皆是，成为我们祖先共同认为的吉祥树，也是大自然为人们区分云南和小云南的一个特殊标志。

"吾家远祖植三槐，堂下森森手自栽，槐树于今资口说，嗣续散处普尘埃。"（《洪洞县志》）蓬莱众多大槐树移民的后裔称，祖先离别大槐树时，留下了树种，迁到新的家乡，为示纪念，撒种成苗，历经数百载，成为移民后裔的特殊象征，也是人们对大槐树情有独钟的主要原因。如：北沟镇北王绪的古槐，树高四丈，经围丈二，有六百多年的历史；后营村古槐，树高约四丈，经围一丈多，传为本村张姓始祖从"小云南"铁碓臼张家迁来时所植，也有500多年了。刘沟镇刘沟村有三棵古槐，分植于村庄不同方位，传有300~500年的历史。十甲村、范家村、施家村、南吴家、木基迟家、凤眼村、苗家、中营村、登州街道李家疃、三里沟、梁家疃、蓬莱阁街道西庄、林格庄、南王街道平山刘家、团结村、新港大皂孙家等村都有古槐，并且生机盎然，成为历史的活化石，也成了数百年来蓬莱移民的历史印证。

另外，在民间围绕着大槐树移民故事而衍生的众多谚语和歌谣，是老百姓几百年来的口头文学创作，在民间广为流传，也从另一个侧面折射了那段久远历史的踪影。如：（一）门前有棵槐，财源滚滚来。祛灾又避难，子孙都成才。（二）吱儿嘎，割大锯，割那姥娘大槐树。蒸干饭，熬鲅鱼，撑得妗妈上不去驴。（三）吱儿嘎，割大锯，割那老家大槐树。搭戏台，唱大戏，一唱唱了五里地。唱京戏，唱吕剧，三天三夜没歇气。（四）花喜鹊，尾巴长，飞上槐树向西望。向西望，泪汪汪，想念老家爹和娘。（五）大槐树，长得旺，割块树枝做门框。做门板，做大梁，叮叮当当盖新房。盖新房娶新娘，娶新娘，养儿郎，喜喜洋洋日子长。……朴实无华的语言，乡情浓重的情感，流淌于字里行间，道出了槐乡后裔对大槐树深深眷念的不了之情。

综上所述，可以看出，大槐树确实是我们大多数移民后裔共同的根，"小云南"是大多数移民后裔的旧时家园。蓬莱移民与山西洪洞大槐树亦有着十分紧密的联系。

传承大槐树移民文化 弘扬老鹳窝根祖精神

燕涛

尊敬的中共洪洞县委、洪洞县人民政府和洪洞县政协：

首先，感谢贵东道主的热情相邀，我得以有机会参加本届移民文化研讨会。本人的先祖讳燕从礼先生系于大明洪武二年（1369）从洪洞大槐树下"奉旨外迁"的（据郓城县《丁里长燕氏族谱》记载），繁衍至今已经传到第二十三世了，所以我是地地道道大明洪武洪洞大槐树移民的后裔。今天前来参加此次会议，我抑制不住地感到由衷的激动和兴奋。此时此刻，请允许我代表中华民族文化促进会召公文化研究中心吴启民主任向第十九届中国·洪洞大槐树移民文化研讨会的胜利召开表示热烈的祝贺和良好的祝愿。祝愿前来参加此次会议的各位领导、专家和学者身体健康、工作顺利。

中华民族文化促进会（简称文促会）是全国性联合性社会团体，创立于1992年，主要任务是弘扬中华文化，促进国际交流，上级主管单位为文化部，前任主席为叶选平，现任名誉主席为全国人大常委会副委员长许嘉璐。经中组部和中宣部批准，现任主席为全国政协常委高占祥，法定代表人王石。近年来，文促会还在广东、四川、重庆、湖北、江西、澳门等地建立了地方组织。文促会以守法、诚信、奉献为自律原则，严格遵守国家法律法规要求，坚决服从上级主管部门和登记管理机关的领导，在长期的工作实践中团结一致，热忱公益事业，得到广泛赞誉。2004年，国家授予"全国先进民间组织"称号。文促会在第二次会员代表大会上提出了伟大的目标：力争在五年内将中华民族文化促进会建设成为一个成功的、优秀的全国性联合性社会团体，以体现中华文化和当代先进文化的日益繁荣，体现中国民间组织和公民人权状况的改善，体现中国特色社会主义民主制度的日益发展。只有这样，才能更好地将中华民族优秀的传统文化发扬光大，强势融入多姿多彩的国际社会中，进而开展跨国交流。

其次，中国·洪洞大槐树寻根祭祖节业已成功举办了十九届，历届祭祖节及相关活动均在山西省各级人民政府的大力支持和关怀下取得了丰硕的成果与圆满的成功。她的十九次成功举办对于推动洪洞县建设经济大县、文化大县和旅游强县方面发挥了无与伦比的巨大作用，在由此形成的强大的移民文化凝聚力和感染力等智力支持和理论动力研究方面积累了成功的经验。

六百四十年前开始的洪武大迁民极大地推动了中国中原及中原周边广大地区的生产力发展，极大程度地维护了新生的大明政权，极大程度地维护了封建社会统治的基础。以平阳、太原为主要迁移地的洪武大迁民，是饱经战火、生灵涂炭的明政府维护其地主阶级封建统治的重要措施之一。多灾多难的晋南人在大槐树下被迫集中外迁，颠沛流离，客观上却平衡了国内劳动生产力在大范围内的均衡分配。随着大槐树迁民后裔的二次甚至三次、四次外迁，使大中华普天之下遍布了"洪洞大槐树人"的后裔。可以讲，这一次史无前例的官方迁民将永载史册，流芳百世。至此，明政府在立国之初即开始实行的长达五十余年"宽乡迁狭乡"的迁民国策得以尘埃落定，画上了圆满的句号，从而奠定了大明两百多年长治久安的历史基业。

六百多年来，越来越多的大槐树迁民后裔根据祖先的记忆、家族的口碑传说、墓碑记载等资料，相继寻根来到了祖先们曾经繁衍生息的精神家园——洪洞老鹳窝，寻找、追逐和捕捉先人的足迹。自民国初年开始，在洪洞县大槐树遗址处形成了一拨又一拨的祭祖高潮。中华民族的寻根文化是一种善良的理性思维模式，是中华民族优秀传统文化的重要组成部分，又是一个孜孜以求、坚定不移的探索、思考过程，它饱含了寻觅和发掘的艰辛过程。因此，大槐树移民寻根文化最大限度地牵动了中华民族广大劳动人民最淳朴的感情，成为人们在有生之年的生命中永难割舍的一件大事，千百年来为广大人民所崇尚和顶礼膜拜。进而，在此基础上形成了在全中国具有广泛影响力的大槐树移民文化的思想和理论基础。

最后，让我们再一次仰慕大槐树移民以来不屈的历代先祖，并且追随他们的脚步和足迹。让我们再一次团结前来大槐树寻根祭祖的移民后裔，因为我们在六百多年前是一家人。我们精诚团结、互相帮助、肝胆相照、荣辱与共，将会使越来越多的大槐树移民后裔更加紧密地团结在"中国·洪洞大槐树寻根祭祖节"和"大槐树移民文化研讨会"的双重大旗下，和洪洞县人民一道将大槐树迁民后裔的起源地、故乡建设得更加富强和文明，使大槐树根文化的营养哺育一代又一代的槐乡后裔。只有这样，我们才算真正做到了继往开来，上对得起祖宗，下对得起后世了。

明清时期的山西洪洞韩氏
——以洪洞韩氏家谱为中心

常建华

摘要：山西洪洞韩氏由河南安阳移居，系宋代丞相韩琦的后裔。至明朝成化年间户部尚书韩文时该族兴盛，产生了一批士大夫。韩氏家谱始修于韩文，此后不断续修。今存清代洪洞韩氏家谱记载表明，洪洞韩氏是典型的因科举成功而强盛的宗族，这个士大夫类型的宗族承载着传统文化赋予的精神力量，也有必要的经济保障。洪洞韩氏因为科举与仕宦的成就盛于明代，清代有所衰落。但是就家族制度而言，洪洞韩氏在明清时期逐渐强化，清代比较明显。洪洞韩氏对当地有重要的社会影响。

关键词：明清时期 山西洪洞 宗族 韩氏

有关宋以后中国宗族问题的研究已经积累了一定的基础，从地域的角度来看，以往的研究主要集中在南方宗族，北方宗族的研究还很薄弱。近日我阅读了两种清代版本的洪洞韩氏家谱以及一些相关文献，想由此入手就明清时期山西洪洞县的宗族进行探索，以开展对北方宗族的研究。由于自己对于山西洪洞县地方史以及韩氏知识的欠缺，也来不及更广泛地搜集相关资料，因此下文只是初步的认识，容后继续探讨，以期有所深化。

一、洪洞韩氏家谱与洪洞韩氏

洪洞县早就名传遐迩。位于县城东北17公里霍山南麓的广胜寺，始建于东汉，重建于元、明时期，藏有丰富的古代文物，是著名寺庙。位于城北一公里的贾村西侧古大槐树处，相传是明洪武、永乐年间由山西向河北、河南、山东等省移民时聚集的地方。实际上，笔者选择洪洞县研究宗族，也有想了解洪洞大槐树移民故乡社会的动机。

洪洞县地处山西南部，临汾盆地北端，北依霍州市，南接临汾市。全境东、西、北三面环山，东部霍山，西部吕梁山系的青龙山、罗云山，中部为河谷平原，土壤肥沃。洪洞在西周为杨侯国，汉置杨县，隋义宁二年改称洪洞县，沿用至今。

韩氏原居河南安阳，系宋代丞相韩琦的后裔。宋代的相州韩氏名人辈出。韩琦《宋史》卷三百一十二有传，其五子皆官，长子忠彦亦为相，《宋史》有附传。传论曰："琦相三朝，立二帝，厥功大矣。……忠彦世济其美，继登相位，宜矣。"忠彦子活，徽幂盱走迚仟夕孵，缓簪稻舜。滔之哲霄，看采缮臣。《宋史》卷三百七十九也有传。相州韩氏不仅父子为相、名臣多出，而且还有忠义之臣。建炎二年（1128）金人攻潍城，城守官韩浩率众死守，城陷力战死。浩为韩琦孙，《宋史》卷四百四十八《忠义》有传。已有专门研究宋代相州韩氏的学者指出，金朝南侵对韩氏家族造成深重灾难，相州沦陷后，韩氏的部分族人成了金朝统治下的遗民，其家牒也遗落北方。韩氏家谱记载，韩琦七世孙宋国子监祭酒韩永迁至洪洞，为洪洞韩氏始祖。不过家谱是以第五支嫡派祖韩荣焕（字耀卿）为第一世祖的。

目前所知洪洞韩氏家谱有三种，其中始修于明朝韩文的两种，分别是中国人民大学图书馆古籍部所藏的嘉庆二十年（1815）重修本与中国科学院文献情报中心所藏的咸丰七年（1857）重辑本；另有一种是明人韩景伶编、清乾隆年间刻本，藏于中央民族大学。本文讨论的洪洞韩氏，以始修于明朝韩文的嘉庆重修本和咸丰重辑本为基本资料。

清嘉庆二十年（1815）刻本《洪洞韩氏重修家谱》，二卷，清韩有庆等重修。该谱冠以明万历二十年（1592）吏部右侍郎李尚恩的《刻洪洞韩氏谱略序》。卷上是前序、图略、诰封四代像、制诰、南京兵部尚书敕谕、北京户部尚书诰命、劾逆阉刘瑾疏、礼部荐举疏、天恩存问敕谕、谢存问疏、赠太傅谥忠定诰命、谕祭文、太傅忠定公墓志铭、韩忠定公传、祠堂图并春秋祭文、巡按御史陈祭文、名臣言行录、重修忠定茔记、改建新祠记、高唐祠堂记、淮海兵备副使墓志铭；卷下为遗言、敕赐春秋专祠祭品祭文、相州源流支派总图、洪洞源流支派总图、洪洞宗派世系图、行谊录、科贡考、仕宦录、封荫世荣录、完名荣寿录跋、先臣忠定事迹录、诸城公重刻族谱跋、王封公重续族谱跋。

咸丰七年（1857）抄本《洪洞韩氏家谱》，三卷，清韩殿魁等重辑。卷一载谱略序、家范数则、修谱世系图考、名臣世系图考、封赠制诰、敕谕，韩文《奏议存稿》，存稿系万历八年洪洞知县乔因羽编辑。卷二载重修祠堂茔墓碑记，宗祠、坟茔图识，祭文、墓表及封荫录、科甲仕宦录、恩拔副岁贡士录、忠义孝弟录、节孝贞烈录、坊表。卷三载诸祖文集序、寿序、铭赞等，及诸祖所撰诗文，所葬墓址。首有万历二十年李尚思《刻洪洞韩氏谱略序》。咸丰谱与嘉庆谱属于一个系统，咸丰谱较之嘉庆谱没有世系图表，侧重辑录文集、奏议等文献资料。

咸丰谱中的"修谱备考"详细记载了洪洞韩氏家谱历次纂修情况。可知《洪洞韩氏家谱》由韩文"手著"于明成化二年（1466）。明弘治年间韩氏六代孙士奇"编辑"，韩士奇曾官湖广布政使司左参政。嘉靖间韩氏七代孙廷伟、廷芳"补辑"，韩廷伟官太仆寺正卿。明万历十一年（1583），韩氏第八代孙景暨、景复、景闵"增辑"，韩景暨曾官山东诸城县知县。明天启五年（1625），其九代孙继祖等"续辑"，韩继祖为增广生员。清康熙十一年（1672），韩氏第十代孙居春等人"重编"，韩居春也是增广生员。康熙四十六年（1707），其十一代孙洞等人"重续"，韩洞曾官候补州同知、国学例监。清嘉庆二十年（1815），其十五代孙毓庆、有庆等人"重修"。清咸丰七年（1857），十四代族孙殿魁等在前谱基础上重辑家谱。从韩文到韩殿魁，在明成化二年至清咸丰七年的391年间，洪洞韩氏共计九次编修家谱，修谱活动比较频繁。

上述洪洞韩氏历次修谱活动中，前几次是最重要的。咸丰谱的扉页上印有这样的字句：洪洞韩氏家谱，太傅忠定公手著，诸城县知县景暨、南阳府通判景闵编辑，参政玉峰公、太仆北野公参订，大清咸丰七年重辑，恩问堂藏板。说明洪洞韩氏家谱形成于明代。下面我们进一步看看几次重要的修谱活动。

韩氏家谱始修于明韩文。韩文（1441—1526），字贯道，洪洞人。明成化二年（1466）进士，官至户部尚书。卒谥忠定。据嘉庆谱所载万历二十一年（1593）《刻韩氏家谱后跋》记载："余韩氏本相州裔，遭兵燹，徙洪洞。初无谱，止有总图一幅，以纪名次。迨余忠定祖成化丙戌登进士，居谏垣，始立谱。"所以，洪洞韩氏家谱始修于明成化二年（丙戌，1466）。对于韩氏来说，忠定公韩文始修家谱是重要的事情，更重要的是韩文作为韩氏官位最高的祖先有过反对宦官刘瑾的光荣历史，政绩有誉声，韩氏家谱中的文献资料主要就是忠定公韩文仕宦所留下的。

韩氏族谱初具规模并刊刻是在万历二十一年（1593）。韩文的孙辈山东诸城县知县景暨、河南南阳府通判景闵编辑、邑庠生廷铬等20人校正，奉祀生员廷梓等4人督刊《韩氏家谱》。嘉庆谱《刻韩氏家谱后跋》说："余韩氏本相州裔，遭兵燹，徙洪洞。初无谱，止有总图一幅，以纪名次。迨余忠定祖成化丙戌登进士，居谏垣，始立谱。延太史李西涯序诸首简，亦不过按其大概云。后余伯祖大参公补其世系，增以纶章，余伯太仆公释以传义，余父大尹公述其行实，虽各有益于谱，未汇成帙。余不肖恒倦倦焉。及叨第攻举子业，就仕治吏事，未遑也。余闻父祖谈先世事，颇记其故实，若余不谱，后将何述？切念曾祖伯亨氏以神名，至忠定祖读书起家，位跻公孤，自兹科第冠簪相传五世，阅百二十余年。忠定公历任四朝，功昭社稷，载在国史及名臣诸录，班班可考。顾暨谫劣，深愧庭训，追思先公遗范，时切企慕，乃属画士绘其遗像，誊录纶音，以纪扬我列圣褒锡之隆，摘取传志，以丕显我先公历履之盛。因附耀卿府君一脉谱略于末，以考我韩氏世系宗派之详，编成锓梓，用赎不肖之万一。若夫之稠叠，赠述之浩繁，以至奏议之忠诚，诗文之浑厚，自有全集家乘悉焉。曷敢复赘。"可见韩氏先有总图一幅，以纪名次。韩文"始立谱"，后来他人补其世系，增以纶章，释以传义，述其行实，虽各有益于谱，未汇成帙。至景暨、景闵"乃属画士绘其遗像，誊录纶音"，摘取传志，附耀卿府君一脉谱略于末，将家族谱牒文献汇帙成谱，编成锓梓。

至康熙四十六年又经三十余年，候补州同知十一世孙洞、庠生居大等重修家谱，主要将未入谱者约有百丁集而收之，并在家谱的书例上更加规范。嘉庆谱之《重修族谱跋》说："访前哲之遗文，法昔贤之记载，继我先民族谱，后而复为之，增以字号，详其室氏，序其仕宦阶级，载其人品行谊，而登之梨枣，庶几乎谱弥崇功弥峻云。"

百有八年后的嘉庆二十年韩有庆的《重续族谱跋》又说："窃思神医祖以仁术倡家，忠定祖以丹心谋国。厥后一传再传，忠孝节义，后先济美，其勒诸青史，载在志乘者，昭然可考也。而嘉言懿行弗明著于谱，韩氏子孙将何以历久而识其详乎。不肖既续明世系，特与伯兄博访遐稽凡诸先公立身大节，汇为行谊录一卷，列于世系之末，拟诸国史有纲有目。"其修谱宗旨是要求"俾后嗣子孙知吾韩氏世笃忠贞，夙敦孝友，思祖德而励前修，庶几乎文献不至难无征，而箕裘有所绍述也欤"。

关于洪洞韩氏的由来,《明史》本传只说韩文是"宋宰相琦后也"。万历二十年吏部右侍郎李尚思所作《刻洪洞韩氏谱略序》说:"韩氏本相州忠献公之裔,自国子祭酒讳永者避金兵寓洪洞占籍焉。"而谱中《韩氏洪洞源流支派总图》记载,韩氏"第十五世永,国子祭酒魏公七世孙,至元庚子避红巾乱,徙山西洪洞家焉。葬邑城东冯堡岔口,每年清明节七户祭扫。"与前说"避金兵"不同,这里是"至元庚子避红巾乱,徙山西洪洞家焉"。不过至元年间并无庚子年,而至正年间有庚子年,即至正二十年(1360)。关于相州韩氏移居洪洞的时间还需要继续考证。另外,所谓"国子祭酒韩永",我也没有在正史中发现此人。

二、洪洞韩氏的发展

相州韩氏因金朝南侵部分族人南下聚居于绍兴府。韩琦的曾孙韩侂胄南宋权倾一时,被杀后韩氏再无闻人。王曾瑜先生认为:韩氏后来"养尊处优的生活,使韩氏子孙失去科举竞争力……相州韩氏的衰落是不可避免的"。

不过,明代洪洞韩氏因科举仕宦的成就重新崛起。明代洪洞韩氏盛于韩文及子孙三代。韩文,《明史》卷186有传,据说:"生时,父梦紫衣人抱送文彦博至其家,故名之曰文。"韩文成化二年进士,弘治十七年官至户部尚书,正德初年曾伏阙上疏,要求武宗皇帝将刘瑾等宦官"八虎"明正典刑。结果被刘瑾诬陷落职,列入奸党,还一度入狱。韩文反对宦官的事迹赢得了明朝人的尊敬,明人有关韩文的传记资料不少。韩文也使洪洞韩氏继宋代以后再次成为科举之家,费宏的《韩忠定公墓碑铭》载:韩文"子男三:长即士聪,中壬子乡试,以知州致仕;次即士奇,登壬午进士,吟为湖广左参政;季士贤,中乙卯乡试,授开封府同知,以乞侍公养,进阶两淮运司同知致仕。孙男七:廷彦以荫补国子生,授光禄寺典簿;廷臣中壬午乡试;廷瑞即荫署臣者也;廷采国子生;廷伟登丙戌进士,今为南京户部主事;次廷建、廷选,俱习举子业。女四……曾孙男五:景休、景维、景愈、景复、景犀,曾孙女三。"韩文的子孙两代十男皆有功名或出仕。晚明时期,洪洞韩氏还有进士出现,如:"韩续祖,廷伟长孙,明天启乙丑进士,官行人司行人……宗族戚属无不被其敦睦者。"虽然清代的洪洞韩氏在科举与入仕上比不上明代的成绩,但还是出了一些中低级官员和不少生监。可以说,洪洞韩氏是一个科举仕宦之家。所以族人作于万历二十一年《刻韩氏家谱后跋》就说:"切念曾祖伯亨氏以神名,至忠定祖读书起家,位跻公孤,自兹科第冠簪相传五世,阅百二十余年。忠定公历任四朝,功昭社稷。"载在国史明人费宏的《韩忠定公墓碑铭》说:"公讳文,字贯道,号质庵,姓韩氏。其先为相人,盖魏公之裔也。谱称七世祖讳永,值金兵之乱,去相徙居山西之洪洞,是为洪洞人。"当是引用该谱序的说法。费文见民国六年刊《洪洞县志》卷16.及名臣诸录,班班可考,为长达百二十余年的科举仕宦之家感到自豪。

我们依据咸丰谱中的"科甲仕宦录"制成下面的表,以进一步了解洪洞韩氏的科举仕宦成就。

洪洞韩氏科甲仕宦录

序号	姓名	科名	仕官	其他
1	韩士聪	弘治壬子亚元	高唐州知州	崇祀高唐名宦官
2	韩士奇	弘治壬戌进士	湖广左布政使	
3	韩士贤	弘治乙卯举人	两淮盐运使司运同	以父老鳏居辞位致仕
4	韩廷臣	嘉靖壬戌科亚元	拣选知县	
5	韩廷伟	嘉靖丙戌进士	行太仆寺卿	崇祀忠义祠、乡贤祠、金城祠
6	韩廷芳	嘉靖辛丑乙榜进士	岐山县知县	崇祀忠义祠、金城祠
7	韩廷彦	恩荫	太常寺典簿	
8	韩廷瑞	恩荫生	光禄寺署丞	
9	韩廷采	嘉靖丙戌贡士	茗盈州吏目	
10	韩廷建	嘉靖乙卯恩贡	吴县训导	
11	韩廷兰		太医医学训科	
12	韩廷铬	万历辛丑恩贡	济宁州州同	
13	韩廷聘	万历甲戌岁贡	保安卫教授	
14	韩景闵	嘉靖辛丑举人	南阳府通判	
15	韩景暨	嘉靖戊午举人	诸城县知县	
16	韩景俭	万历甲戌恩贡	霸州学政	
17	韩成德	天启甲子科亚元	忻州学正	
18	韩继思	万历癸丑进士	泾阳县	
19	韩继周	万历癸卯科举人	山阴县知县	
20	韩琳万	万历丙辰进士	礼部生科司郎中	
21	韩一良	万历甲申进士	山西澄城县知县	
22	韩续祖	天启乙丑进士	行人司行人	
23	韩缵祖	万历丙戌科举人	拣选知县	
24	韩从祖	万历己酉科拔贡	用知县	
25	韩嗣祖	万历辛丑恩贡	河间府经历	

26	韩念祖	万历壬子科副榜	陵川县训导	
27	韩接祖	崇祯丁丑进士	淮海兵备道按察司副使	
28	韩居贞	崇祯丁卯科副榜	选河南分州	
29	韩居观	天启戊辰乙榜进士	河间府知府	
30	韩居乾	天启甲子优贡	河间府经历	
31	韩居昊	顺治辛丑恩贡	江夏县县丞	
32	韩居兑	顺治庚子科副榜	拣选知县	
33	韩曦	康熙甲子科举人		
34	韩霖	康熙己巳岁贡	即用训导	乡饮大宾
35	韩洪绪	潮州府饶平镇等处游击	由行伍任	
36	韩洪福	武冈州知州		
37	韩洪涛	雍正酉亥岁贡	即用训导	
38	韩佐夏	韩隆戊辰岁贡	考选训导	
39	韩彬	道光壬午岁贡	候补训导	
40	韩得升	光绪乙未岁贡	候补训导	
41	韩存仁	光绪丁酉举人	候选知县	
42	韩洪恩	宣统己酉职贡	候补山东县丞	

注：表中最后三人系家谱中夹条上的记载。

由上表可知，洪洞韩氏在明代有10人考中进士，32人为官，其中有任尚书、布政使、知府等高中级官员的。而在清代，洪洞韩氏没有产生进士，只有12人做官，都是州县的低级官吏。看来洪洞韩氏在明清时期是一个官僚士大夫辈出的仕宦家族，明清处于鼎盛时期，清代有所衰落。

洪洞韩氏除了科举传家外，另一个特点是世代为医。嘉庆谱《刻洪洞韩氏谱略序》说，韩氏来洪洞后，"不数传，骏骏焉一大姓。率以医鸣于世"。嘉庆谱《重续族谱跋》也说："神医祖以仁术倡家。"韩氏谱中记载，不少族人都是医生，有一些还是御医。医术也是洪洞韩氏强盛起来的原因之一。

洪洞韩氏的发展，依照传统文化来看，是阐祖德，善继述。韩氏祖德，渊源有自。韩文七十九岁时（正德十四年，1519）作《垂教遗言》（嘉庆谱），讲道："予以进士起家，历官中外几五十年，才名德望固不能逮人，而朴忠拙守，则不敢不自勉也。故倦倦以有宋名臣韩范文富诸前贤视孝万一，且实心自誓，惟以清白传家。为我子孙贻安悠久之计。虽累官两京户兵二部尚书，略无厚积，以是归休林下，囊箧萧然，乡邦耆旧及我内族外戚所共知者，今年春秋七十有九，老景侵迫，日就衰颓，将来深远之虑不可不预图也。"提出了"清白传家"的"为我子孙贻安悠久之计"。将"清白传家"作为传家至宝，其动力来源于北宋中期的四大名相韩琦、范仲淹、文彦博、富弼。应该说，先祖韩琦更是韩文心中的榜样。万历二十年吏部右侍郎李尚思《刻洪洞韩氏谱略序》（嘉庆谱）说，韩氏"率以医鸣于世，阴骘发祥，笃生忠定"。意思是医者好生积德。加上"公感君皇之恩，思祖宗之德，暇修族谱一帙"。当时"谱帙之传，士人以为至荣也，后之君子若孙，世德作求，有光继述，韩氏之名，虽千百祀有芳也"。希望韩氏后代子孙光大祖德。康熙四十六年候补州同知十一世孙洞《重修族谱跋》（嘉庆谱）也讲到祖德与继述问题，他说："而今而后宗人始得按谱而索之，曰：某出某系，某承某、祧某也，宜像某之贤某也，宜亢某之宗也。而其间或以忠孝闻，或以节烈著，或以经济文章照耀千古，或以耆年硕德树范一时，皆不出谱中而得之。则祖宗犹赖有继述者，不详且尽哉。虽然犹有说焉，自顾名字登谱矣，室氏登谱矣。其行其止，其坐其立，果不愧先贤、不忝先声者乎！果不坠先业不坏先行者乎！倘念思修德，念加警惕，其有光谱上不既多乎！脱或门莠堪悲矣，落花寄慨矣。族之人亦得共指而目之也，可不戒哉。"希望族人继承祖德，光大门楣。

洪洞韩氏的祖先分为始祖与嫡祖。始祖是韩琦七世孙韩永，始迁洪洞。葬邑城东冯堡岔口，以下至友闻凡六世祖先皆葬于冯堡岔口始祖茔。关于嫡祖，嘉庆谱《韩氏洪洞源流支派总图》按语说：韩永"至友闻凡六世，子姓繁衍，析户在城八坊，各注籍贯。兹书名讳、辈行之次而不及详，以世远无考故耳。友闻生荣焕，乃吾之嫡派祖，字耀卿，今立户名曰韩耀卿者，以字行也。以吾忠定祖所修谱牒为主，断白以耀卿为第一世，其下历履而详著之，以时近可知，有足征者，后之子孙宜知之"。可见韩文修谱，以耀卿祖为第一世。

洪洞韩氏分为五支，每五代分房，形成了支门结构。据嘉庆谱《韩氏洪洞世系宗派图》记载，第六世分房：长支分士聪、士奇、士贤、士昂、士风、士爵六门；二支分士进、士实、士安三门；三支分士明、士廉、士洪、士介、士龙五门；四支分士修、士翰两门；五支分士哲、士相、士达、士希、士忠、士义、士智、天禄八门。第十一世又分房：长支有臼章（呆斋公一门）、煊（玉峰公一门）、火胃（静庵公一门），二支有炫（士进一门）、世锡（士奎一门）、起（士实一门），三支有海（世明一门）、火票、炎（士廉一门）、奇（士洪一门）、宾（士介一门）、一（士龙一门），四支有玺（士修一门）、俞（士翰一门），五支有（缺）。第十六世继续分房，长支、二支、三支各有变化。虽然各支不断另立门户，但五支的分派不变。

二、洪洞韩氏的宗族建设与地方影响

清代的洪洞韩氏宗族进一步组织化。我们从嘉庆谱中历次续修的署名可以看出家族长势力的抬头,如康熙十一年续辑族谱,邑庠生员韩居中、居贲总理补辑,郡庠廪膳生员六人、官监曰章、武生员曦、漪校正,最后是户尊献祖、孝祖率拟祖、式祖、居宁、居震、火亘督刊。康熙四十六年重修族谱,候补州同知十一世孙洞、庠生居大总辑,庠生火森编书,户尊千总式祖、支尊宗祖居丰、漪率族人督刊。嘉庆二十年阖族捐资重修,儒学生员编辑,户尊耆老鸣雍、支尊佐宸等校正,而且"是举请于族长晋右祖"。可见,户尊、支尊宗祖、户尊耆老、族长在修谱中起领导作用,也是他们在族中地位重要的反映。特别是咸丰谱收录了修谱者殿魁制订的《韩氏源流家范数则》,这是洪洞韩氏的重要文献。为了便于分析,我们将该家范全文录出:

一、韩氏昌黎之后,忠献之裔也。按宋史新编称唐宰相名休者,孟第胎仕司户参军,自棘城迁至盐山,安史之乱徙博野吾乡之北原。四世左庶子实徙真定,五世鼓城令倡辞徙赵州赞皇县,七世太子中允于勾唐末携家徙河南相州,世居安阳,称安阳韩氏。至宋宰相魏国公七世孙国子祭酒讳永者,避金兵徙山西洪洞,因家焉,为洪洞始祖。(1 按:顺序号系笔者所加)

自祭酒始祖徙洪洞,不数传,一大姓,析居城之八方,各注籍贯、名位、辈次,不能详核。忠定公著家谱,祗载明医耀卿祖嫡派一门,后世因之,以遵先志。(2)

家谱宗派世系仍继相州,犹水之有源木之有本也。川流汇归,枝叶条畅,殆溯其所自始云。(3)

家谱体裁,悉遵史乘,书姓书氏,书人书爵,纲举目张,条而不紊,此诚寿世之良模,传家之威宝。(4)

神医祖以忠厚传家,积德昌后,历百余年,簪缨不替,或以名臣著,或以循良称,继继绳绳,为一时望族。后之子若孙,恪守家范,克自树立,庶几先型之不坠。(5)

忠定公祖勋业事迹,载在国史,垂诸简编者,炳若日星,殊非后嗣之所能及,然居官以君国为念,立志以圣贤自期。忠孝廉节,耻躬不逮,或亦视效于万一。(6)

诸先公著修家谱,以敬宗睦族为先务,首书宗派,次列世系,敦伦饬纪,次序详明,虽阅世生人,阅人成世,近者远而亲者疏,而本世百支,要皆一脉所传,血气攸关,岂得秦越相见。(7)

诸先公嘉言懿行,显于当时,垂诸后世,口泽手泽之所留,咸足为子孙之楷模,所当什袭珍之,世守无失者也。历年久远,散佚沦落,所存者十之一,搜遗网失,采而录之,以备参考,庶免挂一漏万之消。(8)

谱牒原载先人名讳,俱按世系择定一二字为排行,严杜辈次紊乱之弊,法至

良也。越后人丁日增，散处僻壤，不遵家范，任意命名，犯先世之讳莫知敬闭，律诸不敬之条，凡我族人当戒之慎之。(9)

祠堂者，家庙也，昭穆宗祧之所在焉。临之在上，质之在旁，敢不起敬起畏乎。四时祭享，酉守功报德，犹是茅鬻祀蒸尝之义。每逢令节，户尊率族之长幼，拈香拜跪，奠酒化钱，礼毕，各三揖退而享胙。(10)

敕建太傅忠定公专祠，奉旨谕祭，春秋月上戊日洪洞县献官主祭，儒学派生员相礼，奉祀生族人陪祭，三献礼毕，退班享胙，永为定制。(11)

国子祭酒始祖茔七户祭扫，各备祭品，本支香烛酒醴祭物，俱由祠堂备办。敕建先茔，清明节祭扫，族人先集宗祠神位前拜跪如礼。午间迎祭墓前，奉祀生唱礼读祭文，祭毕，至享堂，分别东西，向上三揖，答三揖，挨次而行，以别尊卑，各领与祭帖，退而分胙。(12)

敕建太傅忠定公墓、太仆寺卿墓，清明、七月、十月诸节，祠堂备办祭品，户尊率族人致祭墓前。(13)

先人之事迹行谊，载诸简册，似无庸更为表暴，然业医以仁术传家，居官以孤忠报国，为勋臣，为良吏，为孝子，为义士，当年之情事有历久而失其真者，惟绘之以图则丰功峻烈，可按图而求景行仰止之余，特寓报本追远之意。(14)

宗祠房价地租足符四时祭享之资，尚有余剩，管理者居为奇货，专主不恤人怨，公项半入私囊，侵渔影射，莫从考核，此皆霸恃独任之所致也，若分任效力，则无是弊。(15)

管理户事之宜迁更也。五支分为三班，一年祇用五人，五人同事一年，周而复始，挨次轮流。凡出入总账，清单开注明白，每逢冬节，公算交班，短欠错误，经手者赔认。如此，则事归画一，历久不替，不惟免族人之议而祖宗之血食永昭矣。(16)

宗亲莫外乎三党戚属，尚敬礼矧一脉之所传乎，长者尊而敬之，幼者教而诲之，鳏寡贫穷者贝周而怜恤之。有益于公者则为之，勿存畛域之见；有害于公者则锄之，勿怀回护之心。至公无私，恩明谊美，里巷称为义门，亲党被其光宠，世泽绵延，岂不休哉。苟不念祖宗笃爱一本之意，存亡不相顾，贫困不相依，患难不相恤，甚至亲骨肉如秦越，轻族党若路人，不惟有乖于家范，抑且取讥于乡评。刻薄寡恩，莫此为甚。(17)

古人谓三世不修谱，律之不孝，盖年久丁多，恐泯先世之泽、乱宗族之序也。况有同姓冒祖之嫌乎，凡我族人宜共凛之。(18)

殿魁谨识

以上18条家范的内容，可以分为几类。前2条主要讲家族源流，明确始祖、嫡祖。第3~4条讲家谱世系与体裁。第5~8条要求继承祖先的德行。第9条规定排行。第10~13条规定了宗祠、专祠、祖茔的祭祀事宜。第14条要求绘图表彰先人。第15~16条是宗祠、户事管理的规定。第17条要求族人睦族。第18条要求不断续修家谱。该家范反映了宋以后宗族存在的一般原理，即通过确立祖宗并修谱、祭祀（包括墓祭、祠祭）实现祖先认同，将祖德与族规家范作为维系宗族的道德要求与行为规范，用族长、祠堂、族谱等作为收族的制度保障。关于洪洞韩氏的族权，实行的是五支每年各出一人不断轮换的管理制度，他们与"户尊"构成宗族的权力系统。韩氏的宗祠，咸丰谱中有图，可知该祠祀"四代宫保神位"。还有文字说明："宗祠在城恒德坊大街路西，历有年所，咸丰三年八月十二日遭逆匪烧为灰烬，族人合议抽敕建茔柏树二百株，易钱二千余缗，于六年照旧重建。"另外，敕建韩忠定祠，祭祀韩文的神像。加上国子祭酒始祖茔，洪洞韩氏的祭祖系统完整。

韩氏也是洪洞地方移风易俗进行教化的先进。洪洞人嘉靖十九年（1540）举人、和州知州晋朝臣谈到洪洞地方官推行保甲乡约时说："我侯自下车以来镰乃于政暇属邑之士大夫与耆老，而语诸庭曰：有其心无其政，是谓徒善。徒善岂所以语政哉镰尔乡之教曷若尊乡约之典乎？镰惟时士大夫耆老举欣欣然而喜。镰侯喜而遂行之，立之矩度，树之表仪，布之闾里，肆诸镇落。镰侯讳韦兹，字仲时，号少台，举戊辰进士，汝南光郡人。"可见当地的士大夫与耆老响应地方官的号召推行了乡约。据《韩氏洪洞世系宗派图》记载，第十一世二支有韩炫，号奉台，冠带乡约；三支有韩火票，号鼎宙，冠带乡约。韩氏进行乡约是卓有成效的，受到了地方官的鼓励。

韩氏作为仕宦家族，出现了众多传统文化的楷模。咸丰谱罗列了几种表示韩氏道德光荣的项目，引人注目。其中，《恩荣寿考忠义官录》列有韩渊等45人，这是因为德高望重以及忠义行为被政府赐予荣誉官职。《恩拔附岁贡士考》列出了韩泰等25人，《忠义孝悌录》记载韩文入祀乡贤祠、韩士聪入祀名宦祠、韩廷伟入祀忠臣祠与乡贤祠、韩廷芳入祀忠义祠、韩续祖入祀乡贤祠、韩居户衣入祀孝悌祠。并附录韩通、韩淑祖、韩火森三人被旌表孝悌，韩功、韩责力二人孝悌待旌。《节孝贞烈录》记载宋氏、南氏、左氏、李氏、赵氏、商氏、刘氏、张氏、郑氏、邢氏10人，尤其是"忠孝节义科甲褒封，皆竖之坊，所以表扬"。《坊表》罗列了韩氏家族的30个牌坊，真是洋洋大观。《坊表》的小序中说："圣德激励后人也，吾韩氏世笃忠贞，诗礼传家，其间忠臣义士、孝子贞妇表著寰区，为世仪型者，固不乏人，故录之以彰世德之美。"表达了以"圣德激励后人"、为世仪型、"以彰世德之美"的愿望。所列牌坊列表如下：

洪洞韩氏牌坊表一览

序号	名称	受表彰者
1	贞节坊	为旌表孝悌国子监例监通妻节妇宋氏立
2	清要坊	为忠定公文立
3	达尊坊	为忠定公文立
4	都宪坊	为忠定公文立
5	天官坊	为忠定公文立
6	大司马坊	为忠定公文立
7	大司徒坊	为忠定公文立
8	春官太保坊	为忠定公文立
9	四代宫保坊	为忠定公文立
10	敕建太保坊	为忠定公文立
11	钦谥坊	为忠定公文立
12	亚魁	为忠定公文立
13	三世进士坊	为忠定公暨男讳士奇、孙讳廷伟大事业立
14	薇垣坊	为刑部主事士奇立
15	三凤坊	为举人士聪、进士士奇、举人士贤立
16	传科坊	为进士士奇立
17	世宪坊	为陕西布政参政士奇立
18	方伯坊	为湖广布政左参政士奇立
19	明刑坊	为陕西按察副使廷伟立
20	攀龙附凤坊	为云南按察使廷伟立
21	兄弟同科坊	为亚魁廷伟、经元廷臣立
22	传盛坊	为乙榜进士廷芳立
23	凤雏重鸣坊	为太仆卿廷伟立
24	世瑞坊	为举人廷臣、知县景闵立
25	冻蘖自甘坊	为儒士克祖妻左氏立
26	节比松筠坊	为运同士贤继妻南氏立
27	熊丸画荻坊	为奉祀生希祖妻张氏立

28	黄堂清暇坊	为河间府知府居观立
29	纯孝天植坊	为孝子讳居户衣立
30	七世科甲坊	由忠定公至七世孙讳曦举人立

表中最多的是表彰族人升官与科举成就的牌坊。韩文拥有10个牌坊，占去总数的三分之一。韩士奇有4个牌坊也为数不少。再下是韩廷伟，有3个牌坊。还有一些只有一两个牌坊的。除了个人的牌坊外，有一些是表彰数人的，如三世进士坊、三凤坊、兄弟同科坊、世瑞坊、七世科甲坊，这些牌坊主要突出表彰韩文祖孙三代，也反映了韩氏连续七代的科举之盛，他们代表了洪洞韩氏的科举仕宦成就。忠孝贞节的牌坊也不少，有5个。可以想象，当年在洪洞县城以及韩氏家族住地的这30座牌坊是何等气派与令人羡慕，成为当地的重要人文景观。

韩氏在洪洞是有相当影响的。韩文的坟墓、专祠都是皇帝敕建的，民国六年刊《洪洞县志》卷8记载："户部尚书忠定公韩文墓在县东十里李堡村西，地名大锡沟。明嘉靖六年敕建，有垣有坊。额曰敕建忠定韩公之茔。内有谕祭碑文、少师费宏神道碑记，享堂斋厨石器尚存。"在当地也是重要的人文景观，韩文以及后裔入祀乡贤祠，赢得了家乡人的崇敬。韩文也成为洪洞地方社会的典范。嘉靖三十三年（1554）洪洞创修县志，邑令王业将"韩忠定之搏击权奸"作为当地的典范而提倡。邑人刘廷臣则说当地："前有皋陶氏，后有韩忠定公，诚足为余邑重也。"又说："我朝刘晦庵公曰：国家养士百五十年，只养得韩贯道者，是皋陶氏生于斯以开五百年作圣之期，忠定公生于斯以际前百五十年养士之效也。"韩文被作为明朝士人榜样与远古圣人相提并论，直到民国六年的《续修洪洞县志序》仍把"韩忠定之气节"作为家乡的骄傲。

结语

明清时期的山西洪洞韩氏是典型的因科举成功而强盛的宗族，属于士大夫类型，应该说科举仕宦是宋以后大家族存在的重要条件。士大夫类型的宗族承载着传统文化赋予的精神力量，也有必要的经济保障。从这个意义上说，山西洪洞韩氏与南方宗族具有一般的共性。

洪洞韩氏因为科举与仕宦的成就盛于明代，清代有所衰落。但是就家族制度而言，洪洞韩氏在明清时期逐渐强化，清代比较明显。明清时期的山西洪洞韩氏由于科举与仕宦的成就成为望族，在当地一定会有举足轻重的地位，由于笔者尚未去当地进行社会调查，进一步收集资料，目前还难以更深入揭示韩氏的地域社会影响，这是需要今后努力的研究课题。

（常建华，男，河北张家口人，南开大学中国社会史研究中心暨历史学院教授、博士生导师，安徽大学徽学研究中心兼职研究员。）

世纪之交山西洪洞大槐树移民问题研究的回顾与思考

乔新华

摘要：20世纪有关山西洪洞大槐树移民问题的研究基本代表了传统移民史研究的取向，研究的重点主要集中在对移民的原因、经过、路线、规模、影响等问题的探讨。进入21世纪，受后现代史学理论以及社会史研究方法的启发，有学者开始摆脱传统移民史研究的取向，尝试从一些新颖的角度，带着明确的问题意识对大槐树移民问题进行了别开生面的研究。简言之就是从关注"人口迁移"这个动态的客观过程到关注"移民"这一主体生命本身及其背后的思想、文化过程。本文试图以研究者及其作品背后暗含的问题意识，作为梳理百年来洪洞大槐树移民问题研究的分类参照。同时，本文尝试在把洪洞大槐树移民问题放在学术思想史脉络的基础上，对移民史研究提出一些新的思考。

关键词：山西洪洞　大槐树　移民传说　移民史

对中国历史时期人口迁移现象的研究，一直是历史学关注的重要课题，其直接的动因是探讨不同时期的人口迁移活动对各个历史发展阶段究竟产生了怎样的影响和作用。因此，现代中国学者很早就开始了对历史时期人口迁移问题的探讨，至今在研究对象、方法、内容等方面已积累了非常丰硕的成果，逐渐形成了一套较为全面、科学的移民史理论体系。

概括而言，在研究对象上，既有以全国范围为研究对象的宏观性研究，也有以某一特定区域为对象的微观性研究；在研究时段的选取上，既有以从古到今的长时段研究，也有以某一朝代或重要时期为断限的短时段研究；在研究方法上，从主要利用历史学的文献考证方法，到兼及考古学、人口学、历史地理学、地名学、语言学、社会学和文化人类学的多学科交叉方法；而在研究内容或者说关注的重点上则经历了一个更为重要的转变，那就是从关注"人口迁移"这个动态的客观过程到关注"移民"这一主体生命本身及其背后的思想、文化过程。这样的一个转变不仅有助于彻底厘清学界以往关于"人口迁移史"与"移民史"研究中混淆不清的局面，而且也代表了"移民史"研究的新取向。上述这些研究共同构成了20世纪中国移民史研究的主要内容。而随着研究方法的多样化和研究视野的扩大，移民史研究为我们重新理解中国历史提供了一个极富启发性的视角，成为我们了解社会结构嬗变的重要线索。

无须赘言，在中国历史上，明代山西洪洞大槐树移民及其传说无疑是一个非常重要的历史现象。"问我祖先在何处，山西洪洞大槐树"，与此相关的大量脍炙人口的移民传说故事广泛传播在北方民间。洪洞被数千万人认定为他们祖先的发源地，被看做"根"，成为无数人心目中故乡的象征。因此，在传统的移民史研究中，洪洞大槐树移民问题自然成为学者关注的一个重要问题，相关的研究可谓层出不穷。从某种意义上说，20世纪有关大槐树移民问题的研究基本代表了传统移民史研究的取向，研究的重点主要集中在对移民的原因、经过、路线、规模、影响等问题的探讨。换句话说，传统移民史研究基本上还是等同于"人口迁移史"。而当世纪之交，受后现代史学理论和社会史研究方法的启发，有学者开始摆脱传统移民史研究的取向，尝试从一些新颖的角度，带着明确的问题意识对大槐树移民问题进行了别开生面的研究。这其中不仅涉及对移民史实与传说关系的探讨，而且其研究的内容除了有传统移民史研究所关注的问题，更重要的是倡导对"移民"这一主体生命本身及其背后蕴涵的思想、文化问题的探讨。可以说，这为长期以来大槐树移民研究的困境寻找到了一条切实有效的学术思路，必将进一步深化此项研究。那么，全面回顾近百年来有关大槐树移民问题的研究，将有助于我们对大槐树移民问题做更为细致深入的研究。

　　本文试图以研究者及其作品背后暗含的问题意识，作为梳理洪洞大槐树移民问题研究的分类参照。同时，本文尝试在把洪洞大槐树移民问题放在学术思想史脉络的基础上，对移民史研究提出一些新的思考。这样一种分析思路本身也许蕴涵了对以往大槐树移民史研究中带有明显错误性倾向的惯性思维的一些批判性思考，其用意则是想描绘一幅有关大槐树移民更为细致、更为接近真实的历史画面。

一、作为历史事件的洪洞大槐树移民问题研究

　　长期以来，对历史时期人口迁移的背景、过程、分布和影响的探讨，是传统移民史研究的主要内容。因此，在这样的一个研究取向的指导下，洪洞大槐树移民研究也大致围绕上述问题展开。而这样一个研究的展开，当然也是建立在把洪洞大槐树移民作为一个真实历史事件基础上的。

　　大体而言，"洪洞大槐树移民"问题以民国初年洪洞士绅景大启、刘子林等创修遗址和编撰志书为发端，中经80年代盛世修志背景下洪洞县志办对移民资料的大量调查和征集，到90年代以来被学者视为"历史之谜"加以研究。多数学者利用大量的家谱、墓志铭等资料主要对移民的原因、经过、路线等问题做了有意义的探索。

　　1914年洪洞地方精英创修的"古大槐树遗址"和1921年编撰的《古大槐树志》，个仅是洪洞本地历史上的重要事件，而且也是直接引发学者关注并研究这个问题

的一个重要契机。因为遗址的修建不仅将民间传播的大槐树移民传说变成了有迹可循的遗迹，而且志书的记载也成为日后研究者的史料依据。而如果仔细研读《古大槐树志》中所辑录的百篇文稿，其间流露的观点和提出的问题本身就反映了他们对大槐树移民问题的认识。比如时人赵宝麟概括该书的内容为"志中详载大槐树系明初洪永之际迁民点行处"，同时也提出了大槐树移民"但不见诸史，惟详于谱牒"的问题。因此，从这个视角来看，该志书是把洪洞大槐树移民放在作为一个真实历史事件的问题意识和研究视野下的开山之作。

1937年，郭豫才撰写的《洪洞移民传说之考实》一文，可能是学界较早对洪洞移民传说进行的研究。他以正史记载为依据，辅以碑刻等资料，试图考察大槐树移民的真实面貌。该文的一个重要观点认为："洪洞移民之时间，不自明始，而始于金；地域不限于洪洞而指晋南诸郡。"当然，这样的结论对明初洪洞大槐树移民说无疑是一个挑战，但同时似可引发学界对该问题的进一步深入研究。不过，遗憾的是，郭氏提出的问题一直无人回应。到80年代，当大槐树移民问题再度进入学者的研究视野时，学界已普遍地接受了明初洪洞移民说，继之而起的一系列论文、论著大都是在这样一个前提下的研究成果。而这种研究思路一直蔓延到了新旧世纪之交。换言之，把洪洞大槐树移民作为一个特定的历史事件来研究，是20世纪，尤其是80年代以后学界的主要研究取向。

20世纪80年代初，洪洞县志办在《参考消息》上刊登了《古大槐树迁民资料征集启事》，之后陆续收到了数百份家谱、族谱、墓碑和祠堂碑的抄件等大量资料，这首先引起了当地县志办研究人员的高度重视，其中林中园、张青用力最勤。他们对浩繁的资料进行爬梳整理，出版了《洪洞古大槐树志》一书。与此同时，洪洞大槐树移民问题也开始引起学界的极大关注，费孝通、傅振伦、李毓珍等学者都曾对这个问题表示了浓厚的兴趣。之后学界围绕这个问题的论文、论著便逐渐多了起来。据笔者统计，近20年来相关的论文约有20篇，论著也有10余部。这其中林中园、张青、黄泽岭的贡献独特，前两位一直致力于对洪洞当地收集来的资料进行整理和对本地文化的研究，而后者则亲自深入河南乡村对散落在民间的碑刻、族谱以及各种口述资料进行大范围的收集整理。这些论著中收集并利用了大量的地方志、家谱、族谱和墓志铭等资料。

此外，近年来的许多著作，如曹树基的《中国移民史》第5卷、安介生的《山西移民史》、日本学者牧野巽的《中国移民传说》等等，对洪洞大槐树移民问题都有所涉及。

总体来讲，这些研究几乎都是在把民间流传的"祖先是明初从山西洪洞来的"说法作为研究的一个既定的前提，因此，研究的内容一则是描述此次移民的史实，二则是在此基础上分析移民的原因并试图复原明初山西向外移民的时间、次数、路线等。这些内容也大致反映了传统移民史研究的主要取向。

在对明初洪洞大槐树移民史实的考证研究中，学者多持"洪武、永乐年间共计移民18次"的说法。如李靖莉指出："洪洞作为晋南人多地少的狭乡，政府有组织地向外迁民先后有18次"，但是文中并没有详细地列出具体的史实依据。不过，如果翻阅众多相关主题的论文，那么，张青文中罗列的18次迁民史实是很有代表性的，也是学者普遍采用的依据。事实上，这些记载只能作为山西向外移民的依据，然而许多作者为了论证的需要，就浑然不觉地把它认定为洪洞移民的史实了。

移民的原因即迁移背景是研究移民史的重大问题。对于洪洞大槐树移民原因的探讨，学者提供的解释也基本上是大同小异的。论者多强调以下两方面原因的交互作用：一方面是由于元末明初的王朝鼎革之战、统治阶级内战等造成中原土地荒芜、人口稀少，政府下令移民；另一方面则是由于山西，甚至洪洞社会稳定、经济富足、地狭人众的客观形势，使之成为自然的人口迁出地。在一定程度上讲，这样的分析基本上是在套用学界关于明初洪武、永乐大移民的宏大叙事。这里涉及关于明初洪武永乐大移民的问题，对此，学界基本认为明初国家把移民作为一项重要的国家政策而导致了后来我们认为的"明初大移民"。但是当我们对某个特定区域进行具体研究时，不应该以非常宏大的叙事代替细致入微的具体情景。再进一步来说，姑且不论上述原因是否符合历史的真实，一个显而易见的事实是，上述原因的分析针对的乃是整个山西。于是，有学者便提出山西人口稠密地区首推平阳府，而洪洞县又是该府人口最多的县，以此来试图说明洪洞是移民人数迁出最多的事实。但是，正如安介生指出的："仅从常识出发，假如这些资料都属实的话，那么累积起来，将是一个相当庞大的移民数字，而洪洞一县在明初可能拥有如此众多的人口吗？"因此，在对大槐树移民原因的探讨中，学界一直没有非常令人信服的答案。

此外，关于洪洞移民的分布范围及其对迁入地的影响也是学者探讨的一个重要问题。如果说民国年间学者普遍地认为河南、山东、河北等地是移民的主要入居地，那么到20世纪80年代后，也许是在寻根问祖的社会思潮推动下，洪洞移民的分布范围着实扩大了许多。有学者考证认为："明朝洪洞大槐树移民姓氏共800余个，移民分布共18个省500余县市"，当然，这其中还考虑了所谓二次迁移的因素等等。在众多的迁入地中，河南、山东、河北是学者普遍认为的主要迁入地，因而有关洪洞移民对迁入地的影响也主要集中在对这几个地域的探讨中。其中刘郁瑞、张青提出的古槐文化概念，叶涛对移民给山东民俗、民间艺术和行为习惯的影响的探讨都在一定程度上深化了移民研究。但是，论者多以一些非常宏观的概括性描述来代替本来非常鲜活细致的具体分析。于是诸如巩固明朝统治、恢复生产、发展经济、振兴中原、开发边疆、民族融合、文化交流等成为学者论述移民影响的普遍术语。对此，赵世瑜认为：这样的做法基本上还是"人口迁移史"，而不尽然是真正的移民史。

正是基于上述研究思路，洪洞大槐树移民在中国移民史上占有了一个非常显著的地位，而这反过来又强化了学界把洪洞大槐树移民作为一个重要历史事件的认识。张青认为："明朝洪洞大槐树移民，无论从时间上，从地域范围上，从组织规模上来说，无疑是中国移民史上的顶峰，是中国历史上的第四次移民也是规模最大的一次。"至此，洪洞大槐树移民作为明初历史上的大事件确立了在中国移民史上的重要地位。

但是，如果我们仔细翻阅正史记载及其相关资料，再加以认真揣摩，就会对上述研究把民间流传的"祖先是明初从山西洪洞来的"说法作为一个既定前提的做法提出疑问。因为所有把洪洞大槐树移民作为明朝初年一个重要的历史事件的认识，都是以民国初年编修的《洪洞县志》中的记载作为立论的依据。也就是说最早将大槐树和移民问题联系起来的是民国版《洪洞县志》的记载，所谓"明洪武、永乐间，屡移山西民于北平、山东、河南等地，树下为集合之所。传闻广济寺设局驻员，发给凭照川资"。于是，20世纪的多数研究大都坚持认为洪洞大槐树是明朝初年政府大规模移民的官方中转站。但这样的研究是不认真、不科学的。因此，换言之，把"洪洞大槐树移民"仅仅作为一个真实的历史事件而进行的研究也许远远不能合理真实地揭示这一现象蕴藏的丰富内涵。

以上所论，是20世纪洪洞大槐树移民研究的总体概况。毫无疑问，如果按照传统移民史的研究理路来看，上述关于洪洞大槐树移民的一系列研究在一定程度上深化了明朝山西移民史的研究。但是，如果我们回想民国年间郭豫才对大槐树移民提出的问题，再仔细剥离不同时代粘连在上面的东西，以及考察传说故事中的某些细节，那么，与其说洪洞大槐树移民问题是一个历史事件，毋宁说它更是一个非常复杂的历史、文化现象。唯其如此，我们才能对这个问题进行更为深入细致的研究。当新旧世纪之交，伴随着后现代史学的到来，洪洞大槐树移民研究也进入了一个崭新的阶段。

二、作为"历史记忆"的洪洞大槐树移民传说研究

20世纪，尤其是90年代以后，尽管学者从不同的角度对大槐树移民问题进行了探讨，但对于传说与历史记载之间的巨大反差所透露的各种问题，仍未得到合理有力的解释。世纪之交，受后现代史学以及社会史研究方法的启发，有学者摆脱传统移民史研究的取向，从一些新颖的角度，带着明确的问题意识进行了别开

生面的研究。这其中不仅涉及对移民史实与传说关系的探讨,更重要的是倡导对"移民"这一主体生命本身及其背后蕴涵的思想、文化问题的研究。换言之,这些问题意识的提出使大槐树移民研究有可能成为真正的"移民史研究",而不再是以往"人口迁移史"意义上的移民史研究。

  洪洞大槐树移民问题之所以引起学界的极大关注,在很大程度上乃是由于民间广泛流传的传说故事。"问我祖先在何处,山西洪洞大槐树"几乎是北方民间妇孺皆知的一句歌谣,洪洞被无数人认定为故乡。在中国移民史上,类似洪洞这样被移民世代记忆为故乡的地点,还有南雄珠玑巷、山东枣林庄、苏州阊门外、南京杨柳巷、江西瓦屑坝等,同时还附会着许多脍炙人口的传说。因此,对于如何理解传说的内容及其流传过程,以及传说与史实的关系等问题就变得至关重要,也是使移民史研究得以进一步深化的新的突破口。

  这里首先涉及传说能否作为可供研究者分析的文本,以及传说与史实关系的问题。对此,学界大致有以下这样几种观点:

  其一是把传说与史实二元对立的做法。这主要体现在科学实证的历史研究中,传说被学术界视为随意性、杜撰、人云亦云以及不可信的同义语,把传说与信史对立。在史料的层面上,除了正史文献、金石等实物记载以外,对口传的东西多持怀疑态度,因其不可信而通常被排除在研究范围外。

  其二是对传说采取半信半疑的态度。有时会把传说简单地视为历史事实,并作为立论的依据。比如在前述关于大槐树研究中就多把民间大量的传说故事等口碑资料视为史实而作为立论的依据。但是如果仔细查看明朝遗留下来的官方文献,如《明实录》《明经世文编》等,并没有特别提到山西洪洞县的移民问题,更不用说大槐树了。在前述的研究中,学者多把正史中关于山西移民的记载想当然地视为洪洞移民。同时,在洪洞本地的县志中也没有确凿的记载可供分析,赵世瑜曾指出:"当我们仔细查考了从明代到民国时期的7种版本的《洪洞县志》以后,发现除了民国六年的那个版本中讲到了大槐树和大移民的关系以外,在以前的各个版本中却对此只字未提。为什么这样一次大规模的移民活动不见于本地的地方志呢?"因此,我们同样也要谨慎地把握传说与史实之间的微妙关系。

  其三是在后现代主义视角下,把传说视为与历史同等意义的"历史记忆",并强调在思想史意义上对其进行解读。20世纪末,伴随着后现代史学对科学实证研究的挑战,传说与历史二元对立的关系遭到质疑。对此,学界不仅有相关的理论阐述,也有许多成功的个案研究。赵世瑜认为,"无论口头传说还是历史文献,都是历史记忆的不同表述方式",因此他进一步指出:"在历史记忆的意义上,传说与正史文献传达的历史在价值上是平等的,而不应以截然的二元对立的态度来对待它们。"正是在这样一种思路和眼光下,学者们又强调了如何更好地解读传说。其中刘志伟有关移民传说的观点很有新意。他通过长期对华南历史的深入研究提出一个令人深思的问题,他认为,"有关移民的历史叙述,应该是被研究的对象,而不是研究所得的结论",接着又说,"按照这样一种思路和眼光,移民、开发、教化和文化传播的历史,不仅仅是文明扩张的历史,更被理解为基于本地社会的动力去建立国家秩序"。赵世瑜则用另外的话表达了大致相同的意思,他指出:"'历史记忆'这个词不仅包括它记忆的对象是历史事件,同时记忆本身也是一个历史,是一个不断传承、延续的过程,这个过程本身也构成历史。"因此,对传说这样一种历史记忆,其本身的真实与否并不重要,更重要的是应该把传说产生和流传的过程这样一个历史的真实纳入我们的研究视野,进而探讨这一过程背后更深层的动因。其实也就是要从思想史的意义上解读传说背后蕴涵的文化意义。因为有这样一种可能性,即我们主观上认为这个东西是虚构的,同时即使在"事实"的意义上某些传说也是虚构的,但在"思想"的意义上它们仍是事实。

  正是在上述研究思路的推动下,历史学界不断出现了一些从传说出发研究历史的成功个案。比如顾颉刚对孟姜女传说的研究,发现了层累地制造古史,顾城对沈万三故事的研究以及陈学霖对北京建城传说和"八月十五杀鞑子"传说的研究等。关于对移民传说的研究,已成为历史学、社会学、民俗学、人类学等多学科共同关注的重要问题之一。而已有的研究建立在顾颉刚、钟敬文和顾诚等前辈对其他各类传说的研究与重视的基础之上。其中刘志伟在对华南宗族历史进行研究时对南雄珠玑巷移民传说的解释就颇具代表性。他认为即使把这个传说认定为史实是不可靠的,但这里也包含其他的历史成分。他考证发现,这与明朝初年广东人的入籍问题有关。当地的土著、贱民为了取得合法身份,千方百计地希望政府把他们纳入户籍当中,为了与已经在籍的那些人一致,便都采取了南雄珠玑巷迁来的说法。这样就使我们把关注点从"人口迁移"这一动态的客观过程转移到对移民这一主体生命及其背后蕴涵的思想文化意义上来,无疑这样的研究视角使我们能通过传说中透露出的和历史学家记载所不同的历史语境,来看到更复杂多样的历史,就其本质来说,也就是更真实的历史。

  当传说在历史记忆层面上和正史文献一样成为历史研究的另一个文本时,传说也就成为学者对许多传统课题进行深入研究的新的突破口和切入点。因此,在这样一种研究视角和问题意识的转变下,洪洞大槐树移民传说进入了学者的视野。对大槐树移民传说背后蕴涵的思想文化意义等问题的探讨,成为世纪之交的新取向。其中,安介生、赵世瑜的观点较有代表性。

  前面曾指出以往研究中把传说作为立论依据的不科学性,那么反过来,我们能把传说视为不可信而彻底抛弃吗？我们能就此而否认洪洞大槐树移民的真实性吗？问题也并不是一个简单的是与否就能解释得清楚。因为在北方民间，确实又有为数可观的方志、谱牒和口碑资料都把明初山西移民与洪洞及大槐树紧紧联系在一起。这种"但不见诸史，惟详于谱牒"的反差，在民国初年就已引起当地人的注意。1957年洪赵县（当时把洪洞和赵城合并为洪赵县）人民委员会分析指出"无论洪洞人如何忠厚，当时断不能只迁此一县人民"。安介生也指出："明朝初年山西移民史研究的困难，并不在于尽可能地依据可靠的历史文献复原当时人口迁移的真实状况，而在于解决官方文献与民间传闻之间关于迁民史实的巨大反差。"那么，该如何解释这种现象呢？对此，安介生的分析引入了心理因素，他认为："对于世代耕耘的山西农民而言，告别父老，离开故土，走上坎坷漫长的迁徙之路，是一段难以言喻的辛酸历程，因此，景物佳绝、兴隆繁盛的洪洞作为他们离开山西时留下的最美好的记忆，郁郁葱葱的大槐树也就永远烙印在他们的脑海中，成为他们永远依恋的精神家园。这大概就是绝大多数移民将洪洞作为故园，将大槐树作为故乡标志的最根本的原因。"持此观点的还有曹树基、魏隽如等学者，曹树基认为大槐树、珠玑巷等是明初移民在不同地区的主要集散地，来自不同地方的移民暂时聚集一处，随后各奔东西。因此把这个地点视为共同的"乡里"便于记忆，并创造出各种传说故事和象征物来强化这种记忆。魏隽如分析认为移民们起程时依依惜别，不忍离去，走了好远还频频回首，最后只能看见大槐树上的老鹳窝，故大槐树和老鹳窝便被误传为村庄，其实是移民当时惜别家乡的标志。尽管上述研究跳出了以往研究只是简单地辨别大槐树移民传说真实与否的羁绊，并试图从社会心理的角度进行解读，但还没有真正细致地考察其背后隐藏的更为复杂的内涵。

赵世瑜指出要在思想史的意义上深入解读大槐树移民传说。他指出："洪洞大槐树移民的传说，不仅是讲传说背后的历史过程，讲移民史，更多是把传说当作这个历史过程的一个组成部分，甚至去发现某些历史过程就是由传说构建起来的，扩展到文本以外分析以外的东西。"他通过深入思考大槐树移民问题中的种种现象，提出了要在思想史的意义上解读大槐树传说。也就是不简单地把大槐树移民传说仅仅作为结论，而试图通过考察其叙述和流传的过程，来分析隐含其后的社会舆论和历史情景。具体而言，就是从洪洞外部来考察，不同地方的人、在什么时候、为什么要说自己就是从洪洞而来。因为并非所有的人都是真正地从洪洞迁出，但他们却不假思索地一致声称是从洪洞而来。从这个意义上说，围绕这一事件在各个地方的历史叙述中确实有虚构的成分在里边，但人们虚构自己祖先历史这一过程本身就又是一个真实的历史。对此，他认为："这些传说故事和家族神话也是某种意义上的历史真实，它们是一种思想史。"

正是基于这样的眼光和思路,他指出:"很多提到洪洞大槐树的族谱和碑刻都是比较晚近的。我们发现最早把移民与洪洞大槐树联系起来的是清嘉庆道光年间的祁韵士。此外,在大量的有关民间传说中,山东、山西、河北把它与元末明初的战乱联系起来,而在河南的一些传说则把它与明末清初的战乱联系起来,可见传说是很有地方性的,最后都归结到洪洞大槐树。"这样一些问题的提出其实是想把对大槐树移民问题的研究推向一个纵深层次。他通过解读传说中的几个母题(如人兽婚的故事),看到了族群关系与大槐树的关系,并从一个长时段来理解这些传说的流变,反过来又以此深入探讨了地方社会的变迁。他认为大槐树移民传说反映了华北社会从金、元到民国一个重塑汉族正统性的民间的做法,体现了一种把区域历史纳入整个国家现代化浪潮的努力。他还指出要真正对移民的影响有一个深入的探讨,首先纳入我们研究视野的也许真正应该是"这些徙自他乡的人如何在陌生的土地上艰苦立足、如何处理他们与土著之间的关系等等"。换言之,也就是要求我们尽量摆脱以往那种宏大叙事风格,对"移民"这一主体生命赋予"同情之理解",进而才可能对移民的影响有一个全方位的了解。概而言之,他通过对传说背后的意义进行福柯所谓"知识考古学探究",试图"发现这些话语和象征是如何被创造出来的,也可以通过研究这些传说的不同类型和传承特点,发现其背后的社会文化氛围"。他认为:"探讨诸如这样一些历史过程,也许可以被视为采用历史人类学视角的思想史。"

在上述研究的基础上,赵世瑜进一步指出,洪洞怎样成为一个象征性符号同样是一个重要的问题。也就是说从洪洞内部来考察,这个地方究竟有什么特质会被数不清的人认定为祖先发源地,成为无数人魂牵梦绕的家园。这与从洪洞外部考察不同地方的人在什么时候为什么要说自己是从洪洞来的,构成了大槐树移民问题的一体两面。

总体而言,进入新世纪后的五年时间里,由于史学方法的更新、研究视野的拓宽、问题意识的鲜明,大槐树移民研究取得了非常显著的成绩。在某种意义上,该时期的研究相比上个百年,是一次质的飞跃。把大槐树移民作为一个历史、文化现象本身就说明了认识的深化,也促成了研究的进一步深入。而且,由于学者的研究视野扩大了,对移民这个现象背后更深层次的内涵有了较为充分的理解,比如族群认同、民族主义等问题。此外,还以此个案对国家与社会、精英文化与大众文化、大小传统等相关理论做一些理解和补充。总之,近几年所取得的成绩必将为其后的进一步深入研究奠定良好的基础。

三、"整体史"视野下大槐树移民问题研究的思考与展望

20世纪,中国的移民史研究在几代学者的共同努力下,在研究方法、研究内

容以及重大的移民事件等方面取得了一系列卓有建树的成果，其中以葛剑雄等人合撰的六卷本《中国移民史》为最重要的标志性成果。

该书自1997年出版以来，就引起了学界的极大关注，对其评判也是褒贬不一。有学者把它视为是多年来中国移民史研究的集大成之作，认为它"不仅详尽地总结分析了先秦至21世纪前期发生在中国境内各次重要移民运动过程，而且对于移民史研究中所涉及的概念、理论问题进行了鞭辟入里的阐发"。有些学者则从不同的角度对该书的史料、某个历史阶段的移民以及有关移民史的理论等问题做了程度不同的批评。其实不论学者是站在哪个角度对其进行阐发，在某种意义上既是对百年移民史研究的肯定，也是对未来移民史研究新的更深层次的思考。在我看来，六卷本的《中国移民史》正如宏大的《中国通史》，其在宏观纵向上对中国历史移民问题进行全面探讨的意义上是值得肯定和称道的。但也正因为要面面俱到而不可能对一些重要问题进行更深入细致的研究，该书也是在这个意义上遭到了学界的批评。事实上，一部移民史绝不可能解决所有问题，对其求全责备，似无必要。客观地讲，该书中一个相对完整的中国移民史框架的建立、一系列有关移民的数据的提出，有助于后人在此基础上进行更为深入的探讨。那么，如何使传统移民史继续深入，借鉴并合理运用20世纪尤其是80年代后国内外历史学理论及社会史研究范式、区域社会史研究方法、长时段、整体史等理念变得非常重要。近年来大槐树移民研究以及有关华南南雄珠玑巷移民传说的研究已代表了这样一个新的研究取向，而且通过对这些个案进一步的深入细致研究有望从中提升一些关于移民史研究带有普遍意义的理论模式。

通过对百年大槐树移民研究的回顾，我们看到在世纪之交，大槐树移民研究实现了从传统"人口迁移史"向"移民史"的跨越，并对传说与移民史实的关系做出了一些带有启发意义的解释，相比传统的移民史研究着实深入了许多。但是大槐树移民及其传说作为一个重要的历史事件、一个影响深远的文化现象，研究的问题还很多，研究的意义也很重大。

展望未来，我们还不能停留在上述一个的研究视角的转换上，而应该借助更科学的学科理论、更丰富的资料和合理的分析工具，进一步推动此项研究。随着区域社会史等新的研究范式、历史人类学等新的解释方法的运用，我们应该进一步推动此项研究向纵深方向发展。它可以是理解不同地方社会的切入点，也可能是新时期国家话语下的重要历史资源。

由于大槐树移民是一个影响时间久远、波及范围很广的历史文化现象，因此，从一个长时段对其进行"整体史"研究将是今后努力的方向。比如，赵世瑜在论及移民与心理积淀的关系时曾指出："这种挥之不去的移民情结反映了什么样的社会现实？什么样的心态？对他们的行为造成了什么样的影响？我以为，这种心态史的研究追求的是更为深层的东西、长时段的东西，它背后不完全是那种科学主义的、逻辑实证的、求真的方法论，它要求同情理解，要求对意义的解释，要求人文主义取向。"此外，对移民与政治、基层社会组织、社会生活等关系的探讨如果都放在一个整体史的框架下研究，最终将使洪洞大槐树移民研究更加深化和细化。

"根"与"祖"：山西洪洞大槐树现象的历史内核与文化内涵

乔新华

一、问我祖先在何处，山西洪洞大槐树

在中国移民史上辐射范围最广、影响最大的一个移民发源地，大概要算山西洪洞大槐树了。"问我祖先在何处，山西洪洞大槐树。祖先故居叫什么，大槐树下老鹳窝"，这是一首广泛流传在华北民间妇孺皆知的歌谣。此外，《胡大海复仇》《燕王扫碑》《三洗怀庆府》等传说故事，讲述了元末明初何以造成河南、河北等中原地区人口稀少而导致明政府下令从山西洪洞迁民的原因；解手、背手、"谁是古槐迁来人，脱履小趾验甲形"等故事反映了在移民文化中族群记忆、地方风俗习惯等一些有趣的情节，而类似《一家庄》《打锅牛》等故事则流露出移民远离故土、定居各地的辛酸历程。传说故事丰富生动，碑刻、墓志铭等资料确实大量散见于华北民间社会，这些民间记忆历经几百年的传承、积淀和凝结，洪洞被数千万人喻为"家"、称做"祖"、看做"根"，成为无数人心中的故乡。

民众记忆的鲜活生动和民间资料的丰富多样，大概是促成学术界关注大槐树问题最重要的学理基础，而1914年洪洞地方精英创修的"古大槐树遗址"和1921年编撰的《古大槐树志》，则成为直接引发学者关注并研究这个问题的一个重要契机。因为遗址的修建不仅将民间传播的大槐树移民传说变成了有迹可循的遗迹，而且志书的记载也成为日后研究者的史料依据。于是，1933年马长寿的《洪洞迁民的社会学研究》（《社会学刊》第3卷第4期）和1937年郭豫才的《洪洞移民传说之考实》（《禹贡》第7卷第10期）成为关于洪洞大槐树问题较早的研究作品，之后关于大槐树的研究沉寂了半个世纪，20世纪80年代始在盛世修志背景下洪洞县志办在全国范围对移民资料进行了大量调查和征集，学者也开始利用调查整理的家谱、墓志铭等资料对移民的原因、经过、路线等问题进行实证性研究，试图全面详尽地揭示发生在明初洪洞大移民事件中的实况。在历史学"求真"的本质追求下，有关大槐树移民的许多片段得以渐渐浮现，但与此同时，也生发出一些更为细致具体的问题。流传盛广的"脚指甲复形"问题就曾引起费孝通和李毓珍

的讨论，以至于费孝通感叹大槐树移民中藏有"历史之谜"。历史的经经纬纬里，通常交织着神秘的丝线。然而，拂去这些民间传说扑朔迷离的浓雾，我们还是能筛簸出历史的真意。确实，在今天看来，洪洞大槐树移民绝不仅仅是发生在明初的一次或几次大移民事件，其中裹挟、粘连着不同历史时期许多鲜为人知的历史情境，其意义已不只是一个中国移民史重大事件所能囊括，而是一个蕴含许多深意的文化现象。

"问我祖先在何处，山西洪洞大槐树"，这样一段妇孺皆知的歌谣背后究竟蕴藏着怎样丰富深厚的历史情境和文化内涵？

二、真实的故乡与想象的家园：洪洞大槐树在汉民族形成中的民族意涵

据目前的文献资料，在金元到明初的一个较长时期内，涉及山西的移民活动事属无疑。"洪武、永乐年间共计移民18次"的说法是多数学者普遍认同的结论，"中原荒芜河东盛"是明初移民发生的主要原因。因此，洪洞作为明初山西移民迁出地之一，是一个真实的"祖先迁出地"，是华北移民后代中"真实的故乡"。但这个"真实的故乡"究竟涉及多少移民，波及多大的范围？因为，即便在这些实证性研究中，也还有一些值得细细推敲的问题。比如，其实早在1937年，郭豫才在《洪洞移民传说之考实》中曾提出一个重要观点："洪洞移民之时间，不自明始，而始于金；地域不限于洪洞而指晋南诸郡"，这样的结论相较80年代普遍认同的"明初洪洞移民说"无疑是更具启发性的。不过，遗憾的是，郭氏30年代提出的问题到90年代一直无人回应。此外，根据华北民间的谱牒、碑刻等资料统计祖先来自洪洞大槐树的达到11个省的227个县，移民人口达到百万以上，也引起了众多学者的疑问，"山西移民"何以缩小为"洪洞移民"？换言之，"洪洞"何以成为山西移民的"代言人"？其中应该另有隐情。

其实，一旦我们不拘泥于既定的结论，能够从"不疑处有疑"，就会发现大槐树移民似有更为复杂的问题缠绕其中。其一，关于大槐树移民史实记载中出现的"但不见诸史，惟详于谱牒"的巨大反差。相比较民间谱牒、碑刻资料关于大槐树移民的大量记载，官方文献的记载却严重缺失。不仅《明实录》《明经世文编》等没有特别提到山西洪洞县的移民问题，更不用说详及大槐树了。而且明清时期洪洞本地的地方志中也没有记载，直到民国六年的《洪洞县志》才新增"大槐树"。为什么这样一次大规模的移民活动不仅在正史中没有留下痕迹，而且也不见于本地的地方志呢？其二，关于大槐树移民数量中呈现的洪洞人口实际数量与碑刻谱牒中庞大的移民数量之间的差距。据现代学者根据华北民间的谱牒、碑刻等资料考证，洪洞古大槐树移民分布于11个省（市）227个县，安介生认为"仅从常识出发，假如这些资料都属实的话，那么，累积起来，将是一个相当庞大的移民数字，而洪洞一县在明初可能拥有如此多的人口吗？"（安介生：《山西移民史》，山西人民出版社，1999年，312页）。事实上，对于这个疑问，早在1957年洪赵县（当时把洪洞和赵城合并为洪赵县）内部人士已指出认为"无论洪洞人如何忠厚，当时断不能只迁此一县人民"（《山西省洪洞县古大槐树迁民纪略》，载林中园《迁民后裔话迁民》，42页）。

学术研究的创新不仅要有"从不疑处有疑"的精神，还常常有赖于"换一个角度"等视角、方法的转变。在这个意义上，刘志伟提出的"有关移民的历史叙述，应该是被研究的对象，而不是研究所得的结论"颇具启发性，循着这样一个思路，洪洞大槐树移民问题的研究就不仅应该包括探讨明初发生在山西的那样一个重大的移民事件，而且应该包括自明以后不同时期、不同人群、在不同社会文化背景选择下对洪洞大槐树的想象和记忆。具体而言，一方面从洪洞外部考察，不同地方的人、在什么时候、为什么要说祖先来自山西洪洞大槐树。另一方面，从洪洞内部来考察，这个地方究竟有什么样的特质会被数不清的人认定为祖先发源地，成为无数人魂牵梦绕的家园。

在洪洞作为"真实的故乡"之外，究竟还有哪些地方的人、在何时、为何要说祖先来自洪洞大槐树？对此问题的探究，赵世瑜的观点是颇具代表性的，他分析认为："这个看似虚构的传说使我隐约感觉到族群关系与大槐树传说的关系。在南宋时期，中国北方被女真人占领，金被元所灭后，只有很少一部分人迁回东北黑山白水之间，大多数人留在了华北，定居下来，在元朝时期，蒙古人又进入中原，北方经历一次比较长时间、大规模的民族融合，到明朝时开始重塑汉族正统，人们要想办法证明自己的族源，但实际上已经不能说得很清楚了，因此到这个时候人们就需要塑造一个祖先的来历，甚至是一个祖先来历的象征。"（赵世瑜：《传说、历史、历史记忆——从20世纪的新史学到后现代》，《中国社会科学》2002年3期）在这里，洪洞被赋予汉族正统性的标签，也成为一个特定族群形成中的共同符号。而且这样的分析跳出了移民事件真实与否的二元对立模式，让我们看到隐藏在大槐树移民事件背后华北民间复杂的社会情境，看到了自金元时期山西女真、蒙古族统治与华北地区社会人口、社会生产深刻变化之间的关系。族群认同是裹挟其中的主要历史内核，安土重迁的传统观念也在此表达得淋漓尽致。大槐树传说中关于复形脚指甲的故事本质上是一个族群认同的问题，族群理论的研究表明，族群认同常常是在文化、社会界限相当模糊的族群互动中发生的。界限模糊，才有了认同的危机和必要性。金元时期华北复杂的族群关系在这种传说中得以体现，也成为这个事件背后暗含的历史真意，并在几百年后的晚清民国之际被重新唤起，承载了重要的时代意义。

"北有大槐树，南有石壁村"，这句广泛流行的民谚的意思是说北方汉人的祖根系于山西洪洞大槐树，南方客家人的祖根系于福建宁化石壁村。洪洞大槐树之所以成为北方汉人心中想象的家园，不仅与华北当时的社会情境有关，也与洪洞本地的地方传统和民国年间洪洞士绅的"再创造"有很大关系。"传统的发明"虽是近年来的一个时髦语，实际在历史上却周而复始地发生着。

民国三年，曾任山东县令的洪洞人景大启在其致仕后联合当地士绅贺柏寿等倡修大槐树迁民遗址和编撰《古大槐树志》。贺柏寿记曰："今者景君由茌平解组返里，余亦归田，爰伸前议，谋诸合邑绅商诸君，赓续此役"，他们"创建碑亭，建立巨坊，新构茶室"，是迁民遗址的雏形。与此同时，他们还纂修了《洪洞古大槐树志》，排印百余本行世。1931年，柴汝珍又在旧志基础上重新编辑，汇为《增广洪洞古大槐树志》一书。此次遗址的修建不仅将民间传播的大槐树移民传说变成了有迹可循的遗迹，而且志书的记载也成为日后研究者的史料依据。

一种传统的发明或再发明，都是特定时代的历史所致，也是当时怀有不同目的的不同人群博弈的结果。民国年间洪洞大槐树移民的再次被提起与当时的"民族—国家"思潮有非常密切的关系。贺柏寿在《重修大槐树古迹碑记》中言："方今民国肇造，社会主义播腾寰区。凡有关民族发达之源者，宜及时表彰，藉识人群进化之由，俾免数典忘祖之诮。然则吾邑大槐树，处之待于揭诸者，顾不重哉。"1931年时任知县柳蓉在为增修的志书撰写序言时也说："现值大同世界，一本散为万殊，四海皆是同胞，民族合群，共同奋斗，异族罔感侵略，同种日跻富强，遐迩交称曰：古大槐树关系种族，杨国争光，晋乘生色，彼夫召伯甘棠，播仁声而记遗爱。"由此可以看出他们对大槐树问题的认识，"民族—国家"思潮是洪洞大槐树旧话重提的一个重要历史背景，正如赵世瑜分析认为："洪洞大槐树移民传说故事的基本母题和主要情节是在两个特定时期，即金元北方民族大融合以后的明清汉族族群意识重塑时期和清末民初民族主义意识构造时期集中产生的。大槐树传说背后暗含着强烈的民族认同，而且其影响力超过了其他关于移民祖籍的说法，在一个相当大的范围内形成了关于族群认同的话语霸权。"（赵世瑜：《祖先记忆、家园象征与族群历史——山西洪洞大槐树传说解析》，《历史研究》2006年第1期）因此，民族凝聚力也成为洪洞大槐树移民最重要的文化内涵。

其实，放在洪洞本地历史的脉络中看，民国年间大槐树移民的"再发明"并不是一个孤立的事件，这里一直有做"地方史"的传统，也是我们探究洪洞既然不是所有移民的真实迁出地，为什么在众多的方志、谱牒中又都非常一致地把它认定为祖先发源地？而这些都与洪洞所处的山西南部这一特定地域文化紧密相连。山西南部以及从广义上说的黄河流域，是中华文明的发源地，有中华民族发源的"直根"之称。这里的历史从先秦以降是连续不断的,伏羲、女娲、黄帝、炎帝、尧、舜、禹等远古圣王在这块土地上留下许多遗迹和传说,该区域从上古至近代的历史与这些古老象征资源的再创造始终紧密地联系在一起。这些绵延不绝的文化传统与区域历史有着千丝万缕的关系。因此,我们看到的是洪洞士绅一直在做"地方史"的大文章,从明初朱元璋"礼法之治"背景下对皋陶、师旷的塑造,到晚明华夷之辩及道统论思潮下对皋陶的再塑造,最后到晚清民国"民族—国家"建构下对大槐树的利用,洪洞形象一步步地凸显出来。而且由于地方始终在国家主流话语下对"文化传统"进行灵活的阐释和塑造,因此洪洞形象逐渐超越地域本身,也正是因为士绅在地方上不断制造国家认可的主流话语,洪洞才超越地域本身范围产生了更大的影响,最终成为数千万人认定的"故乡"这样一个特定的象征,并在汉民族形成中扮演了正统性的民族意涵。

二、"根"与"祖":中华民族凝聚力的精神内核

因此,与其说洪洞大槐树是一个具体的祖先发源地,毋宁说它更是一个抽象的"故乡"的象征性符号,是中华民族"文化之根"的象征地。它既是民族精神的载体又是民族精神和传统文化的象征。因为,洪洞所处的晋南是华夏文明、黄河文明的发源地之一,这里有厚重的历史传承和独特的文化积淀。洪洞地方历史中既有代表人类始祖的女娲文化,又有被称为"乐圣"师旷的代表儒家的礼文化,还有被称为"狱神"和"道统之宗"的皋陶文化传统。这些文化资源在不同的历史时期曾有重要的影响。在明代(尤其是晚明)华夷之辩的历史时期,"道统之宗"的皋陶文化曾发挥了重塑汉民族正统性的重要作用,在晚清民国时期民族存亡的历史关头,大槐树移民文化曾担当了不可估量的合群卫国的历史重任。那么,在新时期祖国和平统一、民族崛起和繁荣时代,大槐树移民蕴涵的根祖文化作为中华文化体系中的一个分支,便具有了丰富的内容、深厚的蕴涵,而且大槐树根祖文化的最大特点是血脉亲情的连接,对于一贯注重同宗同源的华夏子孙来说,更具有强大的感召力,更具有了维系家庭、维系宗族乃至维系整个民族的强大精神凝聚力,从而能担当起联络民族亲情和增强民族凝聚力的精神动力。

(本文刊载于《光明日报》2011年7月)

从"武"到"文"
——宋元时期山西地域角色的变化及其原因的探讨

乔新华

摘要:本文通过分析山西区域社会在宋元时期历史发展的若干特点,考察宋金之际山西区域角色的转变,并探讨这种转变的原因。在传统宏大叙事的通史叙

述中，宋代是以文化繁荣而著称于世的，金元两朝中原社会呈现停滞甚至倒退。但具体考察山西在宋金元时期的历史发展脉络，我们看到，正是在金元两朝，其经济文化呈现了前所未有的繁荣。而在一向以文化繁荣著称的宋代，山西因其以边防要地而呈现的是浓重的军事色彩。

关键词：山西　地域角色　从"武"到"文"　宋元时期

20个世纪80年代，谭其骧先生应山西史学会之邀在山西大学作了题为《山西在国史上的地位》的报告，其内容刊登在《晋阳学刊》1981年第2期。该文准确清晰地勾勒出山西从远古到明清时期在中国历史上的脉络和地位，行文简洁明了，堪称山西地方史研究的提纲挈领之作。笔者特别注意到谭老对金元时期山西在国史上地位的论述，但限于篇幅，文章未能展开论述，因之也就给我们留下了进一步思考的空间。本文将以此为进一步思考的出发点，探讨从宋到金元时期山西区域角色的转变，以及这种转变对明清山西历史发展的若干影响。

一、"武而少文"：宋代山西的地域特点

对于宋代在中国历史上的地位，邓广铭认为："宋代文化的发展，在中国封建社会历史时期之内达于顶峰，不但超越了前代，也为其后的元明之所不能及。"陈寅恪也同样指出："华夏民族之文化，历数千载之演进，造极于赵宋之世。后渐衰微，终必复振。"但是，如果仔细梳理山西自身的历史发展脉络，我们看到，在有宋一代，山西因其以边防要地而呈现的是浓重的军事色彩。恰如元人郝经（1223—1275）所言："河东自唐为帝里，倚泽、潞为重。五季以来，屡基王业，故其土俗质直尚义，武而少文。"

从传统的正史和现今的史学著作中，我们已能约略看到山西在隋唐、宋金辽战争中的位置和作用，兹不赘述。以下试图从几则流传在山西民间的传说故事来透视山西在唐宋时期的军事战略地位和地域特点。

在山西中南部的霍山一带至今流传着大量的霍山兴唐寺和中镇庙的传说故事。按照史籍记载：霍山为古冀州之太岳，屹立于今山西省南部霍县和洪洞县东，山上有创建于唐贞观年间的中镇庙和兴唐寺。而在民间，民众对中镇庙和兴唐寺的来历有着自己独特的解释："史传唐高祖李渊父子起义于太原，师至霍州遭隋将宋老生阻拦，进退不能，忽有白发老翁指点迷津，高祖以其所言过关斩将大获全胜。唐太宗李世民诚信指路老者为观世音菩萨化身，贞观元年（627）即皇帝位便敕建兴唐寺以报神恩；又诚信赖霍山神力相助，贞观四年（630）诏立中镇庙祀奉。又传，李世民落难霍山，马刨马泉，庙藏圣体，即位后重建寺庙，再塑金身，赐额'兴唐'。"唐宋元不同时期朝廷对霍山神都有封祀，先被封为应圣公，后又封为灵应王。元人刘祁在《重修中镇庙碑》中言："九州皆有山，必以其魁硕伟杰为镇，谓其能

蒸云泄雨,障敌固圉,系民望而安地德也。故其神必庙,其庙必爵。□神之庙侈于唐贞观间,历代增修,爵则先公后王。公曰应圣,王曰应灵。起唐开元,迄宋政和益著。庙享以时祭,不少缺。"从这则传说故事中,我们能清晰地看到山西在隋唐易代之战中的重要军事地位,也直接塑造了山西在唐宋时期的地域文化。

另一个流传更为广泛的则是杨家将故事,这是自北宋末期就广泛流传在民众口头的一个以军事题材为外壳的故事。对于传说与历史的关系,赵世瑜指出:"在现代性的语境或科学主义的话语中,传说与历史之间的区别就是虚构与事实之间的差别;而在后现代的语境中,虚构与事实之间的差别是否有边界本身可能就是一种'虚构'。"因此我们对上述两则传说的研究就不应只停留在辨别其真实与虚构的层面上,即便其中有很多虚构的成分,这个传说产生和流传的过程恰恰是一个历史真实,就是说人们为什么去创作这个东西,究竟是什么人创造出来的,传说是怎么样出笼并流传至今的? 这样我们所关心的问题就变成了传说文本反映出来的社会舆论,造成这种社会舆论的历史动因,以及后人对此的历史记忆。如果我们能转换观察的视角,上述列举的围绕地处山西中南部的霍山中镇庙、兴唐寺形成的各类传说故事其实隐含了在隋唐改朝换代中山西占有的特殊战略意义,而自北宋末年流传至今的杨家将故事从一个侧面折射了山西,尤其是北部山西在宋代历史上重要的军事地位。另外,临汾一带关于"龙卧"的民间解释也暗含着山西在宋代具有重要军事战略地位的信息。时至今日,临汾一带仍把筐子称为"龙卧",因为民间传说这里是赵匡胤出生之地,赵氏兄弟小时候曾睡在筐子里,待其当上皇帝后自然就把它称为"龙卧"。

宋代山西"武而少文"的地域特色不仅隐含在广泛流传的民间传说故事中,还可从当时的行政建制中略见一斑。在宋王朝完成统一事业过程中,晋阳是最后一个割据势力中心,也是最顽固的一个城堡。进入宋代,尤其当雁门关以北为辽国所有之后,晋中成为抗战前线,于是在这一带置有火山、保德、岢岚、宁化、晋宁、平定、威胜、庆祚八军。此外,由于山西位于宋辽交界地带,战事频繁,人民负担繁重,社会经济发展迟缓,特别是人口的增长相当缓慢,许多行政区治所由于得不到足够的人口支撑而不得不被并省或降为镇。据《元丰九域志》记载,在熙宁年间,山西共有6县并入其他县,8县降为镇,说明当时不少县城的人口数量没有达到规定的标准。凡此种种,都让我们看到在文化繁荣的宋代,山西独具特色的地域文化。对此,程民生在与其他地域的比较后也指出:"河北、河东、陕西三路,地处边防,入宋以来,不以文化繁荣称。一是为军务繁忙所掩盖、所冲击;二是与文化发达地区相比,一般状态上有所不及。"

简言之,当我们细致具体地考察宋代山西的历史发展脉络,我们看到在一向以文化繁荣著称的宋代，山西因其以边防要地而呈现的是"武而少文"的地域特色。

二、从"武"到"文"：宋金之际山西地域角色的转变

当我们顺着历史脉络来考察山西在宋代以后的历史发展特点时，我们发现，入金以后，山西的经济文化呈现出高度的繁荣局面。因此，本文认为宋金之际是山西地域角色转变的一个分水岭。金时河东路不再是边防地区，文风渐渐兴盛起来，山西地域角色在此间经历了一个从"武"到"文"的转变。

金人孔天鉴在为洪洞县的藏书楼所作的《藏书记》中说："河东之列郡十二，而平阳为之帅。平阳之司县十一，而洪洞为之剧。邑居之繁庶，土野之沃衍，雄冠他邑。其俗好学尚义，勇于为善。每三岁大比，秀造辈出，取数居多。"从上述记载中可以看出洪洞在金代时文风非常兴盛，足称"河东之冠"。不过，所谓"好学尚义"的社会风气同样弥漫在山西的其他地区，尤其是南部区域。

宋元吉在金章宗明昌二年（1191）时在山西隰州某县任主簿，因出巡检视田灾，走遍全县各地，"观其民风俭而不陋，朴而不野……其间人物，举止有体，出言有章，郁然有吾儒之气象者"。元人郝经也曾言："金有天下百余年，泽潞号为多士。"此外，元好问在《寿阳县学记》中说："自金熙宗皇统正隆年间以来，潞州上党、泽州高平一带，士或带经而锄，有不待风厉而乐为之者。"元代泽州一带掀起了轰轰烈烈的纪念程颢的各种活动，这本身便是此地人文兴起的表现之一。

上述几个简要的例子，既有金代人宋元吉对当地隰州文风兴盛的表达，也有后人像郝经、元好问等对金朝泽州多士的赞叹和感慨，还有孔天鉴对洪洞藏书楼及其科举兴盛的细致描述。类似的记载带给我们这样一个印象，那就是山西，或者确切说山西南部，在女真人统治的金朝时期文化非常繁荣。如果拿宋代的山西来做纵向比较，再联想传统通史中关于有金一代在北方统治的观点和结论，那么这种印象就更为强烈，上述几个例子也显得格外醒目。

在传统通史的叙述中，一般认为12世纪初宋金之战曾严重地破坏了北方经济。《三朝北盟会编》中《赵子崧家传》的记载是学者经常用来论述的依据，"虏骑所至，惟务杀生灵，劫掠财物，驱掳妇人，焚毁居舍产业"。建炎元年秋，在邓州南道总管府任幕职的庄季裕，在赴南京朝见高宗的途中目睹了这场浩劫后的惨状："余自穰下，由许昌以趋宋城。几千里无复鸡犬，井皆积尸，莫可饮。菽粟梨枣，亦无人采刈。"当然，上述记载并非夸大虚假之辞，但是由于我们太过分地强调这种破坏作用，久而久之成为一种毋庸置疑的定论，从而很容易掩盖历史发展中的其他面相。

其实，从史料记载来看，金初宋金之战受祸最烈的首推黄河以南地区，其次则为陕西、山东。而与此非常不同的是，中都、河北、河东等路则因"久被抚宁，

人稠地狭,寸土悉垦"。直到大定二十七年八月,尚书省上奏还说"河东地狭",而"河南地广人稀",遂请招徕河东流民以实河南旷地。由此看来,在金人南侵对北方经济造成严重破坏之时,唯山西尤其是南部地区以其地非兵家要冲,免遭战争破坏而得以休息恢复。因此,山西在金代经济的繁荣首先得益于特殊的地理位置和金朝统治稳定后政府推行的经济重心北移的政策。

其次,山西文化的繁荣有赖于当时的科举政策。金时全国分19个路,其中10个文化较发达的路设为考区,其他文化欠发达之处到邻近的考区去应试。当时的山西分为3个路,即西京路、河东北路和河东南路,在3个路中都设有考区,即大同、太原和平阳。山西在金代状元的人数之多从一个侧面折射了当时科举的繁盛。据周蜡生统计,在已弄清姓名的61位金代状元中,查明籍贯的有46名,其中,山西省有17名,占46名的36.96%。

金代河东地区的经济文化达到空前的繁荣,拿《金史·地理志》中各路的户口来比较,当时山西的户口密度比河北、陕西都高,可见当时山西的农业比河北陕西发达。金人言"河东形胜之地,风劲气寒,比太行直东,不知高几千尺也,故自古无水患"。金代是山西水利取得突出成绩的一个朝代。汾涑河以外的小型河流以及泉水利用程度逐渐提高,比如临汾洪洞一带通利渠和霍渠的开凿。同时兴建的民渠越来越多,与官修水利相比,民渠的规模一般较小,且多限于小型河流,浇灌地区多在同一县境内,无需官方协调,这种特征民渠的出现与地区开发进程的深化是密切相关的。平原开发之外,山区的开发也是地区开发的一个重要方面。除百姓所垦山田外,兴建在山区的寺庙,往往形成颇具规模的庙田,这些庙产都成为山区开发的一个组成部分。

对于金元时期山西在中国历史上的地位,谭其骧先生的论述也可谓独树一帜,他认为:"北宋王朝统一中国以后,山西不再是割据中心了,这和分裂时期比起来是不太重要了。但宋以后的山西,也有很值得讲的地方,特别是金元时代。这不是因为它在政治上形成中心,而是因为在经济文化上占有重要的地位。金元时代,山西的经济文化比它邻近的地区发达。"从上文的叙述来看,金元时期山西的地域角色确实有别于此前的宋代时期,呈现了前所未有的繁荣。其中尤以当时的山西南部——平阳地区最为显著。

三、"平阳一府冠诸道":金元时期山西文化繁荣的一个缩影

金元时期山西经济文化的繁荣以平阳府为最。元人郝经言,金朝"平阳一道甲天下",认为平阳是金朝境内最发达的地方,他详细描绘说"金源氏有国,流风遗俗,日益隆茂。于是平阳一府冠诸道,岁贡士甲天下,大儒辈出,经学尤盛。虽决为科文者,六经传注皆能成诵。耕夫贩妇,亦知愧谣诼,道文理。带经而锄者,

田野相望。雅而不靡，重而不佻，矜廉守介"。此说也许有点夸大其词，但至少可以说平阳与燕京并为金代两大经济、文化中心。同时，《金史·食货志》中也特别提到，"平阳一路，地狭人稠"，它是金朝境内人口最稠密的地区。金人称"平阳府者水土演以且肥，民俗殷而犹俭，乃古帝尧所都者也"。当地不仅利用汾水灌溉，更在田间地头打井汲水，"平阳掘井种田，俱可灌溉"。

元时的平阳是各族工商业者聚集往来的主要城市和山西各地商品流通的集散中心。《马可波罗游记》中的平阳府"城大而甚重要，其中持工商业为活之商人不少，亦产丝甚饶"，在西走黄河的一路上，"商贾甚夥，河上商业繁盛"。郑鼎在至元三年（1266）任平阳路总管，"平阳地狭人重，乏食，鼎乃导汾水溉民田千余顷"。到至元年间，平阳地区已是"地狭人稠，食不足"，而需要"上党之粟"的接济。至元九年（1272）来任平阳路总管府判官的王恽说"临汾经界百里，占籍者几万五千户，惟其物浩壤狭，且不相能，故人嚣于讼，必直曲乃已"。有元一代，平阳还是中原汉地的粮食产区之一，每年有大批粮食需要储存或调发各地。"平阳太原两路例有蓄积"，以备荒年不时之用。至元年间，平阳路共建仓廒160间，其中，在城仓廒50间，各州11间。因其经济繁荣，平阳一路赋役很重，"河东赋役，素无适从，官囊为奸，赋一征十，民不胜其苦"。

金元时期平阳地区的文化繁荣集中体现在平水印刷业和戏曲的盛行，所谓："北宋刻书，两川最著，南渡雕版，福建为多，而平水当金元之际，实江北只建阳麻沙也。"在金代各地设局置官刊刻经书的只有平水一处。元仍因金制，元太宗八年（1236）六月，"耶律楚材请立编修所于燕京，经籍所于平阳，编集经史，召儒士梁涉充长官，以王万庆、赵著副之"，至至元中才把经籍所迁徙至燕京。其设置目的是保护和整理印行经籍，是耶律楚材推尊儒学以达到弘扬汉法目的的重要措施之一。平阳经籍所的设立一方面为传统的士大夫提供了一个容身之所使他们得以继续研讨学问，另一方面刻印汉文典籍和时文，也有助于传统文化的保存和恢复。官方刻书的兴盛带动了平阳一带的私家刻书，二者使其成为当时最大文化中心。平水雕版，在金元之际，何以能冠绝一世，叶德辉书林清话中言："金源分割中原不久，乘以干戈，惟平水不当要冲，故书坊时萃于此。"于霞裳认为金元时期平水印刷业发达的原因有三："受北宋的历史影响；具备刻印书籍是物质条件；和当时的时代背景及其地理位置的结合。"他分析认为："北宋刻书，国子监最精。河东密迩两都，金人入汴，中原版荡，又当时良匠，避难河去者，一定不少。因之从1148年起，解州天宁寺还能纠集旧时良匠，开雕大藏经，这便为后来的平水印刷业，奠定了技术上的基础。……同时平阳及其附近盛产印刷业所需的物质资料木、纸和墨，更重要的是它的地理位置和当时的时代的结合。平阳地居河东南路，沃野千里,物产丰富,自唐代即蔚为大郡,因之到宋徽宗六年即升为平阳府。金人南侵,首陷河北、河东两路,建炎以后,河南淮北沦为兵争地区,唯平阳以地非兵家要冲,故得休息恢复。所以金初以平阳为次府,到天会六年便升为总管府,置转运使,为上府,衣冠文物甲于河东。因之设书籍于此,一时书肆萃集,成为金代官民雕版之所。元兵侵金,金迁都于汴。河东自兴定以后,虽干戈日作,但因早为元人所有,较之河南江北受祸较差,所以当元太宗改变了屠杀政策之后,即依耶律楚材之请,因金之旧,在平阳立经籍所。是时元宋虽尚交兵,而平阳一带已成后方,假富庶之资,仍不失为江北的一大都会。"

在金代各地设局置官刊刻经书的只有平水一处。元仍因金制,元太宗八年(1236)六月,"耶律楚材请立编修所于燕京,经籍所于平阳,编集经史,召儒士梁涉充长官,以王万庆、赵著副之",至至元中才把经籍所迁徙至燕京。官方刻书的兴盛带动了平阳一带的私家刻书,二者使其成为当时最大文化中心。关于平水印刷业之繁盛,我们还可从《赵城金藏》窥见一斑。20世纪30年代,在现今山西省洪洞县广胜寺发现了一部金代由私人募资刻印的佛教大藏经,在这部卷帙浩繁的经书中,从40余处有记年的刻经题跋中得知,其刻经时代均处在金熙宗至金世宗时期(1139—1172)。而且这是一部为私人募资雕刻的私版藏经,据学者考证,"《金藏》是以解州天宁寺为中心,由解州所属各县及邻近的长治地区、临汾地区及晋中地区的村民共同施资雕造的"。从施资者的身世看,"有大户人家,也有仅能施资雕经一版或二版这样的贫苦农妇,而比较多的则是数家乃至数十家村民联合雕经一卷或几卷。有的贫妇仅能贡献一把雕经的刀子,有的把自种的树,自织的布,自养的骡作为资产奉献出来雕造经版",这些情况充分反映了平阳一带经济文化的繁荣。

元代的戏曲,如同汉赋、唐诗、宋诗一样,都是"后世莫能继焉者"的"一代之文学"。晋南地区被称为中国戏曲艺术的摇篮,在元代前期,平阳和大都一并成为杂剧活动的中心,在中国戏剧发展史上,占有重要的位置。洪洞县明应王庙里"尧都见爱大行散乐忠都秀在此作场"的壁画,是这一地区杂居繁荣的见证之一。元曲四大家中,山西籍的就有关汉卿、白朴、郑德辉三人。王国维在《宋远戏曲史》中说元曲作家:"北人之中,大都之外,以平阳为最多,其数当大都之五分之二。……则元初除大都外,此为文化最盛之地,宜杂剧家之多也。"近年来在山西南部各地发现的大量古戏台及其碑刻资料充分见证了金元时期山西戏曲的繁荣。说明当时戏曲活动的场所,已经不仅仅局限于都市勾栏,而且伸向了广阔的村镇。金元时期平阳地区的城乡确实曾有过普遍的戏剧演出。晋南民众性好优戏,元代郭嗣兴《咏临晋》诗曾描述蒲州的民俗:"使令稀婢仆,歌舞盛优倡",其地每年"元宵张灯,设火树烟花，鼓吹杂戏"。

此外，平阳府文化的繁荣还体现在文学、经学上取得的成绩。金朝末年，诗学渐兴。"金自南渡后，诗学为盛，其格律精严，辞语清壮，度越前宋，直以唐人为指归。逮壬辰北度，斯文命脉不绝如线，赖元（好问）、李（治）、杜（仁杰）、曹（居一）、麻（革）、刘（祁）诸公为之主张，学者知所适从。"国家的巨变刺激了诗人敏感的神经，促成了文学的发展。平阳地区的麻革、张宇、陈庚、陈庾、房暤、段克己、段成己、曹之谦享有盛名，元房祺编有《河汾诸老诗集》，收录了他们八人的部分诗作，因之被誉为"河汾诸老"。其中麻革有"文章钜公"之称。段克己、段成己人称"河东二段"，段氏之学，被誉为"独行乎救死扶伤之际，卓然一出于正，不惑于神怪，不画于浮近，有俗立教之遗风"，"一时诸侯大夫士，皆师尊之"。他们的贡献不仅在诗学上，而且研习经学，并教授学徒，使经学得以在金元统治时期的平阳府一直传承下来。

四、余论

通过细致梳理山西地域社会在金元时期自身的历史发展脉络，有助于我们重新检讨传统的通史观点。在传统宏大叙事的通史那里，金元两朝由于是落后的少数民族政权入主中原，先进的中原社会遭遇了破坏，呈现停滞甚至倒退；而且，按照王朝更替的历史观，蒙元取代金人统治割裂了地方历史的发展进程。但具体考察山西金元时期的历史发展脉络，我们看到，正是在这两朝，其经济文化达到了前所未有的繁荣，而在一向以文化繁荣著称的宋代，山西因其以边防要地而呈现的是浓重的军事色彩；另一方面，通史一般笼统地认为蒙金交替时期的"贞祐之乱"严重地破坏了华北社会的正常发展，但我们从山西中南部的具体历史情景中得知，这里的历史发展并没有因此而断裂，由于蒙元保留并继承了金朝在这里的许多统治策略，因此在山西，我们看到的更多地体现为一种地方历史的连续性。

因山西是金元两朝统治的腹里地区，族群互动是此间山西历史的特点，并影响到明清时期历史的发展。赵世瑜指出，"华北的研究往往是长时段研究，……要想真正理解明清以来的华北社会，不了解金元以来的情况是不行的，就像南宋对于江西、福建的历史一样重要"。赵世瑜进一步指出了金元时期族群问题对明清历史的影响，"华北的历史也是族群关系史……我们问华北的问题在哪里，特别是宋代以后，经济文化中心南移，华北的社会发展受到哪些重要因素的影响，我认为族群的因素是必须考虑的。金占领北方之后，相当一部分女真人留在华北，融入当地的人群；元朝统一中国，蒙古人、色目人等也对北方社会造成很大影响，然后才是明朝汉族正统的重建过程。我们应该在充分考虑这些因素的基础上，去研究明清时期的华北社会"。

当然，本文对金元时期山西地域历史的描述还不够细致，还有值得进一步探讨的空间。本文想要着意说明的则是当我们把研究对象限定在中国历史上的某个具体区域时，我们要尽量摆脱传统通史所表现的某种绝对化、单一化的宏大叙事模式，从地方历史的具体情景中去理解各地自身的历史发展脉络，并以此来反观传统通史的宏大观点。同时，我们在设定某个问题为自己的研究对象时，要尽量强化问题意识，淡化学科界限。当历史研究能有一个"问题意识"，而不是拘泥于某个提前设定好的断代研究时，"瞻前顾后"就会有助于我们理解问题，不同性质的资料也就能够纳入我们的视野。也正是在这个意义上，对赵世瑜关于怎样写历史的问题才多少有所感悟，他指出要"从课题的意义出发，在描述是什么的前提下解释为什么，由此不拘人为设定的时段或学科界限的限制，真正为解释历史而研究问题"。我想，这依然是新世纪每一位史学工作者，尤其是年轻的史学工作者真正应该想明白的问题。

四种鲜为人知的专志与明清以来的洪洞问题研究

乔新华

一、从"洪洞大槐树移民传说"说起

无须赘言，在中国历史上，山西洪洞大槐树移民及其传说无疑是一个非常重要的历史现象。"问我祖先在何处，山西洪洞大槐树"，以及与此相关的大量脍炙人口的移民传说故事广泛传播在北方民间。洪洞被数千万人认定为他们祖先的发源地，被看作"根"，成为无数人心目中故乡的象征。20世纪80年代初，洪洞县志办在《参考消息》上刊登了《古大槐树迁民资料征集启事》，之后陆续收到了数百份家谱、族谱、墓碑和祠堂碑的抄件等大量资料，这首先引起了当地县志办研究人员的高度重视，同时费孝通、傅振伦、李毓珍等学者都曾对这个问题表示了浓厚的兴趣，因此，洪洞大槐树移民问题自然地成为传统移民史研究中学者关注的一个重要问题，相关的研究成果可谓层出不穷。据笔者统计，近20年来相关的论文约有20篇，论著也有10余部。

如果仔细分析二十年来已有的研究成果，虽然不同时期研究者的出发点和关注的重点略有不同，但其背后的问题意识基本是相同的。费孝通、傅振伦、李毓珍等知名学者主要是从洪洞大槐树移民传说作为一个影响深远的历史现象这个角度出发，指出这个现象的复杂性和研究这个问题的重要性；一些地方文化研究者出于热爱地方文化的热情以及得益于很早接触到大量的一手资料，如林中园、张青、黄泽岭等，他们的着眼点主要是对大量相关资料的收集和整理，因此他们的论著中主要包含了大量的地方志、家谱、族谱和墓志铭等资料，成为学界进一步深入

研究的宝贵的资料来源。那么，也正是在对这些资料的分析利用上，一些学者在移民史研究的框架下，对大槐树移民问题进行了程度不同的研究。

总体来讲，这些研究几乎都是在把民间流传的"祖先是明初从山西洪洞来的"说法作为研究的一个既定的前提，因此，研究的内容一则是描述此次移民的史实，二则是在此基础上分析移民的原因并试图复原明初山西向外移民的时间、次数、路线等。也正是在这种研究思路下，洪洞大槐树移民在中国移民史上占有了一个非常显著的地位，而这反过来又强化了学界把洪洞大槐树移民作为一个重要历史事件的认识。葛剑雄在为安介生的《山西移民史》所作的序言中即指出："在中国移民史上辐射范围最广、影响最大的一个移民发源地，大概要算山西洪洞大槐树了。"至此，洪洞大槐树移民作为明初历史上的大事件确立了在中国移民史上的重要地位。

综上所述，在关于大槐树移民问题的研究中，地方志、家谱、墓碑等一直是学者们赖以研究该问题的重要资料。但是，一个突出的问题是如前所述，很多研究都把清代甚至民国年间志书的记载作为探讨明代移民事件的立论依据，其研究方法存在明显的不科学性，因而得出的结论也无法令人信服，从而在根本上无法全面合理地解释该问题。此外，仅从常识出发，假如这些资料都属实的话，那么，从洪洞移出去的人数将是一个非常庞大的数字，而洪洞一县在明代无论如何都不可能拥有如此众多的人口。

毫无疑问，我们在对"洪洞大槐树移民问题"提出上述疑问的同时，并不意味着要否认这一事件的真实性。或者说，这已经不是一个简单地辨别这一事件真实与否的问题，因为对此完全地肯定或否定都无法合理地解释这个历史现象。换言之，把"洪洞大槐树移民"仅仅作为一个真实的历史事件而进行的研究也许远远不能合理真实地揭示这一现象蕴藏的丰富内涵，需要我们从不同角度深入探讨才有可能达到对这一问题的深入理解。

因此，对下面两个问题的思考可能会有助于对这一问题的深入认识。第一就是从洪洞外部来看，洪洞以外的不同地方的人、在什么时候、为什么要说自己就是从洪洞而来。因为并非所有的人都是真正地从洪洞迁出，从这个意义上说，围绕这一事件在各个地方的历史叙述中确实有虚构的成分在里边，但人们虚构自己祖先历史这一过程本身就又是一种真实的历史。第二则是从洪洞内部来看，这个地方究竟有什么特质会被数不清的人认定为祖先发源地，上面这样两个问题其实也是"洪洞大槐树移民问题"的一体两面。关于前者，主要体现在赵世瑜的研究中，他指出要从思想史的意义上重新理解大槐树移民传说。他通过解读传说中的几个母题（如人兽婚的故事），看到了族群关系与大槐树的关系，他认为大槐树移民传说反映了华北社会从金元到民国一个重塑汉族正统性的民间的做法，体现了一种把区域历史纳入整个国家现代化浪潮的努力。同时，他还指出，要想全面深入理解大槐树移民问题，还要从洪洞内部来考察，这个地方究竟有什么样的特质会被数不清的人认定为祖先发源地，成为无数人魂牵梦绕的家园。也就是说洪洞怎样成为一个象征性符号同样是一个重要的问题。关于此项研究体现在由赵世瑜指导、乔新华完成的博士论文《洪洞士绅与金元以来地方形象的塑造》中。

本文则是意欲通过梳理洪洞地方历史的内在脉络，从洪洞内部来探讨它为什么会成为无数人认定的故乡这样一个象征性符号。在对这个问题的深入研究中，笔者发现自明以来洪洞地方人士编著的四本志书为我们了解地方历史提供了一条脉络清晰的线索。同时，本文试图以此个案研究来说明地方志资料在区域社会史研究中的解读方法及其重要性，进而指出作为方法论的区域社会史与传统地方史研究的区别。

二、晚明到民国洪洞历史上的四本专志

方志是史部之书，是一个行政地区的地理和历史的记载。一般而论，中国地方志自宋代定型以来，历元、明、清三代稳步发展。元、明、清各时代都有《一统志》，尤其是清代的《一统志》经过康、乾、嘉三朝三次纂修，每一次都先会集各地所修地方志，使得省有"通志"，府有"府志"，直隶州、直隶县以及各县均有其志。此外还有专记山川、古迹等的专志。因此历代政府都提倡修志，由地方官吏主持编修，直接为当时的政治服务。当我们仔细考察从晚明到民国初年的洪洞历史，一个值得注意的现象就是在这一时段中，这里的官员和士绅曾先后七次编修县志，与此同时还围绕不同的人和事先后编撰了四本志书，成为地方社会历史中的一些主要历史情节。这四本志书分别为明天启元年（1621）编撰的《圣臣志》、崇祯元年（1628）的《聪圣志》、清康熙二十三年（1684）的《思深格言》、民国三年（1914）的《古大槐树志》。这些志书都是在当时时任洪洞地方官员和士绅群体的通力合作下完成的，并且曾不断地得到不同时代人的重修，足见其在洪洞地方历史中的重要性。遗憾的是，也许由于其印行数量不多，时间久远，除了《古大槐树志》以外，学界一直没有发现其他三种志书，而对已知的《古大槐树志》也没有很好地进行深入研究。以下将对这四本志书的成书时间、背景、内容逐一进行概括介绍。

（一）《圣臣志》的成书时间、背景以及内容

明天启元年（1621），时任洪洞知县马鸣世邀集当地士绅共同编撰了《圣臣志》一书，其具体分工如下：马鸣世纂修，刘承宠删润，刘承光订讹，范宏嗣编辑，赵同文参考，王邦任校梓，刘绍兴录。

从地方志对上述几位人物的介绍，得知他们都是致仕居乡的士绅，而且是地方树立的典范，有的被祀乡贤祠，有的则被祀忠义祠。关于这本志书所载内容以及他们为何编撰《圣臣志》，知县和参与此事的士绅都做了详细的说明。知县马鸣世在为该书所作的序言中曰：《圣臣》何志？志皋陶之阙里也。阙里何在？在洪洞县南十三里，皋陶村是也。驿路东竖一古碑，题曰"皋陶墓道"。由碑旁间道，直抵东南七百步，乃皋陶藏骨处，有三冢，一断碑，字迹剥蚀难辨，一二蝌蚪文，亦不知为何。石器俱存，周垣尽圮。路西高原，有庙一区，门前竖坊，题曰"虞士师庙"。

由此看来，《圣臣志》一书所言的"圣臣"指的是皋陶。皋陶，相传是我国古代刑法的创立者和声名卓著的法官。他的事迹零星地见于《尚书》《左传》《竹书纪年》和《史记》等较早的史书，《离骚》《说文》和诸子等书也可见到片段记载。相传他断狱公平，执法公正，又被后人视为狱神。从东汉开始，他在人们心目中的地位再次提高，与尧、舜、禹、汤、文、武、周公、孔子相列并提，列为古十二圣之一。李唐建国，自视出自皋陶之后，唐玄宗天宝二年，皋陶被尊德明皇帝，甚至认为他"德齐于舜、禹，道超乎稷、契"。那么，为什么洪洞人士要为这样一位远古圣人编撰志书呢？从历代人士撰写的碑文中我们分析得知，一个重要的原因是因为洪洞县南士师村在洪洞人心目中就是皋陶的故里。

现今，在洪洞县南士师村仍有皋陶庙。关于皋陶庙的创修时间已不得而知了，留存下来的最早记录是元至治间对皋陶庙的一次重修。明清时期皋陶庙被不断大规模地重修，知县、士绅、民众共同参与其中，可称得上是洪洞地方一件非常重大的事情。同时在《洪洞县志·艺文志》中收录了相当数量的关于皋陶庙或墓历次修建的碑记，以及大量文人的诗篇和相关的其他杂文。地方志作为官方意志的体现，围绕皋陶的许多事情被如此大量地记录，足见其在地方历史中的重要性。其实，其重要性还不止体现于在方志中占有大量篇幅，明天启元年（1621）当地官府和士绅为此专门撰写的志书更显示了其在地方历史中的重要地位。

遗憾的是，明天启元年编修的《圣臣志》志书已无留存，我们现在所能看到的是民国年间当地人士刘绍兴的手抄本。根据该手抄本的记载，《圣臣志》一书初编于明天启元年，清道光二十年（1840）时又进行了增补。

我们不禁要问，士绅群体之所以这样大张旗鼓地做这些事，难道仅仅是要证明这里真的就是皋陶所生之地吗？如果不是，其背后隐含着什么样的动机，有着怎样的现实需求？历次"重修"行为具有怎样的价值取向？这是我们考察历次编修《圣臣志》的历史背景的一个新颖的视角，而这些都需要我们认真地分析解读志书所记载的内容。

这本专志的内容主要有三部分，其一是上古文献中有关皋陶的记载以及洪洞皋陶庙的庙制、祭器等礼制规定；其二是历代修建皋陶庙的碑记和杂记，共二十篇；其三是围绕皋陶所作的诗篇，约一百多首。

从书中所载的碑文和诗文来分析，从明中叶以来，洪洞各方力量不断地阐发皋陶所蕴含的象征意义，在不同时代的国家权力和主流意识形态作用下，皋陶庙实际上成为不断进行的皋陶信仰传统的创造与再创造的"场"，皋陶的象征意义或被纳入君臣之义、华夷之辩语境之中，或被纳入道统、治统论语境里。或者说洪洞之所以对皋陶这样一个远古人物如此地重视，对"皋陶"进行发明和再塑造，根本的原因乃是皋陶所代表的丰富象征意义。总之，《圣臣志》的编修体现了把洪洞地方历史纳入国家华语背景下的努力，也是这一努力的具体行为实践。

（二）《聪圣志》的成书时间、背景以及内容

明中叶以来，我们看到在洪洞以士绅为主体的社会群体反复修建皋陶庙并为之撰写《圣臣志》，与此同时，他们还在极力塑造另外一个形象，即"乐圣"师旷。师旷是春秋后期晋国的宫廷乐师，名旷字子野。历事悼公、平公两代（前572—前532）。关于师旷，散见于《春秋左传》《国语》《晋语》《孟子》《庄子》《史记》《韩非子》等文献典籍中。在洪洞县南二十里师村，乡民认为这里就是师旷故里，对师旷的祭祀也早已有之。洪洞师旷祠的创建时间很早，在《元和郡县志》和《太平寰宇记》中已有记载。根据县志和当地留存的碑刻资料来看，师旷祠建于金大定四年，元代在大德八年和至正二十四年两次重修。根据历次重修者的身份来分析看，金元时期对师旷的祭祀主要存在于民间。

根据现有的资料来看，入明以后，直到隆庆年间师旷祠才又一次得到当地政府的高度重视。隆庆三年（1569），师村迎来了知县尹监的光临。在当地士绅王三接代知县作的《重修晋大夫子野庙记》中记曰："隆庆戊辰冬诏上，叩命尹兹洪邑……观民风、访先哲。道出东乡二十里，晋乐师子野庙宇、丘墓在焉。"当地耆老在尹监面前表达了重修师旷祠的强烈愿望，"二三耆老迎道左，告曰：'我小民环祠列居，师以名里。历年滋久，祠就颓坏。嗣今弗治，恐贻神羞。明府莅兹土，神之主也。'"作为知县，其用意则想通过神灵的威严来达到教化民众的目的。"兹里也，如神钟育之地。水、旱、厉疫之灾，民必祷焉。时有优戏于庭者。予进而教曰：'有是哉？民之愚也。我闻淫祠罔福，非徒无益，而且速戾必不享也。'民止，因私相谓曰：'今而后始知神之不可以渎也。'"于是，时隔三年后，师旷庙得到重修。"辛未岁熟，命里之尚义者鸠工饰材，略基绘像，缭以周垣。自夏徂秋，落成。里士范廷爵辈，率乡民复诣而请曰：'明府成民致力于神矣，愿记之。'"王三接在碑文最后说道："移风易俗，莫善于乐。吾观乡民而知斯民之可劝也。"

在当地士绅极力塑造"乐圣"师旷形象的努力中,当地范氏家族用力最勤。从明清两代历次重修祠庙的组织者来看,都是范氏族人。康熙二十四年(1685)范鄗鼎记载说"明隆庆三年,先曾祖士元公修,崇祯元年,先聘君修;本朝顺治十三年,余小子修"。文中所提的分别是范廷爵、范弘嗣及范鄗鼎本人。

师旷庙在隆庆三年重修后,范弘嗣还为之编辑了《聪圣志》一书,遗憾的是该书现已不存,仅在县志中留存有范宏嗣亲自撰写的序言。《聪圣志序》中记载:"余吊晚周而谭圣之聪者,得师旷其人焉。当悼、平时,职止一乐,然天纵以神慧灵颖之质,精会夫元声元气之本,舞鹤鹄于琴操,识盈亏于钟音,而歌凤按濮,辨石征藜,抑何洞晰若斯耶?至其仁义之谏,治学之论,扶晋室于列国扰攘中,而声教四迄。即雄如楚,强如齐,如吴越,缔盟交欢,畏晋国之有人,实天所以哀悼平而赐之公也。"

在序言中,范弘嗣首先表达了对洪洞悠久文化传统的赞叹,紧接着重点阐述了师旷这位晋国名臣的功绩。师旷作为乐师在辅佐晋国霸业中的治国思想,包括礼乐对国家统治的重要性,所谓"论治,而谓声音之道与政通",此外还有向百姓实施仁政的思想等等。

从序言中我们还看到,师旷与皋陶成为影响和塑造洪洞地方历史的重要资源。正如康熙二十四年(1685),范鄗鼎,这位身前被康熙皇帝赐予"山林云鹤"之称,死后同傅山、阎若璩、吴雯一起供奉在四徵君祠的理学大儒,在为师旷故里撰写的碑记中说:"唐虞三代以来,洪洞有两人焉,一乐师师旷,一士皋陶。"

(三)《思深格言》的成书时间及内容简介

清康熙二十三年(1684),洪洞士绅编写了继《圣臣志》《聪圣志》之后的又一本书,即《思深格言》。何谓"思深"?晋淑京解释说:"思深哉,吾夫子与奢宁俭,不孙宁固之言也。夫宁之云者,非谓俭与固之为宜也,盖甚言奢之不可训也。诚忧之远、思之深,而若为不得已之词欤?"这是士绅群体试图通过重新规定各种礼仪制度,并使之文本化,以此来维护严格有序的传统等级制度和扭转社会风尚的剧烈变化。

先来了解士绅群体编写此书的动机。李鼎生在《思深格言》序言中这样讲:"一日,余兀坐斋中,戴林郭子符汾、晋子圣野、段子君前、赵子定都、郭子天液、晋子辈诣予,而言曰:'吾邑春秋时为杨侯之国,远承放勋,遗化人心,淳朴风俗之美,冠冕河东。奈迩来习尚移人,渐非其旧。其他琐屑细事,浩费溢用者,未遑悉数。姑举其人者而言之,即如仆隶盛饰,负而且乘,是车马之服无辨也;栋宇连云,水陆罗列,是宫室饮宴之无辨也;纳采倾资,送终逾制,是婚姻祭葬之无辨也。江河日下,流将安底?吾子辨之一言,其有忧患乎?然辨之法,非禁奢崇俭而不可。今粗拟八十二则，谨就正焉。未识吾子以为何如？'"在士绅群体的价值标准里，严格有序的等级制度和伦理纲常观念是他们追求的目标，远古时期的美好画卷令他们无比留恋，而面对日益变化的社会，令他们感到强烈不满。

此外，士绅还邀请了知县王焊为《思深格言》作序。从仅存的两篇序言中得知，该书正文应有八十二条内容，遗憾的是该书现已不存，仅在县志风俗条中保留了以下十八条内容，主要是关于婚礼、丧礼和服饰方面的规定。其中在关于婚礼的规定中记有："非绅衿之家，不得僭穿袍带及金银珠宝钉挂云肩。至首饰金银珠宝花，不过十余对，翠帛花足用。庶民家不许滥用珠箍大花，至次日回门，概再不许用鼓乐。乡村恶俗，有借丧娶亲者，非礼莫甚！律有明禁，虽非奢条，大关风化，急宜痛加严禁。"

此外还有杂禁三条，其一为："食用虽属细节，诚关风俗匪浅。必如坡公三器、宪约四豆，惟恐过于戾俗。但近日奢靡，不仅大事盛筵之罔度，实在常集宴饮之滥觞。今议：会各攒坐，每桌约五六器，多不过八器，惟因客数为差等。不必故宰牲畜犒从止。许菜一器，不许用大盘大碗。"其二为："禁妇女做会。近俗吃斋善婆，每遇妇女疾病，妄指拨济，勒令许以缘法，或米麦数斗，菜银几钱，名曰'了心会'至期不论老妇少婆，勾引群来，念经吃会。甚至积众缘法米麦，约集百十余妇，杂以男人，名为'做善会'。一唱众和。叱呵张声，妄称念佛讲偈，殊非正经，永行禁止等。"

因此，《思深格言》的主旨就是重塑传统秩序，还是引用李鼎生的原话来说明，惟俾尊卑、贵贱、绅衿、士庶各循其分之所应为，无有或过，无有不及，俭而中节，斯可永久。此即上下之所以辨也，此即民志之所由定也，将见过此以往，风俗美而人心正，家给人足，比屋殷富，不谓和乐者乎？

（四）《古大槐树志》的成书背景及内容

民国三年，曾任山东县令的洪洞人景大启等人在其致仕后联合当地士绅贺柏寿等倡修大槐树迁民遗址。贺柏寿记曰："今者景君由茌平解组返里，余亦归田，爰伸前议，谋诸合邑绅商诸君，赓续此役"，他们"创建碑亭，建立巨坊，新构茶室"，于是成为大槐树迁民遗址的雏形。

与此同时，他们还撰修了继《聪圣志》《圣臣志》《思深格言》后洪洞历史上的第四本志书。民国十年（1921）十一月，景大启撰《古大槐树志》一卷以资纪念，但甚简略，此版本现已十分罕见。民国十八年，代县柳蓉任洪洞知县，提倡重修《古大槐树志》并与参订，洪洞人柴汝桢曾参与前《古大槐树志》编辑之事，此次又参与重修。民国二十年十二月编成《增广山西洪洞古大槐树志》石印，全书上下卷，首一卷，末一卷，分为碑、记、歌、行、赋、五古、七古、五言绝句、七言绝句、五律、七律、词、杂体、晚香文社诗歌楹联、女界题咏、楹联类十六门，所载部分碑记资料尤为珍贵。

从该书的内容来看，主要是集中了当时文人对大槐树的吟咏之作，鲜有关于大槐树的历史文献，但突出反映了他们对大槐树问题的认识。贺柏寿在《重修大槐树古迹碑记》中言："方今民国肇造，社会主义播腾寰区。凡有关民族发达之源者，宜及时表彰，藉识人群进化之由，俾免数典忘祖之诮。然则吾邑大槐树，处之待于楬诸者，顾不重哉。"1931年时任知县柳蓉在为增修的志书撰写序言时说："现值大同世界，一本散为万殊，四海皆是同胞，民族合群，共同奋斗，异族罔感侵略，同种日跻富强，遐迩交称曰：古大槐树关系种族，杨国争光，晋乘生色，彼夫召伯甘棠，播仁声而记遗爱。"由此看来，洪洞士绅在民初"民族—国家"的国家主流话语下，通过塑造大槐树形象又一次凸显了地方形象。赵世瑜通过对移民传说的解读，认为大槐树移民传说是晚清到民国一个重塑汉族正统性的民间的做法，体现了一种把区域历史纳入整个国家现代化浪潮的努力。关于大槐树移民及其传说研究是一个非常复杂的课题，已不是本文所能够论及的。但仅从洪洞地方历史的脉络来理解，大槐树是明清以来士绅阶层创造洪洞历史的最后一次成功的实践。在这个意义上，大槐树形象的塑造和前面论及的皋陶、师旷等传统再造的活动是一脉相承的。

三、社会史视角下的志书与洪洞问题研究

如前所言，地方志书一直是中国史学研究领域的重要文献之一。而在近年来兴起的区域社会史研究下，地方志书和家谱、碑刻等民间文献资料受到学者更为高度的重视，对此学界已有一批非常成功的研究成果。但是，毋庸置疑的是，学界对区域社会史研究、民间文献资料的利用和解读，以及这二者的关系等问题仍存在一定程度的误解，因之许多冠以区域社会史的研究课题还很难成为真正意义上的社会史研究。区域社会史研究也就在此情景下遭受了一些非议。这里无意对此问题进行辩驳或是批评，而是试图以洪洞个案研究来阐释笔者对上述问题的理解，以期引起学界对区域社会史研究范式的进一步了解和重视，进而深化中国历史研究。

前已述及，长期以来学界多是在把大槐树移民仅仅作为一个历史事件的问题意识下进行研究，而且所作的基本还是"人口迁移史"，这样的研究结论几乎为学界所普遍接受，因之在一定程度上也很难使研究者进一步深入思考。但是从本文的个案研究来看，正因为我们认真分析了《大槐树志书》的编修时间及其内容，以及地方历史上鲜为人知的其他志书编撰情况，才使得我们对大槐树移民问题有了重新的认识和更为深入的理解，使我们认识到已有的研究其实远远没有揭示出

隐藏在这一问题背后的深层内涵。而之所以有这样的认识，乃是得益于社会史研究方法的启发，在这个意义上，恰如赵世瑜指出的："社会史不是一个领域，而是全新的研究范式，可以重新解释过去那些有定论的东西。"我们看到，仅本文的个案研究就折射出社会史研究所具有的独特的思考问题的方法和崭新的生命力。

当然，当我们试图对某些已成定论的问题作重新思考或是在方法论意义上进行区域社会史研究时，如何利用和解读地方志、家谱等民间资料就变得非常重要。为了能达到对研究对象进行深入研究的目的，近年来，学界很注意收集利用除了传统正史以外的地方志等民间资料。但是，如果我们没有明确的问题意识，区域社会史研究就很难摆脱传统地方史研究的羁绊，很容易造成"地方志搬家"的弊病。而且如果我们不能把资料放在地方历史的脉络中去解读，我们在一定程度上就会使自己处于仅仅是资料收集者的危险境地。曾有学者尖锐地指出："中国社会史研究逐变成了区域社会史研究，而区域社会史研究又成为进村找庙的同义词。"客观地讲，我认为这是对并非真正意义上的区域社会史的一个批判，同时也正因为学界有这种现象的存在，才产生对区域社会史的诸多误解。

那么，何谓方法论意义上的区域社会史呢？这里仅从资料解读这一角度加以阐释。如果用一句话来概括讲，那就是要把资料放在地方历史的脉络中去解读。陈春声在谈到关于深化传统中国社会经济区域研究时曾意味深长地指出："其关键之一，在于新一代的研究者要有把握区域社会发展内在脉络的自觉的学术追求。"我认为这同样道出了区域社会史研究的真谛。从本文的个案研究来看，当我们把洪洞历史上围绕四本志书所做的事情放在本地历史发展的脉络中去认识时，我们就可以清晰地看到在一个较为漫长的历史过程中，洪洞如何从一个小地方成为全国知名之地的内在肌理和历史脉络，20世纪初洪洞大槐树志书的编修及其遗址的重修，让人不免联想到16—17世纪《圣臣志》书的编写及皋陶庙的反复修建。时代变了，面对的问题不同了，然而始终不变的是地方精英在地方社会建构和强化地方认同进而把洪洞塑造为象征的努力。

（本文刊载于《中国地方志》2006年第8期）

真幻大槐树
——数亿中国人的血脉密码

庄秋水　李远江　何书彬

一棵普通的槐树，连接了亿万中国人的家园情结。

"问我祖先在何处，山西洪洞大槐树。祖先故居叫什么，大槐树下老鹳窝。"在北中国的大部分地区，关于"大槐树移民"的传说，数百年来，口耳相传，流传至今。

目前可见最早提及"大槐树""老鹳窝"的记载，是修于公元1586年（万历十四年）的江苏丰县刘家营刘氏族谱。

明初洪武至永乐年的50年时间里，有多达百万的山西移民背井离乡，被迁往冀鲁豫秦等省份。六百多年来，这些移民生根落地，延绵繁衍，其子孙后代，数以亿计。而在数百年后，洪洞县的一棵大槐树成为他们共同的记忆故乡。

是时，距离明初的山西移民潮，已经过去了两百多年。然而与民间修谱频频将祖先追溯到洪洞大槐树下不同，在正史乃至地方府志中，对大槐树移民的事情却只字未提。

大槐树的传说在北中国有如此广泛民间基础，但为何"但不见诸史，惟详于谱牒"？

如果回顾自元到清数百年来剧烈的社会动荡和民族变化背景，这个问题的解决或许会得到一些线索。

有明以来，上至皇室，下至士绅，都试图恢复因蒙元入侵带来的"礼俗隳坏""文脉断绝"的局面，修谱祭祖成为一时潮流。对于众多自山西而出的移民及其后代来说，认祖归宗，不但是一个续接血脉的问题，而且是维护汉族正统身份的问题。在此一时期的族谱中，大槐树还仅仅是一些家族的个别记忆。

而到了明末清初，中原之地民众"播窜流离，族谱俱附兵燹"。在历经康雍乾三朝的休养生息之后，人口激增，越来越多的人迫切需要重建自己家族的谱系，此时，流传民间的大槐树传说重新散播开来，并成为越来越多家族修谱时的选择。

及至清末民初，在山东为官的洪洞人景大启听说了遍布当地的"大槐树移民"传说后，在传闻中的广济寺遗址旁树立了古大槐树纪念碑。

于是，从历史到传说，再从传说到重构的历史，大槐树记忆，在时间的磨洗之下，不但未曾淡化，反而越发清晰。

也就是在这次修葺大槐树的遗迹之中，伴随着民国初年民族主义高涨的大背景，大槐树不仅仅是一种故园的记忆，更成为凝聚民族意志，提振民族信心的旗帜，成了"现代民族主义话语中的一个组成部分"。

（此专题在采写中得到洪洞县县志办、洪洞县大槐树寻根祭祖园、曲沃县文物局、山西省考古所侯马工作站、山西省博物院等机构的诸多帮助，特此致谢。）

传说、信仰与洪洞乡村社会
——兼及大槐树移民的文化认同

郝 平

近年来，作为中华根祖文化发祥地之一的山西洪洞已引起海内外人士的普遍关注。"问我祖先何处来，山西洪洞大槐树"这句口耳相传、流播极广的民谣使洪洞作为大槐树移民的故乡备受瞩目。借助于这一传统人文资源，大槐树旅游和寻根祭祖活动已成为今日洪洞旅游的重头戏，全国各地，尤其是港澳台地区和海外华侨络绎不绝，仅大槐树公园旅游一项，收入每年即达数百万元。可以说，"移民情结"乃是出现这一昌盛局面的主要因素。

与之相应，目前有关洪洞的研究多数集中在大槐树移民问题上。洪洞地方学者张青及其同行已做了大量关于洪洞移民的研究，他们曾组织专人四处收集家谱、族谱和有关的移民故事，张青所著《洪洞大槐树移民志》（山西古籍出版社，2000年）即是他们长期田野工作的结晶，其他以类似标题命名的论著不下四五种。此外，安介生的《山西移民史》（山西人民出版社，1999年）、赵世瑜的《想象家园——关于洪洞大槐树故事的历史人类学解释》、张小军的《大槐树下——洪洞作为移民源地的象征建构》（两文均为2001年"塑造故乡：中国移民与乡土社会学术会议"论文，未刊稿）都从不同角度对大槐树移民史与传说进行了卓有成效的探索。在上述研究的推动下，洪洞移民研究似乎已臻成熟。顺着这条思路，人们很容易联想到，在外间如此具有影响力的移民运动在其发源地洪洞似乎也应该具有同样的影响力，甚或过之。

事实确实落在人们的想象之外。在对洪洞进行区域社会史研究，尤其是实地田野考察过程中，笔者却发现在当地另有一种民间信仰活动比大槐树移民传说更具影响力。那便是流传数千年的远古传说和与之相应的民众信仰与迎神赛社活动，如远古时期演绎八卦画太极图的伏羲、炼石补天的女娲、禅让天下的唐尧、体恤万民的虞舜之类，它们都在洪洞留下了深深的印迹和丰富的传闻。这些具有深刻传承性的民间信仰与迎神赛社习俗不但是远古文明和历史的见证与载体，而且在当地民众精神世界中占据了支配地位，影响到他们的生活观念和行为方式，成为该地域社会有别于其他地域的重要特征。

本文拟以在洪洞民众精神世界中占据"神圣"地位的"唐尧虞舜及娥皇女英""女娲""玄帝"信仰及迎神赛社活动为主线，透视这三种类型的民间信仰是如何影响民众思想观念和日常生活、如何塑造洪洞乡村独特的地域文化的。这些远古传说和信仰的存在和延续，赋予了该地域"正统"与"根"的文化象征，恰恰暗合了洪洞作为汉民族发祥地的"根祖"意义，可能与后世移民后裔所讲的"问我祖先何处来，山西洪洞大槐树"的说法之间具有一种内在的逻辑关系。

仔细翻阅洪洞文献，不难发现在洪洞的宗教信仰类型中，除了常见的儒释道外，对上古洪荒时代和人类社会早期神话与传说中的著名人物——尧舜及娥皇女英、女娲和玄帝的信仰远较其他突出，该地区甚至跨区域的民众对此显示了极大的热情与崇拜。每届节日和庙会来临之际，其场面之宏大壮观，民众之狂热痴迷，令人咋舌。民俗学者常将此称为宗教的狂欢精神。这种崇拜与狂欢的背后蕴含着特殊的地域社会历史与文化背景，重塑了洪洞民众特殊的心理和思想观念。以下将分别简要介绍与此三种信仰相关的民间传说。

一、尧舜及娥皇女英的传说

山西古称河东，意即地处黄河中游之东。河东地区乃黄河文明的重要发祥地之一，尧都平阳，舜都蒲坂，禹都安邑，本身就说明河东地区是人类早期文明的发生地和主要活动区域。基于如此悠久的历史，在平阳大地流传有丰富的关于尧、舜、禹的传说和故事。唐尧虞舜信仰在晋南地区也相当兴盛。洪洞地近尧都，更保留了众多足以证明该地具有悠久历史和文明的遗迹。在洪洞的民间习俗中，每年农历三月三至四月二十八的"接姑姑迎娘娘"赛社习俗反映的就是唐尧虞舜的传说和故事。

在洪洞的羊獬村和历山圈头村之间，有一个延续了4700年的联姻关系，传说其源于尧舜。据洪洞地方人士及有关学者考证，"尧王访贤、历山得舜、禅让王位、喜结姻缘"的故事就发生在此。关于羊獬，民国《洪洞县志》卷七古迹中记载有"神羊生獬处，在城南三十里羊獬村，相传尧时羊生獬豸于此，其地周围多细沙，草木不生"。其实羊獬村初称周府村。传说神羊降生后，大臣皋陶（洪洞人）奏报称杨城周府（洪洞古为杨，隋改今名）一老者前来献神羊，称此羊性直，能知人善恶。皋陶认为此系祥瑞之兆。此兽名曰獬豸，只有仁德之君掌朝时才会出现。帝尧甚喜，与大臣皋陶及妻女亲往生獬处观看。至周府村时，尧妻分娩生下二女儿女英。尧认为周府这个地方既生了宝贝獬，自己又得了女儿，是一块宝地，便将全家迁居周府，改称羊獬村。于是尧以羊獬为籍，成为羊獬人。时至今日，洪洞羊獬村"唐尧故园"内仍供奉着尧、舜、娥皇、女英及这只独角神羊。至于舜，《史记》记载说舜是"盲者子，父顽母嚚弟傲，能和以孝，烝烝治，不至奸"。因受父母虐待，他屡次被逐出家门，先后陶于河滨，钓于雷泽，耕于历山多处，最后定居洪洞历山，长期发于畎亩之中，是为历山人也。据《史记》记载，尧年老时，其子丹朱不肖，欲访贤天下而让之，因"舜年二十以孝闻，三十而帝尧问可用者，四岳咸荐虞舜"，于是帝尧多方考察后，"乃以二女妻舜以观其内，使九男与处以观其外"。鉴于尧籍羊獬，舜籍历山，自尧女嫁舜以后，两地人便结成了联姻亲眷。因舜在历山期间，能够"睦于邻，和于众，扶危济困，以德化导，历山任得其利也，时不久历山大治，别具大同天地"，故而舜崩后历山人感恩戴德，为其立祠建庙，塑以金身，千秋祭祀。历山人不论男女老少皆称舜为爷爷，称娥皇女英为娘娘。相应地，羊獬人称娥皇女英为姑母，舜为姑父。在尧舜生前，两地人民婚丧嫁娶、生日满月，都互相礼尚往来，延续至今从不中断，年复一年形成了一种独特的风俗习惯。从此羊獬与历山西方称姑舅，每年农历三月初三和四月廿八互相接送，威风锣鼓开道，聚乡万余人，人户杯盘招待，胜似亲人。"接姑姑，迎娘娘"的风俗相延五千年，至今无休，两地人骄傲地自称为"千年老亲戚"。

与之相应，娥皇女英的传说也颇多流传。《史记》中记载说尧二女妻舜后，"不敢以贵骄事舜亲戚，甚有妇道"。洪洞民间传说中就保留有很多关于娥皇女英的生动故事，表达了历山民众对二位娘娘的深切爱戴。如当地传说历山下沟北村民众缺水，女英得知此事便设法帮助沟北村人找到泉源，于是该泉被称为女英泉。此外，尚有娥皇女英争大小的传说，洪洞历山至羊獬之间一些村如赤荆村的马刨泉、车辐村、南北马驹村名的来历就与此有关。如《洪洞县志》记载说"马刨泉在赤荆村南，两泉并列，虽大旱弗竭，旁有尧二女庙"；车辐村是女英回娘家羊獬村时车辐坏了的地方，南北马驹则是娥皇所骑的马生马崽的地方。民间传说中充满了朴实的乡土色彩，虽不一定切合实际，却反映了洪洞民众对尧舜、娥皇女英的信仰和尊崇。

二、女娲娘娘的传说

女娲传说在山西晋南、晋东南东区流行甚广。今平定县西40公里浮化山的"补天台"、晋城市城东浮山北谷的"娲皇窟"、长治市东南天台山的"望儿台"、黎城县广志山祷祀生育女神的"娲皇庙"、遍布于霍县各乡镇的"娲皇宫"以及洪洞县侯村女娲陵、辛南村娲皇庙等等女娲活动遗迹及信仰显示了女娲信仰的普遍性。另据《地理通释》记载，"太行山连亘河北诸州，为天下之脊。一名'皇母'，一名'女娲'"。宋人罗泌著《路史》卷十一也有大致相同的论述，他指出"太行山，一曰'皇母山'，亦曰'女娲山'"。宋人崔伯易在《感山赋序》中也持此说，表明太行山地区确为女娲活动地带。其中洪洞的女娲传说与祭祀活动远较他处突出，原因是自宋以来朝廷对侯村女娲陵寝给予明确认定和高规格的祭祀。据当地人士考证虽然宋以前侯村女娲陵就已存在，但并未得到朝廷的重视，因而此前传说中的侯村女娲正副陵寝仅仅是两堆黄土，其真实性很难断定。据女娲陵现存至元十四年（1277）《重修娲皇庙碑》记载："中统元年（1260）有诏，敕郡国名山大川，五岳四渎、圣帝明王，载在祀典者所在，以时致祭。"在要求各地统计上报可列入王朝正式祭祀系统的神祇活动中，当地人以开宝六年（973）《大宋新修女娲庙碑铭并序》为据,将女娲陵寝和女娲庙祭祀上报朝廷,得到允准,于是朝廷遣官致祭。可见,朝廷对侯村女娲陵和女娲庙的祭祀是自宋代开始的,以后元明清历代均因袭开宝六年的成规,将侯村女娲庙作为国家级神庙加以隆重祭祀。因此,就现在侯村女娲陵庙遗址的形制来看,完全采用皇宫的规格来建造,大别于其他各地的同名庙宇。庙内现仍留存有明清时期30多道皇帝遣官致祭文。

由于朝廷的高度重视与示范,加之女娲"抟土造人""炼石补天"的神力,使民间对女娲的信仰也空前提高。各种类型、规制不等的女娲庙,诸如娲皇庙、娲皇宫、蛤蟆庙、娘娘庙、梳妆楼等大小不等的庙宇散布于洪洞各村社之间。以女娲信仰为母体,又衍生出众多与之有关的故事和传说,使"女娲娘娘"在洪洞人心目中逐渐占据了神圣位置。譬如顺治年间建造的辛南村梳妆楼传说、侯村与龙泉村因祀女娲而结神缘的传说,均反映了女娲信仰对当地社会的深刻影响。除"抟土造人""炼石补天"的传说外,伏羲女娲兄妹成婚繁衍人类的说法也广为传播。有鉴于此,洪洞县的伏羲崇拜也很兴盛。如卦地村传为伏羲画卦处,并建有伏羲庙和女娲庙(1945年为日军烧毁)。现存宋《新修女娲庙碑》表明二庙在宋代已存在。据卦地村人讲:该村本身分为"南北卦地"两个部分,象征太极图的阴阳二鱼。周边有8个村庄,距此均4公里。8村外另有10村相围,号称"十里八卦";北伏牛村羲皇庙据传初建于商封时期,重建于东汉。庙内碑石记载了历代朝廷御祭的事情,每年三月初十朝廷都派大员至此地祭祀人祖羲皇。

三、玄天上帝的亲缘传说

玄天上帝即真武大帝,是道教信仰中镇守北方的神祇。中国的真武信仰比较普遍,其产生和发展当与东汉光武帝刘秀、明成祖朱棣的大力提倡有直接关系。玄帝信仰虽不能算作洪洞独具地域特色的民间信仰,在当地社会中却具有相当广泛的影响力,值得研究者关注。据民国县志,"青龙山,距县西南四十五里。上有玄天上帝庙,灵异远著。每春香火络绎不绝。中有小殿,铜铸为之,洵属罕见"。因青龙山玄帝宫地势险峻,修造奇特,在当地有"小布达拉宫"之誉。宋元明清时期香火最盛,在豫晋冀3省均有影响。

在洪洞流传着"玄帝娶妻岳阳,女嫁贾得"的传说。传言玄帝为静乐国王大太子,国王为其娶一岳阳女子为妃。婚后一年,玄帝随父一同追随黄帝战蚩尤。一战失利,静乐王室眷属四散逃匿。太子妃带着刚过百天的女儿德贤逃回娘家岳阳避难。其女长大后,与一位来往于平阳和岳阳之间的年轻商人情投意合。他人才逸俊,风流蕴藉,买卖公平,受人青睐。一日村人与家人谈及德贤终身大事,好事者征询德贤家人意见,皆称"嫁得"。因不知年轻商人姓名,好事者说:"你们都说'嫁得',干脆就叫他'嫁得'好了。"自此该年轻商贾便被称为"嫁得"。婚后夫妻俩定居平阳,德贤家人每到平阳探亲,便说去"嫁得"。这样"嫁得"不但成为德贤夫婿的名字,久之他们居住的地方也被当地人称之为"嫁得"了。自古"贾"字一字多音,便将"嫁"改为"贾",既含商贾有德之意,又寓德贤嫁得之趣。后来,德贤夫妇,宗室藩盛,五业俱兴,仕途有路,远近闻名。在他们的子孙之中,有的以养殖业为生的,住地便叫贾住;建鹅舍的地方,便叫鹅舍;升了官的住地便叫贾升;才冠平阳大地的叫贾才;以卖柴为生的叫柴村;以运输为业跑买卖的叫程村;年纪小的叫小贾;住在贾得村下面的叫下村。这些村庄便成了贾得的卫星村。后德贤婆婆病重难愈,玄帝幻化为一白发郎中前来探视,见到女儿德贤后双眼涌泪。德贤询问郎中何故落泪,郎中对曰:"英年随父战蚩尤,天庭白了少年头。思国思家思故人,见女哪得泪不流。"说完踪影全无,惊得德贤及全家人纳头便拜。之后又听空中曰:"家住古羊青龙山,我居玄宫祖师殿。今日送药见女面,人间天上不一般。父母女儿三个界,见女使我泪满面。要想父女再相见,切记年年三月三。"话音刚落,一张黄纸飘落于病人身边。婆婆服下后,顿感神清气爽,病痛即失,身体康复。此后,"玄帝娶妻岳阳,女嫁贾得"的传说就一直流传开来。至今贾得村人仍于每年三月初三前往洪洞青龙山朝拜玄帝。据贾得村孙仁惠(84岁)、吕荣华(83岁)、吕永昌(80岁)、吕景奎(80岁)等4位老人口述:"贾得村到青龙山朝山,在清雍正时期就有,一直延续到日寇烧毁青龙山玄帝宫时才中断。即便是在光绪三年大灾期间,贾得村仍有四人前来朝山进香。"青龙山玄帝宫还有一个特别的规定:从古至今,玄帝宫的后门,只许岳阳和贾得来人进出,任何地方的香客都得走南山门。

民俗习惯是一个可以在人们日常生活中被观察到的表象系统,诸如人们的穿着方式、饮食风味、婚嫁丧葬习俗、宗教信仰习俗,以及劳动的组织和日常活动的安排等等,都是现实世界中可以看到的生活现象。这一表象系统的形成和传承是有一定历史根源的。前述三种传说造就了洪洞地方别具特色的民俗风情。因为有传说和历史,于是民间就产生了庙宇,因为有庙宇,于是就产生了庙会与集市。围绕庙会与集市,遂形成了具有地域特点的经济圈和祭祀圈,村庄、集镇的历史与民间传说、民间信仰形成了紧密的联系。需要强调的是,笔者无意于证实这些传说的真假,而是试图从极具民间性的地方民俗的角度去观察历史和社会。在此种意义上,笔者拟从如下方面加以分析。

首先,传说和信仰对地方文化与群体心理的形成产生了深刻影响。对伏羲、女娲、尧舜、娥皇女英的信仰使洪洞民众长期生活在一个绵延不绝的历史传统中,三种基于传说形成的神祇是广大民众精神上赖以满足和慰藉的地方保护神。如民众对女娲娘娘的信仰主要就是出于繁衍子孙、保佑平安的功利性需求,尤其是育龄妇女,迫于传统社会"不孝有三,无后为大""重男轻女"的观念,为了达到传宗接代的目的，把希望寄托在女娲娘娘的灵性上。女娲庙会上女性群体的一个特别举动就是这种心理的表现。据道光七年《赵城县志》记载："每岁三月，村民赛神于庙，妇女求嗣者穴陵上土，得小石以帛囊之，石方者为男，圆者为女。"据该村人介绍：该习俗现在仍有，到了庙会的日子里，妇女儿童们都要忙碌起来。成千少妇老妪，各个盥洗沐浴，身着新装，拖儿带女前来烧香。有的到娘娘大殿求签卜卦，预测前程；有的去布施，祈求全家安宁；有的为求嗣而虔诚拜祷于女娲陵前，俨然将女娲视作一个无所不能、佑护一方的神灵。再如鉴于尧舜及娥皇女英信仰的长盛不衰，在漫长的历史进程中，一代一代累积而成的观念，使传说中并不确切的尧籍羊獬、舜耕历山、千秋姻缘的故事内化为具有地方性的地方历史。久之，洪洞就成为汇集了三皇五帝时期众多名人的伟大"地域"。"女娲陵庙在洪洞""舜耕历山在洪洞""伏羲画卦在洪洞"之类判断也逐渐成为该地区民众的主流观念。在这一观念的驱动下，一些纯属民间的东西也开始逐渐被赋予更多的内涵。最典型者莫过于洪洞有名的威风锣鼓。当地古老相传，威风锣鼓发源于羊獬村。称舜耕历山时，因不忍鞭牛，便用击打簸箕来惊吓的方式来代替，尧以舜贤即禅位于舜。后羊獬村人效仿舜耕田的办法，敲击簸箕驱赶牲畜耕田，后来有的簸箕被击破，便把牛皮包在破簸箕的框架上敲打。有的农夫为了声音洪亮，把铜盆拴在犁辕上敲击。每逢耕作季节，田间敲击铜盆和牛皮的声音，和谐悦耳，乐师们逐渐将之规律化，创造出不同的锣鼓敲击曲牌，用于祭祀、吉庆节日时作乐。洪洞威风锣鼓中著名的曲牌如"西河滩""东河沙接五路"等就是为迎送娥皇女英而创作的。当传说和信仰经过层累地改造与叠加而逐渐演化成为地方文化时，生活于这一地域的民众之群体心理也随即生成并逐渐定型了。

其次，从三种类型的民俗文化中，我们还可以看到村庄的历史、村庄的文化和村民的生存状态，村与村之间基于共同的信仰和祭祀更出现了超村庄联合。如羊獬与历山之间的"接姑姑迎娘娘"活动，虽然只是关于两个村庄的联姻关系，但是基于对尧、舜和娥皇女英的崇拜，每年三月初三至四月二十八之间,迎送"神驾"的队伍所经过的 30 余村庄全部动员了起来。据地方文史资料记载：节日当天，两地均彩旗招展，锣鼓喧天，男女皆着盛装，齐集庙前。当二位娘娘起身时，有的秉执事，有的荷鸾驾，有的扛龙凤日月牌，有的举万人伞，金瓜钺斧朝天蹬，金锤银锤铜锤等，护卫着娘娘的驾楼，在鼓乐声中浩荡而去。途经各村，都要威风锣鼓迎进送出，各家各户争相舍茶施饭。二位娘娘离开后，两地还有一个共同的传统习惯，即集会唱戏 5~7 天,赴会降香者络绎不绝,成千上万。沿途接送的红堡、屯里、杜戍、白石、李村、龙张、南北马驹、龙马、塾堡、东西梁村、西桥庄、上舍、石家庄、杨家庄等 30 余村庄"炮声锣鼓震天空，鸾驾旗号气层中，村村团聚都谈笑，家家设宴齐迎送"，"进村时欢天喜地满面笑容，握手迎接，出村时热泪盈眶面带愁气，愁眉不展"。特别是沿途每村的老人、妇女、小孩争抢娘娘驾楼并烧香叩头上布施，索取黄线绳，以求迎福驱邪，显示了一种原始的狂欢精神。2004 年阴历三月初三，笔者曾目睹了羊獬—历山之间流传了 4700 年的这一习俗，深感震惊。在区域社会史的研究中，若忽视在地方社会中影响如此深远的民俗文化，就无法触摸到地域社会的内在逻辑和发展脉络。此外，"舜"的传说和故事也影响了区域内村与村关系的亲疏远近。历山与羊獬的紧密关系自不待言，处于两地中间的万安镇因建起一座娥皇女英行宫作为赛社活动中途休息的地点，便建立起与羊獬村的密切联系。万安人与历山人一样，也称娥皇女英为娘娘，称舜为爷爷，每年大小节日，都依礼往来。只是有个主次之别，即不论哪个节日，羊獬人都是先到历山后到万安。特别是四月二十日女回銮的这天，历山人通常是二十七日去，二十八日返回。万安人则要等到二十八历山人接走二位娘娘后，才能去羊獬住宿一夜，二十九日返回。羊獬—万安—历山 3 村因这一千年习俗所结成的紧密联系，势必在日常生活的其他方面得到展现。要之，"接姑姑迎娘娘"活动中涉及的所有 30 余村庄也会因对舜王和娥皇女英的尊崇与信仰而形成一种地域认同观念，在这一观念的驱动下，在一定条件下便会形成一种整齐划一的心态和统一的行动。

　　青龙山 7 村 10 社、临汾贾得村及其邻近村也因对玄帝的信奉而结成了密切的联系。据贾得村孙仁惠（94 岁）、吕荣华（83 岁）、吕永昌（80 岁）、吕景奎（80 岁）等 4 位老人口述："原来贾得村有个朝山会，会里有 20 亩地，全部外租，收入归朝山费用。凡种此田者，要在每年三月三前三天，拿着梆子，在村子里敲上一圈。乡亲们听到梆子声，就知道要朝山了，提前把布施送到朝山会。有送钱的，有送绵纸顶钱的（因为我们村里造纸人多）。到初二天刚亮，有驾车的，有骑牲口的，有步行的，带着锣鼓旗伞，抬着神楼，好几百人浩浩荡荡向青龙山出发了。全程要步行将近百十里地，下午四点多钟才能到达青龙山下，谁也不知累，然后敲锣打鼓上山。山上听见锣鼓的声音，也敲上锣鼓在山门外迎接。进入庙宫后，先在每个圣殿内烧香叩头，然后吃饭、休息。山上各村的管老们，对贾得人非常热情，事事优先照顾。贾得人住东楼上下两层，如人多容纳不了，就住西楼下一层。初三，所有来人要跟道人烧香叩头念经，下午游逛，初四返回。返回的时候每人发两个馍，供路上充饥，快到贾得村时，邻近村庄如鹅舍、贾住、贾升、小贾、柴村、贾才、程村、下庄等村早已等候多时的人们会敲锣打鼓，迎接神灵归来。然后在村内转上一圈。这时各家门口，都有妇女等着，送香、送表，最后回到村里，到庙上安神。天黑后各地来的道家在东门设法坛，上供品，念真经、细吹细打，抛彩舞棒，各显神通，闹个通宵，名曰'进食放食'，意思是为阴间亡魂施米舍饭。这种盛况一直延续到 1942 年，才中断了。"不难发现，由于贾得村与玄帝的特殊关系，受到了青龙山 7 村 10 社管老们的特殊礼遇。而以贾得村为中心，由传说中德贤夫妇的后人分别建立的邻近 8 村虽不参加朝山仪式，却也对此表示出极大的热情，充分表明玄帝信仰在地方社会村际关系与民众生活中所具有的纽带作用。

对女娲的信仰和祭祀活动也同样有此功能。据板塌村张海清先生讲，该村有蛤蟆庙（即女娲庙），由 3 村 4 社管理并主持祭祀。3 村是板塌、北庄和早觉。3 村因对女娲娘娘的信仰也结成了一种内在的联合。此外，作为伏羲画卦处的卦地村，传说其周围 8 村、外围 10 村皆是围绕该村形成，这些村庄之间是否也存在对伏羲女娲的信仰而达成的密切协作关系，因笔者未及做进一步的调研，姑且存疑。不过完全可以相信，作为有相当民众基础的地域性神祇信仰，势必在观念上、实际交往中对村落的发展起到积极的作用。

与村庄联合、赛社活动相关联的乃是民俗学研究中最核心的一些概念和词汇——信仰圈（或祭祀圈）、庙会、集市。就本文考察的三类信仰，从微观言之，可以说三者均有各自覆盖的空间和地域，形成了不同的信仰圈和祭祀圈。从宏观言之，三者又共同构成了洪洞别具地方特征的上古崇拜，赋予洪洞深厚的历史文化底蕴，形成了县一级范围的大的信仰空间和祭祀体系。庙会和集市则是民间信仰的具体表现形式。资料显示，围绕三类信仰分别形成了各自的节日。如民国《洪洞县志》就记载说羊獬三月三、万安四月二十七是唐以来洪洞的两大庙会；女娲信仰和祭祀活动也相当兴盛，衍化成一种定期的集市与庙会。据老年人回忆，以往庙会时节，除三晋客商外，还有来自内蒙古、河北、河南、山东等省的商贾。而据民国初年在青龙山玄帝宫当过道长的老道士讲：日人未入侵之前，每逢庙会，来自晋、冀、鲁、豫、秦、皖、蜀、蒙的朝山香客、商贾、僧侣道人，大都在此食宿。其时玄帝宫香火之盛、游人之广、影响之远、灵异之著，远非他处可比。流传于青龙山下郑家寨、长命村、张家庄一带的民间板话则这样描写道："青龙山上玄帝宫，人间仙境能成行。上自州府下到县，年年不忘三月三。万善同归青龙山，来为玄帝庆寿诞。庙会三月二十五，威风锣鼓震山谷。人山人海满山坡，赶会的人实实多。会上天天都有戏，场场虔诚献玄帝。金货杂货副食摊，香火供品都齐全，山下摆到山上面……"以庙会活动为契机，万安镇、侯村等大的聚落也得以发展成为该地域范围内颇有影响的重要市镇。万安素有"龙凤城"之称，之所以叫龙凤城，是因为万安是生舜圣地，舜爱民如子，又即帝位，乃真龙天子故为龙。舜的妻子娥皇女英是尧的女儿，即是凤。在洪洞，素以万安为舜地，于是万安有"龙凤城"之誉。据刘黎明《解放前的万安商业》一文描述，中华人民共和国成立前万安已有"十二大庙，十五小庙，十五名楼，十五名殿"，这种繁荣局面的出现正是得益于舜帝及娥英二位娘娘的庇佑。女娲陵庙所在的侯村则完全受益于每年三月初十的女娲庙会。据该村老年人回忆，娘娘庙会期间仅骡马交易的税款一项，即成为赵城县财政的一大笔收入。

民间信仰与祭祀习俗是最具地域性的，是千百年来影响和制约地方社会生活与社会变迁的内在精神力量。对洪洞地方社会这三类信仰和习俗的综合考察，使我们有可能在进一步的区域研究中把握洪洞社会发展变化的逻辑和内在法则。对于民间传说与信仰的解释，仍可参考顾颉刚先生的"层累的创造古史说"。据顾颉刚先生的"层累的古史说"，历史是一代一代人根据现实社会政治、经济和自身发展的需要不断叠加进去的。在这里，女娲陵寝究竟是否在洪洞县赵城镇侯村，玄帝是否有娶妻岳阳，女嫁贾得的事实，舜耕历山是否在洪洞，娥皇女英有否争大小的事情均存在令人质疑的地方，但这些似已不是我们关注的主要问题。问题在于这种凝聚了上古传闻、种种臆测，充满浓厚血缘、亲缘和淳朴民风的地方民众信仰与祭祀习俗和传统何以在区域社会日常生活逻辑中产生如此持久和深刻的影响力？近年来在区域社会史的研究中，学者们强调用格尔茨的"地方性知识"的概念来理解地方社会的发展演变。有学者在吸收和批判地方性知识的基础上，提出用"地方感"的概念来代替地方性知识，认为区域社会史研究中的地方感觉是无法通过知识系统来囊括的，地方感觉作为他者，即客体的研究者在进入具体研究领域时，必须把握活动于特定区域的主体所具有的其自身并无丝毫察觉却在实际生活中一律地遵循的行为法则和思想意识。笔者以为通过民俗研究历史，是把握地方感的有效途径。

民间信仰和我们称之为传统的其他许多事物一样，都可以被视为文化创造的产物。在有几千年使用文字的传统，并有士大夫思想意识全面渗入乡村的中国社会中，乡民的祭祀活动和仪式行为无疑深受上层和下层意识形态的影响。正因为如此，我们才能够把在某一"共时态"中见到的乡村庙宇及其仪式行为，视为一个复杂的、互动的、长期的历史过程的"结晶"和"缩影"。通过民间信仰所反映的"社会空间"，实际上"全息"地反映了多重叠合的、动态的社会演变的"时间历程"。

最后，兼谈一下大槐树移民问题。如果说学者们所谓的"大槐树移民乃是一种象征和文化符号"的观点正确的话，那么"何以偏偏选择了洪洞大槐树"这一问题就必须认真加以解答。学界主流的观点认为：经过元末明初的战乱和各种灾疫，黄淮河流域之民十亡七八，"赤地千里无人烟"，加之边疆少数民族的不断侵扰，明朝政府决定实行移民屯田和旨在加强边防的军屯商屯民屯的策略；山西在该时期因少受兵灾和灾害，人口稠密，特别是晋南地区，人口更多，又是交通方便之地，东达幽燕，南通秦蜀。为此明朝政府在洪洞大槐树下广济寺设局驻员，专门办理移民事宜。自洪武到永乐历经3朝50余年的移民高潮中，移民总数逾百万，分布于11省300余县。全国约有1/4的县均有山西迁民。选择洪洞迁民的根据有二：一是洪洞本身处于人口稠密的晋南地区；二是交通便利，便于集散。上述的主流解释还无法回答下面这个问题：大槐树移民的历史与大槐树移民的传说在此移民运动后发生了偏离，移民问题的研究者发现移民后裔不论是否来自山西洪洞，均将自己的祖先认定为山西洪洞，称自己是大槐树移民的后裔。国内外人类学和族群研究者对此极感兴趣并提出疑问：就中国的移民传说而言，类似于洪洞大槐树的移民集散地还有很多，如麻城孝感乡、宁化石壁寨、江西瓦屑坝、苏州阊门外、南雄珠玑巷、山东枣强庄、南京杨柳巷、南昌筷子巷……无一不是千百万移民后裔梦魂萦绕的故园家山。何以唯独洪洞大槐树会产生这样的"根祖"认同呢？笔者认为，要解答这个疑问，需要从下面两个方面入手探索：一是洪洞本身具备什么样的客观条件，二是有什么样的深厚地方文化促成其独特性的形成。就洪洞而言，就是下面两点：一是明代洪洞是北中国最大的移民集散地这一客观因素；二是汉民族发祥地的优越地理位置和深厚的历史文化底蕴，加之大槐树移民的空前规模和影响，促成千百万移民把洪洞作为他们魂牵梦绕的"想象家园"。把洪洞而不是其他地方作为"想象家园"，最根本的因素，恐怕就在于洪洞本身深厚的历史文化底蕴产生了强大的吸引力。如果说前人的解释所选择的视角是从外向内、自上而下的，本文则是在大量田野调查的基础上，试图就洪洞当地社会内在的民间传说和独特的民间信仰和赛社活动入手，进行从内向外、自下而上的分析，揭示出问题的另一个侧面，可能也是更为重要的一面。

关于三月三和四月二十八两个日子，当地有这样的说法：娥皇女英在世时，每年农历三月三，都要到羊獬住娘家，住到四月二十八才回历山。因为每年三月三正值清明时节，要去娘家扫墓祭祖，顺便多住几日。又因四月二十八是尧王生日，这样她们为父亲做寿以后再回来省得往返来回。同时，四月二十八必须回到历山，是因为这时历山地区开始夏收，龙口夺食，不能延误。此外，五月端午是舜的生日，六月十八是娥皇的生日，九月初九是女英的生日，每年到这几个节日，两地人民都要为他们做祝寿纪念。特别是羊獬人届时来历山做寿时，历山人和三月三一样，都要备以时肴，热情接待。

该传说讲述了清顺治年间发生的事情，据称平阳知府有一女不仅容貌过人，且才能出众，深得疼爱。但一日早晨沐浴梳妆后竟无病而逝。悲痛欲绝的知府梦中得知此女是为侍奉辛南村娲皇圣母而离去的，遂修建梳妆楼以示纪念。如今，辛南村梳妆楼与女娲庙已融为一体，接受着当地民众的隆重祭祀。

该传说讲述的是金代侯村女娲神像遭大水冲至龙泉村后搁浅，该村人遂将女娲神像迎至村中，建庙祭祀。据村人讲，至今侯村女娲庙只有牌位而无神像。因娲皇的迁徙，龙泉与侯村结下了不解的神缘，每年三月初九龙泉人到汾河滩原圣像搁浅处迎娲皇圣母回庙纳寿。

洪洞古槐与明代移民

李广洁

"问我祖先何处来，山西洪洞大槐树。问我老家在哪里，大槐树下老鹳窝。"明代以来的数百年间，这首民谣在我国广大地区广泛流传，妇孺皆知。洪洞大槐树何以使万民为之萦怀，我们不妨追溯那扶老携幼、挥泪离乡的移民史。

明初移民的历史背景

元朝末年，元政府连年对外用兵，对内实行民族压迫，致使国库空虚，民怨沸腾，农民起义日益频繁，终于激起连绵十余年的红巾军起义。元政府对农民起义予以镇压，竭尽残暴之能事，争城夺地的殊死之战时有发生，两淮、山东、河北、河南之民十亡七八，以至于"春燕归来无栖处，赤地千里少人烟"。除兵乱之外，水、旱、蝗、疫亦爆发于一时。据《元史》载，仅元朝末年的水旱灾害，山东18次，河南17次，河北15次，两淮地区8次，大蝗灾亦有18次之多。元末兵燹之创伤未及医治，明初"靖难之役"又接踵而至，进行了长达四年的战争，"淮以北鞠为茂草"，道路皆阻塞，多是无人之地。明政府鼎革之始，由于人粮剧减，不得不把许多州府降格，例如名城开封由上府降为下府（《明太祖实录》卷96、193）。洪武十年（1377），河南等地"凡州改县者十二，县并者六十"。（《明太祖实录》卷120、164）到洪武十七年，又把全国不足三千户的三十余州降为县（《明太祖实录》卷25）。为了巩固政权，恢复生产，明政府采取了以移民垦荒为中心的振兴农业的措施，是为洪武移民，而"靖难之役"之后，又有永乐迁民之举，这样，我国历史上有组织的、最广泛的迁民活动持续了近50年。明朝政府移民的原则是把农民从窄乡移到宽乡，从人多田少的地方移到人少地广的地方。洪武初曾有定制，对北方郡县的荒芜田地，召乡民无田垦辟，每户给15亩，又给2亩地种蔬菜，有余力者不限亩数。同时还规定皆免3年租税，以鼓励农民发展农业生产。山西，不可避免地成为明初迁民之渊源。因为当元末中原地区兵乱荒疫之时，"表里山河"的山西却是另外一种景象。由于自然地理的因素，中原地区的水旱蝗疫较少波及山西，战乱亦少，相对显得安定，风调雨顺，连年丰收，较之于邻省，山西就是显得经济繁荣，人丁兴旺；再者，相邻诸省亦有大量难民逃亡山西，致使山西成了人稠地狭的地区。元人钟迪在《河中府修城记》中说："当今天下劫火燎空，黄河南北噍类无遗，而河东一方居民丛杂，仰有所事，俯有所育。"

据《明实录》的记载，洪武十四年（1381），河南人口为1891000人，河北人口为1893000人，而山西人口却达4030450人，比河北、河南人口的总和还多近30万人。明初规模较大的移民有十四五次，每次移民动辄数千户，甚者户数逾万。当时山西移民主要来自太原、平阳二府和潞、泽、辽、沁、汾五州，即以今太原、临汾、晋城、长治等地为移民的集散中心，而以临汾附近的洪洞为最，这与洪洞县人口稠密，又地处交通要道不无关系。

古大槐树与移民的关系万民紫怀的大槐树，在洪洞县城北2里。这里有座广济寺，为唐贞观年间（627—649）的建筑，寺院宏大，殿宇巍峨，唐宋以后又建有驿站，房舍宽大，常驻驿官办理四方来往的公差事务。大槐树就在广济寺旁，驿道从树荫下通过。因临近汾河滩，河滩上的老鹳便在古槐树杈间构巢垒窝。明初迁民时，在广济寺设局驻员，集中移民，编排队伍，发放"凭照川资"，大槐树下就成了移民荟萃之所，由此而散奔冀、鲁、豫、皖。据《明实录》记载，移民活动大多在晚秋进行，此时槐叶已凋落，老鹳窝显得十分醒目。移民们临行，凝眸高耸的古槐，栖息在树杈间的老鹳不断地发出声声哀鸣，令别离故土的移民潸然泪下，不忍离去，频频回首，最后只能看见大槐树上的老鹳窝。为此，大槐树和老鹳窝就成为移民惜别的家乡标志。从山西迁徙四处的人们，寄居他乡，把洪洞大槐树、老鹳窝的故事流传给后代，聊解思念故土之情。天长日久，洪洞大槐树的故事不仅国内妇孺皆知，而且随着一些侨胞漂洋过海，广为传述。

明初移民的地理分布

根据《明史》《明实录》以及大量的家谱、碑文记载，明初从山西洪洞等地迁出的移民，主要分布在河南、河北、山东、北京、安徽、江苏、湖北等地，少部分迁往陕西、甘肃、宁夏地区。元末的河南十分荒凉，自然成为明初移民前往的重点地区。河南省移民以洪武朝迁者为最多，其次为永乐朝。据现在所掌握的资料来看，河南的移民约有95%以上来自洪洞县，许多家谱、碑文直接言明迁自洪洞，如辉县穆家营村《穆氏家谱序》云："我穆氏于明永乐年间，自山西平阳府洪洞县乱柴沟，初迁河南省卫辉府邑西南距城三十里穆家营庄，历居数世，至万历年间又迁于获邑西北隅距城十五里穆家营。"这些迁至河南的移民分布在今洛阳、郑州、开封、长垣、安阳、内黄等近80个市、县。从河南移民的分布情况来看，恰以黄河和淮河流域为多，这与黄淮间灾害有关，也和元末农民起义的路线相仿。永乐四年（1406）明政府迁都北京，为巩固中枢之地，多次移民河北地区，移民的分布以当时北京、真定府、广平府、顺德府、大名府所属县为多，现有据可查者总计约70个县、市。据河北、北京民间家谱、碑文所载，永乐年间自洪洞迁入者颇多，移民迁入后多以姓氏为村名,也有以迁出县名为名的,如北京郊区的"屯留营""长子营"。河北地区移民分布很多,这与"靖难之役"河北战乱严重以及迁都北京有直接关系。迁往山东的移民主要分布在当时的东昌府、济南府、兖州府、青州府,现山东有据可查的移民点就有泰安、曲阜、临清、肥城、济南、聊城等60余市、县。安徽是朱元璋的家乡,他起兵于此,转战江苏、湖北等地10余年,与元军殊死相战,造成"白骨露于野,千里无人烟"。明初移民,以此地为先。据《明史·太祖本纪》载,在洪武九年十一月,"徙山西及真定民无产者于凤阳屯田"。今安徽、江苏、湖北有据可考的移民点有凤阳、安庆、襄樊、徐州、南京等20余市、县,这些移民点大多在淮河流域,就地理位置而言,大部分靠近河南,元时这些地方大都属河南行省。另外,在今陕甘宁地区还有韩城、米脂、宝鸡、天水、镇原等30余个移民市、县,以渭河谷地的分布最为集中,此为关中通往陇西的要道。明初从山西迁往上述各地的移民,在后来又转迁到云南、四川、贵州、新疆及东北诸省。如此长时间广范围有组织的大规模移民,在我国历史上是罕见的,而将一处之民散移四处者,仅此一例而已。

明初移民的历史作用

明政府推行移民垦荒振兴农业的政策,虽然其目的是巩固封建王朝的统治,但客观上缓和了社会矛盾,调动了农民的生产积极性,使农业生产逐步得到恢复,边防巩固,社会安定。首先是中原地区人口大量增加,解决了劳动力不足的问题,尤其是移民地区的人口显著增加,河南地区洪武二十六年(1393)人口为1912542人,到弘治四年(1491)增加为4360476人。其次是耕地面积大量增加,洪武二十六年全国垦田总数达850万顷,较洪武元年增加了4倍。由于人口和耕地面积的增加,生产迅速恢复,田赋随之增加,不少府县为此升格:开封府由下府升为上府,凤阳、太原、西安皆升为上府。总之,移民政策的实施,促进了社会经济的繁荣,使明朝的封建统治得以巩固和发展。

洪洞古大槐树处沿革

明朝的广济寺和大槐树,早已被汾水冲毁,幸而在古大槐树的东旁同根滋生出第二代古槐,后又干枯,1974年被飓风吹倒,政府拨款予以整修。第二代古槐的北旁又同根滋生出第三代古槐,现枝繁叶茂,生长茁壮。

古大槐树处迁民遗迹,原来人们并不十分重视,现在的建筑是1914年洪洞人景大启、刘子林倡议募款而建。清末,景大启为官山东曹州,交游颇广,在宦游中,当地官吏和平民知其为山西洪洞人,都热情招待,皆言洪洞为故乡,出示家谱为观。当时洪洞人刘子林亦在山东为官,两人相商,遂起筹建古大槐树古迹之意。次年,洪洞人贺柏寿自河南杞县返乡,言在豫也有同感,便积极筹建移民古迹。正在此时,太原辛亥起义杀死了巡抚陆钟琦，清廷派三镇兵卢永祥部进攻山西革命军，卢军所到之处肆意抢掠，唯独到洪洞始有收敛，原来卢军士卒多系冀鲁豫诸省人，不少人为明初洪洞移民的后裔，他们不忍抢掠，并将许多钱财供施于古大槐树。洪洞人因大槐树而免遭浩劫，认为大槐树有"御灾捍患"之功，由此更加重视移民古迹的保护。

古大槐树处古迹由大槐树、碑亭、茶室和牌坊组成。碑亭建在原来的古大槐树处，亭虽不大，但雕梁画栋，飞檐斗拱，精巧玲珑。亭中竖立青石碑一座，高一丈零五，宽二尺四寸，碑冠在盘龙细雕之中篆刻"纪念"二字，碑阳镌刻"古大槐树处"五个隶体大字，碑阴刻有碑文，简述迁民事略。在碑亭前靠西一旁，建有茶室三间，以备槐乡子孙小憩片刻，品啜乡味。茶室楣匾为"饮水思源"。在碑亭南二十余步，建有牌坊一座，横额雕刻着"誉延嘉树"，阴面雕刻有"荫庇群生"。在横额两面还刻有四首诗，其中一首云："迁民往事忆当年，柱杖穿云宵夕烟。嘉木扶疏堪纪念，犹留经塔耸巍然。"1959年，古大槐树处被列为文物保护单位，多次拨款修葺，派人管理。1983年又建了门楼与围墙。现在这里已是一座翠柏绿槐、清静幽雅的公园，每年有许多访乡寻根的古槐移民后裔和国际友人前往参观。

（中华书局1993年版《中国历史百题》）

关于"洪洞大槐树"

王宝库

王宝库自地名普查工作开展以来，山西省地名办公室与洪洞县民政局收到全国各地大量来信，询问有关洪洞县大槐树移民事宜。为了圆满地解答这个问题，特写此文酬答读者。

"问我祖先在何处？山西洪洞大槐树。"是中原流传已久且范围极广的民谣。宋、元之际，中原各地长期遭受兵祸，狼烟迭起，战火频繁，人民处于水深火热之中。元帝国统治者入主中原后，以极其残暴的手段压迫各民族人民。为了死中求生，刘福通率众起义河南、两淮。山东起义之民在他的领导下与元兵决战，浴血奋战达十三年之久，苏皖豫鲁百姓业已十亡七八。刘福通起义惨遭镇压，以失败告终，这是第一次兵灾。刘福通失败后，元朝诸王将领各怀异志，内讧遂起，先后在豫鲁一带及晋东、晋北、关中地区展开争城夺地恶战，以朱元璋兵出江淮而告结束，这是第二次兵灾。朱元璋出兵江淮，进取山东，收复河南，北定北京，战败王保保（扩廓贴木儿），灭李思齐于关中，据险设防，统一中国，这是第三次兵灾。

以上三次兵灾历时十六年。在兵荒马乱之中，军队无粮，杀老弱为食；百姓家破人亡，流离失所，饿殍遍野，白骨累累，赤地千里，不见人烟；加之黄河多次决口，百姓死亡难计其数。

山西北起石岭关、南至黄河北岸的晋南地区，当时为元末名将察罕贴木儿及其子扩廓贴木儿（王保保）之根据地。他们利用山西表里河山之险要，统治严厉，社会秩序相对安定，山西之民因此得以生养繁殖，死亡较少，加之难民流入，形成人稠地狭之地区，这是明洪武时山西移民中原各省的主要原因。

山西不仅在元末大乱中少受兵灾，及至明惠帝朱允炆即位，靖难兵起，苏、鲁、豫、皖广大地区的人民蒙受的战祸较前更惨，地广人稀的现象愈加严重，中原各省又遭受到第四次兵灾。当此之时，唯山西一省未致战祸波及，这又是明永乐年间移民于中原各省的主要原因。

明太祖洪武年间至明成祖永乐年间，明政府为了均衡人口分布、发展农业生产、恢复中原经济，遂屡迁山西民于苏、鲁、皖、豫各省。永乐帝朱棣定都北京后，又将晋省居民屡迁于北京定居。这几次移民活动，以洪洞及其附近地区的居民为最多，故洪洞成了盛极一时的移民集散地。明廷当局曾在洪洞县城附近的广济寺设局驻员，发给凭照川资，从事迁民业务。被迁民众出发前，皆汇聚于广济寺中的大槐树周围，倾诉离情，祭奠故土，他们将大槐树及树上的老鹳窝入于眼而印于脑，指为告别家乡的纪念；又将槐树种带往新迁地种植，并将迁民史传诸家人后世，让后代了解大槐树与家族祖宗的历史渊源。

古大槐树所在地广济寺，在洪洞县城附近同蒲铁路一侧。寺院为汾河所毁，仅有金建石幢一座尚存，远望如塔，巍然矗立。古大槐树原株为汉代所植，树身数揽，浓荫可蔽数亩，因历年久远，早已老死。现存古槐，传说是原株被引根上发芽长大的，亦已身枝干枯，老态龙钟，但古槐根部又生新枝，绿叶点点，洋溢着勃勃生机。1911年辛亥革命后集资兴修建亭，竖碑题曰"古大槐树处"，碑阴刻有迁民纪事。新中国成立后，人民政府为了保留这一具有历史意义的古迹，特在此开辟了"古槐公园"。公园门庭古朴，亭廊典雅，树木葱茏，风光秀丽，与苏三监狱、广胜寺并为洪洞久享盛名的旅游胜地。

明代迁民 根在洪洞

张广祥

根在洪洞

"问我祖先在何处，山西洪洞大槐树"这句民谣，在我国广大地区世代相传已有数百年之久。大槐树处在山西省洪洞县城北约二里的贾村西侧，至今尚有槐树和一些文物遗迹。从明洪武初年以后的五十多年间，山西移民机构就设在洪洞县广济寺的大槐树处，多次往外迁移的民众都在此处办理迁徙手续，然后分发他地。而今移民后裔遍及全国二十多个省、市、自治区的几百个县内，山东、河南是安置移民最多的省份，各有七十多个县、市、区。洛阳市属的九县六区从宗谱碑帖墓志中发现有很多姓氏的祖先是从山西洪洞大槐树处迁来的。从洛宁县搜集的宗谱碑记资料中看，移民来源，多从山西洪洞迁来。兴华袁姓，元末明初从山西洪洞迁入。余庄李姓明洪武十三年（1380）从山西洪洞迁入。马店崔、王二姓，明洪武年间从山西洪洞迁入。谷圭段姓，明洪武年间从山西洪洞迁入。刘营刘姓，明永乐二年（1404）从山西洪洞迁入。据《温县志》载，元末明初，战争于本地多次反复，有朱元璋"三洗怀庆"之事，人民死亡流离，温地十室九空，所以明初从山西洪洞迁来大批移民安置此地。今温县姓氏结构中，以洪洞迁民的后裔为主体的，约占全县户数的百分之八十以上。

洪洞县人民政府为了使明代移居外省、市以及国外的洪洞移民后裔寻根问祖于1984年扩建抢修古大槐树处明代迁民遗址，倡议掀起募捐活动。1988年山西人民出版社出版的由张青、林中园同志编著的《洪洞古大槐树志》一书广泛发行。1991年4月1日至10日清明节期间，洪洞举办首届"寻根祭祖节"。近年来全国很多报刊发表了许多明代从洪洞迁民的史料和故事，引起国内外知名人士和人民群众广泛的重视与向往。

新扎村寨

河南省伊川县半坡乡位于伊川县东南部，距县城26公里，乡政府驻半坡村。据

半坡村李氏家谱载：明初李氏始祖李诚由山西洪洞县迁此，定居于马铃山半坡处，故名半坡。该乡北连江左乡，西接白沙乡，南与临汝县交界，东同登封县毗邻，总面积42平方公里。

1975年，析江左公社一部置半坡公社。1984年初改半坡乡。1987年，乡辖13个行政村，26个自然村，81个村民小组，3058户，13288人。

大庄：明朝时，有两兄弟由洪洞县迁此，分居两地，垦荒种田，年久人财两旺，建庄安居，因大哥居此庄，故取名大庄。

路庙：明洪武年间，路氏先人由洪洞县迁此，为纪念祖先，后人在此盖一座祠庙，称路家祠庙，后演变为路庙。

省庄：明朝洪武年间，从山西洪洞迁来一家，主人生活俭朴，一月内就省下一装粮食，故名省装，后演变为省庄。东村：明洪武年间，山西洪洞县人迁此，住大路东西两侧，因口音不一，当地群众称路东村为东蛮子营，路西村为西蛮子营，后演化为东村和西村。

老君堂：明洪武年间，杜姓始祖从洪洞县迁来，定村名为杜家湾。明万历年间，

杜正国在此挖煤，修建一座老君堂，故改村名为老君堂。

河南省汤阴县韩庄村的群众先祖多系明初从山西洪洞迁来，以后因为韩姓是一大户，种地出名，即将此村村名称韩庄。汤阴县王陵乡镇抚寨村《李氏世系图》说，李氏夫妇二人明洪武年间由山西洪洞迁入此地，到 1985 年，已繁衍 25 世。

姓氏族系

据 1987 年户口册排查，洛宁全县共有 379 姓，其中张姓族系较多，遍布全县。较大族系有德里、凡村、陈吴大寨里、陈吴老寨、新寨、东山底张营等处，还有底张范河、西长水上地、老城三张、西坞二张等不少于 30 个族系。德里张姓人最多、势最众。

凡村张姓，明初从山西洪洞先迁洛阳，再迁宜阳，后迁洛宁，繁衍约 5000 人。

王姓人口之众，族系之多，分布之广，仅次于张姓。较大族系有关庙、吴村、故县河东、山后大村、王范、南王、河码头、西关、东张凹等处，其他小的族系更多，寨里村有五王，西坞村有四王。明代，山西洪洞王贵迁居关庙村，因其敬重关羽，建关公庙，因以为村名。吴村王姓也是明代由洪洞迁入，后裔繁衍 2000 余人，移居王协、柴巷、小街、洪岭等村，近代有文、明、法、自、元、兴、家、世、昌、荣 10 个排字。

李姓是较大族系，有余庄、复兴庄、槐树原孙洞、王范、中高村、下高村、郭头、上戈中村等处，余庄李姓系明洪武十三年（1380）从洪洞迁入，迄今已繁衍 24 世，约 4000 人，后裔分布崛山、庄上、西陶峪、赵村、中方、兴华、良泉沟下峪等村。复兴庄李姓分东门、西门、南门，西门系明代从洪洞先迁巩县孝义，再迁永宁，后裔千余人，分布方村、卢氏等地。东门直接从洪洞迁入。

杨姓以洪崖最多。明初杨礼由洪洞迁居永宁，在洪崖定居，生 7 子，已繁衍 24 世，7000 余人后裔分布洪崖、院东、院西、东村、谷圭、上陶峪、北村、东山底、坞南、杨坡、大明、东宋、磨沟、杨庄等村。还有大许、寨沟、东南村等杨姓。

刘姓于明永乐二年（1404），先祖英携文臣、武臣、相臣、宰臣 4 子，由山西省洪洞县迁至永宁武穆营，今名刘营村，迄今 584 年，共繁衍 25 世。从八世起开始排字取名，为永、一、三、汉、尔、廷、文、振、光、明、正、鸿、经、昌、盛、彦、其、荣、子、贵、崇、功、显、海、延、科、全、清；仁、智、从、天、锡、礼、义、建、邦、国；德、重、铭、炳、耀、学、思、安、理、基。后裔遍及全县，居住集中的有刘营、柳沟、旺凹、西长水、刘坡、王范、草庄、焦河、户池、柏树咀等村。

赵姓人口较多的族系有吴村、余粮、崖地、中河、上窑等处。吴村赵姓是明中叶宁东、守西、守人、守业弟兄 4 人由山西洪洞迁居吴村，唯老三有嗣，繁衍至今，共 3000 余人，聚居田村、安沟、大阳、礼村、张沟、东关等村。据传中河、卜家窑、绵羊沟等村，可能也是吴村赵姓。清时从八世起排字20个，为富、荣、书、甲、智、新、学、浩、志、廉；春、光、延、宗、德、立、朝、大、化、选。余粮赵姓，系明末从山西洪洞迁入，共来4弟兄，3个定居余粮，老四迁居故县竹园沟，共2000余人。从14世排字，为忠、天、连、成、光、元、明、俊、华、章；克、智、洪、毓、宪、坤、健、万、世、昌。

雷姓在明洪武元年，由汉忠、汉臣弟兄2人从山西洪洞迁居坡头村，迄今已繁衍26世，后裔除河底、杨坡、东宋、中河4乡外，已遍布全县17个乡镇，居住比较集中的有坡头、雷寨、郭庄、五里庙、西王村、伙子、东仇、兴华等村。

大户分居

明朝洪武永乐年间，从山西洪洞有17次移民，其中有迁至河南孟津的，据温县南张羌《任氏家谱总序》载"稽我任氏乃黄帝之裔"，本系出自山西平阳府洪洞县，大明洪武年迁居河南，季昆5人各处一域。

长门始祖居怀庆府河内县紫陵镇；

二门始祖居温县南张羌村；

三门始祖居卫辉府；

四门始祖居河南府孟津县邢家园；

五门始祖居济源县薛庄镇。

以上记载说明孟津居民有自山西迁来的。

传带技艺

河南省温县陈氏太极拳（亦称陈式太极拳）系由山西泽州人陈卜传入。明洪武五年（1372），陈卜经洪洞县迁至县东南30余里处，结草为庐定居下来，人称陈卜庄（即今温县北冷乡陈卜庄村），数年后，卜携眷移居温县常阳村。由于陈氏人丁繁茂，渐易村名为陈家沟（群众通叫陈沟）。

鹤壁还有名酒——大胡村的大胡黄酒，已有五百多年的历史。据王氏家谱记载为明洪武年间从山西移民时带来的传统技艺。据说大胡村酿酒世家，上查三代人因经常饮用黄酒，其平均年龄都在80岁左右。

谱牒墓志

河南省汤阴县众多家谱墓志记载：汤阴人民十之八九于明洪武、永乐年间迁自山西洪洞。从不少家谱关于"奉旨""奉诏"来汤阴定居于某乡村的记载，约略可知，其时的迁民，当属有计划、有组织的规模宏大的行动。

河南省鹤壁市大胡村王姓家谱载：明洪武年间自山西洪洞县大槐树下迁至汤阴县胡垒村（今大胡村），至今已23世。

河南省洛阳市郊区孙旗屯乡马营村李氏墓碑：公生山西省洪洞县大槐树村人

也。至洪武三年（1370）迁洛阳西马营村世居，历传十世有零。至今代远年湮，族繁莫辨，有居故里，有移外乡，迁徙异域，代数难明。此祖茔现在本处，后沟旁侧碑址，悉被风雨损坏，二世、三世移居亦未可定，至于四世祖讳天福附葬老坟凹，以下惟八世祖讳友恭二公有碑可稽。迁洛阳西北约有五里许，亦有祖碑如梅公讳凌云，亦有碑址，与始祖代数未明。考核今吾两处后裔，首先商量重修祖茔刻碑立柱以志永远。

存史留世

明代由山西洪洞迁民的问题很值得研究。解放战争时期的1947年，我奉调从当时的太岳区到河南工作，在这50年中，只要和河南籍的干部、群众聊起家常来，我一说我家是山西洪洞县人时，人们就会脱口而出：听祖辈人传说，我们祖辈就是洪洞大槐树下迁来的，老家是洪洞县的，咱们都是一家人。这样工作上就得到了群众的支持。

近十几年来，我参与编辑洛阳市地方史志工作，从中了解到一些家史、宗谱、墓志，很有价值，对现实很有用处。从实际效果看，它还证实了历史上遗留的一些议而未决的疑难问题，纠正了长期流传的一些错误的言论和事情，给社会和人民增添了一些有益的史料。家史、宗谱、墓志既是一个最基础的史料库，也是一个有着悠久历史的社会现象和围绕宗族活动的一种文化现象，所以它一直受到一些史学家和考古界的重视。如果我们用辩证唯物主义和历史唯物主义的观点与方法，对我国传统家史、宗谱进行整理和研究，就会使谱牒在新的历史时期能有新的用途，发挥新的作用。

我们研究明代洪洞迁民史，很有必要挖掘整理一些家史、宗谱、墓志、村志和其他一些基层单位史料，因为这也是研究整个社会历史的基础史料。从"寻根问祖"忆古人中，简介各姓氏中某些在历史上和当今社会有贡献的人与事，并汇集一些有关的史料，使其服务于国家的改革开放和其他建设事业，我们从各方面去努力编辑明代洪洞迁民史这件大好事，就一定能受到社会上各界人士的关注和支持。

浚县明清碑刻中的明初迁民资料

王兴亚

浚县在明代隶直隶大名府。元末以来，由于封建统治阶级的残酷掠夺、战争的破坏，再加上河患与旱、蝗等自然灾害的袭击，致使该县"地阔人稀"，"众皆逃亡"（道光五年二月十七日立李氏墓碑，今存浚县善堂乡西善堂）。明朝初年，这里是山西等地民迁居的重要地区之一。关于明初政府组织山西民迁居浚县的情况，时人孟思在所撰《大明浚县均田善政碑》里述称："浚之为邑……为河朔雄胜。国初兵燹，土旷草莽，乃抚孑遗，徙民以实焉。"（引自嘉庆二十五年《浚县志》卷19《循政》）这里说到"徙民"，未详徙何处民。《大名府志·田赋志》记其事云："国家洪武初，承金、元之后，户口凋耗，闾里数空，诸州县频徙山西泽、潞之民填实之。予过魏县，长老云：'魏县非土著者什八。'及浚、滑、内黄、东明之间，隶屯田者什三，可概见矣。"（顾炎武《天下郡国利病书》卷5《北直隶中》）这则记述，说明了明初浚县隶屯田者的户数占该县总户数的十分之三，还说明了迁于浚明的迁民，主要是山西泽、潞之民。

另据正统《大名府志》卷二所记："姬文中屯、郭得才屯、宋十五屯、韦志屯、张文牛屯、李小二屯、杜宗道屯、王真屯、刘敬屯、张敬先屯、侯二屯、杨王已屯。以上十一屯，属浚县，并系迁民。"（按正统《大名府志》，未见收录。此段引文，引自日本川胜守《中国封建国家の支配构造》第176页）

正德元年《大名府志》卷一《疆域志·乡镇》内记浚县分七乡，即清源乡、鹿台乡、君子乡、长乐乡、姬文中乡、李小二乡、长宁乡。此云姬文中乡、李小二乡是以姬文中屯、李小二屯而命名的。考之《明史·食货志》："太祖仍元里社制，河北诸州县土著者以社分里甲，迁民分屯之地，以屯分里甲。"万历《香河县志》卷二《地理志·里社》："按土著之民编社，流徙之民编屯。"康熙《永平府志》卷五《里市》："京东州县，则有社有屯。土著曰社，迁发曰屯。起于永乐之初。"可知浚县迁民十一屯，系明初迁民在该县的居住地区。

以上诸记，为我们提供了明初山西民向浚县迁居的大致情况。

在今浚县不少村庄，存有明清以来的私家墓碑和祠堂碑记。在这些碑刻资料里，记有本族本家明初由山西迁浚事。其内容所述，虽是本族本家在浚县发展的情况，可也有助于我们对明初山西民迁浚问题及明初移民问题具体了解。这里兹将该县现存碑刻部分有关材料抄出并略作分析，以供史志研究者参考。

1. 城东七里后咀头有一块题为《明故卫经历进宇王公墓表》的石碑。碑文详明立于崇祯十六年仲冬十一月吉旦。乡进士陕西苑马寺卿晋阶中宪大夫眷生邢登云撰文，国学生晚眷生耿弘先校正，澶庠生晚眷生史景生书丹，晚眷李进全刊石。此碑碑文中有谓：

按王氏之先，山西洪洞人，国初徙民而东，以实畿辅，口讳彦礼者，侨居浚东之咀儿头。黄流古茂，波涛隐伏，已握壮伟之胜土矣。历二世生俊，俊生观，世业农，好善行。现行自立，勤俭开业，昌大厥家。立生有埙篪之矫矫焉，长讳奇策，品望著阳，一乡雅重；次即父，讳奇勋，建宇其别号也。（此碑题目作进宇，碑文作建宇。此照录，备考。）

此碑文撰者邢登云，系明代大名府浚县人，万历辛卯科举人，张肯堂纂修的《浚县志·选举》注邢登云：官苑马寺卿兼按察司佥事（嘉庆二十五年《浚县志》卷4《选举表·举人》）他与王奇勋是同时同县人。由他所撰写的这块碑文，不但详明了山西洪洞县人王彦礼迁居浚县的时间及原因，即"国初徙民而东，以实畿辅"而迁于此，还记述了王彦礼迁居该县后咀儿头村后生产、生活的情况，"世业农"，至四世王自立时，"勤俭开业，昌大厥家"。

2. 善堂乡下河有刘氏墓碑一块。碑中署有立石时间为康熙二十二年十月朔日，至于立碑人姓名、碑文为何人所撰、何人书丹等，均未言明。其碑文中有谓：

□□何以来，必有其源□，何以茂，必□□□□，何以菖，必其祖，我□祖霍，世居山右洪洞，当明太祖时，奉命迁于滑邑鄱膂宇杨梁，及老而卒。遂莹于兹而葬焉。越于今，年有三百，世有十五，何其远也。

此刻刘霍原为山西洪洞县人。迁居滑县杨梁的时间，是"当明太祖时"，原因是"奉命"而迁。据下河刘家世传，初迁时，兄弟四人，迁于此者系老三，名刘霍。

3. 白寺乡郭庄有郭氏墓碑一块。碑中署有立碑时间为康熙三十七年，梅五世玄孙生员郭瑞昌撰叙。碑文云：

郭氏本山西洪洞县人也。粤自前明洪武开疆后，按户迁民，始迁于浚县西泊头村，肆业农圃，筑室而居焉。继即修莹于庄之东，葬始迁祖于莹中。当时，世尚离乱，治未升平。自始祖以下，约有二世，虽归葬于莹，惜无碑碣可考。迨至浚祖，追忆品行，犹可得诸父老传闻，公讳浚，号巨川，元配姜氏，其持己也庄敬，其持人也谦让，且勤以治家，俭以节用，平生乐善好施，家虽巨富，绝无骄泰凌人之气。

另，乾隆四十七年十月朔谷旦所立《泊头村郭氏坟社序》中亦述有其事：

"吾郭氏世居于泊头村，外邻居少，吾族颇繁。自前明洪武朝，始祖自山西洪洞县，初迁浚时，即建莹于本庄之东。自始迁祖以下，约有二世，虽归葬于莹，惜无碑可考，所可访问父老而得之者，吾祖讳浚，号巨川，元配姜氏也。浚祖复生三子，长讳梅，迁葬东莹。二讳栋，三讳揖，皆葬父前，今居是村者，皆梅、栋、揖祖之友派也。"

这两块碑文，尤其是康熙三十七年郭瑞昌撰叙的碑文，具体记叙了山西洪洞县人郭浚迁浚县西泊头村的经过及其迁浚后的生产、生活情况。这里，有以下几点是值得注意的。

其一，此云"粤自前明洪武开疆后，按户迁民"。所谓"洪武开疆"，即明王朝建立。这里虽未具体详明为何年何月，可也说明了其时间是在洪武初。所谓"按户迁民"，则说明了洪武初年明朝政府在山西动员、组织迁民的具体办法。关于洪武年间，明政府迁山西民到河南、北平（北京）等地，《明太祖实录》《明史》《续文献通考》及明人撰著里所记，多作迁山西泽、潞民之"无田者""无业者"。《明史》记成祖永乐年间迁山西民事时述称："核太原、平阳、泽、潞、辽、沁、汾丁多田少及无田之家，分其丁口，以实北平"。（《明史》卷77《食货志·户口》）此记洪武开疆后，即在山西"按户迁民"，可补诸记之不足。

其二，此记郭浚迁浚时，"当时，世尚离乱，治未升平"。说明此时北方社会还处于动乱时期，明朝政府所以采取"按户迁民"措施，是与其谋求由乱到治的策略分不开的。说明朱元璋等封建统治集团在占有北方州县以后，即注意调整政策，以恢复北方的社会经济。

其三，此记郭浚迁于浚县泊头村后，"肆业农圃，筑室而居焉"。说明他迁居此地后，官府给了他一定数量的土地，并在此安家落户，筑室而居，致力于开荒种地。其记与清末新乡县举人田芸生在《本支宗谱序》中所述：明初迁山西洪洞县民实河北，"时世乱田荒，来者皆力农"（田芸生《本支宗谱序》见民国十二年《新乡县续志》卷3《艺文·谱叙》），可相互证。

其四，此记郭浚在浚县"勤以治家，俭以节用"。说明了他在此的生活情况。

4.善堂乡郭小寨有郭氏墓碑一块。碑署大清乾隆五年八月中秋吉旦立。碑文云：

祖讳世荣，字裕光，原籍山西平阳府洪洞县人。自明太祖登乾位，缘因洪洞地狭人众，颁旨迁民。吾始祖遂东于迁直隶大名府滑县。延及我清雍正四年，始归并河南卫辉府管辖。我始祖方至滑县，谨卜城北十里小寨居住。

此记"自明太祖登乾位，缘因洪洞地狭人众，颁旨迁民"。所云"明太祖登乾位"，与上引郭瑞昌撰叙郭氏墓碑里所述"洪武开疆"是一致的，都是洪武初。所云"缘由洪洞地狭人众，颁旨迁民"，说明了明洪武初颁布有迁山西民的令旨，其原因在于"洪洞地狭人众"。《明太祖实录》卷一九三，洪武二十一年八月癸丑条记迁山西民事述称："户部郎中刘九皋言：'古者狭乡之民，迁于宽乡，盖欲地不失利，民有恒业。今河北诸处，自兵后田多荒芜，居民鲜少，山东、山西之民，自入国朝，生齿日繁，宜分丁徙居宽闲之地，开种田亩。如此，则国赋增，而民生遂矣。'上谕户部侍郎杨靖曰：'山东地广，民不必迁，山西民众，宜如其言。'于是，迁山西泽、潞二州之民无田者，徙彰德、真定、临清、归德、太康诸处闲广之地，令自便置屯耕种。"《洪洞县志》卷九《田赋志·户口》载：该县洪武二十四年审编有户一万一千九百九十，人九万二千八百七十二口。按同年该县耕地，人均六点七三亩。贺柏寿在所撰《重修古槐树处记》碑文中说："明太祖洪武间屡徙山西民于滁、和、北平、山东、河南等处……盖尔时洪地殷繁，每有迁徙，其民必与。"此记"因洪洞地狭人众，颁旨迁民"，可与《明太祖实录》《洪洞县志》（民国六年《洪洞县志》卷十六《艺文志》)诸记互证。

5. 白寺乡王庄有《皇清待赠显考顺臣王公讳进孝妣赵氏合葬之墓志铭》碑一块。碑署乾隆二十年岁次己亥十月朔柒日吉立。其文有谓：

先始祖闻自洪洞迁于浚邑，肇由北乡农耕之业，尝新徙自泊头，耕锄之力柄旧。

此记未详王进孝始祖的名字及何时由洪洞迁于浚邑，但所云其始祖迁于浚邑后，"肇由北乡农耕之业，尝新徙自泊头，耕锄之力炳旧"，却是有史料价值的。它说明王进孝之始祖迁居浚县之后，初在北乡，后徙于泊头，均从事"农耕之业"，致力于开荒种地，所云"耕锄之力炳旧"，还说明了迁民在此地所使用的农具及其艰苦创业的情况。

6. 巨桥乡唐庄在唐氏祠堂碑一块。碑署立于乾隆四十二年岁次丁酉三月。立碑人为：唐乐学，子尚琚、尚义，孙敬修、敬恕，曾孙三元等。碑文中有谓：

予唐氏，本山西洪洞县人也。始祖讳彦海，妣党氏，奉明太祖旨，迁至浚邑西巨桥北宫堂村，盖数世于今矣，家族三十户。

此记山西洪洞县人唐彦海，所以迁至浚县巨桥北宫堂村，系"奉明太祖旨"。

7. 城北七里前寺庄有赵氏墓碑一块。碑署立于道光十二年二月清明节，为八世孙监生金麟同合族立石。碑额有"启我后人"四字。碑文中云：

我赵氏本晋洪洞籍，自前明洪武初年迁于浚之前寺庄，迄今四百余年。始祖以下，皆葬于村东祖茔，至八世祖始迁葬斯茔。

此记未详该县前寺庄赵氏之先人由洪洞迁此者的名字，但记有迁来的时间为洪武初年。

凡此等等。此类墓碑，在浚县还有一些。由于它记述的是本族本家发展的历史。是为其先人树碑立传的。所记人物不是名人，在当时社会上地位不高，立碑人为本族本家的后代，碑上虽有碑文，但多未署撰者姓名，即使有署姓名的，亦不是有名气的，所以很少为人注意。史书及地方志（包括康熙十八年、嘉庆七年《浚县志》及光绪十三年《续浚县志》在内）中，不见收录，但是，其碑于今尚存。据当地群众述称，此类墓碑，过去甚多，至今所存者，只是很少的一部分。这些碑刻，为我们研究明初移民问题，特别是研究明初向浚县迁民在浚县的生产、生活状况提供了具体史料。通过对以上碑刻的综合分析，还可以清楚地看出下述几点：

第一，明洪武年间曾向浚县大规模地迁民，其中人数最多的是山西洪洞县人。上引诸碑所记七户，其始祖迁浚时间系"国初"、"明太祖时"、"明太祖登乾位"、"洪武开疆后"或"洪武初年"，均为洪武年间。由此可见，洪武年间明政府曾向该县大规模地移民。同时所记七户始祖，其中六户均明确其原籍为山西洪洞县人。如后咀头王氏之先王彦礼，"山西洪洞人"；下河刘氏之始祖刘霍，"世居山右洪洞"；

郭小寨郭氏祖郭世荣，"原籍山西平阳府洪洞县人"；唐庄唐氏始祖唐彦海，"本山西洪洞县人也"；前寺庄赵氏之始祖（未署其名），"本晋洪洞籍"；另一户，即王庄王氏始祖，未署其名及具体籍贯，书作"闻自洪洞迁于浚邑"。据此可知，明初洪武年间，明政府向浚县移民中山西洪洞县人占有很大比例。

第二，迁入浚县的山西民，被安置在该县地广人稀、荒地较多的地区，令其置屯耕种。在明朝鼓励迁民垦荒政策"免其赋役三年，仍给户钞二十锭，以备农具"（《明太祖实录》卷193）。的支持下，这些无地或少地的农民在这里分得一定数量的荒地之后，生产积极性大为高涨，白手起家，重建家园，辛勤开荒，勤俭持家。郭瑞昌撰叙的墓碑中所述其始祖迁于浚县泊头村后，"肄业农圃，筑室而居焉。……且勤以治家，俭以节用"，《皇清侍赠显考顺臣王公讳进孝妣赵氏合葬之墓志铭》里记其始祖迁浚，"肇由北乡农耕之业"，再徙自泊头，"耕锄之力柄旧"，即反映了迁民的艰苦创业这一事实。

第三，迁入浚县的山西民，在明初鼓励迁民垦荒政策的号召与支持下，用自己的双手，披荆斩棘，不仅重建了自己的家园，而且开垦了大量的荒地，从而摆脱了原来衣食不足的窘境，其中有一部分人在此日渐富裕起来。如郭浚迁于泊头后，为时不久，其家"巨富"。王彦礼迁居该县后咀头，"世业农"，至四世王自立时，"勤俭开业，昌大厥家"即为其例。从上述碑刻材料里，可以看出明初迁民在浚县为恢复发展当地社会经济所作的努力，还可以看出明初迁民政策对恢复社会经济、稳定社会秩序以及增加政府税收中所起的一定作用。

第四，明初迁民对地名的影响。关于这一点，上述碑刻里虽未明确述及，但该县有些村落的名称是以迁民姓氏或姓名命名的。如该县白寺乡郭庄，之所以名为郭庄，就是由于明初郭浚由山西洪洞迁浚后，"建茔于本庄之东"而得名。该乡王庄，之所以名为王庄，亦是根据王氏之先人由洪洞迁浚后居于此而命名的。该县善堂乡郭小寨，据郭氏墓碑所记，此村原名为小寨，所以更名为郭小寨，则是明初郭世荣由洪洞县迁此所致。又如巨桥乡唐庄，也是因该庄所居唐氏系明初洪洞县人，唐彦海迁浚后的一支而命名的。另据正统《大名府志》所载：该县迁民有"姬文中屯、郭得才屯、宋十五屯、韦志屯、张文中屯、李小二屯、杜宗道屯、王真屯、刘敬屯、侯二屯、杨玘屯"。正德《大名府志》载该县有姬文中乡、李小二乡。这些屯名、乡名，都是以人的姓名来命名的。

以上这些材料，不但反映了明初这些迁民在该县的地位，同时以他们的姓名或姓氏来命名村庄，也反映了明初迁民对地名的影响。

移民·山东人·山东民俗

叶 涛

"所谓移民，就是居住的位置发生了空间移动的人群，或者说改变了居住地点的人口。"移民作为一种历史文化现象，在中华民族的形成和华夏文明的创造过程中，曾经发挥过重要的作用。从大的方面来看，中国疆域的巩固和扩大、由56个民族构成的民族集合体的形成，中原和边疆地区区域经济的开发、历代文化的传播交融等等，处处可见移民的影子，因此，有学者断言："没有移民就没有今天的中华民族，就没有今天的中国。"（葛剑雄、曹树基、关松弟《移民与中国》）

移民既可以是国内的，也可以是国际间的；既可以是个人的行为，也可以是集体行为。我们所研究的移民，"一般是指具有一定距离，一定数量，并在迁移地居留了相当长时间的迁移人口，特别是其中对经济、文化、政治、社会各方面有重大影响的部分"。（《移民与中国》）

山东历来被称作为齐鲁之邦、孔孟之乡，以历史悠久、尊文尚礼而享誉中华。但是在民间，现在的山东人大多数又是外地移民而来，尤其是明朝初年由洪洞大槐树以移民而来的说法遍布全省各地，那么历史上洪洞移民山东的情况究竟如何？这种移民对山东人的构成有什么影响？移民对山东民俗有什么影响？本文仅就以上问题略陈己见，以就正于方家。

洪洞大槐树移民史实述略

"问我祖先何处来，山西洪洞大槐树。祖先故居叫什么，大槐树下老鹳窝。"这是一首在山东、河北、河南、江苏、安徽一带家喻户晓、妇幼皆知的民谣，它讲述的是明朝初年从山西向外大移民的一段史实。

说到洪洞移民的原因，民间最普遍的传说就是胡大海复仇的故事：胡大海出身贫苦，参加元末起义之前，曾在河南以讨饭为生。因为他长得五大三粗，面貌丑陋，人们怕见他，即使有剩饭也不肯施舍给他，饿得他成天团团转。后来胡大海成了明朝的开国元勋，第一件事就是去河南报仇雪耻。朱元璋念他功勋卓著，特准他在河南只杀一箭之地。可胡大海一箭射在雁尾上，大雁一飞千里，胡大海就一路杀将北去，只杀得河南、山东一带几乎没了人烟，白骨露于野，千里无鸡鸣。朱元璋只得从山西迁移来一批批人，充实河南、山东二省（张青、林中元《洪洞古大槐树志》）。历史上，胡大海确有其人，《明史》卷一三三有传。据《明史·胡大海传》记载，胡大海勇武过人，却又是一位仁义之士，常对人讲："我一介武夫，不懂得书本上的大道理，只知道三件事而已：不乱杀人，不抢掠妇女，不烧房屋。"不知何故，到了乡野村夫们的口中，胡大海却成了一位杀人成性、睚眦必报的屠夫。

民间传说自然不足为据，但洪洞移民山东的原因确实和元末明初的战乱有关。

元朝统治中国虽然只短短的89年（1279—1368），由于它是在军事暴力征服的基础上建立起来的政权，它给中原人民带来的灾难是其他朝代无法比拟的。元末，阶级矛盾和民族矛盾空前尖锐，农民起义此起彼伏。从元末至明朝初年，在中原一带大的战乱共有四次。第一次，刘福通于元顺帝至正十一年（1351）率众起义，两淮、河南、山东一带从义之民10余万，因义军头戴红巾，史称红巾军起义。红巾军与元统治者的军队浴血奋战13载，最后惨遭镇压。当时，元军对农民起义军占据的地区"拔其地，屠其城"，所过之地的百姓"十亡七八"，连名城扬州城内也被杀得仅余18家。第二次，元朝集团内部争权夺利，内讧加剧，先后在河南、山东、晋中、晋北和关中一带展开争城夺地的恶战。第三次，在诸路农民起义军中，朱元璋渐显优势，他出兵江淮，进取山东，收复河南，北定幽燕，在山西、关中也大败元军，最后统一了中国。朱元璋的红巾军虽为正义之师，但战争本身的残酷性，仍给当地人民带来极大破坏。第四次，洪武三十一年（1398），明太祖朱元璋去世，皇太孙朱允炆继承皇位，年号建文。建文帝即位，燕王朱棣为了夺取政权，以入京锄奸为名，同明政府进行了四年争战。靖难兵起，中原各省再次遭受战火兵灾，而尤以苏、鲁、豫、皖为甚。靖难之役，山东军民抵抗燕军最为顽强，山东参政铁弦数败燕军于山东境内，民众也多自发组织起来抵抗燕军，后来，这一带便遭到燕军残酷屠杀。据《明史》记载："燕军掠真定、顺德、广平、大名"（《明史·恭闵帝本纪》），在真定"斩首三万级"。白沟河一仗，燕王"乘风纵火奋击，斩首数万，溺死者十余万人"（《明史·成祖本纪》，山东临清县肖塞村光绪二十年（1894）修《李氏族谱》记载："盖燕王靖难兵起，在建文时南北构兵，南兵大军追袭，则南兵自南而北；北兵胜，大军犯阙则自北而南。想尔时，或杀，或剐，或逃，东西六七百里，南北近千里，几为丘墟焉。"（黄有泉、高胜恩《洪洞大槐树移民》）

　　元末明初的中原大地，除却战火兵灾，所遭受的自然灾害也比以前任何朝代都要严重。最为严重的是黄河、淮河泛滥，酿成水灾。据《元史·五行志》等书记载，元末至正元年（1341）到至正二十六年（1366）间，几乎年年都有特大洪水泛滥成灾。除水灾外，为害较大的是蝗灾。从至正元年（1341）到至正二十五年（1365），大蝗灾便有18次。中原地区从元统三年（1335）到至正末的20余年间，大的饥荒就有15次。另外，危害极大的瘟疫也多次流行于河南、山东、河北、陕西及南方诸省。（黄有泉、高胜恩《洪洞大槐树移民》）

　　与中原一带兵荒马乱、灾疫丛生相比，山西尤其是晋南一带却完全是另一种景象。一方面，山西四周皆为崇山峻岭，易守难攻，具有"一夫当关，万夫莫开"之势，农民起义军虽然多次发兵进攻，但终因地形险要而屡屡败北，这就避免了长期战乱之祸。另一方面，那些年山西风调雨顺，连年丰收，同邻省相比，就形成了社会安定，经济繁荣，人丁兴旺的局面。据史料记载，洪武十四年（1381），河南的总人口是189.1万人，河北总人口是189.3万人，而山西人口却多达403.4万人，比河南、河北两省总和还多。（《明太祖实录》卷一四〇）为了开发中原荒芜土地，平衡山西和中原地区的人口不均，巩固明王朝统治，从山西往中原一带移民则成为大势所趋。

明朝初年的大移民，是明朝统治者所组织的、有计划的、大规模的政府行为。洪武三年（1370）三月，朱元璋采纳苏州知府苏琦"召诱流迁未入籍之民，官给牛种，及时播种"的建议，于三个月后，下诏迁移苏、松、嘉、湖、杭五郡无田之民到他的老家凤阳开垦屯种，此举拉开了明初大移民的序幕。明初移民活动主要集中在洪武、永乐两朝的50年间。据有的学者统计，其间的移民活动大小50余次（张忠民《明代洪武永乐年间的民屯》）。明朝政府移民的原则是"移民就宽乡"，即把农民从窄乡移到宽乡，从人多田少的地方移到人少地广的地方；制订的徙民条例，则是"四口之家留一，六口之家留二，八口之家留三"（《洪洞县志资料丛书》）。

明朝初年，山西为5府、3直隶州、16散州、79县。《明实录》中记载的山西外迁移民主要有太原和汾州府（辖7县）、辽州（辖2县）、沁州（辖2县）、泽州（辖4县）、潞安州（辖8县）、平阳府（辖28县），这些地区共有58个县。山西外迁移民的地区如此广泛，为什么在民间一致认为移民来自洪洞县呢？这种传说是和史实相符的。洪洞县地处山西中、南部交界处，此处交通便利，易于聚散；经济发达，可解决外迁移民的食宿问题。另外，洪洞属于平阳府，山西迁移民涉及50余县，平阳府占28县。由于地理、交通、经济、移民来源等方面的原因，使洪洞成为山西外迁移民的聚散地，这就是后来山西移民全部把洪洞作为故乡的真正原因。

在洪洞移民的传说中，都有"大槐树"和"老鹳窝"的说法。洪洞古大槐树，在洪洞城北1公里的贾村西侧，西面二三百米处是汾河，东面围墙紧靠南同蒲铁路。据《洪洞县志》记载，明朝时，洪洞县有一座广济寺院，寺院宏大，殿宇巍峨，自唐宋以来，便建有驿站，常驻驿官，处理四方往来的公差事务。在广济寺旁有一棵"树身数围、荫遮数亩"的汉槐，阳关古道从树荫下通过。汾河滩的老鹳在古树上构巢垒窝，年长日久，特别是到了冬季树叶凋零之时，老鹳窝在古树上星罗棋布，甚为壮观。明初移民时，政府在广济寺和大槐树下设局驻员，集中移民，编排队伍，并发给"凭照川资"。当移民起程时，依依惜别，不忍离去，走了好远回首之时，只能看见大槐树上的老鹳窝。因此，大槐树和老鹳窝就成梦绕魂牵的家乡的标志，几百年传来传去，有的甚至把老鹳窝误传为村庄了。如今，大槐树依然屹立在洪洞城北，不过，现在见到的已是汉槐同根孳生的第三代古槐了。

明初移民采取的方法和步骤主要有军屯、商屯、民屯等几种。所谓军屯,"籍民为军,选民丁立都卫,置卫屯田"。军屯归卫队长官管理,每个士兵授田50亩,在边防地区三分守城,七分屯种,在内地二分守城,八分屯用。军屯为巩固边防、扩大生产、增加财政收入都起了积极作用。商屯,即募商人到边地开垦荒地,向军队交粮,然后回原籍领盐引做买卖(《明史·食货志》)。洪洞移民和流民、贫民、罪囚建立民屯,均由各布政司编里发迁,或有的送往户部编里发迁,所迁之民由后军都督押解送交迁往各地州县辖治。被迁之民迁到各地后以屯田之区域分为里甲,与土著有以社分里甲分别。"土著者以社分里甲,迁民分屯之地,以屯分里甲,社民先占亩广,屯民新占亩狭,故屯地谓之小亩,社地谓之广亩"(《明史·食货志》)。在山东的不少地区,如郓城、巨野一带,至今仍有许多以"屯""营"取名的村,如丁官屯、随官屯、程屯、李屯、张屯、张营、李营等,这些村庄的来历大都是明洪武、永乐年间实行军屯、民屯所致。

尽管政府采取了有利于移民垦荒的一系列优惠政策,但人们依然是"穷家难舍,故土难离",因此,明初移民更多的还是采取招诱、征派的强迫方法。这便有了下面的民间传说:明初移民时人们谁都不愿意离开自己的家,这时政府广贴告示,欺骗百姓说:"不愿迁移者,到大槐树下集合,须在三天内赶到。愿迁移者,可在家等待。"人们听到这个消息后,纷纷赶往古大槐树下,晋北人来了,晋南、晋东南的人也来了。第三天,古大槐树四周集中了十几万人。突然,一大队官兵包围了大槐树下手无寸铁的百姓,一个官员大声宣布道:"大明皇帝敕命,凡来大槐树之下者,一律迁走。"这道命令把人们惊呆了,不久人们醒悟过来,受骗了!人们哭喊叫骂,但一切都无济于事。官兵强迫人们登记,发给凭照,每登记一个,就让被迁的人脱掉鞋,用刀子在每只脚小趾上砍一刀作为记号,以防逃跑。至今,移民后裔的脚小趾甲都是复形,据说就是砍了一刀的缘故。(脚指甲复形,还有另一种传说:儿子被迁外地,留在家里的老母心疼孩子,生离死别之际,匆忙把孩子的小脚指甲咬成两瓣,留作记号,以备将来查找。后来就代代遗传,小脚指甲便成了复形。)

洪洞大槐树移民与山东人口的构成

明初山西的外迁移民次数之多、规模之大在中国历史上都是不多见的。

有的学者根据《明史》《明太祖实录》《明太宗实录》等史籍的记载,统计出从洪武六年(1373)至永乐十五年(1417)近50年间,从山西洪洞大槐树处分赴各地的外迁次数共为18次,其中洪武年间10次,永乐年间8次(黄有泉、高胜恩《洪洞大槐树移民》)。移民外迁的省份涉及北京、河北、山东、河南、安徽等地。这两朝近50年间的18次移民,其迁民总数少则七八十万,多则达百万(黄有泉、高胜恩《洪洞大槐树移民》）。

在明初多达 18 次的洪洞移民中，明确记载着向山东移民的只有两次，一次是《明太祖实录》卷一九三载："（洪武）二十一年八月，徙山西泽、潞二州民之无田者，往彰德、真定、临清、归德、太康等闲旷之地。"另一次是《明太祖实录》卷一九三载："（洪武）二十二年九月，后军都督朱荣奏：'山西贫民徙居大名、广平、东昌三府者，凡给田二万六千七十二顷。'"这两次往山东移民人数有多少呢？据有关专家推算，洪武二十二年（1389），山西贫民迁往大名、广平、东昌三府，虽然未提到迁出的户数或人数，却明确记有"给田二万六千七十二顷"的数字。大名、广平归北京，东昌为山东所辖地，根据北方户均授田 50 亩计，可推算出外迁户数应为 52144 户。按平均计算，迁到山东东昌府的只有 1/3，应为 17381 户，按洪武年间人口户均 5.47 人计，应为 95074 人。洪武二十二年的这次迁民是人数较多的一次，占到山西总迁民人数的 1/3。洪武二十一年（1388）的迁民中，有迁往山东临清的。这次移民主要来自泽、潞二州，迁往地又比较分散，记载又不详，无法具体统计迁民人数。不过，有的学者把洪武十三年、洪武二十一年、洪武二十二年（两次）、洪武二十五年五次迁民做过统计，五次共迁出 80858 户，总计人口 442293 人（黄有泉、高胜恩《洪洞大槐树移民》），从中剔除前面提到的洪武二十二年往大名、广平、东昌三府移民 52144 户，其余四次迁民共 28714 户。若四次平分，则每次为 7178 户。洪武二十一年的这次移民，迁往"彰德、真定、临清、归德、太康"等地，临清只为其中之一，约定为 1000 户，大约不足万人。除了以上两次史籍明确记载的移民之外，民间还应有自发的移民，但人数不会太多。

根据上面的统计，明初从山西迁来山东的移民总数大概在 10 万—15 万人之间。当然，这种统计只能是粗略的，不可能是十分精确的，这种数字足够说明问题了。

那么，明朝初年山东人口总数是多少呢？这里有明初洪武二十六年（1393）对山东户口的较为详细的统计。当时山东编户为：753894 户；人口为 5255876 口（安作璋《山东通史》）。据此，我们可以得出以下结论：明初山西移民山东的人数不足山东人口总数的 5%，而且其分布区域以今天的鲁西北为主。

山西移民来到山东后最初主要分布在鲁西北一带，这种分布与山东境内的战乱和黄河泛滥都集中在鲁西北、鲁西南有关。元末明初的战乱，对山东影响最大的是朱元璋的北伐和靖难之役，当时在山东的战场全部集中在鲁西一带（济南以西），而鲁中、鲁东波及甚少。黄河泛滥更是以黄河沿岸的鲁西、鲁西南人民受害最深。这就致使山东人口的减少、土地的荒芜都集中在鲁西一带。明朝初年，除从山西往山东西部移民之外，还有从山东其他地区（主要是鲁地）往鲁西移民的记录。如洪武二十五年（1392），将登州、莱州两府无地居民 5635 户迁到东昌府；

洪武二十八年（1395）又将青州、兖州、登州、莱州、济南5府家有5丁以上以及无田的农民1051户、4666口迁到东昌府编籍屯种（安作璋《山东通史》）。

既然史实如上所述，为什么洪洞移民在山东的分布又是如此广泛呢？这种现状是与洪洞移民迁来山东后的再次迁移有关。

洪洞移民迁来山东后的再次迁移，有以下几个原因。其一，洪洞移民作为外来者，迁到当地后，容易与原有土著者发生冲突。正如前面提到的，土著者"社民先占亩广"，移入者"屯民新占亩狭"，这种土地占有不均的矛盾，是移民再次迁移的一个固有的原因。其二，洪洞移民初来山东定居的鲁西地区，多在黄泛区，黄河的经常泛滥，也是促使山东的洪洞移民再次迁移的一个因素。其三，明初朝廷在迁民中曾有"同姓同宗不能迁到一地"的条令，这个条令使同姓同宗分居几处，为日后寻亲访戚埋下了伏笔，这也是山东的洪洞移民再次迁移时不可忽视的一个原因。

洪洞大槐树移民与山东民俗

明初洪洞移民迁居山东，虽然人数不如传说中所讲那么多，但由于移民来到山东后，无论是军屯还是民屯，最初多是移民们聚居一处，这就为保留其固有民俗创造了条件。另一方面移民来到山东，在新的社会文化环境中，其固有民俗与当地民俗必然发生碰撞，在这种文化交融中，民俗的变异必不可免。此外，洪洞移民在山东的广泛分布，在村落、家族等社会民俗方面留下了深刻影响。

在鲁西南一带，大约有半数村庄是在明代建立的。据80年代初滕县地名办公室的调查，滕县（今滕州市）现有1223个自然村中，明代建村的有687个，占村庄总数的54.3%。定陶县1050个村庄中，有388个村的祖先是由山西洪洞迁来的。（张青、林中园《洪洞古大槐树志》）曹县共有自然村2776个，属明代移民建村的多达1606个。郓城县现有1388个村庄中，属明代移民建村的就有535个。（张青、林中园《洪洞古大槐树志》）与移民有关的村庄命名习俗，前面已经有所介绍。

在民间谱牒、碑文所涉及的家族资料中，与洪洞移民相关的记载比比皆是。以滕州为例，滕州现存户藏的425部族谱中，有225部明确记载其家族是明朝洪武、永乐年间自洪洞县迁移而来。光绪三十三年（1907）《滕县乡土志·氏族》记载的滕县门户较大的望族12姓，其中黄、张、王、侯、杨氏5族祖籍系山西洪洞县，黄氏族谱具体到喜鹊村，迁移时间均为明初洪武年间（《洪洞县志资料丛书》）。

明初山西移民山东，在节日方面，最突出的影响是寒食、清明的有关习俗。冬至后105天为寒食，过去这一天禁火、冷食。民间传说寒食是为了纪念春秋时被焚于绵山的介子推。介子推是山西人，所以冷食习俗最早先在山西省流行。清明时节（或农历三月初三），山东部分地区有蒸面燕的习俗。面燕，又称"子推燕"，顾名思义这和介子推有关。清明节山东各地都有插柳条、松枝的习俗，据说也是为了纪念介子推。冷食、面燕、柳条等习俗，本来是山西之俗，随着明代移民迁居山东，这些习俗便流布山东全境了。

洪洞移民来了山东，对山东的民间艺术也产生了影响。洪武年间，山西贫民迁至山东的东昌（今聊城）、临清等地区，其贫民多来自山西的泽州、潞州。如今流行在山东聊城、菏泽、定陶一带的一种梆子戏，也叫"泽州调"，即山西晋城调，从中可见山西色彩的浓重。在山东人的行为习惯方面，也留下了洪洞移民影响的痕迹，这方面最突出的是倒背着手走路的习惯。对此，民间流传有这样的解释：官兵强迫百姓在大槐树下登记后，为防止逃跑，把他们反绑起来，然后用一根长绳连接起来，押解着上路。由于移民的手臂长时间被捆，胳膊逐渐麻木，不久，也就习惯了。以后凡是移民大多喜欢背着手走路，移民们的后裔也沿袭了这种习惯。

洪洞移民对山东民俗语言的影响以"解手"一词最具代表性。民间传说中"解手"一词是这样来的：官兵们在押解的过程中，用长绳串联着把移民们反捆起来，由于长途跋涉，途中经常有人要小便，只好向官兵报告："老爷，请解开手，我要小便。"次数多了，就把口头的请求也趋于简单化，只要说声"老爷，我解手"，就都明白了是要小便。久而久之，"解手"便成为大小便的代名词，并且在有洪洞移民的地区广泛流传开来。

在山东民间故事和民间歌谣中，有关洪洞移民的内容也为数不少。值得注意的现象是，这些与洪洞移民有关的民间故事或民间歌谣，虽然在山东的不同地区都有流传，但其基本情节、人物，甚至某些叙述语言却是大致相同的。例如胡大海、常遇春的传说，有关脚指甲复形有相同的来源，或者讲述者具有共同的背景，这必然与洪洞移民的史实有着千丝万缕的联系。

开始于明朝初年的移民，距今已经有600多年的历史。如果说洪洞移民对山东人、对山东民俗有什么影响的话，我认为，这种移民行为对山东人的心理影响是至为深刻的。不论史实如何，每当人们提起洪洞县，每当人们说起大槐树、老鹳窝，人们想到的是祖先们不辞辛苦、历经艰辛的移民历史，是前辈们开荒农垦，创建家园的辉煌业绩，这种思想，这种情感，恰恰是中华民族时刻不忘祖先功德、热爱故土、热爱家园的传统美德的具体体现。

论宁化石壁与客家方言的整合统一
——兼论客家民系形成的时间

崔 灿

"北有大槐树，南有石壁村"。这句话体现了黄河以北的大槐树和长江以南的石壁村在我国移民史上的重要地位，颇值得我们客家学者思考与探索。

大槐树，是今山西省洪洞县城内广济寺的一棵古槐，树高叶茂。明朝洪武至永乐年间，为填补豫、鲁、苏（北部）、皖（北部）经过多次战乱和灾荒流失死亡的人口，发展那里的生产，官府下令从山西省泽州、潞州等地向以上数省移民，而以河南省接受的移民最多。洪洞县大槐树是当时移民的集散地（或叫中转站），明廷当局曾在县城广济寺设局驻员。移民无论来自山西何处，移向何方，皆汇集于附近的大槐树周围，办理登记签证手续，领取川资及安家费用。离别之前，还要在树下倾诉离情，祭奠故土。中转暂住一时，为移民及其后代留下印象颇深。所以，"问我祖先何处来，山西洪洞大槐树"的谚语，至今还广泛流传于河南民间。

石壁村，是我们今天开会要讨论的地方，她是客家先民辗转南迁之后，越过武夷山定居繁衍，人口密度较大的山间盆地。她古称玉屏，有村、洞、寨、乡、城等各种通名，可见所指的是一个较广阔的区域。石壁的面积究竟有多大？古代传说石壁有"三十六窝，七十二寮"，历代志书均无确切记载。我们认为南方的"石壁村"同北方的"大槐树"一样，是当时移民心目中值得怀念向往的区域名称代表，它所代表的面积相当之大。北方山西省，由泽州、潞州移住外地的居民只称自己的祖先是洪洞县大槐树的，实际上他们的祖先遍及山西南部二十来个县。南方择居石壁村的客家祖先谈到自己的迁出地点时只谈"石壁"或"石壁村"，实际上他们所说的"石壁"或"石壁村"指的是石壁一带广大区域。面积究竟有多大，可以参照黄连峒。黄连峒"东至桐头岭，西至站岭，南至杉木堆，北至乌泥坑"（李世熊纂《宁化县志》）。桐头岭在今明溪县境内，距今宁化县城70余公里；站岭在今宁化县淮土乡，距县城30余公里，东西相距100余公里；杉木堆在今宁化县曹坊乡，距县城50余公里；乌泥坑在今建宁县，距今宁化县需60余公里，南北相距120余公里。我们主张参照黄连峒面积的原因，是考虑到隋末唐初巫罗俊对此区域的巨大影响。李世熊所编《宁化县志》称："黄连人巫罗俊年少负殊勇，就峒筑堡卫众，寇不敢犯，远近争附之。罗俊因开山伐木，泛筏于吴，居奇获赢，因观占时变，益鸠众辟土。"客家祖先经过辗转迁徙，人困财尽，要在新的地方重建家园，繁衍生息，没有一个威震一方的杰出人物，就难以抵挡当地土著、贼寇的抗拒和侵扰。因此，巫罗俊这位杰出人物所开辟的疆界，理应是以石壁为代表的客家祖先迁地的基本范围。由于此处原来人烟稀少、森林茂密、水源充足，既易开发，又易避开兵燹之祸，所以自然成为客家先民经过跋山涉水，颠沛流离之后，得以休养生息的理想王国。据刘善群先生统计："自东汉至明，迁入宁化石壁居住过的客家姓氏共有86姓，其中，东汉至北齐3姓，初唐至乾符年间2姓，唐末29姓，宋32姓，元至明13姓……"（《石壁之光》中《客家人与宁化石壁》一文）。这86

姓都曾在这里重建家园，繁衍生息。由于迁入的人口愈来愈多，耕地面积愈来愈少，后来不断由此向外播迁。现在的汀州、梅州、赣州，以及香港、台湾和世界各地的客家人，据其家谱记载，不少姓氏都曾在这里居住过。最近，我查阅梅州客家联谊会和梅州市地方志编委会合编的《客家姓氏渊源》第一集，发现所收梅州市的34姓中有24姓来自宁化石壁（含由石壁迁入梅州的始祖和后裔）。所以石壁不仅仅是客家先民南迁的中转站，而且她为客家民系的诞生提供了许多重要条件，客家方言曾在这里整合统一，客家民系即在这里开始形成。

  北方的大槐树，南方的石壁村，一是移民迁出地的代表地点，一是移民迁入地的代表地点。同是代表地点，对它们所起的作用还需要进一步加以分析。明代由大槐树代表地点向河南地移民是官府有计划、有目的的行为。据史书记载，明代为填补元末河南等地因战乱、灾荒造成的人口大量流失、死亡，发展那里的生产，增加国库收入，曾分批分期由山西南部向河南等地移民，前后十余次，移民数十万；而西晋末年永嘉之乱至宋室南渡，因外族入侵等所引起的中原向赣、闽、粤移民是自发行为，当时被迫南逃的中原衣冠士庶究竟逃往何处，茫无目标，几经迁徙，居无定所。明代由山西南部向河南等地移民是就近安置，一般未离黄河流域，只有少量安排在淮河以南，迁出地同迁入地的语言、风俗习惯、生产方式、文化生活等相差不大；而西晋末年以后因战乱、灾荒造成的中原汉人南逃是远距离辗转流徙，最后才定居在离家数千里的赣、闽、粤边区，迁出地同迁入地的语言、风俗习惯、生产方式、文化生活等大相径庭。由于以上两种移民类型的原因、条件之异，两个代表地点所起的作用也大不相同。山西省洪洞县大槐树只是移民短暂的中转站，移民到达迁入地并形成不同民系；福建省宁化县石壁村，是移民最终的定居地，经过较长时期发展，孕育出了颇有特色的客家民系，为客家民系的形成起了重要作用。

  众所周知,客家方言来源于中原古代汉语。古代汉语有"雅言"（也称"通话"），这是通行于各地的共同语，它主要是用于书面语言或诵读诗书、政治交际场合；也有方言，当时大的方言区有秦、晋、楚、秦晋之间、宋楚之间、齐鲁之间、陈宋之间、自关而东、自关而西、河济之间、汝颍之间、沅湘之间等十几个，中原各地又可以分成若干片，它主要用于各地人民群众的口语。客家先民南迁的时间上下约千年，迁出的地域主要有河南、山西、陕西、山东、安徽、甘肃等省。当时少数官宦之家和书香门第一般用的是"雅言"，而广大人民群众说的是各地方言。他们聚集在一起，纷纭复杂的方言势必成为经济联系、文化交流以及群体之间一切共同活动的严重障碍。所以，他们就在宁化石壁这块地域广阔、人口众多、交际频繁的土地上，通过商品的长期交换、儒家文化的长期传播、客家群体的长期交往，求同存异，在公众场合逐渐使用大家都懂得的"雅言"，舍弃自己的方言土语，于是客家方言就应运而生了。古今中外的语言（含方言）发展事实表明：社会或人群分化的时候，其语言也必然随着逐渐分化；当社会或人群无法交际，生产无法进行，社会或人群就会崩溃。客家方言就是由于一部分中原汉人辗转南迁，最后定居于岭南山区，汉族群体分化而逐渐产生的。这是不以人们意志为转移的语言发展的客观规律。

客家民系的主体是中原汉人，客家话亦来源于中原古代汉语，这可以从多方面找到证据。但是，客家方言究竟来源于哪个朝代的中原古代汉语，还需要进行全面分析。

从主观方面分析，由于客家先民到达岭南以后，中原战乱频仍，灾荒连年，身居数千里之外，北归无望。他们又无限怀念故土，怀念祖先，于是就顽强地保存原籍祖先的语言、风俗……"宁卖祖宗田，不忘祖宗言"，这是客家人从古至今坚定不移的信条。客家人的这种崇祖报本意识，使得他们较好地保存了中原古代汉语，为我们留下了一块语言化石。客家方言既然在宁化石壁这一共同地域得到了初步整合统一，我们不妨以宁化石壁方言为出发点，适当结合其他县市的客家方言，探寻一下客家方言与中原古代汉语的历史联系。但限于篇幅，本文只谈了语音，不涉其他。

北有大槐树，南有石壁村

温明荣

来自郑州大学中文系的崔灿教授，充分利用休息空间，非常高兴地接受了记者的采访。崔教授是中原客家研究会的执行会长、郑州大学客家研究中心主任，对客家学有较深的研究和独特见解。

他首先问笔者，你是否听说过这么一句民间谚语："北有大槐树，南有石壁村"，它充分体现了黄河以北的大槐树和长江以南的石壁村在我国移民史上的重要地位。

说到大槐树，就是今天的山西省洪洞县域内广济寺的一株古槐，它树高叶茂。在明朝洪武至永乐年间，为填补豫、鲁、苏（北部）、皖（北部），经过多次战乱和灾荒流失死亡的人口，发展那里的生产，当时官府就下令从山西省泽州、潞州等地向以上数省移民，而以河南省接受的移民最多。洪洞县大槐树是当时移民的集散地（或叫中转站）。明廷当局曾在县域广济寺设局驻员，移民无论来自山西何处，移向何方，皆汇集于附近的大槐树周围，都得一一办理登记签证手续。离别之前，还有在树下倾诉离情，祭奠故土。中转暂住一时，留下印象深远。所以，"问我祖先何处来，山西洪洞大槐树"的谚语至今还广泛流传于河南民间。

谈起石壁村，崔教授风趣地说：就是我们今天开会要讨论的地方，她是客家先民辗转南迁之后，越过武夷山，居住时间较长、人口密度较大的山间盆地。她古称玉屏，有村、洞、寨、乡、城、市等多种通名，可见所指的是一个较广阔的区域。由于这里原来人烟稀少、森林茂密、水源充足、气候适宜，既易开发，又易避开兵燹之祸，所以也就自然地成为客家先民经过跋山涉水、颠沛流离之后，得以休养生息的理想王国。

据统计，"自东汉至明，迁入宁化石壁居住过的客家姓氏达86姓，其中，东汉至北齐有3姓，初唐至乾符年间增了2姓，唐末28姓，宋时32姓，元至明再增13姓……"（见《石壁之光》中《客家人与宁化石壁》一文）。这86姓都曾在这里重建家园，繁衍生息。之后，由于迁入的人口愈来愈多、耕地面积愈来愈少，后来只好不断由此向外播迁。现在的汀州、梅州、赣州，以及香港、台湾和世界各地的客家人，据其家谱记载，不少姓氏都曾在这里居住过。最近，教授查阅梅州客家联谊会和梅州市地志编委会合编的《客家姓氏渊源》第一集，就发现所收梅市的34姓中有24姓来自宁化石壁（含由石壁迁入梅州的始祖和后裔）。所以讲，石壁不仅仅是客家先民南迁的中转站，而且她为客家民系的诞生提供了许多重要条件，然而，客家方言曾在这里整合统一。也可说，客家民系即在这里开始形成。她在民族迁徙中的历史作用比起山西的大槐树显然重要得多。

今天，各位专家学者汇集一堂，专门研讨石壁祖地，不仅有深远的历史意义，更有明显的现实意义，这对弘扬客家精神，开发建设经济、文化的发展将做出重要贡献。全世界客家后裔的共同认可是十分重要的，有认可才有归心，有归心才有发展，这个工作要代代相传，如果连自己的祖宗都不认了，还能谈什么爱乡、爱国和民族精神？改革开放以来，尤其是近几年，海内外各界客家人纷纷前来宁化祭祖、寻根，已掀起了一股客家热，这是过去没有人敢想的一件事，如今已变成了现实，真是可庆可贺。在这次研讨会期间，专家学者们一个共同的认识是，要大力弘扬宁化石壁的客家人精神，呼吁全世界客家人都能来祖地看看，了解先民的创业艰辛精神，多为祖地建设而努力，祝天下客家人都能心连心，为祖地发展献计献策。

客家的界定及其分布

丘权政

据实地调查，在明、清两季，有不少客家先民的后裔又返迁其祖地——今陕南丹凤、商南、山阳等县。现三县的部分乡、镇、村仍为讲客家话、保留客家民俗的客家人聚居地。

据《经世文编》载，元末，湖广、中原地区的流民，为避战乱，纷纷涌入秦岭山地，散居川、陕、鄂三省交界之大、小河谷，部分流民定居丹江流域。明初，因山西南部少遭兵燹之灾，较为安定，故难民多流落于此。鉴于人口稠密，明王朝便在该省洪洞县大槐树下广济寺设移民局，多次往各地移民，其时有数十姓迁于今丹凤境内。到明英宗正统二年（1437），由于官府编查户口，粮差浩繁，又有大批荆襄流民迁入秦岭山地、丹江两岸。清初，清廷颁布"垦荒令"，招徕流民。顺治十八年（1661），又颁布"迁海令"，强制迁徙粤东等地沿海地区包括客家人在内的居民到内地，其中一部分迁居丹凤。康熙年间（1662—1722），为鼓励移民垦荒，清廷先后颁布告示，如十二年（1673），明令新垦之地十年后"方行起科"（开始征税）；五十一年（1712），又明文规定以上年之人丁数征税，以后"滋生人口，永不加赋"。凡此，使大量的"下湖人"进入丹凤开山垦荒，在此地安家落户。据乾隆七年（1742）统计，商州人口由明末战乱瘟疫后的7015户上升至19197户，174531人。明、清季移居丹凤的"下湖人"，大多数是安徽、湖北、江西等地的灾民。例如，今丹凤的陈、彭、叶、明等姓，就是此际由江西返迁的客家人。陈姓，祖籍江西吉安，初迁山西洪洞县，明代迁入丹凤，现分布在该县西河乡及县城龙驹寨镇。彭姓，祖籍江西吉水县，明洪武年间迁入，现分布在该县商镇、寺坪等地。排行是：忠厚传家远，诗书教子长，耕读续先业，勤俭继世芳。此与闽、粤、赣及台湾等地客家彭姓的排行是一样的。叶姓，祖籍江西吉水县，明洪武年间迁入，现分布在该县商镇及铁峪铺乡等地，排行是：山林树向阳，万载必延昌，顺遂多隆威，嗣清见久长。这亦与闽、粤、赣及台湾等地客家叶姓的排行统一。从江西吉水同时迁入丹凤的客家彭、叶表亲数代同居，故当地人称彭、叶一家。明姓，祖籍江西兴国县福庆里，明代迁入，现分布在该县北赵川乡等地。移居丹凤的客家人，至今仍讲客家话，与丹凤的本地话有很大的区别。例如：本地人说上午为"前半"，下午为"后半"，而客家人则说上午为"上昼"，下午为"下昼"，即其例证之一。

这里需对上文述及的明王朝在山西洪洞县大槐树下广济寺设移民局一事加以说明。

据《明实录》《日知录》等古文献记载，元末，因以蒙古贵族为首的统治阶级对各族人民残酷压榨，加上连年水旱蝗灾严重，战乱四起，致民不聊生，北方尤甚。1368年，朱元璋统一全国，结束了元末的混乱局面。但是，灾区居民多逃亡，土地荒芜，官府钱粮无处征收。定都金陵后，乃实行"移民屯田"政策，恢复农业生产。其时，因山西南部受灾较小，难民一批批流落于此。明廷遂在山西南部的洪洞县大槐树下广济寺设立移民局，办理迁发手续。难民从各州、县流于此地，在这里生活一段时间后，再移居他处。至新的地方安家落户时，这些人不提各自原籍，只说自己是"从大槐树底下来的"。从南方经洪洞返迁北方各地的客家人亦称自己是"大槐树下人"，如上文提及的从江西吉安经洪洞返迁至丹凤的陈姓客家人就是如此。

如今广济寺已废，但寺中铜塔犹存。塔前碑亭中矗立一块大石碑，正面竖刻"古大槐树处"五个大字，背面碑文记述明洪武二年（1369）、九年（1376）、二十二年（1389）及永乐年间（1403—1424）多次移民的情况。至于那棵古大槐树，原树无存，二代亦已老死，但依旧保留原形，树干足有两搂粗。如今，在二代古槐的根系上又长出第三代槐树，已有碗口粗了。现在，"古大槐树处"不仅是遐迩闻名的旅游胜地，而且也系海内外客家人寻根问祖的地方。

商南，亦是明代山西省洪洞县移民局将大批"大槐树下人"迁往之地。该县位于陕南秦岭东段南麓，地处东经110°24′至110°01′、北纬33°06′至33°44′之间。因在商山之南而得名。北依蟒岭与河南省卢氏县接壤，南屏郧西大梁与湖北省郧县、郧西县为邻，东界界牌与河南省西峡县相接，西至冀家湾与丹凤县雷家洞毗连。属丹江中游地区。在清代以前，该县人烟稀少。原住民主要聚居在丹江沿岸和蓝（田）武（关）古道沿线，其他地方的大片土地尚未开垦。明洪武二十一年（1388），山西省洪洞县移民局将大批"大槐树下人"迁往该县。这批移民进入商南县境后，便插标为界，垦荒种地。清乾隆年间，皖、赣等省大灾，又有为数众多的人逃荒到商南。今商南的文化坪、水沟、白鲁础、十里坪、试马镇等乡（镇）、村是江西兴国移民的聚居地，至今仍讲兴国话。其口音具有共同的特点：尾音重而长。

客家先民发祥地之一的山阳，也是明代山西省洪洞县移民局将大批"大槐树下人"迁住的县份，亦系江西兴国客家移民返迁聚居的地方。

明初晋民东迁与曹县移民建村考

郝秀玉

据地名普查资料统计，曹县共有自然村2776个，系明代移民建村者竟达1606个，占总数的57.9%；现行的31个乡镇驻地，明代移民建村的即有18个，占乡镇总数的57%；资料同时表明，移民时期多在明朝洪武至永乐年间，移民地点大多来自山西洪洞。那么，明朝初年晋民迁徙的成因及过程怎样，晋民东迁与曹县村庄的建立有何联系，迁曹晋民如何建村等等问题，不得不令我们作一番认真的探讨。

明初晋民迁徙的历史成因及大致情形

综观《元史》《明史》《明实录》等有关史籍、野记和谱牒，明朝洪武、永乐年间的晋民迁徙，有其特定的历史背景和原因，综合分析起来，不外以下几点：

1. 宋、元、明之际，中原地区深受战乱危害，造成地域空旷，人烟稀少，自宋至元，300年间，中原大地共发生较大规模的战争十余次，小规模的战争长年不断，人民得不到休养生息，土地抛荒连陌成阡，民国衰竭，国运不兴。

2. 明王朝面临着支离破碎的河山，朱元璋建立国家政权之后，眼见中原各地"人力不至，久致荒芜"（《明史·食货志》），"积骸成丘，居民鲜少"，"累年租税不入"（《明史·食货志》）。这种局面严重危害着国家的长治久安。

3. 晋民的所谓"助逆抗命"，支助元军与吴王较长时期对抗，拖延了明朝政权的建立，明太祖欲加之罪。元将察罕帖木儿及其养子扩廓帖木儿（即王保保）骁勇善战，机智多谋，饶有威名，且久居山西，深得民心，每次战争，筹款运粮从军参战，晋民无不争先，朱元璋欲谋天下，为求发展，不敢交战，于元顺帝至正二十一年（1361）八月遣使"通好"（见《中国历史大事年表》古代史卷408页，上海辞书出版社1983年12月版），但心中十分窝火。后因察罕帖木儿被害，扩廓帖木儿奉调北撤，徐达才攻占山西，明太祖故而迁怒报复，威逼迫迁，以示惩儆，也毫不为怪。

4. 山左地广人稀，山右人丁繁盛，两相势不均衡。元、明时期的山西，土地膏腴，五谷丰登，时局比较安定，人民得到休养生息。据《宋史·礼志》载："河东地狭人众，虽至亲之丧，悉皆焚弃即因土地匮乏而实行火葬。"元末战乱，又凭地理优势，据险以守，战争很少波及，社会安定，生齿繁多，又每有邻省难民涌入，故成人口稠密区。据《明太祖实录》卷一百四十洪武十四年（1381）记载，当时山西人口是河北、河南人口的总和，达4030454人。

由于中原大地劳动力严重不足，土地大片荒芜，国家财政收入剧减，明王朝根基未固，加之晋民"助逆抗命"等种种原因，决定了明廷初始的政治动向和所要采取的行政手段。于是，很快采纳了郑州知州苏琦、户部郎中刘九皋、国子监宋纳等人的奏议，实行了移民屯田的重大战略政策（《明太祖实录》卷二十五、五十）。明太祖朱元璋曾诏谕："丧乱之后，中原草莽，人民稀少，所谓田辟野，户口增，此正中原之急务"。（《明太祖实录》卷二十五）。可见移民屯田对于加固明王朝统治已经迫在眉睫、刻不容缓了。

自洪武九年至永乐十五年（1376—1417）的40余年间，屡发山西民徙冀、鲁、豫、苏、沪、皖、鄂、川、滇、黔及京、津、东北等地凡12次，其中10次徙往鲁、豫、皖三省。《续文献通考》载："明太祖洪武年间，屡移山西民于涂、柙、安徽、北平、鲁、豫等处。"洪武二十一年（1388）八月癸丑，徙泽、潞民无田者，往彰德、真定、临清、归德、太康诸处宽闲之地，令自便置屯耕种，免其赋役三年，仍户给钞二十锭，以备农具"。（见《明太祖实录》卷一百九十二）"洪武二十二年九月，山西贫民徙居大名、广平、东昌三府者，凡给田二万六千七十二顷"；洪武二十二年十一月，明太祖又以"河南彰德、卫辉、归德、山东、临清、东昌诸处土宜桑枣，民少而贵地利，山西民地狭"为由，"乃命后军督府佥事李恪等谕其愿徙者，验丁分田"（《明太祖实录》卷一百七十九）。

明廷移民，多采用招诱、征派的办法，带有半强迫性质。徙民条律载："四口之家留一，六口之家留二，八口之家留三。"（见《洪洞县志》资料丛书）。洪洞县广济寺，即为移民离家出走的集散地，明廷在广济寺"设局驻员"，集中移民，编排队伍发放"凭照川资"（贺柏寿撰《重修大槐树古迹碑记》）。官府宣称：不愿留者到广济寺报到，愿留者到广济寺央情。但当愿留者前往"央情"时，却被强制起解迁移，其顾盼留恋之情难以自持，真乃一步一回首，一顾一叹息，只因寺前大槐树上有若干老鹳窝，故至今都说是山西洪洞大槐树老鹳窝人（《洪洞县志》资料丛书）。

明廷为鼓励迁民，曾给予诸多优惠，如发给棉衣、川资及安家和置家农具的银两，分给土地，并蠲免数年田赋、徭役等等，即使这样，对于远徙他乡，舍离故土，很多人依然抵制，间或发生逃跑或反抗的事情。曹县城东八里今王集乡刘一庄之刘姓家谱载其始祖为"一只耳老爷爷"，即因其同家人奉诏东迁，途中潜逃被官方寻获，割去一耳，仍送来曹县，故有此说。官府为防逃脱，行进时用绳将人串联起来，派差役押送。只在大、小便时方给解开，故至今称为"解手"（见《洪洞县古大槐树迁民纪略》）。

明王朝的移民屯田政策，为其加固封建统治，发展国家经济，打下了坚实的基础，有其积极的一面；同时，也为晋民带来诸多痛苦与不幸，给人民造成许多不堪设想的后果，是其消极的另一面。

明朝初期的曹县境域

曹县，明洪武四年（1371）因曹州降县而得置，位于黄河下游平原，居冀、鲁、豫三省边陲衔联之处，地势平坦，土壤肥沃，正是接纳移民安居的适宜处所。其疆域当时囊括曹州大部，西北又并入济阴县，东南省入楚丘县，可谓地域广袤，沃野千里，然而却人丁不盛，十室九空。

造成这种地旷人稀的原因，有以下几个方面：1.战祸。中原地区，从宋至元，战争频仍。南宋建炎三年（1129），金兵大举入侵，黄河下游人民纷纷南渡。金贞祐三年（1215），元兵入寇，80年间两经兵燹。元成一统后，中原尚未从战乱破坏中复苏，而反抗元朝统治的战火又起，元惠宗至正十七年至十九年（1357—1359），刘福通率红巾军与元军决战于大名、曹、濮、卫辉、汴梁诸地。元军动辄"拔其地，屠其城"（《元史顺帝本纪》），"兵戮河南，赤地千里，鲁、豫、皖北、冀北之民，十亡八九"（《明太祖实录》卷五）。明政权建立不久，燕王"靖难之役"又起，历时4年，民间多有自动起兵"勤王"者，兵败多被屠戮，动辄数万。据《李氏族谱》记载："盖燕王靖难兵起，南北构兵。东西六七百里，南北近千里，几为丘墟焉！"数番战乱，使包括曹县在内的大面积土地荒芜，人口锐减。2.河患。黄河向以"善淤、善决、善徙"闻名。明以前的1400年间，下游决口近千次，曹县受害首当其冲，历次沦为灾区。据《元史·五行志》载：仅元至顺元年到明洪武二年（1330—1369）的40年间，曹县境内黄河决口即达6次之多。一经决口，动辄湮没万家，官庐民舍，生命财产，尽付黄水，而且往往多年不能堵塞疏导。灾后淤垫，良田变成沙荒，黄水过处，尽成无人之区。因河患，曹州治所于金大定八年（1168）徙乘氏，明洪武元年（1368）移安陵，翌年莅盘石镇（即曹县未成建制之前）。200年间转迁凡三，即为此因，人民颠沛流离之状，概可想见。3.疫病。人民生活贫困，居无定所，营养不良，身心交瘁，各种传染病乘虚而入，蔓延流行，加之沿河民夫征召数万，集聚一处，卫生条件恶劣，更加助长流行病的传播。据《元史·五行志》载，元末河南、山东、河北诸省多次发生瘟疫，人民死亡载道；鲁西南地区毒雾茫茫，40多天不见天日，到处瘟疫流行，死人无数。4.旱涝成灾。据《元史·五行志》载：元末40多年间，旱涝灾害山东发生18次，河南发生17次，河北发生15次。土地产量低，赋役又繁重，丰年仅足存活，歉年则非饿死即逃难外地，人口外流严重。5.蝗灾。从元至正元年（1341）至二十五年（1365），大蝗灾共发生十八九次（《元史·五行志》）。飞蝗过后，树叶、稼禾皆尽，粮食绝产，人民衣食无着，路横尸骨，饿殍遍野。

上述天灾人祸，使曹县乃至中原地区"道路皆榛寨，人烟几断绝"，"村庄尽成荒郊，鸡犬之声莫闻，寥寥然俱成空区"（《明太祖实录》卷二十九）。这种景象，迫使明廷不得不撤州并县。洪武、建文年间，河南等地州改县者十二，县并者六十（《明太祖实录》卷一百二十，一百六十四）。洪武十七年（1384），全国将不足三千户之州皆降为县（《明太祖实录》卷一百六十四）。当时济阳、楚丘两县省入曹州，继将曹州改为曹县，就是这种缘故。即便如此，中原各地仍不足以贡赋税、实仓廪，于是接纳安置大批移民垦荒，便成为势在必行的应急措施了。

曹县就是凭着这样的地理位置和生态环境，接纳了一批又一批来自山西各地移民，使他们居有定所，耕有其田，安居乐业，世代繁衍，逐渐兴旺发达起来。据青堌集镇老刘庄《刘氏族谱·序》称："吾邑刘氏，居曹有年，稽其原籍，实来自晋，明初由绛迁曹，最先卜居老刘庄，后以族大蕃衍，逐渐分布于缪提圈南北一带，星罗棋布，村庄林立。"曹县桃源集乡《王氏家谱》亦载："我王氏在明洪武二十五年（1392）由山西洪洞迁居于此，始祖讳良，带来随手兵器一件，故庄名'一枪王'……门户虽别，乃为一家，共称'一千王'"。不止两例，更有韩集镇的《张氏家谱》，王集乡的《王氏宗谱》，郑庄乡的《郑氏族谱》等等，均载有明初自晋来曹建村的史实。

曹县移民建村的特征

晋民迁至曹县，散居于县境各处，大都以姓命村，但从建村定点与聚居形式来看，具有以下几个方面的特征：

1. 顺河而居。晋民徙曹，大抵顺黄河、白花河等河流两岸定居，这是有一定道理的。元末明初，黄河自今兰考、民权进入曹县南部，白花河自西向东横穿曹县北部，流域面积达200多平方公里，两岸土地肥沃，水草丰茂，宜耕宜牧，宜农宜桑，适于定居。因此，晋民于这些地方建村不少，村名大多冠以"河"字。

2. 择岗而居。由于黄、白等河经常泛滥，洪水威胁较大，为求生存，晋民不得不拣高处落脚，土丘、高岗、堌堆等，大都是最佳聚址，后来者因无高处居栖，便只好集约邀伴筑岗建台而居，村庄以岗、台、堆命名者居多。

3. 重建村墟。原为人丁旺的村庄，几经天灾人祸侵袭人去村空，仅存废墟。有的还保留下来村庄名称，这种村址稍加整理便可安身，是为当时晋民栖居，而现今只知村名，无从考知建村沿革的主要原因。

4. "安"营"扎"寨。元、明之际，战乱中各路军队途经曹县，必然设营搭寨，尤其明燕王的"靖难之役"，几彪人马自北而南，自南而北数次驻扎曹县西北边境，安有大、中、小营，盘寨起庐，建仓筑台，土建规模不小，至开拔时，个别军士厌恶征战偷偷留驻下来；东迁晋民依营傍寨落脚定居较多，村名大都以营、寨而取。因此，形成了曹县西北六里一营，三里一寨，九营十八寨，营寨相连的独特命名现象。

5. 群族聚居。晋民一家两三口，一姓数十人，同迁一处的现象不少，他们同族同宗在一处或数处，相互依傍，相互照应，共求发展，这就是造就望族大姓瓜瓞绵延，历久不衰的历史原因。

6. 家族析居。迁曹的移民中父子、兄弟、祖孙乃至一家数代共同迁来的屡见不鲜，为求生计，为从明廷多领一些生产、生活资料，移民采取父子分立门户，伯仲分家另居，祖孙各建一村的办法获取生产、生活必需品，为自身生存发展打下良好基础。如此做法，即出现了今日的长门、二门、三门散居各处，嫡支、庶支难续同祖家谱，上下辈分相差两代、三代或数代的奇特现象。

明初大批晋民东迁，定居于曹县乃至中原大地，使广袤地域得到开发利用，使中原经济再度繁荣。据《明史·食货志》载：洪武二十六年（1393）全国垦田总数已逾850万顷，比洪武元年（1368）增长4倍，山东人口增长到6759675人。因税赋增长，明廷也对各州、府、县随之升格或复置。正统十年（1445）复置曹州，即说明了我区经济发展日臻繁荣的社会景象。

毋庸置疑，明王朝大批迁徙晋民，对当时的社会发展起到了较大的推动作用，同理，大批东迁晋民，对于开发中原经济，巩固明王朝统治，也做出了不可泯灭的历史贡献。

郓城县移民调查
潘永修

根据《郓城县地名志》统计，全县共有自然村1388个，其中明朝建村966个，有279个直接迁自山西洪洞县。

据清光绪十年《郓城县志·土田》记载：考自明洪武初年，郓民甫集，闲田故多。丞相徐达奏设济宁、临清等卫，立屯开垦。济宁卫有：唐云登屯、扈岩屯、王文光屯、张尔略屯、张光裕屯、修俸仪屯、丁国都屯、随遇隆屯、陈有功屯、傅腾姣屯、吕月屯、李隆屯、彭荫绪屯；临清卫有：高彦屯、刘官屯、张问屯。以上16屯原均在郓地，这是郓城设屯的开始。

郓城南关《杨氏族谱》载：杨氏原籍山西洪洞县城北杨六庄，明洪武二年徙郓，长居郓城西北50里后杨集，次居郓邑南关。

郓城北关《高氏族谱》载：始祖明公偕始祖母米氏，领一子二侄，从山西洪洞县老鹳窝迁曹州高家庄居住。洪武末年，四世祖讳守节，分支郓邑北关厢，自建一街，遂名高街。

杨店，据传：明洪武年间，杨氏从山西平阳府迁此居住，因开设店铺，故名杨家店，后简称杨店。

郓城西关主郑氏原籍山西洪洞县。始祖讳突，明嘉靖间，自水堡迁箕出，嘉靖十三年，四支沛公由箕山迁郓。

郓城东关魏氏，据《魏氏族谱》载：明洪武年间，魏氏祖沛，从山西三晋故家迁城东北五岔路口居住，正德年间，改称魏路口。十三世祖逊迁居东关。东关王氏亦于明初由洪洞县迁居东关居苦水井街。

无名山侯庄，据《侯氏族谱》载：明洪武二年，侯氏从山西平阳府洪洞县侯庄迁此建村。为怀念故土仍名侯庄。因村紧邻无名山，故称无名山侯庄。

宁庄，据《宁氏族谱》载：明洪武年间，宁氏从山西洪洞县徙山东濮州樱桃园宁村，万历年间六此族分支迁此建村。

北徐庄，据《徐氏族谱》载：明洪武二年，徐氏祖元音，从山西洪洞县先后迁郓城八里河、旷庙苏庄。明万历年间，七世祖迁此建村，取名徐庄。

司店，据《司氏族谱》载：明洪武年间，司氏祖从山西平阳府洪洞县迁此居住，因在村头开店，故取村名司家店。

梁庄，据传，明洪武年间，巨氏从山西洪洞县迁此建村，取名巨庄。永乐年间，梁氏迁来，共议改村名梁巨庄。

邹园，相传明洪武年间，贾氏从山西洪洞县迁此居住，靠种菜谋生，故取村名贾园。永乐年间，邹氏迁来傍贾园建村，取名邹园。

张兴庄，相传，明洪武年间，张氏祖从山西洪洞县老鹳窝迁郓邑南关外龙王庙居住。宣德年间，复迁此建村，取名张庄，因泡豆芽著名，俗称豆芽张庄。

和睦里，据《李氏族谱》载：明洪武五年，李氏自山西洪洞县老鹳窝和睦里村迁此建村，其始祖李帮正与其表兄弟董帮全，相处和睦，且因怀念旧地，故仍取村名和睦里。

刘孟庄，据《刘氏族谱》载：明正德年间，刘氏祖从山西洪洞县老鹳窝迁郓邑南门里育贤街居住，嘉靖年间，复迁此定居，当时有孟氏在此开店，共议村名为刘孟庄。

王庄，据《王氏族谱》载：明洪武年间，王氏祖从山西太原府迁濮州城东南45里建村，名碰坊。永乐年间，复迁此定居。时名王福檀赵庄。后赵氏无人，宣德年间，改村名王庄。

东张庄，明洪武年间，张氏祖从山西洪洞县迁郓邑西何庄居住。嘉靖年间，复迁此建村，以姓取名张庄。因张姓善做豆腐，故俗称豆腐张庄。

郁胡同，据《郁氏族谱》载：明洪武四年，其祖德选，从山西洪洞县老鹳窝迁此建村，以姓氏取名郁胡同。

何庄，据《何氏族谱》载：明洪武年间，何氏祖天知从山西洪洞老鹳窝迁此建村，以姓氏取名何庄。

张胡同，据《张氏族谱》载：明洪武年间，张氏祖福林，从山西洪洞县老鹳窝迁郓邑南关外龙王庙居住。永乐年间，复迁此建村，因人少同居一巷，故以姓氏取名张胡同。

张李庄，据《张氏族谱》载：明洪武年间，其始祖昆仲三人，自山西平阳府洪洞县东迁，始徙山东曹州府郓城县西南35里廪南村石佛庙。四世祖善路，迁此建村，以姓氏取名张庄。

经庙，据传，明洪武年间，郭氏自山西迁此建村，因村前是一片大洼，故取村名郭家洼，后在村内建一红色关帝庙，因而改称红庙。

以上是郓城镇迁自山西洪洞的村庄。为简便明了，其余乡镇只录村名（含间接迁自洪洞的）。

蒋庙乡：刘花园、芦庄科、安屯、董店、郝庄、姜庄、王邱庄、葛营、阎村。

丁庙乡：七里铺、刘梅庄、东八里庄、郭林张姓。

八里庄乡：樊周楼、宋屯、黄庄、汪堤、五里庄、梁何庄、建华村、楚寨、侯庄。

双桥乡：永丰集、葛垓、三官庙、刘欢口、秦庄、机房、劳豆营、李姓垓。

武安镇：孙庄、前宋庄、后吴庙、明李垓、唐庄、西高庄、陈菜园、火王庄、中心王庄、赵庄、马坑、季庄、大郭庄、垓子王庄、宋花园、张坑、郁庄、张桥口、崔庄。

五界乡：马庄、鸡鸣寺、于庙、前张庄、孙楼。

黄安乡：丁庄、季垓、姜庄、吕公堂、许庄、张庄、明姚庄、饶庄、梁庄、陈庄、郭垓、孙吾屯、冯屯、后隋庙、舒屯、前隋庙、左王庄。

徐垓乡：徐垓、宗陈庄、茅草屯、东贾屯、西王庄、东王庄、南郭庄、西马庄、薛庙、赵河、老罗庄、陈庄、钢叉楼王庄。

唐庙乡：唐庙、前厂杨氏、后鹅厂杨氏、蔡庄、兴隆庄、许庄、前刘庄、后刘庄、中亭寺张庄、南梁庄、陈里长、智垓、李庄、仉垓、徐庄、殷庄、南丁庄。

三屯乡：王老虎、赵庄、孟庄、阎庄、西傅庄、西孙庄、西魏庄、柴周庄、董庄、杨潭、大李桥、刘垓、霍庄、明郭庄。

郭屯镇：前郭庄、明徐庄。

南赵楼乡：李庄、翟庄、商营蒋袁李三姓、郭楼、富李集、白集康氏、邵垓、南康庄、金庄、谭庄、前郑营赵姓、东王庄、刘庄、王土墩、智庄。

汉石桥乡：李桥集、康乐集刘氏、谭庄、李垓、中尹庄、彭店、石庙、南李垓、马尹庄、王庄、李店魏氏、徐庄、赵河、王坊、晏庄。

随官屯乡：随官屯、戴垓、于官屯、大高庄、陈庄、乞沙湾乞氏、打虎李庄、大尹庄。

丁里长乡：燕庄、戴庄、张家庄。

张营乡：牛堂、吴店、车市吴姓、杨庄。

黄堆集乡：东黄楼、东侯楼、刘行、文桥集王氏、武庙、孙龙庄、魏王庄、袁店张姓、簸箕营、东杨庄、蒋庄、武庄。

大人乡：东阎庄、后李庄、前李庄、魏垓、田垓、韩垓、东徐庄、北高庄、前张庄、孙马厂、前彭庄、后彭庄、仲楼、马庄。

杨庄集镇：大王庄、李寨、东马庄、薛王庄、东陈庄、东赵庙、后刘庄、唐店、冯李庄、东西程庄、王土囤、中工庄、后焦庄。

程屯镇：程思礼屯、后寨、杨寨、陈寨、纪庄、戴庄、肖亭吴董贾三姓、吴庄、东西渠庄、寿邑刘庄、河王楼、牛楼、大小张庄。

王井乡：王井、刁林、马王庄、龙王庄、王庄、李河涯、李庄、唐坊鹿氏、吴皮、草庙刘姓、贾店。

常庄乡：常庄常氏、李庄、赵垓、郑垓、王庄、盐店张氏、李旺楼、张庄、何庄、辛集吴顾二姓。

肖皮口乡：厂洼张氏、岳庄李氏、牛那里、马沙湾、宋桥、张屯、吴屯、张辛庄、季庄、肖庙、韩庄。

潘渡乡：潘溪渡、张湾、刘栈、冯店、李河口、刁河沟、宋庄、任屯、薛楼、芋头张、郝庄。

侯集镇：侯集王姓、王岗、魏岗、佃户张、李富庄、蔡楼东张氏、枣杭王姓、霍楼、官庄、赵营、李庄、东西郭垓、秦集、徐桥、井李庄、侯官庙、南李庄、贾楼。

黄集乡：王周庄、芦庙、李桥、唐垓、朱庄、三官庙张王二姓、金店王姓、许楼、雷垓、徐垓、刁庄、刘楼、王怀堂、姬庄、西张庄、南三官庙孟氏、高庄、任庄。

伟庄乡：大武、袁楼、铁炉庄王刘二姓、庞庄、后阳城高张二姓、刘安庄刘氏。

李集乡：李集、大杨集、田河涯、宋河涯、黄岗、陈庄、西武、张景龙、李村营、北张堂、李晓岚、常楼。

梳洗楼乡：阎庄、乔庄、王堂、朱庄、北孙楼、牛庄、东韩庄、周楼、刘庄、王凤车、徐楼。

苏阁乡：苏阁、吴庄、刘阁庄、后杨庄、前杨集、许垓、薛庄、南徐庄、小李楼、陈集、张店、赵堂、金星庙、王孔庄王姓、苑庄郭氏、赤楼、王家楼、王庄、徐庄、贾赛。

大潭乡：南李楼原宋姓、徐庄、聂厂、赵庄、张堂、袁楼、蔺庄、蒋李荣李氏、王花园、门庄、薛河口、李河涯、新渠庄、四十五里庄李吴鲁三姓、香王庄。

玉皇庙镇：玉皇庙郑氏、郭庙、李垓、丁村、葛庄、北郑庄、樊楼郑氏、郭李庄、玉张庄、曾庄、义和村张氏。

张鲁集乡：张集张鲁二姓、蔺屯、张庄、大李庄、董庄、明王庄、西沟李、孟永、付庄、茂张集、老李庄、薛堂、杜垓、郑庄、于垓、后李庄。

刘口乡：贾庄、李家庄、李湾、朱湾、魏家庄。

水堡乡：水堡薛姓、丁楼、赵垓、后杜楼、肖垓、广胜集刘氏、后王庄、张庄、李庄、朱河湾朱姓、赵庄、魏坝。

陈坡乡：南何庄、马楼、西杨庄、王克武庄、明王庄、张道沟、史庄、康庄、尹庄。

郭庄乡：张王庄、曾楼、纪垓、安庄、后谢井王氏、杜潭、丁庄、马堂。

大多数族谱只是写迁自山西洪洞县，但也有不少写得非常具体。如：侯集李庄迁自洪洞县双龙街，贾楼迁自东门里，黄堆集的文桥集迁自洪洞县双狮子胡同，梳洗楼的牛庄迁自洪洞县大椿树胡同；有的把洪洞县的村庄名字也带来，如陈坡的康庄迁自洪洞县北六里老康庄，张集的蔺屯迁自洪洞县蔺村，侯集的秦集迁自洪洞县城南秦家堡，苏阁的杨庄迁自洪洞县城北杨六庄，侯集的枣杭迁自洪洞县枣园村。还有的提到洪洞县的广胜集、老关沟、魏石沟、舌关村、大柳庄、霍山、玄帝庙等。

除迁自山西的外，也有不少自浙江、安徽、湖广、四川等省份迁来。如，常庄乡新潘庄《潘氏族谱》载：明宣德年间，始祖从浙江处州府云和县迁居济宁北门外师家庄。景泰年间，三世祖复迁郓城东25里大人西潘庄；嘉靖年间，四世祖讳刚迁此建村。苏阁乡罗楼《罗氏族谱》载："吾罗氏乃江西南昌府南昌县人也。""粤稽明季成祖北征，我祖讳真公，叔兄弟一十八人，自江西随驾北征，成功后，卜居东平，后又迁此"。而黄家楼《黄氏族谱》载：明燕王征北时，黄氏祖从湖广襄阳随军北征，留守山东东昌府。清初，始祖萃公复自东昌府徙此立村。因盖一幢小楼，故名黄楼。车楼《车氏族谱》序：始祖车让，原籍浙江台州府黄岩县北隅，明永乐年间，曾保驾迁都燕京，立下功劳，被封为兴武卫水军百户长之职。永乐五年调济宁，由济宁又迁此地。丁官屯《丁氏族谱》载：永乐年间，一世祖正簧，平定金陵时任护卫军右营长，因功立卫所，分军田，建屯曰丁正簧屯。曾庄《曾氏族谱》载：其祖世居江西庐陵。五十四世祖盛公，洪武时随鲁王仕于兖州，由校尉累官将军。燕王靖难后，偕其子侄来郓，卜居于城东于屯。后两传刚、礼兄弟，复迁居于郓西北45里立村花儿坡，后名曾楼。常庄乡毛直屯，据传永乐年间，有一军人毛直，随燕王征北，来此定居，因系军户人家，为国有功，封赐土地1468亩，遂以人取村名为毛直屯。

另外，明朝皇帝朱元璋第十子檀被封为鲁王，就藩于兖州，后因选贵人，专门派兵马驻扎于郓东南一带，由此取村名的就有：王兵马集、前营、后营、董厂（旧称鲁府厂）、李文清（师爷名）、于屯（原名鲁御集、御屯）等。

般阳孙氏由山西带来琉璃技艺考

孙发全

博山琉璃，全国驰名，可称琉璃城。明清时期皇室所用琉璃产品，大都由博山供给。博山，于清雍正十二年置县，原为青州府益都颜神镇。故博山琉璃，原称颜神琉璃。颜神镇，历史上属般阳县辖。般阳，乃般水之阳，淄川县原署名。淄川、博山毗邻，今为淄博市辖区。

吾般阳孙氏，近年续修族谱，查考世系源流和历史名人活动情况，考得吾祖由山西带来琉璃技艺，"世业琉璃"，为博山琉璃业的创建与发展做出了贡献。

般阳孙氏故乡山西　元末寄居颜神镇

般阳孙氏临朐天井支谱载：吾祖自山西洪洞大槐树村迁于博山。这已反映了故乡的印记。而吾孙氏大多数谱记：始祖自直隶枣强县尚林庄迁来。此记，应为二次移民。笔者曾赴枣强县查访，因历史久远，尚林庄无考。现有孙姓庄8个：孙家庄（城西7里）；孙家庄（城东40里）；孙村（城东北35里）；孙枣林（城西北15里）；孙同进（城西南15里）；孙雅科（城北20里）；孙单驼（城东北30里）；孙王滩村（大营镇西）。其中4个村称明初由山西迁入，3个村称明初由山东迁入，1个村不清楚。且枣强县志办主任孙英普近祖系孙王滩人，有谱记：明永乐二年，祖先孙志，号兴三，由济南府东220里淄川县大河上庄迁来大营西孙王滩村。

据《枣强县志》人口部分载：明洪武二十四年（1391），本县居民7731人。至建文年间，一说因为兵乱，许多人被害或逃往外地；一说因为大瘟疫流行，不少人死亡，致使大多数村落绝了人烟。永乐初年，从山西迁来大批居民，从山东等地也迁来一些，这方土地才重现生机。至万历四十四年（1616）已有5万余人。据此，当时枣强地广人稀，无条件向外移民，倒有外籍移入枣强县者。故在枣强县找到吾族始迁地址，确实难以解决。

那么，为什么许多谱记和传说迁徙始祖是由直隶（或冀州）枣强县来的呢？笔者考察山西洪洞移民史，其中向山东移民有"枣强中转站""枣强二次移民"之说。就如移民对洪洞县广济寺大槐树的印象一样，对遍地枣林的枣强县印象也极为深刻；甚至移民曾以枣子充饥，以"煮枣城"所煮之枣汁为饮料，留下了难忘的印象，便口传我们是枣强县迁来的。又据建置隶属关系考察，《枣强县志》载：西汉置县，因枣木强盛，取名枣强县。始属冀州清河郡，元属真定路冀州，明属直肃真定府冀州。而冀州，据山西《平阳府志》载：据《禹贡》记，洪洞县地，虞夏、商时代属冀州之域。这就是说，历史上洪洞县、枣强县都曾隶属过冀州。这三地间便有了共同语言，谱记、传说有时相互代用。何况，《天井孙氏族谱》记有山西洪洞县大槐树村迁来之说。故般阳孙氏故乡是山西洪洞无疑。但据兵法堂记：世荣祖落居枣强。时值抗元失败，金末1234年前后。60多年后（元大德三年，1699年）其后裔由枣强迁山东，属二次移民。

关于吾祖迁徙时间，多数谱认为洪武二年，洪武三年，这是不可考的。据《明史》和《明实录》记载，自明洪武六年（1373）至永乐十五年（1417）先后由山西移民18次。其中徙山东济南、东昌、兖州、莱州、青州府所属达60余县，10余万人。其时间与吾谱记不相符，也与吾祖活动历史不一致，但般阳孙氏安次支谱记有元大德三年和《般阳孙氏族谱》记有元至正年间迁居之说,查《元史》有大德三年移民山东之举,且《临淄县志》有此记载。由此可说,般阳孙氏迁徙始祖孙之政祖孙三代于元大德三年(1299)迁来山东寿光,三世祖孙禹,字克让,又名子玉,携全家于元至正年间寄居颜神镇是可信的。

吾祖在枣强仅居60多年,为何祖孙三代迁徙山东?究其原因,主要是因为吾祖身获琉璃技艺(据说是祖传),在枣强无用武之地,又因枣强生活艰难,只好迁徙异地,另找出路。原谱记,禹,字克让,寄居颜神镇水浒祠街。何为寄居?在此之前,之政祖带子孙来琉璃原料丰富的颜神镇传播琉璃技艺,开发琉璃事业,已有本家或投靠之主在此。故元至正年间,大难之时,三世祖携全家前来寄居,并投入了颜神镇琉璃事业之中。

山西琉璃业发展较早,吾祖在山西居住三百多年,不乏琉璃匠人

山西琉璃业发展较早。据《魏书》载:北魏太武帝时(424—451),月氏商人在平城(今山西大同)"铸石为五色琉璃"。再据清乾隆四十八年《太原府志》载:"琉璃,出阳曲平城山中。有矿石,色微红,不甚坚硬,土人取捣成末,如炼硫黄法炼成,以为簪钏环钮之属,五色胥备,间有用以制灯者。今府南关有琉璃店。"看来,北魏时,山西就有琉璃生产的记载,至清初仍有琉璃生产和销售。吾祖孙膑后裔,五代时,同光元年(923)被兵乱所逼由山东鄄城迁山西洪洞县,金末(1234)为避山西兵乱复迁回故里,在山西居住300余年,其中不乏琉璃匠人。再就山西赵城广胜寺"飞虹琉璃塔"的建筑看,山西应用琉璃较早。飞虹琉璃塔,始建于东汉桓帝建和元年,完工于唐肃宗上元元年,毁于元成宗大德七年八月初六大地震。明正德十年(1515)动工新修琉璃宝塔,历时12载,于嘉靖六年(1527)建成。塔高47米,为八角十三级。二层以上,外表全部镶嵌着红、橙、黄、绿、蓝、青、紫七色琉璃构件,有斗拱、角柱、望柱、香莲柱、莲花、佛像、花卉、鸟兽,形式多样,色彩绚丽,一层一层图案,各层楼角吊挂着悬铃,宝瓶塔顶,闪光发亮,宝塔外观雄伟壮丽。塔底层内铸有释伽铜像,铜像顶部为琉璃藻井,雕饰着勾栏、楼阁、盘龙、人物,其情态欲动,繁饰累巧。我国琉璃专家陈万里在50年代到广胜寺考察,他惊叹至极,将琉璃宝塔的建筑艺术称为"鬼斧神工"。1962年建筑科学研究院王世仁详察宝塔部件时,在飞虹琉璃塔九层檐的莲瓣上发现了"匠人尚延禄、张连文、王述章造"的题名刻字。他们是山西人,我国明代建筑家。由于他们技术精湛,新建广胜寺的飞虹琉璃塔,在金陵报恩塔塌毁后,被推为全国第一塔,列为国宝。

由此看出,琉璃生产和琉璃产品的应用,在山西都比较早。吾祖先耳闻目睹,对琉璃生产亲自参与,产生兴趣,仿之,效之,熟能生巧,便成为能工巧匠。

颜神镇琉璃生产在元末形成规模，第一个行业性组织是孙延寿等人发起的

据《博山区志》第六编《琉璃》载："颜神镇琉璃生产自元末逐渐形成规模"。1982年11月，在博山大街发现了一处琉璃作坊遗址和琉璃珠等标本。据考析，属元末清初时间，其与山西硅钠琉璃类的配方和技术相同，而不同于传统的铅钡琉璃类。据此，可认定颜神镇琉璃是山西传来的。又载：明洪武年间，宫廷内宫监在颜神设"外厂"为皇室生产"青帘"等贡品。至明末，民间的琉璃生产也日趋发展。明景泰年间，西冶街就有大炉4座，生产水响货和珐琅料。嘉靖前后，珠灯、珠屏、棋子、帐钩、枕顶等琉璃产品问世，逐渐形成琉璃行业。明万历四十六年（1617），克让祖六世孙延寿（柳溪公）等人，发起成立了炉行醮会，这是颜神镇琉璃行业第一个行业性组织。

颜神镇琉璃产品，除在当地销售外，还远销北京和江南各地。清、民国时期，琉璃产品种类逐渐增多。鼻烟壶、花球、内画、套色雕刻工艺美术品，在国际上享有盛誉，被视为珍品。现代出现了张广庆、孙即杰等美术师，在国内外颇有影响。

孙廷铨著《颜山杂记》具体生动地记述了琉璃技艺

般阳孙氏，克让祖九世孙，清康熙年间内秘书院大学士孙廷铨所著《颜山杂记》，于康熙五年第一次刻板印行。其《物产》篇中《琉璃》载："琉璃者，石以为质，硝以和之，礁以锻之，铜铁丹铅以变之。非石不成，非硝不行，非铜铁丹铅则不精，三合而后生。……白如霜，廉削而四方，马牙石也；紫如英……"这一节文字，可谓"琉璃"的确切定义，写得非常通俗、精彩，且影响甚大。这是因为孙氏祖先于明洪武初即在内宫监入了匠籍，"世业琉璃"其后裔一直在颜神镇为明朝宫廷监制琉璃达270余年。

作者孙廷铨的祖父及父辈皆为制琉璃高手。他幼年时，见其曾祖父"每日晨起，检料毕，即还视炉座工人"，耳濡目染，自然非常熟悉琉璃生产。并且他常到现场，与工人谈技艺，问妙诀。所以写了《琉璃》这一高水平的文字。这是我国最早出现的系统、全面而准确地记述琉璃生产工艺的文献资料，是17世纪产生于颜神镇的一部琉璃工艺学。由此，孙氏祖传的琉璃技艺公开化，促进了颜神镇琉璃事业的大发展。今天，在市场经济条件下，研究这部著作，仍有现实意义。

孙氏族谱中记述了琉璃世家的内容

清乾隆十四年，十一世孙以宁《重修颜山孙氏族谱序》载：吾族"应内宫监青帘匠，业琉璃，造珠灯、珠帘，供用内廷"。九世孙廷铨在《颜山杂记》的《逸民》中说，"自洪武垛籍"，"领内宫监青帘世业"，"隶籍内廷，班匠事焉，故世执之也"。《颜山孙氏家乘》载，六世孙延寿"每岁带本货游京师"，向宫廷提供琉璃贡品。

由此可见，般阳孙氏系琉璃世家，祖先由山西带来琉璃技艺，三世祖孙禹，

字克让，又名子玉，携全家寄居颜神镇，为颜神琉璃事业的创建与发展，世代做出了贡献。

般阳孙氏源流概述
孙发全

般阳，乃般水之阳，系淄川县署名。吾祖迁居于此，依山傍水，百业俱兴。且长支世代居住孙家大庄，并创修《般阳孙氏族谱》。今尊长敬宗仍用其称谓。

清康熙年间，内秘书院大学士孙廷铨，献"跌扑除鳌计"，为保吾族平安，随施"变谱"之策。今逢盛世，正本清源，势在必行。

吾始祖孙武，生于临淄，齐国名将，采食乐安。后裔繁衍迁徙，称为乐安孙氏。上溯，妫、陈、田，即"起虞里，盛胡公，昌于敬仲，与兵圣孙武一脉相承"。妫满乃虞舜后裔，再溯，便是人文初祖黄帝。

一、般阳孙氏系乐安孙氏，鼻祖孙武

孙武（前550—前484），原名田书，字孙占，又名开，字长卿，齐国大夫，谥号武子，世称孙武，乃"兵圣"也。2500年前，春秋末期，齐景公时，田书随齐将高发伐莒，有功，齐景公赐采食乐安，遂乐安为田书后裔居住地，并依田书之字受姓孙。故田书即孙书，亦即孙武，只是居住地不同而已。乐安便成为孙氏郡望。乐安孙氏这一支发展旺盛，人口众多，迁徙分布甚广，且有兵法家孙膑，三国时吴帝孙权，民国时总统、革命先行者孙中山等历史名人。故乐安孙氏在国内外影响甚大。

孙武27岁，伐莒破纪鄣，崭露头角。胸怀韬略的孙武，有伟大抱负，当时在齐难以实现。孙武36岁左右，经伍子胥引见去吴协助闾闾破楚。齐国也愿意派孙武去吴，以"教之乘车，教之战阵，教之破楚"。孙武奉命去吴后，经吴王闾闾见、问并演出了"宫女为阵"的故事，遂被吴王重视，"卒以为将"。他协助伍子胥破楚成功，并助吴两代富国强兵，建立霸业，实践了孙武兵法十三篇。孙武功成名就，急流勇退。此时，吴王夫差穷兵黩武，倒行逆施。伍子胥也不听孙武的劝告。孙武在吴已失去作用。同时，齐国派孙武去吴协助制楚目的已经达到，故召孙武返齐。公元前489年孙武反齐。公元前484年吴鲁会师伐齐，在艾陵之战中，孙武英勇战死，终年66岁。

孙武之五世孙膑，公元前380年前后生于阿、鄄之彰（今山东菏泽鄄城县红船镇孙老家村），受师于鬼谷子。公元前357年应邀去魏，却被魏将庞涓陷害，成为"刑余之人"，终身残疾。后被齐使者偷载回齐，齐威王命为军师。公元前348年，马陵之战中，战败魏将庞涓，孙膑建功立业，实践了孙膑兵法三十篇。后被齐宣

王冷落，在失意中度过后半生，终年72岁。

孙膑之后裔，世代居住鄄城孙老家。五代时同光元年（923）李存勖率兵攻占濮、郓、曹三州，孙姓被逼迁山西洪洞县。金朝末年（1234）蒙古族驱兵攻金，山西处于战乱之中，孙氏又迁回故里。因世信祖（又名岳）组织义军抗元，遭元兵攻杀，因之兄弟失散。世信回故里。世荣落居枣强，隐姓埋名。之后，其后裔大部迁居山东青州、莱州府。

二、般阳孙氏迁徙始祖孙之政迁居始祖

孙禹世荣祖，据孙膑故里兵法堂考证为孙武五十二世裔孙。据推析，世荣祖故于枣强，其七子之政，祖孙三代迁山东寿光。

《寿光埠西孙氏族谱》载：明洪武二年（据考应为元大德三年），七公之政由枣强县徙寿光县孙家宅科庄，墓在寿光城西。之政生子二，伯强、伯相，其墓都在寿光城西。伯强之后裔徙宁津县保店镇车辘村。伯相生子四，禹、祥、胜、徐。徐早逝，墓也在寿光县城西。后因事故，禹、祥、胜三兄弟分迁。禹，字克让，由寿光迁居青州东南隅，后又寄居颜神镇水浒祠街。祥，隐名坐居寿光，与埠西庄宋氏联姻，生子四，申、富、广、通。申后失讳。广、通无嗣，富生子二，强、相。现有富祖之后裔居住寿光县铁板桥埠西一带。胜，寄居宁津县生子四，山、林、玉、树。

据考，孙禹，字克让，又名子玉，元至正年间由寿光迁居青州后寄居颜神。随带子中迁居章丘县蕃六庄，墓在章丘县河洼庄南。禹祖墓，于明洪武年间迁往大口头村凤凰嘴石穴，后立碑于孙家老林。禹生子五，在、中、学、端、恕。在祖即伯善，明洪武年间，徙邑山村，随定居般阳孙家大庄，墓在孙家大庄南孙氏老茔。在祖生子六，其中岩出嗣中（伯安）祖，居章丘县朴沟庄。其子五为献（富）、默、谦（贵）、让（荣）、志有（华）。献祖居颜神镇，又名富，即国老孙廷铨一支。默祖坐居孙家大庄，生子七，海、演、宽、贷、溏、潮、隆。谦祖居乐安县东北60里三岔庄，又名贵。让祖居博兴县北20里崇德庄，又名荣。志有祖居博兴县东北5里王文庄，又名华。学祖居淄川县大口头村，生子三，希武、希文、希才。端祖后居临朐县，生子一，希圣。恕祖后居临淄县大武家庄，生子五，环、暹、英、杰、昌。

据大口头孙氏墓碑记，始祖失名讳，生子三，学、端、恕，而始祖墓，是由章丘迁来的子玉墓，正是《般阳孙氏家谱》记之始祖子玉。再据《寿光埠西孙氏族谱》记之禹，字克让，寄居颜神镇，即《颜山孙氏族谱》记之始祖克让。据传颜山孙氏一支国老孙廷铨，曾去大口头孙家老林祭过祖。据此，始祖子玉，即克让，即禹。故般阳孙氏迁居始祖孙禹，字克让，又名子玉，基本可立。此情所以

如此复杂，源于国老孙廷铨，清康熙年间，向康熙幼帝献"跌扑除鳌计"后，为保吾族平安，实施了全方位的"变谱"之策。此"变谱"关节，是抽取长支之长支，单立《颜山孙氏族谱》，分隐始祖名讳，依儒意，按"易"理，重新安排，使常人难以识破。330多年后的今天，喜逢盛世，丰衣足食，"帝圣明贤"，政策放宽，有条件，有力量，恢复吾般阳孙氏世系之原貌。这既是祖先之重托，亦是吾辈之责任，更是后世之渴望。禹祖老五支之后裔，临淄孙娄镇孙实、孙思海、孙永书等，历时四载，调查访问，征集家谱、族谱、碑碣、轶闻，参阅有关历史资料，吸收有关研究成果，夜以继日，忘寝废食，历经坎坷磨难，终于理出了脉络。以史为根据，以"易"理为钥匙，广征博采，解开了国老文定公设下的"遁谱八卦阵"，还原了"三才合璧"谱，合族团圆，使般阳孙氏迁居始祖孙禹，字克让，又名子玉，确立了！体现了家族团结兴旺。可庆！可贺！

三、般阳孙氏故乡山西洪洞元大德三年由枣强迁山东寿光

1.《般阳孙氏族谱》记，我先世乃直隶枣强人，始祖子玉，元朝至正年间，迁发兹地。

2.《颜山孙氏族谱》记，吾族原籍枣强尚林庄，洪武三年，始祖克让迁居青州府东南隅，后又迁居笼水昔为益都孝妇乡之颜神镇。

3.《章丘孙氏族谱》记，始祖孙子玉，元至正年间（由枣强迁来）。

4.大口头庄孙氏石谱记，始祖元末自枣强迁青州。

5.《临朐天井孙氏族谱》记，吾祖洪武二年自山西洪洞县大槐树村迁于博山口头，洪武二十二年迁天井者，始祖自然。

6.凌河孙氏谱内存纸记，明洪武二年，自直隶枣强上林村迁居山东，先后共有同堂兄弟13人。

7.临淄孙娄《安次孙氏族谱》记，吾祖元大德三年由枣强迁诸城，自洪武二年始迁孙娄店。

8.《寿光埠西孙氏族谱》原记，洪武二年，七公之政祖由枣强尚林庄迁来寿光。

关于始祖迁徙时间，以上所举8部谱中，有4部记为明洪武二年、三年，有3部记为元末或元至正年间、元至正元年，有1部记为元大德三年。其中元至正年间吾迁居始祖孙禹寄居颜神后迁章丘是可信的。而明洪武二年、三年的移民与史实相悖。据《明史》《明实录》等史书记载，明洪武年间先后从山西移民10次，永乐年间移民8次，共计移民18次。特将时间摘记如下，以供考证。

（1）洪武六年（1373）。

（2）洪武九年（1376）十一月。

（3）洪武十三年（1380）五月。

（4）洪武二十一年（1388）八月。

（5）洪武二十二年（1389）八月。

（6）洪武二十二年（1389）九月，其中有首徙山东东昌府者。

（7）洪武二十五年（1392）八月。

（8）洪武二十五年（1392）十二月。

（9）洪武二十八年（1395）正月。

（10）建文四年（1402）九月。

（11）永乐元年（1403）八月。

（12）永乐二年（1404）九月。

（13）永乐三年（1405）九月。

（14）永乐四年（1406）正月。

（15）永乐五年（1407）五月。

（16）永乐十二年（1414）三月。

（17）永乐十四年（1416）十一月。

（18）永乐十五年（1417）五月。

又据《洪洞移民》统计，于明洪武和永乐年间，徙东昌、济南、兖州、青州、莱州等府属山东地区达60余县，10余万人。再考吾族活动历史，《安次孙氏族谱》所记，元大德三年（1299）之政祖迁来山东的时间是可信的。且《元史》记有大德三年移民山东之举，《临淄县志》亦有如是记载。故可初定吾迁徙始祖孙之政是元大德三年迁来山东寿光的。

四、般阳孙氏祖先由山西带来琉璃技艺

据《博山区志》第六编《琉璃》载："颜神镇琉璃生产自元末逐渐形成规模"。1982年11月，在博山大街发现了一处琉璃作坊遗址和琉璃珠等标本。据考析，属于元末明初时期，且与山西硅钠琉璃类的配方和技术相同。据此可认定颜神镇琉璃系由山西传来。

吾般阳孙氏迁徙始祖孙之政，于元大德三年（1299）由枣强迁来山东寿光。究其迁徙原因，主要是因为吾祖身获琉璃技艺（据说是祖传），在枣强无用武之地，又因枣强生活艰难，只好迁徙异地，另找出路。原谱记，禹，字克让，寄居颜神镇水浒祠街。何为寄居？在此之前，之政祖带子孙来琉璃原料丰富的颜神镇传播琉璃技艺开发琉璃事业，已有本家或投靠之主在此，故元至正年间，大难之时，禹携全家前来寄居，并投入了颜神镇琉璃事业之中。山西琉璃发展较早。据《魏书》载：北魏太武帝时，月氏商人在平城（今山西大同）"铸石为五色琉璃"。再据清乾隆四十八年《太原府志》载："琉璃，出阳曲平城山中。有矿石，色微红，不甚坚硬，土人取捣成末，如炼硫黄法炼成，以为簪钏环钮之属，五色胥备，间有用以制灯者。今府南关有琉璃店"。看来，北魏时，山西就有琉璃生产的记载，至清初仍有琉璃生产和销售。再就山西赵城广胜寺"飞虹琉璃塔"的建筑看，山西应用琉璃较早。

吾祖孙膑后裔，五代时，同光元年（923）被兵乱逼迁山西洪洞县，金末（1234）山西兵乱复迁回故里，在山西居住300余年，其中不乏琉璃匠人。

吾孙氏，克让祖九世孙，清康熙元年内秘书院大学士孙廷铨所著《颜山杂记》，于康熙五年第一次刻板印行。其《物产》篇中《琉璃》一节，写得非常精彩，且影响甚大。这是因为孙氏祖先在明洪武初即在内宫监入了匠籍"世业琉璃"。其后裔一直在颜神镇为明朝宫廷监制琉璃，达270余年，六世孙延寿"每岁带本货游京师"，向宫廷提供琉璃贡品。他幼时见其曾祖父"每日晨起，检料毕，即还视炉座工人"，耳濡目染，自然对琉璃生产非常熟悉。所以写出了《琉璃》一节高水平的文字。这是我国最早出现的系统、全面而准确地记述琉璃生产工艺技术的文献资料，是17世纪产生于颜神镇的一部《琉璃工艺学》。由此，孙氏祖传的琉璃技艺公开化，促进了颜神镇琉璃事业的大发展。

再据《博山区志》载：明洪武年间，宫廷内宫监在颜神设"外厂"为皇室生产"青帘"等贡品。至明末，民间的琉璃生产也日趋发展，明景泰年间，西冶街就有大炉四座，生产水响货和珐琅料。嘉靖前后，珠灯、珠屏、棋子、帐钩、枕顶等琉璃产品问世，逐渐形成琉璃行业。明万历三十九年（1611），克让祖六世孙延寿（柳溪公）等人，发起结成了炉行醮会，并建炉神庙，这是颜神镇琉璃行业第一个行业性组织。

清乾隆十四年，十一世孙以宁《重修颜山孙氏族谱序》载：吾祖"应内宫监青帘匠，业琉璃，造珠灯、珠帘，供用内廷"。

由此可见，吾般阳孙氏系琉璃世家，祖先由山西带来琉璃技艺，为颜神镇琉璃业的创建与发展做出了贡献，是可信无疑的。

五、上溯，般阳孙氏与中华各民族有共同的祖先公孙轩辕黄帝

如上所述，般阳孙氏鼻祖孙武，孙武即孙书，亦即田书。欲知田书来历，须从舜帝说起。虞舜受禅之前，即颇为帝尧喜爱。曾以女儿相嫁，并赐妫河一带繁衍生息，成为一大家族，并以住地为记，取妫为姓。若干年后，周武王伐商建立周朝，要对前代贤人后裔封侯。由妫河边找来舜之后裔妫满，封他为陈侯，并将其长女姬嫁于妫满。在妫满去世后，谥号陈胡公。自此，陈胡公的后裔便以陈为姓。迨至春秋时，陈胡公之后裔陈文公、陈厉公、陈庄公等人，一改先贤之道，同室操戈，争夺王位，互相残杀。此时，陈厘公之子陈完，字敬仲，任陈国之贤士，对本国混乱之状，愤而又惧，索性离陈奔齐。公元前681年，完至齐，桓公器重，欲封其为上卿，完推谢未受。仅任一司工匠小官，名曰"工正"。完既离陈国就不愿以陈为姓。古时，陈、田同意，加之封邑于田，遂改陈姓为田姓，故陈完即田完，陈敬仲亦即田敬仲。田完的七世孙田书，字孙占。田书乃齐大将，公元前523年伐莒有功，齐景公赐采食乐安。遂田书的后裔依其字为孙姓，故田书即孙书，亦即孙武（谥号武子）。此乃导言中"妫、陈、田，与孙武一脉相承"的来历。

虞舜是黄帝的八世裔孙。黄帝姓公孙，名轩辕，是中华民族的共同祖先。

据《史记》五帝本记载：虞舜名叫重华。舜是冀州人，他曾在历山耕过地，在雷泽捕过鱼，在黄河边上做过陶器……他登上帝位后，任职39年，到南方巡察，在苍梧（今湖南宁远县）境内逝世。葬在长江以南的九嶷山，这便是零陵。据《禹贡》载：虞夏、商时代，山西洪洞县属冀州之域。传说舜生于洪洞县诸冯（今洪洞县圣王乡村北姚墟处），是可信的。因此，吾祖先的故乡在山西洪洞县又得一佐证。俗传：问我祖先在何处，山西洪洞大槐树。祖先故居叫什么，大槐树上老鹳窝。这就是山西移民的共同记忆。

（千禧龙年清明日于淄川育英楼）

洪洞人成为泗水的主人 祖根在"三晋"

贺文宗

泗水县位于山东省中南部，孔子家乡曲阜市的东临，是先贤仲子故里。她"东望龟蒙，西瞻阙里，南峙尼防，北拱泰岱"，是一个山清水秀、人杰地灵、资源丰富、交通便利的好地方。总面积1091.79平方公里，辖15个乡镇，592个行政村，总人口约60万人，80%的是山西洪洞移民后裔。

泗水县置于隋开皇十一年（591），县以河得名。泗河古称泗水，名称由来已久，早在虞舜时期，泗水是禹治"九水"之一。《禹贡锥指》曰："泗水……此禹迹也。"《括地志》云："泗水源在泗水县东陪尾山，其源有四道，因以为名。"元朝1271—1368年归中书省济宁路兖州。元末泗水与中原地区同样，战争连年不断，瘟疫、蝗虫等灾荒接二连三，居民百姓十亡八九，到处荆棘丛生，荒无人烟，据传户不过千、人不足万，有据可考者当时全县只有51个村庄。泗水有户籍记载始于明朝，从明初至洪武二十四年（1391），经过20多年的安置山西移民全县仅有2970户、20480人。泗水当时是落实明政府发展经济、巩固政权，实施大移民这项基本国策的重点县之一。洪武三年（1370）首批由山西洪洞县迁来泗水500户、近3000人，分别安置在百余处土质较好、水源充足的地方安家落户，一地一姓者以姓氏命名村庄，如贺庄、潘家庄、杨家庄等，一地两姓者以地理地貌起名，如沙胡同、押山庄、岔河等。据统计仅以姓起名的村庄全县就有232个，这也有力证明了外籍移民所建村庄多的事实，因为本地"老户人家"习惯以自然地理实体取名，很少以姓氏命名，如元朝末期泗水仅有51个村庄，50个村是以自然地理或历史地名起名。而明初由山西洪洞迁来的移民所建的113个村则全部是以姓为名。迨后再迁新建村者山西洪洞移民后裔也是以姓起名如贺家堂、贺泗庄等。

明初泗水县衙遵照明太祖诏示，对入籍的移民及当地逃荒回归无田者，每户拨给荒田十五亩，菜地二亩。若家庭人口多而有余力者，则不限顷亩，任其开荒耕地，并免交三年的税款或永不起科（免交田税）。优越的自然地理条件和优惠的移民政策，大大调动了移民的生产积极性。移民们竭力开荒种田，并和当地人搞好关系，和睦相处，使泗水大地迅速恢复了生机，农业生产蓬勃发展，人民生活逐步改善，移民人心安定，安居乐业。如洪武三年从山西洪洞县迁徙泗水的吾贺氏一家人口众劳力多，被安置在泗水县城东五公里处的泗河北岸，北顶河以南之处，斯地土层深厚土壤肥沃，任其开荒种田。历经三代艰苦创业之后，贺氏便成为明朝中期的泗水名门望族，耕田、经商、庠序、为仕者人才辈出，现已传二十三世。

当时为了有一个代表移民利益的组织机构与官府打交道，移民们集资在县城南门外西侧（今县政府南公安局大院）兴建了一处会馆，即山西会馆，推举名门望族代表常驻会馆，负责处理移民的日常事务，协调移民与官府、移民与当地的人际关系。为方便移民生产生活需要，繁荣泗邑经济，会馆权威人士策划，经官府批准，移民们在山西会馆东侧相继建起酒店、药店、杂货店、绸缎庄、货栈、饭馆、客栈、当铺、银号等商铺，迅速形成一条商业大街（取名泗水南关大街），商贾云集，贸易兴隆，很快成为全县的农副产品集散地和商业贸易中心。

洪洞移民在泗水人财两旺，丰衣足食，民心稳定，安居乐业的消息传到故乡后，洪洞县及从山西徙居河北枣强、武邑、黄骅、沧州等地的洪洞县人纷纷投奔而来，移民人口猛增，超过当地人数十倍。洪洞移民及其后裔，在六百多年的历史长河中，辛勤劳动，精心创业，为泗水的社会进步、经济建设和各项事业的发展做出了巨大的贡献，逐步成了泗水县的主人。"泗水山西移民多，祖籍洪洞老鹳窝。要问我祖来何处，山西洪洞大槐树。"木有本而根深叶茂，水有源而源远流长。一水之流而万脉，一木之茂而千条。泗水洪洞后裔千秋万代不会忘记洪洞，洪洞老家千秋万代更不会忘记移民。

迁民的前路

刘学斤

300多年前的一天，致力于探究天下兴亡的顾炎武在大名府了解到明初山西迁民河北的史实。我们在 300 多年后读他的记述，虽感简略，却油然而生亲近和踏实。这亲近和踏实亦来自贴身的近乎刻骨的感受和聆听。聆听乡亲平常挂在嘴边的"问我老家在何处，山西洪洞大槐树"，我们会情不自禁回望历史，那些长满青藤和果实的记忆啊，还有多少能像电影似的一幕一幕地清晰再现？

有多少迁民曾经走进河北？相隔无法超越的时间和空间，我们为什么仍能望见他们？

一、迁民召唤

山西迁民在河北的历史，开始于明初。

洪武二十一年（1388），明太祖朱元璋听到大臣奏报"今河北诸处，自兵后田多荒芜，居民鲜少，山东、西之民自入国朝，生齿日繁，宜令分丁徙居宽闲之地，开种田亩，如此则国赋增而民生遂矣"。针对于此朱元璋的态度是"丧乱之后，中原草莽，人民稀少，所谓田野辟，户口增，此正中原之急务"。

朱元璋和他的儿子朱棣均未轻视"为天下根本"的河北一路，"雄峙东北，关山险阻，所以隔阂重边，藩屏中夏"，父子俩在位时均重视迁民河北。

从哪里迁民呢？

他们先后都把目光投在了山西。"山西之形势最为完固，关中而外，吾必首及夫山西。盖语其东，则太行为之屏障。其西，则大河为之襟带。于北，则大漠、阴山为之外蔽，而勾注、雁门为之内险。于南，则首阳、底柱、析城、王屋诸山，滨河而错峙。又南则孟津、潼关皆吾门户也。"

此前天时、地利、人和都在成就山西，使得山西人丁兴旺。一项统计表明，洪武十四年（1381），河北只有 1893000 人，山西则有 4030450 人，比河北和河南两省人口的总和还多。

有计划有规模的迁民展开了。在一些地方，迁民会享受"人给十五亩，蔬菜地二亩，免租三年"的优惠政策。

河北接收更多的山西迁民应该是在永乐年间。是时始有顺民和迁民之分。

嘉靖《南宫县志》记载："洪武初，所置皆元末土著遗黎，亦有邻邑之人避乱徙居于此者，谓之顺民。……永乐初，四方之民流寓于此，遂家焉，谓之顺民，其税有粮无草，以示优恤。……永乐间，云雷初定，榛莽弥望，迁山西高平、长子诸县民四百余家，听其开垦荒地以为永业，是谓迁民。"

——这亦是目前我们能看到的最早的记载山西迁民的河北文献。

倘若继续在河北众多的地方文献查阅，亦不难找到有关山西迁民的记述——

元蒙杀戮掠夺，唐县生民南逃或被驱出口外，该县人口大减，至正二十一年即公元 1361 年仅有 7278 人，至洪武十四年即公元 1381 年亦只有 7610 人。……

永乐初年，朝廷强令山西居民成批迁徙河北腹地，唐县生齿得到补充，至万历三十五年即公元 1607 年，全县有 1389 户，25495 人。

元末肃宁境内有村庄 42 个，洪武至永乐年间，洪洞迁民立村 141 个，其中洪武年间立两村，建文年间立 1 村，永乐初年立 138 村，"此后又有山西、山东等地移民陆续来此定居"。

洪武二年即公元 1369 年，深州仅余 1228 户，洪武初至永乐十五年（1417），多次从山西迁民，485 个村中有 258 个都曾从山西迁民。

永乐年间，易州境内荒无人烟，从山西徙其民……

天灾兵燹，人口锐减，博野"丁不满千，迁山西夏县民居"，迁民随之成为博野人口的主要组成部分。

元末明初，河北地处风口浪尖，生民遭受重创，尤其发生在公元 1399 年至公元 1402 年的"靖难"，对许多地方而言无异于雪上加霜。是时史书的记载惊心动魄，充满血腥：朱棣军掠真定、顺德、广平、大名，在真定"斩首三万级"；在白沟河，其部乘风纵火奋击，"斩首数万，溺死者十余万"……没有温暖的文字道出了当时生存环境的残酷恶劣。在这场叔侄争战中，平乡人口十有八九死亡，永乐二年即公元 1404 年以后数次迁民，当中洪洞迁民占了 80% 之多。

永乐二年即公元 1404 年是迁民的一个重要年头，望都、邯郸、沧县等地志书均有公元 1404 年"迁山西洪洞等县民入籍"的记载。据谱牒和有关资料统计，正是从这一年开始，洪洞的迁民在大城先后立村 110 个。

二、山重水复

河北的山西迁民，以来自洪洞和洪洞周边的贫民为主，至今河北民间仍流传"问我老家在何处，山西洪洞大槐树"的说法，流传"凡小脚趾趾甲外侧另有一个小趾甲的人，都是从山西省洪洞县大槐树底下迁来的后代"的说法。

600 年前的一天，应该是在秋后吧！在洪洞城北紧邻驿道的广济寺，在寺旁落叶簌簌的大槐树下，他们集中，准备上路。他们中间有地道的山西土著，亦有来此避难者。这些避难者早已是屯民——迁民亦被称为屯民，以区别于当地土著社民；此时他们都站在了相同的起点，有相同的身份，是即将从大槐树下出发的迁民。

这将是怎样的一次行旅啊！这些扶老携幼背离故乡的迁民听说目的地在太行之东的河北，他们将在那里开垦荒地建设新的家园。怎样的千辛万苦、千难万险在前头等着他们呢？"太行隔绝华夷，实今古之大防……凭高控险，难于突犯……河北所恃以为固者也"，山重重，水复复，他们又会从哪里穿越太行？

太行有八陉。他们走的是太行第四陉滏口陉吗？从洪洞到河北，这条线路最近，经卜常进入涉县、武安、邯郸，亦应该是他们最佳的迁徙线路。这条线路早已开辟，闻名历史。晋文公实行"轻关，易道，通商，宽农"，此路已具规模。其后北狄经此路到邯郸，然后攻邢灭卫。此路亦是赵国国都邯郸交通西部代郡和韩国的要道。公元前218年，秦始皇嬴政东巡山东，经临淄、巨鹿、邯郸，沿此路回咸阳。魏晋南北朝时，此路异常重要、繁忙：公元394年，慕容垂自邺城出滏口陉灭西燕；公元550年起，北齐文宣帝高洋沿此线路至晋阳，一年能往返三次……

夕阳曾把迁民们的身影投在这条古老的交通线上吗？他们曾在中皇山北齐刻经和经过的响堂山石窟前祈福吗？

倘若他们不走滏口陉，他们会走太行第五陉井陉关吗？"天下九塞，井陉其一"，井陉关亦叫土门关。"山势自西南而东北，层峦叠岭，参差环列，方数百里"；"太行为控扼之要，井陉又当出入之冲"。

山西经井陉关到河北同样是一条古老而重要的政治和军事线路，春秋时已通。公元前229年，秦将王翦走此路灭赵；公元前210年，嬴政死于沙丘，尸体经此路运回咸阳；公元前204年韩信由此进兵背水一战……

迁民倘若有选择，他们会选择"车不得方轨，骑不得成列"的井陉之道吗？

倘若滏口陉和井陉关都不能成为他们的选择，进入河北他们还有第三种选择：经太行第六陉，走更北的飞狐道。这条线路曾是后燕和北魏的直道。

无论选择哪条线路，迁民的艰辛都是可知的。有刻骨铭心的血和泪，亦当有不能忘却的生与死。

然而发生在600年前的这次感动我们的迁徙细节仿佛只活在广大民间，文献中竟然省略了，连同时代可圈点的士大夫都是漠然和失语的。没有记载，连丁点的文字信息都没有，对迁徙的细节和路线，我们只能执着于点点滴滴的推测、体味。

三、乡亲乡魂

洪武二十一年（1388）至永乐十五年（1417），山西民无田者、"丁多田少及无田之家"迁徙河北达10次之多，其后裔分布在今天河北114个县市。

我们的执着难道仅仅是出于化不开的相关乡亲乡魂的心结？

山西迁民河北亦不仅仅发生在洪武和永乐两朝。顺平新兴4个村庄是洪武年间山西迁民建立；周家关由成化年间从洪洞县老鹳村迁来的周姓居民建立；弘治、万历以及明朝末年，顺平仍有徐姓、董姓和宋姓居民从山西迁来。

这些后来的迁徙又是如何发生的？为什么会产生"洪洞县老鹳村"这样的讹传？甚至连"洪洞"亦读作"洪同"。

社会学家李景汉等人在19世纪30年代的定县调查后亦说："各村居民大概皆自山西洪洞县迁来，其时在永乐年间，燕王扫北时，燕赵之民随在起义抗拒，燕兵所至，屠戮甚众，直省尤甚。定州人民多死于此时。适山西洪洞县大闹虫灾，年景饥荒，于是多迁来定州落户。"

相隔 600 年的时间，山西洪洞迁民在河北民间为什么仍有如此活跃且持久不衰的话语和话题呢？

于是，我们，趁着清明，由南而北，由东而西，从邯郸，从石家庄，从保定，从沧州，从廊坊……出发了，走向通往山西洪洞的路，还有谁和我们一样，把这当作是一条回家的路呢？"余家旧移自洪，碣载永乐二年，视洪志所记，微有先后，盖即定居时言耳"，在路上我们读民国年间乡党苏毓琦吟咏洪洞大槐树的诗文，"古杨城北邮亭路，摩挲不见大槐树。汾水东南日夜流，浪淘沙啮犹如故。路旁车马何班班，当日移民去不还。游子大风悲故国，离歌朝雨唱阳关。芥子须弥天地改，桃核昆仑桑田海。人生代谢今几时，乡音换尽乡心在。……"还读到方志学家傅振伦的大槐树志序言，他的十二世祖三兄弟于成化十一年（1475）从洪洞迁居河北新河城召村，亦是河北乡亲。

他们的目的地是我们出发的地方。"莫愁前路无知己，天下谁人不识君"，是诗人和知识官绅的呼喊与期望，迁民多文盲多生活于社会底层，他们的后裔中将来亦会出诗人和知识官绅，但需要几代乃至数十代的酝酿和积累，迁徙路上的他们饥肠辘辘，不会有诗情，有的只是渴望。他们渴望饱食，渴望有更多的土地属于他们，渴望将来亲手侍候的良田能种出更多的粮食和果蔬。

他们响应朝廷的号召，走在迁徙路上，为国，亦是报国；路途艰险，漫长，然而目标明确。还有什么不可克服？还有什么舍不得？国家兴亡，匹夫有责，那些行走在迁徙路上的匹夫啊，他们微不足道，可是他们真就是微不足道吗？这个国家这个民族，不正是无数个这样微不足道的匹夫所构成？

——这是他们的方式，不可选择的唯一的方式。

洪洞：大移民前夜的庶民社会

庄秋水

金元以来，中原地区田园荒芜，关中兵荒马乱，河东成了北方地区唯一的"桃花源"。华夏文明早期的深厚文化传统一直都是洪洞社会生活的底蕴和内容。当乱世结束治世来临，地狭人稠的平阳成为山西输出移民最多的地区。

1303 年 9 月 17 日夜晚。平阳路洪洞、赵城的居民们一如往常吃着晚餐，那些习惯早睡的人则已进入了酣梦。赵城县（今属洪洞县）徐张氏正收拾碗筷，她公婆大概已经睡着了。丈夫徐谷原是永济的粮官（仓事），已经去世。如今，她奉养年迈公婆，教育膝下幼子，虽然日子过得紧巴巴，一家人倒也其乐融融。

突然，屋子开始剧烈晃动。碗从桌子上飞了出去，击打在墙面上，碎片纷飞。

公婆和小孩子的尖叫声混杂在巨大的声响中。几秒钟后，就像来时一样的突然，大地不再晃动了。徐张氏茫然四顾，这才发现庇护一家人的房子已成废墟。瓦砾堆里公公的呼救声让她顾不上恐惧或悲伤，扑过去试图用手刨开废墟，血和着灰尘滴落在地面上。

来山西传道的道士张清志和徒弟住的房子被震为两半。得以幸免的张清志立即开始救助他人，从废墟中救出了不少人。他的善举得到朝廷表彰。

平阳和太原两路的民众与徐张氏一样，经历了一个可怕的夜晚。一场八级地震袭击了山西，震中便是洪洞县和赵城县。地震摧毁了数以十万计的官舍、民房，1400余座庙宇和道观。震后形成的沟渠涌出黑色泥沙，地震引发了滑坡，赵城范宣义郇堡一夜之间滑出了10余里。

老天爷发怒了

洪洞地处临汾盆地北端，东靠太行，西倚吕梁，是南北交通要冲。12世纪一位金代进士曾赞美说："洪治隶平阳，壮哉县也！其始为城者，适当大路津要。骈骖之所奔驰，商旅之所往来，轮蹄之声夜不绝。"（乔逢辰：《惠远桥记》，转引自乔新华：《为什么是洪洞：大槐树下的文化传统与地方认同》，人民出版社）金以来，平阳一带便是富庶繁华之地。"重农桑……上下相守，家给人足，仓廪有余……国中号称小尧舜。"虽然南下蒙古军的杀戮和抢劫把一块繁庶之地变得人烟稀少物质匮乏，一旦时局稳定下来，平阳很快便恢复了活力。大量陕西、河南和河北的难民流入山西地区，外出逃避战祸的民众也陆续返回故里。

然而，这次地震的破坏力是摧毁性的：20万（另说47.58万元，可能是伤亡总数）人的生命被夺走；关乎洪洞、赵城两县民生的霍渠和济民渠也在地震中塌陷，无法通流。

历史研究者认为这次地震造成了洪洞人向他乡移民。或许地震后逃离百孔千疮家园的难民潮，最终形成了洪洞大槐树的移民传说。"正是因为1303年大地震在洪洞及周边地区的人们的生活中留下了久久不能抹去的伤痛；而人们纷纷把自己当作是洪洞人的后裔，是为要表达幸存者和周边地区的人们对震亡的洪洞人的一种深切的历史缅怀之情。这就是说，山西洪洞大槐树族根传说正是人们既保存同时又消解关于1303年大地震的历史记忆的一种非常特殊的方式。"（周祥森：《1303年洪洞8级大地震与山西洪洞大槐树族根传说》）

观察者

元朝政府在次年一月发布了救灾政策：免除太原、平阳两路三年税粮。在1305年又把平阳路改为"晋宁路"。对地方而言，当务之急是修复水渠，恢复生产。从地震后五年直到元亡，洪洞县新开洞渠和河渠共七次，而在山西水利建设的高峰期中统、至元年间，洪洞只开渠三次。

水利是洪洞人生活的重心之一，这里普遍实行稻、麦轮作的耕作制度。

王恽在至元年间奉命在北方劝课农桑。他曾担任平阳府判官，他的《劝农文》和不少诗作，直接反映出这里的水利技术和管理水平。他在一首诗歌里充满激情地歌咏道："人定真能力胜天，一车翻水溉高田。"洪洞地处黄土高原的中部，西临汾水；霍山南麓发源的霍泉，汇水成潭，浇灌洪洞连绵的土地。在1266年，平阳路总管郑鼎在赵城店村以西开利泽渠，引导汾水灌溉洪洞、临汾两县三百多顷土地，难怪王恽感慨"晋人善用水而尽地之利"（王恽：《秋涧先生大全集》，转引自《元朝时期的山西地区》，辽宁民族出版社）

有一个故事很能说明当时政府的水利管理水平。1272年，洪洞县郭堡村郭进等人向平阳路农业官员报告，要求开沃阳旧渠。次年二月，平阳路总管府派人来考察此项目，县衙派县尉陪同前往。县尉巡查中发现此事颇有疑点，但反被郭进诬告一个考察不实。于是，此事一路上报，洪洞县尹再次考察，最后平阳路总管府亲自出马，然后举行集体会议。最后认定郭进有问题，但念在他本出于好意，免除了他的罪责。后来，郭进等人再次上陈河东山西道农业官员，仍表示要开渠。最后，河东道官员批准他在县尹的引导管理下，开渠引水，但不能损害其他人的利益。

大型的水利纠纷一般官府出面处理。日常渠务工作由谁负责呢？洪洞县各渠道普遍建立了自治组织。在保留下来的霍泉水神庙金元碑刻中，也能看到僧人和道士的身影。像张志清这样的道士，寺院的僧人们，不仅享有免税特权，在地方社会中也极有影响力。他们和由民众推举的渠长合作处理渠务，编造渠册，协调灌溉农田。饶是如此，宋以来，地方因争水而引发多次纠纷。赵城、洪洞两地自从唐代实行三七分水，争水斗殴，时有发生。两县因此长时间互不婚嫁。

总的说来，平阳人民的生活尚称不错。在汾水的谷地，尤其适合种植小麦。"人家种麦秋社前，一片苍烟朝雨湿"，王恽忍不住要抒发一下诗人们传统的田园情怀，赞美农民种植冬小麦的美好场景。更何况，墙外便是桑麻，堂前总有桃李。虽然粮食还要供给北部军需，赈济他处灾荒，还不至于饿肚子。正像元人杜仁杰笔下那位快乐的庄稼汉，只要"桑蚕五谷十分收，官司无甚差科"（《耍孩儿·庄家不识勾阑》），那便逍遥快活了。

风调雨顺，五谷丰登，正是农民们最为殷切的期望。他们积极兴修水利，让自己的田地得到最好的照料；同时，他们是"靠天吃饭"，既然要靠老天爷的脸色过日子，就要建庙祭祀，供奉灵祇，箫鼓吹香，以娱神明。

每年阴历三月十八日，是水神诞日，广胜寺水神庙会举行祭祀大典。那天也是远近民众的盛大节日，有专门的剧团唱戏酬神。民众娱神，也自娱。"远而城镇，近而村落，贵者以轮蹄，下者以杖履，挈妻子舆老羸而至者，为集数日，极其厌饱而后，顾瞻恋恋犹忘归也。"（《重修明应王殿之碑》）

每年岁时节气神降日，不是伏羲、神农，尧舜禹汤，便是山川风雨、天地日月，这些平常俭朴的农民们都要献上一份隆厚的敬意，花费很是惊人。王恽敏锐地观察到了这点，规劝百姓积蓄粮食以备荒年，不要把辛苦所得拿去敬神。

就在震后第二年，洪洞人任安仁便募集资金，修复了师旷庙。师旷是春秋时期晋国的一位音乐大师，民间传说他出生于洪洞曲亭镇师村，如今洪洞的威风锣鼓便是由他所创。洪洞人认为自己是师旷的遗民。唐代人编修的《元和郡县志》就记载洪洞建有师旷祠。1164年，洪洞人文子义创修了师旷庙。在洪洞人心目中，师旷是一位贤臣，在过去的岁月里，逢水旱灾疫，他都有祷必应。另一位古贤臣皋陶，据说是中国刑法的创立者，和一位公正无私的法官。洪洞人认为他就出生在城南的师村。原本皋陶祠依附于一所佛寺，地震后寺庙逐渐恢复，唯有皋陶祠一直到1324年才在段亨的倡议下复修，直到七年后才完工。这次重建工作得到了官府的支持。

修复师旷庙和皋陶祠，是地震之后明朝建立之前，洪洞地方上的两件大事。虽然在少数民族统治下过了多年，洪洞本地的历史传说依然代代流传：女娲在此补天，伏羲在此画卦，舜和二妃在此喜结姻缘，羊獬和历山因此走了千年老亲。华夏文明早期的深厚文化传统一直都是洪洞社会生活的底蕴和内容。

鼎革

1357年，对洪洞来说是不寻常的一年。造反的红巾军进入了山西。就在上一年，朱元璋攻下了南京，并定为新首都。

此时，元朝内部内讧不止，元军和明军多年争夺，作为主要战场的河北、山东、河南和陕西，遭受到了最严重的破坏。历史书用几世纪以来固定的格式描述人民的苦难："燕赵齐鲁之境，大河内外，长淮南北，悉为丘墟，关陕之区，所存无几。"在上一次大战——蒙金之战中，山西诗人元好问纪实风格的诗句完全适用于这里。"高原水出山河改，战地风来草木腥"，连草木都沾染了血腥味；"道旁僵卧满累囚，过去骈车似水流。红粉哭随回鹘马，为谁一步一回头。"战祸所及，上层阶层亦不能幸免。

上天仿佛故意要加重中原地区人民的痛苦，1334年，山东水涌，民饥；1334年，黄河没人畜、庐舍；1356年，黄河决口，山东大水；1359年，山东、河北、河南与关中飞蝗蔽天。而山西因为居高临下，有地利之便，遭受的水旱灾害相对较轻。中原地区田园荒芜，关中兵荒马乱，河东成了北方地区唯一的"桃花源"。"河东山川人民熙熙,禾稼丰登,牛羊散野,余粮栖亩,俨然太平气象"。[《山右石刻丛编》,转引自《元朝时期的山西地区》(文化/教育/宗教篇),辽宁民族出版社]。于是,数十年来,逃荒避祸的人群,渡过黄河,越过太行山,涌入了这个避难之所。

1368年元大都被攻占。新登基的明朝皇帝的第一个目标就是山西。明军一南一北,夹击元军,把扩廓帖木儿(王保保)赶到了甘肃北部。对元军的局部战争在山西北部进行了二十多年。相对来说,山西所受战乱不像中原那么严重,而周边民众不断涌入,"所以到了明代初年,就显得人口特别稠密;而太行山东麓的河北平原地区,经兵燹之后,人口很稀少,于是就发生了明初的大举移民。"(谭其骧:《山西在国史上的地位》,《晋阳学刊》1981年第2期)

重建

1370年,杨茂来出任洪洞县知县。刚刚经历王朝更迭之后,洪洞各项事情都亟待开展。但杨茂来的当务之急是配合户部推行户帖制度——那关系到大明政府正常运转,县里将依此为凭据征收赋税和徭役。

受教育程度不高的洪武皇帝,这年发布了一条白话谕旨:"说与户部知道:如今天下太平了也,止是户口不明白里,教中书省置天下户口的勘合文簿、户帖,你户部官出榜,去教那有司官将他所管的应有百姓都教人官,附名字,写着他家人口多少,写得真着。与那百姓一个户帖,上用半印勘合,都取勘来了。我这里大军如今不出征了,都教去各州县里,下着这地里去点户比勘合。比着的便是好百姓,比不着的便拿来做军,比到有官司官吏隐藏了的,将那有司官吏处斩。百姓每自躲避了的,以律要了罪,通挐来做军。钦此。钦遵外,今给半印勘合户帖,会付本户收执者。"(谷应泰:《明示纪事本末》,中华书局)

清查土地和人口,在洪洞县这样一个移民城市,工作量必定不小。每户的籍贯、丁口、名字、年龄、男女、田宅、牛畜,都要一一登记在册。1381年,政府更进一步实行黄册制度,以户为单元,除了登记详细状况,还把民众划分成民、君、匠三大类籍别。每个家庭都被固定在一个类别里,比如裁缝,属于匠籍,一旦政府有需求,就必须承应相关的差役。每户要每年填报一次,由地方官核实变动情况,十年进行大普查,重新造册,户部、布政司、府、县各存一份。1381年的统计结果,大明朝有10654362户,59873305口。历史学家们认为,这是明朝早期相当真实的人口数字。

编造黄册的同时,政府还施行里甲制度。十户为一甲,轮流充任甲首。十甲,加上额外的称作"里长"的十户,为一里。里长,也由额外的十户轮流担任。城区,里被称作"坊",郊区被称作"厢"。县志记载,明初洪洞县曾有五坊,分统46里。1391年是大造之年,洪洞的户数和口数分别是11592和92872

于是，洪洞的每一个居民被里甲制纳入朝廷的管辖层级之中。后来再加上保甲制度和乡约制度，大明子民们生活在一个安全而彼此监视着的乡治体系中。他们纳税，为国家服役，学习礼仪。洪武皇帝还希望帝国治下每里的塾师，每三年应该带着学生赴京，背诵他的《大诰》。

　　洪洞居民发现他们生活在一个堡垒型社会里。皇帝想象20里（合12公里）是所有人活动的最远距离，最高上限是100里（合58公里）。一个人要想到百里之外，必须申请一个路程许可证，无证通行，会被处以80以下的杖刑。一个人是什么阶层，就必须按规定穿他那个阶层的服饰。甚至他袖子的长短，皇帝也要亲自过问。商贩、差吏和小市民们不可以穿高级质料、色彩鲜艳的衣服，爱打扮的庶民妇女只能戴银首饰，即便家中有点钱，也不可以戴金钗玉镯。商人更可怜，农夫还可以穿绸、纱，他们就只许穿绢、布衣服。

　　俭朴严苛的诉求也深入到洪洞居民的精神生活中。洪武皇帝下令郡县设立官学，推广道德教化。1375年，他还亲自撰写了《资世通训》教育全体臣民如何做一个合格的臣子，而他作为臣民之主，则要竭力扭转过去的"胡俗"，恢复"中国先王之旧制"。他把自己扮成了一位儒学理想的君主，用三纲五常为核心的华夏礼教，来重塑汉民族的正统性。1384年，即洪武十七年，皇帝在四个月内，便连着表彰了山西的五位普通妇女"贞节"。

　　皇帝自己以明教发迹，深知民间宗教常常扮演造反的策动者，于是利用里甲制度里连坐的法令，禁止民间宗教活动，连流传了千年的游神赛会也被禁限。神灵祭祀被分成正祀（必须崇拜），有社稷、城隍、关帝、东岳等神祗，杂祀（允许崇拜）和淫祀（不许崇拜）。县志记载明朝洪洞的第一位进士宋拯曾为重修城隍庙做了一篇记，点明"明则有礼乐，幽则有鬼神"，可谓深得皇帝的圣意。

　　令洪洞人引以为傲的是，1388年皋陶被列入了国家祀典，从此接受全国人民的崇拜。日后，洪洞社会围绕着皋陶做了不少文章。这也是地方士绅连续努力的结果，把地方性信仰纳入国家系统之中，可以扩大地方的影响力；而国家也乘机为己所用，统一意识形态。(赵世瑜：《狂欢与日常——明清以来的庙会与民间社会》，三联书店)金元时活跃在洪洞社会的僧人和道士，此时已渐渐退出公共生活的领域。那些热心地方公益事务的士绅们，成为皇帝推行的乡饮酒礼的耆宾，担当起地方的道德楷模，在水利、修祠和征办官租等实际事务中，也充当起官方和民众之间的调和者。

　　总之，皇帝希望每一位臣民都勤俭坚韧、遵纪守法。然而，皇帝心目中男耕女织鸡犬相闻、村村不相往来的田园设计，终究只是一种理想。帝国如此广阔，物产各处不同。洪洞县那些头脑灵活的商人，很快参与到一个既合法又能赚钱的生意中。北部的大同是边境城市，明军和蒙古一直争战不断。驻军既多，军需供应需求极大。大同军粮自别处运来，路远费重。1370年，山西省行省参政杨宪向朱元璋上书，建议采用"开中制"：让商人运粮食和其他军需物资到边境，大同仓米一石、太原仓一石三斗，换取一份"盐引"即二百斤盐。然后凭盐引到指定盐场支取食盐，再转运他处销售。第二年，中书省又请山西等地贸易棉布备军装换盐引。

这是山西商人发家的起始点。他们从此开始活跃于北部边镇、长江以北。平阳府、泽州（今晋城）和潞州（今长治）开始出现资产数十万的商贾之家。那位在洪洞短暂居留过的苏三，就是被一个马贩子沈洪买作妾到了这里。沈洪追求苏三时，自夸有数万碎钱，如此看来倒也所言不虚。

研究明代社会史的卜正民说："洪武对忠顺敝社会秩序的深厚感情使他企图改变村庄形态大小雀异的现实，将之纳入他的十年一循环的无休止的自我复制的社会理想秩序中去，这无异于削足适履。"（卜正民：《纵乐的困惑：明代的商业与文化》，三联书店）

但对一位掌握着"削足"大权的帝王来说，人口分布不均衡，中原地区人烟稀少，破坏了他心中和谐社会的蓝图。洪武帝和他的儿子永乐，决定使用强制性的手段去改变帝国境内的人口分布。他们把目光投向了地狭人稠的晋南地区。

于是，数十万的山西农民，被迫离开故乡，迁往河南、河北、山东等地。一场长达半个世纪的迁徙大潮由此展开。

跰趾密码

跰趾，在今天中国很多地方的人群中，不但是判别祖先是否来自山西洪洞县的标志，更成为判别是否是血统纯正的汉族人的标志。小小的趾甲，穿透了时间的阻隔，被人们当成了成为解读历史的密码。

历史故事，往往从一个传说开始：

在距今640多年前的明洪武年间，中央政府为了往连年战乱，人口锐减的豫鲁冀等中原地区填充人口，用了几十年的时间，将人丁兴旺的山西各地人民，迁往中原。

面对茫然的未来，山西民众极不情愿地集合到洪洞县大槐树下，被推推搡搡着离开家乡。这时，押解的兵士往每个人的小脚趾的趾甲盖上砍上一刀，以后凡是小脚趾趾甲上有裂痕，或小脚趾的趾甲分瓣的，都是山西移民。

这个传说流传至今。不少山西移民的家庭，就是这样一代一代对孩子们复述这个故事。在山西移民往南迁徙的漫长路途中，有一个聚居地是河南南阳，伏牛山脉中的这块地域里有这样一句民谣:"谁的小脚指甲两瓣瓣,谁就是大槐树底下的孩。"这句民谣的根源就是山西省洪洞县大槐树公园祭祖堂里的两副楹联:"举目鸹窝今何在,坐叙桑梓骈甲情"和"谁是古槐底下人,双足小趾验甲形"。

这个传说后来有了进一步演绎。跰趾,在今天中国很多地方的人群中,不但是判别祖先是否来自山西洪洞县的标志,更成为判别是否是血统纯正的汉族人的标志。小小的趾甲,穿透了时间的阻隔,被人们当成了成为解读历史的密码。

但是,如今人们都知道,刀砍的外伤是不会遗传的。那个600多年前在移民脚趾上砍了一刀的士兵,怎么会有那么大的威力,让这样的伤口一代一代遗传至今呢?

在现代的中国人当中,又的确生活着不少小脚脚指甲分瓣的人群,在医学中称为瓣状甲(petaloidtoenails, PTN)或小脚趾复形。

这两者之间究竟有无联系,传说中的跰趾来源于山西到底有无依据?

来源山西

2005年,复旦大学公共卫生学院流行病研究室副教授边建超、研究生郝卫国等人,对出自洪洞的跰甲传说,做了遗传学方面的考察和研究。结果发现,从山陕经豫苏浙到赣闽,瓣状甲的分布呈递减趋势。这表明,瓣状甲的分布在一定区域里,的确与山西移民有关。

郝卫国一行从西部省份的山陕出发,一路向东南走去,经过几个历史上山西移民最多的省份、次多省份、直到历史记载中与山西移民无太大关系的福建省。

郝卫国等在陕西、山西、河南、江苏、浙江、江西、福建七省,各选一个乡村,进行了瓣状甲的田野调查。这些村落分别位于山西洪洞县、陕西周至县、河南禹州市、江苏淮安市、浙江湖州市、江西玉山县和福建永泰县。同时,他们还选择了10个微卫星位点,对调查人群的遗传多态性进行了分析,在他们将调查人群的遗传多态性与瓣状甲的地区分布差异进行对比后,得出了如下结果:

受调查的七个省份晋、陕、豫、苏、浙、赣、闽的瓣状甲频率分别为79.17%、79.51%、63.74%、62.45%、62.54%、36.29%和37.80%,其中呈现出的百分比差异,具有统计学意义。如果将七省受调查地区的瓣状甲频率分为高、中、低三个层次,那么发生频率79.17%、79.51%的山西、陕西两省,为高频率地区,发生频率60%多的三个省河南、江苏、浙江为中等频率地区,赣、闽的发生频率是三成,被列为低频率地区。这些地区被考察的瓣状甲人群中,分为两瓣的人口占总瓣状甲人数的98.82%,还有1.18%的人群,小脚趾趾甲分为三瓣;被调查人群中的瓣状甲由于成百上千年的遗传和变异,目前肉眼可看出清晰型、融合型和退化型三种类型。

基于这些调查和统计数据,郝卫国得出一个阶段性和地域性的结论,"瓣状甲频率以山西为起点向东南方向呈递减趋势。"郝卫国的这一结论，与历史上发生过的移民史实相吻合，那就是，就当年的移民区来看，从山陕，经中原，越往东南，移民区就越少。因此，郝卫国认为"根据山西一带的移民情况和民间传说。我们推测瓣状甲可能起源于山西……并随移民向全国各地扩散。"

汉族特征

这一个阶段性的结论，说明瓣状甲确实与移民分布有关，但它是否就是汉族人独有的性征呢？随着调查的深入，这个结论并没得到科学的证实。

郝卫国在山西的调查区域，选在跰甲传说的中心地带——山西洪洞县。在他进行调查的这个村庄中，有26个核心家系和1个完整的三代家系参与了调查。对这些家庭的系谱分析的结果是，发现瓣状甲发生的频率为79.51%，其中男性为82.28%，女性为76.15%。同时，有些人双脚都有瓣状甲的性征，有些人是一只脚为瓣状甲，另一只脚的小脚指甲正常。

在郝卫国的此项研究中，最小的跰甲受调查者3个月，最小的瓣状甲呈现年龄为1岁，有的人并不是一生下来就有小脚趾复形现象的，是长到5岁以后才出现的。瓣状甲对其"主人"的成长和健康都没有影响。

调查同时发现，跰甲父母生的孩子并不都是跰甲，在26个家系中，有24个家系子代有瓣状甲。2个家系子代未出现瓣状甲。也有些家庭，父母双方有一方为瓣状甲，他们的子女中，有的有复甲性征，有的则没有。

遗传学认为，瓣状甲的遗传主要受一对等位基因控制，在家系中的传递遵循孟德尔分离规律。具有以下特点：遗传基因在常染色体上，遗传与性别无关；男女发生机会均等；该性状在每代均有表达，呈连续传递。

"瓣状甲频率以山西为起点向东南方向呈递减趋势。"郝卫国的这一结论，与历史上发生过的移民史实相吻合，那就是，就当年的移民区来看，从山陕，经中原，越往东南，移民区就越少。

跰趾密码

也就是说，跰甲与否，与其是否是汉族并没有直接的关系。即便是在传说中的移民发源地洪洞县，也并非每一个汉族人群都出现跰甲，就连同一家庭的兄弟姐妹身上，跰甲出现与否也各自不同。

陕西作家陈忠实在小说《最后一个匈奴》中，对跰甲的出现有这样一段文学性描述：离队的年轻匈奴士兵，跟一位唱山歌的汉人女人相合了。按照这个汉人村落规矩，这对年轻人将被当众吊死。行刑之前，族长听说汉人女子已有了身孕，于是险情急转直下。族长要求女子把孩子生下，如果是个男孩，如果这个男孩是瓣状甲，说明他是汉人的后代；假如生出一个小脚趾趾甲光洁的男孩，那么这就是匈奴的后代，这个儿子就要被处死。

一年后，女子生下个小脚趾光洁的男娃，于是她的头生子便成了个匈奴留下的冤孽。但是又过了一年，女子生下小脚指甲分成两瓣的男孩，这个孩子被当作汉人的儿子，名正言顺地受到保护。

在这一家人中，兄弟二人在小脚指甲上的遗传上，出现了不同的遗传性征。对此，边建超解释说，系谱分析表明，瓣状甲是一个常染色体显性性状，一对有瓣状甲的汉族夫妻，他们的基因型也完全可能都是显性的，但进行配对组合后，有多少种组合，子女中就可能有几种基因型。于是，就会生出一些不是瓣状甲的孩子。用跰甲来区分孩子是匈奴还是汉族，显然是个错误。

民族融合

中央民族大学少数民族研究中心主任张海洋教授则认为，瓣状甲不但不能看作是汉人的独有的性征，反而应该看作是民族融合的产物。

自春秋以后，山西就是一个汉人与少数民族杂居的地区，戎人、胡人已经来到这里，由于人类实行外婚制（同一家族不得通婚），甚至同姓不婚，这就自然而然地发生多民族融合的现象。

尤其自秦以降，中国北方少数民族中匈奴、契丹、女真、奚、蒙古族渐次兴盛，他们与汉族人群从战争起、至和平聚居止，一次次地进行着大规模的聚居通婚和文化交融并历经千年。这些在历史上曾兴盛一时的游牧民族，经过多个世纪与汉人的共同生活、演变、发展，最终在华夏汉族的怀抱之中共同完成了民族的大融合。

山西这块东西狭窄、南北修长的地带，正好上北下南地贯通了农业与牧业两大人类生存空间。并且一直是北方游牧民族南下必经之地、南迁首选之区。所以，征伐和北方民族的迁入，山西杂居人群的迁出，都使山西成为胡汉杂处之地。山西因此在中华民族融合史上地位显赫。

在明代大移民之前，山西早已成为五族杂处之地，从血统上去区分谁是汉人，谁是异族早已不现实。因此，即便山西人的跰甲现象出现较多，但跰甲是否就源自汉族根本无法证实了。

此外，从人类学的角度来看，汉人只是蒙古人种的一种，那么另两种人，高加索人和黑人是否也有此性征？目前尚未有人做过此项研究。

历史记忆

在今天能查到的资料中，瓣状甲最早的记忆是明朝初年，并与明初持续50年（明洪武二年至明永乐十五年）、多达百万人的移民有关。

但从医学遗传学的角度讲，50年的时间是不可能产生一种新的、稳定遗传的生理性状，因此，瓣状甲的源头应该是藏在历史更深处。

边建超、郝卫国等研究者进一步推测说：瓣状甲有可能是古代华夏族的一个生理特征，另一种可能是，这是某个早已融入汉族的远古少数民族的生理特征，总之，它是民族融合的产物。

山西本是华夏族的发源地，又在漫长的历史岁月中，包容接纳了各种族群。在华夏族与其他族群的征战、交往中，各民族自身特有的一些性状也就自然地通过民族融合的形式遗传下来。

跰甲与否，与其是否是汉族并没有直接的关系。即便是在传说中的移民发源地洪洞县，也并非每一个汉族人群都出现跰甲，就连同一家庭的兄弟姐妹身上，跰甲出现与否也各自不同。

从明初开始，从山西外迁的人群中，已经有人注意到了自身存在着瓣状甲这一现象。这些移民走出山西以后，为了保持自己族群的记忆，特意强调了自身一些与众不同的特征。

此外，在明初山西的大移民当中，外迁的也并非都是汉族人群。洪武三年，元宗室脱忽的贴木儿被俘获。朱元璋为了消弭元宗室残余势力，将归降与俘虏的蒙古贵族及其部众移至京师（南京）。此后，陆续又有不少被俘获的蒙元贵族被移到南方，一些元朝旧贵还被迁移到了云南、海南等地。

在长达半个世纪的移民史中，移出的既有蒙古贵族、也有汉人贫民，此外还有不少色目人。移民中的蒙古贵族向京师、江苏乃至海南输送了元蒙的血统，而移民中的汉人，也向这些地区输送了汉族的基因、早已胡化的汉人或化汉的胡人，同样是移民队伍中的成员。他们被分散在11个省，227个县。数百年后，在他们移居的区域里，血统早已混杂的后人身上。而跰甲的性状究竟是哪个族群留下来的，已全然无法考证。

如今，瓣状甲普遍存在于冀豫鲁等中原地区，在中国许多北方的人群中也大量存在，然而，它的发生和存在状况却是各异。这也正与移民过程中各民族混杂的状况相符。一次山西大移民实际上就是一次民族再融合的过程。

现在，已经无法判断明初之时，除了山西，其他一些区域的人群是否也有着大规模的跰甲现象。但这个传说既然始自明朝，源自山西，那么有一点是可以肯定的：那就是，从那个时候起，从山西外迁的人群中，已经有人注意到了自身存在着瓣状甲这一现象。这些移民走出山西以后，为了保持自己族群的记忆，特意强调了自身一些与众不同的特征。而跰甲，就是在这样的大环境中被一步一步强化，最终演变成一种集体性的历史记忆。

在张海洋看来，人类天生就有找差别的本能，这既是人性基础，也是传说的基础。无论从社会发展还是文化生态学的视角来看，瓣状甲在600多年的传说中，是一根具有向心力的指针，将人性中的思乡、寻根、认祖、归宿牢牢地绑定在中国人的心灵深处。家庭与家庭、家族与家族、个人与集体也因此紧密地团结起来。对于中国这个多民族的国家，汉族这一概念不再是血统的标志，而文化意义上的认同。

出山西记

李远江

据史料记载，洪武二十四年到永乐十年，21年间平阳府净减少2万人，可以确定为全省移民之首。然而，根据万历年间的《洪洞县志》，平阳府下辖的洪洞县由洪武二十四年的92872人减少为永乐十年的87775人，净减少不过5097人。由是观之，盛传北方十余省份的洪洞大槐树移民传说，应视为对明初山西大移民，特别是平阳府移民的追忆和演绎而已。

从最初的政治、军事移民到后期的经济大移民，从政府组织到民间自发移民，明朝早期，山西移民一波波像潮水一般涌向中原大地、京师南京，甚至远达云南、海南。仅洪武、永乐两代，山西一省净移出人口就高达一百万。而这场规模宏大的移民运动不过是明初全国大移民的一个缩影。它不仅弥补了中原地区的人口不足，还为重建中原汉文化提供了丰厚的文化资源，最终成为洪洞大槐树移民传说的史实来源。

从政治移民到军事移民

与历代王朝初兴之时一样，为削弱地方势力，巩固中央王朝的统治，朱元璋自明朝建立伊始就开始将各地贵族、富户迁往京师，地处北部边疆的山西也不例外。明初，故元"四大王"长期盘踞山西中北部，威胁着中原的安全。山西北接蒙古，群山环绕，是阻挡草原铁骑问鼎中原的天然屏障，为经略山西朱元璋费尽了心机。

明洪武三年（1370）六月，"四大王"袭扰大同、武州等地，太原卫指挥使桑桂率军将其击破，在追击中俘获三大王脱忽的帖木儿，旋即押送京师南京。此后，明朝调集重兵围剿"四大王"却屡屡受挫。于是，朱元璋决定采取坚壁清野的战略，大规模迁徙山西北部居民。

洪武六年（1373）九月，朱元璋以山西北部"屡为胡虏寇掠"，命指挥使江文迁徙当地居民8238户，39349人前往安徽中立府（后更名为凤阳府）。这是明初山西第一次大规模移民。

坚壁清野的同时，朱元璋继续加紧围剿"四大王"。洪武七年（1374）四月，大将军徐达擒获元朝官属1323人。同年，骁骑卫兵在兴和、白登等处俘获王保保所部省院官买纳等43人，左副将军李文忠在丰州俘获元朝官吏125人，故元王爷兀剌歹自大同来降……按照惯例，这些蒙古贵族都被遣送京师。

军事上的接连胜利，似乎印证了"移民空边"的正确性。于是，朱元璋决定继续迁徙山西中北部边境居民。洪武八年（1375）正月，朱元璋命吉安侯路亨等人缉捕太行山潜通"四大王"之人，没过多久，便捕获10400人押送京师。

朱元璋双管齐下，"四大王"渐渐陷入困境。洪武八年（1375）二月，太原都卫捕获故元刘平章及其所署伪知州薛彦举等24人；洪武十一年（1378），山西边将捕获故元平章完者不花，随即押送京师；洪武二十一年（1388），"四大王"无路可逃，遂前往晋王府主动投降，被朱元璋安排随同平西侯沐英戍守云南。至此，山西境内的蒙元势力已基本肃清，山西的政治性移民也基本上结束了。

"移民空边"其实是把双刃剑，朱元璋在切断蒙古军队补给的同时，也给自己军队的给养带来了困难。为此，朱元璋不断增设军屯，向边防要塞实施军事移民。

洪武二十五年（1392）八月，朱元璋命冯胜、傅友德等人在山西各地大举征兵，前往大同等地屯田。年底，征兵结束，一共征发"民兵"89600人。

在充实了大同地区的卫所后，朱元璋继续向北推进。洪武二十八年（1395）正月，朱元璋命山西马步官军26600人往塞北筑城屯田。仅这两次征调，就有十几万山西人移往晋北、内蒙古南部以及河北西北部地区。

尽管这些军事移民大多是在山西境内移动，对山西人口总数量的影响并不大，但也正是这些移民，开启了山西移民潮的序幕。

从经济移民到灾荒移民

政治性移民结束的时候，经济性移民才刚刚开始。早在洪武九年（1376年），朱元璋就曾下令："迁山西及真定民无产者于凤阳屯田"，还派人给移民送去冬衣。这次移民的数量不详，由于仅限于无产者，估计规模不大。真正大规模的经济性移民是从洪武二十一年（1388）开始的。

这年八月，户部郎中刘九皋上书朱元璋，言河北等地，"兵后田荒，居民鲜少"，建议移山东、山西百姓到河北等地垦殖。朱元璋批复说："山东地宽民不必迁，迁山西泽、潞民无田者往业之，免其赋徭三年，仍户给钞二十锭，以备农具。"于是，徙山西泽、潞二州民之无田者，往彰德、真定、临清、归德、太康等闲旷之地。

第二年（1398）九月，后军都督朱荣上奏朱元璋说，山西贫民徙居大名、广平、东昌三府，给田凡26072顷。洪武三年曾规定北方地区无田民户每人授田17亩，以此推算，仅大名、广平、东昌三府移民就高达15万人。

随着移民运动的迅速推进，迁出地很快就超出了泽、潞二州的范围。就在这年（1389）九月，潞州以西的沁州百姓张从整等人得知政府在泽、潞二州组织移民，并且条件丰厚，于是联合当地116户前往官府应募屯田。消息由户部转奏，朱元璋"命赏从整等钞锭，送后都督佥事徐礼分田给之，仍令回沁州召募居民"。

张从整的主动应募让朱元璋喜出望外，他立即命令后军都督府佥事李恪、徐礼等人前往山西各地劝谕百姓移居河南章德府等地。洪武二十五年十二月，李恪、徐礼回京述职。在他们的招募下，前往彰德、卫辉、广平、大名、东昌、开封、怀庆等七府徙居者凡598户。据徐泓先生考证，"五百九十八户"显系"五百九十八屯"之误，按每屯110户计算，移民总数应为65780户，以每户5人计算，应有328900人。

截至洪武二十八年（1395）十一月，彰德、卫辉、广平、大名、东昌、开封、怀庆等七府山西移民总数已达10万余户，50多万人。加上真定府、归德府、顺德府等地，洪武年间山西移民总数至少六七十万人。

朱元璋死后，政府组织的山西移民仍未结束。由于"靖难之役"主要发生在以山东德州为中心的华北地区，数年兵燹使刚刚恢复元气的河北、山东等地尸骨遍野，荒野千里，与元末相比有过之而无不及。于是，明成祖朱棣即位后，为解决河北等地人口过少的问题，再次从山西组织大规模移民。

建文四年（1402），朱棣命户部派遣官员到山西太原、平阳二府，泽、潞、辽、沁、汾五州，核实丁多田少及无田之家，分其丁口实北平各府州县，仍按朱元璋的制度，按户发给银钞，供其购置耕牛、农具及种子，并特批五年后才开始征税。

永乐五年（1407），明成祖命户部从山西平阳、泽、潞，山东登、莱等府州，移民五千户。户给道里费（盘缠）一百锭，口粮五斗。如果山东、山西移民各占一半，此次山西移民也在1万人以上。

虽然移民次数与移民规模都远不及洪武时期，但据学者统计，永乐时期，山西移民总数仍然在10万以上。永乐十五年（1417）五月，山西平阳、大同、蔚州、广灵等府州申外山等人上书明成祖，要求移民到北京、广平、清河等地，获准。至此，政府组织的移民活动宣告结束。

政府有组织的移民活动虽已结束，但自洪武初年始，山西民间自发的移民活动却一直没有间断。永乐以后，山西自然灾害频频，引发了大规模的民间移民。宣德三年（1428），山西平阳府蒲、解、临汾等州县发生大旱，逃往河南州县就食者多达十几万人。

据学者统计，自洪武至永乐年间，山西省净移出人口至少100万。尽管如此，明初山西大移民也并非特例，与此同时江南移民两淮，江西填湖广，湖广填四川，山东枣强移民等等，一次又一次大规模的移民运动共同组成了中国古代历史上范围最广、人口最多、影响最深远的移民浪潮，历史上称之为"洪武大移民"。洪武大移民

洪武三年（1370）六月，朱元璋下令从江南苏州、松江、嘉兴、湖州、杭州5

郡，征发无田产者4000余户，约2万人，移民至朱元璋的故乡临濠（即安徽凤阳）。这是明朝历史上第一次大规模的移民活动，也可以说是洪武大移民的开端。

朱元璋有着浓厚的乡土情结，在他的一再要求下，先后从江南移民16万，山东移民9万，山西移民4.5万，河北、江西各移民0.5万充实凤阳府。加上军籍移民188万，洪武年间，凤阳府一共迁入移民约48.8万。

与此同时，明朝政府从江南（苏南、浙北）移民33万，从江西、徽州各移民约16.6万，充实扬州、淮安府，又移山西人3.6万至徐州府，加上军籍移民约10万人。苏北地区接受外来移民达80多万。

不仅是皖北、苏北所在的两淮地区，同样的大移民还发生在江西与湖广（今湖南、湖北）之间，史称"江西填湖广"。据《中国移民史》统计，在洪武年间，江西移民到湖北、湖南、安徽和江苏者高达210多万人。

"江西填湖广"发生后不久，作为移民迁入地的湖广地区，又有约80万人移民四川，形成"湖广填四川"的第一次高潮。

除此之外，洪武初年，明朝将历次俘获的塞外军民约60万人移入北平及附近州府，而胶东半岛则有数万军籍移民来自四川、云南。

明朝实行军户制度，军属都随军迁徙，由此在辽东、晋北、陕西、四川、云南、贵州以及东南司浙、两广地区都形成了数量不小的军事移民。不过，相对于那些动辄几十万甚至上百万的大规模移民而言，他们只算得是"洪武大移民"的涓涓细流罢了。在这场全国性的移民浪潮中，即便是移民超过百万的山西似乎也变得稀松平常了。

但是，明朝初年，为什么会发生如此宏大的移民运动？难道仅仅是朱元璋的心血来潮？

事实上，当朱元璋君临天下的时候，曾经沃野千里，人文荟萃的中原大地早已残破不堪了。

元朝末年，中原地区战火不断。直到朱元璋消灭各路起义军，北上攻取中原，元顺帝出亡漠北，才结束了中原地区的战乱局面。

据史书记载，明朝建立之初，山东、河南等地，受战争破坏最为严重，而朱元璋的老家安徽凤阳也因连年战乱而人口剧减，田地荒芜。

不仅是战乱，元朝末年中原地区水、旱、蝗、疫等灾害也接连不断。水旱虫蝗肆虐往往演变为大饥荒，瘟疫也如影随形。对此，朱元璋不禁哀叹："丧乱之后，中原草莽，人民稀少，所谓田野辟，户口增，此正中原之急务。"

岂止是人口剧减，田地荒芜？自宋室南渡伊始，中原汉民就已经大举南迁。随后，南宋与金朝发生了长达20多年的拉锯战，战场主要在黄淮地区，导致黄淮地区大批居民的南迁。1234年,蒙元灭亡金朝,主战场几乎都在黄河中下游。此后,元朝与南宋又在江汉地区展开了20年的拉锯战,再次引发黄河流域大批人口的南迁,他们的逃亡直接造成了中原文化的坍塌。

塌陷的又岂止是中原?蒙军用兵四川,兵燹连绵半个世纪,当地人口由1300万剧减为60万,直到元末也不过80万人。此外,元末农民战争中,关中、两淮、湖广等地屡遭战乱,人口损失甚巨,社会经济陷于凋敝。

举目四顾,大明江山竟有一多半是"白骨露于野,千里无鸡鸣"的荒凉景象,作为一国之君,朱元璋怎能高兴得起来?

太平山西

不过,朱元璋应该不会绝望。当他把目光投向北方的山西、南方的江西和江南等地时,多少能得到点宽慰。

当元末中原地区饱受荒疫兵乱之时,山西却是另外一种景象。由于地处高原,加之表里山河,中原地区的各种灾疫与战乱很少波及山西。自元末至明初,山西大部地区都没有发生大的水旱虫灾,风调雨顺,连年丰收,同邻省相比社会安定,经济繁荣,人丁兴旺。

由于没有明朝初年的人口统计,后人已无法准确了解当时山西具体的人口数量。但即使在战乱灾民纷纷返乡,政府已经着手移民中原的情况下,明朝政府的统计数据,依然显示出山西巨大的人口优势。洪武十四年,河南人口是189.1万,河北人口是189.3万,而山西人口为403.04万,比河南河北两省人口总和还多出25万。

若从人口密度来看,此时,山西平均每平方公里27.52人,而河南每平方公里12.85人,河南的人口密度不足山西的一半。这种算法并没有考虑到山西南北的人口分布差异。与晋南不同,元朝末年孛罗帖木儿、扩廓帖木儿等乱兵屡次杀掠晋北,直到明朝建立四年以后,大同依然是"城郭空虚,土地荒残,累年租税不入"的荒凉景象。由是,晋南人口之繁密不难想象。

这样一来,山西,特别是晋南地区,就出现了"地狭人稠生计难"的独特景象,就连朱元璋也意识到"山西民众而地狭"确实是一个问题了。

与山西相仿,江南地区和江西大部既没有遭受战火涂炭,也没有严重的自然灾害。两地本就家给人足,生齿日繁,再加上两淮、湖广等地的战争流民大举涌入,人多地少的矛盾也就越发凸显出来了。事实上,早在明朝建立之初,随着战争的平息,山西、江西和江南等地就已经有人自发地向地广人稀的地区迁徙。

一面是中原、两淮、湖广、四川的过度凋敝,一面是山西、江南、江西的人多地狭,为尽快恢复社会经济,朱元璋做出了大移民的决定。

悲喜移民路

事实上，青年时代的朱元璋也曾经沦为流民，对颠沛流离、孤苦无依的流浪生活应该有过深刻的体会。

恻恻背乡井，迟迟行道侧。凶年话此身，乐土是何国？追逐惟妻孥，可怜各菜色。闻道大河南，人家富黍稷。负担不能达，谁知我心亟？裹糗临风餐，蒙尘衣尽黑。日暮宿荒郊，愁吟声唧唧。人生信多艰，无家最可怜。风急走浮云，林空无定翼。逶迤家渐遥，举首望天北。

明代诗人李松笔下这户贫苦农家来自黄河以北（或许是山西），因灾荒而移民黄河以南，一路上风餐露宿，苦不堪言，却不知何处可以安身。

农民出身的朱元璋很能体会农民生活的艰辛，因此在移民问题上，他规定，凡是政府组织的移民，出发前都按户发给银钞，移民路上有官兵护送，到达之后，有官员接待，按规定划拨土地，馈赠农具，并且免租三年。

有了这样的保障，明朝政府组织的移民自然比流民的境遇好了许多。除非半路上开小差，试图逃逸，这类移民应该不会被绑缚，更不会遭受鞭答之苦。当然，普通百姓雇不起牛车、马车的居多，一路徒步跋涉，旅途劳顿自不待言。

1389年，沁州百姓张从整等116户听说泽、潞二州正在招募移民，若不是条件优厚，恐不会主动应募。在政府资助下，移民很快便安顿下来，开始了新的定居生活。

从经济恢复到文化重建

朱元璋移民垦荒的政策取得了显著的成效。

据统计，洪武十四年（1381）全国户口数为10654362户，59873305口；洪武二十六年（1393）全国有16052860户，60545812口。12年间，增加5398498户，672507口。与人口的增长同步，垦殖土地的面积也不断增加。洪武元年，全国耕地面积不过180万顷（不含西北、东北未定地区以及云贵川三省），到洪武二十四年，增加为387万顷。伴随耕地的增加，粮食产量也逐年增加。洪武十八年，全国收入麦、米、豆20809617石，洪武二十三年，增至32278983石，洪武二十四年，又增至32789800石。

何止是人口的增殖、土地的垦辟抑或粮食产量的增加？当琅琅的读书声飘过移民村落的时候，一个全新意义的汉族便在大明王朝的版图下，一点一点地面目清晰了起来。

经过几代人的努力，移民中渐渐出现了地主、富农，家道殷实又重视教育的人家开始出现有文化的后代，有的甚至考取了功名，成为官宦之家。

从朱元璋开始，大明王朝致力于中原正统（即儒家礼仪）的恢复与重建。这种努力通过地方士绅的言传身教，很快为普罗大众所仿效，其中修家谱、立祠堂尤为底层百姓所热衷。

按旧制，庶民之家不许建家庙，祭祀祖先也仅限祖父母、父母两代（洪武十七年改为曾、祖、孙三代）。但宋代以来，士大夫私立家庙、私修家谱的现象越来越普遍。嘉靖十五年（1536），礼部尚书夏言奏请天下臣民皆可立家庙，获准。从此，平民百姓也开始修家谱、立祠堂。

然而，此时距明初大移民已经一个多世纪，最初的移民祖先大多没有文化，几代之后，人们连祖先的名讳、故乡何处都搞不清楚了。然而，修家谱又必须追溯祖先姓名、故里和代际传承，于是，移民后裔，甚至当地土著纷纷利用早已模糊不清的移民传说，为自己的祖先创造一段历史。数百年后，盛行北方十数省的大槐树移民传说就诞生在这股民间修谱热潮中。

洪洞大槐树传说的分布大致与山西移民的分布相同，以河北、山东、河南、两淮、陕西及内蒙古地区为主。随着山西移民后裔的二次迁徙，大槐树传说也逐渐散布全国甚至海外。

事实上，尽管有不少家谱、墓志言之凿凿，但自洪洞移民本身来说，其规模在明初的移民潮中远比传说中小得多。

据史料记载，洪武二十四年，洪洞县所在的平阳府人口总数为1847790人，到永乐十年，减少为1644285人，21年间净减少20万人，可以确证为全省移民之首。而根据万历年间的《洪洞县志》记载，该县由洪武二十四年的92872人减少为永乐十年的87775人，净减少不过5097人。

一棵普通的大槐树，最终承载了亿万移民后代的故园想象，这与其说是一种历史的巧合，不如说是对明初山西百万移民潮的一种集体追忆。

亦真亦幻"大槐树"
何书彬

从明嘉靖年开始，"大槐树"开始出现在关于移民的传说中，成为北方人群对祖先历史的集体记忆，并经过清初的修谱牒、碑文逐渐凝结为一个精神意象。而至清末民初，"大槐树"已经不再是山西移民的家园象征，而成为在现代化进程中凝聚整个中华民族的象征，成为现代民族主义话语中的一个组成部分。

1999年1月，《山西移民史》一书出版，历史地理学家葛剑雄在此书的序言中写道："在中国移民史上辐射范围最广、影响最大的一个移民发源地，大概要算山西洪洞大槐树了。"

对此，洪洞县志办主任张青作为一个致力"大槐树"研究将近30年的地方学者，提出了更加明确的论断："明朝洪洞大槐树移民，无论从时间上、从地域范围上、从组织规模上来说，无疑是中国移民史上的顶峰，是中国历史上的第四次移民，也是规模最大的一次。"

根据张青的统计，从在明初洪武至永乐的50年间，从洪洞大槐树下出发的移民达18次，有汉、蒙、回、满四大民族参与，大槐树的移民始祖姓氏为1230个，直接移民分布在河南、河北、山东、北京、天津、陕西、安徽、江苏、甘肃、宁夏、广西、湖北、山西等18个省（市），600多个县。而后经过历代转迁，大槐树的移民又遍及全国乃至海外，"凡是有华人的地方，就有大槐树移民的后代"，总人数超过两亿人。

然而，在"大槐树"成为中国移民史上最为闪耀的关键词的同时，无论是研究者，还是无数的大槐树后裔，都在一次次发出疑问，为何规模如此巨大、影响如此广泛的移民运动，却不见诸正史的记载？大槐树移民到底是一场真实的历史事件，还是一部被建构的历史？为何数以亿计的人都把"洪洞大槐树"作为遥远的故乡？

至今，这些问题仍然是未能完全解开的"历史之谜"。

"但不见诸史，惟详于谱牒。"

张青认为大槐树移民的规模为中国移民史之最，依据是其"有志可稽，有谱可查，有函可依"。事实的确如此，各地数不清的家谱记载了"吾族本山西洪洞人"。几百年来，更有众多的大槐树后裔不断地前往洪洞寻根问祖。

然而，当人们开始探究大槐树的背后时，所遇到的是同样的问题，为何只有在家谱里，才能见到这场移民运动的无所不在？早在1921年，山西的同盟会会员赵戴文在为《洪洞古大槐树志》一书作序时，就曾为大槐树的影响之大甚为感慨："吾晋洪洞县大槐树，声噪于直、鲁、燕、豫人之口……至今直、鲁、燕、豫之人，历其地者，无不以为先祖之古迹，肃然生敬焉。"但是让他遗憾的是，这样的一场移民运动"但不见诸史，惟详于谱牒"。

不仅仅是正史没有记载这一事件，就连移民的发生地洪洞，在从明至清所修的6个版本的县志中，也都对大槐树只字未提。

研究者只能以各地的家谱作为进入"洪洞大槐树"的主要依据，当寻根者前往洪洞寻找故土时，他们的依据也是手中泛黄的家谱记载。然而，目前可见的最早提及大槐树、老鹳窝的家谱是修于公元1586年（万历十四年）的江苏丰县刘家营刘氏族谱，其中有这样的文字："吾家世居山西洪洞县野鹳窝，世远代更，未易追数。元末大乱，我始祖考讳顺，偕始祖妣尹氏去山西洪洞，至丰壤，见其土沃俗美，于城北三十里许，相其地，遂止舍焉，名其村曰'刘家营'。"是时，距离明初的山西移民运动，已经过去了两百多年。

在之前的族谱和碑文中，虽有关于山西的记载，但并没有"大槐树"的影子。如在河南濮阳市胡村，明弘治十五年（1502）三月的《细城岗任氏先陇记》载："仆家世大同，因兵燹，后徙居今郡治之东南细城村"；随后，"洪洞"开始在家谱中出现，如修于明嘉靖七年（1528）的河南长垣县西了墙村《王氏家谱》载："我始祖讳实，晋之洪洞县大王庄人也。洪武定鼎之初，我二世本支祖讳义，迁居长垣县合阳里西了墙村。"

大槐树、老鹳窝在明末的家谱中开始屡屡出现。到了清朝，尤其是康熙年间以后，拥有类似记载的家谱数量急剧增加。在张青等人搜集的谱牒材料中，各地大槐树后裔的家谱绝大多数创修于清朝中后期，其中关于洪洞大槐树、老鹳窝的记载比比皆是，如康熙二十九年（1690）修的新密郑氏族谱载："其先世山西洪洞人也。"康熙末年所修的河南洛阳西山岭头李氏家谱载："后人欲知木本与水源，山西平阳洪洞县。大槐树镇户千家，洪武诏下迁。山西洪洞县内迁万户，李氏族中八百三。"乾隆年间修的临清张氏族谱载："张氏系出于山右之洪洞。"乾隆四十三年修的郑州郭氏族谱载："吾姓自山西平阳府洪洞县，迁于郑州西南隅台果村。"道光二十三年（1843）修的温县王氏族谱载："由山西洪洞县携四子迁巩之南河。"光绪十三年（1887）修的菏泽王氏家族载："始祖原籍山西洪洞县老鹳窝木查村。"

到了民国时期，甚至出现了由山西之外的省份，经洪洞迁徙的记载。如民国四年（1914）清源北营村王氏族谱抄本载，其始祖于明代由陕西红庙迁到洪洞大槐树，经官分拨到清源北营村；民国二十四年（1935）修的清源长头村孟氏族谱也写道：其系山东孟轲后裔，先祖迁陕西，后迁山西洪洞，元时因均赋均丁，始祖孟和奉遂迁至现址。

1926年，晏阳初主持的中华平民教育促进会选定河北定县为"华北实验区"后，在当地进行了社会调查，并于1933年由李景汉编成《定县社会概况调查》一书出版，书中记载，在接受调查的62个村庄中，共有10445户，分为110姓，除了极少部分例外，村民大都认为先祖是在明初从山西洪洞迁来定县的。

如今谱牒中所载的大槐树后裔密布于广阔的华北区域，尤其以河北、河南、山东3省最为集中，在这3个省份里，各有70多个县（市、区），其居民多自认为是洪洞大槐树移民后裔。在河北，邯郸县地名办在地名普查中发现，在全县12个乡镇250个村庄里，有一半以上村庄自认是从洪洞迁来，理由便是"有家谱、碑文可稽查"。在山东，据嘉祥县地名办的调查，全县70%以上的自然村，其村民都认为先祖自明朝洪武、永乐年间迁来山东。

与这些家谱一起广为流传的是众多有关明初山西迁民的传说。"燕王扫碑"说的是朱棣起兵靖难，造成中原、江北地区"千里无人烟"。战后，登基称帝的朱棣不得不从洪洞大槐树移民到空虚之地。"三洗怀庆府"讲的也是类似的故事。元末天下大乱，朱元璋与元朝的精锐部队在怀庆府一带反复攻战，当地居民反复无常，元军来就支持元军，朱元璋来就支持朱元璋。眼见着战事毫无进展，朱元璋在暴怒之下，下令常遇春率军把怀庆府百姓斩尽杀绝。领命的常遇春带兵在怀庆府杀了三个来回，直到此地鸡犬不留。明朝建立后，朱元璋便下令由人烟密集的洪洞向怀庆府移民。

"打锅牛""脚指甲复形""背手""解手"的来历等，则描述了大槐树下迁民的过程。移民们留恋自己的家乡，官府就贴出告示说："不愿迁徙者，到大槐树下集合，限三天内赶到；愿迁徙者，可在家等待。"告示一出，山西各地的乡民纷纷扶老携幼，汇合到洪洞大槐树下，官府却突然"变卦"，众多的官兵包围了大槐树下手无寸铁的百姓，强迫他们立刻迁徙，不忍离别家园的人们痛哭失声。官兵强迫人们登记，领取凭照，并用刀子在每人的小脚趾上砍一刀作为记号，防止中途逃跑。有牛氏兄弟五人，将一口铁锅打破，各执一块，作为后代的认亲标志。在路上，移民的手臂由于长时间被捆绑而变得麻木，但是时间一长，大家也习惯了，到了新家园也习惯背着手走路，其后裔也沿袭了这种习惯。在押解途中，有人要小便，只好向官兵报告："要解手"，于是到后来，"解手"就成为大槐树移民后裔所说的上厕所的代名词。（在对"湖广填四川"的民间记忆中也有类似"解手"的传说）

在一个又一个村落中，人们伴随着"问我故乡在何处，山西洪洞大槐树。祖先故居叫什么，大槐树下老鹳窝"的民谣出生、老去。在不断发酵和成长的"大槐树"族谱与传说中，"故土洪洞"的普遍认知，扎根在无数人的内心深处。

族谱里的"大槐树"与无数"大槐树族谱"的产生和急剧增长相应的是家谱体例的完备。明成化七年（1471），黄岩谢氏重修族谱，"参用欧、苏家法"，"篇有序，序有义"，把族谱分为七项内容；金坛段氏做族谱，则"先之图，次以家传，又以先世遗文与凡儒硕诗文为段氏作者"，再加上谱序，共有四项内容；江西丰城游氏做族谱也是先列本族世系图，以表世系，次之谱，以记其行实，而后列历朝诰敕及名儒的辞章，再加上谱序，共有五项内容。至此，明代宗谱的体系大致定型。明万历以后，各地编撰的族谱更多，体例也更加完整。

在体例之外，有明一代，各地宗族对修谱的时间间隔也更为注意，短则十年一修，长则三十年或五十年一修，以补充新材料，使族谱充实、完整。

根据长期关注并搜集大槐树移民资料的研究名人黄泽岭的观察，"在嘉靖年间以后，宗谱的编修已经相当正规化和经常化了，这是嘉靖中后期宗族发展的结果"。

在明代中后期出现的这种现象，是在以往的中国所鲜见的。从先秦到魏晋，编撰族谱曾是王公和士族的专利，一直到南北朝时期，一般人等还是不被允许修家谱。唐朝建立后，随着意在抑制山东旧族和江南世家的《姓氏录》《姓族系录》《元和姓纂》《皇室永泰谱》《皇唐玉牒》等一系列巨制官谱的问世，私修家谱之风开始出现，不仅旧族"纪其先烈，贻厥后来"，"荜门寒族"也"百代无闻，而驿角挺生，一朝暴贵，封锁不追述本系，妄承先哲"。（《史通》）到了宋朝，程朱理学兴起后，私修家谱现象更多，编撰者们相信："管摄天下人心，收宗族、厚风俗，使人不忘本，须是明谱系世族与立宗子法"（《张载集·宗法》）。欧阳修与苏洵则首开有宋一代的私修家谱先河。至和年间，欧阳修"以其家之旧谱问于族人，各得其所藏诸本"，编成欧阳氏新族谱；大约同一时期，苏洵也有感于自己宗族间"喜不庆，忧不吊"，"相视如涂人"的状况，编成苏氏族谱。欧阳、苏二人均是古文大家，他们编撰族谱的体例，遂为之后的族谱编撰之典范。

明朝建立后，面对"崖山之后无中国"的局面，首务之一就是重塑汉文化的正统。洪武八年（1375），朱元璋亲自撰写《资世通训》一书训诫天下："今朕统一寰宇，昼夜勿遑，思以化民成俗，复古治道，乃著是书。"接下来，毕其一生，朱元璋都在尽力扭转"胡俗"，以"复先王之旧"。

明朝在兴学校、行科举，以程朱理学为基础，广泛推行教化的同时，对平民祭祖的限制逐步"解禁"。

明嘉靖十五年（1536），礼部尚书夏言上疏建议变革宗族制，"乞诏天下臣民冬日得祭始祖"，"乞诏天下臣工建立家庙"。这条建言随之引起巨大反响。在此之前，庶民祭祖一直有着只能追祭三代的限制，此外还有"庶民祭于寝，士大夫祭于庙"，"庶人无庙，可立影堂"等诸多限制。

在夏言提出建议的当年十一月，明世宗"诏天下臣民祭始祖"。庶民祭祖的限制被打破，大建宗祠祭祀始祖很快在各地成为普遍现象，私家修谱之风更盛。

清朝的建立并没有打断这一过程，相反的是，其入关后没过多久，康熙就颁发了《圣谕十六条》，要求天下臣民"笃宗族以昭雍穆"，此后乡约与宗族结合，宗祠的修建与族谱的编撰更为普遍化。

于是便产生了一个奇特的现象，在清朝中后期，传统社会在重重冲击之下开始崩塌，但是编修家谱之风却达到了顶点，二者形成了巨大的反差。

然而，当人们开始寻找自己的始祖时，很快遇"我从哪里来"这个难解的问题。明成化十一年（1475），河南孟县刘氏族谱编成，自认是一个移民家族："自曾祖而上，在山西潞州潞城县，不知其几世矣，洪武初，徙河南孟州，今革为县，古河阳郡也，遂家焉，传六世矣。"刘氏乃是士绅之家，其族谱纂修者刘章之兄刘文是天顺六年举人，其他兄弟也都深受理学熏陶。如果说他们寻找始祖尚不为难的话，那么其他人可能就不那么容易了，这从"致仕县丞德州宋谏"为刘氏族谱所作的序言即可看出来："居今之世有能自全其躯者足矣，遑及其崇始反本，以原其身之所自出哉？"

众口相传的"大槐树"就这样开始进入无数的族谱之中。在此有一个很有意思的现象，河南济源卫沟卫氏于雍正十三年创修了《卫氏家谱》，家谱称："祖籍山西晋阳人也，迁于河南怀庆府济源县西阳里无恨村，又移西轵城小十字后居下泥沟。"这同相距两三公里的轵城卫氏始祖来历的说法是相似的，轵城卫氏"本山西省阳城县人，洪武年间避乱迁居于垣曲县之西南峪子村"。而轵城卫氏是远近闻名的大族，清代乾隆年间曾经出过卫肃、卫诣、卫谋三位进士，很有势力。卫沟卫氏也许是附和了让他们羡慕的轵城卫氏，不过到后来，卫沟卫氏干脆"变革"了他们的始祖籍贯，此后每次续修族谱，卫沟卫氏的说法就有一次新变化：嘉庆六年卫沟卫氏族谱的序言为"余族由太原而迁济居住甜艮而移轵，源远流长"，咸丰二年家谱则为："吾族山西洪洞人也，始迁无恨继迁轵镇，更迁泥沟。"从阳城到太原再到洪洞，卫沟卫氏终于成了洪洞移民。

还有人干脆把对"身之所自出"的怀疑写进了族谱，如创修于同治十一年的河南济源东留养村《任氏族谱》写道："余族自洪武初年入籍济源县轵城里一甲当差至今，相传已三百余岁矣。或曰：其先盖山西曲沃人也；或曰：自洪洞来曲沃至济源，然皆不可深考。"

更多的人则是毫不迟疑地把"洪洞"写进了族谱，并谆谆告之于族人。如在道光十三年，"昼出负贩""弗事诗书"的河南孟县东田丈村花廷宝创修了花氏祠堂，并"尝谓族人曰：'我花氏自山右洪洞迁移以来，世代变更，子孙繁昌，皆祖功宗德所留遗也。'"

"传说进入族谱，便成为可信的史料，族谱所说再被采择进入正史或者学术性著作，历史就这样被亦真亦幻地建构起来了。"（赵世瑜《祖先记忆、家园象征与族群历史》）

对于这段谜一样的历史，还有人给出了这样的解答："何今之族姓，其上世可考者，尚有千百户之裔；其不可考者，每曰迁自洪洞，绝少称旧日土著及明初军士。盖自魏晋以来，取士竞尚门户，谱牒繁兴，不惜互相攀附，故虽徙居南方，其风未泯。而中原大地，则以异类逼处，华族衰微，中更元明末世，播窜流离，族谱俱附兵燹。直至清代中叶，户口渐繁，人始讲敬宗收族之谊，而传世已远，祖宗渊源名字多已湮没，独有洪洞迁民之说，尚熟于人口，遂至上世莫考者，无论为土著，为军籍，概曰迁自洪洞焉。"［邹古愚修，邹鹄纂：民国二十三年（1934）《获

嘉县志》卷8《氏族》]

"民族主义"下的大槐树清末民初，洪洞贾村人景大启在山东观城、茌平等县任典史，他所见到的已是处处皆为大槐树后裔的局面，经行之处，无论是官吏还是平民，听闻他来自洪洞，都殷勤招待，很多人把家谱拿给他看，都说是从"洪洞大槐树老鹳窝"迁来。

这些经历让景大启甚为感慨。当时还有一名洪洞人刘子林也在山东为官，景、刘二人相商后，遂起创修古大槐树遗迹之意。二人在山东募得纹银390两，寄回洪洞托人维修广济寺残存之塔基，并修建古大槐树纪念亭，然而未等工程完工，银两耗完，创修大槐树遗迹之事只好停顿。恰好此时曾在河南确山、登封等县任知事的洪洞人贺柏寿致仕还乡，又募得钱300余吊，使得创修大槐树遗迹建设继续进行。民国二年（1913），三人完成了包括大槐树、碑亭、茶室和牌坊在内的遗迹创建，从此"洪洞大槐树"开始有迹可循。而在此之前，自认是大槐树移民后裔的他乡客来到洪洞，虽有"不胜故乡之感"，但无处可觅先祖出发处，只能站在汾河边上"抚景流连"。

创修大槐树遗迹的景大启在确定地点时依照的依然是"故老之传闻"，他在《重修大槐树古迹碑记》中说："古大槐树子在敝庄广济寺之西，即世所谓迁民处也。"

就在洪洞士绅创修大槐树遗迹的时候，发生了一件令本地人对大槐树更加刮目相看的事情：辛亥革命后，袁世凯派卢永祥进攻山西民军，卢部所到之处，肆意抢掠，在与洪洞比邻的赵城（后并入洪洞县），"无贫富贵贱，一律被抢，不余一家，不遗一物"。如此抢掠赵城后，卢部南下洪洞，"车四百辆，骆驼三百头，马数千蹄，负包担囊，相属于道"，留下赵城"城无市，邻无炊烟，鸡犬无声"。然而到了洪洞后，卢部却秋毫不犯，途经古大槐树处，士卒还纷纷下马罗拜，"徘徊不忍去者久之"。究其原因，乃是"群目为祖宗里居所在地，弗扰也"，贺柏寿等人由此也感到，大槐树实有"御灾捍患之功也"。

洪洞地方士绅创修大槐树遗迹的同时，中国这个古老的国家也正在快速向现代转型，民族国家的概念开始出现在上层知识分子的头脑中，包容儒学、诸子与黄帝的"国学"迅速形成。"尊黄"思潮风行一时，革命党人把西方的民族主义与中国传统的"夷夏观"结合，推崇黄帝为汉民族始祖，大量关于黄帝的论述和专著随之出现，如刘师培的《黄帝纪年论》《攘书》，黄节的《黄史》，陶成章的《中国民族权力消长史》，夏曾佑的《最新中国历史教科书》，此外还有革命性很强的《黄帝魂》等专著。同时，《国粹学报》《新世纪》《民报》《浙江潮》《警世钟》《新湖南》等报刊上也都发表了许多关于"黄帝"的言论，黄帝这个远古时代传说中的人物，在民族主义的萌发下，被革命党人塑造成了一个民族国家所需的"民族始祖"。

对于这一现象，孙隆基在其《清季民族主义与黄帝崇拜之发明》中分析说，"尊黄"乃是清末民初的中国人为了民族国家的建构而新发明的一种"崇拜"，黄帝崇拜的叙事由古代、现代、本土、外来的因素编织而成，虽然表面上首尾一贯，其实是一个混合语，而且一首一尾都是舶来品。

在这样的潮流中，众口相传的"洪洞大槐树"迅速被纳入民族主义的话语体系中来。洪洞地方的知识精英利用自己手中的文化权力，对传统的资源进行再造，他们希望把大槐树从一个老家的象征，改造成为一个国族的象征。

民国三年（1914），贺柏寿在其撰写的《重修大槐树古迹碑记》中说道："方今民国肇造，社会主义播腾寰区。凡有关民族发达之源者，宜及时表彰，藉识人群进化之由，俾免数典忘祖之诮。然则吾邑大槐树处之待于揭诸者，顾不重哉。"

民国六年（1917），大槐树第一次出现在了洪洞县志中，在其卷七《舆地志·古迹》中，"大槐树"等条记为"新增"，即："大槐树在城北广济寺左。按《续文献通考》，明永乐间屡移山西民于北平、山东、河南等处。树下为集会之所。传闻广济寺设局驻员，发给凭照川资，因历年久远，槐树无存，寺亦毁于兵燹。民国二年邑人景大启等募赀竖碑，以志遗迹。"

民国十年（1921），景大启又编撰了《洪洞古槐树志》百余本行世。十年后，洪洞人柴汝桢在旧志基础上重新编撰，汇为《增广洪洞古大槐树志》一书，时任洪洞知县的柳蓉为之撰写序言，再一次把大槐树与蒸蒸日上的民族主义思潮联系在一起，他认为，无数的人都心系大槐树，"何以故，种族观念使然也……现值大同世界，一本散为万殊，四海皆是同胞，民族合群，共同奋斗，异族罔感侵略，同种日跻富强，遐迩交称曰：古大槐树关系种族，杨国争光，晋乘生色。"

至此，"大槐树已经不再只是山西移民的家园象征，而成为在现代化进程中凝聚整个中华民族的象征，它的意义被提升到团结民族、抵御外侮的高度，成为现代民族主义话语中的一个组成部分。"（赵世瑜《祖先记忆、家园象征与族群历史》）

六百年后的寻根

何书彬

1986年，洪洞县志办出版了《洪洞县古大槐树志》。此后，一年一度的大槐树寻根祭祖节于1991年开始。1992年夏天，有60位台湾老者来到祭祖园，齐刷刷跪在大槐树下痛哭，喊着"祖先啊，我回来了"。在种种情绪的驱使下，洪洞从一个想象中的记忆之地成为一个实实在在的知名之地。

1982年8月，洪洞县志办在《参考消息》上发布了一则300字的启事，征集古大槐树迁民资料。

这则刊登在报纸中缝里短短的启事毫不起眼，但它的效果却好得出奇。在随后两个月的时间里，各地的信件如雪片般飞来，来信者除了工人、农民、机关干部还有不少部队战士，他们纷纷向洪洞县志办讲述当地的大槐树传说，也很恳切地请求洪洞县志办帮助查找他们先祖生活的村庄。此外，洪洞县志办还收到来自全国21个省市乃至海外的族谱、牒文、碑拓、佚事珍闻凡400余件。

现任洪洞县志办主任的张青那时还是一名刚从山西大学毕业的年轻小伙子，他一到洪洞县志办工作，就赶上了这次征集活动，每天都为写回信忙个不停，其中一些信件，还是在台湾的老荣民（退伍军人）写来的。

"每一封都要回复，要尊重人家，当时我回了太多信，少说也有几千封，"张青说，如今近30年的时间过去了，为大槐树后裔写回信早已成为了他的日常工作，一直到现在，每周还会有几封大槐树后裔寄来的信件，每一封都由张青来回复。

"文化大革命"后的大槐树

到1978年的时候，曾经风光无限的大槐树遗迹，已经被冷落多年。在狂热的"文化大革命"岁月里，"认宗续谱"却被当为"四旧"，狂遭口诛笔伐。各地被保存了数百年的珍贵家谱，纷纷被红卫兵小将们抄出来烧掉，洪洞虽被海内外数亿人认为是根祖地，在这一场毁家谱狂热中也不能幸免于难。不过，虽然造反派气势汹汹，但是毕竟洪洞地方对大槐树已经形成了根深蒂固的信奉，慑于这种强大的传统力量，他们未敢打砸民国年间景大启等人创修的古槐碑亭。

20个世纪70年代末，改革开放后，地域间的经济文化交流展开，洪洞县委书记王德贵到无锡参加了一次全国性的乡镇企业会议，当他告诉别人他来自临汾时，人们都只当是听了一次普通的介绍，可当他说自己是洪洞县委书记时，许多人都对他异常热情，因为他们都自认是大槐树后裔，听说他来自洪洞，立刻把他视为"老家人"。在开会间隙，众多的参会者纷纷来与王德贵聊天，让他讲讲"老家的事情"。

王德贵的这次无锡之行，与清末民初时景大启在山东为官的经历极为相像。那时，当景大启说自己是山西洪洞人时，当地的大槐树后裔都热情相待。

这种乡谊让王德贵非常感慨。在过去的20多年里，他经历了"反右""四清""文化大革命"等历次政治运动，人际关系好比那时报纸上的社论，都变得硬邦邦、冷冰冰。

回到洪洞后，王德贵把他在无锡的感受与另一位"文化书记"刘郁瑞（时任洪洞县委副书记，纪实小说《天网》的主人公）分享，俩人都很激动，确定整修景大启等人留下的大槐树遗迹，建设一个大槐树公园，方便全国各地乃至海外的大槐树后裔到洪洞来寻根。

要建公园，不能只有祖堂亭榭，还应有谱牒、碑文等丰富的文化内容。刘郁瑞想出了征集的办法，他手拟了《征集洪洞县志资料启事》，并在《参考消息》发布。

对于王德贵、刘郁瑞而言，操作起这件事情来得心应手，他二人都是在汾河边上长大的，在为官之余，皆醉心于当地丰富的乡土文化，对洪洞旧事极为熟悉。

棘手的事情是钱，当时刚刚改革开放，地方财政吃紧，要筹建一个大槐树公园并非易事，但是征集古大槐树迁民资料的启事很快发挥出了它的效果，洪洞县志办不仅仅收集到大量的移民文献，各方的热情也都被调动了起来，建园资金很快筹措到位。1984年底，大槐树公园于民国初年景大启等人创建的大槐树遗迹处落成，除了修葺原有的建筑碑亭、茶室、牌坊和经幢，又新建了祭祖室、望亲亭、迁民壁画、大门等建筑。事业单位"洪洞大槐树公园管理所"同时成立。

修志与寻根在洪洞整修大槐树遗迹的同时，全国也在掀起一场地方志编撰热潮。1979年5月1日，时任临汾市委组织部干部的李百玉，出于对志书的喜爱，以"县志应当续订重修"为题致信中宣部，建议在全国进行地方志的编撰。

中国有着长期的编撰地方志的传统，但是到了"文化大革命"结束时，各省市的志书都仍是清末和民国年间编撰的版本，因为中华人民共和国成立后，各地的地方志编撰都处于停顿状态。1979年3月，李百玉在他的母校老师家中，看到一套老版本的《临汾县志》，如获至宝，借回家里阅读，并做了详细笔记，由此起了续修地方志的想法。但是，当他把建议信寄给中宣部时，并没有得到答复的把握，当时他觉得，"文化大革命"刚刚结束，百业待兴，中央和政府需要开展的工作很多。

未料在同年7月，李百玉的信就得到了胡耀邦的批示："大力支持在全国开展修志工作。"随后国务院成立了"中国地方志指导小组"，并于1980年在山西太原召开了第一次全国修志工作会议，从此，地方志的编撰在全国范围内展开。

这时的洪洞县志办，不但要为各地的大槐树后裔回信，还会常常迎来从各省市地志办赶来洪洞的访客。1983年，陕西吴堡县地方志编撰组的薛耀厚、薛宝堂、高凤林等人在搜集资料时，发现吴堡县上、下高家庄村民的先祖是从洪洞北郭村迁来的，霍家山、霍家沟等地的霍氏村民也都说先祖是从山西迁来的。同时，他们还发现了一个有意思的现象，那就是根据道光年间的《吴堡县志》的记载，吴堡县内的薛、慕、李、王、丁、高、刘、张等大姓在明永乐年之前就已定居在吴堡，但是，在接受薛耀厚、薛宝堂、高凤林等人访问时，这些姓氏的居民都说祖先来自洪洞大槐树。为了弄清楚其中原委，三人决定到洪洞调查走访。

一到洪洞县志办，薛耀厚、薛宝堂、高凤林三人就看到了"一尺厚"的各地大槐树后裔来信，翻阅了一部分后，他们觉得这些信中所说的传说等内容"说法多样，故事离奇"，但是后来他们根据在洪洞所做的人口和语言方面的调查，比如洪洞方言和吴堡方言类似，把昨天都说成yanr，认为洪洞曾向吴堡移民也是很有可能的。

洪洞县志办的张青等人则在接待访客和回信给大槐树后裔的同时，加紧移民资料的收集和编撰。民国年间，景大启、柴汝桢二人曾先后汇编大槐树志二册，但这两本书除了序跋之外，内容多为怀乡吟咏的诗文。1986年11月，林中园、张青等人在21省市、400多个县（市）的大槐树后裔寄来的家谱和碑文资料基础上，编成《洪洞古大槐树志》一书。这本书随后被研究者广泛引用，令"但不见诸史"的"洪洞大槐树"的历史叙事变得丰满起来。

张青请地方志专家、中国现代档案学家傅振伦为《洪洞古大槐树志》作序，让张青欣喜的是，傅振伦说自己也是大槐树后裔，他的十二世祖三兄弟于成化十一年（1475）从洪洞迁居河北新河城召村。傅振伦本人则一直对大槐树移民研究保持着浓厚的兴趣，早在1928年，傅振伦就曾参与修撰《新河县志》调查全县各村情况，发现有62村的家谱和碑文记载其先祖乃是迁自洪洞。

在为《洪洞古大槐树志》所作的序言中，傅振伦对此书评价甚高："当今盛世修志，山西洪洞县志办公室，就国人传颂的洪洞迁民资料，博采史籍、方志、碑刻、谱牒、传说，辑为《洪洞古大槐树志》，这一部谱学专门史志，不是封建士族的家谱，而是移民之史、人民之史……可使凡来自洪洞者知道国人在五百年前都是一家，推而上之，在五千年前都是同胞，都是炎黄子孙。"

费孝通、李毓珍等学者也都对大槐树移民研究表现出了相当大的兴趣。《洪洞古大槐树志》于1988年出版后，学界围绕这个问题所做的论文和专著明显多了起来。据山西大学历史文化学院教授乔新华在2007年的统计，从1988年以来，相关的论文约有20篇，论著也有10多部。那些散布在各地的大槐树后裔，则不断为洪洞县志办寄来新的文献材料。河南焦作人刘观臣在1982年8月看到《参考消息》刊登的征集迁民资料的启事后，以至《洪洞古大槐树志》出版前后10余年间，先后来信（稿）95篇，其间他多方收集迁民资料，计家谱序13篇，碑文16篇，其他资料8篇，咏槐志诗词5篇，其中一些资料被《洪洞古大槐树志》采用。《洪洞古大槐树志》出版后，刘观臣又认真地进行了校对。

与此同时，前来洪洞寻根的大槐树后裔也逐年增多，本来王德贵、刘郁瑞所倡建的大槐树公园只是一个纪念性场所，但是眼见着寻根者络绎不绝地到来，洪洞大槐树公园管理所也有了"市场观念"，开始销售门票，并在景区内安排了讲解员，为访客讲解大槐树移民。

1991年，考虑着如何"让洪洞的优势资源充分发挥"的洪洞地方政府也注意到了古大槐树的巨大潜力，"如果能够开发这一文化资源，以此来构建同广大大槐树移民后裔的亲情联系，洪洞必将会得到更为广阔的开放空间"。正是抱着这样的想法，在洪洞县政府的推动下，首届大槐树寻根祭祖节于1991年4月举办，之后年年举办，"搭文化台，唱经济戏"。

六百年后的返乡

至1996年时，前来大槐树寻根的访客已经超过了6万人，从台湾和海外过来的大槐树后裔也越来越多。有个场面给张青留下了深刻的印象：1992年夏天，有60位台湾老者来到祭祖园，齐刷刷地跪在大槐树下痛哭，喊着："祖先啊，我回来了……"

1994年春天，一位在泰国生活了半个多世纪的老人，带着全家老小来到洪洞大槐树下。全家在大槐树下合影后，老人让孩子们从槐树上折下一小枝，夹在随身携带的相册里。

1995年8月，3名多年旅居马来西亚的华侨专程赶到洪洞县，在祭祖堂里祭奠了各自的祖先后，共同为大槐树献上了一只大花篮。

还有为数众多的大槐树后裔，在续修家谱的同时，也希望能在洪洞找到确切的故乡所在。2002年10月1日，江苏丰县刘家营刘氏家族的三位老人，为了家族寻根的愿望，千里迢迢来到了洪洞。他们随身带了明万历十四年修的刘氏家谱，正是这一份家谱，在目前可见的明清家谱中，第一次明确记载了先祖来自"山西洪洞县野鹳窝"。三位老人期望能在洪洞找到同宗，把家谱的源头续上。根据家谱留下来的线索，他们遍访了洪洞相关的刘氏家族，但却无法找到与他们家族有直接联系的线索。最后，只是从县城刘氏一块记录着家族传承的木质谱系图上，推断出了两个家族之间可能存在关联。

也有人在不断地搜寻后，在洪洞找到了家谱中的故乡。2008年3月16日，江苏丰县张氏家族张大彪等11人赶至洪洞寻根，希望续接族谱与故土的联系。出发前，一行人在欢口镇水坑洼村张氏家祠中，举行了告祖仪式。依照他们的家谱所载，先祖所在的村庄在洪洞县城南30里。

到洪洞后，根据这个线索，他们找到了洪洞的冯张村。保存着冯张村张氏家谱的张觉敏拿出家谱（1938年续修）与张大彪带来的张氏家谱（1770年修）对照后，依据二者记载的方位、距离和时间正好一致，确定两地张姓本是一家人。

张大彪说，传闻在1770年之前，也就是丰县张氏家族那次修家谱之前，张氏族人就曾到山西寻根，但并没有结果。而这次找到了冯张村张氏，11位家族代表认为"六百多年的愿望已经实现，了却了历代列祖列宗及族众一片怀念故土的心"。

确定是同宗的当天，丰县张氏与冯张村张氏共同进行祭祀，但是由于清朝中期记载以上的族谱已无法续接，所以双方不能论世代，只能以同根同祖之亲进行祭祀。在张觉敏家堂屋列祖列宗神位前进行祭祀后，张大彪、张觉敏等人到始祖坟地进行祭祀，丰县张氏取根土带回丰县欢口镇水坑洼村张氏家祠供奉。

已担任洪洞县志办主任多年的张青，还在不断地接到大槐树后裔的电话和信件，每天都会有几个陌生的电话号码从外地打来，向他询问大槐树移民的事情，或者请他帮忙寻根。相比之前，通讯方便之后，来信没有以前那么频繁了，但一周还是会有好几封，张青也都一一亲手回复。在县志办工作20多年来，他已经编著了大槐树主题的书籍10余种，此间"每年都要送出一两千本"。

2009年7月，张青又出版了《大槐树》一书，在为《大槐树》一书所写的"后记"里，张青用了"大槐树下是家山"七字作为题目。"这个百姓永远的记忆，精神家园的寄托，民间文化的认同，真正反映了中华文明的凝聚力，"张青说。

山西民俗文化旅游开发研究
——以大槐树寻根祭祖节为例

宋琳英

摘要："十里不同风，百里不同俗"，不同的生存环境、历史渊源，不同的国家，不同的地区和民族，最终形成了不同的各自独具特色的民俗。不同的民俗是一种非常重要的文化，是留给我们的重要遗产，他是一种价值很高的旅游资源。甚至可以说，特色民俗旅游已成为最具吸引力的因素之一。山西民俗文化旅游资源丰富多彩，别具一格，具有很高的经济价值和社会价值，淳朴的民风、丰富多彩的民俗活动，将为山西旅游带来更多的魅力和活力。以大槐树为切入点，对民俗旅游与文化产业的发展进行分析探讨，为现实条件下山西省民俗文化旅游的开发提供理论上的参考。

关键词：民俗文化　旅游　大槐树寻根祭祖园　开发分析

近年来，我国的旅游产业发展迅速，据国家统计局公布的数据显示，2011年我国入境旅游接待1.35亿人次，国内旅游超过26亿人次，旅游总收入8935亿元，旅游直接从业人数近1500万人，2012年全年国内出游人数29.6亿人次，比上年增长12.1%；国内旅游收入22706亿元，增长17.6%。在此之中，民俗旅游扮演着越来越重要的角色。民俗旅游项目以其鲜明的民俗特色、独特的文化内涵、浓烈的民俗气息、显著的地域特征以及丰富多彩的表现形式，对中外旅游者形成了巨大诱惑和感染。

"问我祖先在何处？山西洪洞大槐树。祖先故居叫什么？大槐树下老鸹窝。"明代以来的数百年间，这首民谣在我国广大地区到处流传，它以通俗易懂的语言，简明扼要地叙述了明朝初年山西人民向各地迁移的情况，也在华夏民族心目中留下了悲欢离合的血泪回忆。

一、大槐树寻根祭祖园的文化生境

（一）大槐树景区的移民历史

大槐树旅游区位于洪洞县内，洪洞县位于临汾北30公里，位于临汾盆地北端，东靠南同蒲铁路与霍侯一级公路，南临309国道，西接汾河与大运二级公路以及大运高速公路，北依洪三公路，交通极为便利。从洪武六年开始至永乐十五年间，发生的数以万计的大规模移民总共18次，主要是从山西迁往周边主要的省份等地。直到元末明初时期，由于灾害越来越多，战争不断，导致中部地区人空虚，耕地荒芜，同时山西因太行山、吕梁山、黄河作为屏障，这个地利优势导致易守难攻，所以人民生活安定，农作物风调雨顺，连年丰收，和相邻的其他省份相比，山西经济繁荣，人丁兴旺。正因为这些原因，各地各省的难民大量涌入山西，是的这里的人口密度越来越大。

（二）大槐树景区的景点概况

从严格意义上讲，洪洞大槐树寻根祭祖和那些"故里""陵寝"祭祀又不一样。这里曾是一个迁民的暂栖地、集结地和出发地，这里既是一个终点，更是一个起点。从2007年开始，在山西主题旅游这样一个大背景下，洪洞政府主打"根祖文化游"的主题。同时由于山西省对外开放的程度不断加深，"寻根祭祖"渐渐地成为山西省凝聚海内外华人旅游的一个非常重要的方面，非常值得高兴的是"大槐树祭祖习俗"于2008年6月被成功列入国家级非物质文化遗产名录。大槐树旅游区主要有以下旅游区组成，祭祖活动主要在这些地区进行，有根雕大门"根"字影壁、莲馨桥、槐香桥和鹳鸣桥、献殿、祭祀广场、祭祖堂，作用是为大槐树后裔提供祭拜先祖的场地；名胜古迹主要有牌坊、第一代大槐树遗址、石经幢、古驿道、广济寺，这一部分主要是当年移民的见证物；风景游览区则主要有莲花塘、民俗村、洪崖古洞等景点是用来观光、休憩的。

二、大槐树寻根祭祖园的开发现状

（一）政策大力支持

一提山西省，人们的第一印象就是山西是煤矿资源大省，其实山西省不止有煤，文化资源也是很丰富的，在这个转型发展，创新发展的新形势下，发展文化产业已经成为一个山西省发展经济的重要方面。2003年，山西省就出台了《山西省建设文化强省规划纲要（2003－2010）》，2009年以来，山西省不断地出台各种相应的政策，为了文化产业发展提供最好的政策支持，进一步的完善。

（二）加大文化资源整合

文化资源存在的原始形态一般都呈现出离散的状态，将这些文化资源加以优化与整合则可以焕发出不一样的生产力和影响力。山西文化资源虽然丰富，但是进行产业开发的主体规模都不大,为了做大做强山西的文化产业就必须对境内的文化资源进行切实有效的整合。近年来,山西省围绕资源整合做文章,取得了初步成效:整合形成了佛教与边塞文化、晋商文化、根祖文化、太行文化和黄河文化等五大特色文化产业区,山西的文化资源经过整合,已释放出强劲的生产力,不论是大型文化企业集团还是产业基地都形成了较强的竞争力,文化生产效率也有大幅提升。

(三)完善基础设施

文化资源的产业开发首先离不开交通基础设施的支撑,这是因为文化产品的流通需要便捷的交通。目前,山西的交通设施已大为改善,干线公路、高速公路、铁路、机场等四通八达,为客流和文化产品的输入和运出提供了便利。文化资源的产业开发中更为重要的是文化基础设施的建设,因为文化基础设施建设不仅是文化产业的辅助,亦可视作为文化产业本身。

三、大槐树寻根祭祖园民俗文化旅游开发存在的问题

(一)文化发展的程度不深

民俗旅游也是一种文化旅游,文化旅游要长盛不衰,关键在于挖掘其深厚的文化内涵。景区内民俗文化开发不深入,虽然根祖文化以及节日文化一直在不断开发,但深度广度均不够。景区内游览内容单一,开发不够丰富。如江苏无锡市华西村开发江南水乡特色的民俗旅游、云南西双版纳傣族泼水节活动等,它们创意新颖,文化内涵突出,取得了良好的经济效益和社会效益,增强了旅游业发展的后劲。而山西民俗旅游项目中,真正能让人们体验深厚文化底蕴并乐此不疲津津乐道的少之又少。

(二)旅游产品的种类较少

大槐树民俗资源丰富,但是并没有在全国形成影响力。目前山西也只有晋中地区的晋商大院、五台山的国际旅游文化节、平遥古城文化节和运城关公文化节有一定的知名度。其他的民俗旅游通常是在当地自然旅游资源上嫁接,并没有形成有特色的旅游产品,没有树立民俗旅游文化品牌。景区景点利用率不高,开发不足,让很多有价值的项目处于一个浪费的状态。

(三)宣传的强度广度不够

宣传是一个让大家知道景区的重要方式,对旅游业非常重要的,特色的民俗旅游由于发展时间短、知名度低,就更需要宣传。我们都知道四川人爱吃辣、陕西人爱唱民歌、东北腔遍布大江南北,这本身就是民俗资源的宣传结果。但是目前的大槐树景区在这一方面做得非常匮乏,有限的方式和投入,强度和广度完全不足。

四、大槐树寻根祭祖园民俗文化旅游开发的措施

（一）大槐树景区经济文化民俗开发

1. 大槐树旅游商品的开发

大槐民俗旅游商品是具有典型地方特色的旅游吸引物，在招来旅游者、增加目的地居民收入，发展地方经济等方面具有很重要的意义。山西省民间特色工艺品都有很高的开发价值，如：剪纸、刺绣、布艺、面塑、木雕、砖雕、民间玩具等，都可以发展成为一个新的小型商品产业。大槐树景区要打这样一个民俗文化产品大牌，就是"游览—学习—购买"路线。大槐树景区内外都有很多具有民俗特色的商铺，要合理的利用起来。将其分成不同的展区，主要以物态展示为主，打造成博物馆形式，增加景区的游览内容，提高其丰富性。按照不同的类型分区展示，学习外国博物馆的展示方式，展示晋南地区这些具有特色的旅游商品品。在此同时，要加强对产品介绍的能力，民俗文化产品注重的就是其自身所承载的文化，一定要注意对民俗文化产品的阐释，每一种产品所代表的含义都是不一样的。因此提高导购人员的解说水平，让游客真真正正感受到这件商品的含义，只有让游客真正深入其中，才可以产生共鸣，这则是一个学习的过程。游客只有真正了解它，才会购买它，才会有购买的欲望。这样一来，提高了景区的效益，增加了当地人民的旅游收益。

2. 大槐树土特食品的开发

土特产品包括当地的水果和农副产品、食品，清徐葡萄、老陈醋、汾酒等可通过人为设立节日，开办交易会宣传和销售。还有一些民间风味小吃本身的味道、颜色就足以吸引游客品尝。在大槐树景区内，有一个专门的特色小吃区，主营的都是洪洞当地的一些特色食品。同时，设置一个仅经营食品类的土特产，可供让游客购买，有全国知名的老陈醋，还有沁州小米等一些特产。要注意土特食品的质量，要高要求，只有质量高端能会有高的利润。而风味小吃要做到原汁原味，真正做到特色和民间食品的味道。

（二）大槐树景区娱乐文化民俗开发

1. 大槐树戏曲歌舞的开发

山西被称为中国戏曲的摇篮之一，地方戏曲有50种之多，上党梆子、蒲剧、晋剧、眉户、左权小花戏、二人台等古老剧种至今仍然盛行于山西乡间。山西民歌有着悠久的历史，文字记载从尧舜时期就已经有作品出现。山西民间舞蹈有200余种，包括鼓类舞、秧歌舞、狮子舞、龙舞、高跷、旱船等。比较有趣味的舞蹈形式有小车舞、挑椅舞。借助这些丰富的艺术资源，合理利用景区的场地以及这些资源，聘请临汾地区的戏曲表演者以及民间舞蹈艺人进行表演，安排成场次制，很多的

传播和传承山西的戏曲歌舞，增加景区的民俗风情。

2. 大槐树传统节庆的开发

有效利用民间传统节庆和奇风异俗，增辟旅游项目，丰富旅游活动。我省一年四季都有多姿多彩的节日风俗，应加以利用。民俗旅游节会是旅游开发中不可或缺的一环，节会以某一段时间的资源集中，利用规模效应、宣传攻势塑造自身品牌，创造出良好的社会经济效应。例如在清明节前后会举办的大槐树寻根祭祖节，非常的盛大，与此同时，会有花灯的展示，政府应该重视花灯展示这个本来就有的节庆内容，加大力度开发，鼓励企业政府单位找寻一些既经济又新颖创新的方式，举办成一个花灯艺术节，和寻根祭祖节同时展开，吸引游客。合理利用山西省整体的一些节日，如"山西国际面食文化节"和"晋南两黄祖基游"这样的大型节日。在这样大型节日的效益影响下，大槐树景区可以举办小型的面食文化节或者小吃文化节，同时丰富景区的活动，提高景区的利用率。

（三）大槐树景区民间文学开发

1. 大槐树文物字画的开发

大槐树景区本身所拥有的古文物较少，主要以博物馆的形式开发，这种方式很好地表现了一些静态的文化，但是要注意静态文化的阐释和传播，要加大历史文化的阐释，可以学习国外博物馆的文物阐释导览器。大槐树景区主要是文化景观，因此，在开发文物字画方面则需要主要开发字画，山西有很多字画书法大家，也有很多爱好者。景区开发的字画并不一定都需要价格昂贵的，而是需要传承的根祖文化，是被开发的文化。景区可以通过举办"洪洞大槐树·国际书画艺术展"这样的字画书法征集活动，来选出一些真正传承根祖文化的作品，在景区内设置专门的展厅，即作为展示也作销售。这样一来，对景区的影响是很大的。也可以通过景区规划的方式，购买一部分蕴含山西民俗文化以及民间书法爱好者自愿捐赠的较好的作品作为单独展示。通过这样的方法，会有越来越多的作品被收藏，同样的，大槐树的名气也会越来越大。同时，可以定期举办书画爱好者作品评比活动，设置奖项，吸引更多的人关注，这样既给书法爱好者提供了一个平台，同时也更好的开发了字画方面。

2. 大槐树民间文学书刊的开发

搜集、整理、出版配合旅游的民间文学书刊，为发展旅游事业服务。

3. 通过我们搜集、整理、出版各地风物传说丰富旅游文化，激发游客旅游欲望

地方风物传说，就是指黏附某个地方、某些城郭、著名的建筑物或土特产、工艺品等的民间故事。通过搜集、整理、出版当地的笑话、谚语、谜语、楹联等，

使旅游者体验既富有思想性又富有知识性、欣赏性的旅游生活插曲。总之，利用创新开拓的思路来开发我们的民俗旅游事业。同时，要开发明信片以及根祖文化的姓氏书刊，大槐树景区虽是文化景区，但是开发后的自然景观也是非常不错的。开发自然风光和根祖景观明信片，可以把大槐树带在身上，送给朋友，同时也是一种宣传方式，让更多的人有想来大槐树的情结。

（四）大槐树景区经营管理开发

1. 大槐树民俗文化宣传的开发根祖文化做得好，要继续发挥优势，加大宣传，吸引游客。大槐树景区要重视宣传的重要性，分阶段作出不同有差异性的宣传。开发民俗旅游资源应注意空间上合理安排，相应的根据不同时期，宣传不同的活动。运用多种营销手段，扩大宣传力度，努力提升景区知名度对于景区的宣传，我们既可以采取传统的电视广告、平面广告、站台广告、互联网等多种广告形式，也可以针对景区历史拍摄公益广告、电视剧、电影等。《乔家大院》这部电视剧就是一个成功的范例。其实大槐树寻根祭祖园之前拍过一部电视剧——《大槐树》，但是由于其他因素的影响，这部电视剧最终被中央一套取消播放，没有起到其应有的效果，但是这种实践模式我们应该积极推广应用。相信随着多种营销手段的运用，大槐树寻根祭祖园的影响力会越来越大，根祖文化旅游业会越来越火热。

2. 大槐树民俗文化项目的开发加入一些民俗表演，同时也是景区宣传方法之一，比如婚俗的展示，图为山西洪洞大槐树婚俗展示，比较有代表意义，但是要注意表演的真实性以及专业性。民俗表演一定要注意避免同质性，不能每个景区表演的都一样，大槐树景区则要很好地利用大槐树这个历史的平台，主要表演一些与根祖文化相关的表演，比如，大槐树下迁移表演，还有传说的表演等。这些表演必须是场次制的，同时提高演员的专业性，要让每一个游客都体验到根祖文化的含义，真真正正体会到根就是大槐树。开发游园回答问题赢大奖的活动，目的也是为了宣传根祖文化以及提高游客的参与性，而这些问题和大奖都是以大槐树人文知识为依托，以更好地开发根祖文化为目的的。

3. 大槐树景区解说系统的开发大槐树景区在服务人员的管理方面有很大的改善空间。在景区解说人员方面，有数量不足、解说素质较低、服务态度不热情并且利用率较低等问题。就这些显著的问题我们可以通过筛选严格、增加培训、降低基础工资提高绩效工资、增强管理的方法也改善。一个解说人员的素质，既包括专业解说素质也包括个人素质。像大槐树这样的人文景区，除了本身所蕴含的文化外，解说人员的专业解说更是让游客体验人文的重要方面，所以，解说人员的素质是非常重要的。同时，还可以通过提高门票但是赠送解说人员的服务这样的方式来促进文化的传播。管理者也可以通过开发导览器这样的新设备来促进解说系统的完善。

参考文献：

[1] 刘艳,《山西文化资源产业开发对策研究》,《太原理工大学》.2015

[2] 苏健,《新经济形势下山西民俗旅游发展探索》.《太原大学学报》.2010

[3] 宋润芝,《浅论山西民俗旅游的开发与利用》.《文物世界》.2012

[4] 田苗苗,《民俗旅游与文化产业联动机制研究》.《广西师范大学》.

大槐树：移民记忆与历史真实
——《看历史》特约访谈

李远江

《看历史》：我们发现洪洞大槐树的传说遍及大半个中国，差不多覆盖了整个北方汉族聚居区。宣称自己是大槐树移民后裔的或许有上亿人之多。在短短600年时间里繁育出上亿的后裔，意味着洪洞大槐树移民至少数以百万甚或千万计。而最早的《洪洞县志》（明万历年间编修）却记载着这一时期洪洞县的总人口从未超过10万。移民传说与历史记载明显不符，您对这种现象是怎么看的呢？

赵世瑜：首先，我并不否认明初山西省大量移民中原地区的史实，也不否认作为山西省人口较多的县，确实有一定数量的洪洞人伴随这次移民潮散布于北方各地。但是，无论史料记载还是文物遗迹都不能为洪洞大槐树移民传说提供直接的证据。

《看历史》：不过民国6六年的《洪洞县志》第一次提出了洪洞大槐树是移民集中地的说法，是不是也是于史无证的一种变通？

赵世瑜：确实如此。但就是这种变通的说法依然经不起推敲。首先，自明朝万历到清雍正年间的《洪洞县志》都没有大槐树移民的记载。其次,根据这些史料,广济寺最迟在晚明以前就迁到了另外一个地方。因此，即便明初广济寺旁有一棵大槐树，并且与当时的移民史实有关，在迁址后，新修的广济寺及其附近的大槐树也必然与移民史实无关。

《看历史》:这显然是一种附会了。但是不是。恰恰相反,作为思想史的移民记忆,有着非常重要的历史价值。

《看历史》：从思想史的角度来看，洪洞大槐树移民传是说，这个移民传说内容不符合历史，就没有价值了呢？

赵世瑜：当然不说具有哪些内涵呢？

赵世瑜：我们不妨从这个传说中跳出来，先看看类似的历史记忆是怎么回事。事实上，洪洞大槐树移民传说并不是中国唯一的移民传说，类似的移民传说在全国各地都很普遍。比较有名的还有珠江三角洲的南雄珠玑巷传说，客家人葛藤坑的传说，湖广填四川的麻城孝感乡传说，山东南部和苏北关于苏州阊门外的传说，胶东半岛的小云南传说，以及安徽等地的枣林庄传说等等。这些传说的虽然有类似的结构，但其形成的内在动因却大不一样。最典型的就是南雄珠玑巷传说。目前学术界对其传说的形成过程和内在原因基本上达成了共识。它是珠江三角洲的水上人家——疍户，在社会地位上升以后，为了取得与汉人同等身份，根据中原移民的故事而构建的一种祖先移民传说。相对于南雄珠玑巷传说、洪洞大槐树移民传说，并没有表现出明确的文化或身份诉求。传说本身也没有与洪洞的历史文化直接关联，所以很难摸清其产生的具体历史动因。

《看历史》：在走访晋南的时候，我们有一个直观感受，晋南是华夏文明的发源地，堪称中国文化的直根系。洪洞大槐树移民传说可否视之为一种对华夏文化正统的溯源呢？

赵世瑜：这是一种很现代的诠释，却不见得是移民传说产生的真正历史动力。首先，晋南是华夏文明的起源地，有大量的历史遗迹保存。但尧舜禹代表的是儒家的正统，这种传统不仅在晋南甚至在全国都曾经多次被打断过。汉初崇尚黄老之学，因而"创造"了黄帝这个华夏文明的正统，登峰造极者就是《史记》的作者司马迁和他的父亲司马谈。佛教进入中国后，一度盛行中国，成为主流的意识形态，晋南也不例外。这一切，从晋南遍地都是的佛教寺庙可见一斑。直到明朝驱逐蒙元，为了区别于蒙古政权，才从君主到官绅、从儒生到普罗大众，开始了儒家道统的回归。但这种假设也并非全无道理。由于晋南有丰厚历史资源遗存，既有文物建筑、史料记载，又有民间传说流传，确实为后世进行"传统的再造"提供了资源。

《看历史》：这一点我们深有体会，晋南各地诸如尧陵、舜陵和各地文庙的复建或兴建大多都在明朝。似乎明朝中叶以后有一个重建儒家文化传统的高潮。

赵世瑜：的确如此。这段时间与今天的中国颇为相似，都出现了社会经济繁荣的局面，为知识分子再造传统创造了良好的物质条件。因此，一大堆仿古建筑——假古董就被塑造起来了。明朝中叶，晋南士绅对儒家传统的再造，反映出这里并不是汉文化的孤堡，而是胡化很严重的地方。正是因为数千年来，这里不断接纳胡人，在同化胡人的过程中，汉人也受到了胡化，到明朝初年儒家重新成为主流意识形态的时候，士绅阶层才猛然觉醒，开始利用本地的历史资源进行再造传统的努力。从早期的家谱和墓志来看，并没有一个统一的移民传说，甚至连迁出地的记述也不甚具体。但是，进入晚清民国以后，家谱中的移民传说就变得越来越统一，而迁出地的表述也越来越具体了。这个演变过程，恰好与近代民族意识的形成同步。

《看历史》：也就是说，只有失去以后才会产生焦虑，有文化困境才会有回归传统的努力。

赵世瑜：可以这么说。如果明初的晋南仍是纯粹的儒家文化，士绅们完全不用焦虑，搞那么多假古董来干什么呢？

《看历史》：既然如此，大槐树移民传说产生的真正动力又在哪里呢？

赵世瑜：目前我们手头的资料只能梳理出移民传说逐渐演变的脉络，却不足以说明其具体的历史动力。

《看历史》：那么，大槐树移民传说形成、演变的基本脉络又是怎样的呢？

赵世瑜：现在可以肯定地说，明代中后期编修家谱是移民传说产生的温床。由于战乱灾害的影响，华北地区的人口流动已经成为常态，很多人都已经搞不清楚自己的祖先来自何地了。这些无根的人，需要在家谱中交代祖先的历史，却苦于没有明确的史料。于是，寻求一个方便的祖先传说就成了一种需要。事实上，一开始这种移民传说也不仅仅洪洞大槐树一种。就移民记忆问题，我曾经到晋东南的阳城做过考察。当地人从明末到清朝初年，都一直宣称自己来自邻县高平的赤土坡。然而，到了清代后期就开始出现来自洪洞大槐树的说法了。从这里，可以看到移民传说也存在着一个从多元到一元的演变过程。

《看历史》：这种多元到一元的演变是不是与近代民族意识的兴起有关呢？

赵世瑜：可以这么说。从早期的家谱和墓志来看，并没有一个统一的移民传说，甚至连迁出地的记述也不甚具体。但是，进入晚清民国以后，家谱中的移民传说就变得越来越统一，而迁出地的表述也越来越具体了。这个演变过程，恰好与近代民族意识的形成同步。而当时达尔文主义作为近代民族意识的基础理论，强调一个民族在血缘上的一元性。这种血统理论明显不同于中国传统的文化认同理论。于是，以孙中山为代表的近代民族主义者不得不请出黄帝，为中华民族创造一个共同的祖先来。目前，虽然还没有找到近代民族主义直接影响家谱编修的据，但这些编修家谱的知识分子与孙中山一样面临血统重建的困境。

《看历史》：是不是可以这样理解——明朝的汉文化重建和近代的民族主义兴起是洪洞大槐树移民传说产生和演变的思想动力。

赵世瑜：大致是如此。但我们更关心这个移民传说发展演变的具体脉络，弄清楚，是什么人、在怎样的历史困境中、如何建构自己的移民记忆的。

（赵世瑜，北京大学历史系教授，发表有《祖先记忆、家园象征与族群历史》等研究移民史的文章。）

《明史·食货志》记山西民迁河南事辨析

王兴亚

《明史·食货志·户口》记明初迁山西民事云：

户部郎中刘九皋言："古狭乡之民，听迁之宽乡，欲地无遗利，人无失业也。"太祖采其议，迁山西泽、潞民于河北。后屡徙浙西及山西民于滁、和、湘平、山东、河南。……太祖时，徙民最多。……成祖核太原、平阳、泽、路、沁、汾丁多田少及无田之家，分其丁口，以实北平。自是以后，移徙者鲜矣。

这段记述，对明初朝廷移山西民于各地（包括明河南布政司所辖地区）的原因、时间及经过作了概述。所云"河北"，指黄河北部地区，明时河南布政司所辖怀庆府、卫辉府及彰德府俱在黄河北部。所云"河南"，即明河南布政司辖区。按此所述，明初太祖根据刘九皋的建议，迁山西泽、潞民于河北。而向河南黄河南部地区移民，则在此之后。明成祖时，虽有移民，只是"以实北平"，不包括明河南在内。由于《明史·食货志》资料丰富，体例严谨，史料多经排比，阐述亦较系统，故为时人以至今人所推重。可是，核之有关记述，此述不仅未详其移民于河南的具体时间，且与事实有出入，亦与《明史》有关记述有不一致之处。为了辨明明初山西民迁居河南的真相，兹作如下考辨。

一、关于明初山西民迁往河南开始的时间问题

河南是明初迁民屯种的重要地区之一。山西民徙至河南始于何时？按照《明史·食货志》关于朝廷移民的记述，"迁山西泽、潞民于河北"，是根据户部郎中刘九皋的建议作出的决定。同书卷三《太祖纪》书其事于洪武二十一年八月癸丑。这种说法的根据，是《明太祖实录》卷一九三洪武二十一年八月癸丑条记（详本文二）。由于《明太祖实录》洪武二十一年八月癸丑条记其事具体、明确，所以，明人谭希思《明大政纂要》卷八、徐光启《农政全书》卷三《国朝重农考》等在记山西民迁于黄河以北诸州县时，均采录其说。清代及民国年间的官私撰著从其说者，更是不乏其例。如谈迁《国榷》卷九、雍正六年刊印的《古今图书集成·经济汇编食货典》卷四九《田制部》、乾隆敕修的《续文献通考》卷二、卷十三、夏燮《明通鉴》卷九、陈鹤《明纪》卷五、雍正十三年《泽州府志》卷四九以及民国十年刊印的景大启辑《洪洞古大槐树志》、民国二十年刊印的柴汝祯辑《增广山西洪洞古大槐树志》等记山西民迁往河南等地时，均作始于洪武二十一年。张淑琳在所撰《古大槐树歌》里概括其事说："大明有国廿一年，移民大计出户部。言者郎中刘九皋，侍郎杨靖议水乳。遂令泽潞二州民，告愿豫燕辟荆棒。"今人之有关论著，在述及明初山西民迁于各地时，也多从其说，尚未见有人对《明太祖实录》《明史》所记的详核考订。

实际上，这种说法却是经不起查核的。对此，民国年间河南有些县志的纂修者曾经提出异议。民国二十一年陈藩济、宋立梧在其《孟县志》卷四《大事记》里曾云：

明洪武三年徙山西民于河北，而迁至孟州者十九，皆山西洪洞籍。

按此条乔志、冯志均未之载。当因《明史》只浑言徙山西民于河北，而于洪洞迁孟事，未经叙及故耳。然证以故老之传述，考诸各姓之谱牒，叩叩实确凿可据。且当日户部所给迁往之勘合，光绪初年民间尚有存者，故补录之。

这是一则重要的考证。所谓乔志，即康熙三十四年刊刻的乔腾凤纂《孟县志》。冯志，即乾隆五十五年冯敏昌纂《孟县志》。这里不仅分析了乔、冯二志未载洪武三年山西民迁孟的原因在于《明史》只浑言徙山西民于河北，而于洪洞迁孟事，未经叙及。同时提出了补录此条的根据一是有当地故老之传述，二是该县诸姓谱牒中载有由山西迁孟的时间，三是"当日户部所给迁徙之勘合，光绪初年尚有存者。"应当说，这是言有确据的。

另外，民国二十四年季敏修在其《汲县志》卷四《事纪》里亦说：

按明初徙民颇多，见于《明史·食货志·户口》。而《本纪》徙山西民则书于洪式九年徙泽、潞民于河书。据县郭全屯结义庙碑云：洪武二十四年山西泽州建兴乡大阳都为迁民事，必河北当旱蝗后，人烟稀少，因取山西民以实之也。然土人传闻，则以为洪武二午。（抄本，今存河南新乡市图书馆）

其记"《本纪》徙山西民则书于洪武九年徙泽、潞民于河北。"与《明史·太祖纪》不合。查《明史·太祖纪》书作：洪武九年十一月"戊子，徙山西及真定民无产者田凤阳。"《明太祖实录》卷一一〇洪武九年十一月戊子条载作："徙山西及真定民无产业者于凤阳田。遣人贵冬衣给之。"可知这次所迁山西民到达的地区是凤阳。凤阳在今安徽境内。李敏修书作"于河北"，系误。但他所说的"土人传闻，则以为洪武二年"，却是很值得注意的。所云"土人"，即河南汲县人。该县明时隶河南卫辉府，为明初山西民迁居的重要地区之一。当地群众传述洪武二年由山西迁此，也是有价值的口碑史料。

上述民国二十四年的《汲县志》，只有稿本，见者甚少。民国二十一年的《孟县志》虽有刻本，但印数非多，亦很少为时人及今之学人所注意。尽管作为研究该问题的确切材料——当日明政府户部所给迁民的迁徙勘合证书，至今我们尚未找见；明清时期所纂修的有关族谱、家乘，有些查无下落，但在明清以来的私家墓碑、家谱及地方志里，还可以找到不少有关这方面材料。

就洪武初年山西民向河南迁徙的情况来看，有的是洪武元年迁来的。民国二十六年《封丘县续志》卷三《氏族志》里载："西仲宫郭氏，始祖郭大庆明洪武元年自晋迁此。……谱形,卷数未详。"该志卷四《氏族别录》内记:"西八丈狄氏,明洪武元年自晋迁此。"周王村周氏、周口周氏、周庆周氏,"上三族均于洪武元年自晋洪洞县迁来"。沙岗桥刘氏、天李湾刘氏、粪堆刘刘氏、后河知氏,"上四族均于洪武元年自晋洪洞县迁封。"后吴村杨田,"晋人,洪武元年来迁"。梅家口翟氏,"明洪武元年由山西洪洞县迁"。

洪武二年山西民迁于河南,见《汲县李氏家谱稿》。该家谱所记,起自洪武二年,止于民国二十二年。第一本开头便载:"明洪武二年,始祖盛自山西凤台县迁汲。"第二本分世记载,第一世下载:"盛,明洪武二年,自山西泽州府凤台县枢头村迁汲,配失考,子二人,传附后。"(此家谱共三本,抄本,今存河南新乡市图书馆)

洪武三年山西民迁于河南。据民国二十一年《孟县志》卷四所记:"明洪武三年徙山西民于河北,而迁至孟州者十九,皆山西洪洞籍。"孟州,即今河南孟县,时属河南怀庆府。《孟县志》卷一《地理上·沿革》载:"明洪武初为孟州,省河阳,领温、济二县。十年改州为县。孟县之名自此始,属怀庆府。"按照该志纂修者的调查考述,这次迁山西民于河北,而徙至孟州者占十分之九,并且都是山西洪洞县人。另,万历三十年《获嘉县志》卷五《官师志·宦绩》载:熊邦基,"洪武三年任获嘉令。时中原新定,城社未立,户口土著不满百,井间萧然。邦基招集迁民,宣上德意,商度地势,筑城建社,与之更始"。其记未具体述及迁民之籍贯,但特别提出迁民,说明洪武三年该县已有不少迁民。此述二记,可相互证。

洪武七年山西民徙于河南,也有记述。民国二十六年《封丘县续志》卷四《氏族别录》是根据采访材料撰写的。其中有谓:"东仲宫赵氏,洪武七年有昆仲二人,自晋同来封,分居东、西仲宫,是为赵氏之始祖。"该志卷三《氏族志》载:"王村王氏,其先为河汾人,始祖王东君精堪舆,明洪武七年被僚友徐相邀游大梁,见河朔乃福地,遂携家迁于封丘之北五里曰王村。一谱牌二册,清道光十二年王履道、王长善创修,民国二十三年王廷楷、王梦周重续。"

此外,还有不少材料记山西民迁于河南各地的时间是在明洪武初。如今河南沁阳县有刘大观撰,《皇清例授奉直大夫候选布政司经历赠昭武都尉郭公逸园墓志铭》,内载:"公始祖春于洪武初造,自洪洞迁河内(河内县即今沁阳县,明时属河南怀庆府),以丁兰、郭巨同为孝子,遂居街水北丁兰巷。"(此碑今存河南沁阳县文管会)咸丰五年八月杨天择修、民国十五年四月杨敦忱续修《杨氏家乘》上卷《世系图》载初衍九世:杨茂—仲良—克成……在克成下记:"配布氏,明洪武初年,自洪洞迁河内之柏乡镇,葬济源宫庆镇容东北。"(《杨氏家乘》,柏香杨介有藏本)浚县康熙三十七年郭瑞昌撰叙《郭氏祖碑》内记:"郭氏本山西洪洞县人也。考自前明洪武开疆后,按户迁民,始迁于浚县立西泊头村,肆业农圃,筑室而居焉。

继即修茔于庄之东，葬始迁祖于茔中，当时，世尚离乱，治未升平，自始祖以下约有二世，虽归葬于茔，惜无碑考。……得诸父老传闻间，公讳浚，号巨川，元配姜氏。"（此碑今存河南浚县郭庄郭氏墓地）该县郭小寨乾隆五年八月中秋所立郭氏墓碑内记："祖讳世荣，字裕光，原籍山西平阳府洪洞县人。自明太祖登乾位，缘因洪洞地狭人众，颁旨迁民，吾始祖遂东迁于直隶大名府滑县。……我始祖方至滑县，谨卜城北十里小寨居住。"（此碑今存。小寨时属滑县，今属浚县善堂公社，村名为郭小寨）该县前寺庄赵金麟同合族于道光十二年二月所立的墓碑中有谓："我赵氏本晋洪洞籍，自前明洪武初年迁于浚之前寺庄，迄今四百余年，始祖以下皆葬于村东祖茔。"（此碑今存原墓地）孟津县陈按撰《泰峨墓志铭》内载："公讳衡，字以平，别号泰峨，上世籍晋之洪洞，始祖伯思因红巾猖，徙家孟津，明农丰德。"（顺治十八年《河南府志》卷二五《艺文三》）陕县康熙二十四年十一月张洪范撰《会兴镇张氏族谱序》内云："魏氏系山西洪洞县东关人也。由红军之变，移居河南会兴镇居住。始祖讳曰继周，厥合子孙星错，子孙繁衍。"未署撰人姓名的《皇明古洛地弘农郡柳巷黄门张氏家谱序》里载："元祖百川，世居山西，张虞好施济，故元加以义官。适逢明太祖讨不轨，干戈载道，亿姓流离，遂率其家属至河南府古弘农郡州治南有近城关，名曰柳巷，见其俗美人醇而遂家焉。"（见民国二十五年《陕县志》卷二二《节录各族谱序》）凡此等等，不乏备举。这些材料，将其迁入何南各地的时间书作"洪武初""洪武初造""太祖登乾位"等，虽未详具体年代，亦是有史料价值的。按洪武系明太祖朱元璋的年号。他在位三十一年，未曾改元。所云洪武初，当在洪武十年之前。

洪武十年以后，至二十年期间，山西民向河南迁徙的情况，在河南的族谱里亦有提及。民国二十四年《获嘉县志》卷八《氏族》里载：

郭氏，永兴屯始祖失名，称郭老大，明洪武十四年，由山西凤台滩里村迁来，后有迁王井、新城等村者，有谱有宗祠。

赵氏，永兴屯始祖赵本，明洪武十四年，由山西凤台县水磨头村迁来，后有迁往王井、冯堤者，有谱有宗祠。

按此记不仅说明了山西凤台县滩里村郭老大及水磨头村赵本迁至获嘉永兴屯的时间是洪武十四年，还说明了此记的材料来源"有谱有宗祠"。也是可信的。

诚然，从上述诸记所述山西民迁入河南的情况来看，有的是因"避乱"而流入择地而居的，但有的则是由政府安排迁徙，持有户部所发给的迁徙勘合，有的因材料记述简略，还无法确定究竟是怎样迁来的。不过，所记这些山西民迁入河南各地的时间，都是早于洪武二十一年的。这些材料，为我们了解和研究明初山西民向河南等地迁徙事提供了值得重视的史料。可补《明太祖实录》《明史》等史书所记之不足。

根据上述考述，我们可以断言，明初山西民向河南迁徙的时间，并非是从洪武二十一年八月才开始的，而是自洪武元年起，山西民即以各种方式向河南迁徙。作为官府移民至迟在洪武三年即有之。所谓洪武二十一年八月迁山西民于河南等地说，只不过是明初"朝廷移民"中规模较大的一次。如果把这次移民作为明初迁山西民到河南的开始，那就无法解释在此之前山西民不止一次地向河南迁徙的事实。

二、关于洪武二十一年山西民迁居的地区问题

洪武二十一年迁山西民到各地，是明初移民中人数较多的一次。关于这次山西民所迁居的地区，《明史·食货志》袭用了王鸿绪《明史稿·食货志》的说法，载作"迁山西泽、潞民于河北"。清代官修《续文献通考》卷十三《户口二》及龙文彬《明会要》卷五十《民政一·移徙》均持此说，说洪武二十一年迁西泽，潞民所到达的地区是"河北"，即黄河以北的州县。而《明史》卷三《太祖纪》对此事的记载，则采取另外一种说法，书作洪武二十二年"八月癸丑，徙泽、潞民无业者垦河南、北田，赐钞备农具，复三年。"此记河南，既包括黄河以北，还包括河南以南的州县。这种说法，也为清代《续文献通考》卷二，及《明会要》卷五二《民政二·优免·移徙》条所采纳。一云河北，一云河南、河北，其差异是显而易见的。这种自相矛盾的记载，说明《明史》《续文献通考》的编修者并未对此进行认真核实。

这样，人们不能不问：洪武二十一年移山西民于河南所到达的地区是河北还是河南？为了求得可信的答案，这里兹举出以下几则材料。

首先，就《明太祖实录》卷一九三洪武二十一年八月癸丑条对其事的记述来看：

洪武二十一年（1388年）八月户部郎中刘九皋的建议：古者狭乡之民迁于宽乡，盖欲地不失利，民有恒业，今河北诸处，自兵后，田多荒芜，居民鲜少。山东、西之民自入国朝，生齿日繁，宜令分丁徙居宽闲之地，开种田亩，如此则国赋增而民生遂矣。（《明太祖实录》卷一九三）上谕户部侍郎杨靖曰："山东地广，民不必迁。山西民众，宜知其言。"于是，迁山西泽、潞二州之民无田者，往彰德、真定、临清、归德、太康诸处闲广之地，令自便置屯耕种，免其赋三年，仍给户钞二十锭，以备农具。

这里所说的彰德、真定、临清均位于黄河北部，此时彰德府，属河南布政司，真定府，属北平布政司。临清，属山东东昌府，而归德、太康则位于黄河南部，此时归德州、太康县均属河南开封府。

其次，就山西地方志对其事的记述来看。雍正十三年《泽州府志》卷四九《纪

事》载：

明洪武二十一年，迁泽、潞无田者往彰德、正定、归德、太康诸闲旷之地，令自排种，免其徭役三年，仍给钞锭，以备农具。

再者，就明清时期有关撰著对其事的记述来看。成书于万历年间谭希思撰《明大政纂要》卷八记其事作：洪武二十年八月，"徙山西泽、潞民耕种北平等处"。这里虽作北平，但有等字。谈迁《国榷》卷九记其事作迁于"彰德、真定、临清、归德、太康。"以上二书，都是早于《明史》的。另外，《古今图书集成·经济汇编食货典》卷四九《田制部》载作："洪武二十一年，徙山西泽、潞无田民，往彰德、真定等闲旷之地"。夏燮《明通鉴》卷九、陈鹤《明纪》卷五在记其事时均作迁于"河南、河北。"

因此，根据《明太祖实录》、清代《泽州府志》及明清人有关撰著，洪武二十一年八月所迁山西民到达的地区，不应只是河北，而是河南、河北。具体到河南地区而言，不仅有明代河南黄河以北的怀庆、卫辉、彰德三府，还有其黄河以南开封府所辖的归德州及太康县等地。由此可以断定：《明史·食货志》里所记这次迁山西民于河北的说法，是不确切的。《明史·太祖纪》所记迁于河南、北的说法，则是言之有据的。而今人翦伯赞主编《中国史纲要》（第三册）记明初移民屯田事时，书作"徙山西泽、潞人民于北平"（第一七〇页），亦是片面的。

三、关于永乐年间迁山西民到河南问题

《明史·食货志》记明成祖迁山西民事谓："成祖核太原、平阳、泽、潞、辽、沁、汾丁多田少及无田之家，分其丁口，以实北平。"该书卷六《太宗纪》又记："永乐二年九月丁卯，徙山西民万户实北京。永乐三年九月丁巳，徙山西民万户实北京。按明初行政区划，曾设北平布政使司，辖有大名府。永乐元年正月辛卯改北平为北京。"依据此记，明永乐初年所移徙的山西民所到达的地区是北平、北京，是不包括明河南布政司所辖的州县的。这种说法，亦是与事实不相符合的。就今所见之各种材料来看，永乐年间明政府不仅继续迁山西民于河南，而且人数亦不算少，次数也不止一次。

1. 永乐元年迁山西民于河南。《明太宗实录》卷十八永乐元年三月乙未条载：

河南裕州言："本州地广民稀，山西泽、潞等州县地狭民稠，乞于徙无田之家，分丁来耕。"上命户部如所言行之。

谭希思《明大政纂要》卷十三记永乐元年三月事谓："有司请分山西泽、潞丁于河南裕州耕田，从之。"雍正十三年《泽州府志》卷四九《纪事》载："永乐元年诏泽、潞等州无田民，分丁赴裕州垦荒。"按此时裕州，属河南南阳府，辖舞阳、叶二县。可证明成祖于永乐元年三月乙未下令迁山西泽、潞等地贫民于河南南阳

府裕州。

2. 永乐三年迁山西民于河南。河南新乡县人许作梅，系崇祯十三年进士。他在所撰《鲁源张公墓志铭》里说：山西洪洞县人得山公，"明永乐时，奉迁民实河朔之令，卜居新送佛村，是为张氏新乡始祖。"（乾隆十二年《新乡县志》卷二七《丘墓下》）。崇祯四年新乡县进士张增彦，系得山公之后裔。他在《先考别驾公行述》里述其先世说："先世家庐太山洪洞下。文皇帝时，移右族以实河朔。有得山公者，择新中之送佛村居焉。人称张二老送佛者。大约与法苑珠林所载商舶事相类，至今犹传为送佛张氏云。初徙时，予田一区，来粕井血，皆取办县官"（张增彦《篆居文集》卷二）。上述所记，有永乐时"奉迁民实河朔之令"，"移右族以实河朔"，虽未详其日期，但所记移民于河朔则是很明确的。所谓"河朔"，泛指黄河以北。明代河南怀庆府、卫辉府、彰德府以及北平大名府所辖州县以及河南开封府所辖阳武、原武、延津、封丘四县，均位于其地。另据新乡县人田芸生所修《田氏族谱》及《本支宗谱序》所述：其先世"明永乐三年，迁山西洪洞县民实河北。吾田氏自此迁新。"（见民国十二年《新乡县续志》卷三《艺文·谱叙》）。可知永乐三年明成祖曾迁山西民于河朔。

3. 永乐四年迁山西民于河南。民国二十六年《封丘县续志》卷四《氏族别录》内载："李马台李氏，明永乐四年有李让者，自晋洪洞县迁此。传今二十一世，一百五十口"。

4. 永乐五年迁山西民于河南。获嘉县巨柏村《冯氏族谱》内记："巨柏始祖冯三老，山西陵川县南马镇人。明永乐时为钦天监监正。五年迁来。子孙有迁居彦当村，亦有迁新乡永康、宋佛、辉县花木、峪河等村者。"且云"有谱有宗祠"，可证其实。

以上材料所记永乐年间山西民迁于河南事，均书其年代。此外，尚有不少材料虽未详具体年代，但书作永乐年间。如清代新乡县乾隆年间曹徕松续修的《曹氏家谱》载："曹氏自明永乐间，自山西泽州迁新，世居庄岩。"该县《岳氏族谱》载："明永乐间，由山西洪洞迁河北。"（俱见民国九年《新乡县续志》卷三《艺文·谱叙》）。民国二十四年《获嘉县志》卷八《氏族》载：该县山头王始祖王福，明永乐年，自洪洞迁来，有宗祠，六十余户。孙庄始祖王廷生，明永乐年，由洪洞迁来，今五十户。江营始祖江国治，明永乐时，由洪洞县迁来，与北、西关为同宗分支，有谱，七十余户，西关十余户。阎庄始祖花生贵，明永乐年，由洪洞县迁来，今二十七户。九梁庙始祖陈德，明永乐年，由洪洞大槐树迁来。西岳庄始祖靳化南，永乐年，由洪洞县迁来。后五福始祖贾义，明永乐年，自洪洞县迁来，有谱，分二支，各有宗祠。苏章营始祖刘应儒，明永乐年，由洪洞县迁来。西李村始祖刘名扬，明永乐年，由洪洞县迁来邵庄始祖毕学，明永乐年，由洪洞迁来。侯重喜撰《参议张公墓表》载："公讳斗，字南一，其先洪洞人，永乐初迁温。历八世生公。"（乾隆五十四年《怀庆府志》卷三一《艺文·碑铭》）。凡此等等，不一一列举。这些材料足以证明永乐初年是继续实行了迁山西民到河南耕垦这一政策的，而且迁民的数量亦不太少。

关于永乐十四年以后山西迁民的情况，贺柏寿在所撰《重修古大槐树处记》里说："十四年徙山西民于保定州。自是以后，移徙于四方者，不一而足。盖尔时洪地殷繁，每有迁移，其民必与，而实以大槐树为荟萃之所。"（民国六年《洪洞县志》卷十六《艺文中》）。

综上所述，明初迁山西民到河南，是当时封建王朝移民的一个组成部分。这一政策的制定及其实施，是从巩固和加强明王朝的封建统治为出发点的，但也反映了元末农民起义对明初封建统治者的深刻影响，并在一定程度上显示出明初封建统治者为恢复发展河南、山西社会经济所做的努力。鉴于《明史·食货志》对其事记述，影响于今，而其记表述含糊，且有错乱、失实、遗缺之处，故作以上辨析。明初山西民迁于河南各地人数甚多，记述其事的，不仅有官方文献、地方志书及私家家谱、墓碑，而且还有大量的口碑材料。笔者所见有限，所述不当之处难免，恳请同志们示正。

明朝洪武初年山西人口移民河南规模初探

郑发展

摘要：洪武初年山西人口移民河南见诸河南各地的谱牒、碑刻，记载时间明确，遍布于河南各地，范围很广。官府也一直在从事移民和流民的安置，至迟在洪武三年，就已经成立了官方机构安置移民。洪武十四年河南人口统计的数字是元朝社会稳定时期人口统计数字的两倍多，不是饱受战乱后河南人口的自然增长，而是大规模山西人口移民河南的结果，移民规模在100万与150万之间。

关键词：洪武初年；山西移民；洪洞大槐树

明初山西居民外迁是历史上一件十分重大的事件，河南是山西外迁移民的重要地区之一，本文试图以洪武十四年（1381）《明太祖实录》所记录的河南户口数为参照，探讨洪武元年至洪武十四年山西移民河南的规模。

在官方记录中，《明史》和《明实录》最早出现移民记载的是在洪武六年，这一年"徙山西、真定民屯凤阳"。洪武十四年之前移民河南的资料多见于各种家乘、碑刻中，现就所存史料洪武初年的移民作概述。

洪武年间。据濮阳县志记载，濮阳县曾有四次洪洞迁民，分别是洪武元年，洪武二年，永乐七年，永乐十三年。1937年《封丘县续志》卷三《氏族志》是对该县所存家族族谱的摘录，摘录内容除迁移时间外，还包括各姓氏家谱的编撰，续修时间。卷四《氏族别录》是对未见家谱的当地民众进行的采访，二者可相互参照。其中卷三《氏族志》记载："西仲宫郭氏，始祖郭大庆明洪武元年自晋迁此，传今十九世。"后吴村杨氏，晋人，洪武元年来迁。沙岗桥刘氏，大李湾年自晋洪洞县迁来。梅家口翟氏，明洪武元年由山西洪洞县迁此，今传十九世。唐河县《惠氏族谱》称"大明洪武元年，有始祖伯通公，自山西洪洞县大槐树，奉旨迁徙河南省南阳府东唐河县"。洛阳《王氏祠堂碑》记："洪武元年，由山西洪洞古大槐树处，迁到河南省洛阳府北窑天华岭。"上述家谱涉及地区有彰德府（濮阳县），卫辉府（封丘县），开封府（巩县，祥符县），汝宁府（西平县），南阳府（唐河县），河南府（洛阳县），由北至南，范围很广。

洪武二年。1933年纂修的《温县志稿》记载："洪武二年，徙山西之民于温县。今考各碑碣墓铭之类，其原籍由山西洪洞迁来者十居七八。"洪武三年。据1932年《孟县志》卷四所记："明洪武三年徙山西民于河北，而迁至孟州者十九，皆山西洪洞籍。"且断言迁入时间为洪武三年，根据是"证以故老之传述，考诸各姓之谱牒，则确凿可据。且当日户部所给迁徙之勘合，光绪初年民间尚有存者"。另据民国年间纂修的《永城崔、谢、张、陈四姓族谱》记载："明朝洪武三年春，始祖金明由山西省洪洞县迁居河南永城县古城村。"民权《段氏族谱》载：

洪武三年，奉令出山西洪洞老鹳窝卢家村，昆弟叔侄，远近十几人，迁移冀、鲁、豫三省交疆之地，有真公、从公、尊公、隆公，奉命分手。

洪武四年。康熙五十五年博爱《李氏家谱》载："大明洪武四年，始祖讳清江妣王氏，自山西平阳府洪洞县凤凰村，聚之洪洞大槐树荫，应诏徙跋河邑千载寺。"汲县《申氏族谱》记载，其始祖于洪武四年由山西洪洞县迁居延津县。河南偃师县游殿村《滑氏家谱序》载："吾滑氏聚族邙上。自明初洪武三年，由山西迁移而来，至今四百余年。"

洪武七年。新郑县大司村《始迁祖墓碑记》载：巩县王氏，洪武七年自山西洪洞断桥河迁来。《封丘县续志》卷三《氏族志》载："王村王氏，其先为河汾人，始祖王东君精堪舆，明洪武七年被僚友徐相邀游大梁，见河朔乃福地，遂携家迁于封丘之北五里曰王村。"卷四《氏族别录》其中有谓："东仲宫赵氏，洪武七年有昆仲二人，自晋同来封，分居东，西仲宫，是为二村赵氏始迁祖。"

洪武八年。《浚县志》记载：在洪武三年不足五千人，降州为县，八年，首次由洪洞一带移民。

洪武十三年。洛宁县《李翁李公墓志铭》："追溯古籍，洪洞县其桑梓焉。前明太祖十有三年，勤诏迁豫，爰相风郡卜居此镇。"朱元璋在洪武十三年及以前是否有迁豫诏旨，目前尚未可知。洪武十四年，1935年《获嘉县志》卷八《氏族》内记载：郭氏，永兴屯始祖失名，称郭老大，明洪武十四年，由山西凤台滩里村迁来，后有迁王井，新城洪武十四年以后的家谱此处不再列出，通过对家乘、碑刻，地方史志所载移民详细时间的排列可以使我们清楚地看到，从洪武元年到洪武十四年，每年都有移民进入河南，官方未见记载的移民年份在民间有详细的记述。对上述资料进行考证，很多移民的具体时间是可信的。从范围来看，移民遍布全省各个地区，去北部的彰德府、东部的归德府、西部的河南府、南部的南阳府，都有记载。具体到一个县来说，迁入的人口也是惊人的，民国年间的《封丘县续志》卷三《氏族志》中32姓108族共有45份族谱，其中载明由明初洪武由山西迁至封丘的计有18族谱，占全部族谱的40%。在这18份族谱中记载有洪武初年，明初的有6份，记载明朝迁来的1份，明洪武间的4份，有具体年份的3份，分别是洪武元年、七年、二十七年，一份未记载迁入时间，鉴于朱元璋一直未改年号，那么洪武初年我们可以认为是洪武十四年以前的时间，那么这18份家谱中有8份，洪武十四年以前迁来的，占44%，这是一个很高的比例。从家谱碑刻我们似可得出这样一个结论：洪武年间的移民主要来源是山西，洪武十四年以前有过大规模的山西人口迁移河南的事实。

从散见于各种史册的记载中，我们也可以看出，实际上官府一直在鼓励民间的迁移，而且有组织地进行迁民安置，这种由官府从事的移民（或流民安置）从洪武元年就已经开始了。洪武元年十二月，朱元璋说："丧乱之后，中原草莽，人民稀少，田野辟，户口增，此正中原今日之急务。"这说明朱元璋从当政之初就意识到了人口增加对于河南的重要性。《古今图书集成·职方典》卷四六五《南阳府部》引《邓州志》："明洪武二年命金吾卫镇抚孔显至邓，招抚流民，置邓州。"孔显至邓县的任务十分明确，即"招抚流民"。洪武三年三月，郑州知府苏琦上奏说：莫若计复兴之民垦田外，其余荒芜之田，宜责之守召诱流移未入籍之民，官给牛种，及时播种。洪武三年河南设立司农司，计民授田，设官预之。

洪武三年以后由官府出面组织的移民安置活动在谱牒中也有相关的记载，洪武三年由官府办理的移民手续至清末仍有保存，《孟县志》卷四所载"当日户部所给迁徙之勘合，光绪初年民间尚有存者"即为明证。新郑县大司村《始迁祖墓碑记》载巩县王氏于洪武七年自山西洪洞断桥河迁来时，"钦命侯监理察院大学士率迁民三千七百四十丁，牌二十有四，至巩之背阴，分业务农"。则似乎在说明这样一个情况：由官员率3740位男丁移民到巩县。

在有关官员的履历记载中也可以查到洪武初年山西移民河南的佐证资料。万历三十年《获嘉县志》卷五卷五《官师志·宦绩》记载了洪武初年任获嘉县令的熊邦基安置移民的情况："（熊）洪武三年任获嘉令。时中原新定，城社未立，户口土著不满百，井间萧然。邦基招集迁民，宣上德意，商度地势，筑城建社，与之更始。"招集迁民，并且筑城建社，说明当时迁民已经具有一定的数量和规模。

《明太祖实录》《续文献通考》和家谱，官员履历互相印证，形成了完整的链条，告诉我们这样一个事实，至迟洪武三年官府在河南各地设立了专门办理移民的机构，而且是以户部名义颁发移民证件。各府县官员以户口增长做为施政的重点，而户口增长要靠"召诱流移未入籍之民"，从而使"诱户口有增"，洪武初年政府设置相应的机构，也可能就是为了招诱流民，准确地说是允许和鼓励民间自发的移民活动，尽管这还不是政府有组织的由山西移民河南的举动，但移民的各项工作已经有条不紊地展开却是不容否认的事实。

经过洪武初年的移民，大大改变了河南人口少的状况，时至洪武十四年，《明太祖实录》卷一百四十载，河南布政司辖区有户三十一万四千八百九十五，人一百八十九万一千八十七口，这是推行黄册制度后的第一次统计数字。根据梁方仲所记载的面积，可推算出当时河南省每平方公里平均为 12.68（山西为 27.52 人）。这个数字尽管仍然相对于山西为少，但是这个数字已经是经过十多年的由山西向河南迁民的结果了。1891087 口人是移民的成果，而不是河南户口稀少的根据。曹树基先生对卫辉府的土著与洪武时期移民比例进行了推算，认为土著与移民比例分别占人口总数的 46% 和 54%，依此推断，那么洪武十四年土著人口数为 869900 移民人口数 1021187 人，这个数字当然也是有疑问的，洪武十四年土著人口数比元朝至元二十七年（1290）的 81 万还要多出近 6 万人，因此此数据仅供参考，至少这个数据足以说明本文所要解决的问题。如果依元代 81 万人口减半计算，则洪武十四年前移民人口则达近 150 万人。《明史》和《明实录》记载了洪武二十一年、二十二年、二十五年、二十八年间河南五次大规模移民，到了洪武二十六年，河南省在册人口达到 1912542 人。这个数字与洪武十四年相比，10 年间也仅仅增加了 21455 人。因此，洪武十四年以前的移民是绝对不能被忽视的。

通过对正史、谱牒及各种资料的比较，综合各史家考述，我们可以得出这样的结论：族谱中关于山西始迁祖迁往河南的具体时间总体来说应为可信，明朝山西居民向河南的迁移从洪武元年就开始了，而且这个迁移从洪武元年到洪武十四年间一直没有中断，远远超过洪武二十一年以后的迁民规模。洪武二十一年以后，移民有一个由自发性的迁移到官府有组织的移民的转变过程，由官府组织的，几百户都可见到记载；自发迁移，人口虽多但不见史籍。这个结论可以将民间的记载和官方记载有机地联系起来。具体到洪武初年的移民规模，综合上述考证，我们可以得出这样一个结论：明初河南人口起码应少于元朝稳定时期的 80 余万人，洪武十四年河南户数31万户，人口189万人，这个数字是元朝稳定时期的人口数的两倍，是山西人口迁移河南的结果。从洪武元年开始到洪武十四年，河南境内一直存在着大量而频繁的移民活动，估计移民规模在100万人至150万人之间。当然这样一种移民状况是不能够满足河南对人口的需求的，所以才有了后来的政府组织的移民。

根祖、徙民及洪洞大槐树

薄生荣

明朝初年，一场大规模的强制性的政治徙民运动，像一场沙尘暴一样裹挟着树上的种子，将山西中南部、河东大地的草民撒播在了中原大地、南京、北京及长城沿线……600多年过去了，当年几万、几十万的先祖们，背井离乡，携妇将雏、风雨踯躅、忍饥挨饿的情景已被时光洗刷得无影无踪，但是根祖和故土的情缘却深深地铭刻在千千万万个先民后代的脑海中，"问我祖先在何处，山西洪洞大槐树……"一首歌谣就成为中国根祖文化中一个奇特景象。当年被迫迁移的"富户"、"流民""逃户"以及被征派的农民，成为千千万万个后人的迁入始祖，并衍生出千千万万个族群。在河南、安徽、山东、河北不少地方的大量家谱、墓碑中都记载着自己的祖先是洪洞大槐树的移民。古槐和鹳窝成了几千万后人的祖先和一种图腾。洪洞大槐树移民的影响不断扩大，随着子孙的繁衍和不断再迁移，洪洞移民的后裔已经遍及神州，走向世界，甚至可以说地球上有鸡鸣狗叫的地方，就有洪洞大槐树迁民的后人。

其实，中国历史上徙民几乎成为历代皇帝改朝换代的一种常态。秦始皇统一中国以后就有一次较大规模的徙民活动，"汉武帝曾徙关东贫人于陇西、北地、河西、上郡，凡七十二万二千口"。但是明朝洪洞大槐树移民600年的历史，毕竟还是有些短暂，因为中国的根祖文化至少是5000年，我们把一棵6000年的古槐，作为明代徙民后代的根是很恰当的一个选择。

"问我祖先在何处，山西洪洞大槐树"。在洪洞境内的高速公路上看到这个偌大的广告牌，每个人都会想我的老家也是洪洞吗？所以根祖、徙民、古道、古槐以及树上的鹳窝，就成为我们应该进一步弄明白的问题。比如我们的人文始祖是谁？血缘始祖是谁？明朝初期的50年间到底从山西包括洪洞迁移走多少人？历史上移民的地方很多为什么历史会偏爱洪洞？一棵古槐又为什么会成为几千万徙民后代集体记忆的祖先？树上的鸟窝到底是鹳窝还是鸦窝？自古以来，对于徙民，官方的史志都惜墨如金，记载是600年毕竟不是时间很长，民间口口相传的故事、千万家族遗存的族谱，以及历代留下的碑刻、墓铭，也都留下了许许多多可供我们追述和串联的线索,使我们大概可以把这些事情搞清楚,还历史一个本来面目。

一、兵灾战乱、改朝换代往往是徙民的起因

提起明代的大槐树移民,还得从元朝说起。"一代天骄"成吉思汗统一蒙古以后与其后人建立了一个横跨欧亚大陆的蒙古帝国。元太祖忽必烈入主中原后,建立元朝,成为中国历史上疆域最广的一个朝代,"北逾阴山、西极流沙、东尽辽左、南越海表东南所至不下汉唐,而西北则过之,有难以数里限者"是当时的真实写照。但是其兴也勃焉,其亡也忽焉,元朝又成为一个不足百年的短命朝代。由于元朝统治者以种征服者的态度治理中国,实行等级和奴隶制度,将战乱中被掠的农民强迫成为"驱奴",使大量农户成为权贵的"部曲"。蒙古贵族强占农田改作牧场,使农耕文明与游牧文明的冲突激化,引发了大规模的农民起义。先是刘福通于元顺帝至正十一年(1351)率众起义于河南、两淮、山东,因起义军头戴红巾,史称红巾军起义,起义军与元军浴血奋战13年,最后惨遭镇压。当时,元军对农民起义军占领的地区采取一种"拔其地、屠其城"的政策,所过之地的老百姓"十亡八九"。比如扬州城失陷之后,城内老百姓被杀的仅余18户。尔后,元朝集团内部发生内讧,先后在河南、山东和关中展开了争权夺地的恶战,使人民又一次遭受涂炭。经过十几年战乱之后,官逼民反,全国各地诸多农民军纷纷起义,使整个中国陷入无休止的混战。后来在诸多农民军中,朱元璋渐显优势,他出兵江淮,进取山东,收复河南,北定幽燕,在山西、关中大败元军,最后统一了中国。朱元璋的红巾军虽为正义之师,但战争本身的残酷性,仍给当地人民带来极大的灾难。历史往往是残酷的,兵灾给人民带来灾难的同时,天灾也往往会乘虚而入。之后连年的水、旱等自然灾难,也在助纣为虐,使元末明初成为历史上人口下降和损失最严重的时期之一。全国人口由宋朝顶峰时期的近1亿下降为元朝末年的不足6000万,而且逃户、流民占一半左右。河南、安徽、山东的一些地方甚至赤地千里,人口稀少,户口凋零、十室九空。所以元末明初成为中国历史上人民生活最为悲惨的一段时期。近20年的时间中有一半左右的农户成为流民,有不少农民成为奴仆。"哀哉流民:为鬼非鬼,为人非人。哀哉流民:男子无长衫,妇女无完裙。哀哉流民:剥树食其皮,掘草得其根。哀哉流民:昼夜绝烟火,夜宿依星辰。哀哉流民:朝不保夕,暮不保朝。哀哉流民:死者已满路,生着见鬼邻。哀哉流民:一女易斗粟,一儿钱数文。"张养浩的这首《哀流民谣》,真实地描绘了元末社会的景象。

朱元璋统一中国,建立明朝以后,为了巩固政权,为了建设南京,为了在凤阳老家为祖先建造皇陵,为了使赤地千里的中原大地恢复生机,也采取了一系列的徙民政策。

首先是徙山西北部也即山后民往北平,这是明代山西大规模移民的前奏。山西是元朝政权多少年苦心经营的精华地带，也是元朝经济的重要支撑。朱元璋统一中国后，并没有把元朝的势力彻底消灭，在山西北部，长城沿线不时有元兵侵扰，同时明政权对山西，特别是大同边境地带的老百姓很不放心，这是明代徙民最初的起因。"洪武四年徐达奏：山后顺宁等地民密，今虏境虽已招集来归，未见安土乐生，恐其久而离散，已令都指挥使潘敬、左传、高颖徙顺宁、宜兴州沿边之民皆入北平州、县屯戍，乃其旧部将校抚绥安辑之，计户17270户，口93878，可其奏"。同时在北平的后山也"徙民35800户，口197027，散处卫府，籍为军者给以粮，籍为民者给田以为耕"。

第二步是徙民迁往凤阳。朱元璋从一贫民起兵当了皇帝之后，首先想到的是凤阳老家，一度时间甚至想建都濠州。于是在洪武七年（1374）十月，"命徙江南民十四万以实凤阳"。以后又在凤阳兴建皇陵，大兴土木。由于安徽一带近20年的兵灾战乱，人口稀少，土地荒芜，这些都成为日后几次徙山西民至凤阳的重要因素。明洪武九年（1376）十一月，开始移山西民往凤阳屯田。《明太祖实录》《明史》均有记载："迁山西及真定民无户者于凤阳屯田，遣人赍冬衣给之。""上还自濠州谕中书省臣曰：吾往濠州所经之地见百姓稀少，田野荒芜，兵兴以来人民死亡或流徙他乡，不得以归，生业荡尽。此辈宁无怨嗟之也，皆是以伤和气尔。"从此以后的近50年中，在洪武和永乐两朝从山西徙民十几次，成为我国移民史上移民最多、时间最长的一次强制性徙民运动。

三是明政权经过几年的经营站稳了脚跟以后，朱元璋为了恢复中原大地的元气使赤地千里、地广人稀的河南、安徽、河北等省重现生机，也为了巩固政权，发展经济于是开始了从山西等地大规模的徙民运动。一是往河南的彰德、怀庆、开封、卫辉等府移民。二是往山东东昌等地屯田。三是往河北的北平、真定、广平、大名等州府徙民。

二、人地矛盾是徙民的深层原因

明代徙民与中国历史上的移民运动极其相似，战争的残酷和朝代的兴替是直接的起因，土地与人口关系的变化是又一重要的原因。在中国农耕文明发展的3000多年，由于气候变化等原因，农业重心逐步南移，北方不少地方由于人口过多也需要人口移动。徙窄乡往宽乡，徙内地民往边疆屯田是中国历史上多次徙民的主要理论。于是便产生了历史上"江西填湖广，湖广填四川"等移民现象。明朝在洪武、永乐两朝的50年间，这种理论不绝于耳，这也是明代大规模徙民的根本动力。比如洪武三年中书省臣言："西北诸虏归附者不宜处边，盖事势之无常，方其势穷力屈不得已而来归，其安养闲暇不无观望于其间，恐一旦反侧则边镇不能制也，宜迁之内地庶无后患。"上曰："凡治虏当顺其性，胡人所居习于寒苦，今迁之内地，驱而南去，寒凉即炎热，失其本性反易为乱，不若顺而抚之使其归就边地，择水草孳牧，得所其生，自然安矣。"又如：郑州知府苏琦亦曾上言："请议屯田积粟，以示长久之规。沙漠非要害之处当毁其城郭，徙其人户于内地，使之垦地，以实中原。自辛卯河南起兵，天下骚然，兼以元政衰败将帅凌暴，十年间桑耕之地变为草莽。方今命将出师廓清天下，若不设法，招来耕种，以实中原，愚虑恐日久国用虚竭，为今之计莫若为复业之民垦田，其垦荒芜土田宜责之令守招诱流移入籍之民官给牛与种及时播种。"并对当地官吏的招诱行为做出了明确规定。朱元璋亦认为："屯田以守要害，此制夷狄之长策，李牧、赵充国常用此道，故能有功于屯田。至于垦田实地亦王政之本。但战乱以来中原之民久失其业，诚得守令劝诱耕耘，休养生息、数年之后可望其成。琦言有可取者参酌行之。"其中最具代表性的是户部郎中刘九皋的建议："故狭乡之民徙迁之宽乡，欲地无遗利，人无失业也。"这些言论的充分准备，也为明代徙民的规模、办法以及制度打下了基础，于是在这场大规模的徙民运动中，山西便成为重中之重。由于历史已经演进了600多年，明代从山西徙民的具体细节已被时间冲洗得很淡，但是从《明太祖实录》《明成祖实录》《明史》等多种典籍中我们仍然可以找到从山西徙民的记载。

明朝大规模从山西徙民有十余次，其中主要有：洪武二十一年（1388）八月，徙山西泽、路贰州民之无田者，往彰德、真定、临清、归德、太康等闲散之地；洪武二十二年（1389）九月徙山西贫民至大名、广平、东昌三府；洪武二十五年（1392）冯胜、傅友德等分行山西，籍民为军、屯田于大同东胜十六卫；洪武二十八年（1395）后军都督佥事朱荣在回复圣命时说此次屯田，民为58124户，我们估计人数约在20万人左右，是最大的一次徙民。同时右军都督佥事陈春在复命时也说彰德等四府屯田381屯，人口也比较多，估计是设立了381个村。洪武三十五年，户部遣官核实太原、平阳二府泽、潞辽、汾、沁五州，丁多田少及无田之家分其丁口迁往北平各府州县。永乐三年（1405）又徙山民万户往北平。永乐十四年（1416）徙山东、山西、湖广流民于保安州。

三、洪洞徙民是当时中国的头等大事

600多年前，明朝大规模的强制性徙民，成了举国参与的大事，皇帝多次下诏，责成很多高官负责，户部等朝廷多个部门参与，中央与地方协同行动，军屯与民屯交替进行。这种有史以来，最大规模的徙民运动，曾对明代以后的农耕社会发展产生过重大的影响，但是其惨烈程度也肯定是空前的。对于一向"安土重迁"的山西民众而言，是史无前例的忧伤和悲情，有多少人家妻离子散，又有多少人家不得不屯垦戍边，又有多少人家去守卫皇陵，走上了一条不归之路历史是无情的，惜墨如金的史书，关心的大事往往是什么礼仪、星象，关注的是皇帝本人及皇族的行踪，而对于徙民活动的记载毕竟有限。但是我们从历史遗留下来的星星点点的文字，还是可以把600多年之前的这件大事，粗略地恢复其本来面目。我们从朝廷对平阳府的人事命令以及冯胜、傅友德、常升等分头行动在山西籍民为军的前后就可以看到一个大概。

为了大规模移民，明朝政权首先加强了山西太原、河东二府的管制，洪武二十年（1388）召山西平阳卫指挥佥事王林、张清、林武贵至京，以潞川卫指挥佥事薛鹏、刘遂，河南林山卫指挥佥事刘巽、李尉，贾德具属平阳卫事。一个平阳府安置了5名大员共署卫事，足见对平阳徙民的重视。

为了大规模移民，明朝政权作了大量的舆论和准备工作。朱元璋认为山西大同等处立军卫屯田守边是保护明朝天下安稳的大事，认为"屯田守边，今之良法，而寓兵于农亦古今之制，与其养兵以困民，莫若使民力耕而自卫"。并让冯胜等几位开国元勋，前往山西布政司衙门，召集有司、耆老，把朱元璋的谕意讲清楚，进行动员和部署。

为了大规模移民，明朝政权又派出了一个强大的领导集团，由冯胜负责，分赴山西太原府和平阳府进行徙民屯田。派开国公常升、定远侯王弼、金宁侯孙恪、凤翔侯张龙、永平侯谢诚、江阴侯吴良、会宁侯张温、宣宁侯曹泰、徽光伯桑敬、都督陈俊、蒋义李明、马鉴前往平阳府；派安庆侯仇正、怀远侯吴杰、西凉侯濮玙、都督孙参、谢解、袁洪、高嵩、徐礼、刘德、指挥李茂之往太原等府。如此强势的徙民在世界历史上恐怕也是少有的，为了徙民屯田往山西派了3位国公、10位侯爷、1位伯爵、10位都督和1位指挥，也就是说20多位开国元勋、带兵将帅负责这次移民活动，声势之大，人员之多，必然会给山西移民留下刻骨铭心的一种记忆。想必当时的山西冠盖云集，兵营四布，不小心在每个县都会碰到一个王爷。

这次徙民屯田，也为我们留下了当时徙民的政策和规定，为我们判断和分析山西洪洞大槐树移民提供了一些珍贵的资料。比如"阅民户四丁以上者籍其一为军，蠲其徭役，分隶各卫，赴大同等处开垦屯田，东胜立五卫、大同立五卫、辽东立六卫、卫五千六百人。"这就说明，此次移民屯田的目的地是边镇要塞，东起辽东，西至东胜。告诉了我们移民目的及范围，十六卫共徙民8.96万人。此次徙民的领导设置也可以看出山西移民的中心区域在山西中南部，而河东则是重中之重。从中我们也可以推测，如此大的一次行动，作为总负责人或总指挥的冯胜、傅友德并没有去往太原和平阳，所以很可能他们在平阳和太原中间选择一合适的地点作为总的指挥机关驻地，这个地方很可能就是洪洞。因为山西徙民的重点在平阳府，平阳府的重点又是洪洞、襄陵、曲沃等大县，洪洞县又是全国明代的大县，交通、驿站、粮仓等设施相对齐全。在这种情况下，洪洞广济寺设局驻员的可能性很大，因为这些大员不可能统统集纯中在平阳府内去操办移民事宜。这也验证了《续文献通考》"明洪武永乐年间,屡移山西民于北平、山东、河南等处,树下为集合之所。"传闻广济寺设局驻员发给凭照川资的记载。

四、洪洞移民不见诸史籍是一种疏漏

关于"洪洞大槐树移民"还有一个误解和疏漏,就是认为"但不见诸史,惟释于谱牒"。历史上征调迁徙之事属于一种半军事行动,与地方官员有关,但责任只是辅助,而不是主管,加上明朝的强势统治、文字狱等原因,这些事情历史上不会记载很多很细。

但是说历史上没有关于洪洞移民的记载却又是一种无知和不负责任的说法。我们仍然以冯胜、傅友德负责的这次移民为例,在洪武二十五年底宋国公冯胜等籍民为兵,返朝复命时交代此次移民共涉及山西50多个县,其中平阳府徙民最多共八卫。并明确记载:"宣宁侯曹泰、都督马鉴籍洪洞、浮山二县民丁为一卫。"这条记载是正史上目前可以找到的少数关于洪洞移民的信息,尽管文字很少,却充分说明"不见诸史,惟释于谱牒"的说法很不全面。

其实,对于山西徙民,除全国史志外,山西地方史志也有不少记载。比如《山西通志》大事记(光绪版)就有"洪武四年徙山后民三万五千户于内地、洪武九年徙山西无产者屯凤阳,以及洪武二十一年徙泽潞民无业者垦河南、河北田"。也有"冯胜、傅友德等分行山西籍民为军屯田大同东胜,立十六卫"的记载,以及"永乐三年九月徙山西民万户实北京"等等。山西的一些地方史志也有一些明代徙民屯田的记载,比如《阳高县志》《泽州府志》等史书往往是简略的,我们不能苛求先人,更不能简单武断,从目前可以找到的资料分析,从明太祖洪武四年至明成祖永乐十七年的几十年中,从山西徙民的活动就一直没有停止过。而河南、山东、河北、安徽以及山西北部的不少姓氏家谱的记载和民间传说,又有力地佐证了这一点。说明明代山西大规模的强制移民和军屯是毋庸置疑的历史事件。正是因为明代山西大规模徙民是一件惊天地泣鬼神的大事,是一件让人刻骨铭心的大迁移,才催生了千万移民故土难离的悲痛,才产生了一种异常强烈的根祖情节和群体记忆。

五、历史为什么会选择洪洞

元末明初,山西人民有幸躲过了不少兵灾匪患,但是"塞翁得马,焉知非祸",人民的殷实、户口众多、人丁兴旺,又给山西人带来了一场史无前例的近50年的灾难和苦。明代徙民是全国性的一场运动,山西是重点,明代山西有50多个县都有移民。同时在省外真定等地也有不少移民活动,但是历史为什么单单选择洪洞,也是一个至今需要解开的谜团。

徙民在历史上留下的往往是简单的一句话,"徙山西民实北平"等几个字。但是在 600 年前要把这张圣旨变成事实,需要从徙出地选择好徙民对象,需要确定当地抽丁的比例,又需要事先查看好徙民目的地的土地情况,往哪个县、哪个里甚至哪个村安置几户、安置多少人都需要有妥善的安排。而强制性的移走近 10 万农民,把他们变为军屯,又是一件类似抽丁征兵的活动,又需要带兵的将领与地方共同协作,在较短的时间内把民变成军,这个过程中,军需给养,粮草衣被以及上路的川资都需要有周密的安排。

研究山西洪洞大槐树移民,决不能仅仅从移民的人数多少作判断,而应该把洪洞放在全国和山西来通体判断,才能搞清楚历史为什么会选择洪洞。

历史之所以选择洪洞,是因为洪洞在历史上一直是紧望之地,是一个典型的天府之国。

宋《元丰九域志》记载:洪洞县为"紧县",临汾县为"望县",赵城县为"上县",均属于"发达县"。由于洪洞有汾河和霍泉的滋润使之成为一个水旱从人、不愁衣食的乐园。人丁兴旺,一直是全国的人口大县,同时人地关系一直比较紧张。在明代一个县的人口 9 万是全国一流水平,当时洪洞县的人口甚至比河南一个府的人口都多。所以洪洞必然会成为明代徙民的重点,可以说从河东徙民必定有洪洞,从山西移民也少不了洪洞。

历史之所以选择洪洞,是因为它的地理环境所决定。

明代徙山西泽、潞、汾、沁等州的民众出省外,洪洞又是必经之路,无论是从上党盆地还是从吕梁山区走出来,也必须经过洪洞。云集十几位开国名将到山西搞军屯,他们首先想到的应该是如何顺利地让军屯走出去,哪里是要冲,从哪里走更便捷,是必然想到的事情,他们坐镇在平阳还是洪洞,肯定选择的是后者。

历史之所以选择洪洞,是因为洪洞便于管理,有充足的粮草、完善的设施。

兵马未动、粮草先行。大规模的徙民,必然会有大规模的官员军曹来执行,人吃马喂,每天都得生活,没有一个兵站或者说聚集地,恐怕很难想象会是什么样子。而洪洞县城很大,庙宇寺院很多,又有官仓、义仓、驿站等离县城很近,这些都为移民活动提供了必要的场所。

历史之所以选择洪洞,关键还在于它一直居于山西南北的大官道上,又介于太原府与平阳府之间,离平阳府也很近。

选择了洪洞也即选择了平阳。"河东大郡,首挑平阳,形势与太原相表里,西略黄河,南通汴洛、北阻晋阳"。牢孔所云:"景霍以为军";而子犯所谓"表里山河者也"。洪洞东山,互连潞泽、东出之隘,北自岳阳。从晋南的泽州、潞州至平阳或洪洞必须经,过岳阳(今安泽)的府城才能至洪洞的甘亭以后上官道。洪洞西山,毗邻吉隰，是通往河东乡宁、吉县、隰县、大宁、永和及汾沁二州的孔道。所以在山西中南部徙民屯军，洪洞是一个最佳的集中之地，洪洞占据了地理位置的绝对优势。

辽代至宋元，使山西的道路得到了开拓和修整，不仅从河中府（今永济）至大同形，成了纵贯南北的运粮和军事通道，而且打通了以南北干线向东西关隘与要塞的基本交通，在河东、河西之间形成了几条重要的运粮通道。平阳向东通往潞州的交通得以加强。一条是平阳稍北，东经洪洞甘亭，过府城寨、盘秀山达潞州。另一条是由平阳经、神山、冀氏抵潞州。同日时元代在全国又建立了完善的驿站制度，河东山西道宣慰司所，属各驿站共54处，其中平阳就有14处。但是从元末明初的情况看，辽州、潞州、泽州，以及汾州、隰州的交通仍然受到制约。

历史之所以选择洪洞，是因为明代的洪洞移民有一种深厚的尧舜遗风。

洪洞大槐树移民，有一半以上属于古河东人，历史上的平阳府以及泽、潞二州，是华夏文明的发源地，几千年的农耕文明，孕育了深厚的民俗和民风，司马迁说，"尧舜之地，风教固殊"。其实河东大地的人，大多有一种陶唐氏的遗风，君子深思，小人俭陋，水深土厚，性多刚直，好气任侠，崇尚礼仪。其崇节俭，敦孝友，厚葬祭，敬神明的风俗习惯一直保持到今天。所以河东人"安土重迁"和寻根问祖的情结十分浓厚。特别是些根祖源于陶唐、虞舜和皋陶的后代子孙，他们身上又有一种"霍太山"情结，他们把霍山看做是河东的屏障和龙脉，"霍太山"就是他们的祖宗，他们无论走到哪里，老家在平阳，老家在洪洞。

民国初年，洪洞人景大启等人自筹资金在古大槐树旧址，重修大槐树古迹，也正是这种河东人特有的风俗和品德使然，他们的初衷是"恐年代愈远，稽考无从"；他们的初衷是为了"代以遗徽，地以人传"；他们的初衷是为了日后，寻根问祖的人能"宾至如归"。只是"就当日事实而为之"。绝对没有什么借题发挥、发展旅游的理念，更不是一种什么地方史志的强势宣传。所以洪洞人重视大槐树移民其实最主要的原因还是人和当地风俗和文化使然。这就是山西大槐树移民根祖认同特殊强烈的人文根源。

六、民间故事和传说以及碑刻、墓铭等，有时候远比正史的记载要客观真实

关于洪洞大槐树移民，老百姓口口相传的故事很多，无论是河南的"三洗怀庆府"，还是河北的"燕王扫碑""红虫子吃人"等故事，在正史中没有记载，也不可能记载。古代帝王修史，即使是前一朝的丑事也往往讳莫如深。近几十年来我们在对历史研究上有一个盲区或者说是禁区，就是对农民起义军一概不能说什么不好。其实在中国历史上改朝换代，只是换了一个皇帝，农民起义之初是正义的，到后来群雄争夺大位就不是什么正义战争了。想当皇帝的人，都是无所不用其极的人，为了皇位连亲兄弟、亲侄儿都能杀死，所以在战争中其部将屠城、屠县也就很有可能。

民间的故事和传言，与明史的记载基本相符，只是说法不一，角度不一而已。这些故事和传言在明朝初年可能讲得更为详细，但是也只能对自己的后人讲，因为这些故事涉及朝廷，弄不好也会引来官司。

这些故事和传言，最初只是告诫后人要记住祖先，记住他们的故土，并没有丝毫编造的理由。我们相信最初的先人，讲这些故事的时候，也绝不会只是为哄小孩去胡编乱造。

因为这些故事和传言，是一种口口相传的历史，是故事真相得以传下来的重要途径。朱元璋出身贫苦不假，投军起义也是被迫无奈，但是当他达到可以与群雄逐鹿，争夺天下的时候，他就是一个统治者了，而且还是个比较残暴的君王，所以明代其实也是一个文字狱比较厉害的时代。如明代陈建所著的《皇明统纪》，没有对当时朝廷的不满或者不利的地方，但是这本书的的确确曾经是明朝的禁书。所以研究洪洞大槐树移民，我们也不能希望只在《明太祖实录》《明成祖实录》中把事实的真相弄明白。

而民间的碑记、墓志、家谱中很多记载，应该说绝大多数事出有因，比较可信。比如有的家谱说"先祖系明洪武年间奉诏徙民屯田"。似乎说得大了一点，可是你想一想，难道不是吗？皇帝下诏要徙山西民屯田北平，诸多公侯、将帅亲自督办，把他们编为军屯，这还不是奉诏而行吗？

至于600多年来，移民后人的寻根问祖，也应该说是代不乏人，而且会因时间越久，回来的人越多。在洪洞县赵城镇王开村，有一块明代万历十一年留下的碑碣。碑的阳面刻："大明万历丁丑进士监察御史韩应庚先茔。"碑的阴面刻着"万历十一年正月二十一日，直隶东胜卫前所，九百屯六代孙，监察御史韩应庚，巡抚甘肃，经过赵城县，因户尝居，即日用俸银兴盖瓦房一所共六间，招集丁户，永远居住。"

立这块碑的人，可能是600多年来，有记载的第一位寻根问祖的人，他的先人屯田东胜，就是明洪武二十五年冯胜主持的那一次。碑上字数不多，但交代得十分清与历史完全吻合。韩应庚是明代循吏，其子侄多数为官，史书有不少记载。明代万历年间留下的这块石碑也告诉我们洪洞大槐树移民是真实的，告诉我们不只是今天徙民后人要寻根问祖，明代就有人已经寻根问祖了。这块石碑也告诉历史研究和社会研究的人，应该走向田野，走向民间，从多维角度去看待问题，才能看清"庐山真面目"。因为我们的知识毕竟是有限的，对古代的乡村文化也知之不多，不甚了了，正是因为如此，才会出现将"老鹳"换成"老鸹"，说洪洞移民正史没有记载等，让人哭笑不得的故事。

在河南、安徽、山东等地，还有不少姓氏联宗的现象，也有"打锅牛""十八牛打锅"等等。这些现象应该说多数属于事实，也是一种民间的历史记忆，是宗族内部的种谱系。当然这些现象也不可能绝对无误，我们应持严肃态度认真研究，去寻找科学合理的解释。

七、华夏同根，万姓同祖，这个主根就在洪洞

"树大叶茂必有根，江水滔滔必有源，众生芸芸必有祖"。弘扬根祖文化，不仅对洪洞大槐树移民的根祖要祭祀、要崇拜，为分散在全国各地的明代徙民后裔建设好他们祖先共同回望的故土和家园，更要为全中国13亿炎黄子孙的寻根问祖搞好服务和接待。我们中华民族有着几千年的姓氏文化，有一种深厚的根祖情结，不仅大陆的民众有寻根问祖的热情，而且全球华人都有着一种热烈的寻根问祖积极性，我们每一个炎黄子孙，总想把我从哪里来，我的老家在哪里，我的祖先是谁等弄个明白。

洪洞大槐树祭祖园门口一个巨大的"根"很吸引人，它迎合和顺应了13亿华人这种根祖情怀。但是我们要进一步弘扬根祖文化还应该把根和祖对世人交代明白，不仅要把600多年的根和5000年的根分开，而且要把中华民族的人文根祖，血缘始祖开姓始祖以及始迁祖要分得清楚。洪洞大槐树下的徙民，充其量他们是分散在各地徙民后代的迁入始祖。600多年来他们的子孙繁衍只不过是20—30代人左右，而中华民族中一些最古老的姓氏已经传承了近150代人，2500年前的孔子后人也已经有87代，所以我们把洪洞祭祖园说成是全球华人的根祖显然是不合理的。

但是我们把洪洞作为13亿共同的人文根祖却合情合理，有理有据。伏羲女娲是我们共同的人文根祖，风姓是中华第一姓氏，这是众口铄金的一种声音。所以目前洪洞大槐树祭祖园的大"根"，的确是有点不太合适，但是如果我们在大槐树祭祖园内搞一个中华谱牒博物馆，搞一个华夏姓氏文化园，这个大"根"，便即刻顺理成章。

因为追思先祖，寻根归宗是一门很复杂的学问，涉及人类学、遗传学、考古学、历史学、民族学等诸多学科，必须把中华姓氏的起源，中华姓氏的发展轨迹，中华姓氏的特点以及各宗族的特色等有一个大致的了解。所以弘扬根祖文化又必须对"根祖"进行必要的研究，并顺着历史的源流，把"祖"和"根"进行必要的梳理。

清代学者张澍在《姓氏五书》中就讲得很好："山有脉派也，脉为来龙。水有源也，源为养泉。草有根也，根为本。山自昆仑来兮，不知几千亿峰也。水自江河兮，不知几千亿派也。草木发为枝叶，不知其几千亿枝叶也。而诊其脉，寻其源，为其本，固可以得山之性、水之性，与草木之性矣。而人姓之始岂有不得而识别者。"张澍的这种观点，告诉我们研究姓氏，寻根问祖，既要搞清来龙去脉，又必须把枝枝叶叶的情况搞清楚。姓氏和山系一样，总根、总祖就是昆仑，而分根分祖又何止千千万万。他这种思想也告诉我们炎黄子孙有共同的根祖，各姓氏又有各自的姓氏始祖，各宗各族又有自己的迁入始祖。形象地说，寻根问祖，就是不仅要知道我自己，我父亲、我爷爷，而且要知道我爷爷的爷爷叫什么，我爷爷的爷爷的祖上又是谁，我们的大祖是谁，我们的小祖又是谁。

所以"问我祖先在何处，山西洪洞大槐树"又似乎很难回答以上这些问题。而解开这个谜或者说给13亿炎黄子孙一个满意的答复，还必须把各种祖先分开。华夏同根，万姓同祖。盘古开天地和伏羲女娲抟土造人是中国的创世神话，也是中国神话和古籍中记载最早的姓氏起源。伏羲女娲是华夏子孙共同的人文始祖，是13亿人的高度共识。河南人敢于说中国的姓氏起源于河南，理由就是河南淮阳有一座伏羲陵寝是风姓的起源。而洪洞不仅有历代皇家认定的女娲庙、女娲陵，而且有伏羲画卦的画卦台，还有与伏羲有关的伏牛村，又紧邻着伏羲女娲共同创造人类的吉县人祖山，有吉县柿子滩文化遗存。所以洪洞与淮阳一样牛气，我们可以理直气壮地说，洪洞是炎黄子孙共同的根祖，赵城镇女娲皇陵就是元根。《帝王世纪》云："女娲氏，风姓也，当火化之初，以木德而皇，象丑月以临照，肇嫁娶，以序人伦。分定九州，自我而始。变化万物，非圣而何；天有阙，于是炼石以补之，地有倾，于是断鳌足以立之。故得天无不覆，地无不载，万世以下仰之如神明。"曹植《女娲赋》亦云："古国之君，造簧作笙。礼物未就，轩辕篡成。或云二皇，人首蛇形，神化七十何德之能。"古冀州是华夏文明的发祥地。古帝王伏羲女娲、太昊、炎帝以及尧舜禹，均在此建功立业，而女娲伏羲又位列第三皇五帝之首。女娲这位中国古代神话传说中的女性伟大人物，她不仅繁衍了人类，章开创了华夏文明，她又是生育中华民族的母亲。

相传，中华民族的起源，来自昆仑山系，那里有个华胥国，其族人称为华族，有个华胥氏姑娘来到冀州，在一个叫"雷泽"的海子边，发现了一个大脚印，便好奇地用脚去比试，结果竟有感而孕。这个"雷泽"就在洪洞县境内，大脚印是霍山南边山中雷神留下的脚印，所以这个山也叫"雷首山"。后来华胥氏姑娘回去之后，生下一男一女，即伏羲和女娲。在一场大水灾中，兄妹二人幸以逃生，坐着一个葫芦，顺着河漂流至今吉县人祖山，为了拯救人类，兄妹俩在人祖山成婚育子，繁衍生息。这段神话传说，告诉我们姓氏起源于母系氏族的晚期时代。伏羲、女娲抟土造人，造簧作笙，肇嫁娶，以序人伦，实行对偶婚，中国姓氏才由一姓变为多姓，其后的炎帝、黄帝，再到少昊、颛顼帝喾、尧、舜、禹及其子孙分布于华夏大地，后裔不断分化繁衍，中华古姓在龙的图腾下不断诞生。中国姓氏由最初的20多个，演变为目前的几千个，可以说神话时代的华夏姓氏就是不同宗族的姓源。华夏氏族称为炎黄子孙，这是一种姓源的认同。而伏羲女娲就是炎黄子孙共同的人文根祖。

八、炎帝、黄帝以及尧舜禹和他们的几位大臣是中国主要姓氏的祖源

伏羲时代以后，是有名的炎黄时代，华夏姓氏中绝大多数都能在炎黄时代找到祖源和主根。当今前100位的大姓中炎帝一脉的现有16姓，其中来自炎帝姜姓的有13姓。当今前100位大姓源于黄帝一脉的姓有84个，其中来自黄帝姬姓的达45个。

炎黄二帝兴起于晋南，陶唐氏、有虞氏和夏后氏都是炎黄的成员。平阳包括洪洞又是炎帝、尧、舜、禹以及他们几位大臣活动、生活过的地方。从他们开始又衍生出了不少姓氏，成了许多姓氏的血缘始祖或开姓始祖。

帝尧的后裔：尧帝姓伊祁，为陶唐氏。在洪洞有许多处陶唐遗迹，比如霍山的陶唐峪、羊獬村等等。同时洪洞又与临汾相邻是尧王故地。尧的后裔延其姓氏形成了伊、祁、陶、唐等姓氏；其子丹朱被封于房，又形成了朱、房、狸等姓，其子封于刘国者后人为刘姓，传至刘累为夏带甲养龙，刘累之后形成了刘、杜、士、范、隋等姓

帝舜的后裔：帝舜名重华，因出生于姚墟而姓姚，又因被封于虞邑被称为虞舜，后又因妫汭在河津，其后裔多姓"妫"，舜的后裔有陈、胡、袁、姚、王、虞、田、孙、车、陆甄、薛、夏、蒲、司徒等姓。其中在当今前100位大姓中有王、陈、孙、胡、袁、田、姚、邱夏、薛等。

皋陶的后裔：皋陶是尧舜禹时代的重臣，《尚书·皋陶谟》，即是皋陶与尧、舜、禹三君的对话，也是我国最早的史书。皋陶三子，长子伯翳，次子仲甄，少子封偃。皋陶的后裔姓氏主要有费、李、赵、梁、马、徐、程、江、段、黄、舒阮以及甄、皋、皖、英、元、廖、偃、邱、繇等等。

洪洞弘扬根祖文化，注重一些大姓的血缘之根是非常必要的。从老百家姓讲，赵钱孙李周吴郑王，八大姓氏中赵姓、李姓的根祖都是皋陶。王姓的根祖为尧王。从目前我国排名前20位的姓氏来讲，李王刘陈，黄赵徐孙，朱马胡郭这12个姓氏的主根、血缘根祖都可以在洪洞找到，其中李、王两姓的人口均近一亿，刘、陈、黄、赵都在几千万以上。我们完全可以说中国有近40%的人根祖在洪洞。

为了便于炎黄子孙寻根问祖，我们应该重点研究李姓、王姓、刘姓、陈姓、杨姓，以及黄、赵两姓的姓氏起源以及之后的演进脉络，号召他们回洪洞寻根问祖。泱泱李姓天下第一，氤氲王姓，比肩而立，刘陈黄赵遍地皆有，这几亿人口如果都

来问祖，就应该把他们领到皋陶墓、赵城，以及古历山，而不能在大槐树，因为他们找的是爷爷的爷爷的爷爷。

所以说，寻根问祖，必须把根的大小和古老分开，把祖的层次和级别分开。因为中国姓氏如果从风姓开始大约已传承了150代，如果从祖父算起，你看会有多少层爷爷的爷爷的爷爷！

虽说全国各地伏羲、女娲的祠、宫、庙、墓很多，但是都比较分散，而在洪洞既有伏羲遗存，又有女娲遗存，既有女娲庙，又有女娲陵。据《四库全书》载，女娲庙洪洞有四、赵城有二。女娲墓，全国有6处，山西有二即风陵渡和赵城。而赵城娲皇陵是被历代皇家认定，并遣官致祭的规格最高的女娲陵墓。

目前洪洞仍保留不少伏羲的庙宇、陵寝及其遗存，主要有洪洞赵城侯村女娲庙女娲陵；洪洞赵城信义坊女娲庙；洪洞堤村、张端村娲皇庙，洪洞辛村女娲庙，洪洞卦地村伏羲庙、画卦台；洪洞北伏牛村女娲庙，洪洞范村女娲庙。其中侯村女娲庙历史久远，规模宏大，始建无考，唐天宝年间重修，是全国皇家1000多年遣官祭祀的皇陵。

所以要说主根和始祖，伏羲女娲才真是第一位的主根和最高层次的人文始祖。炎帝、黄帝以及尧舜禹和他们的几位大臣又是中国重要的祖源、祖根。

九、古道与古槐也是一种文化

山西地处黄土高原，表里山河，交通不便，几千年来全省的出省通道，都集中在中部地带的几个盆地中心。从古至今的北方大道、驰道、官道与铁路、高速公路，几乎都走的是一条唯一的线路，甚至高度重叠在一起。从东周时期的北方大道，延及秦、汉唐、宋及金、元、明、清时代，洪洞县一直处于山西交通要道的必经之地。从西安至北京，从北京往云贵、四川，从山西出省南下或北上，都需要路过洪洞。这既是地理环境使然，也是一种宿命，至今难以改变。几千年来洪洞县一直居于交通大道，车水马龙，驻驿停骖，行人打尖、吃饭有一棵路旁古槐，荫庇后人，积了几百年的大德，所以苍天有眼，不负这颗古槐的性灵，在600年后，使之成了几千万明代徙民后人共同的祖先。这恐怕在世界历史上也没有先例。

其实在我国古代，官塘大道往往与树有着天然的联系，先秦时期驰道中间往往植树，后来又作里程标志一里一树，十里两树，百里三树，既可以告诉行人走了多远，又可以树下休息，是很人性化的一种文化。古者，列树以表道，在官塘大道多植树路旁以记里至，以荫行旅。洪洞广济寺旁的这棵大槐树，既不是寺院里的古槐，也不是村子里的古槐，而应是官道旁的官槐。关于官道与官树历史上多有记载，比如"子产治蒲，树木甚茂，子产相郑，桃李垂街"。下至隋唐之代官槐、官柳亦多见于诗篇，比如唐王维诗云"槐荫到潼关"。《后周书·韦孝宽传》："孝宽为雍州刺史，先是路侧一里一土堠，经雨颓毁，每需修之。自孝宽临州，乃勤部内当堠处植槐树代之，即免修复，行履又得庇荫。周武帝后问知之，曰'岂得一州独尔，当今天下同之，于是令诸州大道一里种树，十里种三树，百里种五树焉。"所以从明代的古槐推测，洪洞官道旁边，广济寺外的这棵古槐，就很可能是古代作为里程标志的官槐。

槐树，又名国槐，北京到西安这一带非常适合槐树的生长，至北京、太原、西安均把槐树作为市槐。山西境内仍然保留着不少古槐。

洪洞古大槐树为官槐的另一旁证是，在山西"北方大道"的南端从风陵渡过黄河，即到了"崤函古道"，在崤函古道旁至今仍保留着棵千年古槐，即是崤函古道官槐。这棵古槐就生长在函谷关附近，石壕村不远的地方，相传当年尉迟恭策马经过正好古槐树旁站立着位美人，便传流下尉迟恭看古槐的传说。

唐人元稹诗云："落叶添薪仰古槐"。而后人把古大槐树作为先祖来对待，即是"槐之言怀也，怀来人于此"。洪洞大槐树徙民，后人把大槐树作为自己的祖先，其实也是种怀念，是一种寻根问祖当中的一种图腾和符号。

但愿我们的这棵大槐树，枝繁叶茂，万年长存，使几千万洪洞徙民的后人有一个可以回望的根祖和回望的家园。也但愿，我们的大道旁，今后多种树，以树为荫，以树表路，以荫庇后人。

十、鱼鹳文化与灵魂之鸟

"祖先故居叫什么，大槐树下老鹳窝"是一句寓意深刻，又带有祖传的民谣。600多年前背井离乡，即将永别故土的老人用这句话告诉小孩，要牢牢记住自己的故居，它不是具体的村名、县名，而是大槐树下老鹳窝，其寓意深刻，现代人当然难以理会。试想当年一个稍微懂事的儿童随着家庭要远走他乡，他自然会知道自己的老家，知道自己的根祖在什么地方。但是"大槐树下老鹳窝"告诉后人的却是更深一层的意思，槐者怀也，在古大槐树下出发，更激发了徙民们怀恋故土的天性，而"窝"却是把中国古代社会中深厚的鱼鹳文化、祭祖文化天衣无缝地结合了起来。

在我国古代有着丰富的鱼鹳文化。先民们认为候鸟就是先人和祖先的灵魂，鹳就是一种灵魂之鸟。几千年来我们的祖先认为，人死之后的灵魂可能会变成飞鸟飞向远方，而每年春天，又会返回故乡来看望亲人。所以每年的春天，在飞鸟快要回来的时候，人们便在河岸、湖边、沼泽旁，举行迎接死者灵魂的祭曲，等候亲人灵魂之鸟的到来，这种把怀念亲人的情感寄托在飞鸟之上，是树上硕大如盘的鹳窝。还有一种可能就是当时迁民的对象之中有不少是属于逃户和流民，本来就古代很醇厚的一种习俗。同时，鱼鹳文化在古代很发达，从原始社会到几千年的农耕社会中，鱼鹳也是一种主要生活手段，驯养一些可捕鱼的鸟类是各地常有的事，其中就有"鹳鸟"。历史上有不少关于鱼鹳的文物，比如，江南出土的玉鹳，山东出土的青铜器"鹳衔鱼纹""鹳鸟衔鱼"，以及汉代的"合鹳永寿"瓦当等。洪洞有近2000年的水利开发历史，又有"荷花城"的美称，县域之内湿地较多，所以也曾有着深厚的鱼鹳文化。

"祖先故居叫什么，大槐树下老鹳窝。"这里的窝与前边"大槐树"，在洪洞丰富的根祖文化、鱼鹳文化的折射之下，便成为希望后人千万要记住故土的愿望，成了一个徙民过程中的寻根问祖的符号和标志。在强大的政治压力下，迫不得已，离弃故土，一步一回头，十步一徘徊，看到的只有槐树和鹳窝。把树和树上的老鹳窝作为自己的老家，并作为一种共同的历史记忆的原因有三个。一是600多年来老辈人对后代的口口相传，一开始讲的是家族、宗族，先人的姓氏以及故土的县名、村名，到后来就只是一种故事和传说，经过600年二三十代人的传承和讲述，难免会产生一种衍生和失真，最后就只剩下了洪洞、古大槐树、鹳窝这几个关键词。大槐树甚至鹳窝就成了古先人的村名。第二种可能是当年的迁入始祖本人就不是洪洞人，而是河东大地或泽、潞等地的农民，当他们在洪洞大槐树下拿着凭证川资上路以后，回望故土最后的记忆只是那棵沧桑古老的槐树以及树上硕大如盘的鹳窝。还有一种可能就是当时迁民的对象之中有不少是属于逃户和流民，本来就没有什么财产，户籍既不是洪洞也不是河东，他们的老家就只能是那棵大槐树以及树上的老鹳窝。

但是这种群体共同的历史记忆，却创造了世界历史上的一个奇迹，使本来史书上从来没有记载的县级移民点成为中国徙民史上最出名的典型。是老鹳还是老鸹，在过去没有什么争议，但是由于洪洞的老辈居民下世之后，或者说年年迁徙的鹳鸟从人们的视野中消失了之后，几十年不见踪影，于是便有人怀疑到底是老鹳还是老鸹，还有的人认为大槐树移民本来就是一场悲情事件，鸹作为一种悲情鸟也说得过去。特别是近几年一些名人的著作中也用了老鸹两字，便使得本来不是问题的情节成了问题。

其实多少有点历史知识和鹳知识的人就知道，是鹳而不是老鸹。在六七十年代之前，山西人对老鹳并不生疏，洪洞人应该是非常熟悉的。当时的老鹳是一种常见的大型海禽和候鸟，在黄河滩地、汾河流域、桑干河流域都有很多种鸟类。最多最长久的是鸿雁，"七九河开，八九雁来"，几千年之如此，大雁一群一群成百上千，在河滩里栖息觅食。其次就是灰鹳，山西老百姓称之为"捞鱼鹳"。因为鹳的喙很锋利，于是在民间就有多种关于鹳的谚语，比如"捞鱼鹳死了三年，嘴还硬撑着哩"。比喻一个人没理的时候，硬是不输口的行为；再比如"那人的脖子像捞鱼鹳似的"等。

洪洞乃至山西栖息的老鹳多数为灰鹳，也有少数变种的白鹳。它们身体比较高大般身高在50—60厘米，以食浅水滩物、田野中的小动物为主，鹳鸟喜欢用树枝在大树或岩石的突出部位筑成大如磨盘的平台型鸟巢。灰鹳的飞羽和肩羽大部为黑色，闪着一种绿光，体羽大部为白色，飞翔时非常好看。山西古籍书中有不少对的记载，最著名的就是举世闻名的永济"鹳雀楼"。唐代曾经有鹳的栖息。到明代还有白鹳筑巢太原市阳曲县城，营巢于太原城内一民居屋上的记载。

现在的城市里大鸟基本就见不到了，偶尔发现灰鹳在水面上飞过，但也还是失望地飞走了，因为它看到的水中并没有他需要的小鱼或小虾，没有它栖息的水源滩涂更没有它可以筑巢的大树，有的只是水泥森林………我们为老鹳正名，呼唤鹳兮归来，并不单单是为了从洪洞迁走的先民的心灵得到安慰，使他们为后人留下的记忆更加真实，更是为了我们现在生活在洪洞乃至山西的人们。可是为什么少数当地人也把鹳变成鸹？为什么年年迁徙的老鹳不肯回来？这只能怪我们人类自己。是我们不尊重它们的生存权利，使它们失去了赖以生活和栖息的大树、湿地，使它们失去了来此筑巢生息的环境。鹳兮归来，也绝不只是梦想。黑鹳、灰鹳已成为濒危物种，但是在山西和周边地区，仍然有他们的不少踪影。可喜的是近几年得益于退耕还林，退田还湖，以及生态环境的治理，以及天人合一、人与鸟类和谐相处的理念逐步深入，老鹳生存环境恶化的局面得到一些改善，老鹳归来了。比如在北京的潮白河峡谷、房山十渡，河北省的平山县、野三坡、北戴河海滩以及辽宁的盘锦湿地，山东东营的黄河三角洲等地仍然有定数量的灰鹳、白鹳在栖息。

最让人兴奋的是近两年在山西和顺县境内也有一群灰鹳在大松树上筑巢，在当地生活，使我们真正看到了硕大的鸟巢，看到了鹳鸟的群体生活，最令人兴奋的是鹳鸟已经回到了洪洞，每年在汾河湿地已经有了鹳鸟的活动，只是还没有大树，它们还不好筑巢。

洪洞县只有走生态文明的发展道路，保护生态，植树造林，维护湿地，终有一天，年年迁徙的鹳鸟也会与寻根的后代们一齐回来！

十一、"洪洞大槐树"与"闽祖光州现象"样是一种大规模徙民之后的根祖认同

研究"山西洪洞大槐树"移民问题，一个至关重要的问题，就是要能够正确认识洪洞大槐树被广泛认同的这种历史现象，要注重田野调查，注重口口相传的故事传说背后的历史真相。决不能从史书到史书，从简略的字面上去理解。"洪洞大槐树"现象在中国移民史上并不是个例，比如在福建一带就存在一种"闽祖光州"

的现象，福建不少姓氏的家谱中都记载着，祖上是河南光州固始人。在东南亚不少地方的一些侨民，在家谱、家乘中又往往把自己认作是泉州人，而在福建泉州又有一种"洛阳桥"现象，把自己的祖先认作是洛阳人。当然上述几种现象也引起过不少人的质疑，甚至也认为"闽祖光州"是受历史上王审知统治福州的政治影响，认为许多姓氏根本就不是固始人等等。

在历史上，有少数人为了某种目的，把自己的祖上往帝王、名人的族姓靠的现象。但是普通老百姓，寻根问祖绝不会在追本溯源的过程中故意出错，把别人认作祖宗，也不会忘记自己的故乡、自己的姓氏。

"洪洞大槐树"移民在全国，特别是在河南、山东、河北等地方的家谱、家乘中记载着自己的迁入始祖是山西洪洞大槐树，绝大多数言之有据，而且这些记载和口口相传的说法，应该是更真实的历史。在全国罕见的出现"洪洞大槐树"以及"闽祖光州"等现象，其实原因很简单，就是它是强制性徙民，和集中徙民之后的一种特殊的共同记忆和族群认同。

历史上强制性的、政治性的大规模移民，往往有以下几个特点：一是移民的出发地比较集中。二是目的地也比较集中。只是通过移民这种运动，由甲地换到了乙地，"侨州侨郡"就产生了。三是移民往往是被动的强制的，是出于无奈的没有选择的，这就更容易引起他们对故土的怀念和依恋。四是大量的同一地方的老百姓，徙入一个地广人稀之地，很容易形成一种强势的共同的记忆和根祖认同。

"闽人称祖皆曰固始"现象的产生，与上述四个特征非常相似。唐末福建人口大幅度减少，全闽人口不过数万户而已，而入闽的光寿移民却高达数万人，仅随王审知次入闽的固始人为主的中原移民可能就占了福建人口的一半以上。所以一次大量的徙民进入才是"闽祖光州"的主要原因，而不是一些历史学家所说的"王审知独忧固始人"所导致，更不是什么冒称固始人造成的现象。

元末明初，河南的怀庆等府，由于连续的战争，加上明朝"靖难之役"的变故，人口大幅度减少和逃亡，户口十不存一，而几次大规模的移民，使徙入之民成了当地人口中的主体，所以在局部的一州一县，甚至一个府多数人口是徙民后代也很有可能。

所以洪洞大槐树移民之所以在河南、山东、河北的一些地方史志和谱牒等中大量出现，与"闽祖光州"一样，也有他必然的理由，容不得我们怀疑。

十二、明代山西移民的总体规模及对全国的影响

明朝洪武至永乐间的近50年中，从山西大规模移民，堪称历史之最、世界之最。一是时间长，延续了近半个世纪。这对山西当时的老百姓而言，的确经历了一场徙民灾难，使近三代人一直生活在一个不安定的时代。移走的人和留下的人

都把这段难熬的时刻铭记在心,背井离乡之苦,散失亲人之痛,在50年中几乎形成了一种遗传基因,使子子孙孙也难以忘怀。50年种下的苦果,600年来终于结成了正果,这就是洪洞大槐树移民"这个让世界为之惊叹的故事和奇迹!"

二是移民的名目繁多。有让窄乡无田之民到宽乡耕种者;有发往凤阳为皇帝看守祖坟、兴修皇陵者;有屯守边塞,以屯代军者;有罪徙京师为苦役者;有因是富户被迫离乡者;有官方强制性移民;也有流民自愿入籍恢复"户口"者。

三是移民数量惊人。明代从山西徙民总的人口及户数,由于历史缺乏准确的统计,所以难以有非常精确的数字,但是从诸多史料记载的字里行间,以及当时山西、河南、平阳、洛阳等地的户籍、人口分析,明初50年中从山西农户徙民约20万户,人口约80万人,军屯徙民约20万丁。如果加上流民附籍以及自愿屯田者,50年中明朝政权从山西徙民大约人口在100—150万人左右。我们从全国当时人口以及诸多资料分析,估计目前全国人口中大约有5000—6500万人系当时山西移民后代。所以对洪洞大槐树徙民的后代有多少,我们应该有一个客观的判断。因为就以徙走约150万人口计算,也只占当时全国人口的2.5%,这2.5%人口不可能繁衍出太多的人来。

在洪武至永乐50年间,山西移民对明代全国的农耕生产、京都建设、中原重建以及边塞守卫等产生了重大影响,特别是使中原一带赤地千里的河南、河北恢复了生机和活力。山西移民比较集中的地方主要有三个地区,一是河南,50年中山西向河南移民约在50—100万左右,约占河南人口的三分之一。在河南一些州府甚至反客为主徙民成为卫辉、怀庆等府的主要人口,所以河南目前人口中,大约有三分之一左右是山西移民的后裔。其次是河北的怀德、东昌、大名以及长城附近的北平等地,这一代山西移民约50万人左右,这些地方应该有大量人口是山西移民的后代。影响较大的还有安徽的凤阳,从山西徙民约10万人。而从山西徙民最多的府州则是平阳、泽、潞二州,估计占全省移民的一半左右,约50~80万人。

华夏文明起河东,洪洞是中国的"姓之源,史之初,国之根,文之源",用舒乙先生为淮阳写的四句话来概括洪洞,因为洪洞"这本书"太古老,太深奥,太伟大了。舒乙先生说:"淮阳不论在行政划分上,还是重要性上,都是爷爷的爷爷。"洪洞是中华农耕文明的源头之一,也是中国国家的起源地之一,又是中华民族的祖根,还是中国北方水利社会的标本,时至今日又是山西第一大县。所以应该通过大力发展文化旅游事业,增强转变发展方式的智慧,增强洪洞经济社会发展的软实力。

升华大槐树祭祖习俗：融入外来和现代的元素

中国国际问题研究院研究员 郭宪纲

人类祭祖活动历史悠久，不同的文明祭祖活动，其方式是多样的，而且随着时代的进步和科技的发展，以及文明间的相互影响而随之演变，被赋予更加多元和现代的色彩。洪洞大槐树的清明祭祖活动，作为我国最重要的祭祀活动，体现了儒家的孝道传统，不仅在国内闻名，而且在世界各地华人社会也享有很高的知名度。中国人不论走多远，无论是走到中国的北方、南方、东部、西部，还是移居海外，长期定居他国，都会将大槐树移民的故事世世代代传下去。一提起洪洞大槐树，不管祖上是否是当年来自洪洞大槐树的移民，远在他乡或他国的中国人或是华人，都从内心深处发出对大槐树浓浓的思念之情。尤其是海外华人，更是如此。那是华人游子的根，是中国人的名片。华人走得越远，心中的这股根就越清晰，越坚实。尤其是随着中国的崛起和海外游子自豪感的增强，中国人对洪洞大槐树的历史记忆，愈来愈厚重和深沉。因此，更好地传承和发扬大槐树的祭祖习俗，具有更加现实和全球的意义。为此，我们需要提升大槐树祭祖活动的定位。可从以下几个方面入手，即吸收外来元素，注入现代符号，借用科技成果，弘扬中华传统文化。

一、吸收外来文化的因素

祭祖活动不单单是寄托对先人思念的过程，而且蕴涵着丰富的文化和思想。人类社会进入近代以来，科技和生产力呈加速度发展的态势，世界成为越来越小的地球村。各国和各民族的经济、文化交流日益频繁，相互学习，取长补短，推动人类文明不断进步，各地的联系越加紧密，经济全球化不可逆转，推动世界一体化进程加快。尽管这一进程会有反复和曲折，但人类命运共同体的形成是大势所趋。在这种趋势下，我们的祭祖习俗也应该顺势而为，在保留自身特色的前提下，同时借鉴其他民族的一些好的方式，来提升自身的祭祖活动，因为每个民族都有自己的长处和值得我们学习的地方。而且，随着中国国际地位的不断提高，大槐树祭祖活动也需要扩大影响，成为世界级的活动。这就要求我们走出去，去了解古希腊、古罗马、非洲各古老民族以及现代西方国家的祭拜祖先的习惯和仪式，以及这些仪式所包含的文化内涵。从中发现可以为我所用的元素。

比如，墨西哥印第安人的祭祖活动就与西方天主教的"万圣节"结合起来，采用了西方的一些元素，但同时也保留了印第安人的传统和古老的文化特征，形成了墨西哥今日的"亡灵节"。在这个节日中，墨西哥人采用两种方式来怀念逝去的亲人：一是在家里摆好祭坛，布满鲜花、糖果、装饰物，欢迎去世的亲人回家。二是在墓地上摆好宴席，播放音乐，彻夜守候。在印第安人看来，死亡不是生命的终点,不是一件悲伤的事情,灵魂离开身体到了另外一个幸福的世界,享受新的生活,是新的生命的开始,要以幽默的方式来应对。2003年,联合国教科文组织将墨西哥"亡灵节"列入了非物质文化遗产,就是对不同文明祭祖活动相互学习的鼓励。

  俄罗斯人祭祖活动也有值得我们学习的方面。俄罗斯每年的祭祖活动是在4月底至5月初,被称之为"拉多尼察"。据俄罗斯语言学家解释,这个词来源于"降生"和"快乐",蕴涵着不要为失去的亲人悲伤,而是要为亡灵到另外一个世界安息而感到欣慰的意思。在"拉多尼察"那天,俄罗斯人会在亲人的墓前供上绘有彩色图案的鸡蛋,在墓地周围种植花草。祭奠结束后,全家人在墓前简单举行聚餐。如果是东正教信徒,会在去墓地前到教堂点上蜡烛,进行祷告并领取圣水撒到墓前。当下,俄罗斯的祭祖活动也有些变化。如过去在墓地前摆放的是鲜花,现在摆放的是制作逼真的假花。因为假花可以延续时间更长,价格也相对便宜。

  这些都是很好的例子,表明其他民族或国家的祭祖的方式有很多经验是可以借鉴的,尤其是其对生死的认识,以及祭祖活动中的简约意识,对我们都是很有启发的。只要我们深入去挖掘,就会有很多感悟。我初步想到的有:如在贡品中减少食品份额,增加鲜花数量,或者栽树,改变烧纸的习惯。每年清明节,全国各类祭祖活动焚烧大量纸张,不仅造成空气污染,还由于树木是造纸的主要来源,"清明节"时的祭祖活动烧纸就等于砍伐了大量的树木。而我国的森林面积在世界上属于偏少的国家,环境问题因而十分突出。因此,如若清明时节不再烧纸祭祖,可以大大有利于我国的环境改善。而保护环境,保持祖国的绿水蓝天,就是敬畏大自然,也是我们祖先的愿望,应该予以尊重。同时,多举行文艺表演,特别是当代乐器的演奏。还可以举行传统的体育比赛。文体活动带来精神的愉悦,可以告慰先人。

  这样,我们的纪念活动形式就更加丰富多彩,越出了本国的意义,具有了世界性。当然,借鉴国外经验的过程,不仅学习其祭祖的方式,而且也可以通过祭祖活动的不同形式,来进一步了解各国文化的精髓,将更多蕴涵在全人类祭祖活动中的文化因素和观念,融入大槐树祭祀仪式当中,将祭祖仪式升华为更高层次的精神活动。

  不过,要深入挖掘其他民族祭祖活动中的精华,就需要加强这方面的研究。各国各民族对祖先的祭祀活动纷繁复杂,有些好的祭祀方式已经部分或完全失传,所以需要对相关文献、考古方面的发现进行深入研究,复原历史上祭祀活动的精华部分。同时,还要研究各主要民族祭祖活动仪式的演变脉络及其原因,以此论证大槐树祭祖活动与时俱进的必然性。这是一项艰巨的学术研究任务,需要收集主要民族的祭祖活动资料，翻译外文文献，撰写研究报告，工程十分浩大，要循序渐进，做好长期努力的准备。为此，可以研究设置相关课题，聘请专家完成；还可举办专题国际研讨会，邀请不同民族和国家的专家与会，就世界各地祭祖活动的历史、异同、演变和影响交流看法，从中提炼出各民族祭祖活动的精华及其内涵，并应用到现代祭祖的实践当中，从而传承和弘扬大槐树的祭祖习俗。

二、注入现代符号

中国人的祭祖活动是一项传统悠久的习俗，包含着古老的习惯，如打扫墓地，祭献贡品，点亮香烛，念诵祭文，行跪拜礼等隆重虔诚的仪式。这些仪式代表着子孙后代对先民的追思、怀念和对未来美好生活的追求，不仅要继续下去，而且要发扬光大。特别是随着时代的变化，要从仪式、观念上进行调整，加入现代的理念，以适应新时代的要求。这包括尊重生命、崇尚多元文化、敬重大自然，借用新的传播手段介绍祖国的繁荣与进步等。

首先，在贡品方面要体现现代文明的观念。减少肉食，以素食为主，或者完全供奉素食。之所以这样，一方面是显示当代社会的人文情怀，顾及佛教徒不杀生的习俗和世界保护动物理念影响的扩大，体现关爱生命的情结。二是照顾到一些华人移民国外后皈依其他民族的宗教，饮食习惯发生了变化。如果贡品中出现某些宗教信仰者不能食用的牲畜（如伊斯兰教禁止食用猪肉，印度教禁止食用牛肉等），可能会产生负面效果，不利于将大槐树祭祖习俗的影响扩大到更广泛的区域。

其次，在仪式方面，要与当代理念衔接。尽量减少鞭炮燃放。这样做，一是有利于环境保护，尤其是在全球变暖，环境问题日益突出的情况下，更加符合国际社会加强合作，应对全球气候转暖问题的努力方向。根据相关研究，节日期间，鞭炮燃放是产生污染的主要来源之一。为了蓝天和新鲜的空气，要从我做起，从祭祖活动做起。二是减少浪费，彰显我中华民族节俭的优良品质。燃放鞭炮除了会产生污染外，其价格也不菲，仪式中象征性地燃放几支即可，最好是逐步减少鞭炮消耗，直至最终取消鞭炮燃放。三是避免人员误伤和财产损失。每年全国燃放鞭炮，总会造成悲剧，夺去宝贵的生命和损毁各种设施。减少燃放，自然可降低或消除安全隐患。作为国内外著名的祭祀活动，大槐树祭祖仪式要成为环保、节约和安全第一的样板。

第三，运用互联网，尤其是移动互联网来介绍大槐树的祭祖活动。当今世界，科技迅猛发展，通信手段日新月异，正在迅速改变人类的生活方式。在这方面，中国走在世界的前列。大数据的运用、支付手段的变革，令人眼花缭乱。全球越来越多的人通过互联网来了解世界，看电视人数大大减少，纸质媒体面临网络严峻挑战。人们越来越依赖互联网，特别是移动会联网来获取信息。这是 21 世纪信息技术发展的大趋势。据悉现在已出现网络祭祖的方式，在网上为逝去的亲人修建纪念馆和陵园，在网上进行祭拜仪式等，这种形式今后会越来越普遍。因此，我们要紧跟技术的发展，在大槐树现场举行祭拜祖先活动的同时，也可在网上设计祭祖活动的仪式和程序，以此方便更多不能亲临现场的同胞，纪念祖先。此外，还可将大槐树每年的祭祖活动的视频，通过互联网，尤其是移动互联网及时传播到世界各地华人社会，让全世界的中国人和华人在最短的时间内获得大槐树祭祖活动的信息。

第四，祭文总的内容也要与时俱进，要更多面向全球华人。特别大幅增加介绍祖国的发展与进步，以及中国在国际上地位的提高和影响扩大的篇幅。这是身在境外的华人最关注的。作为海外游子，当祖国积贫积弱时，受尽歧视和屈辱；当祖国强大起来后他们扬眉吐气，境遇大大改善，社会地位明显提高。因此，他们比任何人都更能体会到祖国国力上升对华人的重要意义，比任何人都无时无刻不在渴望中国的强大与繁荣。当他们从祭文中获得祖国进步和强大的信息时，心情是最为激动的。

三、通过祭祀活动弘扬中华传统文化

随着中国的发展和华人在世界影响的上升，其所在国的人民对中华传统文化的兴趣不断提高，特别是发展中国家，对中国发展模式非常着迷，希望进一步了解华人的习俗及其背后的文化和历史，研究中国崛起的深层次原因，以便将中国的经验运用到其本国的发展中去。即使是西方发达国家，也开始由戴着有色眼镜质疑中国的经济成就，散布中国经济是通过不公正的手段发展起来的，迟早会崩溃，转而探讨中国经济成功的背后因素，尤其是文化因素。

因此，弘扬洪洞大槐树的清明祭祖活动，不仅仅是向外界介绍古老的祭祖习俗，更是由表及里通过祭祀活动来展示中国儒家的传统孝道，又通过儒家的孝道来宣传中国儒家文化对推动经济发展的积极作用。

儒家文化中有四大因素有利于现代经济活动：一是重视孝道和家庭。作为社会基本单元的家庭由于孝道而得到巩固，使得社会相对稳定，为经济发展创造了良好的社会条件。二是提倡正确的义利观。君子爱财，取之有道。这种正确的义利观规范人们的经济活动，营造了相对公平竞争和可持续发展的社会环境。三是注重节俭。儒家思想反对奢华，华人储蓄率因此较高，而储蓄率高，则为再生产提供了雄厚的资金，用于扩大生产和经营规模，以及支持创新、研发和开发新产品。四是鼓励勤劳工作和吃苦耐劳的精神。儒家提倡天降大任于斯人也，必先苦其心志，劳其筋骨，饿其体肤，空乏其身。华人不论走到哪里，都是最能吃苦耐劳的。天

上不会掉馅饼，中国的成就是干出来，包含着人民的大量汗水和辛劳。

因此，通过大槐树祭祖活动来解读和宣传儒家的孝道思想、正确的义利观、节俭精神、勤劳刻苦的作风，将祭祀活动上升为文化的层次；再通过华人华侨这座桥梁，使其他国家和民族对儒家文化是有利于推动经济发展的，有了深入了解。这样，上升到文化思想的祭祖活动，就不单单停留在一般纪念祖先的层面，而是升华为传播祖先传统思想的活动。这样的活动持续不断地进行下去，会产生正面效果。即外界会更加深入了解中国经济的腾飞是有内在原因的，中国人凭得是辛勤的劳动和家庭的凝聚力，而不是不正当的手段来竞争的。这对消除所谓中国不遵守市场原则的误解是有帮助的。而当下，随着中国的经济发展和崛起，西方一些舆论不是站在客观的角度，而是主观臆断，带着偏见看待中国经济的运行，他们看不到中国人民是勤劳苦干民族的事实，反而宣传中国不是市场国家，对中国的汇率政策横加指责，诬称中国政府操纵汇率。还散布中国靠的是窃取发达国家的科技成果来推动制造业的扩大，其经济是靠不正当的手段发展起来的。西方的这种错误论调，在其掌握者话语权的条件下传播甚广。而我们通过大槐树祭祖活动，客观地展现中国经济腾飞的内在原因，除了其他因素外，与中华民族内聚力强、不奢侈、吃苦耐劳和勤俭持家的传统密不可分。以事实来说话，是摘下西方有色眼镜的最好方式之一。

同时，将祭祖活动延伸到移民安置经验的交流领域。目前，中东地区动荡不已，百姓流离失所，加重了世界的难民危机，西方国家，尤其是欧洲面临移民涌入的巨大压力。欧盟在处理难民问题上意见不一，一些欧洲国家政府不愿按照欧盟的配额接受难民，引发欧盟内部矛盾加深。再加上欧洲经济复苏乏力，英国决意脱离欧盟，一体化进程严重受挫。在这种态势下，欧洲极右势力上升，在选举中得票率大幅度提升，有的获得了议会席位，甚至有可能上台执政。这引发了西方社会的恐惧。尽管洪洞当年移民的背景与欧洲当下难民涌入的形势不同，但在一些技术层面还是有可借鉴之处的，比如移民的安置问题。如果欧盟能够妥善安排移民，化被动为主动，不仅可以化解成员国之间的分歧，还可以解决人口老化、劳动力不足的问题，进而促进经济的发展。因此，可以在祭祖活动中总结我国古代洪洞移民安置的经验，通过祭祖活动向外推广。

通过以上努力，大槐树的祭祖习俗将会上一个很大的台阶，不仅纪念祖先、保护环境，弘扬了中华文化和中国的发展模式，上升到更高的精神层面，而且还使古老的习俗走出了洪洞，超越了山西，跨出了国门，迈向了全球，具有了更加重要的世界意义。

大槐树旅游如何融入山西旅游新格局

侯慧明

山西师范大学历史与旅游文化学院

山西省互联网+与旅游产业升级协同创新中心

2016年山西省提出将"文化旅游业培育成为山西省的战略性支柱产业"的重大经济发展战略。2017年，山西省委、省政府科学决策，作出了打造"黄河·长城·太行"文化旅游新品牌的战略部署，全面推动山西旅游业的快速高质量发展。这一重大战略部署对山西旅游业发展无疑充满了希望，但也面临极大的挑战，必然带来山西旅游产业的一次大洗牌。如何融入这次旅游大发展格局，抓住这次发展机遇，关乎各旅游企业的未来生存与发展。大槐树旅游作为晋南最重要的文化旅游品牌，作为国家非物质文化遗产，如何抓住机遇获得跨越式发展，无疑是目前面临的重大课题。

一、大槐树文化旅游定位必须进一步拓展与深化

大槐树文化缘起于明初洪洞大槐树移民。洪武、永乐年间，洪洞作为明朝政府组织移民的集散地，前后历时几十年，移民逾百万，移居山东、河南、河北、安徽、甘肃等数百县份。民国以来，洪洞大槐树设立纪念遗址，吸引全国各地，乃至海内外华人回乡寻根祭祖。洪洞成为全球华人老家、精神家园，成为全中国名气最大的县份之一。大槐树成为华人寻根祭祖的象征，这种现象既是对历史的追述，也是一种精神的诉求，进而形成了一种文化现象，即大槐树文化。大槐树文化由历史上大槐树移民历史、档案、族谱以及后世移民寻根祭祖、认祖归宗，以及为纪念移民历史而设置的大槐树遗址，华人对大槐树的认同与眷恋的情感等物质和精神层面的综合内容共同构成，内容丰富，内涵深厚。

大槐树文化的表现形式是寻根祭祖，其本质是尊祖敬宗，即寻根尊祖的文化。西周时期，周公就秉持和宣扬"敬天、尊祖、保民"思想，天被认为是最高主宰，祖则是具体的、可效法的精神标杆。这种政治理论，以宗族为基础，通过一系列礼仪制度在现实中得以深入展开。春秋战国以后，这种思想被以孔子为首的儒家所继承，并与家族、家庭伦理相互结合，形成了立体的、全方位的尊祖文化。这种文化是与中国人最深层的精神诉求和心理相互契合的，是中国传统文化的重要组成部分，是中国传统文化绵延不绝的奥妙所在，具有强大的民族凝聚力、认同感和向心力。正因为中国人特别尊敬祖先，具有尊祖的悠久历史传统，因此才能不断继承先祖的优秀传统文化，传承创新，由此保证了中华文化的延续而不曾中断，这就是中华文化之魂，只要魂在，无论多大的历史灾难面前，中华文化都能颓而复生。反之，如果失去了尊祖之民族心理与文化基因，中华文化就将遭受灭顶之灾，

万劫不复。大槐树文化的基本精神就是尊祖。虽然其由于政治移民引发,但经过数百年演变,大槐树作为移民文化的标志,其核心精神已经转化为一种乡恋与祖先崇拜。

中国文化中本来就存在浓烈的祖先崇拜的文化基因,上到推崇开天辟地的女娲,有功德于民的尧舜禹,下至一般的宗族祖先、家族先贤等凡是有功于民的先祖都会被追溯祭祀,并奉为神灵,后世子孙以先祖功德为荣,以先祖功业为傲,一方面希望得到祖先的庇佑,另一方面也是以先祖为楷模,昭示后代,继承前志。

尊祖是中国人对生命本源、生命意义的哲学终极思考,大而论之就是中国人的世界观、人生观和价值观。西方人把世界与生命的一切本源归结为上帝一类的至上神,并希图通过严密理性的逻辑推理得以证明。中国先圣则从现实出发,从人性情感出发,向前追溯到先祖。在追忆、怀念、敬畏、感恩的情感之中构建了自身的神圣世界,获得了精神超越,并实现人生理想与意义。这种文化现象归根结底是中华民族对先祖敬仰心理的延伸,充满了原始的情感追忆,从赞扬褒崇到建庙祭祀,祖先形象越来越丰富生动,逐渐放大升格。华夏子孙对先祖崇敬具有浓烈而虔诚的信仰情怀与情感沟通,是中国人传统文化心灵对生命本源、生命意义的追思,是一种对真挚亲情的依恋。

所以,大槐树文化的核心就应是尊祖文化,尊祖是一种精神,是一种情感,是发至心灵深处对祖先的感恩与敬畏,是华人特别依恋情的生命本真的传承。

近代以来,顾颉刚所认为的中国上古历史是层累地造成中国古史。对此,我们认为,一方面古史因历史局限性不可能完全客观呈现;另一方面,这种层累造成的中国古史,更是一种中国文化精神的"层累"塑造,是累代贤贤对中国精神的认同与传扬,是在不断继承中的应时创新,层累虚构史实的背后是真实真切的文化精神的层累与传续。对尧王象征精神的认同应该远远大于对其"客观史实"的认同,一方面我们应该以科学严谨的精神探究考察古史,另一方面也应以实事求是的精神探究中华文化精神的传承。"尧文化"正是博大精深的中华文化精神绵延传续、不绝如缕的明证,大槐树文化亦然。

因此,大槐树文化在未来发展旅游时可以考虑在"寻根祭祖"宣传之外,提升"尊祖文化"的更加深厚、更为丰富的精神内涵。祭祖只是一种仪式,其核心精神如何展现和宣传,如何唤醒、激发民众尊祖,进而寻根的心灵诉求,形成一种尊祖的文化情怀,是发展大槐树文化旅游的大战略。

二、大槐树文化旅游的现状及存在的问题

洪洞县处于山西省的南北交通要道,交通非常便利,为旅游业的发展提供了极好的条件。除南同蒲铁路外,有高质量的大运高速公路,霍侯一级路纵贯县境

中部，108国道、东部出境线的309国道。大槐树文化旅游以"寻根"为特色，从1991年开始，每年公历4月1日至4月10日都要举办大型的寻根祭祖节，吸引了众多国内外游客前来寻根祭祖，收到了很好的经济效益和社会效益，先后获得了"国家AAAAA级旅游区""山西省十大特色旅游景区"等荣誉。多年来洪洞大槐树旅游不断推陈出新，锐意改革，实施了很多举措，举办各类型活动，激发旅游潜力，提升旅游品质，如举办"洪洞大槐树国际书画艺术展""洪洞大槐树标志性旅游纪念品工艺品设计制作大赛"，召开根祖文化研讨会、举办旅游产品推介会、进行蒲剧艺术表演等。2011年10月成立了洪洞大槐树文化研究中心。近年来，大槐树对景区内外环境开展改造，将经营商户店铺功能重新整合；更新标识、改造公交站、停车场，新建星级厕所、母婴室等；游客中心增设特色交通工具、公共休息设施等。在主要游览线路增设无障碍坡道、残疾人扶手。利用互联网，实现网上预订、支付、虚拟景区体验、无线网络全覆盖等；增设便携式语音导游机、扫码听讲解等不同形式的电子导游服务。开发了APP客户端、微信公众号、自媒体等多种网络服务平台；升级改造景区门禁票务系统，标准化服务水平，也有了很大的提高。总的来看，大槐树文化旅游具有以下三方面特点，其一，具有得天独厚的地理位置；第二，旅游资源品质高，内涵丰富；第三，交通便利，基础设施基本完善。

大槐树文化旅游在取得发展的同时也存在一些问题：

（一）大槐树文化内涵有待进一步挖掘

大槐树文化旅游的核心定位目前主要在"寻根祭祖"方面，重点是仪式活动，面向比较浅层。旅游产品仍然以观光为主，产品结构较为单一。大槐树文化旅游有深厚的文化内涵，如果仅仅是观光型的，游客的体验与参与较少，就不能实现旅游的时尚性、参与性、互动性与娱乐性，无法满足当下旅游者求新、求异的心理需求。如果要向深层次、全方位、立体式发展，必须大力打造精神文化层面的"尊祖文化"。

（二）文化旅游产品开发层次不够，没有形成规模。洪洞大槐树文化旅游也积极开发了不少的旅游产品如醋糕、大槐树酒、姓氏浮雕、姓氏古瓷盘、姓氏家谱、姓氏铜盘、姓氏铜像、大槐树绢扇、仿木笔筒、仿木炭雕、仿木圆盘摆件、浮雕笔筒、家训卷轴、绒沙金摆件、老鹳窝烟灰缸、迁民图剪纸、叶落归根画等。但这类旅游产品长期处于浅层次开发状态，缺少让游客记忆犹新、爱不释手的精品，旅游资源的商业价值挖掘不够，缺乏新的热点来吸引客源。

（二）虽然景区也有大型实景演出《大槐树移民情景剧》《铁锅记》《苏三路过大槐树》，互动演出《传统婚庆——迎亲》《变脸》《魁星点斗》，拍摄了电影《大槐树》，但整体上仍然存在游客参与性体验性项目少，深层开发意识不强，游客滞留时间短，人均消费低问题。

三、针对问题提出的对策

洪洞大槐树旅游未来应融入黄河旅游板块。黄河文化的核心精神是"敬天",敬畏大自然,感恩大自然、欣赏感受大自然,与大自然和谐相处。这也正好契合了周公提出的"敬天、尊祖、保民"的理念。

(一)努力建设成为临汾旅游业的龙头,形成以洪洞大槐树旅游为核心的"三小时旅游经济圈"。按照地域相邻、资源共享、设施共建、线路串联、市场共域、效益共赢的思路,形成北接霍介、东联古安、西通吉永、南系襄曲的全方位放射融合体系,主要是在这些县市重点旅游景区联合推出通票。其次则投放广告或者散发传单,形成循环旅游线路,实现区域内旅游产业互动发展,一方面进行县际旅游资源融合,形成旅游产业集群发展,构造大旅游大市场格局。另一方面,企业联手,构建区域联合营销网络,统一营销,共同开拓域外客源大市场,组建旅游大集团。景区实行票价连锁策略设置与广胜寺、苏三监狱的通票,甚至与壶口瀑布、曲沃晋国博物馆联合推出通票,相互借助彼此的市场知名度吸引游客。

(二)充分发挥洪洞大槐树文化研究中心智库作用,制定详细的实施"尊祖文化"方案,建立长效机制,营造尊祖敬宗文化氛围,至少短期内在园区悬挂尊祖名言、诗词,出版相关研究著作,研究成果;对青少年进行尊祖敬宗的教育、训练,甚至进行实景的演礼操作,培养青少年"尊祖敬宗"的文化情怀,进而实现孝亲敬友。

(三)针对不同区域、不同类型的客源采取不同的宣传手段,可以借助网络,将大槐树品牌推向世界,可以在网站上,或者通过APP推出网上祭祖活动,举行遥祭活动,祭祖人通过网上登记即可实现在祭祀园中的祭祀,就可以将名字保存于祭祖园之中,以此来联络感情,吸引更多的省内外、国内外怀有很深乡愁和思乡情节的游子的眷恋之情,使其成为潜在的游客。

同时,提高互联网利用水平,"一网一世界",与互联网公司合作对进入临汾的外地客人主动推送旅游信息,另一方面与艺龙、去哪儿网等旅游网站加强合作,提高对互联网等现代电子营销手段的使用。

(四)将非遗文化产品做成旅游产品,提高特产知名度,增加经济收入。可以积极吸引洪洞非物质文化产品进入景区,如国家级非物质文化遗产通背缠拳、洪洞走亲习俗、洪洞大槐树祭祖习俗;省级非物质文化遗产洪洞道情、市级非物质文化遗产女娲娘娘的传说、县级非物质文化遗产如特色饮食类赵城羊汤、石家卤肉、洪洞元宵、万安咸菜、洪洞饽糕、洪洞重八席、珍珠丸子、洪洞莲菜、李堡醋、秦壁葱、官庄豆腐、金豆子蒸饭;民间技艺类如洪洞金鼓乐、毛姥姥刺绣、许氏透骨丹疗法、洪洞威风锣鼓、苇席传统手工编织技艺、贾氏乌金散、洪洞民歌、垣上秧歌、接骨技法、左手画神子图、双昌地灯、曲亭地功拳、抬阁挠阁、福香妈哭夫（民谣）、雕塑；传说故事类如大槐树传奇故事（利用戏曲、评书、动画、音乐、舞蹈、绘画等形式）、豆腐刀子故事、堤村神鱼传说等。条件成熟的情况下，甚至可以讲临汾市甚至山西省范围内有特色的非物质文化遗产吸收引进景区，增加景区特色，并产生经济效益。

（五）策划特色旅游活动，打好节庆会展品牌，打造民俗文化大观园，开展吃、穿、住、行、节庆等习俗展示活动，而且是越原生态、越淳朴越好，让回乡祭祖之人找到回家的感觉，了解家乡的风俗，同时拓展影响力，可以与非物质文化遗产项目联合形成效益，既丰富景区内涵，提升品质，也能产生经济效益。

（六）引进 AR 技术，开发大槐树特色项目，让游客直观体验大槐树移民的场面，增加景致的历史感和厚重感情景体验剧表演，加大各大姓氏中的英雄人物的宣传。

总之，山西省委、省政府已作出将"文化旅游业培育成为山西省的战略性支柱产业"的重大经济发展战略。大槐树文化旅游作为内涵丰富、特色鲜明的山西品牌旅游应积极融入山西旅游发展的大格局，实现跨越式发展，为山西经济转型发展作出贡献。

洪洞大槐树移民史实及其现实意义
——明代京畿地区洪洞大槐树移民史实调研记

一、关于京畿地区明代洪洞大槐树大移民的史实记录

笔者于 2017 年底在北京通州公干，利用空余时间实地顺路走访了通州区马驹桥镇和大兴区长子营镇，并前往国家图书馆南馆五楼查阅了大量的地方文献，包括北京、河北等地的地方志：例如《通州志》和《大兴区志》等，发现其中均有大量的对大明洪洞大槐树移民的记录，这恰恰地和《明实录》《明史》里的记载进行了确凿地相互印证。再加上近年来尤其是第二届洪洞大槐树移民文化研讨会后，陆续积累的一些相关姓氏家谱等资料汇集起来，形成了最为完整的互证链条。这些详实地记录、父子相传地家族回忆和活生生地实物和遗迹等使明代长达 50 余年的洪洞大槐树移民史实成了不争的事实。

笔者通过梳理，对其中的相关记录，简要地摘录如下（各条信息的排序不分先后）：

1."……明代统治者为取得军队给养或税粮，采取军屯、民屯、商屯手段，开展垦种活动，形成今大营、内军庄、东堡等 43 个聚落。明洪武二十年（1387年）在通驻军达 20 万（此年，大明在军事上统一中国）。卫屯田 14.75 万亩，占 25.28%，其中通州卫 6.13 万亩，通州左卫 1.39 万亩，通州右卫 9935 亩，神武中卫 1.52

万亩等……"

2."……通县地处京东近郊，元、明两朝曾多次从全国一些地区迁民至通州屯田……"

3."……明永乐二年（1404年）九月迁山西太原平阳府及泽、潞、辽、沁、汾州民万户充实北京地区……"

4."……永乐五年（1407年）五月置上林苑监，设蕃育署、良牧等十署，蕃育署设于采魏里（今大兴采育镇），是年迁山西平阳府及山东登州、莱州等地民五千户隶属上林苑监。部分移民安置于蕃育署，饲养鸡鸭，供应内庭……"

5."……明洪武四年（1371年）六月魏国公徐达以元遗民32860户屯田北京府管内之地，共置屯254屯。其中大兴置49屯，计5745户；良乡置23屯，计2881户；宛平置41屯，计6166户……"

6."……明洪武及永乐年间，一则令流徙末年国民回乡复业，另则移山西等地无地或少地农民来京耕种……"

7."……明代移民，元末明初北京地区人口损失甚众，地多荒废。明太祖、成祖时期，相继采取移民垦荒措施。洪武二十二年（1389年）迁山西、浙西民于北平。建文四年（1402年）分太原、平阳二府泽、潞、辽、沁、汾五州丁口实北平。永乐二年（1405年）分别徙山西民万户实北京，永乐五年（1407年）徙山西平阳、泽、潞及山东青州、登莱等州府民5000户隶上林苑监。永乐十五年（1417年）分山西平阳、大同、蔚州、广灵等地丁口实北平等地……"

8."……大兴县自然村的命名，以营为通名的有60余村，大部分形成于明代，其中有40余个自然村为明初山西、山东移民所建，而专名多以原籍州县命名，以示不忘故里之意，如潞城营、沁水营、孝义营、河津营、长子营、蒲州营、山西营、大同营、屯留营、留民营等，主要分布在县城东南部，当地移民后裔说'山西有多少县，大兴有多少营'……"

9."留民营，明永乐年间从山西省移民成村，因有留民之意，故称流民营，曾名柳木营，清时改称留民营。"

10."霍州营，明初由山西省霍州移民至此成村，故称霍州营。"

11."于家务，明初从山西省移民成村；荆家务，明初从山西省移民建村，因附近荆棘丛生，村民多以荆编为业，故名荆家务。"

12."大皮营，明永乐年间从山西移民建村，因村中有一皮匠手艺超群，远近闻名，故得名大皮匠村，后简称大皮营。"

13."上下长子营，明永乐年间由山西省长子县移民至此成村，分上、中、下长子营，后中长子营并入上长子营。"

14. "祁各庄,据传明初从山西省迁来王、张、马、周、邢、刘六户,从山东省迁来毕姓一户,因七户再次定居取名七家庄,后谐音改为祁各庄。"

15. "四各庄,明初有四户王姓村民从山西迁此定居,村名四哥庄,后谐音为四各庄。"

16. "魏善庄,据传为明初山西移民建村,初为陈、刘、韩三姓。魏善庄之名始见《大兴县志》,时属公田社,村名或因姓而得。"

17. "定福庄,明永乐年间,曹、吴、刘、陈四户迁移至此定居,名定符庄,民国时期谐音为定福庄。"

18. "下黎城,明初由山西省黎城县移民建村,因北部建有上黎城(长子营乡辖村),故此村称下黎城。该村由原来的大圈子营、小圈子营两个自然村统一合并而形成。"

19. "岳街,明永乐年间由山西移民成村,因有一岳姓满族人在此建庄,故称岳庄子,后改称岳街。"

20. "南北辛店,此处称为进京要道,明万历年间即成为新店镇,居民多为山西移民。后村庄规模不断扩大,析为南辛店、北辛店二村。"

21. "明洪武永乐两朝从山西省、直隶等多处人多地少的地方迁移了五批农民到北平地区垦荒。"

22. "成祖永乐三年(1405年),九月迁山西太原、平阳、泽潞等地万余户入京。其中有赵、阎、田、孔、郭、梅、王、肖八家落户于石景山地区。今八角村源此。"

23. "永乐年间,三保太监郑和下西洋,平谷出夫60名。期间,县内迁来大批山西、山东移民。"

24. "明初移民,由布政司编里发迁,或由吏部编里发迁。迁民由后军都督押解送交各地州县辖治,以屯田区域分里甲。"

25. "明永乐年间,西古村的陈家、白各庄村的王家由山西迁来。"

26. "平谷多数村庄都有数百年的古槐,老人们称为落户槐。据传说,明永乐皇帝迁都北京后,决定从山西移民,衙役们把百姓赶到洪洞县大槐树旁,宣布迁移地点并分别押往各地。移民们上路后,一步一回头,看到的只是大槐树。来到平谷后,移民们开荒建屋,同时在院里或大门口栽种槐树,以表达对故乡的怀念之情。"

27. "永乐二年(1404年)、三年(1405年)分别徙山西万户实北京。现今门头沟区人口中,大部分人都说其祖先时从山西洪洞县大槐树底下来的,但未见族谱、墓志和其他文字记载。"

28. "明永乐十二年(1414年),设隆庆州与永宁县。其中榆林、双营、西桑园、泥河、岔道、新庄、东园、宝林、富民与关厢为后十里，安置山西移民。永宁县置五里，其中终食、团山、顺风、米粮、花园五屯安置犯罪官吏和山西移民。"

29."……迁徙移民，移民由三部分组成：一是自山东随燕王平定北方的军役和难民；二是自山西洪洞县集中后而来的移民……"

30."燕王扫北后的明永乐二至四年，除上述张、李、赵、刘、王五姓外，还有芦、夏、杨、冯、沈、燕等53姓从洪洞迁来建庄居住。"

31."正是洪武三年的山西迁民将当地的枣种及生产技术带到河北，使献县的枣业又得新生。"

32."明朝迁入建村定居的有415村，占已知迁入时间村庄的83.5%，其中永乐年间迁入的363村，占明朝迁入的87.5%；永乐年间又以永乐二年（1404年）迁入者居多，有330村，占永乐年间迁入的90.9%。……迁入来源主要是外省。按沧县已知来源的368个村庄统计，外省迁入的有299个村庄，本省外地迁入的有8个村庄；其中山西省迁入202个村，山东省迁入59个村，江苏省迁入6个村，江西省迁入5个村，还有少量北京、安徽、福建等省市迁入者。山西省迁入者居首位，占外省迁入者的67.6%，其中洪洞县迁入169个村，占山西省迁来的83.7%。"

33."……其中房山区周口店地区办事处瓦井村的刘姓来自山西省洪洞县、西庄村的张姓于明永乐年间迁自洪洞县；岳各庄乡王侯村的王姓于明永乐年间迁自洪洞县、东周、各庄村的李姓刘姓于明永乐年间迁自洪洞县，罗家峪村霍隗（Kui音）陈三姓先后于明永乐年间迁自洪洞县；东营乡曹章村李张冯三姓于明代移民时迁自洪洞县；张坊镇南白堡村的吕姓于明永乐年间迁自洪洞县，片上村的白姓、穆家口村的穆姓、北白堡村和大峪沟村的苏朱二姓、史各庄村的王姓、瓦沟村郭姓、三合庄和下寺村的姜姓均为明朝燕王扫北时随军移民迁自洪洞县；十渡镇平峪村和西庄的晋赵二姓、十渡村和西关上村的齐李刘三姓、六渡村的隗（Kui音）姓、马安村的刘姓均为明代移民，来自洪洞县；蒲洼乡芦子水村的隗姓于明代迁自洪洞县（有统一家谱、25辈为一周期）；琉璃河地区办事处北章村王姓于明代迁自洪洞县，交道镇袁庄村的张姓于明永乐年间迁自洪洞县，官道乡下禅坊村的刘姓由山西省洪洞县老鹳窝村转迁而来；南窖乡大西沟村和南窖村的冯姓、水峪村的杨姓、花港村的隗姓、南窖村的霍姓系明代移民，迁自洪洞县；大安山乡宝地洼村和大安山村的杨姓、大安山村和西苑村的王姓系明代移民迁自洪洞县；大安山村的张姓、赵亩地村和水峪村的赵姓于明永乐二年迁自洪洞县；史家营乡青土涧村的张姓迁自洪洞县（其始祖张乾先迁河北省怀来县枣沟村后迁居青土涧村、张坤迁居莲花庵村）；鸳鸯水村的刘姓于明代迁自洪洞县……"

34."……到元末时山区干涸持久不雨,又遭兵燹荡劫,实无法生存下来,时移世又迁,天灾碰荒年,大量人口流入到山西,集聚于红铜县,时值明代洪武帝年间,大量移民东迁,开始办理移民公文手续者设于大寺庙,授饷者领路费东迁,当时寺院内有高槐树三株,叶繁枝茂正遇鲜花盛开之际,花喜鹊在此叫喳不停,翻跳上下,似有报喜之景象,流民们整装待迁,均含互恋之情,抔土磕头许愿□有难分难舍之情。但形势逼迫催人上道,有的撒土投石轰打喜鹊不愿离开的过火行动,人们流传出鹊雀窝是祖乡,或说是槐树王,亦有将红铜县说成是鹊雀县或花鹊窝迁来的……"

35."问我祖先在何处?山西洪洞大槐树",这一广为传颂的民间俗话,极其生动形象地反映了洪洞大槐树在我国移民史上的重要地位和炎黄子孙对洪洞大槐树的眷恋之情。据史、志、族谱等文献记载和众多的专家学者调查考证,洪洞大槐树移民,始于金初天辅年间,延至清代乾隆年间,历经金、元、明、清四个朝代,时间跨度达六百余年。移民次数在20次以上,有确凿文献记载的即有18次。其中以明朝洪武年间移民次数最多(10次),移民数量达百万以上,移民姓氏达1500个以上,涉及汉、满、蒙、回四大民族,几乎涵盖了北方常见的姓氏。洪洞大槐树移民,多为官方组织的强制性移民。每次移民都发给川资、路引,并根据人口,在安置地发给土地、耕牛、种子、农具等,并免去三至五年的钱、粮、税收等,是历代移民中最为成功的范例。……洪洞大槐树是中国历史上移民次数最多、规模最大、辐射地域最广、涉及姓氏最多、影响最为深远的移民点之一,也是炎黄子孙最为眷恋的寻根问祖的朝宗圣地。

二、关于明代洪洞大槐树大移民具有的伟大意义

明代初年发起的洪洞大槐树大移民自第一批开始算起已经过去了整整649年了,国内学术界尤其是洪洞大槐树移民文化研究所根据古今资料进行的相关研究也是非常深入、非常翔实,在迁移方向、迁移年代、迁移姓氏、迁移政策、迁民文化传说方面都取得了广泛的成果和可喜的成绩,相关论文、论述颇丰,笔者在此就不一一赘述了。

在此,笔者结合在北京地区走访考察的一些实际情况,结合相关历史文献资料,主要地提出一下我的一些浅见,敬请专家、学者予以指正。

1.明代初年即进行的洪洞大槐树大移民,是一场自上而下、以"洪洞大槐树为中心"辐射全国的大规模移民运动。其由皇帝亲自组织发起,并由迁出、迁入地的各级官府衔接配合、共同实施。其组织之严密、实施之坚决、抚民政策之优惠、影响之深远都是史无前例的。移民运动的实施,在全国范围内均衡了人口资源,优化盘活了土地资源,实现了劳动力人口和需要耕种土地的最佳配比。移民政策实施若干年以后即实现了国内政治的大稳定、经济的大发展和国家边防的大稳定，是明王朝统治集团维护其统治实行"四海无闲田"的政治大智慧，这一点是要首先应该予以肯定的。

2. 轰轰烈烈的洪洞大槐树大移民运动并不是一场主动的、自愿的、和平的、牧歌式的移民外迁运动；相反，它是一场被动的、强制性的、突如其来的野蛮迁徙，它并不以劳动移民的意愿为转移，自始至终充满着无条件、没商量和甚至通过暴力手段胁迫维持和推进。当时明政府颁布的条律具体规定：四口之家留一，六口之家留二，八口之家留三；同姓同宗者不能同迁一处。可见此规定相当严格，在移民垦荒政策实施上进行得非常坚决、毫无商量之余地。这种做法非常有利于对被迁移者的过程控制和定居后的日常管理。对所有的作为移民后裔的今人而言，我们不屈不挠的先祖们通过背井离乡的迁徙运动、不远千里、长途跋涉到异地他乡开展劳动、发展生产，已经将无可奈何和对未来的不可预知交给了命运，甚至于赌上了一家子的全部，唯一能做的只能是"可怜夜半虚前席、不问苍生问鬼神"了，就是说只有祈求苍天神明来庇佑自己和一家老小了。这茫然无助的行为本身同时也铸就了伟大不朽的可歌可泣的为后世敬仰的移民文化精神。

3. 明代在洪洞大槐树实行的大移民运动，达到了"耕者有其田"的目的，使新生的王朝北疆边防得以稳固和安宁。大批移民通过垦荒拓土、发展农耕，使粮食作物的种植面积大大增加；移民们还带来和使用了新的作物品种、先进生产工具和生产劳作经验，使粮食产量不断得到提高。移民的辛勤劳动提高了粮食产量，对壮大明王朝的实力、巩固明王朝的北部边防奠定了雄厚的物质基础。移民迁到北部边防以后，和当地的驻军一道在职责上交叉配合，经过不断磨合产生了军民融合、军民配合的新型发展模式。根据通州区政协文史委编辑的《千年古镇——潞县》第16页的记载："……这些（移民）新建村庄分为两种：一种是民屯，村中农民全年用七分（一说为八分）力量用于耕种，用三分（一说为二分）力量用于防御；另一种为军屯，有七分守卫责任，三分耕种责任……"军屯和民屯的主要职责不同，其各自承担的职责和功能正好互为补充，在角色转变中完成了军民配合发展。公元1368年（洪武元年），朱元璋在南京建立明朝，直到公元1387年（洪武二十年）总共用了近20年的时间，才实现了"驱除胡虏，恢复中华"的目的，汉民族最终完成了全国政权的统一。在敌我交接、交割处进行了多年的追剿蒙元残余势力的拉锯战，时间跨度长、势力范围上此消彼长，在如此战略、战术环境下，没有众多劳动移民的长期艰苦劳动来提供人力、物力和粮食等支撑，简直是难以取胜的。这样的局面正好印证了伟大领袖毛主席1963年在《杂言诗·八连颂》里的一句诗"军民团结如一人，试看天下谁能敌"和"兵民是胜利之本"的至理名言。

4.明代初年的洪洞大槐树大移民是我国历史上乃至世界移民史上规模最大、迁移人口最多、涉及区域最广、影响最深远的一次大移民,现在全世界都遍布着大槐树的移民后裔。明代实行的大槐树移民垦荒、发展生产之策,在历史上从来都不是孤立的、空前的,是统治集团借鉴以往历代治国理政经验得出的,它同样也不是绝后的。"他山之石、可以攻玉",洪洞大槐树移民作为明代的移民象征、作为明代移民时的固定集结地、在此处登记造册并成功地对外迁移了十余次、辗转到全国各地并发挥了巨大的示范作用。其成功经验和做法会被后来的清代统治者所继承和沿用,康熙、乾隆两朝都曾成功地进行了类似的移民垦荒政策,或官方制定政策加以支持引导,或民间灾荒年亲朋主动投靠的迁移方式,都产生了积极的社会效果。再之后出现了闯关东、走西口、下南洋等风潮。新中国成立初,我国在广大的新疆也建立了生产建设兵团的制度,这也是一种军屯、民屯相结合、以军屯为主的制度;再后来为建设三峡库区而迁走沿线的(重庆市和湖北省)即将被淹没地的群众到全国11个省市安家落户而进行的重大工程项目移民,总共迁移并妥善安置了120万人口。可见洪洞大槐树移民的成功推行对后继王朝的政策效仿同样是深远的。因此,笔者在此建议对洪洞大槐树移民文化的研究不能仅仅局限于有明一代,而是包括清代、民国和新中国时期等在重大决策下进行的历次移民,都应该在我们的研究范围之内,这样做才能更加全面地把握洪洞大槐树大移民运动文化的内涵和实质,才是较为全面和系统地研究了洪洞大槐树移民文化。当然了,需要说明的是,"前人栽树、后人乘凉",清代的洪洞大槐树移民基本是在国泰民安、实力雄厚、安居乐业、交通便利的情况下进行的,主要以百姓自主自愿、相互投靠为前提的,以经商、卖艺、手工业作坊、甚至是交替返回洪洞原籍落户生活等为具体表现方式。不管怎样,都早已没有了明代移民的背景和规模,更没有了在移民过程中遭遇的种种艰辛困苦和惨痛不堪的记忆。

5.明初的洪洞大槐树大移民的先祖们在长达五十余年的移民运动进程中还创造了不屈不挠的移民文化精神(这自然是移民先辈们怎么也不曾料想到的)。其精神实质是:脚踏实地、迎难而上、勤奋自律、拼搏创业、战胜一切艰难困苦的大无畏精神。被圈定外迁的移民们心里知道:自己能做的只有将故乡的大槐树和远隔千里的亲情深深地埋在心底,只有不断地奋勇前进,直到到达未知的异地为止。他们失去了原有的家园、土地、亲朋和熟悉的环境,还不知道自己在有生之年还能不能回来一趟;而前途也是未知和渺茫的,过程也是存在着大量的艰难和风险(尽管接收地早已制定了对应的土地、农具种子、免交五年税赋等配套鼓励政策),这是一场精神和体能上巨大的浩劫。只有最后胜利到达目的地的移民才最终实现了体力和精神层面上的双丰收。移民和目的地的土著居民或互相学习、取长补短,或荣辱与共、磨合共生；或保持着晋南原有的、自洪洞县带来的生活、信仰、风俗习惯等固有状态，独自发展农耕生产。这种由山西洪洞大槐树移民在迁到地独立开展的晋文化传播，对各地的文化均带有着极大的引导作用，使得移民们所在地的晋文化得以广泛传播，它与当地的主流文化是格格不入的，常常出现了两种文化既相互碰撞、又彼此消长的局面。经过长期交融、相互影响，在以人数众多的优势移民为基础的前提下（特指在目的地由移民们独自成村的地方），晋文化在社会演进发展中逐渐占据了主流，它融合和吸纳了当地一些土著文化（京南文化和燕赵文化）的积极因素（个别地方融合的因素较少或几乎没有），形成了包括饮食文化、民俗文化（含婚俗、丧葬、语言等文化）、农耕文化、地缘文化、乡土情结文化、丧葬文化、寻根祭祖文化、剪纸文化、非遗文化在内的多元文化。这由此延伸出的众多文化范畴涉及领域面广量大，笔者在此就不一一展开论述了，余下的相关研究课题和展开论述工作依然是任重道远、需要相关专家学者废寝忘食地努力工作，以期取得更为丰硕的成果。

以上几点，只是我的一些粗浅的认识，不周不全不成熟之处敬请各位专家不吝赐教，在此表示衷心的感谢。

洪洞大槐树：中华儿女精神家园的根祖魂

乔新华

党的十九大提出，深入挖掘中华优秀传统文化蕴含的思想观念、人文精神、道德规范，结合时代要求继承创新，让中华文化展现出永久魅力和时代风采。因为中华优秀传统文化是中华民族的"根"和"魂"，是中华儿女共有的精神家园。中华优秀传统文化的持久涵养，特别是贯穿其中的思想理念、传统美德、人文精神，为中华民族生生不息、发展壮大提供了强大精神支撑。在中国历史上，山西洪洞大槐树作为亿万海内外华人的共同"故乡"，承载着"根祖孝道""家国情怀""民族认同"等传统文化符号，具有十分丰富的传统文化内涵，因之也是新时代创造性转化、创新性发展优秀传统文化的重要源泉，为坚定文化自信赋予了丰富的时代内涵。

在中国移民史上辐射范围最广、影响最大的移民发源地，大概要算山西洪洞大槐树了。"问我祖先在何处，山西洪洞大槐树"，与此相关的大量脍炙人口的移民传说故事广泛传播在北方民间。洪洞被数千万人认定为他们祖先的发源地，被看作"根"，成为无数人心目中故乡的象征。这样一段妇孺皆知的歌谣背后究竟蕴藏着怎样丰富深厚的历史情境和文化内涵？百年来人们一直力图破解这一"历史之谜"。在历史学"求真"的本质追求下，有关大槐树移民的许多片段得以渐渐浮现，但与此同时，一些更为细致具体的疑惑仍在不断生发。在今天看来，洪洞大槐树移民问题绝不仅仅是发生在明初的几次大移民事件，其中裹挟、粘连着不同历史时期诸多鲜为人知的历史情境和集体记忆，其意义已不只是一个中国移民史重大事件所能囊括，而是一个蕴含诸多深意的文化现象。洪洞大槐树已深深地扎根在中华儿女共同的精神家园中，承载着丰富的中华优秀传统文化内涵。

一、华夏之根：元明族群互动中大槐树之"华夏发源地"意涵

长期以来，对历史时期人口迁移的背景、过程、分布和影响的探讨，是传统移民史研究的主要内容。在这个研究取向下，山西洪洞大槐树移民问题被大体框定为元末明初因王朝鼎革造成中原土地荒芜、人口稀少，政府下令从经济富足、地狭人众的晋南大量迁移人口的重要移民事件。但这样的研究结论并未能全面合理地解释大槐树移民隐含的其他较为细致复杂的诸多情节。1914年洪洞地方精英创修的"古大槐树遗址"和1921年编撰的《古大槐树志》，通常被作为研究明初大槐树移民事件的重要史料，但同时更应被理解为民国年间人们对大槐树的一种独有认识。《古大槐树志》序言中曰："昆仑山脉，黄河流域，固我黄族太始发源地也。而数百年来，我辈近祖盖自洪洞大槐树下迁出也。乃查《续文献通考》山西一省历朝迁民已非一次，有明一代，洪武永乐间，因直隶豫秦等省受元末兵荒灾歉，居民丧亡殆尽，徙太原、平阳、洪洞、蒲、绛等处人民动数十万户，前往填殖，并非专迁洪洞人也，亦可分道分批往也，而远省耆老世世相传，众口一词，佥称自大槐树迁来，仅知有洪洞，不知有他处，仅知大槐树，不知生大槐树之村庄，以一县为发祥地，以一树作遗爱品，入人心之深，千古不移，奇矣。"时人赵宝麟则提出了大槐树移民"但不见诸史，惟详于谱牒"的疑问。1937年，学者郭豫才在《洪洞移民传说之考实》一文中认为："洪洞移民之时间，不自明始，而始于金；地域不限于洪洞而指晋南诸郡。"1957年洪赵县（当时把洪洞和赵城合并为洪赵县）人民委员会在《山西省洪洞县古大槐树迁民纪略》一文中也分析说"无论洪洞人如何忠厚，当时断不能只迁此一县人民"。

"以一县为发祥地，以一树作遗爱品，入人心之深，千古不移"，究竟何矣？

换言之，"山西移民"甚至整个华北移民活动何以聚焦为"洪洞移民"？要揭示这种种难解之谜，或许需要我们"换一个角度"，转变视角和方法。1937年郭豫才"洪洞移民之时间，不自明始"的认识，让我们把大槐树移民纳入到了金元明华北族群关系复杂的长时段历史中，对此北京大学赵世瑜教授认为："这个看似虚构的传说使我隐约感觉到族群关系与大槐树传说的关系。在南宋时期，中国北方被女真人占领，金被元所灭后，只有很少一部分人迁回东北黑山白水之间，大多数人留在了华北，定居下来，在元朝时期，蒙古人又进入中原，北方经历一次比较长时间、大规模的民族融合，到明朝时开始重塑汉族正统，人们要想办法证明自己的族源，但实际上已经不能说得很清楚了，因此到这个时候人们就需要塑造一个祖先的来历，甚至是一个祖先来历的象征。"在这里，洪洞被赋予汉族正统性的标签，也成为一个特定族群形成中的共同符号。细致考究这与洪洞所处的山西南部这一特定地域文化紧密相连。山西南部以及从广义上说的黄河流域，是中华文明的发源地之一，有中华民族发源的"直根"之称。这里的历史从先秦以降是连续不断的，伏羲、女娲、黄帝、炎帝、尧、舜、禹等远古圣王在这块土地上留下许多遗迹和传说，该区域从上古至近代的历史与这些古老象征资源的再创造始终紧密地联系在一起。洪洞大槐树，承载了金元明族群互动中"华夏发源地"的深刻文化意涵。

二、民族之祖：清末民初救亡启蒙中大槐树之"民族主义"情愫

一种传统的发明或再发明，都是特定时代的历史所致，也是当时怀有不同目的的各类人群博弈的结果。民国年间洪洞大槐树移民再次成为关注焦点与当时的"民族—国家"思潮有非常密切的关系。贺柏寿在《重修大槐树古迹碑记》中写道："方今民国肇造，社会主义播腾寰区。凡有关民族发达之源者，宜及时表彰，藉识人群进化之由，俾免数典忘祖之诮。然则吾邑大槐树，处之待于褐诸者，顾不重哉。"1931年时任知县柳蓉在为志书撰写序言时也说："现值大同世界，一本散为万殊，四海皆是同胞，民族合群，共同奋斗，异族罔敢侵略，同种日跻富强，遐迩交称曰：古大槐树关系种族，扬国争光，晋乘生色，彼夫召伯甘棠，播仁声而记遗爱。"并进一步指出，"今之识时务俊杰相聚合群而谈曰：民为邦本，立国首在卫民，卫民必先合群，合群之道安在？须知人本乎祖，木本水源，家族合成宗族，宗族合成国族，今兹增广槐志，盖联络种族之义也"。

由此观之，"民族—国家"思潮，是洪洞大槐树旧话重提的一个重要历史背景。因此，民族凝聚力也成为洪洞大槐树移民最重要的文化内涵。大槐树已经不再只是山西移民的家园象征，而成为在现代化进程中凝聚整个中华民族的象征，它的意义被提升到团结民族、抵御外侮的高度，成为现代民族主义话语中的一个组成部分。

因此，与其说洪洞大槐树是一个具体的祖先发源地，毋宁说它更是一个抽象的"故乡"的象征性符号，是中华民族"文化之根"的象征地之一。它既是民族精神的载体，又是民族精神和传统文化的象征。正是在这种意义上，在晚清以降民族存亡的历史关头，大槐树移民文化以其特有的文化底蕴和凝聚力发挥了重要的合群卫国的历史作用。

三、文化之魂：新时代文化自信中大槐树之"开放包容"精神

从元明族群互动中的"华夏发源地"到清末民初救亡启蒙中的"民族之祖"，我们从大槐树文化意涵的变迁中看到了中华文化生生不息的力量。大槐树下是家山，这个百姓永恒的记忆、精神家园的寄托、民间文化的认同，真正反映了中华文明"开放包容"的凝聚力。中国人民自古以来最崇敬自己祖宗的发源地，这种民族亲情文化是激发民族精神力量的所在，也是凝聚民族团结、爱家爱国爱族的源泉。如今，作为故乡符号和民族象征的大槐树，永远地镌刻在了那些移民后裔的记忆深层，在全球华人中掀起一股寻根问祖的热潮。山西洪洞大槐树文化到今天仍然魅力不减的原因，就在于它开放包容、善于接纳与融合的精神，而这种精神正是中华文化之"魂"。

古往今来，任何一个大国的发展进程，既是经济总量、科技力量等硬实力提高的过程，也是价值观念、思想文化等软实力提升的过程。文化兴则国运兴，文化强则民族强。没有高度的文化自信，没有文化的繁荣兴盛，就没有中华民族伟大复兴。

面对当今世界各种文化思潮的交流、交融与交锋，新时代坚定文化自信，一个重要方面就是要"不忘本来"，继承和创新中华优秀传统文化。大槐树文化蕴含的"根祖孝道""家国情怀""民族认同"等思想观念、人文精神与道德规范，能发挥其浸润人心、凝聚力量的作用，进一步增强海内外华人对中华民族和中华文明的认同感，团结全体中国人和海外华人共同致力于中华民族伟大复兴伟业。另一方面，要吸收外来，加大与世界文明的交流互鉴。大槐树文化"开放包容"的精神实质，能引导我们吸收各国优秀文化成果，对中华传统文化的内涵和表现形式加以补充、拓展、完善，赋予其新的时代内涵和现代表达形式，充分展现其独特魅力和时代价值。

楼阳生省长在全国两会期间接受记者采访时表示，山西正努力把文化旅游业打造成战略性支柱产业。老祖宗创造的不朽文化遗产等资源，是山西发展文化旅游业取之不尽、用之不竭的"富矿"。当前，我国正处于"两个一百年"奋斗目标的历史交汇期，山西也处于转型综改的攻坚期，我们只有坚定文化自信，大力传承发展大槐树文化等中华优秀传统文化，从延续中华文化血脉中开拓前进，才能做好今天的事业并朝气蓬勃迈向未来。

山西洪洞大槐树移民的几点思考

仝建平

摘要：明初洪武、永乐年间，为了开荒复垦、屯田积粮、建设北京，政府组织山西平阳府、太原府、泽州、潞州、沁州、汾州、辽州、朔州民众迁徙到安徽

凤阳、北京、河北、山东、河南等地，为发展当地经济社会做出了积极贡献。洪洞大槐树曾作为平阳府一带民众迁徙的集散地，此后几百年间，大槐树移民后裔代代相传、世世追念，成为中国社会文化史上影响广泛的洪洞大槐树移民集体祖先记忆。近30年来，大槐树移民问题受到持续关注，但编著的大部分大槐树移民书籍所呈现出对这一问题研究的泛化。要在梳理考证明初洪洞大槐树移民文献资料基础上坐实移民历史，同时要进一步挖掘大槐树移民文化，形成历史与文化现象的良性互动。

关键词：洪武永乐；山西移民；洪洞大槐树；移民文化；集体记忆

一、明初山西移民历史与文献记载

明初洪武、永乐年间，为了开荒复垦、屯田积粮、打击豪强、加强北边防御、拱卫北京等原因，政府或政治强制或政策招徕，多次组织全国多地民众移徙他乡，掀起一次次移民浪潮，对发展生产恢复国力、加强统治、巩固边防、繁荣国都起到了明显的积极作用。《明史·食货志》曰"其人户避徭役者曰逃户，年饥或避兵他徙者曰流民，有故而出侨于外者曰附籍，朝廷所移民曰移徙"。在此期间，山西及民众也参与其中。据《明实录》《明史》《续文献通考》等文献记载，山西平阳府、太原府、泽州、潞州、沁州、汾州、辽州、朔州所属民众被征发调遣，为明初经济社会发展做出了重要贡献。而山西北部作为防御蒙古的边地，明政府也曾调遣山西及外省民众移居山西北部长城沿线，包括驻军携带的大批家属、复原为农的士兵及其家属。在洪武永乐年间的山西移民中，后代影响最大的当属晋南洪洞大槐树移民，以大槐树为集散地的晋南移民，是移向外地；还有晋北马邑移民，以马邑圪针沟为代表的晋北移民，是移出移入兼有。故而有明初山西移民"南有大槐树，北有圪针沟"的说法。

关于明初山西移民，《明实录》和《明史》屡有记载。

1.《明史》卷77《食货志一》载："户部郎中刘九皋言：'古狭乡之民听迁之宽乡，欲地无遗利，人无失业也。'太祖采其议，迁山西泽、潞民于河北。后屡徙浙西及山西民于滁、和、北平、山东、河南。……成祖核太原、平阳、泽、潞、辽、沁、汾丁多田少及无田之家，分其丁口以实北平。"

2.《明太宗实录》卷84载："（洪武六年，1373）八月辛卯，大将军徐达等师至朔州，徙其边民入居内地。"

3.《明太宗实录》卷85载："（洪武六年，1373）十月丙子，上以山西弘州、蔚州、定安、武、朔、天城、白登、东胜、澧州、云内等州县北边沙漠，屡为胡虏寇掠，乃命指挥江文徙其民居于中立府（安徽凤阳），凡八千二百三十八户，计口三万九千三百四十九，官给驴、牛、车辆，户赐钱三千六百及盐、布、衣衾有差。"

4.《明太祖实录》卷110载："（洪武九年，1376）十一月戊子，迁山西及真定民无产业者于凤阳屯田，遣赍人冬衣给之。"

5.《明太祖实录》卷193载："（洪武二十一年，1388）八月癸丑，户部郎中刘九皋言：'古者狭乡之民迁于宽乡，盖欲地不失利，民有恒业。今河北诸处自兵后田多荒芜，居民鲜少。山东、西之民自入国朝生齿日繁，宜令分丁徙居宽闲之地，开种田亩，如此则国赋增而民生遂矣。'上谕户部侍郎杨靖曰：'山东地广，民不必迁。山西民众，宜如其言。'于是迁山西泽、潞二州民之无田者，往彰德、真定、临清、归德、太康诸处闲旷之地。令自便置屯耕钟，免其赋役三年，仍户给钞二十锭，以备农具。"

6.《明太祖实录》卷197载："（洪武二十二年，1389）九月壬申，后军都督朱荣奏：山西贫民徙居大名、广平、东昌三府者，凡给田二万六千七十二顷。"

7.《明太祖实录》卷197载："（洪武二十二年，1389）九月甲戌，山西沁州民张从整等一百一十六户告，愿应募屯田，户部以闻。命赏从整等钞锭，送后军都督佥事徐礼分田给之，仍令回沁州召募居民。时上以山西地狭民稠，下令许其民分丁于北平、山东、河南旷土耕种。故从整等来应募也。"

8.《明太祖实录》卷223载："（洪武二十五年，1392）十二月，后军都督府都督佥事李恪、徐礼还京。先是命恪等往谕山西民愿徙居彰德者听，至是还报，彰德、卫辉、广平、大名、东昌、开封、怀庆等七府民徙居者凡五百九十八户，计今年所收谷粟麦三百余万石，棉花千一百八十万三千余斤，见种麦苗万二千一百八十余顷。"

9.《明太宗实录》卷12载："（洪武三十五年，1402）九月，命户部遣官覆实太原、平阳二府，泽、潞、辽、汾、沁五州，丁多田少及无田之家，分其丁口以实北平各府州县。仍户给钞，使置牛具、子种，五年后征其税。"

10.《明太宗实录》卷34载："（永乐二年，1404）九月，徙山西太原、平阳、泽、潞、辽、汾、沁民一万户实北京。"

11.《明太宗实录》卷46载："（永乐三年，1405）九月丁巳，徙山西太原、平阳、泽、潞、辽、汾、沁民万户实北京。"

12.《明太宗实录》卷50载："（永乐四年，1406）正月乙未，湖广、山西、山东等郡县吏李懋等二百十四人言愿为民北京。命户部给道里费遣之。"

13.《明太宗实录》卷67载："（永乐五年，1407）五月乙卯，命户部徙山西之平阳、泽（？）、潞，山东之登、莱府等府州民五千户隶上林苑监，牧养栽种。户给道里费一百锭，口粮五斗。"

14.《明太宗实录》卷188载："（永乐十五年，1417）五月己亥，山西平阳、大同、蔚州、广灵等府州县民申外山等诣阙上言'本处地硗且窄，岁屡不登，衣食不给，乞分丁于北京、广平、清河、真定、冀州、南宫等县宽闲之处，占籍为民，拨田耕种，依例输税，庶不失所。'从之。仍免田租一年。"

上述文献未尽全面，但可以看出，移民的情况较为复杂。有政府组织迁移的，有主动响应政策应募屯种的，还有主动请求迁徙的；有垦种，有屯田，有牧养；前往的地方有安徽凤阳、北京、河北、山东、河南等地；涉及的山西政区有太原、平阳两府和泽、潞、辽、沁、汾、朔六州。其中提及平阳府的有洪武三十五年（1402年）、永乐二年（1404）、永乐三年（1405）、永乐五年（1407）、永乐十五年（1417）五次。除却平阳府之外，太原、泽、潞、辽、沁、汾民众绝不会舍近求远，先赴大槐树集中而后前往目的地，那么自然不应该属于洪洞大槐树移民的范畴。

二、洪洞大槐树移民问题及研究

明初洪洞大槐树移民，明清的正史未见明确记载，而清代中期以来的方志、碑刻、家谱却多有记载，尤其是清代民国及现代的谱牒。一般认为，洪洞县城外官道边的广济寺为集散地。民国时已经编有专门志书。连续200多年、散布数省多地的地方文献如此记述，且有学者文士异口同词，没有理由怀疑明初洪洞大槐树移民是历史的虚构。

关于大槐树移民，1921年，倡议修建大槐树移民纪念遗址的邑人景大启撰《古大槐树志》1卷；1931年，柳蓉、柴汝桢编成《增广山西洪洞古大槐树志》4卷，开启了洪洞大槐树研究的序幕。近30年来，对洪洞大槐树移民问题研究最多的当属洪洞县的学者张青、林中元，二人均曾担任洪洞县县志办主任，曾合编《洪洞古大槐树志》（山西人民出版社，1988年）、《寻根在洪洞——洪洞古大槐树处移民志》（山西人民出版社，1999年）。张青还曾编著《洪洞大槐树迁民志》（内部图书，1998年）《洪洞大槐树移民志》（山西古籍出版社，2000年）《洪洞大槐树寻根》（山西古籍出版社，2003年；精装2册，平装4册）、《山西洪洞大槐树》（山西人民出版社，2004年）、《洪洞大槐树志》（山西人民出版社，2012年），点校《增广山西洪洞古大槐树志》（香港天马图书有限公司，2000年），其中较晚出版的两厚册《洪洞大槐树志》，大概是总结之作。张青成为对洪洞大槐树移民研究投入时间最长、用力最多、成果最多的当地学者，也是最具代表性的研究专家。林中元编著《迁民后裔话迁民》（内部图书，2000年）。河南学者黄泽岭、郑守来多年关注大槐树移民，曾联合编有《迁民姓氏寻源》（石油工业出版社，1999年）、《大槐树迁民》（中国档案出版社，2000年）；黄泽岭编有《移民大迁徙》（之一、之二）（当代中国出版社，2001年）、《移民的传说》（当代中国出版社，2003年）、《来自大槐树》（中州古籍出版社，2012年，全12册），用功甚大。从学术方面深入探讨大槐树移民的，当属山西学者乔新华,出版《为什么是洪洞:大槐树下的文化传统与地方认同》(人民出版社,2010年);上海的山西籍学者安介生《山西移民史》(山西人民出版社,1999年),也对明代大槐树移民加以探讨;北京学者赵世瑜,曾撰文对大槐树移民进行讨论。这些均成为洪洞大槐树移民代表性的高水平学术研究成果。

近30年来,关于大槐树移民,地方文史爱好者编撰有多部书籍、多篇文章。但存在的问题也很明显,概念不清楚,如把明初或明代山西移民与明初洪洞大槐树移民混为一谈,把有明一代洪洞移民外地和明初洪洞大槐树移民混为一谈;资料利用不严谨,对家谱资料不加辨析引以为证。这些不科学的倾向,造成大槐树移民问题泛化,务必引起重视、引以为戒,要充分借鉴高校学者研究成果,否则不利于大槐树移民问题的科学和深入。

大槐树移民研究,需要在资料收集及研究提升方面下大功夫。比如所谓移民18次,笔者核对《明实录》,发现并不准确,将复杂问题简单化、同质化,现有的理解需要重新审视。确实记载洪武永乐洪洞大槐树移民的明代前期、中期文献尚未找到,找到最近的是平阳府。看来寻找关于洪武永乐洪洞或平阳府移民的明代文献(正史、文集、笔记、方志、碑刻、谱牒)首当其冲,充分依托清代民国记载大槐树移民的方志、碑刻、谱牒,整合考量移民历史,比如尽量收集齐全清代民国记载洪洞大槐树移民的家谱、碑刻,辑录其中可能包含的明代记载,依照时间先后排列,形成资料长编,至少可以形成清代民国完整的证据链。同时,利用丰富的口传资料包括故事传说研究大槐树移民文化。这些都是洪洞大槐树移民研究需要继续开展的工作。在资料收集方面,不妨再模仿1982年洪洞县志办从《参考消息》发布公告征集移民资料,通过影响较大、较广泛的报纸网站发布消息征集洪洞大槐树移民谱牒、碑刻及口碑资料,最好附录书籍及碑刻图像,以便核对利用,利用近些年国内家谱编修热潮,顺势而为,在大槐树寻根祭祖园建立移民资料信息中心,同时积极发挥海内外重点家谱收藏单位、研究专家、爱好者的力量,形成合力,共同提升大槐树移民研究水平。

三、洪洞大槐树移民文化

洪武、永乐年间,政府组织平阳府一带民众从洪洞大槐树集散出发迁徙,大概没有问题,但是年代久远,一百年前,到民国邑人修建大槐树遗址时,保存在洪洞周围的直接资料证据已经难以找寻,这从民国编成的《古大槐树志》和《增广山西洪洞古大槐树志》所录碑文(如贺柏寿《重修大槐树古迹碑记》)、诗歌(如张淑琳《古大槐树歌》)便可看出。但清代民国流传至今的碑刻、家谱及口耳传说,众口一词认定"问我家乡在何处,山西洪洞大槐树",就是最强有力的证明材料。

认识大槐树移民,要注意历史与文化现象的区别和联系。洪武永乐年间政府组织平阳府一代民众从大槐树集散出发是历史，近现代以来泛化的大槐树移民是文化现象。大槐树移民的泛化，有多种因素，诸如清末民初汉族文化心理重构、年代久远谱牒资料缺乏对大槐树移民的攀附和遥寄。随着家族历史研究的深入，会有越来越多的家族证明和明初洪洞大槐树移民毫无瓜葛，但这丝毫不会降低洪洞大槐树在汉民族后裔心目中的神圣地位。认祖归宗、家国情怀是中国人世代传承的内在精神法则。明初洪洞大槐树移民至少已经成为600多年来汉民族集体的祖先记忆。

明初洪洞大槐树移民本来是一部心酸史，亲人被迫分离，违背了安土重迁、聚族而居的传统伦理。但此后六百年间逐渐形成的大槐树移民文化，反而成为中国人得以团结、凝聚的力量源泉，成为世代中国人美好的祖先记忆。没有人口迁徙就没有中华民族的形成，就没有绚丽多彩的华夏文化。洪洞大槐树成为华人的精神家园、祭祖圣地。寄托于明初大槐树移民历史上的虚构是一种美好的文化现象，任何人没有理由因为历史无法重建或已经证明纯属虚构而去破坏这种美好。因此，挖掘洪洞大槐树移民的故事传说，建构洪洞大槐树移民文化也是非常有意义的文化事业，有助于中华民族的伟大复兴，有助于中国梦的实现。

参考文献：

1. 柳蓉、柴汝桢编：《增广山西洪洞古大槐树志》，香港天马图书有限公司，2000年。

2. （明）佚名编纂：《钞本明实录》，线装书局，2005年。

3. （清）张廷玉撰：《明史》，中华书局，1974年。

4. 张青、范忠义主编：《洪洞大槐树志》，山西人民出版社，2012年。

5. 乔新华著：《为什么是洪洞：大槐树下的文化传统与地方认同》，人民出版社，2010年。

6. 安介生著：《山西移民史》，山西人民出版社，1999年。

7. 赵世瑜：《祖先记忆、家园象征与族群历史——山西洪洞大槐树传说故事解析》，《历史研究》，2006年第1期。

从大槐树移民后裔寻根祭祖看中国孝文化源远流长

国家图书馆出版社　　王雷

山西洪洞大槐树移民从明代被迫迁徙远离家乡，其后裔600年来始终不忘故土，不断回乡寻根祭祖，成为一道壮观的文化风景。是什么牵系着他们的心、念念不忘自己祖先的出生地并一再回乡祭拜？是融入骨子里的孝文化。孝文化在中华儿女思想中根深蒂固，世世代代绵延不绝。

一、何为孝文化

中华民族"孝"的观念源远流长,甲骨文中就已经出现了"孝"字,说明在公元前11世纪以前,华夏先民就已经有了"孝"的观念。"孝道"是中华民族传统文化之精髓。"孝"是儒家伦理思想的核心,是千百年来中国社会维系家庭关系的道德准则,是中华民族的传统美德。《尔雅》为孝下的定义是"善事父母为孝"。汉代贾谊的《新书》界定为"子爱利亲谓之孝"。东汉许慎在《说文解字》的解释是:"善事父母者,从老省、从子,子承老也。"

到了春秋战国时代,在尊老敬老方面,已经形成了比较完整的思想体系、伦理道德观念和基本规范。以致中国人之重孝道,几乎成了区别于其他民族的最大特点。孔子在《孝经》中说:"夫孝,德之本也,教之所由生也。""身体发肤,受之父母,不敢毁伤,孝之始也。立身行道,扬名于后世,以显父母,孝之终也。夫孝,始于事亲,中于事君,终于立身。""夫孝,天之经也,地之义也,民之行也。天地之经,而民是则之。则天之明,因地之利,以顺天下。""人之行,莫大于孝""教民亲爱,莫善于孝"。孝,作为华夏民族传统的道德观念,经孔孟儒学的发挥,以及历代帝王的提倡,确实是深入民心,难以动摇。

孝的观念,让人们感恩先人,善事父母。故土难离,安土重迁,敬天法祖。

二、不孝,将受到严惩

中国封建社会历代皇帝都采取褒奖孝行、劝民孝行的各种举措。"忠臣必出孝子之门",这是历代统治者的共识。汉文帝时,诏令天下郡守推举孝廉之士,授以官爵;隋唐开始实行的科举制度中,均专门设立孝廉科名。在整个封建时代,《孝经》是国家规定的教材,开科取士的考评依据。唐玄宗李隆基身为一代皇帝,亲自注释《孝经》,可见最高统治者对于孝道何其重视。中国古代童蒙教材明确规定"首孝悌,次见闻"。

此外,历朝历代统治者严惩不孝。隋唐后的刑律皆将不孝列入等同谋反不予宽赦的"十大恶"之中。杀父母者历代皆凌迟处死。明律中,凡不顺从父母致使父母生气的事皆视为忤逆,可告于官,要打板子直至判刑。民间流传的"打爹骂娘,天打雷劈",表明不孝者皆为世人所不齿,天地所不容。

由于元朝末年连年不断的战乱,加上水、旱、蝗、瘟等灾害频仍,导致河南、山东、河北、安徽、江苏、陕西等原黄河、两淮流域地区"道路皆榛塞,人烟断绝"(《明太祖实录》卷二十九)。明朝建立之后,为了巩固统治基础,明太祖朱元璋实行移民屯田、奖励垦荒的民屯、军屯、商屯等政策。朱元璋及朱棣发动的两次大移民,就是从生产较少受到破坏的山西南部地区特别是洪洞一带迁移人口到安徽、河南、河北等地。据史料记载,从洪武初年至永乐十五年,50余年间组织了8次大规模的移民活动，涉及18个省的490多个县市的882个姓氏。山西是人口稠密之处，而当时的洪洞县又是晋南最大、人口最多的县，担负民众外移自然首当其冲。

作为传统的农业民族，中国人已经养成了安土重迁的性格。更何况山西受到战乱冲击较少，老百姓生活安定，所以不愿迁移。政府就采取强制政策，明统治者定出的移民条律是"四口之家留一，六口之家留二，八口之家留三"，同姓同宗者还不能同迁于一地，这就造成了很多家庭生离死别，好好的一家人便被拆得七零八散。迁移人口在父母活着时不能奉养，死后又不能祭祀，不能对父母行孝，不能对祖宗祭祀，这应该是移民最大的遗憾、心中最大的痛。

移民政策客观上于公确实达到了政局渐趋稳定、社会秩序重建、农业生产恢复和发展、社会安定、户口增加、粮食产量与官府赋税收入都随之增加的可喜局面，但于私，却使被迁移人口远离家乡，远离亲属，对父母生不能养死不能祭。

三、移民，不能尽孝的缺憾

《孝经》中说："孝子之事亲也，居则致其敬，养则致其乐，病则致其忧，丧则致其哀，祭则致其严。五者备矣，然后能事亲。"中国传统孝道文化主要强调的是敬养，包含敬亲、奉养、侍疾、立身、谏诤、善终6个方面。

1. 敬亲。中国传统孝道的精髓在于提倡对父母首先要"敬"和"爱"，没有敬和爱，就谈不上孝。

2. 奉养。中国传统孝道首先强调从物质上供养父母，即赡养父母，"生则养"，这是孝敬父母的最低纲领。

3. 侍疾。老年人年老体弱，容易得病，因此，中国传统孝道把"侍疾"作为重要内容。

4. 立身。《孝经》云："安身行道，扬名于世，孝之终也。"

5. 谏诤。《孝经·谏诤章》指出："父有争子，则身不陷于不义。故当不义，则子不可以不争于父。"

6. 善终。儒家的孝道把送葬看得很重，在丧礼时要尽各种礼仪。

《孝经》明确指出："孝子之丧亲也，哭不偯，礼无容，言不文，服美不安，闻乐不乐，食旨不甘，此哀戚之情也。三日而食，教民无以死伤生。毁不灭性，此圣人之政也。丧不过三年，示民有终也。为之棺椁衣衾而举之，陈其簠簋而哀戚之；擗踊哭泣，哀以送之；卜其宅兆，而安措之；为之宗庙，以鬼享之；春秋祭祀，以时思之。生事爱敬，死事哀戚，生民之本尽矣，死生之义备矣，孝子之事亲终矣。"

四、回乡祭祖，移民完成孝道的心灵之旅

这些移民进入移入地之后，开垦荒地，发展生产，繁衍生息，增加财富，为

当地的经济发展与社会安定做出了重大贡献；另一方面，因为远离家乡，与父母生离死别，这也成为自己终生的遗憾。这道心灵上的伤口，长达数百年不能愈合。

因为孝，这些移民就要千里寻亲，因为孝，这些移民后代就要千里寻根。寻根就是反向追溯、认祖归宗、追祖溯源。山西洪洞大槐树寻根祭祖，成为举世闻名的文化景观。像候鸟一样，这些移民从迁移之后的第五年，陆陆续续回乡祭祖，他们千里迢迢，寻找到山西洪洞的大槐树，寻找到老鹳窝，寻找到他们离开时最明显的标识。这就是融入移民血液中最深层的孝道意识在发挥着作用。一代又一代，寻找自己祖先的发祥地，怀念祖先，祭拜祖先，慎终追远，在社会上做一个有道德的人，不辱没自己的祖先。通过寻根，把失散的亲情寻回；通过寻根，把人与人之间的距离拉近；通过寻根，把家族史完善继而延续下去。通过寻根，为心灵找到一个最温暖的归宿。

五、寻根祭祖的现实意义

中国孝道文化源远流长。孝道文化是中华民族凝聚力的不竭源泉。随着中国老龄社会的来临，弘扬孝文化，孝老敬亲，在新的历史时期更具有积极意义。

"百善孝为先"，"夫孝，德之本也"。孝道文化是中国传统文化最原始、最深层、最基本的文化，孝道文化又是和谐文化，"民用和睦，上下无怨"，是中国特色文化。作为中国特色社会主义理应承继这份道德遗产，发展这份优良传统，丰富中国特色社会主义的伦理精神与道德规范。

寻根祭祖是中华优秀孝道文化的一个表征和落实。通过这种行为，表达对祖先的感恩与怀念，不忘本，不忘恩，有助于净化心灵。提倡孝道，善事父母，追怀先祖，不忘来时，传承家风，更有助于维护家庭和睦，社会和谐，有助于中华民族伟大复兴中国梦的实现。

山西大槐树移民对中国近现代民族传统的影响

中国铁路总公司档案史志中心　张维

在人类历史的漫漫长河中，世界各个民族的兴衰存亡变迁都与其生存的地理条件、气候的灾变、人类自身的适应能力息息相关，但国家、民族之间的战争，社会经济与政治变革，思想文化的传承，甚至某个特殊时期的特殊事件也会产生巨大的影响。始于600多年前的山西移民可称之为中国向近代发展过程中具有较大影响的一个特殊事件，其社会影响相当久远。

一、战争、灾变是山西移民的起因

从世界范围来看，"在过去有历史记录的3421年中，只有268年没有发生过战争"①。在中国，抵御外国侵略、各民族之间的战争、统治集团之间的争斗、人民群众对没落统治阶级的反抗、统治者镇压人民的战争也是频繁发生。自1370年至1417年历经48年的明朝山西大移民，是在社会动荡与自然灾害频发的大背景下，多种因素集聚而发生的。

统治中国不到百年的元朝政府横征暴敛，百姓苦不堪言。持续17年的元末农民战争遭到统治者的残酷镇压，致使河南、河北、山东地区民不聊生，"中原诸州，元季战争受祸最惨，积骸成丘，居民鲜少"②。统治阶级穷兵黩武、连年征战，对于中原水系无暇治理黄河之水，任其泛滥。千里沃野，或沦为沼泽、或淤成沙滩；百姓流离失所，或命丧瘟疫、或死于饥寒。

在此期间，山西汾河谷地连年风调雨顺，五谷丰登。当地既无天灾、又无人祸，百姓安居乐业。中原百姓纷纷逃荒、避难于此。据统计，洪武十四年，河南人口189.1万余人，河北人口189.3万余人，而山西人口却达403万余人，等于河北、河南人口的总和。③

明朝初期政府决定移民垦荒，恢复中原地区农业，先后10次从山西的平阳、潞州、泽州、汾州等地徙民。离乡背井的人们途经山西洪洞县的大槐树时，在此办理手续，领取"凭照川资"后，向中原地带乃至全国广大地区移民。

明朝第二代皇帝建文帝为巩固中央集权，采取"削藩"措施。燕王朱棣以入京诛奸为名，从北京进取南京。燕军所过河北、河南、山东、皖北、淮北等地，与政府军反复拉锯作战，进行了4年的战争，对忠于建文帝的军队和百姓杀无遗漏。燕兵所至，东西六七百里，南北近千里，村城成墟。朱棣登基后，决定迁都北京城，并向北京附近大量移民。于是，山西又有8次移民，延续至明永乐十五年。

二、明朝移民政策快速重构了村镇分布、强化了家族体系

明朝移民政策实行遣返、军屯、商屯、民屯等几种方式，实际上采用招诱、征派的强迫办法，制定徙民条例，强制按"四口之家留一；六口之家留二；八口之家留三"的比例迁徙。

政府为移民顺利实施，颁布一些优惠政策，如发放棉衣、迁移路费，以及安家、置办农具的银两。许诺到达迁徙地，土地可以"自便置屯耕种"，还免其赋税三年。

---

① 《明初大移民的记忆大槐树移民在山东的故事》，文化中国（引用日2015-11-08）

② [美]威尔·杜兰特阿里尔·杜兰特：《历史的教训》，中国方正出版社，四川人民出版社2015年1月第1版第5次印刷，137页。

③ 《明太祖实录》卷一百四十。

移民被迫迁移至中原地带，看到肥沃的土地无人耕种，有的"跑马占地"，有的造屋；依据地形、姓氏、行业以及使用垦荒的形式如"屯""营"为新建的村落取名，构成了北方大量地名的中国特征。据部分调查资料显示，中原一带特别是河南、山东一带，半数以上的村庄是明代建立的。如：山东省金乡县共有村庄1247个，元朝以前建村69个，明朝建村830个。金乡县70%的人口来自山西洪洞大槐树移民。山东省曹县共有自然村2276个，属明代移民建村的就有1606个。根据《明史》《明实录》《日知录之余》等正史及笔记史料的记载，洪洞大槐树移民分布在30个省市，2217个县市。其中河南123个县市，北京、天津、河北142个县市，山东109个县市，山西104个县市，江苏、安徽、湖北、湖南316个县市，陕西、甘肃、宁夏182个县市，黑龙江、吉林、辽宁171个县市，浙江、福建、江西227个县市，广东、广西、贵州248个县市，四川、内蒙古、青海274个县市，云南、西藏、新疆210个县市，海南、台湾111个县市。

明初有个袁公正，曾随太祖打天下，屡建战功，官拜镇威将军。明朝统一后，袁公正又主动要求举家迁移，从洪洞迁至山东曹县黄冈集落户。此事很受朱元璋赏识，亲赐一块玉碑，并提升袁公正三级头衔。袁公正在曹州关王庙北土岗上安家，取名"袁家固堆"，并题词曰："洪洞分枝老门第，曹州安居旧家风。"滕州市有1223个自然村，属明代建村的就有687个。现存425部族谱和碑文中，有225部族谱明确记载其家族是明朝洪武、永乐年间，自洪洞县迁徙来此。河南省的林县、孟县、汤阴、内黄、兰考、修武等大多数县份的村庄居民族谱称其来自山西洪洞大槐树。在中国，修家谱有约3000年历史，形成了独具特色的中国历史文化传统。移民为告诫后人不忘血脉传承，不忘祖宗先人，非常重视家族根系源流的记载，注重家谱的完善和续修，以此传承先祖遗训，代代接续、绵延家风。家族观念在移民中得到重塑和进一步固化。

在世界发展史中，移民的脚步从未间断。有的是拓展新领地，有的是殖民性侵占，更多的是为了生存的需求而进行的地域选择。中国明朝的大移民与其他国家移民的重要区别是：没有也无法在地区人群重组时抛弃旧有的传统习惯，以崭新的姿态购建新的生产方式与社会结构，而是继续在强大的封建统治与封建意识形态之下，在家国关系上延续着几千年"修身、齐家、治国、平天下"的儒家理想，在社会生产力水平上维持着手工作坊与牛马犁地的原始状态。这可能是自明清以来，中国闭关锁国，政治、经济、军事、思想观念等落后于西方列强的原因之一吧？

三、长期持续的移民推动了地区交流与民族融合

明朝大移民前后，中国经历三代皇帝统治，长达48年，其统治范围覆盖中原、华东数省，涉及18省、500县、881姓。大移民主要是从山西和江浙一带往中原地区移民。大移民牵涉面之广，在中国历史上绝无仅有。延续几十年的大移民，是明朝皇帝为稳固其封建统治、恢复其千疮百孔的社会经济基础而推行的一项强制措施。"中国幅员广大，情形复杂。明朝采取严格的中央集权，施政方针不着眼于提倡辅助先进的经济，以增益全国财富，而是保护落后的经济，以均衡之态维持王朝的安全。这种情势，在世界史中实属罕见，在中国历史中也以明代为甚，而始作俑者厥为明太祖朱元璋"。④ 移民，在当时不啻为一项权宜之计。作为统治者如何决策是一回事，达到什么结果又是一回事。中华民族是一个伟大的民族，"中国人在历史上创造出了最为悠久的文明——从公元前 2000 年到现在，他们涌现出了无数的政治家、发明家、艺术家、诗人、科学家、哲学家、圣贤，等等"。⑤ 遍布中国最广大区域的劳动者在几千年的历史进化中，历经艰辛磨难，造就了勇敢、勤劳、朴实、善良的优秀品格。山西百万移民在迁徙之地恢复生产、勤劳耕作，重建家园、繁衍生息。广阔疆土之上，人口逐年增多，农商各业，经年有兴旺之象。移民多年之后，在元、明两朝建都的北京，及其周边的河北、河南、山东、山西，依然保持了中国人口密度较大，政治、经济、交通、文化较为发达的国土中心地位。山西大移民，虽然改变了元末明初中原千里赤地、荒芜破败的景况，但却并未改变同时期世界资本主义发展、西方诸国崛起的背景下，中国封建社会呈现出越来越明显的封闭、落后趋势。软弱腐朽的明朝政府最终被北方民族建立起的清朝强势取代。

　　明朝大移民，并非移民自身所愿。但是，几百年来，移民在适应自然地理条件的同时，辛勤劳作，促进农业技术进步与经济的繁荣；在与当地人群的交流、融合，或矛盾、竞争中，激发出了更多的聪明才智；克服地区差异、文化差异的同时，促进了人们的情感交融，增强了整个民族的凝聚力。移民与迁徙地民风民俗、道德规范的交融，使中华文明得以广泛传承，也正是在一代一代婚配、交流和融合中，优化了种族的基因条件和提升了群体的生存适应能力，激活了区域人群的各种潜质，在中原地带乃至中国的人类进化史上发挥了无以替代的作用。

　　历史事件，对社会发展的进程会产生一定的影响，而真正起决定性作用的，是统治者的正确指导思想与符合国情的社会制度。具有几千年文明史的中国，在 20 世纪中叶才真正开始走上新的稳定发展的民族富强之路，历经几十年探索与艰

---

④ [美] 黄仁宇：《万历十五年》（增订本），中华书局，2007 年 1 月北京第一版自序第 2 页。

⑤ [美] 威尔·杜兰特阿里尔·杜兰特：《历史的教训》，中国方正出版社，四川人民出版社 2015 年 1 月第 1 版第 5 次印刷，137 页。

苦奋斗，如今终于挺立于世界民族之林。

洪洞县左木乡山头村史族迁徙考

贾北安

　　史姓可谓中国最为古老的姓氏之一。商周时期的甲骨文"史"字上部象形为捕捉鸟兽的长柄网子，下部为一只手的形状。可见"史"的本意是指那些管理狩猎或者记录猎获物的人。东汉时许慎编撰的《说文解字》中对"史"字有清晰准确的解释，"史，记事者也，从又持中，中正也。"后来，"史"逐渐演变为专指记录国家大事、管理宫中典籍的人。职官制度确立之时，"史"的含义进一步狭隘化为"史官"之意。中国历代都有史官之职，史姓正是中国姓氏制度形成时期"以官为氏"的典型代表。史姓族人多功成名就，千古流芳。如汉有名臣史丹，宋有词人史达祖，明有民族英雄史可法，清有文学家史震林等，举不胜举。根据中国科学院遗传与发育生物学研究所袁义达、钟蔚伦主编的《当代百家姓》里所发布的百家姓最新顺序，史姓排名85位，百家姓排名63位，约占全国汉族人口的百分之零点二五。

　　据洪洞县左木史氏家族《山东临朐史氏宗谱》记载："鼻祖源自建康，分落山西涝陵二处，大明初年传至吾祖史珍，始自山西平阳府洪洞县徙居朐城南关，始称一世，后传至八世祖秉笔，又自南关迁居小杨善庄，迄今已五百余年，上下已十八世矣，人丁繁衍散居各处，伯叔兄弟多不相识，次序易乱。奈学孟固于民国贰拾八年二月敬录谱书，十五世接续至廿五世，后代相传以备考察。"从宗谱记载及先人相传可见，史氏家族从建康到山西涝陵（洪洞苏堡），从洪洞苏堡到山东临朐，从临朐小杨善村到洪洞。史氏先祖先后辗转，三次迁徙，虽然相隔无法超越的时间和空间，却仍能依然清晰地望见他们是如何走出了一条漫漫的迁播之路。

　　第一次迁徙：从建康到山西涝陵

　　建康史氏是五凉至隋唐时期活跃在河西的一支豪门著族，他们在永嘉之乱的两晋之际以特殊的身份逃难，侨居河西，数百年间一直形成了与河西乃至北方割据政权的特殊关系，这种关系体现了中古时期封建豪门政治的特点。据甘肃省高台县原文物局局长寇克红所撰写的《建康史氏考略》一文中说：建康史氏的郡望河西建康郡地处走廊咽喉地带，历史上曾是各割据集团和少数民族势力争夺的军事要塞，战略地位十分重要，至今该地有古城遗址、墓群、窑址、烽燧等大量古代遗存。建康郡军事要塞的性质决定了其居民人口的流动性，这是建康史氏史籍缺载的主要原因。对建康史氏的进一步研究有待于出土史料的新发现。

　　据史籍《新唐书》《元和姓纂》《通志·氏族略》等书记载，建康治所在今甘肃省高台西南，北朝魏废。唐武则天时，王孝杰曾于今高台东南置建康郡，后其地归入吐蕃（今新疆）。史丹后人史苞避乱至河西建康（今甘肃高台县），后发展成建康望族。

建康史氏和河西其他著姓一样，他们在当时社会动荡、民族矛盾加剧、华夏大地支离破碎的乱世中，为稳定地方割据政权政局、发展经济和丝绸之路畅通等方面发挥了重要的作用，同时建康史氏作为封建社会时期的历史产物，具有官僚、豪强上层地主社会的各种特征。对于建康史氏的研究，限于史料匮乏，目前尚无专文讨论，偶见于综合性的姓氏谱牒及粟特商贾民族研究的著述中。

进入河西的建康史氏"始祖"是何人？史籍已无确切记载。但我们从《资治通鉴》晋纪十二中检得如此资讯：建武元年（317），黄门郎史淑奉皇命奔凉州，称愍帝出降前一日，使淑等赍诏赐张实，拜实大都督、凉州牧、侍中、司空，承制行事，且曰："朕已诏琅邪王时摄大位，君其协赞琅琊，共济多难。"淑等至姑臧，实大临三日，辞官不受。这位黄门郎史淑奉皇命奔凉州，一为前凉张实封爵，二是诏告前凉集团晋王朝将有琅邪王"摄大位"，要求前凉集团拥护郎邪王。这对即将灭亡的西晋王朝和拥兵自重的前凉集团来说，都是一件重大的事件。这位奉诏亡命河西的史淑是否就是建康史氏"始祖"，还无从考证。但他确实在西晋王朝覆灭之际来到凉州以后，就滞留在了河西。《资治通鉴》"太宁二年"（324）条下载：

夏五月甲申，张茂疾病……是日薨。愍帝使者史淑在姑臧，左长史、右长史马谟等，使淑拜骏大将军、凉州牧、西平公。胡注：长安覆没，淑无所归，故留姑臧。

史淑在愍帝出降前赵的前一日奔命凉州，他已料到归程无期，至张骏继叔张茂为主时，滞留河西已达八年。我们推测，以史淑黄门郎的地位，奉诏册封的使命和皇命大使的身份，他很可能就是宋代邓名世在《古今姓氏辩证》中所谓的东汉归义侯史苞的后人、亡命河西的建康史氏始祖。因为在西晋王朝倾覆之际他能以自己的地位和智慧亡命避难，保全家族。在狼烟烽起、社会动荡的河西，他的使命和身份又决定了与前凉最高统治者之间异乎寻常的关系，并有可能在前凉政权的庇护下使史氏家族贵为豪族。张骏看中了史淑团结在自己"拥晋"旗帜下的重要性，为达到扩充实力、张扬国势的目的，他继承了祖父以来积极招募士人、安置流民的做法。历史证明，这种做法很有效。在张骏征伐西域之际，史淑家族移民张掖与酒泉之间走廊中部的表是县，这里绿洲发达，草原丰饶，既是控扼千里河西的咽喉要塞，也是发展前凉国力的后方腹地。张骏把史氏家族的居住地由县增置为郡，并将郡名命名"建康"，与东晋都城同名，使其成为团结汉族人民、反抗民族压迫的一面旗帜。从此，河西兴起了一个新的豪门显族——"建康史氏"。

建康史氏步入河西政治舞台后迅速崛起，在五凉至隋唐300年间的历史中扮演了重要的角色，许多重大的历史事件中总能看到史氏族人的影子。东晋太兴三年（320）六月，客居天梯山的妖道刘弘操纵阎涉等人谋害张寔，张茂觉察到后令牙门将史初收伏叛逆，未至而张寔遇害。史初当即擒捕首恶，平定叛乱，稳定了局势。前凉后期，政局历经篡位和内讧，国势渐衰，走向没落。晋太元元年（376），前秦大举进攻前凉，前凉主张天锡兵败将亡，山穷水尽。"天锡遣中卫将军史景等拒战赤岸，为秦所败，景亦没于阵。"接着，张天锡出降，前凉亡。建康史氏子弟史景乃前凉政权最后一位殉国将军。

后凉暴政多出，国祚不长。晋安帝隆安五年（401），后秦姚兴攻凉，吕隆为挽救覆亡，听信弟吕超降秦，"遣母弟爱子文武旧臣慕容筑、杨颖、史难、阎松等五十余家质于长安。"建康史氏史难等五十余家文武旧臣被逼入质长安的第二年，后秦灭凉，风雨飘摇之中的后凉政权只苟延残喘了一年。

建康史氏在北魏、西魏、北周等政权更替的北朝时期出现了彪炳史册的历史人物—史宁《周书·史宁传》载：史宁，字永和，建康（袁）〔表〕氏人也。曾祖豫，仕沮渠氏为临松令。魏平凉州，祖灌随例迁于抚宁镇，因家焉。父遵，初为征虏府铠曹参军。属杜洛周构逆，六镇自相屠陷，遵遂率乡里二千家奔恒州。其后恒州为贼所败，遵复归洛阳。拜楼烦郡守。及宁著勋，追赠散骑常侍、征西大将军、凉州刺史，谥曰贞。

史宁家族是十六国北朝时期建康史氏的代表。曾祖史豫在河西为官，家世显赫。北魏灭凉，结束了河西地方割据的历史，和其他河西豪族一样，开始了艰难的迁徙历程。其祖史灌被逼从建康迁往河北抚宁镇，其父史遵为避战乱，先奔恒州，后归洛阳，去世后，北魏拓跋氏政权追赠他为"征西大将军、凉州刺史"。史宁因功两度任凉州刺史（546—550；552—557），成为河西地方最高长官，充分说明建康史氏在河西政治舞台上的影响力。

建康史氏陆续从河西向外迁徙的历史，与魏晋至隋唐时期北方割据政权的存亡续绝息息相关。公元401年，后秦大举进攻后凉，为挽救危亡，吕氏集团被逼以史难等五十家大臣入质长安，这是史载建康史氏第一次外徙。439年，北魏灭沮渠氏北凉，徙沮渠牧族及吏民三万户于平城，史宁祖灌随例迁往河北抚宁镇。这次迁徙对建康郡以及史氏家族来说，都是毁灭性的打击。在这次外迁中肯定有许多史氏宗亲。《周书·史宁传》载：史宁父史遵在抚宁陷落后曾"率乡里二千家奔恒州"。这"乡里二千家"虽不都是自建康迁来的史姓，但也不会很少。

史姓落籍河西为建康史氏大家庭注入了新的活力，但由于当时剧烈的社会动乱和尖锐的民族矛盾，粟特聚落大多具有典型的移民社会性质，粟特史姓郡望建康只是他们迁居华夏历程中的一站,他们与生俱来的商贾天才决定了聚居的游移性,有和平从宦战乱从军的,如史索岩家族;也有乱世中几代从军,终居藩镇统帅的,如史宪诚家族;更多的是漂流在外经商。在一代代不停息的迁徙历程中,他们记住了接纳自己的第一站——河西建康。

安史之乱后,吐蕃乘虚侵略河西,大历元年(766)夏五月,河西节度使西徙敦煌。敦煌遗书伯编2942号残卷《唐永泰年间河西巡抚使判集》"建康无屯牛取朱光财充市"条下载:使司支计,只凭军资,比年绝无,如何准给?今既府库虚竭,自合当处圆融。建康悬军,复无人户,若令独办,又恐阙如。终须量事,支持余欠,当军率税。肃州朱光身死,承袭都无子孙,资畜已闻官收,且取用充市牛直[12]。

这时,战火纷飞、军需奇缺,建康军使为备战而强征肃州商人朱光的财产,打算买牛屯田而自给,远在敦煌的河西巡抚使只得准允。已处抗蕃前线的建康军"府库虚竭",军资贫乏,除准备与吐蕃决战的军士之外,其他民众,落难逃荒,已是"建康悬军,复无人户"。就在这年,甘州、肃州相继陷落,建康军残部退守敦煌。世居建康的史氏子孙永远地离开了自己的故乡。

经查,山西地名并无涝陵,然山东德州的"乐陵"读音为"涝陵",《新唐书》载:"东汉有鲁国史恭三子:高、曾、玄。高,大司马,乐陵安候。史高有二子:术、丹。丹,左将军,武阳倾候。"西汉时,史姓由外戚发展成名门望族,从鲁国史恭的妹妹史良娣(汉武帝卫太子妃妾)开始,直至史恭之子史高,史高次子史丹,世代为当朝要官。《史记·建元以来侯者年表八》有关乐陵侯史高的记载:"乐陵,史子长,以宣帝大母家贵,侍中,重厚忠信。以发觉霍氏谋反事,封三千五百户。"由此可推,山东"乐陵"乃史氏家族封地。

史氏鼻祖从建康分落到山西涝陵二处。据先人口传,最初定居为洪洞苏堡一带繁衍生息。后来,史姓族人先后多次赴苏堡一带寻根问祖,均无法考证。

第二次迁徙:从洪洞苏堡到山东临朐南关至小杨善村

据《洪洞县志》《大槐树志》记载,明初洪武年间,当地官府先后组织了八次大规模的移民活动,涉及十八个省的四百九十多个县市的八百八十二个姓氏。山西是人口稠密之处,而当时的洪洞县又是晋南最大、人口最多的县,担负民众外移自然首当其冲。据《明史》《洪洞县志》及其他典籍称,明代从洪洞大槐树过往移民数百万,其中迁往山东约50万人,涵盖几百个姓氏。山西师大地方史研究所所长朱亚菲认为,山西移民人数约占山东人口的20%,涉及92个县市,临朐为其中之一。

当时移民地址设在洪洞县城北紧邻驿道的大槐树左侧广济寺,官府规定,凡移民均发给耕牛、种子和路费。广济寺旁有一棵"树身数围,荫遮数亩"的汉槐。

官府人员在树下为移民办理手续，登记造册，按所去地点编队，然后发给一应物品。这次历史大旅行，洪洞大槐树寻根祭祖园将此情景剧推演的惟妙惟肖。被迁者拖儿带女，扶老携幼，恋恋不舍地离开家乡时总割不断故土之情。他们凝眸古槐，见栖息在树杈间的老鹳不断地发出声声哀鸣，想着自己这一生不一定能返回故土了，为了让子女永远记住自己的家乡，有朝一日回来时能够顺藤摸瓜找到自己的老家，就指着孩子们最好记的大槐树和上边的老鹳窝说："不要忘了，以后若能回到家乡，记不住咱的村庄，就先找这棵筑满老鹳窝的大槐树，然后再慢慢找自己的老家。""到了新的地方，人生地不熟，从这大槐树的老鹳窝底下出去的，彼此要互相照顾！"所以就有了"问我祖先在何处，山西洪洞大槐树"的民谣。

史氏远祖珍就是在这样的移民情景中，于明洪武二年，被迫离开自己热恋的故土，历尽千辛万苦、千难万险，奉旨迁往山东省临朐县，定居到临朐县南关开枝散叶。明朝万历年间，八世先祖秉笔为谋发展，又携全家移居到离南关不远的小杨善村（现北杨善村）。至今祖传一句话，"临朐南关徒步5里路可到小杨善村"，萦绕耳边。据冯益汉编《临朐地名风景联》一书：杨善村在临朐城南5公里，西拐2公里。明初肖姓立村，开店为业。因临朐县城北关有羊会，会期，赶羊赴会住此者络绎不绝。肖店得名"羊盛店"。后以抑恶扬善改名扬善。清乾隆五十一年设集市，易名扬善集。1958年后渐演为杨善。明初，孙姓立村于杨善集南，称南杨善。万历年间，史姓自县城南关迁于杨善村北，取名小杨善，1985年以方位称北杨善村。

第三次迁徙：从临朐县小杨善村到洪洞

清朝同治年间，临朐一带灾情不断，民不聊生，四处逃荒。据《临朐县志》记载：自明万历四十三年（1615）至1942年，临朐境内5次发生特大干旱，造成"河道干涸""野无寸草"，尚有涝、雹、蝗、瘟疫相加，出现"树皮皆尽""饿殍载道""民多死、人相食"之惨景。为谋生计，十六世先祖修礼，思念根祖故土，万般无奈，携妻女、带胞弟、扶岳母、领内兄，背井离乡，一路筚路蓝缕，回归到阔别已久的老家洪洞，在马牧村暂居。多亏了十六世先祖修礼岳母倾其囊，用贴身十吊铜钱买牛租田，才勉强艰辛度日。

史族十六世先祖修礼生有三子。清朝光绪年间，长子官胜在马牧村私塾任教，一天课间，有急事外出，学生仿戏曲《铡美案》玩弄铡刀，结果误伤一生，官胜目睹惨状，自知难辞其咎，只得惶恐出逃，至今音信杳无。突然降临的祸端，使得全家连坐，史氏族人不得不举家迁至洪洞白村社前庄避难，租种白村社土地为生。有一年，因天旱歉收，未能及时交清田租，遭到社里帮凶破口谩骂先人祖宗，先辈全胜是可忍孰不可忍，奋力抗争，被其毒打倒地，不省人事。继而这群蛇蝎之辈又把先辈临祥、科祥二人五花大绑，用棍棒无情殴打，致其遍体鳞伤。然后又将先辈全胜捆绑上带往白村，路上先辈全胜想到此去也难逃活路，为免遭欺辱，走到白村出口处，见有近二十米高的悬崖峭壁，纵身跳下。其帮凶丧尽天良，罪不容诛，竟熟视无睹，扬长而去。幸遇众乡亲救起才获重生。一家人在白村社前庄日不聊生，遭人欺凌，过着悲惨生活。新中国成立后，共产党领导劳苦大众重见天日，穷人当家做主，白村前庄划为左木乡霍家庄村山头自然村，史族一家才有了安身立命之处。

史氏家族尊家训、担大义，承担起时代赋予的使命。他们定居山头，自力更生，艰苦创业，奋发有为，用勤劳和智慧谱写着"振族兴邦"的自强之曲！据史氏宗祠《功德碑》记载：昔吾始祖，颠沛流离，傍山结庐，隐德而居，开基创业，世积仁厚，修身齐家。子孙沿袭耕读之风，文韬武略，世代相承。从而名声迭起。史氏家族，爱国爱家，知恩图报，回馈社会。族内百余人，共产党员者十五。先辈连祥，（1936）参加红军，英勇抗日，为国捐躯，壮烈忠义，可歌可泣；先辈临祥，少即事父笃孝，为人正义，解放初期，授县工商科长，任内执法严明，不忌权势，清正廉洁；先辈科祥，村农会主席、生产队干部，多年连任。经年累月，勤政为民，颂声连连；先辈金祥，立志参军，保家卫国，授机炮排长；先辈玉祥，十八岁考入解放军院校，蟾宫折桂，授少尉军衔。一门五义士，立党为公、誉满梓里，成一时佳话，可谓功绩绵绵。

共和国成立，白村社前庄划为左木霍家庄山头自然村。史氏族人立家训为孝、德、善、学、勤、恒。祖传字辈派语为修、书、学、道、成、万、世、永、兴、华。安居宝地，繁衍生息。缅怀先贤，振族兴邦；鞭策后人，建功立业。成为洪洞县左木乡的一大望族。

十九世族人元魁系史氏家族代表人物，他生于1959年2月16日。中国共产党党员，大学本科学历，高级工程师。连任两届山西省政协委员，连任3届临汾市人大代表，连任4届洪洞县人大代表。担任山西省工商联执行委员会副主席、山西省第三届光彩事业促进会常务理事、临汾市人大常委会委员等职务。先后被第四届中国民营经济高峰会聘为"荣誉代表"，被山西省民营经济研究会聘为副会长，被山西大学管理学院聘为企业管理特聘研究员，被山西省工商联民营企业文化建设委员会聘为委员，曲沃县人民政府聘为经济社会发展高级顾问，洪洞县教育协会聘为"荣誉会长"，洪洞县人民检察院聘为行风监督员。

2006年史元魁创建山西陆合煤化集团有限公司，任总经理、董事长、党委书记职务。公司注册资金11.66亿元，员工3000余人。2009年组建三大主体矿井，核定煤炭产量330万吨/年，精煤加工能力400万吨/年，焦化产能302万吨/年。

2010年进军新兴产业,规划投资200亿元,实施中国·洪洞广胜寺旅游景区综合开发项目、赵城300万吨精细煤化工等项目。投资16.5亿元,在临汾·甘亭新型工业园区建设"山西陆合飞虹科技产业园",被省、市列为重点项目。组建了山西飞虹光电科技集团有限公司并任董事长。成立了山西飞虹微纳米光电科技有限公司、山西飞虹激光科技有限公司、山西飞虹照明科技有限公司等五家高科技企业。成为山西省目前唯一研发、生产LD(激光)和LED(发光二极管)产品的企业。公司目前拥有技术专利百余项,其中国际专利2项。"界面性质与光电器件特性关系调控技术及应用"项目荣获2014年国家科学技术进步二等奖。同年被山西省委、省政府授予"山西省劳动模范"。

在社会公益事业方面,为山区公路建设、抗震救灾、新农村建设、尊师重教、文化体育、环境保护、扶贫助残等方面捐款达5.2亿余元。先后荣获山西省"守合同重信用企业""转型跨越先进企业""支持老区建设先进单位""捐资助学"等80余项荣誉。2011年9月入选中国好人榜"助人为乐"好人。2017年,山西陆合集团荣膺山西民营企业百强榜第11位。

习近平总书记在2015年春节团拜会上的讲话中指出:"不论时代发生多大变化,不论生活格局发生多大变化,我们都要重视家庭建设,注重家庭、注重家教、注重家风,紧密结合培育和弘扬社会主义核心价值观,发扬光大中华民族传统家庭美德,促进家庭和睦,促进亲人相亲相爱,促进下一代健康成长,促进老年人老有所养,使千千万万个家庭成为国家发展、民族进步、社会和谐的重要基点。"

追思史氏家族几次大的迁徙,仿佛只活在先人的记忆中和历史文献的记载里,至于一些细节,同时代可圈点的士大夫也漠然失语,丝毫没有零星半点的文字信息。对于史氏先辈的迁徙路线和一些鲜为人知的事情,我们只能用心去推测、体味了。

探讨古槐移民姓氏文化让亿万移民后裔找到根

黄泽岭

国史、方志、家谱,是中华民族优秀历史文化传承的三大支柱,也是验证洪洞大槐树移民的重要依据。移民姓氏表明了一个人的家族系统和血缘关系,是了解移民文化的重要切入口。沿着姓氏文化发展的历史脉络,梳理移民姓氏和移民文化的社会功能,使我们从中认识到移民姓氏文化研究对弘扬洪洞大槐树文化、增强国家文化软实力、培养移民后裔高度的文化自觉和文化自信、建设社会主义文化强国等方面的重大意义。

一、研究移民姓氏文化的重大意义

文化是什么?笼统地说,文化是一种社会现象,是人们长期创造形成的产物。

同时又是一种历史现象，是社会历史的积淀物。确切地说，文化是指一个国家或民族的历史、地理、风土人情、传统习俗、生活方式、文学艺术、行为规范、思维方式、价值观念等。

中国姓氏文化历经多个朝代不断传承变迁，至今姓氏数量就有一万多个，形成了博大精深的姓氏文化。它可以解读中国古代社会结构、标记历史人口迁移、反映时代文化特征、增强中华民族凝聚力，也是一种特殊的经济资源。姓氏文化是解读中国古代社会结构的一把钥匙，移民文化是反映中国古代社会结构的一种文化视角。

中国自古提倡的伦理道德、祖先崇拜和宗族制度等意识在古代社会的姓氏文化中得以充分体现。姓氏文化是标记中国历史上人口迁移的一座史碑。据不完全统计，明朝洪洞大槐树移民姓氏共1230个，移民分布共18个省（市）、500多个县（市）。明朝大移民是洪武二年至永乐十五年，先后数次从山西的平阳、潞州泽州、汾州等地，中经山西洪洞县的大槐树处办理手续，领取"凭照川资"后，向全国广大地区移民。这些移民像蒲公英一样后又不断转迁，在迁入地定居下来，繁衍后代、薪火相传，姓氏文化随之丰富和发展。

明中后期以来各地的移民后裔为了生计，又一次次一批批南迁，成为东南沿海及"云、贵、川"等地的客家人，还有大批赴台或移居海外。台湾地区户籍调查显示，调查资料中户数大于五百的100个姓，其中有63个姓的族谱资料显示其先祖来自河南山东。统计资料显示这63姓共计67万多户，占当时台湾总户数的89.9%。海峡两岸人民血脉相连，来往密切。在近十多年寻根文化兴起的浪潮中，台湾的移民后裔更是热情高涨，他们通过各种努力来洪洞大槐树寻根祭祖，通过各种方式表达着对故土的眷恋和思念。

二、移民姓氏文化是时代文化特征的一种反映

姓氏与移民文化，在不同的历史发展时期，因受到不同的社会综合因素的影响，反映出不同的社会时代的文化特征。姓氏在其产生之初是标志氏族或者社会血缘关系的识别符号。但随着历史的发展，它承载了关于血缘图谱、家族演变以及时代沿革的大量信息。

中国人历来有同姓聚居和联宗修谱习俗，姓氏密集度反映着历史上人口迁移的规模和地域人群间亲缘关系程度。但由于社会历史发展时期的不同，姓氏与移民文化受到不同的社会综合因素的影响，反映出不同社会时代的文化特征。姓氏在其产生之初是标志氏族或者社会血缘关系的识别符号。但随着历史的发展，它承载了关于血缘图谱、家族演变以及时代沿革的大量信息。

明代洪洞大槐树移民延续五十年，是中国古代范围最广、规模最大、历时最

长的官方移民，堪称"世界移民之最"。当时明朝统治者为了恢复生产，制定了以移民垦荒为中心的振兴农业的措施，决定把农民从狭乡移到宽乡，从人多田少的地方移到地广人稀的地方。明初经洪洞县大槐树处迁往全国各地的移民曾达百万人之多。据说，明初移民时百姓都不愿离开自己的家，官府广贴告示欺骗百姓说："不愿迁移者，到大槐树下集合，须在天内赶到。愿迁移者，可在家等待。"人们听到消息后纷纷从晋北、晋南、晋东南等不同方向赶往大槐树下。第三天，大槐树四周集中了十几万人。突然，官兵包围了百姓，官员宣布："大明皇帝救令，凡来大槐树之下者，一律迁走。"

吴晗在《朱元璋传》中写道："迁令初颁，民怨即沸，至于率吁众蹙。惧之以戒，胁之以劓刑。"全是在强权政治的胁迫下进行的。山东曹县一刘姓的族谱里，记载着他们的始祖是"独耳爷爷"，独耳爷爷就是因为在迁徙途中多次逃跑，被官兵割掉只耳朵的移民。

在明代移民方面，朱元璋采取了按"四口之家留一、六口之家留二、八口之家留三"的比例迁移。移民条例中还规定，凡同姓同宗者不能同迁一地。但迁移到异地的百姓不忍分离手足之情，想尽各种办法，把同族近亲留在一起，当时最普遍的办法就是改变自己原来的姓氏。

河南内黄二安镇小槐林村的"戴马同宗墓碑"记载，戴子龙、马子才系同胞兄弟，祖籍山西洪洞县，于明洪武年间，迁来此地，为图团聚，兄改姓戴。死后，戴、马的子孙后裔为其筑并肩二墓，人称"戴马同宗墓"。同在内黄的一通井店镇南街"陈邵坟墓碑"记载，陈、邵两姓祖籍山西省洪洞县，明洪武迁民至井店，兄弟不忍分离，于是他们分属两姓，兄陈纲，弟邵芳，实属同胞。后裔子孙立陈邵坟墓碑，昭示后人陈邵乃为同祖同宗，切莫忘了同根之谊。同样还是在内黄县六村乡温邢固村，王、温两姓也是同宗。据《内黄县志》记载，王、温两姓的始祖原是夫妇二人，男姓王，女姓温，祖居山西洪洞枣林村，明永乐年间迁至内黄，生有二子，为图兄弟团圆，一子改姓母亲的温姓。在内黄县，还有二安镇的孙小砦村从山西洪洞县迁来的孙氏移民，祖先姓孙，膝下双子，因恐双子分迁，无奈特命次子改为陈姓，以保居家团聚，骨肉不分。直到中华人民共和国成立前，二安镇一带孙、陈两姓还不许联姻。

另外，山东曹县长刘庄《魏刘氏合谱》则记述了魏、刘同宗的原委。据合谱载："予族山西平阳府洪洞县人士，大明洪武二年迁民诏下，条款具备，律历森严，凡同姓者不准同处一村。始祖兄弟二人，不忍暂离手足之情，无奈改为两姓，铜佛为记，传流至今五百余岁依然相在。搁堂对联曰：'两姓人众莫测辟木百枝实基本，刘魏物繁难量犹水万派总同源；一本散万殊两姓枚举言分考，万殊归一本刘魏大同观合宗。考昔洪洞同宗始，证今曹邑分姓传；两姓判初，先祖昭证有代远，刘魏肇基，子孙竟是脉传；功成于谱，刘魏先世垂裕德，名就于宗，两姓后昆永历传'。"

河南省范县张庄乡有个叫朵庄的村子，1000多口人，全部姓朵，村子位于黄河西岸，和隔河相望的两个赵姓村子（赵营村和赵海村）共续一本族谱。据记载，在明初从山西洪洞迁来赵氏三兄弟被官兵追杀，赵一和赵二逃到河对岸，分别聚族而居，形成两个赵姓村子，而赵三留在河西岸，改姓朵，繁衍为今天的朵庄。

滑县四间房乡曹村穗姓，传说原是一位韩姓逃亡将士，明初移民途中因故被官府追杀，在走投无路的情况下藏身于麦田内。追兵搜寻到他的时候询问他是否姓韩。这位姓韩的将士遂看见麦田的麦穗就称自己姓穗，方逃过厄运。此后就隐姓埋名，穗姓也由此诞生。全村共有穗姓大概2000人。家谱大概从明清时期开始记录，属于极其罕见姓氏。

内黄县东庄镇菅庄村菅姓，在明初洪洞移民之时得罪官府，为避免满门遭诛的厄运，举族迁逃，当追兵临近时，全族人等皆藏身在菅草丛之中，方得以逃生。后族人皆改取"菅"为姓氏，称管氏。

山东省莘县张寨乡申庄村申姓，原本曰姓，明洪武初年，因家族不愿故土分离而犯下灭族之罪，在被官兵追杀逃难途中，遇到正在东迁的邻村申氏家族，曰姓长者情急生智，急令本家族人："将曰改申，加入申姓队伍。"申姓长者也主动掩护，他厉声告诉追兵："我们都是申姓家族，奉旨东迁，为何苦苦追赶？"追兵时无计可施，曰姓家族免去了灭门之祸，从此改为了申姓。

再如明姓一支则源于明朝，出自明朝灭亡后的汉族思国情结，属于以历史事件改姓为氏。大明王朝灭亡之后，有许多明朝遗老旧日臣、门阀豪绅、文人子女，皆以故朝之称为姓氏，称明氏。但在清初满清政府的残酷控制和镇压下，许多姓氏家族皆将明字拆开，再加上一些偏旁部首以混淆视听，因此在清朝初期大量出现了一些奇特的姓氏今40多个，均带有"日""月"的标志。而且，这些姓氏在后裔子女中或齿序交替使用、或排辈交替使用，合起来都是"明"字，为此，被满清政府识破而杀头灭族的人多不可数。到了清宣统三年（公元1911年）武昌起义后，全国爆发的辛亥革命运动中，以及在民国初期，许多这样的"偏姓家族"大多均改回为原姓氏，但也有少数人统其为明氏，世代相传至今。

至此可以知晓，分姓而居的真正原因，是明政府"凡同姓同宗者不能同迁一地"的移民分派、安置方案，否则，移民决不会违背血缘情结而改变后代在社会结构中的角色。

事实上，即使同居一处的异姓同宗，为恐后代彼此不相认在分姓之时或若干代后，仍以一种信物为彼此标识。河南荥阳氾水镇《牛氏家谱》载："永乐年间，牛姓始祖牛川奉命迁往河南时，因子女十八口不能同迁一处，料定一家人将来难以团聚，又恐日后子孙繁衍，互不识宗，在离开洪洞大槐树之际，遂商得一计，即将一口大锅砸为十八块，各自怀揣一块，留作信物，并约定，日后凡是遇上牛姓，即互相询问：'打锅不打锅，若回答打锅'，即为同宗；若回答'不打锅'，即为旁支牛姓。这则趣谈，在今天偃师、温县、内黄等各县牛姓中仍广为流传。"

山东商河县韩庙村王氏被称为"杀驴王"。当年移民时，韩庙王氏的祖先有三兄弟，在依依不舍中把家中唯一的一头驴杀了相约把各自的后代都称为"杀驴王"，以免与其他宗族混淆。

山东曹县庄寨镇虎头王村王氏都是山西洪洞县移民后裔，至今已形成一万多人的大家族。据族谱记载，移民时祖先带着只小老虎来到这里落户，因此取名"虎头王"。

山东定陶县城西有个一千王村，明洪武年间王姓始祖王良公从山西洪洞县大槐树移民至此，因其是猎户，枪法极好，人称"枪王"，后演变成"一千王"。

当今社会经济快速发展，文化思想更为多元，姓氏文化表现出了新时期新的文化内涵。姓氏是个人作为家族成员的符号标记，是个人对于"我从哪里来"的哲学思考的科学回答。中国进入社会主义全面深化改革的战略机遇期，依法治国、民主公正的理念深入生活的各个方面，姓氏作为一种社会元素，是个人的家族归属感和民族认同感的标志，姓氏不再承载"别贵贱"的文化内涵处处体现出现代社会的平等意识和家族观念。

三、移民文化是增强民族凝聚力的一种纽带

"参天之木，必有其根；怀山之水，必有其源"。寻根问祖落叶归根、祭祀祖先是中华民族的历史传统，祖根就是至高神圣的土地，寻根认宗充分表现了华夏民族文化的向心力和凝聚力"四世同堂、五世其昌"，移民文化是传统大家族的精神纽带和文化标志，血缘是任何政治势力和意识形态都无法阻隔的纽带。中国人的寻根意识和对自身归属感的强烈需求，推动着海内外大槐树移民后裔对故乡"家"和"根"的眷恋和认同。大槐树移民后裔经过几代、十几代，大都不知道被迁前是何村何地，但都知道"大槐树是故乡"，这一点至今谁也没能忘却。

山西的"平阳府、洪洞县、大槐树、老鹳窝"是萦绕在洪洞移民后裔心中一个挥之不去，永恒难忘的故土名字。民谣中的那棵大槐树树身数围，荫遮数亩，巍然挺立在汾河东岸。相传始植于汉代，故名"汉槐"。唐太宗李世民称帝第三年，在距大槐树不远处修建了一座广济寺，香火很盛。有一种鸟，名叫"鹳"觅食于河滩溪流，夜栖河边树，大槐树遂成为汾河滩上鹳鸟的天然良居。由于广济寺地处通衢大道，是明朝著名的驿站，明朝政府就在广济寺设局驻员，给移民发

放迁移凭照川资，大槐树就成了移民的"点行处"。动身一般是在秋收后，为的是多积攒点安家落户的费用。秋风萧瑟，秋叶飘零，移民们由老槐树下起程，拖儿带女上路了。故土难舍，亲人从此天各一方。离别之处话别离，断肠人送断肠人。与亲人分手之后，欲走还却，移民们频频回首，泪眼模糊。路越走越远，故乡离自己也越来越远，村舍看不见了，唯能看见的只是那棵巍峨的大槐树和错落其上的一个个老鹳窝。于是这大槐树和老鹳窝便成为移民心目中故乡的标志，成为千百万移民怀乡的精神寄托。

千万个移民后裔身在异乡，分布在全国各地，在他们的内心深处，姓氏谱系不是简单的文化符号，是他们与同宗族人的血脉见证，是他们心的归属。大槐树移民后裔心系祖国，用各种方式寄托着对山西洪洞故乡的怀念和尊祖敬宗的情怀。

台湾著名作家柏杨（原名郭定生，后来改名为郭立邦，最后又自己改名叫郭衣洞）在他的一本书中写道，现代的辉县人，尤其是居住县城东北六公里的常村郭姓居民，他们所有的记忆，最远追溯到五百年前那个令人悲戚的明王朝初年，兵乱、旱灾、蝗灾，使民不聊生，饥饿的人们啃光了树叶，乃至大地上的一切具有叶绿素的东西，大地如焚，河水干枯，一片焦土。在山西省洪洞县，一个郭姓大家族几乎被饥饿消灭，为计活命，在洪洞，在棵大槐树下，向东逃亡。开始了悲惨凄凉的旅程，中途幼儿夭折，老年人逝世，沿路写下悲苦的河南辉县先民移民史。他们在太行山东麓的辉县定居，他们的子孙一直传到现在。我柏杨，就是这支苦难先民的后裔。

在湖北随州一带还流传着这样一首民谣："山西的山，山西的水，山西古槐是乡里。槐树大，大槐树，大槐树下我们住。双小趾，手背后，远离山西大槐树。娃呀娃，你莫哭，山西有俺的大槐树。祖祖辈辈住山西，娃长大了也回去。"

在河南南阳广泛流传着这样一首歌谣："房前种上大槐树，不忘洪洞众先祖。村村槐树连成片，证明同根又同源。春天里来吃槐花，味道鲜美人人夸。山西习俗带南阳，不忘洪洞是老家。"

"要问老家在何处，山西洪洞大槐树"，这是流传在北京郊区明初移民后人中的一句谚语。为不忘祖辈故土，在北京的顺义有个叫做"红铜营"的村庄。据《顺义县志》"顺义村名变迁"文记载，红铜营，原名洪洞营，迁民来此，为纪念家乡故土启育后人，村庄取名洪洞营，后更为今名"红铜营"。

移民在离开大槐树时恋恋不舍，到达新的定居地之后，他们大多栽种了槐树，借以寄托自己对家乡的怀念。在今河南省濮阳县城关镇的李家堤、小集、蔡家园三个村分别长有一棵较大的古槐，均为明初山西洪洞大槐树迁民至此栽种的纪念树。这三棵大槐树距今有六百余年。每到过年初一、十五、大年三十的时候村民都会相继来此烧香跪拜，祈求平安。保佑村庄、保佑孩子，求得福泽。大槐树枝繁叶茂，粗壮顽强，同时也象征着三个村村民倔强、无所畏惧的性格。

河北省保定市清苑区冉庄有两棵古槐，相传这两棵古槐栽于明代，是当年山西洪洞移民来到清苑冉庄，为表达思乡之情将由洪洞县大槐树下采集的树籽种于村头，历经数百年的风风雨雨，伴随着人们的繁衍生息而渐渐长大，长成了两人手拉手都抱不过来的大树，它寄托着一代代移民后裔对自己古老家乡的怀念。如今，这棵古槐虽已枯死，但它却成了明代移民的历史见证。

原保定府西关有一株洪洞移民栽种的古槐，清康熙十年谢德先在古槐旁开了个酱菜铺，为纪念洪洞迁民古槐和求取古槐保佑便取名叫"老槐茂"。光绪二十九年，慈禧太后途经保定，品尝槐茂酱菜后连声称好，并赐名"太平菜"。从此，槐茂酱菜以移民古槐和太后恩赐而天下扬名，身价百倍。

河南偃师县寇店韩寨村《赵氏宗谱》说：始祖从洪洞移民兄弟四人，起名"经、营、槐、显"，"显"音为"乡"，合起来就是"经营槐乡"。

古槐移民更是在家庙祠堂的楹额上铭记了纪念的文字，以表达自己的思念之情。

河南省濮阳县习城乡胡寨村胡氏祠堂的楹联写道："念先祖离洪洞单车匹马昔时苦，怀世宗居曹州枝繁叶茂今日荣。"清丰县古城乡乔营村乔氏祠堂的楹联写道："洪洞移来廿余世，清丰安寓六百载"，另一联是"六百年故国故事表里山河洪洞路，三千家可湖可追沧海桑田乔营屯。"灵宝市城关镇润东村城关镇润东村张姓家谱载：明初从洪洞县葫芦滩大槐树迁来张如山、张如林（长子张如甘、次子张如棠居会兴镇）。1944年张家祠堂门联为："山西省河南省三代祖宗甘棠下，会兴镇虢略镇始祖原郡葫芦滩。"山东菏泽堌堆袁家祠堂墙碑曾刻有洪武二年袁公正题望槐思乡诗："昔日从戎驱鞑房，今朝屯田太行东。洪洞分支老门第，曹州安居旧家风。古岗植槐三五株，铭记晋中父老情。卧雪传说流千古，后昆霞蔚赛劲松。"

还有相当一部分传说来自河北枣强。枣强应是洪洞移民的一个中转站。枣强东南即为山东德州，德州是南北交通要冲，有"九达通衢""京津门户"之称。洪洞移民进入济南府、青州府北部地区，走枣强、德州一线比较方便。一些枣强移民的家谱、族谱说他们本是洪洞人，经枣强迁来，如山东省东营市的垦利县（现在为垦利区）耿家镇耿家村耿氏先祖耿事修于明洪武二年自洪洞迁枣强，同年再迁垦利县耿家镇耿家村。青州市五里镇井唐村《吴氏宗谱》，说他们的先祖吴氏三兄弟是从冀州府枣强县马安场迁来的，而吴氏又说他们实际上是洪洞人，先从洪洞迁枣强，又枣强迁来山东。

此外，还有河南省内黄县东庄镇旧县村的冯氏迁民碑，东庄西野庄的左氏迁民碑等许多关于洪洞迁民的记事碑,这些迁民记事碑碑文,字里行间,深深地流露出移民后裔那浓浓的思乡念祖之情。

四、移民文化是一种特殊的社会经济资源

移民文化是在历史发展的进程中不断形成的,姓氏文化作为构成中华民族文化的重要内容,具有强大的纽带作用,使一个民族具有强大的聚集力。寻根谒祖恳亲是中华儿女凝聚和寄托情感的方式,也是弘扬中华民族传统文化、振奋民族精神、创造美好未来的原动力。

姓氏是社会人的群体性符号,姓氏所赋予的文化意义,让每个大槐树游子都能够找回自己的历史归宿,都有一种精神上的归属感,海内外华人的民族意识和民族凝聚力因之而增强。寻根谒祖是中华民族的优秀传统和精神支柱,也是中华民族凝聚力的体现。

中国是一个人情社会,是一个感性消费的社会,移民文化作为一种特殊的文化,已然表现出巨大的经济潜力。自古以来中国人对血缘关系有着强烈的认同感,在社会生活中,姓氏文化具有巨大的经济能量,传统文化的感召力和经济价值已为越来越多的人所认识。据统计,目前我国有关姓氏寻根的中文网站有二百多个,国内许多姓氏的祖居地或发祥地还成立了寻根服务团,举办姓氏文化节,开展姓氏寻根旅游等活动。洪洞县寻根祭祖节自1991年首届以来,到今年已举办二十八届,届届成功,年年升温,外地游子,与日俱增,今年来宾参与范围更是扩大,社会效益更是彰显。以移民文化为核心的产业将成为一个有中国特色的行业,姓氏文化产业的发展前景与潜力是巨大的。

河南温县陈家沟陈氏太极拳,被中国武术协会命名为"中国武术太极拳发源地"。巩义的康百万庄园,因慈禧太后的册封而名扬天下,多次得到皇帝赏赐,最高时官至三品,数次钦加知府衔。来参观的人都络绎不绝,无论是陈家沟陈氏太极拳,还是富甲四海的康百万庄园。众多游客体会了陈氏太极拳大架拳法之精深魅力,领悟到康百万家族治家之道和祖训家风。这些独特的旅游文化,不但收到了较好的社会效益,同时也带动了当地旅游的发展,取得了较好的经济效益。

姓氏文化的传承和发展丰富了中国文化的宝库,对于弘扬民族传统文化、提升国家文化软实力和增强民族自豪感具有重大意义。大槐树移民文化的独特之处在于开放与兼容。对外来文化的接纳和融合,构成了移民文化的开放性;对本土文化的改造和再塑,构成了移民文化的兼容性。对于研究者而言,不仅要关注移民文化的文化特征,同时也要关注移民文化的形成过程。"谁是古槐迁来人,脱履小趾验甲形"。这句民谣不仅流传很广,而且被人们作为辨认乡亲,识别故槐移民子孙的证据。在火车上,在宾馆里,在部队营房,在大学的宿舍,甚至在他邦异国,大凡异乡之人聚拢在一起，询问故乡，盘查祖籍时，常见他们脱鞋拉袜亮出脚丫，验看脚小趾的指甲是否复形。如果谁的小指甲上的有几道竖纹，好像是两个指甲，那谁的祖先就是从洪洞大槐树下迁来的。于是相互之间，便立即承认为古槐子孙，互认为洪洞老乡了。于是便围坐一起，畅谈迁民时的史实和趣闻。"同是古槐迁来人，数世之后喜相逢"，亲切友好的情谊，十分浓厚。

五、个体作为文化承载者，在文化迁徙的过程中扮演着非常重要的角色

移民个体所携带的文化记忆，源于个体对迁出地文化的认知，是个体对原生文化的眷恋。文化的传承所依赖的重要机制之一就是习俗的强大惯性。习俗作用于个体，让其习惯于固有的文化模式和生活方式，个体助推原生文化的进一步传承与传播。六百多年后，那些规模宏大、影响深远的移民事件，在正史中只有片言只语可寻，在当地，哪可能见到六百年前的房屋，也难见纪录家族历史的宗谱，让它终于成为一个久远的传奇，只有那些传承六百年的地名才顽强地承载着移民的记忆。

明初大槐树移民来到新的迁徙地有的跑马占地，以马蹄印为界；有的以犁占地，围着大地犁上一圈，这地就归我所有了。在坡上建村，叫某坡，在坑凹处建庄，叫某坑庄、某河口、某湾等；依据行业不同，会种菜的叫某菜园，会打油的叫某油坊，会造纸的叫某纸坊。北京大兴区还有多处以山西地名命名的村庄，青云店镇有石州营村、孝义营村，采育镇有屯留营村、山西营村，长子营镇有赵县营村、沁水营村、永和庄村等

这是习俗的重要作用，是文化对个体的重要影响，是移民受制于原生文化的重要机制。更为重要的是，习俗文化对个体的影响并不会即刻消失，而会转变为个体的文化记忆，甚至会伴随个体的生命历程。

在河北定州李亲顾镇的沙河古道上，有一个上万人的大村，名叫"二家庄"。据说五百年前，从山西来到定州，正赶上河水泛滥，沿岸村庄被洪水冲毁，洪水过后，就在这沙河古道上盖房定居，世代繁衍成村后，为"一家庄"，直到如今。

移民的迁徙过程也是文化的流动过程。历史上几次大规模的移民都伴随着文化的流动，并对迁入地的文化发展产生实质性的影响。在清代至民国时期发生的"闯关东"移民潮，就是中原文化从中原地带向东北地区一次大规模的流动。大量中原移民的涌入，对东北地区的社会风俗产生了深刻的影响，甚至在语言文化伦理观念等深层次领域也产生了冲击。这是大规模移民引发文化流动的典型案例。时至现代，类似于"闯关东"这样的大规模定向移民已不多见，更多的是城市化进程所带来的新型移民城市聚集。

城市化所带来的移民潮背后也伴随着文化的流动，只是这种文化流动与再生

的模式更为复杂、更为多元。一方面，这是由于城市文化本身就是异质文化，是多种文化的聚集与融合，具有复杂多元的特点。另一方面，文化的地域性强化了这种复杂多元的特点，我国南北文化差异、东西文化跨度、多民族文化交织使得新型移民城市的文化多样性进一步凸显。

从文化记忆到文化流动，是移民文化演变的第一阶段，是移民文化的"前奏"，也是移民文化得以形成的根源和动力。文化记忆承载的是移民个体或移民群体对迁出地文化的认知与理解，既是对故土的眷恋，又是对新生活的向往。文化流动能够发生的根源在于文化记忆，文化流动是文化动态性的表现，也是文化生生不息的展示。

随着移民从迁出地转入迁入地，移民文化也开始生成。移民文化的形成，得益于移民的文化记忆以及文化本身的发展与再生。动态性与生成性是移民文化的重要特点。建立在文化流动基础上的移民文化，不是移民对迁出地文化的简单复制，也不是对迁入地文化的全盘接纳，而是文化记忆与本土文化的融合及再生。移民文化的生成是时间累积的结果，也是外来文化与本土文化碰撞的结果。晋南戏曲的演变与传播就是如此。

首先是蒲剧，蒲剧元末流行于山西平阳府一带。明初洪洞大移民之后漫延到河南、山东、河北、陕西、甘肃和青海等省的部分地区。晋剧、北路梆子等都是从蒲剧派生出来的。蒲剧亦称蒲州梆子或南路梆子，是晋南地区的主要剧种。临汾地区有许多古代戏剧活动遗迹，例如临汾市的魏村元代戏台、东羊戏台和王曲元代戏台等。这些实物史料证明，晋南地区戏剧活动历史悠久。

其次是上党梆子。上党梆子流行于晋东南地区（古上党郡），当地人过去称这为"大戏"。上党梆子在明朝以后流传到山东菏泽地区和河北永年县，经过长期的艺术实践，在当地形成了山东枣梆和河北西调两个剧种。

其三是北路梆子，又名"上路戏"，与中路梆子（晋剧）、上党梆子、蒲剧并称山西四大梆子，是在华北地区较有影响的剧种之一。郭沫若曾用"听罢南梆又北梆，激昂慷慨不寻常"的诗句，来赞誉北路梆子。北路梆子也是在洪洞大移民之后逐步形成。六百多年来，北路梆子以其慷慨激越的边塞风格，流行于晋北、内蒙古、张家口、包头、呼和浩特等地。深受城乡劳动人民的喜爱。北路梆子是蒲州梆子扩展的产物，是洪洞移民北上演出留下的剧种逐渐与当地语言和民间音乐结合融化而形成的新的剧种。北路梆子老艺人代代相传，有几句顺口溜："生在蒲州，长在忻州，红火在东西两口（指张家口至包头一线），老死在宁武朔州。"宁武县、朔县一带是山区，许多老艺人上了年纪之后，到这一带搭班混饭，直至老死，可见这一带是北路梆子的重要基地。过去的北路梆子演员中，不少演员是蒲州人，道白也说"蒲白"。即使本地人招收"娃娃班"，也请蒲州老师教戏。虽然北路梆子和蒲州梆子关系密切，渊源很深，但其剧目内容，表演手法，以及音乐旋律都不同于蒲州梆子。北路梆子本身具有独特的艺术风格。它的腔调高亢、激越，表演强健有力，音乐节奏直爽慷慨，表现了塞外人民强悍的性格，因而受到晋北人民的喜爱。

其四是晋剧，晋剧即中路梆子，是山西省的代表性剧种，为山西省的四大梆子之一。由于它的活动地区在山西中部，尤其是在太原附近、晋中一带，而且这一剧种历来受到山西中部广大群众的喜爱，而称中路梆子。中路梆子的特点是旋律婉转、流畅，曲调优美、圆润、亲切，道白清晰，具有晋中地区浓郁的乡土气息和自己独特风格。中路梆子渊源于蒲州梆子，明清之后已经盛行。它吸收了蒲剧的许多特点，又经过许多艺人的丰富和发展，逐渐形成了自己的风格。可以说，它是在蒲剧基础上大胆突破和创新而形成的一种别具一格的梆子戏。因此，这一剧种演出范围也随之逐步扩大。抗日战争以前，已经扩展到河北西部、陕西北部、内蒙古地区。新中国成立以后，中路梆子剧团逐渐增多，尤其在晋中吕梁、太原地区，差不多县县有专业剧团，许多村镇有业余剧团。

其五是大平调。明初洪洞一些民间艺人从大槐树处带回一班戏子，迁徙中原后经过修整，并结合本地音乐风格，加进土乐器大、二、三弦和卖豆腐用的枣木梆子，取名"大油梆"，因唱腔平稳，后来故又叫"开平调"。当时许多山西商人到河南经商，在许多州、府、县修建会馆，建戏楼，在看戏中做生意，更促进了大油梆子的流传。在河南滑县发现了清顺治十六年大梆戏"大兴班"演出合同，说明大平调剧种明中后期已有正式班社，在冀鲁、豫、苏、皖五省边缘地带传唱。大平调在发展演变过程中由于语音差异和艺术风格不同，形成东路，中路和西路三个流派。

其六是花钹大鼓，花钹大鼓是北京市昌平区后牛坊村的民间花会艺术之一。后牛坊村"花钹大鼓"，属花钹中的"文钹"，原名称"雷音圣会，子弟花钹"，百姓俗称"大鼓会"。据传是清朝乾隆年间，有一山西洪洞县逃荒到后牛坊的白胡子老人，教给当地村民的。由于后牛坊人也来自山西洪洞，出于对先人的怀念，便将这档民间艺术世世代代地流传下来。表演时由八个成年人敲打鼓面，由男女12个儿童边击打小铜钹边舞蹈。音乐节奏有二拍子、三拍子、四拍子、五拍子等。"花钹大鼓"有较高的民间花会艺术及民俗文化保存价值，可为研究洪洞民间艺术和民俗文化的活资料。

移民文化的动态性，是指移民文化总是处于动态发展的过程中，主要表现在移民流动所带来的文化流动与移民文化本身的不断融合发展。移民和文化流动之间有着因果联系，移民是造成文化流动发生的主要原因之一，文化流动是移民所带来的结果之一。移民文化生生不息造就了文化之间的传承与传播，促进了文化的交流与繁衍。

清末河南省内黄县东庄镇三流河村"打锅牛"碑记载，牛姓始祖，原籍山西洪洞县人，由明洪武迁民，兄弟七人偕行东来，入内黄籍者三，曰牛流河村、曰牛张固村、曰牛林子村，入清丰籍者曰其牛李桥村。至入滑县、安阳籍者，面晤相谈但未详记何村。当分对手时，诚恐日后相见无可为证，因将饭锅击碎，分为七支，凡以基此相认者知为近脉，告诫后人要慎终追远。各姓移民迁入内黄流河一带后，姓牛的叫牛流河，姓池的叫池流河，姓李的叫李流河，姓马的叫马流河，姓焦的叫焦流河，还有姓李的叫李家拐，这些村庄因都在流河村南，所以又统称南流河。魏姓也是从山西洪洞县迁来，迁居在南流河西头，后魏姓发展为当地名门望族，所以称为魏流河。

原任国务院总理的温家宝，其祖上也是洪洞县大槐树移民。据天津宝坻《温氏家谱》记载："吾温氏原籍山西洪洞县之大槐树村，明季永乐年间因大河以北兵燹连年，死亡过甚，遂由各处移民以实河北，我先世亦于是时始迁宝坻县之刘快庄，既又徙今之宜兴埠。"清朝中叶，温氏族人为捍卫乡间平安，开始练习武艺，族人中曾经屡出武状元。《温氏家谱》中又写道："智泉公遂以武学大魁天下，湘泉公以剿平捻匪功当给头品顶戴花翎，化周公中式甲辰进士，历任山东登州统兵，武功政绩振振一时。至今街有祖遗盔钟弓刀永为世宝。"到清朝晚期，从润齐公开始，由武转儒，着力研究理学，温氏合族遂以耕读为务，家风因之一变清末民初之时，温氏家族读书人层出不穷，有的更远洋留学于欧洲。这大概是移民家风演变的典型范例。

可以说，动态性是移民文化的重要特性，是移民文化区别于其他文化形态的特点之一。当然，对于移民文化的研究，特别是对移民文化形态演变的研究，要建立在对移民文化动态性的分析基础之上。

移民文化的生成性，是指移民文化总是处于一种自我更新的状态。由于新的文化要素的不断介入，使得移民文化本身成为源头活水，具有十分旺盛的生命力。这既有外在因素的影响，也有内在因素的作用。不同文化之间的碰撞，催生了移民文化在开放与兼容之中不断生长。移民文化的生成性，在国际化与全球化不断推进的当代更具有现实意义。跨地区的文化交流和多元文化的交融互通是当代社会的文化特征，这就要求移民必须具备一定的跨文化能力和超文化认同。可以说，移民文化的生成性是其保持自身活力的重要因素。

此外，马上乡燕庄村清嘉庆十三年"燕庄祖茔碑"记载，燕氏祖籍山西省洪洞县人，明初因迁徙居内黄县城北七里许的燕家庄，燕氏家族成为繁阳镇的名门望族。还有马上乡善仪店村清康熙九年的"张氏先茔碑"，详细记载了张氏家族于明洪武十三年从山西洪洞县南关迁民至此，落户生根，繁衍生息的事实。还有毫城乡岳次范村的康熙十七年的"岳氏世系碑"，详细记述了岳氏家族自明洪武七年从洪洞迁民，并在此繁衍生息的过程，并望有世系家谱。还有内黄县城西关出土的两盒明代万历年间的墓铭，记载了任姓始祖明洪武初从洪洞迁民至此的事实，后迁至是旺王庄村，并流传有详细的族谱。此外，还有东庄旧县的冯氏迁民碑、东庄西野庄的左氏迁民碑等许多关于洪洞迁民的记事碑这些迁民记事碑碑文，字里行间，深深地流露出移民那浓浓的思乡念祖之情。

在移民文化的演变过程中，完成从文化迁徙到文化再生的关键是新民俗的诞生，也就是移民新的生活方式的确立。新民俗的诞生就意味着移民个体或群体已经在新的聚居地确立了一种新的生活方式，不仅是日常生活的方式，也包含了文化生活、精神生活的方式，总体上已经形成了约定俗成的共识。这一过程在民俗学研究中也被称为习俗惯制。习俗惯制的形成，就代表着移民群体开始创建新的社会生活规范，逐步完成文化再生。如对"解手"词的由来，多称是移民被捆绑上路，在漫漫长途上他们免不了要屙屎撒尿，内急时便会要求押解官差，解开被捆绑的双手后方便。后来说得多了，渐渐就把原来的话简化了。先是说："给我解开手"。后来干脆简化成"解手"。到了新的住地，但由于迁民路上的那段生活，在脑海里刻下了深深的烙印，人们都忘却不了，时而总要提及，也由于路途很长，说成了习惯，仍然说大小便是"解手"。久而久之，"解手"就成了大小便的代名词。

文化再生的关键是新民俗的确立，是新的社会规范的建立。新民俗确立的前提就是移民所携带的文化记忆在完成文化迁徙的过程之后所形成的新文化，是原生文化与本土文化的融合。从认迁量识论的角度来说，在移民文化的形态演变过程中，始终遵循着事物发展的基本原理，即新事物代替旧事物的过程。这就意味着移思民文化总是能够展现出强大的创新能力，并不是对原生文化或者本土文化简单继承，而是建立在既有文化基础之上的文化创新。无数的移民文化现象和文化事例，也在印证移民文化演变的基本规律。例如山西、河南、山东、河北、天津、北京等地的民俗虽同出一源，有许多共同之处，但各地域又有所不同。山西的民俗文化圈，实际上已越出现今山西省行政区，影响到"晋语"流行区，也就是语言学界所说的"山西省及其毗邻地区有入声的方言"地区。由于明初山西洪洞等地曾移民到河北、河南等地，清康熙以来，推行"移民实边"政策，山西北部又大量移民移至内蒙古地区，山西移民带去了山西的语言和风俗，使当地民俗具有了山西特色。明清以来，山西商人在内蒙古、陕西、河南、河北一带都很活跃，商人将山西的民俗文化带到当地,包头市就有"先有复盛公,后有包头城"的民谚。复盛公的财东是晋中祁县乔家堡人,因而,包头的民情风俗就类似于晋中民俗,也包括晋北民俗,说的是山西话,看的是二人台和山西的中路梆子、北路梆子。

山西南部的方言和冀、鲁、豫、京、津等地方言的接近。明初洪洞移民迁徙中原后带来了新的语言种和新的生活方式。土著语言和移民的语言相互融合,相互影响,六百年没有大的改变如:几码个是指今天;灭儿个是指明天;牙儿个是指昨天;前儿个是指前天;后儿个是指后天;日头是指太阳;白夜儿是指白天;挨黑前儿是指傍晚;黑更半夜是指半夜三更;成天是指整天;见天是指每天;当午是指中午等等。

山西洪洞人有嗜好吃面的饮食习惯,而移民后裔迁徙到中原后也是每顿饭几乎无面不足、无馍不饱,相沿成习,由来已久。这是在自然条件、历史源流、相袭力量等背景下形成的。至今中原地区的人们清早饭和晌午饭前后一见面就问"吃了吗?"

另外洪洞还有喜喝汤饭的习惯。除晋南部分地方外,多数居民大多如此。在鲁西一带,邻里晚饭前后相见,至今开口先问"喝汤了没有?"据说是山西绝大部分地区常年干旱多风,百姓"日出而作,日落而息",所谓"面朝黄土背朝天"的辛勤劳作,绝少有饮水啜茗的条件,全靠吃饭时的汤水一并补充;且山西人过去吃饭少有蔬菜,全凭盐、醋相佐,口味明显偏重,从生理上需要大量水分,形成了喜汤食的习俗。

总体来看,透过移民姓氏文化,我们可以看到,移民文化的形态演变和形态发展,基本上遵循着"文化记忆、文化流动、文化再生"这一文化发展的路径。移民文化的形态演变,也在不断展现移民文化所独有的开放性与兼容性、动态性与生成性等特点。

由于本人才疏学浅,此文虽已尽力,但限于时间,限于能力,还存在这样那样的缺陷,在此恳请各位方家指正,以便查漏补缺,尽善尽美。

大槐树情结的形成及民族文化内涵

戴汝庆

摘要:在北京、河北、河南以及山东等广大北方地区,人们普遍认为是山西洪洞大槐树移民的后裔。实际上,在明初大移民中,其中大半并非来自山西洪洞,甚至不是来自山西。还有的根本就是当地土著,也自称祖先来自山西洪洞大槐树。大槐树情结是在漫长的时间里逐渐形成的,其中包含着民族文化认同、北方汉文化传统的重新建构等丰富的内涵,对民族文化传承有着深远的意义。

关键词：移民；洪洞大槐树；民族文化建构

在北京、河北、河南、山东等广大北方地区，广泛流传着自己的祖先来自"山西洪洞大槐树"的传说。"你要问我家何处，山西洪洞大槐树"，"祖先故居叫什么，大槐树下老鸹（鹳）窝"。这种群体记忆可靠程度到底有多大？这种观念是怎样形成的？这种群体记忆中隐含着怎样的文化内涵？又粘连着后人怎样的观念和意识？这些谜一样的问题引发了许多北方人的困惑和思索，也吸引着众多学者的探讨和争论。

这一切都源自明初大移民。明初，明太祖朱元璋和明成宗朱棣为了尽快恢复北方遭战乱毁伤的经济，先后多次实施了大规模的移民政策。仅就《明实录》记载统计，从洪武初年到永乐十五年，移民就达66次，其中涉及山西的有18次。移民垦荒发展经济是很多朝代都实施过的政策，而唯有明初移民影响最为深远，究其原因，不仅因明初移民规模大，更因为这次移民承载了太多的民族文化内涵。

一、明初大规模移民的缘起

（一）明初大移民的缘起

关于明初大移民的缘起，北方普遍流传着"胡大海复仇""燕王扫北""三洗怀庆府"等传说故事，大体上说的都是因战乱或瘟疫导致北方人烟稀少，所以，朝廷决定移民到地广人稀的地区开荒种田发展农业生产。

这些传说显然有臆断和附会的性质。胡大海率兵作战的区域主要在闽浙一带，朱元璋北伐的主要将领是徐达、常遇春等，因而因胡大海复仇而导致北方人烟稀少的说法是无稽之谈。"燕王扫碑"说的是北京、河北、河南、山东等地区闹"红虫"，把人吃光了，燕王到北京扫碑，控制了瘟疫。但这里的人烟稀少，因而决定从洪洞这些地方移民。至于"三洗怀庆府"更是局部的故事，不能说明问题。

与"燕王扫碑"读音相同的、有历史依据的说法是"燕王扫北"，就是史称的"靖难之役"。洪武三十一年（1398）五月，朱元璋病逝，因太子朱标早逝，太孙朱允炆即位后，翌年改元建文，史称建文帝。建文帝即位后为了加强中央集权，接受近臣的建议，谋划削藩。当时明太祖的第四子朱棣被封为燕王，就藩北平（北京）。建文帝削藩，引起以燕王为代表的藩王们的不满。当建文帝试图触动燕王时，朱棣制服了朝廷使臣，起兵反叛。燕王以诛杀建文帝身边奸臣为名，挥军南下，号称"靖难"之师。朝廷即兴兵讨伐，建文初年，大将耿炳文率兵13万讨燕；建文二年初，大将军李景隆（李文忠之子）率兵60万讨燕，派盛庸守德州、徐凯守沧州、吴杰守定州，成掎角之势。于是一场旷日持久的拉锯战在北平与山东布政使司境内展开，其中在今天津以南、济南以北和保定、真定一路，为靖难之役的主战场。为害程度比洪武初年北伐元朝更加严重。

"靖难之役"以沧州之战最为惨烈。建文二年十月,燕军佯称出征辽东,却秘密派遣徐理、陈旭沿河南下,沧州守城主帅徐凯、都督程暹慌忙应战,城破,斩首万余。紧接着又发生了燕将谭渊坑杀降卒的事。"渊骁勇善战,引两石弓,无不中。然嗜杀。沧州破,成祖命给牒散降卒。未遣者三千余人,待明给牒。渊一夜尽杀之。"[1]"其时沧盐居民争起义以抗燕军,燕军恨之,遂赤其地。畿南兵祸之惨遂为亘古,所仅见。燕王立永乐二年始迁民以实之。"[2]《南宫县志》也有这样的记载:"燕兵所过州县,义民目为叛逆抗拒之,燕王愤甚,燕京以南,所过多墟,屠戮无这场持续四年的战争称作靖难之役,民间俗遗。"[3]称叫做"燕王扫北"。

在元末明军与元军战乱中,北方饱受战火之苦,元朝灭亡后,蒙古人败走漠北,北方广大地区人烟稀少,田园荒芜。因而早在洪武元年开始,明太祖朱元璋就多次下诏向北京、河北及周边地区移民。靖难之役后,北京、河北周边地区更是十室九空。而明成宗朱棣为防范蒙古人卷土重来,实施了"天子戍边"的政策,定都北京。这样就必须加快北京及周边地区的战后重建工作,下大力气发展和繁荣经济,为首都提供强有力的支撑。于是,朱棣继续进行了大规模的移民举措。"泽、潞、辽、沁、汾五州丁多田少及无田之家,分其丁口,以实北平各府州县",并且"给钞,使置牛具子种;五年后征其税。"[4]

(二)移民来源

杨安样先生曾根据《明实录》《明史·食货志》等,史料对大槐树迁民史实做了整理,关于明初迁民的记载66次,其中洪洞移民次数为17次,约占明初总移民次数的26%。

关于明初移到北京、河北、河南、山东等地的移民来源,据董倩在《明代永乐年间移民政策述论》中依据《明实录》《后湖志》所作的统计,按人员身份划分:军屯,即卫所军进行屯垦,约占移民总数48%,富户、民匠约占移民总数的27%,垦荒移民约占移民总数的18%,安南工匠人才约占移民总数的3%,另外,谪戍官吏、鞑靼女真、垦荒罪囚等,约占移民总数的4%。

从迁出地来看,南京周边地区135000人,约占24.43%;山西281504人,约占50.9%;山东25000人,约占4.5%;安南16700人,约占3.02%;其他地区包括山东、山西、湖广、东北、塞北等地区约占28%。[5]大多数学者认为,这个数据肯定比真实的移民人数少得多,明初移民人数达百万以上,而且,按常理,除有固定移出地的移民外,还应有大量的流民。但从以上数据可以看出,山西迁出移民数量最多。因而传说中说移民来自山西成为主流声音,也就可以理解了。

(三)大规模的移民应该是官方组织的

中国人的传统观念是故土难离,大部分移民是被动的、不情愿的。尽管有个别地狭人稠的地区的地方官可能愿意移出百姓,例如:"山西平阳、大同、蔚州、广灵等府州县民申外山等诣阙上言:本地土饶且窄,岁屡不登,衣食不给,乞分丁于北京、广平、清河、真定、冀州、南宫等县宽闲之处,占籍为民,拨田耕种,依例输税,庶不失所。从之,仍年免田租一年。"[6]但被移出的百姓大多是不情愿的。因而应该认定,官府对移民所持的是主导甚至是强迫的态度。官府对移民所发挥的作用主要有以下几个方面:下达移民命令;准备工作,如设局驻员、发给凭照川资;移民途中的管理;到达目的地后的安顿,如发放种子、工具、耕牛等等。

二、"故乡山西洪洞大槐树"说法的由来

(一)故事传说

各地流传的大槐树移民的传说除前文提到的"燕王扫北""胡大海复仇""三洗怀庆府"之外,还有"打锅牛"、脚指甲裂缝和背手以及解手等等。"打锅牛"说的是有五个兄弟被分别移民到五个地方,临行时将一口铁锅打破,五兄弟每人拿一块,以便以后同族相认。脚指甲裂缝和背手及解手的传说也很有意思,据说,因为是官府强迫移民的,所以,将移民们押解到大槐树下登记之后,为防止他逃跑,就用刀子在他脚指甲上砍个印记。不仅如此,在向移民地押送的过程中,还要把移民们反绑起来,再用绳子串联成一列。移民的手臂长时间捆着,慢慢适应了,于是养成背着手走路习惯,还把这种习惯遗传给了子孙。在押解途中,有人要屙屎、撒尿,由于手是被捆绑着的,就要向押解官兵报告:老爷,请给我解开手,我要屙屎(撒尿)。这样,久而久之就简化了,只说声:老爷,我解手。大家就明白了。因而"解手"就成了屙屎、撒尿的代名词。

(二)关于移民来自大槐树的说法较早见于民间族谱

在如今河北、河南、山东等北方民间族谱中,记载祖先从山西洪洞迁移而来的非常普遍。民国之后有关大槐树移民的论著,也大多将族谱作为最重要的史料依据。应该指出的是,族谱是一种非常重要的资料,但是,族谱也是一种需要慎重对待的资料,在不断修纂的过程中,族谱在不断的重修中逐渐变化或丰富,其中的原因可能非常复杂,本文不再论述。近年来的研究已经充分证明了这一点。有意思的是,明中期以前留存的族谱中罕见祖先来自洪洞记载,到了明末清初以后,大槐树移民的说法陆续出现在族谱之中,而且,越是晚修的族谱,记载这种说法的越多。更值得注意的是,在大多数族谱和墓碑中提到其祖先来自山西洪洞的,洪洞县后面的具体地名却都缺如了。这未免使得大槐树移民的说法笼罩上一层朦胧的色彩。难怪民国时就有人慨叹大槐树移民的说法"但不见诸史,惟详于谱牒"[7]。

(三)地方士绅对"大槐树"文化的营造

民国初期,大槐树移民说进入兴盛时期。民国六年,曾经在山东仟讨典史的

洪洞贾村人景大启,募集了390两银子,会同卸任回乡的县令贺伯寿等人,募集资金,根据传说筹建移民古迹,包括大槐树、牌坊、碑亭、茶室等,并刻碑记述移民事略。

据景大启自己记载,由于大槐树和广济寺均已不存,"第恐年代愈远,稽考无从,亟思所以表彰"[8]。从此,景大启和越来越多的加入者开始了大槐树移民的研究和文化建构。

但也有人记载,大槐树移民说兴盛还有一个更直接的原因:辛亥革命时,"卢协统督师南下"到达洪洞县,因为相传这里是自己祖先故乡,因此下令善加保护,因此洪洞县得以"城郭安堵","于是洪洞人感大槐荫庇无穷,仍醵资建设牌坊、亭榭于其侧"[9]。

毋庸置疑,景大启树碑种树,对"问我祖先在何处,山西洪洞大槐树"的说法的盛行发挥了很大作用。他将移民的口碑写成文字刻于碑上,将传说似乎变成信史,南来北往的人们看了便四处传播,失去了祖先故乡记忆的人们看到碑文更是确信找到了证据,认定自己的祖先是洪洞大槐树移民。于是大槐树成了"老家"的标志和"根"的所在。

三、"故乡大槐树"说法可信度辨析

（一）移民后裔故乡记忆的群体缺失

我们知道,明初私修家谱的情况极为罕见。到明中期才有部分家族开始修撰家谱。直到清中叶,私修家谱的情形才成为普遍现象,到民国时修家谱成为风尚。然而,因为大部分家族修家谱之时距明初大移民的时间过了数百年,有的连祖先的名字都无迹可查,祖先来自哪里更难以知晓。因此,很多家族便凭空揣测,或出于从众心理,人云亦云,认定祖先是来自山西洪洞大槐树。缺失故乡记忆的不仅仅是移民后裔,很多当地土著也是如此。"何今之族姓,其上世可考者,尚有千百户之裔;其不可考者,每曰迁自洪洞,绝少称旧日土著及明初军士。盖自魏晋以来,取士竞尚门户,谱牒繁兴,不惜互相攀附,故虽徙居南方,其风未泯。而中原大地,则以异类逼处,华族衰微,中更元明末世,播窜流离,族谱俱附兵燹。直至清代中叶,户口渐繁,人始讲敬宗收族之谊,而传世已远,祖宗渊源名字多已湮没,独有洪洞迁民之说,尚熟于人口,遂至上世莫考者,无论为土著,为军籍,概曰迁自洪洞焉。"[10]有的干脆是伪造的"洪洞人",例如,北京大学历史系教授赵世瑜就曾见到这样一件情况:河南济源南水屯村的张家祠堂的牌位上写着:"始祖威卿于明洪武三年由山西省洪洞县迁至济源南水屯,迄今已六百二十九年。"而张家祠堂院留有一块清乾隆年间将墓志移刻而成的墓碑,碑文刻的是原撰于洪熙元年(1425)二月的墓志(墓志一般是刻写在方形墓盖之上,这里却刻在一块碑上,应该是后来移刻的),"户部员外郎张秉先考处士张公墓志"。内容是:"公讳威卿,

乃济源之世家也。其所居县曰沁阳，里曰土罜头，村曰南水屯，是其先祖之发庐。□厥先祖其便，□以居焉。"[11]写明他是这里的土著，根本不是山西移民。这段墓志的写作年代与事件发生时间仅隔20余年，比较可信。有据可查的本地土著居民，为什么后人却说自己是来自洪洞的移民呢？

自北宋以后，北方进入了一个像魏晋南北朝那样的一个族群混杂的时代。女真人和蒙古人先后长期占领北方，大量女真人、色目人、蒙古人与汉人通婚，这在金元时期北方的文集、墓志等资料中有大量记载。

明朝重新确立了汉族正统地位，对蒙古等北方少数民族采取了鄙夷、压制的态度，尤其对蒙古人十分警惕和防范。因此，生活在这里的"土著"族群，很多人不清楚自己有没有一个真正汉族祖先的族系。因此，在树碑修谱中，与其冒险说自己是世居土著，还不如称祖先是移民更安全可靠。我们在众多族谱中几乎没有见到过说自己有女真或蒙古人祖先的记录，也可以从反面证明这一猜测。华东师范大学李毓珍教授表示过：我有一个设想，我认为凡是自称由大槐树迁出的人，都是蒙古族。元朝败退时可能有一些在内地过惯定居生活的人，不想走了。但汉人要杀鞑子，怎么办？于是想一个借口，说是由大槐树移民站迁来的。这种说法难免太绝对，但也给了我们有益的启发。

（二）洪洞移民数量的疑惑

明初移民数量巨大，山西是众多移民移出省之一，而洪洞县只不过是山西向外移民的60多个县之一，由此推论，其实洪洞移民数量是微乎其微的。据统计，从洪武初年到永乐末年，洪洞县人口减少不足千人，由此得出结论：明初大移民来自洪洞县的很少。那为什么流传"你要问我家何处，山西洪洞大槐树"的说法呢？有人给了这样的解释，说洪洞大槐树是明初大移民的"迁民处"。按照这个说法，大槐树移民的籍贯不仅包括洪洞本地人，还包括在这里办理移民手续的其他地方的人。

洪洞大槐树究竟在移民中发挥了怎样的作用，研究者们给出了"移民管理处""移民集中地""移民起行话别处"等几个说法。由此可以得出结论："你要问我家何处，山西洪洞大槐树"这句话并没有回答祖先故乡在哪里的问题，而仅仅为了证明祖先的移民身份。

（三）洪洞县城、广济寺和大槐树带来的疑问

《洪洞县志》早在明嘉靖三十三年到清末先后经历了7次修纂，在这7次修纂的县志中从来没有提到广济寺大槐树和移民之事。直到民国6年的《洪洞县志》中，大槐树移民才有了痕迹。在其卷7《舆地志·古迹》中，"大槐树"等条记为"新增"。

广济寺是始建于唐代贞观二年的古寺，至于旁边有没有一棵古槐，《洪洞县志》

和其他文献没有记载。由于汾河改道,古广济寺早已冲毁。现在看到的广济寺是换址重建的。在如今能看到的广济寺从明到清中期的碑碣中,没有任何关于移民的记载。其他地方出现的记述大槐树、老鸹窝等移民信息的碑碣谱牒,大多出现在清中期以后。如此种种,不得不令研究者产生疑问。

四、"故乡大槐树"说法由来的思想根源分析

不仅山西洪洞移民的后裔有大槐树的记忆,其他的移民后裔也广泛流传着自己祖先故乡的大槐树。例如,很多移自云南卫所的军户流传着故乡是"云南乌沙卫大槐树""槐树沟""大槐树里头"等等。因而我们可以得出结论:与其说大槐树是单纯的祖先故乡的记忆,倒不如说大槐树已经成为众多移民后裔的共同的根脉渊源和文化传统的象征。

(一)民族情结之寻根意识

中华民族是一个十分重视历史和传统的民族。慎终追远是我们的信条。虽然北方大量的家族群体缺失了祖先故乡的记忆,但他们坚信自己是汉族根裔。他们借助洪洞大槐树的传说,通过扩大认同的范围的方法,"再重构历史,来弥补记忆的空白。"[12]

故乡山西洪洞大槐树说法的影响,无论从广度和深度上都超过了其他所有关于移民祖籍说法,在广大的北方地区成为族群认同的话语。这种认同极为重要,其意义在于,它将移民自己的家族和民族传统文化长河连接起来。可以说,移民的后裔们(包括很多缺失了祖先记忆的土著)通过大槐树找到了民族文化的根。

(二)民族情结之正统意识

北方地区经历了辽、金、元各民族混居的漫长时期,各民族文化高度融合,再加上各民族间通婚现象十分普遍,很多当地人的族源实际上已经说不清楚了。到明朝开始重塑汉族正统时,人们要证明自己的祖先是正统的汉族,就需要塑造一个祖先的来历。而移民身份正好可以洗清因缺失祖先记忆的族群民族问题说不清楚的嫌疑,因此,大量族群便纷纷通过立碑、修谱的方式申明自己的移民身份,但他们又无法说明祖先到底来自哪里,于是便笼统地说来自洪洞大槐树,洪洞大槐树便成为北方族群文化传统形成中的汉族正统性共同符号。

到清代,满汉之争始终不断,汉族的民族意识日渐强烈,大槐树情结也随之浓郁起来,各地族谱中关于洪洞大槐树的记载也就更加普遍。

大槐树情结到了清末民初达到高潮,究其原因,一是因为中国面临着亡国灭种的威胁,民众的族群意识开始觉醒;二是一些知识精英受到进化论和近代民族国家概念的启发,借助传统的资源进行民族意识启蒙,并对大槐树文化加工、改造,以增强宣传教育效果,希望把大槐树从一个老家的或中原汉族的象征,改造成为一个国家民族的象征。

大槐树情结已不再只是祖先故乡的记忆，而成为民族的象征，具有了民族团结的深远意义。其实，对于集体缺失了祖先故乡记忆的移民后裔来说，弄清明初移民的历史真相远不如搞清移民心态真相更有意义。简明地说，祖先的故乡的确切地点其实并不那么重要，重要的是记住祖先的血统根脉，记住祖先的民族文化。

参考文献：

[1]（清）张廷玉：《明史·列传三十三》（影印本）[M]，上海：上海古籍出版社，1986。

[2]孙毓秀：《盐山新志·兵事》[M]，民国五年刻本。

[3]黄容惠：《南宫县志》（卷二二）[M]，民国二十五年刻本。

[4]《明太宗实录》（卷十二）[M]，台北："台北中央研究院"历史语言研究所校勘影印本1961。

[5]董倩：《明代永乐年间移民政策述论》[J]。《青海社会科学》，1998，(6)：100-101。

[6]《明太宗实录》（卷一八八）[M]。台北："台北中央研究院"历史语言研究所校勘影印本，1961。

[7]赵戴文：《洪洞古大槐树志序》[A]。景大启：《山西洪洞古大槐树志》[C]。洪洞积祥斋石印局民国十年石印本。

[8]景大启：《重修大槐树顾基古迹碑记》[M]。洪洞积祥斋石印局民国十年石印本。

[9]陈凤标：《址碑记》[M]，民国六年本。

[10]邹古愚：《获嘉县志》（卷八）[M]，民国二十三年本。

[11]赵世瑜：《祖先记忆、家园象征与族群历史——山西洪洞大槐树传说解析》[J]。《历史研究》，2006，(1)：4-6。

[12]柳容：《增广山右洪洞大槐树志序》[M]，洪洞积祥斋石印局民国十年石印。

洪洞大槐树：乡愁也是生产力

姜剑波　马慧英

"让居民望得见山、看得见水、记得住乡愁。"在去年年底举行的中央城镇化工作会议上，习近平总书记对城镇建设提出了这样的要求。而在山西洪洞，从明嘉靖年开始，"大槐树"开始出现在关于移民的传说中，成为北方人群对祖先历史的集体记忆。至清末民初，作为中国移民史上辐射范围最广、影响最大的一个移民发源地，"大槐树"已不再是山西移民的家园象征，而成为现代民族主义话语中的一个浓到化不开的"乡愁"意象。

文化传承回望乡愁

今年清明节当日，山西省洪洞大槐树寻根祭祖园，在象征移民遣往18个省市的18响礼炮声中，宏伟的祭祖大殿正门徐徐开启，"第24届中国·洪洞大槐树文化节"祭祖大典拉开帷幕。与往年不同，今年祭祖活动从公祭+民祭模式恢复为历史上的民间祭祀，简化了不必要的场面和环节。洪洞大槐树寻根祭祖园董事长兼总经理范忠义说："祭祖大典分为正祭和民祭两部分，其中民祭是祭祖活动的精华部分，最能够表现四海华人祭祀先祖的虔诚与膜拜及大槐树'根祖'文化的价值与内涵：布供、敬三牲、奉五谷、供肴馔、献百果、敬香、奠酒，一个个环节虔诚凝重，把古槐后裔对先祖的感怀之情表现得淋漓尽致。"

景区创建联结乡愁

国庆期间，笔者又来到大槐树景区，与以往不同的是，所有厕所都换上了"解手场"的牌子，景区办公室主任范建刚解释道："这个称谓源自600年前，当年大移民的时候，老乡们故土难离都不愿意走，官兵只好用绳子把大家的手捆成一串，强制迁移到全国各地。而如果谁一旦'内急'，就会叫官兵把手解开，后来习惯成自然，就把上厕所叫成'解手'了。所以，我们在创5A提升中充分借用了这样的民间典故，让小小厕所也体现出移民文化内涵。"

景区大门的"天下第一根"造型、入口处鲜明的"根"字影壁、复建的外迁移民聚集地——广济寺和明代移民签发处……以"根"为主脉的景区创建思路，已经全面涵盖到景区定位、建设、管理、营销四个方面。范忠义说经过几年建设，我们的经营主体从原来的单纯景区，发展成现在的景区、大槐树民俗饭店、大槐树旅行社三大版块，经营范围也从单纯的旅游服务拓展为旅游开发、照相服务、旅游纪念品、餐饮服务等为一体的综合型旅游景区。而这里面始终贯穿着一条鲜明脉络，那就是洪洞老家这个"根"。

这样的乡愁也体现在软件建设中。景区不仅牵头成立了大槐树文化研究中心，制作完成50余种大槐树迁民史志书籍；与全国工艺美术协会重点合作，开发出独具"根祖文化"特色的纪念品200余种；拍摄上映了电视剧《大槐树》和院线电影《等爱归来》；完成了符合大槐树主题的移民情景剧、铁锅记、传统婚庆等20多种文化演出。

民间交往凝聚乡愁

在景区游客中心，范忠义还告诉笔者一个有意思的现象：国内很多移民景区都到大槐树取经学习，而大槐树都会毫不吝惜地将宝贵经验倾囊相授，而这些景区后来都不约而同打出了"北有大槐树，南有（福建宁化县）石壁村""北有山西大槐树,南有江西(鄱阳县)瓦屑坝"等口号。

葛剑雄先生在《家山何止大槐树》一文中提道:在中国移民史上辐射范围最广、影响最大的一个移民发源地,大概要算山西洪洞大槐树了。有学者考证,"洪洞古大槐树移民"分布在18个省、市的1186个县。这样的历史背景决定了大槐树景区民间交往较为普遍的特性。为此,景区于2012年策划完成了适合于企业、家族等各类团体、个人的祭祖项目,已先后举办中华周姓、内蒙古三主粮、西安九锦台、河南牛氏、山西商务国际旅行社等各类祭祖活动100余场,将景区特有的寻根祭祖文化转化成了产品。

接待笔者一行人的导游小段正是来自河南的大槐树移民,2012年返乡后被景区聘用。她说:"景区把我们当亲人,我们也把各地的游客当亲人,因为大家都是中华民族这棵'大槐树'繁衍出的枝枝叶叶。"

智慧提升触摸乡愁

当然,景区的建设并没有停留在对历史的怀想中。今年,借助"中国智慧旅游年"和"5A提升工程",景区累计投入资金192万元进行智慧景区建设,初步实现了导航、导游、导览、导购四项基础功能。

先后对大槐树网站进行提升改版,不断充实网站文化,逐步与智慧景区相结合,增加了三维虚拟景区,与同程网、新浪网、腾讯网等大型网站加强合作,利用微博、博客、微信等平台对景区进行大力宣传。尤其是十一期间,按照国家5A级旅游景区创建标准,试行"洪洞大槐树APP"客户端和"洪洞大槐树景区"今日头条、搜狐等自媒体平台,宣传独特的根祖文化、移民文化;推出了微信平台"拍我"活动,轻松扫一扫就能得到景区送出的大槐树特色小纪念品一份,受到游客的喜爱,7天共吸引12.66万人次寻根祭祖。

洪洞大槐树根祖文化传播的分析与对策

郭轶方　铁铮

根祖文化是指中国人传统的落叶归根和认祖归宗的思想、理念、情绪等引发的文化现象。

"问我祖先在何处?山西洪洞大槐树。"明朝洪武年间,在洪洞大槐树开始了一场中国历史上规模最大、历时最长、范围最广的人口大迁徙活动。山西洪洞大槐树不仅是一个移民发源地,也是中国根祖文化的象征性符号。

大槐树根祖文化的内涵及特征

洪洞大槐树位于临汾市洪洞县城北二公里的贾村西侧的大槐树寻根祭祖园内,是山西省文物保护单位。在这里,大槐树不仅仅是棵树,而是移民史实的见证者和移民心目中的家乡。每年约有20余万人前往寻根祭祖。

《温县志》《宝丰县志》《宁阳县志》《丹凤县志》《商南县志》《山阳县志》等地方志明确记载了在山西洪洞大槐树下集中移民。大量的民间家谱、碑文资料也有详细记载。

大槐树根祖文化以明代大移民为背景，以大槐树为形象图腾，以洪洞地方文化为渊源，以移民史实和纪念移民为主线，以维系宗亲之情为精髓。大槐树根祖文化源远流长，具有强大的民族凝聚力和社会整合力。传承和弘扬洪洞大槐树根祖文化，对增强海内外华人的民族认同感和民族凝聚力有重要的作用和意义。这是大槐树根祖文化传播的基础，也是其传播的优势。

作为中国历史上规模最大、历时最长、范围最广的官方移民，大槐树根祖文化的最大特点是血脉亲情的连接。对于一贯注重同宗同源的华夏子孙来说，根祖文化具有强大的感召力。600余年来，洪洞大槐树在民间的传播中被赋予越来越丰富的内容，成为百姓们崇拜的对象，被游子看作"家""祖""根"的象征，成为越来越多的游子心目中的家乡。难以计数的大槐树移民后裔遍布全国各地，或辗转迁徙海内外。古槐的后裔们纷纷回归大槐树寻根祭祖，形成了山西洪洞县独具特色的根祖文化。在大槐树根祖文化的形成过程中，逐步提炼和概括出了"忠厚直爽、开放包容、敢为人先、坚韧奉献"的大槐树精神。

经过长期的积淀和传承，大槐树根祖文化形成了以下五个基本特征：

一是以大槐树、祭祖园、碑记、族谱等为载体，以祭祖为表现手段，表达人们追思先贤、祈福平安、祛病消灾的心愿。这与中国的传统文化高度吻合，形成了厚重的传播基础。

二是与民间自发的祭祖仪式所不同，它由当地政府主办，组织严密，分工明确，规范周全，规模较大。因其有行政力量的参与，易于在当地形成合力，其权威性使其文化的传播具有较强的推动力。

三是已经形成了固定的祭祖的时间和程序，具有传播的连续性、一定的惯性和冲击力。寻根祭祖节从1991年开始举办，时间为每年的4月1日～4月10日，主祭日为清明节。时间上恰好与法定假期相一致，为更多公众的参与创造了条件。

四是国内唯一的移民寻根祭祖的大型祭典活动，承载着大量的民俗事项，是目前最被人认可的移民后裔联络情感的纽带，受到各界学者的关注，围绕其进行的学术考察一直未间断。独特、惟一等特点使其关注度不断提高。

五是有关传说众多，传播较广，有广泛的群众基础和浓厚的民间色彩。有关大槐树的传说故事历史悠久，世代相传，并具有鲜明的山西地方特色，为进一步强化传播奠定了基础。

大槐树根祖文化传播现状及问题

为了充分利用本地的优秀文化资源，促进当地经济的发展，洪洞县政府多年来采取了多种方式传播大槐树根祖文化。自20世纪90年代初，以古大槐树移民遗址为载体的根祖文化活动空前活跃、蓬勃发展。1991年，洪洞县委、县政府组织举办了第一届洪洞大槐树"寻根祭祖"节，年年升温，越来越热。在首届主祭日，各方来宾超5万之众。外地游客络绎不绝，来宾参与范围逐年扩大，人数愈来愈多，社会效益越来越好。

"寻根祭祖节"定为每年4月1日至10日，主祭日为清明节，与民间上坟祭祖融为一体，隆重合俗。为更好地保护大槐树"祭祖习俗"，2008年6月，"大槐树祭祖习俗"被列入第二批国家级非物质文化遗产名录，也起到了一定的提升作用。

近年来，大槐树景区先后采取了多项措施加以强化。一是围绕根祖文化内容，建设完成用于接待寻根祭祖的大型建筑祭祖堂、献殿；二是设置大槐树移民文化实证展览馆；三是成立了洪洞大槐树移民文化研究中心；四是在景区打造与之相对应的文化演艺系列表演节目；五是收集整理移民文化内容，包括家谱、族谱1000余册及与移民文化有关的资料，出版相关书籍23种，拍摄音像光盘5类并设立了网络存根的网站；六是除了在历年春节、祭祖节、中元节、寒衣节期间举办祭祖活动，全年承接各类社会团体、姓氏宗亲及家庭祭祖等；七是在2012年举办"中国·洪洞大槐树文化高峰论坛"。总之，通过一系列的努力，大槐树根祖文化得到了进一步的保护和开发利用，对提升文化软实力发挥了重要作用。

尽管在传承与弘扬大槐树文化中摆脱了与文化生硬捆绑的枷锁，升华了文化对景区的现实意义和经济价值，但在大槐树根祖文化传播的过程中还存在一些问题。主要表现为：

传播媒介格局呈单一化。就景区文化传播媒介而言，呈现出明显的单一化态势。大槐树景区主要以大型表演的形式来宣传根祖文化。这几年县政府不断投入资金和力量创新节目形式，虽然取得了一定成效，但其受众还是十分有限的。通过人际传播等传统的社会传播方式来发挥作用，使根祖文化的传播受到了一定的限制，影响了根祖文化的传播效果。

移民故事缺乏可靠依据。大槐树移民故事大多起源于一些传说，至于这类传说究竟有多少历史真实的影子，即便是从明代官方文献中也很难找到相应的证据。极力炒作明代大槐树移民的传说，引发了规模宏大的寻根热潮。但这种狂热的背后，其实是现代人对民间传说的盲目迷信。仅靠传说掀起的寻根热潮难以持久，只能是昙花一现，这种狂热终将随着时间的更替而消退。

当地文化旅游资源不足。从文化资源的数量看，大槐树景区本身并不具备优势。

特别是相较于山西省内其他文化旅游胜地，如五台山、平遥等文化景区，大槐树景区还有很大差距。大槐树景区客流量高峰一般都在国家的法定节假日，正是人们出行的黄金时机。然而景区内不仅景点数量有限，而且旅游项目偏少，不利于形成文化传播的辐射力，直接限制了景区的发展。

大槐树根祖文化传播的改进措施

大槐树根祖文化所体现的是一种血脉亲情、民族感情、爱国之情，是华夏文明和民族精神的载体之一。为了进一步传承和弘扬大槐树根祖文化，让更多的海内外华人和古槐后裔了解大槐树的历史渊源和文化内涵，还需要做大量的工作。要进一步解放思想，更新观念，突破框框，按照传播规律办事。努力将大槐树根祖文化的传承与地方文化的传承相结合，与旅游文化的繁荣相结合，与生态文化的弘扬相结合。具体的建议措施有：

进一步丰富传播手段。第一，在新媒体时代，要娴熟地掌握和运用微博、微信等新的传播媒介，借助新媒体的力量，促进根祖文化以快捷的传播速度和强大的传播力度，进行跨民族、跨地域和跨文化的传播，进一步提升大槐树根祖文化的知名度和影响力；第二，要策划和组织开展多种多样的传播活动，利用研讨会、报告会、展览会等方式，加大对大槐树根祖文化的传播力度，通过征文比赛、诗歌比赛、书画、游记比赛等，吸引广大公众的关注与参与；第三，要进一步拓宽传播范围。除了在本地加大传播力度外，还要努力向外辐射。积极在北上广等大中城市设置宣传点，在海外华人聚居地加大传播力度，进一步扩大传播的范围。

进一步丰富传播内容。首先要重视保护并收集与根祖文化有关的各种实物。古槐作为根祖文化的物质载体，既是海内外古槐后裔思念家乡的历史见证，更是中华民族精神家园的文化符号。要对古槐周围的环境定期进行科学监测，采取必要的保护措施，为古槐生长提供良好的环境。与此同时，要设计和构建新的槐树园，进一步丰富槐树文化；其次要保护好收集到的有关文书、石碑、族谱及相关实物等，为这些珍贵的历史文化遗产建立严格的档案记录，防止流失。改善存放条件，将有关资料的毁坏程度降到最低。要最大限度地发挥这些实物和文献的作用，让它们走近公众、贴近公众；再次要广泛发动有关人员在全国各地收集家谱、族谱，大力鼓励社会上有志于研究移民文化的人士积极开展工作，及时将研究成果与公众见面。借助社会教育、学校教育等途径，使大槐树移民文化得到进一步挖掘、提升、继承和发展。

进一步创新传播手段。将大槐树根祖文化与旅游文化结合起来。整合周边的旅游资源，形成更加丰富的旅游链，给游客更多的旅游体验。努力使大槐树丰厚历史文化资源优势转化为现实的文化旅游优势。可以考虑与周边的壶口景区、普救寺、苏三监狱等旅游景区合作,结成战略联盟,充分实现旅游资源的共享与互补,吸引更多的游客;进一步开发与祭祖旅游相配套的其它旅游文化项目,充分发掘当地独特的旅游资源价值和旅游文化商品,开发具有地方特色的旅游纪念品和文化艺术产品;努力打造大槐树寻根祭祖园这一旅游品牌和根祖文化品牌,将大槐树根祖文化转变为文化创意产业,带动当地经济及社会文化的繁荣发展。

明代山西人口外迁原因及其影响研究

刘韩艳

[摘要]中国的移民活动从史前时代起就一直在持续进行着,到了明朝,规模更加扩大。自明太祖朱元璋起,历经百年,移民活动一直进行,而山西地区成为这期间移民的重点。这一时期山西人口不仅向中原地区、内蒙古等地迁移,而且还向云南地区甚至海外迁徙,对迁入地产生了深远的影响。

移民是指超过一定空间距离移居的人群,或是迁往国外某一地区永久定居的人,是由一个国家或地域移动到并且长期居留于另外一个国家或地域在移居地从事生计性的经济活动,并被课以当地社会义务的个人或人群,它能带动民族种族的交融,是人类得以繁荣昌盛的基础。明代山西的移民是明朝政府基于经济政治等诸多原因有组织、有目的、有计划的一次大规模移民,对迁入地产生了深远的影响。

目前国内外学者对山西洪洞大槐树的研究成果较为丰硕,但是关于明代山西移民的具体情况研究成果较少,郑发展在《明朝洪武年间山西人口移民河南规模初探》[1]一文中,主要整理了《明史》《明实录》等史料中关于山西移民的记载。张亚静、和静在《浅析明代的人口迁移》[2]一文中,对明代山西人口的迁移作了整体的介绍,指出明代山西人口迁入的地区主要是河南、河北、山东等地,而人口迁移的主要原因是战争、政府政策和自然灾害。梁四宝、武芳梅在《明清时期山西人口迁徙与晋商的兴起》[3]一文中,对明清时期山西人口的迁移作了概括,明朝向外大移民主要举了洪洞大槐树的例子,指出此时山西人口外迁的主要原因是山西人口与耕地的矛盾和自然灾害的影响,并对明清两代山西人口迁移对晋商兴起所起的作用作了介绍。李海林的《浅谈明初山西移民之背景》一文,主要对明初山西移民的历史背景作了详细的介绍。朱振华、孙桂芸在《明清时期山西移民对戏曲艺术的影响》[5]一文中,主要介绍了明清两朝山西移民的原因及明清时期山西移民对戏曲艺术的影响。魏隽如在《明初山西移民保定的历史原因及其影响》[6]一文中,介绍了明朝山西移民保定各县的历史原因及对保定地区产生的历史作用与影响。王兴亚在《明初迁山西民到河南考述》[7]一文中,介绍了明朝迁山西民到河南的三个原因、迁山西民到河南的经过、山西民在河南的分布以及山西民对河南地区产生的影响。总体来说，这些研究主要是从移民的历史背景、历史记载、移民的主要地理分布、移民所产生的历史作用等方面作了介绍，对我们了解这一时期山西移民的情况提供了重要参考，但是这些文章都是独立的分块的研究，每个学者都只是从明朝山西移民的某一方面或两方面来研究，而没有对明朝山西移民有一个系统的、综合的介绍，难以形成一个系统的认识。而张青的《洪洞大槐树移民考》、赵明信的《洪洞大槐树与河北迁民》以及远江的《出山西记》等都对北方盛传的洪洞大槐树移民作了介绍，主要介绍洪洞大槐树的情况，或者介绍明朝山西移民的背景、原因及产生的深远影响，而洪洞大槐树只是明朝大移民的一个组成部分。本文力求在前人研究的基础上对明朝山西移民作系统概括，希望对学者了解明朝山西移民提供参考。

一、明朝山西移民的历史背景

元朝末年，统治腐败，土地兼并现象十分严重，造成土地财富占有的严重不均，广大农民成为丧失土地的流民，随着流民人数的增加，导致了农民起义此起彼伏，阶级矛盾、民族矛盾交织在一起，社会极度混乱。据统计，在元代后期，流民人数高达全国人口的三分之一以上。[4] 农民起义风起云涌，使得统治阶级内部也开始混乱。除了以红巾军为代表的农民起义军外，还有朱元璋等人领导的统一全国、夺取元朝统治政权的斗争，规模巨大的南北农民战争使统治者大为震惊。尤其是刘福通等人领导的红巾军起义，数次与元朝军队在两淮、中原一带展开决战，在广大农民中间产生了深远的影响，广大农民纷纷投入到反抗元朝统治的洪流中，元朝统治摇摇欲坠。虽然朱元璋等人领导的农民起义军最终结束了元朝的残酷统治，但是这些战争还是给当地人民带来了很大的破坏，使得中原地区满目疮痍。

二、明朝山西移民的原因

（一）靖难之役的影响

朱元璋建立明朝政权之后，吸取了元朝灭亡的教训，在加强皇权的过程中采取了分封制，把他的儿孙分封到各地去作藩王。建文帝时，因感到诸叔父各自拥兵对自己构成威胁，准备削藩。此时，实力最强的燕王朱棣因不满其侄儿建文帝的削藩政策，以清君侧的名义起兵造反，争夺帝位，史称靖难之役。战争历经四年，最终燕王朱棣取胜，夺得帝位。据史料载，这四年的军事斗争主要发生在北平、永平、保定、真定、河间及济南、东昌等府的辖境内，而燕军对忠于建文帝的军队及百姓的残酷杀害造成了大片的无人区。为了巩固统治，明成祖把山西作为主要的人口输出区，充实其他地区。

（二）明初山西的整体形势

"山西之形势最为完固。关中而外，吾必首及夫山西。盖语其东，则太行为之屏障，其西则大河为之襟带；于北则大漠，阴山为之外蔽，而勾注、雁门为之内险，于南则首阳、底柱、析咸、王屋诸山、滨河而错峙；又南则孟津、潼关，皆吾门户也"。[8]199 由于山西具有这样得天独厚的优越的地理条件，表里河山，易守难攻，"因此每当分裂或战乱时期，山西往往成为北部中国的战略要地或政治中心，就会吸引大量外来人口，也成为大批难民的庇护所，从而出现一个经济相当繁荣的阶段"[9]。山西从元朝至正元年到至正二十七年，灾情较少，虽有大的水灾和几次地震，但与周围的河北、河南等省灾情比起来是微不足道的，大部分时间没有发生过较大的自然灾害，而且兵乱较少，社会相对安定，因此就会吸引临近各省的大量难民，使山西人口增加。再加上朱元璋建立明朝后，为了恢复农业生产，平衡中原和山西地区的人口，从山西迁出人口填充中原成为大势所趋，所以就出现了明朝的洪洞大槐树移民。

（三）政府政策的强制性

"政府政策主要是指由封建国家统一策划、统一组织的人口大迁移，也可说是政府移民运动，这些人可称为移徙之民。"明朝政权建立后，为了发展生产，恢复社会秩序，着手组织人口迁移，如"迁山西泽、潞民于河北"[10]，最早见于官方记载的明朝移民是在洪武六年，这一年"徙山西、真定民屯凤阳"[10]。此外还有散见于民间家谱中的记载，如"汲阳县《申氏族谱》记载，其始祖于洪武四年由山西洪洞县迁居延津县"[11]。还有河南偃师县游殿村《滑氏家谱序》载："吾滑氏聚族邙上。自明初洪武三年，由山西迁移而来，至今四百余年。"[12]101 这些都是从山西迁往各地的移民的记载。

（四）明朝山西地区自然灾害及其影响

明清以来，山西一直是自然灾害频发的地区，像旱灾、霜冻、洪涝这样的自然灾害发生的范围往往比较广，经常使得农业生产无法正常进行。据记载，明清时期的山西，大致每年发生大旱一次，其中在明王朝存在的276年中，大旱总共发生过44次，平均每六年发生一次，再加上局部地区的旱灾，几乎可以说是无年不旱，而且一般情况下旱灾影响范围极大，不是全省发生就是整个北方地区一起受灾，危害极大。如永乐九年（1411）闰十二月辛巳，山西蒲州临晋县言："县连岁不登，民多流亡"。[13]永乐十九年（1421）邹缉在《奉天殿灾疏》中称："今山东、河南、山西、陕西水旱相仍，民至剥树皮、掘草根以食，老幼流移，颠踣道路，卖妻鬻子，以求苟活。"[14]这些都说明了明朝时期山西的自然灾害之严重，影响范围之大，所以导致人口外迁。

（五）明朝时期山西的人地矛盾

由于山西相对封闭的地理环境，战火很少波及，所以元末明初的连年战争以及后来的靖难之役并没有对山西的农业生产造成太大的影响，邻近各省的难民和受灾害影响较大的地区的人民纷纷涌向山西这个暂时的避难之所，使得山西的人口相对增加。元人钟迪在《河中府修城记》中说，"当今天下劫火燎空"，"而河东一方居民丛杂，仰有所事，俯有所育"。"据《明实录》所载，洪武十四年（1381）河南人口为189.1万人，河北人口为189.3万人，而山西一省人口就达403万人，比河南、河北两省人口的总和还要多。"再加上明太祖朱元璋采取了一些有利于经济发展的政策，使得各地人口增加，山西人口也随之增加。人口日益增长，而土地面积有限，加之土地兼并，使得这一时期山西的人地矛盾异常尖锐，为了促进经济的发展和调整人地矛盾带来的一系列问题，明朝山西人口外迁成为必然。

三、明朝山西人口外迁产生的作用和影响

（一）对迁入地的影响

明朝山西人口的外迁使迁入地的劳动人口增加，恢复了当地的农业生产，从而促进了当地农业经济的发展。虽然有些移民是政府强制实施的，但是政府在强制的同时又会采取不少优惠政策来鼓励老百姓开荒，使迁入地耕地面积增加。如洪武三年曾规定："对北方郡县荒芜田地，召乡民无田者垦辟，每户给十五亩，又给二亩地种蔬菜，有余力者不限顷亩。同时还规定，皆免三年租税"[15]。由于政府政策的鼓励，在很大程度上调动了移民的生产积极性，有利于当地农业生产的恢复和人口的增加也有利于土地的开垦。

山西人口的迁入不仅有利于增加当地劳动力，促进当地社会经济的恢复，同时还对迁入地的风俗习惯、社会生活等方面产生了深远的影响。如"以迁民姓氏来命名村落。如极县的双兰屯，自洪武二十四年山西泽州建兴乡大阳都郭全下人户一百一十户迁此后，里长是郭全，故更其名为郭全屯。新乡县东三十里的张八寨，也因明初张八自洪洞迁此而命名"[7]。这样的情况很多，有的一直沿用到今天，如名张八寨现在还未更名。

（二）对山西的影响

由于山西表里山河的地理特征与环境，使得山西在元末明初以及后来的靖难之役中较少受到战争的影响，大量吸收了周围地区的人口，致使山西在明初出现地少人多的人地矛盾问题，而政府采取的迁山西之民恢复中原经济的政策，一定程度上解决了山西人多地少的问题，有利于山西无地、少地农民走出困境。"洪武二十五年十二月朱元璋听到李格、徐礼关于山西迁民在彰德、卫辉、开封、怀庆等七府岁收谷、棉的情况报告后说：'如此十年，吾民之贫者少矣'"[7]，即反映了这一事实。

(三) 对晋商兴起的影响

明朝山西人口的大量外迁和流动，使得人们在迁移变动之中思想观念也慢慢地改变，为了能够在异地平安地活下来，乡土观念已经在慢慢地淡化，农业已经不是唯一的生存手段，有不少人从事手工业、商业的生产与经营，乡土观念发生改变的同时，传统的以农为本的思想也随之发生改变，读书不是唯一的出路，经商亦能使家道兴旺。这样大规模的人口流动，再加上一些外迁人经商的成功经验必然会使同乡之人心生羡慕，并且想办法效仿，所以山西人的经商文化、商业观念就慢慢地形成，为晋商的兴起提供了思想条件。

(四) 对戏曲艺术的影响

文化总是在一定的地域基础上以本地域的地理条件为背景产生并且形成，最初总是作为一种地方特色，然后开始向外地流传发展。中国是一个幅员辽阔的国家，人们在各自的地域条件下形成了丰富多彩的区域文化。明朝时期政府组织山西人口向外迁移，移民遍布中国各个地方。大规模的移民必然会把家乡的语言、风俗习惯、思想观念等带到新的地方。戏曲艺术作为文化的一部分，作为一种娱乐活动，自然会被带到迁徙地。会馆当时是寓居一地的同籍人士的汇聚地，也是同乡人复制乡井氛围的一种组织。关羽是山西人的乡土神，所以山西会馆往往会在每年农历五月十三日关羽诞辰之日祭祀关羽，同时举办大型庙会活动并演戏酬神。因此，几乎所有的会馆里都建有戏台和戏楼，为山西梆子戏提供了固定的演出场所。而明朝山西人口是迁往全国各地的，势必会把山西戏曲传播到所迁地方，壮大山西戏曲的基础，同时也对迁入地的戏曲文化产生影响。

总之，在明代，由于处于特殊的历史背景之下，山西地区发生了大规模的人口迁移，随着山西人口的外迁，人们将三晋文化传播到了全国各地。明朝时期山西人口的外迁对全国各地都产生了深远的影响。

[参考文献]

[1] 郑发展：《明朝洪武年间山西人口移民河南规模初探》[J]．《中州学刊》，2009 (3)．

[2] 张亚静、和静：《浅析明代的人口迁移》[J]．《北方文学》(下半月)，2012(2)．

[3] 梁四宝、武芳梅：《明清时期山西人口迁徙与晋商的兴起》[J]．《中国社会经济史研究》，2001 (2)．

[4] 李海林：《浅谈明初山西移民之背景》[J]．《雁北师范学院学报》，2005 (1)．

[5] 朱振华、孙桂芸：《明清时期山西移民对戏曲艺术的影响》[J]．《太原大学教育学院学报》，2009 (2)．

[6] 魏隽如：《明初山西移民保定的历史原因及其影响》[J]．《河北大学学报》

（哲学社会科学版），2000（3）．

[7] 王兴亚：《明初迁山西民到河南考述》[J]．《史学月刊》，1984（4）．

[8] 顾祖禹：《读史方舆纪要》[M]．北京：中华书局，2005．

[9] 葛剑雄：《家山何止大槐树》．http://www.gmw.cn/01ds/1999-06/02/GB/252%5EDS625.htm．

[10] 张廷玉，等．《明史·食货志》[M]．北京：中华书局，1972．

[11] 任崇岳：《中原移民简史》[M]．郑州：河南人民出版社，2006．

[12] 黄有泉：《洪洞大槐树移民》[M]．太原：山西古籍出版社，1993．

[13] 吴瑞娟：《人口迁徙在明清晋商发展中的作用》[J]．《菏泽学院学报》，2010（1）．

[14] 张廷玉，等．《明史·列传（卷五十二）》[M]．北京：中华书局，1972．

[15] 徐光启：《农政全书（宣统元年曙海楼藏版）》[M]．北京：中华书局，1996．

《大槐树》与《弟子规》

一颗普通的槐树，连接了亿万中国人的家园情结；一本只有1080个字的《弟子规》，被誉为"人生第一步，天下第一规"。这二者之间有什么联系呢？

一、绛州是明初移民的重要组成部分

"问我祖先在何处？山西洪洞大槐树。祖先故居叫什么？大槐树下老鹳窝。"洪洞大槐树已经成为移民抽象故乡象征性符号，是中华民族文化之根的象征地，它既是民族精神的载体，又是民族精神和传统文化的象征。

与洪洞同属山西平阳府的绛州，据康基田的《晋乘搜略》记载，早在金兴定三年（1219），就发生过因迁民而杀官员的事件。

金兴定三年，遣近侍局直长温敦百家奴、刑部侍郎奥屯胡撒合徙吉州之民于丹州，以避兵。绛州民重迁，遮道控诉，百家奴令召晋安兵护老幼以行，众意兵至必见强，乃譟入州署，杀百家奴。胡撒合畏祸，徇众，与会饮，歌乐尽日。众肩舆导拥，欢呼拜谢而去，后治罪。金末年，于牛心寨侨置吉州，吉隰便宜经略使，集兵守之。

"尽管战争期间的移民与和平时期的移民性质有所不同，但也可反映移民的心态。绛州人口从明洪武元年（1368）90260人，到明弘治十五年（1502）减为83383人，减少6877人，从和平年代的人口变化就可窥见移民的数量。"

二、《弟子规》中凝结着范鄗鼎的心血

"弟子规，圣人训。首孝悌，次谨信。泛爱众，而亲仁。有余力，则学文。"这是《弟子规》的总叙、纲领、提炼和概括。短短的二十四个字，浓缩和囊括了传统优秀文化的精华；全文约定的113件事，使"四书五经"落到实处开花结果。难怪净空法师认为，《弟子规》文化的分量，相当于一部《四库全书》。

清康熙四十一年（1702），绛州秀才李毓秀撰著《训蒙文》一书，一经问世，迅即流传三晋大地，成为"开蒙养正之最上乘者"。后经浮山贾存仁修订为《弟子规》，"近李氏《弟子规》盛行，而此书（指《三字经》）几废。"

《弟子规》不仅是"绛阳学派"的巅峰和代表之作，也浸透和传承着绛州三贤中李毓秀先师辛全和党成的心血和思想。伴随着明初大槐树移民而使传统文化的复兴，程朱学派在明代的主要代表、也是河东学派的代表薛瑄应运而生。这位生于河津南薛里的理学家，罢官期间在绛州留下了众多的足迹。与薛瑄虽无师承但受到其影响的"绛州贡生辛全，生际明末，以正学为己任，著述甚富，乞敕进卷书（《清史稿》）"。

辛全（1588—1636），字复元，号天斋，绛州城内人。幼时聪敏过人，六七岁时就敢当众讲"河、洛"等古书。焚香端坐，严肃认真学习理学著作，后拜安邑人曹真予为师，学问更加精深，声名大振。当时国内各地的著名学者关中冯少墟、楚中贺阳享，乃至七十岁的李承赐都甘愿作其弟子。相国吴胜、祭酒倪元璐、御史路振飞等都争先向朝廷推荐他。在京应试，宰相贺逢至推荐，皇帝下诏给辛全以知府衔补用。因奔母丧，丁忧期间突染疾而亡。

辛全一生安贫乐道，为时人所敬仰，系绛阳学派的领袖人物。李生光、党成、范鄗鼎都是他的学生。

绛州人江西布政司李翀霄撰《辛书弁言》："复元辛先生德高望重，倡正学于河汾。惟时不独缙绅子弟皆以为宗，即异方贤哲暨军卒卖卜之徒，咸感荣而进坊负笈而从教矣。"洪洞理学家范弘嗣，曾任德州州判，在任厘改漕弊，号为能吏。明末农民起义军起，地方不宁，遂辞官归里，追随理学家辛全讲求学问。其子范芸茂，初为庠生，游理学家辛全之门，孝友力行。明亡后，杜门不出，无意进取，著有《明十六家小品评》《洪乘编》等。

清康熙六年（1667）考中进士的其孙范鄗鼎，以母老告终养，隐居山间，专事撰述，成为山西著名的理学家。清康熙四十二年（1703），玄烨西巡过晋，特招范鄗鼎至行在谒见，乘机进献《明儒理学备考》《广理学备考》二种理学著述，蒙康熙帝奖勉，并御书"山林云鹤匾额"。

范鄗鼎（1628—1707），一作范镐鼎，字彪西，一字汉铭，山西洪洞县师村人。

为祖孙三人理学世家成就最突出者,他一生中除著述外,还创立希贤书院,购置学田,赡济贫困子弟。绛州人闫耀携其子常住希贤书院,读范鄗鼎的书,观摩范鄗鼎身体力行的事迹。又建五经书院,起号舍50间。"河汾人士多从受经。弟子中有名的如河津人陈大美、翼城人吕元音,及闫耀、石云根、范个臣、任莘叟等。"

对地方公益事业,范鄗鼎一贯热心任事。清康熙二十六年(1687)他一次捐赀300两白银,购义田若干亩,赡养乡里贫困者。又多次捐金办义学,设义冢,建养济院,修复古迹等,有"乐善好施之誉"。以至清康熙己卯(1699),"范亦沦落,闭户罕见人面"。

党成(1615—1692),字宪公,号冰壑。绛州北平里北窑庄人。党成家境贫寒,幼即有志圣贤之学。日诵濂洛关闽诸书,以身体之。屡试不第,遂绝意仕进,刻苦攻读,博览群书。尝为贾舍人荆生作斋,解援周元公、程正公说,无厄辞。好为人辨朱陆异同,探本穷归,毫厘千里,如锥划沙。著学庸、淡言、日知若干种,识者谓可拟《读书录》。魏大司寇环极闻其名,书三至,卒不答,魏亦高之。年将耄,贫益甚。读书好古泊如也。卒后,州守碑其墓。

党成的学生、时任曲沃县令崇安潘锦给《党冰壑集》撰写的序中写道:

曲沃贾舍人荆生笃学好古与余交最善。其论人物少见推许,独雅重洪洞范鄗鼎、绛州党成。范起家进士子荆生同年,著广理学考搜罗坠简补缀遗文有功。贤哲虽名位未显,学者宗之为泰岱北斗。党故明诸生,屏居田野,足迹不至城府,推诚致行,排斥伪学,根抵紫阳,几与河津抗席。党殁后一岁,余方代牧绛。余亦欲附党於泽宫,乞荆生、彪西作传,事未果。今荆生老且病不肯作文字,范亦沦落,闭户罕见人面。余素好党著述,且重段君志,因弁其集并示荆生寄语彪西,知吾两人笃好。何如也?

范鄗鼎幼年,其父范芸茂授予辛全《养正集》(洪洞大槐树志误为《养心灵》)。既然鄗鼎祖父、父亲都曾为辛全学生,而鄗鼎与辛全的得意门生党成有染。相差13岁的年龄,有可能曾为党成的学生;虽然没有明确记载,但从曲沃县令崇安潘锦撰《党冰壑集序》了解到两人之间的关系。

《训蒙文》清康熙四十一年出版发行,范鄗鼎清康熙四十六年去世。他生前是见到过《弟子规》的。他的同窗好友同为进士出身的曲沃贾荆生常与李毓秀商讨学问,他们之间完全有见面切磋的机会。即使交流不多,范鄗鼎众多的著述也难免对李毓秀的学说产生影响,以弥补他秀才地位的欠缺。望有志于这方面研究的学者补充完善,而绝不是空穴来风,望文生义。

李毓秀,字子潜,号采三。清顺治四年(1647)农历十一月十七日出生在绛州正平里(今新绛县龙兴镇)周庄村一个富裕的家庭;卒于清雍正七年(1729)

农历八月二十四，葬在新绛县三泉镇吉庄祖茔。读书数过成诵，而好自刻厉。《清光绪直隶绛州志》："从党冰壑游几二十年，守师说不敢变。"

在其撰《党冰壑先生行状》中云，"毓秀之始遇先生也，先生年踰五旬矣。先生望后学之殷，不啻饥之于食、渴之于饮也；而其爱后学之诚、训后学之谆切，不啻父之于之也"。

"先生固蕲人知，而亦非人之所易知也。迨清康熙丁未（1667）岁先生年近周甲尚固守编氓循分服役。后经举荐，始准除役。魏敏果阅其书，有'接文清之渊源，续考亭之正派之语'。平阳太守袁公拟请到晋山书院开讲，因吴逆之变未成。每言今日急务，莫如收拾有志之士而成就之。上为朝廷培贤才，下为草野厚风俗，前为往圣继绝学，后为万世开太平。先生学初无师承，年及强而鬓发白。葢思虑积苦所致。口稍呐，甫接谈，中年肥遁；年老身衰，殷殷诲人之意，始终不渝。道益明，德益光，从学者日渐众，而士大夫之贤者，又多亲就而乐与焉，其意殆有未可量者，不幸天丧斯文。毓秀窃惟受业不为不认，聆其诵诲不为不多；观其日用动止而服膺焉不为不详"。党成亦言："吾门沈毅攻苦无如子潜，将来主持斯事不忝师席者，独此人而已。"

李毓秀几乎伴随党成走完了人生的道路，游学二十多年间肯定与其师的学生或朋友范鄗鼎有过交往乃至学术上的碰撞、交流、沟通。

辞别了恩师党成后，欲"发明圣谛"的李毓秀，于时下场屋中物多格不相入，既觇之数年遂罢不复为；注选县丞两年，对官场更是一窍不通。太平侍御王公（奂曾）雅重其学行，延於西席者十载。王奂曾，字元亮，号诚轩，清康熙丙辰（1676）进士，历都察院、湖广道监察御史。时同邑有王子郁朴、曲沃贾荆生鸣玺、太宁曹陶菴续祖与先生互为切磋，以勉为醇儒。

荆生，曲沃苏村人，与父同举癸卯乡试，玺为解首。丁未，成进士，授内阁撰人中书。刚正不阿，晚偃卧山村，著书颇丰。死后，家贫，堂弟鸣莹，阴卖柏桥山，为其送终。

经历了太平学馆的十年历练，使李毓秀具备了丰富的教学经验；三十年与志向相投老师、朋友间切磋研讨，使他对儒学的理解更上升了一个层次；出身进士的范鄗鼎、贾荆生、王奂曾等丰富的经历弥补了他学识上的欠缺，更加笃定了"发扬圣谛"的信心；经学识丰富的天主教传教士高一志从山西太原首到绛州传教，而乡绅段衮、韩霖又使之中国化的宗教学说争夺的现实，使李毓秀在十几年的教书育人过程中，孜孜不倦以兴学宣教程朱为本，默默地举起了捍卫儒学的大旗，于清康熙四十一年，出版《训蒙文》。还著有《四书字类释义》《四书正伪》《学庸发明》《宋儒大文约》《水仙百咏》，门人辑录有《学庸说略》《四子疑问》等编。

晚而讲易敦复斋，听者履满户外。

三、同为根祖文化的历史渊源颇深

洪洞大槐树已成为亿万民众敬奉的"圣树"，被封为图腾，称为根，当做祖，视为家，成为亿万古槐后裔心目中的故乡。

世界上凡是有华人的地方就有大槐树移民后裔；《弟子规》热遍华夏，波及东南亚，印发数亿册成为中华国学经典。

山西洪洞之所以为根祖文化的发源地，不仅只有大槐树、苏三监狱、广胜寺，更有抟土造人、伏羲画卦、女娲补天、尧王访贤、娥皇、女英争大小，接姑姑、迎娘娘等传说和习俗。在这里，抓一把泥土就能攥出华夏古老文明的汁液来。

非常巧合的是董爱民主编的《洪洞五千年》记忆中，关于尧、皋陶、造父、赵氏孤儿、师旷、叔向，不是有联系，就是有争议。

如果说考古已经证明，陶寺就是五千年文明的铁证；那么我们也从考古讲起绛州与洪洞的历史渊源。

1. 关于尧与皋陶的渊源

地处汾水之阳的姑射山，在（绛）州西北四十里。庄子在《逍遥游》中："藐姑射之山，有神人居焉。尧治天下之民，平海内之政，往见四子藐姑射之山，窅然丧其天下焉。"

北京大学刘绪教授在为山西省考古研究所编著、上海古籍出版社2015年12月出版的《新绛孝陵陶窑址》序中讲到孝陵遗址面积约200万平方米。则在陶寺文化之前，即庙底沟二期文化之时，规模最大的遗址是孝陵遗址，而不是陶寺遗址。

结语中，孝陵遗址陶窑群一带可能就是古"陶"的所在地。尧的初封地在陶，后来又徙到唐，所以称陶唐氏。这一重要发现为探讨陶唐氏—帝尧的活动范围提供了新线索。

据此，法律鼻祖皋陶肯定与新绛有渊源。

2. 造父与赵氏孤儿

周穆王的驭手造父，因在剿灭徐偃王的叛乱中立了大功，周穆王便把赵城赐给他。自此以后，造父族就称赵氏，为赵国始族。这是史所明载的。

造父以下六世奄父，奄父生叔带。叔带之时，周幽王无道，遂去国如晋，事晋文侯，居翼城，另中卫乡赵庄村有"叔带旧封"之匾额；越五世而生赵夙，"赵夙故里"牌匾今日尚存。为献公御戎，灭耿、霍、魏，赐封于耿。赵夙之子赵衰，跟随晋文公在外十九年，封居襄汾县赵康镇赵雄村。

《史记·赵世家》："赵衰从重耳出亡，凡十九年，得反国。重耳为晋文公，赵衰为原大夫，居原任国政。"《左传·僖公二十五年》："原，晋侯文公归国，封赵衰原地。"但马保春、李尚师、卫文选等近代晋国史研究大家居然把此"原"解释为后晋文公举义旗评定周乱后所赐河南之济源。此原非彼"源"，实乃赵衰之封地，襄汾县赵康镇赵雄村也。

因赵姬之故从狄国迎回的赵盾得以嫡子身份居赵雄之邻东汾阳村。后又因让嫡之举，其子赵朔迁至新绛县泽掌镇北苏村。故历代绛州志均记载赵武故里在北苏村。

孔子评价赵武为"晋大夫第一"，又为"下宫之难"后再造赵氏之祖先。

至于广为流传的洪洞县的赵氏孤儿传说故事纯系戏剧版本，剧中人公孙杵臼和程婴分别是洪洞县公孙堡村和程曲村人之说应是赵姓人的附会。因为宋代神宗朝曾派专员核实为绛州太平县盘道村与程公村。

"下宫之难"发生地为东汾阳村。

3. 洪洞来历与羊舌氏迁徙

春秋时，洪洞为晋悼公之弟干的食邑，后为羊舌肸食邑，鲁昭公二十八年（前514）年始为杨县。赵城为赵简子食邑之地。洪赵均属晋国。《清·光绪山西通志》：羊舌故里在曲沃县，一云绛县。又三室之邑在太平县古晋城十里，今名羊舌坊。

羊舌氏本武公之子伯侨之后，伯侨生文，文生突，羊舌大夫也。"受封于羊舌（曲沃），以邑为氏，故姓羊舌。"因晋都故绛地不清楚之故，才有三地之说。羊舌大夫随晋献公九年迁都襄汾县赵康镇古晋城才有襄汾之说。晋文公二年因吕甥、却芮火烧公宫之故，迁都于新绛荀城席村，羊舌大夫随之迁新绛羊舌村（今名王守庄），并葬在那里，墓址尚存。羊舌职好直不容于晋，随晋灵公迁都现新绛北张镇诸浮（现北董村）而逆向迁之现县城西关村。晋景公十五年（前585）迁都新田又迁到曲沃而后食封洪洞。

4. 师旷之争与交通要道

按照《洪洞县志》的记载，谓师旷为曲亭镇师村人。但历代《绛州志》并不认可此说，而在人物卷中均有记载。杨兆平先生考证其为东横桥人。李尚师在《晋国通史》中认为，师是官职，而非姓氏。（法龙注：师氏应是乐官因职得姓，三代以后，汉史之所见乐官多为师氏，乃为家传职司）这里不搞争论，但师旷活动在晋都新田附近，其泣鬼神、感天地的成名作在虒祁宫。虒祁宫究竟何在，至今尚无结论，仅提供一重要线索供参考。据留学日本，先后任民国新绛城建局长、曲沃县长刘志祯曾对其儿子刘玉朋讲，横桥乡东升庄村东北的地里瓦砾很多，虒祁宫的准确位置恐在此与台上村西北部的结合处。

总之，从陶尧的迁徙，到赵氏一族与羊人舌氏的住地变迁，乃至师旷活动的足迹都充分说明，今人葛剑雄的"没有移民就没有中华民族，就没有中国疆域，就没有中国文化，就没有中国历史"的历史论断是对的。

另外，洪洞"南通秦蜀，北达神京，车辙马迹，络绎如织"的地理位置与"西濒黄河达三秦,东邻上党通太行,南接运城连河洛,北越并同抵京津"自古翼辅汾晋，以晋国三城而驰名的新绛相沿续。明洪武初，因绛州人高铎的建议驿站改迁侯马，从襄汾史村驿道东移；但水旱码头的位置直至民国初年其工商业之繁荣仍可与太原相比美。20世纪30年代陇海、同蒲铁路的兴建，交通路线东移，使昔日辉煌的绛州衰落。但作为晋南地区唯一的国家级历史文化名城，始建于北魏太和十一年（487）全国仅存的绛州大堂仍默默地耸立在那里，全国唯一的隋代官府园林绛守居园池仍承袭唐诗宋词的昔日辉煌，绛州全境富有15处国保单位、5项国家级非遗项目，在全山西省遥遥领先！

明季山西洪洞大槐树移民重塑了以汉民族为主体的儒家伦理纲常。与《弟子规》一样，是中华民族优秀传统文化的代表。今朝，我们应对他们联袂打造，使之做创造性转化，在创新中发展，在塑造社会主义核心价值观中真正发挥其新时代特色社会主义思想核心文化品牌文化应有的作用！

浅议洪洞大槐树移民村落的命名
——以北京等地移民村名为例

北京　张长生

据明史和北京地方志记载，明代从山西洪洞大槐树移民18次，涉及北京、山东等地，几乎遍布全国，堪称"世界移民之最"。

明史记载，山西移民到北京地区的事件发生在明代。"明洪武四年三月，徙山西民万七千户屯北平；洪武四年五月，徙沙漠移民三万二千户屯田北平周边各县，其中大兴四十九屯，宛平四十一屯，良乡二十三屯，固安三十七屯；建文四年八月，徙山西民无田者实北平；永乐元年七月，徙直隶苏州等十郡，浙江等九省富民实北京；永乐二年七月，徙山西民万户实北京；永乐三年九月，徙山西民万户实北京。"至今在北京郊区的大兴、顺义等地，留下一些以山西地名命名的传统村落，聚集着一些地名有着山西色彩的村庄，这些村名的由来与明代山西移民密切相关。在当地流传着"要问老家在何处？山西洪洞大槐树。"的谚语。传说着移民村名的由来，记述了移民村落的故事。

据顺义史料记载：元朝末年，战乱频繁，民不聊生，"时兵革连年，道路皆榛塞，人烟断绝"。明初，朱元璋命徐达率军北伐，得胜后发现，华北地区荒草遍野，老百姓流离失所，大多数地区"积骸成丘，居民鲜少"。元末明初，明代向顺义的大规模移民分别为永乐二年七月、永乐三年九月。在洪武年间，也有移民。顺义地区西北地势平坦，水源充足，土地肥沃，适于农耕。移民定居后，为了不忘故土，缅怀祖先，人们仍用老家地名来为迁徙后的村子命名。移民时，官府为便于管理，把每个州县编为营的编制，而移民落户后，也就以营来命名。这些移民为怀念祖先，不忘家乡，还在新家的门口，栽种一棵槐树，名念家槐。

在《顺义县志》中就有"红铜营"的记载。据村里老人回忆说，这里曾经是明代山西洪洞移民的聚居地，"红铜"很可能是被后人误写的别字。今名"红铜营"，古名"洪洞营"。当时来自洪洞的移民在顺义安家后，为不忘先祖和出生之地，也为启育后人，村名为"洪洞营"，以后才更名为"红铜营"。地名的读法，原则上是从当地口语。当时北京地区的语音中，"洞"可能已经不读"铜"而读"动"了，但是"洪洞营"本村人口音中的"洪洞营"听起来，还像是"红铜营"。所以，有可能就被不知底细的人想当然地写作"红铜营"了。"洪洞"作为一个地名，"洞"读"铜"。是因为"洞"的古音跟"铜"是一样的。但是随着语音的演变，通用语言中"洞"读成"铜"的读音却保留下来。

山东由于元末明初，黄河泛滥，灾疫盛行再加上"靖难之役"南北构兵，造成人烟稀少，故也是移民重地之一。山东移民以东昌府、济南府、兖州府、莱州府、青州府最多，分布80余县。山东移民以明洪武朝最多，永乐年次之。移民来源以洪洞居多，也有其他县迁出的。史料记载：明初向山东移民两次，一是明洪武二十一年（1388年）八月，"徙山西泽、潞两州迁彰德、真定、临清、归德、太康等地"（即今山东、河北、河南三省交界的三角地带）；另一次是洪武二十二年（1389年）移民大名府（邯郸东南部）、广平府（邯郸市）、东昌府（鲁西北聊城）。明初迁山东移民共约10万~15万人，分布区域以今天的鲁西为主，但此后又转迁于山东各地。迁徙山东的移民之家谱及碑记多数记载为来自山西洪洞大槐树，这显然与明史记载的洪武二十一年和洪武二十二年两次移民来自泽、潞两州不符。如夏津、菏泽等地的栗氏家谱载他们的迁徙年代均为洪武二十一年或二十二年左右，其原籍本应是泽、潞两州的移民，但同样只记洪洞大槐树，未记原籍，故此现象十分普遍。是因为在当时官府负责移民管理的部门就设在山西洪洞县的大槐树下，在此，负责移民的官员要对移民进行人数清点，整理造册，凭照发放盘缠，安排移民迁往的省份和区域等一系列繁杂的手续，还要为移民发放种子、耕牛、农具等。故有"要问老家在何处？山西洪洞大槐树"的民谚。

例如《崔傅刘村志》（方志出版社1995年）所载：崔傅刘村之由来，系明洪武二年（1369年）崔氏、傅氏与刘氏先祖自山西洪洞迁此分别立村，称"东崔、傅家、刘家"，相邻而居。后三村分别改为"崔家庙、傅家庙、小刘家"。民国期间，三村合政，始称崔傅刘村，相沿至今。该志共用82个字，把崔傅刘村的村名的由来交代得清清楚楚。

洪武二十一年（1388年）八月，明朝廷户部郎中刘九皋谏言：自古土地少的地方老百姓，总是需要迁移到土地多的地方，是希望充分利用土地，拥有一份永久的基业，眼下河北各地，战后土地荒芜，人烟稀少，山西地区的百姓，人丁兴旺，应该命令他们中的一部分居民迁移到土地多的地方，开荒种地。于是，一场声势浩大、由官方组织的移民计划就这样开始了。尤其是明成祖朱棣通过"靖难之役"夺得皇位以后，为了加强北方的统治，迁都北京，也需要继续填充大量的人口。于是，朱棣在位的21年间，也从山西移民，使今天的大兴凤河地区成了移民的落脚地。然而，移民们背井离乡，必然思念故土。为了让移民早日落叶生根，以达到平衡全国人口，发展繁荣北方地区的目的，明朝地方官吏破例允许从山西来到北京地区的移民可以使用原籍县名命名其落户的村落，只是为了区别原籍，需加一个"营"字。

例如屯留营，位于采育西0.3千米，东依凤河，北临104国道。明朝初年，由山西屯留县移民至此而建村，当时的6户人家为纪念祖籍，取名屯留营。

又如下黎城营，位于采育西0.5千米，东临凤河。明朝初年，山西黎城县移民至此而建村。原由大圈子营和小圈子营两个自然村合成，为纪念祖籍山西黎城县，并区别于北面的上黎城营，故取名下黎城营。

不仅如此，那些并非以山西地名命名的村庄，根据地方志记载，移民村落也非常多。例如《大兴县志》中记载：于家务，明初从山西移民成村，相传村内曾建有姜太公庙，庙里竖一根鱼竿，以祝福村民年年有余、家家幸福，后谐音为于务，清光绪年间名于家务。又如祁各庄，据传明初从山西迁来王、张、马、周、邢、刘六户，从山东迁来毕姓一户，因七户在此定居，取名七家庄，后谐音改为祁各庄。又如大皮营，明永乐间从山西移民建村，因村中有一皮匠手艺超群，远近闻名，故得名大皮匠村，后简称大皮营。据统计，大兴区共526个自然村，其中110个自然村由山西移民组建。

亦可证明，永乐年间的数次移民，也并非仅仅是普通的民户移民，如史籍所载，来源亦有一些是罪人，"定罪因于北京为民种田例。其余有罪皆免，免杖编成里甲，并妻、子发北京、永平等府州县为民种田"，也有身怀技术的人，"从山西之平阳、泽、潞等府州五千户隶上林苑监，牧养栽种。"如今的采育镇，仍以葡萄等瓜果蔬菜知名，历史的遗风余绪犹存。

自然，600多年过去，如今山西移民后裔早就成为纯粹的北京人，满口的京韵京腔，但中国人素来就有追根溯源的文化传统，在很多人心里，山西省并不是离自己很远的一个省份，洪洞县不是地图上的一个单纯的地名，而依然是自己的老家。

只有那些传承600多年的地名，仍然承载着明代山西移民的记忆。

开州太原郭氏迁开与温家庄同宗与西街郭不同宗缘由

我太原郭氏之迁开也，肇于始祖讳宏图，本籍太原府洪洞县人。前明初奉旨迁民，由洪洞县迁于开州城东温家庄，现有坟墓可考。彼时想为农家者流，不识字，不知记载缘由。或前有记载，遭乱离失迷，亦未可知。至我高祖讳巽公不知几世。但有始祖坟墓及始祖以下坟墓数十封，世系宗派莫有能记忆者。巽祖充应里书，想因办公不便，自温家庄迁居城里北大街八都坊迤南路西。巽祖兄弟三人，公为长。子五人：丕承、丕基、丕智、丕业、丕烈。次门讳先绝。三门讳旺，有子二人：丕绪、丕时。丕绪公因家贫逃往河南，病故。遗一子，名登山，随母回开州原籍瀛上。五世祖丕业，字继善，公留心谱系，手书先世名号，自高高祖起，未有丕绪公一门。想因外出，不知下落，仅记丕时公一门，授我五世堂伯见龙公。于嘉庆十五年庚午春，创修家谱，自高高祖始。今重修家谱得丕绪公四世孙克明公手册，续丕绪公以下世系甚详，迁续入谱内。克明公又言，巽祖兄弟既从温家庄迁城，温家庄乃根本之地，所有郭姓乃我之真同宗也。况相传至今，与温家庄辈数不错，何妨请温家庄年长识字者进城详细追溯，倘能续入谱内，岂不甚善。于是请瀛宗弟郭含辉推问缘由。伊有手册上自七世续起，层次亦甚清楚。七世以上伊亦无所考证。仅知同一始祖，议及巽祖迁城，伊亦有所传闻。但不知巽祖与伊七世祖门第远近。观伊六世祖俱以单字命名，想与巽祖非堂兄弟，即从堂兄弟，于是共同商议，续成一谱。城里自六世祖续起为一门，温家庄自七世祖续起为一门。至我本街北头、南头尚有数十家，先世概失传无考，碍难续入。只好从缺，呼为宗家而已。若西大街郭姓，彼自有谱，从唐代汾阳王郭子仪叙起，号汾阳氏。相传与北街不同宗。岂知汾阳王之先世亦太原氏乎既已代远世紊，谓不同宗亦只好不同宗耳。况前辈少读诗书，不晓大义，更有同姓结婚之弊，愈难再联宗焉。北街杜家口犹有一郭姓，状役郭东山之祖先，乃北京人氏，寄籍于此，则真不同宗矣。今我北街合温家庄谱系既修，绪次详明，必须后世子孙传之十世传之百世，相继续修，庶几千百载无紊乱矣。是所望于后之读书明礼者，爰为之分别详辨。

同治十二年岁次癸酉二月中六世孙连登字瀛瞻谨

中国古氏渊源暨分支

1997年4月古氏文献丛书编委会出版。名誉主编古国端，执行主编古小彬、古风作序,为 32 开平数装本,共 282 页。分为图片专辑、古氏渊源史、商榷篇、附录等。序文说:"至于分支历来的南北古氏家谱不约而同地认定山西是古氏原始分支的基本地望。不过小有区别的是北方的古氏家谱多以'洪洞'为地望……清朝雍正三年的陕北古氏《家乘弁言》说,陕北古氏迁自洪洞之南的古家庄。经查洪洞县之城东有一个古县村,之东南有一个古县,虽然我们不能说今天的古县村,就是明代的古家庄,但地名也是历史的'活化石'。至少表明这个说法是有根据的。"

陕西延安地区古氏(明代山西古进德、古进道两支系裔孙):延安地区古氏,是在元末明初自山西省洪洞县南北古家庄(今洪洞县古逻乡南柏村)迁徙去的。据传,延安开基祖在山西洪洞县时有兄弟三人,分三地迁徙,长房居河南,次房居华州(今陕西省华阴县),三房居丹州(今延安支系)。旧时有轶卷族谱,在明朝天启末年兵荒马乱之时被失,故迁丹州始祖是谁,无从查考。

据延安地区档案馆存《古氏渊源纪实》所载,该地区古氏以明朝羲勇官古进德、古进道为第一世,古进德生三子:古思忠、古思敬、古思恭,古进道生一子古思诚。古思忠为老长门,居延长县南河沟乡寺儿岭村;古思敬为老二门,无后代,古思恭为老三门,居延长县南河沟乡张阳村。

陕西黄陵县古氏(明代山西古进德支系)

黄陵县城古清华(十五世)一户,是从陕西省延长县南河沟张阳村因工作迁入,系明代山西洪洞县古逻乡南柏村古家庄古进德裔孙。

直系世代祖公(自一世至十五世)

进德→思恭→珍→仕奇→复盛→冕→克翼→处→太常→则→凤翔→诚→增新→柏林→清华。陕西铜川县古氏(明代山西古奇支系)

铜川县古志强诸户,是从河南省长葛市古桥乡古桥村迁去的,奉古氏老庄东头分支的明代山西洪洞人古奇为始祖。

陕西蒲城县古氏(明代山西古□□支系)

蒲城县东陈庄乡的古同汉、古银峰诸户,是从河南省长葛市古桥乡迁去的,奉始祖古□□原籍亦为山西洪洞,同为明初迁民。

山西洪洞县古氏

平阳府洪洞县,是临汾市的邻县,相隔仅数十华里。这里的古氏,从采访的资料中表明,在元明之际亦为大户,在明代洪武、永乐年间,朝廷有移民实边之举,朝命既下,官吏俄催,洪洞邑内外居民,聚集于洪洞城北二里许的广济寺槐树下,领取官府在此颁发的川资凭照,徙于异乡。如古成,徙居山西蔚州(今河北蔚县)杨庄克乡古家疃,古智徙居河南省怀庆府武陟县东北路牛坟庄(今武陵县谢旗营乡前牛村),古奇、古美、古英、古语等居河南省洧川县双洎河南岸酸枣树下(今长葛市古桥乡村古庄），古书经、古书忠徙居河南省尉氏县双洎河北古庄东门，古进德、古进道徙居陕西省丹州（今宜川县，即延安地区支系），古十一徙居山西省解州安邑县东古村（今运城市北相镇东古村）。另有山西省盂县，河南省柘城县，山东省莘县、单县、广饶县、鱼台县、鄄城县、肥城县古氏，均系山西洪洞县迁民。

湖北孝感市古氏（明代山西古智支系）

孝感市古成英诸户，祖籍河南省修武县郇封乡，是明代山西洪洞县古智裔孙。

河南武陟县古氏（明代山西古智支系）

武陟县谢旗营乡牛文庄（今前牛村），地处太行之南，郑州黄河桥之北，距桥三十华里。这个村子居住着数千人古氏。始祖讳古智。古智生三子，长曰淮，次曰潭，三曰洲，三兄弟裔孙分为三大门十支，已传至廿一世。

前清年间，各支古氏同心协力在该村建了一座古氏宗祠，范围有八亩之广，历世补修齐全，松柏参天，壮貌巍峨。

该支古氏分迁他处者计有河南省修武县、获嘉县、焦作市、新乡市、杞县、上蔡县等。

长门：绍羲咸悦忠会祖道，代允和禧近淮富瑛。

二门：纯美战恒恕晋祝述，传先积禄通海守瑞。

三门：继善成性恩普祚远，仁光利祥迎河宪琦。

河南辉县市古氏（明代山西古智支系）

辉县市赞成古氏，自河南武陟县谢旗营乡前牛村迁来，开基祖是古智支系第世古廷瑾。

直系世代祖公（自一世至八世）

智→淮→伸→思民→嘉爱→尚升→克仆→廷瑾→字派（自十七世始启）

绍羲咸悦忠会祖道，代允和禧近淮富瑛。

河南修武县古氏（明代山西古智支系）

修武县郇封乡小古庄古氏，系明代山西古智支系第二世古洲裔孙，自本省武陟县谢旗营乡迁来，有千余人口。其中古博移居湖北武昌，古成英移居湖北孝感市，古继堂移居北京市，古运申移居河南郑州市。

字派（自十七世始启用）

继善成性恩普祚远，

仁光利祥迎河宪琦。

河南获嘉县古氏（明代山西古智支系）

获嘉县邢韩村古氏，系明代山西省洪洞县古智裔孙，来自河南武陟县谢旗营乡前牛村。

河南焦作市古氏（明代山西古智支系）

焦作市古氏，主要居住在市内、马村沟泉碑、苏兰、周庄等地，人口数百，是明代山西古智裔孙，来自河南武陟县前牛村。

河南新乡市古氏（明代山西古智支系）

新乡市潞王坟的古氏，来自河南武陟县谢旗营乡前牛村，系明代山西洪洞县古智裔孙。

河南杞县古氏（明代山西古智支系）

杞县古氏，有一支是来自河南武陟县前牛村，奉明代山西洪洞县古智为始祖，已繁衍至廿一世。

河南长葛市古氏（明代山西古奇、古美、古英、古语支系）

长葛市旧名洧川县，该市古氏系明朝初年移晋民以实豫土，始祖古奇、古美、古英、古语等，自山西平阳府洪洞县迁来长葛市双洎河南岸酸枣树下，立祖茔为一世，以姓氏命名曰"古庄"，修双洎河桥便南北通途，世人称之为"古家桥"，即今古桥乡古桥村，移民外地裔孙，为纪念先人恩德，尊称"古庄"为"老庄"。长葛市古氏主要居住在古桥乡古桥村古庄、孟庄、史庄、侯张古庄、市内，已繁衍至十九世，一千余人。

古奇支系：古建清居青海省，古小合居宁夏区，古政华、古迎思、古水章、古西同、古国民、古平安等居新疆，古志强居陕西省铜川县，古志勇居河南许昌市，古元德居河南安阳市。

古英支系：古培安、古国昌、古留套、古水泉等居河南许昌市，古秀儒居河南平顶山市，古德居河南博爱县，古保林居河南开封市，古保昌居河南郑州市，古木林居贵州省，古喜林居青海省，古元成、古西唱居陕西省。

古语支系：古枫居北京市，古仁超居新疆，古法成、古金平居宁夏区，古连卿居河南平顶山市。

古真传支系：古虎子居宁夏银川市，古治法居山西太原市。

字派（自十一世始启用）

道德仁义立本，忠信孝友传家；

谦恭礼让待人，勤政任贤兴邦。

河南太康县古氏（明代山西古奇支系）

太康县芝麻洼乡古氏，有数十人，是从长葛市古桥乡迁入，系明代山西洪洞县古奇支系第十二世古德柱的后裔。直系世代祖公（自一世至十二世开基祖）：

奇→平安→真修→齐芳→为素→鉴→善政→松→成柱→凤和→金屏→德柱

河南尉氏县古氏（明代山西古尽忠、古尽经支系）

尉氏县双洎河北古庄东门，有古氏七百余人，系明代山西平阳府洪洞县人古尽忠、古尽经迁居来此开基的，裔孙已传至二十余世，其中有古二根移居河南开封市，古新法、古西臣等移居陕西省。

河南开封市古氏

一、明代山西洪洞县古英支系，有古保林诸户，自河南省长葛市古桥乡迁入。

二、明代山西洪洞县古尽忠、古尽经支系，有古二根诸户，自河南省尉氏县双洎河北古庄东门迁入。

河南平顶山市古氏（明代山西古英、古语支系）平顶山市古连卿一户，自河南长葛市古桥乡侯张古庄迁入，奉明代山西洪洞县古语为一世。

古秀儒一户，亦迁自长葛市古桥乡，是明代山西洪洞县，古英支系第十三世。

直系世代祖公（自一世至十三世）

英→□□→□□→春芳→为羲→先→汉用→玉良→天升→凤鳌→九江→明德→秀儒

河南博爱县古氏

博爱县古德一户，原籍河南长葛市古桥乡，是明代山西洪洞县古英支系第十三世。

直系世代祖公（自一世至十三世）

英→□□→□□→秋芳→为仁→□□→汉书→殿选→天五→二玉→梢→德

河南安阳市古氏

一、明代江西抚州府古德七支系，有古承平诸户，原籍湖北省红安县。

二、明代山西平阳府洪洞县古奇支系，有古元德一户，原籍河南省长葛市古桥乡。

直系世代祖公（自一世到十三世）：

奇→平安→真修→齐芳→为素→然→正名→宾→天花→凤桂→全林→福生→元德

三、安阳市内古海堂诸户，世次渊源待考。

河南许昌市古氏

一、明代山西洪洞县古奇支系，有古志勇诸户，原籍河南省长葛市古桥乡。

二、明代山西洪洞县古英支系，有古培安、古国昌、古水泉、古留套诸户，是从河南省长葛市古桥乡迁入。

河南郑州市古氏

明代山西洪洞古英支系，有古保昌一户，原籍本省长葛市。

河南洛阳古氏

明代山西洪洞古英支系，有古田一户，原籍河南长葛市古桥乡古桥村。

河北蔚县古氏（明代山西古成支系裔孙）

古成自山西省洪洞县迁到蔚县杨庄克乡古家疃，居数代，回迁山西省广灵县西石门村，至十世古怀仁、古怀义、古怀礼兄弟时，又从广灵县迁来蔚县下宫村乡苏贾堡村，迄今，苏贾堡村的古氏已繁衍至第十八世，有五十多人。

河北石家庄市古氏（明代山西古英支系）

石家庄市古亮一户，系明代山西省洪洞县古英支系第十六世，原籍河南省长葛市古桥乡古桥村。

直系世代祖公（自一世至十五世）

英→□□→□□→秋芳→为仁→□□→□□→汉顺→广生→天木→风春→九德→磨→森→土→亮

山东广饶县古氏

广饶县旧名乐安县，隶属青州府。该县古氏是在明代洪武二年，由山西省洪洞县大槐树迁来，初居县城南关，至第三代古焕复迁于陈官乡古黄村古家大队。现已繁衍至十九代，八百余人。从古黄村古家大队分支外迁者分别居住在广饶县石村乡韩疃村，山东省昌乐县、寿光县、五莲县等。

字派：焕、之、传、希、三、有、单、文、怀、学、士、溪、守、林、勋、振、培、金、明、少、洪。

山东昌乐县古氏

昌乐县朱刘镇东南庄有古氏五户，来自山东广饶县陈官乡，系明代山西洪洞县古氏支系古焕的裔孙。

山东寿光县古氏

寿光县城南田马乡院上村有古氏二户，来自山东省广饶县陈官乡，系明代山西洪洞县古氏支系古焕的裔孙。

山东五莲县古氏

五莲县古氏，主要分布在县城，罗圈乡古家沟村，洪凝乡古村，有数千人口，系明代山西洪洞县古氏分支于广饶县后，再从广饶县迁来。

山东鄄城县古氏

鄄城县古氏，由明代初期自山西省洪洞县老鹳窝迁来，初居于鄄城县古屯，至明末清初，有讳古仁者，组织反清复明"红花会"失败后全族被抄，族人遂自古屯移居本邑红船镇。自古仁起，已繁衍至十八世，五百余人。

字派（自古仁始）：仁、淞、养、起、进、开、守、来、南、中、清、俊、存、广、春、安、道。

新字派：乐昌培茂森尚言尊国恩亚华乾坤连献瑞同崇钦

山东肥城市古氏（明代山西古文得、古志刚支系）

肥城市古氏，是明代洪武年间，由古文得、古志刚，自山西省平阳府洪洞县迁来。裔孙已繁衍至廿五世，三千余人口。散居于县城，石横镇北大留村、衡鱼村、湖屯镇中湖村，张店村、古庄村等。

老字派：进风庆均荣家岐乐昌永

新字派：乐昌培茂森尚言尊国恩亚华乾坤连献瑞同崇钦

山东鱼台县古氏

鱼台县古氏，是明代初期自山西省洪洞县迁来，主要居住在唐马乡古洼村，谷亭镇胡集村、前进村、连化村，王庙乡古李村等，约有二千余人。字派：东汝继保昌

山东单县古氏

单县古庄古氏，有近千人，系明代洪武年间自山西省洪洞县迁民，已繁衍至二十余代。

山东莘县古氏

莘县位庄乡草佛堂村有古氏一千余人。老祖宗自山西洪洞县迁来，属明初迁民。老族谱已遗失，新族谱（挂谱）则以清代古进林、古进行、古进祥为支祖，现已繁衍至第十五世。

从位庄乡迁居外地者计有：古立文迁居黑龙江省牡丹江市，古维辛迁居辽宁省大连市，古锡波迁居北京市。

字派：尚、田、立、维、思、锡、景、汝、继、孟。

明代山西洪洞县支系有：古继堂（原籍河南省修武县郇封乡小古庄，系洪洞古智裔孙）、古一舟（原籍山西省运城市北相镇东古村，系洪洞古十一裔孙）、古锡波（原籍山东省莘县魏庄乡草佛堂村）、古枫（原籍河南省长葛市古桥乡）等户属。

据悉，北京市顺義县、房山县都有古氏家族居住，是从山西迁去，谅为明代洪洞县移民裔孙吧！

江苏常州市古氏（明代山西古智支系）

常州市古氏，有一支来自河南省武陟县谢旗营乡前牛村，开基祖是古智支系第十三世古百智（字德四）。

直系世代祖公（自一世至十三世）

智→潭→恩→教民→涉→尚德→克周→廷宦→士奇→建武→学略→君乐→百智

大连市古维辛，原籍山东省莘县位庄乡草佛堂村，老祖宗是明代自山西洪洞

县迁居山东的。

黑龙江牡丹江市古氏（明代山西古□□支系古进行裔孙）

居住在牡丹江市的古立文一户，原籍在山东省莘县位庄乡草佛堂村。系明代山西省洪洞县古□□支系。

直系世代祖公（自古进行始至八世）

进行→士舜→怀逊→金城→凤岚→尚海→保田→立文。

银川市是宁夏回族自治区的首府，居住于该市的古氏有二支：

一、明代山西洪洞县古进德支系有古建平一户，原籍在陕西省延长南河沟乡肖吉村，是古进德的第十五世嗣孙。汉族。

直系世代祖公（自一世至十五世）

进德→思恭→珍→仕杰→威→鲁→克孝→诰→洽今→汪→九年→乐子→鸿英→世盈→建平。

二、明代山西洪洞县古奇支系有古虎子诸户，原籍在河南省长葛市古桥乡史庄，是古奇支系第三世古真传的后裔。

根据河南省长葛市古桥乡古氏族谱记载，自长葛市古桥乡迁来宁夏回族自治区居住的还有古小合、古法成、古金平诸户。

三、明代山西洪洞县古智支系后裔

南投市民族略516巷古勤恩（又名古璞），原籍在河南省武陟县谢旗营乡牛文庄，系明代山西洪洞古智的第十六世孙。

直系世代祖公（自一世至十六世）：智→潭→宰→天禄→峇→义→克票→廷俊→全瑞→述→学楷→福成→致和→文烈→云瑞→勤恩。

第三章　重走迢迢移民路

开头的话：

诗曰："生生世世说前因，同是杨侯国里人。莫道渊源无考证，私家记述最为真。""幽燕豫鲁并滁和，异派同源认未讹。古老相传谈轶事，问君足趾果如何？"这两首七绝乃民国初年洪洞人王笃诚有感洪洞大槐树移民轶事而作，说的是在我国北方广大地区世代相传，大多为洪洞大槐树移民后裔之事。虽然正史上没有确切的记载，但地方志，尤其是私家的家乘、族谱、祖碑上都有明确的记述，不管天南地北的人，见面问是否大槐树移民，只要看看脚小指甲为复形即是，这是洪洞移民的特征。这个古老的传说不管确否，但祖辈相传，子孙永继，一代代传了下来。人有三种天性：食、色、寻根。人首先是食，民以食为天，食为维持生命，保证生活的基本条件；色，即是结婚生育，传宗接代，色为延续生命；寻根是人的第三天性，乃是人们中年以后的事情，青少年人生的兴趣大致集中在食色二性，人到中年，已走过一段漫长曲折的人生旅途，蓦然回首，才会想到回顾自己的过去，寻找自己的来龙去脉，如何抓紧时间充实后半辈子的生命，寻根正是自己力所能做而想做的事。清代文人张澍说："草木祖根，山祖昆仑，江海祖源，不此之求，是谓昧。"中华民族敬天敬地敬祖宗，历来厚德载物，重生报本，寻根归宗，更甚于世界其他民族，这也是中华民族伟大凝聚力的血脉之源。洪洞大槐树移民仅明初洪武、永乐50年间，大规模的移民就达18次之多，讫明初至清末还有小规模的移民活动，直接迁徙分布达18个省（区、市）600余县，有汉、回、蒙、满四大民族的参与，据不完全统计有1000余个姓氏，其后裔迄今已逾亿万，是中华民族的主要组成部分。中华民族无论是汉族，还是少数民族根同一系，本自一源，天下皆同姓，同姓皆一家，可以说我们的远祖——女娲、炎黄，近祖——明初大槐树移民始祖。清末洪洞贾村人景大启、刘子林在河北、山东、河南等地为官，发现洪洞大槐树具有神奇而强大的民族凝聚力。为此，民国初年，修葺了洪洞古大槐树处，他们的英名将永垂后世。为顺应亿万大槐树移民后裔的心愿和要求，1991年洪洞县决定举办"寻根祭祖节"，现今，已举办有11届。其间在县志办工作的我几乎每个星期都接待有数起移民后裔来洪洞寻根访祖，他们手捧家谱之记载，携带祖茔始祖墓碑之照片，或问祖籍何地何村，或问本姓同宗同姓之亲谊，叙说始祖移民之传说，叙述寻根访祖之经过，这个大槐树情结，在外迁的后裔及本土的后代之间越结越浓。数百年来，"问我祖先在何处？山西洪洞大槐树；祖先故居叫什么？大槐树下老鹳窝。"的民谣，唱遍了大半个中国，洪洞大槐树已被供为"图腾"，被当作"家"、被当成"祖"、被看作"根"，成为亿万人心目中神圣的故乡。伟哉！洪洞大槐树，凝聚有力！这种民族文化的认同，促使我历20年整理相关资料，编著了《山西洪洞大槐树》《洪洞大槐树移民志》《洪洞大槐树百家姓》《洪洞大槐树百姓家谱》等120种介绍洪洞大槐树的书籍，以解广大古槐游子的百问一答。凡此种种，使我深深感到洪洞大槐树文化的厚重，遂与赵双宝、樊泽平、景北记、樊新民几位好友多次相商，议定设立"大槐树移民研究会"，采访大槐树移民后裔，拍摄电视专题片《根在洪洞大槐树》。这首先得到了县委书记柴高潮、县长高洪元的首肯，已故的刘郁瑞先生对我们也给予了多方面的支持。在拿出了脚本初稿的基础上，我与景北记编写了解说词初稿，几经酝酿，在省政府办公厅副秘书长王茂舍及太原装璜公司樊泽平总经理的鼎力相助下，终于成行。

2001年11月5日，从洪洞出发，到达太原水利大厦，经与樊泽平及气象局摄制组相商，决定从太原出发，途经河北、北京、山东、河南对大槐树移民部分后裔进行采访拍摄，以完成诸位仁人志士的襄举。

2001.11.8 星期四　晴

8时30分，我们拍摄组一行5人从太原水利大厦出发，上太旧高速公路，向北京方向进发，11时许到达平定县旧关古长城，拍摄了平定重新修复的古长城全貌。小憩片刻，我与省文物局工作的宁立新同志联系让其联系保定市文物局孟娜女士。随后，我们又上了高速公路，12时10分到达石家庄服务区。吃午餐，石家庄服务区餐厅服务条件好，十分满意。饭后，继续北行，14时30分到达保定市，联系孟娜女士，她是满族，也是洪洞大槐树移民后裔。原来在大前年秋季，孟娜女士一行来洪洞大槐树祭祖园寻根祭祖，一行人均到祭祖堂祭祖，唯独孟娜却说她是满族，祖先不在洪洞大槐树，但她返回保定后，见到他的父亲谈论此事，其父说孟氏祖先也是洪洞大槐树迁去的，随后让我给她寄去几本关于大槐树的书，她刻了"根""大槐树"的印章，给我寄来拓片。孟女士是一位篆刻方家，她刻制的"根"字，神似一棵大槐树之根。"大槐树"三个字的组合，像一颗焕发青春、生机勃勃、枝繁叶茂的古大槐树，太形象化了。联系不上孟女士，只好继续前行。穿过保定市，在街道上看见一块"槐茂"酱菜厂的牌匾，我给拍摄组同志们讲这也是大槐树移民后裔为纪念移民所开设的一个酱菜部，是自清朝以来的一个老字号，其酱菜闻名于华北地区。15时许到达满城县政府，与地方志办公室取得联系。地方志办公室高主任热情地接待了我们，并称他与县政府综合办的几个同志均是大槐树移民后裔。他与综合办的几位同志联系我们所要采访的边守道先生，边守道先生不在家，接着又联系了边守道的几个孩子。随后，高主任带领我们找到了边守道家。边先生还没回来，边老太太及他的儿子边疆在家。听说洪洞老家的人来了，他们十分高兴，盛情地招待我们，沏了茶水，端上了一盘大苹果及几个大冬桃，并特意介绍说大冬桃是满城县的特产，是贡品，务请我们品尝一下。这时候，边老先生回来了，他是从距此5公里左右的边疆家听说我们来后赶回来的。他气喘吁吁地上了楼，进屋后，连声说："欢迎你们，欢迎老家的人看望我们。"我急忙站起来向老先生问好，接着，拿出我的几本关于大槐树移民的拙作，递给老先生，让老先生予以指正赐教，老先生高兴地连声道谢，并收藏了起来。现年67岁的边先生，身体高大魁伟，是南下老干部，退休返回老家满城后，致力于满城的地方志、地方文化事业，他言谈豪放，一看就知道，年轻时是一个典型的北方汉子。拍摄组的沈晓峰主任向边先生作了介绍，我向边先生说了此行的目的。我说："我们这次是专程摄制《根在洪洞大槐树》电视专题片的，此行主要的目的是采访河北、山东、河南等华北广大地区大槐树移民后裔，了解他们的生活状况，反映移民对本地区经济、文化、艺术等各方面的影响以及在迁徙的历史过程中对民族融合、民族团结及加强民族凝聚力的作用，这是我们拍摄的主题。"边先生说："满城地区百分之八九十的居民是从大槐树迁来的，这个地区有好多好多关于洪洞移民的传说，你们先喝喝茶水，听我慢慢道来。"我说："边先生，别着急，今天天色已晚，你准备一下，明天一早我们过来接你，拍摄一些外景，去你们村里实地考察一下，录制一些实地的情况。"因天色已晚，随即，我们告别了边先生一家，前往满城县政府招待所，其间，拍摄组工作人员在送方志办高主任时已给我们登记了房间，这当中有一个小插曲，在司机王建国及工作人员送高主任到满城县招待所时，几位政府门卫及工作人员看到我们的车上有《根在洪洞大槐树》拍摄组的招牌，他们拦住我们的同志问："你们是不是山西洪洞的，你们是不是拍摄关于洪洞大槐树的电视？"在我们的同志作了肯定的回答后，他们异口同声地说："我们的祖先讲我们都是从山西洪洞大槐树底下迁来的，你们需要我们帮什么忙，请告诉我们，我们一定对老家来的客人大力协助。"晚上，观看满城县的夜景，在老百姓饭店就餐。

2001.11.9　星期五　晴

早7时起床，7时30分在招待所吃早饭，8时去接边守道先生。边先生已在楼下整装待发。我们的目的是去满城县城边的黄土寨，据边先生讲，明建文帝时，因朱棣不满意自己的侄子坐皇位，他有野心，一心想篡权夺位，早在建文元年，他就积聚力量，敛财购置兵器，准备造反，黄土寨是他的一个敛财的秘密宝库，他为了修建号称"秘密工程"的这座宝库，征集了保定府各县的大量民工，工程完成后，他怕泄密，屠杀了这些民工。据说，他的这项计划当地官吏秘密报告了建文帝，但保定知府是朱棣的人，他把这些报告者，密告了朱棣，朱棣把这些知情者又秘密进行了杀戮。随后，在"靖难之役"中，双方为了夺取这个宝库，进行了数次拉锯战，致使此地"白骨露于野，千里无人烟"。朱棣当皇帝后，就从山西洪洞往此迁民。黄土寨是一座船形的高山，远看有船舱、船尾，还有船舵，远处还有船椿桩。传说山中有一座明朝巨大的藏金库，藏金量约为384万两，重量120吨。山的岩石上，刻着一首诗，诗文是："仙人曰，黄土一债四明阳，提防惶二避刀枪，因为两国争天下，老君至下瘦人虹。"黄土寨究竟有没有黄金宝库，至今仍是一个谜。在山下边先生对着摄像机讲述了燕王朱棣建造秘密工程屠杀老百姓及移民的传说。随后，便前往边先生的老家南固店村，路上经过好多村庄，这些村庄一马平川，过去是黄泛区，边先生介绍此地大多是洪洞大槐树移民。11时，到达南固店村，采访了边氏宗长，因他年事已高，又卧病在床，他让边守道先生给老家的人介绍情况。在边家老院，边守道先生讲："明朝初年，由于多年战乱，北方遍野荒凉，人烟稀少，社会生产力遭到严重破坏。大明皇帝，从洪武到永乐年间，几度向河北移民。明建文四年（1402）九月，山西洪洞县边世友夫妇，推着一个牛角车，挑着两个席篓卷在移民大军中，来到满城县南固店村定居下来，繁衍生息。他就是我们边氏一族的始祖，至今已595载。始祖世友公白手起家，辈辈艰苦创业，勤劳俭朴，光景日趋红火。到明嘉靖至万历的百余年间边氏传到六至九世，家景已经比较富有。边镇就是这个时代的明朝武进士。若家景不富，是不会聘师读书习武的。从始祖世友至十一世单传，到清康熙十五到三十五年间，第十二世承业、承家兄弟二人相继问世。承家的石碑上冠以处士二字，说明边家历代文人，在社会上是有一定影响的。所谓处士，就是有德、有才，在社会上有一定声誉，隐居不做官的读书人。一世祖边世友是自洪洞迁民来的始祖，边世友的精明能干和吃苦创业精神，才为边门的后代繁荣打下坚实的根基；才有了边门的兴旺发达。他宝贵的精神财富和物质财富哺育着一代又一代的边姓后人，才有了二三百户，1300余口人的边姓后代。现在边姓遍及全国各地，为四化建设，振兴祖国，勤恳工作。饮水思源，不能忘记我们的祖先。"采访完毕拍摄了南固店村的村貌全景及几处古老的民居。我们返回满城县城后，边守道先生赠送了我们几部《边氏家谱》《边家史话》，托我送交洪洞县大槐树祭祖园及洪洞县档案局。分别时边先生与我们依依不舍，难舍难分，再三嘱托我向老家人民问好。

11时，返回保定市，在保定市，吃罢午饭，找到槐茂酱菜厂，拍摄了槐茂酱菜厂的招牌，了解到槐茂酱菜厂，是原槐茂酱菜铺扩大而成，已有近二百年的历史了，是一赵姓人开办的，他为洪洞大槐树移民后裔，开创酱菜铺时，为纪念大槐树移民，故招牌名曰"槐茂"，并在自己院内栽植了一棵槐树。现酱菜系列产品已为华北保定地区名牌老字号产品。从酱菜厂出来，与孟娜女士继续联系，仍联系不上，接着又与一校姓先生联系，因校先生来信说，他本为蒙古族，在20世纪80年代，他家祖坟，挖出一块先祖碑，碑文记载，校姓始祖原为蒙古族，为元时小校场官吏，明初改为汉姓校（读较），从山西洪洞迁徙之保定，但也未能联系上。只好继续北上，前往北京。

15时40分，到达北京国家气象局，住进了气象局招待所。在招待所休息约一个小时，同行的小王说，没来过北京，想去天安门看看，一个人不敢去，我们商议决定带车一起去，先往王府井。王府井大街夜市繁荣非凡，停车后，顺着大街，步行前往天安门广场。到了天安门广场，首先去了故宫，在故宫门口，金水桥畔我们摄制组全体人员合影留念。因是傍晚仅仅观看了人民大会堂、中国历史博物馆的外景及人民英雄纪念碑。一看时间不早了，匆忙返回王府井，进了王府井书店，给我的女儿购买了一个小小的礼物，不知她如意否！在王府井大街，看到三个十八九岁的女孩坐火箭，火箭是一个椭圆形的小棚，两边系着两根长长的绳子，电钮一开，绳子绷紧，三个女孩从地面一下就上到了约一百米的高空，而后上下翻滚惊险极了，旁边的观众都发出了嘘声。看完坐火箭后，上车返回气象招待所。在东北餐馆吃了晚饭。

2001.11.10 星期六　晴

早饭后，去采访孟伟哉先生，孟伟哉先生是大作家，是洪洞明姜镇人，他的代表作是《昨天的战争》。昨天晚上，已与孟老取得联系，他家住北京方庄芳古园一区，我们坐车从西三环，上南二环，穿过王蜓桥，走大约150米左右，进入方庄入口往右拐，再走300米左右，即到华储烤鸭店，再往右拐，就到了芳古园区，到了楼下，看电梯的大娘问我们，你们给孟老约好了没有，我说，约好了，他在家等我们。我们坐电梯上楼到了孟老家门口，一按电铃，孟老已开门等待我们，孟老说："快进来坐下，我刚起床，咱们喝口水，就谈你们要说的问题吧。"我说："孟老，不忙不忙，你还没吃早饭吧？你先吃早饭，吃完早饭咱们再谈吧。"孟老说："我的时间跟你们不一样，我是每天晚上写作，早上睡觉，平常人吃午饭，我是吃早饭，别人吃晚饭，我吃午饭，今天你们来了，所以我早上不休息了。"71岁的孟老，精神矍铄，他十分兴奋地说："见了老家的人，十分高兴，老家的一草一木，十分亲切，咱们就从我对老家的感情慢慢谈起吧？这些年虽然我写了许多书，但现在我正计划写一部关于家乡的书，家乡的广胜寺琉璃塔、霍泉、苏三监狱、大槐树、女娲陵，这些古老的人文景观，人文资源是我创作用之不尽的。"说完，我们进了孟老的书房，孟老的书房，并不十分宽敞，但里面摆满了书柜及各类书画作品，各类书籍摆得井井有条，书画作品摆放得有条不紊。孟老十分自然得体地坐在他的书桌旁。我对他说："孟老，请你谈谈对老家洪洞的印象及明初洪洞大槐树移民对中原地区、华北地区文化文明的影响。"孟老深情地说："我因为工作的需要、情况的变化，也到过一些国外的地方，朝鲜、日本、德国、法国、苏联、蒙古、拉丁美洲的墨西哥、古巴等等这些地方，在国外，在海外，也碰到一些华裔外国人，或者是侨民，说起来，交流起来，其中有一些人问我是哪里人，我说我是山西洪洞人，他们就觉得很有亲近感，很亲切，说他们的祖上也是洪洞人，是从洪洞迁出来的，先迁到中国的其他地方，后来由于种种原因他们又到了海外。"

孟老谈了有三个小时左右，其间，孟老住房的下一层十一楼正在搞装修，斧子声、锯木声打断了我们的谈话，我要下去交涉，孟老说，我去吧，随后继续拍摄交谈。拍完以后，我给孟老说，请他给我们的电视片题个片头，孟老说，什么名字，让我写下来。我在书桌上拿了一张白纸，写了"根在洪洞大槐树"几个字，孟老欣然地答应了我们的要求，说："我今天晚上写，明天中午你们过来拿吧。"采访结束了，和孟老告别，孟老言犹未尽，说有机会我们再谈吧，说着把我们送到门口，我再三说，孟老请留步，孟老执意送到电梯口。午饭，是在气象招待所吃的，吃罢饭，小憩片刻，我与卢葆桐先生进行了联系。卢葆桐先生是洪洞大槐树公园第一任管理所长，他擅长书法、国画，他的作品《大槐树迁民图》《苏三离了洪洞县》《黄土风情》等都在国内获得大奖。退休后，为了书画艺术，他居住北京边进修边进行书画创作。卢先生接到电话后，连声说："欢迎！欢迎！张青，你们过来，我告诉一下路线，你们上京开高速公路，到西红门立交桥，再到同兴园小区，我在家等你们。"下午，14时30分，我们到达卢葆桐先生家，卢先生高兴地把他最近创作的几幅作品，拿出来给我们看。其中有《黄土风情》《羊獬神立古庙会》等，并拿出几本收集有他作品的画集让我们看。我说："卢先生这次我们主要是要拍摄你是怎样构思创作了《大槐树迁民图》，并让你谈谈这幅图您是怎么收集资料？怎么创作的？创作的感想？"接着卢先生拿出了他印制的《大槐树迁民图》，赠送给摄制组一张，并让我们拍摄了他获奖的一些作品，接着他谈了创作《大槐树迁民图》的经过。在拍摄组拍摄采访过程中，我碰到了一个有趣的小小插曲：住在卢先生同一楼上的一位先生，下班回来，见到我们车上有"根在洪洞大槐树摄制组"的招牌,他就问我:"你们是山西洪洞的?"我作了肯定的回答,他兴奋地说:"你是老家的人,我的老家也是山西洪洞,我是北京大兴县的,我姓何,听我的爷爷说,我的祖先是明初从山西洪洞迁移过来的,我与卢先生是邻居,但不知道和卢先生是老乡,以后我们一定要加强联系。"我说:"洪洞大槐树祭祖园每年4月1日至10日举办寻根祭祖节,欢迎何先生有机会回老家看看。"我并送给了何先生一些带去的关于大槐树宣传材料,何先生高兴地收下并连连道谢。采访完卢先生后,返回了气象局招待所,晚上我与刘恪山先生取得了联系,刘恪山先生是原共青团中央《辅导员》杂志社编审,为著名书法家、画家,现为中国工艺美术学会民间工艺美术委员会副主任。

2001.11.11 星期日 晴

早8时出发,前往北京市三环路白家庄北里,9时左右,轻车熟路,我们顺利地到达刘恪山先生家。刘先生与我是忘年之交,刘先生是1958年反右时被下放到晋南农村的,1978年平反后返回北京。他对晋南的老百姓十分有感情,下放期间,晋南百姓没有因他是右派而虐待他,反而因他是知识分子,是书法家、画家却十分敬重他,每年春节时,他总是乐意给农民写春联、画年画,深得临汾地区、运城地区广大农民的喜爱,他在晋南有许多许多的朋友。见我们到来,刘先生十分高兴地对我们说:"你们挺准时的,今儿是星期天,所以我起迟了,请你们稍等一下,我洗漱洗漱咱们再谈。"我们坐下后刘老先生热情地张罗给我们泡茶,因我是老熟人了,我说,别忙让我动手吧,我接过暖瓶,给拍摄组的各位同行们泡了茶。刘先生洗漱完毕,边吃早饭,边给我们聊天,他说:"洪洞那可是个好地方,那里的大槐树、苏三监狱、广胜寺美极了,尤其是广胜寺琉璃塔,那不但是咱们中国人的宝贝,也是全世界人民的共同宝贝。广胜寺的壁画被美国文化强盗盗走了,我们要想办法要回来,我建议洪洞县政府出资把广胜寺水神庙的元代壁画临摹下来,洪洞县政府留一份,国家留一份,以确保我们的文化遗产。还有苏三监狱,在'文化大革命'期间,有个'左'派头目,因县政府大门朝南开,就说:'旧社会说,衙门口朝南开,有理没钱别进来。今天我们就是要改变这个习惯,把革命委员会的大门口朝西开。'当时任县委秘书的刘郁瑞及一些县委领导,提出异议,说大门朝西,西边是苏三监狱,那是一座明代监狱,是全国唯一的一座县衙监狱,是研究明代刑律的实物资料。可那个'左'派头目,一意孤行喊叫说,一个苏三监狱,每天那么多的人都去参观,给一个破婊子立牌坊,那是洪洞人的耻辱,应当把它全部拆掉。就这样在这位不是文盲胜似文盲的'左'派头目主持下,拆掉了明代监狱,把革委会的大门口朝西开了去。现在苏三监狱是1983年重建的。"饭后,刘先生说："你们要摄像我需要整理一下我的衣履,需要不需要打领带？"我说："刘先生你打上领带吧,打上领带显得更精神了。"刘先生打好领带后,坐在了画案旁,接受了采访。他对洪洞的旅游,对洪洞的文化建设事业,提出了好些宝贵的意见与建议。他说："元末的时候,因为战争,南方的老百姓很少,所以从山西、华北集中了一些人,由国家来进行移民。人们先集中在洪洞大槐树下,就在广济寺里作为集散地,然后由国家负责发给盘缠,进行分配。这一家到湖南去,那一家到浙江去,那一家到山东去。所以在移民的过程中,中原文化、黄河文明得以扩散到南方各省。"

采访完毕,已11时左右,我说："刘先生他们几个都想让你写个条幅,保留你的墨宝,作为纪念。"刘先生欣然提笔,为在座的每个人题了幅条幅,给我写的是一条横幅,书写的是李白的《春夜宴从弟桃花园序》,我十分喜欢这篇散文,这是一篇散文,也是一篇散文诗。在这篇小文中,作者一落笔,就是天地、万物、光阴、百代。横视空间,无涯无际,纵观时间,无穷无尽,在作者看来,无极的一个大宇宙,不过是万事万物暂时寄居的大旅馆,不停交替的昼和夜,好像来去匆匆的过客一般。人生就像南柯一梦,纵使长寿,在时间这条河里也是短暂的,能有几时欢乐？人应当及时行乐。行乐的地点是桃花盛开的园中,月色如水,花香袭人；行乐的具体内容是幽赏美景、高谈鸿论、琼筵坐花、飞觞醉月、罚酒赋诗；行乐的目的是叙天伦之乐,伸诸位之雅怀。要说诗人的潇洒飘逸,李白要算是千古第一人物了。刘先生在给我写完条幅后,落款写张青老弟雅正,我说不敢当不敢当,刘先生说："我要给你盖一个特殊的章,这个章只有你能盖,他们不是晋南人,不能盖。"说着他给条幅的右上角盖了"谪居河东二十年"的压角章。给刘先生道别后,我们回到了气象招待所。14时,我们上孟老家取了给电视片题的"根在洪洞大槐树"片头名,孟老谦虚地说："写得不好,你们看能用就用吧。"这些年来,孟老除文学创作外,还醉心于国画的创作,他拿出他创作的两幅荷花图说,这是我用新的画技作的两幅作品,是新的尝试,送给你观赏吧。我给孟老道了谢,然后下楼乘车往河北大城县进发。

15时,上京津高速公路,途经廊坊、天津、静海。在车上我对摄制组同志说,在这一带,大多是大槐树移民地区,请把路边的路牌及沿途风景拍下来。到静海地区,太阳已快落山了,坐在车上看路边的树木、房屋一排排向后倒去,那远方的红日徐徐向西方落下,大如车轮的红日,越落越大,西边的地平线渐渐淹没,车外冷风枯树残阳,车内温暖如春。到了青县路口,我们下了高速公路,向大城方向开去,夜幕落下,进入了大城县城,住进了县政府招待所。吃罢晚饭,县委宣传部的张副部长、赵副部长闻讯赶到我们的房间,对我们说："我们知道得迟了,十分抱歉，我们的老家也是山西洪洞的，你们拍摄电视需要帮什么忙，尽管开口，我们一定大力协助。"我说："我们这次来，主要是采访洪洞大槐树移民后裔，了解他们的家族发展史及他们对当地社会的贡献，请你们给我们联系一下。其中地名办杨馨远主任，我们要重点采访他一下。"因时间晚了，他们给杨馨远同志联系后，说明天早上过来，即予告别。

2001.11.12 星期一　晴

吃罢早饭，宣传部张副部长、赵副部长及杨馨远同志来到我们的房间，我与杨馨远同志互道了闻名已久、相见很晚之意。宣传部同志说："今天上午让杨馨远同志陪你们，上午我们两个人都有工作，午饭时，我们陪你们吃饭。"我说："你们忙吧，由杨馨远同志陪我们就可以了。"杨馨远说："我县政协李思进主席老家也是山西洪洞的，他去过洪洞一趟，并有《李氏家谱》为证，咱们先去采访他吧。"我们一起到了大城县政协，李主席在政协会议室热情地接待了我们，他拿出了自己珍藏有几个版本的《李氏家谱》，翻出谱序中关于李氏始祖从山西洪洞迁移大城县的记载，让我们阅看。我看了以后，赠送了李主席我的几本拙作，李主席对着摄像镜头说：大城县大多数人都是从山西洪洞迁来的。大城县在元末明初发生了几次大的战争，尤其是"靖难之役"，当地人说，是"燕王扫碑"使这里几乎成了无人区，大部分人是从洪洞那边过来的，只有一少部分人称是从枣强过来的，至于更详细的资料，大城县的大部分家谱、祖碑都有记载。

采访了李主席后，杨馨远说："关于张学良将军老家是大城县考证的文章，就是我写的。张学良将军逝世后，我在报纸上发表了几篇关于纪念张学良的文章，张学良将军的家谱记载：'明永乐五年，由山西洪洞迁移河北省大城县城东十五里堤北村居住。始祖继业……，五世祖禄宗迁移冯庄，自立始祖。后迁之东北海城。'"10时左右我们到达大城县王文镇张思河村。张思河村位于王文镇东部。在镇人民政府驻地东偏南2.6公里，旺村干渠西侧，为张思河村民委员会驻地。村落呈块状。地基极点高达6.9米。十字街，各长250米。民舍多为砖木结构平房。全村有136户，664人，均为汉族。有张、杨、杜等姓氏居此。明朝，由洪洞张姓迁居于此立村，因靠近小漳河，饮用水方便，后上游改道，此河枯废，人们只得掘井饮水，但总觉得井水不如河水甜，便思念旧河，故取名思河。清朝时分为四村，该村依姓氏名张思河。大槐树移民后裔张氏在近代曾出过两个名人张绍曾、张熙光。张绍曾（1879—1928），字敬舆，曾任民国政府国务总理。早年留学日本士官学校。主张迎孙中山入京协商南北统一，遭忌后弃职寓居天津，后被人暗杀。张熙光，字佩文（1898—1978），曾任国民政府军事参议院少将参议。到张思河村以后，我们谒见了张氏族人的宗长张植棉先生及张氏长老张汝海、张汝勇先生。张植棉先生现年88岁,为张氏十八世孙,汝海、汝勇为十九世孙。他们十分恭敬地捧出《张氏家谱》,让我们观看张氏始祖自山西洪洞移民的记载,并一世一世作了简单介绍。看完家谱后,他们领我们去张氏红白喜事协会去谒观张氏祠堂。随着时代的发展,他们对祠堂也作了改革,祠堂是由数块油布绘制而成,上面绘有祠堂平面图、吉祥物、张氏各门世系,祠堂油布放在一个宽一米,长三米左右的大木柜内,每逢祭祖时,毕恭毕敬请出予以朝拜,以表达家族的和睦、家族的振兴,标志着张氏家谱瓜瓞绵绵,子孙永继。为了摄像的顺利进行,张氏家族数十人全部出动,开箱的开箱,拿凳子的拿凳子,帮助我们铺开了油画祠堂——《张氏家祠图》,长17米,宽3米,绘图清晰逼真,对于张氏的世系一目了然,张氏族人兴师动众,个个帮忙,使我们的摄像赖以快速完成。随后,去了张氏祖坟,张氏始祖自洪洞迁来时为兄弟俩人,一为张思河村张氏的始祖,一为别处的始祖。但两地祖坟均有兄弟两人的坟墓,以资纪念。中午我们返回大城县,在途中杨主任讲,他的老家不是大城,他的祖籍是天津,父亲是南下干部,后来转业安置在大城县,他对大城县有着深厚的感情。在天津,他们杨氏也是从山西洪洞迁来的,他们附近村庄的大多家族也称为洪洞移民。在随后他给我寄来的《杨氏家谱序》中,写道:"国史家谱,乃中华传统文化之瑰宝。国有史,知历史之肖衰,家有谱,而明家族世系。我族自太高祖永锡公在津沽北仓镇赵虎庄立业起,就修有谱书,传至八世毁于'文化大革命'中。我为杨氏家族后人,数年前就有重修家谱之意,蒙学钧、学武、寿松、寿青四位族公关怀、指导,堂弟向江鼎力协助,历三年才得草成,又经五载始定谱书。此乃我杨氏家族之幸事,上可告慰列祖列宗,下可激励后人。族公学武老人诗道:'水有源头树有根,族谱牵系族姓心。战乱焚毁数十载,今幸再镌慰梦魂。'饮水思源,我杨氏始祖本姬姓,名叔向,乃周朝晋国开国君唐叔虞第十六世孙,因袭封羊舌大夫,又称羊舌肸,因食邑国名杨(今山西洪洞县,古杨氏县)。又称杨肸,为名传千古的晋国贤臣。其子杨食我继承爵位,于公元前514年助祁盈诛乱臣,被诬遭灭族,幸有子孙逃出,散居四方。为纪念先祖,后人以杨为姓。明永乐年间,我杨氏远祖奉旨从山西汾阳府洪洞县迁居津沽沱子(一说为四捆沱子)。清初,太高祖永锡公又从沱子迁至赵虎庄。自此我津北杨氏家族承文明之风,以耕读为本,诗书传家,故世代皆人才辈出,为当地名门望族。曾在民国年间编修家谱的学勤公考证,我族为东汉名臣杨震之后裔,观我族人秉性耿直、清白传家,实为可信。昔时修谱,制约繁多,族内冠婚丧祭都有严规。今世风清朗,应不拘古制,即要继承尊老爱幼谦逊谨慎敬师尚友恪守信诺之古风,也要革除旧时女儿不入谱的封建意识,提倡新风尚。故从十世起,女儿可入谱。我族修谱之要义,以己身为一篇,上书祖父、父名,下为乘桃子女名,中则注明妻、夫婿名。同时,注明己身、妻、夫婿生卒年月、所居住所、工作单位。对较有影响的族人,要撰简传,以便明示后人。族人皆应遵守先祖所遗辈字序名,未尊者也要知己所在辈字世系,以防乱宗。对于迁居外地的族人,要注明所迁地址工作单位以备寻根续谱。"

回到县城,宣传部张广信、赵彦辉两位副部长在饭店盛情款待了我们。饭后,告别宣传部的同志,来到杨馨远主任办公室,杨主任拿出他著述的有关《张学良将军祖籍在大城冯庄》《明初河北移山西之民综考》等论文赠送给我,以作移民资料汇集。据《大城县地名录》记载,南召扶镇冯庄明永乐二年(1404),冯效姜从山西洪洞迁居此地立村,依姓氏取名冯庄。张学良将军该村为其祖籍,始祖也是从洪洞迁来的。小李庄明永乐二年,李洪量从山西洪洞县迁此立村,依姓氏取名李家庄,后与村东李家庄同名,该村较小,故名小李家庄。民国初年简化为小李庄。叶庄子明永乐二年,叶显荣从山西洪洞县南关外迁此立村,依姓氏取名叶家庄,民国初年演为叶庄子。堤北明永乐二年,该村居民从山西洪洞县迁此立村,因坐落在沿河老堤北,故名堤北。14时,杨馨远带我们去拜会傅会林先生,傅会林先生家住大城县南召扶镇傅庄子。在城内我们接上了傅会林先生前往傅庄子,到家后,傅先生拿出明朝廷给他的二世祖傅吉下的五道圣旨:一道为朝廷对他的嘉奖,一道为朝廷对他的任命,一道是对他父亲的诰封,一道是对他母亲的诰封,一道是对他夫人的诰封。每道圣旨长二米左右。他说我的祖先傅吉从洪洞迁来时就有文化,迁到大城县后,他考上了进士,后来作了谏议大夫,因他功在朝廷,朝廷给他下了五道圣旨,把他的母亲、夫人都封为诰命夫人。在旧社会多次发水灾,"文化大革命"时他东躲西藏保留下了五道圣旨,真乃劫后余生。近十余年来,许多文物贩子都要购买他的圣旨,但他一一婉言拒绝。他说:"我不需要拿祖传的文物发财,我要靠勤奋发家。这是祖传的文物,我要献给国家。"他拿出《傅氏家谱》让我观看,家谱体例完备,世系清楚,架好摄像机,我们准备拍摄这些珍贵的资料,但很遗憾,因摄像机专用电池没电,在傅家充电电源电压不足,加之天色已晚,院内光线也不好,没能进行拍摄。在万般无奈的情况下,我给傅先生提出,让他带上这些文物随我们去招待所拍摄,傅先生考虑再三,但还是接受了我的提议,带上圣旨、家谱,随车与我们到了招待所。这时,已是19时了。放下东西后,杨馨远主任领我们去吃饭,他叫上了宣传部的刘部长、张副部长、赵副部长等数位同志,陪我们摄制组及傅会林先生吃饭,饭后回招待所,在路上,我复印了傅先生的《傅氏家谱》。到了招待所,电源已充好,我们准备拍摄,这时,已是深夜12时了,在房间我们展开了圣旨、展开了家谱,等待摄像的小刘拍摄,这次又遗憾了,由于小刘贪酒,加之大城县的同志左陪右敬,他喝醉了,没法完成拍摄工作,我只好再三恳请傅先生带上东西在城内住上一夜，明早6时拍摄，然后送傅先生回村中老家。经再三斟酌傅先生最后还是同意了我的要求。招待所没有房间，傅先生随杨馨远主任去他办公室住宿。

2001.11.13 星期二　雨夹雪

6时30分，杨馨远主任及傅先生带着圣旨及家谱来到招待所，摄制组已准备就绪，对家谱、圣旨这些珍贵的文物资料一一作了拍摄，并请傅先生谈了傅氏明初从山西洪洞迁移至河北枣强，然后转迁到大城县的经过。采访结束，我们共进早餐。饭后，与傅先生、杨馨远主任道别，杨馨远送给我们两箱大城特产"薛氏窝头"，大城县的窝头是贡品，是原来给慈禧太后进贡的，是用玉米面、栗子面及榆皮面等加工而成的。告别后，坐在车上，我们浏览了大城县的城貌，大城县准确的读音应是"大（代）城县"，张学良将军在庆祝自己百岁华诞时,对在座的人说："我的祖籍是河北大（代）城县。"但现在大家都读作大城县。大城县是河北沧州地区的南大门，主导产业以机械、轻纺、建材、化工、食品加工为主。现在正进行街道改造，县城到处都是工地。改革开放后，农民富了起来，本县农民大都有钱，在县政府的统一规划下，一个新的大城县城，座座高楼大厦，正在拔地蠢起。大城县位于河北省中部偏东。县人民政府驻地平舒在省会石家庄东北偏南200公里处。东与天津市静海县和河北省青县相邻，北与文安县接壤，西与任丘市交界，南与河间市毗连。县域呈海棠叶状，东西宽36.3公里，南北长44.2公里，总面积903.7平方公里。辖平舒、大尚屯、王文、南赵扶、里坦、留各庄、旺村、权村8个镇，大阜村、大童子、阜草、大流漂、郑家村、北魏、位敢、王香屯、大广安、臧屯、刘因献11个乡。下辖394个村民委员会，9个居民委员会，401个自然村。1990年底全县91537户，404745人，共中非农业人口22683人。多为汉族，占全县人口的99.8%。有满族259人，蒙古族225人，回族171人，朝鲜族46人，壮族23人，彝族8人，苗族8人，瑶族8人，藏族7人，土家族8人，达斡尔族5人，布依族4人，锡伯族4人，白族1，纳西族1人，水族1人。人口密度440。5人/平方公里。大城县历史悠久，春秋战国时期为齐国北部边城，城邑名徐州。燕王喜六年（前249）属燕，改为平舒。西汉置东平舒县，县治在今县城。三国魏文帝黄初元年（220），为冀州章武郡治，辖领东平舒县。晋泰始元年（265），章武郡改封为章武国，仍治。北魏时去"东"字改称平舒县，更隶章武郡，仍为郡治。隋开皇三年（583），废章武郡。后周显德六年（959年），改名大城县至今。据地名办杨馨远主任统计大城县的村庄70%左右都是以洪洞大槐树移民得姓氏立庄，作为村名的。

9时许，我们冒着雪雨，途经青县，上高速公路，过沧州，上105国道，十时左右到孟村。据《孟村回族自治县志》记载："建文二年（1400）十月，沧州被燕王朱棣'靖难军'攻破，乡民深遭其祸。建文四年（1402）七月，燕王即位。令军北返报复乡民。百人幸难逃一，尸横遍野。俗称'燕王扫碑'（亦称'扫北'）。永乐二年（1404）汉族孟氏亦自山西洪洞迁来建村。"可见，孟村自治县是明朝洪洞孟氏移民在此建村的。1955年11月30日，设立孟村回族自治县。孟村自治县的县城较小，我们首先去了地方志办公室，在地方志办公室同杨青祖主任联系，但这时，已到中午11时50分左右，杨主任已下班回家。在电话上与她取得联系后，她说，下午两点在办公室见，在这种情况下，我们先去孟村民族饭店登记了住宿并吃了午饭。稍作休息，14时左右，我们准时来到地方志办公室，杨主任已在办公室等待我们。在办公室互作介绍后，我说："杨主任，这次我们在华北广大地区，采访洪洞大槐树移民后裔的情况。据说，孟县回族自治县是明初洪洞一孟姓人来此建村的，后来，才设立的孟村回族自治县。这个县，回民有没有从山西洪洞迁来的。"杨主任从她的书架上拿出一部《孟村县志》翻开里边的大事记及村庄部分指着里边的记载说："县志上有明确的记载，你们说的都是事实。"我说："孟姓是汉族，回民有没有洪洞移民？"她说："这地方的回民，大多是从南京二狼岗迁来的，有少部分是从洪洞迁来的，我是回民，我们杨姓，听祖上说，可能也是从洪洞迁来的。"我们摄制组提出要拍摄一些清真寺的镜头，杨主任说："你们去找一下民族事务管理委员会。"和杨主任告别后，我们来到县政府民委。民委的同志接待了我们，他们的主任正在开会，听说我们来了，民委张主任从会议室出来，与我们进行了交谈。我告诉他我们来的目的，告诉他洪洞县的现状及洪洞县举办"一会一节"的情况，张主任说："很高兴听到你们说了老家的情况，明年有机会我们一定去洪洞看看，我找一个熟悉情况的人，领着你们去各清真寺看看，因我们正在开会，有事情请你们找我。"这时，民委办公室的同志找来了熟悉情况的原孟县党史办主任，他领我们去孟村清真寺望月楼拍了清真寺的全景及孟县县城的全景。老同志告诉我们说，沧州地区的回民，大部分是从南京移来的，只有一少部分是从山西洪洞迁来的，详细情况请你们到沧州市民委找吴丕青同志，他熟悉沧州地区回民情况，并写了一本《沧州回族》的专著。拍完清真寺及孟县县城的镜头后已是17时30分左右，我与摄制组的几位同志商议，计划今夜不在孟村县住了，想赶往沧州市住，明早找吴丕青同志。匆匆与孟村县同志告别，前往民族饭店退房，返回105国道，抵达沧县。18时左右我们住进了沧县春江宾馆，吃罢晚饭，与吴丕青同志取得了联系，定于明早9时在沧州市民委见面。达吾德·吴丕青，回族，1946年生，河北省孟村回族自治县人，现任沧州民委副主任、中国民族政策研究会会员、中国回族学会理事、河北省民族古籍编委会委员、四川省侨光东方文化科技研究院客座研究员。

2001.11.14 星期三　阴有小风

早九时，来到沧州民族宗教局，在三楼办公室见到了吴丕青同志。他的办公室摆满了各种资料、书籍，给我们让座后，他拿出他编著的《沧州回族》上下两册，赠送给我，并在扉页上用毛笔题写了"张青先生惠存"几个字。他说："青县回民戴氏家族，是从洪洞迁来的。明嘉靖十一年的《戴氏家族谱序》记载：'余致力吾族宗谱之旨，在于尊祖敬宗，后裔悉源，固守先章，以留香烟之传，勿失吾祖之本也。世世代代递及千古耳。窃据《周室侯爵裔太公封姓图注》，吾戴氏之由来乃尉太公封，姚、戴、孔、黄四大姓本一奶同胞也。周天子十一代周宣王静壬寅二十九年乃吾宋戴公元年也。并据《宋世次图》载，悉吾戴氏及老、乐、皇、华等氏，皆微子十二世孙宋戴公之裔也。历两千余哉，溯无可征也。拟自吾高祖上溯之，奈吾高祖兄弟五人，讳诫、讳诋、讳谂、谐、信五公，原籍山西晋阳洪洞县石门寨母子村人氏，值明惠帝建都南京，国号建文，己卯元年，遭朱棣赴北平之变，遣居南京二狼岗。壬午之岁，朱棣废建文，于癸未年改国号永乐。继位南京之际，遣回原籍（山西）。太高祖已逝世。讳诋、谂二公旧守故里。吾高祖讳诫公奉更世人太祖母齐氏夫人之命，偕弟讳谐、信二公，携眷于明永乐甲申二年，朱棣王遣都北京之际（注：明王朝迁都北京是在永乐十八年，原谱此处搞错了），随军抵直，任武略骑尉，屯驻青邑。高叔祖讳谐公于永乐丁亥五年从兄之命赴保定立邑。奈吾祖上由浙江绍兴府至山西之族谱一部，存祀原籍家庙内，名僧护之。建文末年家庙自焚，族谱亦焚烬矣，无可上溯而略之，固迄吾太祖母立茔为始而续之。吾高祖号济贫公，与一缠头僧相契。缠头僧敬佩吾高祖忠爱之诋，而劝之言曰：'公利民之心与古教济贫之意同义也。'希吾高祖退佛门而入古教。吾高祖自斯即为回族之称耶。吾高叔祖讳信公与胞嫂（高祖母，诫公之原配）奉慈颜，侍晨昏，慰亲心，以供子职。太祖母逝世后，即择地狐狸墓村南立茔，太祖母墓前设有疑冢一座。太祖母茔下靠东之墓即吾高祖母马氏之孤墓也。埃西乃吾高叔祖讳信公与信母之合墓也。吾高祖讳诫公卜卡戴家庄为邑，择地庄东路南立茔。吾曾祖讳利芳公卜庄东龙港河以南立茔，茔东道西亦筑有疑冢一座。历一百年有余载，代序日远，族姓日繁，如非宗谱统属之，将失其亲睦，遗憾千古，则悔之莫及矣。而聘鹤群公、盛贵公、盛发公等集聚一堂，研续宗谱，以定世系辨昭穆、联人情之涣而维世俗之漓者也。吾高祖与高叔祖讳诫、信二公各为一大支，乃至亲也。至于宗谱则本敦宗睦族之举，合二大支为一谱也。尚有余祖余一代，昆仲二人讳羡正、羡敬二公，分称东院、西院。余祖父讳羡正公属长房为东门一派，羡敬公次之为西门一派，卑备者殿阅宗谱，不维识亲疏、明尊俾，而知吾祖至严之礼也。自古迄今同姓不通婚姻，即与老、乐、皇、华等氏亦不通婚姻。诚以此四氏者与吾皆为宋戴公之后也。固资质虽愚，宗谱记载最应详观，道教虽微，祖上之遗风当知固守。而后子子孙孙世世接续，绳绳缉缉代代相传，或单传，或数支，以至繁衍无所终极矣。虽分支别派，必本敦亲睦族尊祖敬宗之心。凡吾祖之群辈，或集聚本庄，或遣往他乡，每于祭日，各集聚二位高祖茔下会晤，以示祭奠而矣。'"祖墓记载："戴氏，祖籍浙江绍兴府余姚县，原籍山西晋阳洪洞石门寨母子村。于明永乐二年，始祖戴诚、始叔祖戴信与太祖母齐氏夫人母子三人随军落居青县。并由始祖戴诚率全家改信伊斯兰教，始为回族。戴氏祖墓共三处，即青县狐狸墓村一处，青县戴庄子两处。狐狸墓祖墓：立墓人戴氏太祖母齐氏夫人。相传，某日齐老夫人忽患奇疾，其孙戴亮急去青县禀父未遇。回来时天色已晚，奇遇一灯火引路，至深更而失，遂见一白女老翁立于路旁，自称仙人，嘱其祖母之疾乃是吉兆，并赠蜜药一丸，告之'需去吾故居古月营觅取天河二龙戏水之水送服'，言毕无踪。戴亮回家后言及其事，无人知晓'古月营'在何处，后经开元寺和尚破解，方知'古月'乃'胡'字，与'狐'字谐音，'营'字与'茔'字音同，意为'狐仙之墓'；二姓庄（后改称戴庄子）东，不远处有一土丘常有狐狸出没，可称'古月营'，遂去寻觅，果见丘旁有天灵盖骨一片，积月雨水，内有小蛇二只逃出。此水取回后立将蜜丸送服，奇疾数日痊愈。而后，齐老夫人携幼子戴信、长媳马孺人、戴信子利元等赴是处安居耕耘，后称'狐狸墓'村。太祖母百年后，即葬于此，并尊其遗言设松柏园于古月营，就二龙吸水处筑虚冢，葬浙、晋之先祖名讳，太祖名讳与太祖母并葬，以示二邑（二姓庄与狐狸墓）之骨肉因依之情。戴信夫妇百年后合葬于马孺人之西。戴庄子祖墓：立墓人戴诚，字济贫。"据戴氏谱载，戴氏尚未定居前，此公曾到开元寺访友，与一隐士交谈立墓之事，隐士告知："开元寺南二姓庄东小溪南岸，吉地也。北有京都可接旨意，南有土丘可曰状元台。如头北足南葬之，头上有圣旨盖顶，膝下有状元捧足，头枕溪岸，溪水缭绕，潺流不息，如卜该地头墓基，佳也。"戴诚公任彭城卫管屯指挥后，即安眷于二姓庄，后因戴氏为官，且人丁兴旺，人们逐渐改称"戴家庄""戴庄子"。诚公逝后，择地庄东路南立墓，称戴家祖坟。戴庄子二老坟："为戴诚公之长子戴利芳公所立，位于本庄东龙港河以南。"吴主任就沧州地区的回民情况对我们作了简单介绍，他说："沧州的回族比较多，一共有87姓，其中戴姓是从山西过来的，戴姓最早是浙江人，后来迁山西洪洞县石门镇母子村，是一个官宦家庭。明成祖继位后，随明成祖到了南京，后来，'靖难之役'的时候，又从南京迁回老家，回到山西，燕王朱棣坐天下以后，又随着移民一起来到这儿。"采访结束，告别吴主任，拍摄了沧州市清真寺的外景。

10时左右，上104国道，途经南皮，南皮是清末洋务派首领张之洞的家乡。据台湾商务印书馆出版的由王云五主编的《清张文襄公之洞年谱》记载其为洪洞大槐树移民后裔。始祖是明永乐二年迁到河北的。经东关，在泊头市路边停留，我们看到泊头市有优质无核红枣，有优质蜜枣，在贩摊上我们每人购买了两袋红枣，购枣时，摊主问："听你们的口音，是山西人吧？"我回答说："我们是山西洪洞的。"摊主说："你们是山西洪洞的！那是老家的人。我姓李，听老爷爷说，我们的祖先是明朝从山西洪洞过来的。"边说边拿起摊上的水晶梨说，水晶梨也是我们这里的特产，别的地方没有。他硬要塞给我们每人两个梨，让我们路上带着吃，我要付钱，摊主硬是不收，说这是我给老家人的一点心意，并依依不舍地送我们上车。上车后直奔杂技故乡吴桥市，在吴桥杂技博物馆拍摄外镜。12时许，到达德州市，住进了离德州市政府较近的鑫泰宾馆，鑫泰宾馆是以微山湖特产鱼、虾为主菜的饭店，有微山湖系列菜，系列食品。中午，在此就餐。饭后，在房间，与《故渎》作者刘金忠先生联系，但未能联系上，14时，我们去德州市政府，找到了地方志办公室，地方志办公室陈主任接待了我们，并赠送给我《德州年鉴》书一本，他告诉我们，刘金忠已退休，现在家居住，让我们去饭店等候，联系好告知我们。返回饭店，翻阅《德州年鉴》，其记载："德州市位于黄河下游北岸，山东省的西北部，北以漳卫新河为界，与河北省沧州地区为邻；西以卫运河为线，与河北省衡水地区毗连；西南与聊城地区接壤；南隔黄河与济南市相望；东靠惠民地区。东西宽200公里，南北长175公里，总面积10341平方公里，占全省总面积的7.53%。德州市地处津浦、德石铁路交会点，京杭大运河贯通南北，公路四通八达，为华东、华北重要交通枢纽，故有'九达天衢'、'神京门户'之称谓。市委、市政府所在德城区是本市政治、经济、文化的中心，军事地位也很重要。德州市在唐虞时属兖州（《禹贡》）。夏代属有鬲氏之国。商代属兖州之域。西周以及春秋时期属齐国。战国时分属齐、赵二国。秦分属齐郡、钜鹿郡、清河郡、上谷郡。汉分属青州平原郡、济南郡、冀州清河郡、幽州渤海郡。三国时属魏。西晋时分属平原国、清河国、乐陵国、乐安国、济南郡。南北朝时期分属安德郡、清河郡、平原郡、乐陵郡。隋代分属兖州平原郡、渤海郡、冀州清河郡、青州齐郡。唐代分属河北道德州、贝州、棣州、齐州。北宋分属河北东路、右京东路。金时分属山东西路、东路、河北东路、大名府路。元属燕南河北道、中书省河间路、济南路。明属山东布政使司济南府、东昌府、京师河间府。清分属山东济南府、武定府、直隶天津府、河间府。民国初期分属山东省济南道、东临道、武定道、直隶省津海道。1928年（民国十七年）分别直属山东、河北省政府。抗日战争时期津浦铁路以东各县分属冀鲁边区、渤海区一、二、三专区，津浦铁路以西各县分属冀南、远东六专区及沧南专区，齐（齐河）、禹（禹城）部分属冀鲁豫一、四专区。解放战争时期至1949年分属渤海区二专区、泺北、沧南专区和冀南二专区。"16时左右，刘金忠先生来到了宾馆，带来《德州文史》书一本。前两年，洪洞一会一节的时候，刘金忠先生来过洪洞，加之信函联系，已是老朋友了，寒暄以后，知道了我们的意图，刘先生介绍了德州市概况，介绍明朝德州古战场的地理位置，言犹未尽，已到吃晚饭的时候了，在鑫泰饭店，共进晚餐。饭后刘先生邀请我去他家做客，到了他家刘夫人已为我们沏好了茶，摆好了瓜果，摄制组的同志在那里与刘夫人喝茶聊天，刘先生把我带进了他的书房。近几年刘先生又有好几部长篇小说问世，也发表了好些论文，有关于德州运河文化的，有关于洪洞大槐树移民在德州的分布及历史作用的，他说，著名作家李佩甫即长篇小说《羊的门》作者，他写的另一部长篇小说《李氏家族》是以河南为背景描写洪洞大槐树移民的，《故渎》是以山东抗日战争时期为背景，描写洪洞移民后裔宋氏家族的，他建议我们可以到郑州文联采访李佩甫先生。志同道合，谈论了洪洞移民、移民文化等等，一看时间不早了，向刘先生告别。临行前刘先生送给我《中国移民史》第五册、《明朝的移民及人口流动》两本书，这两本书是我千寻万找都没有购到的书，我再三向刘先生致谢。

2001.11.15 星期四　晴

早饭后，接上刘金忠先生前往明朝德州十二连营古战场，途中又接上德州市长庄乡乡长，请他为向导陪同一起去十二连营。古战场位于德州古运河旁，据1987年5月版德州市《长庄乡志》记载："长庄乡地处鲁西北黄河平原，京杭大运河东岸，距德州市5公里，隋唐之前为鬲国、鬲县之地，现属乡境最早见于文字记载的为宋金对峙时期。第三次人口普查，有人口14110人，汉族13065人，回族1011人，满族33人。"在《民族户籍》一章中记载："据考证（民国二十四年《德县志》），长庄乡居民大多数是明朝时期从山西省洪洞县迁来的，据说唐宋后期，由于天灾战乱，村落稀疏，人烟稀少，到明朝前期，又流行一种叫'红头苍蝇'的瘟疫，苍蝇所到之处瘟疫盛行，大部分人很快死去了，剩下的人，也逃往他方。燕王朱棣建都北京后（1403），实行移民政策，从山西洪洞县迁来很多人到此安家落户……，汉民户籍繁多，不可胜数。"到了哨马营、驸马营，这里是一片开阔的沙土地，这就是大运河畔的十二连营，即"靖难之役"的古战场。《长庄乡志》云："驸马营：《德州志》，明朝建文元年七月，燕王造反，九月帝令李景隆至德州，合兵五十万讨燕，进营河间朝观筑连城十二于德州东北以护仓储，长庄乡所属驸马营、哨马营、北营都是十二连城之一，传说驸马营原是一军营，营中的统帅李景隆是明太祖朱元璋的女婿，因此得名驸马营。"在此地的旁边有个北厂村，据说北厂是明朝山东地区的大粮仓，"靖难之役"中建文帝为了保护后勤派大量的军队在此守驻。为争夺粮秣重地，此间发生了数次较大的拉锯战，战后此地荒凉成丘，渺无人烟，明成祖取得天下后，为了恢复生产从山西洪洞往此移民。《长庄乡志大事记》说："建文元年（1399）七月，燕王朱棣造反，讨燕都督朝观筑连城十二营于德州城北，以护北厂仓储，驸马营、北营、哨子营等村出现。永乐初年，从山西洪洞县迁来山东德州居住的人民，形成坡芦庄、肖何庄、荣庄、前后园等村。"另《地名的由来》亦云："荣庄：荣庄始建于明朝，据传说，当时此地流行一种叫'红头苍蝇'的瘟疫，苍蝇所到之处，瘟疫盛行，大批百姓死亡，幸存者也都逃往他方，大片肥田沃土变成人烟很少的荒草野坡，后来从山西洪洞县迁来百姓在此居住，迁来最早的姓荣，故得名荣庄。"在京杭大运河的东岸，望着岸边的村庄其中一处残垣断壁，满目荒凉，时间倒流，仿佛回到了明初的古战场，似乎听到南军与北军的厮杀声，衰草荒丘，冷风残阳，荒冢朽骨，金戈铁马，王朝遗恨。康熙年间德州学者田雯有古风《十二连城歌》，记录了当年战事的惨烈："连城城北十二城，村墟草木皆甲兵；旧鬼磨灭三百载，天阴雨湿青磷生；当时靖难戎马作，旌旗斜卷安陵郭；五十万师自南来，方山之野扫秋箨！"战争，造成了华北地区人烟减少，造成了一个又一个无人区。朱棣进入南京后，大肆杀戮，齐泰、黄子澄、方孝孺、铁铉被杀害、灭族，株连处死达数万人，史书称之为"瓜蔓抄"，方孝孺甚至被灭"十族"。这样，"靖难之役"又加剧了中原地区的荒无人烟的局面，所以继洪武移民后，又有永乐移民。刘金忠先生说："我在一篇论文中说，德州明清文化的高潮，是运河通航、大明定鼎、永乐迁都、洪洞移民，以及因此造成的农业经济的复苏与发展，是这次人文高潮的社会与经济基础。"拍摄了古战场的遗址后，11时返回德州市，参观了"苏禄国东王墓"。苏禄国东王乃为今菲律宾古国王，永乐年间，他到中国朝觐永乐皇帝，归国途中病逝于德州，死后葬于德州，永乐皇帝为苏禄国东王修了陵墓，并亲自撰写了祭文。随后拍摄了德州火车站送刘金忠先生回家。过了一个小时后，我们在德州城郊路边一个小饭馆，吃了午饭，当然，餐中也少不了著名的德州扒鸡。

　　13时许，上京福高速公路前往济南，济南市是山东省会，素有泉城之称。这是一座古老的历史文化名城，自然条件得天独厚，文化积淀丰富厚重，泉水滋润着这片土地，使其山清水秀，形成处处迷人的自然风景。在济南首先参观的是大明湖公园，大明湖公园在济南旧城北部，因内有大明湖而得名。大明湖是济南三大名胜之一，被誉为"泉城明珠"。北魏郦道元《水经注》称"历水陂"，唐时又称"莲子湖"。北宋文学家曾巩称"西湖""北湖"。金代文学家元好问在《济南行记》中始称大明湖，至今已有1400多年的历史。昔日，大明湖范围很大，南到濯缨湖，北通鹊山湖。西晋永嘉年间，建城墙把湖分开，基本形成了现在的规模，湖水面积46公顷，水深平均3米，滨湖游览面积35公顷。水源来自市区四大泉群，然后由北水门汇出，流入小清河，东注渤海。湖底为不透水的火成岩，泉水不能下泄，再加合理的排水系统，便形成了"淫雨不涨，久旱不涸"的特点。大明湖，风景秀丽。岸上翠柳蔽日，清风微吹，婀娜多姿；湖中荷花似锦，片片葱绿，点点嫣红；水面小舟争渡，画舫徐行，歌声悠扬；更有那亭台楼榭隐现其间，酷似一副立体大画。正如志书所载："湖光浩淼，山色遥连，冬泛冰天，夏挹荷浪，秋容芦雪，春色扬烟，鼓枻其中，如游香园，鸥鹭点于清波，箫鼓助其远韵，固江北之独胜也。"13世纪，意大利著名旅行家马可·波罗在他写的《中国游记》中也赞扬大明湖说："园林美丽，堪悦心目，山色湖光，应接不暇。"由于大明湖历史悠久，纪念古人的政绩、行踪的建筑以及自然景观很多，诸如历下亭、铁公祠、小沧浪、北极阁、汇波楼、南丰祠、遐园、稼轩祠等，都具有浓厚的文化内涵，所以引来历代文人前来凭吊、吟咏。唐代的李白、杜甫，宋代的曾巩、苏东坡，金代的元好问、张养浩，明朝的李攀龙、王象春，清朝的王士禛、蒲松龄等，都写下了著名的诗篇，就连乾隆皇帝也多次题诗颂赞。1954年，大明湖改为公园，经过疏浚、修缮、扩建、美化，使其大展风采，成为济南市著名的游览区。每逢节假日，游人群集，放舟湖上、观鱼、赏荷、看柳，悠然自得。正如清朝诗人王允棨《北湖泛舟》所说："千条杨柳数声鸥，一片玻璃一叶舟。闲看鱼儿游镜里，不知人在镜中游。一声欸乃破芦烟，直向江心放钓船。水面风来香不断，才知撑到藕花边。"在大明湖公园，我们沿着湖边观看了铁公祠，铁公即铁铉，字鼎石，河南邓州人，明朝兵部尚书，山东布政使，建文帝时，镇守山东济南。公元1400年，明燕王朱棣与其侄朱允炆争帝，从北京发兵南下，兵至济南，铁铉固守，燕王屡攻不下，便绕道进取南京，自立为帝，以后复取济南，铁铉被执，不为屈服，受磔刑而死，其被诛九族，后人为了表彰他的"忠烈"，所以建祠堂纪念他。到了稼轩祠，祠内有1959年由当代文豪郭沫若撰书的匾额与楹联，匾额是"辛弃疾纪念祠"。楹联为："铁板铜琶继东坡高唱大江东去，美芹悲黍冀南宋莫随鸿燕南飞。"在曲水亭，我们看到数百种国内外的兰草，亭门悬挂着郑板桥撰写的对联："三椽茅屋，两道小桥；几株垂杨，一湾流水。"亭内板墙上的对联为："万荷倒影月痕绿，一雨洗秋山色青。"这副对联生动地描写了此亭北临明湖，荷香北渚，南依群山，倒映绿波的景象。此时已是初冬季节，湖面上布满了干荷叶，工作人员正在打捞荷杆荷叶。此情此景，使我脑海里浮现出洪洞有"莲花城"之称：洪洞县城东为玉峰山，南乃坊里坡，其城周围均为水地，旧时种植莲菜，俗有洪洞莲菜与别地异样，多一个眼之说，每到夏时，莲花盛开，蕊芳袭人，整个县城都在莲花的包围之中。我记得王勃《采莲曲》诗中云："叶翠本羞眉，花红强如颊。"宋代诗人杨万里所描述傍晚时的景色是"接天莲叶无穷碧，映日荷花别样红。"一片迷人的景象，游人旅客至此，醉心悦目，无不称快。清道光年间，寿阳人祁宿藻在玉峰书院讲席，他是道光十八年进士，曾官至江宁布政使，他的哥哥祁寯藻，为嘉庆十九年进士，曾官至大学士衔礼部尚书。诗词古文，卓然成家，为当时著名文人。他们为洪洞大槐树移民后裔，在游洪洞后，兄弟互赠诗一首，其兄诗内有"莲花好城郭，槐树旧村墟"之句，其弟在《故乡吟》一诗中也有"一径莲桥花满城，问津疑是桃源渡"。此两首诗传诵一时，为当时文人名流所乐道，人们也就称洪洞为莲花城了。

济南美，最美的是泉水，著名文学家老舍先生说："泉太好了，设若没有这泉，济南定会失去一半的美。"泉水是济南灵魂，她构成了济南独特的城市风貌和历史人文景观。"趵突腾空"被世人称为奇景，趵突泉也被列为天下第一泉。除趵突泉外，济南市还有众多名泉，世称七十二，实际有名可涌者，即达一百余处，形成"家家泉水，户户垂杨"的景观，且众泉汇流成河成湖。在一个城市中，拥有这么多的泉池，可谓世间少有，所以人们誉称为"泉城""泉都"。除大明湖、趵突泉外，大的自然景观还有千佛山公园、环城公园、五龙潭公园、植物园、动物园等，因时间关系，决定先去趵突泉，看一看这天下第一的名泉。趵突泉居济南七十二名泉之首位，号称"天下第一泉"，是泺水的源头，古代称为"泺水"，《左传》一书曾记载说：桓公十八年，"公会齐侯于泺"。北魏大地理学家郦道元《水经注》中又记载，因泉上有娥姜（英）庙，故称"娥姜（英）水"。北宋文学家曾巩在《齐州二堂记》中说："其旁之人名之曰趵突之泉。""趵突之泉冬温，泉旁之蔬甲经冬常荣，故又谓之温泉。"和曾巩同时代的刘诏，根据《诗经·小雅·采菽》，"沸槛泉"的诗句，叫它"槛泉"。金人元好问《济南行记》中又叫"爆流泉"。由于景观奇特，趵突泉曾被历代文人赞咏。其中，《聊斋》的作者蒲松龄《趵突泉赋》，描写最为详尽，其赋道："尔其石中含窍，地下藏机，突三峰而直上，散碎锦而成漪。波汹涌而雷吼，势颓洞而珠垂；砰訇兮三足鼎沸，鞺鞳兮三部鼓吹。沈鳞骇跃，过鸟惊飞，羌无风而动藻，径上栏而溅衣。夜气长薰，涛声不断，沙阵抟云，波纹似线；天光徘徊，人影散乱；快鱼龙之腾骧，睹星河之隐现；未过院而成溪，先激沼而动岸；漱玉喷花，回风舞霰；吞高阁之晨霞，吐秋湖之冷焰，树无定影，月无静光，斜牵水荇，横绕荷塘，冬雾蒸而作暖，夏气缈而生凉。其出也：则奔腾澎湃，突兀匡襄，噌噌宏宏。焰翠色以盈裳。其散也：则石沈鹊落，鸟堕碟□，泯泯棻棻，射清冷以满眶。其清则游鳞可数，其味则瀹茗增香，海内之名泉第一，齐门之胜地无双。"观游趵突泉，见到商店有木鱼石茶杯，是厂家在此直销，早就听说，木鱼石里含有人体需要的多种微量元素，往杯子里倒上清水，过两小时左右此水可成为优质矿泉水,如在杯子里沏上茶,数日不变味,木鱼石是济南特产。在商店,购买了雕刻有梅兰竹菊的四个茶杯,一看天色已晚,遂与王建华司机、装潢公司的小王,步出公园大门,穿过大街,走入济南市广场。广场夜景灯光灿烂,广场当中济南市的市标不锈钢雕像JN,在大型市标下我们合影留念,JN的市标高数10米,是几何体与抽象思维的结合,在任何一个方向,仰视图标,它的几何形状不变。顺着广场的主轴进入地下商场,逛完商场,天色已黑,一看时间已19时,急忙乘车回返,济南是一个比较大的现代城市,由于我们是第一次在济南带车出行,所以迷路了,车子开到一个集贸市场,街道十分狭窄,到处是商店,到处是摊位,路十分难行,在集贸市场走了近一个半小时,好不容易到了大街上,但不分东西南北,边走边看路标,终于返回了黄河宾馆,因晚上要接摄制组的小李、小王,他们从太原过来,我们只能换住离火车站较近的金龙宾馆。

2001.11.16 星期五 晴

　　凌晨,小李与小王两位摄像者来到济南,这壮大了我们的队伍,因故,装潢公司小王返回太原。8时送走小王,上高速公路,9时30分到达淄博市,刚下高速公路就见到淄博市的标志,一只昂首挺立的大公鸡的塑像。停车小憩,与孙发全先生取得了联系,孙先生说他在淄博市委宣传部等我们。淄博市是由三个地区组成的。11时50分左右,到达市委宣传部,一问宣传部的同志,孙先生等不及,刚下楼去。我转身下楼去追孙先生,到了楼下,看见孙先生正在车棚推车,我急忙叫住了,孙先生回首一看,就推车赶了过来,连忙说:"我等不到你们,正要回家去查电话号码跟你们联系。"我说:"我们走错了路,所以过来迟了。"边谈边往孙先生家走去,孙先生家住在市委门口不远的地方,到了孙先生家,孙先生边吩咐孙夫人给我们沏茶,边走向书柜,拿出《孙氏家谱》《李氏家谱》《王氏家谱》等11种家谱。他说,淄博地区正在征集家谱资料,我收集了十几种家谱,《孙氏家谱》刚刚完稿,明天是农历十月一日在我们孙氏祖坟,要举行一个分发收藏家谱的仪式。我说,咱们先去吃饭,饭后咱们再谈各项事宜吧。孙先生让在他家吃饭,我婉言谢绝了孙先生的好意,告别孙先生,在离他家不远的饭店吃了午餐。点菜的时候我在路边发现一个石头店,进去一看,里边有各种各式各样的石头,有非洲产的各种宝石及国外的许多珍贵石头,我想给我的女儿购一块石头艺术品,但老板要价太高,加之怕买下假货,没有谈成。小王喊我上菜了催我吃饭,问我吃什么主食,我说:"吃山东大饼卷大葱。"匆匆吃罢午饭,与几位同行商议了采访孙先生的细节,休息片刻,去接孙先生。饭前与孙先生已商定,下午去大孙庄,拍摄孙氏祖茔及淄川地区的琉璃工艺。接上孙先生,顺利到达了大孙庄,大孙庄有许多琉璃、陶瓷厂家。大孙庄的孙氏族长及几位长老,接待了我们,他们拿出《般阳、颜山孙氏族谱》《般阳孙氏谱垂乘考》以及民国、清朝几个版本的家谱,让我们观看其始祖从山西洪洞迁来的记载,并告知已传之十六世。小王、小李支好摄像机拍摄了这些珍贵的资料,并上六楼房顶拍摄了大孙庄的全景。接着,孙氏几位长老,领着我们去拍摄琉璃厂的生产情景,厂长动情地说:"听我老爷爷讲,我们孙氏家族是从山西平阳洪洞县迁来的,迁来时,带来了琉璃生产技艺,这在我们《孙氏家谱》上有明确的记载,为此孙发全先生还撰写了《般阳孙氏由山西带来琉璃技艺考》的论文。现在琉璃、陶瓷工艺,生产产品,已成为淄博地区的龙头产业,我们的产品百分之七八十的是出口产品。听说洪洞县举办寻根祭祖节,明年我一定要回老家去看看。"采访完琉璃生产工艺线后,同孙厂长话别,孙厂长定要我们带上几个琉璃工艺品。返回大孙庄后去了孙氏祖茔,一进坟茔,矗在我们面前的是孙氏先茔石坊、石雕吉祥物,石柱工艺精美,巧夺天工。孙氏祖茔占地约百十余亩,有其第一世始祖碑,有淄邑名儒张中发为孙公幼谷书写的碑。难能可贵的还有孙氏先祖在明朝做官时从南方带回来的一棵苦茶树,苦茶树树芯干枯,不知何年何月被大火烧过,但树表完好,树冠茂盛,焕发出勃勃生机。在石坊前,孙发全先生对着镜头发了言,讲述了关于孙氏家族从洪洞迁来淄博的情况及孙氏后裔发展的情况。孙先生说:"我淄博孙氏乃孙膑之后裔,世居鄄城孙老家,五代时同光元年(923),李存勖率兵攻占濮、郓、曹三州,孙姓逼迁山西洪洞县(一说:'被晋王掠去,安之晋洪。')。金朝末年(1230—1234)蒙古族驱兵攻金,山西处于战乱之中,孙氏又迁回故里,因世信祖(又名岳)组织义军抗元,遭元兵攻杀,因之,兄弟失散,世信祖复回故里,世荣祖落居枣强县。从后唐李存勖同光元年(923),至宋理宗绍定六年(1233),孙氏在山西住了311年。这是般阳孙氏有据可依,可以追溯到的最早源流。我曾经写了论文《般阳孙氏由山西带来琉璃技艺考》,其中论述般阳孙氏系琉璃世家,祖先由山西带来琉璃技艺,三世祖孙禹,字克让,又名子玉,携全家寄居颜神镇,为颜神琉璃事业的创建与发展,世代做出了贡献。"采访完毕,已是十八时三十分左右,我们告辞,但孙氏几位长老,再三挽留说,他们族长在等候,务要赏光吃完晚饭再走,谢绝再三,推辞不掉,只好随他们去村中的饭店就餐。到了饭店,孙族长一行数人,已等待我们,在十分融洽的气氛中,用罢晚餐,告别孙氏族人,上车返往淄博市区,晚二十时左右,住进了公路旁的东华招待所。东华是一个化工厂,招待所简陋,条件十分差,因大家都累了,也不想让司机赶夜路,只好勉强住下了。

2001.11.17 星期六　晴

　　吃罢早饭，8时，乘车到达临淄区，往东顺公路干线，到达广饶县大王庄刘集。在村委会，刘集村的刘支书接待了我们，并为我们找来刘氏家族的几位长老，其中刘宝珠老人带领我们去了他家，在他家的木柜里，捧出《刘氏家谱》，指着刘氏始祖从洪洞迁来的记载说："我刘氏始祖兄弟四人，从山西洪洞迁来山东，其中松祖迁居昌乐县郭齐庄，余祖迁居大王刘集，湖祖迁居刘铺，海祖迁居小张。传说，他们兄弟四人，世居洪洞大槐树老鹳窝村，明代初年，山东地区由于兵荒马乱，自然灾害频发，此地区地广人稀，朝廷便下令，从山西洪洞移民，朝廷说，'只迁山西洪洞一带的老百姓，不迁山东枣强一带的老百姓'。听到这种说法，山西洪洞老鹳窝一带的老百姓，大多逃往山东枣强，但朝廷不但从山西洪洞移民，并且也从山东枣强移民。这个传说，是说我们始祖兄弟四人，是从山西洪洞迁到枣强，然后从枣强再迁移到大王刘集的。"刘氏的几位长老接着说，这一带有好多好多的家族，都说是从山西洪洞迁来的，老家在山西。我们刘氏为了纪念老家是山西，在乾隆年间绘制了一帧《百穗图》，图高2.3米，宽5.4米，上面画有百穗葡萄。整个葡萄图，像一条腾云驾雾，腾空欲飞的巨龙。因刘集刘姓祖宗是从洪洞大槐树迁来的，所以画上的所有的葡萄须儿皆朝西方。"百穗"是"百岁"的谐音。这个龙形葡萄百穗图象征着刘氏家族瓜瓞绵绵，子孙旺盛。返回村委，本想拍摄一下这珍贵的《百穗图》，但因几个拿钥匙的长老不在，此图在一个锁着几把铁锁的木柜里珍藏着，开启需用几位长老同时在场，方能请出此图，只好失望了，但失中有得，村委会给了我们几张百穗图的照片。告别刘氏族人，已10时，下一站计划赶往蓬莱，上广饶至潍坊的国道，途经寿光市，至潍坊达昌邑市，已到吃午饭的时候，在一个小饭店我们草草吃罢饭，继续赶路，此时已达13时8分，匆匆上路达昌邑市边的淮河大桥，淮河从此桥下进入海口，停车拍摄了淮河的镜头。上车后，我与蓬莱市聂希谦取得联系，16时10分，到达蓬莱市北沟乡聂家村，聂先生已在村口等待我们。已到傍晚时，急忙先去聂氏祖坟拍摄了聂氏祖碑，祖碑记载："始祖聂富、鲁氏，明洪武五年（1372），由小云南（山西省洪洞县）迁此地居住，取名聂家庄。"接着去聂先生家拍摄了聂氏一至十五世世谱，到村委会楼顶，拍摄了聂家村村景。聂先生说，他是原村支书，任支书十七八年，去年才退下来，聂家村这几年富起来了，去年我退时村委会有300万元现金、3000余元存款，村里有3个村办企业。在聂先生家，拍摄了聂氏神祇图，此图年代久远，图宽1米，长2米，图上人物均为明代衣着，聂氏世系分明。聂希谦说："这个家谱是我们聂氏的族谱，从始祖到历代逝去的人都留在这上面。始祖是从洪洞县大槐树底下迁民到这儿来的，到我现在已是十五世了。每到过年时，我们把族谱请出来，供奉起来，让后人知道前辈人是怎样的一种情况。"因时间关系要赶往蓬莱市居住，聂先生硬要陪同我们去蓬莱市，此地离蓬莱市还有30余里，再三谢绝，聂先生执意不肯，无奈只好随聂先生之意，一起去蓬莱市了。到蓬莱市天色已黑，聂先生介绍住进了黄金宾馆，聂先生陪我们吃罢晚饭，才返回村中。

2001.11.18 星期日 晴

蓬莱市是一座海滨风景城市，故为登州治所，素有"人间仙境"之美誉，《山海经·海内北经》载有"蓬莱山在海中"之句，而《列子·汤问》中也有"渤海之东……有五山焉，一曰岱舆，二曰员峤，三曰方壶，四曰瀛洲，五曰蓬莱"的记载。据《史记·封禅书》所载，传说远在齐威王、齐宣王和燕昭王的时候，渤海中有三座神山（蓬莱、方丈、瀛洲），其上物色皆白，黄金白银为宫阙，珠□之树丛生，华实皆有滋味，吃了可以长生不老。秦始皇统一六国后，为求长生不老曾来到这里，忽见海天尽头有一片红光浮动，便问随驾方士那是什么，方士灵机一动，回答道"那就是仙岛"，秦皇大喜，又问仙岛叫什么名字，方士一时无以应对，遂以海上三岛之一的"蓬莱"作答。蓬莱，因有海市蜃楼之胜景和八仙过海的传说，被历代文人墨客视为仙境，蓬莱阁即缘此而建。在黄金宾馆吃罢早饭后，开车前往蓬莱阁，在大门口，与管理所取得联系，开车进入蓬莱阁公园。在蓬莱坊下车，蓬莱坊为四柱冲天式单檐彩绘坊，风格仿清，横阔三间，额题"人间蓬莱"四个鎏金大字，为苏轼手迹。内柱镌有书画名家刘海粟题写的楹联"神奇壮观蓬莱阁，气势雄峻丹崖山"，外柱则是书法家费新我题"丹崖琼阁步履逍遥，碧海仙槎心神飞越"，昭示此坊为仙境之门，游人入此可观琼楼玉宇、人间蓬莱。在古炮台我们拍摄了海景，看蓬莱阁丹崖极顶，屹立于万顷碧波之上，惊涛拍岸，雪浪重重。到达仙阁，凭海临风，直欲乘风，顿觉仙风道骨，超凡脱尘，有天无地，一片空灵。清代诗人徐人风赞曰："嵯峨丹阁倚丹崖，俯瞰瀛洲仙子家，万里夜看旸谷日，一帘晴卷海天霞。"在路边小店，我给家人购置了一些礼品，因来过此地，我跟摄制组同志们说："今天我们重点要去一下海岛。"九时许乘船前往长岛，坐船在海上行驶了两个小时，在长岛码头下船，长岛县历称大榭岛、沙门岛、长山八岛、庙岛群岛和长山岛特区等。古有海上仙山之誉。它担胶东、辽东半岛于南北，携渤海、黄海于东西，北距大连市的老铁山角42.2公里，南距蓬莱阁仅7公里，岛陆面积55.96平方公里，海域面积8600平方公里，人口4.5万。出码头，上出租车，司机为我们介绍了长岛的风景名胜，长岛县主要有：月牙湾公园、九丈崖公园、望夫礁景区、高山岛、龙爪山公园、仙境源景区、万鸟岛、长岛历史博物馆、宝塔礁、林海公园、烽山公园、庙岛、钓鱼岛景区，长岛有108景。在司机小姐的导游下，游览了几个景区，观看了渔村、渔民收海的情况，匆匆到达码头，乘船返回蓬莱。13时30分我们到达烟台，从高速公路途经栖霞市、莱阳市、莱西市、即墨、胶州，18时30分住进济南黄河宾馆。

2001.11.19 星期一　晴

8时，返回高速公路，从高速公路下来后，上国道，经梁山，途中在郓城城外一农贸市场，见人物衣着，购物喊价，其情其景与洪洞市场毫无二致。过鄄城吃午饭，16时到濮阳，濮阳市委统战部宣传科黄泽岭科长接待了我们，在四楼顶拍摄了濮阳市全景，摄制组去拍全景，我在黄泽岭办公室休息，在他的书桌上放有一套《河南省志》，我抽看《地名志概述》，其中记载有这样一段话："河南聚落地名以明代出现得最多。本志收入的2070个现聚落名称，秦或秦以前的有59个，汉66个，隋14个，唐38个，宋45个，金、元18个，明334个，清113个，中华民国9个，中华人民共和国9个，暂时未考证出成名年代的1366个，成名年代清楚的705个，其中金、元前的有204个占34%；明代成名的占40%。这与明代从山西向河南大量移民有关。正如1936年襄城县《重修襄城县志》所载：'初自山西洪洞迁襄者，约居十至五六……这种人口的迁徙变化是聚落地名产生和发展的基本因素。'"（河南人民出版社1993年4月版）我抄录了这段话。这时，他们已拍摄完外景，返回办公室，在办公室我们喝茶聊天。17时我们采访濮阳市翟家祠堂。翟家祠堂位于城区翟家庄，祠堂内有始祖碑，碑的正面记述有翟氏始祖，从山西洪洞迁来濮阳地区的历史，碑阴刻有翟氏分布图，难能可贵的是翟氏祠堂内保存有明朝翟氏始祖迁来时从山西洪洞带来的供桌、供橱，供橱内供奉有翟氏历代先祖的神位，供桌旁有一大木柜，里边存放着《翟氏家谱》，每年祭祖节时，他们才请出来供奉。此地翟氏是从清丰县巩营乡翟家村迁来的。当晚濮阳市政府分管文教、旅游的万副市长接待了我们，万市长乃文人一个也，发表有小说多篇及诗词多首，言谈举止颇有学者风度。言其《万氏家谱》载其先祖为洪洞大槐树移民，并引证据典介绍了濮阳市文物古迹、旅游、建设概况。饭后，安排我们住进了邮电招待所。

2001.11.20 星期二　晴

早8时，黄泽岭陪同我们在街道旁的小饭馆吃了早点，后前往清丰县巩营乡翟家村，途经濮阳市区岳村乡南田村，一望无际的平原，是黄河古道，是山西移民的重点地区。在南田村公路旁有陈氏始祖碑，碑下砌放一个压麦子用的石碾。据碑文记载，明洪武二年（1369），陈氏始祖兄弟二人，从山西洪洞迁来此地，来时全家老少六口人，赶一辆马车，车内拉有从洪洞老家带来的两个石碾。内兄弟来此地落户后，一人分了一个，分别立庄，世代相传，留了下来，后世子孙为纪念始祖，怀念家乡，特把石碾砌在始祖坟前碑下。观看碑文时，此村陈广宽从路边经过，问我们是干啥的，道明来意，他热情地让我们拍摄了他的祖碑，并再三邀请去他家，找宗长，看家谱。告别广宽先生，前行15余公里，来到翟家村。翟家村原名翟堤口，位于黄河古道的大堤边，大堤上有翟氏家庙，翟氏始祖迁来时，因带领广大村民护堤有功，去世后百姓为了纪念他，集资修建了翟氏祖庙。传说，建庙时，方圆数十里的百姓都来帮忙，用的砖瓦，是人流从十几里之外连绵不断地传递过来的。翟家村的翟令波、翟石钦、翟绍先、翟殿章等翟氏移民后裔，在翟氏祖庙已等待我们多时。在黄河古道，黄泽岭同志叙说了濮阳地区洪洞大槐树移民的分布、概况及轶闻、轶事。他说：''河南濮阳这个地方地处中原，历代就是兵家必争之地。连年战争，加上自然灾害频发、人口外出外迁，这样，在明初达50年之久，从山西洪洞分期分批往中原这一带移民，补充这儿的人口，恢复这儿的生产。''接着去翟氏祖茔考察翟氏先祖碑，翟氏后裔于数年前在祖坟前，重立始祖碑，原来的祖碑为清朝康熙时所立。我跟他们讲，旧碑上的文字虽然模糊，但旧碑是文物是历史的见证，保存新碑更应当保存好旧碑。翟氏几位长老，领我们去他们家内观看了《翟氏家谱》，已到中午时分，他们准备了丰盛的午餐，但因时间关系，我们没有在此吃饭，返回濮阳市，在路上，清丰县城关镇宋家庄、王家庄等各村的村碑上都有洪洞移民的记载。

回到濮阳市，黄泽岭招待我们吃涮羊肉。饭后，去濮阳县。据《濮阳县地名志》记载：''濮阳位于河南省东北部，黄河下游北岸，豫北平原东部，豫鲁两省交界处，离省会郑州市162公里。东南临黄河，与山东省东明、菏泽、鄄城接壤。面积1461平方公里。18.8万户，89.88万人，除汉族外，有回、壮等13个少数民族。辖7镇15乡，1022个村委会，1197个自然村。县人民政府驻城关镇。县以在濮水之北故名。古为颛顼之墟，称帝丘。夏为昆吾国。春秋为卫都。卫嗣君五年（公元前320年）始称濮阳。秦始皇七年置濮阳县，治今县西南故县，为东郡治。西汉新莽村改名治亭，属兖州。西晋为濮阳国治，永宁元年（301）改濮阳郡治。隋开皇十六年（596）改属濮州，分置昆吾县，大业初并入濮阳县。唐武德四年（621）复昆吾县，八年并入濮阳县。五代晋自顿邱移澶州治夹河（今濮阳县城南），复移濮阳县为州治。宋熙宁九年（1076）移现址。崇宁四年（1105）改澶州为北辅，五年升为开德府，县为府治，金为开州治。明洪武二年（1369）并县入州。1913年降州为开县。1914年复濮阳县。1941年分置濮阳、昆吾、尚和三县，属冀鲁豫边区。1944年濮阳县解放，1945年分置城关区为濮阳市，为冀鲁豫边区直辖市。1946年濮阳废濮阳市。1949年复濮阳县原建制，属平原省濮阳专署。1952年撤销平原省，改属河南省濮阳专署。1954年9月为濮阳专署，县属安阳专区。1958年安阳专区并入新乡专区，县改属新乡专区。1960年复置安阳专区，县乃属安阳专区。1983年9月撤销濮阳县，建濮阳市。1984年2月原濮阳县改为濮阳市郊区，属濮阳市。1985年将城关镇和县北部王助、胡村、孟轲、岳村四乡分置濮阳县，归濮阳市区辖，1987年城关镇复归。"在途中，去市区王助乡西郭占村考察了郭氏、任氏迁民纪念碑，在任付春先生家观看了几个版本的《任氏家谱》及任氏迁民碑的拓本。濮阳县城关镇红卫村，有一座明代石牌楼，传说为洪洞移民所建，牌楼往左300米左右有一棵大槐树，传说是明代大槐树移民迁来时栽的，树旁一座玉皇庙，其对联为"上上上无上之上，尊尊尊至尊之尊。"旁边碑文记载："玉皇大帝，本为张姓。"在路上我就给你们说过有记载，玉皇大帝本为张姓，电影、电视中七仙女姓张，玉皇大帝当然姓张了。今天在这里发现了明确的记载，这个说法就当作笑谈吧。黄泽岭说："濮阳县城东关外李家堤村有一棵大槐树，我们到那里去看看。"我们乘车左转右拐在泥泞的土路上艰难行驶，边走边向路人寻问，经过约一个小时的行驶，终于到达了目的地，到了树下，其碑文记载："李家堤古槐，此树位于濮阳县城东关外李家堤村土台上，胸围3.03米，高10.5米，冠幅南北8.2米，东西8.5米，此树老态龙钟，内空皮削，洞空万穿，枝杆折损。据村中老人李特健、李特林说：'此树与小集、菜家园为三姊妹树，是明初自山西洪洞县大槐树下迁民至此作纪念所植。'此言较为可信，树龄约620年。王培勤撰文。

2000年5月1日。"返回市区途中在公路旁的几个村庄拍摄了迁民纪念碑。在濮阳市，洪洞迁民纪念碑比比皆是，到处可见，正如《濮阳县地名志》所载：城关镇宋村，据传明洪武年间，宋氏从山西洪洞县迁此建村，名宋家村。王庄，据传，明末，王氏自山西洪洞迁此定居。铁炉村，据传，明末，谷、刘、王、田四姓从山西洪洞县迁居此地，均以打铁为主，故名。在地名志中，此类记载甚多，这里就不一一列举了。在濮阳达到了采访的预期目的，与黄泽岭告别前往浚县，途经滑县，滑县也是洪洞移民的重点区。18时左右我们住进了浚县招待所。

2001.11.21 星期三　晴

浚县新镇李海屯村因其有李海迁民碑，闻名于全国。新镇的李海屯村是浚县的边境村，此村位于滑县、淇县之间，与这两个县较近，与所辖治的浚县较远。千辛万苦，道路难行，终于找到了李海屯村，但由于种种原因，没有拍摄到李海屯迁民碑，十分遗憾了，只好扫兴而归。原本计划去郑州、菏泽、洛阳尤其是孟州市，孟州市中村有闪姓，桑坡村有马、拜、舟、白、丁、张、杨、卖、艾等姓，为回民，均为洪洞大槐树移民，但因种种原因，没能成行，我们决定返回山西。

途经新乡、获嘉、修武，中午十三时到达焦作，在焦作饺子馆，吃罢午饭，因焦作、晋城高速路还没开通，只好改走国道，经博爱、沁阳到达晋城，晚上我们住进了晋城煤海宾馆。

2001.11.22 星期四　晴

早上晋城市气象局的同志陪我们用餐，饭后一起乘车上晋阳高速路，9时左右抵达阳城县气象局，小憩片刻继续上路，经翼城、浮山、临汾，因在浮山错走了路，耽误了时间，到洪洞时已13时左右，在洪洞县吉星餐馆我招待了摄制组的同仁。餐后，他们送我回到玉峰山家中，应他们之要求，给每人赠送一本《洪洞大槐树移民志》，并应邀在扉页上题了字。司机王建华师傅说："我统计了汽车上的里程表，我们从太原出发，经北京、河北、天津、山东、河南往返五千公里计一万华里路程。"我说：拍摄《根在洪洞大槐树》电视专题片，重走移民路，这次真正做到了寻访移民后裔万里行。至此，从11月8日从太原出发至22日返回洪洞历时15天，采访北京、河北、天津、山东、河南五省市部分移民后裔行程结束，当然明朝移民分布即从洪洞移民的直接分布达18省（市）、600余县（市），我们仅寻访了不到1/4的地区，这只能成为遗憾了。此次行程，看到这些地区的移民后裔续修家谱，建立祠堂，有些地方如淄博大孙庄设立族田族产（义庄），当然，这些主要是农民的举动。对这些问题进行思索，在我国把马克思主义与中国社会实践彻底结合，恢复传统的文化凝聚力，是一重要课题。此次行程使我感到洪洞大槐树的情结太深太浓太厚重了，所到之处，移民后裔对我们摄制组的到来，正如李存葆先生在《祖槐》中所写"让梨推枣，斯抬斯敬，三茶六饭，洁樽款待。"此情此景虽时过境迁，仍历历在目，其情其谊是无法用语言来表达的。这次行程，也是我倍感到我们洪洞县的知名度太大太响了，对洪洞大槐树文化的认同太深太厚了，所到之处，无论达官贵人还是平民百姓，无论儒士学者还是贩夫走卒，皆知中国有个洪洞县，皆知洪洞有棵大槐树，称其多为洪洞移民后裔，称洪洞大槐树为其故土家山。据专家统计，全国现有亿万大槐树移民后裔，这珍贵无价的资源，我们怎样去利用，怎样去开发，是摆在我们面前的一个大课题。拍摄此片的目的，正如高洪元县长所说：就是要知宗明祖，笃民族大义，激爱乡爱国之情；就是要凝聚民族向心力，报本溯源，铭功昭德，让大槐树移民先祖生息之地再度辉煌。

注：此为张青拍摄电视片《根在洪洞大槐树》日志。

炎黄子孙同根同祖，华夏儿女血脉相连。素有"天下故乡，华人老家"之称的洪洞大槐树，是寻根祭祖的圣地，是亿万大槐树移民后裔心中"家"和"根"的象征，以大槐树为载体的根祖文化，更是凝聚血脉亲情、民族感情的桥梁和纽带。近年来，随着人们精神文化生活的不断提高，人们对中华传统文化的认同感日益增强，寻根问祖之风也越来越盛，大槐树根祖文化的研究也将迎来新的契机，更多的优秀文学作品和更加丰硕的研究成果会源源不断地涌现出来，这既让我们充满期待，也需要我们付出更大的努力。

卷八 传说故事代代陈

右聯：稽先故臣叫什麼　大槐樹下老鸛窩
時在己巳端月悌新民書

左聯：移民故事代代陳　楊國趙里漢唐秦
時在己巳夏月山岸牧人李新民題

时空腾越，沧海桑田。明代初期那场洪洞大槐树大移民壮举，虽已历经六百余年，但始终是广大槐乡儿女及四海移民后裔魂牵梦绕、无法释怀的情萦。人们或刻石竖碑，或编谱立传，以志永世不忘，流传永远，同时演绎出如五百年前是一家，解手、背手、连手的来历，胡大海射箭复仇，砸锅别离、重聚认证，清军犯境、树下拜祖，树碑立亭、告慰祖荫……，留下多少脍炙人口的动人传说。

以上传说，在洪洞大槐树移民的迁出、迁入和中转地均流传甚广，并且与地方风物和人文历史互相联系，数量以千百计，版本亦有同有异，但其共同点一是粘连着许多后代文人学者的观念和意识，二是寄托着广大槐乡移民后裔挥之不去的浓浓思乡情意。这些传说，随着时间的不断推移，随着大槐树移民播迁各地，构成了大槐树移民传说日益深远的传布和影响。

传说，是人民群众口头创作、传播，与一定的历史人物，历史事件或社会习俗有关的故事。民间传说，可以说是劳动大众的"口传历史"。传说与特定历史的关系甚为密切，它们不断地和独特地伴随着历史，源远流长，万古常青，而且具有重要的史观价值和史料价值，还其以历史的本来面貌。

传说的世代传承的特性，决定了它的非个人性或群体性，而移民传说的内容本身亦加强了这一特点。我们可以从中发现传说通过传奇性的故事成了集体记忆的重要渠道，尽管记忆的历史并不见得一定是传说中的主要情节或主题，但我们会发现其重要的历史侧面。随着社会历史的发展，洪洞大槐树移民的传说在历史的过程中不断得到补充，并随着历史背景的变换而得到不断的丰富与发展。

第一章　移民典故传说

第一节　祖根洪洞是吾家

中国人有句俗语,两人相见,若互通姓名,如同姓即随口而出:"五百年前是一家。"这个典故应从明初洪洞大槐树移民谈起。明朝初年,为了恢复因战乱灾荒而荒芜了的中原广大地区的经济,明政府下令在山西洪洞大槐树下集中移民,从明初到清朝末年民国初年,时间为500年左右,大槐树移民后裔已遍及神州大地,人们相见互问老家,都会说;"啊! 洪洞老乡。"再问及"老乡贵姓?"若回答为同姓,问者就会说"啊! 五百年前是一家。"同姓相见,五百年前是一家。这句俗定语句,也就一直延续至今。

五百年前是一家

解手、背手、连手的来历

把上厕所说成"解手",在我国许多地方都是这样。如厕同"解手"有什么关系呢? 据说也是来自古大槐树下迁民。是从那时候才开始的。

大槐树官方移民的特征之一就是强制性。在当时,人们穷家难舍,故土难离,用各种方法反抗着移民。移民官员和押解的差人,为了防止移民半路逃跑,编队定员之后，便把他们捆绑起来，才肯上路。先是大绑，即绑住两条胳膊，行动起来很不方便。后来又改用"小绑"，每人只绑一只胳膊，几十个人连在一条绳子上，相互牵连在一起，一人要动，牵动别人，谁也跑不脱。因此，无论在行路当中，还是晚上歇息的时候，如果其中有人要大便或者小便。就得恳求押解的差人，给他们捆在胳臂上的绳子解开。最初时，人们为了把意思传达清楚，话就说得比较完整："请大人把我的手解开，我要大便（或我要小便）。"由于人多，路上解绳子次数也多，不仅麻烦，而且耽误时间，但由于这种办法安全，人跑不掉，所以再麻烦，再耽误时间，差人也不敢去改变它。后来说得多了，渐渐就把原来的话简化了。先是说："给我解开手"，就知道他是要大小便；后来干脆简化成"解手"。只要有人高声喊"解手"，那就是他要大小便了。一路如此，天天如此，"解手"之声，充斥耳鼓，大家说顺了，用得也习惯了。

到了新的住地，差人给他们松了绑，按路上的编队定居下来，在新的地方，开始新的生活。这时候，他们手虽然解开了，没有人看管他们了，大小便时也无须再先报告，更无须等人"解手"了。但由于迁民路上的那段生活，在脑海里刻下了深深的烙印，人们都忘却不了，时而总要提及，也由于路上时日很长，说的成了习惯，仍然说大小便是"解手"。久而久之，"解手"就成了大小便的代名词。

人们走路有背手的习惯，据说这也与迁民有关。迁民被绑着上路，背起手来，行走多日，也就沿以成习。至今背起手来，走上几步，反而觉得舒服。

在洪洞当地还有一个词是"连手"，这与明代移民也有丝缕联系。移民时一群人的手连到一条绳子上，吃喝都在一起，穿也在一起，渐渐的时间一长，绑在一起的两个人关系也就好了，到了移民地更是相互帮衬，亲如手足，后来人们就用连手来说俩人的关系好，所以慢慢的连手也就成了关系好的朋友的意思。

解手背手

小脚指甲的传说

在洪洞大槐树景区内还有这样一首古诗：

幽燕豫鲁并滁和，异派同源认未讹。

故老相传谈轶事，问君足趾果如何。

这是什么意思呢？就是说，在河北、北京、河南、山东以及滁州、和州等地，虽然不是同宗同族，但是互相认老乡也是很清楚的事。为什么？因为老早就有民间传说，只要看看脚趾就可以了。这脚趾怎么看？原来只要脚上小拇指甲盖分成两半，就肯定是洪洞大槐树移民无疑。

时至今日，这个生理现象依然存在，人们仍习惯把复型脚指甲看作是大槐树移民后裔的特征所在。而奇怪的复型脚指甲有着怎样的成因？它是否具有科学依据呢？

关于小脚指甲有两种传说。一是刀砍说。传说，当年官府组织移民时，当人们领取外迁证件后，怕人们逃跑，官兵就用刀子在每个人脚小趾上砍一刀作为记号，于是至今移民子孙的脚上小趾甲盖都是复形的，据说都是被砍了一刀的缘故。

二是神话说。相传商朝时期，洪洞一带就人口众多。一次，商王带领人马从河南过来，路遇一年轻孕妇，见她生得美貌出众，便指令人把她掳走。哪知这女子，性格刚强，破口大骂，执意不从。这商王残暴无道，哪里容得，他勃然大怒，举剑朝女子刺来。这时只听"叭"一声巨响，女子身上闪出一道红光，从刺破的肚子里，跳出一男一女两个孩子。说来也奇，这两个孩子刚刚跳出母体，就坐在地上，握着脚，号啕大哭。人们一看，原来那一剑刺伤了两个孩子的脚小指甲。这两个孩子的确生得不凡，十来岁时就聪明过人，智勇双全。武王伐纣时，兄妹一起投奔姜尚麾下，屡建战功。他们的后代脚小趾指甲，便都成了复形。

脚趾复形

其实，不管哪一说，都经不起科学的检验。但是，人们宁可相信，两瓣脚指甲就是相认老乡的标志。祖祖辈辈的人们在内心里都愿意将它看作大槐树后裔的标志，这些无不体现着远离故乡的先祖对"根"的记忆与思念。更有甚者，在长期以来，一些歌谣、楹联都以此为题，比如"举目鹳窝今何在，坐叙桑梓骈甲情""谁是古槐迁来人，脱履小趾验甲形"。

元末中原人口锐减之谜

元朝末年，政治腐败，民不聊生，由于长期过惯了马背上的游牧生活，元统治者打打杀杀，不在话下，可是坐下管理天下，还真不是行家里手。残酷的统治，导致小规模起义、暴动已遍及全国，仅南京一带的起义即达三百余起。因此，万里江山，短短89年，就在如火如荼的农民起义浪潮中土崩瓦解，朱元璋就是元末淮河流域农民起义部队的首领之一。

历史告诉我们，历代封建王朝的更替，都是用农民的鲜血和尸骨铺路，一旦完成更替，农民又沉入社会的最底层，周而复始，恶性循环。元亡明兴，同样是这样完成的。

元末农民起义推翻了腐朽的元王朝，新的封建王朝取而代之。然而，数十年的战乱，使得中原大地千疮百孔。那么，方兴未艾的大明王朝将面对的是怎样一副凄凉的景象呢？

红巾起义

我们知道，元朝建都北京，当时叫大都。1351年，红巾军起义，1368年明朝建立，整整17年战乱。这场农民战争的战场在哪里？当如火如荼的农民起义军从江淮流域起兵后，就会迅速向北，也就是元朝的政治中心北京进攻，元朝官兵就会向南抵御，长期你来我往。所以，从战略层面讲，主战场在中原，也就是在以河南、安徽、山东、江苏、河北为主的黄淮流域。再说了，古代的战争是以冷兵器为杀戮武器的原始战争形态，战乱往往像一个偌大的绞肉机，其胜负的主要标志之一就是死伤人数的多少。但是，不管哪一方，所有的死伤都是老百姓，都是青壮年男子。这场元末农民战争，同样夺去了无数青壮男子的生命。

所以，当朱元璋坐上金銮宝殿，峨冠博带，庆贺胜利时，俯视域内，这才发现，广袤的中原，举目苍头携妇孺，饿殍遍野人相食。史料记载，元军及地主武装，镇压农民起义军，多是"拔其地，屠其城"。《明太祖实录》中记载，扬州被元军攻克后，杀得仅存十八户。《开州志》中记录元军席卷濮阳县后，"居民仅存七姓，丁不满千"。温县牛洼村《牛氏族谱》中也有记载，元军"兵戮河南，赤地千里……"这真可谓是"白骨露于野，千里无鸡鸣"，中原大地饿殍遍野，一片荒芜。而这也成为大槐树移民的主要背景。

江南移民与大槐树移民

江南有一首民谣：说凤阳，道凤阳，凤阳是个好地方。自从出了朱皇帝，十年倒有九年荒。这怎么回事？出了朱皇帝，对凤阳来说是天大的好事，怎么能说是"自从出了朱皇帝，十年倒有九年荒"？

农业是封建社会国民经济的支柱。明初的社会生产遭到极大破坏，对于有着政治眼光的朱元璋来说，他深知这一点，为了巩固统治基础，恢复、发展社会生产力，朱元璋就作出了向中原地区移民的战略决策，而第一步移民计划首先是从他的家乡安徽凤阳开始的。那么，这一次移民能否成功？至今在当地传唱的民谣为何反映的却不是朱元璋的初衷呢？

原来在明朝建立之初，朱元璋看到自己的家乡田地荒芜、人口稀少，特别是青壮年男子更是寥寥无几，家家户户要么妇孺老弱，要么庭院空空，心里便着慌了。于是，就决定移民。他盘算，直接从江南迁移那些富户，让他们连人带财富来到凤阳，让凤阳快速跳跃式致富，让老家的父老乡亲沾沾皇帝的光。可是，事与愿违，这些江南富户来到凤阳，一是水土不服，二是吃不了苦，三是没有了作威作福的环境。于是，想方设法，逃回江南，不少人就是扮成叫花子往回逃。这首民谣就是这些叫花子打莲花落的唱词。也就是说，朱元璋的江南移民办法没有达到预期效果，第一波移民行动以失败告终。

但这第一次移民的失败，并没有改变朱元璋大移民的计划。这一次，朱元璋听取了大臣的建议，决定展开了山西大槐树这场绝无仅有的历史大移民。

朱元璋兵挫誓迁民

明朝政府为何要把移民之地选为山西呢,传说朱元璋之所以要从这里(山西)移民,是对山西人对洪洞人的一种报复。此话怎讲呢?朱元璋起兵以前在寺院里当和尚,曾随师父到山西五台山云游。他看见山西地方富庶,百姓安宁,非常羡慕。不料在往回返的路上,师父年老染病死了。直到后来他投军之后,首先想到山西地方富庶人众多,地势险要,是个可靠的后方。便派兵攻打山西,谁想,元兵守将王保保父子人强马壮,兵力雄厚,几次都久攻不下。由此,他对山西人便有了成见,当了皇帝,还怕山西人不拥护他,产生什么变故,便传旨把山西人分散迁移外省,以保大明天下太平。山西当数洪洞人口最多,经济最富,老百姓性格最强,所以派员、驻兵洪洞迁民。

槐树庄

御箭射雁

传说元朝末年,河南地区来了一个乞丐,他身材高大,体格魁伟,右手拉着一根讨饭棍,左膊挎一个篮子,沿村乞讨。人们看到这样一个壮汉不去干活谋生,却讨吃要饭,见他一来,便赶紧关门,还有的人加以辱骂。乞丐饥饿难忍,深感这个地方人情太坏,便暗暗立誓,有朝一日要报此奇耻大辱,此人便是胡大海。

却说当时元末失政,天下大乱,各地农民纷纷起义,神州同心,要推翻元朝的残暴统治。胡大海便投入朱元璋率领的农民军去吃粮。由于胡大海臂力过人,作战勇敢,屡建奇功,吴王便封他为大将军。此后,为朱洪武南征北战,立了汗马功劳。朱元璋在南京即位以后,设宴大赏功臣,各位臣子都领了赏,谢了恩,个个退朝。唯独胡大海与众不同,无论朱洪武赏赐他什么东西,他都摇头不语,朱元璋觉得很奇怪。对胡大海说:"朕赏赐你金银财宝、田地你都不要,你要什么给朕道来。"胡大海上前一步,双膝跪倒,奏道:"臣有罪,望陛下为臣作主。"朱元璋道:"爱卿请起,有什么事慢慢讲来。"胡大海将在河南讨饭时的遭遇讲了一遍,请求朱元璋开恩,允他去河南报仇雪恨。朱元璋听罢,大吃一惊,心想:允他吧,他要把河南人杀光,欲待不允,他又是开国元勋,踌躇再三便道:"朕允你报仇之事,但只准一箭之地。"话毕,吩咐侍卫给胡大海御箭一枝。胡大海接过御箭,欢喜非常,连忙谢恩。

且说胡大海是朱元璋手下的一员骁将,英勇善战,又射得一手好箭,有百步穿杨之能。他收拾好行装,带领家丁、兵士,杀气腾腾直奔河南而来。刚到河南地区,恰逢一行鸿雁飞来,胡大海心中暗喜,拉开雕弓如满月,飞箭离弦似流星,叫了一声"着!"正好射中最后一只雁的后尾。那雁带箭向前飞去,胡大海也统兵向前杀去,见村庄就烧,见人就杀,只杀得天昏地暗,血流成河,尸积如山。而那只伤雁仍带着箭一直向前,飞过河南,又飞向山东。当地百姓起来反抗,但手无寸铁的百姓怎能抵得过如狼似虎的官兵呢?官兵所过,城池成墟,乡村无遗类,胡大海也在混战中死去了。这样造成河南、山东"白骨露于野,千里无鸡鸣"的凄惨景象。朱元璋知道时,已经晚了,只好下令从山西洪洞大槐树下往没人的地方迁民。

三洗怀庆府

1367年正月,朱元璋亲率部队占领开封,开始布置从开封到北京的北伐。元将铁木耳驻兵怀庆路,隔黄河与明军对峙。怀庆路下辖一府八县,怀庆府及河内、济源、修武、武陟、孟县(今河南省孟州市)、温县、原武(县治在今河南省原阳原武镇)、阳武(今河南省原阳县)共8县。3月,明军突袭渡过黄河,铁木耳率军退入太行山中,明军无力追赶歼灭元军。4月中旬,铁木耳带兵突然从太行山中冲出,明军仓皇逃到黄河以南,两军再次隔河相望。

之后夏季雨水较多,黄河泛水,大军难渡,相对安稳了几个月。9月前,在南方作战的几路明军相继在开封集中,9月底再次渡河成功,铁木耳又退到太行山中,明军搜山无果,然后要求怀庆府(元称怀庆路,明称怀庆府,都包括一府八县)每家每户都在大门上挂一个牌子,写上支持大明,不准去掉。12月,蒙古七个亲王内部争权的战争结束,铁木耳争取到汝阳王的兵马支持,从太行山分三路冲出,明军再次退到黄河以南,但要求老百姓不准把门口的牌子去掉。元军回到怀庆以后,真有一些反应慢的没把牌子取掉,结果全家被杀。然后元军也要求老百姓在门口挂块牌子,写上支持大元。

1368年春,明军第三次渡过黄河,铁木耳第三次藏身茫茫太行山中。老百姓家门口再次挂起了"支持大明"的牌子。一次偶然之中,士兵在一户人家中发现了写有"支持大元"的牌子,跑到门口看那家门口挂了"支持大明"的牌子。当时没什么反应,回去后报告了军官。不久后整个怀庆府突然全面搜索,凡是家中搜出写有"支持大元"牌子的,即刻全家处死。正在搜索、抓捕、处死的混乱时期,元军冲出太行山,明军不备,再次退回黄河以南,朱元璋再次回到开封,老百姓家门口的牌子又变成了"支持大元"。"支持大明"的牌子没人敢再保留,同时毁灭的灰也不剩了。之后明军、元军像拉锯一样你进我退,来来往往好几次,元军退就进入太行山,明军退就退回黄河南,黄河北岸到太行山之间怀庆府的百姓,一次次的更换门口的木牌。好在一方退走另一方到来之间,还有一点时间间隔,来得及销毁旧木牌制作新木牌。

明军第九次退往黄河以南之前,双方换防的间隔长则4个月,短则2个月,明军第九次退往黄河以南以后,双方相持了8个月没有战争,这期间铁木耳却遇到了最大的危机,元丞相托托骗取了元顺帝的信任,夺走了铁木耳的兵权,接管了黄河北岸的元军。托托接管元军指挥大权以后,暗中投降朱元璋,朱元璋许诺他裂地封王,结果1369年4月,元军与明军肩并肩、手拉手穿过怀庆府向北京进发。可怜的怀庆府老百姓,不知道门口该挂什么牌子了,结果"支持大元"和"支持大明"都很多,有的人家一家挂两块,一块"支持大元"另一块"支持大明"。看的朱元璋心里那个"恨"!

到1639年5月,朱元璋命令常遇春,封锁怀庆府一府八县,所有人口一个不留,全部屠杀。5月,明军血洗怀庆府,血洗后封锁并没有解除。8月,明军在怀庆府各路口附近放置食品、衣服、银子,并详细记录位置形状。半月后,盘点放置的物品有无缺少、移动、碰触,如果有任何不同,就以移动物品为中心进行搜索,不找到活物绝不放过。12月,派遣士兵在怀庆府各地隐藏蹲点,观察烟火,发现照明火光或炊烟,立即捕杀。三遍屠杀过后,就算有漏网的活人,几个月不吃熟食也病死了。

三洗怀庆府

为弥补人口空缺,朱元璋在山西全省张贴告示,8月在洪洞县大槐树下发放粮食、衣物,每人还发两串铜钱,不去不发。1370年8月,很多山西人聚集洪洞县,东西是发了,不过同时也被官兵包围了,然后部队把人们用绳子捆住手,连成串,驱赶着押送到怀庆府故地。怀庆府重建过程中,东部边缘的居民与相邻的卫辉府发展成了后来的"新乡",名字是说,这是他们洪洞故乡以外,新的家乡;西部地区因为有家姓焦的人,开了家铁匠作坊,重建初期大量打造农具、炊具及建造房屋的其他工具,影响比较大,就被叫做了"焦作"。就这样,"古槐移民"散布到河南乃至全国的各个地区。

燕王扫北

　　河北省邯郸农村流传着一种说法:自己的祖先是从山西洪洞县迁来的。为什么这么说呢?是因为燕王扫北,把河北一带的人都杀死了。

　　燕王是明太祖朱元璋的四子,名棣,领重兵镇守北平(即今北京)。朱元璋长子朱标早死,朱元璋死后,根据传长不传嫡的传统,朱标的大儿子朱允炆继皇帝位,年号建文。建文帝听从齐泰、黄子澄等大臣建议,大力削藩,剥夺分封全国各地的叔父们的兵权。燕王以讨齐、黄为名,起兵反抗,号称"靖难"。建文帝派兵平叛。于是在河北和山东一带进行了长达三、四年之久的大战。史称"靖难之战",实为祭扫在南京的祖宗功德碑。即民间流传的"燕王扫北"。

　　燕王为什么对河北一带百姓大肆屠杀呢?史书上说:"惠帝(即建文帝)承太祖(朱元璋)遗威余烈,因势初张,仁闻昭宣,众心悦服,成祖(即燕王)奋起方隅冒不韪以争天下。"可见当时百姓在思想上倾向建文帝,而不倾向燕王。其实燕王在发动"靖难"战争之前早就看出这一问题了。当僧道衍密劝燕王发动战争时,燕王曾忧虑地说:"民心向彼,奈何!"不出燕王所料,当他发动"靖难"战争后,各地官民对他进行了顽强抵抗。据《南宫县志》记载,"燕兵所过,各州、县义民目为叛逆,争抗拒之";《邢台县志》记载,"靖难兵起,传檄征响,秀(邢台地方官方秀)抗不应"。由于各地人民的大力抵抗,燕王的军队连受挫折,引起了燕王的极大愤怒。于是每攻一地,便屠其城,赤其地,惨无人道地屠杀百姓,即所谓"燕王愤甚,燕京以南,所过为墟,屠戮无遗"(《南宫县志·兵事篇》)。另外战争期间人民大量外逃,也造成河北人口急剧减少。史书上记载"青燐白骨,怵惊心目","长淮以北则鞠为草莽"。当时景状之惨,可想而知。而燕王的部队装束是一律头戴红巾,老百姓把他们比作瘟疫一样的"红虫"。所以很多地方也流传了"闹红虫""红虫吃人"的故事。

　　"靖难"之役,以燕王的胜利告终,公元1403年,燕王军攻占南京,建文帝于乱军中失踪。燕王即皇帝位,改年号永乐,是为明成祖。明成祖在历史上是一位雄才大略的皇帝。他大力发展生产,极力恢复河北一带经济。永乐初年,山西民申处山等上言:"请分丁于真定、南宫一带占籍为民"。于是便在山西洪洞县建立一个移民机关,专门办理移民事宜。相传此处有一棵老槐树,故河北老百姓中有"要问祖先来何处,洪洞县里老槐树"的说法。

燕王扫北

第一次移民的传说

朱元璋作为一位很有头脑的政治家,实施中原大移民的举措,对饱经战乱的中原地区来说,无疑是大明王朝开国之初的一项重要举措。其主要目的就是要移民垦荒,开发中原,稳定国防,巩固政权。所以,决定移民之后,政府立即付诸行动。

相传第一次迁民,尽管明政府给了百姓一系列的优惠条件:给地十五亩,耕牛一头,三年不征税等,但人们还是不愿外迁。俗话说:金窝、银窝都不如自家的土窝,况且山西人比较守家,虽然安居乐业的生活人人都渴望,但是稍加想象就会明白:谁会愿意割舍殷实富足的生活去一个一片荒芜的地方?于是地方政府就想了一个办法,在洪洞的四周大量张贴迁民告示:"凡不愿外迁者,必须在三天之内,赶到广济寺旁大槐树下报名登记,愿意外迁的人可以在家等候消息"。人们知道了这个消息后,就纷纷拖家带口,扶老携幼来到大槐树下,到了第三天大槐树下已集中了几十万人,突然,一大队官兵包围了老百姓,一个官员宣读圣旨:"凡来大槐树下者,一律外迁"。命令下达后,人们都惊呆了,不久就醒悟过来,知道他们上当受骗了,但为时已晚。人们被官兵包围,被绳捆索绑,押解上路,第一批移民就这样诞生了。

大槐树下

房顶有白菜的不迁

在大多数大槐树移民分布的地方，都流传着官府欺骗百姓说先到大槐树底下的人不迁徙，然后将聚集在大槐树下的民众强制迁走的故事。但具体是如何实施的迁民，众说纷纭。在甘肃，就流传有这样的一个版本。

说在明代迁民时，百姓提前得知风声，民怨四起，一时间前来县衙闹事的人络绎不绝，当时的县令苦于民怨，对于移民御令无计可施，一筹莫展。正在此时，协办移民的一名官员前来献策，县令听了，果然是喜笑颜开。

当天，县衙外的公示栏上贴出告示，意思是说本月十五过后开始迁民，不愿意迁民的人，必须在十五晚上在自家的房顶上放棵白菜，官府以白菜为准，房顶无白菜者，一律视为愿意迁徙，并且在次日办理移民手续。

对于当时绝大部分人来说，长距离的迁徙比现在困难多了，迁民面临的是骨肉分离，同时路途中又有很多不确定的因素，尤其是移民后穷乡僻壤，生计无处着落。所以在当月的十五晚上，人们纷纷都在自己家房顶放上了白菜。

不料，到了第二天，官兵前来检查，却一改前口，说凡是房顶有白菜的，都是愿意移民的。人们这才知道上了当，但为时已晚。人们被迫举家迁移，背井离乡，随着移民大潮，飘落在他乡落地生根。

折槐枝与供神树

在晋、豫、冀、鲁、秦等省民间，不少人都把槐树视为一种吉祥树，过去都喜欢在大门口和十字路口栽植槐树，并把那些古老的槐树视为"神树"，常常在树上钉有"灵应""保佑"之类的小牌子，并且用红布包裹树干，若树上有鸟巢，更不许孩子去摸。据说这些传统习惯与明代迁民有关，源自明代迁民时"折槐枝"的传说。

当初，移民们被捆了手，官兵刀枪相逼着上路时，不少人纷纷拽住大槐树，就像拉着亲人的手，死死不放。那些官兵用棍棒驱赶不开，便拔出刀剑，砍断人们拽着的槐枝，驱赶移民启程。无情的刀剑把移民跟大槐树分隔开了，但移民们望着槐树，手抓槐枝仍然不愿扔掉，直至移民们被押解着越走越远，故乡的大槐树渐渐望不见了，唯有手中的槐枝，成了人们心目中古大槐树的象征。到了移民地后，移民们对家乡的恋情，对亲人的思念，就都倾注在这小小的槐枝上了。为了表示不忘故土和思念家乡亲人，移民们便把从古槐树上折下的槐枝，栽植在新居的院子里，精心浇灌、培育，槐树在新土上生根了，长叶了；移民们在新地方住下了，安心了；移民们在新地方繁衍子孙了。他们把槐树当做故乡的象征，当做祖先的象征。对它爱护，对它尊敬。把它视为最吉祥的树。"每逢佳节倍思亲"，逢年过节，人们面对小槐树，念故土，想亲人，寄一切情感于槐树。有的人还献上好吃的，烧上香，朝槐树叩头。家里有了什么难事，家人得了什么疾病，也面对槐树，祈求祖先保佑。随着时间的推移，这种作法便沿袭成习，后来慢慢由祭祖演变为拜神。时至今日，这种习惯人们仍然沿用着。

拜槐外迁

七庹零一媳妇

"问我祖先在何处，山西洪洞大槐树，祖先故居叫什么，大槐树下老鹳窝。"

这是一首在山东、河北、河南、江苏、安徽一带家喻户晓、妇幼皆知的民谣。

洪洞古大槐树,在洪洞城北二华里的贾村西侧,西面二三百米处是汾河。据《洪洞县志》记载,明朝时,洪洞县有一座广济寺院,寺院宏大,殿宇巍峨,自唐宋以来,便建有驿站。常住驿官,处理四方往来的公差事务。在广济寺山门左侧有一棵汉槐,阳关古道从树荫下通过。汾河滩的老鹳在古树上构巢垒窝,年长日久,特别是到了冬季树叶凋零之时,老鹳窝在古树上星罗棋布,甚为壮观。

洪洞县大槐树号称有"树身数围,荫遮数亩",可是这具体是多大,也一直没有人能说得清,这几年从张氏家谱中才考证出来:"七庹零一媳妇",这是在姓张的这家人从大槐树迁民走的时候,为了不让子孙忘了故乡,就特意量了下古槐树,当时也没有带尺子,只有用人的手拉上来量,七个男人拉上后还空这么一截儿,刚好旁边有个年轻的媳妇儿看着,人们就让她上去空档处,刚好就拉上了,这就是"七庹零一媳妇"的由来。还有别的家谱后来也发现了这个记载,说明无论是哪家来测的,这句话的可信度还是很高的。

七庹零一媳妇

移民路上

山西洪洞县距河北平原最近处也有五六百里,远处更是有两三千里。几十个人为一串,一串串、一溜溜被官兵们押着往河北平原上走。如果从天上往下看,像一条一条的大虫子在大路上蠕动。一路上都是移民,有哭的,有叫的,有病的,有倒下的,有走不动的……走不动的也得走,病了的也得走,倒下的几鞭子打得皮开肉绽,还得起来走。一天只走两个驿站约五六十里,出发时喝几碗菜粥算是早饭。中午晚上两个玉米面饼子,一碗干菜汤。地方上克扣供给、掺假掺糠中饱私囊。粥哪里是粥，饼子哪是饼子，砂子硌牙，一碗菜汤没有几片菜叶，有病不给吃药，还得跟着走。直到人死了，才解开绳子，扔在路边。在路边走一段就能看到一具死尸，臭气冲天，惨不忍睹，人的生命比一只蚂蚁差不了多少。官兵叫你在哪里停下你就得在哪里生根，哪能由你挑选。

从山西洪洞出发东行到邯郸，边家老三被驱赶着在那一带落了户。老大老二继续北上，哥三个没拴在一起，谁也帮不了谁的忙。老大边汉兴，过了定州后被押着东行，后来才知道在任邱边各庄落了户。老二边世友正年轻，身强力壮，夫妻俩带着一儿一女，儿女还小，两个席篓，垫点东西担着儿女；一架牛角车，装着被子、棉絮、农具和生活用品，一推一担就是全部家当。夹在移民大军中，缓缓向东北继续移动。两个孩子有时担着，有时车推。依仗着夫妻俩年轻力壮，能吃苦受累，一路上细心照料两个孩子。总算没出什么毛病。没倒在路上也是幸运。

走到满城南固店，让这串人在这里落地生根安家落户。说是村子，其实只有三两户人家，原来这里的人早已死的死、逃的逃，剩下的人也是穷困不堪。整个村子漏房败墙，残垣断壁，破砖碎瓦。这一串留下来的人中有姓边的、姓霍的、姓魏的、姓马的和张、杨等姓的人。官兵们一声令下：人们开始卸下行李和东西，各自找自己的安身之处，边家第一代老祖宗边世友就这样在南固店安了家。

乱兵到洪洞

明朝末年李自成起义，一路战乱，路过的地方都成了战场，可是兵马走到洪洞后就停下来不走了，怎么催都不走。后来李自成发现，士兵都结伴成群，拿上黄纸和香到大槐树下磕头拜祭。首领这才发现他们招的兵大部分都是河南、陕西人，祖先大部分都是从洪洞迁出去的，所以到了洪洞都打算过来参拜祭祖。因为有这样的情况，所以首领们也都准备好供品祭祖，这件事才算完事，而且因为大槐树，起义军也不在洪洞征收军粮。后来还有一件事,是军阀卢永祥的军队到了洪洞也不烧杀抢掠,洪洞人免受灾害。这都是因为大槐树的庇佑。

荫庇群生

古大槐树有一个牌坊,上边有一块横额,正面写着"誉延嘉树",背面是"荫庇群生",这是形容大槐树的,为什么"荫庇群生"的是用"庇"来形容而不是正常的"蔽"呢?

原来在辛亥革命时期,袁世凯为恢复帝制当皇帝,就命三镇总兵卢永祥进攻山西革命军,卢军南下,进军平阳(现临汾一带),所到之处肆意抢掠无所不为,唯独到了大槐树下,士兵都相互传言,回到故乡老家了,于是纷纷下马膜拜。因为他们大都是从中原招募而来,都是大槐树下的移民子孙,到了洪洞,非但不抢掠,反而将在别处抢得之钱财供施于大槐树下。凭着大槐树,洪洞人民避免了一场灾难,人们都说托了大槐树的福,沾了移民祖先的光,视大槐树为保佑一方平安的神树。人们把树看成神,自觉沾了大槐树的光,这才刻上"荫庇群生",而"蔽"自然也就用庇佑的"庇"了。

这件事情并非杜撰,民国初年山西晋城有个叫李冠军的人,他是当时陆军团的一个团长,曾写过一首诗被收录在景大启编撰的《大槐树志》中,诗中有言:"南下雄师曾罗拜,北上壮士亦低头。碑亭矗立乡关认,经塔高悬过客游。"诗中的南下雄师意指卢永祥的部队,从这首诗中可以看出,确有"荫庇群生"这件事。

三镇兵祭槐

"加油"一词的来历

张之洞是大槐树移民后裔,是晚清时期四大中兴名臣之一,也是洋务派的代表人物,他的父亲叫张锳,嘉庆十八年(1813)考中举人,道光六年(1826)以"大挑"选中分派到贵州,历任知县、知州、知府等职共30年,最后病逝于任上。

张锳非常注重地方教育事业,兴学校、建试院,办了不少实事。道光年间,张锳在安龙城任职,每到深夜时,他都会派两个衙役提着灯笼,挑着桐油,沿大街小巷巡视,如果看到哪家的灯还亮着,并且传来隐隐的读书声,就会上前敲门说道:"府台大人给相公加油。"并且代表张大人说一些鼓励的话,让他们安心读书,早日成才,报效朝廷和国家。这样的行为张锳整整坚持了十几年。在他的鼓励下,安龙城的莘莘学子学习氛围浓厚,而且互相鼓励,不断有人通过科举获取功名,走上仕途。他的儿子张之洞更是在他的亲自教育下,13岁得秀才,15岁中解元,26岁成探花。张锳鼓励读书人的做法也衍生出一个新词,这就是"加油"。现在,"加油"一词已应用在我们工作和生活的各个方面,激励我们克服困难,再接再厉,不达目的,誓不罢休。

第二节　慎终追远家族事

曹县一枪王

在山东曹县《王氏家谱》的序中,还记载了"一枪王"的故事。说到本支王氏始祖王良是于洪武二十五年(1392),举家由洪洞迁居到山东曹县的。据说始迁祖王良武艺高强,在迁徙的路上随身携带了一支长矛,时常协助官府保护押解的迁民。到了山东曹县一片人迹罕至的庄子,王良和随迁民众被官府安置于此,由于王良一路上总带着一支长矛,于是人们就为庄子起名为"一枪王"。

甲骨文"王"

传说这个庄子风水实在不错,"左山东右直隶,乃两省之边界;前雍水后沙山,为一方之胜地"。于是王氏的先祖们建阳宅(村庄)于河北,建阴宅(坟地)于河南,兄东弟西,六门同居。以后繁衍到20余世,仍然是衣冠争荣,宗族旺盛,由"一枪王"变成了"千家王"。但是"门户虽别,乃是一家之人";后人虽多,"乃不忘一枪之王"。

曹县铜佛刘

山东曹县刘庄的《魏刘氏合谱》序言中记载了"铜佛刘"的故事。传说本族原为山西省平阳府洪洞县人士,因大明洪武二年(1369)迁民诏下,条款具备,律历森严,凡同姓者不准居住一村。刘氏始祖兄弟二人,名为光祖、亮祖,因为不忍暂离手足之情,无奈改为两姓,哥哥改刘为魏。兄弟两人一同迁徙,并以铜佛为记,两人各拿一个,流传至今500余岁依然存在。而到现在,刘庄的刘姓人和魏姓人仍互称亲戚。

移民实证展览馆保存的铜佛

户村傅氏迁民传说

明朝永乐年间,刘、李、傅三户从山西洪洞迁来此地定居,并取名叫"三户村"。后来简称户村。到明朝后期,该村因筑有土堡,称户村堡。到民国时仍称户村,沿用至今。菜园地处沁河南岸,原是户村傅家菜园。清光绪年间从定州朱家庄迁来一户姓周的,住在傅家菜园为傅家种菜,逐渐发展成村,菜园也被沿用为村名,现属户村。户村现有傅、刘、李、葛、师五个主要姓氏。

户村傅氏的迁移时间约在明朝永乐年间。由于连年战争,以河北为主战场的中原大地连逢浩劫,又逢燕王扫北,河北省人口锐减,土地荒芜,元气大伤。燕王朱棣攻下南京后重组朝阁,为了均衡人口分布,发展生产,恢复中原经济,推行了强制移民的政策,把未经战争创伤的地区—人口稠密的山西省,作为移民迁出的重点区域。

当时移民的主要来源是太原、平阳二府,辽、潞、泽、沁、汾五州作为重点移民对象,以太原、临汾、晋城、长治为移民迁出地,百姓被迫集中在洪洞县附近的广济寺,官府设局驻员,登记造册。强制三子走二、二子走一。由官府发给关文凭照、川资费用,集中在广济寺的大槐树下,迁移到指定的地区安家落户。傅氏先祖临走时,在大槐树下祭奠故土和亲人洒泪别离。由于当时文化不普及,只能回头看望大槐树,因此被傅氏后裔流传了"要问我祖来何处,山西洪洞大槐树"之说。这次山西大规模的迁民,历时50多年。

户村傅氏先祖据说是来自洪洞县一个小李家沟的村子,村中李、傅两姓和一个姓李的人结伴同行来到邯郸县户村。先祖傅敬先,先妣赵氏携六子即傅温、傅良、傅恭、傅俭、傅让、傅全和一女同住户村,后因时局艰难生活所迫分开居住。先祖傅敬先,领傅温、傅恭、傅让,迁居今河沙镇南泊子村居住。而先妣赵氏与傅良、傅俭、傅全和一女留居户村。

傅氏一族600多年来,经迁徙、定居、分离,不断地发展壮大,现在族中英杰辈出,支脉绵长。后人不忘先祖迁徙之苦,更不忘洪洞故土之根。

成安破锅牛的来源

成安县有一支牛姓的家族,族中好多人说自己是破锅牛,为什么这样说呢?这其中还有一段故事哩!

传说这牛氏的老祖宗,最初可不是成安县人,他们啊,原先家住山西省平阳府洪洞县城东三十五里的东尚村。在明初时,全国闹饥荒,洪洞也不例外。人们缺衣少穿,吃了上顿便没了下顿。就在这时,老祖宗听说在广济寺门前的老槐树仙显灵,赐槐豆角,按人头赐豆,每人一斗。因广济寺离东尚村较远,全家去时便携带了铁锅。

不料,等槐仙显灵完赐豆,聚集在槐树下的百姓们便被官兵包围,强迫迁移。因全家人不能迁移到一个地方。牛氏老祖宗便把随身携带的锅煮了槐豆角,全家人一起吃了最后一顿团圆饭。即将要分别时,苦恼日后相见不知以何为凭证,便把煮豆锅砸坏,亲人们各拿一块。约定虽然再见时不知何年何月,但本支族人相认时要以对锅为证。就这样,牛氏族人随迁民走了,分配到全国各地,安家落户,繁衍生息。他们之中的一支便落籍到了成安,发展成为现在的成安牛氏家族。虽然不知道其他破锅牛落户何方,但可以知道的是成安"破锅牛"源出大槐树,是地地道道的洪洞人。

林县打锅牛

明朝初年,山西洪洞县一带的居民,不愿背井离乡,向河南迁移。官府便下令:"凡不愿迁移者,限三天内集合到洪洞县老槐树下。"果然,三天之内,人们齐往老槐树下跑,很快就集合了很多人。这时,官兵围住,给这些跑来集合的人加上违背皇旨的罪名,强令迁移。其中姓牛的一家有弟兄五个,其中的四个跑到了老槐树下,要被官府迁走。

临别之时,兄弟五个依依不舍,留在山西的大哥,嘱咐小兄弟们说:"咱姓牛,到了别县要找有山有水的地方住。"说着,打破了一口铁锅,分为五块,各执一块,作为后代认亲标志。弟兄四个离开洪洞,被迫迁到林县。他们牢记大哥嘱咐,分居在林县的"三山五水"之地。其中老二住曲山,背靠二龙山,面临洹水,在南边;老三在录山,背靠清凉山,面临漳河水,在北面;老四住白山,背靠太行山,面临露水河,在西北面;留下小五住在中间武有水,这里山清水秀,便于哥哥们照顾。这四支的后人,牢记先祖打锅的约定。直到现在,林县姓牛的人见了面,总要先问句:"打锅不打锅?"如果都说"打锅",就说明是一家人了。

牛太公打锅离骨肉

在河南范县广大农村,牛氏认宗多以"破锅"为依据,只要"有锅"即认为是同宗。

传说明初从山西洪洞县迁民时,牛太公有七个儿子,因家贫均无妻室,为此,兄弟们都愿奉诏迁居异土为家。牛太公得知后,坐卧不安,因为身处晚年,需有人侍奉。若苦留孩子,却不忍心让孩子们打光棍;如不留孩子,又不忍心让火热的家庭分散破离。经过激烈的思想斗争之后,为了孩子们着想,还是同意了孩子们应诏外迁。

在离散之前,全家吃了一顿团圆饭。饭后,牛太公说:"你们兄弟七人,今天都要离开咱这个穷家了,咱家的饭锅从今以后也就无用了!",于是,走进厨房,将饭锅揭下来,含着眼泪摔碎在地。

父亲的伤心之举,牵动着孩子们的心,兄弟七人都哭了。牛太公不愿让孩子们过于伤心,赶忙安慰说:"我的好孩子,都别哭了,你们诏命而迁,我很高兴,这样一来,解除了我不少困难,不仅为国尽了忠,也为父母尽了孝,你们走吧!"

兄弟们看到父亲消了气,也都赶忙擦干了泪水。牛太公接着说道:"孩子呀,你们无论迁居到哪里,一定要为国家,为大人争口气,作父亲的我,两手空空无物可送，就把地上的破锅各捡去一块作纪念吧，只要破锅在，咱就是一家人。"

兄弟几个不敢违命，噙着泪，各自捡了一块破锅，远离亲爱的父母和家乡。据传说，七个儿子，八块锅片，剩下一块无人捡，牛太公就把它送给了已出门的女儿，至今有张氏与牛氏攀亲也对认破锅就是以此说起。

《十八祖去向歌》与牛氏移民

相传牛氏始祖名川，祖籍为山西洪洞大槐树老鹳窝村人。明朝初年，牛川带领他的三个儿子：牛洪、牛弼、牛超迁往河南。迁移时，因为三个儿子不能同迁一个地方，牛川便把携带的一口铁锅打破，分为三部分，以便日后相认：锅沿给老大，锅帮给老二，锅底给老三，三兄弟即为牛氏三祖。牛氏三子后各生六子，牛氏移民有《十八祖去向歌》说道：

"楷济源，炳洛阳，固始有来，鹿邑抗，捷居郑州地，铨在西华乡；青祥符，健林县，郁居密县，频居宛，秦居夏邑地，堡在乾州安；雕温邑，于鄢陵，园居上蔡，翼洪洞，樊居太康地，迁在冠县东。"

《十八祖去向歌》说明了牛氏迁移的十八个去处，后世本家牛氏若见，就会问："打锅不打锅？"若回答："打锅"，就为本家，若回答："不打锅"，即为旁支牛家。

"铁锅申"、"铜锅申"与"曰改申"

在鲁西一带，据张寨乡申庄人说，该村先祖是从山西迁来的。明洪武年间，朝廷下令由山西洪洞县，迁民到山东一带垦荒。当时洪洞县老鹳窝大槐树下有一申姓家族和曰姓家族，均在东迁之列。

农民久居此地，热土难离，大多不愿迁移，官府便派人强行东迁，不迁者诛灭满门。在高压之下，申姓家族决定顺令东迁。本是同姓聚居的家庭，到山东后，很可能被安排得七零八落。分手之际，男女老幼难免痛哭流涕，依依惜别。申姓长者劝慰大家："奉旨东迁，垦荒谋生，实为利国利民的好事。山东乃圣人之乡，又有肥田沃土。洪洞县小人多，不利家族繁衍，去山东顺乎君心民意，何乐不为？"上路前，长者命人搬出大铁锅、大铜锅各一口，亲手用锤头砸成若干片，命主人各持铁锅一片，仆人各持铜锅一片，相约道："他年相聚，对片成锅，方认一家。铁、铜之分，为主仆标记"。安排已毕，申姓家族扶老携幼，车推担挑，踏上了不知尽头的东迁之路。

刚行不远，忽听后面有吵嚷之声，申姓长者回头看时，见一队官兵正在追逐一群百姓。细看之下，才知被追的是与申姓相邻的曰姓家族。原来曰姓家族留恋故土，不愿东迁，违背皇命，犯下了灭族之罪。逃难人群接近申姓家族时，曰姓长者情急生智，急令本家族人："本族姓氏自此由曰改申，族人一律加入申姓东迁队伍。"申姓长者也主动掩护，他厉声告诉追兵："我们都是申姓家庭，奉旨东迁，为何苦苦追赶？"追兵一时被搞昏了头，无计可施，只得回去复命。曰姓家族免去了灭门之祸，感激万分，途中两姓互相照顾亲如手足，同行在东迁的大道上。

东迁的移民流进入山东境内，陆续被官府指定地点定居。其中一支以铁锅片为记的申姓十余人，被官府指定在朝城西北7里许的赵王河东南岸立村，因其地紧靠渡口，官府便命名为"渡村"。因此处土地肥沃，人烟稀少，只有一姓欧的老汉独居，欧老汉对申姓人的到来十分欢迎，主动介绍当地风土人情，传授种植养殖技艺，还将自己的石磨石臼、石杵赠给申姓公用。后欧老汉去世，申姓人甚为悲痛，特在村西为之立碑纪念，上刻"欧公墓"三字。现在此碑已不知去向，但70岁以上的人大都对此碑还有印象。

若干年后，赵王河干涸，河床变为耕地，申姓家族更为扩大，遂以姓氏取村名，改"渡村"为"申庄"。再后来，申姓支又分为3支，称"老三门"，共有2000余人。至今，各地申姓人相遇还要谈及"铁锅申"、"铜锅申"和"曰改申"的故事。

一姓分四姓

永城市古城村崔、谢、张、陈四姓为一个始祖，其始祖名金明，祖籍为山西洪洞人氏。明朝洪武三年，政府强行命令在大槐树下广济寺集中，在移民局办理分迁手续，迁居于河南永城。迁徙时，本来是不必全家都去的，可是一家人骨肉情深，要带老大、老二，则老三、老四不高兴，要带老三、老四，而老大、老二也要去。于是崔金明带领一家人，举家南迁到豫东永城的艮方古城村，谁知朝廷又下来通告,同姓一家的移民不允许同居一村，崔氏一家几经商量，只好分为崔、谢、张、陈四姓，找了四个地方分居下来，四地出入相望，地距相等，繁衍为四个村庄。为崔老庄、北崔庄、大崔庄、小崔庄。所以族谱说："一姓中分四姓，四姓乃属一脉。

即开越制之嫌，更免生离之悲。"

一姓分四姓

瑶沟村丁姓变王姓

传说大约五百年前，山西省沁水县一带遭了大旱灾，一个叫瑶沟的村子也土地冒烟，树木干枯，颗粒无收。当地还流行了一种瘆人的"伤寒"病。老百姓在饥饿和病魔的折磨下，完全陷入绝境，天天打墓埋人。开始每天死亡两三个，后来发展到十多个，不多长时间，全村尸骨遍野，鸡犬未留。唯有一户姓丁的财主，带妻室儿女逃往外乡。

几年后，这个县土地荒芜，房屋塌毁，一片荒凉。当地的官府就把这件事上奏朝廷。朝廷立即张贴告示：凡愿到山西沁水瑶沟种田者，三年不纳皇粮。尽管这样，可谁肯远离故乡迁居灾区呢？

一天，朝廷召集诸位大臣商谈此事，大臣们都很头痛。只见一位大臣对皇上耳语了一番，皇上连连点头赞同。几天后，朝廷就到处张贴告示：

十天内，各地百姓必须全部聚集到山西洪洞大槐树下，后到者为迁往沁水瑶沟之人。

老百姓看了告示后，都怕迁往沁水瑶沟，于是都按照指定时间，纷纷聚集到洪洞大槐树下。这时朝廷还是派那个献策的大臣到洪

洞大槐树下办理此事。这个大臣一到就当众宣布朝廷圣旨:"先到者迁沁水瑶沟,违者立斩。"结果就把那个最先到的姓王的百姓被强迫迁到沁水县瑶沟村,从此该村的人就全都姓了王。

第三节　开枝散叶遍寰宇

成安县移民传说

成安人常说问我祖先哪里来?山西洪洞大槐树,这是怎么回事呢?

原来,元朝末年,天下大乱,成安一带烽烟滚滚,战争不断,加上当时流经此地的漳河不断决口,使得成安许多村庄荒废,数十里无人烟。

到明朝洪武年间,天下统一,当时洪洞县也正闹饥荒,粮食吃光了,可是竟然一个都没有饿死。原来这全托福一棵老槐树了。老槐树有七八搂粗,枝繁叶茂,远看像一把大伞,矗立在地。一到秋天,远远近近的人们,每天成群结队地来到老槐树下拾槐豆角吃。说来也奇怪,不论早晚到,每人每天只能拾那么一碗,谁也别想多拾,谁也不能贪多,因此感动了人们,每天总有许多善男信女,向老槐树烧香祭拜。

洪洞县知县张守江接到朝廷旨意,从洪洞县迁民五千到太行山东,张知县立即通知各村里正,告示上少不了把迁入地,描述得像天堂一般,可故土难离,谁愿意远天远地的搬家啊!官员说得再好,也不足信,告示贴了好几天,连一个报名的人也没有,这可难坏了张知县。

皇命难违,限期一过,肯定乌纱帽保不住了。张知县想,既然没有人自愿迁过去,只好强迫搬迁了。但是,那么多人,一家一家的押送不是个好办法,于是眉头一皱计上心来。第二天,张知县大肆活动,一面买通当地的神汉巫婆,到各地游说,槐仙显灵了,后天恩赐每人槐豆一斗,永不再赐,一面呈文上司,请求派一支军队来。到那天果然如此,洪洞各村乡民都全家出动,一时间槐树下熙熙攘攘,热闹非常,挎篮子的,扛口袋的,专等槐仙赐豆。

正当午时,成千上万的人跪了一地,此时正南跑来一队人马,如猛虎下山,如蛟龙出海,径直朝老槐树而来,众人正疑惑时,见一骑士下马,抓住一盘绳子的一头,另一骑士抓住绳子的另一头,当时人们看到这般情景,也不知道葫芦里装的是什么药,个个呆若木鸡,也不走散。只见那两个拿绳子的骑士很快绕槐树下一周,把大家整个圈住,随即骑兵们飞速行动,围了个水泄不通,这可吓坏了村民。大家都傻了眼,大人们面面相觑,孩子们啼哭乱叫。这时,张守江知县在马上宣读迁民告示:

太行山东沃野千里,连年兵患水灾,致使人少地荒。今天下太平,皇恩浩荡,圣意晋民东迁至燕赵福地。望被迁乡民,立即东去,不得违抗。

人们从深奥的词句中,明白了真相,大家哭作一团。顷刻间,人们被列队于树下,认出各村里正,清点户口,从中选出一千多户,共计五千多人。经过登记造册,一切就绪后,由后军都督朱荣领兵,押送移民们携儿拽女,往东走去。走啊走啊,翻山越岭,过沟汤河时人们跌跌撞撞,磕磕绊绊,许多人,将小脚拇指趾甲碰伤了成了两半,这种特征传给了后代。至今许多成安人的脚拇指甲依然是两半就是这个原因。

十多天后,一部分移民在成安县安居下来。几百年来,改天换地,创造着成安的繁荣。于是就传下了这句话,问我祖先哪里来,山西洪洞大老槐。

移民聚集槐树下

薛店的由来

传说在很久很久之前,河南省新郑市薛店这个地方就是一个南达许昌,北通郑州,西到洛阳,东至开封的十字路口。这里虽不是人迹罕至,但方圆二十来里没有一家店铺。人们来来往往,连个歇脚的地方都没有,十分不便。

这一天的傍晚时刻,有一个自称家是山西洪洞县,姓薛的穷货郎来到了这个十字路口,他又饥又累,实在无力继续行走,就在路边临时搭了间草棚歇息下来,后来他每天外出,回来都在这里歇脚。他见这里交通方便,就在这里盖了所房子,做起了旅店生意。由于他为人随和,性情良善,真诚待客,过往的人都乐意住他的店。连朝中传书送信的人也把这里当作歇息的地点。每到这里,都要住下。也有人说这里后来成为信使途中停顿的驿站。久而久之，薛家店已由最初的旅店，发展成为旅店、马店、饭店三店合一的综合性旅店。不少商贩先后在此落了户，成为新郑县城东北一方相当繁荣的集市，薛家店也名扬四方。

然而，人怕出名猪怕壮。当时田王村的田虎，是管辖这个地方的一个侯爷，身为朝廷命官，却不理政务，尽干些吃喝嫖赌、欺男霸女、掠夺民财的勾当。他的弟弟田豹更是无恶不作，提起田虎和田豹，一方百姓谈虎色变，恨之入骨，敢怒不敢言。话转回来，这田虎、田豹早就对薛家饭店眼馋，想霸为己有，于是便三番五次差人挑衅。他兄弟田虎更是扬言乡里：不把饭店弄到手，他誓不为官！

有一年，在春暖花开的季节，高阁老奉旨私访，回到了故乡新郑。一天，高阁老身着便装，带着便衣卫士，私访来到了薛家店内。这家店主面带笑容，走上前去，热情地招呼他们坐下，并为他们做了美味可口的饭菜。高阁老边吃边夸奖："好味道，好手艺。"

就在店主和高阁老正亲切交谈之际，门外响起了粗野的吼叫声："臭开店的！田爷我今天办公事路过这里，半个时辰内为小爷准备菜十六盘，菜肴一百三十样，误了爷爷的公事，当心砸你的店！封你的门……"

店主闻言，知是田虎兄弟又来找事，不敢怠慢，快步上前招呼道："谢谢各位光顾，里边稍歇片刻，马上就好。"说着就转身，对店小二耳语一阵，拍了拍肩膀，说道："快去准备。"小二闻言，速到后厨。只听见里边响起了切菜声、炒菜声和盘子的撞击声。

不大一会儿，七盘热气腾腾的荠荠菜和九盘韭菜，就端上了桌面，这时店内的顾客面露惊色，高阁老与卫士稳坐一旁，看田虎田豹是怎样耍刁，田豹见端上的是几盘麦地野菜，当时咆哮如雷："臭开店的，你当真是狗上锅台，不识人敬，你家爷爷轻易不来，你竟敢当众戏弄爷爷，做这些狗都不吃的野菜，让爷爷吃。弟兄们，快动手，把店给我砸了。"

只见薛店主微笑着走上前去，从容地说道："田爷息怒，话说清了，再砸也不迟。我来问你，莫非超过了半个时辰，耽误了诸位的公事？"

"没有！"

"好，我再问你，你让我做几盘菜？几样菜？"

"十六盘，一百三十样菜。"

"不错，你看这荠荠菜是多少盘？韭菜又是多少盘？"

"连小孩都知道，这荠荠菜七盘，韭菜是九盘。"

"这就对了，这七盘加九盘正好是你要的十六盘，一盘不多，一盘不少。这七盘荠荠菜是七七四十九样，这九盘韭菜是九九八十一样，四十九加八十一不多又不少，正好是一百三十样儿菜。诸位，我一没误你们的时间，二不缺盘少样，你们为什么要砸我的店？你们还论不论理？还要不要王法？"

田豹被问得瞠目结舌，回答不上来，一旁的田虎气急败坏地吼道："你小子反了不成？县城一方谁不知道田爷我的嘴就是理，我的话就是王法。小子们，还愣着干啥？快动手，把这又臭又硬的店主给我打了出去！"

这时，只见一个穿着旧长衫的人站了起来，厉声说道："高拱在此，哪个敢动？田虎，你身为朝廷命官，不但不理民事，却掠夺民财，横行乡里，无恶不作，四方百姓早已深恶痛绝，怨声载道这次微服私访，我已访清查明，桩桩件件都记录在案，岂能容你无法无天！卫士们！把田虎、田豹绑起来，押回京去，听候发落！"

只见前一秒还在品尝菜肴的顾客，闻声便抄起手边的兵刃，迅速地把田虎兄弟押了下去。高拱回身坐下，命人取过笔墨，挥笔写下了"薛店"二字，并落款高拱。题完关切地对店主说道："你为人和善，不畏强暴，办店有方，书此二字留念，今后你把它挂在门上，看哪个狗官还敢欺负你！"

据说到了京城，高拱奏明圣上，削了田虎的官，传旨铲平了田府，为百姓除了害。从此，薛店主智斗田虎得门匾的事传遍四方，这个地方也由此得名"薛店"。

一个家族与一座边城

700多年前,杨福泉的祖先从晋南的洪洞县来到了云南,定居于边城丽江。据史家考证,那时的云南,其人口还是以少数民族为主。明朝的屯兵制促使大量的汉族士兵携家眷来到云南,屯田劳作,繁衍生息。于是很多平坝地区的原住居民逐渐被汉族同化,汉族人口慢慢超过了少数民族人口。

而在滇西北的丽江,在"纳西古王国"里,杨福泉的祖先却经历了一场全然相反的文化蜕变:纳西文化以一种神秘的力量把他的家族,以及所有来到这里的移民都同化成了纳西人,而他们带来的汉族文化,也融进了纳西古国的肌体和血脉中。从那时起,杨氏家族便和这座边城结下了不解之缘。

据杨福泉说,关于杨氏祖先杨辉,纳西族民间流传着他的许多故事。有个故事说,他原籍洪洞,曾为明宫廷太医多年。后随建文帝逃亡到昆明。在那里遇到纳西土司,盛邀之下到了丽江,遂在当地成为名医。时日一长,便有思乡之心。土司再三挽留未果,便给了很多盘缠送他上路,却在暗中派人扮成强盗,半道上将他洗劫一空。如是者三次,杨辉便断了回乡之念,在土司的主持下与一木氏纳西女子结合,落籍于此。这之后杨氏家族数代与土司家族联姻,不仅是"世医头目",而且还参政议政,成为当地望族。

在丽江有"古城通"之称的张墨君老人，曾经对杨福泉说，你家祖先是古城最早的外来户。在明清两代几百年间，一批又一批汉人从内地移民到此，又都毫无例外地接受了纳西人的文化洗礼。他们讲纳西话，穿纳西装，娶纳西妻，嫁纳西汉。最终，都变成了地地道道的纳西人。

不过，杨氏家族从未丢弃汉文化的传统。《杨氏家谱》说，杨家"十世以来，累业岐黄，而事诗史，代有薄积"。清朝"改土归流"（以朝廷派出的流官取代木氏土司的统治）之后，杨家开始开馆传授汉学，门下出了不少读书人，通过参加清朝科举考试，很多人出外为官。在丽江，相当多的居民与他们杨家一样，身上涌流着纳汉两族的血液。古城雍容的气度和开放的个性让多元文化和谐互融，使这座边城具有一种独特的人文魅力。21世纪的今天，来自各地的游客在这边地小城里，依然可以寻到中原文化的古韵遗音。古城中无数条穿街过巷的清流低吟浅唱，与老乐师弹奏的唐宋古乐相呼应，那保留着"唐宋古法"的建筑群气象肃森地耸立在纳西古王国的首府。儒释道的异域信徒与出没于山野林莽的东巴教神灵们合唱了数百年的祥和之歌，依然回荡在这古老的大地上。

桑庄和前王庄

鲁西张寨乡的桑庄和前王庄，东西相距不过半里，村相挨，地相邻，近在咫尺，人们低头不见抬头见，熟稔得很。走路相遇，亲亲热热打个招呼；赶集相遇，商商量量做个买卖；田间相遇，你一句我一句说个笑话；地头休息，你递我让地过阵烟瘾；如有急需，两村互通有无，以解燃眉，真可谓近如家人，亲密无间。但是有一件秘密却鲜为人知，那就是：桑庄和前王庄世不通婚，相延至今不变。至今，有人提起两村之间的儿女婚事，男女双方都不搭茬，慢慢地，也就没人再白操这份心了。说起两村不通婚的缘由，还得回顾一下两村村名的来历。

传说，这两个村的人也是明朝初年从山西洪洞县迁来的。初定居时，两村都较穷，桑庄有磨无牛，人称"桑没牛庄"；王庄有牛无磨，人称"断磨王庄"。当时吃面，全靠牛拉磨加工，两村一有一无，按理说，怎么着都应该你仁我义结近邻，互通有无两得益。遗憾的是，不知从哪一辈上，两村的老祖宗因借磨借牛闹开了纠纷，这纠纷闹得还真不小。两村人虽穷，却都有股宁折不弯的拗劲，真是各位硬手，互不相让，宁可不用，也不向对方求借，进而发展到两村儿女互不嫁娶。老祖宗们生怕后辈人"没志气"，主动让步给宗族丢脸，干脆将此立成族规，世世代代不得违反。于是，这世不通婚便成了铁的纪律。随着时间的推移，情况的变化，两村的经济状况都有了好转。"桑没牛庄"有了牛，"断磨王庄"有了磨，原先被别人乱叫起来的村名已不副实，于是便去掉形容词，直称"桑庄、王庄"，到后来，王庄为和同区域内的同名村相区别,改称"前王"。

村名变了,祖上留下来的牛磨纠纷,也渐被淡忘,两村已建立起亲密的友邻关系,唯独在通婚问题上,两村仍各绳其祖训,严守禁忌,不敢越雷池一步。如今已是改革的年代,人们思维在变化,观念在更新,一切陈规旧习,均在被革除之列。其实,桑王两村的关系中,也仅剩了"不通婚"这一层窗户纸,一旦戳破这层纸,两村的关系将更加亲密。但愿有人能拿出勇气,首先发难,迈出两村喜结秦晋之好的第一步。

张家寨与砖庄

据人们传说,西汉初年,武阳县城在韩张堡(今属河南南乐,县城东约 30 里)的地方,有一处自然形成的集市,因逢九成集,人们就称之为"九专集"。集虽不大,却也繁华。从农家生产到生活用品,一应俱全。集日一到,人流从四面八方汇聚而来,熙熙攘攘,煞是热闹。尤其是那散设于街道两旁的十七盘红炉,风箱乱响,锤声应和,青烟迷漫,火花飞溅,更给这农家小集,增添了勃勃生机。历经朝代更迭,战乱洗礼,这小集反倒越来越兴旺。集市所在地,也慢慢形成了一个规模可观的大村落。

到了明朝初年,村里从山西洪洞县来了一位武绅士,这绅士原本不姓武,只因他有一身好武功,平时能尊老爱幼、恩惠乡里,因此受到人尊敬,大家都习惯称他武绅士。至于他的本姓，倒渐渐被人们淡忘了。

有一年的阳春三月，又是逢九集日，两个张姓武士来到了九专集。哥哥张建中，一十九岁，弟弟张建臣，年方十八。弟兄二人自幼习武，功底深厚。两人曾在元朝军队中效力，因洪武元年（1368），朱元璋从南京北上，攻克大都，元军大败，兄弟俩便一路打拳卖艺，南逃谋生。这天，他们来到九专集，见是个繁华热闹的所在，便找个打谷场，铺下地摊。哥哥先打了个圆场，拱手叫道，"各位乡亲父老，我们弟兄二人，从北方到此，一不卖野药，二不治邪病，凭真本事献艺，志在光大武林基业。各位有钱的帮个钱场，没钱的帮个人场，疏漏之处请多包涵"，说罢打了一圈筋斗。

只见他旋如风，翻如飞，轻如燕，柔如胶，呼呼带响，落地生根，果然功夫不凡。接着，弟弟上场，他拿两根秫秸，放在赤裸的胳膊上，用利刀剁得寸断，皮肉却毫无伤损。众人喝一声彩，弟兄二人兴致更高，连连表演了空手擒拿、银枪刺喉等绝技。在一片喝彩声中，铜钱纷纷落入场内，弟兄俩绕场拱手，连连称谢。

这时，只听一声怒喝："哪来的无名小辈，敢在此逞能！"众人看时，却是一膀大腰粗的壮士，敞怀叉腰，走进场来。哥哥忙上前拱手："壮士息怒，在下兄弟二人，路过贵地，未曾登门求教，多有冒犯，万望海涵！"

壮士大手一摆："什么海涵不海涵，全是扯淡！既是有功夫，今天就比试比试，赢了，走你的路；输了，可别怪我不客气。"

兄弟俩见拖不过，只得应战。这回是弟弟先上场，只见两人执剑相对，剑锋交处，火星飞溅，铿锵作响。斗了约有五六个回合，弟弟来了个以退为攻，猛力一挥，将壮士之剑，削去半截，壮士丢了宝剑，挥拳来攻。哥哥一个箭步上去，挡住弟弟，来了个落地生根，任对方连击数拳只是不动，那拳象打在沙袋上一般，软绵无力，壮士急了眼，后退几步，头一低，朝哥哥腹部撞去，不料哥哥来了个小侧身，壮士扑空，复用脚一点，壮士踉踉跄跄，跑出数步，跌倒在地。

"壮士，且慢动手！"

忽然一声高叫从人群中传出，众人回头一看，却是武绅士，这武绅士走到张家弟兄面前，拱手说道："二位壮士息怒！孽子无知，多有得罪，老夫这里有礼了。"弟兄二人，连忙还礼，原来武绅士已在场外观看多时，见弟兄二人武功不凡，有心要留下二人办个武场，教些徒弟，也好安定一方，免遭匪患，当下武绅士把张家弟兄请到家中，宾客相待。

酒席间提起办武场之事，张家弟兄初时不肯，后见武绅士情真意切，实难抗拒，只好答应留下帮忙，待武场就绪后，再作计议！

武场就设在九专集西北六里处，这里离村较远，环境清幽。武场以"习武自强，亦武亦耕,护乡保民,安居乐业"为宗旨,由张家弟兄和武绅士之子任教头,招收了多名青少年,每天昼耕夜练,武艺大进。为了留住张家弟兄,武绅士将自己自幼习武的姑娘嫁给了哥哥张建中,又另选淑女与弟弟张建臣为妻。二人既已成家,便不再提起南下之事。后来,武场停办了,不少外村的徒弟都愿随师傅在武场落户定居,武场就成了个小小的村子。那时,凡练武人聚居之处多称为"寨",武场既成村庄,便依师傅之姓定名为"张家寨"。

张家寨地理条件优越,交通也较便利。朝城县与其辖下的重镇——韩张之间的往来要道正由张家寨通过,车马如流、商贾不绝。两村执事商定,将九专集的集市迁到张家寨,集市也由"逢九成集"改为三、五、八、十,"十天四集"。九专集没有了集市,再叫"集"已名不副实,于是便将"九"和"集"字去掉,简称"专庄"。

永乐十九年,明成祖迁都北京。在北京城大修宫殿,从全国各地征调砖石木料,范县寿张一带的砖多经专庄大名一线运往北京。有一天,一批运砖车在专庄歇息打尖,忽逢阴雨,道路泥泞,无法行走,只得住下。那雨一直下了七七四十九天,天晴后,又停了三五天,道路才可行走。运砖车刚要起程,忽然北京传下话来,砖已足用,不必再运。运砖人不愿把砖再拉回去,只好用砖抵这五十余天的食宿费用,这样一来,专庄家家户户都收下大量青砖。房前屋后,村内村外,简直成了砖的世界。有人说:"专庄这回可真的成了砖庄了。"

于是,"砖庄"之名便流传开来,一直沿用至今。

道庄的来历

山东省王奉乡的道庄，本名道爷庄，说起村名来历，还有一个小故事。

据说，明朝初年，就在现今道庄这块地方，曾有一座寺院。寺院住持法名元洪，系潞州（今山西长治）高僧普惠的门徒。普惠系洪洞县广济寺住持，后于明成化二年挂锡于北京弘慈广济寺。

此人博通佛典，学识精深，元洪能拜此人为师，际遇实属难得，再加上他自幼聪明好学，学问日渐长进。古今佛学法典，他广泛涉猎，研讨不止。就连南朝僧人僧柘的《释迦谱》《弘明集》等，他也熟读深研，佛学知识可谓渊博。

自隋大业九年"诏改天下寺曰道场"以来，道场便成为佛教礼拜、诵经、行道的场所。至明代，道场更为普及，几乎无寺不有。道场设有主道，元洪是寺中住持，理所当然也是主道。他除掌管收徒、传经、追荐、超度等佛事活动外，还管着寺内的财产膳食。闲暇之时，他经常通过僧会司（明代中央设僧录司，省设僧纲司，州设僧正司，县设僧会司，专门掌管僧道事务）给僧众和寺周围百姓办了不少好事，深受人们尊重。因为他德高望重，道行又深，大家便高抬一步，尊称其为"道爷"。

明永乐年间，有两个姓吴的百姓，带着广济寺一僧人的信函，从山西洪洞县来投奔元洪。因是师父的寺院介绍来的，元洪不敢慢待。见这两个人倒也老实本分，便把他们安置在寺旁居住，种地为生，吴氏在此辛劳耕作，勤俭度日，娶妻生子，绵延不息，渐渐形成村落。后来元洪被师父普惠招去北京弘慈广济寺，吴氏为使后代不忘元洪帮助安家的恩德，便将村名叫做"道爷庄"。

明天启四年，一县官乘四人小轿巡视民情从此路过，见村内树木葱茏，村外禾苗碧绿，心中高兴，悠然问道："此乃何村？"

衙役脱口而答："道爷庄。"

县官一听生气了，以为别人在捉弄他，厉声说："混账！什么到爷庄，应该叫爷到庄！"

衙役赶忙解释说："叫什么庄，当然要听您一句话。可老百姓都称您为父母官，要改称'爷'，就高了一辈，恐怕还需皇上恩准！"

县官愣了半天，才恨恨地说："那就把爷字去掉，以后谁也别当爷了。"

从此，这个村便成了"道庄"。

洪洞迁民与才大

河南省南乐县有相当一部分村庄中的家谱、墓碑都明文记载，他们的祖先是从山西迁来的。所以在南乐和江、淮、黄河中下游的其他地区一样，至今流传着一句俗话："问我祖先在何处，山西洪洞大槐树。"

据《续文献通考》载：从明太祖洪武至成祖永乐年间，屡次从山西移民于安徽、河南、山东、江苏四省。其主要原因是元末至明建文年间，中原各省长期遭受兵祸，以及连年的自然灾害，使之赤地千里，人烟稀少。元帝国统治者进入中原后，对各族人民，尤其是对汉族人民实行残酷统治，禁止汉人使用武器，甚至要杀尽张、王、李、赵、刘五姓人。为此，河南爆发了以刘福通为首的农民起义，山东、两淮人民纷纷响应。起义军与元统治者奋战十三年之久。豫、鲁、苏、皖之民死伤十之七八。刘福通失败后，元统治者内部又发生长期争权夺利斗争。中原地区常年烽烟不断。朱元璋领导的农民起义军出兵江淮，进取山东，收复河南，西入关中，北定北京，终于战胜了元朝反动统治势力，统一了中国。战争连续近二十年，加上黄河屡次决口，老百姓死亡不计其数。中原广大地区一片荒芜，正如当时流传的一首歌谣一样："有田无人种，有路无人走，燕雀归来无栖处，莽莽荒原尽虎狼。"

山西在当时是蒙古贵族名将察罕帖木儿及王保保的根据地，北至石岭关，南至黄河，因据山河之险，又统治严厉，所以社会比较安定，战争少，生产有所发展，各地难民蜂拥流入，形成了人稠地缺局面。这是明洪武时山西迁民的主要原因。建文时，靖难又起，统治者内部战争又历三年之久。中原地区再遭祸患。所以建文后期又一次由山西向中原各地迁民。山西迁民又以洪洞县及其附近地区较多。

洪洞县城北有一座广济寺，明政府的迁民领导机构就设在寺里。凡外迁的人都集中到这儿，办理登记签证手续，领取川资补助。广济寺外有一棵大槐树，干数围，浓荫覆地多亩。外迁的，送行的都在树下，诉说着离乡别井之情。将行的人看到槐树上的乌鸦,尚且能安居哺乳,而自己却要背井离乡,不禁心怀切切,他们有的抓一把故乡的土,有的拾几粒槐树的籽,准备带往新居。

河南省南乐县东福堪乡才丈村,杨氏的祖先,就是明洪武年间从山西迁来的。当时杨氏兄弟二人,老大迁到今县北坎上居住;老二便到今才丈。老二到新居后,在住地周围栽了许多杨树,希望杨姓也和杨树一样,能在这里生根发芽茁壮成长。在老二的精心培育下,不久杨树长大成材。老二以为,这才仅仅是新生活的开始,以后的日子还长着呢!他盼望成材的杨树继续成长,就以此给自己的村子起名叫"材长"。至清朝末年,演化为今名才丈。才丈的杨姓至今已传多代,有二百多户人家。

东滩和西滩

山东省岩集乡西南有两个自然村,分别叫东滩和西滩。两村现在共有18姓106户5000多人,是全县最大的自然村。

据当地老年人说,大约在明朝初年,这一带是黄河故道。刘、张二姓,由山西洪洞县迁来,共有20多户人家,分别在相距不远的两个高出水面的滩上安了家。他们以打鱼为生,将捞出的鲜鱼放在滩上晾晒。按其地理方位,两个滩分别被称为东滩和西滩。后又有李、陈、王、庞、宛、郭、沙、马、曹等姓相继迁来定居,村庄渐大。后来,东滩又分为北滩和南滩,统称"滩上"或"滩里"。

滩里地处黄河冲积平原,人少地多,土质很松软,适宜多种作物生长。大约在百年前,这里树林连片,干鲜果品年年丰收,低洼地带生长麻豆秧、芦苇和各种灌木;平坦地带宜种打瓜和花生。农闲时,家家户户搞条编副业,收入颇丰。因此,滩里与其比邻的化庄、帽子岩、店子等村都是有名的富裕村,素有"金滩里、银化庄、三帽岩、四店子"之称。后来,由于自然灾害的侵蚀和人为的破坏,这一带的自然条件日渐恶劣,这些村也由富变贫。最近几年,随着政策的变化和来自各方的扶贫支援,这些村才逐步解决了温饱问题,开始脱离贫困状态。

牛王庄小史

山东省邹巷斜的三华里处,有个村子叫牛王庄。按照一般村庄命名规律,这类村名必定与村中居民的姓氏有关。奇怪的是牛王庄却名不副实,村中既没有姓牛的,也没有姓王的。但为什么会叫牛王庄呢?

据说大概在明朝洪武年间,齐、李、马3姓,由山西洪洞迁此定居,不久,又有三姓相继迁来,六姓共同建村,人口户数不相上下,村庄不好以某一姓命名,便称之为"六合村"。

这六姓都是大族,各有族规和主事人。由于宗族之间,互相尊重,互相礼让,很少发生矛盾。小事一块办，无人起争执；红白事分开办，互相照应，总是办得又节俭又圆满。争东争西，吵嘴磨牙的事，很少发生，当地人皆称其为"义气村"。

六合村的人心齐，手也巧，各方面的能工巧匠都有。家庭副业，搞得十分活跃，粉坊、小油坊、豆腐坊等遍布全村。有了这些作坊，便有了大量的饼、粉、浆渣。他们又用这些下脚料搞饲养，养了很多猪和牛，特别是他们养的牛，个个膘肥体壮，享誉四乡。大名府的杨清芳在邯郸开宰，和六合村的杨庆华相好，二人八拜为交，交往甚密。后来杨清芳从六合村买走了2头牛，重量都在千斤以上，一路上不断有人打问牛的来处，六合村无形中出了名。

此后，远近富家到六合村买牛者渐多，无不满意而去。这样销促养，养促销，养牛渐渐成了六合村第一副业。人们说六合村的牛是牛中之王，说六合村的人都是养牛大王，慢慢地便有人称六合村为"牛王庄"。

后来，六合村一带闹开了瘟疫，猪羊鸡鸭几乎死光，唯独牛安然无恙，又有人称六合村为"牛旺庄"。而"牛王""牛旺"字异音近，后来好写好记的"王"字占了上风，人们便称此村为"牛王庄"。

赵堂村小纪

山东省燕店乡东有个村子名赵堂，与贾牌村为邻。赵堂村不大，历史却不短。据当地人说，早在明代大移民之前，此村即已存在，不过当时不叫赵堂，而叫"堂里"。

堂里村南有一条"官道"，西通金滩镇，东经沙镇通东昌府。道上行人、车辆昼夜过往，道旁店铺林立。村北与贾楼村（即今贾牌）以坑为界，村西是一条弯曲的羊肠小道，常有歹人抢劫，使行人绝迹。村东是一个6亩大的坑塘，春天水浅时，常常翻坑，捉鱼的人比鱼都多，倒也热闹。坑塘南岸有座塔，共6层，高8丈，据说系宋代所建，到清初被响马拆毁。塔旁建有一堂，系宗族祠堂性质。院子占地3亩，坐北面南，朱漆大门，院墙高约8尺。堂用青砖绿瓦建成，雕龙绕柱，彩绘满墙，很有点宫殿的气派。堂中正面挂着高1丈宽2丈的画轴，上写着赵氏各代先人的名讳。每年春节到元宵节期间，堂中烛灯长明，早晚都有人来烧香上供。特别是除夕和元宵节的夜里，院里鞭炮齐鸣，煞是热闹。因为村里有这么一个祠堂，所以外村人便习称此村为"堂里"。

明朝初年，山西洪洞县出了个清官赵朝正。他任洪洞知县期间，为政清廉，执法严明，深得民心。有一年，洪洞一带遭受特大旱灾，赤地数百里庄稼颗粒不收。赵朝正将自己的全部家财拿出来救济灾民，仍是杯水车薪，无济于事。他的胞弟赵朝义为生活所迫，携家带口出外逃荒，一去经年，杳无音信。

有一天，赵朝正正在堂上审理案子，忽然一封家书送到，原来其弟赵朝义在山东莘县堂里村落了户，特捎家书报平安。弟弟有了下落，赵朝正心中的一块石头才算落了地。几年后，赵朝正升任太原知府。公务之余特地来到山东看望弟弟。堂里村见大官来到，受宠若惊，急忙设宴款待。宴后，赵朝正又在众人陪同下绕村察看。看到一马平川的土地和生长旺盛的庄稼，赵朝正赞不绝口："平原地区环境优美，土地肥沃，实乃休养生息的好去处，朝义弟在此安家落户，赵家三生有幸。日后告老还乡，我亦有心迁居此地。"赵朝正又建议："堂里之名，可能是因祠堂而起。既然堂里村的村民是一祖一姓，不如将村名改为赵堂。"众村民对此提议一致赞成，于是堂里村正式改名赵堂，沿用至今。

于林庄漫话

山东省莘县燕店乡东一华里处，有个村庄叫于林庄，此村曾名"余廪庄、儒林庄"。说起村名演变，还有个小小的典故。

相传在明代初叶，陈、薛、王三姓，相继从山西洪洞县迁此定居，建起村落。当时村以何为名，现已不可考。只知这三姓人家，和睦相处，种田为生，勤俭度日，生活倒也殷实。

该村虽是农家，读书之风却甚盛，几乎家家都有人在馆攻读经书，而且成绩十分优异。当时州有州学,府有府学,县有县学,学员以荐举方式产生,统称秀才。在所有生员中,秀才地位最高,廪生次之,再其次是增生。秀才、廪生皆享受官府的膳食补贴。有一年,县里要遴选十二名秀才,考试成绩却有三十名合格。说来也巧,这三十个人都是该村的。因为名额已限定12人,不能增加;余下人只得定为廪生。全县优选的三十人都出自一个村,这当然是天大的喜庆事。为了永记这一殊荣,将村名定为"余廪庄"。

据说后来朝廷得知此事,为褒奖该村的读书之风,特赐名"儒林庄",有"读书人众多"之意。"文化大革命"期间,开展批儒评法运动,"儒"字被贬,不宜作村名,便照谐音法改村名为"榆林庄",后简写为"于林庄"。至今,在外地工作的老干部写家信时,地址仍写"燕店儒林庄",好在邮递员了解内情,一般不会错投。

一家庄的来历

河北省定县沙河古道上,有一个近万户人家的大村庄,然而人们现在仍称为"一家庄",其缘由还得从明朝移民谈起。

传说远在五百年前,有一对青年夫妇,从洪洞大槐树下逃荒到此落户,临走之前,这对夫妇请算命先生卜了一卦,算命先生说:"天皇皇,地皇皇,平安无事上东方",当问到何处落脚时,算命先生说:"你们一见到鱼上树,牛上房,安家落户保无恙。"

算命先生之说,当然不足为信,他们可能看到一些难民大都逃往河南河北一带,为迎合难民心理,才这样说的,至于"平安"之说,更是无稽之谈了。在路上饿死的难民,何止千千万万,不管怎样,这一对青年夫妇带着两个孩子,总算侥幸活下来了。

来到河北定县沙河一带,此时正好赶上沙河发大水,河水泛滥,沿岸的村庄被洪水冲毁,庄稼淹没,当地人早就投亲靠友搬迁走了,这一对青年夫妇,被洪水阻于沙河南岸乞讨度日。洪水下去之后,房屋被洪水淤泥漫得只剩下房顶,大树也只留有树梢,田园变成沙丘,无主沙滩成了淤泥地,到处是茂密的杂草。只见牧童牵着牛羊,来这里放牧,牛跑到屋顶上吃草,他们就想起逃荒之前算命先生说的话来,心想:"这不是牛上房了吗?"这对年轻夫妇拔了些杂草,搭了个窝棚在此定居下来。他们到野外拔草的时候,又发现一些死猫烂狗和晒干的死小鱼一起挂在树梢上,这一对青年夫妇高兴地说:"这不是鱼上树吗?"从此以后就在此地住下来。

虽然定居下来,但他们一无房,二无地,三无生产工具,还是以乞讨度日。

除讨饭之外，为了过冬御寒，还要到荒地上割些野草，打些柴火。在割草拾柴过程中，看到被淤泥漫过的无主地里，有无数横七竖八的裂缝。两口子商量道，这样下去不是长远之计，现在到了种麦季节，我们既没犁耙也没牲口，就在这泥缝里撒些麦种吧。

第二年麦子长得又好又壮，获得了迁居后第一个好收成，麦子收割后，除了还清借款之外，夫妻俩节食俭用精打细算，还购置了些农具，以后又种了些黑豆之类的作物。一连几年获得了大丰收，生活逐渐富裕起来。这时间，沙河河道也往北移了。他们也就在这沙河古道上盖起了房屋定居下来。过了些年，除了洪洞来的两个男孩之外，又生了六个男孩子。带来的大孩名叫大河，老二叫小河，到此地生下的三孩叫大水，四儿叫小船，五孩、六孩、七孩，八孩按年龄大小顺序就取名五儿、六儿、七儿、八儿。人们给八个孩子编了个顺口溜："大河小河，大水小船，五儿，六儿，七儿，八儿。"

后来生活越来越富裕，八个孩子都结了婚，而且有了孙子、重孙。据说这一家发展到81口才分家。后来人口越来越多，村子越来越大，但是"一家庄"的称呼，仍然没变。

鱼上树牛上房

野舍更名孙儿庄

山东省西部燕店乡的孙二庄，最初叫"野舍"，后来改为"野庄"，现在叫的已是第三代村名了。据传说，孙二庄村名的演绎过程中，还有个不成故事的小故事。

相传在明永乐年间，有几户农民从山西洪洞县迁来，定居在燕店北边的马颊河畔，建房造屋，开荒种地，勤俭度日，子孙繁衍，渐渐成村。为求个吉利，大伙合计着起个好听的村名。有的说叫"富贵村"祈求大富大贵，人寿年丰；有的说叫"金银庄"，希望财源旺盛，金银满村。一位读书人不同意这些名字，他说"直言金银富贵,太露太俗。祈求吉利,要含而不露,平而不俗。村名要有农家气味,而又不失文雅,以免贻笑大方。"为了触发灵感,他登上河堤,四下瞭望,但见蓝天碧水,行云如絮,望断天涯,绿茵似毯,岸边树摇枝曳,鸟语花香,几处草舍点缀其中,更添几分幽趣。看着看着,读书人禁不住心旷神怡,手舞足蹈起来,口中悠悠念道:"幽哉美哉,如果再有座山,简直可以叫野舍了!"

"什么叫野舍了?"大伙不解其意。读书人说:"东汉经学大师郑玄说过,野舍,王行所止舍也。历代帝王出京巡行的临时住所,习称野舍。野舍多建于风光秀媚之地,如今我们这里风景如画,村名叫野舍,是再合适不过了。只是皇上知道了,要犯欺君之罪。可我们这个地方,地处偏僻,天高帝远,就是叫个野舍,皇上也不会得知。"于是,村庄便以野舍为名。

世上没有不透风的墙,没过几年,皇上竟然风闻了此事,龙心不悦,立派官查询。钦差来至野舍村,问明缘由,把读书人叫来斥责道:"一个小小村庄,竟敢称野舍,我来问你,皇上何时驾临过此地?"

读书人吓得魂不附体,战战兢兢地答道:"小人知罪,小人知罪,皇上实实未曾驾临此地,我只是想托圣上洪福,图个吉利,让大家都能过上富足的日子,其实没有别的意思。再说,一般村舍有时也称野舍,小人读过的书中就有野舍老余生,雅尚今已惬的诗句,请大人明察。"

钦差大人怒气稍息,说道:"看你也是个老实人,怪可怜的。老夫回朝在皇上面前美言几句,可免治罪。不过,野舍之名不可再用,以后就改名叫野庄吧。"

读书人和众百姓叩头谢恩,从此"野舍"便改称"野庄"。但是,由于"野"字和"爷"字读音相近,后来又引出了一个小小的误会。道光末年,阴雨连绵,马颊河水陡涨,河堤决口,泛滥成灾,房屋成片倒塌,庄稼大部被淹,百姓哭叫连天。当时的莘县知县郑景福为了查清灾情带了几名衙役随从,骑快马顺河堤巡视,跑了一天,已是人困马乏。最后来到野庄,本想歇息一下,远远看见堤上站着一个农夫,衙役问道:"这是什么村庄?"那农夫眼看一片汪洋,五内俱焚有口难言,嘴张了几张,竟没有说出话来。县令不耐烦了,大声喝问:"我问你这是啥村?"那农夫这才如梦初醒,抖抖索索地答道:"是……野……庄。"

知县一听来了气,"什么爷庄,简直是戏弄本官。从今后把爷字去掉,就叫孙儿庄。"随手扔下个纸条,上马回衙去了,农夫拾起纸条,找读书人一看,上面写道"爷庄,立改孙儿庄,知县郑。"父母官命改村名,百姓怎敢不依,碍于其中"儿"字不雅,便顺音换字改成"二",从此后,"野庄"就变成了"孙二庄"。

郑好庄的变迁

鲁西那边有个村子叫郑好庄，不过这个名称是后来改的，原来不叫郑好庄叫于庄，因为于庄第一代村民都是从大槐树下迁过来的，于姓比较多，所以叫于庄。于庄靠近河，而且离县城也不算远，所以经常有商人来投宿，刺激了于庄开店的风头，于庄因为这也就慢慢繁荣起来了。

可是到了明朝末年，天下不太平，于庄就有个别的店开始趁火打劫，所以于庄黑店的坏名声就开始流传出来，人们一说于庄都想起的是黑店。不过这里还另外有一家郑家老店，郑老板心地善良，买卖也公道，所以来往的客商都愿意来这家店，所以虽然世道不太平可是生意却很好，许多黑店店主就看着不顺眼，经常找郑老板的麻烦，让这些客人不去郑老板的店。

有一天，有一个人被官兵追赶，跑到了郑老板的店，而且把自己起义的经过告诉了郑老板，郑老板觉得这个义士侠肝义胆，就认他做义子，换上了平常的衣服，官府来了看见他们都是父子的样子，也没有怀疑。所以义士一直想来报恩，当他知道郑老板被坏人欺负的时候就想帮郑老板一把。不久，义士收罗旧部，又拉来了一支队伍，摸黑进了于庄，出了郑老板的店，见人就杀，于庄其他人跑的跑，死的死，虽然后来也有人回到于庄，可是因为这个于庄的名声已经坏了，所以村民商量就以郑家老店的名称，改成"郑好庄"。

老宅村

明朝初期，战乱开始慢慢平息，可是中原地区地荒人少，朱元璋为了平衡其他地方的恢复，就下令让人口众多的洪洞县的人迁往各地。

在移民的大军中，有姓盛的这一家，辛苦走了几十天，终于到了山东省莘县附近，因为这里土地看起来挺好，能耕种，就留下在这里盖房，种地，立村，村名叫盛庄，经过200多年，盛庄慢慢发展成一个几十户人家的村子。

可是防得了天灾防不了人祸，明朝末期又开始大战，河南、河北、山东这里又成了主战场。为了躲避战乱，盛庄的人都拖儿带女，跑到别的地方避难去了，盛庄也基本剩下个空村子。

直到战打得完了，天下又开始太平，可是原来盛庄的那些人可能已经在别的地方安置了，也没有人再回来。阳谷县双楼有个姓孙的地主，听说盛庄没人了，就全家搬过来。因为这是从盛庄的旧宅上建起来的，当地人就习惯成老宅或者老寨。

两村合成剪子股

在山东省燕店乡东北有个村子叫剪子股,这个名字挺起来奇怪,其实这名字是两个村名合起来的,在明代的时候,从洪洞这边迁过来的两个姓,分别建了两个村,叫张村和李牌,因为两个村地理位置好,也靠近湖,盛产芦苇秆儿,所以也能给农民增加点收入。而且这里也算土地肥沃,风调雨顺,农民收入也不赖,两个村的人也相处得好。

乾隆年间的一年夏天,正好是空气好,芦苇长得也旺的时候。一位武士路过村子,觉得这里风光确实不错,就一直观看也没有离开。村民张守仁看着就上去搭话,一问才知道是开封府的陈国光,也是大槐树的移民后裔,这是去拜访朋友。张守仁和陈国光说话投机,就带着陈国光欣赏附近的景色,走到张村东头有两条相距不远的大路平行向东延伸,两边又有两条小路分别通到东南,西北方向,四条路都通向村里,从上边看四条路像个剪子把,村东的小桥像剪子轴,陈国光直接就说:"这真像个剪子股",张守仁也说:"我也是这么觉得,既然咱想的一样的,不如咱和村里人商量下,把村名改成剪子股?"后来村里商量也没有异议,就申报官府,把村名改成剪子股了。

三姓同心建庄和

明朝洪武的时候,有李氏,岳氏,于氏三姓从洪洞大槐树下迁到鲁西定居,分别是李庄,岳庄,于庄。刚到鲁西人生地不熟,而且迁徙的路上也很艰辛,生活很困难,所以三姓的人经常互相帮扶,有事也共同商量,形成了和睦体恤的家风。

在这之后的生活,虽然三个村都有所扩展,人口也增加不少,可是这种风尚还是一直保持下来了,后来三个村的村民商议把李、岳、于三个村合并在一起,改名为庄合,有村子合并的意思,随后又改成庄和,又有和睦相处的意思,后来虽然也有其他的外姓陆续迁过来,可是这种家风却还是一直保持着。

王海迁徙分两庄

河南省温县王氏王海一家,在明朝洪武年间,被迫聚集到洪洞大槐树下迁民到河南巩县。当时移民情况十分艰苦,王家还有四个孩子,巩县的南河湾虽然不错,可是王海还想找个更好的地方,可是举家迁徙又很难,所以王海就把妻子,老大和老二留在了南河湾,自己带上老三,老四,往北过了黄河寻新的地方,最后终于在温县南王镇安顿好,就回巩县接妻儿过来住,可是回来时妻儿已经在巩县南河湾住习惯了,不愿意再迁走搬家了,所以夫妻兄弟就只能隔着黄河分成两家,渐渐的就成了两个村庄。以后，这两个村庄既说是同一家的人，又说两个村庄都是从山西洪洞大槐树下迁过来的。

王海迁徙分两庄

石槽王村

河南省新郑市孟庄镇石槽王村街中心，有一个半人多高长方形的青石槽。据说这个村就是因它而得名。

明朝初年，王氏从山西洪洞县移民在此，建村叫石槽王。当时石槽王这个村很穷，土地瘠薄，水源奇缺，交通不便，家家户户过着半年饥饿半年粮的日子。

有一年春天，村里一户人家生了个孩子，家人说给孩子取个吉利名字，看能不能改变这穷日子，于是取名王大发。说来也巧，这个王大发长到十七八岁时，年年风调雨顺，连年丰收，农民的日子都有了转机，特别是王大发家的粮食总比别人家打得多。又过了两三年，他家竟喂起了大骡子、大马，盖上了新楼房。人们问他发财的秘诀，他说道："是一个像白兔一样大小的神兔，夜深人静时给驮来的。"

等王大发四十岁左右时，他已成了有四个四合大院，骡马成群，丫鬟仆女几十个的大财主。他心里想，再弄一个大石槽喂牲口，别的东西都不要了。一天夜里，果然见一只小白兔在他床前问："您还需要什么？"他说："想要一个大石槽喂牲口，怕你们力气小弄不来。"小白兔说："那不要紧，只要你给取个吉利话，我们就会给您抬来。"王大发嘴上连忙应允说好。

可他内心想，神兔给我驮了这么多东西，若有一日，它们不愿帮助我，再去找新的主顾，难道不会把我的东西给驮光吗？不如把石槽驮来后，就弄死这群小东西。

于是第二天深夜，王大发根据约定的时间，等候在大门口，不会儿，果然看到一个大石槽，从街东头慢慢地，往自己门口挪动过来，快到门口了，他说："哟！这么重的东西，别把你们小小的身体砸死了。"话音刚落，神兔一惊，大石槽落地，压死了许多小兔，石槽也摔裂一个大口子。领头的神兔见状非常气愤，心想，我已告诉过你，要取吉利话，你偏这样害我们弟兄，这仇早晚要报。

话说王大发得了石槽后，心满意足。整天乐悠悠地东游西转。这天，一个算命先生路过他村，王大发正在街上高谈他家的富有。算命先生答话说："我看你不会再富三年了"

王大发先是惊，问他为什么，算命先生并不正面回答，只说："等到鲤鱼上楼堂，你家必败。"王大发听后细一琢磨，心想大概再有三年会发洪水，可我们村周围全是丘陵，这附近又没大河，哪来的那么多的鱼，无非是你看我有钱，想让我多给你几个，我不会上你的当。因此王大发也没把这件事放在心上。

一晃二年多，王大发准备娶儿媳，备了鸡鸭鱼肉。在办喜事的头天下午，当厨师将鱼捞好放在菜案上，转身又去取工具时，一只大狸猫瞅见了鱼，窜上去拉着就跑，跑到堂屋门口时，被劈柴的帮工看见了，忙用斧头向猫砸去，猫用力一跳，跳上楼梯直向楼上跑去。由于劈柴人用力过猛，斧子撞到屋门石墩上碰出了火花，碰出来的火星正好落在柴火上。说也神奇，火星一落到柴堆上，便立即燃起了熊熊大火。当帮工去楼上赶猫下来时，火已烧着了堂屋的门，同时烧着了东西厢房。尽管不少人都来救火，仍无济于事，大火一直把王大发的四个庭院烧光。

王大发从此一蹶不振，他心里明白因由，就派人把石槽搬到街上，没几年，他就病死了。这个石槽，可一直没人敢用。人们认为用了它将会大祸临头。从此，这个村就起名石槽王村。

靳作与酱枣

在靳作，当地人们传说：很早以前，从山西洪洞县大槐树下，迁来一批移民，途经此地时，看到土地肥沃，荒草丛生，野枣遍地，人们便留居下来，垦荒种田。只因这里盛产野酸枣，以酸枣做酱作食物，因此，故取村名"酱枣"。因传靳姓者居于此村，故又改称为"靳枣"。

槐树渡与槐树街

古大槐树处迁民之后裔经过几代、十几代，大都不知道被迁前是何村何地，但都知道"大槐树是故乡"，这一点至今谁也没能忘却。移民在离开大槐树时恋恋不舍，到达新的定居地点后，他们大多栽种了槐树，借以寄托自己对家乡的怀念。河北省河间县申鲁村高氏先人在自己家门口栽了一棵移民纪念槐树；保定府西关谢德先开了家名叫"老槐茂"的酱菜铺；河南确山县有槐树庙村、大槐树村、槐树庄村；这其中最有名的当属河南省伊川县城关镇闵店的槐树街。

相传，明朝洪武年间，朝廷从山西省洪洞县往黄河南大规模迁民，移民中，一人姓王，一人姓李，禀性相投，结为好友。二人相约来到龙门山南伊河西岸一渡口处，筑灶搭庵，开荒种田。因离老家时是从洪洞县广济寺的大槐树下出发的，所以他们对槐树具有很深的眷恋之情。定居之后，他们就在村头植下几株槐树，数年过去，槐树遮天蔽日，郁郁葱葱，他们就把槐树与渡口连在一处，把村子取名叫槐树渡。后来，人口增多，村庄扩大，形成街道，渡口却日久废弃，槐树渡逐渐演变为槐树街。

冉庄古槐

走进闻名中外的地道战发源地——河北省清苑县冉庄，第一眼便可看到那棵早已在银幕上熟悉了的老槐树和高挂在树上的古钟。电影《地道战》中高老忠在发现鬼子偷偷摸进村后，就在这棵槐树下敲响了古钟报警，并拉响手榴弹同包围上来的鬼子、汉奸一起同归于尽。您别以为这只是普普通通的一棵树，这可是正儿八经的洪洞老槐树的后代！

相传这棵老槐树栽于明代，当年山西移民来到冉庄，为表思乡之情，将由洪洞县大槐树下采来的树籽，种于村头，历经数百年的风风雨雨，长成了两个人手拉手都抱不过来的大树，为一代又一代的村民撑起一片绿荫。到抗日战争爆发后，人们又将报警的大铁钟挂上树身，使它成了守卫村庄的哨兵。据当地人讲，这棵守卫冉庄数百年的古树，到一九六五年拍摄地道战电影时尚存暮年的枝叶，拍电影的使命完成后便枝枯叶落，与世长辞。

陕西的山西村

陕西省蒲城县城东北约十公里的金栗山下，有一个保持着明清风貌的村庄——山西村。这是一个保留着原始城墙的长方形村落，村庄坐东朝西，有东西城门两个，城墙经数百年风雨剥蚀，已有数十米坍塌，但仍有大部分保存了下来。尤其是东面、北面的城墙保存基本完好。其中西城门洞高约六米，门楣上方嵌有一青色碑石，上书"三槐并茂"四字，字呈红色，旁有"大清咸丰元年重修"字样。

据介绍，山西村是明初一王姓家族由山西洪洞县大槐树下迁来的。这一王姓家族共有弟兄三人，老大留在山西本地，老二迁至此地，老三迁至白水。门楣上书"三槐并茂",即为弟兄三人家族兴旺,事业发达之意。槐指山西大槐树。因而,蒲城的山西村也是明代人口大迁徙的历史见证。

据村史记载说,该村迁址不久,经常有土匪、强盗来村庄骚扰,后在一王姓老者的倡议之下,全村村民有钱的出钱,无钱的出力,齐心协力花五年时间修筑了城墙。清咸丰九年,又置铁门一对,使西城门洞有两道城门,坚不可摧。西城门洞上方有三间大房,中华人民共和国成立前还有乡政府在此办公。山西村的城门东西相对,门洞深约七米,门洞里原有两道门,由于时年已久,门已不存,然而安装门的青石门礅、门柱洞、门杠插孔依然保存完好。穿过门洞走进村子,一条中心道路将村子分为南北两半,村不大,东西长约二百余米。城堡内共有二十八户居民,其余人已搬至城外居住,以王姓为主。这个村在当地俗称山西堡(bǔ)子。村外人称进村为"进城",村内人称出村为"出城"。在山西村的城西门外五十米处,有一座陈旧的王氏祠堂,这里是村民一年一度举行聚会、搞年拜的场所。在王氏祠堂内现存有碑石,上面清晰地记载着祠堂建于清康熙四十三年。这一记载也说明了到清代康熙四十三年王氏家族已在该地成为一大户。

"杨没牛"与"史没车"

相传当年山西移民东来时,大多异姓结伴而行,共同觅地建村聚居,因此新建之村多冠以姓氏。当时山东省西部有几户杨姓人家在朝城北约三华里处定居,取村名杨庄。后又有史姓人在附近建村,因其地比较低洼,便取村名"史家洼"。

初建村落,难免缺这少那,遇上许多困难。移民来时,一般只带些衣物锅碗,农具则一无所有。后来慢慢置办一些,一时也很难齐备。特别是大件农具,价格较高,购买不易,往往要节衣缩食三五年甚至七八年才能购进一件。当时杨庄人经过几年努力,联户拴了一辆大车,一时买不起牛,外村人便把杨庄叫"杨没牛"。史家洼则只买了一头牛,多年没能拴起车,外村人便戏称其"史没车"。可喜的是,一个有车没牛,一个有牛没车,这种"瘸腿"现象却促成了两村自发的联合。两村把车和牛配起套来,轮流拉土、送粪、运庄稼、串亲戚,协调得如同一个村,赶上大忙季节,两村相互推让,尽量让对方先用。杨家用时,总是用好草好料喂史家的牛,连一下重鞭也舍不得打,生怕弄掉一根牛毛;史家用时,尽量少装载,走好路,遇上坎坷道,就牵牛慢行,唯恐弄坏了杨家的车。这样合作了几年,牛养得膘肥体壮,车保养得完好如新。史杨两村亲密无间的合作,在朝城一带传为佳话。史家因地处低洼,每逢水患,就去杨家躲避。后来,史家迁居到邻村,杨庄村址也有变更。不论地理位置如何变化,史杨两家却始终保持着友好的睦邻关系,从古至今,相沿不衰。

享堂街与山西移民

在山西省太原的街巷中,以"享堂"作街名和派生名的街巷,约有九条。在这九街巷中,历史最悠久的莫过于享堂街。享堂街,是享堂诸街中成街最早的街巷。因其街位于享堂村西,故以村名得街名。今之享堂街,并没有什么高楼大厦,也不是柏油铺成的路面,而是一条传统的土道,全长不足四百米,宽也只有三米的样子。今享堂村至享堂街一带,早年是山西省首邑阳曲县城小北关外的山丘荒岭,并无任何村落。

大约是在洪武二十年前后,一批由洪洞北迁至北部边陲北京、张家口一带的山西移民队伍,途经太原府阳曲县时,一些经不起长途跋涉的老弱病残之民,早已疲惫不堪,只好临时栖(qī)居于一个叫作"龙脑",地处阳曲县城外北部山地的一个山丘凹里,集为村舍,取名"新村凹"。所谓龙脑,即指卧虎山西畔一个土质发白的小山丘,就在今享堂村东不远。

恰恰就在新村凹问世前后不久,晋恭王朱枫的爱妃谢氏病逝夭折,选龙脑为墓地。在墓地之西,新村凹之东辟建了"谢氏园",在谢氏园西边的新村凹,又新建"孝堂"。这样,暂时栖居新村凹的洪洞移民,便充斥为谢氏墓地的守陵人,永久地定居下来。新村凹也改为"孝堂村"。

及至清代,孝堂村村民日增,村民们以为孝堂村村名既不吉祥又不雅致,又更名为"享堂村"。民国以来，太原近代工业迅速发展，特别是官僚资本"西北实业公司"创办之后，西北各厂选址主要从尖草坪向南至享堂村一带发展。大批的破产农民走进西北各厂作工成为工人，享堂村实际上成为西北实业公司各厂工人的居栖地。而享堂村之西也随之出现了星星点点的工人简易住宅，享堂街的雏形开始形成。新中国建立后，太原北城区及近郊成为太原工业迅猛发展的区域。享堂一带，便成为大型企业太原矿山机器厂、太原机车车辆厂的职工宿舍区。于是，在享堂街之外，享堂路、享堂西街、享堂南街、享堂北街等，九条名带享堂的街巷陆续问世。

一九八二年，太原市政府为加强太原市街巷管理，纠正"动乱"中乱改街巷名和新建派生街巷无正式标准街名的混乱现象，遂以当年的享堂村为名，尊重群众的约定俗成的习惯，以其各条街巷的产生前后和所处方位，给这些带有享堂两字的街巷做了标准命名。享堂街，亦于此时正式确认。

南寨村史话

山西省太原市南寨街，位于南寨街道办事处辖区中部。西起大同路中段东侧，与路西的"七平房"隔街相望；东至新兰路，达兴安化学材料厂职工宿舍区。全长约三华里，连通城乡交错的兴安、新华等大型企业职工宿舍区。南寨街因南寨村得名，由于兴安厂和新华厂的建厂和大批职工宿舍的兴建，促成了南寨街的出现。虽然，该街名直到一九八二年才正式颁文确认为标准地名。但是，其街名的产生和使用，却早于正式发文约十余年甚至二十年。

早在20世纪五十年代，今南寨街还是南寨村的肥田沃野，距这片良田之北不远便是南寨村。说及南寨村，它本是由明初移民形成的村落。据说，元末明初，朱明王朝的两位最有名的功臣徐达、常遇春，攻克北京驱逐元顺帝后，马不停蹄，挥戈西进，出兵山西，必欲一举歼灭盘踞在太行之西的元兵势力。他们攻下太原城后，与北窜的元军统帅扩廓帖木儿激战于太原北郊阳兴河畔的圪垛村。战败的元军在退兵石岭关时，把这一带的村民一掠而光，悉数迁走，使阳兴河畔的这一片地区成为兵燹（xiǎn）之后的无人区。

明洪武初，太祖朱元璋实行移民充边政策。一户姓仁的大户，便举家由晋南的洪洞大槐树下，迁来阳兴河南岸圪垛村之东定居下来，整个明初数十年间，仁氏家族人丁兴旺，渐成旺族。但是，好景不长，明代中叶之后，北陲常受俺答人的侵扰。阳兴河畔无坚可守，俺答骑兵常常南下于此，杀人越货，搞得民不聊生。而明太原军防仅限于保护太原府城的安全，根本无力维护城外人民的安危。于是，仁氏遂集聚附近村民，在其所居村落筑栅起寨，进行村寨联防。因此寨位于阳兴河南畔，便得名"南寨"。至今，太原城郊多有以寨堡为名的村庄，几乎都是元明以来当地村民村寨联防，抗击俺答侵扰，自成体系的产物。

南阳槐树弯

传说明初成千上万的移民来到南阳后，官府规定的是每人给十五亩地、两亩菜地。但实际情况是，当时南阳肥田沃野，一片连着一片，谁有本事把地开垦出来就算谁的。这一下子移民们可就慌了手脚。有的人家牵牛犁沟占地，围着大块地犁上一圈，这块地就算他家的了；有的人家在地里栽上木桩，写上姓名，就算他名下的土地了；还有人家先在一块地周边种，里边的土地待以后再去开垦。就这样，洪洞移民开垦了南阳成片的土地，逐渐定居下来。

洪洞移民迁入南阳，使各州县的人口得以增长，明洪武二十四年，全境人口增至一点四八万户，九点一二万余人。到明朝中期，南阳的官、民田地已达十八点六九万顷，夏税四点三万斗。同时，移民们还开发了铜矿、硫铁矿、铅银矿、煤矿等。随着迁民的移入，南阳又渐趋繁华。据说，明初的洪洞移民来到南阳后，种下一棵槐树。到清初时，这个槐树已长得十分高大壮实。因槐树主干弯曲，人称槐树弯。慢慢地，槐树下成为南阳著名的集市，到清乾隆时就已经兴起逢双日集市。后来人们将"弯"改写为"湾"。因此槐树弯又名槐树湾街，后来人们干脆称之为古槐镇。

辛张村的老故事

河南许昌辛张社区辖徐八庄、潘庄、辛张村三个自然村。村里张姓、刘姓居多。据传，村民的先祖多是明朝初期由山西洪洞迁于许昌城北的。

村里的刘姓人家与丁庄后刘颇有渊源。辛张村和后刘村的先祖都是山西洪洞人，他们或是亲戚，或是朋友。在大槐树下奉旨搬迁时，辛家、张家迁至现在的辛张村，而刘姓人家落户至现在丁庄后刘一带。随着时间的推移，丁庄后刘一带的人员日益密集，刘姓人家到辛张村走亲访友，因情谊深厚等原因，最终促成部分人家搬迁至辛张村居住。到民国时期，辛张村有很多人还到后刘村祭祖，到现在，虽然祭祀没落，但辛张村的刘姓人家还和后刘村的人仍有亲戚来往。

辛张村虽然以辛和张命名，但村子里已经没有姓辛的。老人们说，村子里原来是有姓辛的，但现在辛家已经没有人了，这与村子里曾有两个大坑有关。两个大坑分别在东、西方向，二者相距五六百米，其中，东边的坑面积有二四亩地那么大。东坑所在地曾是辛家的宅院，西坑所在地曾是辛家的花园。相传，辛家曾有人在外面做高官，后来不知是得罪了权贵还是犯了王法，被"诛灭九族"。人都杀了，但有人似乎还不解恨，或者是在搜寻什么东西，辛家的宅子和花园均被毁掉，并被挖地三尺，成了村里的两个大坑。但这个故事是否属实，现在没有相关的史料记载，也没有历史遗迹作为佐证。村子中确实有辛家的祖坟，只是已经很久不见有人前来祭奠。

在辛张社区北部一家厂院内，一棵槐树枝叶茂盛，偌大的枝丫呈圆球形，几乎与地面相接，树干裸露的褶皱"诉说"着岁月的沧桑。相传是在明朝初期，移民从山西洪洞大槐树下挥泪惜别，奉旨搬迁辛张，到达村子后，为了不忘故乡，亲手栽种的槐树，现已有五六百年的历史。老槐树宛如村里年龄最长的老人，被村民赋予了一种神秘色彩，大家都小心翼翼地呵护着它，不敢轻易冒犯。奇怪的是，老槐树的两个旁枝有人为锯过的痕迹。到底是谁这么大胆，敢去伤害老槐树？据说，这是村民在被逼无奈的情况下做的。

在日本人进犯许昌之时，几十名日军在辛张村驻扎。因铁路被毁，日本鬼子要求村民每家出两根木头做铁轨枕木。村里有两户人家十分贫困，实在拿不出来，怕鬼子行凶，只好在老槐树上锯了两根分枝。村民们自觉冒犯了"神树"，但也无可奈何，只能更加敬重。而这岁月的伤疤则为老槐树、辛张村更增加出一份传奇色彩。

南安头与北安头

明洪武年间，山西洪洞县有一批移民来到张鲁西北的马颊河畔，见这里水草丰盛，土地平坦，人又稀少，便决定在此定居。为占风水之利，他们皆河旁造屋，一伙人住在北岸，一伙人住在南岸。

初始时无村名，时间一久，人们便以地理位置指代，住河北的叫北岸头，住在河南的叫南岸头。两村人定居下来之后，为防河水之患，首先加高加固堤防，辛勤管水治水。经过几年努力，河水不复为患。两村人凭借靠河的地理优势，开荒种田，衣食渐丰。日子好了，便有人送孩子到邻村读书。再后来，本村也办起了私塾（shú），请人执教。许多年后，村里竟有两名学子学业精深，连连登科，这两位官员位高不忘故土，他们组织人进一步治理河道，引水灌田，并拿出自己的俸银资助。从那以后，这里年年五谷丰登，鱼肥虾多，人们安居乐业。两个村子年长人一商量，认为原村名"岸头"太土，便用谐音法，取安居乐业中的"安"字代替"岸"字。从此，南岸头、北岸头便改成了南安头、北安头，一直沿用了下来。

第四节　槐乡技艺扬华夏

翟集陈醋

翟集村陈醋，也称米脂五香陈醋，是宝丰地方名牌特产，以质醇、味浓、久存不败的优点而享誉古今。

翟集位于宝丰县城东部，北临汝河，南靠龙山，交通方便。翟集南一里许的古城就是战国时楚国的"城父邑"，是当时有名的楚之北境边陲重镇。《史记》中《楚世家平王》称："六年，使太子建居城父，守边"即此。历史上，翟集就是人口稠密商业繁荣的集镇。当时各地商人云集于此，建立店铺经营醋业更为有名。据传早期翟集镇上酿醋作坊共有三家，各具特色，互有千秋。至明清两代，翟集陈醋一直昌盛不衰。

翟集陈醋久负盛名，被人们称赞，因此便在社会上流传出许多诱人动听的神话传说。这些神话传说的扩散，虽属无稽却更增长了陈醋的声誉。据传，明朝年间山西洪洞县一位衣衫褴褛的老妇背一竹篓，竹篓内坐一对二拇脚趾奇长，小拇指甲呈双片状的男女双胞胎。老妇扮作乞丐至翟集一带，正逢农历四月十五日白雀寺庙会。老妇随人流来到白雀寺的古槐下，仰脸观望，见嘴里含颗闪闪发光珠子的"白雀"对着老妇低叫三声向北飞去，老妇急忙背起双胞胎疾速追去。"白雀"飞飞停停最后飞到翟集村西北角一口井旁停住，老妇追到离井口几丈远时，绊了一跤摔倒在地上，"白雀"惊慌飞起忙乱中将嘴衔的珠子掉入井中，老妇依稀听到"白雀"尖声叫着"米醋——米醋——"之后，白雀便箭一般地冲向云霄。后来，老妇便在井口搭起了草庵，带着双胞胎儿女，守着这口井过起了日子。到了第二年谷雨季节，老妇发现井旁的荒地里齐刷刷地长出了一片片谷苗。到了秋季，老妇收割了大垛大垛的谷子。一晚，突然狂风大作，雷电交加，第二日，老妇发现收割的谷子都被大风刮入井里。老妇急忙来到井口察看，见井底咕咕向上冒泡，一股股香中带甜、醇厚的醋香扑鼻而来。老妇用瓦罐提出井水，细细观望，但见瓦罐的水影中有一只活灵活现的"白雀"。老妇小心翼翼地品尝一口，顿觉醋香满口，两眼发亮，四肢有力。后来，老妇的一双儿女长大成人，双双挑着担子走乡串户卖醋，由于醋的色味超绝，群众争相购买，他家便发了大财，后来他用这些钱财周济四乡穷人，从此方圆数百里的农户人家无灾无难，百病皆消，过上了太平盛世的好日子。

又说，明成祖时，密探巡捕与二位内侍，微服入汴私访，连日奔波，疲惫不堪，不思茶饭。一日，在一家"徐记"饭庄进食；以醋为佐，胃口大开，食欲大振，旋即，究其醋源，遂令人运回翟集陈醋，奉献皇上。朱棣皇帝如获至宝，脱口赞曰："上乘佳佐，稀世精酿"，命以"御用"。大文学家程颐也曾赞叹"酒香在宝丰、醋香在翟集"。

清朝中叶，乾隆皇帝六下江南，路至开封，还特地诏开封府尹，扩大翟集陈醋酿制。并钦赐给翟集醋匠黄褂一件，以示皇恩。民国年间，翟集陈醋曾远销日本、英国、加拿大、美国及东南亚等地。抗日战争时期，不远万里来华参战的加拿大著名大夫白求恩同志，也曾风闻翟集陈醋之美誉，于1936年托郏县韩先生为其代购陈醋数百斤。过去曾在郏县东来堂药店任董事的英国人和在许昌开办烟草公司的美国人回国探亲时，也将翟集陈醋列为馈赠礼品带往异邦。

翟集陈醋

万源茂红酒铺

清同治年间，河南开州一带疫病流行，王氏先辈王茂盛，为解救民众疾苦，在原熬制中药汁的基础上加入当归、灵芝、鹿茸等名贵中药，炮制成比原中药汁疗效更广，晶莹剔透、色泽红润、馥郁芬芳、甘美可口的状元红酒，使好多乡亲摆脱疫病折磨，恢复健康体魄。开设的万源茂红酒铺声名远扬，状元红酒被人们亲切地誉为茂家状元。状元红酒具有严格的传统制作工艺，有中药材炮制、纯高粱白酒浸泡、高温蒸煮等20多道工序。

常饮此酒，可呈现养气补血、健脾和胃、解表散寒、祛风镇痛、醒神明目、调经止痛、理郁安胎之功效。但按王氏祖上规矩，传长不传次，传媳不传女，致使状元红酒一直处于家庭作坊式封闭酿制状态。中华人民共和国成立后，受当时环境条件的限制，不允许个人生产经营，为不使状元红失传，人们只能偷偷在家里少量酿制。党的十一届三中全会以后，政策放宽，允许个人办厂，状元红迎来发展的春天，王茂盛的第六代传人王相录开始投资办厂，率先创办濮阳县第一家民营酿酒企业。为继承和发扬祖国传统文化，酒厂坚守家传配方和制作工艺，仍沿用"万源茂"和"茂家状元"作为企业的注册商标。状元红酒投放市场后，得到消费者的认可和好评，市场空间迅速扩大。"万源茂"和"茂家状元"两个品牌得到了国家商标总局的认可和保护。

相传明洪武年间，金氏后人金榜题名，位列朝班。时值边疆战乱，皇子征战沙场不幸阵亡，皇后闻其讯，伤心过度，身染痼疾，一时卧床不起。经朝中太医百般诊治，好药吃遍，拜神祷告也无济于事。洪武皇帝朱元璋甚为焦虑，召集文武百官许以重金及高官厚禄医治皇后。文武百官虽有贪功之念，但在以威严英武著称的朱元璋面前，谁也不敢以身家性命一试，个个哑口无言，面面相觑。正当皇上失望之际，金氏上前启奏："臣祖上酿制了一种红药酒，敢保皇后凤体安康。"皇上精神一振："此话当真？"金氏道："圣上面前不敢妄语。"皇上仍半信半疑，道："仔细说来。"金氏便讲道：山西泽州府高邑县西沟村有一金氏人家，祖传历代行医。当代传人为人忠厚善良，医术超群，很有名望，百姓送其绰号活神仙赛华佗。赛华佗早年无子，常年烦忧，每日即饮红酒浇愁。几年后竟得一男丁，生得虎头虎脑，白白胖胖、聪明伶俐，夫妻视若掌上明珠。此子九岁那年患上疑难病症，终日不思饮食，面黄肌瘦，双目发呆，弱不禁风。赛华佗施尽医术终不见效，虽家有红药酒，通经活络、和胃健脾、养气补血本有奇效，然儿子饮后却毫无作用。真可谓药不自治，无奈只好向上天祈福。

一天，赛华佗去庙会上香，见一位白发苍苍的道人躺在路边，看他面色如土，二目紧闭，脉弱如丝，仅存胸口一点热气。赛华佗顾不得上香，忙背起道人往家赶，经过抢救，道人慢慢苏醒过来。此人原是河北省安国药王庙精通医学的老道长。这天，他初到此地，突患急病倒在路旁，若非赛华佗抢救及时，早已命赴黄泉。数日后，在赛华佗夫妻的精心照料下，老道长日渐恢复。一天老道长偶见赛华佗的儿子很关心地问赛华佗："令郎为何这般羸弱？"赛华佗哀叹一声，讲述了儿子的症状和久治不愈的情况。老道士听罢若有所思地点头说："恩公不必忧愁，不是贫道夸口，我给你几种药材浸入你家红药酒内，让令郎饮后，不出七日即可见效，月余后定能痊愈。"说罢当场打开包裹，取出几种药材交给赛华佗，并交代了配制方法与用法，便拜别而去。

赛华佗按照老道长的交代，将几种药草浸入红药酒，让儿子饮用后，不几日果见奇效。儿子病愈后不仅身体强健，而且聪慧过人，读书过目不忘，说话出口成章，夫妻二人欢喜不尽。赛华佗一面供儿子苦读诗书，一面授他医学秘方。微臣就是那病愈小儿。

明太祖闻言龙颜大悦，急命金氏才郎速取红药酒。几日后，红药酒献上，皇后饮后顿时觉得甘美可口，气脉畅通，筋骨舒展，食饮大增，精神振作，面色红润，痼疾逐日见轻。文武百官纷纷祝贺，明太祖为金氏加官晋爵，并为红药酒赐名——状元红。自此状元红作为皇宫珍酒，供皇子皇孙皇亲国戚常年饮用。

百年后，战乱四起、兵荒马乱，民不聊生，金家仅存一女嫁于当地王氏，从此状元红酒的配方和酿制工艺传到金氏嫡亲王氏族中。明成化年间，王氏家族随山西洪洞大移民迁徙至开州（今河南濮阳），在清河头集安家落户。自此，状元红酒在王家代代相传。传说乾隆南巡，路遇风寒，身有不适，接驾官员献上状元红，饮用后，顿觉神清气爽，浑身轻松，身体很快恢复。乾隆帝赞叹道：此酒真乃酒中之魁也。遂赐黄马褂一件以彰王家之功。自此，状元红酒的声誉不胫而走。清同治年间，王茂盛在继承祖宗传统工艺配方的基础上优化药材配方酿制出更有医学效果的状元红酒，不但治好了很多乡邻的疫病，而且在色泽、口感、风味等方面都取得了新的进步，得到了消费者的好评。开办的万源茂红酒铺，在开州一带妇孺皆知，家喻户晓，人们习惯的称作茂家红酒铺，状元红酒也被称作茂家状元红。

茂家状元红原名红药酒。本酒采用家传秘方，结合现代生产工艺，以优质的纯粮酒为酒基，浸入人参、鹿茸、杜仲、灵芝、当归、枸杞等四十余味名贵中药，经两次发酵酿制而成。其色泽红润，晶莹如玉，入口绵软，味道醇香，并富含多种对人体有益的氨基酸、微量元素及生物活性酶。常饮此酒，可收到培元益气、固本强身、延缓衰老、提高免疫力、增加肌肉活力之功效，更有健脑安神、益气补血、养胃生津、滋肾补精、强筋壮骨之奇功。

于是，此"状元红"享誉中华。据其家族成员王洪章讲，以前，此酒产量不大，其原因是：以银圆计算，还合得37元一斤，价格比较贵，一般群众消费不起。到20世纪50年代，王洪章祖父王清源按照家传秘方，开始试生产并一举成名。因王清源得其祖父王茂盛的传授，从而把自己的作坊取名"万源茂红酒铺"。直到今天，万源茂红酒铺在当地仍为老同志所称道。改革开放后，王洪章在工作之余重操旧业，在家开始批量生产该酒。随着市场经济体制的完善，王洪章也办齐了各种生产加工手续，真正从原始的家庭作坊生产转到工厂化生产。

茂家状元红

槐茂酒

　　传说保定特产槐茂酒是始于唐宋时期汾水之畔的洪洞县,明朝洪武初年(1380)年至永乐十五(1417)年,洪洞县一酿酒世家奉旨从大槐树下迁徙到保定,落籍之后,重开酒铺。因采用祖传技法,并取保定一亩泉水重酿,酿成后酒味清洌,备受当地好评。而酒铺掌柜也因是大槐树的子孙,且迁移后人丁兴旺,生意兴隆而将酒铺定名为槐茂。

　　槐茂酒在民国时一直是直隶总督的直供酒。这是因为,在那时,军队作战是离不开酒的,每一次的出征饯行与战后庆功都有酒来作陪,好酒也成了军队必备物资。因直隶总督直管军队,所以这样的好酒自然成了直隶总督的优先选择。槐茂酒因其独特的口味,以及神秘的来历,受到了多位军队总督的认可,被列为军队的直供酒。

槐茂酒

昌平花钹大鼓

　　小汤山后牛坊"花钹大鼓"是北京地区乃至全国保留最为完整、表演套路较为丰富的一个民间广场舞蹈项目。1956年曾代表北京市参加"全国第二届民间音乐舞蹈会演",1957年3月参加苏联红十字会与中国红十字会签字仪式演出,同年3月26日为欢迎捷克斯洛伐克总理威廉·西罗基访华进行演出,受到了周恩来总理、彭真市长的接见,并合影留念。1957年5月1日,以50面大鼓、250副铜钹的阵容组成的表演队伍,参加了天安门前游行和广场表演。2001年6月,经过创编加工的后牛坊村"花钹大鼓"在中国民间艺术家协会举办的"长城杯"中华鼓舞大赛中，荣获了最高奖——"山花奖"，2002年11月组队到日本板柳町进行了文化交流演出。

"花钹大鼓"的传承地——昌平区小汤山后牛坊村，现有700多户人家，2500多口人。据老人讲：中华人民共和国成立前，村内原有"中幡""开路""高跷""五虎棍""花钹大鼓""狮子"等六档花会。随着先人的相继故去，其他五档民间花会现已基本失传，唯有"花钹大鼓"深受群众喜爱，力挫不败，久演不衰，成为民间花会中的一支瑰丽的奇葩。

花钹大鼓传入大约是清乾隆年间，相传有一年山西洪洞县闹旱灾，由一位山西洪洞县逃荒到后牛坊的老人传授给当地村民的，因村民的热情收留，老人便把自己的独门绝技——"雷音圣会，子弟花钹"传授给村民。从此，花钹大鼓得以在后牛坊村传承下来，并一直传承到今天。

后牛坊村"花钹大鼓"具有独特的艺术特色和魅力，其一，鼓、钹、舞同出一辙，声、情、貌高度统一；其二，鼓带钹声，钹追鼓点，节奏明快，变化自然灵活；其三，弹跳膝即颤的步伐贯穿始终，轻盈洒脱，自由欢欣；其四，表演形式灵活多变，表演情绪和谐统一。后牛坊村"花钹大鼓"是"花钹"类鼓舞艺术的分支代表，是研究鼓和钹的传统制作艺术参照，是研究民俗文化的素材，是沟通邻里、创建和谐社会的调节剂，是昌平对外交流的文化品牌。

后牛坊村"花钹大鼓"得以传承，这里凝聚着几代传承人的心血。但由于年代久远，又无完整的文字记载，尚能说清楚的只有逆向前推的五代。传承方式基本上是父传子、兄传弟、师带徒、老带新的代代相传。

花钹大鼓

常杨村与陈式太极拳

陈家沟位于温县城东的青风岭上,六百年前叫常杨村。据《温县县志》记载:"明洪武初年,因元铁穆耳守怀庆(怀庆府管辖八县,温县在内),明兵久攻不下,急于统一天下。太祖迁怒于民,大加屠戮,时温民死者甚多……"相传有三洗怀庆府之言,人烟几绝,乃迁民填补,屯田垦荒。十有八九由山西洪洞迁来,当地至今尚有"问我祖先在何处,山西洪洞大槐树"的说法。

陈氏始祖陈卜,原籍山西泽州郡(今晋城),后来由泽州搬居山西洪洞县。明洪武七年(1374),迁居河南怀庆府(今沁阳)。因始祖陈卜为人忠厚,精通拳械,深为近邻乡民所敬重。故将其居住的地方叫陈卜庄,将拳称为陈氏太极拳。

陈氏太极拳

米脂的秧歌

陕北米脂县郭兴庄乡面积有三点六平方公里,四周被横山县的土地所包围,是隶属米脂县的一块飞地,被米脂人称为米脂县的"孟加拉国"(飞地的意思)。由三个行政村组成,榆林圪村是其中一个自然村,村中由张、李二姓人家组成。张姓的祖先来自山西洪洞县大槐树下,是公元1380年奉诏迁移陕西的一支,在这里已延传了十八代。李姓来自榆林王沙圪,也已在此延传了十几代,两姓人家数百年来和睦相处,并创造延传了古老的秧歌文化。

唱秧歌前,汉子们在家中扮好装、穿好衣,在伞头的带领下吹起长铜号,打起铿锣,浩浩荡荡地向村中的龙王、关公、土地三座庙走去。进什么庙、见什么神、唱什么曲,这就要看伞头的本事。曲中唱道:

正月儿里头一天，引上社火拜老爷
老爷坐在金銮殿，五谷丰登太平年
……
龙王庙儿修得高，三滴水儿一眼窝
四海龙王空中绕，清风细雨洒清苗
……

米脂大秧歌

米脂人民喜欢闹秧歌，善于扭秧歌，每遇喜庆事、婚丧事、重大活动、重大节日、春节、元宵节、大型庙会，都会将锣鼓敲起来，唢呐吹起来，彩绸舞起来，花伞撑起来，秧歌扭起来，欢乐唱起来。可以说大秧歌闹红了黄土高原的村村镇镇、沟沟洼洼。无论男女老少都争着扭，抢着看，图个红红火火，为个喜庆欢乐，求个吉祥平安，谋个身强体壮。这就是陕北，这就是陕北人的天和地。"米脂秧歌"这一生在黄土地、长在万民中的民间艺术越来越异彩奔放，为民众所喜爱所接受。二〇一〇年"米脂大秧歌"被确定为市级"非物质文化遗产保护项目"。

河北井陉"拉花流传"

石家庄市井陉县位于河北省西部与山西省交界的太行山深处，素有"天下九塞，井陉其一"之说。早在先秦时期，这里就是沟通东西的"燕晋通衢"，因此也形成了一个特殊的流动文化地带。井陉人民历代爱好文化艺术，各种形式的艺术因此而得以繁衍流传。"拉花艺术"是诸多民间艺术中的佼佼者，也是井陉人民最喜爱的民间舞蹈，素有"井陉拉花遍地扭"的俗语。

井陉拉花源于民间节日、庙会、庆典、拜神时的民间街头花会，历史悠久，源远流长。早在唐代元和八年成书的《元和郡县志》就有记载。"拉花"产生并形成于何时何地，史无记载，无文字可考，但众说纷纭，或曰宋金，或曰元明清，或土生土长，或外地传入等，皆无确凿的证据，只能说是一种传说罢了。早在先秦，一条长约百里的驿道贯穿了井陉的东西，沟通了燕晋，成为天下九塞之六塞。这种特有的通衢要塞之地，也成为历代民间游动文化的生存地带。特别是明朱元璋推行"移民屯田"政策，从人口密集战争少的山西晋南、晋中、晋东南于1373年和1388年的两次大规模的移民，使井陉增添了一百多个晋籍村庄和数十个晋籍姓氏。自然，一些外地民间艺术形式也随之而来，并在井陉开花结果。"地拉花"的代表之一"庄旺拉花"《货郎担》的传人李氏，就是这一时期的移民，而且在"庄旺拉花"由来的传说中，也明显地指出了这一点。又如《中国舞蹈史》中提道："明人姚旅在山西洪洞县曾见到多种民间舞蹈。如手持小凉伞的《凉伞舞》，手持檀板、边拍边舞的《花板舞》等。"叙述民间的舞蹈活动现已看不见了，但伞和板却是拉花中不可缺少的道具。又如清人吴锡麟所述的"姿态货郎"就是货郎担中的主要角色。

传统井陉拉花有其显著的艺术特色，以"拧肩""翻腕""扭臂""吸腿""撇脚"等动作为主要舞蹈语汇，形成刚柔相济、粗犷含蓄的独特艺术风格。它舞姿健美、舒展有方、屈伸有度、抑扬迅变，擅于表现悲壮、凄婉、眷恋、欢悦等情绪，表演人数不等。拉花道具内涵丰富，各有其象征寓意，如伞象征风调雨顺；包袱象征丰衣足食；太平板象征四季平安；霸王鞭象征文治武功；花瓶象征平安美满等等。传统井陉拉花主要表现内容有"六合同春""卖绒线""盼五更""下关东"等。

井陉拉花的音乐为独立乐种，既有河北吹歌的韵味，又有寺庙音乐、宫廷音

乐的色彩，刚而不野、柔而不靡、华而不浮、悲而不泣，与拉花舞蹈的深沉、含蓄、刚健、豪迈风格交相辉映，乐舞融合，浑然一体。传统拉花音乐多为宫、徵调式，其次还有商、羽调式，节奏偏慢，大多为4/4拍，特色伴奏乐器有掌锣等。

中华民族成立以来以来，井陉拉花经过多次挖掘继承，改革发展，从而享誉全国，名扬海外，屡创辉煌。

徐州梆子

徐州梆子起源很早。大概在元末明初，黄河两岸的蒲州和同州，产生了一种新的戏曲叫山陕梆子，又称"乱弹"或"桄桄子"。元末明初这个剧种的雏形，就由洪洞移民传播到江淮流域，江苏徐州盛行的梆子戏即由此而来。

《徐州府志》及丰县、沛县、铜山县、睢宁县、邳县县志以及许多家谱中均有陕西、山西人在明朝以后大批迁居徐州一带的记载。而徐州梆子则是通过当时官员迁调、商贸流通、义军转战、灾民流奔等渠道，将传入江苏北部徐州的陕西、山西梆子与苏北民歌小调、杂耍曲艺、说唱艺术以及方言俚语、风俗民情相结合，再经过几代徐州梆子戏艺人潜心打磨，形成的以徐州为中心的苏鲁豫皖接壤地区具有鲜明地方特色的代表性剧种。最早有记载的徐州梆子班社有"蒋门"（蒋花架子）、"殷门"（殷凤哲）以及"滕贡生班""戴金山班"等，"蒋门"的蒋云霞（江苏省梆子剧团的著名演员）已是"蒋门"第六代传人。

按照艺人的传承谱系辈分上进行推算，丰县的蒋花架子（1745－1828）为徐州梆子戏有史可考的创始人之一。蒋花架子祖籍山西洪洞，祖上徙丰后于丰县蒋家楼落户。时人于道钦写了一本《洪苏梆子戏概述》，谈到江苏丰县蒋门、蒋花架子（艺名）约生于乾隆十年，祖上系由洪洞县迁来，居住蒋家楼，会戏三百余出。蒋花架子一生学戏、演戏、教戏，对梆子戏唱腔音乐的发展倾尽全力。年高后自备衣箱建戏班，为逐渐形成做功优美、唱腔丰富的徐州梆子戏做出了突出贡献。

徐州梆子戏的表演在继承中国古代戏曲载歌载舞传统的基础上，将自己的仪式规律和整套完整的文学、音乐、舞蹈与技艺融于一体。表演以虚拟为主，虚实结合，强调感情真实，节奏强烈，程式上规范严谨，技巧性高，具有淳厚、朴素、明朗的地域特色。多采用"文戏武唱"，用大段唱腔来塑造人物，把剧情推向高潮。生旦净丑分工更为精细，什么样的嗓音决定什么行当，特别是黑、红脸唱腔慷慨激越、高亢健壮、真假声结合，具有激昂、淳厚、高亢、刚烈的艺术特色。

徐州梆子戏剧目以描写重大历史事件，反映政治、军事斗争，表现英雄人物业绩的正剧、悲剧最为突出，以征战、袍带戏为主，如"四大征""四大铡""新老十八本"等。

徐州梆子戏的音乐属板式变化体，以慢板、流水、二八、非板四大板为主，音乐曲牌丰富，有三百余种。声腔主要由陕西、山西梆子衍化而来，在调式、旋律节奏以及语言音韵和演唱风格上，都体现了徐州方言介于中州语系与吴越语系之间，既有中原音韵的厚重，又有吴越音韵的轻柔之独特风格，具有明显的地方特色。以板式的变化表达一定的情感和内容，可分唱腔音乐、曲牌音乐、打击乐三个部分。

徐州梆子戏《华山情仇》于1996年在全国梆子戏剧种新剧目交流演出中获唱腔设计奖和优秀组织奖；1999年，在第三届江苏省戏剧节中获唱腔设计奖；2003年，荣获首届博兴国际小戏艺术节金奖、全国国花杯中青年演员戏曲表演大赛金奖和优秀组织奖；1992年，江苏梆子戏《打神告庙》《李瓶儿》晋京演出，张虹一举夺得第九届梅花奖；2000年，江苏梆子戏《华山情仇》晋京演出，燕凌一举夺得第十八届梅花奖。2007年徐州梆子戏《三断胭脂案》在江苏省第五届戏剧节上获得一等奖。徐州地区西北部有多个梆子剧团，丰县、沛县、铜山县都曾有自己的梆子专业剧团。2009年初，徐州市梆子剧团演出的大型现代梆子戏《桃花庄》，在南京举行的第31届世界戏剧节上荣获"创新剧目"奖，成为徐州市首次摘得世界戏剧节的国际性奖项。

徐州梆子

徐州梆子戏具有较高的观赏性和审美性，内涵丰富、雅俗共赏、历史悠久，声腔豪放、分工精细、表演夸张，非常具有历史文化的传承价值和研究价值，是戏曲艺术宝库中独树一帜的宝贵财富。长期以来，徐州梆子戏深受人民群众喜爱，有广泛的群众基础。曾有几次辉煌和兴旺时期。但是，由于受到现代多元文化的冲击和观众审美情趣的转移，江苏梆子戏已处于经费紧张、人员流失、后继乏人的濒危状态，亟待对这一非物质文化遗产进行保护和扶持。

第二章　洪洞民间传说

　　民间传说是民间长期流传下来的对过去事迹的记述和评价。有的以特定的历史人物、历史事件、地方名胜、自然风物、社会习俗为基础，有的纯属幻想的产物，在一定程度上反映了人民群众的要求和愿望。

第一节　厚重文明话先贤

伏羲女娲的传说

　　伏羲，又作宓羲、包牺、疱牺、伏戏，也称牺皇、皇羲。他是神话中人类的始祖，传说人类由他和女娲氏兄妹成婚而产生。又传他教民结网、从事渔猎畜牧、伏牛耕作、教民种植、创制八卦，结束了结绳记事的历史，是中华文明的始祖。

　　女娲，又称女娲氏、娲皇、地母，上古华胥氏之女、伏羲之妹，人首蛇身，中华上古之神。传说她抟土造人，创造了人类社会；兄妹成婚，创立了婚姻制度；炼石补天，消除了人类灾难。她被后世尊称为"女娲娘娘"。

伏羲女娲降生

　　盘古开天辟地后，玉皇大帝在天上看到这日月星辰、山川河流、花草繁茂的美景，总觉得缺少什么东西，想来想去，就想给大地上添点活动的生灵，他首先想到万物生灵应该是人为首，于是就从瑶池找来一位名叫华胥的仙女，命她下凡制造人类。

　　华胥来到人间，迎着扑面的微风，时而登上大山，时而涉足海边，时而又在黄土高坡上逗留，怎么也想不出制造人的办法，真是忧心忡忡。

　　一天，华胥来到水边的一片沼泽地上，看到了一个特大的脚印，华胥好奇地用她的足迹丈量了这个脚印，顿觉红光罩身，热血沸腾，腹中翻动，便伏在地上昏了过去。她一睡就是12年，醒来的时候，觉得自己已大肚滚圆，华胥想，肯定是自己踩着了那个脚印，上天造化让自己怀了孕，经过几次阵痛，华胥生下一个男孩，想到自己是伏地而生下的孩子，便给这个男孩起名叫伏羲。

华胥拉扯伏羲长到两岁时，又一次在沼泽地踩着那个大脚印，怀孕生下一女孩，华胥就叫她女娲。

华胥生下伏羲和女娲后，玉皇大帝命令她留下两个孩子返回瑶池，母子含着眼泪告别。临走时，华胥嘱咐兄妹俩，让他们想办法制造人类，从此，伏羲和女娲兄妹二人相依为命。

兄妹成婚

伏羲、女娲兄妹二人长大成人后，就想着造人的办法。他们看到白天出太阳、晚上出月亮的情景，就想，太阳为阳，月亮为阴，白天为阳，晚上为阴，正是这一阳一阴的结合才是天道运转，人类是不是也要阴阳结合才能繁衍生息？于是，兄妹二人产生了结为夫妻的念头，但难以克服羞怯之心。于是，两人便约定在昆仑山上各生起一堆烟火，如果老天让他们结为夫妻，两股烟就合为一股，如不愿，则烟雾消散，话刚说完，两股烟雾就并到了一起。兄妹俩又各自拿了一个大磨盘，在昆仑山上同时往下滚磨盘，相约如果磨盘合在一起，就说明天意让他俩成婚，结果，磨盘滚到山下竟然合在一起了，于是，伏羲和女娲就按照上天的意愿结为夫妻。由于是近亲结婚，婚后不久，生下一个巨大的肉球。伏羲剖开肉球后，肉渣成了一个个人。但这个肉球毕竟不大，肉渣也变不了多少人，兄妹二人又开始想办法。

抟土造人

一日，女娲在汾河畔嬉戏，河水映着自己的倩影，婀娜多姿、仪态万方。她觉得很美丽，便以黄土掺水和泥捏人，然后，置于阳光之下暴晒，待泥人干后，赋予灵魂，这些泥人便一个个活蹦乱跳起来，其中有男有女，这便是最初的人类。

就这样，女娲天天捏，日日晒，泥人造了一批又一批。俗传，一天，正当女娲晾晒泥人之时，忽然狂风骤起，暴雨如注。女娲赶忙收拾泥人，不料，因收得太急，磕磕碰碰，难免有少胳膊断腿的，也有歪了脖子扭了腰的，致使后来人类中有精干潇洒的，也有四肢不全、五官残缺的。

伏牛耕田

洪洞有个伏牛村。相传，洪洞一带是伏羲经常活动的地方。他教民结网，发展畜牧，又教民种植，逐渐以农耕代替了狩猎，人们过上了比较稳定的生活。然而他发现人们刨地或拉犁种植十分辛苦，而且效率很低，于是他便开始琢磨减轻劳动强度、提高工作效率的办法来。起初，他教民发展畜牧时，牛主要是用来宰杀食肉的，他觉得牛的力气很大，如能将其驯服，以其代替人力耕田岂不更好！于是他便着手驯牛。

刚开始驯牛时，野牛性格刁顽，不断咬他，伏羲就在山冈下挖一大坑，把牛赶进坑中，使其动弹不得，然后去掉了它的上牙，野牛就不能再伤他了。俗传直到现在，牛都不长上牙。起初，他把绳子拴在牛的脖子上、角上，但由于牛的蛮力大，又踢又用角抵，极难制服。最后，他用鹿角将牛鼻间的膈皮穿透，贯以木条，再拴绳牵拉，牛便俯首帖耳了。最终实现了用牛拉犁代替人拉犁的愿望，结束了刀耕火种的历史，开创了中国五千年的农耕文化。后人把伏羲驯牛的地方叫作"伏牛村"。商朝时，该村建有一座伏羲庙，坐北向南，有山门、戏台、祭坛、大殿和师祖庙等13座建筑。碑文记载："伏龙岗下有一坑，曰伏跪坑，云服牛时，取其上齿之地也。"康熙年间的一次大水把伏牛村分成了几块，成了现在的南伏牛、北伏牛、伏牛堡3个自然村。

创制八卦

洪洞有个卦底村。传说伏羲生得形状怪异，蛇身人首，他把鹿皮和树叶披在身上当衣服，好似龙的鳞片和花纹，因而说他是龙的传人。

伏羲长得人高马大，他下海捞鱼时，海水只能淹至他的小腿，他弯下腰，一会儿就能捞一大堆鱼虾。他要摘树上的柿子、红枣、梨，弯腰伸手就能摘到，因为最高的树梢也只能达到他的胸部。他走起路来，一步就是一里，从长江边走到黄河边，也只用一天的工夫。

伏羲捞鱼时先是用手捞，后来就仿照蜘蛛织网的样子用藤条制成渔网捞鱼，他拉着藤网，一次就能捞几百斤鱼，这藤网就是渔网的前身。

捞到鱼虾后，他生啃而食，满口鱼血，满鼻腥味。一天，电闪雷鸣，轰隆一声，一道亮光变成一股大火把树木荒草烧得焦黑，同时也烧着了旁边的鱼虾，过后，伏羲拿起烧过的鱼，闻了闻，挺香，咬了一口，很好吃，他就保存下这火种，用柴火煮熟鱼、虾和牛、羊、马肉，这就是人类吃熟食的开始。

人类在长期的生存中，常常遇到一些稀奇古怪的事，有天火、洪水、地陷，还有那黑夜里的鬼哭狼嚎，往往给人类造成惊慌和恐惧。伏羲认为这是阴阳不合、万物相冲或相克而成，于是，他就想着平衡万物，摆正天地，理顺水火，调理风雨。经过苦心研究，他终于掌握了规律，制定了八卦。八卦可以推演出事物的变化，预卜事物的发展，做到未雨绸缪、避免灾难、挽回损失，或把灾难和损失降到最低程度。

提起八卦来，许多人都感到很神秘，很少有人能说出其中的奥妙。学者认为，八卦代表了早期中国的哲学思想，主要用于占卜风水。道家认为，八卦神通广大，能够震慑邪恶。其实，卦者，挂也，是宇宙间的现象挂在我们的眼前；八卦，就是我们的肉眼可以看见宇宙间共有八个基本的大现象，即：天、地、水、火、雷、山、风、泽。而宇宙间的万有、万事、万物，皆依这八个现象而变化，这就是八卦。

一天，女娲从老远的造人之地来到卦底看伏羲怎样画卦，天气很热，女娲走得满头大汗，见面后，伏羲见女娲大汗淋漓，就说："太阳晒得很毒吧，等会儿你走时，我送你一把伞。"

饭后，女娲看了伏羲的画卦台，兄妹两人又聊了一会儿。女娲要走了，也不见哥哥送她伞，她又不好意思要，就出门了。刚一出门，一块乌云便遮住了太阳，直到女娲走回家，乌云才散去。

事后，女娲问伏羲，怎么那天忘了送她一把伞。

伏羲笑着说："那天的乌云不就是我送给你的伞吗？"

女娲说："你怎么知道那时会有乌云？"

伏羲说："我前一天用八卦推测出第二天午后天空会出现一块乌云，刚好遮住太阳，凑巧你就来了，午后回去时，正是乌云遮太阳的时间，因而才敢说送你一把伞。"

女娲说："真神呀！"

可见，伏羲是一个很聪明的人，因为他是天生的。后来，人们称赞那些在某一方面有特长的人时，就说："人家是天生的。"相传，位于洪洞县淹底乡东北部的卦底村，是伏羲画八卦之地。卦底村分南卦和北卦，中间有一条深沟，把两个村分为一个阴阳鱼形状。此处自然天成，四面环山，8个村庄分布于四周，均相隔8华里，形似八卦。伏羲画八卦，以卦底为太极图基地，每个村代表一个字，每个字有一个符号，即：西北方的马家垣村为艮，代表山；北面的韩略村为坤，代表地；东北方的南垣村为震，代表雷；东面的武家庄为离，代表火；东南方的下柳村为兑，代表沼泽；南面的里开村为乾，代表天；西南方的吉村为巽，代表风；西面的紫岸村为坎，代表水；另外，在这8个村子外围还有与卦底相距均为10里的10个村子，分别是：柏村、上寨、柏树庄、上安、沙掌、孔峪、后泉、吉恒、高村、师村。因此，人们把与卦底相距10里的10个村子和与卦底相距8里的8个村子叫"十个十里，八个八里"或"十里八村"。

卦底村除了奇特的地理特征外，在古代还建有两座梳妆楼，象征日、月两仪。两仪生四象，四象生八卦，八卦生六十四卦。两仪代表伏羲和女娲，伏羲是日，女娲是月；伏羲代表阳，女娲代表阴；伏羲与女娲都是人首蛇身，连体交尾，这是阴阳化育万物的开始。伏羲和女娲成婚生了4个儿子，即四象，四象代表一年的春、夏、秋、冬四时。四象生了八神，八神代表宇宙间的8种现象，即八卦。八卦互相搭配又得到六十四卦，用来象征各种自然现象和人事现象。

炼石补天

自从盘古开天辟地以后，天在上，地在下，天地各司其职。天上的日月星辰，白天黑夜轮流值班，白云、彩虹时隐时现。地上山川秀丽，河水潺潺。伏羲和女娲造出的人类，男耕女织，生育繁衍，一片升平景象。天上还有一条长长的天河，遇到地上干旱时，玉皇大帝就命水神共工从天河中取水洒向人间，这样就形成了雨。

不料，有一天雨下得太大了，几乎要灭掉地上所有的火，火神祝融大怒，便与共工打了起来，他们从天上一直打到地下，闹得到处不宁，结果祝融胜利了，但失败的共工不服，一怒之下，一头撞向不周山。不周山是支撑天地之间的柱子，它崩裂断折了，天塌了半边，出现了一个大窟窿，地也陷了，出现一道道大裂缝，山林烧起了大火，天水倾泻而下，洪水泛滥成灾，龙蛇猛兽也出来吞食人们，人类面临着空前大灾难。

女娲目睹人类遭到如此奇祸，感到无比忧愁，她想，这天非得赶快补起来不可。那怎么补呢？只有用石头来补。于是，女娲四处寻找补天石，找来找去，没有合适的。最后，她来到霍山，发现这里的石头不但五彩斑斓，而且还有灵性，于是，女娲就在霍山顶上垒起火炉，取五色石为料，又借来太阳神火，进行烧炼，历时九天九夜，炼就了36502块五色巨石。又历时九天九夜，用36500块五彩石将天上的窟窿补好。经过女娲的一番辛劳整治，苍天补上了，人们又重新过上安乐的生活。但这场特大的灾祸改变了天地原状，从此，天向西北倾斜，因此太阳、月亮和星辰都很自然地落向西方，又因为地向东南塌陷，所以一切江河都往那里汇流，形成了今天西高东低的地势。

女娲在霍山一共炼了36502块补天石，补天时用了36500块，单单余下两块没派上用场，留在了荒山。时间过了几千年，其中的一块难忍寂寞，自愧无缘补天，常常叹息。一天，遇到两位神仙路过此山，便请求带它到红尘一游，两位神仙难以推辞，便应允了，将此石变成了一块通灵宝玉，投胎到金陵贾府中，王氏夫人生下贾宝玉，贾宝玉出生时，口中就衔着这块宝玉，此石随着贾宝玉在人间一游，看到了人间的人性百态和世态炎凉。正如跛足道人所唱的《好了歌》：

世人都晓神仙好，唯有功名忘不了；古今将相在何方？荒冢一堆草没了。

世人都晓神仙好，只有金银忘不了；终朝只恨聚无多，及到多时眼闭了。

世人都晓神仙好，唯有娇妻忘不了；君生日日说恩情，君死又随人去了。

世人都晓神仙好，只有儿孙忘不了；痴心父母古来多，孝顺儿孙谁见了！

另一块呢，放在洪洞县赵城镇侯村女娲陵旁。这块补天石上面多窍，互相贯通，微风一吹，发出嗡嗡之声，绝妙无比，十分动听。

其实是在远古时，原始人群居的山洞因下雨透了窟窿，女娲就用石头堵上，又用木头把山洞支撑住。时至今日，人们只要遇到大的灾祸，就会说"天塌了"，远古时，山洞是人群居住地，一旦透了窟窿漏了雨，不能再住了，就是"天塌了"的大事，女娲能堵上，就是把"天塌了"的大灾祸弥补了，因而说是女娲补天。

断鳌立极

女娲炼石补天之后，又从东海捉来一只万年巨龟，斩下它的四足，以此作为擎天柱，分别竖立在大地的四角，支撑住了天地的四方。接着又把兴风作浪的黑龙给杀死了，把大量的芦葭烧成灰，填平了地上洪水泛流的沟壑。天地灾祸终于被平息了，恶禽猛兽被诛灭了，人们得以安居乐业了，人类终于摆脱了灾难，大地上又出现了祥和欢乐的气氛，人们脚踏着比以前更加肥沃的土地，头顶着比以前更加明朗的晴天，无忧无虑，怡然自得，比以前更加幸福地生活着。

女娲死后，葬在洪洞县赵城镇侯村。人们为了纪念女娲的功德，又在她的陵旁建起了娘娘庙。每逢三月初十女娲寿诞之日，历代帝王都要派官员来祭祀供拜。

侯村女娲陵庙占地约80余亩，南北长300米，东西宽130米，周长约5里，总体布局为前庙后陵，由南北一线贯三区，三级递进，一级比一级高，中轴线上逐次排列仪门、午门、立极门、正殿、后宫、陵墓及补天石等。

三月初十是女娲娘娘的寿诞，每年这一天，人们便络绎不绝来到娘娘庙烧香叩拜，久而久之，便形成了盛大的庙会。这一天从早晨起，来自四面八方、远远近近的人流，从侯村西楼直至娘娘庙的街面上，人群挤得满满当当，街两边的各个店铺忙得不可开交。庙内的戏场里，各种菜面摊点红红火火，叫卖声不绝于耳，到处人头攒动，庙会热闹非凡。

求子习俗

在赵城侯村女娲娘娘庙后有两个很大的土堆，为女娲陵，前为"衣冠冢"，后是正陵，相距49步，各高2丈，陵周48步。庙的东北方，有一个很大的土堆，土堆里埋有各式各样的料礓石，颜色黄里透白。这里是女娲娘娘采石烧炼的场地，为净虚界，后人也称子女堆。凡婚后不孕的女子多于三月初十这天，在子女堆里刨出一块料礓石，悄悄揣到怀里，往回走时不要与任何人说话，回到家把石子藏起来，就十月怀胎了。如若刨出的石子为长条形或三角形的，便会生个男孩；如果圆形的,生下的便是女孩,所以三月初十这天虽然庙会热闹异常,但对求子女者来说,并不理会这些,她们直接来到子女堆,烧上香摆上供品,磕了头后,便边刨边念叨:

女娲娘娘显神灵,
给你孩儿送个心上人,
孩儿要个能打会算的,
不要那卖葱倒蒜的;
要那精致伶俐的,
不要那憨水鼻涕的;
要那升堂做官的,
不要那少吃没穿的;
要那能说会道的,
不要那吃屎屙尿的……

刨到的喜不自禁,往往由其丈夫护着抱着回家。刨不到的,两眼挂泪,立起身拍掉身上的土,慢慢地走了,准备来年三月初十再来刨。

岁月悠悠,时光飞逝,当年的女娲娘娘庙,在抗战期间已被损毁,娘娘庙的旧址上原有的108棵古柏树,只剩下3棵(传为周柏),其中一株猴头柏的树身,七八个人拉起手来,才能合围。遗留的两通高大的石碑,上面所刻的文字,历经风雨侵蚀,作为历史的见证仍竖立在那里。

尧的传说

尧是中国上古父系氏族公社时期的部落联盟的首领,为传说中的五帝(通常指黄帝、颛顼、帝喾、唐尧、虞舜)之一,是帝喾高辛氏之子。因母亲庆都生他时借住于临汾伊土一祁姓人家,因地为姓,姓伊祁,名放勋。最初被封在陶地(今襄汾陶寺一带),后改封于唐(今翼城一带),故后人又称其为陶唐氏。尧在位时,定都于平阳(今临汾)。他的势力范围大约相当于今霍州、洪洞、临汾、襄汾、侯马、翼城、曲沃、蒲县等一带地域。尧在位70多年,勤于政事,惠民修德,谦恭好学,选贤任能,颇受人民爱戴。在洪洞民间,流传着许多关于尧的传说。

周府得獬

尧在位时,现今洪洞县甘亭镇的羊獬村当时称周府村。尧年老时,遍访天下贤者。一日,尧寻访贤者路过周府村时,听说周府村一名牧人在村北金山岭放羊时,羊群中一只母羊突然连叫数声,生下一只怪兽,那兽头上长一角,似羊非羊,落地能立，凶猛异常，见忠善者则驯顺低首，见奸邪者则以角相触。尧听了也觉得奇怪，决定前去察看一番。

平阳距周府村不过 10 公里，尧带领妻子散宜氏、女儿娥皇和随从很快到了那里，那兽见了尧王，频频点首，温顺可爱。随行的大臣皋陶见多识广，对尧说："此兽名'獬豸'，乃一瑞兽，可以识忠奸，辨正邪，只有在贤德兼备的人统领天下时才会出现，黄帝时曾经出现过。今又出现，可见您的仁德感动天地，此乃吉祥之兆。依臣之见，可将此兽带回，在朝可识忠奸、辨正邪；亦可助臣审案治狱，其益无穷。"尧听罢大喜，遂采纳了。

随后，尧王一行又察看了生獬处，虽仅一席之地，但与别处迥然不同，周围绿草如茵，郁郁葱葱，独此处寸草不生，遇水不湿。远望光芒四射，似一轮朝阳；近观则光灿灿、亮晶晶，似有无数璀璨夺目的宝珠。尧赞叹道："真乃宝地，难怪生此瑞兽。"

正当尧察看生獬处时，跟随的妻子散宜氏肚子疼痛起来，到了村中即生下一个女孩。那女孩坠地能坐，貌似天仙，朱唇桃腮，冰肌雪肤，不同凡俗。尧命皋陶带上神兽先回，自己留在周府村陪伴妻子。3 天过后，女儿已言语自如；又过几日，已开始行走，满月善针织，百日通天文达地理，可谓神女。尧心想，这周府村真乃神异之地，既得神兽又生爱女。于是，将生獬处命名为"生獬滩"，把周府村更名为"羊獬村"，给女儿起名为女英。在妻子的请求下，尧在羊獬村建了居处，全家迁居羊獬。他们的居处，后世民间称为"行宫"。人们所谓的尧籍羊獬，即源于此。

寻访许由

尧 20 岁时就被推举为氏族部落联盟的首领，在位第 70 年时，感到年事已高，管理部落事务力不从心，决定让贤，但谁可继任呢？放齐推举丹朱。丹朱为尧长子，但骄奢侈靡，为人暴虐；尧认为他不足以托付天下，决定亲自外出访贤。

尧听说阳城（今洪洞）的巢父、许由是大贤者，便前去拜访。尧先见到巢父，说明心意，巢父拒而不受。又见许由，许由说："今天下您已治好，我再代您，岂不多此一举？鹪鹩到树林里筑巢，不过占树一枝；鼹鼠跑到黄河边喝水，也不过喝饱肚子。天下于我有什么用？请回吧！"许由不接受禅让，隐居于洪洞的九箕山中。尧执意让位，紧追不舍，再次见到许由时，恳求许由做九州长。许由说："王位我尚且不受，岂有再当九州长之理？"许由认为受了污辱，跑到泉水边，掬水清洗自己的耳朵。这时，正巧许由的好友、也同样隐居于九箕山的巢父牵着小牛来饮水，见状，问许由在干什么。许由把事情的经过讲了一遍，并说："尧王所讲的话污染了我的耳朵，因此洗耳。"巢父听了生气地说："你如果隐身于高山深谷，外人不知，谁能见到你？你在外招摇，惹来麻烦，却怪别人。我的牛饮用你洗耳之水，岂不脏了我的牛口？"说完，气愤地牵着牛往上游饮水去了。

许由、巢父淡泊名利、隐居山林的故事被儒家传为美谈，成为后世高人贤士渴求的人生理想。《庄子·逍遥游》、晋朝皇甫谧《高士传·许由》均有关于许由洗耳的故事。

民国五年版《洪洞县志》记载："九箕山，距县东二十里，俗称蜀村岭。……绵延三十里有奇。南北袤十里，东西广二十五里。类状箕，南向者九，故名。"九箕山下有许由洗耳泉、巢父弃瓢池遗址。距县城十五里的封里村，有山名由耳山，亦因许由洗耳而得名。

历山访舜

尧为寻找合适的继承人，曾入姑射之山、涉汾水之滨，拜访了当时的"四贤"：许由、披衣、善卷、啮缺，但他们都淡泊名利，谦让不就。四方人士都推荐20岁就以孝闻名天下的舜。当时舜耕种于杨地（今洪洞）历山，尧决定到历山访舜。

到了历山（位于今洪洞县万安镇东圈头村），遇到一个正在耕地的年轻后生。只见他驾着一头黄牛和一头黑牛耕地，在犁辕上拴着一个簸箕，耕牛走得慢了，他就敲一敲簸箕。尧王很奇怪，便问："你为何不鞭挞耕牛而敲簸箕呢？"年轻人道："牛每天竭力耕作，用血汗换来五谷供我衣食，我再鞭打它，于心何忍？再说，我打黄牛，黄牛嗔，打黑牛，黑牛怪，不如都不打，不管哪个牛走得慢了，我就敲敲簸箕，这样黄牛认为我打黑牛，黑牛又认为我打黄牛，结果都快了。我是为了耕地，何必打牛呢？"尧王听了觉得很有道理，心想：走访了多少地方，这是第一个贤人，他对牲口都这样仁慈，一旦执政定会爱民如子。早就听说历山有一耕者名舜，胸怀宽广，与人为善，孝敬父母，忠诚老实，在当地深受乡邻钦佩，难道就是此人？想罢便问道："年轻人叫什么名字，家有几口人，住在哪里？"年轻人答道："在下名舜，生于诸冯，耕于历山，家有父母弟妹共5口人。"尧王一听暗喜，把舜又端详了一番，见舜才貌出众，且道德高尚，若被重用，定会利国利民，便说："很好，这正是我想找的人。"舜莫名其妙地反问："老丈，该怎样称呼您呢？"尧答："吾乃唐尧。"舜一听是部落联盟的大首领，即刻跪倒，尧王赶紧扶起，握住舜的手，说明自己来访的意图。舜听了连连辞让，表示自己才疏学浅，难当重任。尧王最后说："这样吧，三天之内你来平阳，考考你再作道理。"

第三天，舜来到平阳城，在群臣面前应试，所问对答如流，大臣们皆赞不绝口，都感到这是一位才华绝伦的贤人。尧大喜，为慎重起见，又通知四方诸侯各推举一位德才兼备的人出来，现在就帮助他治理天下，到自己退位的时候，就可以管理部落联盟的事务了。四方的诸侯，接到尧王通知，就去问他们的臣民，有什么贤人可以推荐。四方的臣民都一致推举舜，所以四方诸侯就把舜的名字报给了尧王。

尧王心意已决，派了几个大臣，指导舜治理国家。

千年姻亲

尧王访贤遇舜，见其才貌出众，智慧超凡，便授予官职，考察其执政能力；以二女嫁舜，考察其理家本领。

尧举家迁居羊獬，所以尧以羊獬为籍；舜耕历山，所以舜以历山为籍。自尧女嫁舜以后，羊獬和历山两地便成了姻亲关系。历山人（历山分三社，西圈头、神西为西社；东圈头、兰家节为中社；三教村、宋家沟为东社），称舜为爷爷，称尧女娥皇、女英为娘娘。羊獬人称舜为姑父，称娥皇、女英为姑姑。从此，两地人们婚丧嫁娶、生日满月，都互相来往，从不间断，年复一年地形成了一种独特的风俗习惯。

相传，娥皇、女英在世时，每年农历三月三都要去羊獬住娘家，住到四月二十八回历山。因为每年三月三正值清明时节，娥皇、女英要去娘家扫墓祭祖，顺便多住几天。四月二十八是尧王的生日，她们为父亲做寿以后再返回历山。这时历山即将开始夏收，她们要回去和历山的百姓一道参加夏收。除此，五月端午是舜的生日，六月十八是娥皇的生日，九月九是女英的生日，每年到这几个日子，两地人们都要为他们做寿。

上述这几个节日，其中以三月三、四月二十八最为隆重。因为娥皇、女英生前力佐夫君，关心民间疾苦，深受人民的衷心爱戴，所以每次住娘家回婆家时，两地人们都要自愿集结，争相迎送，这种风俗一直延续下来。她们死后，还和活着一样，每年这两个节日，两地人们都要自发地组织威风锣鼓来迎送。参加迎送的人每年都不下千人，规模宏大，形式隆重。特别是双方在亲戚到来的前一天，各家各户都自愿地打扫房屋，拆洗被褥，杀猪宰羊，盛情接待。节日当天，两地都是彩旗招展，锣鼓喧天，鞭炮声、铳炮声响彻云霄。男男女女都穿着节日的盛装，汇集于古庙前，当两位娘娘起身时，有的秉执事，有的荷銮驾，有的扛着龙凤日月牌，有的举着万人伞、金瓜、钺斧、朝天镫、金锤、银锤、铜锤等，护卫着娘娘的驾楼，穿过欢乐的人群，在鼓乐声中浩荡而去。途中路经各村，都有威风锣鼓迎进送出，各家各户争相舍茶施饭。有的把茶水摆在街道两旁，让迎送的人随便饮用，有的相互组织起来，集体备饭，只要迎送队伍抬着娘娘的驾楼一进村，人们便争相接待，浓浓情意，难以言表。

两位娘娘走了以后，两地还有一个共同的传统习惯，那就是集会唱戏5至7天，这期间还和正日一样，赶会奉香的人依然络绎不绝，庙内庙外水泄不通。朝山奉香祭拜的，除本地人外，还有外省的客人，每天都有成千上万。

这个风俗除历山地区和羊獬以外，还有万安。万安有娥皇、女英的行宫。羊獬距历山35公里，在当时交通不便的情况下，除四月二十八为了龙口夺食，非当天走回不可外，来去的路上都需两天。羊獬人每年三月初二到历山，住一晚，三月初三在历山接上两位姑姑往回返，初三晚在万安歇一晚，初四回到羊獬。每年四月二十七，历山人来到甘亭羊獬，住一晚，次日即四月二十八接上两位娘娘，于当日返回历山。从羊獬到历山经过的村庄都比较小，唯万安人口多是个集镇，经济繁华，便于食宿，所以在古时就把万安定为歇马晾店。后来万安人自己筹资，在本村北门外建起一座娥皇女英庙（俗称娘娘庙），命名为圣母行宫。

万安圣母行宫建好以后，万安人和羊獬人才开始了正式往来。万安人和历山人一样，也是称娥皇、女英为娘娘，称舜为爷爷，每年大小节日，都依礼往来。但是这种往来，万安人和历山人却有主次之别，三月初三羊獬人先到历山，返回时到万安。四月二十八日，历山和万安同日不同时进羊獬。

四千多年来，无论是战争年代，还是和平时期，这一习俗一直传承不衰，从没间断。

舜的传说

降生诸冯

舜是继尧之后传说中的圣君。舜的高祖曾为虞乡侯，祖父乔牛，因失国降为平民。舜的父亲从小双目失明，人称瞽叟，母亲名握登。因避水患，父亲携家迁往冀州诸冯（今洪洞圣王村），住姚墟地方。

一日，握登外出，突然乌云密布，狂风大作，暴雨骤至，握登赶紧跑到遮风挡雨的地方躲避风雨。不一会儿，风停雨歇，天空出现一道彩虹，七彩缤纷，异常美丽。握登看到彩虹不觉着了迷，体有所感，心旌荡漾，如醉如痴，直到彩虹悄然而逝，回家后，便觉身怀有孕。25个月后，生下一子，双目重瞳，额颊突出，头大而圆，眉骨突起，鼻直口方，面色黝黑，仪表非凡。

瞽叟夫妇见孩子双眼重瞳，便给孩子起名"重华"；子生姚墟，因地为姓，取姓为姚。因其高祖曾为虞乡诸侯，又被习称为虞舜。他是上古传说中的五帝之一。

因为舜是创年历、分四季的先祖，被人们称为圣王，他的出生地诸冯被称做圣王村，即今洪洞县明姜镇圣王村。

躬耕历山

舜出生后不久,母亲握登便去世了,父亲瞽叟又娶了继室,生下一子,取名"象",生了个女儿名叫婐首。

舜在家中是一个勤劳、忠厚的孩子,孝顺父母远近闻名。可是他的家庭环境却十分恶劣。父亲瞽叟是个不通事理的糊涂虫,只知道宠爱后妻和后妻的子女。后母心地狭窄,凶悍妒忌,只顾自己的亲生儿女,把舜看成眼中钉。弟弟象粗野傲慢,全然没有一点做弟弟的样子。舜生活在这样一个家庭中,得不到丝毫的温暖,心中的悲苦可想而知。

据说,舜常常遭到父母的毒打。他看见父亲拿的是个小棍子,打不坏筋骨,就含着眼泪忍受着;看见父亲拿的是实在吃不消的大棍子,就只好逃到荒郊野外去,向着苍天痛哭号啕,一声声呼唤死去的亲娘。对于凶狠狂傲的弟弟,舜总是小心翼翼。看见弟弟高兴了,他也高兴;看见弟弟一烦闷,他知道少爷的脾气又要发作了,便也烦闷起来。

虽然如此,心肠歹毒的继母还是总想除掉舜才心满意足,做帮凶的又有她的亲生儿子象和糊涂虫瞽叟。父顽、母嚣、弟傲,三人常打算谋害舜。舜在父母百般虐待下,多次被逐出家门,到雷泽打鱼,到河滨制陶,到寿丘干手艺,还到负夏做生意。后来,他在家中实在待不下去了,只好带上简单的农具、行李,落脚历山,从事耕稼。

舜在历山建了一间茅草屋,每天起早贪黑,辛勤耕作。他饥食野果,渴饮山泉,与人善处,乐于助人,博得当地群众的同情和爱戴,也不断得到人们的生活周济。

舜的忠孝、善良和勤劳感动了天地,他到历山的第二年春天,上天便派了大象和众鸟帮他耕耘。每天清晨,一只大象从山岭密林来到舜垦荒的地方,帮他耕田,日落后又穿过密林,走下深谷,消失在山岭之中,日出而作,日入而息,每天如此。舜有了大象的帮助,他的耕地很快多了起来。种下田禾,杂草丛生,一个人累死累活忙不过来。上天又派众鸟帮他清除田间杂草。每天,从西面峰巅丛林飞来一群无名小鸟,落到舜耕种的田中,蹦蹦跳跳,叽叽喳喳,啄除杂草,持续好长时间。附近村民跑来观看,惊叹不已。这就是传说中的"象耕鸟耘"。

现在,在万安镇东圈头村南,建有虞舜庙和娥皇女英庙,俗称"神立庙"。庙南百米有两眼"舜井",再往南200米即为象耕鸟耘区,舜田北下为象窝沟,由沟底北上为神象岭,神象岭正西不足百米为百鸟峰,俗称鸟儿峰。

舜不但是个孝子,而且是一位温良谦让、不计个人得失的人。他在历山耕作没有多久,那些过去争地界的农民,在他德行的感化下,都互相让起地界来了。舜又到雷泽去打鱼,不久雷泽那些为抢占渔场打得头破血流的渔夫们也争着让起渔场来了。舜又到黄河之滨去做陶器,没有多久,那些一向粗制滥造的陶工们制作的陶器也都又美观又耐用了。舜的高尚品德感化了远近的人,大家都愿意搬到他那里一块住。不到一年,历山就形成了村落。因为人逐渐多了起来,历山地区慢慢发展成了一座小都会了。

巧解厄难

舜虽然受到家庭的残酷虐待,但他从不记旧仇,对父母孝顺如初。他在历山种田的时候,遇到荒年,曾经拿粮食和钱接济过父母。做了尧的女婿之后,尧王把细葛布衣裳和琴赐给舜,叫人替他修建了谷仓,还送给他一群牛羊。舜没有因为富贵就骄傲起来,还亲自带着新娘子去看望父母和弟弟妹妹,送给他们礼物。他的两个妻子,也没有一点贵族小姐的娇气,操持家务,孝敬公婆,同邻里和睦相处,是一对被人称赞的好媳妇。

然而这丝毫也没有感化那个狠如蛇蝎的后娘,看到舜成了家,有了两个美丽贤惠的妻子和一群牛羊,部落联盟首领尧还那么看重他,常派自己的儿子来跟他一起商量、请教问题,便忍不住妒火中烧,万分忌恨。她悄悄地把象找来,母子俩策划了一个烧死舜的毒计,象早就嫉妒舜有那么大的名声,对两个美丽的嫂嫂更是垂涎三尺,所以母子二人一拍即合。

一天,象大摇大摆地来到舜家,对他说:"哥哥,爹叫你明天去帮他修修谷仓,别忘了早点回来!"

舜愉快地答应了。

象走后,娥皇和女英从屋里走出来,问舜有什么事。

"爹叫我明天一早去帮助他修谷仓。"舜告诉她们。

"你不能去呀,他们要烧死你的!"

"这怎么办呢?"舜惶惑地问,"爹叫做的事,不能不去呀!"

娥皇和女英想了想,说:"不要紧,去吧!我们有一件画着鸟形花纹的衣裳,是当年玄女娘娘赠送的,你穿上它就可以化险为夷了。"

第二天一早儿,舜穿上妻子拿出的五彩神衣,带上工具走了。

象及后娘看见舜来送死,心中暗暗欢喜,但表面上还装作殷勤。象在谷仓底竖起梯子,帮助舜登上了仓顶,舜看见上面确有几处漏雨的地方,就动手修理起来。这时,象突然撤走了梯子,同他母亲运来早就准备好的干柴,把谷仓围了个密密实实,接着点燃了干柴,大火顿时燃烧起来。

继母恶狠狠地狞笑着说:"孩子,送你上天堂去吧!你不是要当天子吗?上帝在等着你呢!哈哈哈哈……"

象一边点火一边说："你上天堂后，不用挂念嫂子，会有人好好照顾她们的。哈哈哈哈……"

"哈哈哈哈……"盲人瞽叟也跟着傻笑起来。

烈火熊熊，浓烟滚滚，火苗吞噬着谷仓。舜知道已经无法逃脱了，于是他张开双臂，仰面向着老天呼喊："天啊，救救我……"说也奇怪，就在他张开双臂、露出新衣服上鸟形花纹的一刹那间，舜就在红亮的火光中变成了一只五彩的大鸟（凤凰），腾空飞起，直上云霄……象及后娘看到这情景，一个个惊得目瞪口呆。

一会儿，那只大鸟便降落在舜的院子中，又变成了身穿彩衣的舜，两个妻子看见丈夫安然无恙地回来了，都欢喜不已。

谷仓下点火烧死舜的阴谋失败了，但是象及后娘还不肯罢休。经过一阵子谋划，又一个罪恶的圈套准备好了。

这回是瞽叟亲自出马。

"儿呀，前几天那事都是你娘和你兄弟干的，爹不知道，我把他们骂了一顿。"瞽叟坐在舜的屋里，用竹竿点着地，厚着老脸皮说。"儿呀，这回爹又有事来找你了，爹的院子里那口井多年不掏，水都不是味了，明天你去帮助掏一掏。"

"爹，你放心，明天我一定早点去。"舜温和地说着送走了瞽叟。

瞽叟走后，舜把掏井的事告诉了两个妻子。

两个妻子商量一下，说："你去吧，把这身画着龙形彩衣的衣服穿在里面，遇到危险时刻，脱掉外衣，自然就可以出现奇迹了。"

第二天早晨，舜把妻子准备好的龙形彩衣贴身穿上，带上工具去给瞽叟掏井。

后娘和象一看舜没有穿奇装异服，都暗自高兴，心想：你不是能腾飞上天吗？这回叫你入地无门！

象拿来一条大绳子，系在舜的腰上，把他从井口上放下去，还没有下到井的中间，绳子突然被割断了，舜因为早有思想准备，一下子脱掉了外衣，顿时变成一条金鳞闪闪的游龙，从井水中钻入深处的黄泉，然后又自由自在地从另一口井里出来了。

他们把绳子割断后，立刻乒乒乓乓地往井里投石块和铲泥土，不多时就把井填得严严实实，还在上面踩了又踩。他们以为舜已经毙命，大功终于告成，乐得简直要发狂了。

三个人闹闹嚷嚷地到了舜的家里，准备接收他的老婆和财产。

凶信传来，娥皇和女英的心中也没有底，不知那龙形的彩衣是否有效，于是在屋中痛哭起来。瞽叟、后母和象3个人在堂上坐下来。象得意扬扬地争先开了口："这主意是我想出来的，照理我该多得一份财产，可是我什么都不要，牛羊、田地、房屋都给爹妈，我只要这把弓、这张琴和两个嫂嫂……"说着他从墙上取下了舜的琴，叮叮咚咚弹起来了。

这时，一直站在外面的小妹妹婳首，看到这一幕，听着嫂嫂那悲痛欲绝的哭声，回想起哥嫂往日对自己的好处，不禁良心发现。她后悔自己对哥哥两次见死不救，很是懊恼，当他听到这班人忙于分财产、霸占嫂嫂时，再也忍不住了，走进屋去，大声说道：

"害死亲人分财产，欺兄霸嫂太凶残，当心头上有青天！"正说着，忽听门外有人道：

"什么青天白天的，黄泉路上也可以走回家门！"随着话音，舜从容不迫地走进屋里。

一时，屋里的人都惊呆了，当大家看清眼前的舜确实是人而不是鬼时，坐在床边弹琴的象才讪讪地说："哥，我正在想念你呢，拿下你的琴弹弹。"

舜平静地说："是啊，我知道你正想念我啊！"

天性善良忠厚的舜，虽然受过两次谋害，可是对待父母和弟弟，还是像从前一样的孝顺和友爱。

智分大小

娥皇、女英是亲姊妹两个，娥皇长女英三岁，既然长幼有序，何必要争呢？一般人知其然，而不知其所以然，实情鲜为人知。

女英和舜订婚的时候，娥皇已经许给大司农的儿子。这时大司农的儿子重病在身，生死未卜。尧王为了急于考验舜，就让女英先嫁了。结果女英出嫁不到百天，大司农的儿子病故，尧王又把娥皇许配给舜，就因为这样，女英以为自己先出嫁，应当为正，娥皇以为自己年长，不应为偏。姊妹两个各执己见，争执不下。

舜帝为了消弭她们的争执，左思右想，计上心来。一天，舜给她们姐妹两个每人7根谷草、7粒黄豆，对她们说："谁先把豆子煮熟谁为正。"娥皇心想：火大一些一定肯熟，于是一下子就把7根谷草完全点燃，结果谷草烧完了，而水才刚开。女英聪明，7根谷草，一根一根地点燃。谷草烧完了，豆子也熟了。舜一看，女英为胜，当然正房就应归于女英。可是娥皇不服，固执己见，仍要坚持为正，舜无奈，又想了个办法，给她们每人一只鞋底、一条长绳，对她们说："谁先把鞋底纳完谁为正。"娥皇心急，认为穿针引线耽误时间，就用整个一根长绳拉来拉去，半天也没纳成。还是女英聪明，她认为绳子短，拉得快，把长绳剪成短绳，很快就纳完了。舜一看还是女英为胜，干脆就让女英为正，娥皇仍然不愿。舜无法，又想了个主意，这一天，她们要去羊獬住娘家，舜备了一辆马车、一匹骏马，让她们各自选择，谁先到达谁为正。娥皇认为单人独马跑得快，便抢了骏马。开始扬鞭跃马，奔驰如飞，不料走到中途，骏马突然倒伏，生下马驹，不多时，小驹子能走会跑了。娥皇随即跃马赶路，刚走不多远，到了赤荆村，骏马因口渴，止步不前。那马就地刨了一蹄，蹄起水出，用之不竭，这就有了流传千古的马刨泉。《洪洞县志》这样记载：马刨泉在赤荆村南，两泉并列，水旱弗竭，祈雨辄应，旁有尧二女庙。

且说，娥皇骑的马在路上两次耽误，女英坐的车却一直前进。不料，女英的车到半路上坏了车辐，停车修理也耽误了时间，结果二人同时到达。

后来，人们把生马驹的村庄叫做"马驹村"，把坏了车辐的村庄叫做"车辐村"。

这次比试不分先后，舜又为难了。娥皇不忍丈夫再度为难，便忍着委屈，答应女英为正。但是，虽然表面上答应女英为正，可内心很不是滋味，所以娥皇、女英庙内的塑像，一个面带笑容，一个面色不悦。

协理政务

尧经过对舜的长期考察，知道他的确是一个德才兼备的人，就把治理天下的大权托付给他，并对他说道："咨尔舜，天之历数在尔躬，允执厥中。"舜受了尧的委托，代理国家政事之后，举高阳氏的8个儿子，分治天下的政事。于是国家的政事都有专人负责，那时候，国内还有四个专喜欢捣乱的分子：一个是帝鸿氏的儿子浑敦，一个是少昊氏的儿子穷奇，一个是颛顼氏的儿子梼杌，一个是缙云氏的儿子饕餮，天下称他们为"四凶"。舜看他们都是一些害群之马，所以就把他们遣到四方的边界外面去了。于是，中国境内平安无事。那时候，正是大水为患，黄河两岸和江淮一带，都被大水淹没了，尧王曾遣鲧去治水，谁知他只一味拦挡，结果洪水四溢，事与愿违，虽然治理多年，劳民伤财，水患仍然严重。舜劝他又不肯改，所以就把他杀掉了。然后差鲧的儿子禹去接手治水，才把水患根除了。

继位理政

舜自尧王第七十年代理国政，八十年，尧王逝世。尧王逝世之后，舜很想请尧的儿子丹朱接任，但是天下的人民都归顺他，而不归顺丹朱，丹朱自己也躲到房陵（今湖北房县）去了。因此，在公元前4167年，舜正式即位，做了诸侯之长，建都于蒲坂。

舜即位后，命禹总理一切政事，弃管理农事，垂管理工业，益管理山泽，契管理教育，皋陶（洪洞县士师村人）管理法律，伯夷管理礼仪，龙传达命令。又封尧王的儿子丹朱于丹（今山东临朐县东北）为虞宾，以奉祀尧王；又封他的弟弟象做有庳（今湖南道州有鼻亭）的诸侯，派人代他管理政事。

舜大兴教育,建立了两种学校,一种是小学,又叫下庠,设在各地;一种是太学,叫做上庠,设在都城西郊。他在政务之暇发明了一种五弦琴,又作南风曲:"南风之熏兮,可以解吾民之愠兮,南风之时兮,可以阜吾民之财兮。"他又命夔作韶乐九章,奏的时候,百兽率舞,凤凰来朝。在继位的第十四年,天下平安无事,政治清明,百姓安居乐业。

在舜即位的第三十二年,因年事已高,儿子商均也无卓越才干,就举禹代他治理天下。

驾崩江南

舜即位的第四十八年,也就是110岁那年,南方九嶷山一带的几个部落发生了战乱,他想亲自到那里去视察一下。舜的两位夫人担心他的身体,都不赞成他去,说:"你一个人去,我们不放心,要去我们都去。"舜说:"九嶷山一带,山高林密,道路曲折,你们两个女子,如何去得?"娥皇和女英还是坚持要去,不得已,舜只得在一天晚上,带上几个随从悄悄出发了。

娥皇女英两姐妹后来找到侍从一问,才知道舜帝已经动身好几天了。她们决定立刻收拾行装,备好车马,随后追赶而去。追了十几天,来到扬子江边,遇上了大风,一个老渔夫听说她们是舜帝的两位夫人,用船把她们送上了洞庭山。她们在一座小庙中住了下来。大风连续刮了一个多月,姐妹二人出不了湖,只能焦急地盼望着。她们登上山顶向远方眺望,有几次错把天边的云彩当做舜帝的帆影,把粼粼的波光当成舜帝的归船。这两位多情的夫人,望穿了秋水,盼断了愁肠,迎来了多少次红日东升,送走了多少次明月西沉,还是不见舜帝的踪影。

一个风平浪静的中午,娥皇和女英看见从南方飘来一只插着羽毛旗帜的船,知道这是宫廷里用的船,便急忙跑下山。她们来到岸边,只见船上的人一个个愁眉苦脸,两个侍从一边流着眼泪,一边把舜的遗物一柄宝剑交给了两位夫人,告诉他们:舜帝驾崩于九嶷山下,已经葬在那里了。两位夫人听了这个噩耗,如同当头一声霹雳,只觉得天旋地转,晕倒在地上。

舜的两个妻子来到湘水边上,爬上洞庭山顶,遥望着九嶷山,流下伤心的泪水。

从此,娥皇和女英每天都要爬上洞庭山顶,抚摸着翠竹,遥望九嶷山,流下伤心的泪水。就这样,日复一日,她们的眼泪洒遍了青山竹林,那满山的翠竹都沾了斑斑的泪痕,永远也抹不去,擦不掉了。后来,娥皇和女英心灰意冷,再无人生乐趣,便一起投入湘水自尽了,与舜一起被尊为湘水之神,舜被尊为"湘君",二妃被称为"湘妃"或"湘夫人"。

后人为了纪念舜和他的两个夫人,便把洞庭山改名为"君山",把山上沾满泪痕的翠竹称为"斑竹"或"湘妃竹"。

皋陶的传说

上古时代，在甘亭村附近的一户人家生下了一个孩子，叫皋庭坚，他生得相貌奇异，脸色青绿，就像一个削了皮的瓜。他的嘴巴凸出，犹如鸟儿嘴。他说话音调细长，像鸟雀之声。人们说这种人，一般性格都是铁面无私的。

皋庭坚少年时是个监造陶器的官儿，由于他监管严格，下属都惧怕他，哪里还敢叫他的名字，见了面，只得把他的姓和职务连起来叫，表示尊重，因他姓皋，又监造陶器，因此都叫他皋陶，时间一长，皋陶就代替了他的真名。

尧王建都平阳后，听说皋陶铁面无私，就让他当了大理官，也称士师，即司法长官。这时，邻近的周府村有一个牧民，在他放牧的羊群里生了一只独角羊，能识忠奸，辨邪正，于是，便禀报尧王。尧王便带了皋陶去周府村察看，果然和说的一样，皋陶说，这是神兽，名叫獬豸。尧王听了，不胜欢喜，便命皋陶把这神羊带回朝中用于辨狱治罪，同时把周府村改名为羊獬村。回朝后，皋陶就用这只獬来决狱，当皋陶判决有疑难时，便将这个神异的动物放出来，如果哪个人有罪，獬就会顶触他，无罪则不顶触。这种办法还很有效，那些卑鄙的小人非常畏惧，纷纷逃离，皋陶就"画地为牢"，囚禁犯人，这就是我国最初的监狱，皋陶自然就成了监狱的狱神。

古时的监狱里，狱官上任要参拜狱神，被关进来的犯人要参拜狱神，被释放的囚犯也要参拜狱神，即使死刑犯临刑，也要最后一次参拜狱神，然后才被正法。这是因为在人们眼中，监狱是个阴阳分界的地方，死囚的最后一段人生历程就是在监狱中度过的，因此，谁都不愿让死囚身上的"晦气"沾染到自己。而防止这种"晦气"唯一的办法就是参拜狱神，请求得到他的保佑，只是不同人参拜的目的不同，狱官参拜狱神，表示自己是替天行道，管教犯人，让狱神保佑自己一切平安；囚犯参拜，则是为了求狱神保佑自己能够健康地活着出去；死囚参拜，则是求狱神保佑自己早日投胎，做个好人，不再受血光之灾，因此，皋陶是古代监狱中最受尊敬的神灵。

尧传位于舜后，舜也任命皋陶当大理官，负责刑罚、监狱、法治。舜对皋陶说："现在蛮夷侵扰华夏，坏人为非作歹，你担任司法官后，处刑要让人信服，流放罪要根据不同等级而远近不同，只有公正明允，才能取得民众的信任。"皋陶连连称是。

舜帝在位三年时，舜命令皋陶制订刑法，皋陶经过周密思考和调查研究后创制了《狱典》。《狱典》归纳了偷窃、抢劫、奸淫、杀人等多项犯罪的轻重，给予不同的量刑，从此，就有了法律。他制订的"五刑"要比古巴比伦的《汉谟拉比法典》早三四百年，夏代的"禹刑"、商代的"汤刑"和西周的"九刑"或"吕刑"，都是从皋陶的刑法发展而来的，因此皋陶被尊为中国的"司法鼻祖"。据东汉《论衡·是应》记载，在汉代的衙门里都供奉皋陶像，挂獬豸图，表示明辨是非，执法公正，还含有威慑邪恶的意思。

皋陶的政治主张是实行德政。他认为民心之安，取决于君臣之德，而实行德政的关键在于提高领导者的品德修养。君主、群臣的修身应由上而下，由己及人。为官者要具备三、六、九德，以三德要求于卿大夫，以六德要求于诸侯，以九德要求于天子。以道德处理政务，就能功成业就。举用德才兼备的人，才能治理好国家。

皋陶的主要功绩就是制订刑法和教育人民。他推行"五刑""五教"，实行五刑五教并用。他主张判决案件要明白、适中，对过失犯罪者尽量宽恕，对故意犯罪或累犯不改者从严惩处，在杀人的问题上更要谨慎，不伤无辜。他注重教化，要求家庭做到父义、母慈、兄友、弟恭、子孝，使社会和谐，做到天下无酷刑，天下无冤狱。这种思想的核心就是法治与德治相结合的治国安邦之道。

尧在位时，皋陶就想制订两部法律，一部是惩治犯罪之法，即刑法；一部是保护民权之法，即民法。他把这个想法与尧王商议，尧王说："刑法可订，但不要民法。有了刑法，人民敬畏，天下安宁；如果再有个民法，哪王者之威何存？"

皋陶听后闷闷不乐。

尧王死后，舜王即位，皋陶又和舜商议制订民法，舜王说："根据现有的刑法而治，官吏墨守成规，人民就安定，今若变法，恐人心混乱。"

皋陶的想法又没有实现。

舜王死后，禹王命令皋陶修改刑律，要实行严刑峻法，皋陶不从，遂被谋害而死。

皋陶死后，禹王让另一个刑官制订了摘心、割鼻、挖眼、剥皮、腰斩、刖足之刑和帝位家传之法，准备传位于儿子启。但是各部落首领不服，依然按照以往的惯例公举伯益即位，禹王无奈，只得传位于伯益。伯益即位，禹的儿子启不服，十几年一直在养兵蓄锐。羽翼丰满后，启以讨逆之名起兵，杀了伯益和推举者、家丁、百姓20万人，夺得帝位。当时就有有扈氏起来反对，也被镇压了。公元前2070年，启建立了中国历史上第一个朝代——夏朝，自此，中国进入了"家天下"的时代。

民间传说皋陶活了106岁，死后葬在士师村村东二里许，村东北建祠，数千年来祭祀不断。

师旷的传说

师旷，字子野，春秋后期晋国杨（今洪洞县师村）人。早年以行医而闻名，后眼睛染疾，医治无效致失明。精通音律，能演奏各种乐器，技艺卓绝，为晋悼公、晋平公两代宫廷乐师。死后葬于师村东2.5公里处，墓侧建有祠庙，民间历代祭祀。

援琴撞君

一天，晋平公宴请众臣在宫中饮酒，乐师师旷弹琴助兴。晋平公饮酒饮到高兴处，洋洋自得地说："没有比当国君更快乐的了，没有一个人敢不听寡人的话。"在一旁的师旷听了此言，非常生气，立刻停止了弹琴，操起琴来就向晋平公打去。晋平公急忙躲开，没有打着，琴撞在墙上摔坏了。

晋平公问道："太师，你在撞谁？"

师旷说："今有小人在你身旁胡言乱语，所以臣用琴撞他。"

晋平公说："太师撞的是寡人啊！"

师旷说："呀，这可不是有高尚品德的人君所说的话呀。"

晋平公手下的人纷纷请求诛杀师旷，晋平公觉得自己做得也不对，就说："放了他吧，就把这事作为寡人说话、做事的警戒吧。"

琴艺精绝

春秋末期，楚国国君楚灵公在都城郢盖了一座高大豪华的宫殿，叫章华宫，整日宴饮作乐，并经常宴请各国诸侯，炫耀自己。晋平公非常羡慕，不顾大臣劝阻，也在浍水之侧建造了一座宫殿，名曰："虒祁宫。"各国诸侯受邀前来祝贺。

卫国国君卫灵公偕乐师师涓前来祝贺。为答谢晋平公的盛情款待，卫灵公命令乐师师涓将他们在途经濮水时听到得的新乐曲弹奏给晋平公听。

师涓坐在师旷身旁，鼓琴弹奏。晋平公听了一段，就连声称好。曲子还没弹到一半，师旷按住琴弦说："停住吧。这是亡国之音，不能再弹奏了。"

晋平公说："怎么是亡国之音呢？"

师旷回道："殷商末年，宫廷乐师师延为殷纣王创作了靡靡之乐，纣王听后不知疲倦，不理政事。后来周武王伐商时，师延抱着琴向东而逃，投濮水自尽，后来有爱好音乐者路过濮水，乐声就会从水中传出。师涓途中一定是在濮水之上听到的这首乐曲。"

卫灵公听后暗暗惊异。晋平公认为既为前代之乐，听听也不妨碍。师旷说："殷王因沉溺靡靡之乐，招致亡国，这是不祥之音，因此不能弹奏。"但晋平公坚持要师涓弹完。师涓重振琴弦，弹奏得抑扬顿挫，如泣如诉，晋平公非常高兴。

晋平公问师旷："这是什么乐曲（名称）？"

师旷说："这就是所说的'清商'之乐。"

晋平公说："清商是最好的乐曲吗？"

师旷说："'清商'虽好，不如'清徵'好听。"

晋平公说："可以听听'清徵'这个曲子吗？"

师旷说："不可！古时听'清徵'曲子的，都是有德性的君主。现今国君德薄，不配听这样的曲子。"

晋平公说："寡人向来喜好音乐，不妨听一听，请不要推辞。"

师旷不得已，为晋平公弹奏"清徵"之乐。刚弹奏时，有16只玄鹤从南边飞来，云集于宫殿走廊的屋脊上。再弹奏时，玄鹤飞起鸣叫，分左右排列于宫殿台阶之下。继续演奏，玄鹤就伸颈而鸣，展翅而舞，叫声洪亮悠扬，直达云霄。晋平公大加赞许，在座的莫不欢呼称奇。

晋平公起身举杯向师旷道贺，问师旷："没有比'清徵'更好听的乐曲了吧？"

师旷说："'清徵'不如'清角'好听。"

晋平公说："'清角'音乐可以听一听吗？"

师旷说："更不可听了。这'清角'音乐是黄帝在泰山祭祀鬼神时才演奏的音乐。演奏这首音乐，要求大象驾车，六条蛟龙拉车，蚩尤在前开路，风神清扫尘土，雨神清水洒道，虎狼前面护卫，鬼神后面保驾，腾蛇伏于地，凤凰翔于上，方可演奏。现在主公德薄，绝对不可以听，听之恐对晋国不利，招致祸事。"

晋平公再三请求，坚持要听，师旷不得已只得弹奏。开始弹奏时，有黑云从西北方向涌起；继续弹奏，只见狂风大作，大雨倾盆，帷幕扯裂，器皿摔碎，屋瓦四飞，坐听音乐者四散奔逃，晋平公躲在走廊里的屋里不敢出来。

自从演奏"清角"乐曲以后，晋平公受到惊吓，瘫痪在床，一病不起。平公迁怒于师旷，便把他贬为庶人，不久平公死去了。晋国大旱三年，赤地千里，民不聊生。

口授良策

师旷因正直不阿，屡次进谏，惹怒晋平公，被削职为民。师旷回归故乡后不久，晋平公病死，其子健继国君之位，即晋昭公。

晋国到晋昭公时，已开始走下坡路了。晋昭公很想振兴国运，再续祖上辉煌。但人才匮乏，晋昭公很想再请师旷出山，为国效力。师旷为昭公的诚心所感动，但已到垂暮之年的师旷自感力不从心，便口授治国安邦之策，使晋国再度振兴起来。

晋昭公为了表彰师旷的功绩，想为师旷建造一座豪华的师旷城，师旷拒不接受，于是便册封师旷为"九五"之臣，同国君享受同等的待遇。师旷故里因此开始修葺扩建，村门增为九座，村名改为师村，又叫九门村（师村现在仍为九门，一个北门、两个南门、两个西门、四个东门），师旷创制的威风锣鼓乐谱叫"九连环"。

相传，师旷死后，其墓前设有石几、石鼎各一个，石瓿两个。鼎为国之重器，瓿系王公贵族所用，庶民是不能用的。可见师旷享受的待遇是很高的。

墓地乐声

师旷死后葬于师村东2.5公里处。"据传，师旷墓高一丈，前后长二十二丈五尺，横六丈五尺，墓顶有一大孔，方圆一尺左右，盖一大砖。"放牧玩耍的儿童，常从墓孔往内探看。若从墓孔向内投掷砖块石片，墓内便乐声四起，八音齐鸣（据记载，师旷生前会弹奏8种乐器）。

师旷墓前，曾有石人4尊，分别操拿琴、筝、竽、笛4种乐器。墓侧乐厅中，设有机关，当人们脚踏机关，触动弹簧发条时，石人便活动起来，吹弹拉奏，乐声四起。

木刀杀人

师旷墓位于距洪洞县城东10千米的师村村东2.5千米许。墓侧建有祠庙，庙前曾建有一座金代戏楼，戏楼两侧悬挂一副楹联：

上联：恐矮子观场故将楼台高盖起

下联：为痴人说梦始用锣鼓闹喧天

戏楼建成后，一次演戏，有一地痞恶人看戏看到一半，大发淫威，定要戏班换戏，当时社里和班主无奈，只得演其所点的污秽之戏。戏开演后，有一段剧情为演员持刀（演员所用刀具为木制）杀人。演员手起刀落，扮演者人头随即落地，顿时，鲜血喷涌，酿成人命案件，观众大为惊异，纷纷向痞恶问罪，其见势不妙，乘机溜走。

传说师旷道德高尚，十分厌恶污秽之事。从此以后，戏台再没演过污秽之戏。

认罪栽树

师旷墓侧建有师旷庙，摆供有师旷灵位。每年的阴历三月初三日，庙庭开放，供村人前去祭拜师旷。据说师旷退归故里后创制了金鼓乐，所以民间把师旷尊为吹鼓手的祖师爷。洪洞师村一带的民间鼓乐艺人每年的三月初三都要前去祭拜师旷。

传说有一年的三月初三那天，师村的一班吹鼓手在别处应完事后到师旷庙祭拜。临走时，鼓手们每人折取了两根柏枝，回家后制成了鼓槌。当年的三月十八日广胜寺庙会时，吹鼓班应邀前去助兴。轮到师村的吹鼓班演奏了，谁想鼓槌敲到鼓面上，所有鼓面全被敲破，吹鼓班脸面丧尽，扫兴而归。回来后寻找原因，才知是偷折了师旷庙前的柏枝所致。领班当即召集吹鼓班人马,商定于来年到师旷庙前栽植茶树。第二年,鼓乐班人马即前往师旷庙,载下几十株茶树,并到庙中祭拜认罪。

师旷庙庙台半坡原有茶树数十株,其中就有鼓乐班艺人所栽的茶树。传说喝了这里所采的茶叶,可以祛除百病。

孙思邈的传说

孙思邈,陕西省耀县东南孟家源村人,出生于隋朝。他自幼聪明伶俐、智慧超人。7岁开始读书,有"过目成诵"之才。少年时代,他大病一场,由于家乡缺医少药,使他病魔缠身,久不能愈。他痛苦万分,感受颇深,从此决心改学医道,立志治病救人。

到了唐朝时,孙思邈医道学成,渡过黄河,来到洪洞的南坂里村,用自己的精湛医术为百姓治病。凡是来看病没有钱的病人,他不但不收诊费、药钱,还腾出住房,给远道而来的病人住,并亲自熬药给病人喝。不论是三更半夜,还是恶劣天气,只要有人请他看病,他从不推辞,一定赶去救治。

公元620年,李世民在霍山峪征战隋将尉迟恭后,率军在洪洞南坂一带休整。李世民由于连日劳累,突然吐血不止,众多将士也身负重伤。孙思邈闻知,入帐求见,自称能治好李世民的病。一剂药下,过了两个时辰,李世民顿觉病情好了许多,好多将士的伤势也很快康复。李世民对孙思邈感激万分,要封其为谏议大夫。孙思邈婉言谢绝,说道:"我是一个医生,只能解百姓病痛,当不了官。"李世民无奈,便封孙思邈为"安乐真人"。自此,南坂里村即改名为南坂安乐村。

一天,孙思邈在行医途中,看到4个人抬着一口棺材往墓地走,有鲜红的血液从棺材缝里滴出来。他心中一动,赶忙询问在棺材后面哭泣的老妈妈。老妈妈说,女儿因为难产,死了大半天了。孙思邈听后,又仔细察看流出来的血水,他想,如果这个产妇真的死了,又经过了半天多的时间,就不可能再流出鲜红的血液来,他断定这个产妇是由于难产窒息而假死,忙吩咐众人开棺。棺材打开,只见那妇女脸色蜡黄,嘴唇苍白,没有一丝血色。孙思邈仔细摸脉,发觉脉搏还在微弱地跳动,就赶紧选好穴位,扎下一根金针,产妇完全苏醒过来了,并生下一个胖娃娃。大家见孙思邈一针救活了两条人命,都赞颂他是"神医"。

一次,孙思邈的母亲病了,他出去找草药。恰巧有一个人进山砍柴,碰到一只猛虎,被吓得出了一身冷汗,侥幸逃脱,他又饥又渴,便走进一户人家讨点饭,进门一看,发现屋里一个老太太躺在炕上,生了重病。这个人想讨点饭吃,就说自己是远方来的郎中,迷了路。老太太听说他是郎中,便问能不能治自己的病。

他说："只要吃了我的药，保证药到病除！但要给我点饭吃。"老太太说，我下不了炕，你自己做吧。这个人吃饱后，老太太向他讨药。他没办法，就把手伸进衣服里来回搓，由于多日没洗澡，加上刚才的汗还没有干透，很快就把身上的脏东西搓出一个蚕豆大的黑丸来。他说："这是我家祖传的灵丹妙药，你吃了就好了。"说完，匆忙离去。老太太把黑丸吃了，病好了。老太太自言自语地说："都说我儿孙思邈是神医，连我的病也治不了，还是让别人治好了！"

一会儿，孙思邈回来了，看到母亲在挑水，大吃一惊，连忙问病是怎么好的，老太太就把刚才的事讲了。孙思邈听后，赶紧去追那个人，一要感谢他治好了母亲的病，二要问用的是什么药。追上后，那人把实话说了。孙思邈一听，说："这就对了，你让老虎吓了一跳，从胆汁里惊出了汗，这种汗就是虎惊胆。我知道我妈这个病就得用虎惊胆来治，可我找不到啊！感谢你造出了虎惊胆。"

孙思邈活了102岁，单在洪洞就度过了63个春秋。60多年来，孙思邈在治疗疾病的实践中，总结了许多医学理论、临床经验、药性、药方。70岁时，他写成《备急千金要方》一书。全书共30卷，232门，方论5300余首，记载了800多种药物的药性及功效。该书突破了长期以来医必《黄帝内经》和药必《神农本草》的旧框框，被后世誉为临床医学的百科全书。

孙思邈在医德方面，也是一个杰出的典范。他经常教导徒弟们，做一名医生，一定要有高尚的人格、刻苦钻研的精神和极其强烈的责任感。他说，做一名医生，一定要做到"十要"。一要热爱祖国传统的医学；二要对医术精益求精；三要把病人当作自己的亲人；四要不图利；五要不考虑个人得失；六要诊治无差错；七要不和病人的家人谈论无关的话语；八要对患者一视同仁；九要切勿自高自大；十要为人光明磊落。

孙思邈于公元682年病逝于洪洞县淹底乡孙张村。相传，该村初名大坂，张姓较多，由于孙思邈居住于此，人们便依据孙思邈的孙姓和张姓的张，改名孙张村。

宋朝时，宋徽宗追封孙思邈为"妙应真人"。元朝时，在洪洞县南坂里村修建了规模宏大的药王庙，名曰"孙真人庙"，其规模宏大，建筑雄伟，在全国的药王庙中首屈一指。

造父封赵的传说

西周历经武王、成王、康王、昭王4代帝王后传到周穆王。周穆王是西周在位时间较长的帝王，传说活了105岁，在位55年，他有一位得力的驭手名造父。

造父是传说中五帝之一颛顼的第13代后裔，在造父的先辈中，有数人都是驾驭车马的，如蜚廉和恶来，父子俩同在商纣王朝中为官。《史记·秦本纪》载："恶来有力，蜚廉善走。"恶来力大无穷，世人共知，而蜚廉的"善走"，就是对马匹的驾驭能力好，使马跑得快，因此蜚廉又称"飞廉"。

受家族传统的影响，造父从小也喜爱驾驭马匹，他在刚开始向泰豆氏学习驾车时，对老师特别谦恭有礼。可是3年过去了，泰豆氏什么技术也没教给他，但造父仍然对老师十分尊敬。泰豆氏对造父说："古诗中说过：造弓的人先学编簸箕，因为编簸箕需要通过火烤把木条弯曲成一个弧度，然后再用皮条编织，木条的弧度若不合适，编织出来的簸箕就会歪歪扭扭。造弓的关键是弧度，若弧度不合适，造出的弓就不好使。用铁水修补漏锅的人，一定要先学缝接皮衣，不然漏缝就接不好。凡事要练基本功，你要学驾车的技术，首先要跟我学快步走。如果你走路能像我一样快了，你才可以手执6根缰绳、驾驭6匹马拉的车。"

造父说："我一定按老师的教导去做。"

泰豆氏在地上竖起了一根根的木桩，形成了一条狭窄的仅可立足的通道。老师首先踩在这些木桩上，来回疾走，快步如飞，也不会失足跌下。造父照着老师的示范去刻苦练习，仅用了3天时间，就掌握了在木桩上行走的全部技巧要领。泰豆氏不禁赞叹道："真机敏啊，竟能这样快地掌握快行技巧！走路，一是得力于脚，二是受心的支配，驾车也一样，全靠心指挥，只要双手握好缰绳和嚼口，6根缰绳不乱，24只马蹄落地就不差分毫，这样，才能进退合乎标准，转弯合乎规矩，车道的宽窄只要能容下车轮和马蹄也就够了，即使跑很远的路，马也不会疲乏。这就是为师的全部驾车技术，你要好好地记住它！"

造父遵照老师的教导，经过苦心锻炼，成了一位驾驭好手。

周灭商后，造父因祖上有功，又有精湛的驾车技术，便成了周穆王的亲信随从。

造父与周穆王的岁数相近，都爱牧养天下名马，还擅长狩猎。由于有共同的爱好，周穆王封造父为御马官，专管天子车马。造父得知潼关东南山中的桃林盛产天下名马，便到潼关买了6匹骏马。当时，周穆王的车用8匹骏马，要求品种统一，毛色无杂。造父只有6匹马，如果献给周穆王，还少两匹，如果留下自己用，其品种又优于周穆王的车乘之马，心里感到自己没有理由享用这么好的马匹。于是，向周穆王奏明情况，决定亲自入桃林寻良马，以补足8匹，送给穆王。周穆王看见6匹良马，确实是天下之冠，便催促造父尽快寻找良马，以便更换自己的马匹。

造父在桃林之中，风餐露宿，入蛇蟠之川，闯虎穴之沟，终于又获良马两匹，加上原来6匹，全部献给周穆王，周穆王对造父更是信任有加。

一天，造父驾车载周穆王出都城丰镐，纵马西行。由于马快，不一会儿，随行的卫队就被远远甩在后面，不见踪影。君臣二人乘兴扬鞭催马，半日就到了西域。他们第一次看到这里地广人稀，山川壮丽，景色古朴，大异于关中平原。又见珍禽异兽遍地，顿生狩猎之心，君臣就奋力捕猎禽兽，很快就猎获了一车。这时，天色已晚，无法辨认归途，只好在西域找住处寄宿。二人驾车，任马信步而行，不知不觉来到了瑶池，并受到西王母的热情接待。

周穆王在瑶池与西王母同乐，一方是中原大国君王，一方是西部边陲的母系女王，英雄美女，惺惺相惜，虽然周穆王时已60余岁，西王母也不是妙龄女郎，但周穆王雄心未衰，潇洒风流，西王母容貌绝世，能歌善舞，因此，周穆王与西王母每天饮酒唱和，尽情欢娱，一晃就是很多天，乐不思归。

朝中不见君主回来，朝纲日衰，徐国国君徐偃王乘国中无主之机，发动叛乱，举兵反周，一时气焰嚣张，势不可挡。

一天，造父忽见马匹焦躁不安，料知必有变故，于是，放出一匹马，任其自由驰骋。恰巧，寻找周穆王多日的侍卫遇见了这匹马，方知周穆王就在瑶池一带，侍卫立即随马赶到瑶池，把徐偃王反叛之事报告给周穆王。周穆王得知，便立即告别西王母，登车向东而去。

造父驾着车，8匹良马如龙腾飞云，风驰电掣赶回京城，徐偃王猝不及防，一夜之间，士兵逃亡过半，次日，周穆王率大军攻灭徐偃王。

由于造父驭车疾速，为平叛争得了宝贵时间，立了大功，周穆王便把赵城赐给他。

重耳逃亡

春秋时的晋国，都城在绛县，传到晋献公时，他立了申生为太子，又娶大戎狐姬与小戎子姊妹俩，大戎狐姬生重耳，小戎子生夷吾。献公五年，晋伐骊戎，晋献公再得骊姬及其妹，骊姬生奚齐，骊姬之妹生卓子，这些儿子都想争君主之位。

骊姬为了儿子奚齐争得君位，先设计陷害太子申生，申生自杀。骊姬又诬告重耳、夷吾，献公派兵追杀重耳和夷吾。

公元前651年，献公病危，大夫荀息辅助骊姬的儿子奚齐继位。献公死后，诸公子争位，奚齐被杀。荀息又立骊姬妹之子卓子继位，又被杀。众人辅助夷吾继位，是为晋惠公。

夷吾登位后，怕重耳与他争夺君位，便派人去杀重耳。

重耳听到风声，带领随从越墙逃脱。匆忙之间，重耳一伙人连盘缠都没带，就上路了。

他们一路颠簸，先来到卫国都城，没想到卫文公不欢迎重耳，重耳没有得到卫国的一丝援助，又再度上路。

在卫国五鹿，重耳终于忍不住了，放下架子竟向一个农夫乞讨。一个普通农民没有多少粮食施舍给重耳，便从地上拾起土块戏弄重耳，说："拿去，吃吧！"

饥饿难耐的重耳气愤地举起鞭子要抽打农夫，随从赶忙阻止了重耳，说："这是上天要赐给我们土地啊！说明我们复国有望。"

重耳向农夫磕了个头，接过土块，装在车上走了。

无奈之际，他们辗转来到洪洞县秦壁村外，刚想休息，后面又来了追兵，重耳一伙人继续逃跑，突然，眼前出现一道一百多米高的悬崖，追兵一步步向他们逼近，重耳说，听天由命吧，便一咬牙，纵身跳下悬崖，其他人也跟着跳下去，只觉耳边呼呼风声，顷刻落于崖底。追兵看见他们跳崖了，断定必死无疑，收兵而回。追兵走后，重耳看了看，一伙人竟毫发无损，感慨地说："这可真是个宝崖啊！"此后，人们把这处悬崖称作宝崖。

他们来到了秦壁村土地庙，重耳腹中饥饿。为了让重耳活命，随从介子推便走出庙门，去寻找食物。他走了几里地，来到营里村，看见有一片莲花，便弯腰拔了几支莲根。又走了几里地，来到梗壁村，看见地里有一片蒜，又弯腰拔了几棵蒜。又走了几里地，没有发现有什么可食之物。他想：光这莲根和蒜是充不了饥的，无奈之下，便把自己腿上的肉割下一块儿，准备把肉和莲根炖熟让重耳吃。当介子推快回到土地庙时，又发现秦壁村的地里有片大葱，长得粗粗的，足有二尺长，于是，他又拔了几根葱。

介子推燃起一堆火，用土地庙的香炉作锅，把肉和莲根放在里面，然后把葱揪成截儿，又把蒜捣碎，当作佐料，一起放进锅里。

一会儿，介子推把热腾腾的食物端给重耳，重耳狼吞虎咽，一顿饱餐，吃完后满口留香，重耳擦了擦嘴唇，便问："在这空旷之地，你是从哪里弄来的食物？"介子推说："这葱是秦壁的，蒜是梗壁的，莲根是营里的，这肉吗……"介子推不说了。重耳不停地追问："这肉是哪里的？"介子推撩起裤子，露出血淋淋的大腿，说："在哪里也找不到食物，只好把自己腿上的肉割下让主公充饥。"

重耳听后，大受感动，声称有朝一日做了君王，要好好报答介子推。

惠公十四年九月，晋惠公去世，太子圉继位，是为晋怀公。

重耳在外流亡19年，后借助于秦穆公的军队，返回晋国，晋怀公逃亡，被重耳杀死，重耳被立为君，是为晋文公。

公元前632年春，晋文公率晋、齐、宋、秦联军与以楚为首的陈、蔡、郑、许联军，在城濮（今山东鄄城附近）展开对决，以少胜多，大败楚军。战后，中原各国摆脱楚国的控制，纷纷归附晋国。同年五月，晋文公召集齐、宋、鲁、蔡、郑、卫等国在践土（今河南荥阳）举行盟会。周襄王赐以车、服、弓、马，册命晋文公为诸侯的领袖，可以用王的名义征讨四方。

称霸后的晋国经历了文公、襄公、灵公、成公、景公、厉公、悼公、平公、昭公、顷公、定公等11位国君的更替,在近150年期间,晋国北击戎狄,南抗强楚,西御秦师,东败齐军,长期称霸天下。

想不到的是,重耳当上晋国的国君后,随他流亡的5人中,4个人都得到了封赏,唯把"割股奉君"的介子推忘了封赏,众人愤愤不平。晋文公知道后,后悔自己忘恩负义,连忙派人宣召介子推,谁知介子推与母亲已隐入绵山。晋文公便亲自带人马前往绵山寻访。谁知那绵山蜿蜒数十里,重峦叠嶂,谷深林密,竟无法可寻。晋文公无奈,就下令三面烧山。他想,介子推见到火烧,肯定会跑出来。不料大火烧了三天三夜,连介子推的影子也没有,后来在一棵烧焦的柳树下发现了母子的尸骨。晋文公悲痛万分,将一段烧焦的柳木带回宫中做了一双木屐,每天望着它叹道:"悲哉!足下!"此后,"足下"就成为下级对上级或同辈之间相互尊敬的称呼,并改绵山为介山,以纪念介子推,又将定阳县改名为介休县,意为介子推休息的地方,还下令全国在介子推被焚的三月五日为禁火日,禁止烟火,只吃寒食。从此就形成了中国古代一个著名的节日"寒食节"。

重耳又想起当年逃亡时的那一顿美餐,对下属说:"当年介子推用他腿上的肉让我充饥,还拔了秦壁的葱、梗壁的蒜和营里的莲根,才救了我一命,我不能再忘啦!传令下去,封秦壁的葱为葱王,梗壁的蒜为蒜王,营里的莲根为藕王。"

这三种蔬菜受封后,个个意气风发,秦壁的葱越长越壮,梗壁的蒜越长越辣,营里的莲根越长越白,成了洪洞的特产,深受人们喜爱,从此,便有了"秦壁的葱、梗壁的蒜、营里的莲根不用看"之说。

戏剧《美人图》故事中有一出折子戏"土地堂",说的就是介子推割股奉君的故事,但很少人知道故事就发生在洪洞县秦壁村的宝崖土地庙内。

程婴救孤

春秋时期的晋国,传到晋灵公时,他是一个荒淫残暴的国君,他爱美食,但胃口很刁。有一次吃熊掌,他觉得厨师做得火候不到,就传令杀掉厨师,大卸八块,放在筐子里让宫女们扔到外面去。他与大司寇屠岸贾在桃园建造了一座豪华的绛霄楼,整日在那里饮酒。酒酣之际,君臣两个各持弹弓站在楼上,以射击楼下行人取乐,百姓们头破血流,非死即伤。正卿赵盾是个忠贞刚正的老臣,他闯进楼去向灵公直言进谏,指出"民为国本,本固国宁",弹打百姓等于自毁江山。晋灵公不但不听劝告,反而猜忌赵盾,并派人追杀。赵盾的同父异母弟赵穿一气之下,杀了晋灵公。赵盾随即迎回晋灵公的叔叔当了新君,他就是晋成公。

7年后,晋成公亡,他的儿子晋景公继位。晋景公继位不久,大司寇屠岸贾要追究刺杀晋灵公的主谋,把罪名加在赵盾身上。这时,赵盾已经去世,屠岸贾就怂恿晋景公在一夜之间,把赵盾的儿子赵朔连同家属、奴婢等共300余口人全部抄斩。当时唯一幸存者是赵朔的妻子庄姬,因她是晋成公的姐姐,也是晋景公的姑姑,所以得以幸免。这时的她怀着孩子,躲藏在宫中。

在庄姬眼里,如果生的是个男孩,则赵家复仇有望。在屠岸贾眼里,如果生的是个男孩,则后患无穷。于是,双方都盯住了这个尚未出生的遗腹子。

一个月后,庄姬生下了一个男孩,对外绝对保密,若有人问起,总说孩子还没出生。

一天,宫墙外贴出一张榜文,说庄姬得了疑难之症,宫内太医束手无策,征召民间医生进宫调治。

张榜不久,便有一个赵家的世交程婴来揭榜。他衣着简朴,神态沉静,身上背着一只半旧的药箱,由宫女卜凤引路,与庄姬见了面。见面后,庄姬把孩子交给程婴,说:"我们赵家不幸,300余口含冤丧生,只剩下这条根了,按他父亲的意思,取名赵武,望先生代为抚养,日后要他为全家报仇,赵家世世代代会感谢您的恩德……"说着,就跪下了。

程婴抱着孩子,郑重地说:"我进宫的目的,就是为了救孩子出宫,请放心,程婴一定不负重托!"

随后,程婴将小赵武放进药箱里,上面盖了一些草药,就匆匆拜别出宫。

程婴刚刚走出宫门,就被人喝住。他回头一看,是一位威严的将军。这显然是屠岸贾加派的岗哨。

"可有孤儿吗?"将军单刀直入,逼了过来。

"没……"程婴的心都要跳出来了,他极力使自己镇静。

将军看过,一挥手:"走吧!"

"多谢将军!"程婴急忙盖上箱盖,抱起就走,谁知这时箱里的孩子哇哇哭了起来!

"嗖"的一声,将军的佩剑出鞘。程婴跌倒在地上,长叹一声道:"我想那桃园绛霄楼之争是有目共睹的,谁忠谁奸,满朝文武心中有数。我程婴冒险来救这个孤儿,不过是为忠良留条根,将军要贪图荣华富贵,就请把我们送交屠岸贾吧。"

程婴话虽不多,却句句打动这位将军的心。他姓韩名厥,是一个生性耿直的武官。对于屠岸贾的横行霸道,他也愤懑不平,只不过官卑职小,不敢违背当朝大司寇之意。他见程婴深明大义,视死如归,深感羞愧,沉吟片刻,便说:"先生,请便吧!"

"多谢了!"当程婴走远时,回头一望,韩厥已拔剑自刎,鲜血洒在宫门的石阶上。

与庄姬生男孩的同时，程婴的妻子也生了一个男孩。

韩厥的自尽使屠岸贾大为生疑，他下令搜宫，一无所获。这个一手遮天的大司寇要扫除他的政敌，绝不愿留下后患。于是，他一面下令把庄姬的贴身宫女卜凤逮捕，严刑拷问，追查赵氏孤儿下落，另外在全国张榜宣布：三日内，有人献出赵氏孤儿，赏赐千金，三日后若无人献孤，要将全晋国与赵氏孤儿同庚的婴儿斩尽杀绝。

赵朔有个门客，复姓公孙名杵臼，见了程婴就问："你是赵家的世交，这件事该怎么办？"

程婴说："赵朔的夫人生了个男孩，我已经偷出来了，我要把他抚养成人，报仇雪恨，报答赵氏的知遇之恩。屠岸贾这次没找到孩子，绝对不会罢休，正好我的夫人也生了一个男孩，我想把自己的孩子与赵家的孩子调换一下，让我的孩子替赵家的孩子去死。"

公孙杵臼问："培育孤儿与死，哪件事容易？"

程婴回答："依我看，死容易，培育孤儿难。"

公孙杵臼说："赵君生前待你最好，你就去做培育孤儿这件难事吧。让我去做容易的事情吧！"

程婴便把自己的孩子交给公孙杵臼，把赵武留在自家。然后，程婴向屠岸贾举报说："公孙杵臼是朝中告老的大臣，家住在首阳山，小人与他相识，昨天我去他家，看见有一个初生的婴儿。您想，他70多岁的年纪，又是孤身一人，哪会有这样的孩子？我仔细追问，他才吐露真情。原来是他偷出了庄姬所生的男孩，我劝他向大人自首，他执意不听，小人不敢隐瞒，只得前来举报！"

屠岸贾马上派一班爪牙将公孙杵臼押来。公孙杵臼双手紧抱着一个初生的男婴，以蔑视的目光对着屠岸贾。屠岸贾一阵狞笑，指着老人说："隐藏罪臣之后，该当何罪？"

"什么罪臣之后？我不懂，这孩子是我的孙子！"公孙杵臼不紧不慢地分辩道。

屠岸贾命令道："程婴！跟他对质。"

程婴心如刀绞，低着头对公孙杵臼说："公孙兄！瞒不住了，快招认了吧……"

公孙杵臼见了程婴，装作义愤填膺的样子，大骂："呸！你这软骨头，无耻小人，出卖朋友的遗孤！我老头子在朝在野，做人做鬼，都是挺胸抬头的，决不会昧着良心出卖朋友！"

他一边骂程婴一边对屠岸贾和他的手下乞求道："杀我可以，孩子是无辜的，请留他一条性命吧！"

爪牙们抢过孩子，递给屠岸贾。这奸贼端详一阵，发出狰狞的笑声，遂把孩子摔死在石阶上。公孙杵臼扑过去，要与屠岸贾拼命，被爪牙们乱刀砍死……

程婴就这样眼睁睁地看着自己的亲生儿子和好友公孙杵臼死在屠岸贾的屠刀下。

屠岸贾除了心头之患，对程婴说："你举报有功，我要重重赏你！"程婴谢绝道："小人不愿领赏，我有一子，名叫惊哥，与孤儿一般大，我来举报，也是为了保护自己的孩子，但恐今后有人会加害我们父子，只求大人保护我家。"

屠岸贾笑道："这个无妨，让你的惊哥给我做个义子，取名程武吧！你夫妻也可搬进府来居住，吃碗安乐茶饭。"

"多谢大人！惊哥做你的义子那是他的福分，但我要抚养他成人。"程婴叩头谢恩。

屠岸贾应声："好。"

这场搜捕赵氏孤儿的闹剧，总算是收了场。

程婴强忍悲愤，身负"忘恩负义，出卖朋友，残害忠良"的骂名，带着赵氏孤儿赵武来到山高谷深的盂山隐居了15年，把赵武培养成了一个文武双全的青年。

15年的光阴转眼过去。晋景公已死，晋厉公继位，当初被排挤去驻守边关的大将军魏绛被调回朝来辅佐新君，晋国的形势有了变化。

一天，程婴在自己的新居里设宴，让惊哥去请屠岸贾来畅饮。屠岸贾看见义子亲自来接自己，特别高兴。惊哥驾着车，把屠岸贾接进家门，随后，大将军魏绛的军队就围住了程宅。

"大司寇！"程婴迎出正厅，拱手相迎，并说："这里有两位客人正在等你。"

话音未落，庄姬与魏绛从厅堂中走出来。仇人相见，分外眼红，屠岸贾先是大吃一惊，后故作镇定冷冷一笑道："有何见教？"

魏绛虎目圆睁，上前一步，说："要为蒙冤15载的赵家讨个公道！"

"啊……谁敢无礼？"他看了一眼佩剑守护在身边的义子程武，朝程武一挥手，命令道，"我儿斩了他！"

"呸！老贼，你知道我是谁？"程武执剑在手，逼视着屠岸贾，眼睛里冒出仇恨的火花。

"你……"屠岸贾万万没想到程氏父子会反目。

程婴在颤抖，他强按悲痛，怒不可遏，指着屠岸贾骂道："屠岸老贼！15年前，你布下罗网要将赵氏斩尽杀绝，为了保存忠良的后代，我与公孙杵臼设计，以自己亲生的儿子惊哥换下了赵氏孤儿，这些年来，又承受着国人的谴责和辱骂，把忠良后代教养成人，眼前程武，并不是15年前的惊哥，而是大难不死的赵氏孤儿，你可知罪！"屠岸贾自知作恶多端，断无生理，颓然瘫倒在地上。

万恶的屠岸贾伏法受戮了，赵氏满门冤案昭雪了，庄姬、赵武母子团圆了，心力交瘁的程婴告诉赵武说："当年你家遭遇大难，公孙杵臼选择了死，而我没有死，就是为了抚育你成人，今天这个愿望实现了，我有脸去见你父亲赵朔和公孙杵臼了。"说完，程婴刎颈自杀，赵武为他守孝3年。

赵武成年后，做了晋国的卿大夫，他是春秋时期一位有名的政治家、外交家。

相传，公孙杵臼和程婴分别是洪洞县公孙堡村和程曲村人，两村相隔只有二里地，因此两人是好朋友。

叔向的传说

春秋时的晋国，有一个人叫叔向，晋悼公见叔向有才能，就让他任太子的老师。晋平公二十一年秋（前552年），晋国的范氏家族和栾氏家族发生了争夺权利的斗争。范氏胜了，范宣子大开杀戒，杀了栾氏的同党，叔向的哥哥也在其中，无辜的叔向受到牵连，被囚禁了。

叔向在晋国素有智者的名声，身陷囹圄中，有人讥笑他说："你一向聪明，怎么不逃跑呢？何必受这种罪呢？"

叔向说："同那些死亡了及逃亡的人比较，我倒好。姑且这样过完岁月，这才是智啊！"

大夫乐王鲋去看望叔向，说："我去求范宣子饶恕了你的罪。"面对如此盛情，叔向没有理睬他，乐大夫离开时，叔向也不拜谢他的好意。

他的家人和朋友都埋怨叔向对乐大夫不礼貌。

叔向说："乐王鲋救不了我，必须得祁奚大夫才能救我。"

管家听了这话就说："乐王鲋在范宣子那里说一不二，请求赦免您，您却不理睬，祁大夫已经老了，这件事他办不到，但您却说必得他救。为什么？"

叔向说："乐王鲋是顺从范宣子的人，他不会救我。祁大夫正直，举荐外面的人不遗弃仇人，举荐内部的人不遗漏亲人，他不会忘掉我的。"

果然，范宣子向乐王鲋询问叔向的罪责，乐大夫就说："叔向有同谋罪。"

这个时候，祁奚已听说了这事，马上乘坐驿站的马车来见范宣子，并对范宣子说："《诗经》上说：给予我恩惠无边的人，要保护他的子子孙孙，若一个人有谋略功勋，就一定要保护他。叔向在谋略方面很少有错误，担任太子的老师又不知疲倦，有叔向这样的人，是国家之福啊！对这样的人，应该宽容他十代子孙的罪，以此来勉励有能耐的人。因为这样一件事而舍弃叔向这个人，这是舍弃国家社稷，不是太糊涂了吗？远古时，舜派鲧去治水，鲧没治好水，被杀，舜又派鲧的儿子禹去治水，而禹治好了，舜就把社稷禅让给禹，这是多么大度啊！商汤王用伊尹为宰相灭了夏朝，建立了商朝。商汤王逝世后，伊尹继续辅佐他的后代，但商汤王的孙子太甲为商王时，暴虐乱德，伊尹就把他放逐到桐宫，亲自摄政。太甲在桐宫住了三年后，悔过自责，改恶从善，伊尹又把他接出来，还政给他，自己告老还乡。太甲复位后，勤俭爱民，社会安宁。伊尹逝世后，太甲的儿子沃丁以天子之礼葬他，这又是多么的仁义道德啊！周公旦协助周武王讨伐纣王灭了商朝，周武王死后，儿子成王继位，但因成王年幼，周公旦摄政当国，辅佐成王。这时，他的两个弟弟管叔、蔡叔却参与纣王之子武庚发动的武装叛乱，周公旦杀了他们，成王还继续让周公旦辅佐，兄弟的罪责互相不牵扯，这又是多么的明智啊！您怎么能因为叔向的哥哥有罪而囚禁叔向呢？您对人多做善良的事，谁敢不努力呢？多杀人又有何益啊？"

范宣子经他一说，心悦诚服地释放了叔向。

事后，祁奚没有向叔向夸自己的功劳，就回家了。叔向也没有拜谢祁奚，就上朝了，他认为祁奚为国家社稷而说服范宣子，救了自己，无所谓个人恩典，自己也因为有才而获救，无所谓感祁奚的恩，这是公对公。

有一次，晋平公射鹌鹑，没有射死，派竖襄去捕捉，竖襄没捉到。平公大怒，把竖襄拘禁起来，准备杀掉。叔向听说后，去见平公。叔向说："从前，我们的先君唐叔虞在徒林与人比赛射犀牛，一箭就射死了，用它的皮做成一副大铠甲，多么英雄啊！所以被成王封于晋国。现在您继承了先君唐叔的王位，射鹌鹑没有射死，派竖襄去捉又没有捉到，这是你的耻辱啊！你一定要赶快杀掉他，不要让这件丑事传到远处去。"

平公听他话里有话，脸上露出羞愧的神色，于是赦免了竖襄。

有一天，叔向去见卿大夫韩起，韩起正为贫困而发愁，叔向却向他表示祝贺。

韩起说："我空有卿大夫的虚名，却没有财产，连和卿大夫们交往的钱都拿不出来，我正为此发愁，你却祝贺我，这是什么缘故呢？"

叔向回答说："厉公时，有个郤昭子，他的财产抵得上晋国公室财产的一半，他家里的用人抵得上三军的一半，他依仗自己的财产和势力，在晋国过着极其奢侈的生活，引起大臣们的嫉恨，最后他被陈尸在朝堂上，他的宗族也被灭绝。如果不是这样的话，郤氏家族出了五个大夫三个卿，他们的权势够大的了，可是一旦被诛灭，没有一个人同情他们，那是因为没有德行的缘故！

厉公时，有个正卿栾武子，掌管祭祀大权，但家里却连祭祀的器具都不齐全，可是他能够传播美德，遵循法制，名闻于诸侯各国，诸侯亲近他，戎狄归附他。他执行法度，没有弊病，因而避免了灾难，因此使晋国安定下来。传到他儿子桓子时，桓子骄傲自大，奢侈无度，贪得无厌，放利聚财，本当遭祸，但依赖他父亲栾武子的余德，才得善终。传到怀子时，怀子改变他父亲桓子的行为，学习他祖父栾武子的德行，本来可以凭这一点免除灾难，可是受到他父亲桓子的罪孽的连累，因而逃亡到楚国，后被杀，从此，栾氏家族退出了晋国的政治舞台。

这就是：行善者必昌，如若行善者不昌，是祖宗必有余孽，余孽尽了则昌。作恶者必殃，如若作恶者不殃，是祖宗必有余德，余德尽了必殃。

现在你有栾武子的清贫境况，我认为这是你继承了他的德行，所以表示祝贺，如果你不忧虑道德的建树，却只知道敛财，我要表示哀怜还来不及呢，哪里还能够祝贺呢？"

于是，韩起下拜，并叩头说："我正在走弯路的时候，全靠你拯救了我，不但我本人蒙受你的教诲，就是以后的子孙，都会感激你的恩德。"

这就是有名的"叔向贺贫"。

叔向以贤明历事悼公、平公、昭公三朝，为晋国著名的贤臣和政治家、外交家。他以正直和才识见称于时，留下了重要的政治见解和政治风范。他主张推行仁政，反对酷刑，立朝公正，大义灭亲。叔向曾说："君子团结合作，但不结党营私。同心做事叫做团结合作，拉帮结派，利益归己所有，就是结党营私。"

孔子叹道："叔向，古之遗直也！"

洪洞曾为叔向食邑，人们将叔向视为洪洞先贤，并为其建祠立墓，设有春秋二祭。

僚安与莲藕的传说

西周初，周武王封文王庶子伯侨于杨地（今洪洞），史称杨侯国。春秋时，晋武公把杨侯国赐予其少子。晋武公死后，晋献公继位，晋献公对外扩张土地，对内打击宗室贵族，灭掉了杨侯国，把杨侯国并入羊舌氏封地。

公元前515年，晋顷公时，分羊舌氏封地为杨氏县、铜鞮县、平阳县。杨氏县就在洪洞，晋国大夫韩宣子派僚安为杨氏县大夫。洪洞第一次有了"县"的称谓，因而可以说，僚安是洪洞历史上的第一位县长。

僚安到杨氏县任职后，看到汾河两岸大片土地被汾河吞没，好端端的汾河没有给当地带来好处，反而带来了灾害，僚安想着治理的办法。有一年，僚安到了浙江余杭，看见碧波荡漾的西湖里荷花盛开，他想，这里有水，能种莲根，杨氏县也有水，为啥不种莲根呢？于是，他就把莲根引进杨氏县。大概是杨氏县水土的原因，这里出产的莲菜，不但质白细嫩，藕节粗壮，肉厚香脆，而且比别处的莲根多一个眼儿，所以有人说，吃了这里的莲根，能多长个心眼儿。

莲根经炒、烧、炸等方法，可制作多种美味菜肴，宴席名菜，还可制成藕粉、蜜饯等滋补珍品，具有清肺、固肾、利气、补脾、止血、催乳等功效，是一种良好的营养保健蔬菜。

杨氏县的莲根名气大了，消息传到了晋顷公的耳朵里，他要品尝这种多一个眼儿的莲根。僚安让人把莲根洗净，送到都城新田（侯马）。莲根经长途运输，皮儿被风吹得发黄发蔫，晋顷公一见，心中不快。一问来人，才听说莲根是洗过的，就说，老百姓洗莲根时，手接触上了莲根，我觉得不干净，下次送时，不用洗泥，运到膳房再洗，就干净了。

第二次送去的莲根没有洗泥，虽经长途运输，但由于有淤泥裹着，皮儿不黄不蔫，吃时才让厨子洗泥，晋顷公觉得又干净又好吃，遂把杨氏县的莲根定为贡品。

秦统一六国后，杨氏县改称杨县。隋末，杨县改为洪洞县，种莲根的规模更大了，每年莲花盛开时，整个县城周围花香袭人，人们都说洪洞城是座"莲花城"。至今，洪洞县的莲根仍保持带泥卖的传统。带泥的莲根耐贮存、耐风干，水分不易流失，能保持洁白鲜嫩的品质。

赵简子的传说

春秋时，赵氏为晋国世族，第一代赵衰，为晋文公时大夫，曾辅佐晋文公成就霸业，成为春秋五霸之一。第二代赵盾，作为晋国的正卿，历事襄公、灵公、成公三朝。第三代赵朔，在晋景公时，任大夫之职。第四代赵武，就是"赵氏孤儿"中那个孤儿，是晋国卿大夫，政治家、外交家。第五代赵景子，也是晋国大夫。第六代赵鞅，就是人们常说的赵简子。

赵简子，是赵氏宗主，春秋后期晋国卿大夫，执政晋国达17年之久，也是战国时代赵国基业的开创者，郡县制改革的积极推动者，与其子赵襄子并称"简襄之烈"。

一年，赵简子包围了卫国，城中不断掷出石头、射出箭矢，赵简子用犀牛皮制作的大盾做掩护，躲在安全的地方，击鼓指挥大军进攻，结果士兵们却待在原地一动不动，赵简子气得把鼓槌扔到地上，叹息道："唉，我军士气怎么会如此低落呢？"

这时候，一个官员走上前来说："这是主公您的错呀！你应该身先士卒。"

赵简子听后，马上丢下大盾，冲到阵前，再次击鼓下令冲锋。士兵们受到了极大的鼓舞，个个奋勇争先，最后大获全胜。

赵简子任晋国的正卿后，没有急着瓜分土地，而是改革土地政策和赋税政策，大大地减轻自家土地上农户的负担，这些农户都富了。此即"授之以鱼，不如授之以渔"。

赵简子擅长揣摩人心。有一次，他从胡人那里得到两头稀有的白骡，这是他的心爱之物，但是他听人说白骡的肝能治他部下一位将军的病，就毫不犹豫地杀掉白骡，取出肝脏，给那位将军吃。将军病愈后，非常感动，誓死效忠赵氏，在后来的攻翟之战中立了大功。

赵简子善于招揽人才。有一个叫周舍的人，听说赵简子思贤若渴，就主动跑来求职，他在门口站了三天三夜，才得到赵简子召见。赵简子问他能干些什么。他说："我什么都不会，只会拿着墨水、毛笔和牍版，跟在你后边，把你做的错事全都记下来。"

这句话深深地刺激了赵简子，他赶忙施礼道歉，后悔让对方等了三天三夜，但是，周舍刚上任不几天就死了，赵简子当众哭道："我听说千只羊皮，不如一只狐狸腋下的皮毛珍贵。诸大夫来见我时，我只能听到唯唯诺诺之声，听不到像周舍那样的谔谔直言。"他埋怨大家不敢直言，批评进谏。这就是成语"百羊之皮，不如一狐之腋，千人诺诺，不如一士谔谔"的来历。

赵简子和所有的帝王一样，想"千秋万代，一统江湖"。为了选一个好的接班人，赵简子用了两个方法，一个是理论考试，测验其德行；一个是实践考试，测验其智商。他将训诫的话书写在若干竹板上，分别授予儿子们，要求他们认真习读，领悟要点，并告诉他们，三年之后要逐一考查。然而，在考查时，他的儿子们，包括太子伯鲁，都背诵不出，有的连竹板也不知遗失何处。只有小妾所生的庶子赵襄子对竹板上的训诫背诵如流，而且始终将竹板携于身边，经常检点自己，赵简子对赵襄子称赞有加。

诸子长大成人后，赵简子又对他们进行实践考察。一天，他召见儿子们说："我将一宝符藏于北岳恒山之上，你们去寻找吧，先得者有赏。"

于是，诸子乘快马前往。

然而，他们谁也没有找到宝符。

只有赵襄子说："我找到了宝符。"

赵简子听后，便让他将寻宝的情况说来听一听。

赵襄子回答说："凭恒山之险，我们若去攻打代国，代国便可归赵国所有，因此，恒山就是我国的宝符。"

赵简子听罢，高兴异常，觉得只有赵襄子明白自己的良苦用心，是赵氏大业的继承人，于是，就废掉了太子伯鲁，破例立赵襄子为太子。

后来的事实证明，他的选择是明智的。在晋国六卿攫夺政权的残酷斗争中，赵襄子注意团结内部，向外扩张，又能把握时机，转化矛盾，终于使赵氏具备了位列诸侯的势力，成为瓜分晋国的三股势力之一。赵襄子在春秋末期韩、赵、魏三家分晋后，建立了赵国，进入了战国时期。

一天，赵简子带着跟班去打猎，突然，窜出来一只中山狼。这是中山国特有的一种狼，它会说人话，很狡猾，但还是被赵简子的箭射中了。

狼负伤逃跑，被"东郭先生"救起，装进袋子里。

赵简子带着队伍追来，问他："你看见了一只中箭负伤的狼吗？"

东郭先生说："没有，没有看到啊。"

赵家军轰隆轰隆走过以后，东郭先生解开袋子，把狼放了出来，忘恩负义的狼却要吃他，东郭先生说："我好心救了你，你干吗还要吃我？"

"我肚子饿了，您是个大善人，怎么好意思让我饿死在路上，请借您的宝贵身体救我一命吧！"

东郭先生既后悔又无奈，呜呜地哭起来。

幸亏赵简子追赶一段路后返回，东郭先生和中山狼一同上前请求评理，赵简子说："你们撒谎，这个袋子根本装不下一只狼。"

狼着急了，立刻钻进袋子给大家看。

等它再次钻进袋子后，赵简子立刻命兵卒用乱棍将它打死。

从此人们就把忘恩负义的人叫做"中山狼"，《红楼梦》有诗曰："子系中山狼，得志便猖狂。"

赵城是赵简子的食邑，人们便把赵城叫做"简子城"或"简城"。

蔺相如的传说

相传，洪洞县堤村乡许村是蔺相如的故里。

蔺相如从小勤奋好学，颇有才华，20岁时被赵国宦官头目缪贤收为舍人。

战国时，赵惠文王得到一块宝玉——和氏璧，秦昭王听说后，提出用15座城邑换取和氏璧。赵惠文王召见蔺相如商议此事，蔺相如表示愿带和氏璧去秦国，如果赵国得到秦国的城邑，就将和氏璧留在秦国，反之，一定完璧归赵。

蔺相如到秦国后，将和氏璧献上，秦昭王大喜，反复把玩，后又让手下的大臣们观看，却全无划拨城邑的意思。蔺相如见势不妙，就诓说玉上有一小瑕疵，要指给秦昭王看，便乘机取回了宝玉。然后，他在廷柱旁站定，说："赵王怕秦国自恃强大，不守信义，得和氏璧而不给城邑，本不想把和氏璧送来，经过我劝说方才答应。行前，赵王斋戒5天，然后才让我捧璧前来，以示对秦国的尊重和敬意。不料大王礼仪简慢，毫无交割城邑的诚意，现在宝玉在我手里，若大王一定要抢走宝玉，我宁可将脑袋与宝玉一起在柱子上撞碎。"秦昭王无奈，连忙说，一切好商量，就叫人拿出地图，把许诺划给赵国的15个城邑指给他看。

蔺相如看出秦昭王是假意应付，便提出要秦昭王也斋戒5日，再郑重其事地交换，秦昭王只好应允。蔺相如便立即派随从怀藏和氏璧秘密从小道送回赵国。

秦昭王斋戒完毕，去举行交换仪式时，蔺相如大大方方地说："和氏璧已经送回赵国了，你如果有诚意的话，先把15座城交给我国，我一定马上派人把和氏璧送来，决不失信，不然，你杀了我也没用，天下人都知道秦国是不讲信用的。"秦昭王无可奈何。

此即"完璧归赵"的故事。

蔺相如因"完璧归赵"有功，被封为上大夫。

事后，秦昭王一心要使赵国屈服，接连侵入赵国边境，占了一些地方。接着，他又耍了个花招，请赵惠文王到秦地渑池相会。赵惠文王开始怕被秦国扣留，不敢去。蔺相如认为如果不去，反倒是向秦国示弱。

于是，赵惠文王决定去冒一次险，他命蔺相如随同他一块儿去，并让大将廉颇做好抵御秦国的准备。

秦王和赵王在渑池相见后，举行宴会。

秦昭王喝了几盅酒，想羞辱一下赵惠文王，他带着醉意对赵惠文王说："听说赵王弹得一手好瑟，请赵王弹个曲儿，给大伙儿凑个热闹。"说罢，吩咐左右把瑟拿上来。

赵惠文王无奈，只好勉强弹了一个曲儿。

秦国的史官当场就把这件事记了下来，并且念道："某年某月某日，秦王和赵王在渑池相会，秦王令赵王弹瑟。"

赵惠文王气得脸都发紫了。

正在这时候，蔺相如拿了一个缶，恭恭敬敬地跪到秦昭王跟前，说："赵王听说秦王挺会秦国的乐器，我这里有个缶，也请大王赏脸，敲几下助兴吧。"

秦昭王勃然变色，不去理他。

蔺相如气得眼睛里直冒火花，厉声道："大王未免太欺负人了。秦国的兵力虽然强大，可你现在离我只有5步远，你不答应，我就与你拼了！"

秦昭王见蔺相如这股势头，十分吃惊，只好拿起击棒在缶上胡乱敲了几下。

蔺相如回过头来让赵国的史官也把这件事记下来，念道："某年某月某日，赵王和秦王在渑池相会，秦王为赵王击缶。"

秦国的大臣见蔺相如竟敢这样伤害秦王的体面，很不服气，有人站起来说："请赵王割让15座城给秦王上寿。"

蔺相如也站起来说："请秦王把首都咸阳割让给赵国，为赵王上寿。"

秦昭王看见局面紧张，他事先已探知赵国派大军驻扎在临近地方，真的动起武来,恐怕也不见得能占到便宜,就喝住秦国大臣,说:"今天是两国君主欢会的日子,诸位不必多说。"

这样,渑池之会总算结束。

蔺相如在渑池会上维护了赵王的尊严,官职由上大夫提升为上卿。

大将廉颇见蔺相如连连升官,官职超过了自己,很不服气,扬言说:"我廉颇战无不胜,攻无不克,立下了许多功劳,他蔺相如有什么能耐,单凭一张利嘴,反而爬到我上头去了,我若见了他,一定要羞辱他一番。"

蔺相如知道后,就有意不与廉颇会面。有一次,蔺相如坐车出去,远远看见廉颇骑着高头大马过来了,就叫车夫把车赶回。别人以为蔺相如害怕廉颇,可是蔺相如却说:"你们说秦王厉害,还是廉颇厉害?"

众人说:"当然是秦王厉害。"

蔺相如说:"我连秦王都不怕,难道还怕廉颇吗?现在秦国有点怕我们赵国,主要是因为赵国文有我蔺相如,武有廉颇。如果我两人互相攻击,就只会削弱赵国的力量,那只能对秦国有益,我之所以避开廉将军,为的是我们赵国啊!"

这话传到了廉颇耳朵里,廉颇十分感动,觉得自己为争一时之气,不顾国家利益,太不应该,便光着上身,背负荆条,来到蔺相如家请罪。廉颇羞愧地对蔺相如说:"我真是一个糊涂人,想不到你能这样宽宏大量!"

蔺相如扶起了廉颇。两个人从此结成誓同生死的朋友,同心协力保卫赵国。

这就是"将相和"和"负荆请罪"两个成语的来历。

蔺相如是杰出的历史人物,但司马迁在《史记·蔺相如列传》里,却仅仅记有"蔺相如者,赵人也"等简单文字,因为赵国面积很大,蔺相如到底是赵国什么地方人,一直未有定论。

《岳阳县志》(今古县)记载:"蔺相如墓:在县北八十里宝丰村,有水发源于墓旁山下,名蔺河。"

《大清一统志·平阳府》也有"蔺相如墓,在岳阳县北八十里。墓前有河,因名蔺河"等记载。

在古县,距离北平镇不到5公里的李子坪村南有一座"蔺相如墓",很高、很大,原来周围种有不少高大挺拔的树木。墓前竖立着一块"民国七年(1918)十月立"的墓碑,上面镌刻有"赵上卿蔺相如墓"。另一块墓碑上刻有《蔺相如墓碑铭》:"蔺相如诞生于战国时岳霍山古岳阳宝丰里蔺子坪村,赵国人。幼时聪颖过人,臂力无比。先事赵国太监缪贤舍人,后被缪荐之于赵王,带璧使秦,破秦谋计,完璧归赵,功拜为相。公元前279年渑池之会,智抗秦王,捍卫国威,此铁肩浩气,为后人钦仰。相如功高位显,赵将廉颇不服,感而负荆请罪,'将相和'之典,流芳千古，世人称颂。相如卒后，赵国将士深为缅怀，以帽端土，堆积成坟。兹立此碑，仰其智，赏其勇，敬其贤，激励后人，以表万世。古县北平镇人民政府立。公元2000年3月26日。"

在李子坪村有世代相传的故事：当年蔺相如魂归故里之日，正当秦国灭亡赵国之时，由于当年蔺相如在渑池会上逼迫秦王击缶，当众羞辱了秦王，所以秦王对相如恨之入骨，派出军队尾追而来，欲毁尸泄愤。相如的灵柩回乡以后，族人来不及祭奠，乃连夜埋葬成坟。为避免秦兵焚尸扬灰和屠戮乡亲，蔺姓全族连夜出逃，后定居赵城许村。并根据谐音，把"蔺子坪"改为"李子坪"，瞒过了秦军。

根据中国民间几千年来一直信守和沿袭的"落叶归根""魂归故里"的古老习俗，人在逝世以后一般都要由家人扶送灵柩回归家乡埋葬，因此蔺相如是古岳阳县（今古县）宝丰村人较为可信。

此外，在岳阳县境内还有"蔺公祠"等有关蔺相如的胜迹。

但是，在洪洞县堤村乡的许村村东不远处有一块高达两米的"赵上卿蔺相如故里"巨大碑刻，此碑背后镌刻有《重修蔺公相如墓碑序》，其文曰："一代伟人，千古雅范；余韵流风，起懦振顽。云烟台阁，所以图画功臣；风尘道路，所以旌表义地。战国时，赵上卿蔺公相如者，吾赵城许村人也。击缶逼秦，气壮山河；完璧归赵，光争日月。感廉颇负荆谢罪，且能化私为公，和衷共济；洵智勇兼备一代社稷之臣，忠义两全，千古豪杰士也，况地属桑梓，坟墓所在，路碑更不可湮灭欤！是碑也，昔邑侯奉列宪命，创建于兹。清室乾隆年间，风飘雨侵，砖瓦零落。我赵官绅，拨款监修。一时邑人行旅，颂声载道。然岁月易逝，荏苒间二百余年，现今坊容凋敝，字迹模糊，残缺难观。蔺氏宗族，聚众磋商，咸乐摊资重修，以光先人之令德，因共得银币八十余元，遂刻日鸠工，乞序并对联於余。余学识卑浅，本不敢膺斯重任，但风素深钦佩，每恨生不逢辰，不得为之执鞭，述其事、颂其德，亦所欣喜焉。故语不嫌俚，聊留其芳于后世云尔。中华民国十二年（1922）三月吉日立。"

清代前期，赵城北门外建有"蔺相如牌坊"。许村村东原来还有一座"相如故里"堡门门楼，此门楼底层为门洞式通道，供车马、行人通行使用；二层为神阁，塑有蔺相如坐像，貌若财神。创建年代无从考证。门洞上方镌有"相如故里"匾额，由于年久失修，此门楼先是于1932年被洪水冲毁；重修后，又于1942年被日本侵略者拆毁，用其砖石修建了炮楼。

许村现有居民八九百户，4000余口人。其中蔺姓人口1500余人，他们都说是蔺相如的后裔。

在许村也有世代相传的故事：蔺相如做了赵国的上卿后，衣锦还乡，祭奠祖坟，随行的人员很多，为了不惊扰百姓，把所有的马匹都拴在村东的几十米官道上，黑压压一片，颇为壮观，而后又把马匹牵到南石明村的汾河滩上放牧，这块地方后来被称为"放马滩"。

蔺家的祖坟在许村西南1.5公里的山坡上，坟地约10亩，坟茔占4亩左右，当地人称"蔺家坟"或"四亩坟"。

蔺相如来到父母坟前，不慎被酸枣刺挂破了锦袍，他细看了一下那酸枣刺，每一节的大刺根上都有一根小弯刺，才知道锦袍是被这小弯刺挂破的，无意中说了一句话："弯钩独害，宜长直刺。"此后，这小弯刺竟然成了直的。更为奇怪的是，直到现在，这种直刺酸枣仍然在那四亩坟地中生长，从未出过四亩之外，而这四亩地又俨然成了普通酸枣的禁地，普通酸枣即使进来，弯刺也变直了。

蔺相如祭祖完毕返回赵都邯郸时，带了一些许村产的大红枣。这种红枣，未成熟时，皮厚而且有苦味，一旦成熟，枣儿变得软绵，皮薄肉厚，掰开能拉成丝儿，俗称"金丝小枣"，吃到嘴里，香甜可口，余味不尽。

赵王食后，觉得很好，众臣吃了，交口称赞，赵王就将其定为贡品，并录入贡品簿，名为"贡录枣"。消息传来，村人大喜，凡有亲戚朋友来访，村人毫不吝啬，捧出一碗"贡录枣"热情待客。周围各村也纷纷栽植，至今不衰，只是时间久了，大多数人不知道"贡录枣"的来历，说成了"轱辘枣"。

纪信与上、下纪落的传说

纪信（公元前？-公元前204年），相传，他是洪洞县赵城人，少年时，喜好剑术，常常羡慕侠客义士。

秦二世时，天下纷纷起义反秦，刘邦就是一股反秦的力量，纪信便投到刘邦帐下，累立战功，升为将军，为刘邦的心腹爱将。

公元前204年4月，楚霸王项羽和汉王刘邦在河南一带交战，项羽把刘邦围在荥阳城里一个多月，城内粮绝，朝不保夕，将士们筋疲力尽，毫无斗志。刘邦十分着急，召文臣武将商讨脱身之计，文臣武将们个个大眼瞪小眼，没有主意。

良久，一个谋士才缓缓地说："为今之计，别无选择，只有请降，以解荥阳之围，再图东山再起。"

纪信说："汉王，我军困守孤城，战不能胜，待援无望，为今之计，请汉王允许臣扮成大王的模样，乘上龙车，出去诈降项羽，这样就可以吸引楚军的注意力，大王可以乘机突出危城。"

汉王听了纪信的话，说："万万不可！这样一来，虽能脱险，可将军你就太危险了。"

纪信又请求，汉王还不允。

纪信见汉王迟疑不决，立即拔出利剑，凛然说道："汉王既然不依臣下之言，微臣只能立即自刎，一则，城破之日，臣必死无疑，但死而无益；二则，臣今日死于汉王之前，以表臣心，矢志不渝！"说完就要横剑自刎。

汉王大惊，快步上前，一把抱住纪信，激动地说："将军精忠贯日月，真乃我大汉的忠义之臣！就依将军之言！从今以后，将军的父母就是孤王的父母，将军的妻子就是孤王的姐妹，将军的儿女也是孤王的儿女！"

于是，汉王马上命张良写了降书，派人送给项羽。

霸王见了降书，问道："汉王何时出降？"

"就在今夜。不过还需收拾准备，请霸王宽限一时。"

"好，一言为定。"

霸王马上传令："各位将领听令，活捉刘邦就在今夜！城门四处务必加强守卫，休得放走了刘邦，否则，军法从事。"

纪信在黑沉沉的夜里，面北而跪，焚香叩头，与远方的父母、妻儿诀别。

守在城外的楚军满以为天一黑，汉王就会大开城门出来投降，可是左等右等没有动静。直到三更，才听见东城门一阵响动后打开，一群人鱼贯而出，只见那群出城的人都穿着破甲，全都是女人，队伍乱七八糟，而且走得很慢。

楚军将士让开了一条路，个个高擎火把，照着那一群慢慢走来的人。

东城门大开走出来的全是女人的消息很快传开，另外三处城外守军纷纷奔东城门来看稀奇事，果然全是娇滴滴的女人蹒跚地走出东门，楚军们嬉笑着，指点着，说笑着，几乎忘记了霸王的命令。

这时，汉王等人见时机已到，马上命人悄悄开了西城门，带着一批文臣武将，乘机出城，打马而去。

三更过后，城中女人队伍才渐渐走完。只见一队兵士举着白旗，排着队出来了，后面一乘龙车，黄色围屏，将士们前簇后拥，蜂拥而出，黄围下，纪信假扮成汉王端坐车中。

楚军将士们都睁大双眼向龙车望去，想看看这个一直同他们作对的汉王前来投降是怎么一副面孔。

龙车继续前行，楚军们正在惊疑，忽见车辕左边一个魁梧的部将停下脚步，高声喊道："楚军们听着，城中粮食已经完了，汉王前来归降！"

楚军一听，心中大乐：好了，不用打仗了，我们就可以很快回故乡了！他们高声呼："汉王投降了！霸王万岁！"

龙车一停，马一声长嘶，楚军将士们马上静了下来，等待汉王下车投降。

楚军一将高喊："汉王刘邦，快下车受缚。"

"哈哈哈……"纪信放声大笑，"哼，我乃堂堂汉王！要我下车，除非霸王亲自前来会我！否则，我就死在这车上！"纪信故意磨蹭，一来是要摆够汉王的架子和威风，让对方看不出半点破绽，二来是为了拖延时间，以使汉王逃得更远。

传令官立即奔受降台去请霸王。

霸王喜滋滋走来，见火光映照下的龙车上端然坐着刘邦，心中大喜，说："果然是那痞子，既然来降，尔等为何不把他拿下见孤？"

传令官说："他要见大王。"

霸王走到车旁，高叫："刘季，何不快快下车受缚？"

纪信平静地回答："看清楚，吾何许人也！"

霸王喝问："你到底是谁？"

"我乃汉王麾下将军纪信是也！"

霸王又惊又怒，注目端详后大叫："哎呀，糟了，果然不是刘邦，怎么能让煮熟的鸭子飞了呢？"

纪信嘲讽地说："好哇！逆贼果然中计了哇！哈哈哈……"

霸王心中恼怒，转念一想：城围得水泄不通，谅刘邦插翅难飞，也许藏在城中什么隐秘地方，于是怀着几丝希望说："纪信，孤且问你，刘邦现在何处？说了饶你不死。"

"汉王带着大臣们早已出城，离此几百里地了，大概你做梦也没想到吧！哈哈哈……"

霸王高声说："纪将军，虽然你诈降放走了刘邦，但孤敬重你舍身保主，忠勇可嘉，乃忠臣义士，孤收你于帐下重用，后定封侯万代，富贵万年。纪将军，你降还是不降？"

纪信冷笑道："竖子听着，父母生我堂堂男儿，昂昂七尺身躯，先生教我圣贤书，辨忠奸，明善恶，识大义，岂能忠奸不分，愚贤不辨，归降于你？"

霸王厉声叫道："纪信！你难道不怕死吗？"

"竖子听着，若怕死，就不会来；生为汉家之臣，死作汉家鬼雄，言尽于此，要杀要剐，悉听尊便！"

"纪信，你太猖狂了，不降孤倒也罢了，竟敢口出狂言辱骂孤王。看来留你不得，若是把你剁为肉酱，太便宜你了，孤要用火把你慢慢烧死，让你尝尝烈火焚身的滋味。众军听令，把火把准备好！"

"得令！"全军一齐大吼，摇动火把，火光闪闪，火星纷飞。

霸王厉声喝问："纪信，孤最后问你一次，降还是不降？"

纪信哈哈一笑说："竖子听着，我最后给你说一遍，汉将军纪信誓死不降，要烧要杀，悉听尊便！"

霸王气急败坏地高叫："好哇！众军听令，放火！"

军士们马上把火把扔了过去，一时间，四面八方火把横飞，火星乱溅，顷刻，龙车被熊熊烈火包围，燃烧起来，先是围帐，后是车架，只见火光闪闪，烈焰升腾，火苗飞蹿，楚军们静静地张望着。

纪信在烈火焚身时，仍端坐车中，口中骂声不绝："项羽逆贼，弑君，坑卒，焚咸阳，恶贯满盈，罪恶弥天！"最后他大叫："将士们！快去找汉王啊！"

楚军正在发愣，忽然一声呐喊："冲啊，为纪将军报仇！"只见800多名仪仗队员挺起旗杆向楚军冲过去，楚军突然遭袭，纷纷闪避，汉军返回城里，荥阳城门"砰"的一声关闭了。

……

霸王虽然被纪信骗了，但他敬重这样的血性男子汉，他命令部下捡了骸骨，厚葬了纪信。

汉王刘邦逃脱大难，两年后，打败了项羽，开创了汉朝，登上了帝王的宝座，是为西汉第一位皇帝汉高祖，他先后对一批文臣武将进行封赏，又命令能工巧匠为纪信铸了金头、铜身、檀木四肢，用了上好的棺材，派兵由河南北运归葬。当这队人马行至赵城县曲巷村时，忽然晴空一闪，一声巨响，不远的地面上冒出一缕青烟，灵柩"咚"地一下落在地上，众兵士大惊，急忙抬起，当刚抬到坡上时，灵柩又一次落下，军士们再想抬起时，灵柩像生了根似的，不管费多大的劲，却一动不动。带兵的将领忙派骑士日夜兼程把此事报告了刘邦，刘邦听了，思忖良久说："看来天意如此，不可违也！"于是命骑士速回，传令就地安葬。因纪信的灵柩是在此落地的，所以曲巷村便改称为纪落村，该村有一个石头坡，后来村子扩大，以石头坡为界一分为二，坡上称上纪落村，坡下称下纪落村。

赵匡胤的传说

史书上称赵匡胤世为涿州（即今河北省涿州市）人，出生于河南省洛阳。但是，千百年来，洪洞县民间却一直流传着赵家兄弟身世的许多故事，传说赵家兄弟皆出生于现今的洪洞县刘家垣镇的虎峪村，祖籍罗云村。初时饥寒交迫，受尽磨难，被父亲赵弘殷一担挑到河南定居了下来。

据罗云村史记载：康熙二十三年春，村人集资，于村东建飞龙楼。这飞龙楼高11.3米，长7.米，宽6.3米有余。楼分两层，砖木结构，底座为长方形，座上为一木制亭阁，檐牙高啄，布局合理，近看似群龙升天，远望若腾空欲飞。正面通道上方镌刻着"元郎里"三个一尺见方的柳体字。元郎，即赵匡胤字也。亭阁的背面镶嵌着一块青石碑，上书"古西罗"三字，至今保存完好。在历史名剧《高平关》里，有一折斩高鹞子的戏，戏中赵匡胤在台上表白自己的身世时称"生于西罗小县"，这西罗小县正是古西罗县。

赠丝绢教顺求婚配

传说唐朝末年，古西罗县城内住着一位赵姓员外，赵员外五十岁那年，夫人李氏生了一位千金，取名秀莲。

日月如梭，转眼之间，秀莲年已二八，出脱得雪白细嫩，苗条俊秀，似山菊花儿一般。赵家小姐自幼聪颖过人，外秀内慧，琴棋书画，一教就会；描龙绣凤，俯首即成。这样一个标致的大家闺秀，直使城里那些有钱人家的公子哥儿垂涎三尺。名门少爷，富贾公子，纷纷登门求婚，托媒说合。老员外深知男大当婚，女大当嫁，自己在西罗县城声名俱高，万不能因为一个女儿，得罪各位商贾豪绅。他同李夫人商定，只要瞄准了好人家，就与秀莲定终身。一天，赵员外同李夫人挑选了几家合适的，便让丫鬟将秀莲叫到身边，商量婚姻大事。谁知秀莲双眉紧锁，对于父母的好言热语，高低不应，员外夫人深浅不得，心里着急，但又怕逼急了女儿生出毛病，只好一一辞退了说媒的。

这年三月一天，已是春暖花开时节，饭后无事，秀莲看见窗外阳光明媚，景色迷人，于是，带了丫鬟翠红来到花园里，尽情追蝶戏花。赵家花园在这小小西罗县城也是数一数二的，阳春时节，百花怒放，蝴蝶翩翩，山鸟啾啾，好一派山城美景。小姐同丫鬟观赏游玩得正情浓意高之时，突然，一道红光从头顶掠过，把赵小姐吓了一个趔趄，丫鬟赶紧上前扶住小姐的细腰。顿时，这二人游兴尽消，惺惺怔怔返回绣楼，闭门静养。

当日夜里，赵秀莲刚刚入睡，恍惚中看见一位翩翩少年，从门外悠然而入，一时间，惊得她出了一身冷汗，缩成一团。眼看着这位少年即要挨身，秀莲慌忙中开口问道："你是何人？敢闯进我家绣楼？"不料，这少年男子根本没有理睬她问什么，笑吟吟地向小姐施了一礼，竟坐在小姐的对面。秀莲见他举止文雅，神态端庄，并没有半点伤害自己的意思，这才轻轻嘘了一口气。但一个少年男子闯进大家闺秀的卧室，赵小姐仍不免有点紧张。小姐偷偷瞟了少年一眼，见他生得仪表堂堂，一副书生模样，仿佛在哪里见过，她鼓足勇气，含羞问道："相公哪里人氏？有何贵干？"这少年一言不发，只见他从从容容掏出了一块雪白的丝绢，轻轻放在秀莲的绣花枕巾上，又向小姐施了一礼，出去了。秀莲一急，翻身坐起，才知是南柯一梦，伸手一摸，当真有一块丝绢在枕头上，这使她越发奇怪了。点灯一看，只见丝绢上绣着十六个字："前世有缘，今世相配，白昼不见，黑夜相会。"赵秀莲满腹狐疑，好不惧怕，联想到白天花园之事，猛然打了一个寒噤，连连呼唤丫鬟翠红，把刚才的事情如实相告。翠红一听，也觉奇怪，难道竟有这等事情？小姐略略思索，对翠红说道："此事如若让父母知晓，定要治罪于我，咱不如先瞒住众人，再从长计议。"翠红连连点头称是。

再说这位少年男子，并非凡人，他乃东海龙王的第三公子敖顺。在龙王寿诞之日，龙宫水族和虾兵蟹将，都纷纷前来祝寿庆贺。龙王兴致勃发，即命鼓乐助兴，舞女添彩，一位婀娜多姿的凤凰舞女独舞宫廷，技压群芳。女子豆蔻年华，艳丽夺目，三公子敖顺与那凤凰女子双目相撞，竟使得少年公子心猿意马，魂不守舍。若不是老父在场，公子他真想与那女子倾吐爱慕之情。无奈，二人咫尺如若天涯，只能以目传情，暗送秋波。

打这以后，三公子便灼热地追求着凤凰女子，眼看着好端端的一对情男情女结成姻缘。谁料，此事竟被龙王察觉，舞女哪能配得上龙子，一怒之下，将舞女杀死，敖顺也被打入地牢。这敖顺从小就桀骜不驯，早就过腻了龙宫里的清规戒律生活，极力向往人间的自由幸福。不期一关就是十余载。一天，龙王偶生恻隐之心，传令解除敖顺的苦刑，谁知地牢刚一打开，敖顺便化作一道红光，向西飞去。当他路经西罗县城之时，秀莲和翠红正在花园游玩。三公子远远看见秀莲酷似那凤凰女子，遂遁居在西罗县城外的天池中。只待夜深人静时，便变作少年男子，去会秀莲。

自那以后，少年公子夜夜前去与秀莲小姐幽会。起初，赵小姐哪里肯依？只是天长日久，二人情长意厚，不知不觉情意绵绵，难分难舍，秀莲也就心甘情愿地委身于公子。这样过去了一月有余，家中人全然不知。

赵员外怒烧"鳖"壳

一天早饭后，赵家人正在闲聊，突然，赵小姐无端烦躁，且连连呕吐不止。赵员外一见此状，甚是吃惊，慌忙打发家人去请郎中，顿时，家内家外乱作一团。

不过一刻，郎中来到绣楼，为赵小姐诊脉断病。诊毕郎中来到老夫人卧室，见左右无人，才低低地说："老夫人，恭喜你啦！小姐并无它病，胎气在腹，等着抱孙孙吧！"老夫人一听，霎时间，像挨了一闷棍，两眼发花，脸色煞白，家人慌忙禀报赵员外，等老夫人稍事清醒后，便号啕大哭起来。赵员外早已料到其中隐情，只见他青筋暴露，火冒三丈，狠狠地斥责道："想不到我赵家也会生下这么个败坏门风的贱女子！"说罢，欲前往绣楼教训秀莲。老夫人知道事情不妙，死抱住员外不放。

其实，赵小姐心里最明白自己已有身孕，她见事已败露，也顾不得羞耻，来到父母跟前，跪着诉说了事情的前因后果。赵员外听后，将信将疑，等女儿拿过手绢来，才知是真，再要细看时，手绢飘飘然飞离，从窗户飞向外面去了。等他追赶出门，只见手绢飘去的方向，从虎峪沟里升起一道红光，吓得赵员外猝然倒地，半天动弹不得。

这天夜里，赵秀莲没有一点睡意，她和衣侧卧在床上，慢慢理顺思绪，想着手绢飘走，公子再不会来探望她，禁不住落下泪来。三更时分，突然，公子闯进绣楼，这使秀莲一阵惊喜，两人抱头痛哭一场。公子此番出现，全然不同以往神情，他气色萎靡，惘然若失，同昔日那种神采奕奕的少年男子，判若两人。

赵小姐欲将白天发生的一切告知公子，不料公子不让她说，其实公子早就知道了那一切。公子看着小姐泪汪汪的苍白面容，心如刀剜。赵小姐抓住公子的手，连声追问，公子究竟是何许人？家住哪里？并坦言，决计跟公子连夜私奔，远走高飞。看着赵小姐悲切切的面容，敖顺痛断肝肠，但她怎能知道，几天来凶暴的龙王不断派兵传旨，让他速速回宫，否则，将他碎尸宫外，永不见面。可他无论如何不能将这真情告诉她，若是赵小姐知道了，那将置她于死地，所以，任凭赵小姐如何哀求，公子总是一言不发。四更将尽，五更即到，这一对恩恩爱爱的情人难分难舍，紧紧拥抱。就在这时，赵小姐灵机一动，偷偷将一枚穿上红线的绣花针别在了公子的身上。其实，公子早已知道，倒是秀莲这一举动提醒了他，不由得面露喜色，说道："我的一切，三天之后，小姐就知道了。"随后，又一字一板地说："你我相会百天，也算夫妻一场，从今往后，你要多多保重，骨血成人，你就都明白了。"说罢，飘然而去。

次日清晨，赵小姐把昨天夜里的情形告诉了父母，赵员外立马带领众家人，顺着落在地上的绣花线，来到城东的天池旁，面对天池，赵员外陷入了沉思。

却说这个天池，原是唐朝一次大地震后形成的。当时的县令，为了吉利，组织老百姓破土砌石，建成了有二亩多地的天池，说是天池，其深也不过丈余。天池自修成后，常年四季，碧波荡漾，秋涝不溢，春旱不涸，西罗城里的老百姓都把它当作神池来供奉，年年供奉的人络绎不绝，月月供品从未间断。相传，在这十多年前，有人在一个风雨之夜，随着一道闪电，一声霹雳，看见从天空中掉下来一个金灿灿的圆形怪物。人们都说与这个天池有关。

赵员外想到赵家的声誉即毁于这个天池，祖宗几代书香门第、礼义之家落得如此下场，随即召集本族数百名壮士，昼夜不停地往池外泼水，三天三夜之后，大池水十底露，再寻那绣花线时，只见深深钻入红泥中。接着，他又让人们顺着绣花线往下挖，挖呀挖，直挖了一丈多深，才渐渐露出了一个形似"鳖"的庞然大物,背上别着那根绣花针,众人惊骇不已。西罗城里,一传十,十传百,人们像逢庙会赶集市似的,都涌向天池观看这个怪物。赵员外命家人拾柴点火,烧那"鳖怪"。赵员外手执火把,亲自把那堆起的柴火点燃起来。忽然,在熊熊大火中,一股青烟腾空而起,向东方飞去了。西罗县的老百姓见此情景纷纷跪地祷告,只怕"鳖怪"卷土重来,骚扰他们。

大火熄灭之后,一阵旋风把池内灰烬吹净,这时,剩在池底的只有两块巴掌大的甲片。赵员外鬼使神差地把它揣在怀里,带回家中,交给了李夫人。李夫人心想,此"鳖"既能变成人形,与小女儿私通,一定不是什么人间凡物,日后或许有个用处,于是,小心翼翼地把它藏了起来。这一场风波平息之后,赵秀莲的肚子也一天天大起来了。老两口商议,让家人到村北偏僻的虎峪沟里挖了两孔土窑,暗暗将小姐寄居在那里生活去了。

直到现在,村里的人们还能有根有据地指出赵秀莲母子居住过的地方,对于赵家的许多故事,也就从这孔窑洞里降生出赵太祖说起,越传越久远。罗云村东的天池至今依然存在。明清两代的帝王将相,为借助于太祖之灵,祈求庇佑自己的统治,曾耗费了巨额银两,广招天下匠工,不断修葺天池,盖庙建祠,立碑撰文。现存的残碑断碣仍不下百余。原《赵城县志》还把这个富有传奇色彩的天池作为一景记载。

赵秀莲自从得知与自己私通的"鳖怪",是东海龙王的三太子后,精神变得安然正常了。时过境迁,不觉春去花落,冬来雪飘。这一天,赵秀莲感到腹内疼痛难忍,不一会儿,一个婴儿呱呱坠地。赵小姐明知人们把"鳌"误为"鳖"了,所以,就将错就错,给婴儿起名小鳌。这就是宋太祖之父赵弘殷。

救山民小鳌显身手

这赵秀莲自生下小鳌后,母子二人过着十分艰难的日子,多亏了丫鬟翠红随小姐在身旁照料。到了后来,老夫人思念女儿心切,竟然大病了一场,这才使赵员外动了心,暗暗打发心腹,往虎峪沟送些衣食,小鳌母子才勉强活了下来。

光阴似箭,转眼在这里度过了12个春秋,小鳌已长得英姿勃勃,十分聪明。他每天不是跟母亲认几个字,就是习拳练武,到野外去玩。看着儿子一天天长大,渐渐地懂得事体了,做娘的自然高兴。

却说这虎峪村,地处舞阳河上游的峡谷深涧,村西地势突兀而起,紧连绵延不断的丛山老林。只因这里人烟稀少,常有虎豹豺狼出没,村名就取了个"虎峪"。村里满共十几户人家,十之八九又都是避难逃荒而来,由于平时赵秀莲管教儿子严厉,加之母子住的地方离村子还待有一段距离,小鳌轻易不到外面去玩耍。小鳖长大之后，渐渐地感到独自一人待在家里憋闷得慌，因此，常常一个人偷偷溜出去玩耍。这一天，小鳖和伙伴们一同来到了村外的池塘边上，所有的孩童都脱了个精光下了池塘玩水，唯有小鳖不会，只好站在边上观看。这时，有一个赖小子存心要戏弄小鳖，在池底挖了一把黑泥，朝小鳖的脸上扔去，不偏不倚，扔了小鳖一脸一头。登时，池塘里的小子们发出一片开心的笑声。小鳖一时性起，开口骂那扔黑泥的小子。那小子不甘罢休，在池塘里笑话小鳖没本事，不会凫水。这时，小鳖连衣服也没脱，扑通跳下池塘。刚要张口骂那小子，"咕咚，咕咚"连喝几口，身子也不由自主地在水中上升下沉。这可把伙伴们吓蒙了，一个个惊得连呼救也不知该怎么喊了。不料，顷刻之间，只见小鳖如身下有人托扶，轻轻漂上水面，继而，手刨脚划，竟熟练地耍起水来，连水性好的几个小伙伴也羡慕不已。

等他们玩够了水后，都上了岸，本来小鳖是要找那坏小子算账的，一想到母亲教他不打人不骂人，自己也觉不对了。可他们欺小鳖年小，故意找岔子想欺负他一顿。刚一交手，小鳖便把他们一个个都撂倒在地，等他们哭着求饶，这才罢休。小鳖刚回到家，他们又跟着来起哄。

自此之后，小鳖在母亲的教养下安分多了。他即使上山打柴，也是独来独往。

夏天，赵秀莲叫过儿子，吩咐道："今天天气好，你上山砍柴，要早去早回，免得母亲挂念。"小鳖辞别母亲，背上利斧，来到山上。他想，往日打柴只在前山，从未进过后山，也不知那后山是什么样，今日不妨走一遭。小鳖登山攀崖不知不觉来到后山。只见山风呼呼，林涛声声，溪水清清，鸟鸣虫叫，虎狼长啸，使小鳖大开眼界，置身于这深山密林中，一切都新鲜稀奇，小鳖只顾着东瞧西摸，拾柴的事情早抛到了脑后。

已过晌午时分，大片乌云盖顶而来。一时间，狂风大作，林啸风嘶，小鳖眼前一片昏暗，瓢泼大雨自天而降。好不容易找到一个山洞，进得洞来，小鳖遇见了一山民模样的人，山民见进来的是个十几岁的小孩子，不由暗自吃惊，细问攀谈，小鳖对答如流，毫不面生。就在他们谈得热闹时，忽听得洞外传出一阵"沙沙"的声响，只见那山民猛然吓得面无血色，"哎呀"一声，瘫软在地上。小鳖定睛看时，原来是一条一丈多长碗口般粗细的黑斑大蟒蛇。这蟒蛇扬起三角头，伸出长长的双箭舌，伴着嗖嗖凉风，直向那昏厥过去的山民扑去。说时迟，那时快，只见小鳖手提锃明瓦亮的板斧，怒眼圆睁，势如金刚，对准大蟒蛇的身子，"嚓"的一声，大蟒蛇被剁成两截。大蟒蛇疼痛难忍拖着血淋淋的身子，狂怒嘶吼，正当大蟒蛇扬起头又来张着血盆大口向小鳖扑来时，小鳖刷地扬起板斧，直向大蟒蛇喉咙眼扔去。只见大蟒蛇翻来倒去，在山洞里扑腾，那板斧锋利无比，随着蟒蛇的扑腾，在它肚子里发挥着威力，只听"扑"一声，板斧划开蟒肚，大蟒蛇再也动弹不得了。

大蟒蛇死后，小鳖赶紧唤醒那昏厥过去的山民，将自己杀死大蟒蛇的事对他细讲一遍。这山民听得双目圆睁，浑身哆嗦，听着听着，扑通跪倒，千恩万谢小鳖的救命之恩。小鳖忙扶起山民。此时，天已放晴，阳光四射，山民帮助小鳖砍好柴，整好行装，小鳖又绕道送了山民一程，各自回家去了。

显神灵龙泉定君臣

那山民与小鳖分手后，恨不得两腿生风，急忙忙往家中走去。一路上，他寻思着小鳖人小胆大，力气过人，此孩子长大，断非一般人可比。原来这山民是给一家财主扛活的，因偷了财主的供品，逃到后山里来的。他正想着无法回去时，却遇上了小鳖，他想如果把小鳖的事告诉东家，东家一定不会忌恨于他。回到东家，山民一口气将小鳖如何勇敢、如何砍杀蟒蛇的情形讲了一遍，听得东家也惊呆了。于是，东家打发山民带路，备了厚礼，前往虎峪沟，要他把小鳖请上山来。

第二天一早，山民带着东家的人马，抬着厚礼直向虎峪沟奔去。赵秀莲见来人十分客气礼貌，且山民又与小鳖如此熟悉，心想：这也是命该如此，老天爷安排的。她叫过小鳖，吩咐道："我儿此行，远不比在家中，一切要听东家的安排，小心行事才好。"小鳖跪泣拜别。赵秀莲把他们直送到村外。

且说这财东姓杨名庆善，世居杨家腰，家资富厚，是附近有名气的大财主。杨庆善自幼天资聪慧，才华过人，熟读四书五经，通晓诸子百家，原指望仕宦途中，青云直上，光宗耀祖。怎乃生不逢时，天下狼烟四起，国家战乱不休，官场昏暗，考官作弊，使他一直不能遂愿。他又偏偏生性耿直，多有看不惯之事，每每考试都被排挤在外，一气之下，万念俱灰。此后，继承父业，经营田庄，倒也逍遥自在。

这一天，听说小鳖已到，他急忙让人领进书房，左瞅右瞧，果然见赵小鳖相貌不凡，英气勃勃，一身龙威虎气，不由得内心大喜。当问起孩子的家中情况和姓名时，杨财东说道："赵小鳖，赵小鳖，这名字太俗了，太俗了，就没有个大名？"赵小鳖回答说："没有。"这时，杨财东捋起胡须，心中寻思：这孩子生得气宇轩昂，日后必是富贵之人，思忖："看他面带赤色，赤者，红也，宏图大展，富贵者，殷实也……"他转身对赵小鳖说："就叫赵弘殷吧！"小鳖非常恭敬地说："多谢杨大人。"接着，杨财东说道："我看你母子无依无靠，实在可怜，你就在我家放牛，月银五两，你看如何？"赵小鳖一听，自然高兴，一来可挣钱养活母亲，二来能每天无拘无束地与牛结伴，不受外人欺侮。他欣然答应。从此，他便在杨家做了个牧牛童。他这个牧童与一般牧童大不相同，他每天出外放牛，不带笛子，也不带牛鞭，而是非棍即枪，牛在坡上吃草，他在草地里习枪舞棍，回到东家，还经常跟护院拳师学拳打镖，天天勤学苦练，寒暑不断，练就了一身好功夫。

赵小鳖自来到杨家后，说话已经三个春秋。这天赵小鳖放牛回来，猛看见杨家内外，张灯结彩，合家老小喜气洋洋，酒筵大摆，好不热闹，心里想着圈好牛一定要看个究竟。待到掌灯时分，赵小鳖偷偷溜到会客厅外的窗下，往里一看，只见老东家正与一南方人吃喝说笑，高谈阔论。只听那南方人开口道："幸遇善主不弃，厚待于我，实实感恩不尽。在下无他物相赠，途经此地，相中一块风水宝地，就是你们村南石坎下的泉洞所在。如善公能将先人骨殖放在泉洞之内，后辈定出帝王将相。"杨财东大喜，连连给南方人斟酒。他们二人这番言语全被赵小鳖听在耳中，记在心里，小鳖想：既有这等好事，何不将我祖先的遗骨也放在泉洞之内。于是他连夜返回家中，向母亲细细诉说一遍，只是不肯讲出杨财东知道此事。谁知他母亲听后，神态黯然，半晌不语。小鳖顿生疑窦，急问根由。秀莲心想，鳖精之事孩子迟早要知。于是她便将全部隐情向孩子倾倒了出来。小鳖听后，如五雷轰顶，头昏目晕。待神志清醒后，想到自家身世竟如此可怜，不觉心内酸楚，泪如泉涌。母子二人，相抱大哭一场。尔后，小鳖问他外公、外婆近况如何，秀莲哽咽着说："从那以后，你外公外婆精神不振，一蹶不起，前年相继去世，噩耗传来，我赶紧让你姨娘翠红代为娘送葬，替母尽孝。如今周年已过，翠红也该嫁于他人了。"说完，秀莲将暗自珍藏的"鳖"骨片递给了小鳖，正色道："苍天有眼，如我赵家日后有出头之日，兴盛之时，定当重谢天恩。"小鳖揣紧骨片不敢久留，复又归山。

先说此泉洞，相传是观音菩萨一次路经此地，当地水贵如油，便大发慈悲，将杨柳玉净瓶中的甘泉，溢出半滴水珠，骨碌碌地钻到地下，便生出一股长年流不尽的清泉。泉洞水流，不但清凉甘甜，饮用极佳，而且还有药用功能。有个过路病人，渴不可忍，刚喝了一口，便觉得神清气爽，红光满面。再加上泉洞外表形似巨龙张口，泉后山势犹如龙身伏卧，所以，当地人便称之为"龙泉"。

再说，那南方人也不是什么风水先生。他本是玉帝派到人间的太白金星，将妙术变着法儿，明传暗授杨赵两家，好尽快成全宋室江山的兴盛基业。

次日，杨财东带着小鳖来到龙泉，吩咐小鳖把先人骨殖放进泉洞内。小鳖想到杨财东平时待自己不薄，恩德不浅。而自己却昧着良心，另有打算，真是……随即打消昨晚想法，抱起骨殖俯身进去。杨财东在洞外静观等候，小鳖进到深处，刚放进杨家骨殖，却见泉水突然猛涨，急流涌出，把骨殖冲出洞外。小鳖急将骨殖搂起，水即刻又恢复原状。接连三次，都是如此。小鳖好不纳闷，人急生智，他想不如将我家的骨片也放进去试一试看如何。于是，从身上掏出骨片，向泉口塞去，谁知那骨片刚一着水，泉水顷刻倒流，骨片也被吸进泉洞深处去了。转眼间，已无踪影。与此同时，突然大地摇动，山石作响，洞口也上下启动，渐渐合闭。

杨财东在外边看得真切，急呼小鳌快快出来。小鳌早已慌了手脚，丢下杨家骨殖，向洞外跑去。然而骨殖刚一着水，泉水再次猛涨，滚滚如山洪一般，把小鳌和骨殖一齐涌出洞外，水势才慢慢退了下去。但在洞外却冒出两根弯角，看去还左右摆动。小鳌急中生智，忙将杨家骨殖搂起，用力一举，挂在上边，洞口亦随之闭严。紧接着，只听"轰隆"一声巨响，整个山势全部坍塌变形。杨财东也被掀倒在地，摔昏过去，一切平静之后，却见紧靠龙泉的旁边，又裂开一个小洞，泉水依然复出，杨财东也醒悟，在小鳌的搀扶下郁闷而归。

后来，当赵弘殷的儿子赵匡胤登基当了宋室开国皇帝后，杨财东的孙子杨业率子孙归宋，忠心耿耿，替赵家守关保疆时，当地群众都说是"龙泉吞骨"奠定的君臣关系。因此，这里的人们还流传着一首歌谣："真龙只能有一盘，龙泉吞骨显灵验。赵家辈辈坐皇上，杨家代代保江山。"

赵弘殷狭路救弱女

龙泉吞骨遇险后，杨庆善本是风烛残年之人，哪能经得起这般惊吓？踉跄回到家里，一病不起。病重期间，小鳌每天早晚请安，不久，杨财东一命归天。殡葬时，小鳌披麻戴孝，亲自扶柩，悲恸大哭，其凄伤之情，深为亲族感动。杨庆善之子杨衮，生性豪侠，不务农桑，自幼专好枪棒，习得一身武艺。因此，好端端一份家业，被他踢蹋得日渐衰落。小鳌见难以久留，遂辞别杨家，回到虎峪。后来，杨衮浪迹江湖，投奔北汉王刘崇麾下，因勇猛忠实，做了殿前侍卫。从此，妻室子女也定居并州，到其子杨业手上，已威名赫赫，战功累累，大权在握，号称无敌将军。随着宋室的建立，看到天下民意归向，才率子归宋，做了一个流芳千古的保国忠臣。

却说小鳌回家，时年已满十六，正式呼名弘殷，长得身材健壮，威风凛凛，又兼武艺高强，为人正直，所以，全村男女无不刮目相待。

一个冷风刺骨的下午，赵弘殷同往日一样，在赵城集市上将柴卖掉，给母亲买了一匹丝绢，缠在腰间，急急赶路回家。

就在赵弘殷刚离开舞阳涧河，进入虎峪沟内时，突然，前方传来"救命"的哀叫声。近些日子，世道动乱不宁，兵匪迭起，草寇出没，拦路抢劫，屡见不鲜，更令人心惊肉跳的是，在舞阳河渺无人烟的石山陵一带，竟出现了一伙蒙面恶人，干起惨无人道的杀人勾当，卖人肉包子。因此，每天太阳还没落山，路上行人断迹。家家户户也早早收拾门户，蜗居不出。想到这里，赵弘殷不由血往上涌，飞奔向前，赶过弯去，一看，果然是几个强贼，正在调戏一名少女。旁边一老者正要上前去阻挡，被一个贼眉鼠眼的家伙一脚踢倒。赵弘殷见状，火冒三丈。"呔！"随着吼声，他如闪电般地跳到歹徒面前。"哪里来的毛贼,如此大胆,竟敢在青天白日之下,行凶放肆,看棒!"话未落,抡圆柴担,立劈华山,向贼徒顶门打去。一开始,几个毛贼还气势汹汹,龇牙咧嘴。及至交锋,才知道是恶狼遇到猛虎——根本不是对手,没几个回合就被赵弘殷打倒在地,呻吟求饶。赵弘殷血气方刚,那肯松手,只听"叭嚓"一响。那个踢老汉的家伙脚已被打断。贼徒们面如死灰,心惊胆战,尽皆捣蒜般地磕头。赵弘殷按下心中怒气厉声言道:"龟孙们听着,倘若再让大爷碰着你们作恶,非要结果你们的狗命。"歹徒们一听,如逢大赦,赶紧爬起来,急如丧家之犬,慌如漏网之鱼,架起受伤的歹徒,没命地跑了。

再说这父女二人,本是开封汴梁人氏,老者姓杜,名琦玖,女儿芝兰。只因当地一家豪绅的浪荡公子垂涎芝兰娇美姿色,欲霸为妾,几次下手未能得逞,琦玖无奈,携女来到山西。不想逃出虎口又入魔掌,危急之中多亏少年赶到,才幸免于难。此刻父女二人,见强贼仓皇而逃,急整衣冠,叩首拜谢,赵弘殷急上前搀扶老人。老者挥泪言道:"敢问壮士,贵姓尊名,家居何处,日后好报救命之恩。"赵弘殷笑道:"路见不平,理应相助,区区小事,何足挂齿。哪里用谈什么报恩,晚生实在担当不起。"随后善言询问了他父女二人的来由去向,听后不觉同情。常言说:"帮忙要到底,救人要救彻。"赵弘殷说道:"眼看天色已晚,近处又没人住,不然先到我家,明日再作打算。"老者见弘殷竟是如此心好,顿时转忧为喜,同女儿再次谢恩,一同向虎峪村而来。

却说秀莲眼见星斗满天,鹊鸦归巢,儿子还不回来,不由得如坐针毡,还以为弘殷又惹下了乱子。正在她胡思乱想之际,柴门响动,秀莲急忙迎出门外,却见弘殷身后还跟着两人,复又心起疑团。等儿子把事由说完后,秀莲这才满面笑容,给客人端饭递茶,热情款待。翌日黎明,琦玖父女欲告别弘殷母子,另谋生路。秀莲看孤苦伶仃,好不凄惨,不觉言道:"世道纷乱,这里又山高路险,人烟稀少,不如暂且住下,虽不宽敞,倒还对付,日后从长计议。"琦玖觉得也有道理,便婉言说道:"老夫背井离乡,穷途落魄,感承不弃收留,多方照顾,实重见天日,再生父母,只是老汉年迈,小女尚幼,留下必成累赘。"不想弘殷说道:"老伯放心,晚生不才,还有一身气力,谅也养活得了大家。"见赵家娘俩一片盛情挽留,琦玖再也不好推辞,从此两家四口,并为一家。男耕女织,辛勤操作,互相敬重,同舟共济,光景越过越红火。

九龙山太祖降人世

星移斗转,弹指间,又是一春。一天下午,趁两个孩子不在,两位大人边干活边聊天。言谈中,秀莲不觉触动了心事。原来孩子们都已成人,赵弘殷已交十八岁，年长芝兰一岁，在日久天长的交往接触中，两人已互有情意，这一切，哪能瞒过父母的眼睛，尤其是芝兰姑娘，深为赵母喜欢。俗话说："女大十八变，越变越好看。"她已长得袅娜娉婷，肌肤丰腴，更令秀莲满意的是，芝兰姑娘不但人样好，而且温柔贤惠，心灵手巧。要是真能做了自己的儿媳妇，赵家福分不浅。秀莲高兴地想着，不由把心里话婉转地说了出来。岂知琦玖也早有此意，只是难于启齿，恰好赵母先露，正中下怀，喜言道："弘殷仁礼著称，英武豪杰，老夫早欲把小女适给公子，效报大恩，亦承家有托，只是拙女丑陋，反复掂量，却怕难配令郎。"秀莲听完，忙接言，应允亲事。

　　数月后，经一家人忙碌准备，一切结婚用具都置办齐全。为择个黄道吉日，听说邻村有一阴阳先生，秀莲就差弘殷去请。谁知他刚出门，就听外边传来一声"知生死、卜未来"的吆喝声。哎呀，这真是天遂人意。秀莲喜出望外，急命弘殷请回家中。须臾，一鹤发童颜、慈眉善目的老道随弘殷进来。秀莲笑吟吟地向他说明缘由，那老道听后，问了两个孩子的生辰八字，接着不假思索地言道："快拿笔墨纸砚来。"弘殷急取文房四宝，只见那道士手握狼毫，边写边念："蜡梅遇瑞，鸾凤和唱，生子奇秀，人间没有。"事毕，分文不收，趿履出门，飘然而去。一家人好不奇怪，琦玖惊喜地叫道："仙家！仙家！"然瞅着文字，反复思量不明其意。秀莲皱眉一想，很快悟出前两句，意思是说，腊月初五日，即可完婚。但后两句，生子人间没有，难道是天上生下的不成？仍迷惑不解。待后来芝兰生子匡胤，做了皇帝时，身为皇太后的芝兰，一次偶然机会，含笑告知一些大臣，不想那些文人，立即随声附和，同声奏道："对对。当今英主，万乘金躯，怎能与平庸凡胎相比，就应是天子。"从此，历代封建帝王，又多了一个"天子"的尊称。

　　却说这算命先生，乃是得道仙翁陈抟老祖，道号希夷。因服气辟谷，得龙蛰之法，故能知天下兴衰、过去未来之事。这天，他脚踏祥云，告别北岳挚友，径回华山仙洞，路过虎峪上空，见沟内紫气升腾，瑞云缭绕，掐指一算，才知是天上飞龙将军，很快要下凡投胎，平乱治世，诸神正在净化此地尘埃。老祖乐善好施，便按下云头，竟当了一名好事的月佬。到太祖问世长大，漂荡江湖与陈抟老祖对弈，把华山输掉后，老祖才言明此情。说话间，已是黄道吉日。弘殷身着吉服，芝兰也打扮停当，一对新人参拜了天地神明、祠堂灶户，两位大人当堂受礼。然后夫妻对拜，合卺花烛，成就了百年之好。

　　再说人间婚礼，早惊动了天庭龙宫。这早，金銮殿上玉帝高落宝座，两班文武，分立左右。只听当驾官传宣道："有事出班早奏，无事卷帘退朝。"言未了，只见左班闪出太白金星："启禀万岁，自唐乱亡国后，已近二十余载，人间僭窃相踵，战乱不息。后唐明宗，虽生性懦弱，却心底甚善，每夜在宫中焚香祝天，愿早生圣人，为生民之主。而今，恰值东海小龙敖顺之子弘殷，今晚配婚，实乃吉日良辰，望吾皇垂念生灵，命真主下凡，投胎赵家，解众民倒悬之苦。"玉帝闻奏，深为后唐明宗李亶诚心感动，即刻下旨，令火龙将军当日戌时起程，亥时转生。这火龙将军领旨后，谢过帝恩，辞别众官，按时进发。

却说弘殷与芝兰，洞房花烛之夜，曲尽欢娱。三更时分，二人拥抱着进入梦乡。正在芝兰神游驰往之际，忽然见一条五爪赤须火龙从空而降，高声叫道："孩儿来也！"向她怀中扑来，急睁眼惊呼，方知是梦。但却欢喜不尽，因听人说，梦见龙虎，必得贵子。从此，身怀六甲。

十月怀胎，一朝分娩。芝兰临盆时，赤光满室，闻得异香不散，遂产下一红脸娇儿，便呼名香孩儿，即太祖匡胤。时年，乃后唐天成二年二月十六日。

就在匡胤降生之时，听得外边有人惊呼："南山起火了！"众人大骇。出门一看，果然，方圆几十里虎山，到处熊熊烈焰，冲天而起，映红了半边天，直烧了三个多月，方才熄灭。

从那以后，这虎山便形成了今天的样子，光秃秃的，寸草不生，满目尽是红土焦山，而后山却毫无损伤，照旧葱葱郁郁，四季常青。所以，人们一望此山，都说是太祖匡胤的真形赤须火龙烤的。

自那场大火后，此地虎山一分为九，而九个山头又分别从西、南、东三个方向腾挪俯伸下来，恰好将香孩儿家的土窑寒舍呈马蹄形紧紧包住。站在对山细望，那远高近低、起伏不平的九座小山，一座座满含活力，气韵生动，形若巨龙，跃挪奔腾，仿佛从天而来，欲入溪涧，却又忽然收势，伏卧不动，精心为赵家护卫。直到后来，当地人听说香孩儿成了大宋皇帝，便把此地呼为九龙山。

编荆筐过上好光景

却说这火龙将军奉玉帝旨意转生于赵门，其真形火量将几十里虎山烤成一片焦土。此方山神土地无不诚惶诚恐，急忙奔走聚会，商讨保驾之策，皆尽力用心，暗中护持红脸香孩儿，不敢有半点儿差失。

可是这香孩儿问世后，偏偏磨难缠身，灾星屡降。先是一生下通体金色，三天三夜不睁眼睛，一家人还以为是个怪胎，琦玖老汉几次嚷着要扔到荒野，多亏芝兰心有灵犀，执意挡住，等孩儿睁开眼，皮肤连脱三层，恢复正常，这才稍宽心。然而香孩儿却又食量大得惊人，芝兰虽奶水充足，但还是不够吃，香孩儿整天饿得哇哇啼哭。尤其烦人的是，半夜醒来，便手舞足蹬，喉咙一扯，扰住般地嚎叫。眼看小红脸憋成紫肉蛋，连气儿也吭吭地从喉咙里上不来，还不罢休，慌得全家老小轮流抱着，常常是折腾得举家一宿难眠。后来，听说村内有个刚没了孩子的年轻乳母，秀莲好说歹说并给人家以纺线相抵，才多了一个奶妈。另外一些好心的妇女也主动上门给孩子贴补奶水，香孩儿这才饥一顿饱一顿活命下来。赵匡胤长大后，手持一条蟠龙棍，打遍天下无敌手，当地人都说是跟小时吃众人的奶有很大关系。

这年，适逢大旱，庄稼颗粒不收，本来这穷乡僻壤的虎峪村都是些瘠薄旱坡地，庄稼人正常年景，也打不下几颗粮食，充其量只够糊口，碰到荒年，就要糠菜充饥。偶尔有点盈余，那也要风调雨顺，却是十年之内，难遇一年。因此，这虎峪村，连官府也知道是个不毛之地，无油水可榨。再加上沟深坡陡，道路崎岖，所以，自有人居住以来，本地官吏概不过问，成了一个山高皇帝远、不受人管束的世外桃源。

即便如此，赵家起早搭黑，辛苦一年，换来的却是家无隔宿粮，瓮底"当当响"。肩负家庭重担的弘殷，心急如焚，整日愁眉不展，长吁短叹，好端端一个如龙似虎的小伙子，竟眼眶塌陷，面黄肌瘦，形容憔悴。

尽管如此，弘殷依旧得挺起腰杆，强打精神，拼命地干活，让一家人度过荒年。尤其是瞧见那嗷嗷待哺的小娇儿，真是浑身不知有多少力气。过了一段，连野外能食用的野菜树皮也吃光了，眼看全家老小又面临饿死的危险，弘殷可真是山穷水尽苦无良策，闻人言北邻陈村有个姓焦的大财主，不仅家有陈谷烂麦，而且在外地还开了几家商号，广积银两。弘殷只好硬着头皮，去焦家打短工，每天挣回三五升粮食，一家人赶黑推碾拽磨，破成碎渣，连麸带面，蒸成粑粑，权且充饥。

目睹家中的艰难窘境，琦玖老汉同样心情沉重，这天下午，他又坐立不住，步履艰难地踱到门外，沿着曲径石路走着，盘算着。不提防被什么东西划了一下，侧过身来，原来是一蓬偌大的绿荆梢，还散发着扑鼻的幽香。人常说："天旱酸枣，雨涝荆梢。"这是说荆梢根多但扎得浅，雨水大才长得旺。可是在这田禾焦枯的年头这株荆梢却枝叶繁茂，翠绿欲滴，同那四周打蔫萎缩、即将旱死的荆梢对照，简直鹤立鸡群。

琦玖好生奇怪，随着思绪的翻腾，脑中忽然映现出老家集市上昂贵的筐子，他不由皱眉舒展，脱口而出："有了。"他遂即折转身子，返回家中，一见弘殷，喜滋滋地说："自古天无绝人之路，活人岂能让尿憋死。"琦玖便把自己发现的秘密和打算悄悄相告。

第二天，翁婿两个兴冲冲地来到那块地方，弯腰就割，不消半个时辰，就够沉甸甸的一担。等他们刚刚捆扎好，准备回家时，刚才割过的地方，又齐刷刷、绿油油地长出一片荆条，而且嫩老相宜，比先前还要茂密。翁婿俩大为惊喜，如获至宝，挑起担子，美滋滋、乐陶陶地奔回家中。当晚，就编成一堆筐子。次日天亮，琦玖去割荆条，弘殷则将编好的筐子担到集市去买。由于这筐子式样大方，结构新颖，又是上好的荆条，所以很快就被抢购一空。一算账，卖了十二分的价钱。就这样父子俩每天如此，家中光景也日渐宽裕。

别先祖背井离乡

"福兮祸所伏，祸兮福所倚。"赵家发财的消息传到当地县衙。一天饭后，一个小吏走到县老爷跟前，阴声说道："回复老爷，那件事已打探清楚，就是当年震动县城兴妖作乱的赵家后代赵小鳖，在虎峪村发现一块神奇荆梢，割了又长，长了又割，赚了一大堆白花花的银子，依我看，在那下边，肯定埋着聚宝盆。"贪得无厌的知县闻听此言，精神抖擞地说："你立即给我安排，明天如此如此……"那小吏暗自高兴，徐徐退下。

次日，鸡刚啼鸣，天空还满是星斗，县太爷带领人役，骑了一匹枣红大马，神不知鬼不觉地悄悄出发了。

破晓时分，已来到那蓬荆梢跟前。小吏抢先一步，指挥着众随从铣挖镢刨，县太爷则站在阵前督战，不一会儿，听得"当"地一响，一个呈暗红色的圆形物体被挖了出来，望着梦寐以求的宝物到手，县官搂在怀中，生怕宝贝不翼而飞。随即招呼随从，前后左右护持宝贝，抄近路直奔县城。回到县衙，急忙吩咐随从打扫中堂，然后将宝物小心翼翼地摆上供桌，焚香礼拜，县太爷嫌宝贝不甚干净，边用抹布抹了又抹，擦了又擦，唯恐不灿烂夺目。举家人凝神注目，屏住呼吸，恭候佳音。突然，一股臭气冲溢满盆，弥漫全屋，县太爷一声惊叫，欲抽手却被盆内的黑烂污物粘住，他用足气力一甩，盆内污物随手四溅，顿时，县衙一片狼藉。恼羞成怒的县官仍不死心，扑到盆边，只听"咣当"一声，那宝贝自行滚落在地，满堂旋转，又惊得众人抱头四散。响声一停，定睛细看，聚宝盆却成了一个没底的破圈子，恼羞成怒的县太爷将欲去抢，刚一伸手，只听一声响动，宝物霎时无影无踪，惊得众人呆若木鸡，县太爷顿觉天昏地转，摇晃欲倒，众人连忙扶起，搀入卧室，当天夜里，县官高烧不退，不省人事，梦中喊着"赵爷饶命"，没过三天，呜呼哀哉。全城人闻听县太爷暴病身亡，无不拍手称快。

再说琦玖这日照常来割荆条，到了地方，却见这般萧条景况，顿时气得话也说不出来，忙奔回家中告知众人，弘殷气炸肝肺，毛发倒竖，青筋暴起。秀莲见弘殷怒气上冲，失去理智，连声劝道："儿呀，知足者常乐，大概咱赵家就该行这么一段运，现时咱家还能够过得下去，至于以后，再另想办法，君子哪能为区区小事伤心劳神呢？"经众人耐心劝导，弘殷才冷静下来，但是劝归劝，说归说，荒凉山沟哪有什么好干的，仍然是只有以编织为唯一生路，但生意日趋冷落了。

这样两年有余，芝兰复生一子，乳名二舍，即太宗匡义，又多了一张吃饭的嘴，虽弘殷善持家务，省吃俭用，仍入不敷出。更令人忧虑的是，琦玖老汉年迈身弱，疾病缠身，时过月余，琦玖已经瘦骨伶仃，举家人无不忧伤，提着心熬日度时。老汉一日外感风寒，身觉不适，强忍疾病，不便言语。至夜，病情恶化，突然急骤哮喘，眼神黯然无光，家人见状，顿时慌了手脚，琦玖老泪纵横，断断续续道："死……后……把我安葬……在……荆梢坑里……"说完，竟含恨辞世了。全家人顿时悲恸欲绝，将老人草草更衣，装殓埋葬。

过了百天孝期，芝兰见丈夫疲于奔命，仍维持不住全家人的吃喝，遂产生了回河南逃难的念头。至晚，便把心思诉与丈夫，谁知弘殷一听，只是唉声叹气。心灵的贤妻早已猜到几分，于是又委婉地劝道："眼看度日艰难，还顾什么脸面，只要我们能活下去，哪里不是一样。"弘殷见妻子如此贤德，点头默许。第二天，夫妇俩告知母亲，秀莲思虑再三，也感到无路可走，只得应允，于是全家便开始忙碌准备启程。

再说弘殷夫妇为携带两个孩子犯了难，从山西到河南，千里迢迢，背抱都不是办法，秀莲提议：编一对大箩筐，把孩子挑上，弘殷一听，倒也可行，出去砍了四根木质坚韧的土兰木把子，用火熏成椭圆形的架子，每筐两根十字交叉，用荆条编织缠绕，霎时，一对筋骨结构样式独特的筐子编成了。香孩儿坐一头，家什及二舍坐一头，弘殷挑起试了试，倒也稳当。两个孩儿在里边手抓筐把，随筐上下晃动，舒畅得嘻嘻发笑，不愿出来。连前往送行的乡邻父老也为这奇特的新筐啧啧称赞。当天，赵家便告别乡邻，互道珍重，洒泪而别。

齐知县改筐子为"龙窝"

一路上，且不说赵家历经风霜，吃残汤剩饭，宿寒窑破庙，所到之处，大多是十室九空，遍地饿殍，田园荒芜，鼠狗横行，不忍目睹。一天中午，来到一个集镇，因饥饿疲乏，酷热难当，弘殷便把担子放在一熟食摊前，准备用饭。不想刚一坐定，跟前好多人皆放下手中活计纷纷避开齐叫："好热呀，怎么这鬼天气，越发晒得厉害了。"弘殷不以为然，只顾擦汗扇风，正在这时，远远来了一异装怪人，望着弘殷担子老远喊道："哎呀！好一担火！"继而到了跟前，又变脸失色言道："这汉子是哪里人氏？"弘殷头也不回言道："西罗小县"。随后那人喜形于色，朗朗说道："谁说当今没真龙，山西一担两盘龙。"言罢，哈哈大笑，跌撞而去。弘殷及众人听了均以为是癫疯醉话，哪往心里去。不一日，来到黄河岸边的茅津渡口，时值汛期，河水暴涨，弘殷登高一望，但见滚滚洪流轰鸣咆哮，湍急而下，渡口上不见一只船摆渡。无奈只好忍耐等待，直到红日西坠，仍然四寂无人。弘殷正欲探寻船夫，一牧童打着赤脚迎面而来。弘殷急忙施礼询问，方知前几天刚打过一仗，船只全部运往对岸。弘殷一听，顿时泄了气。不想那小孩却说："客官不必发愁。"那小孩说罢扭身便走。还没等弘殷反应过来，"请上船吧！"那小孩已笑容可掬地撑来一叶小舟。弘殷一家过河心切，也不管浪大舟小，能否过去，就神差鬼使地上了船，没想到刚一上船，汹涌狂怒的河水霎时变得风平浪静，弘殷惊讶不已。不消片刻，便到了对岸。下船后，弘殷一家连忙答谢，那小孩也不答礼，只是说道："船钱。"弘殷掏遍全身并无分文，心里一急，头上热汗淋漓。原来是钱在途中丢失，翻遍全身，仍是空空如也。弘殷尴尬极了，没办法，只好向那孩儿如实相告，求开恩宽恕。那孩儿也不再要，闪着狡黠的目光说道："那就留个抵押吧！"身边并无一件值钱的东西，不知如何是好。"这样吧，日后，你们到了好处，以此河为界，北边让我玩上几天。"弘殷听罢这不着边际的话，越发没法回答。谁知香孩儿却冒了一句："能行。""好！"那小孩接言，唱了一个肥喏，拉长声调："谢过龙恩。"随后，篙头一撑，箭一般地离去了。自古道："真龙口里没虚言。"那孩子本是金朝开国皇帝完颜阿骨打的化身，闻太祖匡胤临此地，便暗使法术，向他索取江山。果然，后来宋室江山建立后，传到徽、钦二帝时，便把好端端的半壁江山让金朝夺了去。

次日中午，迎面走来一个相士模样的先生，双方照面后，那先生纳头便拜，口称："小臣接驾来迟，望恕罪。"弘殷一闻此言，不由恼羞成怒："你这骗人坑财的疯道，欺我囊空不成？"先生急忙分辩："尊驾担内，乃当今真命之主，开国皇帝，昨夜小道苗光义，奉师傅陈抟老祖之命，说帝星已降于山西，然而无养龙之水，让我赶紧寻访，迎往河南。这里沃野千里，水丰粮足，风脉正旺，豪杰辈出，乃发祥成业之地，不期半路幸遇，实在有失远迎！"一番言论，说得弘殷暗暗吃惊，点头称是，这才放下担子，扶起先生："在下乃山村野夫，方才心绪不好，言语粗鲁，还望先生多多包涵。"那道人复又恳切言道："祖师令训，迷津点程，行至一月，逢城而进，轮年转京，周亡宋兴。"言罢叩首而退，弘殷听后牢牢记住，复又起程。

数日，弘殷一家终于赶到洛阳，寻得芝兰娘家故居，权且住下。当晚弘殷忽然想起先生言语，屈指一算，恰好整整一月，心内甚喜，便安心住了下来。过了几天，弘殷从军，凭着武艺高强，屡立战功，飞黄腾达，升至后汉殿前都指挥之职，成了威名显赫的重臣。赵匡胤12岁那年，举家又迁往东京汴梁，直到太祖归天后，其弟光义登基，京城人们才把赵家居住过的地方称为双龙巷，一直延续至今。宋朝开国后，太祖降旨，西罗县永久免税，不赋徭役。全县黎民，无不欢乐，家家供奉匡胤圣像，朝朝顶礼膜拜。到了太宗登基期间，西罗县城来了一名新知县，姓齐名远。此人才思敏捷，博学多识，为官清正，效忠朝廷，上任不久，听说太祖兄弟当年逃难时,是被其父用筐子担到洛阳的,便下令把筐子改称"龙窝",很快"龙窝"一名传遍全县,甚至大江南北,神州各地。后来此事传到皇宫,龙颜大悦。又因齐远治县有方,遂越级擢升为平阳太守,直至尚书。后来北宋灭亡,金朝统治了黄河以北的大半个中国,才把西罗小县一分为二,分而治之,划归洪洞和赵城二县管辖。两县百姓不忘太祖皇恩,但为免受牵连,"龙"头上添了一个竹头,称为"笼窝",从那以后,"笼窝"一名,便流传下来,直到今天,洪赵二县的人们仍这样叫着。字形变了,但含义不变,只有外县外地却又慢慢地恢复了筐子、箩头等名称。

随着笼窝的身价提高,虎峪村的百姓竞相效仿弘殷当时逃难时的笼窝样式,家家编织,其产品遍及洪赵二县,而虎峪村一带,也被誉为"笼窝之乡",成了畅销不衰的热门货。如今当地还流传着这样一首民歌:"妥当(现洪洞山头乡)的核桃,许村(洪洞堤村乡)的枣,虎峪的笼窝不用挑。"

赵匡胤黄袍加身建大宋

到后汉隐帝(刘承祐)即位那年,香孩儿已长大成人,生得尧眉舜目,禹背汤腰,一身英雄气概,满面帝王之相,十八岁时,娶妻贺氏,名金蝉。

赵匡胤自住汴京后,如鱼归大海,自由自在,无拘无束。况且生就的豪侠性格,练得浑身武艺,因此,每日拜师访友,游街串巷,专爱结交那英雄好汉,尽闯些打抱不平的事非乱子,成了闻名京城的霸王太岁。后来在一次踏青玩赏中,路遇不平,挥拳便揍,不想失手,误伤人命。幸亏隐帝念其是功臣之子,宥拟从轻,将其发配大名府充军三年。赵弘殷治家不严,被罚俸一载,才算了却此案。在大名府充军期间,赵匡胤结识名妓韩素梅。转眼三年限满,嘘唏而别,直到匡胤在后周立朝时,当了将军,真的亲自打马来接素梅,才夫荣妻贵,破镜重圆。

匡胤回到汴京因继续惹是生非,先后在汴京城打了御勾栏、大闹御花园、戏骑泥马,惊动京城,终于问了死罪。为了不牵连父母,匡胤浪迹天涯,后遇贩伞村夫柴荣,见其头上金光罩顶,天空复出一日,知非常之人,便结为知己,同路而行,没几天,又碰到卖油大汉郑恩。三人一见如故,秉性相投,遂依年龄,撮土为香,对天盟誓,结为金兰,一起去投奔在柴荣的姑夫后汉元帅郭威的帐下。从此,精忠辅佐郭威,并帮他废汉立周,拥戴郭威做了后周开国皇帝,因皇后无出,将柴荣过继立为太子。不久,后周皇帝驾崩,柴荣登基,是为周世宗。赵匡胤也平步青云,升迁为殿前都点检,即御林军元帅。在南伐北征中,赵匡胤又凭自己的智勇,深得世宗信任,逐渐成了权倾朝野的实力人物。

显德六年六月,柴荣驾崩,其子柴宗训,年方七岁,柩前即位,是为恭帝。不久,赵匡胤发动陈桥兵变，黄袍加身，建立了大宋王朝。

太祖显灵护佑西罗

太祖匡胤自登基以来，上应天命，下承民心，这大宋江山，也算得君明臣贤，政通人和，神州寰宇，连年风调雨顺，呈现出一派升平景象。真是民众殷实，国力鼎盛，连那四方异邦，边关诸国，也心悦诚服，俯首称臣，遣使和好，岁纳贡物。太祖在位十九载，归天后，其弟光义继位，是为太宗。这样代代衔接，传十八代子孙，历三百年基业，到了南宋帝赵昺手上，朝廷日趋腐败，政治黑暗，宋室江山，逐渐衰落。但那亡国昏君依然不顾国破家亡，辱没祖宗之恨，偏安江左一隅，花天酒地，沉溺声色，醉生梦死，不思进取，一班专权的奸相，则对内助纣为虐，诬害忠良，对外通敌卖国，屈膝割让，如铁壁般的锦绣河山终被崛起的蒙古，全部吞灭。

亡国之日，朝中赵族太子公主，尽皆树倒猢狲散，没命地四散窜奔，或隐迹匿名，遁于深山；或漂洋过海，流落他国，好不凄惨可怜。从此，天下庶民百姓重陷战乱之中过着啼饥号寒的悲惨日子。

却说这蒙古，称雄于中国，建立元朝。新皇世祖忽必烈登基这日，两班文武山呼万岁过后，天子近臣，上前启奏："陛下，我朝新立，汉民难服，尤其赵家嫡后，尽皆逃亡，如若不除，日后滋延，定成燎原之势，后患无穷。"忽必烈闻奏，命大将力铁木率三千精悍轻骑，直奔西罗城，凡赵家后裔，三门九族，一律诛尽杀绝，鸡犬不留。

不一日，力铁木率兵来到赵城县，屯兵驿站，自金朝占据中原后，这西罗县的建制便被取消，县城及北部一带归属赵城县治辖。这天，闻官兵忽至，知县韩宝川大惊，情知来者不善，只得硬着头皮，带着衙役，来到驿站。参拜过力铁木后，韩知县即命摆酒设宴，与力铁木接风洗尘。席间，力铁木称明日兵发西罗城，抄斩赵家满族，望大人随军带路。宝川心内一沉，暗暗叫苦。他万万没料到这一着，但事已至此，只好违心应承，到时再想良策。随后，力铁木抬手送客，韩宝川郁闷而归。

次日早膳后，韩宝川赶往驿站，强打精神参见过力铁木。二人来到兵营，力铁木让副将集结兵士，听候命令。吉时刚到，力铁木指着一匹嘶鸣的高头大马，让韩知县乘坐，随即让中军官传令起兵。

从赵城县到西罗城，四十余里，一个时辰，已兵临城下。力铁木将人马分为两队，一队在城外守住各路口要道，不得走失一人，一队则进城诛杀。接着，力铁木携韩宝川打马进入城内，刚走几步，忽见前面一片耀眼光亮升在空中，刺得众军士眼光缭乱，力铁木心起疑窦，纵马来到跟前，方知是一个偌大天池，满池清水在日光的照射下熠熠生光，力铁木正欲走时，那战马径往池畔奔跃，引颈长吸。其他战马也竞相效仿，咴咴叫着，来池边饮水。力铁木求功心切，扬鞭打马，谁知任其左抽右打，只是原地不动。力铁木暗叫不好，侧身一望，其他战马也或伏或仰，如生根一般，纹丝不动。等跳下来看时，全部战马，似喝上水银，腰直腿硬，气也不哼，如泥胎塑像，尽皆蜕化。见此情景，力铁木气急败坏，失去理智，高举宝剑，哇哇叫着，命军士分头扑向各家宅舍，不问男女，尽皆杀戮。随后，力铁木眼露凶光，逼着韩宝川，在侍卫的簇拥下，发疯似的冲向城中。此时，已是正当午时，红日高照，晴空无云，街上寂静无声，空空如也，给人一种神秘莫测的感觉。就在力铁木像一只无头的苍蝇瞎撞乱奔之际，突然，西山顶上飘过一朵乌云，弹指间，已到西罗城上空，再也不动。继而，那乌云又迅速扩散，将全城刚好罩住。片刻，城内便昏暗下来，十步以内都迷离惶惚，模糊不清，如夜幕降临。力铁木瞪着迷惘的眼睛，像进入阴魂阵，陷入泥滩，心内发慌，对着韩宝川，语不成声地问："如何是好？"韩宝川乘势进言："此乃赵家发祥之地，人言上有吉星高照，下有众神护佑，大人此次抄斩，恐震怒归天太祖，如此连降恶兆，足以证明。望大人三思抉择。"力铁木乃一介武夫，岂信神灵一说，所以，听了韩宝川的一番言语，非但没有奏效，反而怪罪韩知县，乱言抗旨，蛊惑军心，当场摘掉乌纱，革掉官职，仍不解心头之恨，又命军士将其牢牢捆绑，严加看管，待事成后，从重发落。

就在军士把韩大人刚刚捆实、力铁木穷凶极恶地大开杀戒之时，忽见一道闪电划破天空。紧接着，一声天崩地裂的雷鸣，大地震撼，半空里，显出一条五爪赤须火龙，张牙舞爪直向力铁木扑来。顿时，吓得力铁木及军士毛骨悚然，瑟瑟发抖，一个个瘫软倒地，不敢动弹。良久，几个胆大的才勉强睁开眼睛，巨龙已不知去向，只见力铁木眼睛鼓出，鼻歪嘴张，仰面朝天，气绝身亡。有个胆大的心腹家将俯下身子，欲扶力铁木，但哪能立得起？原来是被火龙吸了骨头，众人这才赶紧飞报城外副将。

避贼寇赵姓易贾

那副将本是中原汉族人，这次奉命出征，实乃违心而来，所以一切均由主将作主，自己决不参与。听士卒报主将身亡，韩知县又不见踪影，他急忙进城，看到这城内腥风血雨，冷气逼人，他预感大事不好，继而见到力铁木惨状，更是惊恐不迭，让军士把力铁木尸体收拾好，复召集人马，见一个个面露惧色，副将也心虚胆寒，进退两难。但圣命难违，为装装样子，只好硬着头皮，挥兵再次搜城，看究竟有无赵氏后代，令刚出口，一声刺耳的怪声，由远而近，呼啸而来，天空黑云越发沉厚，如倒扣的巨型铁锅，压得人喘不过气来。紧接着全城狂风大作，夹着尘沙，扑面而来，众军士一个个站立不稳，踉跄欲倒，那副将此时越发心惊肉跳，不知所措，昏沉间，只见对面微有亮光，原来是一手执红灯的老者，蹒跚而来，副将急问："老人何姓？"那老者本是此方土地，因累受西罗城百姓的供奉，遂心生一计，前来拯救生灵，解城之围。只听他沉着答道："村夫姓贾。""姓贾？"副将继续盘问，"那么，赵家人们都到哪里去了？""赵家一门，昨晚尽皆逃走。"说完，老者头也不回，扬长而去。那副将半信半疑，进了几处府第，果然不见一人，连鸡犬之声也闻不到。这才彻底放心，撤兵离城，返回燕京交差。

次日早朝，那副将将详情如实禀复。忽必烈听后大怒，厉声叫道："什么？全城无一赵家人丁，只有一贾姓老者？"副将又重答一遍。想到此次发兵，本欲斩草除根，结果"赔了夫人又折兵"。忽必烈气冲斗牛，好不沮丧。尤其是赵城县令，竟敢临阵逃脱，叛逆朝廷。当即下令，全国到处张挂图形，悬赏捉拿韩宝川。一旦拘捕，火速押京，凌迟处死，以摄众官。百官听后，无不打着哆嗦，噤若寒蝉。尔后，元世祖传旨，厚葬力铁木。

再说那元兵走后，西罗城上空很快风住云散，重见天日，城内百姓尽皆安然无恙，无一损伤，家家无不悲喜交加，感上苍先祖保佑。而那天池边的战马，则蜕化得千姿百态，令人叫绝。大家看后都惊讶不已。次日，一相貌堂堂的公子来到城内，向赵家族中尊长拜诉自己乃太祖嫡传，从赵城回归，路遇一道人，言说祖居发生惊变，皆因在天先祖，神灵庇荫保佑，全城生灵才得以免遭劫难。尊长无不点头称是。接着，那公子又道："道人千叮万嘱一个'贾'字，救了我赵家一门，一片乌云，免全城人受戮，为防日后不测，就改赵姓为'贾'，将西罗城名变为罗云村。"尊长沉吟良久，欣然应允。次日，遂召集全城赵姓长老，言明此事，众皆无异议。从此，西罗城就改为罗云村，一直延续下来。而城内赵姓全族，则全改为贾姓。后来，有位逃难高平的赵公子听说此事，遂把他居住的村庄，也称为贾家庄，至今两村人仍有往来。

山头法师传说

很久以前，在罗云山深处的山头村有一位老法师，佚其姓名。他法术高超，功力深厚，远近闻名。这一带山高林密，灌木丛生，飞禽走兽，种类繁多。尤其是多产异蛇，如金花蛇、黑乌蛇、双头蛇、担梢蛇、七寸蛇等，夏秋季节常在山野间出没，让人防不胜防。但是山里人靠山吃山，天天要和山林打交道。男人们放牛牧羊，砍柴刈条，妇女孩子们割草挖菜、掰木耳、刨药材都离不开山，因而被蛇咬伤的事时有发生。但凡遇到这类事情，只要能把老法师及时唤到，他念上一通咒语，朝伤口处喷几口酒，被咬伤者便会安然无恙。对一些难治的蛇伤，他念动咒语能把咬了人的素蛇聚集，让其舔舐伤口，然后训斥一番，再纵之去，这些蛇都会服服帖帖，丝毫不敢违命。老法师还用法术给人治病，小孩发烧、惊厥中风，老法师边念咒边在小孩身上抚摸一番，小孩就会好起来。有的年轻妇女据说着了魔，妖魔鬼怪缠身，百药罔效，老法师会用大法将肇事妖魔拘来审问，根据情况，分别礼送或斩除，使病人转危为安。当地群众一致把老法师当作他们的保护神。老法师忠厚老实，从不计较报酬，一般人家在病愈后，只需蒸上15个白面疙瘩儿献在法师所供的神案前，烧几炷香、叩上几个头便算报酬。有重病之家或家境好一些的人家也会给神堂上押几角钱，但老法师从不在乎，不管谁家，不论贫富，总是随叫随到。因此在后山一带不论大人小孩儿，对老法师都十分尊敬。

一年，蒲县西南山中有一家财主，女儿患了一种怪病，一到晚上浑身抽搐，大汗淋漓，两眼发直，口中胡言乱语，请了许多郎中先生、神汉巫婆，扎针吃药，求神问卜都无济于事，把一个如花似玉、亭亭玉立的十七八岁大姑娘折腾得皮包骨头、面黄肌瘦，没有了人的模样。老财主听说山头有位好法师，便派人牵着马带着礼金来请老法师。法师对家中稍作安排，便随来人赶往病者家中。当日晚上，姑娘的病情发作，法师念起了驱魔大法，慑住了恶鬼，并进行了审问。原来这恶鬼是山东人，跟随家乡的一个土匪头子来到山西，打家劫舍，掳掠妇女，后被官军剿灭，便成了一个孤魂野鬼，在这里四处飘荡为害。法师对恶鬼说："如若愿回家，送给你盘缠路费，否则就将你打入十八层地狱，永远不得转生！"野鬼哀求放他回家。于是老法师用纸剪了一个纸人纸马，纸人身上挂了两串金银元宝，怀中还揣了一些纸钱，在村东路口焚烧。第二天晚上，姑娘安安稳稳地睡了觉，以后再没发作。老财主感激莫名，不知道怎样感谢老法师，天天酒肉相待。法师多次告辞，老财主总是苦苦挽留，一来他是真心想报答老法师救女儿之恩，二来也怕万一老法师一走，女儿的病再犯，因此总想挽留老法师多住些日子。

老法师在财主家居住多日，归乡心切，一日他看到老财主家的马房院里堆着好多谷草，他便想好了一个主意。这天他向财主家要了些麻绳，将谷草扎成一个草龙，脖子上还挂一个铃铛。晚上夜深人静之后。他悄悄起床，骑上草龙，念起大法，顷刻，那草龙腾空而起，向东北方飞去。事有凑巧，这天子夜时分，蒲县城外的柏山东岳庙内灯火辉煌，东王天子正临殿议事，忽隐隐约约听得空中有铃声响起，便吩咐殿前侍卫黑虎灵官出去打探，看是哪位天神过境，是否需要迎接。黑虎灵官出来定睛一瞧，原来是个凡夫俗子骑着草龙从空中飞来，等到临近，一钢鞭便把法师打了下来，顺手提起，跑进东王殿，摔在地下说："哪有什么天神，就是这个凡夫俗子，骑着草龙从上头经过。"东王爷问明情况后道："救人于围厄之中，亦是功德一件，只是不该私涉天界，赦你无罪，你走吧。"法被破了，草龙也被打碎了，法师好生气恼，但也无计可施，只好一步一步往家走去，第二天，天黑以后才到家，他不吃不喝，倒头便睡，把老婆吓了一跳，问他又不吭声。一连数日，天天如此。法师愈想愈生气，终于下定决心进行报复。他进城买了七块新犁铧，二斤点心，第二天早饭后对老婆说："他舅前些日子患病，我们都忙，没去探望，今天你把这二斤点心带上去看一看，随后我去唤你，也和他舅坐坐。"老婆提着点心高高兴兴来到娘家，和哥嫂欢欢喜喜地拉着一晌家常，但吃完饭了还不见老法师去唤她，等得不耐烦了，便一个人走回来，一推门发现门紧紧地拴着，她悄悄来到窗下，用手指蘸唾沫将窗户纸涂湿，挑出一个小洞，往屋里一看，惊得她差点晕死过去。只见屋里炉火熊熊，老法师从火里取出一块烫红的犁铧用手掰上一块塞进嘴里吞下去，又掰一块塞进嘴去，老婆子情急之下，高声大喊："老鬼，你不怕烧死你吗！"话音刚落，老法师如僵尸般木然倒地，老婆子慌忙叫来人，砸开门一看，老法师早已气绝身亡。

据传，老法师吞下两块犁铧后，柏山已浓烟四起，吞下三块后柏山遍山起火。如果等到七块犁铧全部吞下，整个柏山将全部化为灰烬。但经老婆子这一惊动，法破了，老法师死了，柏山的火也熄灭了，但树梢仍留着焦黄焦黄的颜色，东岳庙的殿前侍卫黑虎灵官因这次变故被东王天子撤销职务，逐出山门，让他巡山去了，所以黑虎灵官的小庙建在半山腰上。

王纲慧眼识吕仙的传说

王纲，字振之，金章宗廷试辞赋第一，钦赐状元及第，在其故里赵城县城中敕建一座状元牌楼，以示恩宠。

王纲少时颖悟过人，刻苦好学。清晨就馆，往往独先叩门，晚上温习，常至深夜不寝。先生喜得高足，重点栽培；父母有此佳子，望其成龙。邻居嘉其勤奋，以为楷模，激励子孙效法。纲亦高自期许，志在荣宗耀祖，光大门楣。故此，立下悬梁刺股之志，誓步文彦博、吕蒙正后尘。不试则已，试必夺魁。他既有这般雄心壮志，求知欲当然更加炽烈。废寝忘食，攻读诗书，天天如此，从不辍学。元宵之夜，月明如昼。别家孩子都去赏月逛灯，他却闭门读书，终夜不休。天将甫明，携书就馆，路过大街，看见一老者鹤发童颜，长髯过腹，肩挑茅桶迎面而来。王纲有意无意地看了一眼，发现前面那个茅桶里有梁无底，心中好奇，转到后面细瞧一番，前后皆同。他灵机一动自忖："两桶无底乃双口，双口相合则为吕。这老者莫是八仙之一的吕洞宾？是与不是，待我说破，看是如何？"于是他趋走向前，一揖到地，恭恭敬敬地问道："老寿仙莫不是吕仙师下临敝邑，来会有缘者乎？"

那老者止步微笑道："状元王纲，果然高才，后会有期。"说罢化清风而去。王纲望空礼拜："果应仙师预言，誓不相负。"

自此以后，王纲开卷成诵，过目不忘。进京应试，果然三试夺魁。章宗皇帝御笔亲点状元公，官授翰林院修撰，敕建状元牌楼，旌表褒奖，恩准扫墓省亲。

状元府第张灯结彩，赵城县文武官员、耆老豪绅皆来拜贺，好不威风。尽管招待不暇，但他并未忘记吕洞宾"后会"之约，恐仙驾降临。因此，吩咐门子："若有如此这般人物到来，即请进府，千万不可怠慢了他。"

忙碌了一天，晚上王纲把门子叫到跟前询问有无异人到来。门子答道："小的遵老爷吩咐，刻刻操心，时时留意，并无那等人物到来。只是午间有衣着褴褛、污秽不堪的一对半老夫妻求见状元公，小的怕失体面，没容进见。"

王纲听罢门子叙述，想道：夫妻者俗称两口子，两口即"吕"，此必洞宾仙师所化。不禁嗔道："奴才不谙事体，怎敢鄙视贫贱而不引见？"那门子吓得慌忙跪倒，叩头请罪。王纲转想："门子乃一凡夫俗子，岂识天机？况吾高中状元，显赫一时，趋炎附势、阿谀溜须者多，以礼下人者少。门子所为，虽然可恶，但世情如此，亦可谅也。"于是一拂袍袖，就此作罢。

第二节 文物荟萃颂名胜

广胜寺的传说

佛教正式传入中国是在东汉建和元年（147），自此，阿育王塔院改建为俱卢舍寺，每日香客不断，不知过了多少春秋，那座舍利塔年久失修，崩溃了。寺院香客逐日稀少，冷落下来。

南北朝时期，佛教又盛行起来。周武帝（北朝）保定三年（563），有位叫正觉的和尚，去五台山朝拜途经赵城，远望东面的霍山南端金光闪闪，紫气缭绕，心想这里虽非仙山琼阁，但已见异端，绝非一般地方。于是就径直朝霍山走来，经过细细打听，原来这里早年有过一座舍利宝塔。这地方依山傍水，风景秀丽，果真是个出家人修行的幽静地方。当天晚上，他就邀请了当地的和尚，做功德道场，虔诚拜祷了49天。到了第49天子夜时分，只听见半空一声巨响，降下40多粒色彩斑斓的东西来。正觉认定这是天帝所赐的舍利子，要他在这里行善积德，修塔建寺，于是第二天就破土动工，重建舍利宝塔。施工的时间是漫长的，直到唐肃宗时期，才将这座舍利宝塔建成。

唐大历四年（769），汾阳王郭子仪上表唐代宗，奏请在这里重修庙宇，扩建禅院，代宗准奏，并赐额为"大历广胜之寺"。从此以后，人们便称这个地方为广胜寺。

巧建宝塔

"广胜寺有个琉璃塔,离天只有丈七八。"据说这座塔过去高得很,塔身金碧辉煌,巍峨壮丽,是一座精美绝伦的琉璃塔。这其中也有一段美妙的传说:

明武宗正德十年(1515),这座塔便开始修建了。所用的砖、瓦、砂、灰、石、木料等,都要从山下运到海拔730米的霍山山顶,那时候只有几条崎岖的羊肠小道,运输极端困难。虽然有几百人的运输队伍,但停工待料的事情还是经常发生。后来,山上来了一位白发老人,每天早晨在山梁上大声一呼"上—工—了!"附近各村的老百姓,鸡、猪、羊、牛、马等家畜家禽就一齐出动,轮番往山上运送原料。就是远离广胜寺几十里的村庄,牛马虽然拴在自己的槽头上,也都汗水淋淋,像真的参加驮运一样。当时有一首歌谣:"广胜寺有个白发仙,能叫六畜上了山,鸡背瓦,羊驮砖,牛马在圈里也出汗。"由于运输队伍逐渐扩大,不久便把全部材料备齐了。

塔盖到第三层以后,脚手架越造越高,施工速度越来越慢,匠人们很着急。停工吧,交代不了寺院长老,再干吧,又不会腾云驾雾。正在这进退两难之际,那位白发老人又来到工地,仰天长叹,欲言又止。大家知道他神通广大,纷纷围拢上去,求他出个主意。老人说道:"我这么大年纪,已半截入土,半截入土啊,你们想办法去吧!"说罢,飘然而去。有些人尾随其后,见老人站在悬崖的石洞口,朝着塔点头微笑,转身入洞,再也没有出来。老人走后,匠人们将老人的话细细琢磨一番,渐渐明白了"半截入土"的含意。于是,他们就往塔身周围培土,继续造架。随之塔高一丈,土增十尺,终于将塔全部修成。最后,把土刨去,一座宏伟壮观的宝塔,便屹立于太岳之巅了。由于它全身用红、黄、橙、绿、青、蓝、紫七色琉璃砌成,在阳光的折射下,散发出彩虹般的光晕,于是人们给它取名"飞虹塔"。

塔顶搬家

相传飞虹塔刚建起时,原为18层。塔底有一尊丈二高的铜佛坐在井口上,下面是一片汪洋大海。说也奇怪,这井口不断向上冒气,哺育得飞虹塔经常苍润清新。每年农历三月,塔顶就升起缕缕青烟,人们都把它看成这是塔的宝气。那宝气也使山上树木茂盛,郁郁葱葱。那井底的水从山根涌出,汇成方圆几里的"海场"。泉水碧绿清澈,塔身倒影其中。这些迷人的景色,打扮得广胜寺春媚、夏秀、秋华、冬青,成了四季如画的游览胜境。那山下的水,日日夜夜灌溉着洪赵两县的千顷良田,年年五谷丰登,家家过着康乐日子。

有一年,天气大旱,滴雨未落。旱得树木落了叶,庄稼没收成,泉水干涸了,连飞虹塔也萎缩了。山根里只流着银链似的一丝丝水，连寺内和尚的吃水问题也解决不了。和尚们天天念"阿弥陀佛"也无济于事。一天，鸡刚叫了头遍，小和尚就下山去打水，刚到山腰，忽见一道白光从山顶射到山腰，定睛一看，原来是飞虹塔倒在山根海场里。小和尚不知是塔在喝水，不由大喊："塔倒了！塔倒了！"飞虹塔听见有人发现了这个秘密，急忙翻身起立，只听见一声巨响，震得地动山摇，有个庞然大物向西飞去。小和尚慌忙转身回寺，看了看飞虹塔还在原地，只是天亮一数，塔身少了五节。

后来，人们才知道那五节塔甩落在广胜寺西面的蛤蟆沟。这里只有十几户人家。自此以后，蛤蟆沟就改成半塔村了，以后逐渐演变成了板塌村。

仙姑当炊

传说当初建广胜寺的时候，成千上万的老百姓来这里干活，光做饭就要几百人，尽管如此，经常还有挨饿的。

有一天，工地上来了一位年轻的姑娘，她自告奋勇，愿意一人为大家做饭。人们不信，结果到了吃饭的时候，她真的就做出来了，而且顿顿有剩余的。因为人们不用再挨饿了，所以都很尊敬她，亲切地称她为"食姑姑"。

完工的时候，照例要"犒劳"一番。不知是谁提出了要吃水饺，食姑姑也答应了。人们哪里肯相信呢？食姑姑就是神仙也做不出这么多人吃的饺子来！

食姑姑仍然像往常一样，从容不迫，一点也不紧张。原来她造了一部木制包饺子机，蹲在锅台上，一手摇把柄，一手装面馅，饺子"扑通扑通"地连续下到锅里。就在这时，有两个好奇的青年人，在窗缝里偷看。见食姑姑蹲在锅台上，不问青红皂白，便大叫起来："快来人啊，食姑姑往锅里屙饺子哩！"人们一听这话，慌忙向厨房跑来，都想看个究竟。食姑姑下完最后一个饺子，觉得自己的使命完成了，从容走出门外。人们见她出来，齐向她围去。她虽然走得不快，但谁也赶不上。只见她走到南涧一块大石旁，坐下来梳理了一下散乱的头发。等众人走近时，食姑姑已坐化了。

真相大白后，人们为了对这位聪明、勤劳、具有高尚美德的姑娘表示敬意，特地在她坐化的地方，建了个庙，取名"食姑姑庙"。她的塑像仍然是悠闲梳妆的模样，她的头上还插着梳子哩！

韦驮坐殿

广胜寺上寺大雄宝殿西侧，有一座韦驮殿。殿里的韦驮像端坐正中，坐北向南，这在一般寺院里是极为罕见的。

相传，韦驮在广胜寺有三大功绩：明正德年间，达连和尚募化修塔，虽苦行多年，但钱还是凑不齐，心中十分焦急。一天晚上，众僧照例诵经拜佛。当拜到韦驮像前时，发现韦驮脚下有三个黄澄澄的金元宝，正好凑足钱数，飞虹塔这才得以动工，这是第一功。后来韦驮又变化成白发仙翁，指挥壮丁、牲畜、猪羊往山上运料，这是第二功。

第三功更是奇异。一年冬天，大雪封山，几尺厚的雪把下山的路全部封堵，寺内存粮告罄，无法下山驮运，众僧饿得头昏眼花，连念经的力气也没有了。一天清晨，众僧还在睡梦之中，忽听山门外有人高叫："开门来！开门来！"开门一看，原来是一个白发老翁肩扛一大口袋粮食送来了。众僧问他是哪里人氏，他不言不语，转身就消失在茫茫雪天中。众僧心中甚是纳闷，当大家吃完饭，拜佛诵经时，只见韦驮浑身是汗，头上直冒热气，腿上沾满泥水，才明白原来是韦驮化为白发老翁下山筹粮，解救众僧。众僧把韦驮的三大功绩在佛祖释迦牟尼像前祈祷，佛祖下令在大雄宝殿西侧另建一殿，让韦驮在殿内坐受供奉。从此，广胜寺的韦驮就成为坐像了。

山柏左扭

广胜寺山坡上的柏树为什么齐向左扭？这也有个神奇传说。

很早以前，广胜寺有两个专为牲口割草的小和尚，叫张发、李才。有一年，冬无雪，三春无雨。张发早出晚归，跑遍山坡总是草不盈筐。而李才经常是泉中戏水，树荫乘凉，却总是满载而归。天长日久，老师父便发现了这个秘密，不再责备张发。原来李才找到了一块炕头大的青草地，随割随长，越长越旺。老师父甚觉惊奇，于是把那块草地掘地三尺，结果挖出一个瓦盆来。老师父看了好不泄气，又想自己已费了一番功夫，便拿回去做狗食盆用。那狗食盆每日不盛自满，老师父更为惊奇。于是将那瓦盆详细观察，却也看不出什么名堂来。

一天，老师父扫炕，无意将一枚铜钱扫落于盆内，不一会儿铜钱就成为一盆。老师父喜不自禁，取出一些，很快又会变满，真是取之不尽，用之不竭。广胜寺有了"聚宝盆"的消息不胫而走，人们纷纷前来观看。老师父怕惹出是非，于是在一个漆黑的夜晚，悄悄走出寺院，摸到山腰一株唯一的左扭柏下，掘地三尺，把"聚宝盆"埋在里面。岂料一夜功夫，漫山遍野的柏树全成了左扭柏，老师父再也找不到埋"聚宝盆"的地方了。

盗贼盗宝

不知过了多少年头，广胜寺山上埋着的"聚宝盆"滚落到山根下，可巧山岩上的滴水堕入盆中，霎时变成一股巨流，喷涌不止。

不久，这件事被一盗贼知道了，他决心要盗走这个宝贝。这盗贼神通广大，威力无穷。一天，他正在山根寻找宝贝，恰好被水晶宫的巡水夜叉发现了，夜叉慌忙报告了水神，水神大怒，骂道："胆大妖人，竟敢太岁头上动土！如果'聚宝盆'被盗去，泉水干涸，我这个水神还有何用？"遂披挂上阵，直取"南蛮子"。"南蛮子"早知有这一着，拼命抵抗。双方越打越怒，直杀得天昏地暗，日月无光。经过几十个回合较量，盗贼渐渐招架不住了，一口气逃到西山的万圣寺。因余恨未消，掏出箭来，"嗖"的一声，把万圣寺的金顶射歪了。

人们感激水神保住了这股宝贵的泉水，便在霍泉边建起水神庙。每年三月十八日水神生日那天，祭仪特别隆重。杀猪宰羊，鼓乐喧天，人山人海，热闹非凡。这样，每年的三月十八遂成了例行庙会。

石佛降怪

相传，在很久以前，广胜寺双头村是个无名小庄，只住着几户人家。有一年，村里的枯井里出了个怪物，常常夜里出来伤人害畜，仅有的几户家人也只好迁到别处去住。附近村里的人，凡从枯井旁路过，一不小心，就会被怪物咬伤或吃掉。

这消息很快传到广胜寺，和尚们束手无策，谁也无力去降妖捉魔。那天，僧人正在议论此事，忽听院内有人哈哈大笑，但往院中一瞧，并无一人，只有当院放着一尊大石佛。

第二天，上寺大院的石佛不见了。这可急坏了全寺僧众。他们分头寻找，不见踪影。原来，石佛听到了众僧议论治理妖魔之事，他要为广胜禅寺争得声誉，于是起身向山下走去了。走到一个村子时，村子旁边有一潭清泉，他爬到泉边喝了口水，以解困乏。谁料，此刻已是公鸡报晓时辰，天要亮了。他没敢再动，恢复了石佛的本来面貌，蹲坐泉边。当地方言将"佛ｆｕ"称"ｆｏ"，称"蹲"为"堆"，故后人称此村为"佛蹲"，因方言缘故，久而久之演变为现在的"坊堆"了。

第二天早晨，村人到泉里打水，发现了石佛。有人说："这不是广胜寺的石佛吗？是谁把他老人家弄到这儿来了？"于是，挑水人就召集村人要把石佛送回广胜寺。现在坊堆村南有一泉水，就是传说中石佛喝水的地方。

村人套了一乘八匹牲口的大车，将石佛安放在车中央，向东面的广胜寺进发了。车行至无名小村，有人说，咱们绕道走吧，那眼枯井里有只魔怪，会伤人的。话音刚落，大车搁浅了，无论如何也拉不动。不管驭手怎样挥舞响鞭，八匹马累得浑身出汗，还是拉不动。原来，石佛听见了他们说的话，使了法术，马车才"抛锚"了。村人只好将石佛卸下，空车返回了坊堆村。

当晚，夜阑人静，石佛独坐于无名小村。忽然听到村中的井内起了一阵旋风似的响声，说时迟，那时快，井内伸出了怪物的头，张着血盆大口，口内不时吐出两条箭一般的舌头。那怪物张大嘴巴，想将石佛吞入口中，但怎么也咬不动石佛的一个指头。石佛一阵好笑，道："如此怪魔，竟敢与石爷较量？"话音未落，那怪物疯狂异常，腾空而起，向石佛扑来。石佛看得十分清楚，这是一条双头蟒蛇，凶猛无比。它与石佛斗了几个回合，觉得奈何不了他，旋即缩身于井内，气喘吁吁，就在这时，石佛扭动着身躯，一屁股蹲坐在井口上，将井口盖得严严实实，把双头蟒蛇镇压在井里了。

后来，人们在石佛背后发现了两行字：

为灭双头蟒，

昼夜坐井上。

落款还有"广胜石人"字迹。从那时起，这一带果然恢复了安宁。村子里的人又慢慢多了起来，变成了一个大村庄，这个距广胜寺只有五六里的村子，便起名为"双头村"。为了纪念广胜石佛灭双头蟒的功绩，村人在石佛蹲坐的枯井上建起了石佛庙。

法珍刻经

相传，南宋时期，潞州（今山西长治）平水有一崔员外，膝下有一独生女，名叫崔女。姑娘模样俊秀，但不会说话——是个聋哑人。长到18岁，眼看姑娘已过出阁年龄，崔员外心急如火。四处求医，但不见效果。

这天，村里来了位瘦骨嶙峋的老者，言说是个化缘和尚。崔员外施舍过银两之后，唉声叹气，怏怏不乐。化缘僧人见状便问道："员外为何叹息？莫非贫僧……"说着从布搭袋里摸了起来，取出银两送还到员外面前。

"不不不！"员外急了，双手将银子推回说，"并非在下心痛银钱，只是……"崔员外尴尬地诉说了女儿的病情。

"原来如此。员外无须发愁。"说着老僧人从怀中掏出一小葫芦，"此间有灵丹五百，专治聋哑患者。每日服用十粒，吃七七四十九天，可治愈。"

崔员外欣喜若狂，连忙接过药葫芦，拉来崔女，父女双双跪拜，毕恭毕敬，连声道谢。当父女抬起头来时，化缘僧人却不见了。父女俩当即追出门，四处寻觅，但跑遍庄子，前巷后弄都找不见那位双目炯炯的瘦僧人。

父女二人返家后，发现葫芦底下压着一张纸条，上有三行小字：

来年赵城广胜会

三月十八误不得

——霍山老人

"活佛哪，活佛！"崔员外连声叫道，紧紧地将药葫芦抱在怀里，心里充满感激。崔员外遵照霍山老人吩咐的服药方法让女儿服药，七七四十九天过去了，女儿果然说话了，声音像银铃般清脆。崔员外高兴得合不上嘴。后来，他花重金聘了私塾先生，教崔女识字读书。崔女聪明过人，不过一年工夫，便学完了五经四书，诵词作诗相当娴熟。

转瞬，第二年农历三月十八来到了。父女俩翻山越岭赶到赵城广胜寺。他们不顾旅途疲劳，匆匆挤进寺内，在僧房叩见了霍山老人。父女俩感慨万千地畅谈着老人家的大恩大德，小崔女脑袋把地磕得当当响。

"阿弥陀佛，请起来！"老人只说了这一句，便无话了。尔后，就闭目养"神"了。

"老人家，莫非今日庙会空前，人声嘈杂，你操劳过度，身体有点不适？"崔员外凑近老人耳旁轻轻问道。

老人摇摇头。

崔员外又问："老人家，你有什么心事，可否请讲给在下？"

"说也无用。"老人慢腾腾地说，"你父女管不了佛家这事。"

"恩师，有何心思请尽管说，只要我崔家能办的事，就是赴汤蹈火，崔某在所不辞。"

霍山老人思忖一阵道："说也无妨。老衲已虚度99载，眼看就要圆寂了，只是一桩心事尚未了却，难以西去……眼下，敝寺僧侣中，人才奇缺，无人帮得上忙。"霍山老人凄惨地连声叹息道："敝寺乏人，敝寺乏人哪……"

听到这里，崔女不由鼻子一酸，泪水扑簌簌地流了下来。她"扑通"跪倒在地，央求道："恩师，小女子今日来，就为报答师父救命之恩。刚才，师父言说，此处乏人，小女情愿留在师父身边，终生服侍，拜师父为义父，不知师父可否收留？"

霍山老人莞尔一笑道："收你为义女，贫僧不敢。然收你为佛门弟子，却是老僧的肺腑之言。但不知崔员外意下如何？"

"……"崔员外一时语塞。他就这么一个独生女儿，留在异地他乡，实在舍不得啊！但为感恩，他还是点了点头："行……好！"

"只是小施主已到芳龄，不能常住禅院。再者，疾病刚愈，学识尚浅，也难担此重任。依老衲之见，你父女在寺上住上数日，还是回故里去吧！"

崔员外听出了弦外之音，说："老师父，非是在下在你面前夸奖小女，自打去年病愈之后，在下为她请了私塾先生。如今小女子已略通文墨，赋诗作画，先生夸她是难得之才，巾帼豪杰呢！"

霍山老人听到这里，将炯炯目光移向了崔女，又略有所思地说道："老衲入佛门一生，没能为佛门作出宏大业绩，只是喜爱经文，百诵不厌。眼下我手头有抄录集积经文数千卷。为弘扬佛法，想将其刻印成书供更多的佛徒享用……然而，佛门历来清苦，资金从无宽余，刻版印书，谈何容易。如若成功，还需募化银两，集聚钱财。据老衲估摸，没有20年的化缘和编刻，很难完成此业。小女天资聪慧，权且算个合适人选，只是此乃苦行僧生活，怕她吃不消这般苦，倘若日后半途而废，贫僧将愧对佛祖，就是西渡彼岸，也不得解脱……"

崔女听罢，转身离开禅房。不一会儿，手持一把菜刀跨进门来。

"恩师听着——"说着举起菜刀"咔嚓"一声剁向左臂，鲜血飞溅，她斩钉截铁地发出了惊人的誓言，"小女子如若今世不能完成此大业，愿赴地狱，受尽一切磨难！"

崔女的行动使霍山老人始料不及，崔员外与僧侣们也毫无思想准备。众人匆忙为崔女包扎断臂。霍山老人急忙从禅房供桌的香炉下取出一小纸包，将一撮白粉沫涂撒于鲜血淋淋的断骨上，霎时间，止住了流血，又将断臂接于原处。顷刻间，伤口不痛了，且愈合得很快。霍山老人的灵药使崔女断臂再植。从盟誓砍臂事件中，他看到了崔女的决心和毅力，看到了《广胜藏经》（这是霍山老人自立的书名）的希望。

于是，他收此女为门下弟子。崔女成了广胜寺比丘尼，取法号为法珍。自那年起，法珍开始了佛门苦行生涯。为不辜负师父之期望，她刻苦攻读经书，严格遵守寺律戒规。为使《广胜藏经》早日问世，她风餐露宿，四方化缘。所到之处，乡民们都为她的苦行募化所感动，纷纷解囊相助。即是家境贫寒者，也是尽力而为。

法珍的鞋子磨破了一双又一双，送走了无数个春夏秋冬，最终，她募化来了一笔巨资，为藏经的成书奠定了经济基础。

在法珍募化期间，她特别留心禅林高僧，察访民间雕刻能手，以及拜访著名画师和印刷技师，邀请他们会聚于解州（今山西运城市解州镇）西南隅10公里的静林山天宁寺，八仙过海，各显神通——书写、绘图、编版、刻版印刷、装帧卷轴……整整忙碌了24载，一部长达7000余卷的《广胜藏经》木刻版经书，终于在一弱女子手中印刷成功了。那年，法珍法师已是73岁高龄。为了不忘已故40余年的师傅之功，她特在木刻本上镌刻了"赵城广胜寺"和"霍山老人"字样，印在了经卷的显著位置。

后来，此经卷转呈于皇宫，金世宗皇帝赐予法珍"紫衣弘教大师"之称。10年后，大金国翰林学士们为法珍大师勒石立碑，以示永世留芳。

宝盆生泉

传说，广胜寺的山底压着一条蛟龙。这条龙是霍山神将其降伏的。霍山神原是一只大鹏鸟，上古的时候，霍山一带是一片海洋，大鹏鸟就栖息在这里，繁衍生息。后来，这里发生了突变，海水慢慢退了下去，鱼鳖虾蟹越来越少。一天，大鹏展翅去远方寻找食物，当它回来时，这里的海已不见了，海滩上喷出了炽热的岩浆，烧死了它的鸟子鸟孙，变成了高高凸起的石头山。大鹏看到自己的家乡变成如此模样，子孙也遭到毁灭，不禁忧伤。它忍着巨大的悲痛，绕着石头山飞来飞去想找能使自己活命的"水"。当它飞到大石头南面的稍低处时，忽然发现一条气喘吁吁的青龙被巨大的山石压住。由于火山的爆发，这条青龙被烤炙得疼痛难忍。但为了生存，青龙蠕动着全身，拼命向东海挣脱。龙尾已探进海水，所以它浑身还是水淋淋的，龙嘴里不停地吐出些水花。大鹏看到后非常高兴，于是在空中叫道："老龙，别走了，你一走，我也会渴死的！"龙说："这里实在太热，再说，龙怎么能离开水？"说着继续蠕动身子。大鹏搬来一块巨石，压在了老龙身上。从此，这条龙再也不能蠕动了。但它凭着尾巴已浸入东海，能吸到水，仍艰难地活着，有时还将肚里多余的水吐出几滴，滋润着大石山前面的不少生灵，大鹏也靠着老龙吐出的几滴水，继续生存，生儿育女，但光靠龙吐的水仍不足以大鹏成群结队的子孙饮用，每逢雨季到来，成群的大鸟总要借天雨补充饮水的不足。它们跃飞于狂风暴雨之中，盘旋于大石山周围，人们称其为"雨鸟"。并把生养雨鸟的石头山称作"雨鸟山"。后来，造字者根据其意，创造了"霍"字，并把雨鸟山改为"霍山"了。

又不知过了多少年，霍山南麓建起了佛寺，寺院四周，翠柏环绕，瑞气升腾。据说山上埋了个"聚宝盆"。一天，大鸟群来到山下青龙口处喝水，听说山上左扭柏下埋着宝贝，纷纷飞去看个究竟。一只雏鸟性倔，用爪子在山上抓挠起来，它没有抓到什么宝贝，却刨出一个瓦盆出来，好奇的雏鸟很有心计，它想：不如我将破盆衔到老龙嘴边，接一盆水，这样啥时候来了都有水喝。于是它叼起盆沿，朝龙口飞去。当飞至龙口上方时，由于心情过分激动，忘记了口里衔着东西，竟呼叫老龙。它刚一张口，瓦盆儿掉了下去，恰巧落在了龙口滴水处，盆子摔成了好几片。突然，龙嘴里流出一股喷涌的水流。接着，四周的地缝里也都往外冒水。刹那间，一清水汇成了一汪水潭，向远方流去。

据说，大鹏鸟叼的正是广胜寺山里的聚宝盆。这个聚宝盆只要盛上一样东西，这种东西就会有取之不尽、用之不竭，所以龙嘴里的水也就永远吐不完了。聚宝盆的碎片掉落在龙口周围的石缝里，石缝间就无休止地向外冒水。现在，霍泉源头有四五股主泉和无数个小泉眼，正是盆子的大、小碎片形成。

水神护泉

霍泉里埋着聚宝盆的消息，像插上了翅膀传到很远的地方。

一天，一个身穿道服、足蹬草鞋的矮个子人来到泉边。他眼不离泉，手不离水，后来索性脱光衣服，跳入水中，在泉眼出口处扒拉石块，像是在水里打捞什么东西。一连三天，天天都是如此。这天下午，岸上来了个头戴峨冠、身着朝服的官员，一见矮汉子在泉里折腾，便怒吼起来："你是何人？竟敢涉入神泉，如此放肆！""老爷息怒！"矮人吓得战兢兢地说，"我乃蛮夷人也……奉族父之命，来神山取水宝，望老爷饶小的一命。""哈……原来如此，快快上来！"官员不觉失笑，"俗话说：'一方水土养一方人'此处的宝泉，是养这里生灵的，你能盗走吗？"小矮个子满脸愁云地说："老爷勿笑，族父盼咐，不取回宝贝，莫活着回去见他。"官员安慰他说："不必害怕，依我之见，你眼下立即起程，回去告诉你家族父，就说是我说的，炎黄神州，遍地有宝可取。何况你们南蛮，水乡泽国，荡荡洪水滔天，浩浩怀山襄陵，何苦劳部下跋山涉水来取水，这岂不是把石头往山里背！"矮个子觉得此话有理，便问："不知老爷如何称呼？"官员说："吾祖籍，天府之国，只因治了都江堰水患，朝廷命我五洲四海巡水察泉，为百姓尽我微薄之能。"矮个子惊异地说："莫非是万民敬仰的大郎神？"官员说："岂敢冠以大郎之神。只是父母生我兄弟二人，吾行大也。今日你回南国奉告你家族父，造福于民，切勿舍其近而求其远矣！"说着，官员递给小矮个子一个腰牌，"这是路通，请将此牌交给你家族父，他就不会再责怪于你了。"小矮个子接过腰牌仔细一看，上写着"治水官李冰"。矮个子连忙叩拜，辞别上路。

且说李冰送走他后，又在泉边观察数日，觉得霍泉实属宝泉，它能灌溉万顷良田，只是眼下水势颇大，水无正道，滥流无规。这位治水之圣终于想出了挖堑引水之妙方。堑渠的兴修，给一方的黎民带来了稼禾丰收，万民同乐。洪赵人为了感其功德，世代铭记治水官李冰之功绩，在霍泉北侧创建大郎庙一座，庙内供奉着大郎李冰之神像。现在人们习惯称之为水神庙。

黑猪拱河

传说那霍泉水自此人被劝退以后，水量一日比一日增大，波浪滚滚地向四面八方流去。那时，这个地方的人还不会种水浇地，根本不懂开渠灌田。人们看见大水到了高处，就向周围横溢；到了低处就冲成一条鸿沟，不是淹房，就是毁地，心中非常着急。于是他们就烧香磕头，祷告苍天，指点小法。

一天下午，一条大黑猪从海场里爬了出来，用嘴在地上乱拱，天黑以后朝西北方向拱去。

第二天天将亮的时候，方圆几十里的人都听见了"接水来——接水来"的声音。人们以为又要遭水灾了，慌忙从炕上爬起来，朝门外跑去。原来是一条大黑猪在拱渠，后面跟着一渠清水。这条水渠一直把水引到赵城的连城村。渠挖通以后，大黑猪就再也不见了。

后来，人们为了纪念这头大猪的功勋，把那天将明时分黑猪叫"接水来"的地方称为"明姜（将明的倒音）村"，还在水神庙旁铸了一头大铁猪。

智海妙对

相传明万历年间，广胜寺下寺有个小沙弥，法号智海，十分聪明，他不但通经文，善佛事，还喜爱编对联，虽年纪不大，但很受文人学士的青睐。

有一天，一个秀才模样的青年慕名而来，专访小沙弥智海。一进山门，秀才见一小和尚在浇花，开口便吟出一句文绉绉的上联：

"小师傅勤浇寺花寺观要改观。"

小沙弥抬头一看，马上还给秀才一句漫不经心的下联：

"大秀才肯学经书经文是好文。"

"果然是他。"秀才暗自佩服。于是，两人一见如故，侃侃而谈。谈论中，小沙弥智海出口成章，对答如流。秀才感慨万千，随即邀小沙弥出寺走走。

秀才说："你我同绕霍泉看水流。"智海对："彼此共围神池观泉涌。"秀才说"走"，小僧答"行"。二人行至分水亭，秀才曰：

"分三分七分隔铁柱。"

智海答：

"水清水秀水成银涛。"

秀才又出一联：

"明德唯馨香两县人民沾水泽。"

智海答下联：

"应天补雨露万代祀典报神功。"

秀才很吃惊。他万万没想到小和尚竟如此聪慧，简直使他再不敢随便发话了。一个读书人竟然败在一个小和尚手里，秀才很不甘心。二人走入好汉庙，一时无语，秀才心里暗暗谋划，准备一定要把小和尚难住。

庙里的墙壁上绘满了广胜寺山水画：青松翠柳、宝塔、山峰……分水亭。供奉的神像非常奇特：主神像是一个和尚，身穿袈裟，手臂平举，掌心朝外，马步下蹲成屈膝动作；两边胁侍人物是两位头戴乌纱的七品官员。二人怒目相对，各自手持棍棒……看来，这里的人物塑像是记载洪赵两县历代争水和分水的情景。

两位官员各自代表一方（县），两家经过一番格斗，终于由广胜寺的和尚制止了。

看到这种造型，秀才也联想到洪赵分水故事，突然想出了一联："三条人命是谁罪？"但他话一出口，又想起刚才对对联败在小和尚手里的神态，因而又随即自作了一句下联："两顶乌纱唯他光。"小和尚一听秀才的自作上下联，感到异常刺耳，特别是那末尾三字"唯他光"，这其实是对僧人的不敬之语。智海心里很生气，但没动声色。秀才也暗自盘算：看你小和尚还如何往下接！

谁知，智海略加思索，接着开腔吟联：

"三条人命是谁罪有应得？

两顶乌纱唯他光明正大。"

秀才听罢，不觉面红耳赤，悻悻地溜出庙去走了。

油锅捞钱

传说霍泉的水自用于灌溉以后，洪赵两县民众因使水问题，常常发生斗殴，每年都会伤害几条人命。

唐贞观年间，平阳知府亲自出面调解。征得双方同意，想出了一个奇特的解决办法：在广胜寺下寺水神庙旁边置大油锅一口，烧得鼎沸，放入十枚铜钱，一枚钱表示一分水，洪赵双方各派一名代表，用手在油锅里捞钱，捞得几枚钱，就得几分水。

消息传出以后，洪赵双方的人都来擂鼓助威。那天人山人海，挤得水泄不通。

只听得一声锣响，水神庙前落下三乘官轿。他们是平阳府知府和洪赵二县郭、谷二位知县。这时炉火通红，一大锅油上下翻腾着，散发出阵阵油烟味。平阳知府一声令下，赵城一青年挺身而出，霎时在沸腾的油锅里捞得铜钱七枚。于是雷鸣般的掌声、狂叫声、鞭炮声，响彻云霄，震撼山谷。虽然他的手臂被烫得焦烂，但仍然气不粗出，面不改色，还向人们报以胜利的微笑。这样，赵城得水七分，洪洞得水三分便成定局。

平阳知府命洪、赵二县令以尺子将渠口分为十份，赵城七份，洪洞三份，中以界墙分开，是为"分水岭"。从此，赵城流去七分水，洪洞留下三成水，一直沿袭到解放初期。

为了纪念分水有功的官府和捞钱的英雄，人们在分水亭下方，建起了郭谷庙，并时有供奉。后又建了分水亭。当时赵城方面为表彰这位争水有功的青年人，还在水神庙西为他建立生祠，名曰"好汉庙"。

神仙洞府

在上寺后殿东侧的山崖上，有一眼小窑洞。窑内有个石洞，洞口直径三尺，深不可测。据说此洞北到红崖寺和兴唐寺，最后直达五台山，西南通洪洞城内的石塔底下。人若到此，便能听到呼呼的风声和哗哗的流水声，但谁也不敢进洞一探究竟。

相传在唐代，一天夜晚，寺院里来了一位鹤发童颜的道人，请求借宿。时值寺内僧人众多，实在没有可住的地方。那道人见众僧面带难色，便说："如若有个石洞，也可栖身。"方丈就将他领到山崖上的石洞口，他点头笑道："正合吾意。"

次日清晨，方丈请道人用斋，不管怎样呼喊，却不见他从石洞里出来。众僧很诧异，寺门未开，莫非他发生了什么意外，抬头一看，只见石壁上留诗一首，而且墨迹未干，上书：

洞府别有天，

宾至伴云眠。

来朝庐山去，

此处好参禅。

一位小和尚看出这是一首藏头诗，每句第一个字连起来便是："洞宾来此。"众僧方知是吕洞宾在这里住了一夜，于是就在洞口处建起了小窑洞，内塑吕洞宾像。从此，人们就称这个石洞为"神仙洞"了。

万圣寺的传说

从洪洞县城沿洪乔公路（洪洞县城至蒲县乔家湾）西行25公里，就到了松柏遍山、风景秀丽的万圣寺。万圣寺又名小清凉寺，位于出佛峡（因其西南山出有七宝佛像160余尊而得名）。据《赵城人物志》载，该寺由北魏时期的法舟大师所建。在出佛峡崖下的主体寺院之外，两面的山崖上建有东、南、西、北、中5座台阁，故又有"小五台"之称。

三贤洞

在万圣寺北山顶上建有一座13级金顶舍利宝塔，塔下石崖间有一洞，名"三贤洞"。洞口有座坐北朝南、南北长2米、东西宽4米的佛殿。由洞口进深100余米处，即分为三个洞口，传说能通往五台山、小西天和千佛寺，但到底能通向何处，至今仍是一个谜。

在三贤洞佛殿内的佛龛上，塑有一个老和尚手拿棍棒追赶两个小和尚和一条小狗的图像。所谓的"三贤"就是根据两个小和尚和一条小狗成贤的故事而得名的。

传说在1500多年以前，出佛峡就有了小清凉寺，寺里的住持和尚法号法舟。他有两个徒弟，大徒弟名广慧，小徒弟名广云。因寺院里喂着头毛驴，两个小和尚天天要出去割草。广慧割草回来得很晚，割的草杂七杂八，驴儿很不爱吃。而广云割草回来得特别早，割的草又多又好，驴儿特别爱吃。久而久之，法舟和尚感到十分蹊跷，一心探个究竟。一天，他等两个徒儿上山后，便悄悄地跟在徒弟广云的后边，一直跟到南仙阁的半山崖。只见那里有一小片草，长得异常茂盛，广云毫不费力，顷刻间便割了一大捆，背下了山，广云走后一眨眼工夫，那片刚割过的草又长了起来，而且越长越鲜嫩。法舟和尚百思不得其解，为破解这一谜团，他悄悄返回寺院，拿了铁锨、镢头来到那片草地，开始刨了起来。刨了一尺多深，露出三个拇指大的白萝卜状东西来。他把这三个萝卜状东西拿回寺院，吩咐两个徒弟蒸到笼里，径自外出化缘。广云、广慧按照师父吩咐，把小白萝卜洗净蒸到了笼里。过了一会儿，满屋子充满香味，越蒸越香。两个小和尚感到奇怪，便揭开蒸笼看。真是不看不知道，一看吓一跳：三个白萝卜变成了三个人参娃儿，蒸锅里是半锅红汤。广慧说："快把笼盖盖好，等师父回来再说。"广云说："听说吃了人参娃娃儿能成仙，咱俩尝一点儿试试。"于是两个小和尚各取一个尝了起来，这一尝不要紧，那香甜美味使两个小和尚失去了控制能力，三个人参娃娃儿就这样一点一点地尝完了。蒸了人参娃娃的汤，倒在了狗食盆里让小狗喝了。

　　不久，师父回来了，一进寺院，就闻到一股奇特的香味，揭开蒸笼一看，三个白萝卜一个也没有了，师父拿起棍棒便打。两个徒弟见势头不妙，转身便跑，小狗紧跟在后。他们跑出寺院，爬上了山崖上的一个山洞。师父随后紧紧追赶，追了一段后，前面有一道黑浪滚滚的大河，河上架有一根独木桥。因两个小和尚和小狗吃了人参娃娃儿，身体非常轻巧，他们轻而易举地过桥去了。法舟和尚一脚刚踏上桥，那根独木桥就断了，原来那根木头年深日久，已经腐烂朽坏。这下可把老师父急坏了，他赶忙缩回了脚，呼喊着两个徒弟的名字。法舟和尚看着黑浪滚滚的大河，真是后悔莫及，徒弟偷吃了萝卜，虽然很生气，本想拿棍棒吓唬吓唬两个小徒弟，万没想到把徒弟赶到了绝路上，真是越想越后悔。他一人回到寺院，形单影只，十分凄凉，因传说此洞北通五台山，于是决定往北寻找徒弟。

　　他见山翻山，逢河渡河，沿路化缘，讨些斋饭。每逢端起碗他就哭着喊："广慧啊！广云啊！在那黑乎乎的洞里，你们吃什么呀！"走了20多天，到了五台山。忽然在一个山洼里遇见了两个徒弟，还有那只小狗，真是喜出望外，别提有多高兴了。师父问他们怎么会来到这里。广慧说："师父踏断了桥，可把我们急坏了，我们见师父生了气，本想到洞里躲一躲，等师父气消了再回寺院，没想到桥断了回不去了。既然回不了寺院，我和广云商量只有往前钻，钻到哪里算哪里，一直钻到这里，突然有了洞口，我们便钻了出来。"师父说："广慧啊！这 20 多天了，你们没吃东西，还能活着出来真不容易啊！"广慧说："我们在洞里黑咕隆咚的，也不知道白天和黑夜，也不知过了多少日子，肚子也不饿。"接着便把白萝卜变成人参娃娃儿，他们尝着吃完了的事说了一遍。老和尚说："你们吃了人参娃娃，功德圆满，成了佛了。"

广慧、广云在五台山成了佛，小狗由于喝了蒸人参娃娃的汤，成了仙，成了文殊菩萨的骑狮。

文殊暗助建宝塔

传说，小清凉寺的住持和尚法舟大师在五台山找到了两个徒弟，心里非常高兴。他看到五台山的舍利塔，金光辉映，五光十色，充满佛光，回到出佛峡后，便决心在小清凉寺修一座 13 级金顶舍利塔。善男信女一听说法舟大师要修塔，便施粮、布、金、银、木材、砖瓦、牛驴、骡马，有钱的出钱，有力的出力。一切准备停当，人们便开始往寺院前院搬运木材，准备在山门内建塔。奇怪的是，第一天运来的材料，过一晚上就无影无踪了。人们请教法舟大师，法舟大师说："功德圆满，自然成功，你们还是照旧准备吧！"

就这样，人们运了七七四十九天。到了第五十天的早晨，人们来上工时，备料场上还是空空的，这一下上工的人便忍耐不住了，乱哄哄地嚷了起来，有的骂："这是哪个不操好心的干这缺德事！"有的说："真奇怪，一天运的石块、石灰、砖瓦、木料那么多，三两人怎么能偷得这么干净。"人们又去请教法舟大师，老法师还是"功德圆满，自然成功"那句老话。在上工的人当中，有三个比较聪明的人，悄悄地叽叽咕咕了几句，便各回各家了。傍晚，那三个人在家里吃完晚饭，偷偷地向寺院走来。路上遇到一个白发苍苍的老妈妈，扛着一捆苇席，艰难地往寺院里走着。他们赶忙上前帮忙，接过苇席替老妈妈扛着。他们扛着苇席前面走，老妈妈跟在后面。走了几十步，回头一看，不见了老妈妈。他们返回原路也没有找到，只好又扛着苇席悄悄地来到寺院，把老妈妈的苇席铺到地上，睡在当时运到的建塔材料堆边。

第二天早晨，他们一醒来，可把他们惊呆了，身子底下还是那张苇席，可是不知什么时候，他们随苇席飘到寺院北面的山崖山顶上，50 天的建塔材料，也全都堆在了山顶上，一点儿也没丢。他们连忙下山，把这一好消息告诉法舟大师。法舟大师一听不但不高兴，反而又惊又愁，他皱着眉头问："你们怎么上到北崖山顶上的？"他们就把怎样偷偷商量晚上看材料，怎样遇到老妈妈，如何睡到苇席上，如何飘到了北山崖的前后经过说了一遍。法舟大师听完后说："这是文殊菩萨在那里降下舍利，为我们选好了建塔的地址。"这三人才恍然大悟。

建造舍利塔的工程开始了，虽然原来备的料已在塔边，但施工用的水却还要到山崖下边的涧河里去挑，崎岖的山路，空手行走都很困难，勉强用桶背水也背不了多少，人们都发愁没有办法。

太阳快落山了，建塔的工人精疲力竭地沿着崎岖的山路下山。下到半山时，看到一个白发苍苍的老妈妈，坐在山崖的一块大青石上，手拿一根铁棒在青石上磨。那块大青石是个凹形，中间积满了水。人们问老妈妈："你磨铁棒干什么呢？"老妈妈回答说："你们为了建造舍利塔，上山下山把鞋袜都磨破了，我要磨个针给你们缝补鞋袜呀！"工人们听了非常感动，便对老妈妈说："你为我们磨针，磨针的水用完了，我们给你背。"老妈妈笑了笑说："你们怎么还不知道？这山顶上，天天晚上下雨啊！"老妈妈的话一下提醒了人们，大家便各自回家把盆、罐、桶、缸搬到山顶上。第二天一早，人们来到工地，盆盆罐罐里全盛满了水，真是高兴极了。水的问题解决了，就这样一年又一年，塔一节接一节，铁棒磨绣针，终于把塔建成了。

盗贼盗宝丧性命

原来出佛峡两边的山崖上，光秃秃的，除了坚硬的山石外，不但没有一棵树，就连一根草也没有。自从出佛峡北山顶上建起了舍利塔后，塔顶上的金银珍珠玛瑙放射出七色光彩，绿玛瑙石射出的油绿色光彩，照射到哪里，哪里便长出了柏树，草绿色光彩，照射出松树；红玛瑙石照射出红彤彤的黄栌树，红、橙、黄、绿、蓝、青、紫七色的树木花草把出佛峡点缀得像一幅美丽的图画，非常好看。

话说盗贼在广胜寺下寺霍泉源头盗聚宝盆被霍泉水神明应王打败后，逃到了西山出佛峡，他看到这里美丽诱人的景色，知道是金顶舍利宝塔放出的神异光彩造就出来的，于是便想方设法要盗走舍利宝塔尖顶上的珠宝。他变成一个中年农夫，肩扛着木杆，手拿着绳子，他用木杆捆绑成一架高大的梯子，他爬呀爬呀！爬上一级又一级，当他刚爬到十层的时候，突然从架杆砖洞里飞出一群黄蜂，围住他就蛰。他的脸肿得像个大皮球，只好忍着疼痛下了木梯。但是他并没有死心，又制作了弓和箭，妄图用箭把塔顶上的珠宝射下来。他射了第一箭，箭偏到左边，射了第二箭，箭偏到右边，当他刚要射第三箭时，从天空飞来一群大鹏，争抢着把他的双眼的眼珠都啄出来吃了，他疼痛难忍，瞎摸着下山，失足摔下山崖死了。

1500年过去了，万圣寺的金顶舍利宝塔依然屹立在出佛峡的山顶。

金银洞

话说法舟大师到了五台山，见到广慧、广云二位弟子和那只小狗都已成贤，心中一块石头才落了地，他便决定返回小清凉寺。在台怀镇，他见墙上贴着一张告示，告示上写着：现正酷暑，皇帝近日在五台山卜了一卦，说要保江山兴盛，必到一清凉境界避暑，沿途不得见天日。能够提供皇帝避暑境界者，赏银万两。法舟大师正愁修建寺院的银两，计划到处募化，便认定这是一个良好的机会，便上前揭了告示，叩见皇帝。他介绍了出佛峡的优美环境，又叙述了广慧、广云两位徒弟从地下通道来到五台山的情节。皇帝越听越神奇，越听越神往，便决定到小清凉寺避暑。

　　法舟大师按照两个徒弟的指引，领着皇帝入洞。一进了洞，就有一群萤火虫飞着照明引路，皇帝连连赞叹："神洞啊，真是神洞！"洞里通风凉爽，真是一路顺畅，快出洞口了，法舟大师想起那道黑浪滚滚的地下河，急得汗珠直往下淌。他想，过不了河，再往回返，那可就前功尽弃了。法舟大师一边走着，一边双手合十，祈求文殊菩萨显灵，渡过这一难关。到了河边，皇帝看到黑浪滚滚，也惊呆了。正在这时，只见从黑浪里游出两条巨蟒，一岸为头，一岸为尾，变成了桥梁，接着又从黑浪里爬出两只大龟，作了桥板。法舟大师扶着皇帝过了地下河，出了三贤洞。到了出佛峡，皇帝一看，真是一个清凉之地，便布施金银各一万两，扩建寺院。因皇帝圣上赐金银万两修建寺院，故小清凉寺改名为万圣寺。法舟大师修建寺院，皇帝所赐金银只用了一小部分，他把所剩大部分金银封存到一个山崖石洞里，在寺院里立了一通石碑，写有：

　　修寺需用金，
　　打开石洞门。
　　黄金有几瓮，
　　白银几窑洞。

　　一千多年来，不知有多少人遍山寻找，到处挖掘，但至今仍然没有找到金银洞的石门。

"第一山"

　　在万圣寺寺院东侧的石壁上镌刻着草书的"第一山"3个大字，字体苍劲，又如行云流水，是北宋大书法家米芾所书。名扬天下的大书法家米芾，缘何会在名气并不太大的万圣寺石壁上挥毫泼墨，并且又将万圣寺所在之山称为"第一山"呢？在洪洞民间流传着一段有关米芾浪漫而凄婉的爱情故事。

　　米芾世居太原，出身于书香门第，受家庭熏陶，自幼喜爱书画，十五六岁时即以书法、绘画闻名于世。邻居姑娘石山秀，虽家庭贫寒，但聪明伶俐，文雅秀气，双眸含情，亭亭玉立。米芾长山秀一岁，对她早有爱慕之心，只是碍于父亲"门不当，户不对"的观念，一直不敢有所表露，也没有机会表白。

一天，石山秀独自一人跑到汾河岸边挖菜，想起自己3岁丧父、10岁丧姐的不幸遭遇，不觉泪如泉涌。米芾适逢从汾河岸边经过，听到哭泣声便前去询问。仔细一看，是邻居山秀小妹，就犹豫起来。正在这时，米芾只觉后腿一软，身体失去平衡，落入汾河之中。顷刻间，便被滔滔汾水冲出去老远。

山秀见状，扔掉手中的镰刀直扑水中救人。不会水性的山秀自身难保，也随水南流。两人在水中你喊她，她喊你，谁也救不了谁，一下子被冲了三四里远，后来在水浅处先后上了岸。

"山秀，太感激你了。"

"芾哥，你不要紧吧。"

"是兄连累了你，你等着，让我到岸边村庄借一身衣服给你换上。"米芾说着，便向村庄跑去。一会儿，米芾两手空空回来。聪明的山秀说："没衣服，能借点火吗？"一句话提醒了米芾。两人在岸边的沙滩上烧火烤起衣服来。

山秀舍身救人的行动深深打动了米芾，他觉得山秀实在可亲可爱。米芾在山秀的眼里也是看不够的偶像，只是觉得自己家寒身卑，高不可攀。时值入夏时节，暮色将临，想到在家急等的母亲，山秀提出要走。米芾说："不用急，等衣服烤干咱们一块走。""我哪敢与你一块儿走。"山秀说着瞅了米芾一眼，低下了头。

米芾说："以后我教你识字学画吧。"山秀一听说教她识字学画就高兴了。在回家的路上，两人敞开胸怀，倾诉衷肠，越说越热火，发誓五年后学有所成，再定终身。

山秀天资聪明，经米芾一教就会，进步很快，三年之后，已可吟诗作对了。两人常常暗中相会，感情已渐加深，互赠互对，乐在其中。由于频繁接触，米芾多次受到大人的责备，后来竟然到了关门不让外出的地步。山秀母亲也被街坊邻里的闲话说得抬不起头来，多次规劝女儿死了那份心。

米芾18岁那年，父亲到湖北襄阳做官，并要带米芾同去。这年八月十六是父亲赴任的日子，米芾命家仆暗中向山秀传信相见。夜深人静，米芾跳出墙院来到约会地点。圆月高挂，明净如洗。一对情人互相诉说着离别后的相思之苦，两人海誓山盟：一个非你不嫁，一个非你不娶。泪眼相对，难以割舍。最后，山秀以身相许。

米芾走后，山秀不思饮食，满面憔悴。母亲染病，月余去世，孤苦伶仃的山秀无依无靠，凭卖字画度日。山秀的身体也有了妊娠反应，她非常着急，想到自己尚未嫁人便怀了孩子，今后如何在世上立足，硬是想方设法将胎儿弄得流了产。身体虚弱的山秀等待着南雁北飞，哪怕是一纸鸿书。但等了一年又一年，杳无音讯，她绝望了。

"我要作一个洁白的人，让芾哥在阴曹地府看着我山秀是颗白玉。"在母亲墓前祭拜之后的山秀暗下决心，第二天就沿路乞讨。先是到了平遥的双林寺，削发为尼。住了一段时间，又南下化缘，一直到了赵城的广胜寺，一心研习起字画来。

米芾随父到襄阳后，按捺不住内心的伤悲，不愿在书室练字作画，整天约友酗酒消愁，继而是游山戏水偏爱起奇石来。他把奇石、怪石、异石摆得满屋皆是。加上举止癫狂，人称"米颠"。后经一江南才子刺激，他才回头下苦功夫习字作画。苦修三年，已闻名大江南北，有"一字一骏"之说。

其间，在父母的逼促下，米芾成婚，但他对山秀的挂念丝毫不减。在年近30岁的时候，米芾趁赴北京同仁会聚之机，返赴太原寻找山秀。山秀的家早已人去室空，荒草满院。邻居说山秀可能是出家为尼了。米芾发疯似的寻遍了太原附近的大小寺院、尼姑庵，再寻到大同的华严寺，又从大同返太原南下，沿路寻遍了无数寺庙，最后来到了广胜寺。这时的米芾已累得骨瘦如柴，加上风餐露宿，连乏带困，走到广胜寺下寺的时候，突然两眼发黑，昏倒在水神庙旁的石碑下。

就在米芾到广胜寺的前一天晚上，石山秀作了一个梦，梦见泉池静静的水面泛起一道红波，一条青鱼在水中跳跃，最后跳到自己怀里。她预感是好梦。清晨起来，来到泉池东南口看那碗口大的泉眼冒水。正在看得出神的时候，一位小尼姑走近她的身旁，低声说："有位秀才昏倒在水神庙旁，嘴里不住地叫：山姑、山姑……这山姑是谁呀？"小尼姑的话使山秀心神不安起来，那位秀才莫非……"那人现在怎么样？"山秀不由焦急地问。"经师傅们照料，现已醒过来，在寺里休息。"啊，山秀长出一口气，陷入凝思，她想，不如我离开这个地方，若他真心找我，一定会跟着来的。午斋后，山秀给寺里报一声，随一小尼向西走去，越过汾河，天黑来到万圣寺。

红日躲进西山，一轮圆月挂于中天。米芾一觉醒来，振作了精神，他打听有没有从太原来的尼姑，一老僧道："本寺只有两个尼姑，今下午到西山万圣寺去了。"米芾一听说两尼到了万圣寺，就问了路昼夜兼程，天亮时已入出佛峡，到寺一打听，果然刚来了两个尼姑。米芾着急要见，小尼把他拦在寺门外说："别急，等通报后再说。"山秀得到通报，心想，不如先出一联，答对则见，答不对则不见。小尼向米芾念了山秀的上联："有米为粮无米亦是量。"米芾略想便对："有金为锈无金也是秀。"一"米"一"秀"两人心里自然明白。山秀将小尼打发上南寺清扫，就让米芾进来。10年未见的心上人突然出现在眼前，两人都泪如泉涌，继而紧紧地相拥在一起，久久不肯分开。

"芾哥，你好狠心啊！整整10年了，你都不来找我！"

"秀，你恨我吗？"

"怎能不恨呢！但恨有何法呢！"

一桩桩往事涌上心头，酸甜苦辣诉说不尽。十多年的悲欢，从溺水之盟到分别前的幽会，从搬石头打胎到发疯酗酒谈个没完，两人在北寺的山顶佛塔下整整交谈了一夜。

"秀妹，跟我到襄阳当娘子吧？"

"你已有妻室子妇，为了你的前程、家庭，我宁愿孤守青灯黄卷，让佛保佑你一生平安。"

"走遍大江南北，阅尽人间沧桑，秀妹你是世上第一个好人，是我心中最崇敬的人。"

走遍山西的山山水水，寻遍山西的大小寺庵，最终却在万圣寺找到了自己朝思暮想、魂牵梦绕的心上人，米芾觉得天下的山、天下的水在自己的眼里都很渺小，这里的一切将在自己的心里、自己的一生中留下深深的烙印，这里是自己应该一生记住的地方。于是米芾用如椽之笔，集满腔激情于笔端，在寺门口北侧石壁上奋笔疾书写下"第一山"三个字，用笔流畅，气势奔放，实为宋代书法中的精品。

米芾离开万圣寺后，被宋徽宗召为书画学博士，官居礼部员外郎，人称"米南宫"。米芾一生爱石如命，据说他把一生的积蓄都用在收藏珍奇怪石上。有人说，米芾的爱石，与山秀有关，因为山秀姓石。

兴唐寺的传说

观音指路

兴唐寺，位于中镇庙东南0.5公里处，唐贞观元年始建。据传，唐高祖李渊父子起兵太原，师至霍州遭隋将宋老生阻拦，那宋老生久经战阵，深通兵法，乃隋朝有名的骁将。李渊父子进有劲敌拦路，退必丧家灭门，进退不能。正在军心不稳、进退失据的危难之际，忽有白发老翁指点迷津，李渊依其所言命李世民率轻骑绕过霍山，突至霍州之南，对宋老生形成南北夹击之势，终于夺关斩将，大获全胜。唐太宗李世民深信指路老者乃观世音菩萨化身，发愿创建寺院塑立金身，以使观音世爱人间香火。贞观元年（公元627年），李世民即皇帝位，便敕建兴唐寺以报神恩。又诚信赖霍山神力相助，贞观四年（公元630年）诏立中镇庙祀奉。又传，李世民落难霍山，马刨甘泉，庙藏圣体，即位后重建寺庙，再塑金身，赐额"兴唐"。现在，兴唐寺村残留观音谷菩萨庙，中镇庙遗址明洪武封山碑（又称透亮碑、龟驮碑），东罗汉房，兴唐寺藏经楼，上客堂，唐代迎客松，马跑泉以及散落各处的历代石刻碑碣。左崖有奇古白松二株。现存藏经楼为清代所建。兴唐寺东南5公里处休粮山尚存唐代敕建慈云寺古迹,这里山谷幽邃,人迹罕至,有砖塔、石洞、明清朝碑石数通。慈云寺下有打鼓泉,水流叮咚,声若击鼓。相传唐代休粮菩萨护法于此,猛虎为其守门。中镇峰有金代所建真武庙遗址。相传这里曾经是宋代名将杨继业屯兵习武的地方,现在为三二八电视转播台驻地。

霍山兴唐寺空气清新,气候宜人,盛夏气温高不过30度,这里没有蚊蝇为虐,不用摇扇乘凉,历史上就是著名的避暑胜地。

建寺封树

定阳王刘武周的大将尉迟恭日夺三关,夜抢八寨,杀得唐兵人仰马翻,溃不成军。太子建成和元吉弃关逃回京城。高祖李渊大惊,火急调秦王李世民率领本部军马前去迎敌。

秦王李世民治军有方,爱民如子,因此人皆呼为"小唐王"。"小唐王"带兵来到前敌,与尉迟恭大小战了数阵,各有胜负。"小唐王"深服其毅勇刚强,欲收为己用,故告诫诸将不可伤了此人。这就为尉迟恭大开了方便之门,有了可乘之机。

翌晨,"小唐王"带领几员文官武将,出营察看地形,被尉迟恭哨见。只见其背插钢鞭,腰悬弓箭,手执蛇龙矛,催动乌骓马,吼声如雷:"唐童拿命来!"直奔"小唐王"。众将抵挡一阵,俱各败走。李世民见状,落荒而逃。尉迟恭哪能放过,穷追不舍,骤马加鞭,飞驰而去。銮铃响处,马到身后。说时迟,那时快,尉迟恭摇枪望后心便刺。"小唐王"李世民眼尖,用定唐刀往上一架,躲过一枪。没想到那尉迟恭枪里藏鞭,劈头盖脸砸了下来。"小唐王"一见,叫声"不好",忙去镫里藏身。只听"叭"的一声,鞭打鞍桥,白龙马承受不住这猛然一击,咆哮长嘶,向前一窜,泼刺刺跳出圈子便跑。"小唐王"乘势坐正身子,躬身施礼:"尉迟王兄休要绝情,孤王敬重于你,若肯归顺必封显爵,决不食言。"尉迟恭一听,火冒三丈,大声叱道:"唐童,死在眼前,尚敢饶舌,何不自量,以至于此,还不下马受缚,更待何时?"

李世民情知不免,慌不择路舍命逃去……飞越红崖山巅,转过蒿棒顶泰山,马不停蹄,顺跑蹄沟向东方逃去。好不容易甩脱尉迟恭追袭,不提防白龙马就地打起转来。恰在此时,又听到山坳间战马嘶叫。"小唐王"情知尉迟恭尾追而来,十分慌急,定睛一看,原来是一株酸枣树的倒钩挂住战袍。他一甩袍袖说道:"倒须钩无才,倒会难为孤王,要此何用?"一语刚落,钩除袍脱。时至今日跑蹄沟南山脚下那株酸枣树没有倒须钩。"小唐王"解脱此危,打马飞奔……马通人性,驮着"小唐王"一直跑进霍山老爷顶正左侧峪口之中,到了山谷之内的土崖边,已经是人困马乏,无力支撑。"小唐王"下得马来,喘息片刻,抬头仰视,那山崖平坳处有一个小小的山神庙。"小唐王"自思：前有高山峻岭，后有追赶之兵，马力已乏，既不能战，又不能跑，何不权且躲入小庙中避之，或可侥幸免灾。想罢牵马入庙在小殿中倚柱喘息。

说也奇怪，当"小唐王"李世民牵马入殿后，门枢中钻出一只斗大蜘蛛口吐青丝织网封门，霎时间封了个严严实实。"小唐王"见了，心中着实惊疑，不知是福是祸，但他心中怡然自得，即使尉迟恭追到此间，亦断不疑我躲入其中。

再说尉迟恭跟踪追赶来到山神庙外，心疑"小唐王"藏身其间，下马执鞭进庙察看，见小殿蛛网封门，院内杂草丛生，似有痕迹，他百思不得其解。正在迟疑，"朴楞"一声从殿内飞出一只鸽子，蛛网间洞穿一大窟窿。尉迟恭见了一拍脑袋笑道："鸽子飞出尚破一洞，唐童及马岂在其中？我还是别处追寻去吧。"说罢出庙上马自去。

尉迟恭进庙出庙，自言自语前后过程，"小唐王"听得仔细，看得明白，心里也着实紧张了一阵子。现在虽说尉迟恭已经走了，但究竟朝哪个方向去了，他摸不准，也不敢轻易出去，因此缩屈在殿内托庇神明保佑。也不知过了多长时间，"小唐王"饥饿难忍，白龙马也一反常态，不安地刨地打转。李世民仗着胆子，用宝剑斩断蛛网，牵马出庙寻觅食物。此时正是仲夏之际，桑葚满树，落葚遍地，他从地下拣起几颗老熟落地的桑葚嚼着，觉得香甜可口，因别无他物可以疗饥充腹，故此双手抱树用力摇撼，桑葚尽落。"小唐王"饥不择食饱餐一顿。食毕，望树礼拜道："他日铲平群雄，一统华夏，当封汝为王。"说罢上马循旧路归营。刚出峪口，部下众将已寻至此，一起回归。

玄武门宫廷政变之后，李世民除掉了建成、元吉，唐高祖李渊禅位于李世民，是为太宗皇帝。唐太宗登基之后，并未忘记在霍山峪中遇难呈祥之事，敕建兴唐寺，重修中镇庙，同时差官封树。但历时数年，"小唐王"只记得桑葚餐己之德，却忘了季节，册封之时桑葚已落，椿花正盛，差官以椿为桑，封椿树为王。至今民间造屋建房，大小总得有块椿木，用以镇宅。当唐太宗封椿树圣旨传下之后，桑树闻而伤心流泪，常年不干。柿与桑为至交，恨其误封，气得蹲下身子，憋出一身疙瘩。椿树无功受禄，挺直了腰板。杨树和椿树交往甚厚，拍手相贺。柳树亲椿疏桑笑弯了腰。因此，自从唐太宗封树后留下了泪桑、屈柿、硬椿、欢杨、曲柳的根芽。

玄帝宫的传说

西汉末年，社会矛盾空前激化，西汉外戚王氏家族的成员王莽代汉建立了"新朝"，史称"王莽改制"。从公元 8~25 年，王莽在位 17 年。在他统治的后期，群雄蜂起，天下大乱，以刘秀为首的刘姓家族也揭竿而起，加入讨伐队伍。

一天，双方激战，刘秀战败，落荒而逃，无处藏身，恰巧一个农夫耕田，刘秀慌忙躺在犁沟里藏起来。官兵远远追来不见了刘秀，他们四处搜寻，毫无结果。这时，一只老鹰在天空翱翔，它看见刘秀躺在犁沟里，就想告诉官兵，它大声叫道："犁沟里，犁沟里（老鹰的叫声是：哩沟哩，哩沟哩）。"多事的喜鹊站在树枝上也不停地证明，它大叫："在在在，在在在（喜鹊的叫声是：喳喳喳，喳喳喳）！"刘秀吓得浑身冒汗。只有乌鸦看不惯老鹰和喜鹊这种助纣为虐的小人行径，大力反驳道："瞎话，瞎话（乌鸦的叫声是：啊哇，啊哇）。"官兵们做梦也想不到刘秀会藏在犁沟里，乱糟糟地闹腾了一阵，就撤走了。刘秀躲过一劫，心想，这老鹰和喜鹊真不是东西，只有乌鸦向着我，倘若我日后当了皇上，非——惩治它们不可。

官兵走后，刘秀立即从犁沟里爬起来，赶快转移。跑了一段路，只觉得又困又乏，便仰面躺在一棵大桑树下睡着了。不一会儿，他觉得口干舌焦，一张嘴，恰巧一颗桑葚从树上落下，不偏不倚掉进了嘴里，一嚼真是又甜又解渴，刘秀立即起身爬上树，吃了个饱。心想，这桑树今日救了我一命，倘若日后我当了皇上，非好好封它不可。

刘秀继续逃命，来到洪洞县河西青龙山下，看到西北坡上有一道黄梁，宛如一位身材修长的美女，头枕青龙山，脚蹬汾河滩，脖颈修长，身体苗条秀美，匀称的肩膀，高高的乳房，明显的肚脐，修长的左腿曲弯在右腿之上，自然界的鬼斧神工把一个女人的完美形象表现得淋漓尽致，栩栩如生。刘秀看得如痴如醉，从中午一直看到红日西沉。

忽然天空亮了起来，一束亮光照得大山如同白昼，仔细一看，那光是从一块石头上发出的，刘秀更是惊奇。

忽然，身后有人拍了一下他的肩膀，笑着说："汝大难已过，不久便可君临天下！"

刘秀看那人，生得童颜鹤发，与众不同，便问："在下冒昧，敢问老丈大名？"

那人道："吾乃玄天上帝。黄帝时，脱胎于净乐园善胜皇后，从母亲左胁生下，吾虽为太子，但不愿继承王位，就出家学道，得紫微元君所授秘法，又遇天神授以宝剑，入武当山修炼，四十二年功成，白日飞升，奉玉帝之命，镇守北方。"

刘秀立即跪下道："不知仙驾光临，多有得罪！"

玄帝道："无妨，无妨。"

刘秀指了指山梁道："这黄梁美女真是神奇，不知是何人所化？"

玄帝道："是女娲，因她抟土造人、炼石补天耗费精力过大，于是便仰卧在黄土地上休息，吸取日月之精华，沐浴自然之灵气，以恢复体力，不要惊动她。"

刘秀问："那石头为何会发光？"

玄帝道："此石一平如镜，白天对着太阳，能将阳光吸纳收藏，到晚上再将阳光放射出来照亮山谷，以使夜间行人避免虎狼所害，人称照光石。"

刘秀道："这里真是块宝地！"

玄帝道："此地是你的发祥之地，可速去河东一带招兵买马，不久便可光复汉室。"

刘秀道："何以见得？"

玄帝道："自高祖斩蛇起义建立汉朝，至今228年，即四七二十八之数，四七之际火为主，你今年28岁，正值四七之际，应四七之数。"

刘秀还想问什么，玄帝却不见了。

刘秀想，既是玄帝指点迷津，我若能光复汉室，当建庙以祀之。

公元25年，农民起义军杀死了王莽，又经多次征战，刘秀建立了东汉，登上了皇位，即东汉光武皇帝。

刘秀称帝后，想起危难时的那些事情，决定践行诺言。第一，他认为老鹰给官兵报告情况，应该得到惩罚，他封老鹰临死时五骨分尸。第二，认为喜鹊充当帮凶者，也不得好死，封喜鹊在三伏天不能喝水，活活渴死。第三，认为乌鸦替他说话，因而封乌鸦可以食谷物、昆虫，好活一生。他又想起了那棵桑树，派人前去封它为"树中之王"，不料，去的人不认识桑树，错把椿树封了树王，椿树高兴地越长越高大，桑树知道后，气破了肚子。

现实中的老鹰死后，头在一处，脚在一处，尾在一处，身在一处，腹在一处，真是"五骨分尸"；喜鹊往往渴死在三伏天；只有乌鸦是全尸善终；椿树成了树中之王，人称"王木"，不论谁家盖房子，都要用椿木镇宅，找不到大椿木时，哪怕一个椿木楔子都得用点；而桑树，却是树皮开裂，流出滴滴红水，惹上了一群群蚂蚁。

接着，刘秀想到了在青龙山下对玄帝的许诺，遂诏令河东各州府在山西省洪洞县城西南22.5千米处的青龙山上修建玄帝宫。

刘秀之所以能建立东汉，离不开"四七"之数，因而玄帝宫的建筑也依"四七"之规建造，玄帝宫分前院、中院、下院和中极顶4个建筑群，玄帝宫为7社（村）集资所建，共建7层，祖师殿建在7孔窑上，七星殿建在7个小山头上，与天上的北斗七星相照映。

玄帝宫是一座以道教为主要活动内容的道、佛、儒三教合一的城堡式寺庙建筑群，俗称老爷顶，由大小30余座庙宇和数以百计的石砌古洞组成，它坐北面南，雄居峰巅；八卦座基，七星建造；形同虎踞，势如龙盘；石洞相叠，螺旋贯通；亭台楼阁，坐落有序；飞檐斗拱，巧夺天工；人禽神兽，栩栩如生；格局古朴，蔚为壮观，远眺酷似西藏的布达拉宫，因而有黄土高原上的"小布达拉宫"之美誉。

玄帝宫有一个30多米高的青石悬崖，是玄帝宫的著名旅游景观——舍身崖。传说在很早以前，山下长命村住有一户三口之家，小两口和一个公爹，男耕女织，日子过得美满。人常说，天有不测风云，人有旦夕祸福，公爹突然重病在床，人事不省，急得小两口团团转。人急生智，媳妇对丈夫说："现在只有一条路了，我到老爷顶求神去！"儿媳上了青龙山，先在玄帝殿、玉皇殿、祖师殿、黄罗殿烧过香、叩了头，最后来到斗母殿拜神求药，她看到斗母殿后墙窗下是30多米深的悬崖，便发下誓愿：如斗母娘娘能保佑公爹病好，自己愿舍身跳下悬崖，以尽孝心。求药回家，公爹服了药，病果然痊愈。儿媳来到斗母殿要跳崖还愿，父子俩一路跟着，哭得死去活来，四方乡亲都来相劝。媳妇爬上窗台，眼睛一闭，跳了下去。乡亲们既感动，又痛惜，纷纷流下泪来，父子俩凄惨地走回家去。万没想到，一推开家门，又惊又喜，原来媳妇正在灶前做饭呢！这虽然是心诚则灵的一个神奇传说，但在当地流传甚广，成为玄帝宫旅游风景区的一大景观。

历山（神立）的传说

英山神立庙

历山又名英神山，俗称神立山。传说宋天圣五年（公元1027年），舜庙因历年滋久，风雨剥蚀，导致坍塌，到宋天圣七年（公元1029年）二月，邑人李良甫发下誓愿，要重修庙宇。当时三教村有位姓杨的财主，出于一己私心，想把庙建在三教村附近的砲儿疙瘩，便花言巧语地说服了李良甫，把庙址选定在那里，并把一切建材陆续运往工地。

这时正值春末夏初时节，娥皇、女英正在羊獬住娘家，她们得知这个建庙的消息以后，便各自乘了骏马星夜赶赴工地视察

娥皇、女英到了工地一看，认为这里建庙不宜，便连夜指挥六畜把所有建材毫不保留地全部运走。

翌日准备奠基，主事人带领一干人等，趁着鱼肚白的天光提早来到了工地。到了工地，大吃一惊，工地上所有的建材不翼而飞。大家顿时心灰意冷，一个个无精打采，有的埋怨爷爷娘娘失去了灵气，连给她们建庙的建材都不予看管。有的人捧着头蹲在地上发呆，忽然有人喊道："你们看，这些畜生脚印，有牛的马的，还有猪羊鸡狗的，这是咋回事呢？"说着大家都跟踪追寻，一直寻到历山山巅。

到了历山一看，大家都惊呆了，原来古庙倒塌的残砖乱瓦，已经被清理得干干净净，满山荆棘都收拾成了一大堆。庙宇在原来的基础上已立木成型，还有很多建材都垛得整整齐齐。人们这才意识到这是二位娘娘不同意在那里给她们建庙，仍想建于历山旧址，因为这里是她们的故居，不仅与羊獬东西相望，而且与平阳

南北对应，山势高耸，风景优美宜人，所以指挥六畜把一切建材转移到历山旧址。

因为这个缘故，为了纪念娘娘转移建材的神奇力量，把历山易名为"英神山"，把庙宇称做"神立庙"。神立庙到砲儿疙瘩，有一处往来交通道路，两侧悬崖陡壁，中间是较为狭隘的道路。这条路是二位娘娘指挥六畜搬运建材时必经之道，后人称之为"神圪垌"。

神洼里

历山主峰东西两侧，统称神洼里，东为东神洼，西为西神洼。据传，东西两神洼都是舜当年住过的地方，古时称舜洼里。后来因为历山人称舜为爷爷，为避祖讳，遂改称神洼里。

舜田

百鸟峰南下200米，与神象岭隔一条沟壑，有一个小山丘，前后左右都是层层叠叠的梯田，地肥草美。相传这里的许多土地都是舜和大象开垦的，所以人称"历山舜田"，也称"象耕鸟耘区"，据传帝尧当年访贤就是在这里遇见舜的。

舜田的小麦，人称神麦，也称"圣王麦"。

常见的小麦，无论什么品种，都是一头丰满，一头瘦细，成卵圆形，粒身有一道沟槽，叫腹缝线。唯有历山舜田的小麦与众不同，麦粒像豌豆，圆鼓鼓的，粒身没腹缝线。这种小麦茎秆低矮粗壮，抗倒伏，成熟期株呈黄绿色，穗粗短无芒，籽实丰满，产量高于其他品种。

据传这种麦种是舜亲自培育的，可是很奇怪，这种麦种只有舜田种出来如此，如果种到其他田地里，却又和普通麦种一样，至今仍然是个难解之谜。

神象岭、百鸟峰

舜井西南100米，与井区接壤处，有一条长约千余米的脊梁，高低起伏，状类巨龙，称"神象岭"，神象岭往西300米，是一处较高的山丘，古时松柏常青，林木茂密，人称"百鸟峰"。

相传舜在历山耕稼，他的勤劳感动了天帝，天帝便派了一只大象帮他垦地。一天，舜在山坡垦荒，疲劳过度，在地头暂息，不觉间进入梦乡，忽然一阵西风把他从梦中吹醒，猛抬头却见一只大象，用长长的巨鼻，卷着一块尖利的石器，全力以赴地在一块荒地上不停地开垦。他诧异万分，不知所以。从此以后，大象每天伴舜日出而作，日落而息。这大象每天就出没在长岭的密林里，后人便称为神象岭。岭下南侧是一条深谷，名叫象窝沟，传说是大象每天晚上休息的地方。

大象用鼻子卷着石器全力垦地,一垦一大片,垦地效率几倍于舜,垦的地种上田禾,到中耕除草时期,舜又犯了愁,一个人无论如何也忙不过来,千愁万虑,苦无良策。一天,舜正在田间埋头除草,忽见一群飞鸟落入田间,蹦蹦跳跳地不住地鹐食,舜怕有伤禾苗,便驱逐群鸟,但群鸟还是不住的鹐,舜走近一看,群鸟鹐过的地方,寸草不剩,禾苗无损。舜不胜欣喜,这时他才意识到,忠诚勤劳可以感动天地。

这群鸟每天就栖息在这山丘的密林里,后人称做百鸟峰,俗称鸟儿峰。

回心石、思过洞

圈羊沟东南大约300米处的半山坡,有一块大青石,人称"回心石",往西行隔一条深谷,有个高约3米、内宽3.3米、进深10米的山洞,几千年来人们称其为"思过洞"。

瞽叟夫妇及象,三次害舜未遂,而舜不结宿怨,不记旧仇,对待父母一如既往,奉养不倦,极尽子职,对弟象也不记恨。父母和象左思右想,既恐惧又愧疚,觉得舜绝对不是凡人,再不知改,实在难容于天地之间。尤其是象,悔恨自己没有人心,没有脸皮再和兄嫂见面,思来想去,想找个地方,悔过自新。

一天趁一家人忙于他务之际,象拿些食物,一肩行李,偷偷地溜走了。

走出了家门,沿着坎坷不平的崎岖小道,来到距历山主峰大约2公里远的深谷,在距谷底约100余米的一块青石上歇息下来。一向娇惯成性、好逸恶劳的象,哪能受得了这种苦呢?他又饥又渴,精疲力竭,实在是寸步难行了。

象坐在青石上,心里忐忑不安,不时地责备自己,想到哥哥的仁爱,想到二位嫂嫂对自己无微不至的关怀,若不痛改前非,真不如在这块石头上撞死。想来想去,象最后下了重新做人、以德报恩的决心。这时已是午夜时分,象感觉疲劳稍有缓解,吃了点随身带的干粮,便又起身寻找过夜的地方。

这是一个深秋的夜晚,当象开始起身时,山林里吹起了寒风,颇有寒意,树林里那些枯枝残叶飒飒作响,时而还能听到从远处传来的猛兽的吼叫声。象盲目地走着,披榛觅路,迎风西行,忽见眼前山坡上有个石洞,洞口长满了荆棘,双手攀缘着走进洞里。进得洞来,象在洞口拾了些枯干的柴草点燃,暖和了一阵,吃了些食物,铺开行李便躺下休息。他辗转反侧,越想越觉得对不起仁爱的哥哥,对不起贤淑的嫂嫂,越想越觉得死有余辜。象受良心的驱使,反省,悔过。

象走后,一家人不以为然,都认为他外出游荡去了。直到深更半夜,不见象的影子,父母和妹妹还没有想到会出什么意外,唯独二位嫂嫂起了疑心,遂出外打听,结果,左邻右舍谁也不知其下落。

探不出消息,娥皇、女英心急如焚,聪慧勇敢的女英,嘱咐姐姐在家里照顾父母,自己骑着马漫山遍野地寻找去了。这时不少村民得知,也紧跟其后。路过大石头时,发现石头周边一些干枯的野草,有被人踏过的痕迹。女英断定这是象刚休息过的地方,相约村民继续寻觅,终于在次日清晨在山洞里找到了象。

在地下躺着的象,听见有人进来,猛抬头见是嫂子女英,还有几个村民。象一言不发,双手抱头痛哭不止,时而两只手还击打自己的脑袋。女英见状便道:"弟弟,你何苦这样?人非圣贤,孰能无过,有过知改就好,何必如此?今天多亏你哥哥不在,要在的话,还不把他急坏?还不知给他增添多少苦愁?你哥哥对你是疼爱的,你烧仓、填井的行为,我们都当作戏耍,谁也不见怪于你,现在你认识到那是一种过错,这就很好,知过改过就行,何必给你哥哥又添忧愁!今后一举一动听你哥哥的话,做个勤劳的人,做个有理性的人,做个循规蹈矩、知礼达义的人,哥哥喜欢,爹妈喜欢,我们大家都喜欢,这有多好。"女英一番开导,象无言以对,只说了一句:"今后我一定听哥哥的话,嫂嫂的谆谆教诲我也永远不会忘怀。"象说罢,拭干了眼泪,众人帮他拿上行李,跟着女英返回。一路上你一言他一语的安慰劝诫象,说着讲着,日色偏南回到了历山。

从此,象和父母都良心发现,痛改前愆,一家人和谐共处。

从那时起,那块青石人们把它叫作"回心石",那个山洞几千年来人们还是称作"思过洞"。

三条沟

东圈头村东南,历山主峰下 300 米处,有沟曰"念菜沟"。古时这条沟草木葱茂,常年生有多种野菜,其中念菜为最,所以当地人称"念菜沟"。据传这里是娥皇、女英当年采集野菜往来最多的地方。

念菜沟西侧有沟名"圈羊沟",传为虞舜圈羊处,故名。圈羊沟畔,有一块地,叫做"羊圈墓"。据传舜的牧人就埋在这里。1998 年,一位老人在这里拣到一块残碑,上有两行残存的文字,一行为"予牛羊",一行为"舜牧人卒而葬之"。足证舜牧人葬此处的传说不误。

念菜沟东侧有"桑坡沟",古时从沟底到沟畔,是大约 200 多亩的一块陡坡地,传说舜时毄首在这里种植了满坡桑树,旨在养蚕缫丝。

毄首是舜的同父异母的妹妹。舜耕历山时,非常热衷养蚕,因为养蚕必须有足量的桑叶,但在历山桑树是一种罕见的树种,所以舜为了大力发展桑叶,让毄首跟着他的一位功臣桑王学习嫁接桑树。桑王勤劳朴实,和蔼谦逊,又富有智慧,诲人不倦,温柔善良,多才多艺的毄首非常看重他,两人心心相印,终于结成夫妻。

蚁首不但跟桑王学会了嫁接桑树，而且把养蚕缫丝这门工艺也练得非常纯熟，她把桑坡沟这条几百亩的大坡全部栽植了桑树，带领历山周边的群众大搞养蚕，养蚕业成了当地人们的主要生计。

蚁首领导群众养蚕，博得群众的无限敬爱，人都称她"蚕娘娘"。古时历山舜庙东侧有间小庙宇，称"蚕神庙"，内塑神像就是蚁首。

乾元山的传说

太上老君临乾元

道教的创始人姓李名耳，字伯阳，楚国苦县厉乡曲仁里人，做过周朝"守藏室之史"。孔子曾向他问礼，退隐后著《道德经》5000言，后被尊为道教之祖，俗称太上老君。传说他的母亲玄妙玉女，吞下太阳精，怀孕81年而生老子，出生时，从其母亲左腋而生，一手指苍天，一手指大地，开口便说话，抬腿即走路，一步一莲花，有祥云缭绕，仙乐阵阵。

太上老君的生日是旧历二月十五，据传，他西行前最后一个生日就是在乾元山度过的。因其十二弟子之一的太乙真人修炼的金光洞府就在乾元山。

当初，太上老君云游四方，以慈悲心度人救难，遇有聪慧可度之人，他便收为弟子，让其在名山洞府修炼。太上老君见太乙机警过人、宅心仁厚，遂收为弟子。后遍历名山，见乾元山乃修炼悟道的绝佳之地，遂为其选址于此，在这里为太乙讲道说法81天，并在山中度过了他西行前的最后一个生日。

太上老君临行，半空中一派仙乐之声，老君骑上青牛，顶上现出祥云，垂珠璎珞，金花万朵，络绎不绝，青牛冉冉而升。

自此而后，乾元山就成为三清道祖传道的祖庭名山，道观中每年二月十五都要为太上老君举行寿诞法会，一直延续至今。

八卦炉与制陶术

太上老君在乾元山传道说法期间，附近百姓多有为求道而来者，太上老君一一婉拒。但是，求道术的人还是络绎不绝。太乙真人对太上老君说："百姓不过想觅一谋生之技，聊以糊口而已，不若施些薄技予他，一则彰我道家慈悲胸襟，二则使其借此劳动作日，也算是普度众生的善举。"太上老君略一思索，即命黄巾力士捧出八卦炉来，老君令左右童子架火，从乾元山周边挖来灰白之土，和些水，照日常家什盆罐制成坯子，放入八卦炉，老君运三昧真火烧炼，不多时，闭火息热，开炉后，原来粗糙暗淡的坯子，经炉火一炼，竟成为光洁明亮、坚硬的陶器，周围百姓纷纷效仿，自此，乾元山周边村落便有了制陶冶陶作坊，数千年来长盛不衰。

如今，凡用火求财的行业都供奉太上老君神像，其渊源正在于此。

金光洞太乙成真

金光洞在乾元山后山，是太乙真人打坐修行、得道成仙之洞府。

太乙真人，又称太乙救苦天尊，他神通广大，无所不能，可随物变化，救度一切众生。

太乙救苦天尊，是天界专门拯救不幸堕入地狱之人的大慈大悲天尊神。受苦受难者只要祈祷或呼天尊之名，就能得到救助，化凶为吉，解忧排难。

太乙救苦天尊是玉皇大帝左右胁侍之一，协助玉帝统御万类。据传，太乙真人出生在昆仑山脚下南蛮之地的贫苦人家，父母早亡，跟兄嫂长大，后到昆仑山修道，在太上老君、元始天尊指点下，来到金光洞修炼。1500年过去了，一天，太乙真人正在金光洞碧游床打坐，忽然心血来潮，睁眼时，见有金霞童儿来报："有白鹤童儿至此。"太乙真人出洞，见昆仑山玉虚宫白鹤童子持玉札而来，太乙真人接玉札，望昆仑玉虚宫谢恩，白鹤童子说："师父请师叔送灵珠子下山。"太乙真人说："我知道了。"这才有了后来的哪吒出世、收哪吒为徒、师徒共赴战场等故事。

金光洞灵珠转世

太乙真人奉太上老君元始天尊之命送灵珠子下山，投胎于陈塘关总兵李靖家中。

李夫人殷氏怀孕3年零6个月而不产，李靖忧虑此胎非妖即怪。一日夜至三更，夫人梦见一道人径入内室，将一物往其怀中一抛，口中说道："快接麟儿！"夫人惊醒，觉腹中疼痛，竟生下一个肉球，滴溜溜乱转如轮，李靖一剑砍开，里面竟跳出一个小男孩来，右臂上套一金镯，肚子上围一块红绫，面如傅粉，李靖夫妇且惊且喜，原来，这就是灵珠子化身，金镯是"乾坤圈"，红绫是"混天绫"，都是乾元山金光洞镇洞之宝。

次日，许多李靖手下军官来贺喜，忽有一道人前来，对李靖说："贫道乃乾元山金光洞太乙真人，闻将军生一子，特来贺喜！"李靖忙请入厅内上坐。太乙真人问了生辰，告诉李靖说："此子生于丑时，正犯了1700年杀戒，贫道为其取名为哪吒，让他与我做个徒弟如何？"李靖答谢。从此，哪吒便成了太乙真人徒弟。

太乙真人传授哪吒三头六臂隐现之术，又将九龙神火罩、七星阴阳剑等授予他，自此，哪吒得金光洞八件真传武器，在商周大战中大显神通。后来，哪吒同其父兄都是在祸乱戡定、劫运克襄之时功成身退，各自归山，终于成圣。后人为纪念哪吒在乾元山莲花托身的异事，遂建起了莲花阁。

轩辕点化建道观

太乙真人在乾元山金光洞又修炼千余年后，得道飞升，只留下金身在乾元山接受百姓香火。

正当黄帝轩辕之世，因同炎帝、蚩尤争战，后炎黄联合，大败蚩尤。轩辕帝驾云四方游巡，体恤民情。一日，东游到乾元山，因在云头上见此地有龙腾虎跃之势，遂按下云头，驾临乾元山，他看到此山龙龟相偎，且九龙与一龟缠斗，纷争不息，因思太乙真人已飞升成仙，此山无物可镇，恐将有灾难。于是在芸芸众生中选一善人，点化他说："汝应西行化缘，在此建观，造福百姓。"语毕，一阵清风不见。该善人遵嘱，西行万里，化缘17年，终于在此建起一座道观。

真武祖师在武当山得道后，被玉皇大帝封为玄天真武大帝，敕命乾元山道观作为真武大帝坐镇北方的神宫，并赐七星阴阳剑和七星旗作为镇观之宝。这便是后来的元阳观。每年三月三日为真武祖师诞辰，方圆百里的百姓和虔诚弟子都要来焚香朝拜。

神龟背水

在乾元山修建宫观时，请来了当地的许多能工巧匠，由于山高谷深，路陡坡滑，工地上用水，全靠人们肩扛背驮，运水特别困难，工程进展缓慢。正当人们为水发愁时，一天早上，人们忽然发现在工地的前院里，多了9个十围大水缸，缸里盛满了一眼看到缸底的清水，尝一口甘甜如醇，舀一瓢水，就能和一大堆泥浆，大家感到非常惊奇。更让人们奇怪的是，第一天人们用完了缸里的水，第二天又是满满一缸水。是谁每天都在做好事？工匠中有一个年轻人想看个究竟，于是他就每天晚上注意，看是谁早早起来做好事。这天晚上，他一个人悄悄来到离水缸不远的院墙后面，两眼一眨不眨地盯着水缸。圆圆的月亮升起来了，没有一丝风，月亮像一个银盘，山谷光洁如昼，正当他看得双眼朦胧时，忽然山谷下面发出一道金光，只见一只磨盘大小的神龟，从山下缓缓爬来，眨眼间来到水缸边，只见神龟身上满是水滴，在缸边轻轻一抖，水滴亮光一闪，就装满一缸水，恍惚间，九缸水已全部装满，仔细看时神龟已不知去向。直到建好了宫院，他才将看到的情景告诉了大伙，大家这才明白，原来是神龟在帮他们的忙。

直到现在，人们仍能看到，乾元山就像一只大龟，道观坐落在龟背之上，活灵活现，令人叹为观止。

第三节　源远流长说村名

洪洞县有16个乡镇、463个行政村，每个村庄都有解释其村名来历及其村内外风物的传说或故事。本书仅收录了部分村庄。

甘亭镇

甘亭村

为甘亭镇政府所在地，位于南同蒲线西侧，霍侯一级公路穿村而过，北与309国道相连，是甘亭镇卫星村的中心地带，处于临汾市和洪洞县的中间，现有人口1300余人，耕地面积900余亩。这里人杰地灵，民风淳朴，威风锣鼓代代相传，在第十一届亚运会开幕式上的锣鼓表演博得广泛好评。

甘亭村，原名干坑村，是根据所处的地理位置而取的。干坑村的四周高，看上去就像一个大坑，而这个坑，雨水再大，坑内从不积水，原因就是地表是一层厚厚的沙。后来村民为了美化环境，建了一座风景亭，便把坑改为亭称干亭，由于沙层长不好庄稼，百姓生活贫困，出于对美好生活的向往，依谐音改"干"为"甘"，象征苦尽甘来，百姓能过上富足生活，遂称甘亭村，一直延续至今。

士师村

士师村地处甘亭镇北部，相传是上古尧舜时期掌管刑法的大臣皋陶的故里。皋陶辅佐尧、舜、禹三位贤王，舜时被任命为"士师"官，掌管司法大权。皋陶制定了最原始的刑律，创制监狱，后人称皋陶为我国的法律鼻祖。人们为纪念这位先贤，把村名称做皋陶。清代中叶，当地文人嫌直呼圣人的名讳不雅，便以其官职"士师"为村名。至今，两个名称并存并用，该村东南有皋陶墓，村中旧驿道旁有皋陶庙。

东孔村

相传元明时期，山东一带由于战乱及天灾，民不聊生。当时有一孔姓人家携家带口逃难来到山西，途经洪洞南垣今东孔村一带时，见该处土地平坦，地肥人稀，便居住了下来。后又有几批孔姓人家迁入，孔姓占据了主导。后来，又有薛、白、崔、王四姓相继搬迁到此。到清朝末年，这里的住户已有一定的规模，经当时的县衙批准建村起名。孔、薛、白、崔、王五姓共同协商，鉴于"孔姓"来此最早，又族众势大，所以就将此村定名为"孔村"。

时隔数年,由于孔姓家族内发生纠纷,原居住在孔村的孔姓一支搬迁到一公里之外的河沟旁,另立新居,名为"沟儿孔村"。后来,几经协商,两村人达成一致意见,鉴于"孔村"建村在先,位置居东,所以将"孔村"改名为"东孔村";"沟儿孔村"建村在后,位置居西,所以将"沟儿孔村"改名为"西孔村"。两村名一直沿用至今。

羊獬村

古时在临汾与洪洞中间有个周府村,村中有一位放羊人。一天,他的母羊生下一只独角小羊。长大后,这个独角羊有一种奇特的功能,它能分辨善恶忠奸,在解决民间纠纷时,它会用它的独角去顶恶人。老者将此事报告给尧的法官皋陶,皋陶知道此羊为神兽,名獬,便报告尧王。尧王于是领着妻子、长女娥皇到周府村亲自察看,惊为天物;又到生獬的地方察看,发现此处周围一片绿草,唯独生羊之处寸草不生,下雨不湿,下雪不沾。就在此时,尧王夫人分娩,生下第二个女儿。此女婴坠地能坐,三天能说话,五天能走路,七天能干活,百天能通天文地理,是个神女。尧王大为惊喜,认为此地既产神兽又生神女,便为女儿取名女英,并将周府村改为"羊獬村"。后村庄扩大,1978年分为两村,称南羊獬、北羊獬。

淹底乡

淹底村

淹底村东高西低,形似马蹄,所以原名为马蹄村,当地就流传着这样一首民谣:"淹底原名马蹄村,西头富来东头穷。"这句民谣就道出了当年的淹底村东面地势较高,灌溉不便利,西面地势较低,灌溉便利,所以西头较东头富裕,后来因该村处于土丘之下,地势较低,天气多云雨,改名为渰底。渰为云兴起的样子。四清运动时,下乡工作队为通俗方便将渰底改为淹底。

府底村

府底村位于淹底乡的西北部,村名原称府郭村。相传西汉末年外戚王莽篡汉,汉室皇族刘秀起兵讨伐王莽。在一次与王莽的战斗中,刘秀兵败遭到追杀,跑到府郭村村南时,正遇一农夫耕田,追兵将近,刘秀求农夫相救。农夫急中生智,说:"你赶快躺在犁沟里。"犁过后,泥土翻起盖住了刘秀,使刘秀安全躲过了追兵。当时刘秀被埋地下,有一蚰蜒虫爬到他的脸上,无意间他随手将虫拽断。后一想,此虫通气救了自己,赶忙用一木棒将他拽成两节的蚰蜒虫连在一起。现在的蚰蜒虫,其头与身确实是由一根木棒连接的。刘秀问农夫叫什么名字,农夫说叫"圪塔",

刘秀讲了自己的身份,当场就把这块地赐予农夫。由于这里地处村南,所以称南圪塔封地。刘秀临走时在此村立路碑为标记。刘秀对父老乡亲们说:"多亏了你们府郭村的土地救了我,没有府郭村的地底下之灵气,我刘秀早就没有命了。"后人由此将村名改为府底村。

(大、小)孔寨村

(大、小)孔寨村位于淹底乡东部,据原来村内东岳庙和三教庙的碑文和钟鼎文记载:春秋时期,晋国都城修建宫殿,派人到处寻找建材,大夫叔向路过此地,见此地树木茂密,乔木参天,树大且多,不禁赞叹说:"真乃天下之孔(大)木村也。"遂而将该地命名为"孔木村",也有人称做"孔材村"。

至明朝末年,李自成的起义军兵至山西平阳(临汾),曾在孔材村一带安营扎寨。孔材村东部安扎大营寨,今天小孔寨村一带安扎小营寨,人们把原村名和营寨相结合,统称两村庄为"孔寨村",而把其中安扎大营寨的村庄称为大孔寨,安扎小营寨的村庄称为小孔寨。两个村名一直沿用至今。

敬圣村

相传敬圣村古时候名孙堡村。一年除夕夜,有位神仙化作老人,在路经距离孙堡村30里的王村时,大喊:"卸炭来!"意思是王村人如果接炭,当地就盛产煤炭,但是王村人因为有柴烧,所以说:"我们村西的枣树还烧不完,卸什么炭?"老人听后大怒,用三昧真火烧了王村枣树,王村西半村的人便奋力追赶,当赶到孙堡村时,天已五更,老人回头对追赶的人道:"回去吧,误了大家初一拜年了。"说罢,老人化作清风而去。从此,王村西半村人大年初一不拜年,拜年就头疼,据说至今仍有初二拜年的习俗。正因为王村人把神仙赶到孙堡村,所以便把孙堡村改名为"赶圣村",喻追赶神仙之意。

清朝年间,有一孙姓教书先生在赶圣村教书,与当时村主任议论起此传说,先生说:"人家追赶神仙,我们不能说赶圣,要敬起来。"因此,就将村名改为敬圣村。

孔峪村

孔峪村,很早就有人类居住。传说这个地方的部落首领名为昆连氏,他死后弟吾继位,后世人为了不忘昆氏兄弟二人的功绩,便起村名为"昆玉"村。传说到了春秋时期,昆玉村出了两个大人物:一个为孔义,一个名李克。孔义是个文士,李克是个武士,在朝中都任大夫官职。功绩卓著,名闻一方。后人为纪念他们,将昆玉村分为孔义村和李克村两个村庄。孔义村在南,李克村在北,两村相隔不到一里地。清朝末年,李克村村民因忌讳"克"字,便将"克"字改为"开"字,"李"字改为"里",成为"里开村"了。孔义村的南北各有一条小河沟,由于地形的缘故,便把"义"字演变为山谷的"峪"字,孔义村即更名为孔峪村了。

前柏村

该村原先本属卦底村耕地,因为离村太远,卦底村人上地干活,尤其在抢收季节,多在田间吃饭,临走时,习惯带点干粮,到吃饭时到附近人家要点水,便可将就。据传,卦底村李龙、李虎兄弟二人为耕作方便,迁于此地定居,后繁衍成村,又因村前有一古柏,因此便依习惯取村名为前柏村。

李龙、李虎兄弟二人定居此地后,住于土堡中。为求上天庇佑,他们便称堡名为天保堡。一风水先生路过,认为此处为一风水宝地,随口称赞道:掀了平阳府,掀不了天保堡。清乾隆皇帝微服私访至平阳府时,听闻此言,大惊,问询乡人可有此地,乡人答曰:"确有此地,但须经三河、九洞十八盘才可到达"。乾隆皇帝好奇心切,便带随从来到此处,察看亦惊异不已,并赐名为永恒庄。

柏庄村

柏庄古称"拴马庄",传说隋将麻叔谋回乔李、北麻时,常将他的马拴在此间一棵大柏树下。后来有人在树下盖了几间小屋开了个茶馆,逐渐才形成村子,人称"拴马庄"。据传麻叔谋生性残忍,常让手下兵士抓7岁以下的小孩,挖取心肝享用,麻叔谋死后,民愤极大,因"拴马庄"与麻叔谋有关,村人恶其名,改称"柏庄"村。

赵城镇

仇池村

该村地处旱垣,用水困难。旧时,在村中建有泊池,但由于人多水少,经常发生争水斗殴事件,村人积怨甚深,进而发生仇杀,故名"仇池"。中华人民共和国成立后兴修水利,水源充足,争水之事不再发生。后由于村庄扩大。以桥为界分为两村,桥东村隶兴唐寺乡;桥西村隶南沟乡,2000年撤并乡镇后,隶赵城镇。

杨堡村

据传,北宋时期,杨家军北上幽州,路经此地。当时九龙山上住有相当数量的土匪。杨家将的统帅穆桂英到达此地,天空突变。穆桂英掐指一算,深感不妙,知在此处有一大难，为化凶为吉，于是暂安营扎寨，观其动向。不料，第二天众土匪偷袭杨营，穆桂英率军与土匪交战，因不慎中了土匪的飞镖，不幸阵前身亡。穆桂英阵亡后，杨军上下一片悲哀，设堂祭奠，一面又请阴阳先生选择风水宝地，经多方察看，墓地造在九龙山以东500米处，于是派人挖地建墓将穆桂英葬于此处，并在墓地留下守墓人。之后，杨家军为不误军令继续北上了。

守墓人为杨家的仆人，故而随主人姓也姓杨。守墓人杨氏常年居住于此，后来守墓人杨氏成家立业，膝下生有两子，一家四口生活得很自在。经过多年的辛勤劳作，家业不断壮大，膝下二子也长大成人。二子成家后，杨氏守墓人让老大在坡上建堡置园，让老二在坡下建堡置园。由于堡子是杨姓建造的，所以称坡上的堡子为上杨堡，坡下的堡子为下杨堡。

连城

据传，旧时十里一铺，五里为腰，该村位于赵城北五里的官道上，称"腰子镇"，后逐渐发音转称为"窑子镇"，又称"窑子里"。辛亥革命后，袁世凯命卢永祥率三镇兵南下镇压革命军，在与霍州交界的红坡被革命军阻击，因此对洪赵之民十分仇视，进军至窑子里后，大肆烧杀抢掠，为害甚重。此后，人们以为是村名不雅所致，遂依与县城相近之意改为连城镇。合作化后，因人口增多，分为南堡、北堡、前村、后沟4个村。

永乐村

相传，明代该村有一姓罗名智的人，官居知府之职，罗家田连阡陌，居民均为其佃户。此人为使后辈代代为官，子孙永远享乐，取村名为永乐。后罗姓犯诛灭九族之罪，罗氏遂绝，而永乐之名沿用至今。

古屯村

相传，古屯是古代屯田的地方，在三国时曹操为北方的统治者。当时，天下三分形势已定，基本上没有什么战乱，于是，发展经济成了最主要的任务。当时，曹操就派一部分士兵到该村开荒种地，由于该处东西有霍渠灌溉，南北有汾河之水，灌溉方便，土地肥沃，是一块屯田的好地方，时间久了，士兵们在此繁衍生息，逐渐形成村落，便定名为"古屯"村。

王开村

原名南卫村，金代，该村人王纲朝考得头名状元，授翰林院编修。为感谢皇王开选之恩，改村名为王开村。

堤村乡

石明村

村西有一道蜿蜒的山脉叫明珠山。相传，明珠山为两条互相偎依的草龙所化，龙头即是窑上高处的堡圪塔，龙尾是南石明村西南的圣王圪塔。它的精灵化作两条桶一样粗的芦齿根。

传说，那个盗贼在广胜寺盗宝未成，极力想破坏赵城的风水。夜间，他看到石明一带灵光四射，就来到窑上，看出这两条芦齿根是草龙所化，拔出剑来，斩断芦根。不料，第二天砍断的芦根又长在一起。砍了多次，屡断屡接，盗贼无可奈何。

一天深夜，两条草龙悄悄对话。一个说："让他砍吧，他能砍断，我们就能接上，他的企图永远不会得逞。""是啊！"另一个说，"盗贼要是不用咱本身之宝——芦叶来割，怎能砍断呢？"然而，它们的谈话被狡猾的盗贼听到了。于是，盗贼硬是用芦叶边上的齿锯开芦根，只见芦根被锯处流出了殷红的鲜血，滴在山腰一块绿褐色巨石上。

这块石头采天地之灵气，受苍龙之精华，化作一颗夜明宝珠，隐于石心。一到夜间，大石上便荧光闪烁，明晰可见。从此，这块巨石东面的村子叫"石明"，村西的山叫明珠山。

就在斩断芦根的地方，留下一条大壑口，称连儿壑。为了弥补风水，村民在连儿壑旁建起了佛庙。庙内的泥塑精妙绝伦，佛庙的壁画流光溢彩，后毁于日军之手。至今，这一带还流传着"斩断连儿壑，盖起圣王庙"的民谣。后来，村南一里处又有了一个村落，也称石明，为了区分，就将北面的村子称北石明，南面的称南石明。

北垣村

该村的后头庄有一块地方名为庙圪塔。传说清朝时期此处建有一个很大的寺院，称青龙寺，寺里边住有恶僧，法术很高，对进寺进香朝拜者，稍不顺眼抓住就扣到寺庙里的一个大钟之下。法师念咒，不用多时就能把一个活生生的人在钟里化为血水。这个消息传到乾隆皇帝那里，乾隆皇帝只身一人到寺里视察。乾隆皇帝一进寺院，就被恶僧们扣到大钟之下。幸亏有个好心的小和尚在外边使劲地扳，乾隆皇帝为了活命在里边拼命地顶。夜深人静时，乾隆在小僧的帮助下逃出青龙寺。

乾隆皇帝回朝后立即派人秘密从寺外2.5千米处开始挖洞，将洞一直挖到青龙寺下，也不知装了多少炸药一下子引爆，把一个规模很大的青龙寺彻底摧毁，只留下一个被炸成沟的青龙寺沟。该庙周围建房时，在地基中挖出石器和铜器等许多文物。

李村

相传，李村为春秋时期赵简子的食邑所在地，村址亦在现村北约 1 千米处之舞阳河畔，定名前有"狮子墓""翟王里"等称谓，晋文公时期，始定名为礼村。

隋末，炀帝无道，天下诸王纷纷割据。炀帝以游江都为名，檄召天下诸王，以图聚而歼之。晋阳王李渊率部应召南行，至霍县河西礼村（时赵城隶霍县）时，遭遇暴雨浇注，衣甲尽湿，随行部众因受制于军令，皆未敢废纪扰民。村中长者急引往东岳庙内避雨并送来食物饮水以礼相待。后来，隋灭唐兴。626 年，秦王李世民继位为皇帝，史称唐太宗。唐太宗李世民在历朝郡县制的基础上增设百户为里。念及当年风雨浇注时礼村子民之礼遇，遂命人铸铁钟记述其事，遣使运往礼村东岳庙献亭悬挂，并赐天子姓，礼村即易名为李村，并编为赵城县（隋义宁元年，即 617 年，赵城县从霍县分出）李村里，辖许村、稽村庄（今堤村）、李家庄（今好义村）三村。

三交村

据传，三交村之名始于清末。起先该村只有韩、秦、刘三户人，取名三家村，居住在一个山沟里，以种田为生，安居乐业。当时条件比较落后，人们的起居生活靠鸡打鸣掌握时间。因村子北靠霍州（1.5 千米），西临汾西（2.5 千米），每到天亮时，家家的鸡都在打鸣，这三户人家所居住的地方，地势较高，能同时听到霍、汾两县的鸡叫声，所以又称"三叫村"，意思是本村能在夜间听到三县的鸡鸣，同时本村地界在赵城、霍州、汾西三县的交叉口，于是又更名为"三交村"，意思是三个县交界的地方。

干河村

干河村原属汾西县辖，是汾西县三大重镇之一，亦是汾西县的南大门。据《汾西县志》记载："水润里，城南六十里，乡村二：小河、师庄。"

干河村，在元代村名为水润村。后改为水润里，辖干河村、小河村、师庄村。

村北有圣（关圣人）人庙。庙后有沟名圣水沟。沟内有水泉，称圣水泉。圣水泉泉水叮咚，长年累月流淌不息，途经村中而过，故取名为水润村。

苏堡镇

蜀村

蜀村，旧名凤阳村。据传，该村建于隋，兴于唐。唐朝进士韩广，四川人氏，时任县令，在职期间，勤奋施政，刻苦研医，政绩、医术高人一筹，名噪一时。恰遇唐王李世民疾病缠身，久治不愈，宫廷广贴皇榜，诏告天下，重金疗疾。韩广揭榜赴京诊病，药到病除。唐王大喜，许愿为神医塑金身、盖庙宇以示褒扬。后来韩广得罪高官，被削职为民。一路向东走来，诊病施药，四处寻找安身之地。当来到凤阳村时，只见此地北边满山柏树挺拔苍翠，南边条条小溪潺潺流淌，便在这块风水宝地安下身来。

不久，全国流行了一场旷日持久的大瘟疫，十室九空，尸骨遍地，家禽家畜也难逃厄运。疫民生死难卜，惊恐万状，祈天祷地，拜神驱鬼，求天天不应，告地地不灵。不少人为躲避瘟疫，抛妻别子，钻深山，住沟壑，四处逃命。在洪洞凤阳村，韩广支起一口大锅，熬药制汤为疫民解除瘟疫。染疫之人喝了汤即刻见好，未染之人喝了可以预防瘟疫。韩广所施之药分文不取，百姓感恩戴德，名声越传越远，几百里以外的人闻讯也赶来取药。一时间，凤阳村人声鼎沸，人如潮涌，昼夜不分。韩广救了疫民性命，保住了一方平安。

大瘟疫过后，韩广专研医术，在凤阳村一处风水极好的地方支起八卦炉，炼起了仙丹，以求长生不老之药。仙丹炼成后，韩广口吞一粒，瞬间，肤色由黄变蓝，由蓝变红，由红变白，周身上下放射出七彩霞光，青天白日的天空也响起了阵阵闷雷。正在众人不知所措之时，韩广头顶喷发出一颗火流星，落地变成一只白鹤。围观的人越聚越多，齐刷刷跪倒在地呼唤这位救命的神医。只见那只白鹤伸伸腿、展展翅，悠悠起飞，人们随白鹤追去，一直追到今天南垣赶圣（也叫敬圣村），白鹤停了下来，环顾了一番追赶的人群，才缓缓离去，升入天空。至此，韩广成仙，人称"韩仙君"。

人们为了纪念韩仙君拯救生灵的功德，便取韩仙君的出生地四川的简称"蜀"作为村名，改凤阳村为蜀村，并在韩仙君炼丹的地方建起了规模宏大、结构精巧的韩仙君庙。

尹壁村

相传，该村春秋时期创建。师姓较多，故名东师村。清康熙年间，涧河水淹没良田，村民筑坝护地，把水引开，逼其改道，为纪念这一工程，取名"引逼"。后来尹姓户大人众，改为尹壁，中华人民共和国成立后为便于领导，将村分为东、西、南、中尹壁四个自然村。

下鲁村

相传，古代有凤凰绕饿虎崖飞翔，恰巧鲁班从崖下经过，因指崖上说，凤凰要落宝地，乃吉祥之兆，说罢化阵清风而去，凤凰也不见踪影。崖上突然冒出一个土屯，为感谢鲁班在崖下指教，故名下鲁。

铁沟村

相传，古时此地人烟稀少，野兽横行。于是村人便铸有铁狗，以示镇邪，并将村名定为铁狗，清末民初铁狗被洪水冲走，后来有一位秀才，觉得这个"狗"字措辞不雅，又依地势多是山沟，所以改名铁沟村，后来由于村庄扩大，分为两个村：南铁沟、北铁沟。

古县村

春秋时期，诸侯割据，百里称王，各自为政。古县村属杨侯国，后杨侯国为晋所灭，成为羊舌氏食邑，后该食邑又分为铜鞮、平阳、杨县三县。据传杨县治就设在古县村，后杨县迁至洪洞，仅留城郭。因只有县城而无官员，所以称"孤"县。后来，有位文人觉得"孤"字不雅，改"孤"为"古"，古县的村名就此流传，延续至今。

兴唐寺乡

兴唐寺村

据史书记载，李渊父子太原起义后，师至霍州，被隋将宋老生堵截，进退不能。忽得一白发老翁指点迷津，脱险获胜。据传老翁为观世音菩萨的化身。李世民继承帝位后，于贞观元年（公元627年）敕建了寺院，并赐额"兴唐"，兴唐寺由此而名。又传，李世民认为获胜的原因之一是有赖霍山神相助，遂于贞观四年（公元630年）在兴唐寺西敕建了规模宏大的中镇庙（霍山又称中镇霍山），以报神恩，祀奉霍山之神。这里曾僧众数百，香火旺盛。

在兴唐寺东南有一清泉，称马刨泉，相传李世民兵马到此，口渴难忍，解渴无水，忽有马蹄刨地，清泉涌流而出，故名马刨泉。

赤和村

据传该处土地原为兴唐寺的寺产，种植蔬菜，供僧众享用。后雇佣劳力耕种，人口逐渐增多，形成村庄，因为靠和尚的土地生活，取名"吃和"，后因村名不雅，改为赤和。

珊垣村

据传，此地古时人烟稀少，曾发生几起凶杀案，后有人住在垣上，人称杀垣。后因杀垣名字不雅。依据农户都用栅栏圈牛羊，而名栅垣，后又写作珊垣。

辛村乡

公孙堡村

公孙堡村位于辛村乡。相传《赵氏孤儿》中的公孙杵臼即为该村人。春秋时期，晋国奸臣屠岸贾与文臣赵盾不和，屠岸贾便在晋灵公面前诬告赵盾为奸臣，赵盾全家300余口被杀，只有赵盾的儿子驸马赵朔和公主幸免于难。后来，屠岸贾又假传晋灵公之命，令赵朔自杀。被囚禁的公主生下一个遗腹子，屠岸贾一心要斩草除根。赵家的门客程婴，伪装为草泽郎中，到牢狱看病，偷偷将此子救了出来，公主亦自缢身亡。屠举贾得知以后，大怒，便传令杀死晋国所有婴儿，以不使其漏掉，彻底灭绝赵家的后代。程婴找到赵盾的朋友公孙杵臼密商，将程婴的亲生儿子当作赵氏孤儿交了出去，把赵氏孤儿当作自己的儿子抚养。一切安排好以后，程婴来到屠岸贾身边告发了公孙杵臼，屠岸贾信以为真，下令把公孙杵臼和那个婴儿一起剁为肉泥。

赵氏孤儿从小勤奋攻读，刻苦习武，长大以后，文武双全，他最终除去了奸臣屠岸贾，替赵家和公孙杵臼报了仇。

赵氏孤儿这出戏千百年来一直上演在戏台上，公孙杵臼和程婴那种舍己为人的正义行为，吸引并教育着一代又一代的炎黄儿女。

石止村

相传远古时代，水神共工和火神祝融为争夺帝位，两人从北斗到南，从西打到东，整整大战七七四十九天，最后，共工大败，气急之下怒撞西天擎天柱——不周山，这下可闯下了弥天大祸，霎时天崩地裂，洪水泛滥，人间遭受着深重的灾难。天庭玉皇大帝不忍百姓遭殃，遂派女娲炼石补天，又派大禹下凡治水，救万民于水火。当大禹来到人间金石山顶时，只见脚下巨浪滔天，人们在洪水中哭喊，牛羊在乱石间翻滚……说时迟，那时快，只见大禹从怀中取出一物往上一抛，口中念念有词，只听"咣啷"一声巨响，又见亮闪闪万道金光从天而降，变成了镇河飞石——石板，挡住了滔滔洪水，截住了滚滚石流。从此，石板以上石林耸立，石板以下沙滩一片。人们欢呼雀跃，拿起锄镢，在这里开荒种地，重建家园。金石山下的村庄因此而得名——石止村。

辛村

相传，在清道光年间，该村有一人在朝中为官，有图谋不轨夺取皇位之心，将该村命名为龙泉乡。后被清廷发觉，以大逆不道、窃夺皇位之罪，将此村人抄斩。后来，有辛姓人家来此居住，人口渐多，形成村庄以后，将村名改为辛村，后因村庄扩大，分为两村，称辛南、辛北。

白石村

据传在明末清初，天上一声巨响，掉下一块陨石，人们听到声音纷纷出来观看，那陨石有碾盘那么大，颜色纯白色，落在该村与西李村的交界之处。为争夺陨石归属，该村与西李村对簿公堂，因陨石在该村占的面积较大，所以这块陨石就归该村，也因此将村名定为"白石"。

万安镇

高公村

高公村原名高崖上。传说宋太祖赵匡胤，祖籍河北涿郡，幼年老家连年灾荒，其父携家逃难来到平阳府，肩挑两个筐子，一头是长子赵匡胤，一头是次子赵匡义。来到高崖上时，正好从村内出来一位白发老人，双方打了个照面，老人仔细打量筐内两个小孩，惊讶地说道："老伙计，恭喜你了，你这担的是两条龙（过去人们称皇帝为真龙天子），后福不浅呀！"赵匡胤父亲心想，我这落难逃荒之人，那有什么真龙天子、后福之理？便不去理睬，继续赶路，最后落脚到刘家垣罗云村。

后来赵匡胤真的登上宋朝开国皇帝的宝座。赵匡胤感到有些蹊跷，便决定拜请老人出山辅佐，但可惜这位白发老人已去世了。为了追念这位高才奇人，赵匡胤便下了圣旨，将这个村赐名为高公村。

石家庄村

石家庄村原名石家坂。旧时，有两家人因土地问题产生纠纷，引起打架斗殴，于是县上派人到村里调查情况，解决纠纷。最后人口多的这一方输了，这家人越想越生气，气愤不过，竟把县长投入井中。这下可给村里人惹下了大祸，县卜下令把此村铲平，为此全村人相继逃亡。当时，村中仅剩一个叫石厂的男孩和一个女孩。两个小孩跟家人失散，躲在一个三面被土山包围着的石头山坳里。随着年龄的增大，两个孩子成婚，生养了五个男孩，还建起了自己的三处宅院，分别叫新院、前院、后院。三院相邻，同出入一个大门。后来子孙繁衍，形成一个村庄。因祖先姓石又由于祖先当初在石头山坳里生活，他们就把该村称为"石家庄"，一直流传至今。

樊村

万安镇樊村原本名为普安乡。传说东汉初年，赵城县城西20千米的罗云山里，聚集了一股散兵游勇，占山为王，打家劫舍。当地一些游手好闲、不务正业的地痞流氓也纷纷前往投奔，因此，很快就聚拢了一支近千人的土匪队伍，其头目号称"四大天王""八大金刚"。后来，土匪大本营迁到山下的回坡底及其周围的村庄，并将前哨伸展到刘家垣王略村（东西鄢里一带）。这伙土匪十分凶残，不仅抢掠骚扰汾河以西的富庶村庄，而且还经常突袭汾河以东甚至平阳府周围。因此，赵城县及邻县百姓无不谈匪色变。官府接报后，立即奏报朝廷。光武帝刘秀很快下诏，令右将军万年侯樊仁率兵征剿。樊仁带领3000人马，不多一日便进驻普安乡（即樊村）。樊仁时年逾五十，为辅佐刘秀恢复汉室天下，戎马一生，南征北战，功勋卓著，有着丰富的作战经验。兵马驻扎后，他并不急于求战，而是一方面操练人马，一方面探察土匪的兵力部署、内部情况，以及周围地形、道路等。情况熟悉后，他才制定出一个出奇制胜、彻底歼灭土匪的战斗计划。

再说那些土匪，听说是万年侯樊仁亲自带兵出战，也的确紧张了一阵，但一个多月过去了，却毫无动静，他们便认为这位老帅一定是年迈怯战，于是斗志便慢慢松懈下来。一天夜里，樊仁认为时机成熟，下令派兵包围了刘家垣、王略等村的土匪前哨。然而当土匪从睡梦中惊醒、仓促应战时，官兵却一触即退，还给土匪让出一条退路，让其全部逃遁。土匪凭借地形熟悉，军心尚未涣散，便迅速组织反扑。穷凶极恶的土匪十分悍勇。官兵只作招架，并向刘家垣回撤。土匪见官兵不堪一击，越发骄横，紧追不舍。土匪大获全胜，嚣张至极，一再下书，要与官兵一决胜负。而樊仁在反复推诿之下，才答应在峪里滩一决雌雄。这天，樊仁带领1000人马与土匪奋力厮杀，大约酣战一个时辰，忽听刘家垣坡上响起三声震天动地的号炮，从舞阳河东突然冲出来数百名骑兵，举着明晃晃大刀向土匪杀来。刘家垣坡上也冲下来无数步兵，而与土匪作战的队伍即纷纷杀向西边，对土匪形成包围之势。众土匪哪里懂得樊仁的战术，立刻被冲杀得七零八落，四面溃逃。天王金刚们见势不妙，慌忙带领自己的亲兵向山后逃遁。当他们越过效古，进入峡谷，走了一程刚想歇息时，猛听一声炮响，从峡谷里冲来一支官兵。土匪本来已精疲力竭，哪里还敢应战，一个个面如死灰，跪地求饶，剿匪战斗很快便以全胜结束了。

为维护本地长治久安，樊仁遍出告示，号召逃匿土匪悔过自新，接着又组织各村青壮年联防自卫，并相机搜捕散匪，土匪终于被彻底扫除了。从此，方圆人民才又过上了安居乐业的日子。当地乡绅百姓为表达感激之情，纷纷上书请愿，挽留樊老将军住下来。樊仁深受感动，于是班师回朝后，便向朝廷告老辞官，举家由河南舞阳河樊家庄迁至普安乡定居，并世代繁衍。据樊村现存《樊氏家谱》记载，至今已70余代，其子孙遍布我省许多地方。

为永久纪念樊仁剿匪的功绩，百姓们自愿将普安乡改为樊村。因樊仁的先祖樊哙曾被汉高祖刘邦封为舞阳侯，于是还将堤村至曹家沟的那条涧河改名为舞阳河，一直沿袭到现在。

三个圈头村

万安历山原先有三个圈头村，即东、中、西三个圈头。据圈头村史碑文记载，这三个圈头，历史悠久，源远流长，其村名是舜（上古时期氏族部落联盟的首领）亲自命名的。

相传，舜在历山耕稼时，由于自己能够吃苦耐劳，勤于耕作，兼有象耕鸟耘，每年都是五谷丰登，谷物盈仓。这么多的粮一个人当然就吃不了，但他也不轻易浪费，每年把多余的粮食，除部分用于济贫以外，其余都换成牛羊。牛羊多了一个人自然也就管理不过，于是他把成群的牛羊让历山附近的村民分管分养。后来，舜因为他在这些庄子圈养牛羊，就把圈养牛羊的李家庄易名"东圈头"，徐家庄易名"中圈头"，郑家庄易名"西圈头"。其中西圈头在清朝时因犯了欺君之罪，被朝廷派军队毁了村庄。后人以所居位置又把中圈头改为现在的西圈头。三个圈头村就只剩下了东、西两个圈头村。

上舍村

传说，唐顺宗时期，并州谋士田斌因得罪上官，被罢官回乡，在返回老家途中，其夫人身染重病，连续七日昏迷不醒。行至此地，人困马乏，不能再行，只好暂住调理。不料第二天夫人似大梦一场，疾病霍然痊愈，田斌大惑不解。一天站于高崖之上，远眺四周，俯首近察，觉得此处乃一风水宝地，便着家人扎寨建舍，垦荒造地，生存下来。因此处距县城30华里，恰为古代一舍之数，故取名为上舍村。

明姜镇

明姜村

据传，明姜由昏羌演变而来。羌是跟随夏禹治水的戎羌族，居住在霍泉上游，与汉人杂居，以农为主。因其鲁莽好斗，汉人称其为昏羌。商末，他们帮助武王伐纣，在介休打败周羌，立了大功。春秋时期，又与晋国军队合作，击退秦军，威震八方，社会地位也逐渐提高。人们便改称其为明羌，后依谐音，改为明姜。

还有一种说法：相传这里干旱少雨，庄稼长年收成不好，有只黑猪便从霍山脚下向北拱出一条渠，拱到此地后，天刚明，便称这个地方为"明角"，演变为"明姜"。

清代，明姜分南、中、北三社。中华人民共和国成立后并为南、北两大队，1984年改为村委会后，又分为南、北、中三个村委会。位于明姜村北部的叫北社村，中部的叫中社村，南部的叫南社村。

太吉

太吉，原名垂棘，相传村中有一古棘树，枝条下垂，奇特优美，故名垂棘村。

据《赵城县志》载《尔雅》中云："古时霍山产珠玉，于垂棘之壁。"此村古名垂棘。民国元年，村中有人在挖土时掘出一座唐代墓葬，墓志铭中记载：本地名太棘，以后人们便把村名称为太棘村。中华人民共和国成立后，人们为了书写方便，将棘字以同音字吉代替，写作太吉。

后河头

后河头村原名戈壁村，民风淳朴，勤劳善良，栽植的梨树一片连着一片，其中桑罗梨尤为惹人喜爱。因为这种梨色泽鲜艳，味道醇美，入口清脆甜润，生津止渴，令人百食不厌，因而闻名遐迩。然而，这里的县衙不恤民情，横行霸道，上自知县，下至衙役，经常前来强行摘取，百姓稍有不满，便棍棒相加。久而久之，百姓苦不堪言，民不聊生，只好四处逃避。其中，有一部分村民迁到营田庄，一部分迁到七分渠北河之后头上，村民便以其为七分渠北河之后头，取名为后河头。

龙马乡

龙马村

据传，在唐代，此地严重缺水，村民通过各种方式寻找水源。有一次，村民寻找水源掘井时，从地下挖出一块化石，形态似龙，甚为奇异，又因该村距马驹村很近，依龙依马，故名龙马。后村庄扩大，分为南、西、东三个龙马。

马驹村

此村原名北马古镇。相传，尧王生有二女，一名娥皇，一名女英，均嫁与舜王为妻。两人为争大小，一人乘马一人乘车奔向历山，小女儿女英所乘之马途经此地时生下一驹，故得名马驹。村庄扩大后，分为南、北两村，一名北马驹，一名南马驹。

南台村

据传，明朝末年，李自成在陕西米脂县领导当地的穷苦百姓揭竿起义，在进入山西北上途中，路经此地，起义军中有一董姓士兵就留住于东崔堡之南，并借助村西土崖建土窑洞数十间，并在此租种郜姓家族的土地耕作，春种秋收，繁衍子孙。年长日久，人口逐渐增多，为了便于管理，郜姓家族就派遣子孙由洪堡村迁居于此地居住，因村庄紧靠东崔堡村南，业主又为郜姓家族，董姓子民总为佃户，所以就取村名为南郜村。因当时吴村镇也有一个南郜村，为了区分就更村名为南台村至今。

赤荆村

赤荆村，位于龙马乡西部，相距一千米。

该村在16世纪时，有乔姓迁来定居，曾名乔家堡。乔为朝廷御史，因触怒圣上，遭灭九族，侥幸脱逃者无几。至17世纪，有陕西米脂县梁姓迁来此地居住，因采药材时发现在该村附近长有荆条且呈红色，故名赤荆村。

另有一种说法：相传尧王的女儿娥皇从历山骑马回羊獬娘家时，途经此处，马渴无水，嘶叫着要喝水，就用前蹄一刨，一股清泉骤然涌出。所刨之泉称马刨泉，所在之村为尺井村。马刨泉双泉涌流，泉水流过的水渠中长出一种红色的荆条，又改为赤荆村。千百年来，羊獬接姑姑都从此处经过。

刘家垣镇

刘家垣村

相传，元末明初，战争频仍，兵荒马乱，民不聊生。为躲避战乱，该村始祖刘天常伙同几家老乡扶老携幼，自陕西省米脂县瓦窑堡出发，千里迢迢来到原赵城县西大义里某地安家落户。因此地三面临沟，东边缓缓倾斜与大片土地相连，中间地势较高且平坦，故取村名为原上村。明万历年间，赵、史、高等姓氏人家相继迁走，只剩刘姓一家，遂改名为刘家原。到清朝咸丰年间，村子四面已建起村门，村名又改为刘家垣，沿用至今。

黄村

据传黄村西北1.5千米处有一条沟，沟内有一眼天然水泉，因而取名"水沟"。沟的周围四面环山，有石头山、黄土山等等。约在1800年前，人们就选择此处落地生根。依靠此处天然水源，在黄土山上掏了小洞为住房，挖一些野菜充饥。他们在附近利用自然资源开始烧砖，又重新选择了地形，建造新房，从而离开了黄土山洞，搬进了新住房。在搬迁时他们为了庆祝，特请了一个老道择选吉日，并张贴对联，对联称"黄土山上扎下根，黄道吉日迁新村"。庆祝之时村中有威望的老者提出，辞别黄土山洞建村应该有个新名称，老道当时观看了对联说，你们辞别了黄土山岭，选择了个黄道吉日，黄字为好，黄字代表着吉祥，那就称"黄村"好了。遂沿用至今。

效古村

效古村位于刘家垣镇西北部。该村东部原来有块高埠，相传，元朝时，村民多居住在这里，称作古村。在村落北部有一寺庙，寺僧甚多，这些僧人仗着人多势众，常常在古村横行霸道，村民们痛恨万分，却也无可奈何。一天夜里，有位年长者召集大家密商对策，第二天，村民们纷纷上山砍柴，将柴背到寺庙里堆放起来，并对寺僧们说，这是对出家人的一点孝敬。几个月下来，寺庙里的柴堆得像山一样，村民们还是照样拾柴不误，寺僧们得意忘形，每天饮酒作乐，全无戒备。一天夜里，村民们摸进寺院，将柴堆点燃，顷刻间，熊熊烈火吞噬了寺院，寺毁僧亡。村民经过商议，决定把村落迁到这里。因原来的村落名古村，后人为了纪念前辈除恶的精神，便把新建的村庄称为效古村。

伏珠村

伏珠村位于刘家垣村的西北部。隋朝时，伏珠村属平阳府管辖，名为隅永镇。隋炀帝时期，朝政腐败，隋炀帝杨广命令唐公李渊一月之内在太原建成晋阳宫。李渊无计可施，就派李世民到双塔寺找到袁天罡、李淳风二位道人，出谋策划修造工程。他们推测无论李渊父子建成建不成晋阳宫，都要拿李渊父子问罪。为了逃命，李渊父子决定迁居长安。

李渊父子一行从太原南下西行，半月之后路过隅永镇，在村北的山岭上安营扎寨。李渊父子看见村子南边沟里烟火弥漫，像是在炼铁、烧窑。再往北看有几处正在挖矿，还有的正用背筐背煤。当时村里有个老人叫张天佑，看见几千人马在山上安营扎寨，便随同几个文人上去打听来者何方人氏。二位道人答道："晋阳唐公父子。"张天佑立即跪拜："王爷到此有何贵干？"世民问："这里是何地方？"天佑回答："隅永也。"秦王指着冒烟和背煤的地方又问："那些人在干什么？"天佑回答说："南边是烧瓮的，烧砖的，还有炼铁的；北边是挖煤的。"袁天罡和李淳风站在高处环视了一番，看见这条山岭西至西山根，头枕舞阳涧河，像条玉龙，头伸到涧河饮水，周围五峰环抱，脱口说道："此地真乃是宝地也！地下伏珠，遍地藏宝。"回头向张天佑说："此村就改为伏珠吧。"张天佑作揖道："谢谢王爷。"李渊父子兵马住了数日便起程到长安去了。

从此，隅永镇便改名为伏珠村，一直沿用至今。

大古村

该村地理位置居高，村内、村外地势高低不平，沟壑成群。百米以上深沟有20多条，尤其是村的正中间，有一名叫"底下沟"的大沟，南北总长有2.5千米，像一条巨龙一直通往舞阳河。正因如此，在远古时代村子名为"大沟村"。

元大德七年（公元1303年）仲秋，临汾盆地发生了8.5级大地震，史称"河东大地震"。这次大地震破坏性极强，造成的伤亡极为惨重，东西长500千米、南北宽250千米的地域，都遭受了特大震灾。震中区宏观裂度高达11度，震中地带，位于赵城。在那时，大沟村虽属汾西县管辖，但离震中赵城只有15公里，再者本村地处高圪塔，人口所剩无几，幸存者也伤势严重，因此，料理丧葬困难重重。为了尽快处理尸首，无奈之下，幸存者只能将死者按姓氏同族一起同穴合墓。

1970年，本村有一农户，建房挖地基发现一个墓群，一座墓内葬有尸骨26具。墓内一块方砖上用红朱砂写着："大元大德七年秋，本庄遭地震强袭，伤亡惨烈，目不忍睹，死者难以如意殡葬，故将'许氏'宗族合葬此墓。"另有一块方砖上写着："此次地震，亘古未有，乃为天降，为使后人再无此难，将此'大沟村'改称'大古村'。"由此可知，将村名由"大沟村"改为"大古村"，乃取建村历史久远之意。

左木乡

左木村

相传，古时有一姓左的武士，因得不到朝廷重用，愤而树起义旗，招兵买马，占山为王，称霸一方。时民众愤恨朝廷，纷纷响应，队伍很快发展壮大，后左头目突患暴病离世，为永志左头目起义精神，人们取村名"左募"，后为书写方便，写作左木。

红光村

红光村位于左木乡西南部，原名为牛王庙，地处山地。相传，古时南岭有一只猛虎，经常出没于此，伤害了无数的人和牛羊。一天，有一牧童在此放牛，那虎向牛群扑来，一只肥壮高大的牛与虎搏斗，将虎牴死。人们为纪念牛为民除害的功劳，就建了一座牛王庙来祭祀，该村位于庙旁，故称牛王庙。"四清"运动时，因牛王庙带有封建迷信成分，改为红光大队，1984年改为红光村。

大槐树镇

（南、东、北）周壁村

周壁村由于地处圪塔上，周姓始居，故取名"周家圪塔"。早年，村中有一座古庙，该庙的外墙高处嵌一块石碑，高约1.5米，宽约0.8米，由于石碑大多竖立，而该石碑镶嵌于墙壁之中，十分奇特，老百姓便把此墙称作"石壁"。该庙在该地较为有名，而石碑所在之处又不同于他处，十分奇特，于是便把村名改为"周壁"。

1931年，山洪暴发，把村子冲出一条大壑，将一部分房屋冲毁，房屋被冲毁者便迁到北面的"十家崖"（因为当时只有10户人家居住，故名）居住，依方位取名北周壁（居于南的村庄叫南周壁），后村庄扩大，便又依方位，分为东周壁。

姚庄村

姚庄村位于县城东南部。据《洪洞县志》记载，西汉末年，王莽篡汉，天下群雄并起，汉室宗亲刘秀起兵响应。刘秀手下有一武将名姚期，姚期及其家族就居住今姚庄一带。刘秀称帝后，姚期征战负伤，告老还乡回到姚庄，在庄园村开辟菜园，种花养鸡，因当时两村人口稀少，姚庄与庄园称为庄园。清末民国初才将两村分开，并因姚期生于此地，定名姚庄村。

又传，姚期告老还乡后，广胜寺一带土匪猖獗，光武帝刘秀下诏命姚期率兵剿匪。姚期率兵将大批土匪剿灭后，土匪头子逃之夭夭。姚期全家既怕朝廷怪罪而遭满门抄斩之祸，又怕土匪卷土重来，无奈之下连夜携家出走，逃至河南林县。因此，在今天姚庄村没有姓姚的人家。

（上、下）纪落村

该村原名曲巷村。相传，汉朝名将纪信是赵城人，刘邦起义，他在河南投奔刘邦帐下，以战功升至将军，成为刘邦的心腹战将。

楚汉战争中，项羽将刘邦围困于荥阳城内，切断了刘邦的粮饷运输通道。刘邦派人向项羽求和，打算把荥阳以西的地盘割让给项羽，但未得到项羽的响应。

情急之下，部将纪信对刘邦说："形势对我们很不利，请让我假扮成大王的样子。替您诈骗楚军，您可带人乘机突围。"刘邦默许。当天夜里，纪信身着刘邦的王服，乘着刘邦的大车，上竖刘邦的大旗，带领兵士从东门出来，一边行进一边让军士高喊："城内粮绝，汉王出降了。"与此同时，刘邦带着人马悄悄地从西门逃走了。项羽捉住纪信后才发觉上了当，下令将纪信活活烧死。纪信的灵柩后来被运回家乡安葬，途经曲巷村时，灵柩落地，再无法前进，遂葬于此。

刘邦取得天下后，大封功臣，但怕天下人知道自己遭辱的经历，所以对为他舍命诳楚的纪信没有赠赐。直到汉代中期，人们才在此地为纪信修祠建墓，并将曲巷村易名为"纪落"村。因村中有一坡将该村分为两部分，就把坡上的村庄称作上纪落村，坡下的村庄称下纪落村。

南王村

传说，在上古时期，该地住有20多户人家，尧王在平阳建都，尧王的儿子华池将军在北方戍守边关，闻其父要让位于舜，便骑马南下欲到平阳劝阻尧王，途经此地，患病去世，故名南王。明代，人们为祭祀华池将军，修建庙宇——将军庙。庙门有对联一副至今流传：尧王太子英风在，华池将军惠泽深。

北玉村

北玉村原名陈功村，村南、村北两个堡子，一个称南堡子，一个称北堡子，中间无人居住。多年后南、北堡子也没人住了。沟内只几家姓王的人家居住，更名为卧龙沟。这时，有万安镇漫底村姓宋的兄弟3人经常在这一方做鞁罗底生意，经常在卧龙沟王姓家居住。时间久了，人、地都很熟悉，经过双方协商就迁到卧龙沟居住，经辛勤的劳动，逐渐富裕，取村名为裕村。南邻苗村、玉村。苗村、玉村隶属洪洞县，裕村隶属赵城县。洪赵合并后，把洪洞的玉村、赵城的裕村改为南玉村、北玉村至今。

广胜寺镇

马头村

以该村轮廓酷似一匹马而得名，传说在村南有一土地庙，为马的头部，村北有一佛庙为马的臀部，村内有四条大路，分别为马的四肢，土地庙的照壁为马舌，北墙的两个窗户为马眼，故取名马头。

封里村

封里村，位于广胜寺镇西南，是广胜寺镇第一大村。据记载，三国时魏国名将徐晃是封里村徐家圪塔人。

徐晃原是东汉末年平阳郡的小吏，因跟随车骑将军杨奉征讨黄巾军有功，拜为骑都尉。徐晃颇有政治头脑，献计护送汉献帝东归洛阳有功，被汉献帝封为都亭侯。后归附曹操，南征北战，克邺城、得冀州、平定河北，屡建功勋，被曹操封为裨将军、偏将军、横野将军、平寇将军。

曹丕袭魏王位后，封徐晃为逯乡侯，称帝后，封徐晃为杨侯。后因徐晃镇守阳平，又封徐晃为阳平侯。

在汉末，封里村分为四封里，即徐家圪塔、王家圪塔、李家圪塔、胡家圪塔。徐家圪塔是徐晃的故里，后四圪塔合并为封里村。

油耳山村

油耳山村位于广胜寺镇南。相传，上古时期，隐士许由曾居于此。当时氏族部落联盟的首领尧年迈体衰，其子丹朱暴戾，不足以托付，尧便遍访天下贤能。他听说许由是天下贤士，便到杨地（今洪洞）寻访许由，遭到许由的拒绝，许由逃到九箕山隐居起来，尧追到九箕山，又一次见到躬耕于九箕山的许由，便说："日月都出来了，而火炬还不熄灭，要和日月比光，不是很难吗？大雨降落了，还在汲水灌溉，对滋润禾苗，不是徒劳吗？你在位，天下就可太平了，我还占着这个位子，自己觉得很惭愧，请让我把天下交给你。"许由回答："你治理天下，天下已经安定了，而我还来替代你，我不是为了名吗？鹪鹩在深林里筑巢，不过一个枝杈，鼹鼠到河水里饮水，不过饱个肚子，您请回吧！天下对我一点用处也没有。厨师即是主厨，祭祀人也不会越职去代他烹调。"说罢，便到水边洗耳，表示不愿听，仍在九箕山自耕而食，终老山林。后人便把这位高士隐居的地方称为由耳山，又因该山周围皆山峡，其形圆似饼，久而久之，人们以形称名，称之油耳子，把在附近形成的村落称为油耳山村。

曹生村

洪洞县有着丰富的水井文化，境内有不少水井，侯村有娲皇井，历山有舜井，城内明代监狱有苏三井，各村也都有水井，多者十几口，最少者也有一口，但都是单眼井，只有广胜寺洞峪沟马王庙前有一口四眼井，相传是东汉时开凿的。

东汉末年，朝廷公开卖官，宦官中常侍曹腾给养子曹嵩出钱买了个太尉官爵。一年，曹嵩屯兵于广胜寺洞峪沟，洞峪沟马王庙前有一口井，曹嵩的兵士就用这口井吃水，后来人马越来越多，打水成了一大难事。

一天，曹嵩正在帐中议事，忽听外面人声鼎沸，随即，一个兵士满头鲜血，进帐告状，声称："我去打水，被另一伙兵士殴打，他们霸占了水井，我们的兵士不能喝，马匹不能饮，与他们评理，反而挨打。"

曹嵩大怒，随即来到井边，只见打水的兵士成群结队，手拿水桶争相打水，但一口井哪能供得上。于是，他就命人把井拓宽，以一块大石板凿出4个井口置于井上，这样一来，一口井变成了4口井，解决了兵士争水的问题。从此，这口井就称四眼井。

曹嵩从井边回帐，行至演兵场，一个内侍跑来，大呼："有喜！有喜！"

曹嵩一问，方知是夫人分娩，生下一个男孩。曹嵩中年得子，喜不自禁。曹嵩想，别的井都是一个眼，今天我在井上刚凿了四个眼，夫人就给我生了个儿子，看来这个孩子心眼儿不少。

侍人说："夫人请太尉赐名。"

曹嵩正在思索，看见兵士正在操练，便随口说："叫曹操吧。"

有人说："请太尉赐教有何寓意？"

曹嵩笑着说："操者，控制、掌握的意思，我期望他长大后能够控制天下，掌握朝政。"

众人说："好名字。"

后来，曹操剿黄巾、讨董卓、除袁术、破吕布、灭袁绍、定刘表，就任东汉丞相后，挟天子以令诸侯，基本统一了北方地区，汉献帝先册封他为魏公，又册封他为魏王。

公元220年，曹操去世，曹丕逼迫汉献帝禅位，登基当了皇帝，定国号为大魏，称魏文帝。曹丕登基后，大赦天下，追尊曹嵩为太皇帝，谥父曹操为太祖武皇帝，并把曹操的出生地洞峪沟称为曹生村。

道觉村

相传，该村原名龙头镇。唐宣宗时，广胜寺上寺建造佛塔，因龙头镇在霍山脚下是一个人口众多的大村，建塔监工领事将拉运任务交给龙头镇。竣工后，监工领事、知府、县令为褒奖该村之功德，取一"道"字，以感谢村民广修善事、不计较报酬之觉悟，再取一"觉"字，总称"道觉"。据《洪洞地名录》载，相传本村在明朝中叶是个较大的村庄，后因山洪暴发，村庄毁于水灾，只剩下通往广胜寺的一条路及村之一角，因而称道角，但习惯上人们多称道觉。

石桥村

相传，该地处于三国魏将徐晃封地之北，曾名封北村。后因唐王李世民路过此地过石桥，一块石头把马绊了一下，便口诵曰："路过封北村，比丘迎泰云，石桥绊马蹄，赐名石桥村。"此后，村名便叫石桥了。

五行山庙

在广胜寺镇油耳山村东北有一座五行山庙。相传，清代初年，在严家庄村一带设有五行山八卦道场，道主叫严力文（俗称严离子），经苦心修炼，得道成仙。此道场借用八卦神功，为天下人治病除邪，言出灾除，手到病痊，深得平民百姓敬仰，有诗为证：

五行山降严家庄，日落鸾驾神坐堂。

其言出以亦应验，自古灵仙三晋传。

五行山祭日分四大祭，三小祭。每逢立春、立夏、立秋、立冬节气，三月三王母圣诞、七月二十五、每月初一、十五等祭日，四方信徒纷纷赶来，因十分灵验，远近信徒日增，道场门庭若市。

五行八卦道后来发展到数百人，纪律严密，号召力极强，官府屡禁不止。官府深感威胁，派兵缉捕道主严力文。一日，一伙官兵窜进道场，道徒照常祈祷，道主飘然而去。官兵跟踪至东楼大院，严力文变化成老妇人扬长而去，并无一人过问，后来官兵得知那老妇人就是严力文，急忙追赶。追至严家庄南沟河畔，见一叫花子坐在地上磕鞋，并不过问，一直前追。有人说刚才那叫花子就是道主，官兵又调头赶来，但已不见踪迹。此沟后来人称"神道沟"。

严力之知严家庄已不能住，便朝东去，来到油耳山与高崖村之间的山沟。时觉口干舌燥，想喝口水，可是，这高山旱地哪里觅得水来。后来到一个贫民家讨水，家中一老妇人热情招待。这时天空乌云密布，雷声四起，眼看就要下暴雨了。庄户人家都赶紧收窑顶上晒的小麦。老妇虽然着急，但有客人脱不开身。顷刻，暴雨大作，即使再快也赶不上收场。严力文喝了几口开水，自言道："这地方太缺水了，该有一眼泉才好。"说罢，道谢而去。

暴雨过后，大部分庄户的小麦被雨水冲走不少，唯有老妇人家的小麦安然无恙地晒在屋顶上，就像没下雨一样。众人纳闷不解。

第二天，人们在沟南山坳发现一老人端坐不动，走近一看，正是昨日讨水之翁，他已安然长眠了。在他身旁一股泉水正汩汩流淌，人们这才恍然大悟，原来老人是神仙。

后来，为了纪念这位神人赐水的功绩，当地人修建了一座水神庙，此沟也取名为"成神沟"。现在的成神庙，就是严力文羽化之地。

第四节 口耳相传育后人

赵城义虎

　　传说明朝正德年间，赵城县东部霍山主峰脚下有一个只有几户人家的山庄。山庄内有一70余岁的老妇，儿子也已40多岁，因家贫未曾婚娶，母子二人相依为命。一日，儿子上山打柴，只身一人进入茂密的山林。往日儿子打柴日落前必归家门，那日老母等了一夜不见儿子归来。次日一早，老妇便请邻里上山寻找，中午邻里回来，只带回几块血迹斑斑的破衣碎袜，血衣上还可看到老虎爪印。邻里说："你儿子定是被老虎吃了。"老妇听了顿时瘫倒在地，号啕大哭，连呼："儿呀，儿呀！你死得好惨啊！"一连数天，老妇天不明就站在山巅之上惨呼"儿呀……"其悲惨之声，附近村庄都可听到。几天之后老妇变得疯疯癫癫，口中喃喃不绝地叫唤"儿呀，儿呀"，声音越来越低沉无力。

　　一日，老妇进得赵城县城来，走到县衙，用拐杖把堂鼓敲得咚咚响，嘴里直喊"申冤"。知县听到堂鼓响声，便召问衙役："何人击鼓申冤？"衙役答曰："堂前有一老妇喊冤。"知县遂与衙役上堂。只见堂下跪一老妇，眼泪汪汪，几不能言，知县遂问老妇有何冤屈之事。老妇说："吾儿10日前上山打柴被老虎吃掉，请大人为小民报仇。"知县一听忍俊不禁说："老妇差矣，人告老虎千古未有，人世间哪有这等官司，你下去吧。"老妇一听哭嚎不止，知县看到老妇年岁已高，且如此悲惨，只得佯称拿老虎报仇。哪知老妇仍跪地不起，非要知县下捉拿老虎的"勾牒"（捉拿犯人的公文）。知县无法，便问诸衙役："谁能捉虎？"衙役李能因为喝醉了酒，便上前答曰："我能捉虎。"知县将勾牒给了李能，老妇才走出大堂回家。

　　却说那李能下得堂来，酒醒之后，后悔不已，心想，我李能虽是侦探捕犯能手，要捉一只老虎，谈何容易。便马上持牒去找知县。知县怒曰："方才你已答应捉虎，怎能反悔？"

　　李能受到知县的斥责，闷闷不乐，无奈只好纠集有经验的猎户，日夜潜伏在山中峪口，等待老虎。

　　转眼已过月余，李能仍未捉得老虎，已受数次杖责，整日愁眉苦脸无计可施。一天，李能来到城东东岳庙，跪而祈祷，并抽得一上上卦签，李能振奋精神再次相约猎户上了霍山山顶，在真武庙前的拴虎石前，见有一虎有气无力地卧在那里，李能和众猎户先是一怔，有些害怕起来，停止脚步，不敢贸然前进。李能与几个猎人低声说道："我拿锁链在前，你们拿刀叉随后，在走近二三十步时，待我高声说话，如虎仍然静卧不动，我们即可上前，如若老虎发威，你们就动手把它打晕，然后缚绑。"说罢，数人缓缓前移，快接近老虎时，李能大着胆子对老虎说是不是你吃了老妇的儿子，老妇已将你告到县衙，如果是你，愿意受缚服罪去吗？"那虎看了李能一眼，连连点头。李能等人一哄而上，用锁链缚住虎颈。

且说那李能捉虎之事，已经传到县城，县城大街两侧房顶早已人山人海，有的人站在门口，几个胆大的站在街道上准备看热闹。李能和众人像牵牛似的牵着老虎进了东门，那老虎往日的威气一点也没有了，羞羞答答地穿过大街。人们先是静观，后是欢笑，有的说，这李能胜武松百倍，武二只拿得死虎，李能却可牵着活虎。一位老秀才说，老虎尚能服罪，何况人乎！

在县衙的知县也早已听说，不想这假戏成真，这等官司如何断法。知县想，李能尚可与老虎对话，我何不能，不过也得作不测的准备以防万一。

上得堂来，知县问虎曰："你可曾吃了老妇之子？"虎点头承诺。知县又曰："杀人者偿命，古之定律，老妇已经70余岁，风烛残年如何度日，尔若能与老妇为子，管其生计，我将放尔上山。"虎又点头承诺。知县逐命衙役解开拴虎链，放虎归山。

且说那老虎上山之后，果真实践承诺，每日将捕得的兔鹿等物衔于老妇门前。老妇食其肉，卖其皮。有时老虎还衔来金银包裹，抛于老妇院内，老妇从此渐渐富裕起来，比儿子在时生活得还好。

数年之后，老妇已经80余岁，病逝后，邻里检查老妇的积蓄，除开铺埋葬费用外还有剩余。里人为老妇买了棺木衣服，将其葬于山巅之下。下葬那天，那虎从东山奔来，伏于墓前，吼声雷动，十分可怜。第二天一早，人们还在睡梦之中，便听见那虎又在墓前狂吼，每天如此，7天之后人们再也听不到虎的吼声，那只老虎以后也不见了。以后人们称这个山庄为虎儿峪，现在称吴（吾）儿峪。

后来，人们为了纪念这只义虎和李能，便在县城东郊东岳庙侧建了一座义虎祠，祠内塑有身着明代服饰的衙役李能的塑像，墙壁上画有一只带锁链的老虎。1938年2月，日军侵占赵城后，义虎祠连同东岳庙一同被日军烧掉了。

赵城义虎的故事被清代著名短篇小说家蒲松龄编入《聊斋志异》一书中，名曰《赵城虎》。

神马饮水

在甘亭镇上王村一带千百年来流传着一个神马饮水的传奇故事。

上王村五道庙边上有一潭泊池，在雨季，全村雨水汇集此处，无论雨再大，水再多，此池从没满过。在旱季，无论多旱，此池也不会干涸。池内水有一人多深，呈蓝绿色，池边常有青蛙环绕，叫声不绝于耳，周围长有灵芝草，堤外更是绿树成荫，婀娜多姿，文人墨客也常聚于此吟诗作赋，使该池远近闻名，大有小西湖之韵味。

千百年来,全村人畜饮水全赖此池。因受神灵庇护,水一直保持清澈见底,甘甜可口。

后来,人们发现这里的水有些混浊,水位也有所下降,多方查询,才知究竟。原来在上王村村北的靳堡翠柏山上,有一个规模较大的庙宇叫中镇庙,当地人称柏疙瘩庙,在庙前有两尊白马塑像,两名马夫塑像,马夫一手持缰绳,神态栩栩如生,一直被人们视为中镇庙的守护之神。两匹白马在夜深人静时常常到泊池边饮水,还留下很深的马蹄印,这马蹄印与普通马蹄印不同,流水冲不走,淤泥埋不住,一时人们议论纷纷,当时就有人说:"这神马一旦把池内的水饮用完了,咱这一带人畜没有水喝咋办?得想办法制止。"于是经过高人指点,就请人订制了长长的铁钉,将翠柏山中镇庙上那两匹白马的四蹄牢牢地钉在地上,从此,当地人再看不到那种奇怪的马蹄印了,五道庙边的泊池水又清澈如初了。

女英泉

娥皇、女英是尧的女儿。后来,尧把两个女儿嫁给舜为妻子。她们二人非常关心民众疾苦。

有一天,女英去田间采集野菜,碰见两个陌生人,在历山挑水,便问:"你们是哪里人,怎么这样陌生?"挑水人道:"我们是山下沟北村的。"女英又问:"沟北距这里这么远,山路崎岖,坎坷不平,为啥要来这里挑水?"挑水人道:"我们村里没有水井,人们都在附近各村找水吃。"女英听了挑水人的讲话,把这事就挂在心上,回去以后对舜讲了,她请求舜道:"咱们的那匹马在赤荆村用蹄能刨出水来,让我骑上它去沟北试试,看看能不能找到水源。"

舜听了女英的话,欣然应允。第二天,女英便骑上马下山去了。到了沟北村转了一圈,老马没有任何表现,遂又走到村下的沟北河。这是一条涧河,距沟北半里许。就在这涧河的北崖下,老马止步不前,打了一个转身卧下不动了。不一会儿,老马起立,卧过的地方湿润一片,像是泼了一桶水似的。女英见状大喜,立即告诉人们就地掘井,村人组织了几个人,不到一顿饭时分就打成了一眼井,深不盈尺,大旱弗竭,后人就把此井称作"女英泉"。

虎头神柏

淹底乡孔峪村东里开(居北)、孔峪(居中)、峪头(居南)三个村庄的道路相交、通向杨家掌(居东)的地方,民间称为"娘娘垫"。很早以前这里有一座北向南的女娲娘娘庙,附近的人们常在这里烧香拜神,祈福求子。中华人民共和国成立前庙被拆毁,只剩下一棵粗大神奇的古柏树了。

这棵古柏根基的正西部分露出地面,根圪塔远看形似虎头;树身好像一条盘着的巨龙；树高两丈以上分枝，其中，第三、第四股之上一丈五六处又分为许多枝条，远看神似凤凰展翅。据村中老人讲，这棵古柏大概植于隋唐或更古时期。

因为年代久远，这棵古柏被民间传为"神柏"，远近闻名。1952年正月，县上决定在孔峪村建立完校，但资金缺乏。村中两人建议，娘娘垫上的古柏能做18付寿器板，卖了钱可用于建校，这事也征得了村委、村民的同意。但不到一个月的时间，一位得急病去世，另一位家中的牲口也死掉了。于是人们议论纷纷，说："神树显了灵，死了牲口又死人。"自此以后，再没人敢提伐树的事了。

20世纪80年代，原孔峪公社党委、政府在这棵古柏西南部建起了孔峪公社的"烈士亭"，并在四周栽植了几十棵小柏树，成为进行爱国主义教育的基地。

现在，仍有不少附近的村民将这棵古柏树奉为"神树"，祭拜烧香，祈福求药求子。

道观变坟

堤村乡好义村西垣上有片土地叫"道士坟"。西北边有一条沟，人称"士人沟"。这里流传着一段十分离奇的故事。

当年西垣上树木茂盛，花草丛生，地势险要，风光宜人。垣下有一条沟是赵城通往汾西的必经之路。

相传，士人沟有一盏灯，每天夜晚，照得一方通明（清道光版《赵城县志》所载赵城十二景中有"崖灯晚照"即谓此）。沟底有一股清泉甘洌可口，泉水汩汩，汇为小溪。古道北端有道观一座，建有玉皇、三清、灵官等殿。观中有数十名道士在此修炼。建观初期，道长治理有方，道徒皆能严守清规，虔心修道。他们利用医术为全村百姓治病，济世利民，因此香火旺盛，布施丰裕，道观兴旺，在方圆十里八乡都很有名。

后来道长年事渐高，一位武功高强的中年道士逐渐掌握了实权。此人心术不正，阴险奸猾，早有意取代道长，他私下宣称："他若为道长，观内可以吃肉喝酒，道士可以娶妻生子，财产还可以世袭。"于是从者甚众。他又拉帮结伙，串通官府，排除异己。一次，两名小道士违犯道规，被道长责罚，妖道便从中挑拨，更使两个道徒怀恨在心，并趁机害死了道长，妖道便趁机取而代之。从此，妖道更加肆无忌惮，设计将几位德高望重的道士害死，将异己统统驱逐。

妖道把持道观后，自恃武功高强，胡作非为，勾结社会渣滓形成一股数百人的黑恶势力，在周围乡里无恶不作，搅得百姓不得安宁。他们白天做道场，黑夜劫民财，拦路抢妇女。从者为妻、为奴，不从者押入地道暗洞，生不见人，死不见尸。（1958年挖七一渠时，曾发现不少洞穴遗址）。他们与官府沆瀣一气，百姓有怨难伸，只得忍气吞声。一时间，邪气嚣张，民怨沸腾。

一天，从南方来了一位云游道人，自称深谙风水，精通易理，可除暴安良。众人向他询问妙法，道士曰："在道观西南方约一里地小路旁，让旅途行人每次捎砖一块，立放路旁，等砖块自然倒下后，十天内观中必死一人，日后用这些砖建一座小土地庙，对准村内岔口尽头，内塑土地神，立透灵碑一通，每天早晚烧香祈祷，将魔道罪恶上报天庭，不出一年，这伙魔道就会遭到报应。"众人闻听大喜，立即按道人吩咐办理。他们在村口三官庙内设茶馆一处，供行人解渴除烦。说来也怪，此法果然灵验，当第一块砖自然倒下时，观内突然死了一个道士，从此周围百姓纷纷捎砖前来。观内也不断传出道士暴死的消息。开始，死一个道士埋一个坟，后来，越死越多，干脆就在观内挖了个大坑，就地埋葬，到小庙砖料备齐时，观内道士已是死多活少，所剩无几。就在建庙破土的当天晚上，忽然乌云密布，雷电交加，只听空中霹雳一声，观中突然火起，刹那间，风助火势，火乘风威。道观成了一片火海，众道士顿时化为灰烬。从此，这里便称为道士坟了。四方百姓见魔道死尽，无不拍手称快，弹冠相庆。

五女除暴

洪洞县东北与霍县交界处，有一个十五里垣。垣的西北方，太风公路旁边，有一个高 6.66 米，周围 19.98 米的方土堆，乍一看，像是烽火台旧址，其实那是一座古代王室女儿的坟墓，民间称"五女坟"。

相传很早以前，这里是晋国属地。十五里垣官道旁边，是密密的黑松林。那时，路经官道的行人，十有七八会遭到土匪的抢劫杀害，百姓叫苦连天，于是便有了"上了十五里垣，就像登了阎王殿"的说法。这话传到晋王宫，他的第五个女儿听到了，气得柳眉倒竖，七窍生烟。五女平时善骑善射，练就一身好武功，又爱打抱不平。这天，她带了一帮侍从，骑上已怀胎的大青骡，前来十五里垣，为民除害。

上了垣走不多时，一声呼哨，密林中冲出几十个土匪，拦住五女去路，索要"过路钱"。五女大怒，挥剑冲上去，只几个回合，那伙人便被杀了一半，其余的连滚带爬地逃了。五女继续前行，又遇见一个骑高头大马满脸虬髯的土匪头子，带了不少喽啰冲杀过来。五女率侍从应战，土匪死伤遍地，五女的侍从也相继战死。五女大怒，挥剑如流星闪电，大战那土匪头子。那土匪头子渐渐招架不住，调转马头便逃，五女策骡追去，眼看就要追上匪首时，忽然，五女骑的大青骡"咕咚"一声卧倒在地，再也站不起来。五女看见青骡用蹄刨地，知道它快要生驹子了，只好徒步与土匪拼搏。匪首见状大喜，呼唤逃散的土匪，把五女团团围住，一阵厮杀。五女身负重伤，扔出一剑将匪首劈死，众匪再次溃逃。五女也因失血过多，倒在青草地上，再也没有起来。

当地老百姓上书晋王，要求把五女葬到十五里垣旁。晋王恩准了。下葬那天，周围送殡的村民哭声震天，惊动了天庭玉帝。玉帝派巨灵神下凡查访。巨灵神把五女斩土匪经过如实奏报，玉帝深受感动，说："骡子要不下驹就好了。"从此，世上的骡子再不下驹了。

义授秘方

"北有'定坤丹'，南有'乌金散'"，这是在晋南一带广为流传，盛赞山西专治妇科病的两剂好药的一句民间俗语。"定坤丹"在封建社会一直是皇室专用的御品，只有出自洪洞县赵城贾家的"乌金散"，才是民间大众可以享用的良药。说起"乌金散"药方的来历，还有一段曲折的故事。

清朝康熙年间，赵城县（原建制是县，现为镇）窑子里村，有一贾姓农家，为人善良，与左邻右舍相处很好。一天黄昏，贾老汉在村西官道边，如往常一样，收拾起小摊往回走时，在路上捡到一个包裹。本有心打开瞧瞧，可一细看，上面还贴着封条，他思忖，这东西绝不是寻常之物，不是朝廷公文，便是官宦爱物，君子不吃昧心食，万万不可拆动，便原封未动地拿回家里，等候失主认领。一连几天过去，却毫无动静，就在全家人等得心焦准备报官府时，村内忽然贴出告示，恰恰是寻此包裹。贾老汉听后，连忙搂上包裹直奔县衙，只见几位气度不凡的喇嘛，同县官在一起，个个面带愁容，立坐不安。当贾老汉说明来意，众人无不惊喜若狂，高兴地打开包裹……

原来他们是西藏派去五台山朝圣的喇嘛。他们往回返时，五台山主持高僧为表心意，回赠了西藏活佛一批厚礼。内有一贵重包裹，装着一对金鸭、一对金鹅及一尊用乌金镂刻成乌鸦形状的珍品。为防不测，主持再三叮嘱，这块乌金珍品是稀世之宝，须严加看护。哪知他们在平阳府（临汾市）寺院验物时，单单不见了包裹，众喇嘛顿时如五雷轰顶，都傻了眼，半天缓不过气来。他们不敢怠慢，星夜回返，沿途申明州县明察暗访，不期在赵城碰到失物。

经过详细验查，所有物品毫发无损，众喇嘛不由同声惊叹，走遍天下，没见过赵城人德行这样好。为报答贾老汉拾金不昧的善举，他们拿出一对金鸭子酬谢老汉，不料老人坚辞不收。众喇嘛前后簇拥，把贾老汉护送回家，全城人一时传为佳话。

在家里促膝详谈之时，一位年长的喇嘛见贾家炕上卧一病妇，脸色苍白，气息奄奄，一问才知是媳妇产后失血过多，亏耗致病，虽百法使遍，不见起色。这位喇嘛听后心里怦然一动，向老汉说道，我有一研究大半生的秘方，专治妇女产后疾病，还从未人知，看你贾家心底良善，利不动心，正是我苦苦寻觅的理想传人。

得良方如得良医,望你以仁德救众生于病灾之中,但千万不能失传。看到喇嘛十分虔诚,贾老汉深为感动,欣然接受。喇嘛赐药方名为"乌金散",并精心传授了炮制配料技术,当场治好了贾家病人,方依依辞别。

从此,贾家"乌金散"便闻名于世,许多产后妇女服用后,十分灵验,有病能治病,无病可健身。由此还留下一句歇后语:"喇嘛的方子——得绝的很。"后来,为方便病人,贾家移住到赵城城内石牌楼附近的竹子园内,至今已有300余年。医好了成千上万妇女的病,盛誉不衰。第五代先人经过反复研制,在药里增添了炮制的乌鸦心后,更使药效达到了神奇的地步,使"乌金散"更加名声大震,畅销到内蒙古、陕西、河南等地。此事被皇宫及达官贵人知晓后,多人想出重金购买药方,但均被贾家婉言谢绝。贾家始终遵循轻财利、重治病、根植于民间的祖训。

现今,"乌金散"经过贾家九代传承,已由当年的九味药发展成为由二百多味药组成,专治妇科综合病症的良药。

明朝初年的洪洞大槐树大移民活动,经诸多学者考证研究、学术论述,确认为无可怀疑的信史。有关移民的家族原籍、传奇遭遇、姓氏变化、异地融合等传说,就像生发、附着在信史骨架上的血肉,浑然一体,不可分割,成为这场中华历史上绝无仅有的大规模移民的生动记录和写照。这部背井离乡的血泪史,同时也是造福中华的垦荒史、华夏各民族互相融合的交流史,更是意义深远的文化传播史。

历时六百年的洪洞大槐树移民历史,造就了闻名华夏的大槐树根祖文化。在波澜壮阔的历史长河中,洪洞大槐树作为全球亿万百姓心灵深处永久的记忆,精神寄托的家园,民间文化的认同,洪洞大槐树根祖文化曾担当了不少估量的合群卫国的历史重任。大槐树根祖文化的最大特点就是血脉亲情的连接,就是同宗同源的华夏子孙维系民族的强大凝聚力,从而激发民族崛起、时代繁荣的内生动力。这是我们的洪洞大槐树大移民先祖在他们的传说中梦寐以求的幸福生活,然而在生活中正在一步步变为现实。

卷九

杨国赵里汉唐风

祖國錦繡江山壯麗
中華兒女意氣昂真

风物，即风俗物产、风土人情、风光景物。习惯上人们把由自然条件的不同而造成的行为习尚，称之为"风"；而将由社会环境的差异所酿成的习尚，称之为"俗"。风俗是在特定社会区域内、由历代人们共同遵守的行为规范。《礼记》说："入境而问禁，入国而问俗，入门而问讳"。所谓"十里不同风，百里不同俗"恰当地反映了风俗因地而异的特点。同时，风俗也会随着历史条件的变化而改变，所谓"移风易俗"正是这一含义。地方的风俗、人情和地理环境的总称为风土，所谓"一方水土养一方人"，不同地域具有不同的风土人情。物，万物也，是客观存在的，指动物、植物及客观环境、客观世界。天然出产和人工制造的物品称物产。

有亲友邀请你去参加他们的婚礼，或庆贺老人的寿诞、小孩的成年礼，过春节走亲访友，参加庙会，约朋友一起去郊游，等等，那都是民间风俗。

小时候，吃饭时奶奶说："饭一定要吃净，剩一粒米，老天爷看见你浪费粮食就要惩罚，自己造孽要遭报应。"过门槛时爷爷说不能踩踏，而要抬脚迈过去，因为"槛"通"坎"，只有抬脚迈过去才能顺利通过那道"坎"。这些也都是民间风俗。

早年的家乡山清水秀，天高气爽，汾河可泛舟，门前水长流，遍地是庄稼，到处是果园，路旁长着参天古树。燕子、喜鹊在天空穿梭飞翔，野鸭、老鹳在河中畅游。大河波浪滚滚，小河、泉水流水汩汩，地肥水美，四季分明。这里既有"北国"的山河风光，又有江南的水乡风韵，正如谢觉哉诗中描述："洪洞风景如画，一望麦绿树青。大渠小渠分布，地下灌道通行。电站密如星点，包办动力照明。百业操作电化，不用油可机耕。工农林牧全举，年年加倍收成。人民勤劳勇敢，有武并且有文。青年孩子可爱，个个聪敏机灵。"这就是生我养我的美丽故乡——洪洞。

洪洞是中华文明的主要发源地之一。千百年来，在这块古老而丰腴的土地上，先祖们经过长期的生产、生活实践，形成了独特的民俗、民风、民物，可谓是物华天宝，人杰地灵。如果用一句话来概括，那就是"杨国赵里汉唐风"。

一、光辉灿烂　洪洞人的文明

洪洞县由原洪洞和赵城两县于1954年合并。洪洞县名的来源根据传统的说法是因城南有洪崖、城北有古洞而得名。赵城为周缪王封造父之地，后为赵简子食邑。

洪洞历史悠久，文化灿烂，是中华民族古老文明的发祥地之一，有着深厚的历史积淀和漫长的脉络源流。从远古神话传说到确切的文字记载，仅从《中国历代名人词典》所列的26位远古人物中，在洪洞县能找到其活动遗迹和留下传说故事的竟占一半之多。远古时期，有伏羲氏推演八卦的卦底村；侯村女娲陵寝是炼石补天的伟大先祖女娲最后长眠的地方；轩辕黄帝后裔聚居的公孙堡；法律鼻祖皋陶故里士师村；尧王访贤、舜耕历山引发的五千年传承不衰的羊獬——历山联姻民俗全国绝无仅有；娥皇女英，千古佳话，至今犹传。进入中古时期，更是群星璀璨，名人荟萃，造父驾车、许由洗耳、许由弃瓢、师旷正音、叔向治国、相如遗族、樊哙后裔樊仁冢茔、徐晃故里、宋朝开国皇帝赵匡胤在洪洞罗云村的传说，不胜枚举。至于近古，600多年来，"问我祖先在何处？山西洪洞大槐树"的民谣使洪洞大槐树成为大半个中国百姓魂萦梦牵的"根"。全国首批重点文物保护单位广胜寺有三绝一奇：全国四大名塔之一飞虹琉璃宝塔，国内首屈一指；佛国圣典《赵城金藏》，举世无双；元代戏剧壁画保存完整，独一无二；左右对扭的唐代古柏，传说神奇。一曲《苏三起解》更使洪洞名扬四海，囚禁苏三的监狱也是全国最完整的唯一一座明代监狱。另外还有全国重点文物保护单位玉皇庙、泰云寺、碧霞圣母宫等古典建筑艺术的瑰宝以及有"小布达拉宫"之称的青龙山玄帝宫，清净幽雅、小巧玲珑的净石宫，九凤朝阳、二龙戏珠的乾元山元阳观，避暑胜地兴唐寺等。还有具有很高的考古研究开发价值的坊堆甲骨文遗址、永凝堡西周古墓遗址、上村遗址、古杨侯国遗址、侯村龙山文化遗址等。著名作家李荐葆称洪洞县为"神圣之邦"，因为"华夏大半部古文明史在这里浓缩，抓一把沃土就能攥出古老文明的液汁"。

（一）西周杨侯国封地

民国五年（公元1916年）版《洪洞县志》载："周杨侯国，文王庶子伯侨所封，或曰宣王子尚父所封，后灭于晋"。《晋地道记》载："杨，故杨侯国，晋灭之以赐大夫羊舌肸"。20世纪50年代，考古工作者在洪洞的坊堆村和永凝堡村发现了西周文化遗址。坊堆遗址位于洪洞县广胜寺镇坊堆村南，1954年清理墓葬68座，灰坑2座，出土有铜鼎、簋、甗、戈、陶鬲、鼎、豆、壶、罐，玉环、璜及卜骨。在该遗址出土的一块完整的牛的左肩胛骨，改变了以往学者以为只有商代才有甲骨文的看法，是在我国首次发现的西周甲骨文。这片甲骨上的卜辞（化宫□三止又疾贞）大约是占卜疾病的记载。卜辞里第三个字可能是"鼎"字，"化宫鼎"极有可能是人名。意思是：化宫的三趾有病，所以占卜问卦。当年，坊堆遗址还出土了羊骨甲骨文，这些甲骨上的朱红文字和针刻象形符号，说明刻印技艺在这里的悠久历史。据说，舜时期就开始使用树脂油作漆装饰用品，而舜的妹妹则被视为绘画始祖。在坊堆大量的出土文物，第一次使远在3000年前的洪洞变得触手可及。众多的商周贵族的古墓，反映出当时这里繁荣的经济和璀璨的文化。

永凝堡遗址位于洪洞县大槐树镇永凝堡村，1957年发现。1980年山西省文物工作委员会和临汾地区文化局在洪洞永凝堡村联合发掘西周时期墓葬22座、灰坑20座。其中M9出土一件"恒父"铜簋，M12出土一件"屯龜"铜簋，"恒父"和"屯龜"

做器者均为杨国重臣及达官显贵。M12出土有两枚玉制"压舌",一枚为素面方形,象征"地方";另一枚饰四组卷云纹扁圆形,象征"天圆"。人死后口中放玉,以示灵魂不灭,这与《周易》中关于"天圆地方"的礼教相吻合。经专家考证,永凝堡遗址的墓葬年代均为西周,可分为早、中、晚三期,早期为西周康、昭王时期;中期为穆、孝王时期;晚期为厉、宣王时期。这批墓葬应是杨侯国的贵族墓地,按"周礼"规定,用三鼎者为大夫,用一鼎者为士。从这批墓葬形制和葬具形式看,都是按"周制"礼法而作,墓中随葬之物,正像文物专家郭宝钧所说的"戈矛剑戟,象征武备;铲币海贝,象征财富;镜鉴带钩骨珠,象征衣饰华美;积石积炭,棺钉漆皮,象征宫室坚固"。这批墓出土的铜器、陶器造型、纹饰,与晋侯墓地天马—曲村西周时期同种器物完全类同。再从人骨性别和墓葬形制分析,当为西周时期的夫妻异穴合葬墓。

由此分析,今洪洞县的坊堆——永凝堡一带,可能就是西周杨侯国的封域,其墓葬所反映的文化面貌,与春秋时期的晋国文化有着极为密切的关系。由此可知,在周武王灭商之后,故杨侯国(洪洞)为当时山西地区始封许多小国中的一个姬姓小国,后被晋灭。也就是说在西周初封之始、晋灭杨以前,故杨侯国作为一个姬姓诸侯国与晋国这个北方地区的诸侯大国同时存在着。

(二)春秋羊舌氏食邑,秦汉置杨县

20世纪60年代考古调查发现的范村古城规模较大(长约1300米,宽约1000米),延续时间较长,保存有东周至汉代的古城墙。民国版《洪洞县志》载:"羊舌古城,晋公族羊舌氏食邑,在范村"。鲁昭公二十八年(公元前514年),分羊舌氏食邑为三县(杨县、铜鞮、平阳),任僚安为杨氏大夫。僚安就是洪洞实际意义上的第一位县长。《水经注·汾水》载:"汾水经杨城西,不于东矣",今洪洞县正在汾水之东,汉代杨城,即在此。由此可见,范村古城即春秋晚期的羊舌古城,到战国、汉代称为杨县,至隋义宁二年(公元618年)才移至今洪洞(今洪洞县是原洪洞和赵城两县于1954年合并而成)。

晋灭杨侯国,杨侯的后裔就以国名为姓,流散全国各地,尤以长江流域的省份为多,据传,著名的江苏扬州就是因大量的杨姓人到了那里,才由"邘国"改为扬州的(古代"杨"通"扬"),当时的扬州包括了今江苏、安徽、江西、浙江、福建等省,可见杨姓人之多,它是当今中国的第六大姓,约占全国汉族人口的3.08%。杨氏家族名人辈出,西汉理学家杨雄、隋朝皇帝杨坚、唐代杨贵妃、宋代一门忠烈杨家将都是杨氏家族史上引人注目的名人。除杨姓外,从洪洞起源的还有羊舌氏、芈姓、李姓、许姓、阮姓、舒姓等。

（三）赵姓源于赵城

《史记·秦本纪》载："穆王以赵城封造父，造父族由此为赵氏"。《山西通志》和《平阳府志》均记载："周穆王封造父之地"。赵城乃赵氏郡望所在，据今已有近3000年的历史了。造父是传说中五帝之一的颛顼的第十三代子孙，在造父的祖先中，有数人都是驾驭车马的。周朝灭了商朝后，造父因祖上有功德，又有精湛的驾车技术，便成了周穆王的亲信随臣。又由于造父立有战功，周穆王便把赵城赐给他，造父后裔就以地为姓，他是赵姓的始祖。后来，这个家族繁衍到甘肃、河南、江苏一带。《百家姓》中的第一姓赵姓就源于赵城，赵姓人口约占全国汉族人口的2.3%。这个家族从一开始便十分显赫，在春秋时代，自赵衰辅佐晋文公称霸开始，赵氏子孙赵盾、赵朔、赵武、赵景子、赵简子，就世代为晋国的大夫，权倾当朝。其中，赵简子是赵氏宗主，春秋后期晋国卿大夫，执政晋国十七年之久，也是战国时代赵国基业的开创者，郡县制改革的积极推动者，与其子赵襄子并称"简襄之烈"。清道光七年（1827）版《赵城县志》载："城东三里许官庄村，为造父食邑"，"春秋时赵简子居之"。今洪洞县赵城镇官庄村东保存有春秋时期的古城址残存城墙。到了春秋末期，赵家的权势更大，赵襄子与韩家、魏家"三家分晋"，自立为赵国，成为"战国七雄"之一，都城设在晋阳（太原的北面），后迁河北邯郸。

在历史上，姓赵的名人辈出，如战国时代的平原君赵胜，汉朝的营平侯赵充国，唐代的"天水先生"赵德，宋朝的皇帝赵匡胤、名相赵普以及元代大书画家赵孟頫等。

（四）汉唐时期佛教在洪洞广为流传

东汉初期，佛教传入洪洞，建和元年（公元147年）建成广胜寺，初名"阿育王塔院"，后改为"俱卢舍寺"。东晋时期，佛教在全国各地传播尤盛，洪洞县城西郊汾河岸边修建了西兰寺。南北朝时，北魏文成帝和平三年，在洪洞县城西25公里浅沟村之西的佛出峡建了万圣寺。佛教在汾河以西的广大地区传播开来。到了唐朝，佛教在洪洞更加盛行。李世民敕建兴唐寺，唐代宗御笔"大历广胜之寺"，"俱卢舍寺"更名为"广胜寺"。同时，赵城东修建了宝严寺、许村建了龙泉寺、师村建了维摩寺、胡麻村建了灵严寺、石桥村建了泰云寺等。

佛教传入中国，势必会与中国的传统文化有所冲突，它们之间的关系就是从冲突到逐渐相融，再到相互补充。在这个过程中，僧人和统治阶级都起了重要作用。随着佛教对人们生活的影响日益加深，佛教在一定程度上补充了中国传统文化的不足，佛教也借助中国传统文化形成了"中国化"的佛教。从此，佛教和中国传统文化互为补充，相互促进，成了人们日常生活不可或缺的部分。

汉唐时代是中华文化、经济颇为鼎盛的时期，当时的洪洞、赵城地区的文化便是汉唐中华文化的突出代表。

二、生存环境　洪洞人的天地

洪洞县位于山西省南部，临汾盆地北端。其地质属于华北台块山西台背斜临汾断层区。受地质构造影响，全境东、西、北三面环山，南部低平，形成东西高、中间低，北窄南宽的河谷盆地。东部为太岳山脉霍山山系，山势挺拔陡峻。西部为吕梁山支脉，也称西山、罗云山系，山势低缓绵长，丘梁与涧河相间分布。北为两山延续合拢环境。中部的汾河自北向南纵贯，平川轮廓逐渐展宽，形成近似喇叭型的多层状的开阔阶地。山地外围布有大面积的丘陵，自北向南连绵不断，多形成梁、垣、峁黄土地貌。阶地外围布有山麓洪积——冲积扇，波状起伏，多形成黄土台地、山前倾斜平原。最低处为县境南部甘亭镇天井村一带的汾河滩，海拔430米。最高峰为东部霍山老爷顶，海拔2343.8米。属温带大陆性季风气候，日照充分，四季分明。平川区年平均气温12.6℃，山区年平均气温8.7℃。年平均降水量为527.6毫米。

县域资源丰富，交通发达。东西部山区蕴藏着大量煤、铁、铜、石膏等30多种矿产资源，储量大，开采价值高，开发利用的前景广阔。洪洞是山西省"能源重化工基地县"之一，尤以煤炭为最。汾河在县境全长45.8公里，自北向南先后有12条季节性的支流河汇入，总长332公里，多年平均径流量10.87立方米。地下储水量为1.04亿立方米。县境东与古县接壤，西与蒲县毗连，北与汾西、霍州市为邻，南与尧都区相接。南同蒲铁路干线、大运公路、霍侯一级路、祁临高速公路纵贯南北；国道309线、赵克公路、洪古公路横跨东西；县乡公路纵横交错，四通八达，自成体系。

县政府驻县城古槐南路府前街北侧。全县辖16个乡镇，463个行政村，902个自然村，总面积1494平方公里，总人口74万，是山西省第一人口大县。

独特的地理环境和气候条件，使洪洞成为原始农耕文明的发源地之一。早在新石器时代，就有人类在这里繁衍生息。县境目前发现的新石器时代遗存有50余处，其中，以耿壁遗址为代表的仰韶文化遗存和以侯村遗址为代表的陶寺龙山文化遗存较为典型。

耿壁遗址位于洪洞县赵城镇耿壁村东南。1991年，山西省考古研究所和洪洞县博物馆对耿壁遗址进行了发掘，发现有房屋遗迹和陶器。陶器以泥质红陶为主，其次为夹砂红褐陶和泥质灰陶，泥质陶以素面和彩陶为主，夹砂陶以线纹最习见，这是仰韶文化的主要标志。

侯村遗址位于洪洞县赵城镇侯村东部、霍山西麓山前冲积坡地上，北临冲沟。分布面积约40万平方米，为新石器时代陶寺文化遗存。北部断崖上暴露文化层，厚1米~2.5米，距地表0.5米~1米。采集有夹砂灰陶绳纹鬲残片及石斧、骨器。

1986年调查并试掘（见《三晋考古》第二辑，1996年）。1986年被山西省人民政府公布为第二批省级文物保护单位。同年，山西省考古研究所和洪洞县博物馆对侯村遗址进行了发掘，发现了房屋、陶窑等遗迹和陶器、石器。出土陶器特征与襄汾陶寺文化非常接近，突出特征是常见直口肥袋足陶鬲、单耳鬲、篮纹折肩罐等。陶寺文化是20世纪80年代以来逐渐被确认分布于临汾盆地一带主要属于龙山时期的考古学文化。侯村遗址与晋中地区龙山文化也有某些相似的陶器发现，如高柄豆、鼓腹罐等。这说明侯村文化类型除与陶寺文化中心区域相似的主要因素外，还融合了来自晋中地区的一些文化成分，表明在龙山时期晋中与晋南两大区域之间的文化交流和传播中，侯村文化类型起着重要的媒介作用。陶寺文化对研究华夏文明的起源有着至关重要的作用，使"尧都平阳，舜都蒲坂，禹都安邑"等简约的记载，变得真实可信。洪洞县有大量陶寺文化遗存的存在，也告诉我们在陶寺文化时期洪洞与整个河东大地一样，是古代先民们的一个安居乐业的地方，是五千年农耕文明发育、发展，并一直延续不断的一个重要区域。

三、正直礼让　洪洞人的精神

长期以来，在洪洞这片古老的土地上，形成了独特的民情民性。洪洞人或官或民，或武或文，都在创造一种精神，这就是洪洞大槐树精神。洪洞人用这种精神支配着行动，这种精神就是刚直诚信，开放包容，敢为人先，勇于奉献，既有安土重迁的厚重，也有开疆拓土的进取。清光绪六年（公元1880年）版《洪洞县志》记载："洪洞县流风故俗，民尚勤俭……耻于骄奢……习于法程……人民敦朴……崇礼让，多勇敢……有尧之遗风""此地民性强悍，民风淳厚，自古多慷慨悲歌之士"。清道光七年（公元1827年）版《赵城县志》载："其民得山水刚直之气……奢示俭，俭示礼……化民成俗……其陶唐氏之遗风欤"（注：陶唐氏即帝尧）。千百年来，槐乡人民形成了言而有信、认真务实、忠厚朴实、吃苦耐劳、慷慨豁达、强悍尚武、重义轻利、谦恭好客、习文尚礼的性格。

（一）洪洞人耿直，崇尚正义，一实二直三勇敢

洪洞人以"直性子"著称，他们敢做、敢当，没事不扰事，有事不躲事。如洪洞李堡村人韩文，明朝进士，户部尚书，当时，武宗皇帝年幼，宦官刘瑾操纵朝政，他排除异己迫害官员，利用权势受贿、索贿，满朝文武敢怒而不敢言。坚持正义的韩文不顾个人安危联络朝臣起草了弹劾刘瑾的奏疏，上奏皇帝，竟被刘瑾等陷害罢官入狱，后遣返原籍。刘瑾被处死后，韩文才得以平反昭雪。

洪洞杜戌村人王世英，曾任山西省省长。性格耿直的他直言不讳，在延安时，当他听到毛泽东将要与江青结婚，立即联合其他人起草了一封劝谏信，第一个签名按了手印。结果，没有奏效，反而得罪了江青，"文革"初，遭到迫害，含冤而死，被赞誉为"党内海瑞"。

（二）洪洞人义气，具体表现就是：士为知己者死

春秋时，晋国权臣屠岸贾率兵杀了忠烈名门赵朔全家老小，只有一孤儿幸免，屠岸贾为了斩草除根，继续追杀。赵朔的好友程婴（洪洞程曲人）便把自己的男婴与赵氏孤儿调包，让赵朔的门客公孙杵臼（洪洞公孙堡人）献出，屠岸贾杀死了男婴和公孙杵臼。程婴则带着赵氏孤儿隐居山林。15年后，孤儿长大，名叫赵武，杀死屠岸贾，为父辈报了仇，程婴和公孙杵臼的忠义之举名扬天下。豫让，春秋时洪洞人，智伯的家臣。赵襄子联合韩家和魏家灭了智伯，把智伯的头颅当尿壶，豫让十分气愤，便用黑漆涂身，吞炭使哑，乔装打扮，暗伏桥下，第一次谋刺赵襄子未遂，第二次被赵襄子捉住。临死时，他求赵襄子脱下衣服，拔剑击斩空衣，表示为智伯报了仇，然后自杀。听说豫让死了，赵国的侠士们都为他痛哭不止。公元前204年，项羽把刘邦困在荥阳城里。在万般无奈之下，洪洞人纪信自告奋勇，假扮刘邦出城，让刘邦趁机逃脱，自己被项羽活活烧死。

（三）洪洞人勇敢，具体表现就是：路见不平，拔刀相助

三国时，出了个勇将徐晃，他是洪洞封里村人，因镇压黄巾有功，被皇上封为骑都尉。投奔曹操后，屡屡出征，下邳围吕布、徐州攻刘备、乌巢烧袁绍、潼关破马超、樊城败关公，凡是大的战斗，都有徐晃参加。刘备有"五虎上将"，曹操有"五子良将"，徐晃就是"五子良将"之一。道光十五年（公元1835年）三月初四，赵城耿峪村人曹顺率众反清起义，他们的口号是："平赵城，灭洪洞，平阳府里坐朝廷"。不幸，起义失败，二百余名义军官兵被押赴瓮城斩决，他们一个个抬头挺胸，引颈受戮。杀到最后，刽子手们都心惊手软，不敢正视，山西巡抚鄂顺安沁出一身冷汗，惊叹："人人都说赵城人刚烈，我信也！"

洪洞人在近代的辛亥革命中，尤为勇敢，洪洞白石村人温寿泉，在日本留学时就结识了孙中山，回国后，加紧培养军事人才，为革命准备力量。洪洞龙马乡长命村人陈玉麟，在留日期间参加了孙中山的"同盟会"，负责从日本向中国运送枪支弹药，支援武装起义。1911年10月10日，武昌起义成功，10月29日早晨，在太原的同盟会员阎锡山、温寿泉、陈玉麟等人也决定起义，打先锋的是洪洞枣坪村人张煌，他带领起义军攻入巡抚衙门，杀死山西巡抚陆钟琦和协统谭振德，又率众冲进藩台衙门，消灭了敌人，太原起义宣告成功。起义军推举阎锡山为都督，温寿泉为副都督。当时流传说："大都督阎锡山，二都督温寿泉，陈玉麟的运粮官。"太原起义的领导人几乎全是洪洞人，只有阎锡山不是，可阎锡山的祖籍在洪洞县，明洪武初迁到阳曲县坡子街，后又迁到五台长条坡，继而定居河边村。袁世凯称帝时，赵城绅士张瑞玑三次致函袁世凯，对袁世凯谋国不忠的卑鄙行径进行了大胆揭露,对袁世凯热衷于称帝的丑态进行了形象描摹:"如小儿争饼,未张口而已垂涎;手忙声急,丑态百出。"袁世凯阅文后,连叹异才,为了拉拢张瑞玑,委任他为山西民政长,但张瑞玑誓不与其合污,拒不赴任。抗日战争时期,在黄崖洞保卫战中,19岁的洪洞县籍战士崔振芳,一人坚守阵地三天三夜,投出了100多枚手榴弹,炸死日寇数百人,在邓小平题写"黄崖洞"的牌楼前有他的塑像。

(四)洪洞人善与人和睦共处,忍耐礼让,有"远亲不如近邻,近邻不如对门"之训

洪洞县之所以闻名,首先因为她是亿万人心中的故乡,这里有一棵万民为之萦怀的大槐树。"问我祖先在何处?山西洪洞大槐树。祖先故居叫什么?大槐树下老鹳窝。"这首民谣在华夏大地已经传颂了600多年,代代相传,妇孺皆知。其次是一出《苏三起解》让洪洞人走向了全国,走向了世界。时至今天,仍然传唱不息。类似苏三的悲苦遭遇,在历史上恐怕全国每个县里都发生过,但是为什么"洪洞县里没好人"在洪洞传唱了几百年,这里原因很多,但最主要的还是洪洞人的个性使然。几百年来,洪洞人并不反感这件事情,而且还罕见地保存了"苏三监狱"。做到这一点,需要的是大度和宽容。这更说明洪洞人不拘小节,品德高尚。

(五)洪洞人的精神丰富,胸怀开阔,有善于接受新生事物、文化发达、耕读并重的优良传统。民间百姓以有文化讲文明为荣

早在中华文明之初,尧都平阳、洪洞就成了中华民族的发祥地,受这种悠久浑厚的传统文化氛围的熏陶,在洪洞人的性格中,便潜移默化而有了礼让文雅之质。再加上洪洞的寺庙很多,这些庙宇有儒教的,有道教的,有佛教的,如玉皇庙、城隍庙、三官庙、文庙、佛庙、关公庙、土地庙、娘娘庙、二郎庙等等。众多的寺庙供奉着众多的神灵,儒家教人重义气,道教教人讲道德,佛教劝人行慈善,一座座庙宇就是一个个道德教育基地,一场场庙会就是一次次信男善女们倾心交流的好机会。洪洞人烧香许愿,洪洞人顶礼膜拜,养成了崇尚勤俭、耻于骄奢、习于法程、敦朴礼让的古俗流风。

洪洞人爱社火,唐宋时期洪洞县的社火就很活跃,元朝时,戏曲搬上了舞台,广胜寺下寺的水神庙里有座明应王殿,是一座元代建筑,著名的元代戏剧壁画就在明应王殿内,表现了元代洪洞戏剧活动空前繁荣的景象。

清朝以后,洪洞的社火进入盛期,正月十五前,各处社火先在乡村表演,正月十五再到县城,这一天,县城里人山人海,锣鼓喧天,热闹非凡,狮子、龙灯、旱船、竹马、高跷、抬阁、挠阁、花鼓、秧歌等应有尽有。

最能体现洪洞人性格的是洪洞干河、小河的"拆楼"。"拆楼"取材于北宋年间,奸臣潘仁美的家将欺侮杨家孤儿寡妇,到"天波府"寻衅滋事,被杨排风和八姐九妹一帮女将打得头破血流、血肉模糊。表演者上身赤裸，下围白裙，有的被锥子扎进眼窝，眼珠子掉了出来；有的被菜刀砍进脑袋，血流满面；还有的被利剑刺穿，肠子都涌了出来，惊心动魄。因杨家的祖先是从洪洞迁走的，后遭奸臣陷害，洪洞人就气得了不得，每年都要趁正月十五闹热闹的机会，把潘仁美羞辱一番，以解心头之恨，图个心理平衡，图个心里快乐。

洪洞的威风锣鼓很出名。中华人民共和国成立前的锣鼓均由男子表演，且人数不多，中华人民共和国成立后，演奏人数增加到数十人甚至数百人，一些乡、村还组织了女子威风锣鼓队。在洪洞县，大的村子几乎村村都有锣鼓队，春节、元宵节，各村锣鼓队云集县城，迎面对擂，大抖威风，上百面鼓，成百副钹，几百面锣，共鸣齐奏，那阵势有排山倒海之势雷霆万钧之力，场面实在惊人，也着实感人。洪洞人敲锣鼓是红脸较劲，势压对方，明知是娱乐，但还要争高下，这叫"不争馒头争气哩"。1989年，洪洞的锣鼓队在天安门广场参加了国庆40周年文艺表演。1990年，洪洞的锣鼓又在北京参加了第十一届"亚运会"开幕式。那动人心魄的鼓声，如波澜冲击九霄，似雷霆滚过天际，擂出了中华民族撼天震地的威风。那雄浑壮阔的气势，如猛虎下山，似蛟龙翻滚，一展中华民族的阳刚之气，显示了中国人民屹立于世界民族之林的伟大精神，因而，洪洞的锣鼓被誉为"天下第一鼓"。

四、以食为天　洪洞人的吃

人类在亿万年的进化中，尤其是在火的发现和应用后，告别了茹毛饮血的历史，实现了从食物的初级加工到高级加工的转化，华夏儿女依照自己所处地域的生态环境，创造出有别于其他民族的独具特色、丰富灿烂的华夏饮食烹调技艺，并在世界范围赢得了"吃"在中国的美誉。

洪洞人民在漫长的生活实践中，立足本地，广纳周边，创造出了绚丽多彩的槐乡饮食文化。

洪洞的粮食作物主要是小麦和玉米，东、西两山及南垣多有谷类、黍类等杂粮。因此，人们食用的主要品种是面食，一日三餐，无面不饭。或稀或稠，或汤或干；有薄有厚，有硬有软；有粗有细，有长有短；通过蒸、煮、炸、烤，合理搭配等手段，制成各种各样的面食，加上各类佐料浇头，相沿成习。

同样，喜食汤饭的习惯亦由来已久。县域长年干旱少雨，并且春冬多风，人们日出而作，面朝黄土背朝天少有饮水之便，全靠吃饭时的汤水补充。同时过去餐桌少菜，以盐、醋、辣椒佐饭，口味偏重，从生理上需要水分润和。县域以早、中两餐为正饭，称晚饭为"喝汤"，正饭多吃蒸制食品、干面等较"打硬""耐饥"的饭食，晚饭以汤类饭食为主。无怪乎在晚饭以后，人们相遇，最常用的问候语就是"喝汤了吗?"甚至在原洪洞区域里,人们把赴宴也会说成"吃汤水"。民间流传"吃饭先喝汤,一辈子不受伤""汤水不伤人""原汤化原食"的说法。吃干面前后喝点面汤,吃蒸馍、烙饼时喝点米汤,并且在饭后,还要再冲泡一壶大叶茶饮用,既可解乏,又能帮助消化。县域民众喜饮大叶茶的习惯由来已久。至今,安徽霍山大叶茶依然被广大民众所钟爱。外地人对洪洞、安泽、古县、浮山人喝大叶茶的功夫佩服得五体投地。出了这片地界还真是买不到这种茶叶了,因此,洪洞人出门远行时,总要随身携带一些大叶茶。

古人一般是一日两餐,这与古人"日出而作,日落而息"的劳作制度相关。根据夏秋昼长,冬春日短的季节变化,人们一向遵循"夏秋季节,早10时、午3时、晚7时,日食3餐。冬春季节早10时,晚5时,日食两餐"的传统食制。农忙季节,农村都习惯往地里送饭,或带干粮在地头进食,民间俗称"打尖"。春暖花开后或田间农活不太忙时,还有端碗出门聚于十字街口大树下一起吃饭的习惯。村民聚在一起,一边吃饭,一边谈论家常,讲故事,拉笑话,传播新闻趣事,打俏逗骂,其乐融融。这种风俗与农村当时信息闭塞,生活单调的实际状况不无关系。天寒季节,全家老小盘腿上炕,在小炕桌上就餐,长辈居中,子女列旁,媳妇炕沿上坐,随时准备为家人添菜盛饭。吃饭前在桌上摆放筷子,而不将筷插入碗中;饭饱将筷子横放碗上表示不需要再添饭;需添饭则将筷子握在手中或放于面前桌上;主妇添饭问"再舀点吧?"或"再添点吧?"而不能问"还吃吗?""还要吗?"等。回答"再舀半碗""少舀点",或者"好啦""饱啦"等,而忌讳说"够啦"或"再不吃啦"。

如今,由于增加了夜生活的内容,已打破了传统食制,均以3餐为制。每顿饭间,一家人围坐在电视机前,边吃边看边娱乐,虽说吃饭看电视,从科学角度讲并不好,但已经习以为常。

五、上国衣冠 洪洞人的穿

"丰衣足食,安居乐业"是人们千百年来梦寐以求的、理想的小康生活境地。人类在几千年的历史过程中,根据心理和生理上的需求,从采叶猎皮以蔽体;筑巢挖穴以避侵;到别男女、区职业而着衣冠;立梁柱、砌砖瓦而建住宅,不断地改变和丰富着自己的物质生活条件。

勤劳智慧的洪洞人民,在自己的这片热土上,依据所处的地理环境和得天独厚的物质基础,不断演变并创造了朴素大方的衣着服饰。洪洞地处内陆,临汾盆地北端,气候干燥少雨,受传统习俗影响,清末民国初,域内民间服装用料多为自制土布。男女内穿"裹肚",春、秋、冬三季男多为白色,亦有红色,妇女四季皆为红色。裹肚上绣花卉图案。外上衣是袖宽身长的大襟、对襟或斜襟袄。春秋夹袄夹裤，冬穿棉衣棉裤，内套衬衫衬裤，夏穿单衣，腰际系带。下着宽腰身打叠吊裆裤，裤带男黑女红。男子若逢本命年亦系红带。裤管口打黑色腿带。妇女衣襟、领口饰花边，逢节日宴会，富户男子着长袍马褂，女穿束腰绸缎衣料裯衣，外套罗裙。贫户仍穿浆洗干净的土布常服。富户穿的男式马褂，衣襟绣有万字、连枝图案。女式衣裤在衣襟、袖口、裤口绣有花卉图案，纽扣多用铜制，或者挽结麦穗、蝴蝶形"圪塔盘扣"。缀纽扣以五、七、九……单数为准，不取双数，俗说"四六不成材"，认为扣子双数会影响到穿衣人们事业成功。此俗至今一直沿袭在服装制造业，成为不明文的制衣"潜规则"。服外系腰带，是平民百姓的衣饰习俗。腰带一可束身，使人显得精干利索。二可携物，过去吃旱烟的人居多，腰插烟杆并悬吊烟袋成为过去成年男子的象征。三可藏掖钱币，过去制衣少口袋，上衣一两个，下衣一个没有。"财不露白"深藏于身是人们的普遍心理，因此将零用钱藏在内衣"裹肚"，尤其是随手拿取方便的腰带中，久而久之成为习惯。从前，在河西马牧村有一个人称"赵麻子"的有钱人，家产丰盈却身穿破衣烂衫，最特殊的是系于腰部的腰带。得出一句至今流传的歇后俗语"赵麻子的腰带——值钱没底"，正应了那句"腰缠万贯"的千年古语。

民国时期，机织"洋布"进入中国后，公职人员及学生推崇翻领或直领中山装，商家依然着绸缎袍褂。女学生时兴月白束腰斜襟上衣，家庭妇女依旧。教书先生一类则常穿"东方亮"灰长衫。

中华人民共和国成立后，一度兴起印花"布拉吉"，即所谓的"爱国布"制作服装。之后，男子服装以中山装、劳动服、中式对襟袄为主，女服在造型上有大小翻领的"列宁服"。衣料多为咔叽、哔叽、华达呢、斜纹、帆布、灯芯绒等，内衣为针棉织品的背心、衬衣、秋衣裤、绒衣裤和毛线编织的毛衣裤。

"文化大革命"时期，服装色彩仍以灰、蓝、黑为主，式样依旧。青年男女曾一度以能着绿色军装为荣。农民仍然用土布制作名为"拧线"衣裤。童装仍以连体开裆裤为主。

20世纪80年代后，人们物质生活明显提高，一般不再自做或在缝纫铺内剪制服装。西服、夹克、皮夹克、运动服、休闲服、长短袖衬衫、T恤衫、牛仔服、太太服、老板服、礼服、唐装以及女装连衣裙、西服裙、旗袍、七寸裤、筒裤、灯笼裤、短裤等产品，成系列充斥服装市场。人们根据自身特点、喜好选码购买。冬穿羊毛衫、保暖内衣、羽绒服、呢料大衣，色彩日趋多样，衣料采用毛料、合成纤维和化纤等。近年来，又返璞归真兴起"纯棉"热。

六、生息之所　洪洞人的住

民居的建造，受当地自然条件的影响和限制，不同的气候与地理环境，则有不同的民居营造形式及其构成。

洪洞县属于温带大陆性季风气候类型，域内地理环境复杂，平川、山地、丘陵地貌，以汾河平原为分界线左右对称分布。因此，在居舍的建构上主要表现在以砖木结构的瓦房、砖石结构的窑洞、依崖而掘和下沉式的土窑洞三种形式，并且均以"四合院"的建制风格而出现，充分体现了当地民间居舍的建筑特点。瓦房，从结构用材上分，有土坯墙瓦房、砖石瓦房和砖包立木瓦房；按营造形式分（主要指屋顶），又有双坡硬山顶、悬山顶和歇山顶（民间多用硬山顶和悬山顶，而歇山顶只用于皇家和庙宇宫殿），以及单坡（一厦）房；若按坐向和用途分，又可分为北正房、东西厢房、偏房（角屋）和南房（厦）、杂物房和库房等。

砖窑，多见于无土崖可利用的平川地带。旧时，山区的砖窑多为家景富裕和曾经做官为宦的达官贵人所建造，在山头乡笔家庄村，就有一处曾为清朝宫廷官员的人在其家乡营造的砖窑群建筑。

土窑洞民居，按其结构大体可分为靠崖式窑洞、下沉式窑洞两种形制。靠崖式土窑洞在山头、左木、堤村、刘家垣、万安、苏堡、曲亭、淹底、兴唐寺、大槐树等乡镇广泛存在。这种窑洞"随山就势、靠山打洞"。下沉式土窑在当地人称"圪窝院"，这是一种特殊的居住形式现存。至今，在一些农村还保留和使用着这种土窑。比如大槐树镇秦壁村，就有一处建造精美、功能齐全的"圪窝院"，就是从平地向下挖成"四合院"形制，构成人工崖面，再在四面崖壁上开挖窑洞。

"四合院"指四面用房子围合起来的院落，是民居中最基本最普遍常见的一种建造格局，是民间建筑的代表。在洪洞历史上有名的如万安刘家、苏堡刘家、马牧许家、杜戌董家等明清时期和侯家堡、上寨民国遗存的院落群中，多有前后院，左右偏院，呈现出四周封闭、中轴对称、前后有序的布局特点。这些传统的四合院从外观上看，院子四周都有高高的院墙，墙上绝少开窗，整个院落被院墙森严封闭，只留一个大门，而且大门在无人出入的大多数时间里总是紧闭的，人们很难从外窥视院内的情形。这种封闭性是对安全的考虑，这与历史上社会动荡不安有着千丝万缕的关系，社会大气候对人的催化往往超出自然界对人类的影响。另外，四合院强调中轴对称，前后有序的布局。其主要建筑都位于中轴线上，这些建筑严格对称且沿南北纵深发展。而大户人家的院落往往由若干四合院组成，先纵深后横向，增加了平行于中轴的跨院，给人的感觉就是统一和严谨，符合传统家庭起居习惯，也体现了传统家庭"居处有礼"的伦理道德。在一个三世、四世、甚至五世同居的大院里，长辈住哪间，晚辈居何室，客厅设哪儿，厨房置哪里，甚至便厕安在什么方位，都有严格的要求。比如在一个三代同居的二进四合院中，后院的五间北房高大宽敞，四季朝阳，其中间是厅堂，家中长辈居堂厅左边的东房，西屋则是长子夫妇的住处，而东西厢房便是其他子女的所在了。南厦一般不住人，通常作为书房或贮藏间，也可作为客房，充满温馨、浓郁的家庭氛围。

马牧许家曾是一个拥有数百亩土地和分散于洪洞、赵城城内乃至陕西西安无数店铺、务农兼经商的大户，仅在马牧就有占地近4万平方米的庄园建筑群。其中不但有弟兄几个各自的居所，诸如二门院、旗杆院、书院等，同时拥有花园、当铺、锦货铺、赁铺、油坊、糟房、炭集等众多买卖铺面，还拥有义学、家庙和祠堂等设施。

七、车舆道路　洪洞人的行

洪洞人称旅行外出为"出门儿"。明清时，官宦之家出行都乘坐八抬大轿，富户人家出门坐轿车，绅士出门骑骡马。一般老百姓出门骑毛驴、坐牛车代步，再次就靠两条腿走，劳累辛苦。20世纪50年代，农村开始用自行车、小平车、拖拉机代步。60年代，胶轮车代替铁圈铁轴小车和辐条车。80年代后，三轮车、四轮拖拉机、汽车、公共班车、长途客车大量增加。现在，人们的代步工具已经从自行车换成了摩托车或电动车。从20世纪末开始，小轿车开始进入寻常百姓的家庭，到21世纪初已呈普及之势。此外，人们现在出行已不再局限于谋生，更增添了旅游休闲。人们出远门的方式也更多地选择飞机、动车等交通工具。现代化的交通工具和设施为人们提供了享受现代生活的条件。

洪洞地处晋南临汾盆地北端，山西的"母亲河"汾河从腹地纵贯，汾河两侧的平川、旱垣、丘陵、山地呈梯级状态分布，域内又有多条季节河流自东西两侧汇入汾河。依据地形特点，形成了与汾河河道大致平行的官道及纵横相通、桥路相连的民间道路，二者互通、互连构成了纵横交错的道路交通网络体系。按道路性质划分，可分为官道和民路两种。官道主要有三条：一是河东南北向官道，是指汾河以东的古驿道，走向与汾河大致平行，俗称"官道"。它北起益昌（南义店）经连城、洪洞城区、天井等20余个村落。光绪二十六年（1900）八国联军攻陷北京，慈禧西逃和明代苏三蒙冤，起解太原皆由此官道经过。二是东去官道，自洪洞城始，经李堡、铁沟等村至古县（原岳阳县）张村。三是河西官道，一条自洪洞过汾河（汾川桥）经李家庄、万安、三交河等村至蒲县乔家湾。另一条自赵城北上，经连城、益昌，过汾河经师庄、妥当（今山头）等村至汾西县团柏。民路主干道有洪洞县城至广胜寺等若干条。在洪洞境内，还有两条特殊的道路：一是传统民俗道路，就是传承了4700余年的"接姑姑""迎娘娘"远古走亲民俗所走的道路。二是移民道路，明初的洪洞大槐树移民，形成了以洪洞为中心辐射全国各地的迁徙通道，由于连续移民，大大拓展了由洪洞向四面八方辐射的道路。

县域内的道路至20世纪60年代，多为土路或简易砂砾路面。1971年公路通车里程仅有178公里。1980年增加至402公里，其中沥青路面112公里。20世纪90年代，"要致富，先修路"的观念深入人心，掀起了公路建设高潮，至1995年，公路通车里程达2678公里。2002年公路通车里程2806公里，县委、县政府实行"平川村村通油路、山区村村通公路、全县贯通循环路"战略，全县463个行政村379个通了油路，通车里程达512公里，形成干支交错、四通八达的交通格局。

2008年后，全县再次掀起高标准公路建设高潮。仅城区周围就先后建起恒富大道、飞虹大道、玉峰大街、滨河东路、城西大道、涧河景观路等几条设施齐全、环境优美、路面宽广的一级水泥路面，有效地提升了城市品位。同时，改扩建洪洞至广胜寺旅游公路；改造桃临线洪洞段公路；翻修改造洪洞——蒲县乔家湾公路。这些道路的建成和投入营运，有力地缓解了道路运输压力，大大促进了县域社会经济平稳较快发展。

2010年以来，洪洞人民在县委、县政府的领导下，公路建设又迎来一次大的飞跃。高速公路、高速铁路已经全面竣工营运，道路交通的现代化目标即将成为现实。

八、名胜古迹　洪洞人的景

洪洞有着深厚的历史文化积淀，人类文化遗存丰富，民俗民风特色鲜明。全县现有1075处风格独具、特点鲜明、文物价值极高的名胜古迹，其中，国保单位5处，省保21处，县保262处。以这些集人文、古建和优美风景于一体的名胜古迹为支撑，加上风光秀美的自然环境、丰富多彩的历史传说、浓厚纯朴的民风民俗，共同构成了人文、自然皆有，古代、现代兼备的文化旅游资源特色。丰富而独特的旅游资源优势吸引着国内外不同层次的游客前来观光。

广胜寺

位于洪洞县广胜寺镇圪垌村，是1961年国务院公布的首批全国重点文物保护单位。创建于东汉建和元年（公元147年），原名"阿育王塔院"，又名"俱卢舍寺"。唐代改称今名，大历四年（公元769年）汾阳王郭子仪奏请重建。宋金之际毁于兵火后重建。元大德七年（公元1303年）地震毁坏，九年（公元1305年）重建。明嘉靖三十四年（公元1555年）、清康熙三十四年（公元1695年）平阳一带大地震，广胜寺建筑均有不同程度损毁，但元代重建后的建筑大部分保存至今。寺内现存塔1幢、碑48通、碣55方、钟2件等珍贵文物。特别是13级琉璃飞虹塔、《赵城金藏》、水神庙元代杂剧壁画被誉为"稀世三绝"。近年来，洪洞县积极筹集和申请资金，广胜寺的各殿宇建筑都经过了抢救维修。洪洞县委、县政府加大了对广胜寺的保护利用力度，坚持保护和利用并举的原则，进一步深入挖掘广胜寺文物资源内涵，促使文物资源尽快转化为旅游资源，吸引更多的游客前来参观旅游。

玉皇庙

位于辛村乡辛北村，第五批全国重点文物保护单位。始建于蒙古太宗己丑年（1229）。分前后两进院落。现存建筑有山门、仪门、月台、玉皇殿、二郎殿、关帝殿、东西厢房等。玉皇庙是洪洞县继广胜寺后又一国家级文物保护单位，是临汾市保存较完整的元代道教庙宇建筑之一。整体建筑布局合理，高低错落有致，以元代大殿、壁画、八卦石罗盘闻名，其文物价值和艺术价值受到海内外游客的进一步关注。

洪洞大槐树寻根祭祖园

位于洪洞县大槐树镇古槐北路，第三批省级文物保护单位。是有关明朝洪武、永乐年间大规模、长时间移民历史的一组纪念性建筑。民国三年（公元1914年）建，现存牌坊、碑亭、祭祖堂、茶室。明朝初年，由洪洞大槐树下向本省和中原各地及江南多次进行大规模的移民活动，对明初山西人口的流动以及由此促进对外省广大荒芜地区农业经济的开发，产生过巨大而深远的历史影响。从1991年开始，每年清明节期间，洪洞县都要在这里举办"寻根祭祖节"，举行寻根祭祖活动，届时许多来自海内外的古槐后裔都要前来寻根问祖。2003—2007年期间，在古大槐树旧园区西侧开发建设了新园区，与旧园区一同开辟为游览景区，吸引更多的游客前来参观旅游，取得了社会效益和经济效益的双赢。2008年，大槐树祭祖习俗被列为国家级非物质文化遗产保护名录。2018年，洪洞大槐树寻根祭祖园被评为国家5A级旅游景区。

明代监狱

位于洪洞县城古槐南路政府大楼西侧，第一批省级文物保护单位。相传明正德年间（1505~1521）京城名妓苏三曾在此囚禁，故俗称苏三监狱。监狱创建于明洪武二年（公元1369年），清康熙三十四年（公元1695年）地震坍塌后重建，"文革"时期又被毁，1984年修复。该建筑原为洪洞县衙附属建筑，是我国现存最早的唯一一座明代形制的县衙监狱，是研究封建社会官衙监狱规制的重要实物资料。近年，洪洞县加大了对明代监狱的保护利用力度，将此景点打造成富有地方特色的游览景区，每年都有数以万计的海内外游客前来参观游览。

苏三还愿处

苏三还愿处即关帝庙，因苏三曾在此许愿、还愿而得名，位于洪洞县城文庙街，是洪洞县城主要的标志性建筑。第四批省级文物保护单位，第七批全国重点文物保护单位。现存为元、明、清建筑。据说当年苏三曾在这里求得一签，最终如愿以偿，被后人传为佳话。1991年以来，洪洞县积极筹集和申请资金，对关帝庙的古建筑文物进行修缮和维护。近年加大了保护利用力度，将关帝庙开辟为游览景区，吸引更多的游客前来参观旅游。

融宁宫

位于堤村乡干河村，第四批省级文物保护单位，第七批全国重点文物保护单位。因庙宇建筑正对净石山，又称净石宫。现存建筑为明代遗构。正殿（融宁宫）内供奉玄天上帝，传说他助周武王伐纣有功，玉帝册封其为玄武。明成祖朱棣自谓登基有真武荫佑，遂封真武为"北镇天真武玄天上帝"。由于张三丰所创武当道教以真武大帝为祖师，故村民称玄天上帝为玄天祖师，期保一方平安，因此，自古至今香火不断，信奉者颇多，每年农历三月初三庙会期间，拜神进香者络绎不绝。

华严寺

位于辛村乡马二村，第四批省级文物保护单位。初建于宋，现存建筑为元代遗构，占地面积877平方米。现存大雄宝殿，东西垛殿。华严寺现存建筑宏伟壮观，尤其是大雄宝殿，在县域现存的寺庙建筑中属罕见。

商山庙

位于赵城镇孙堡村、霍侯一级公路西侧，第四批省级文物保护单位，第七批全国重点文物保护单位。始建于元代，明清屡有修葺。现存正殿、东西垛殿及东配殿，庙院内有清康熙、乾隆、道光及民国年间等历代修庙碑记数通，详细记载了历朝历代对宗教事业的重视。如今，商山庙在各级政府的关心与周边信徒的支持下已焕然一新，为县域现存较完整的道教庙宇建筑之一。

女娲庙

位于赵城镇侯村，第四批省级文物保护单位。始建年代不详，据《大明一统志》、清道光七年（公元1827年）《赵城县志》及碑载，唐天宝六年（公元747年）重修，后庙毁。宋开宝六年（公元973年）重建，元、明、清多次修葺。清末毁。中轴线上曾建有仪门、午门、宫门、牌楼、女娲宫、祭天台，后有陵冢、补天石及两侧的附属建筑等。地面现存庙宇基址、陵冢、补天石、宋至清碑刻10余通、古柏3株。每年农历三月初十，是女娲诞日，这里都要举行隆重的祭祀活动，时间持续7天7夜，以娱神娱民。此外还有当地村民组织的"同乐会""八音会"，表演威风锣鼓、舞狮子、跑旱船、踩高跷等等，为这位中华民族的伟大母亲庆贺诞日。

泰云寺

位于广胜寺镇石桥村北，洪广路南侧，第三批省级文物保护单位。该寺始建于唐天宝十五年（756），北宋雍熙年间重修，清乾隆年间再次重修，现存大殿建筑艺术高超，殿内绘有90平方米唐代风格壁画，技法、内容别具一格。同时，庙院建有从赵城谁园移入的古籀文碣（石鼓文）"猎碣亭"一座，具有很高的艺术和文物考古价值。每年农历八月十六日庙会期间，游人如织，热闹非凡。

碧霞圣母宫

位于城东北8公里处的广胜寺镇坊堆村西,第三批省级文物保护单位。建于明代嘉靖年间,现存建筑有正殿、垂花门等,是县域等级较高的一处道教圣地。

历山神立庙

又称舜王庙,位于万安镇东圈头村东南500米的历山上。据《洪洞县志》记载:舜王庙于宋代重建,有舜王殿、娘娘殿,还有两宫娘娘庙、尧王庙、子孙娘娘庙、王母娘娘庙、关公庙、玉皇庙、风神庙、东岳庙、祖师庙、龙王庙、三光庙、将军庙等殿阁。抗日战争时期,日本侵略军将舜王庙的14座殿宇全部烧毁。党的十一届三中全会以后,历山人民群众依靠社会集资,在舜王庙遗址,依照原来的建筑模式予以重建。历山分五大景区:主峰、百鸟峰、神象岭、舜田和舜井。这里风光秀美,建筑雄伟,结构精巧,楼台殿宇金碧辉煌,是洪洞最佳旅游景点之一。

乾元山真武庙

位于万安镇石家庄村西乾元山之巅,西南1.5公里便是历山。真武庙为道家宫观,一名元阳观。始建年代不详,现存建筑为清代初期重修。建筑分上下两部分。多为窑洞式,前院西建窑洞,东西筑房。中间一窑内有石级可通入顶层。顶层建有真武殿一座,四周眺望,山河尽收眼底,自然和人文景观皆备,文化底蕴深厚。

白石温家大院

位于辛村乡白石村,是辛亥革命志士、山西副都督温寿泉先生的故居。建于民国三年(公元1914年),坐北面南,前后二院,中轴线上建有南厅、中厅、后房,两侧各有厢房。中厅内存一木牌匾,上书"寿荣杖国",为民国二年(公元1913年)孙中山、黎元洪、黄兴、阎锡山祝贺温寿泉父亲六十寿辰所赠。2003年以来,进行了维修和扩建,总占地面积23000平方米,新建了大门、展厅、碑廊等。1936年2月,红军东征到山西,3月,朱德和聂荣臻、林彪等红军将领率红一军团到达白石,随营学校校部就驻扎在该院。该院现已成为洪洞县主要的爱国主义教育基地。

青龙山玄帝宫

位于洪洞县城西南23公里处的青龙山,是吕梁山东南部一条支脉,峰峦秀丽、蜿蜒曲折,道道山脉犹如青龙汇聚,故称为青龙山,山巅建有玄帝宫,俗称老爷顶。据《平阳方志》记载:青龙山的古建筑始建于东汉光武时代,现存均为元、明建筑。庙观建筑共6层,依山而建,层层重叠,洞中藏洞,蔚为壮观,故有"小布达拉宫"之称。庙观一至四层均为青色条石券成的石窟,洞中有洞,洞外有天,道家称为"洞天石窟"。近年筹资拓宽了上山道路,修复玉皇殿和祖师殿,成为一个重要旅游景点。

中镇霍山兴唐寺

中镇霍山兴唐寺旅游风景区,位于洪洞县城东北30公里的霍山主峰脚下、兴唐寺乡境内。霍山，古有"霍泰山、霍岳、太岳、霍太、中镇"之称。

中镇庙，位于霍山主峰下关口村东2.5公里处。据《赵城县志》载：隋时以霍山为中镇，唐贞观四年立庙，开元八年封应圣公，宋政和四年封灵应王，元成宗大德三年加封中镇霍山为崇德应灵王，明洪武二年改称中镇霍山之神，故名中镇庙。庙内大殿、山门等均为清代重修。

兴唐寺创建于唐贞观元年（627年）。史传唐高祖李渊父子起兵太原，师至霍州，遭隋将宋老阻拦，进退不能。忽有白发老翁指点迷津，唐高祖以其所言夺关斩将大获全胜。唐太宗李世民笃信指路老者为观世音化身，登皇帝位后便敕建兴唐寺以报救助之恩，赐名曰"兴唐"。金代毁于兵火，民国重建，现存有藏经楼、客堂等建筑。兴唐寺景区内森林茂密，峡谷幽深，流泉飞瀑遍布，自然生态植被保存完好，是消夏避暑、旅游观光的理想场所。

万圣寺

万圣寺原名小清凉寺，在洪洞县城西25公里的万安镇浅沟村西。创建于南北朝北魏的后魏时期（公元425—534年），根据《赵城县志》记载：小清凉寺于金大定四年（公元1164年）进行重建，改名为万圣寺。万圣寺规模宏大，除出佛峡崖下的主体寺院外，在佛出峡西南的山崖上，建有东、西、南、北、中五座台阁，历史上有"小五台"之称，寺北佛出峡山顶建有金顶十三级舍利宝塔一座，塔下石崖有"三贤洞"，洞口建有佛殿，塑有佛像，由洞口进深100余米，即分为三个洞，传说能通往五台山、小西天和千佛寺。

九、天人同趣　洪洞人的岁时节日

传统节日民俗是民俗文化的重要组成部分，是农耕文明、民间信仰、习俗风尚、社交民俗、民间娱乐等多种民间文化事象的复合体。它是社会发展到一定历史阶段由各种历史文化长期积淀的产物。很多传统节日从古至今，世代相传，并演绎出了许多动人的传说和故事，使传统节日的内涵更加丰满和绚丽多彩，为人们的生活增添了更多的趣味性、喜庆气氛和纪念意义。

长期以来，县域民众恪守着富有特色的节日习俗。

（一）春季节日

立春，俗称打春，是农历节气中的第一个节日，在传统历法中，立春是春季的第一天。节期有时在腊月，有时则在正月。

迎春，民国《洪洞县志·风俗》载："立春先一日，官僚迎勾芒、土牛于东郊，闾里老幼出集通衢观春，以牛首红白等色占水旱，以勾芒鞋帽占寒暖"。节前一日，知县率僚属至东郊，行迎春礼，祭拜芒神及春牛，百姓齐集所经道路之旁观看，称作"观春"。

鞭春，俗称"打春牛"，在立春日进行，该习俗在洪洞地区影响极其深远，直至现在，打春牛的习俗虽然归于泯灭已经百年，但人们称"立春"节气仍称"打春"。

春节，是我国传统节日中历时最长的节日，历时长可达20余天，俗称"过年"。大年初一早起是县域民众的传统习俗，第一件事是燃放鞭炮、烟花，俗称"接神"，祭拜"天地""土地""灶君""财神"等。接着是祭拜祖宗。尊祖敬宗，事死如生观念在人们心目中根深蒂固，并体现于各种节日的祭祀中，其中过年祭祀最为隆重。民俗认为，春节是一年中最为喜庆的节日，祖先的灵魂也要回家与家人共度佳节，享受子孙们提供的美味佳肴，接受子孙们的膜拜。初一至初五，每天都要焚香祭祀，初五日下午，祭祖活动结束。县域年节饮食早饭均为饺子，俗称"煮角儿""扁食"。在包饺子时，有很多人家在饺子内包一枚铜钱（现改为硬币），预测在新的一年谁的运气好，家庭成员中谁吃到硬币便格外高兴，硬币随即被粘到灶君神祇上。饺子一般都包得较多，生的熟的都剩下一些，以表示生活富裕，什么都有剩余，以图吉利。春节社交习俗以拜年最为重要。拜年既是尊老敬老的一种体现，也是联络亲情增强凝聚力的重要形式。春节期间是亲戚之间互相看望走动的最佳时间段，因平时人们各自忙碌，很少有闲暇互相走动，特别是小辈对长辈的看望。

元宵节，农历正月十五为上元节，这天晚上称"元宵"，也称"元夜"。在原洪洞地区，"十五日张灯，放花爆，吃元宵，礼神祀先（民国《洪洞县志》）"。在原赵城地区十五不张灯，但有"打旺火"的习俗，"上元炽炭于庭中，曰兴旺火。不张灯，好事者间为之，未二鼓烛息矣（清道光《赵城县志》）"。中华人民共和国成立后，每年由政府举办的正月十五民间文艺展演依然红火热闹，俗称"闹红火"。

填仓节，正月二十日为传统的"填仓节"，也称"添仓节"。较为有特色的食品为春卷，俗称"卷卷"。民国《洪洞县志·风俗》载："二十日，各家烙春卷，以祀神供祖"。因此，卷卷既是食品，也是供品。

清明，既是一个节气，也是民间的一个重要节日，以"万物生长，此时皆清洁而明净，故谓之清明"。又因与寒食节相融合，遂成为一个传统民俗节日。清明最具特色的活动是扫墓祭祖，县境各地习俗也不尽相同。

（二）夏秋季节日

端午节，农历五月初五日。饺子是旧时县域普遍认同的最好饭食，同其他重要节日一样，端午节一般都吃饺子。而粽子是此节日的特殊食品，民国《洪洞县志·风俗》载：端午节"食角黍"，角黍即粽子。旧时饮雄黄酒也是端午节的一大习俗，据传可以祛毒虫，避邪气，消灾免难。此俗已消失。

中元节，农历七月十五日，是祭祀已故亲人的重要节日。此节的兴盛与佛教、道教密切相关，佛教称"盂兰盆节"，道教以中元日为地官清虚大帝生日，称中元节。

县域祭祀先祖的供品除应时瓜果外，最具特色的是圪栏、馎饨。民国《洪洞县志·风俗》载："中元，展墓祀先"。据传此日为地官赦罪之辰，先祖灵魂得以放归，所以要隆重祭祀。县域大多数地方是以家祭为主。

中秋节，农历八月十五日，正值三秋之半，所以名为"中秋"。因时值收获季节，祭月的供品更是丰富多彩，果品类有西瓜、苹果、葡萄、石榴、红枣等。面制供品为兔娃馍，传说月中有白兔，古诗中有："月中何有？玉兔捣药。"而最具代表性的食品为月饼。民间一般于中秋晚上，在庭院摆设香案，陈列瓜果、兔馍、月饼等，待月亮升起，月光普照大地时举行拜月仪式。

（三）冬季节日

寒衣节，农历十月一日，是冬季开始的第一天，此时，寒冬将至，人们为御寒，需要增添衣物，由阳世推及阴间，认为也需要给故去的亲人送去过冬的衣物，使亡亲免受冻馁之苦，并以此表示对亡亲的孝敬。

冬至是农历二十四节气之一，也是民间重要的传统节日。县域冬至日饮食均吃饺子，故俗语有"冬至饺子夏至面"之说。自冬至起，气候进入全年最寒冷的时段，俗称"数九寒天"。数九指从冬至日或次日数起，每九天为一组，称"头九""二九"，直至"九九"，共计八十一天。

腊八节，腊月初八日俗称"腊八节"，是腊月期间的一个传统民俗节日，是佛教创始人释迦牟尼的成道日，因此此日也是佛教徒的节日。腊八节的主要代表食品为"腊八粥"。是日人们还有腌"腊八蒜"的习俗，腊八这天，将剥皮的蒜瓣置于醋坛或醋罐中，密封浸泡。至除夕吃饺子时启封，蒜瓣变为碧绿，就着腊八蒜吃饺子或用腊八醋蘸饺子，味道均极其鲜美。

祭灶节，腊月二十三日是民间十分注重的一个日子，俗传是日诸神上天，童谣有"腊月二十三，爷爷上了天，先生放了学，娃娃撒了欢"的说法。在灶君的神龛对联中，也可反映灶君职责，如"上天言好事，回宫降吉祥""日察人间事，月报天上知"等，横批为"东厨司命""一家之主"。所以人们对灶王祭祀十分隆重。

忙年，二十三日辞灶以后，家家户户便进入紧张的忙年阶段，打扫卫生，置办年货、蒸炸年食，忙得不可开交。自二十五至除夕前，各家根据情况或蒸年馍，或炸食品，或做豆腐，或置办年货，十分忙碌。除夕是农历一年的最后一天，民俗称大月为"大尽"，小月为"小尽"，民众称该日为"月尽"。除夕为忙年的最后一天，此日主要习俗有贴春联、贴门神、挂神祇、摆供品、吃隔年饺子、守岁等。

十、嫁娶生丧　洪洞人的一生

人生礼仪民俗，是指在人的一生中不同年龄阶段所举行的与之相应的仪式和礼节，主要由诞生、成人、婚嫁、寿庆、丧葬等礼仪组成。这些礼仪伴随着每一个人度过他的一生，每举办一种礼仪，就意味着迈过了一道人生门槛，并开始了下一个人生阶段。

（一）诞生

诞生是人生的开端，在人生各种礼俗中占据首要地位。复杂的规矩礼法贯穿于孕前求子、怀孕、临产、满月、百日（岁）、周岁、生日等每个环节。洪洞县赵城镇侯村有"女娲陵寝"，传说女娲在完成"炼石补天""始遗六畜""抟土造人""琴瑟合婚"后，终老埋葬于此。据清道光七年《赵城县志》（卷二十七·坛庙）载："女娲庙，在县东八里侯村……"又："每岁三月，村民赛神于庙，妇女求嗣者穴陵上土，得小石以帛裹之，石方者为男，石圆者为女"。案《金史·礼志》："章宗未有子……乃以春分日祭青帝伏羲、女娲、简狄、姜嫄，则求嗣于女娲，其由来已久矣。"妇女得孕，务必置小绣花鞋一对进庙入殿谢神还愿。洪洞县甘亭镇羊獬村，建有"唐尧故园"，内窨"英皇双凤"殿，为祀奉尧王二女娥皇、女英之处。每年农历三月三和四月廿八两届庙会期间，常有婚后无子妇女来此祈子。祈子也谓之"偷子"，在两位姑姑塑像前，有以前还愿者感恩奉送的绣花鞋，但凡求嗣者在像前焚香毕闭目，随手在像前木匣内拿取绣鞋一只，言取得左脚鞋为得男，右鞋则为女，此乃天意，不得更换。

（二）成人

古代男子年满20岁，要举行冠礼。《礼记·冠义》载："古者冠礼筮日筮宾，所以敬冠事"。筮日，指选择吉日，筮宾，是指为冠者举行冠礼而选择大宾。这就是说，等到男子满20岁时，家长要请先生选择吉日良辰，并邀请有地位、有身份的贵宾，届时莅临为儿子举行"冠礼"。可以想象，这个仪式是比较隆重的。

（三）婚嫁

"男大当婚，女大当嫁"及"女大不中留，留来留去结冤仇"的俗语，都说明了一个人到了一定的年龄，就步入人生的又一个重要节点——婚与嫁。婚与嫁被人们称作人生"头等大事"，民间有男子成婚为"小登科"的说法，将婚姻列为仅次于登科成名的重大事件，可见人们对婚姻大事的重视程度。根据古籍《仪礼》和《礼记》记载，古人把结婚程式归纳为"六礼"，即"纳采""问名""纳吉""纳征""请期""亲迎"六个部分。清道光七年版《赵城县志·卷十八·风俗》载："婚礼不纳采，不问名，男女生年月日不相知也。聘必以银，率二十四两，富豪者有加焉，疑于论财矣。婚之日，婿往妇家再拜，以妇归。日夕始入，则以昏为期之义也。"时至今日，原来的六礼则演变成三个阶段，即议婚、订婚、迎娶。但从具体程序来看，仍是沿着六礼的基本原则，或借势发展，或化繁为简，形成了繁琐与便捷共存的婚嫁风俗。

（四）寿庆

寿庆是庆祝人生诞辰的礼俗，它是家人祝福老年长辈人健康长寿的一种风俗，也是亲朋团聚共话友情的一种礼俗。寿诞庆贺活动，不同年龄形式不同，名称亦有不同。60岁以下的人一般不搞寿庆活动，一家人在一起吃顿好饭以示庆祝，称"过生日"。60岁以上老人诞辰日称"寿辰"，庆祝活动称"庆寿""寿庆"或"闹寿"。老夫妻同时祝寿称"双寿"。给老人祝寿只要开始做起，便不能中断，否则为"断寿"，会给老人带来不祥。因此每年都要做寿，只是规模不同。老人养儿育女、创家立业、劳累一生，到此膝下儿孙满堂，确实应该好好庆贺一番。

（五）丧葬

"人生七十古来稀"，生命的终结是每个人都无法回避的自然规律。但是人类从远古走来，经过无数代的探索，都无法科学地认识生老病死的本质，死亡使人们倍加恐惧但又是不得不面对的现实，于是便衍生出了丧葬习俗。孔子说："视死如生，视亡如存"，就是要人们对待死者像对待生者一样。在亲人死亡后，活着的人要充分表达对死者的哀思和进行相关的处理，包括初丧的祈求死者复生，按照习惯对死者进行各种有序的安葬仪式，以及埋葬之后"烧七"、烧周年、节日祭拜等不同时间的不同祭祀仪式等，也就是俗称的"规矩礼法"。

中国有个洪洞县

洪洞在全国是知名度最高的县份，是华夏文明起源的中心区域之一。这里自然风光雄伟绮丽，历史文化底蕴深厚，名胜古迹星罗棋布，人文资源古老独特，民俗风情绚丽多彩。

洪洞，古称"神圣之邦"，在这里，有上古伏羲画卦宝地，炼石补天女娲陵寝，统领四方的人文之祖黄帝故里公孙堡，有帝尧访贤的美谈，帝舜躬耕的历山。更令人叫绝的是，羊獬历山走亲民俗，历经五千年传承不衰，堪称一大奇观。秦汉以来，洪洞历史文化更加多姿多彩，更加灿烂辉煌。洪洞历史文化的完整性、先进性以及艺术性，对中华民族的精神、风俗、习惯的形成发挥了重要作用，对华夏五千年文明史产生了巨大的辐射力、渗透力和影响力。可以说，洪洞是山西乃至中原文化特色最浓厚的地区之一。

洪洞是黄河流域新石器文化的中心区域，遗址有50多处，遗址中发现了大量的石制生产工具和陶制生活用具，以及居住址和陶窑，这些文化遗存标志着洪洞新石器时代的文明和辉煌。新的发现和研究成果表明，大致在距今4500年前后，洪洞所在的山西南部已经成为当时诸多邦国的中心，是华夏文明起源的中心区域之一，相当于尧舜时代。史书中最早出现的"中国"一词，指的就是上古虞舜时代的山西南部。

黄河流域是我国远古文化的摇篮。华夏文化的共同体在这里形成，并以此为中轴，繁衍出整个中华民族的文化。在中国历史上，华夏族的中原文化，是中华文化这条巨流的主干，而地处黄河流域的洪洞，其文化在中华古文化的总体中自然占有突出地位。

洪洞自古以来名人辈出，五刑的创立者皋陶，音乐鼻祖师旷，三国名将徐晃，良吏刘秉恬、张瑞玑，国画大师董寿平，革命家南汉宸，"党内海瑞"王世英，作家孟伟哉等著名人物，在中华民族历史长河中流光溢彩，熠熠生辉。清道光年间的曹顺起义，在山西人民反压迫反剥削斗争史上留下了光辉的一页。近代，赵城人张煌带领辛亥革命军，刺杀山西巡抚陆钟琦，揭开了山西反帝反封建斗争的序幕。1926年5月，中国共产党在赵城地区建立了5个支部，在洪洞地区组建了党小组。1936年，红军东征到达洪洞，1937年，朱德、彭德怀、邓小平等老一辈革命家率八路军总部又在洪洞驻扎，在此期间，洪洞的地方党组织力量得到迅速壮大。1942年，在中共太岳区党委的组织安排下，县抗日军民配合八路军太岳部队成功转移了存放在广胜寺的《赵城金藏》4 000余卷，为抢救这一稀世珍宝做出了杰出的贡献。解放战争时期，著名的洪赵支队在临汾攻坚战役中，英勇作战，不怕牺牲，用鲜血和生命谱写了一部可歌可泣的光辉篇章。

大槐树下是家山

洪洞县因明代大槐树下的大规模迁民运动而声名远播，一直以来被人们亲切地称作"槐乡"，是名副其实的"华人老家"。在明初洪武、永乐年间，在洪洞大槐树下发生的18次大规模移民，人数近百万，涉及1562个姓，迁民地域分布18省（市）、1186个县，其声势之大，范围之广，堪称旷古绝今。据统计，现今中国有近二亿人为大槐树移民后裔。从历史资料中发现，洪洞县的移民活动并不仅限于明代移民。早在西周时期，就发生过杨人南迁的一段历史。今洪洞县为西周古杨国，周文王的庶子伯侨受封于此，为"杨侯"。据史家考证，晋献公时灭杨侯国，后封晋悼公之弟于杨国，号曰"杨干"。这一时期，大批杨人被迫南迁，辗转至今湖北房县杨子山一带重建杨子国，南齐时在这里置杨子县。杨人后来又迁至今江苏省境，留下了扬州、扬子江等有关地名。他们又在长江下游与越人杂居，形成了春秋时期的扬越。战国时期，扬越人的活动已达岭南。广州市神话传说有五位仙人持谷穗、骑五羊创建五羊城的故事，实际上就是扬越人开发广州的历史反映。因此我们可以自豪地说，洪洞的先民不仅恢复了明初经济，建设了中原地区，而且还最早开发了长三角和珠三角地区，为民族的昌盛作出过惊人的历史贡献。洪洞、大槐树、老鹳窝、家祠、谱牒、地方志、家、家族、民族、国家、汾河、黄河、黄土地、黄种人，构建成神圣洪洞大槐树文化的百姓认同。从地理大视界上，移民 18 省是中华民族大中原地区、文明发祥核心地带的认同；从历史大视界上，明初大规模、大范围的移民，是明朝推翻元朝统治后，巩固汉民族统治地位的民间认同；从社会大视界上，是明朝汉民族正统思想、中心意识、争取族权的认同。是在地域方志、家族谱牒、村碑祖碑即民俗、家族文化上的认同；是在重塑以汉文明为主体的伦理纲常上，即中华 1562 个姓氏确认、四大民族参与移民的民族融合文化上的认同；是在传统文明记忆、民间文化记忆即背手、解手、脚指甲复形、故土乡情精神家园上的认同。民族的融合，地理的扩大，是一个不断扩大的地域和族群对中华传统文明的认同，渐渐形成亿万移民后裔刻骨铭心、从骨髓血脉到灵魂深处认可信仰共同体，洪洞大槐树是祖根家山的中华民族大认同。洪洞大槐树寻根祭祖园作为移民历史的见证，向世人展示了洪洞大槐树悠久的移民历史，同时，对增强大槐树后裔及全球华人的凝聚力，架起洪洞与各地之间的友谊桥梁，促进洪洞与外界更加广泛地沟通、交流与协作起到了积极的推动作用，是中华民族同根同祖、和谐相处的真实写照。历届中国·洪洞大槐树寻根祭祖节的成功举办，使洪洞成为中国为数不多的具有世界级知名度的县份之一，使大槐树景区成为实实在在的具有世界级知名度的旅游品牌，使大槐树移民文化成为社会经济发展的强劲动力，成为中华民族和谐共处、共同繁荣的感情纽带。

在洪洞这块抓一把泥土就能攥出古老文明"汁液"的地方，正焕发着青春的朝气，以蓬勃的生机融入时代的大潮中。槐乡人民正在不懈努力，迎接更加美好和辉煌的明天。

第一章 文物古迹

洪洞是山西人口大县，更是文化大县。五千年的历史文化遗迹星罗棋布，地上文物多不胜举。以女娲伏羲、尧王舜帝、法祖皋陶、乐圣师旷等为代表的人文历史遗存达一千余处，有大槐树、飞虹塔、明代监狱、造父纪念馆及名人故居、民宅等古建筑达二百五十余处，可以说在这里抓一把泥土，都能攥出华夏古老文明的汁液来。

第一节 古遗址、古墓葬

古遗址

耿壁遗址

位于洪洞县赵城镇耿壁村东南汾河东岸二级台阶地上。1984年发现，1991年复查并试掘。面积约4万平方米，文化层厚约1米。断崖上暴露遗迹有灰坑，揭露遗迹有房址一座。出土及采集有陶器和石器。陶器分泥质灰陶和夹砂灰陶，其纹饰有线纹、弦纹、附加堆纹及黑彩宽带纹、弧边三角纹等，彩陶颜色均为黑色，个别陶器采用套白边的手法。器形有敛口体、直口体、宽沿或卷沿的鼓腹盆，敛口或直口鼓腹罐、折沿或叠唇侈口罐、敛口瓮、甑、敛口内折沿壶等。属于仰韶文化庙底沟类型遗存。

曲亭遗址

位于洪洞县曲亭镇曲亭村南曲亭河西岸台地上。面积约3万平方米，文化层厚约0.7米。采集有泥质红陶和夹砂红褐陶片，其纹饰有线纹、黑彩圆点纹，器形有敛口钵、小口尖底瓶、卷沿平底盆、罐等。属仰韶文化庙底沟类型遗存。

侯村遗址

位于洪洞县赵城镇侯村东南。1984年发现，1986年发掘，总面积在40万平方米以上，文化层厚度一般近2米。省级文物保护单位。遗址的文化堆积厚，内涵丰富，发现有灰坑、陶窑、墓葬等遗迹。陶窑结构中最突出的特点，是火膛虽大部分位于窑室的前下方，却有部分深入窑室之下，这是一个明显的改进，表现了窑室结构由横穴窑向竖穴窑进步的过渡性，这种特点是晋南庙底沟二期文化阶段陶窑形制的发展。出土遗物有陶器、石器和骨器，陶器分泥质灰陶和夹砂灰陶，其纹饰有绳纹、篮纹、附加堆纹等；器形有豆、鬲、杯、釜灶、盆、异形鼎、三足瓮、罐等；石器有斧、刀；骨器有锥、铲。

郭盆遗址

位于洪洞县苏堡镇郭盆村东南洪安涧河南岸台地上。1996年发现，面积约76万平方米，文化层厚约1.4米。采集有泥质灰陶和夹砂灰陶片，其纹饰有绳纹、篮纹，器形有罐、单把杯、深腹盆等。属龙山文化陶寺类型遗存。

前柏遗址

位于洪洞县淹底乡前柏村北曲亭河北岸台地上。1996年发现，面积约24万平方米，文化层厚约0.8米。采集有泥质灰陶和夹砂灰陶片，其纹饰有绳纹、篮纹，器形有三足瓮、敛口瓮、单把鬲、带鋬罐等。属二里头文化东下冯类型遗存。

上村遗址

位于洪洞县万安镇上村四周，遗址西临玉指山。50年代发现，面积约15万平方米，文化层厚2～2.5米。省级文物保护单位。断崖上暴露遗迹有灰坑。采集有泥质灰陶和夹砂灰陶片，其纹饰以绳纹为主，器形有鼎、鬲、大口尊、蛋形瓮等。1982年曾出土青铜器6件，有鼎、爵等。

坊堆遗址

位于洪洞县广胜寺镇坊堆村南附近的高地上。省级文物保护单位。1983年发现，面积约50万平方米。1954年清理墓葬18座，灰坑2座。形制已毁，可辨有仰身直肢、屈肢和俯身葬三种葬式。出土器物有陶器、铜器、玉器、蚌贝器等。陶器多夹砂夹陶，有鬲、鼎、豆、壶、罐。铜器有鼎、簋戈；玉器有环、璜。另外，在遗址中部及西部还出土青铜器8件；残卜骨两片。同年又出土刻有卜辞的卜骨一块，共8个字，卜辞释文为"北宫□三止（趾）又（有）疾贞。"这是西周甲骨在国内首次发现。

永凝堡遗址

位于洪洞县大槐树镇永凝堡村，遗址东高西低。面积约1.5万平方米，文化层厚2～3米。省级文物保护单位。1980年发掘灰坑20座，墓葬22座，可进行分期的墓9座，其中早期1座，中期4座，晚期4座，墓葬均为土坑竖穴，长2.5～5米，宽1.6～3.7米，深4米。葬具多为一椁一棺。出土有铜器301件，器形有鼎、簋、鬲、壶、戈、甬钟、车马器等；陶器28件，有鬲、豆、罐、簋、瓮等；玉器21件，有琮、管等；骨器4件；蚌器440件；海贝180件；玛瑙510件等。陶鬲的形制基本上可与天马——曲村的1～5段比较接近，与天马——曲村晋文化面貌很接近。

南秦遗址

位于洪洞县广胜寺镇南秦村东南。市级文物保护单位。1983年发现，面积约8万平方米，文化层厚度不详。地面暴露遗迹有灰坑。采集有西周的泥质灰陶折沿盆、豆、鼎和夹砂灰陶绳纹鬲等残片。在村北的一处灰坑中发现了6片卜骨，上面既有"钻"又有"凿"。卜骨时代为西周早期。

古杨城遗址

位于洪洞县曲亭镇范村、安乐村、张村和敬村之间。1960年调查。平面呈长方形，东西长约1300米，南北宽约580米。地面城垣不见，城墙基宽约11~17米，墙体夯筑，夯层厚0.75~0.10米。城址西部发现两条汉代下水道遗迹。西北部有东周时期的泥质灰陶豆、盂、鬲、板瓦及汉代的砖瓦等残片。据顾栋高《春秋大事表五》载："今山西洪洞县，东西十八里有杨城。晋灭之，以为羊舌氏封邑"。清光绪《山西通志》载："古杨侯国城，在今范村"。

官庄遗址

位于洪洞县赵城镇官庄村东。1981年调查。平面呈长方形，东西长约400米，南北宽约150米。现仅存北墙中段，残长约40米，基宽1~5米，残高1~3米，墙体夯筑，夯层厚约0.07米。采集有泥质灰陶鼎、豆、壶、盆等残片。据清道光《赵城县志》载："城东三里许官庄村，为造父食邑"。

上张遗址

位于洪洞县淹底乡上张村北曲亭河南岸台地上。省级文物保护单位。面积约30万平方米，文化层厚约0.9米。断崖上暴露遗迹有东周的灰坑、墓葬等。采集有东周的泥质灰陶杯、盆、豆、瓮；汉代的泥质灰陶罐、盆及绳纹筒瓦、板瓦等残片。

师村遗址

位于洪洞县曲亭镇、苏堡镇、大槐树镇的秦壁村、范村、敬村、安乐村、张村、师村、李村、尹壁村等8个自然村。1986年发现，面积约15平方公里。省级文物保护单位。遗址包括有东周洪洞古城遗址，春秋、战国墓葬和汉代墓葬等。采集有泥质灰陶盆、壶、罐及绳纹板瓦、筒瓦等残片。收集有绿釉陶楼、陶鼎、陶壶、陶盆及彩绘陶器等。

内坦遗址

位于洪洞县曲亭镇内坦村东约50米曲亭河北岸台地上，1986年发现，面积约15万平方米，文化层厚约1米。暴露遗迹有灰坑。采集有北朝时期的泥质灰陶深腹假圈足碗、折沿盆、方唇罐等残片。

军演沟遗址

位于洪洞县刘家垣镇效古村军演沟内,俗称练兵场,传为宋代杨家将在此练兵。1986年发现,沟内崖壁上存一天然石洞,宽约7米,深约30米,高约10米,距沟底约20米。洞内散见宋代瓷片。

明代移民遗址

位于洪洞县大槐树镇贾村西侧大槐树寻根祭祖园内。是有关明朝洪武、永乐年间大规模、长时间广泛移民历史的一组纪念性建筑。省级文物保护单位。民国三年(1914),洪洞人景大启、刘子林等募款建成。从南向北,中轴线上有牌坊、碑亭,碑亭前端西侧有茶室。牌坊四柱三门式,正面横额镌刻"誉延嘉树",背面横额镌刻"荫庇群生",两侧刻诗四首,记述迁民往事及祈福平安。碑亭位于原古汉槐处,坐北向南,单檐歇山顶,筒板瓦顶。内置碑1通,青石质,螭首,方座,通高3.5米,宽0.8米,厚0.3米。额题"纪念"二字。碑阳隶书"古大槐树处"五字,碑阴记述明初迁民始末。碑亭北面窑顶上立金承安五年(1200)广济寺遗物石经幢1通。茶室三间,单檐悬山顶,檐下悬"饮水思源"匾一方。四柱上有对联两幅。据民国《洪洞县志》载:广济寺始建于唐贞观二年(628),历代均有修葺,明代规模宏大,清咸丰三年(1853)毁。明洪武、永乐年间,政府在"广济寺设局驻员",将待迁的民众聚集于寺旁古汉槐树下,"发给凭照川资",进行移民。《明实录》《明史》等书均有对移民的记载。

明代监狱

明代监狱俗称苏三监狱,位于洪洞县旧县衙西南隅,现县政府大楼西南侧。该监狱为明洪武二年(1369)与县衙同时修建。监狱占地面积610平方米,由过厅、普通牢房和死牢组成。据传明朝正德年间(1506—1521),北京名妓苏三在洪洞沉冤蒙难,被判死刑后关押于此,故人们就把此监狱称为苏三监狱。

过厅南北向,硬山顶,面阔三间,南北各开一门。过厅南为普通牢房,十二间低矮的监牢东西相峙,中间为一宽不足二米的通道。牢房檐口外用铁丝织成天网,悬挂有响铃。牢房内空间狭小,阴暗潮湿。

通道南端为禁子房二间,西侧随墙镶有石刻狱神庙,高0.3米,据专家考证,这是我国现存最小的狱神庙。狱神庙下有砖券门洞,高40厘米,为死囚洞,服刑人犯死于狱中,由此洞拖出。

与狱神庙相对处为死囚牢,因门洞上有狴犴头像,形状类似虎头,又称为虎头牢。牢门高1.6米,宽1米,深3米,两端各有一道铁页门,一扇向左开,一扇向右开。

死囚牢内小院25平方米。院中央有小井,为人犯汲水处。北有枕头窑2孔,西侧传为当年囚禁苏三之所，窑体坚厚，高处开小窗，内外设双窗棂。东侧为男性囚牢，牢内外暗潮。院南围墙高3.57米，厚约1.7米，内外砖砌，中间灌以流沙。

明代监狱的格局是研究封建社会官衙监狱的重要实物资料，在学术界占有极其重要的地位。20世纪50年代初，原国家文物局副局长王冶秋曾来此考察，对监狱的建筑格局，给予了极高的评价。

三教瓷窑址

位于洪洞县万安镇三教村。1996年发现，面积及窑炉形状不详。采集有明清时期黑釉、白釉和青光瓷片，装饰技法有白釉黑花等，器形有缸、盘、碗、罐等。详见后表。

古墓葬

永凝堡墓葬

省级文物保护单位。1953年，洪洞永凝堡村民在取土时发现了许多青铜器。山西省文管会派员前往勘察，收集了20余件陶鬲，127件青铜车马器，8件铜器及兵器。同年7月，再做试掘，获石器、骨器多种以及数量丰富的彩陶片，并发现了西周时期的墓葬。1957年，该村村民又发现了青铜器，共出土青铜器359件（套），分为容器、兵器、工具及车马器四类。从器物形制和纹饰来看，该墓地及所出青铜器当属西周早期。1980年6月及9月，又两次进行考古调查、发掘，钻掘面积13000平方米，发现灰坑20个，墓葬56座，多为西周墓葬。发掘清理22座，长方形土坑竖穴墓，葬具多为一椁一棺，葬式多为仰身直肢，双臂交叉置于腹部。随葬品。青铜器800余件，有鼎、簋、鬲、壶、盘、戈、甬钟、车马器；陶器43件，有鬲、豆、罐、瓮、石刀、鱼、圭、玉琮、管，以及贝、玛瑙等。洪洞永凝堡西周墓葬及其随葬器物的文化特征与天马——曲村遗址西周时期的晋文化遗存完全一致。

徐毅墓

位于洪洞县堤村乡南石明村西约300米。徐毅（？—1314），字伯弘，石明村人，官至刑部尚书、中书省御史中丞，追封平阳郡公，谥文清。地表封土夷平，存墓碑1通。青石质，螭首，龟趺。通高3.3米，宽1.13米，厚0.33米。元至正十年（1350）立石。碑阳额篆"徐文清公神道碑"。碑文楷书，黄晋撰文，张起书丹，赵期颐篆额。碑阴刻徐氏家族世系。

女娲陵

位于洪洞县赵城镇侯村内。省级文物保护单位。原有东西两座封土冢，西侧称正陵，东侧称副陵。正陵于20世纪六七十年代夷平，副陵底径约17米，残高约5米。据清道光七年（1827）《赵城县志》载："女娲陵，在县东八里侯村，正、副陵各一，皆在庙后，东西相距四十九步，各高二丈，周四十八步。居左者为正陵，其副陵相传葬衣冠者"。陵前有陵庙建筑又称娲皇陵庙，始建年代不详。据《大明一统志》，清道光七年（1827）《赵城县志》及碑载：唐天宝六年（747）重修，后庙毁。宋开宝六年（973）重修，元、明、清多次修葺。清末毁。地面现存庙宇基址、补天石、宋—清碑刻10余通，古柏3株及仪门内窑洞8孔。

师村墓葬

位于洪洞县曲亭镇师村东，传为东周乐师师旷墓，封土夷平，现有文物保护碑一通。清光绪《山西通志》载："师旷墓，在洪洞县东南"。

樊村墓葬

位于洪洞县万安镇樊村，传为汉代名将樊哙之墓。地表封土夷平。清道光七年（1827）《赵城县志》载："汉樊哙墓，樊村里，冢高一丈五尺，周围四十步，有碑记"。

秦壁墓葬

位于洪洞县大槐树镇秦壁村西约500米，地表现存圆形封土一座，底径约14米，残高约5米。传为西晋刘渊墓。刘渊（？—310），字元海，匈奴贵族。西晋末年起兵反晋，建立汉国。永嘉二年（308）称帝，都平阳（今山西临汾）。死后葬永光陵。《晋书》《魏书》均有传。清光绪《山西通志》载："晋州洪洞县，刘元海墓在县东八里。"又"伪汉永光陵，在洪洞县秦壁村"。

柏庄墓葬

位于洪洞县淹底乡柏庄村西北。传为隋代麻叔谋之墓。麻叔谋，名麻祜，又叫麻胡。隋炀帝时的酷吏，曾负责开通大运河河南一段，沿途人民深受其苦。又传他喜食小孩，故民间有呼其名以吓小孩的说法一直沿用至今。唐代李济翁《资暇集》及颜师古《大业拾遗记》均有记述，地表现存圆形封土1座，底径约52米，残高约5米。

伏羲画卦处遗址

伏羲画卦处位于洪洞县东南30公里淹底乡东北部的卦底村。相传，此地在上古时期，是伏羲画八卦之地，村人建有画卦台。因四面环山，八个村庄布于四周，均相隔十华里，即"十里八村"之说。伏羲画八卦，以卦底为太极图基地，周围每个村代表一个字，每个字有一个符号。

第二节 古建筑

寺院尼庵

广胜寺

广胜寺位于洪洞县城东北17公里霍山南麓。东汉建和元年（147）建，初名俱卢舍利寺，又名阿育王塔院，唐大历四年（769）重修。元大德七年（1303）地震毁坏，随后重建，明、清屡有修葺，整个建筑群分上、下两寺和霍泉水神庙三部分。

广胜寺上寺由山门、飞虹塔、弥陀殿、大雄宝殿、毗卢殿、观音殿、地藏殿、韦驮殿及厢房、廊庑等组成。

山门单檐悬山式，面阔三间。前檐栏额处悬有"广胜禅院"匾额，为民国初年赵城张瑞玑所书。两侧各有泥塑金刚，高2米有余。山门内约5米余，拾级而上，即为塔院。原塔始建于东汉建和元年（147），据寺内现存的《广胜上寺舍利宝塔序》等碑文记载："昔阿育王塔八万四千，有十九塔位于震旦（今我国疆域内），兹塔为其一"。塔古名阿育王塔，据力空著《广胜寺志》中引宋庆历七年（1047）《平阳广胜寺兴修考》记载：东汉时，西域名僧慈山，法号俱卢舍利，于东汉本初元年（146）中秋前夕坐化，朝廷敕命为分慈山舍利于此地建塔并兴建寺院，称俱卢舍利塔。寺内碑文记载：南北朝时，北周保定三年（563），法江和尚奉北周武帝敕命，重修俱卢舍利塔，建德三年（574），因北周武帝废灭佛教而停工。唐肃宗上元元年（760），无净和尚奉敕续建完工。霍泉水神庙元代壁画中所绘宝塔，系八角十三级，塔檐短促，不施雕饰，元成宗大德七年（1303）农历八月初六大地震时毁坏。

明正德年间，僧人达连大师慨于俱卢舍利塔损坏，誓愿新修，于是募化四方，又得晋王资助，于正德十年（1515）动工建塔，历时12年，至嘉靖六年（1527）建成。达连大师法号飞虹，世人为纪念达连大师募资营建之功，称之为飞虹塔。

飞虹塔平面呈八角形，十三级，高47.31米，塔身青砖结构，各层皆有出檐。塔体呈锥形，逐层收缩，最上层塔檐直径只有底层的三分之一。外部用黄绿蓝三彩琉璃装饰。一二最为精致，斗拱、角柱、望柱、香莲柱、莲花、佛像、金刚、力士、花卉、鸟兽，皆栩栩如生，色彩绚丽。每层图案各异，檐角均挂有风铎。塔顶有铁制法轮，中镶风磨铜塔刹，约重33.6公斤。

塔内一层有铜铸释迦佛像，顶部作琉璃藻井。装饰勾栏、楼阁、盘龙等图案，备极精巧。塔内置木梯，可旋转登至三级，以上为砖砌楼梯。至十层以上，中实不虚。

从窗洞匍匐到外檐，另设铁梯可攀至塔顶。

明天启二年（1622），大会和尚募建塔廊。塔廊入口为重檐十字歇山顶建筑。木结构油饰彩绘，与七彩宝塔争奇斗艳，异彩纷呈。

塔院北端为弥陀殿。弥陀殿系广胜上寺的前殿，面阔五间，进深四间，单檐歇山顶，前后檐明间开门，四壁无窗，虽经明代重修，但仍保持着元代结构特点。殿内主像为明代铜铸阿弥陀佛像，两侧为泥塑观世音和大势至菩萨像。二菩萨塑像神采飞动，栩栩如生，身体前倾，极具泥塑力学研究价值。

上寺中殿称大雄宝殿，明景泰三年（1452）重修，单檐悬山顶，殿内设佛龛，供木雕佛像三尊，中为释迦牟尼佛，两侧为文殊及普贤菩萨。佛龛两侧及背后为清代所铸观音和十八罗汉等塑像。

上寺后殿称毗卢殿，亦称天中天殿。明弘治十年（1497）重修。面阔五间，进深四间。殿内佛龛上塑主尊三佛，胁侍四菩萨，沿殿墙一周设木雕神龛三十五阁，神龛内各置一尊铁佛。佛龛上部墙上绘五十三佛壁画。后壁墙有释迦佛和十二圆觉菩萨画像，系当地画师杨怀等人于明正德八年（1513）所绘。

大雄宝殿两侧的垛殿，形制较小，西为韦驮殿。韦驮殿内东壁满绘天神、长老、武士像，构图严谨，笔力流畅，系明代作品。

后殿院落东侧为观音殿。上塑观音菩萨像，左右是胁侍善财与龙女。

下寺山门称天王殿，是一座屋宇式门厅，面阔一间（12.2米）进深二间（8.13米），殿内原塑有四大天王像，现已不存。此殿无建造年代题记，按其造型结构，当为元代建筑。

下寺前殿称弥陀殿，殿身平面东西宽21.3米，南北进深11.6米。该殿虽经明成化八年（1472）重修，但仍保持着元代的形制。后于清乾隆二年（1737）整修，清乾隆十一年（1746）增建钟、鼓楼各一座。

下寺后殿称大佛殿。亦称大雄宝殿，或后大殿。重修于元武宗至大二年（1309），面宽七间，长31.3米，单檐悬山顶，两山出际为前后檐，出檐深长，宽宏伟严，气势豪迈。前檐中间为门，窗柱作古朴的直棂式，门额挂有巨大匾额。匾上有赵城县知事李寿芝于清光绪十八年（1892）所书篆体"宝筏金绳"四个圆浑而有古风的大字。

大殿建筑采用减柱法，用了六柱把四根部署于四椽的后尾，在大殿建筑上创造出减间、减梁的惊人奇迹，大胆地精减构件，避免梁栿重叠，外观装饰以雄大的单节斗栱在厥檐上起着承挑作用，丝毫不受宋金以来模式的束缚。该寺明代改建的几座大殿，都承袭了该殿的构造原理，呈现出了经济美观、充分利用的新型梁架结构。

殿内主像三世佛，中为毗卢佛，东为卢遮那佛，西为释迦佛，毗卢像前侧有胁侍菩萨。三世佛两侧分别是文殊和普贤菩萨。文殊、普贤菩萨所骑狮象均作卧姿，别具一格。

殿内墙上原绘有佛、菩萨和善财童子五十三参等壁画，画工精美、色泽富丽，价值连城，均系元至大二年（1309）重修殿宇时的作品。1929年2月，该壁画由赵城县长张梦曾和邑绅卫竹友、许俊、贾绍康等人会同下寺住持和尚贞达将壁画剥离，以1600元银洋售给了文物商。经文物商多手倒卖，现分别陈列在美国堪萨斯城纳尔逊阿特金森艺术博物馆（西壁）和纽约大都会艺术博物馆（东壁）。

泰云寺

泰云寺位于广胜寺镇石桥村北，洪广路南侧。该寺始建于唐至德元年（756），于北宋雍熙年间重修，清乾隆年间再次重修。现存大殿坐北朝南，面阔三间，进深六椽，悬山式房顶，四梁八柱结构，面积约250平方米。建筑手法精巧，工艺高超。殿内东侧绘有精美的唐代壁画，创作技法、内容和形式别具一格。该寺的建筑和绘画都具有很高的艺术价值和文物考古价值。1982年由洪洞县人民政府定为县级文物保护单位，1996年被山西省人民政府公布为省级重点文物保护单位。

万圣寺

万圣寺又名小清凉寺，位于洪洞县城西25公里万安镇浅沟村西之出佛峡。创建于南北朝北魏时期（425—534），法舟法师主持修建。根据《赵城县志》记载：小清凉寺于金大定四年（1164）进行重建，改名为万圣寺。大定七年（1167）在寺北山顶建十三级金顶舍利宝塔一座。根据该寺现有碑文记载：明万历二十四年（1596）至二十七年（1599）进行了大规模的修建，天启六年（1626）在原旧塔址重新修建金顶十三级舍利宝塔。现有寺院、佛殿、台阁佛塔均系明代建筑。

山门坐西向东，山门前石崖上铭刻有北宋大书法家米芾书"第一山"三个大字，石刻两边镌书有"岚封峡口云无着，月到潭心影不流"楹联一副。万圣寺的主体寺院占地约3000平方米，分前、后、东三个院落，大雄宝殿居正中。进山门，即是东院，院北有坐北朝南枕头窑三孔，西有枕头窑一孔，北窑山崖上有阿弥陀佛殿，供有阿弥陀佛像。东院之西，即前院、大雄宝殿坐北朝南，东西长13.25米，南北宽10.4米，大殿门额上悬有"大雄宝殿"匾额，佛龛正中塑释迦牟尼、文殊菩萨、普贤菩萨，东西两侧塑十八罗汉像，形态各异。前院南北长18米，东西宽16米，前院南端有一坐南朝北的韦驮殿，韦驮殿东西长13.25米，南北宽10.4米。

在万圣寺两侧山崖上，有东、西、南、北、中五座山峰，峰各有台，因而历史上万圣寺又有小五台之称。中台建有景天阁，根据现存景天阁明万历三十二年（1604）中秋《创建佛出峡中台景天阁碑文》记载：当时住有比丘尼十余人，可见规模之大。北台为玄帝阁，有玄帝塑像，旁列十师。

在万圣寺北山崖约 200 米高的山顶上，建有十三级金顶舍利塔，塔高约 37 米。据镶嵌在塔上的碑文记载，舍利塔于明天启六年（1626）进行重修，塔上装有葫芦状铜制鎏金顶。1999 年，金顶被犯罪分子窃去，下落不明。塔上有"西方胜境""舍利宝塔""极乐世界"等题词。

弥勒寺

弥勒寺位于刘家垣镇伏珠村玉龙山东端，始建于唐贞观年间，后经宋、清两朝复修，占地 5 亩。该寺坐北朝南，有山门、大殿、东西耳殿、厢房、三圣殿、梵王殿等建筑。山门为重檐十字歇山顶三层建筑，基部为砖砌门洞，宽 2 米，深 8.5 米，二层砖砌窑洞式，三层为木构，金柱 4 根直通顶部，四周出檐，每面施柱 5 根，砖砌围栏，柱头施四铺作斗栱，琉璃瓦覆顶，曰钟楼，二层悬挂吉祥大钟一口。三圣殿与山门处同一中轴线上，为该寺主殿，面阔五间，进深六椽，檐柱施四铺作斗栱，悬山顶；殿内弥勒居中，殿前有唐代石经幢一座，高 9 米，雕琢古朴，上刻陀罗经一部。大殿后为梵王殿面阔三间，进深四椽，悬山顶，不施斗栱。东西各有垛殿一间，东供子孙娘娘，西供药王。

慈云寺

慈云寺，位于兴唐寺乡中镇庙东休粮山，唐代敕建，元代山崩寺毁，后又重建，这里山谷幽邃，人迹罕至。现存有砖塔、石洞及明清石碑数通。相传唐代休粮菩萨护法于此，猛虎为其守门。慈云寺下有打鼓泉，水流叮咚，声若击鼓，故名。

华严寺

华严寺，位于洪洞县城西北 4.5 公里处马二村北端，北宋建隆三年（962）创建，占地 10 亩，现存大雄宝殿和东西垛殿。

大雄宝殿面阔五间（20 米），悬山式布瓦覆顶。檐柱施五铺作斗栱，明间宽 3.8 米，次间宽 3 米，进深六椽，殿内净宽 10 柱。梁架用搭牵二椽栿手法，用两根周长约 2.1 米的粗大立柱将大殿分作两部分。立柱至后山墙壁约 3 米，佛像须弥座依柱而设。前面留有宽 7 米的空间。建筑结构仍保留宋代木作风格，举折平缓，斗栱计心造，硕大雄健，立柱侧角明显，柱础庞大，素面无纹饰。前檐施七朵斗栱，出檐深远雄壮。

东垛殿二层，下部砖砌窑洞 3 孔，顶部木构硬山式建筑 3 间，内供观世音菩萨。西垛殿悬山式木构建筑三间，进深四椽，檐柱施四铺作斗栱，内供地藏王菩萨。

千佛寺

千佛寺位于洪洞县城东门内，创建于明代。千佛寺有前、中、后三大殿。前殿代山门，中殿供有千手千眼观世音菩萨，后殿供有释迦牟尼佛、文殊和普贤菩萨。

大殿东西两边供有千座佛像。中殿前为前院,两旁有东西厢房各三间,中殿后为后院,旁有东西两殿,东殿供有释迦牟尼铜像一尊,重约百斤,为明万历年间铸制。清康熙十一年(1672)知县刘揸重修,康熙三十八年(1699)住寺僧人集贤进行募修。清道光十一年(1831)僧人源兴再次进行募修。清光绪二年(1876)监生侯恺复修。民国初年了空和尚将千佛寺北大殿进行了重修。1923年夏,对寺院内佛像进行了金装。中华人民共和国成立后,这一佛教寺院得以妥善保护。1985年8月5日,洪洞县人民政府发出布告,把千佛寺列为县级文物保护单位。1991年10月29日经县政府批准开放为宗教活动场所。

钟楼寺

钟楼寺坐落在县城东门口路北,始建于宋代,现存钟楼为清同治六年(1867)重修建筑。

钟楼坐北向南,重檐歇山顶,琉璃瓦覆顶,内悬宋元祐八年(1093)所铸造大铁钟一口。

李村峰林古刹

峰林古刹位于堤村乡李村西北部峰火岭下,始建于明朝万历年间(1573—1619),为佛道合一的典型庙宇。

该庙由北殿、南殿和东、西厢房组成。院正中置一铁铸宝鼎。

北殿为正殿。殿内的佛龛正中供有释迦牟尼像,左侧为弥勒佛像,右侧为太上老君神像。北殿两侧山墙之上,绘有山水人物画,均系明代作品。

南殿的佛龛之上,塑有三尊菩萨像,中为观音,左为普贤,右为文殊。两侧是十八罗汉。1995年2月16日兴工修复,正殿重修,圣像复塑,山门重建,影壁生辉,使这一明代建筑重放光彩。1997年5月,洪洞县人民政府宗教主管部门将峰林古刹批准登记为宗教活动场所。

大士庵

大士庵位于洪洞县城内关帝楼东南侧,是县域保存较完整的尼姑庵院之一。据庵内原存明万历四十六年(1618)二月碑文记载:大士庵原名广生庵,创建于明万历二十九年(1601)。

大士庵坐北向南,占地近二亩,建有东、西、北三座佛殿。北殿为观音殿,面阔三间,进深四椽,悬山顶,是庵院的主殿,殿门门柱上悬挂楹联一对,系清道光二十六年(1846)中书刘思慈赠献,上联"满腔慈悲群伦共荷生成泽";下联"无量法术万姓咸沾救拔恩"。东西配殿各三间,硬山顶。东殿为祖师殿,供有阿弥陀佛像,西殿供有观音像,南面建窑洞三孔,为寮房。

1985年8月5日,洪洞县人民政府发出布告,确定大士庵为县级文物保护单位。

1991年10月29日，经县政府批准，开放大士庵为宗教活动场所。

食姑姑庵

食姑姑庵为广胜寺附属庙宇，位于广胜寺上寺正南食姑姑河之阴。

食姑姑庵创建于明代，山门坐南向北，山门两侧有石狮一对。庵院正中，有重三千余斤的铁铸宝鼎一尊，三足各有虎头装饰。正面有"洪洞县食姑庵"六字，背面有二龙戏珠图案。

庵院由东、西两个院落组成。西南侧有食姑姑殿，北侧为地藏王殿。在西院之南有一堵4米高的石墙，石墙之上东为天师殿，中为弥勒殿，西为药王殿，东有戏台。北有房屋五间，山门之西为客堂，东为斋堂。戏台之北有通道可入东院。东院有大雄宝殿，北为精神罗汉殿，南为青风洞。青风洞西侧八级台阶之上为千手千眼观音洞，观音洞东有女娲殿，西有观音殿。是一座佛道合一的典型庙宇。

大雄宝殿是该庵东院的主要佛殿，东西宽15米，南北长17米，面宽三间，内供全堂佛像。

食姑庵西院的西殿为食姑姑殿，神龛上塑有食姑姑像，北侧是眼光菩萨，南侧是送子观音，还有两位侍女的塑像。

庙宇宫观

霍泉水神庙

水神庙创建于唐代，是传说中霍泉水神的祀祠。霍泉水神庙大郎的塑像，着秦汉时期的服饰，当是秦昭王时期的蜀郡太守李冰。

元大德七年（公元1303年）洪洞一带大地震，水神庙原建筑毁坏，现存庙宇为元延祐六年（公元1319年）重修。该庙坐北面南，由前后两座院落组成。前院正南为砖券过洞门，三门并列。水神庙主体建筑为明应王殿，亦称大郎殿，面阔进深各五间，重檐歇山式屋顶，四周有回廊，廊深一间。殿下有宽阔的月台。前檐明间安板门，四壁无窗，便于绘制壁画，殿顶斗栱古朴。殿内设一神龛，龛内塑水神明应王坐像及侍者立像，龛前两侧塑胁侍，面部表情：一委屈不乐；一怒发冲冠；一慈眉善目；一奸诈狡猾，神态各异，栩栩如生。门外廊下亦有二尊文官像，造像均身着秦汉时代服饰，为元代道教塑像中的珍品。

明应王殿内四壁满布元代壁画，这些壁画，多为民俗，极为可贵，为元泰定元年（公元1324年）所绘。东、西壁二方，各宽11米、高5.3米，南壁二方，北壁二方，各宽3米、高5.3米，总面积为197平方米。这些壁画，表现了我们祖国元代绘画艺术的高度成就，反映了劳动人民盼望风调雨顺、五谷丰登的美好愿望，记述了当时社会生活状况的真实面貌。1949年华北高等教育委员会图书文物处印行的《全国重要建筑文物简目》把此壁画称为"元代巨匠手迹，至为罕贵"。

西壁北上端是水神打球图，画面有两个人物在打球，另两位作裁判。打球的神手里各拿一棍，地下挖个坑，把球打进坑内为胜。下端是水神下棋图。这两组壁画是研究我国元代文化和体育活动的重要资料。西壁北端又有一组穿红着绿的人物，据考是描绘的洪崖先生的故事。

南壁东半部为著名的元代戏曲壁画。这幅画图的上端，有"尧都见爱大行散乐忠都秀在此作场"的舞台横额，下面是一个民间剧图在登台做戏时祭奠水神的情景。画中方砖铺地，幕幔悬挂，台分前后，场分上下，共出现了11个人，7男4女。第一排正中一人，身穿红衫，虽系男人打扮，但两耳有耳环，说明是女扮男装。据考系主角演员忠都秀。演出的行当，有生、旦、净、末等角色，使用的道具有刀、剑、牙笏、扇子之类，伴奏乐器有笛、鼓、拍板等。化妆上已开始勾脸谱、挂长须，衣冠、软靴、服饰都已戏剧化了，反映了元代杂剧的盛况。

这些壁画为我们研究元代社会风情、戏剧、文化、体育、建筑、民俗等方面都提供了极为可贵的历史资料。壁画的绘画技法非常娴熟，人物清逸生动，线条流畅有力，构图章法巧妙，其艺术价值甚高。

玉皇庙

玉皇庙位于县城西北6公里的辛村乡辛北村，创建于金哀宗正大六年（公元1229年）。该庙规模宏大，布局合理。庙内建有玉皇殿、二郎殿、关公殿三座神殿，另外还有月台、八卦台、舞台、贵宾观戏亭、廊房等附属建筑。三座殿宇，高大雄伟，错落有致。三座殿内分别塑有玉皇大帝、二郎神、关帝塑像，三尊神像圆润丰满，形象逼真，栩栩如生。

玉皇庙三座殿内的墙壁上布满壁画，画面粗犷，线条流畅。1985年由洪洞县人民政府公布为县级文物保护单位，2001年6月25日国务院公布为第五批国家重点文物保护单位。每年农历正月初九传为玉皇大帝圣诞日，玉皇庙都要举行盛大的祭祀活动。

碧霞圣母宫

碧霞圣母宫位于县城东北8公里的广胜寺镇坊堆村，1996年省人民政府公布为省级文物保护单位，始建于明嘉靖年间。现存建筑有正殿、配殿各一座，东西厢房各三间，垂花门一座。正殿坐北向南，面宽三间，进深两间，庑殿顶建筑，殿内正中为泥塑神龛，中塑碧霞元君像，另有大小塑像60余尊，神龛悬塑及塑像形象逼真，精美绝伦，为明代艺术杰作，具有很高的艺术观赏价值。

净石宫

净石宫位于堤村乡干河村西，又称融宁宫，创建于明弘治元年（公元1488年）。净石宫坐北向南，中轴对称，正南为山门，山门之上为搭板乐楼，十字歇山顶，覆以琉璃瓦。正北为主殿，单檐悬山顶，面阔三间，进深三间。中塑玄天祖师、神龛上层塑三座重檐歇山顶三清殿，内有元始天尊、灵宝天尊、道德天尊像，三清殿下方悬塑精美绝伦。大殿东、西山墙内壁壁画，构图精巧，笔墨流畅。东西配殿各三间，耳殿两间，供奉黑虎、龙王。东西配殿前设观戏楼，分上、下二层，上层为女眷专设，戏楼及观戏楼设计精巧、技艺精湛，是研究中国戏曲发展史的重要实物资料。

2013年5月3日，国务院公布为第七批全国重点文物保护单位。

乾元山元阳观

乾元山元阳观，位于县城西14.5公里处，距离万安镇3.5公里，同历山神立庙、青龙山玄帝宫相望。乾元山元阳观始建年代不详，现存为清初建筑。有金光洞，是一座具有四千余年历史的古道场。清代康熙、雍正、乾隆三朝均有大规模的扩建维修。元阳观分上下两观，总建筑面积1500平方米，殿宇气势磅礴，巍峨壮丽。抗日战争时期，日军焚烧了下观，"文化大革命"期间上观遭到破坏。十一届三中全会以来，当地群众自发保护并进行了小规模维修。2001年，洪洞籍在外人士承包开发元阳观，已新建成正殿一座，配殿两座，完成了三殿的全部塑像，重修了月台，新建了上山道路。

青龙山玄帝宫

青龙山玄帝宫位于洪洞县城西南23公里龙马乡长命村西青龙山南端，俗称老爷顶，又称北顶、中武当。青龙观的主殿为玄天上帝宫，简称玄帝宫。据观内现存碑文记载：玄帝宫创建于7世纪20年代的唐代开国初年。

观内建筑共6层，依山而建，层层重叠，洞中藏洞，蔚为壮观，故有"小布达拉宫"之称。一至四层均为青色条石券成的石洞，洞中有洞，洞外有天，道家称为"洞天石窟"。庙观建筑的第五层有玄天上帝殿、玉皇大帝殿和祖师殿。玄帝宫钟楼院中心有古佛铜殿一座，系妙峰祖师于明万历年间所建。妙峰俗姓续，名福登，法号妙峰，山西平阳人。性善巧思，曾于峨眉山、五台山、九华山、青龙山建铜殿各一，精巧绝伦，遐迩闻名。于声先生《洪洞文物辑略》载："洪洞青龙山古佛铜殿明代建，高丈余，宽八尺，内有佛身一尊，站神两位，供桌香炉俱全，门窗构造尤为精细，外有土木大殿护卫"。据考，此殿乃仿湖北武当山铜铸鎏金殿而铸，仿木构建筑，重檐叠脊，翼角飞举，殿体分件铸造，铸件精密，纹理细腻，吻合天成，浑然一体，为铜铸工艺的奇葩。第六层为八卦亭、黄罗殿和斗姆殿。

在斗姆殿的后墙，有一窗口，窗下是100余米的青石悬崖，是为玄帝宫的著名旅游景观舍身崖。

抗日战争时期青龙观守军遭日军猛烈的炮火轰击，青龙观的五层以上建筑连同古佛铜殿全部被毁。

1995年经洪洞县政府宗教主管部门批准，这座庙被正式登记为宗教活动场所。

女娲庙

女娲庙的全称是娲皇圣母庙，位于洪洞县城北11公里赵城镇侯村。

女娲庙东西宽120米，南北长300米，总占地面积36000平方米。《大清一统志》载："庙周围约五里许"女娲庙建筑巍峨庄严，雄峙壮观。庙宇坐北朝南，在中轴线上，依次为仪门、戏台、山门、补天宫、寝宫、陵寝。仪门，由三个并联的牌楼组成。戏台旁列钟楼二楼。补天宫，为整个建筑群的主体，又称正殿，正殿后即后宫（寝宫）。在戏台与山门之间的东西两侧，各有厢房9间。在山门与正殿之间的东西两侧，各有厢房24间，此外庙院周围还有补天观、华胥圣母庙、补天寺等附属建筑物。正殿补天宫中塑有女娲像，旁有侍奉嫔御。殿壁之上绘有"断鳌立极""炼石补天"等壁画。

历山舜王庙

历山舜王庙，又称神立庙，位于洪洞县万安镇东圈头村南里许。舜王庙创建年代已无可考。根据《山西通志》和《洪洞县志》记载：舜王庙于宋天圣七年（公元1029年）由洪洞人李良甫主持重建。重建之舜王庙，规模宏大，神殿雄伟。除舜王殿、娘娘殿外，还有两宫娘娘庙、尧王庙、子孙娘娘庙、王母娘娘庙、关公庙、玉皇庙、风神庙、东岳庙、祖师庙、龙王庙、三光庙、将军庙等殿阁。此外还有神象亭、百鸟楼、望都台、望亲台、舜井亭、戏台、献亭、梳妆楼等附属建筑。抗日战争时期，日军残酷地实行三光政策，舜王庙的14座殿宇以及8处楼台亭阁于民国三十一年（公元1942年）被全部烧毁，古迹名胜，变为焦土。

党的十一届三中全会以后，历山民众依靠社会集资，在舜王庙遗址，依照原来的建筑模式进行重修。已建成舜王殿、娥皇女英殿、尧庙、子孙庙、玉皇庙、关帝庙、老君庙等庙殿和戏台。重新建成的舜王殿，仿宋建筑，重檐歇山顶，琉璃瓦脊，面宽6间，进深5间，殿高17米，周以32米围廊，廊下支撑有22根立柱，总面积600平方米。殿内雕梁画栋，五彩缤纷，内塑神像，形态各异。

2004年，在后山门外200米处建石雕牌坊一座，双面单式结构，四柱三门九檐，宽12米，高10米有奇；建王母娘娘殿一座，面宽五楹，悬山法式，配以前廊。内塑皇天、后土、商山、火星、癣疮五位圣母，并塑有侍女10尊，在前山门外建五龙壁一处，长15米，高6米余。

中镇庙

中镇庙位于兴唐寺乡霍山主峰下关口村东。据《赵城县志》载：隋时以霍山为中镇，唐贞观四年（公元630年）立庙，开元八年（公元720年）封应圣公，宋政和四年（公元1144年）封灵应王，元大德三年（公元1299年）加封中镇霍山为崇德应灵王，明洪武二年（公元1369年）改称中镇霍山之神，故称中镇庙。庙内大殿、山门等均为清代重修。原有宋、元、明、清石碑数百通，1974年拆毁，现仅存遗址及石碑数通。

关帝庙

关帝庙位于洪洞县城中心，元大德十年（公元1306年）城内人苏汉臣出资创建。明、清两代屡次扩建，现存建筑多为明、清遗构，布局严谨肃穆，楼阁精巧，殿宇巍峨，极具匠心。庙宇中轴线上由南至北依次为关帝楼、献殿、正殿、寝殿（已毁），两侧有东西角楼、廊房，左右对峙。主次分明，错落有致。

献殿面阔三间，进深三间，卷棚顶，琉璃瓦剪边，初建于元大德十年（1306），明嘉靖十年（公元1531年）扩建，后屡有修葺，但仍保持明代木构特点，殿左右各建单坡式廊房六间。

正殿初建于元大德十年（公元1306年），明嘉靖十年扩建。正殿面阔五间，进深三间，与献殿前后仅隔一米左右，中以飞檐接覆。歇山顶，琉璃瓦剪边。鸱吻高大雄壮，转角斗栱硕大精美。2006年对关帝庙大殿进行了维修并重塑关帝神像。

2013年5月3日国务院公布为第七批全国重点文物保护单位。

三教庙

三教庙，位于洪洞县城东南15公里曲亭镇吉恒村南，曲亭水库北侧。三教庙坐北朝南，现存正殿、东垛殿、西垛殿、月台。是庙创建于元代，历代屡有修葺。正殿面阔三间，进深三间，为歇山式琉璃屋顶，殿前施7组斗栱托檐，屋檐挑角深远，鸱吻雄健，具有明显的元代建筑风格。殿内佛龛上塑有儒、佛、道三教塑像大小9尊，三尊主像分别为释迦牟尼、老子、孔子，殿内后墙绘有壁画。东垛殿为悬山式屋顶，仍保持元代建筑风格；西垛殿为近代改建的建筑，悬山式屋顶。月台上两株柏树分置左右，东房、南房为现代建筑。三教庙为洪洞县南垣地区年代较早、规模较大、唯一幸存的一座古庙宇，其建筑、泥塑、壁画都有较高的艺术价值、科学价值和历史研究价值。

苗村祖师庙

苗村祖师庙位于大槐树镇苗村西南，占地约二亩余，始建于元代，明代修葺，现存正殿、垛殿、配殿、戏台等建筑，为清代乾隆年间重修后格局。

祖师庙正殿坐北向南，面阔三间，进深四椽，采用分心造法。悬山顶，五铺作斗栱，殿前后基高0.5米，内供奉玄天祖师像，正殿旁有东西垛殿（东垛殿已毁），西垛殿为关帝殿，面阔三间，四架椽通檐造法，出昂保留元代风格，殿内塑关公神像。院内现存东配殿三间，为佛殿，西配殿现已不存。祖师庙戏台正对正殿，面阔三间，悬山顶建筑，檐下有精致木雕花纹。

早觉二郎庙

二郎庙地处广胜胜镇早觉村北，坐北向南，占地约2亩，大门位于西南，硬山顶，木构二层，面阔一间，进深二椽。门额悬挂"众灵垂应"匾额，为清乾隆戊戌年刻制。

大殿坐北向南，建于高0.6米，长18米的砖砌台基上，中间踏道五级，大殿面阔五间，进深四椽。采用宋《营造法式》中搭牵二椽栿用三柱造法。出檐二椽，檐柱上施巨大圆形额枋木，一木横贯整个前檐，上用五铺作斗栱七朵承挑出檐，出檐深广。悬山式屋顶，举折平缓，曲线优美。殿门用材厚重，门阔约1.7米，上施梅花钉。左右砌墙，各留方形窗，窗棂竖立形。结实简朴，殿内顶板题记为康熙七年（1669）重修，内部不施立柱，但梁枋粗壮结实，略加砍削便安装使用，整个梁架，粗犷雄浑有元代木构遗风。枋梁施旋花彩绘，色彩光洁如新。

殿左右各用砖墙隔开一间。正脊鸱吻雄壮肥硕，中间有二龙戏珠、牡丹、荷花等图案，形象逼真，工艺精湛，殿前檐下有清乾隆重修碑一通。另有明天启二年（公元1622年）霍泉支渠《新定用水规则碑》。

东西各有配殿五间，正南建有戏台，面阔三间，台基高1.6米，惜已烧毁，今仅存左右山墙。

南杜圣母庙

圣母庙位于甘亭镇南杜村北端高阜处。现存建筑有戏台、献殿、大殿，多为清初重建，唯殿内泥塑为明代遗物。

献殿、大殿、戏台在一中轴线上，献殿坐北朝南，面阔三间，进深一间。左右砌墙，后部明间穿通。卷棚式布瓦覆顶，东侧墙角镶有清康熙间重修庙宇碑记一通。

殿内现存明代泥塑20余尊，均与人等高，中间供奉两位子孙圣母，左右女官胁侍。北部悬塑龙凤、牡丹、祥云、飞仙等。做工精细入微，龙凤用沥粉贴金，人物花卉施以丹彩，牡丹做复瓣形，分别染成粉色、大红、浅红、石绿。叶以老绿渲染，花瓣用工笔法染出，由深及浅，含烟带露，堪与隰县小西天悬塑媲美。

正位泥塑圣母端庄慈祥，凤冠霞帔，朱袍沥粉贴金，绘有龙凤呈祥等图案。左右胁侍，神情恭敬端肃，略向前倾。发髻清晰，衣带飘动，雕塑手法遒劲工致。衣饰施以五彩，面部纯用垩白平涂，唇用朱砂点染。

左右各奉二位圣母，北部悬塑与中间相连不断，金碧辉煌，绚烂夺目。

神龛东西对称各有一女官凭案判事，头着乌纱帽，身着官袍，玉带束腰。面部表情认真严肃。神龛东西墙下各有三尊泥塑，为圣母差役，姿态各异，动态逼肖，专事人间送子孙一事。一妇女正侧耳聆听堂上女官口授机宜，头微向前仰，两目平视，神态恭敬，似微微点头。中间妇女双手托一男婴，头微低，注视抱中婴儿，嘴角显出一丝祥和温柔的笑意，前面的妇女背上斜挎一道圣母榜文，双眼平视前方，一脚正向前迈动。殿内泥塑巧夺天工，充满母性的慈爱。

东西墙绘有墨彩壁画，面积约 15 平方米，多表现为圣母赐子，百姓祈子等，最富情趣的是两组约二平方米的婴戏图。三五小儿，嬉戏于花园中，争花扑蝶，童趣盎然。

戏台与献殿相隔约 15 米，坐南向北，与献殿遥遥相对。专为酬神演戏而设，戏台面阔三间，进深三间，前后场用木格分开，左右各开一门，左题"金声"，右题"玉振"，为演员出入场门户。屋顶采用卷棚式，屋面曲线柔和，与戏曲表演相互交融。

赵城文庙

赵城文庙位于赵城镇东街村，民国以前，赵城为县治。文庙规模较大，原址占地约 20 余亩，现为赵城镇第一中学校址。现存建筑由南而北有大成殿、明伦堂、尊经阁。

大成殿建于长 20 米、宽 15 米、高 1.3 米的砖砌台基上，面阔五间（19.2 米），进深 10 米，庑殿顶，覆琉璃瓦，始建于明正统年间，清顺治十六年（1659）重修，以后屡有修葺。梁架结构均保持明代木构风格。大殿金柱侧角明显，檐柱上施四铺作斗栱 11 朵。其余 3 面，各有斗栱。檐下斗栱，琳琅气势雄壮。檐接明间、两次间各安格扇门，格子雕刻方形连续图样，简洁大方。

大成殿后有明伦堂，面阔三间，进深八椽，悬山顶，建筑东西短，南北长，颇为奇特。明伦堂建于明嘉靖七年（公元 1528 年），以后屡次修葺，现存建筑为清嘉庆十九年（公元 1814 年）重修。

明伦堂后原为敬一亭，已不存。尊经阁建在文庙最北端，与大成殿、明伦堂同在一中轴线上。底部筑有长 12 米、高 3 米的砖砌台基，台上筑屋 3 间，中部起楼一间，楼为歇山式，布瓦覆顶，四面木构扶栏，可凭阁远眺。阁下有明嘉靖间御制卧碑 7 通，主碑高 1.7 米，宽 1.1 米，其余四碑高 1 米，宽 1.5 米。

孙堡商山庙

商山庙位于赵城镇孙堡村东，大运一级公路西侧，占地 2 亩余，始建于元代，明清两代屡有修葺。现存为清乾隆二十三年（公元 1758 年）重修后建筑格局。

大殿坐北向南，建于高 0.84 米的砖砌台基之上，面阔三间 11 米，进深四椽，悬山顶，梁架采用分心四柱造法，檐柱施四铺作斗栱，明次间各施补间斗栱。殿内塑像中供天皇，两侧分别为地皇、人皇。塑像圆润丰满，线条流畅，栩栩如生，东西山墙彩绘三皇为民祈祥纳福之壁画，手法细腻，形态逼真，人物表情、动作传神。东殿为《东会府》殿，通檐用二柱造法，面阔三间，进深四椽，悬山顶，为清道光三年（公元1823年）重修后建筑。殿内中供上元大帝（天官），东供中元大帝（地官），西供下元大帝（水官）。西殿为关帝殿，面阔三间，进深四椽，悬山顶，搭牵二椽栿用三柱造法，殿内塑关公坐像，东为关平，西为周仓，左右山墙绘有关公生平事迹壁画。

庙院东西各有配殿六间，东为马王殿，面阔三间，进深四椽，四铺作斗栱，悬山顶，清乾隆二十三年（公元1758年）重修，殿旁有厢房三间，为僧侣起居饮食之处，东配殿为五王殿，建筑格局与东殿相仿，殿旁有客厅三间，供信徒、香客歇息，庙院内有清康熙、乾隆、道光及民国年间等历代修庙碑记数通。

2013年5月3日，国务院公布为第七批全国重点文物保护单位。

白石东岳庙

东岳庙地处辛村乡白石村东隅，占地8亩余，现存建筑有大殿，东西垛殿，寮房等，均为明代遗构。

大殿建于高1米的台基之上，台基平面呈品字形，殿前为长13米，宽5米的砖砌平台，大殿面阔五间，进深四椽，悬山式布瓦覆顶，柱头施四铺作斗栱四朵，采四架椽通檐用二柱造法，殿内木梁粗大，上施宝相花彩绘。

东西垛殿各一间，与大殿中间隔一窑洞，悬山式屋顶，柱头施四铺作斗栱，清康熙五十一年（公元1712年）曾重修，但仍保持明代建筑格局。

东有窑洞数孔，为清康熙五十一年（公元1712年）重修时所建，东建配殿三间，悬山式屋顶。

万安娥皇女英庙

万安娥皇女英庙（亦称娘娘庙）位于万安村西北隅，占地约10亩，始建年代不详，现存建筑为清代所建。

娘娘庙现存建筑有前殿、后大殿，西侧开门，随墙设七铺作斗栱，大门柱间距2.8米，雀替木雕精致花纹。献厅面阔三间（10米），进深四椽（6.2米），悬山顶，采用搭牵二椽栿用三柱造法，厅前台基高1.65米，宽21米，砖砌踏道一条，中宽3.7米，左右稍窄约1.6米。

献厅后为前殿，面阔三间，进深四椽，卷棚顶，殿面有格扇门三道十二扇，东西各有垛殿一，前殿内供奉娥皇、女英塑像。与后大殿椽檐相接。

前殿东有重檐歇山顶"三圣庙"，面阔三间，进深四椽。中供奉舜王，东为东岳大帝，西为老君。

据殿前碑文记载：每年三月三十日为子孙圣母诞辰，六月十八日为娥皇圣母诞辰，乾隆五十三年（公元1788年）六月定规逢此两节日献大戏，祭献各位仙君。

圣王村舜庙

圣王村舜庙位于明姜镇圣王村学校内，占地约 2 亩。圣王舜庙始建于明天顺八年（公元 1464 年），现存大殿为清代建筑。大殿坐北朝南，面阔三间，进深五椽，悬山顶，大殿内供奉着舜王，左右分别为娥皇和女英塑像。檐前台基长 8 米，宽 4.5 米。在台基的左右各有石碑 1 通，为清代嘉庆年间重修石碑。

据传说舜王出生于此地的诸冯圪塔，诸冯圪塔位于圣王舜庙西北约千米余的土山上，地形较高，后人建有庙宇。

北马驹村三结义庙

三结义庙地处龙马乡北马驹村，占地约 3 亩。始建年代不详。据残存碑文，宋元时即建有庙宇。现存为清代重修，但部分建筑仍保持有元代建筑遗风。整个建筑平面呈长方形，由大殿、献亭、东西配殿、戏台等组成四合院形式。院内古柏参天，幽静清雅。

大殿坐北向南，面阔三间，进深四椽，悬山顶，木构梁枋粗大，柱头施四铺作斗栱，略加砍削，屋顶举折平缓，有元代建筑遗风。殿内供奉有刘备、关羽、张飞塑像。

殿前明间与献亭椽檐相接，类似抱厦。献亭平面呈方形，四角式，单檐十字歇山顶，通高 6 米，柱间距 3 米。砖砌基座，四周石条铺镶，前置半圆形砖砌踏道，柱头施四铺作斗栱，中间各有补间斗栱一朵，逐层叠架。挑檐短促敦实，北方木构亭榭的特点明显。斗栱、枋、梁均施有旋花彩绘，残存部分色彩依然如新。

戏台坐南向北，与正殿位立于一中轴线上，始建年代不详。据现存资料记载：戏台于康熙三十五年（公元 1696 年）重修，现存为道光二十五年（公元 1845 年）重修后遗构。面阔三间，进深三间，悬山顶，前檐突出约 1 米，檐下竖有四根方柱支撑出檐。戏台左右对称"八"字形砖砌小影壁，内部格局分前场、后台，前场宽 8 米，深 5 米，后台宽 2 米。中间用软扇隔开，东西两侧各有小门供演员出入，门额东刻"妙舞"，西刻"轻歌"，中间额枋上绘八仙图。后台左右各有卷棚顶建筑一间。后山墙有朱墨两彩绘描麒麟吐玉书图案，上额刻楷书"万代春秋"四个大字。

云霞洞

云霞洞位于洪洞县城西北 40 公里的山头乡聚仙峡。据洞内碑文载：该洞为清康熙年间一女善人张妙富祈四方资财所建。云霞洞上即山巅，下临百丈深渊，洞内供奉有释迦牟尼、观音菩萨和四海龙王像，洞高约 3 米，深 10 余米。两洞相连与悬空寺有异曲同工之妙。是处山峰险峻，松柏茂密，鸟语花香，流水潺潺，既是古迹游览区，也是自然风景区。

楼台坊阁

关帝楼

关帝楼，又称春秋楼，位于县城中心。始建于明嘉靖十年（1531），清乾隆四年（1737）重修。1991年，国家拨款再次重修，为县文物保护单位。关帝楼总高22.6米，砖木结构，十字歇山顶，明为三层，实为四层，底座为拱券式洞形十字通道，二、三层有回栏环绕，三层上有龛，内有关公夜读春秋塑像，主楼两边配有钟、鼓二楼。

梳妆楼

梳妆楼位于县城西北5公里辛南村，始建于清康熙年间，砖木结构，重檐歇山顶，高16米，平面为正方形。一层为砖砌券拱，南北贯通。二层外部木构回廊，各层出檐深远，斗栱硕大雄健，出昂雕作龙首，栩栩如生，二层面南阁内端坐娥皇、女英二位娘娘塑像。是处原建有娘娘庙，正殿华丽巍峨，偏殿庄严肃穆，前院有大戏台。

韩家庄玉皇楼

玉皇楼位于万安镇韩家庄村东端，始建于元代，现存建筑为清乾隆三十七年（公元1772年）重修遗构。楼高约25米，下部筑有高1.1米的台基，建筑平面呈正方形，面阔三间，明间宽4.3米，次间宽1.6米，二层三滴水，十字歇山顶，柱头施四铺作斗栱，琉璃脊布瓦覆顶，底层中央砖砌门洞，南北贯通。

二层四周砖砌围栏，西向开门，内供玉皇大帝坐像（已残）。檐下斗栱密致，顶部梁架叠置，相互穿插，备极精工。2016年，村名将该楼重新修葺。

北秦戏台

北秦戏台位于广胜寺镇北秦村村东，现北秦村村委会院内。始建于明代，戏台坐南向北，面阔三间，进深四椽，硬山顶，采用四架椽四柱分心造法。台前砖砌台基高1.1米，宽13米，明间宽5米，次间宽2米，檐柱间距约7米，次间柱距约1米。戏台后墙檐下旋四铺作斗栱七朵，墙体中间开圆形窗通风采光。

北秦戏台的建筑手法具有宋元遗风，梁枋用圆木稍加砍削即成，柱上耍头雕成龙首，雕法劲简古朴，为明代戏台中的代表性建筑。

赵城石坊

赵城石坊位于赵城镇北大街，明中叶建造，青石雕刻，完全仿木结构。通高约10米，四柱五楼。

柱底部石狮夹抱，明间宽约3.2米，次间1.6米。石柱方形，边长约0.65米。通身浮雕花卉、人物、图案，明间石柱直通顶部，中间额枋纵贯，榫卯结合。柱顶额枋施五根石坊，耍头雕成云头形，以此承托楼顶。顶部歇山式，正脊鸱吻高大雄健，雕法古朴大方。

次间石柱与明间石柱用额枋勾连，枋上通雕人物，楼顶逐层对称，略低于明间楼顶。整个石牌坊威武高大。牌坊明间原有"龙章世显"四字，传为严嵩手迹，原为表彰赵城人李果嘉所立。

赵城石坊是洪洞现存最早的石坊，其石雕艺术、建筑艺术具有较高的学术价值。

万安石坊

万安石坊位于县城西10公里的万安村东原古道上，建于清嘉庆年间，四柱五楼石雕结构建筑，为我县现存较完整的牌坊之一。

牌坊底座为石砌台基，长4.5米，宽3.3米，明间宽3米，次间宽1.5米，台基上立石狮一对，高2.4米，四根沙石柱支撑，两侧柱面宽0.32米，中间两根柱面宽0.45米，中柱上书楹联：九霄雨露留青简，五色云霞映紫泥。外侧两柱楹联：鸾书玉轴世宠丝纶，虎节金章门荣棨戟。东额刻"纶音"，下额匾刻"四世崇封"，西额刻"龙章"，下额匾刻"累代恩荣"。东额下浮雕官员出巡图，二龙戏珠，匾下有朝廷封赏刘家的四道圣旨。牌坊由三层铁箍加固。

据记载：刘氏家族靠盐业发迹，富甲一方，屡得朝廷封赏，故立此石牌坊以彰家显。

洪洞烽火台遗址

位于洪洞县堤村乡、赵城镇、万安镇、刘家垣镇、辛村乡。烽火台以洪洞县城为中心，略呈"V"字形分布，多位于山顶。其中北线北接霍州烽火台，全线发现有堤村乡小河、五里庄、赵城镇二十里铺、东沟4座烽火台；西线起自万安镇，经辛村乡，达刘家垣镇，全线有万安镇下村、普安、普安北、东垣、上舍、辛村乡登临、刘家垣镇西义7座烽火台，均黄土夯筑。方锥形台体，底边长或底径2～10米，残高2.5～9米，夯层厚0.1～0.2米。

民　居

侯家宅院

侯家宅院位于县城北5公里的大槐树镇侯家堡村中央，大院坐北向南，背靠土丘，建于民国二十三年（公元1934年），宅主名侯源征。

侯家宅院由前后二进院落组成。占地约四亩。高墙绕环，宛如城堡。大门为楼阁式建筑，上出雷公柱，柱头雕成石榴形，耍头刻成龙首，刻工精细入微。大门左右有八字形小影壁，砖雕草龙图案。进入大门，有东西对称的砖砌窑洞各3孔，为长工、仆夫居住。院北无房，为后院客厅后山墙。院东北开大门，前列两尊青石狮，门扇铁裹。木雕与砖雕精细。青石踏道五级，拾级而上，迎面山墙上有随墙影壁，影壁砖雕烦琐，上部刻戏剧人物、鸟兽花卉，四角菱花拱心，壁心有圆形砖雕福字。大门有上下两栓，并有贯栓石槽，门内东侧有单坡式小亭两间，俗系鼓厅，为乐人演奏之处。大门内有约长10米的通道，西侧有垂花门通内院。门楣上阳刻正书"瑞气迎门"四字，书法端谨，刻工精良。内院方砖铺地，四周有青石台阶围护，北房三间高大雄壮，建于高约0.5米的台基上，踏道三级，北房分作两层，一层砖砌大窑三孔，顶层木构房三间，窗前出檐，方柱四根支撑，上部花板雀替通连，方木横贯，围有护栏，木质栏板。各雕圆形图案。北主房左右各建角窑一孔，有对称的砖砌小门可上主房台基。门额东刻"芝兰茂"，西刻"桃李新"。

东西厢房均为硬山顶二层建筑。规模比北房矮小，南为客厅。面阔三间，进深四椽。搭牵二椽栿用三柱。檐柱不用雀替，花板三组贯通。软门十二扇，上门格眼做万字不断头式，裙板素面起线，不做装饰。客厅高大宽敞。

客厅西侧与西厢岛南山墙处开小门，门楣刻"承天之佑"四字，可通往厕所。

侯家宅院因其保存完好，建造精致，在洪洞的民居建筑中，占有它特殊的地位，1984年被公布为县级文物。

上寨民居

上寨民居位于洪洞县城东南40公里的淹底乡上寨村中央。清嘉庆道光间上寨李姓以商致富，并在朝中捐官，此后在家乡大兴土木，用数十年时间，建起了大小不等的十几进院落，形成了颇具特点的建筑风格。

上寨村地处黄土高原的沟壑之中，建筑依山就势而造。大多分作上下两阶，建筑多为砖砌窑洞，上部起楼，用木檩木板分别隔为两层，顶多用硬山式，向阳处开半圆式小窗。大门多开在巽位，门内设砖雕影壁，左右厢房对峙。后院则设有月亮门。上部院落多以底层主房的最高层为客厅，上下院落主次分明，依次递进。

上寨民居的木料多粗壮结实，隔扇与软门雕刻古朴大方，窗棂多作万字形，淡雅宁静。砖雕人物走兽、花卉等，精工细刻，栩栩如生，采用传统的麒麟送子、五子登科等吉祥图案，并做水磨处理。

上寨民居的石雕雕刻手法工致入微，浮雕有二龙戏珠、夔龙拱壁、凤凰牡丹……林林总总，各具情态。民居的烟囱，顶部多砖雕一精巧的楼阁，四角雕成立柱。

上寨民居以北房为主体，为上房，高大雄壮。左右配以对称的建筑，主房多为硬山顶，左右多为卷棚顶。东西厢房则较窄小，四合院紧凑安宁。大小十几进院落从二层以上皆可东西贯通。砖墙高大坚固形成了易守难攻的小城堡。

赵城元代民居

元代民居坐落于赵城镇东街武营巷，平面呈方形，占地约440平方米，传统四合院布局，由正房、东西厢房、南房、二门等组成。

院落大门开在东南，现已不存。二门开在东房与南房的间隙处，院内建筑以北房为主，面阔三间，进深四椽，木构二层，悬山顶。出檐深远，屋面举折平缓。梁枋从一层柱间穿出，用以支撑二层回廊，回廊间施方形望柱，四周雕万字形护栏板。用料粗大，做工简朴古雅。东西厢房各三间，悬山顶，略低于主房，南房三间，建成住房式，依柱隔为三间，悬山顶。

赵城元代民居以保存完整，国内罕见而为学术界重视，它对研究我国古代民居的发展有十分重要的价值。

赵城刘家宅院

刘家宅院位于赵城镇东街刘家巷。占地约4亩，传统四合院建筑格局，始建于清代中叶。

大门设在宅院东南隅，坐北向南，二层硬山顶，面阔一间，进深二椽。左右山墙与檐柱平齐，戗檐砖雕楼阁式，相互对称。檐柱间雀替透雕花卉鸟兽，刀法细腻，线条流畅，画面丰繁。门前石狮左右顾盼，神态逼真。

门后为一砖雕影壁镶于东厢房山墙，壁心素面方砖水磨石铺砌成龟背纹。四周通雕花纹，上部有砖雕飞檐。西侧为二门可通入内院，作法简单朴实。

北房为主房，面阔三间，进深四椽，二层硬山顶。东西厢岛各三间，二层硬山顶，南为客厅。刘家宅院布局紧凑，房屋高大，清静安宁。

赵城张瑞玑宅院

张瑞玑宅院位于赵城镇西街，原赵城县城西隅，现存有完整院落2所，另一所尚存大貌，占地面积约8亩。建于清末民国初期，整个建筑受西方建筑风格影响，体现出中西合璧的建筑特点。

现存较大的一所四合院为张氏藏书楼院，藏书院占地约2亩，主房为中西结合式建筑，一层面阔5间，长16米，檐前四根檐柱，撑起出檐，柱头施有斗栱，左右随山墙各做成影壁，东刻隶书"酒国"，西刻"书城"。

阶前左右各置对称小便门，东题"迈云梯"，西题"通花径"。步入东门，三孔小窑围成一个窄小的院落，为主人庖厨之所，南砌砖梯，盘折可登楼，二层入口处题"标霞"，梯尽头有一木构小阁，四周以砖砌护栏，可凭栏远眺。二层檐柱不甚粗壮，雀替作成半圆形，通雕花卉。门窗均为欧式。据传，张瑞玑二十万卷图书曾庋藏于此。屋顶布瓦覆盖作"T"字形，左右硬山起墙。东西厢房各三间，砖木结构两层。南面为客厅，面阔三间，进深四椽，硬山顶，院落四面用青石铺成台基。中间留有宽16米的小院，方砖铺砌。

与藏书院隔路相望有小院二所，西小院西房高大，一层砖砌窑洞三孔，上部木构起楼。四面飞檐斗栱，围廊相环，与东面小院有小门相通。东院现存有便门，随墙影壁，影壁题额"枕经"，砖雕作成卷轴式。院内西房，窑上起楼，楼梯门额砖雕卷轴式，题曰"迎晖轩"。建筑面积均窄小紧凑。高墙小院宁静平和。

苏堡十进堂

苏堡十进堂坐落于苏堡村中央，现为苏堡中学校址。背依丘陵，南对涧水，因有大小十进院落组成，人称十进堂。始建于清康熙中叶，苏堡刘家在山东经营盐业致富，在家乡大兴土木，广筑宅院。十进堂最初为巨富刘二苏所建，现存较完整的院落三座，院与院之间有狭长的过道可通，宽仅1米，整个建筑群由南而北逐渐升高，四合院多以北房为主，北房建成二层硬山顶，东西厢房则稍低。

苏堡十进堂建筑高大朴素，用材讲究。石础雕刻花样繁多，有双龙拱壁、凤凰牡丹、石榴百子等，石础形态各异，有鼓式、宫灯式、坐礅式……石材选择精细，刻工精巧灵动。

十进堂院落大小不同，疏朗简朴，虽然高屋大墙，却毫不窒塞。

马牧许家宅院

许家宅院位于辛村乡马二村中央，由大小十几进院落组成，约建于明末至清中叶。

各院落自成体系，又互相贯通。四周围筑高墙，形如城堡。

马牧许家在清嘉、道间以贩盐致富，在山东及晋南各处遍设商号，生意兴隆。许家致富后，开始在家乡大兴土木，这些四合院多以北房为主房，北房建成二层，硬山顶，前出披水，上部设木构围廊，木雕雀替精巧华丽。东西厢房也建成二层，但较北房略矮。南面多建成客厅。大门开在东南角，大门内设二门始可进入院内。这些院落各自成局，结构紧凑。

大门外多设有大型砖雕影壁。影壁图案繁纷各异，上部多砖雕成斗栱，斗栱出昂各异，有的做成象鼻式，有的做成狮头。壁心有的水磨砖砌成宋锦纹样，有的则为陶制山水图案，或为指日高升或为马上封侯等传统吉祥图案。

宅院建造年代延续近百年，建筑风格各不相同，能较清晰地反映出明清两个不同时期的民居特点．对明清两代的晋南民居研究有极大价值。

白石温寿泉旧居

温寿泉旧居位于白石村中心，始建于民国二年（公元1914年），中西相融建筑风格，占地约1500平方米。

温寿泉旧居分前后两进院落，前院为过厅，面阔6间，长20米，进深5椽，约10米，青石台阶，高0.8米，厅内宽敞，明亮，顶部椽下四周彩绘有精致花卉图案，手法细腻、逼真。整个建筑高大、雄伟、厚重、庄严。

过厅后为后院，后院占地约180平方米，正房坐北朝南，二层建筑，面阔6间（20

米), 进深3间 (5.7米), 5级青石台阶, 高0.8米, 檐长1.75米, 檐下刻有精致木刻花纹。1937年, 罗荣桓、韦国清曾在此办公。正房左右各有两进小院, 现已无存。院内各有厢房3间, 建筑手法与传统建筑相同, 东为正房, 门前台基比西房稍高、稍大。

温寿泉旧居现为洪洞县革命传统教育基地, 开辟为红军、八路军纪念馆。

杜戍董家宅院

杜戍董家宅院位于县城西10公里的辛村乡杜戍村。董氏先祖自明中叶从临汾迁居于此, 至清康熙时因商致富, 后在村东大兴土木, 筑成方圆500米, 高10米的船形村堡, 名曰"永乐堡"。董氏后人集聚于此, 俗称"董家堡子", 又称"杜戍堡子"。

杜戍堡子分上下两部分, 堡南的建筑群略早于堡上。现存有四合院2所, 随墙影壁1座。整个建筑群以高大围墙环护, 东南开一宽约6米的大门, 上砌望楼。阴面刻"绳规模矩", 阳刻已毁。入门向西, 是一宽约5米的过道, 路南砖砌窑洞十数孔, 路北并列五进院落, 第一进院落的大门, 建成圆形随墙式, 并配有圆形木门。中间一进院落大门踏道均用青石磨光铺砌。路南建随墙影壁, 影壁呈长方形, 高约4米, 上部砖雕四铺作斗栱。出昂细长, 四周浮雕吉祥图案, 壁心水磨素砖, 砌成菱形, 底部束腰成须弥座式。整个影壁镶砌在路南的窑洞后山墙上, 做工细腻, 雕刻精巧。

大院已不完整, 仅余北房与东厢房, 北房为主房, 高大宽敞。厢房稍低于主房, 进深也随之缩小。均为两层, 硬山式。底部为宅院主人栖居之所, 顶用粗檩, 铺厚木板隔成上下两层。面阔三间, 上层当中多用做库房或供奉神祇之所。主房戗檐砖雕团龙, 左右相对, 刻工精细。门左右两面砖雕凤凰牡丹、松鼠葡萄、喜上眉梢等传统吉祥图案, 尤以松鼠葡萄最为精工。

董氏宅院的烟囱, 顶部多雕成楼阁状, 三间的房屋多至四个烟囱, 中间的烟囱雕作重檐歇山式, 脊吻、飞檐、瓦楞, 无不精雕细刻, 底部四根立柱, 烟不直上, 而是从四面吐出。两侧的烟囱建造得略低, 顶部多雕作单檐歇山式。由堡南院落向北, 即为永乐堡, 只有向南的一座券拱式堡门为出入口, 堡内建有大小不等的院落近百所, 四周建有望楼。现存清咸丰进士董文焕所居院落1所, 位于堡东隅, 俗称旗杆院。董文焕即寿平之祖父, 因其在董氏家族中居官最显 (二品衔, 曾任甘凉兵备道), 且又为进士出身, 其住宅也最为精美。现存北房5间, 檐宽2.4米, 长10米, 进深4.6米, 分上下两层, 硬山式屋顶, 木料均粗大结实。中间踏道及基沿均用青石铺砌, 左右各建角房一间, 屋顶略低于主房, 相互对称。

堡内柱础雕刻精美, 有宫灯式、鼓形石、仰覆莲等多种形式, 磨刻细腻, 一对石狮守角式门墩石，石础底部雕成方形几式，几上四角雕石狮，两两相对，或仰首凝望，或回头嬉戏，神情并肖。顶部雕成鼓形。方圆兼施，实属罕见。

堡下东南侧建有宅院十余所，额题"十亩之间"，语自《诗经》。内为董氏花园，及董家家人、商号掌柜、车夫、长工等人的住所。据传原来占地达10余亩。

堡外东南建有十层实心砖塔，塔平面八角形，始建于清中叶，四边长2米，四边长1.2米。二层建成鼓形，三层以上又做八角形，逐层向内收缩。高20米有余，塔下一汪清泉，塔形如笔，曰"文峰"，池形似砚，曰"永乐"。南有寿平自撰《洪洞董氏奕世学行记》碑刻。

万安刘家书院

刘家书院位于万安村南。清乾嘉之际，万安刘汉疆因贩盐致富，为培养子孙读书，刘氏便在宅院南建造了书院。

书院大门已毁，只留向东的垂花门，垂花门楣上刻有"书画船"三个正书大字。

进入垂花门，是面积约70平方米的砖砌四合院。北房两层木构，硬山顶，前出立柱出檐。门窗均作成格扇式，开窗较大。台基高约0.4米，青石条砌边。

东西厢房建于高约0.25米的砖砌台基上，硬山顶两层，南面建有客厅三间，进深四椽。西南角建便门通往厕所，额题"留余"，与东南角垂花门阴面额刻"知足"遥相呼应。

第三节 文物保护单位

中华人民共和国成立前，县域文物、古建筑等无专门保护机构，多由所属村社与住寺庙僧道保护。

中华人民共和国成立后，党和政府对文物保护工作十分重视，逐步加大了对文物的保护、维修、开发力度。1952年12月，山西省文物管理委员会批准成立了广胜寺古迹保养所，1957年改为山西省文物工作委员会广胜寺文物管理所。1961年国务院公布广胜寺为全国第一批重点文物保护单位，1961—1964年，对广胜寺的殿、塔及禅房进行了大规模维修加固。

改革开放以来，随着旅游事业的发展，政府加大了对文物保护的力度。1997年，对县域文物进行了全面普查，确定县级文物保护单位242处，并制订保护措施，落实保护人员。与此同时，民间通过募捐修复文物古迹的活动亦相继展开，使得多座寺庙道观得到修复和保护。但是受利益的驱使，一些不法分子盗窃文物的案件时有发生：1997年，坊堆碧霞圣母宫多尊塑像头部被犯罪分子窃去，下落不明；1998年，不法分子凿穿广胜寺围墙，企图盗窃寺内文物，被保卫人员发现逃遁；

1999年，万圣寺舍利宝塔金顶被文物盗窃分子窃走，下落不明；近几年来，南垣地区也发生多起古墓被盗事件。同时，在文物古迹修复过程中，由于缺乏严格的审批程序和专业人员指导，一哄而起，盲目修缮，违背"整旧如旧"的原则，对现存文物古迹造成不可挽回损失的事件屡见不鲜。

鉴于此，洪洞县委、县政府决定以《文物保护法》等相关法律法规为准则，贯彻执行"政府牵头，扩大宣传；完善机构，明确责任；群防群护，上下联动"的指导方针，先后成立了各重点文物单位的管理部门，县文物稽查队配合公安系统实行严密监控，严厉打击文物保护违法行为，使全县文物保护工作取得了较好成绩。

洪洞县国家、省、县级文保单位目录

编号	名称	时代	地点	级别
1	广胜寺	元、明	广胜寺镇	国保
2	玉皇庙	元	辛村乡辛北村	国保
3	关帝庙	元、明、清	大槐树镇关帝庙街	国保
4	净石宫	明、清	堤村乡干河村	国保
5	商山庙	元、明	赵城镇孙堡村	国保
6	侯村遗址	新石器时代	赵城镇侯村	省保
7	上村遗址	商、周	万安镇上村	省保
8	永凝堡遗址	西周	大槐树镇永凝堡	省保
9	坊堆遗址	西周	广胜寺镇坊堆村	省保
10	明代移民遗址	明	大槐树镇贾村	省保
11	泰云寺	宋	广胜寺镇石桥村	省保
12	碧霞圣母宫	明	广胜寺镇坊堆村	省保
13	明代监狱	明	县城内古槐南路	省保
14	耿壁遗址	新石器时代	赵城镇耿壁村	县保
15	道觉遗址	新石器时代	广胜寺镇道觉村	县保
16	圪垌遗址	新石器时代	广胜寺镇圪垌村	县保
17	安乐遗址	新石器时代	曲亭镇安乐村	县保
18	登临遗址	新石器时代	辛村乡登临村	县保
19	后涧遗址	新石器时代	堤村乡后涧村	县保
20	桥西遗址	新石器时代	赵城镇桥西村	县保
21	上寨遗址	新石器时代	曲亭镇上寨村	县保
22	紫岸遗址	新石器时代	曲亭镇紫岸村	县保
23	前柏遗址	新石器时代	淹底乡前柏村	县保
24	苑川遗址	新石器时代	兴唐寺乡苑川村	县保
25	万安遗址	新石器时代	万安镇万安村	县保

26	桥东遗址	新石器时代	兴唐寺乡桥东村	县保
27	上院遗址	商代	赵城镇上院村	县保
28	南秦遗址	商、周	广胜寺镇南秦村	县保
29	官庄古城址	东周	赵城镇官庄村	县保
30	羊舌古城址	东周		县保
31	上张遗址	东周	淹底乡上张村	县保
32	左北遗址	东周	大槐树镇左北村	县保
33	兴旺峪遗址	东周	明姜镇兴旺峪村	县保
34	敬村古城址	东周—汉	曲亭镇敬村	县保
35	安乐古城址	东周—汉	曲亭镇安乐村	县保
36	侯村遗址	汉	曲亭镇侯村	县保
37	乔泗遗址	汉	曲亭镇乔泗村	县保
38	北段遗址	汉	辛村乡北段村	县保
39	吉村遗址	汉	淹底乡吉村	县保
40	后泉遗址	汉	淹底乡后泉村	县保
41	辛南遗址	汉	辛村乡辛南村	县保
42	士师遗址	汉	甘亭镇士师村	县保
43	内坦遗址	汉	曲亭镇内坦村	县保
44	梗壁遗址	汉	大槐树镇梗壁村	县保
45	效古练兵场	宋	刘家垣镇效古村	县保
46	紫岸窑址	宋	曲亭镇紫岸村	县保
47	紫岸三马沟遗址	宋	曲亭镇紫岸村	县保
48	师旷墓	东周	曲亭镇师村	县保
49	梗壁墓群	东周	赵城镇耿壁	县保
50	桥西墓群	东周	赵城镇桥西村	县保
51	东圈头墓群	东周	万安镇东圈头村	县保
52	北杜墓群	汉	甘亭镇北杜村	县保
53	曹家庄墓群	汉	刘家垣镇曹家庄村	县保
54	樊村墓群	汉	万安镇樊村	县保
55	靳堡墓群	汉	甘亭镇靳堡村	县保
56	师村墓群	汉	曲亭镇师村	县保
57	西池墓群	汉	大槐树镇西池村	县保
58	五女坟冢	汉	赵城镇南沟村	县保
59	樊哙墓	汉	万安镇樊村	县保
60	李堡墓群	汉	大槐树镇李堡村	县保
61	城东墓群	汉	大槐树镇城东村	县保
62	麻叔谋墓	隋	淹底乡柏庄村	县保
63	董堡墓群	唐	甘亭镇董堡村	县保
64	刘渊墓	五代	大槐树镇秦壁村	县保
65	韩文墓	明	大槐树镇李堡村	县保
66	左大夫坟园	清	万安镇左家沟村	县保

67	蔺相如祖墓	不详	堤村乡许村	县保
68	皋陶墓	不详	甘亭镇士师村	县保
69	老毋坟冢	不详	辛村乡高池村	县保
70	经幢	唐	赵城镇	县保
71	观音菩萨庙	元	苏堡镇北铁沟村	县保
72	水母娘娘庙	元	堤村乡师庄村	县保
73	祖师庙	元	大槐树镇苗村	县保
74	龙王庙	元	堤村乡师庄村	县保
75	华严寺	元	辛村乡马二村	县保
76	东岳庙	元	苏堡镇郭盆村	县保
77	马王庙	元	辛村乡公孙堡村	县保
78	吉恒三教庙	元	曲亭镇吉恒村	县保
79	东王庙	元	万安镇王绪村	县保
80	西庙献亭	元	堤村乡堤村	县保
81	钟楼寺	明	大槐树镇	县保
82	中镇庙	明	兴唐寺乡关口东	县保
83	文庙	明	赵城镇	县保
84	万圣寺舍利塔	明	万安镇浅沟村	县保
85	三结义庙	明	苏堡镇北铁沟村	县保
86	上张端圣母庙	明	堤村乡上张端村	县保
87	安头三教庙	明	山头乡安头村	县保
88	观音庙	明	兴唐寺乡苑川村	县保
89	佛庙	明	堤村乡堤村	县保
90	三结义庙	明	龙马乡马驹村	县保
91	关帝庙献亭	明	赵城镇	县保
92	三官庙	明	龙马乡龙马村	县保
93	尧月楼	明	辛村乡石南村	县保
94	村门楼	明	广胜寺镇早觉村	县保
95	大庙戏台	明	堤村乡师庄村	县保
96	烽火台	明	赵城镇石滩村	县保
97	韩略烽火台	明	曲亭镇韩略村	县保
98	二十里铺烽火台	明	赵城镇二十里铺村	县保
99	团城	明	赵城镇石滩村	县保
100	国士桥	明	大槐树镇下纪落村	县保
101	益元堂	明	大槐树镇	县保
102	赵城民居	明	赵城镇	县保
103	官庄桥	明	大槐树镇南官庄村	县保
104	关帝庙	明、清	大槐树镇南官庄村	县保
105	兴唐寺	清	兴唐寺乡兴唐寺村	县保
106	万圣寺大殿	清	万安镇浅沟村西	县保
107	韩家庄佛庙	清	万安镇韩家庄村	县保

108	龙泉寺	清	堤村乡许村	县保
109	圣母庙	清	大槐树镇南王村	县保
110	关帝庙	清	广胜寺镇下庄村	县保
111	圣王戏台	清	明姜镇圣王村	县保
112	弥勒寺	清	刘家垣镇伏珠村	县保
113	关帝庙	清	刘家垣镇效古村	县保
114	大士庵	清	县城	县保
115	五大王庙	清	兴唐寺乡涧头村	县保
116	娥皇圣母庙	清	明姜镇井子峪村	县保
117	圣王庙	清	赵城镇新庄村	县保
118	杨家庄戏台	清	堤村乡杨家庄村	县保
119	千佛寺	清	大槐树镇小关庙	县保
120	玉皇楼	清	万安镇韩家庄村	县保
121	北秦戏台	清	广胜寺镇北秦村	县保
122	普陀庵	清	万安镇万安村	县保
123	三王庙	清	兴唐寺乡王村	县保
124	娲皇圣母庙	清	刘家垣镇西义村	县保
125	佛庙	清	堤村乡李村	县保
126	佛庙	清	龙马乡西龙马村	县保
127	佛庙	清	龙马乡南龙马村	县保
128	曹顺起义旧址	清	赵城镇耿峪村	县保
129	闫氏民居	清	兴唐寺乡涧头村	县保
130	当铺	清	曲亭镇曲亭村	县保
131	古井亭	清	苏堡镇尹壁村	县保
132	三官庙	清	龙马乡郑家寨村	县保
133	老君庙	清	赵城镇上跑蹄村	县保
134	武神庙	清	赵城镇侯村	县保
135	风水塔	清	赵城镇耿壁村	县保
136	成家祠堂	清	苏堡镇郭盆村	县保
137	佛寿庙	清	明姜镇东大吉村	县保
138	关口戏台	清	兴唐寺乡关口村	县保
139	祖师庙	清	赵城镇耿壁村	县保
140	梨凹戏台	清	左木乡梨凹村	县保
141	祖师庙	清	左木乡娄山头村	县保
142	圣王庙	清	龙马乡岳柳村	县保
143	闫张庙	清	辛村乡西李村	县保
144	玉皇庙	清	辛村乡白石村	县保
145	观音庙	清	辛村乡公孙堡村	县保
146	三官庙	清	赵城镇下跑蹄村	县保
147	娘娘庙	清	甘亭镇南杜村	县保
148	三官庙	清	辛村乡白石村	县保

149	圣母庙	清	辛村乡北段村	县保
150	佛庙	清	龙马乡景村	县保
151	佛庙	清	万安镇杨家庄村	县保
152	二郎庙	清	大槐树镇大胡麻村	县保
153	山神庙	清	赵城镇下院村	县保
154	菩萨庙	清	万安镇韩家庄村	县保
155	娥皇女英庙	清	万安镇万安村	县保
156	东岳庙	清	万安镇韩侯村	县保
157	商山庙	清	万安镇万安村	县保
158	神立庙	清	万安镇圈头村	县保
159	圣母娘娘庙	清	大槐树镇南王村	县保
160	东岳庙	清	辛村乡白石村	县保
161	观音庙	清	辛村乡西李村	县保
162	二郎庙	清	辛村乡西李村	县保
163	孤女庙	清	兴唐寺乡孙家山村	县保
164	瘟神庙	清	万安镇万安村	县保
165	二郎庙	清	广胜寺镇早觉村	县保
166	关公庙	清	万安镇铁炉庄村	县保
167	万安观音堂	清	万安镇万安村	县保
168	娥皇梳妆楼	清	辛村乡辛南村	县保
169	郭家门楼	清	龙马乡长命村	县保
170	魁星楼	清	苏堡镇山头村	县保
171	魁星楼	清	兴唐寺乡苑川村	县保
172	杨家庄佛庙	清	万安镇杨家庄村	县保
173	魁星楼	清	万安镇铁炉庄村	县保
174	玉皇楼	清	万安镇贺家庄村	县保
175	魁星楼	清	万安镇韩家庄村	县保
176	元武楼	清	刘家垣镇东义村	县保
177	沙掌风水楼	清	曲亭镇沙掌村	县保
178	滩门楼	清	明姜镇东太吉村	县保
179	看村楼	清	淹底乡西张村	县保
180	左木戏台	清	左木乡左木村	县保
181	龙门戏台	清	山头乡龙门村	县保
182	长命戏台	清	龙马乡长命村	县保
183	翟庄戏台	清	左木乡翟庄村	县保
184	杏沟戏台	清	兴唐寺乡杏沟村	县保
185	郭盆戏台	清	苏堡镇郭盆村	县保
186	府底戏台	清	淹底乡府底村	县保
187	后泉风水塔	清	淹底乡后泉村	县保
188	婴儿塔	清	万安镇万安村	县保
189	文风塔	清	万安镇万安村	县保

190	张氏节孝石坊	清	曲亭镇上寨村	县保
191	龙蹄龙锡坊	清	赵城镇	县保
192	李家楼院	清	淹底乡杨岳村	县保
193	上寨民居	清	曲亭镇上寨村	县保
194	侯俊山民居	清	大槐树镇侯家堡村	县保
195	范家祠堂	清	曲亭镇师村	县保
196	樊哙祠堂	清	万安镇樊村	县保
197	宫官桥	清	赵城镇南堡村	县保
198	张瑞玑宅院	民国	赵城镇	县保
199	万安石坊	民国	万安镇万安村	县保
200	娲皇庙碑	北宋	赵城镇侯村	县保
201	东岳庙碑	元	淹底乡敬圣村	县保
202	重修娲皇庙碑	元	赵城镇侯村	县保
203	尚书礼部牒	元	兴唐寺乡兴唐寺村	县保
204	徐文清公神道碑并序	元	堤村乡南石明村	县保
205	普利渠碑铭	元	堤村乡南石明村	县保
206	封山碑	明	兴唐寺乡兴唐寺村	县保
207	功德碑	明	刘家垣乡效古村	县保
208	重修普济寺碑	明	淹底乡孙张村	县保
209	米芾墨迹石刻	明	万安镇万圣寺	县保
210	喝石庵碑	清	明姜镇石门峪村	县保
211	老君庙碑	清	左木乡红光村	县保
212	创建财神楼碑	清	淹底乡杨岳村	县保
213	贾公神道碑	清	刘家垣镇罗云村	县保
214	土地庙碑	清	明姜镇董家庄村	县保
215	天池碣	清	刘家垣镇罗云村	县保
216	伏羲庙葺廊记碑	清	淹底乡南卦底村	县保
217	重修三元庙碑	清	明姜镇营田庄村	县保
218	修牛王庙碑	清	左木乡红光村	县保
219	修伏羲庙献殿碑	清	淹底乡北卦底村	县保
220	樊哙故里碑	清	万安镇樊村	县保
221	娥皇女英祭典庙碑	清	万安镇万安村	县保
222	重修伏羲庙正殿碑	清	淹底乡南卦底村	县保
223	水利碣	清	辛村乡登临村	县保
224	婚丧事风俗碑	清	辛村乡登临村	县保
225	修堡墙碣	清	辛村乡马一村	县保
226	修桥碑记	清	大槐树镇南磨村	县保
227	水利碑	清	辛村乡辛南村	县保
228	创建圣母阁碣	清	大槐树镇南门	县保
229	左谕通知碑	清	辛村乡登临村	县保
230	树木保护碑	民国	淹底乡后泉村	县保

231	创建学校碑	民国	曲亭镇侯村	县保
232	孙真人祠志碣	不详	淹底乡孙张村	县保
233	古籀文碑	不详	赵城镇	县保
234	吉恒造像碑	不详	曲亭镇吉恒村	县保
235	西龙门摩崖造像	不详	山头乡西龙门村	县保
236	柏树泉		兴唐寺乡苑川村	县保
237	龙泉	明	堤村乡堤村	县保
238	白果树	明	大槐树镇南官庄村	县保
239	杨树	不详	赵城镇桥西村	县保
240	龙爪树	不详	淹底乡杨家掌村	县保
241	水电站	1958年	明姜镇师屯村	县保
242	朱总司令路居	1936年	辛村乡白石村	县保
243	八路军总部旧址	1937年到1938年	辛村乡马二村	县保
244	赵城抗日政府旧址	1937年到1938年	明姜镇兴旺峪村	县保
245	高辉达烈士故居	1947年	大槐树镇胡麻村	县保
246	贾村大槐树烈士亭	1952年到1984年	大槐树镇贾村	县保
247	冯堡战斗遗址	1954年	大槐树镇冯堡村	县保
248	紫岸烈士亭	1957年	曲亭镇紫岸村	县保
249	羊獬战斗纪念亭	1960年	甘亭镇羊獬村	县保
250	韩略烈士陵园	1975年	曲亭镇韩略村	县保
251	沙窑烈士陵园	1971年	明姜镇沙窑村	县保
252	孔峪烈士纪念亭	1982年	淹底乡杨家掌村	县保

第二章 旅 游

第一节 旅游景区景点

洪洞县文化积淀深厚，旅游资源丰富，发展旅游事业有着得天独厚的优越条件，根据所处位置，地理环境，全县共有八大景区，每个景区分若干景点。

洪洞大槐树寻根祭祖园

洪洞大槐树寻根祭祖园位于县城北1.5公里的古槐北路公园街，汾河东畔。是处原有建于唐贞观二年（公元628年）的广济寺院，规模宏大，殿宇巍峨壮丽，旁设驿站。广济寺有一树身数围，荫蔽数亩的汉槐。在明代开国之初以至永乐年间长达50年的时间里，明朝当局曾在此设局驻员，大规模编遣移民，是处为会聚之所。大槐树移民是中华民族历史上由政府组织的、规模最大、持续时间最长、移民地域最广的一次移民。随着600多年时光的流逝，移民后裔瓜瓞绵绵，遍布全国各地，有的走出国门，定居海外。1994年2月1日，江泽民总书记到这里参观时说："全球凡是有华人的地方，就有大槐树移民后裔。"

民国初年，景大启、刘子林等人有感于移民后裔的殷殷思乡之情，在山东、河南等地募资，筹建了古大槐树处碑亭、木牌坊、茶室，以此作为移民后裔缅怀先祖背井离乡开疆拓土的纪念地。中华人民共和国成立后，党和政府对这一遗址进行了妥善保护，为满足移民后裔寻根祭祖的殷切希望，连续多年对祭祖园区进行扩建。特别是1991年举办首届寻根祭祖节以来，加大了保护和开发力度，先后建成了祭祖堂、董寿平书法碑林、孙宗武万寿碑林。2005年，经山西省古建研究所勘察，山西风光旅游规划设计院规划设计，对祭祖园区进行了全方位开发建设（详见寻根祭祖园规划）。2008年，大槐树祭祖习俗被列入国家级非物质文化遗产保护名录。2018年，洪洞大槐树寻根祭祖园又被文化旅游部授予5A级旅游景区称号。一个文化底蕴深厚，集寻根祭祖旅游观光、娱乐休闲为一体，各项服务配套的新景区将屹立于槐乡大地。

广胜寺风景名胜区

广胜寺景区位于洪洞县城东北17.5公里处的霍山南麓，是一处历史悠久、建筑奇特、风景秀丽、文化底蕴深厚的风景名胜旅游区。

该寺始建于1800多年前的东汉建和元年（公元147年），时称阿育王塔院，亦名俱卢舍寺。唐大历四年（公元769年）唐代宗据汾阳王郭子仪的奏牒敕令重修，并赐额"大历广胜之寺"。元大德七年（公元1303年）毁于大地震。元明两代复陆陆续续重修。整个建筑群以两寺一庙为主体，上寺雄踞山巅，主要建筑有山门、飞虹塔、弥陀殿、大雄宝殿、毗卢殿、观音殿和地藏王殿等；下寺位于山脚下霍泉之旁，主要建筑有天王殿、弥陀殿、大佛殿等建筑。水神庙位于下寺西侧，主要建筑有山门、戏台、明应王殿等。此外还有好汉宫、食姑姑庵等附属建筑。

广胜寺建筑之奇首推飞虹塔，原塔于元大德七年（公元1303年）震毁后，至明正德年间僧人达连誓愿重修，募化四方，又得晋王资助，于正德十年（公元1515年）动工重建，历时12年，至嘉靖六年（公元1527年）建成。达连大师法号飞虹，世人为纪念其募化营建之功，称塔为飞虹塔。明天启二年（公元1622年）大会和尚募建塔廊，木结构油饰彩绘，入口处为十字歇山顶塔门，设计精巧，与宝塔融为一体，浑然天成。飞虹塔平面呈八角形，十三级，高47.31米，青砖结构，各层均出檐，塔体呈锥形，逐层收缩，最上层塔檐直径只及底层的三分之一。塔身以赤橙黄绿青蓝紫七彩琉璃构件装饰，斗栱、角柱、望柱、香莲柱、莲花、佛像、金刚、力士、花卉、鸟兽，形态逼真，色彩绚丽，檐角均挂风铎。塔顶装铁制法轮，中镶风磨铜塔刹，重33.6公斤。晴日，飞虹塔在阳光照射下，五彩斑斓，金碧辉煌，阴雨天宝塔在流云薄雾中时隐时现，平添了许多神秘色彩。我国琉璃专家陈万里称其建筑艺术乃"鬼斧神工"，中央美院院长张仃教授游览飞虹塔后，欣然命笔"琉璃宝塔，天下无双"。广胜寺建筑之奇还体现在对传统建筑艺术的大胆改革上，下寺大佛殿建筑采用减柱法，创造出了减间减梁的惊人奇迹，既美观实用，又节省原料，形成了内部灵虚疏畅的明隙空间，成为我国殿宇建筑的优秀作品。

广胜寺山清水秀，气象万千。山上翠柏郁郁葱葱，鸟语花香，山下清泉喷涌，流水潺潺。喷涌不断的霍泉，为广胜寺增光添彩，平添了灵秀之气。霍泉常年流量达4m³/s，在原渠口之下建有分水亭，系清雍正四年（公元1726年）所建，下置铸铁大柱11根，铁柱上下横贯铁铸地栿与额梁，连成一栅，栅上横木成墩式桥梁，桥名之曰"平政"，桥上建卷棚顶凉亭3间，桥两端十米处各建《霍泉分水铁栅记》碑楼。

广胜寺文化底蕴深厚，历代文人墨客题咏甚多，碑碣数以百计。驰名中外的《赵城金藏》原保存于此，为抢救这一国宝，抗日军民、爱国僧人共同与日本侵略者进行了一场惊心动魄的斗争。下寺水神庙元代壁画,总面积197平方米,从一个侧面反映了元代社会生活的真实面貌,其中打球图、弈棋图,是研究我国元代体育活动的重要资料;元代戏曲壁画是研究我国戏剧发展史的典型例证,是目前全国发现的唯一最大的元代戏剧壁画。这组壁画构图精巧、技法娴熟、人物动作刻画入微,有极高的观赏和研究价值。这些壁画为研究元代社会风情、体育、建筑、戏剧、民俗等诸多领域提供了极珍贵的历史资料。

关帝楼景区

关帝楼景区位于洪洞县城内,辐射明代监狱、关帝庙、大士庵、千佛寺、钟楼寺等古建筑景点以及现代建筑中心广场、时代广场。

关帝楼位于县城中心,又名春秋楼,建筑工致精巧,是明代楼阁建筑的精品,有较高的研究价值。该楼三层,底层砖券四向门洞,东西门洞为文庙街通道,南望估衣街,北为关帝庙山门,券洞上为倒座戏台,楼东西两侧设钟鼓两楼亭。

关帝庙位于春秋楼北侧,由戏台、献殿、正殿、厢房等组成。正殿始建于元大德十年(公元1306年),明嘉靖十年(公元1531年)扩建,鸱吻高大雄壮,斗栱硕大精美,仍承袭着元代建筑风格。

明代监狱位于县政府大楼西南隅,始建于明洪武二年(公元1369年)。明正德年间北京名妓苏三蒙冤落难囚禁于此,故俗称"苏三监狱"。监狱占地610平方米,由过厅、普通牢房、禁子房、狱神庙、死囚洞、死囚牢组成。该监狱是国内保存最为完整的明代监狱,是研究封建社会官衙监狱规制的主要实物资料。

大士庵位于关帝楼东南侧,创建于明万历二十九年(公元1601年),四合院建制。现存大悲殿、东西配殿、寮房、客堂、斋房等建筑。

千佛寺位于县城东门内,创建于明代,有前、中、后三大殿,清代至民国屡有修葺。

钟楼寺位于县城东门内,始建于宋代,现存钟楼为清同治六年(公元1867年)重修建筑。

中心广场位于县城大北门与小北门之间,占地31900平方米。由喷泉广场、民俗文化表演场、历史名人雕塑广场组成,文化底蕴深厚,环境优美。

时代广场位于县城东部,霍侯一级路西侧,占地面积42300平方米。平面设计为"大鹏展翅",两大标识性建筑为不锈钢质"洪洞之门""迎宾花带"。

万圣寺景区

万圣寺景区位于县城西25公里的罗云山与娄山间的峡谷——佛出峡中,原名小清凉寺,创建于南北朝时期的北魏后期。此处悬崖壁立,万峰插天,山高林密,怪石嶙峋,山谷中花香鸟语,山崖下流水淙淙,山林幽深处,时有麝、褐马鸡等珍稀动物出没，是一处自然风光与古建筑群交相辉映的游览胜地。

景区的主体万圣寺禅院坐落于佛出峡北侧绝壁之下，山门坐西朝东，分三个院落，大雄宝殿居中，坐北朝南面阔13.25米，进深10.4米。大殿正中佛龛塑释迦牟尼佛，左为文殊菩萨，右为普贤菩萨，东西两侧塑十八罗汉像，姿态万状，表情各异。与大雄宝殿相对的南端有韦驮殿，塑韦驮站像一尊。

在寺院南北两侧山崖上，有东、西、南、北、中五座山峰，峰各有台，故又有"小五台"之称。五台中，以中台景天阁规模最大。景天阁之西300米处有小泉一处，名岩泉，岩泉直径1米，深1米，泉水甘甜清洌，有天然矿泉水之誉。北台为玄帝阁，有玄帝塑像。在寺北山崖200余米高的山顶上，有金顶十三级舍利塔一座，高约37米。据碑文载：是塔重建于明天启六年（公元1626年），塔顶为葫芦状铜制鎏金顶，远望之金光灿灿，光彩夺目，惜被犯罪分子窃去。山门之上高约100米的山崖下有天然洞窟一处，称三贤洞，莫测其深，传称可通五台山。

1985年8月5日，洪洞县人民政府公布万圣寺大雄宝殿和金顶十三级舍利塔为县级文物保护单位，1991年10月29日经县政府批准开放为宗教活动场所，成为洪洞县重要的旅游景区。

乾元山景区

乾元山位于洪洞县城西15公里处，系吕梁山中南部姑射山的支脉。北接万寿山，南连青龙山，景区总面积15平方公里。有元阳观、玉虚宫、莲花阁、道教古法坛、魁星楼等古建筑以及金光洞、万年风洞、仙人头、娘娘脚等自然、人文景观和遗址。这里气候清新，景色迷人，早观日出，夜观星空，气象万千，回味无穷。仰首蓝天白云近在咫尺，俯首则置身万年金龟之背。前眺，悠悠汾河如练飘舞，壮丽山川尽收眼底，环顾周围诸山群峰簇拥，似九（龙）九（凤）归一（中央卧金龟）之形。山势地形奇特，自然人文景观浑然一体，临之如入人间仙境，乐不思归。

元阳观为道院最高层殿堂建筑，供奉玄天真武大帝、北极万灵斗母、北极紫微大帝，称北天门，建筑结构严谨，雄伟壮观。

据现存碑文及民间传说，乾元山自古便是道教名山，传说元始天尊曾在此山闭关修炼，太乙真人在金光洞得道成仙，太上老君西行前曾登临乾元山，尧舜在位时也常到此处登坛祭天。真武神师武当得道被封为北极真武大帝后，在乾元山修建真武祠，此处便成为真武玄天祖师坐镇北方的重要宫观。

乾元山不仅是道人修行的圣地，更是游客旅游观光、陶冶性情、休闲度假、回归自然的绝佳去处。

青龙山风景名胜区

青龙山风景名胜区位于洪洞县西南23公里的青龙山南端，北与娄山相连，南隔世尊峪（大洪峪）涧河与天寿山相望。山体形势蜿蜒状如龙背，苍松翠柏遍布，四季葱翠，故名青龙山。上建有玄天上帝宫，自古以形势险要、建筑雄伟、殿宇辉煌、灵异远著而名于世。

玄帝宫建筑群海拔1147米，依山就势而建1～4层为石砌窑洞，计110孔，窑上券洞，洞中藏洞。雄伟壮观，故又有"小布达拉宫"之称。每孔窑洞都设较大的采光窗户，窗下垒土炕，为道人修炼住宿之所。上部建为4个院落，即前院、仙宫院、中极院和下院。玄帝宫坐落于仙宫院，单檐悬山顶，内塑披发仗剑、金甲皂袍的玄天上帝。中极院原有明代古佛铜殿，铜铸仿木构建筑，1942年被日本侵略军焚毁。东南和西南隅各建一楼，名钟楼、鼓楼。西北隅有宽2米，深4米的舍身房，墙上有一0.8米见方的洞口，洞外悬崖千仞，即舍身崖。

玄帝宫西北部为太极顶，山体突兀浑圆，登上此顶，朝迎日出，暮送落霞，近听林海松涛，远眺汾河如练，霍山如屏，壮丽山川尽收眼底，顷刻间使人心旷神怡，宠辱皆忘。

赵城民居景区

赵城民居景区位于洪洞县城北15公里的赵城镇，这里是原赵城县县治，自古商业发达，人文荟萃。现存有元代、清代至民国的民居多处，是研究建筑民俗的重要实物资料。

元代民居坐落于赵城镇东街武营巷，传统四合院布局。北房为主房，面阔三间，进深四椽，悬山顶砖木结构二层，用料粗大，做工简朴，东西厢房各三间，悬山顶木构二层，略低于主房，南房三间。是组建筑占地440平方米，结构紧凑，布局合理，是研究元代民居及民俗的重要资料。

刘家宅院位于赵城东街刘家巷，传统四合院布局，建于清代中叶，占地4亩。整体建筑坐北向南，门开于东南隅，北房为主房，面阔三间，进深四椽，二层硬山顶，东西厢房各三间，二层硬山顶，南为客厅。该组建筑砖雕、木雕、柱础石雕，雕刻精美，线条流畅，有较高的艺术价值。

张瑞玑宅院、邢必强宅院均为清末民初建筑，建筑布局承袭传统的中式格局，建筑造型则大量运用西方建筑艺术，成功地将中西建筑艺术融为一体，形成独特的建筑风格，是研究清末民初民居演变的重要实物资料。

民居之外，该景区还有明代石坊、赵城文庙等古建筑，游览之余，还可品尝独具风味的赵城小吃，诸如羊杂烩、豆腐菜、麻饦、猪头肉、饸饹面、糊包等。赵城景区辐射由美籍华人投资兴建的"造父纪念堂"，又称"赵氏祠堂"。造父为天下赵姓始祖。该建筑群位于洪洞县城东北30公里的霍山主峰脚下，占地面积12100平方米。主要建筑有高达108米的造父通天塔及18尊赵氏历史人物，5尊赵姓英雄贤达石像，还有以赵公明为首的五路财神雕像。园内还建有功德碑、八骏图、造父变星、赵城城楼、祭祖广场、书画厅、谱牒厅、文史堂、敬香堂、聚灵堂等地面建筑物。

历山、羊獬、万安民俗文化景区

该景区由历山神立庙、万安娘娘庙、羊獬唐尧故园等景点组成。源于远古时期舜耕历山、尧王访贤、尧以二女嫁舜等故事。历山是舜耕种五谷和尧王访贤遇舜之地，羊獬是尧王及二女居住之地，万安乃二位娘娘每次省亲途中歇息之地。历山及万安民众称娥皇、女英为娘娘，羊獬民众则称之为姑姑。这种姻亲关系及接送仪式民俗历经四千余年的风云变幻，年复一年，长盛不衰，即使在战乱及社会动荡年代，亦从未间断。

历山舜王庙位于洪洞县城西18公里的东圈头村南，创建年代已无从稽考。据《洪洞县志》载：宋天圣七年（公元1029年）重修，庙宇规模宏大，气势雄伟，有舜王殿、娘娘殿等14座殿宇及神像亭、百鸟楼、梳妆楼等8处楼阁。抗日战争时期，上述建筑悉数被日军焚毁。改革开放以来，历山民众依靠社会集资，在原遗址进行陆续重建，已建成舜王殿、娘娘殿等殿宇及戏台、石坊等附属建筑，每年农历三月初三（娥皇、女英省亲日）、四月二十八（省亲归日）、五月初五（舜诞辰日）、六月十八（娥皇诞辰日）、九月初九（女英诞辰日），历山都举行规模盛大的庙会进行纪念。其中，以三月初三庙会规模最为盛大，山上山下，到处人山人海，彩旗飘扬，锣鼓喧天。轿车、摩托，绵延数里，进香朝拜者络绎不绝。

羊獬唐尧故园位于洪洞县城南15公里的甘亭镇羊獬村西，传说这里是尧王的行宫和其女娥皇、女英生活及出嫁之地，原建庙宇已毁。改革开放后，村民自发集资复建。复修后的唐尧故园占地60余亩，由崇门、戏台、献殿、皇姑殿、子孙娘娘殿、尧王殿、寝殿等建筑组成，每年农历三月初四接回姑姑后，这里都要举办大型庙会，唱戏数日，届时，四面八方民众都云集于此，场面热闹非凡。

历山距羊獬路途遥远，由于当时道路状况及交通工具的限制，羊獬人接上姑姑后，一天返回比较困难，因此选择万安作为歇息之地。万安村西北隅建有娘娘庙，是为二位娘娘行宫。每年三月初三羊獬人从历山接姑姑返回时，在万安歇息一晚，第二日启程返回。万安亲戚家家自发准备上好酒饭、新被褥招待獬亲戚，并组织威风锣鼓队迎来送往。

第二节 旅游基础设施建设

经过多年的建设，洪洞县已基本形成包含旅游行业"吃、住、行、游、购、娱"

六大要素综合性服务的整体市场。大槐树、关帝楼、广胜寺三大景区的基础设施均上了档次，为游客提供优良秩序、优美环境、优质服务。洪洞大槐树寻根祭祖园通过了ISO9000质量体系认证。洪洞大槐树寻根祭祖园、苏三监狱分别晋升为国家5A、2A级旅游景区，广胜寺也正向4A级旅游景区冲刺。

洪洞大槐树寻根祭祖园已发展成为山西省推出的三大旅游主打品牌之一——晋南华夏根祖文化游系列的龙头，并被列入山西省十大旅游景区之一，纳入省政府"1311"规划。"寻根祭祖节"已发展成为山西省"十大旅游节庆"活动之一，每年吸引百余万人前来参加。传统庙会如农历三月初三历山庙会、农历三月十八广胜寺庙会、农历四月二十八羊獬庙会规模逐年扩大，每年均有几十万人参加。历山—羊獬五千年传承不衰的联姻民俗已引起省内外旅游界的广泛关注。以双休日以及"五一""十一"和春节三个旅游黄金周为主的假日旅游开展得红红火火，成为旅游业发展的一个新亮点。

县内现有洪洞大槐树旅行社等多家旅行社，洪洞大槐树民俗饭店等旅游涉外较高规模档次的宾馆、饭店50余家。新建的旅游购物一条街——关帝楼古文化街、莲花城购物中心已具全功能规模。在旅游交通设施方面，新建了洪广二级旅游公路，改扩建了古槐北路等。与此同时，全县邮政、电信、公共交通、供水管网改造、有线电视网络改造以及城市建设力度的加大，环境的综合治理等都为加快旅游业的发展起到了积极的推动作用。旅游文化研究方面，先后成立了洪洞大槐树移民研究会、洪洞大槐树文化研究中心、师旷文化研究会、广胜寺文化研究会、广胜寺书画社等旅游文化研究机构；出版了《大槐树移民系列丛书》《洪洞大槐树百姓家谱》《苏三监狱志》《广胜寺志》《洪洞三胜》《乐圣师旷》《历代名人咏洪洞》《女娲故事传说》《洪洞旅游指南》等30余种图书；拍摄了《洪洞旅游风光》专题片、《根在洪洞大槐树》《来自大槐树》等专题片，并开发了移民始祖铜像、大槐树根雕、麦秸工艺品等旅游商品纪念品。

第三章 非物质文化遗产

洪洞是一个历史悠久的文明名县，不仅有大量的物质文化遗产，更有丰富的非物质文化遗产。但是随着社会和经济的急剧变迁，非物质文化遗产的生存、保护和发展遇到前所未有的挑战。

为了认真贯彻执行党对重要文化遗产和优秀民间艺术保护工作的精神，于2005年成立了以政府牵头，文化部门主抓的非物质文化遗产保护专门机构，及时组建了非物质文化遗产普查队伍和专家评审小组，在国家文化部非物质文化遗产专家委员会副主任刘魁立先生，以及北京大学、中央民族大学有关教授的具体参与和指导下，全方位积极开展了全县范围的非物质文化遗产的普查、建档、申报和保护工作。

洪洞县非物质文化遗产一览表

序号	国家级	省级	市级	县级	项目名称	项目类别	保护单位
1	2008第2批	2006第1批	2008第1批	2008第1批	洪洞走亲习俗	民俗	洪洞县文化馆
2	2008第2批	2006第1批	2008第1批	2008第1批	大槐树祭祖习俗	民俗	洪洞县大槐树迁民遗址文物管理所
3	2008第2批	2006第1批	2008第1批	2008第1批	洪洞道情	传统戏剧	洪洞县文化馆
4	2009第3批	2009第2批	2008第1批	2008第1批	洪洞通背缠拳	传统体育	洪洞县通背缠拳协会
5		2009第2批	2008第1批	2008第1批	洪洞金鼓乐	传统音乐	洪洞县文化馆
6		2009第2批	2008第1批	2008第1批	洪洞书调	曲艺	洪洞县祥瑞文化传播公司
7		2009第2批	2008第1批	2008第1批	姑射山—乾元山传说	民间文学	洪洞县乾元山九州旅游有限公司
8		2009第2批	2008第1批	2008第1批	洪洞北羊社祭	民俗	洪洞县北羊农耕春秋社祭会
9		2014第4批	2010第2批	2010第2批	洪洞重八席	传统技艺	洪洞重八席大酒店餐饮有限公司
10		2014第4批	2010第2批	2010第2批	楼村中医世家胃灵散制作技艺	传统医药	洪洞乐善堂商贸有限责任公司
11		2014第4批	2012第3批	2010第2批	贾氏乌金散制作技艺	传统医药	洪洞县贾氏乌金散

#					名称	类别	申报单位
12		2017第5批	2016第4批	2012第3批	赵城卤肉传统制作技艺	传统技艺	洪洞县贾安邦肉制品有限公司
13		2017第5批	2016第4批	2016第4批	三月十八祭水神习俗	民俗	洪洞县广胜寺旅游景区管理服务有限公司
14		2017第5批	2016第4批	2016第4批	飞虹塔传奇故事	民间文学	洪洞县广胜寺旅游景区管理服务有限公司
15		2017第5批	2016第4批	2016第4批	玉堂春酒传统酿造技艺	传统技艺	玉堂春酒业有限公司
16		2017第5批	2016第4批	2016第4批	苏三传奇故事	民间文学	洪洞县文化馆
17			2008第1批	2008第1批	洪洞通背拳	传统体育	洪洞县武术协会
18			2012第3批	2008第1批	小河拆楼	传统舞蹈	堤村乡小河村村民委员会
19			2012第3批	2008第1批	韩家庄柳编	传统技艺	万安镇韩家庄村村民委员会
20			2010第2批	2010第2批	洪洞剪纸	传统美术	万安镇人民政府
21			2010第2批	2010第2批	青龙山玄帝宫庙会	民俗	青龙山文物保护小组
22			2012第3批	2010第2批	李堡熏醋	传统技艺	洪洞县李堡熏醋厂
23			2012第3批	2012第3批	伏珠弥勒寺庙会	民俗	刘家垣乡伏珠村村民委员会
24			2012第3批	2012第3批	女娲娘娘传说	民间文学	赵城镇侯村村民委员会
25			2012第3批	2012第3批	香锁泥塑	传统美术	洪洞县香锁泥塑工作室
26			2012第3批	2012第3批	乐圣师旷传说	民间文学	洪洞县师旷文化研究中心
27			2012第3批	2012第3批	万安酱菜秘制传统技艺	传统技艺	洪洞县万安咸菜厂
28			2016第4批	2010第2批	马牧龙舞	传统舞蹈	洪洞县文化馆
29			2016第4批	2016第4批	韩家庄鼓子	曲艺	洪洞县文化馆
30				2008第1批	高粱秆说话	传统音乐	洪洞祥瑞礼仪公司
31				2005第1批	皋陶制律	民间文学	甘亭镇士师村村民委员会
32				2008第1批	伏羲八卦传奇	民间文学	淹底乡卦底村村民委员会
33				2010第2批	扑蝴蝶	传统舞蹈	大槐树镇常青二村村民委员会
34				2010第2批	地灯庙会	民俗	万安镇双昌村村民委员会
35				2010第2批	女娲庙会	民俗	赵城镇侯村村民委员会
36				2010第2批	道家杂乐	传统音乐	明姜镇陈家庄村民委员会
37				2010第2批	洪洞民歌	传统音乐	洪洞县文化馆
38				2010第2批	三梳子	民俗	甘亭镇北羊獬村村民委员会

39					2010 第 2 批	耿峪豆腐	传统技艺	赵城镇耿峪村村民委员会
40					2010 第 2 批	地趟拳	传统体育	曲亭镇曲亭村村民委员会
41					2010 第 2 批	赵匡胤传说	民间文学	万安镇双昌村村民委员会
42					2012 第 3 批	赵城羊汤	传统技艺	赵城镇政府
43					2012 第 3 批	洪洞元宵	传统技艺	洪洞八一酒家
44					2012 第 3 批	洪洞饽糕	传统技艺	洪洞重八席
45					2012 第 3 批	洪洞珍珠丸子	传统技艺	洪洞八一酒家
46					2012 第 3 批	洪洞莲菜	传统技艺	广胜寺镇北郇村民委员会
47					2012 第 3 批	接骨	传统医药	甘亭镇西孔村 王蓝海
48					2012 第 3 批	垣上秧歌	传统舞蹈	洪洞县文化馆
49					2012 第 3 批	左手画神子图	传统技艺	曲亭镇东李村秦景德
50					2012 第 3 批	秦壁葱	传统技艺	大槐树镇秦壁村村民委员会
51					2012 第 3 批	双昌地灯	民俗	万安镇双昌村村民委员会
52					2012 第 3 批	金豆子蒸饭	传统技艺	刘家垣镇陈村陈书俊
53					2012 第 3 批	豆腐刀子故事	民间文学	赵城镇耿壁村村民委员会
54					2012 第 3 批	官庄豆腐	传统技艺	大槐树镇北官庄村村民委员会
55					2012 第 3 批	堤村神鱼传说	民间文学	堤村乡堤村村民委员会
56					2012 第 3 批	曲亭地趟拳	传统体育、游艺与杂技	曲亭镇曲亭村村民委员会
57					2012 第 3 批	抬阁挠阁	传统舞蹈	大槐树镇常青村村民委员会
58					2012 第 3 批	福香妈哭夫	传统音乐	辛村乡政府
59					2016 第 4 批	胡坦传统虎舞	传统技艺	胡坦传统虎舞研究会
60					2016 第 4 批	胡坦禾条编织传统技艺	传统技艺	胡坦禾条编织传统技艺会所
61					2017 第 5 批	洪洞威风锣鼓	传统音乐	洪洞县文化馆

截至 2017 年 10 月，洪洞有国家级保护项目 4 个，省级保护项目 12 个，市级保护项目 13 个，县级保护项目 32 个。

第四章　民间传统节日

民间传统节日，是民俗文化的重要组成部分，是农耕文明、民间信仰、习俗风尚、社交民俗、民间娱乐等多种民间文化事象的复合体，它是社会发展到一定历史阶段各种历史文化长期积淀的产物。很多传统节日从古至今，世代相传，并演绎出了许多动人的传说和故事，使传统节日的内涵更加丰满和绚丽多彩，为人们的生活增添了更多的趣味性、喜庆气氛和纪念意义。

第一节　春季节日

一、立春

立春，俗称"打春"，是农历节气中的第一个节日，在传统历法中，立春是春季的第一天。立春作为节气，形成于周代，自东汉至清末一直是由官方主持节俗活动。1941年，民国政府规定每年立春日为全国农民节，但并没有得到社会的认可。

迎春

民国《洪洞县志·风俗》载："立春先一日，官僚迎勾芒、土牛于东郊，闾里老幼出集通衢观春，以牛首红白等色占水旱，以勾芒鞋帽占寒暖"。勾芒即芒神；土牛以竹木作架，以纸多层褙糊，外敷泥，或涂上各种颜色，一般在节前数日制作。春牛和芒神的制作，也有一定之规："牛身高四尺，象征一年四季；身长八尺，象征农耕八节；尾长一尺二寸，象征一年十二个月；头角至腹各部分配以各种颜色，以该年立春日的年月日的天干地支而定。芒神高三尺六寸，象征一年三百六十日；手所执鞭长二尺四寸，象征二十四节气。春牛的鼻子用桑木条为枸，枸系于芒神。芒神手中之鞭杆为柳枝，上缚以丝或苎麻。"节前一日，知县率僚属至东郊，行迎春礼，于芒神及春牛前设香案、拜席，陈列供品果、酒、香烛，知县朝服率僚属行一跪三叩礼。酹酒三盏，复行三叩礼。礼毕，由役夫抬芒神像及土牛，鼓乐前导游行，游行途中，百姓齐集所经道路之旁观看，称作"观春"。礼成将芒神、土牛暂置于县衙大门内。

鞭春

俗称"打春牛"，在立春日进行，届时，设香案于芒神、春牛前，陈列食品、果酒、香烛。祭毕，首先由知县以彩杖打土牛，边打边高声颂词："一打风调雨顺，二打国泰民安，三打天下太平。"然后僚属鞭打，一般知县和僚属只象征性地打几下，最后由衙役们将土牛打碎。在制作土牛时，制作者预先在土牛腹内装有一些糖块、花生、核桃、红枣、柿饼之类的小食品，土牛打碎后，各种小食品散落在地，儿童们一拥而上争抢取食，俗称"抢春"。打春牛习俗在洪洞地区影响极其深远，至今，洪洞甘亭镇北羊村牛王庙和左木乡红光村牛王庙仍然保留完整的"打春牛"习俗。

占春

占春，即在立春日当天，依照一些物象占验全年气象、收成的民俗。在洪洞地区，占春主要是"以牛首红白等色占水旱，以勾芒鞋帽占寒暖"。而芒神和土牛都是由人们自己制作的，土牛涂以什么颜色，芒神穿什么颜色的衣服，都是根据立春日当天的天干地支决定的，如甲、乙、寅、卯属木，青色；丙、丁、巳、午属火，赤色；戊、己、辰、戌、丑、未属土，黄色；庚、辛、申、酉属金，白色；壬、癸、亥、子属水，黑色等。

二、春节

春节俗称"年"，关于"年"的来历，源自一个流传很久的传说：古时，有一种叫做"年"的猛兽，每到除夕，便串村走户觅食人肉，残害生灵，人们十分惧怕它。一年除夕，"年"到一个村庄觅食，正好有两个牧童比赛甩鞭子，"年"听到噼噼啪啪的声音，吓得屁滚尿流，立刻逃走了。它窜到另一个村庄，迎头望见一家门口晾着大红衣裳，它不知其为何物，吓得浑身发抖，立刻溜走了。它又跑到另一户人家，只见里面灯火辉煌，刺得它头昏眼花，只好夹着尾巴跑了。从此，人们摸准了"年"怕光、怕红、怕响的弱点，逐渐形成了过年的风俗。

春节是我国传统节日中历时最长的节日，狭义的春节仅为一天，广义的春节从节前准备、节日程序、节后活动等相延下来，历时长可达 20 余天，因此把春节称为第一个重要节日，的确实至名归。本节所述从正月初一为始，其节前准备等事项归入冬季节日中叙述。

接神

春节开门第一件事是燃放鞭炮、烟花，俗称"接神"。旧时俗传所有神灵于腊月二十三日升天，于正月初一日凌晨下凡界，进入各自岗位，鸣炮即为迎神仪式的一部分，故称"接神"。早年乡村燃放品种较少，有鞭炮、雷子、双响炮，且每家购置数量也十分有限。改革开放后品种增多，有礼花炮、闪光雷、钻天炮等名目，购置数量大幅增加。接神尚早，习俗认为谁家接神接得早，便会抢先将吉神接回家中，因此竞相早起鸣炮。在此之前，在各处神龛摆放供品、香烛，炮仗燃放后，主人在各处神龛上香、叩头，上香顺序也有讲究，首先是天地神龛、土地神龛（俱在院中），接着是灶君、财神等，每个神龛前供奉饺子1碗、焚香3炷（天地神龛前为5炷），最后在祖先神龛焚香2炷，接神仪式便告一段落。

祭祖

祖宗崇拜是中华民族的重要崇拜形式，尊祖敬宗，视死如生观念在人们心目中根深蒂固，并体现于各种节日的祭祀中，其中年间祭祀最为隆重。民俗间认为，春节是一年中最为喜庆的节日，祖先的灵魂也要回家与家人共度佳节，享受子孙们提供的美味佳肴，接受子孙们的膜拜。旧时，较大的宗族有家庙、祠堂，除夕日由族长率领众人清扫环境、擦拭祖先牌位、将各类供品摆放齐备，春节天微明，全族男丁齐集于此，由尊长在前，众人按辈分排列于后，焚香祭祀，行跪拜礼，俗称"上神祇"，神祇类似画轴，将逝者名讳按行辈长幼排列其上，或制作先人牌位。于除夕夜置祭堂于厅堂侧旁，祭堂正中悬挂神祇或排列牌位，供案上陈列各类祭品，祭品根据家庭状况略有不同，均尽量丰盛，一般为瓜果4盘、荤素菜4盘、油炸食品、蒸制食品各4个，原赵城地区置圪揽、饽饽各4个，并设香炉、烛台。早饭做好后，第一锅第一碗饺子要供于祭堂上。此后凡来拜年的人，都在祭堂焚香叩头，行拜年祀。初一至初五，每天都要焚香祭祀，初五日下午，焚香跪拜后，撤去供品，收起神祇，祭祖活动结束。

供品

供品和节日食品有相同之处，但也有区别。在原洪洞地区蒸制食品区别较为明显。供品一般称"枣山子"，根据供奉神灵的不同而有所区别。在院中供奉的天地神龛前供枣糕，每个枣糕用3块面，擀为同样大小的圆形面片，在第一片面的边沿均匀放置红枣一圈，将第二片面重叠其上，再在圆周两枣间各嵌红枣一枚，在中部凹陷部位放置红枣或面团稍垫，再叠放第三片面即成。比较讲究者，在面片周边用手指尖掐上花纹，进行装饰。枣糕数量也不有一定之规，早年一般蒸12个，象征一年12个月，下层的一个最大，一笼只能蒸1个，然后依次缩小，垒好后若宝塔状。有的蒸4个，象征一年四季。这类枣糕也作为出嫁女儿送给娘家长辈的节礼，以"糕"与"高"同音，取祝福老人们高寿的寓意。其他神龛的供品馍，是以大小不同的3块面制作，第一层的面块最小，用半个馍的面团即可，嵌红枣3枚；第二层面块与1个馍的面团相当，嵌红枣5枚；第三层用一个半馍的面块，红枣7枚，然后以上小下大排列挨紧上笼。有的还在上面再做些小装饰，如小松塔，象征日子过得松心，舒坦；蛇盘兔，寓意日子越过越富裕。有的整个枣山子全用小松塔叠放而成，共5层，第一层1个，第二层2个，第三层3个，第四层5个，第五层7个。在灶君神龛上的枣山子顶端做一只小鸡，头要向外，鸡爪向内刨食，象征财源广进。其他处神龛则基本相同。灶君神龛的枣山子是男主人的专利，别人是不能食用的。据传男主人吃后不打铧尖（耕地犁上的铁铧），又传女性吃上要长出胡须。

原赵城地区的供品与食品相同，即供圪栏、麻饦、麻花，也蒸制小枣花馍，但不蒸大的枣山子。

社交习俗

·拜年

春节社交习俗以拜年最为重要。拜年既是尊老敬老的一种体现，也是联络亲情增强凝聚力的重要形式。

旧时，春节当日，先在本家内拜年，有祠堂的大家大户，于接神时所有男丁齐集祠堂，由尊长率领，祭拜祖先。归家后，男丁才向自己的长辈及父母拜年。中华人民共和国成立后，祠堂、家庙等被除，祭拜多在近支宗族间进行，年长的长辈家备有神祇及拜堂，男丁们也由长辈率领，上香二炷，先拜祖先，然后，晚辈依次向长辈拜年，拜年过后，长辈们要给年幼的晚辈"压岁钱"，一般要用新的钞票。压岁钱又称"压祟钱"，因小孩气血尚未充盈，俗称"火量低"，要以具有镇邪功能的钱币来屏蔽邪气。古代曾专门铸有避邪除祟的"厌胜钱"，此俗由此演变而来。近支拜完后，吃过早饭，再到远支本家中拜年。民俗一般于正月初二日为外孙到姥姥、姥爷家拜年的日子。正月初三日是出嫁姑娘和女婿到父母（岳父母）家拜年的日子，道光《赵城县志》载："三日为三姑三，母家迎女及婿"。民国《洪洞县志》称："三日请婿女茹春饼"。然这一习俗也不完全相同，在河西一些地区有"不过破五婿及女不上门"的习俗，旧俗破五才"送神祇"，即在不撤去祖先灵位前，女及婿是不能到娘家（岳丈家）的，现已约定成俗，于初三日太阳落山前送神祇。新婚夫妇在第一年要到双方的亲戚家拜年，男方的亲戚长辈要给新妇礼金，俗称"年钱"，女方的亲戚则无此花销，不必给女婿年钱。早年给新媳妇的年钱根据亲疏不同，一般为3~10元，近些年也涨了不少，一般30~100元，甚至更多。

·道新妇

道，即邀请的意思。新妇，即当年嫁来的新媳妇。"道新妇"，就是邀请新妇到自己家里来吃饭，也是认亲族的意思。道新妇者以新郎的近支宗亲、有亲戚关系的人家、近邻以及相处较好的朋友。道新妇要给新妇的婆婆打招呼，新妇婆婆根据情况安排时间。一般吃饭在正月初五以后至正月十五之前这段时间。因此前新婚夫妇要到双方亲戚家拜年，时间较为紧张。由于道的人家较多，因此，新妇吃请有时一顿饭吃几家，象征意义的成分较大。

· 祝节

当年新嫁的闺女，娘家亲族要到其夫家祝节，俗称"看亲戚""眊亲戚"。祝节一般也在正月初五后至正月十五之前进行，以正月初六日者为多。祝节一般由双方约定日期，婆家要设宴席招待。祝节礼品一般为鸡蛋、油饼，油饼俗称"油饵子"，是一种直径近20厘米的油炸食品。主家的待客饭为：早上蒸饭面，午饭设宴席。祝节虽然规模不大，但也有一定礼仪规程，在原洪洞地区，早年婆家要给娘家人回馈食品，即留1个油饼，便回馈1个蒸制的有尖小馍"圪塔儿"，后来，为减小劳动强度，采取少留油饵子方法，俗称"干折"。娘家炸油饼的数量要由婆家人来定，因祝节当日，婆家人要给近支宗亲、朋友家馈赠此饼，俗称"花油饵子"，"花"多少则要根据亲族户数来定。婆家对亲戚们祝节的食品，根据关系亲、疏不同，留多留少也有一定之规，较疏远的留得少一些，越亲且近的留得越多，总之，不能让亲戚空篮子回去。原赵城地区则全部留下。在祝节时有带小孩的，主家要给小孩"戴锁儿"，早年是用五色线扎上几个铜钱，并缀几条碎花布条为装饰。后以人民币"系锁儿"，现在已不以带不带小孩为标准，凡来的人，一份礼品系一个锁儿，金额5~10元不等。

· 走亲戚

春节期间是亲戚之间互相看望走动的最佳时间段，因平时人们各自忙碌，很少有闲暇互相走动，特别是小辈对长辈的看望。走亲戚的时间一般在正月初三之后至初十之前。早年赵城地区走亲戚礼品为麻饦、圪篮；洪洞区为油饵子。在原赵城地区所带的礼品要全给亲戚家留下，洪洞则不空篮子回，须留部分带回。改革开放后，礼品改为礼品盒，品种也大幅增多，有奶制品、饮料、果品及高档食品等。招待亲戚食品一般为饺子，现代有了菜肴和酒。亲戚如果带孩子来，还要给孩子压岁钱。

· 祭星

民间有在正月初八晚"祭星"的习俗。旧时俗传这一天是天界诸星下凡的日子，于更初设香烛，陈祭品，燃108盏灯以祭。观寺释道亦将施主檀越（佛教名词，指施主给予寺观的财物）年命星庚（分凶煞吉顺几类，其中的罗喉等为凶、灾之星）书于黄帖，于月出时举行祭礼，设坛而祭。这一习俗起自何代无据可查，现民间只有少数人为之。

春节禁忌

春节是传统的喜庆节日，是新的一年的第一天，有预示一年运气的功用。这一天诸事顺遂，不发生不利之事，则预示一年都顺利。为营造和最大限度地保持这种喜庆和谐气氛，在旧时春节民俗中形成了诸多禁忌。忌说不吉利的话，

"死""破""倒"等字是绝对忌讳的,如饺子煮破了,不能说"破",因为破象征破财、不吉利,而要说"挣了"。忌打碎碗盘等器皿,也象征"破财"。忌打骂小孩,小孩即使做错事,也只是劝慰,不骂更不能打。小孩受委屈忌哭,大人们会对小孩说:"今嘛过年哩,不兴哭",小孩也会知趣地停止哭泣。早年初五以前不倒脏水和垃圾,说恐冲撞神灵和把福分倒走,近些年此俗仅限在春节当日。上年有丧事的人忌出门,因服丧期间,一方面表示哀痛,一方面也避免给别人带来不利。上年有丧事的人家,年前不做油炸食品,据传油炸会烫伤故去亲人的脸,因此在春节前,亲戚、近邻和好友会馈赠一些油炸食品给有丧事的人家。"破五"以前不做拌汤,不吃干面,据传喝拌汤会招致下冰雹,吃干面日子会越过越干(穷)。不动刀剪,不做针线,据传,动刀剪象征破开,不吉利;动针线一说会缝住财门,在新的一年难以发财,一说针会刺伤神灵眼睛,给家人带来不利。不讨债,恐有损于年节的喜庆气氛。已出嫁的闺女忌在娘家过春节,据传会冲撞娘家的神灵,不吉利。不看病,不煎药,否则一年会病灾不断。

破五

正月初五日俗称"破五",意即春节期间的诸多禁忌,此日便可破除了,故有此名。因此破五是春节期间的一个重要节点,也有许多传统习俗。

破五早晨鸣爆竹,吃饺子,与春节同,只是爆竹没春节当日放得多。家庭主妇要天不亮即起床,把家中各个角落都打扫干净,名曰"扫穷土",连同前数日积攒的垃圾一起倾倒于大门外十字路口,名为"送穷"。也有人把旧笤帚一并扔掉。清道光《赵城县志·风俗》载:"五日以箕出粪壤于门外,曰送穷,或弃敝帚,义一也"。破五当日一般不出门。因为有"破"字,恐出行不利。早年,各处神龛的供品到此才能撤供,家中供奉的祖先灵位或神祇要到初五日太阳落山前才撤去,表示年节期间的祭祀告一段落,日子恢复正常。

三、元宵节

农历正月十五为上元节,这天晚上称"元宵",也叫"元夜"。唐代以来,有观灯的习俗,所以又称"灯节"。元宵节始于汉代,隋唐时期已十分兴盛,直至宋元明清相沿不衰。民国时期,规定元宵节前后三天为灯节。十四为试灯,十五为正灯,十六为残灯。在原洪洞地区,"十五日张灯,放花爆,丸元宵,礼神祀先"(民国《洪洞县志》)。在原赵城地区十五不张灯,但有"打旺火"的习俗,"上元炽炭于庭中,曰兴旺火。不张灯,好事者间为之,未二鼓烛息矣"(清道光《赵城县志》)。中华人民共和国成立后,民间对元宵节的重视程度和参与热情丝毫没有减弱,每年由政府举办的正月十五民间文艺展演依然红火热闹,俗称"闹红火"。

饮食

元宵节早餐一般吃元宵。此日最具特色和代表性的食品便是"元宵",洪洞的桂花元宵更是远近闻名,其制作方法也较为特殊。元宵的外皮为糯米粉,馅的原料有红糖、核桃仁、冰糖、橘饼、青红丝、桂花酱、梅花酱、蜂蜜等。

桂花元宵的制作方法是:先将糯米用冷水淘洗三遍,然后在清水中浸泡,泡至米粒能用手指捻碎为粉时捞出,沥水。水沥干后,上石碾碾压过箩。先箩出35%~40%为上等面,另放;此后箩出的为瓤面。将各种制馅原料按一定比例混合均匀,湿度以手捏成团为度,然后倒入蜂蜜,揉搓均匀,切为骰子大小的方丁备用。制作元宵称"滚元宵",与其他地方汤圆制作时的和面包馅迥异。在柳箩中先放入部分瓤面,把预制好的馅丁放入笊篱中,在冷水中一过,倒入柳箩中的瓤面上,然后运动柳箩,使馅丁在瓤面上来回滚动,然后边洒水,边向箩中撒瓤面,继续运动柳箩,洒三遍面后,改为用上等面,继续如法操作,一般洒两遍上等面即成。煮元宵时,水滚开后下锅,待元宵浮起用文火稍煮,至元宵在水面不再打滚时即可食用。煮好的元宵表面光滑,面皮滑嫩,馅香甜可口,余味深长,是老少咸宜的饮食佳品,历来受到人们的青睐,近些年,汤圆制成品也大量上市,成为人们走亲访友的馈赠佳品。

娱乐活动

元宵节是一个全民狂欢的节日,春节一过,各村镇即开始准备各自参赛的节目,俗称"闹红火""闹热闹"。早年,各村参加表演节目的人们都是自愿参加,许多传统节目都有相对固定的传承人,参演者不拿报酬,自觉自愿,自带干粮,且热情高涨,体现了人们的自觉参与、自娱自乐的心境。近些年,由于市场经济大潮的影响,各村镇闹热闹、出节目都要付给一定报酬,根据具体情况,每人每天30~50元不等。有的干脆雇佣外地或本地人员,虽然节目较前丰富了不少,但很多人认为这与全民参与闹红火的气氛和心情大相径庭。

· 闹红火

闹红火是全部参演节目的总称。其所包含的内容丰富多彩,有扭秧歌、打花棒、打腰鼓、踩高跷(俗称扎拐子)、抬阁、挠阁、耍翘杆、耍狮子、舞龙灯、跑竹马、走旱船、拆楼、二鬼摔跤、金鼓乐、武术表演、赤膊舞鞭等(具体表演方式详见民间文娱一编),然最激动人心的当属威风锣鼓。洪洞是威风锣鼓的发源地,据传威风锣鼓源于舜耕历山的故事,历史悠久,曲牌丰富,论者以为在诸多打击乐中洪洞的威风锣鼓独占鳌头,此论应不为过。早年的锣鼓曲牌有松有紧,一张一弛,起落有度,节奏明快,其曲牌缓则如行云流水,清越悠扬,急则势如奔马,暴风骤雨,有排山倒海之势,具雷霆万钧之力,十分便于行进中的表演。改革开放后,为适合广场表演的要求，又因为每个单位的表演节目都有一定的时限，艺人们经过改革加工，表演队伍扩大，节奏明显加快，肢体动作增加，而音律张弛度相对减弱。

· 闹花灯

闹花灯是元宵节的传统内容，所以元宵节也称"灯节"。据载：上元节放灯始于汉明帝时期，又传是日为道教三官中天官的诞辰。在民歌中，有"正月里，正月正，正月十五挂红灯"的歌词，民国《洪洞县志》也有"十五日张灯，放花爆"的记载。在民间，一般在大门外挂红纱灯两盏，内置蜡烛，在城镇由当局组织，沿街挂各式花灯，有时花灯一直延续至二十日，民国《洪洞县志》载："二十日灯火尤盛，观者填衢塞巷，粘诗藏谜，谓之打灯谜"，其热闹程度可见一斑。灯谜是闹花灯的一项重要内容，出谜语洪洞称"打虎"，据传西汉大将军李广曾有射虎的故事，而猜谜语又像射虎一样难，故有此名。灯谜是将谜面写在花灯上，供观灯的人猜度，是一项启迪智力、引发联想、陶冶性情的娱乐形式，深受上至文人，下至平民百姓的喜爱。20世纪80~90年代，县城曾举办灯会数届，沿街各式花灯林列，琳琅满目，南端起自莲花市场，北端延伸至北门外，其间有龙、凤、鱼、五禽六畜、十二相属、有莲花灯、棉花灯、五谷灯、走马灯、戏曲故事灯，五花八门，不一而足。花灯内置灯泡，五颜六色，绚丽多彩，观灯者摩肩接踵，熙熙攘攘，欢声笑语，好不热闹，人流往往至半夜方散。

· 放焰火

俗称"放火"，也即民国《洪洞县志》所载"放花爆"，旧时"放火"有在正月十五日者，也有在二十日者。正月十五放焰火因月光明亮，会抵消部分焰火的色彩，对人的震撼度会相应减低。而二十放焰火月亮升起较晚，焰火的色彩会表现得淋漓尽致。二十世纪南垣的淹底乡上张村"放火"最为著名。近几年则在二十日，由于科技进步，现今的焰火品种更加丰富，每次放焰火都分为几个乐章，即分为几个高潮阶段，届时观看焰火者人山人海，热闹非凡，不便到现场者，在家中观看电视直播，虽不及现场那样受到震撼，却也可以一饱眼福。

· 打旺火

旧时只流行于原赵城县，道光《赵城县志》称："上元炽炭于庭中，曰兴旺火"，此俗原洪洞县则无。"炽炭于庭中"即在院内用煤块垒为小塔状，内置柴草，天黑后点燃，火光熊熊，院落亮如白昼，火越大，预示当年家道越兴旺，故名"旺火"。

四、填仓节

正月二十日为传统的"填仓节"，也称"添仓节"。关于填仓节的来历，有许多传说，其中有一个传说流传广泛。相传在古代，中国北方连遭三年大旱，赤地千里，粮食绝收，树皮草根皆被灾民剥挖净尽，但朝廷不但不救济灾民，反而照旧征收皇粮，灾民纷纷逃亡。有一个给皇家看守粮仓的仓官，看到成群结队的灾民颠沛流离，凄惨万状，并且常有灾民饿毙路旁，实在于心不忍，他毅然将自己的生死置之度外，打开粮仓，将皇粮分发给灾民，这些灾民赖以存活下来。他自知虽然救活了一方百姓，但擅作主张损失皇粮已经犯下了弥天大罪，死罪难免，于是在正月二十日这天遣散守仓兵卒，自己一个人进入空仓中，放了一把火，他自己连同仓房一起化为灰烬。仓官死后，上天感其有救世济民之功，便封其为管理天下粮仓的仓廪之神，民间俗称"仓老倌"，二十日也就成为仓神的诞日。黎民百姓为纪念这位贤良仓官，把二十日定为填仓节。

县民正月二十日早饭一般仍为饺子，较为有特色的食品为春卷，俗称"卷卷"。民国《洪洞县志·风俗》载："二十日，各家烙春卷，以祀神供祖"。因此，卷卷既是食品，也是供品。卷卷的做法是将白面化为稀糊状，面内放食盐、调料面，并打几个鸡蛋，将面糊一勺倒于鏊子上，然后端起鏊子一旋，使面糊均匀挂于其上，稍等片刻，面片变为熟色，翻转面片稍烙，即成为软而薄的包皮，将薄面片置于案上，将事先备好的熟馅摊于面片上卷起即成。卷卷的馅原料甚为丰富，有韭菜、豆芽、粉条、炸豆腐、萝卜丝、莲菜、海带、鸡蛋、肉丝等。食用时可在鏊上多淋些油加热，也可蒸馏，蘸蒜泥醋，香嫩可口。关于吃卷卷，民间还有特殊习俗，即"偷卷卷"和爱吃姓段人家的卷卷。是日晚上，人们在供奉的各处神龛献卷卷时，就有一些小孩在暗处窥视，一旦主人走开，他们就会拥上去偷拿，被"偷"者即使发现也装作没看见，既不责备，也不制止，据说是"偷"走了卷卷，也就是偷走了灾星，可以免灾祛病，这样一来，偷卷卷便成为对双方都有利的事情。又传因"段"与"断"同音，吃了姓段人家的卷卷可以"断灾"，或说不患牙痛病，而且必须是"偷"来的才有效。因此人们争相偷段姓人家的卷卷，所以每当正月二十日摊卷卷时，段姓人家都要多摊一些，故意让人们去"偷"、去拿，以图大家都吉利。

在原赵城河东地区，二十日不摊卷卷，而有摊"鏊鏊"的习俗，鏊鏊又称"摊馍馍"。制作鏊鏊，首先须提前两三天用小米粥掺少许玉米面发酵，关于发面时间的长短有以下说法："十七发的甜，十八发的酸，十九发的不相干（也可以），二十发的赶上摊。"制作时添加棒子面，搅成稠糊状，用勺子舀一勺，倒在鏊子上摊成圆糕状，用碗扣盖，约几分钟后，便成为焦黄香甜食品。摊鏊鏊只烙一面，另一面不再烙，这样就成了一面焦黄、一面原黄色的圆糕，将圆糕对折成半圆食用。有的在里边夹菜馅，别有一番风味。鏊鏊味香甜酸，十分可口，堪称美食。当地也有"偷"鏊鏊的习俗，其习俗与洪洞的"偷"卷卷相同。

填仓

填仓也称"添仓"，意为填满粮仓，是填仓节的主题活动。是日所有人家都要把水缸添满，新过门的媳妇要端着摊好的第一个卷卷到仓神处焚香叩拜，再到各处神龛焚香叩拜，并将卷卷撕下一块，置于神龛上，叩拜时，口中念叨"添仓、吃馍、大瓮圪堆，小瓮满着"。即所谓"新妇添仓"。

在原洪洞河东一带，填仓是用摊出的第一个卷卷皮，俗称"摊馍馍"添仓，在各处神龛边拜边念"添仓姑姑添仓来，大囤圪堆小瓮满，装不下了和咱攒"。

占卜

旧时，正月二十日占天候、祈愿也是一项重要内容。占天候的做法各地不一，民国《洪洞县志》载："作面窝如鸡子大者十二枚，象十二月，每窝标记（序号），蒸之于甑，启视水之多寡有无，以卜某月水，某月旱，时亦有验"。在原赵城地区，则有人以浸豆法预测本年水旱气象的。方法是：于二十日早取高粱秆一节，两端节要完整无破损，从中间劈为两半，在内瓤部分挖12个小孔，内置黄豆12粒，象征12月，标好上下，然后将两片合在一起，用线密密缠扎，浸入水缸中，至晚捞出，启封。按顺序观察每粒豆的吃水情况，吃水多的月份雨水多，较干的月份则天旱。这些习俗充分体现了人们迫切希望掌握气候预测的愿望和心情。随着科技的进步，这些做法已经泯灭。在西部山区，有根据当日天气情况预测农作物丰歉的，如当日刮风，预示当年糜黍收成好，故有"二十刮风收糜黍"的农谚。

在原赵城河东地区，还有二十晚"转灯光佛"的习俗，方法是在院中摆设香案、灯或蜡烛，焚香，祈祷，将一个香炉倒扣于地，上平置切面刀或切西瓜的刀一把，要许愿或求测的小孩跪于刀上，双手合十许愿，或言明求测事项，然后用力自己转动，以刀柄所指方向预测求测事项是否可以实现。

五、清明节

清明既是一个节气，也是民间的一个重要节日，以"万物生长此时，皆清洁而明净，故谓之清明"。又因与寒食节相融合，遂成为一个传统民俗节日。清明最具特色的活动是扫墓祭祖，县境各地习俗也不尽相同。

扫墓习俗

扫墓，民间俗称"上坟"，在具体时间安排上有很大差异。在原洪洞河东地区，清明前三日上新坟，前二日上旧坟，前一日称"歇节"。在原赵城及洪洞河西地区，人们对上坟祭祖时间要求比较宽松，在春分过后数日便可上新坟，一般选在逢三、六、九的日子进行，故有"过了春分，就上新坟"之说。上旧坟的时间并不固定，上过新坟后，便可上旧坟。但清明前一日是不上坟的，其俗与河东地区的歇节相同。

与清明节相关的还有寒食节，俗称"寒节"。相传是为了纪念春秋时期的晋国忠臣义士介子推。当时，晋国内乱，介子推跟随公子重耳逃到外地，在重耳一行人困马乏、十分危难之际，介子推割下自己大腿上的肉给重耳熬汤喝，助其渡过了难关。

重耳在外逃亡 19 年后，在秦国帮助下重返晋国，登上王位。在赏赐功臣时，竟忘记了介子推，介子推也对那些争功邀赏的人十分痛恨，于是离开宫廷，携其母隐居绵山。当晋文公想起介子推后，派人四下打听，终于得知下落。然而绵山广袤，无从寻找。有人献计说："介子推是个孝子，放火烧山，他必携母出来。"重耳依计而行，放火烧山，大火烧了三天三夜，终不见介子推出来。火灭后，经搜寻，才发现介子推母子已被烧死于一棵柳树下。重耳感慨万分，下令介子推死的那几日禁止用火，只吃冷食，寒食节禁火的习俗由此而来。寒食节的具体日期在冬至后的 105 日或 106 日，以清明节为参照，在节前 1~2 日，这与洪洞地区的所谓"歇节"相吻合。此日，在洪洞还有一个特殊的规矩。唱戏的和吹鼓手等民间艺人自明末清初以来，其社会地位成为下九流职业的一种，从事鼓乐行的艺人只能占用"歇节"之日上坟祭祖。古代寒食节禁火十分严格，有违犯者，要受到惩罚，因此人们必须在节前备好食物。寒食习俗到何时开始衰微已无从查考，但在洪洞河西地区上坟时有一种蒸制食品，称"橘娃儿"，状似小鸟，有头，有尾，背部用剪刀剪小齿，象征羽毛，俗语有"吃了寒节的橘娃，瞌睡得像个猪娃"，是否这便是当时禁火时食品的流风遗俗，不得而知。

祭祀食品

洪洞祭祀食品有蒸制品、菜肴、果品等。就蒸制品而言，又有多种样式，民国《洪洞县志》载："清明蒸荷叶饼祭墓"，荷叶饼是什么样式已无可考。现时所蒸，统称"坟馍馍"，其中有"蛇馒头""兔娃儿""花馒头""橘娃儿""红势眼""蛇盘兔"等。"蛇馒头"是在包有豆馅的馍上盘一条蛇状圆面条，蛇形面条头部向上，头部做眼、舌，蛇身用剪刀剪齿，或用其他有齿物品摁花纹，馍上正中嵌红枣。"花馒头"是在馒头顶端做有花瓣的面片，上亦嵌红枣一枚。"红势眼"不盘蛇，上部只嵌一红枣，据说吃了它的人容易眼红，见别人干什么就会学着干，故称"红势眼"。"蛇盘兔"是先做一只兔子，上面用圆面条做蛇状，盘于兔身上。俗语有"蛇盘兔，必定富"的说法。"橘娃儿"也包豆馅，先捏成饺子状，再加工为鸟状。坟馍馍的馅也有讲究，一般用红金豆子或红小豆煮制，以取后辈走红运、越来越红火之意，豆子煮到皮儿展了即可，忌煮软，俗传豆子煮软了，后辈要出软蛋和没骨气的人，所以人们都忌讳把豆子煮软。在原赵城西山一带，有用酸菜拌豆芽、马铃薯做馅的，酸菜当地又称"瓮菜"，流行有"坟馍馍包瓮菜，辈辈出秀才"的说法，体现人们的良好愿望。

祭品菜肴因地而异，一般用莲菜（取根连根之义）、鸡蛋、肉类、粉条等，菜肴做四盘，献毕，将各种菜都向坟上夹放一些，另供果品类苹果、橘子等，忌供梨，因"梨"与"离"同音。祭奠时，酒是不可少的，供案上置酒杯，斟满，祭毕，酹酒于地。

纸扎祭品

在洪洞河西，亡故者的后辈男性直系亲属上坟时举纸幡，俗称"旗儿"，用红、白、黄纸剪裁为串状，祭奠时插于坟头，外戚不插纸幡。而河东地区则不插纸幡，而是举用黄、白纸剪成的钱串儿，在坟前与纸钱等一并焚烧。在坟头压一块方白纸，说明已上过了坟。死者的女儿、侄女、孙女等上坟插纸花。旧时上坟用的冥币有两种，一种是用自制的木印版刷红染料自印，上刻"冥国银行"及票面金额；另一种为锡箔纸，俗称"铅张"，有金色和银色两类，折叠为元宝状。现今纸扎祭品异常丰富，冥币多为机制彩色印刷，面值有十元、一百元、五百元、一千元、五千元、一万元、数万元、数亿元等多种。此外，制作逼真的元宝，精致的摇钱树、聚宝盆、精美的楼房、轿车、家用电器等应有尽有。即便是锡箔纸，也比早先精致鲜艳了许多。春分节过后，家家叠元宝，有的竟叠数口袋。在民间，有一种说法，即烧的钱越多，挣的钱就越多。虽然在一方面满足了人们尊祖敬宗的心愿，但也助长了靡费之风。

祭仪

上坟的祭祀仪式各地略有差别，一般都有以下程序，到坟地要先整备香案，插上纸幡，有碑的用干净布将碑擦拭干净，然后布排供品、菜肴、酒杯，一般坟馍馍供4个，焚香2炷，叩头焚化元宝、冥币，有的在奠酒之后焚烧元宝及冥币，要使元宝冥币完全化为灰烬，否则亲人是收不到的，然后焚香叩头，用水沿纸灰堆浇一半圆形，以防冥币被孤魂野鬼抢走。然后鸣放炮仗。奠后，取坟馍馍从坟头上来回滚过，然后大家分食，俗传吃了此馍不害肚子疼。洪洞河东地区清明上坟皆为男性，一般女性不准参与，河西地区则无此习俗，在原赵城河东地区，滚坟馍馍时，男性分食"蛇馒头"，女性分食"橘娃儿"。

其他习俗

· 阖族公祭　旧时，一些大户采用阖族公祭形式祭奠远祖。届时由族长带领后辈男丁，先在当地的始祖墓祭奠，自己的近亲在祖坟的，公祭后再祭近亲。然后合族会餐，近亲不在祖坟附近的，会餐后再到近亲的坟上祭奠。中华人民共和国成立后，此俗消失。

· 添土　祭祖完毕后，要给坟上添土，添土一般在清明节进行，即当祭奠者都已祭完后才可添土。据传，如添土过早，后祭奠者的祭品亲人无法收到。添土也是整修坟墓，预防丘墓夏季雨大漏水的一项措施，民间有"添土就是添福"的说法。

· 迁葬及树碑　当亲人故去，因各种原因不能入正穴时，便寄埋于它处。至清明前后便可迁葬或合葬，在此期间，坟上动土是无禁忌的。一般合葬、迁葬、树碑、坟上植树都在此期间进行，其他时间则忌在坟上动土。恐惊动了故去亲人的灵魂，给家庭带来不利。近些年，随着人们生活条件的改善，农村给亲人树碑的风气十分盛行。陕西、河南等地的人在辛村坡下、涧桥及城内开设刻碑店铺多处，生意异常红火。

·放风筝 旧时，有儿童在清明节放风筝的习俗。民国《洪洞县志》载："清明……儿童放纸鸢为戏"，据传这日放风筝可以消灾免难。与平时不同的是，当风筝绳放到尽头时，要把风筝绳剪断，任其随风飘去，这样才能将灾难丢在九霄云外。

·吊蒜圪串 旧时在洪洞河西地区有在清明节给小孩做蒜圪串的习俗，做法是用碎花布叠缝为花朵状，一朵花五个花瓣，五朵左右穿为串，花朵间用一小段谷草秸隔开，并在其上穿两个剥去外皮的蒜瓣，下面垂以花布或五色线制作的花穗。制好后缝钉于小孩衣袖上端近肩处，据传可以防病祛邪，因为大蒜能杀菌，似乎有一定科学道理。有的缝一个布马，内以棉花填实，棉花内装少许朱砂，一是为了避邪，二是按五行来说，马为午，属火，可增加小孩的火力，即提高小孩的免疫力。这些习俗在20世纪70年代后消失。

六、洪洞大槐树寻根祭祖节

1991年，中共洪洞县委、洪洞县人民政府顺应广大槐树移民后裔的意愿，决定举办"洪洞大槐树寻根祭祖节暨物资文化交流会"，简称"一节一会"。会期3月29日至4月7日，计10天，清明节当日为主祭日。此后每年都按期举办，名称改为"中国·洪洞大槐树寻根祭祖节"，至2019年已举办29届。其中第17届由山西省人民政府主办，这是祭祖节举办以来规格最高、规模最盛大的一届。第二十一届祭祖节时，台湾亲民党主席宋楚瑜亲临现场，并发表即兴感言，受到人们普遍称颂。

思乡鸟

传说在1991年举办首届祭祖节前夜，洪洞出现了一种十分奇特的壮观景象，有数以万计不知何名、来自何地的鸟类，飞临县委、县政府大院和洪洞大槐树寻根祭祖园，它们白天成群结队，盘旋飞翔，夜晚则栖息于祭祖园的大树上和灌木丛中，一时间祭祖园内鸟声啾啾，热闹非常。它们时而一哄而起，遮天蔽日，时而落下，压弯枝头，洪洞城内万人空巷，涌向大槐树祭祖园，睹此情景，无不叹为奇观。这种鸟状似麻雀，但形体略大，羽毛呈灰褐色，当地从未见过这种鸟儿。人们纷纷猜测，今年要举办祭祖节，想必是移民先祖们得知了这一消息，回故土探亲来了，这些鸟儿乃是移民先祖们的精魂所化。因不知其名称，人们亲切地名之为"思乡鸟"。这一奇观一直持续到清明节后，才逐渐消失，而且自首届祭祖节以来，每年都会重现。洪洞县电视台录制有专题片，真实记录了这一壮观景象，并在省、市电视台播映。

祭品及仪式

在最初几届祭祖节期间，由于场地狭小，祭品相对简约。2006年祭祖园扩建工程竣工，祭品逐渐丰富，主要有牛（太牢）、羊、猪三牲；五谷黍、稷、麦、豆、麻各一斗；水果苹果、香蕉、橘子等十二盒；肴馔十二盒。

祭祀分为"公祭"和"民祭"两大程序。仪式主要有五项，第一项启门，放置移民先祖灵位的祭祖堂正门徐徐开启，同时鸣炮18响，象征明初的18次规模较大的移民和移民后裔分布的18个省市。第二项恭读祝文，由县政府主要领导读祝文，抒发对移民先祖开疆拓土功绩的赞颂和缅怀，激励人们发扬移民先祖不畏艰难、艰苦创业、奋发进取的顽强精神，努力推进各项建设，接着由贵宾和大槐树后裔讲话。2011年主祭日，台湾亲民党主席宋楚瑜发表了热情洋溢的演讲，他用地道的洪洞方言说到："问我祖先在哪哒，山西洪洞槐树下"，引起了广大移民后裔和槐乡人们的强烈共鸣。第三项贵宾、大槐树移民后裔及省市县领导敬献花篮。第四项敬献供品，由多名身着明代服装的青年男女将三牲、五谷、肴馔、水果等恭奉于供桌上。第五项敬香、奠酒，由贵宾和移民后裔代表、县四大班子领导、各界知名人士敬香，由主祭人奠酒三巡，一巡敬天、二巡敬地、三巡敬祖先。第六项献乐舞和鼓乐。然后进行文娱表演。祭祖礼成，大槐树移民后裔进入祭祖堂祭祀先祖。

活动

祭祖节期间，开展各种丰富多彩的文化交流活动。一是深入开展移民文化研讨，由大槐树移民文化研究会主办，召集有关大专院校的专家学者，移民分布地区的方志专家等对大槐树移民的历史背景、迁移方式、历史作用进行了深入研讨，至2019年，已举办3次，收集论文百余篇。二是由县文化局、县文联举办书法、绘画、工艺美术展多次，省内外及大槐树移民后裔书画界名人踊跃参加，丰富了人们的文化生活。三是举办各种招商引资和商务洽谈，吸引客商到洪洞投资兴业。四是举行洪洞地方小吃大赛，各摊主和洪洞小吃传承人竞相献艺，游人和回乡祭祖的大槐树移民后裔争相品尝。五是举办戏剧展演。自4月1日至4月10日，洪洞大槐树寻根祭祖园游人如织，一派繁华热闹景象。

七、其他节日

祭北斗

据民国《洪洞县志》载："（正月）八日祀北斗，谓之顺星。"（即祭星，前有叙述）道光《赵城县志》载："（正月）十六日戴柏叶，男妇皆出游，曰游百病，一游而百病可除也"。现已毫无踪迹。

正月初九

俗传正月初九日为玉皇大帝诞日，万安寥天洞举行法事活动。

二月初一

此日河东地区有给小孩戴"岁岁圪串"的习俗，"岁岁圪串"用布和粗鸡毛梗制作，将红、黄、蓝、绿等色布剪为铜钱大小的圆形，用粗线从中间穿过，上面穿一小截鸡毛梗，再穿一小沓圆形布，又穿鸡毛梗，如此或三组、或五组、或七组为一串，下端以彩色丝线做穗状装饰，上端缝于小孩衣服的肩部，有的还在上面串一独圪垛蒜，据传可以祛邪避疫，其来源无考。这与河西地区的蒜圪串相类，只是做法和佩带时间上稍有差异。

二月二

二月二，俗称"龙抬头"，又称"青龙节""春龙节"。此日，龙由蛰伏状态转为苏醒，自此土地开始解冻，万物即将复苏。是日农村有吃夈麻花的习俗，又称"咬刺儿"，据传咬刺儿就是咬掉了蝎子的尾巴，使蝎子再不会蜇人，这样人便不会被蝎子蜇伤。在一些地方，有在此日祭龙王的习俗。在大部分地区有二月二剃头的习俗，传说可以剃掉晦气和灾星。

禁蝎

谷雨为二十四节气之一，节期一般在农历三月中旬，其时蝎子进入繁殖季节，活动频繁，为不使其过多繁殖，早年有是日禁蝎的习俗。民国《洪洞县志·风俗》载："谷雨禁蝎"。道光《赵城县志·风俗》载："谷雨，粘画蝎于墙，咒之，曰送蝎。"此画也称"禁蝎符"符辞曰"谷雨三月天，老君下凡界，手持七星剑，单把蝎精斩"。有的写"谷雨三月半，蝎子有千万，老君吹口气，永世不见面"。此俗已无踪迹。

三月初三日

是日为娥皇女英回娘家的日子，三月初一日，羊獬人便成群结队到历山迎接"姑姑"，宿于历山各村，次日接"姑姑"回娘家，因历山与羊獬路途较远，需在万安留宿一晚，万安民众具酒馔招待客人，并用新被褥招待留宿。初四日返回羊獬。历山于三月初一日起庙会唱戏3~5日；羊獬、万安也有庙会（详见庙会）。

此日，广大村民有送"枷儿"的习俗，枷儿用带根的谷草缚制为三角形框架，用彩色纸剪齿，缠绕糊于框架之上，送枷儿之前，把枷儿在小孩项上戴一下，如果小孩恰巧不在家，则在门关上戴一下，然后送至神庙，意为让"娘娘"多多关照小孩。一般小孩从降生之年起即开始送"枷儿"，直送到十二岁，圆满过后，还要送一次，但框架是用细柳枝制为圆形，同样用五色纸缠绕，此后就不再送枷儿了。

东岳大帝诞日

东岳大帝俗称"东王天子""东王爷"，又称"泰山神君"。道教将其奉为执掌世间赏罚、统率冥府诸阎王的神君。旧时民间认为，泰山神即《封神演义》中的大将黄飞虎。对泰山神的崇拜源于古代的山岳崇拜，古代帝王多有封泰山之举。汉明帝封其为"泰山元帅"，唐玄宗封其为"天齐王"，宋真宗封其为"天齐仁圣帝"，元世祖封其为"东岳天齐大生仁圣帝"，简称"东岳大帝"。各地均建有东岳大帝行宫，三月廿八传为东王诞日，多举办庙会。县域苏堡镇郭盆村，万安镇王绪村、韩侯村，辛村乡白石村均建有东岳庙，到时会举办规模不等的庙会。而县民参与最多的是蒲县柏山的东岳庙会，据传此庙最为灵验，且该庙风景优美，塑像精绝，所以凡经营煤矿者，经营车辆运输者及有各种愿望的人争先恐后。

第二节　夏秋季节日

一、端午节

端午节又称端阳节，原为仲夏的第一个节日，即农历的五月初五日。关于端午节的起源，一般流行的说法为五月初五是忧国忧民的楚国大夫屈原投汨罗江自尽的日子，人们为纪念他，举办各种活动，相沿成习。

粽子是此节日的特殊食品，粽，方言念（jùn），民国《洪洞县志·风俗》载：端午节"食角黍"，角黍即粽子。旧时包粽子是民间过端午节的一件大事，人们于月初即买来蒲叶，用清水浸泡，洗刷干净，然后一片片晾干；用清水浸泡糯米，红枣稍煮。制作时，先将蒲叶卷为角形，用勺子装入糯米和红枣，压紧，再将叶片包严，呈立体交叉的三角形，再用红绳缠扎牢固，然后上笼蒸熟。粽子黏甜可口，更有蒲叶的清香，是老少咸宜的饮食佳品。

旧时饮雄黄酒也是端午节的一大习俗。旧志有端午节"饮雄黄酒，曰祛疫"的记载。关于雄黄酒的制法说法不一，一般的说法是取适量雄黄，研为末，蒲根沫少许，泡入酒中，即成"雄黄酒"。在饮酒的同时，还以手指蘸酒在小孩额上画"王"字的习俗，并涂手心、脚心，据传可以祛毒虫，避邪气，消灾免难。

祛邪驱疫

农历五月，古代称之为"恶月"，因此时渐入盛夏，气候炎热，雨量增多，湿热郁积，是疫病高发时段，所以古人多插艾草以驱疫。民国《洪洞县志·风俗》载："端午，沿门插艾"；清道光《赵城县志·风俗》载："端午戴艾叶，曰去疾"。俗称"戴上艾，不怕怪"。在农村，一般天色微明，大人们便在野外田埂采艾，悬于门框上方，据说可避邪气；在城镇，端午前二三日便有出售艾叶的人沿街叫卖，人们多购买数枝悬于门楣上。

佩香囊。旧时，人们于端午节有佩香囊的习俗，香囊俗称"香包""荷包"，外包装用红蓝布或绸缎缝为心形,内装香草、艾绒、朱砂、雄黄等物,用红绳系好,佩挂腰间,小孩则戴于脖颈上,据传可以避邪,蛇蝎等不敢近身。旧时,县城和各大集镇的中药铺都有于端午节施舍香草的习俗,"香草"由山艾、藿香、木香、灵灵香等数味中草药混合而成,有特殊的芳香味。届期,洪洞城内的"益元堂""同德堂""广济堂""安元堂"及各大集镇的药铺将"香草"分装为若干小纸包,以备居民的小孩来取用,取香草只限男童,女孩是不能去领取的。

在不少地区,有给小孩缝"五毒兜肚"和"五毒儿枕"的习俗,兜肚俗称"裹肚儿",均用红色布制作,上用彩色丝线绣壁虎、蝎、蛇、蜈蚣、蟾蜍等5种动物图形。据传佩用此物可防虫蝎叮咬,有避邪作用,此俗已经消失。

系长命缕

长命缕,俗称"百岁索",简称"百索儿",其做法不一。民国《洪洞县志·风俗》载:"端午,小儿手足系长命缕,名曰百索"。其做法是将香火般粗细的线绳煮染为朱红色,系于孩童手足腕部。清道光《赵城县志·风俗》载:"男女系五色丝于腕,曰虫蛇不蜇"。赵城一带多用五色线拧为绳系之。系百索于端午节凌晨进行,一般年龄越小系得越多,多者除手腕、足脖外,腰间及脖子上也各系一条。年龄稍长,改为系三条、两条或一条,成年人多只系一条于腕,这一习俗农村至今仍然盛行。

二、中元节

农历七月十五为中元节,旧时是祭祀已故亲人的重要节日,因人死则成为鬼,所以又称"鬼节"。此节的兴盛与佛教、道教密切相关,佛教称"盂兰盆节",道教以中元日为地官清虚大帝生日。盂兰盆是梵文的音译,意为"救倒悬"。经书上说目连以其母死后极苦,如处倒悬,求师救渡,佛令他在僧众夏季安居终了之日(即农历七月十五日),备百味饮食,供养十方僧众,可使其母解脱,目连依法行之。梁武帝时依此创设盂兰盆会。后除设斋供僧外,还增加了举行诵经法会、水陆道场、拜忏、放焰口、放河灯等活动。道教信奉的地官清虚大帝主管鬼神幽冥之事。据传他要在七月十五日这一天下界考察,核定人间善恶,并为人间赦罪,所以道众于此日讲诵经文,超度众鬼。而民间追宗怀祖者也在此日祭祀地官,为已故亲人祈福。唐代是个政治开明的时代,儒佛道三教并行,中元节的祭祀活动在寺庵、道观、民间普遍盛行。至宋代七月十五演变为民间祭祖日,而沿袭成俗至今。

祭品

县域祭祀先祖的供品除应时瓜果外,最具特色的是圪栏、饽饽。这两种食品均用白面发面制作,接面时,加入食盐、花椒面、鸡蛋、芝麻、食用油等调味品。制作时,在旧铁笼盖倒置作鏊体,鏊内装有以大小均匀的小石子或用陶泥烧制的豆状陶瓷子为介质,通过上炉烘烤而成。烙制时,先将石子烘热,搅匀,将一半石子取出，剩余的一半摊平，放入擀好的面片，再将取出的石子均匀覆盖其上，烙烤片刻即成。二者的区别是，圪栏擀得较薄，只上一次鏊即熟，稍晾即干燥，食用时"咯嘣"作响，酥脆掉渣，余香满口；饽饽擀得面稍厚，要正反两面都烙过才能熟透，食用时外脆内绵，有筋道，有嚼头。

祭仪

民国《洪洞县志·风俗》载："中元，展墓祀先"。据传此日为地官赦罪之辰，先祖灵魂得以放归，所以要隆重祭祀。县域大多数地方是以家祭为主。家祭的祭仪较为隆重，在厅堂设祭案，案上置麻、谷，以之作为"五谷"的代表；以告慰祖先，五谷即将收获上场，将会获得好收成；或说麻为织者所需，谷为耕者所获，祭于祖先之前，告之衣食无缺，富裕安康。供品瓜果列于中央，两边供圪栏、饽饽各十二个，象征一年12个月。再将五月端午系于小孩腕上的百索悉数剪下，挂于麻谷之上，以告慰祖先孩子们健康渡过了暑热天气。此外还要奠酒数盅，焚香叩拜。至太阳落山前，再焚香将麻谷送至大门外十字路口，收起供品，祭仪告成。

家庭的女眷如娘家有新丧，要回娘家祭奠，俗称"烧七月十五"，所带供品也是圪栏、饽饽，有的用彩色纸糊些冥衣、折些元宝，到墓前焚化。丧期较近的，还要在坟前痛哭一番。一般逢父母丧，要祭奠三年。

三、中秋节

农历八月十五，正值三秋之半，所以名为"中秋"。又因为八月是秋季的第二个月，所以也称"仲秋节"。更由于这一天月亮倍明于常时，故又称拜月节、团圆节。中秋赏月习俗始于唐代至北宋时期，朝廷正式将八月十五日定名为中秋节。此后随着社会的发展日趋隆重，一直流传至今，成为我国传统节日中仅次于春节的第二大节日。

食品供品

祭月的供品更是丰富多彩，果品类有西瓜、苹果、葡萄、石榴、红枣等。面制供品为兔娃馍，传说月中有白兔，古诗中有"月中何有？玉兔捣药"的说法，故用玉兔为月亮的代称，如月亮升起，称玉兔东升。旧时集市有月光神祃出售，神祃上绘一轮圆月，玉兔执杵，捣药臼中，所以民间有蒸兔馍以祭的习俗。玉兔馍制作方法是：将面搓为长条，压扁，用刀在两端各切开一段，一端为耳，一端为爪，然后折叠并压两枚红枣于折叠的面中，用筷子一压，两只兔耳便竖立起来，用筷子压两个耳窝，前后两端稍捏即成。

中秋节最具代表性的食品为月饼，关于月饼，民间还有一段传说，相传元朝建立后，对汉族地区实行血腥统治，各村都派有鞑子（蒙古人）驻守，进行统治和监视，衣食均由村人供给，人们不堪其苦。朱元璋起兵时，采用刘基之计，利用八月十五吃月饼的习俗，在月饼馅中夹入了"八月十五杀鞑子"的纸条，所以汉人于八月十五采取了统一行动，将驻于各村的鞑子全部消灭。此说只在民间流传，并不见于正史及志书。旧时，月饼品种较少，只酥皮和硬皮两种，月饼馅由核桃仁、花生仁、青红丝、橘饼、玫瑰花、红白糖等制成。在农村，早年即有自制月饼的习俗，备有木制的月饼模具，称"月饼壳子"，将蒸熟的面加入食用油、饴糖等和好，包上馅放入月饼壳一摁，磕出，便成为印有许多吉祥花纹的饼坯，再在两个鏊子间烘烤，燃料用木炭。改革开放后，人们生活水平提高，有的人家在中秋期间专门从事加工服务，不过工具是用电烤箱。

祭月赏月

中秋祭月是县域民众普遍的传统，清道光《赵城县志·风俗》载："中秋陈瓜饼于庭，曰飨月"；民国《洪洞县志·风俗》载："中秋献月饼、瓜果、拜月"。

民间一般于中秋晚上在庭院摆设香案，陈列瓜果、兔馍、月饼等，待月亮升起、月光普照大地时，由家庭主妇朝月亮方向焚香叩拜，叩拜时，口中念念有词，说一些请月亮神保佑诸事顺遂、全家平安之类的祈愿话语。由家庭主妇祭拜者，源于阴阳五行学说，因月亮属阴，故由妇女祭拜，所以传下了"男不拜月，女不祭社"的习俗。

赏月也是县域流行的一大习俗，旧志载："中秋设樽俎，宴会，以观月华"。中秋正值秋天之半，秋高气爽，气候宜人，因此望月、赏月、月下饮宴便成为一种亲友欢聚的习俗。拜月撤供后，于庭院摆餐桌，分享瓜果、月饼，并备菜肴酒馔，全家人围坐一起，尽享团圆和天伦之乐。

社交活动

中秋节以月饼为礼品互相赠馈也是县域的古俗。中秋前后，亲戚朋友间互相走动，互赠月饼，表示祝福。做晚辈的，要给父母、祖父母、外祖父母、舅舅、姑姑、姨姨送月饼及礼品，以表尊老敬老之意。其间以新订未婚男女互到对方家送月饼较为隆重。早年，礼品较简约，大多只携数斤月饼。改革开放后，人们生活水平提高，礼品也相应增加。一般男方要于农历八月十二或十三日携礼品到女方家，礼品除月饼外还有香烟、酒、奶制品、水果等。其礼品件数也有一定讲究，以六件者为多，取"六六大顺"之意。女方要捏饺子、炒菜、备酒款待未来的女婿。其后女方也要携礼回赠，礼品较男方送的稍少。

四、其他节日

夏秋间正值农忙，与农时相关的节日还有许多，但其规模和影响程度均次于以上节日，录叙如下：

四月初一

民国《洪洞县志·风俗》载："首夏朔日，插皂荚枝，皂荚叶"。人们于这日戴皂荚叶。旧时民俗以为这样可百病不生，现此俗已杳无踪迹。在原洪洞河东地区，有给小孩缝绣球的习俗，绣球俗称"火蛋子"，用六片圆形褙子片对折，缝为圆形架构，在空隙处用红色绸缎包棉花填实，棉花中揉进少许朱砂来以避邪。据传携了绣球小孩的火力就会旺，可避外邪侵扰。

五月初一

五月初一为仲夏第一日，时值盛夏，人和牲口多有"苦夏"的毛病，不思饮食，影响健康。这一天，原洪洞河东一些地方有给牲口做"草料布袋"、给小孩缝盐袋的习俗。"草料布袋"用红蓝布缝为纺锤形，内装玉米、黑豆、谷草等，然后将两端缝在一起，用红绳系于牲口额头正中，据传可防止牲口食欲不振。盐袋用红布缝为小辣椒形，内装食盐少许，用红绳系于小孩腕部，据传有增进食欲的作用。

磨刀日

五月十三民间传说为关公诞辰，也是关公磨刀斩妖的日子。关公即关羽，字云长，三国蜀汉大将，以忠义见称，死后被神化，道教封其为"三界伏魔大帝，神威远震天尊关圣帝君"，佛教则将其列为护法伽蓝神。许多行业都将其视为保护神和财神。磨刀要用水，所以这天多有雨水下降，故民间又称"雨日子"，由于这天降水的概率比较大，所以民间又有"大旱不过五月十三"的谚语。在建有关帝庙的地方，此日要祭祀关公，并举办庙会、唱戏数日。

观莲节

旧时习俗以农历六月二十四日为莲花花神诞辰日，是日有观莲之说。洪洞旧城垣有池遍种莲藕，故称"莲花城"，据民国《洪洞县志·城池》载："城外为池"，旧深一丈、宽三丈，流水环抱，栽种芙蕖（莲荷的别称）。每当盛夏，翠盖红衣，望若云锦，兼以锦鳞游泳，蜻蜓水鸟点缀其间，往来行人，诧为美观。清人李时升《城西晚眺》有"芰荷风送隔溪船，负郎人家半稻田"诗句。曲沃人秦武域在《洪洞道中》诗中亦有"秋柿已成霜未著，夏莲初绽露先盈"的诗句，当时观莲之举可见一斑。

乞巧节

七月七称乞巧节，也称七夕节。又称"女节"。节期在农历七月初七日，民间传说此日为牛郎织女一年一度在鹊桥相会的日子。久而久之，演变成了女性专用的节日。民国《洪洞县志·风俗》载："七夕，妇女穿针乞巧"。据传，是日夜，女性设香案于庭院，摆瓜果供品及自己做的针线活，祈求织女赐巧，未婚少女则要祈求赐给美满姻缘。旧时，有一种有七个眼的针，为乞巧专用针，以五色线合为一股，谁最快将七个眼穿完，谁便乞得了巧。而一般均用红丝线一根，从七根针的针鼻中穿过,谁先穿完,谁便得巧。

清道光《赵城县志·风俗》载:"七月七日,童子浸谷于盆,使生萌命,曰蘖母。及旬,取为水角,裹笔头于内啮之,视颖之向背,以别慧钝"。

七月七日,民间有女孩染指甲的习俗,可能是乞巧的余绪,染指甲的原料用凤仙花和明矾。凤仙花,俗称"指甲草",以能染指甲而得名。取凤仙花植株,洗净,与适量明矾粉混合捣为泥状,敷于指甲上,外以蓖麻叶或桑叶包裹,用线缚牢,经一宿,指甲即成为红色,净亮红润,经月不去。

先师诞日

相传农历八月二十七日为至圣先师孔子诞辰,是日有享祀祭拜活动。据民国版《洪洞县志》载:每岁春秋二仲月上丁日祭。清道光《赵城县志》载:"(雍正)五年奉上谕,八月二十七日圣诞之期,内外文武各官及军民等,致斋一日,不理刑名,禁止屠宰,永著为令"。祭仪隆重肃穆,设选赞、献官、陪祭官、执事、乐生等职位,并有严格的礼乐图谱。祭品为太牢。旧时,洪赵二县各在文庙致祭。

重阳节

重阳节的节期为九月初九日,根据奇数为阳、偶数为阴的规则,九为奇数之最大者,又因其月、日两九相重,故称重阳节。

关于重阳节的来历,民间传说源于东汉的桓景。桓景,汝南人,拜仙人费长房为师。有一次,师傅对桓景说,某年九月初九有重大灾难,你可携家人一起外出登山,且须在胳膊上佩戴有茱萸的香包,并且要饮菊花酒,遵此行之,可免灾祸。桓景依师傅之嘱,于九月九日佩茱萸带家人携酒登高,当傍晚返回时,发现家中的鸡、犬、牛、羊全部暴死,才知师傅所言不虚,由此便形成了重阳节的诸多习俗。民国《洪洞县志·风俗》载:"重阳蒸枣糕荐先,携壶觞登高",清道光《赵城县志·风俗》则称:"九月九日食枣糕,母家馈女,曰祝节。"食枣糕者,因"糕"与"高"同音,取步步登高之意。现今,农村仍有重阳食蒸饭的习俗,蒸饭用软糜黍米掺以金豆子、红枣蒸制而成,赵城一带则不用金豆子。此即旧志之所称"枣糕"。而携壶登高则已无此俗。此日,动工之家及雇有工人的户要以蒸饭犒劳工匠,故俗语有"八月十五、九月九,不管掌柜的有没有"的说法。

21世纪初,国家定该日为"敬老节"。至此,社会各界于是日都要举办规模不一的庆祝活动。

第三节　冬季节日

一、寒衣节

农历十月一日，是冬季开始的第一天，此时，寒冬将至，人们为御寒，需要增添衣物，由阳世推及阴间，认为也需要给故去的亲人送去过冬的衣物，以使亡亲免受冻馁之苦，并以此表示对亡亲的孝敬。

送寒衣俗称"烧十月一"，寒衣用五色纸裁剪，用糨糊粘贴成衣、裤、鞋、帽、被等形状，有的还在上面粘一些花卉图案。富有之家有的用丝绸等布料制作，内装以棉花，只是形制较小而已。

送寒衣大部分地区是在坟前焚烧，且供瓜果、食品、冥币、元宝等，有的则在十字路口焚烧，焚烧时口中念念有词，召唤已故亲人前来领受。家在外地的，因路途遥远，无法回家，便采取遥祭的方式，朝着家乡的方向焚香，然后念叨亲人，说明原因，请已故亲人遥领，然后焚烧。焚烧时，还要用木棍画一圆圈，防止被孤魂野鬼抢去。原洪洞地区的供品面食为"油角儿"，白面制作，包豆馅，先捏为饺子状，然后在捏合的边棱上用食指和拇指掐上花纹，若绳纹状，上笼蒸熟即成。

二、冬至数九

冬至是农历二十四节气之一，也是民间重要的传统节日。民俗有"过了冬至，一天长一针指"的说法。冬至在古代是一个重要节日，传说黄帝制历，以冬至为元旦，历法是以"建子"（十一月）之月为岁首，以冬至日为新一年的开始，所以有"冬至大如年"的说法。太初历颁布以后，以建寅之月（正月）为岁首，然自唐宋至清代，冬至节的节庆活动长盛不衰，自民国开始方日渐衰落。

县域冬至日饮食均吃饺子，故俗语有"冬至饺子夏至面"之说，旧时冬至日举行家庭宴会，故《洪洞县志·风俗》有"冬至，家叙长幼，拜节，亲友不贺"的记载。

冬至日是民间拜师、敬师的节日，旧时书院、私塾特别重视。凡私塾学生于此日要穿新衣，拜孔子，拜先生。先由先生带领学生拜孔子，再由学董带领学生拜先生。管理私塾的学董要于此日设宴款待先生，俗称"请先生"。一方面是对先生一年的辛劳表示慰问和感谢，二是要结清工资，议定下年是否续聘。

数九

自冬至起，气候进入全年最寒冷的时段，俗称"数九寒天"。数九指从冬至日或次日数起，每九天为一组，称"头九""二九"，直至"九九"，共计 81 天。数九的起法是，以农历为准，冬至日逢单数即从当日数起，若逢双日，即从第二天数起。先民们根据长期观察记录，利用自然界的变化，依时序编成了"九九歌"，在民间广泛流传。其说法大同小异，流传最广的是："一九二九，闭门拴手（双手揣入袖筒）；三九四九，冻破实路（道路冻裂）；五九六九，沿河水流（河流解冻）；七九八九，抄花头（乞丐）拍手；九九八十一，卸了帽儿扒了皮（御寒的皮帽，皮衣都不用了）。"

三、腊月节日

农历十二月是一年的最后一个月，俗称"腊月"，腊，辞海的解释是"古时夏历十二月祭名，始于周代"。腊在远古时代本为一种祭祀名称，夏代称"清祀"，商代称"嘉平"，周朝时改称为"腊祭"。"腊"从"猎"演变而来，因时至冬末，各类作物秋收冬藏，进入农闲时期，人们便在野外猎取禽兽，用来祭祖先，敬百神，以祈福求寿，避灾迎祥，称之为"腊祭"。秦统一中国后，制订历法，将十二月名之为"腊月"。

腊月的主要活动是为过年做准备，时序虽属农闲，但人们却格外忙碌。

初五日

民国《洪洞县志·风俗》载："季冬五日，作五色豆粥"。关于此俗的来源已不可考，但现在在一些地区仍有此俗，其原料有玉米、小麦、小豆、高粱米、金豆子等，俗称"五合豆"，常常是煮一大锅，食用时用油炒加热，并加入蒜末、姜末、食盐、花椒等调料，味道鲜美。

初八日

腊月初八日俗称"腊八节"，是腊月期间的一个传统民俗节日。

腊八节的主要代表食品为"腊八粥"。关于腊八粥的起源有多种说法。一说在古代，有一穷苦人家，至腊月时即将断炊，其妻便把各种粮缸残存的粮食都收集起来，煮为粥食用，因各种粮食都有，故称之为"杂八粥"，进而沿变为"腊八粥"。一说与佛教有关，俗称"佛粥"。相传释迦牟尼成佛前，苦行修炼，一日竟饿昏于地，有一位牧羊女孩把所带的杂粮混在一起，并采摘山中野果煮成粥让他喝下，食后不久，释迦牟尼便恢复了体力，并坐在菩提树下继续静坐悟道，于十二月八日终于得道成佛。佛教称此日为"成道节"，每到此日，便要诵经供佛，同时效法牧羊女的做法，以米、豆、果物等煮粥，敬献佛祖，并飨僧众与信徒，这一习俗也逐步传入民间。县域有初八日喝腊八粥的习俗，民国《洪洞县志·风俗》载："（腊月）八日，作腊八粥"；清道光《赵城县志·风俗》载："腊月五日至八日，煮五色豆食之，曰腊八粥"，是将两者合二为一了。腊八粥的原料较多，有大米、小米、红小豆、黄豆、花生仁、葡萄干、红枣、核桃仁等，一般要凑齐八种，有的则更多一些。

是日人们还有腌"腊八蒜"的习俗，腊八这天，将剥皮的蒜瓣置于醋坛或醋罐中，密封浸泡。至除夕吃饺子时启封，蒜瓣变为碧绿，就着腊八蒜吃饺子或用腊八醋蘸饺子，味道均极其鲜美。

二十三

腊月二十三日是民间十分注重的一个日子，俗传是日诸神依天规上天禀报年内人间事项，童谣有"腊月二十三，爷爷上了天，先生放了学，娃娃撒了欢"的说法。民间最重视的是祭灶。灶君，俗称"灶王爷""尖子爷""尖尖爷"。因其负责管理各家灶火，能化身千万，常驻千家万户，对各家的言行举止、善恶是非负监察责任，每年年终，要回上天，向玉皇大帝报告一年来各户人家的善恶，玉皇大帝则根据汇报决定赏罚，积善之家则降福送瑞，恶盈之家则降灾惩罚。在灶君的神龛对联中，也可反映灶君职责，如"上天言好事，回宫降吉祥""日察人间事，月报天上知"等，横批为"东厨司命""一家之主"，所以人们对灶王祭祀十分隆重。

旧时祭灶君是在二十三日晚间，要摆上供品、香烛，准备糖饴。用饴糖祀灶，盖取其黏性，习俗以为这样可以粘住灶王爷的嘴，使其上天后无法说坏话和过错，又因其味甜，灶王吃后嘴也会变甜，会说许多好话。民国《洪洞县志·风俗》载："二十三日，具饧糖祀灶，即醉司命之意"。道光《赵城县志·风俗》也称："二十三日，祀灶以糖，曰粘其口，使毋说是非"。同时也提出了疑问："口果粘，苟有善亦无以达于天矣。"祀灶时，焚香三炷将糖饴向灶君神马的嘴上抹上一点，然后焚化，即算礼成。近时这一习俗已很衰微，只有上了年纪的老太婆和个别人户仍沿其俗。

旧俗自此日起至除夕，凡婚嫁等事均不需要择吉日，因诸神已上天，少了很多禁忌，民国《洪洞县志》载："此后婚嫁不择日，谓之乱岁"。道光《赵城县志》载："自是七日，嫁娶不择吉，曰诸神在（天），人无禁忌"。

二十三日辞灶以后，家家户户便进入紧张的忙年阶段，打扫卫生，置办年货，蒸炸年食，忙得不可开交。腊月二十四为打扫卫生、清理垃圾、修理炉灶的日子，俗语有"腊月二十四，扫刷（刮）泥炉子"的说法。民国《洪洞县志》也有"二十四，扫舍宇"的记载，扫刷是古代驱疫仪式的延续。因农家很少有闲时，积累了一年的灰尘、垃圾需要在年前清理干净，到此日，各家各户都要将常年难以打扫的旮旮旯旯仔细清扫，包括房顶、墙壁、各处角落的蛛网、尘絮。一些常年不动的衣箱、衣柜等也都挪动开，将地底与背后的尘埃等清除干净。炕上的芦席等都要置于院中晾晒一番，并用树枝甩打，清除积尘。旧时农村多用纸糊窗户，是日要全部扯去，换上新的纸张。墙壁能粉刷的粉刷，不能粉刷的裱上一层报纸或炕围纸，使环境面貌焕然一新。是日还要将炉灶整修一番，该糊泥的糊泥，该换砖的换砖，挖去炕下烟道里的积灰，清除烟囱里的烟墨，以便在烧火时炉火更旺。

是日，新娶的媳妇要回娘家，俗称"躲扫刮"，此俗的来历无考。或说新媳妇不沾旧尘土，不得而知。

自二十五至除夕前，各家根据情况或蒸年馍，或炸食品，或做豆腐，或置办年货，十分忙碌。旧时这段时间是家庭主妇最为忙碌的日子，因不论大人、小孩过年都要穿新衣裤、新鞋袜，而这些衣服鞋袜都要一针一线地缝制，油灯下"赶活"的情况十分普遍，而白天做年食主妇仍是主角，其辛苦程度可想而知。旧时，家庭主妇夜间做针线活称"坐夜"，油灯莹莹如豆，十分昏暗，就着油灯穿针走线是十分平常的事情。

居家装饰

20世纪70年代前，农村住房大部分是土窑洞、旧砖房或旧瓦房，为使家居更加干净、整齐、美观，大都有在火炕一周褙报纸、炕围画（俗称炕围纸）的习俗。在窗户纸上贴窗花，且花样繁多，有莲（连）年有鱼（余）、龙凤呈祥、狮子滚绣球、喜鹊登梅、雄鸡报晓、五谷丰登……80年代后，居住条件改善，窗户也不再用纸糊，均安装玻璃，窗花逐渐淡出历史舞台。在河西一带还有挂吊画的习俗，吊画儿即较小的条幅画，装于线绳上，悬挂于窑洞中后方，起遮蔽和装饰作用，一般吊6条。吊画儿有印刷品，也有自己创作的，当时有一种画工，以木板夹毡片为工具，用品色为书画颜料，在农村流动服务。其作画速度很快，备有多个毡板片，在毡片两端蘸上不同颜色，根据图案需要，前后左右上下一阵滑动即成。由于品色颜色鲜艳，对比强烈，亦花亦字，人们称之为"花里套字，字里套花"，很受人们喜爱。至今，每到腊月，在县城一些地方还可看到这类画工的身影。在一些家庭，也有自己书写警句、诗词条幅以作吊画者。为增强装饰效果，在条幅间夹插一条梅红纸。

四、除夕

除夕，是农历一年的最后一天，民俗称大月为"大尽"，小月为"小尽"，而除夕随着农历腊月大小月的不同而不同。如腊月为"大尽"，即除夕为三十日；如为"小尽"，则在二十九日。除夕为忙年的最后一天，此日主要习俗有贴春联、贴神祃、挂神子、摆供品、吃隔年饺子、守岁等。

首先是庭院进行年前的最后一次清扫，水缸添满，不用的农具等都放到僻静处所，以保持整个院落干净、整洁。

贴春联

春联源于古代用以避邪的桃符，即一块桃木板，上书"神荼、郁垒"两位门神的名字。最早的春联，传统的说法是五代后蜀皇帝孟昶书写的桃符："新年纳余庆，佳节号长春。"据传明太祖朱元璋定都南京后曾下诏：无论官民，除夕务必在门上贴春联。自此贴春联在民间得以普及。春联的内容大都为辞旧迎新、祈福降祥、喜庆欢乐的内容。

春联讲究逢门必贴，因此凡院内之门都要贴春联。所有神龛也都要贴春联。如财神春联："天上金玉主，人间福禄神""左抱摇钱树，右擎聚宝盆"。马王神龛贴："牛如南山虎，马似北海龙。"土地神龛："土能生万物，地可发千祥"。老君神龛："金炉不断千年火，玉盏常明万岁灯。"天地神龛："天高悬日月，地厚载山川"等。村中的土地庙、高神庙及所有其他庙宇都贴春联，有的还相当有趣，如，庙宇门上贴"庙前无帚风扫地，堂内无烛月照明"。在所有神龛中，天地神龛较为特别，一般于庭院中摆方桌，或大缸一个，作为放置供品的平台，农村则多将碌碡立起来放置供品，城镇多于其旁竖在市场购买的绿竹数竿，农村则就地取材砍松枝插其旁，取"节节高升""松柏常青"之寓意。

春联纸的用法也有区别，原洪洞河东地区梅红的留白部分（俗称脑儿）在下面，而原赵城及洪洞河西地区脑儿在上面。贴春联的顺序是上联在右，下联在左，横批的字也是自右向左，与旧时竖排版形制相同，而现代的印制春联却颠倒过来。

在当年有新丧的户过年不贴春联，第二年贴黄、绿纸春联，到第三年守制期满，恢复红色春联。

在大门和厅门的横批下面还有贴"挂乐笺"又称"挂落钱"的习俗，传说此物可驱赶穷神，而穷神的特点是"见破即回"，当其看见门上飘着镂空的挂乐钱时就会回头，别往他处，所以县民有此习俗。挂乐钱的形制多样，早年多为16开彩色纸上镂刻而成，大门一般贴5张，上镂有吉祥图案和吉祥词语。现今有长横幅挂乐笺上印吉祥词语，更加美观。

除春联外，各处还贴一些单条和斗方。贴单条的有：灯台旁贴"小心灯火"，农村通电以后，改为"小心用电"。炕边贴"身卧福地"，房门上方贴"抬头见喜"，外面贴"出门见喜"，门上贴"谨守门户"，衣柜上贴"衣服满柜"，牲口槽上贴"槽头兴旺"，鸡笼边贴"六畜兴旺"，树上贴"根深叶茂"，院内贴"满院春晖"。贴斗方的有：水缸上贴"清水满缸"，米罐贴"米黄如金"，面缸贴"面白如雪"，粮缸贴"粮满囤溢"等。

贴门神

门神与春联一样，由桃符演变而来。汉代，人们以桃木刻神荼、郁垒像，挂于门首避邪，后在两块桃木板上画像，写神荼、郁垒之名，经多年演变，到北宋出现了木版印刷的门画，后随印刷技术改进和政治环境变化，其内容随之发生变化。早年，县域多贴木板套印门神，门神有文有武，文者峨冠博带，手执朝笏；武者多为秦琼执锏，骑黄骠马，尉迟恭执鞭，骑乌骝马。土改和解放战争时期，贴背枪民兵、八路军、解放军。"文化大革命"时期多用政治口号代替。

贴年画

早年贴年画是农村过年的一大内容,故民间顺口溜有"腊月二十七八儿,洪洞城里观画儿"的说法。年画多为天津杨柳青印制的年画,内容丰富多彩,有山水、风景、胖娃娃、八仙故事、戏剧人物、吉祥图案等多种,"文化大革命"期间的年画多为样板戏剧照。现随着家居建筑的改变,年画已很少有人贴了。

年夜饭

年夜饭是一年之中极重要的一顿饭,因到此时常年在外的家庭成员已全部归来,全家团圆,喜气洋洋,大家围坐一起,共享团圆饭。同时有吃"隔年煮角"的习俗。早年,农村都是包饺子吃,很少有炒菜的。在洪洞城区周围地区由于比较富庶,多炒四个菜,食饺子。现今人们生活水平提高,除吃饺子外,一般炒几盘菜,饮酒,看春节晚会。在城镇,也有部分人在饭店、酒家订餐。

守岁

守岁是民间的一种除夕节俗传统,民国《洪洞县志·风俗》载:"除日……达旦不寐,谓之守岁";清道光《赵城县志·风俗》载:"除夕,老幼男妇具酒馔醼饮,曰守岁"。关于守岁的来历,据说与"年"妖有关,为防止其伤害,人们通宵达旦不敢入睡。另有传说,在除夕夜子时,天帝会打开天门,向人间撒下金银财宝,所以人们都熬夜守候。一般认为,守岁,实际是劝诫人们珍惜时间,爱惜光阴。旧时为消磨时间,人们吃完年夜饭后便开始包春节早饭的饺子,大人们捏,小孩们帮着擀饺子皮,为提高孩子们的兴趣而不致打瞌睡,大人们常教孩子们一些顺口溜,如苏堡一带的顺口溜有:"当院里长的摇钱树,供桌底下是聚宝盆,麒麟来送子,八仙来庆寿。天门开,地门开,对对元宝滚进来,马驮金,驴驮银,骆驼驮的是聚宝盆,聚宝盆里满装金和银……"孩子们边学着念,边擀面皮,不会觉得疲倦。现今,大多以看春晚为主。至零时钟声一响,到处炮声一片,有鞭炮、烟花、闪光雷,此起彼伏,响彻云霄,增添了节日气氛。

摆供

除夕晚,要布置好各类神龛,摆上供品。其中家堂神祇极为重要,习俗认为,到除夕,已故亲人也要回家过年的。根据尊祖敬宗、视死如生的传统,要提前将神轴取出,掸扫干净。神祇所包括范围内有新逝者,根据辈分、次序,填写名讳于其上,没有神祇的人家,则将祖先神主请出,神主即木主,形制与墓碑相仿,根据辈分,长幼排列到位,有遗像的,还要摆上遗像。关于祖先牌位的写法也有讲究,多数供上三代的神主,三代以前的远祖制作一个较大的牌位,上书"×氏列祖列宗之神位",将三代以前的所有祖先均包含在内。三代以内的先祖右书逝者名讳,左书配偶姓氏,不写名字,下书神主。早年刻(书)制"神主"牌位大有讲究，名讳之后的"神主"二字，"神"字最后一笔竖画"主"字第一笔的点画，主家（书者）不写，留给有地位的官员填写，谓之"通神点主"。中华人民共和国成立后，此俗破除。

第四节　其他节日

羊獬历山走亲民俗

位于汾河之西的万安镇历山与位于汾河东岸的甘亭镇羊獬，两地相距35公里，4000多年来，两地之民以姻亲互称，历山人称舜为爷爷，称娥皇、女英为娘娘；羊獬人称娥皇、女英为姑姑，称舜为姑夫，延续下来的结果是羊獬人比历山人大一辈，历山人称羊獬人为表叔、表伯，历山人则为羊獬人的表侄。这种亲情关系通过"三月三接姑姑"和"四月二十八迎娘娘"活动一直延续数千年，足见这一民俗事象在两地民众内心深处的地位和顽强的生命力。

历史渊源

· 得神兽御赐村名

相传，唐尧时期尧王勤政爱民，协和万邦，百姓安居乐业。尧王到晚年，自觉心力难支，为百姓之安乐和生计考虑，极想寻找一位贤能的继承人接替他，于是差众臣四方访查贤德之士，自己也不辞劳苦亲自出访。其间，在九箕山曾遭许由拒绝，留下了"洗耳泉""弃瓢池"等遗迹和相关传说。一次在出访路上他听到在都城以北的周府村有羊生下一只独角怪兽，此兽不但长相奇特，而且能识善恶辨忠奸，凡遇不忠不孝之恶人便以犄角触之。尧亲自到现场考察，果如所言，甚为诧异，称此兽为祥瑞之物，生兽之地乃是宝地，遂赐此兽名为"獬"，并将周府村改名为"羊獬"村。至今在洪洞地区仍然流传着"羊生獬，羊獬村，尧王立世到如今"的说法。

尧王得"獬"后，将此兽赐给在朝中担任理官（理刑狱之官）的皋陶，以助其断狱，由此，"獬"的独角形象演变成为以后历朝历代执法者的官帽顶戴——"獬豸冠"。

自发现这块风水宝地，尧王常携家眷在此居住，并不改初衷继续进行着他的访贤之行。

· 访历山，得重华

尧王求贤若渴，曾多次要群臣荐举贤能，大臣放齐推荐尧王之子丹朱，尧认为丹朱生性骄纵不堪重任。又有人推举共工，尧认为共工阳奉阴违，不能胜任。尧又问四岳："你们中谁能担此重任？"四岳回答说："我们德行鄙陋，实难继承大统。"尧王又说："既然如此，那是不是从出身卑微的贤良民众中选呢？"众人回答说："听说有一个叫虞舜的穷困百姓，很不错。"尧王说："这个人我只听说过，但没见过面。这个人怎么样？"四岳答道："他是瞽叟的儿子。其父心无主张，后母刁钻不仁，其弟名象，待人傲慢不仁，但是舜却能洁身自好，不念旧恶，不计前嫌，以孝行感化家人，同时勤劳刻苦，与邻居们的关系都十分融洽，相互帮衬，在他的影响下，历山一带到处是升平景象。"尧王说："好吧！那我就去会会他。"

尧王来到历山，看见有一个年轻人正驾着一黑一黄两头牛在耕地。这人在犁把上拴着一只簸箕，一边唱着山歌一边敲打簸箕，两头牛使劲拉犁，不一会就把一垧地整治得平平整整。趁他在地头歇息之机，尧王前去问道："你手拿牛鞭却不见打牛，只是敲打簸箕，牛反而很听话地奋力耕地，请问这是何因？"舜答道："牛耕地已经很累了，我怎么忍心再用鞭子抽打它们呢？况且我打黑牛黑牛怪，打黄牛黄牛怪，我敲打簸箕，黑牛以为我在打黄牛，黄牛认为我在打黑牛，这样他们都会奋力向前拉！"尧王一听，心想这人对牲口都这么仁爱，对人的态度肯定没错，便问其姓名。年轻人答道："在下姓姚，名舜，因双目重瞳，故人又称姚重华。"尧王大喜，随即将舜带回宫，并授予他相当职位，同时还好几次用难办的事考验他。

首先，尧命舜完善父义、母慈、兄友、弟恭、子孝五种美德，人们都顺从教化；然后又让舜总理朝野一切事务，他都处理得井井有条；接着又让舜在明堂接迎四方宾客，来朝的宾客都对其肃然起敬；后来又让舜管理山林，舜悉心经营。经过三年时间的考验，尧确认舜可以接班了，便想禅位于舜，但是舜仍然不肯接受。直至廿余年后，50岁的舜代行尧王职责，61岁接受了尧王的禅让。

·二女事舜，两地结亲

舜辅政三年期间，由于政绩卓著，使尧更加信任和喜欢，便将娥皇、女英二女嫁给了舜，二女中一人主内以修礼教，一人辅舜处理政事，两人配合默契，各尽妇道，堪称母仪之范。在历山至羊獬间的多个村庄留下了许多佳话和遗迹。比如纳鞋底、煮豆子比巧；骑马回省中途生驹的"马驹村"；途中人畜干渴马刨出水的"马刨泉"；归省途中车辐断裂修复之处的"车辐村"；牧养喂牛之处的"圈头村"；勘察水源被荆棘刺划破，鲜血染红荆条的"赤荆村"；避难托梦建行宫期间，为不扰民而"蛙不鸣蚊虫不叮"的西乔庄村；"神风卷簟"被称之为"歇马凉殿"的万安娘娘庙；乔装打扮体察民情的"乔化村"；居高观汾的洪堡村；驱狼护子的"护子堰"；以及畜禽齐出动一夜搬运砖瓦石料至庙院工地的"神力（立）庙"。更使人感叹的是，两地结亲构建和突出了中华民族亘古不变的血脉亲情。羊獬、历山两地民众自发并延续数千年不变的每年一度的接亲、迎亲活动，就是这种亲情的活化石。

走亲习俗

被誉为"尧天舜日"的尧舜，开创了中华民族礼仪之先河，后人一直把尧舜奉为神圣，建庙立祀虔诚祭祀，羊獬、历山更不例外。羊獬村建有占地百亩的"唐尧故园"，园内分别建有尧殿、寝宫、献殿和姑姑殿；在历山建有气势恢宏的舜庙帝宫和娘娘殿。同时，在两处娥皇女英殿门上都镌有"姐皇后妹皇后姐妹皇后，父帝王夫帝王父夫帝王"这样一副值得玩味的楹联。每年的接亲活动均以此两处为中心展开，农历三月初三和四月二十八两日是两地走亲活动的高潮。

· "三月三"接姑姑

农历三月，万物复苏，草木俱荣，风和日丽，桃红杏白，交相辉映，正是人们踏青赏春的好时光，以农业为主体的民众，趁繁忙的农活尚未开始，走亲访友、联络感情是人们的重要习俗。

县民讲究传统数理之说，有以月日同数日期为吉日之俗。如正月初一、二月初二、三月初三、五月初五、七月初七、九月初九等，而作为农历"龙月"（三月）的第三日，更符合人们"三六九，只管走"的吉日出行习俗。

轮社习俗

接亲活动以庙会为依托，以自发的群众参与为主要特征。组织者是社首。羊獬"唐尧故园"设总社，下分南北二社，每社值社一年，每年的农历正月初六为交社日期。历山舜宫亦设总社，周边三教、宋家沟、东圈头、西圈头、石家庄、兰家节六村，每两村一社，同样每社轮值一年，农历年底交社。

以羊獬交社为例。正月初五为"除穷"破日，俗称"破五"。这一天，民间都有黎明扫屋倒"穷土"的习惯，故园各殿同样做清扫活动，净殿堂、拂圣面、除垢尘一应如例。同时，在献殿置方桌一张，上摆香炉、烛台、供果献食，桌前三把太师椅，供桌左右两侧相对各设靠背椅三把。初六日卯时，总社、分社的正、副社首同聚议事室，相互致礼寒暄，畅谈年节诸事。辰时一到，由总社执事人鸣响"神锣"三通，众社首依次贯行于献殿前，履行整装净口净手礼，而后入殿按总社社首坐于供桌的前排，缴社方在总社社首右前第二排恭立，接社方在总社人左首第二排肃立，由司仪唱颂仪操，面对尧殿行焚香、奠酒和三跪九叩大礼。

礼毕，各归各位，总社人面南而坐，总社首身套黄马褂，副社首坐于两旁。缴社人坐东面西，接社人坐西面东。由总社当差执事捧托盘在缴社社首手中接过钱物账本、库钥等，交总社社首们过目查阅后，然后交付接社社首。接社方查验无讹，在"交单"上签字后，交接仪式结束。交接过后，接社方便开始正式履行本年度的值社任务。

社，原指土地神，后成为地区管理单位，春秋时以"方六里为一社"，或"二十五家为一社",在中国传统社会里延续了数千年。社的组织是以当地主庙为载体履行自己的权利和义务,它的负责人称"社首""社头"或"庙首""庙头""香首"。社首的任用实行"公举制"或"自荐公议制",其人选一般由在当地有威望和家庭殷实的人担任,任期不定,可连任至老,亦可数年改选,对于处事不公或贪污社银、营私舞弊者,社里有权罢免,另聘新人。

羊獬村社组织在新任社首就职时,还要举行宣誓仪式,并由司仪(即通赞官)诵读仪文:

泱泱中华、赫赫尧唐;勤政爱民,谦恭禅让;喜得神羊,佐政平阳;四千余载,村罩紫光;更历万代,民沐圣光;恩泽獬地,帝风浩荡;修庙建园,社需民倡;传至现代,香火愈旺;年年祭祀,岁岁瞻仰;今日今时,社首易杖;合社齐聚,鼓乐荡漾;祈祷上苍,频降吉祥;励精图治,人和村旺;重任在肩,矢志不忘;神赐民愿,羊獬盛强;你我同心,盟誓举觞。

诵罢仪文,新旧社首共燃香烛,在尧王塑像前宣誓。誓词如下:

尧天舜日,英风娥艳,神亲民愿,千年永传,

携手同心,鼎新盛强,兴我羊獬,昌我故园!

闹社

值社村值社后,便要组织农历正月十五的民间社火活动,这次活动不但是传统的"闹红火",同时也是为走亲活动进行预演和热身。

羊獬南北两社的民众,在总社的统筹下,由值社社首具体组织实施。正月十五日辰时前,龙灯、狮子、旱船、竹马、威风锣鼓各类表演队,以及十里八村人们聚集在故园门前。

辰时一到,故园门楼升起"尧"字大宫灯一盏,并鸣锣三响,接着三个门洞大开,门外随即鼓声大作。三排《赤荆花》奏罢,南北两社锣鼓队自两偏门入园,龙灯及其他民间艺术表演队与观众自正门经"圣德门"入园,献殿前旌旗飘扬,两旁銮驾排列,香烟缭绕,各表演队依照尧殿、姑姑殿、生獬滩顺序环绕一周,然后复聚献殿前进行社火表演,至未时方息。是日,南、北羊獬家家悬灯、户户挂彩,庙内外各种地方小吃摊位遍布、香客如云、车水马龙、热闹非凡。

过罢元宵节,羊獬人将注意力集中于准备"三月三"接姑姑回娘家的事务中。农历二月底以前,人们就忙于净坛、拂圣像、装"驾楼"、漆"銮驾"、晾晒浆洗旗号和执事服装……而历山人庙则要精心拆洗被褥,沽酒宰羊、聘请戏班,做着各种迎接亲戚的准备工作。

启程接亲

农历三月初二,羊獬人接亲活动正式开始。早年由于交通不便,参加接亲活

动的人全靠步行。

一大早，虔诚的羊獬人不分男女老少就来到唐尧故园，按预先安排各负其责，周边的村民从四面八方涌向故园。园内外的杏黄龙旗一直插到村外的将军庙，沿途黄土垫路，清水洒道，人们着装整洁，喜笑颜开。

园内准备大锅烩菜、蒸馍，卯时开饭。饭后，由总社首率两社社首至尧王寝宫乞请启程令，然后抬出"驾楼"准备开拔。辰时，三声炮响过，接亲队伍在"神锣""社旗"的导引下，值社村锣鼓队在前，后跟金瓜、钺斧、朝天镫、春秋笔等銮驾仪仗，然后为"八抬驾楼"，驾楼后是龙凤扇和"万民伞"，再后为"食箩"，食箩后为不值社村的锣鼓队压轴相送。锣鼓队伍边敲边行，至"将军庙"进行"请神"仪式。

仪式毕，送行锣鼓队返回园中，接亲队伍出临时搭建的"省亲门"牌楼，一路向西到汾河东岸。

此时，河对岸的"屯里渡口"早已集聚着临汾屯里村的迎亲队伍，待羊獬人集结完毕，朝天鸣炮三声，对岸亦应声三响，东岸锣鼓队敲《东河砂》曲牌，西岸人击奏《西河滩》曲牌，双方演奏结束，渡口的船户撑船至东岸，接亲戚上船。待羊獬人陆续上岸后，便在渡口茶坊香案前焚香祭拜河神。祭毕，双方人马合为一处，羊獬人在前，屯里人居后，浩浩荡荡直奔屯里村。屯里村民在村口安排迎接，大家共奏《西河滩》和《五路垣》头排子。由村东送到村西，沿街住户都在自家门前摆香案，置点心食品、绿豆汤或茶水供羊獬亲戚充饥解渴。之后，凡经过的洪堡、马驹、龙马、赤荆、西乔庄、兰家节等村，村村皆如此，迎来送往。

在赴历山接亲的途中，要经过几个重点村庄——北马驹、赤荆村和西乔庄。

出屯里，过洪堡向西数里，便到了龙马乡北马驹村。相传，当年女英驾车骑马路过此村，马蹄躅不前，在此生下一驹，故名。再西行数里至龙马乡赤荆村，在此有二则轶事。一是女英为寻水源被荆条棘刺刺破手背，鲜血染红了荆条，自此，该地的荆条呈红色，故称赤荆村。另一则是女英骑马路过此地，当时天干气燥，人畜干渴难忍，只见神马奋蹄刨掘，顷刻间，一汪清泉喷涌而出，自此留下数千年古迹——马刨泉。

万安镇西乔庄娘娘庙的修建，是一则现代神奇传说。民国二十六年（1937）上半年，正是日本帝国主义虎视眈眈，准备大举进犯中国的危急时刻。一天二位娘娘托梦给西乔庄村民说："历山神立庙将有一场劫难，我们要在你们村暂避一时。"村民历来信仰二位娘娘，立即备料鸠工，历时一年将庙建成。民国二十七年（1938），日本侵略军攻占历山制高点，一把火把神立庙烧了个精光。金碧辉煌的庙宇群，只留下残垣断壁，满目疮痍。抗战胜利后，虔诚的历山后裔，收集残砖旧瓦建起小庙一间，供人们祭拜瞻仰，迎亲活动仍旧举行。

此后，该村人与历山结下了不解之缘，一直绕车辐、上舍接亲走古道的羊獬人，改为经西乔庄达历山的现今接亲路线。并且历山、羊獬两地接亲迎亲的人们都要在这里打尖吃"腰饭"，西乔庄人为能接待亲戚感到无比的荣幸。

另据传说，由于娘娘们从历山乔居于此，西乔庄由此而得名，至于原来的村名，已无人知晓。

羊獬接亲队伍来到西乔庄，受到村民更加热情地接待。两厢人马自村外直到娘娘庙，鼓声不断，接抬驾楼更是奋勇争先，即便是抢不到抬杠，也要用一只手扶着驾杆，一路走来。心之诚、情之切可见一斑！

进入庙院，客主两队锣鼓更是使尽浑身力气表演。村民早已齐集院外，等候亲戚们出庙休息吃"腰饭"。

沿途"腰饭"

"腰饭"，是延续了几千年的接亲礼俗中的一个插曲。顾名思义，吃"腰饭"也就是在接亲途中，在某一地打尖吃饭的意思。"腰饭"还有另一种阐释，即称"尧饭"。据说尧一生不但自己茅茨土阶，生活俭朴，同样教导他的族民知农时，勤于稼穑、渔猎，备食黍以度岁裰。后人沐其教诲恩泽，保持勤俭节约之风。因此在接亲中途吃"腰饭"的饭菜中，至今保留着几样特殊的食品，如白石的和子菜（粉条、豆芽）、苦苦菜，北马驹的干鲜果品，垫堡的菜团子，洪堡的红小豆角子和新庄的黍米、金豆蒸饭，各具特色，各有讲究。

夜宿历山

羊獬接亲队伍在西乔庄吃过腰饭，已到午后三点多钟了。这时，不论是否喝足饭饱，只要听到三声炮响，都要赶快与招待的亲戚道别，掐上刚吃一口的馍馍到娘娘庙集合，西乔庄锣鼓队和村民都会敲锣打鼓热情地欢送羊獬亲戚上路直奔历山。

到历山前还要经过一个村子——兰家节。羊獬人在这里不作停留，只是按常规礼节性地穿村而过，而兰家节的亲戚们当街跪迎，并一路簇拥羊獬亲戚直达历山舜宫，在举行了相关仪式后，才在夜幕下返回自家村庄。

羊獬接亲队伍一般在下午五时左右到达目的地历山，翘首祈盼的历山三社村民早已挤满了舜宫内场地和远近各处山头，锣鼓迎亲队的鼓手们，双膝跪地击鼓敲锣拍钹撇镲，舜宫社首们一路小跑奔向羊獬亲戚队伍，握手拥抱，手挽手登上山顶舜宫。

进舜宫，最大考验是要攀登近乎45度的72级山门台阶，这么陡的台阶即便是空手行走亦很吃力，更何况对于已经步行70余里的人，沿村不断敲打锣鼓，到高台阶时，每上一级还要击奏一排子曲牌。但是由于亲情所感，虽然汗流浃背，他们却全然不顾，依然一个个精神抖擞，容光焕发，一趟趟"五路垣"一遍遍"笑回乡"敲得山摇地动。

进入山门，来到舜宫前广场，又是一阵排山倒海的演奏之后，双方社首共进舜殿、娘娘殿，顶礼膜拜，行三跪九叩请安大礼。历山总社和值社的执事们忙着分派羊獬亲戚到各家歇息、吃晚饭。在此之前，历山值社各村各家各户早已将被褥拆洗干净，房舍整理得窗明几净、纤尘不染，并备好美酒佳肴，专候羊獬亲戚到来。届时，抢到亲戚的高兴万分，好烟好酒美食佳肴满屋飘香，拉家常叙亲情，没有抢到亲戚的与执事们争得面红耳赤。回过头又在别家匀来几个亲戚赶快拉扯回家，这样的情景在何处可见？难怪来此采风的专家、学者深有感触地说："走遍大江南北，何曾见过如此狂欢，尧天舜日绝非虚传，人间真情感地动天！"

入夜后，酒足饭饱的羊獬亲人，有的去戏场看戏（历山三月初一起庙会，请剧团唱戏，直到初五日），有的与历山亲戚彻夜畅谈，有的则在山庄窝铺的热炕暖被中进入了甜甜的梦乡……

返程万安

初三，天不亮，悉心待客的历山人蹑手蹑脚地就起床了，为将要接姑姑返回的羊獬亲戚们打点丰盛的返程早饭。

山村沸腾了。从四面八方赶来的游客步行车载涌向这里，甚至还有临汾、蒲县、汾西、襄汾远道而来的人们，带着他们不同的心愿，涌向这块圣境宝地……

漫山遍野的车水人流，漫山遍野的各色彩旗，迎着春天明媚的阳光，伴着此起彼伏的震天威风锣鼓声，等待着娘娘起驾归省那壮观一刻的到来。

早上8点钟，舜殿前多家的威风锣鼓同时敲响《笑回乡》曲牌，接亲和送亲的两家社首再次进入"娘娘殿"，焚香行礼后，由历山社首捧起二位娘娘的微型座像，复进舜殿行礼后，交给羊獬亲戚，便走出大殿跪于殿前。羊獬人复行大礼后，将塑像捧出大殿，小心翼翼地安放在驾楼内，连珠炮声轰然而起，队伍从舜宫北门起驾下山。

南门进宫、北门出山，羊獬人要沿着另一条路线返回故园，这条探亲迎亲"不走回头路"的千年规矩，在这里得到印证。

历山值社分社的锣鼓队，举着"历山总社"的社旗，跟在羊獬接亲队伍的后边，另外不值社的两社锣鼓队和群众则跪在从北门到山前将军庙的道路两旁，没有人统一发号施令，全体锣鼓队员都会和着羊獬击奏的锣鼓曲牌，敲响自己手中的锣鼓，节奏一致，韵色欢快和谐。长达300米的羊獬接亲队伍，在人们的夹道欢送下，来到将军庙与亲戚们作告别仪式。亲戚们的双手紧紧握在一起，久久不愿松开，大家依依惜别。

走下山巅，第一站是石家庄，这是历山总社又一分社的一个村庄。一样的规矩礼法，人们以鼓乐茶点，迎送羊獬亲戚。

第二站是万安镇的韩家庄。相传，这个村是舜王继母的娘家，也算是舜的长辈，因继母常害舜，早年迎亲队伍路过，不跪拜，也不供饭食。虽有虞舜后母的种种传说，但后人秉承前贤遗风，避过结、尚和睦，迎亲仪式依然隆重，在此焚香祭拜后，前往下一个村子杨家庄。杨家庄是回程途中第一个吃"腰饭"的村子。羊獬人在此稍事休息，吃"绿豆芽粉条和子菜"并在该村"娘娘庙"焚香祭拜后，在威风锣鼓和铳炮的轰鸣声中，启程前往下一站万安村。

万安古称"国家堡"，这里与羊獬有着近千年的亲缘关系，此处俗称"歇马凉殿"。相传古时，羊獬人迎姑姑归省，到此村时天已大黑。饥肠辘辘的人们为寻一歇身充饥之处，来到南门，南门已闭，绕到东门，东门已关，无奈之下辗转到北门，只见门内尚有一灯闪亮，一家烧饼铺正准备熄炉打烊。伙计问明情况后，连忙禀告掌柜。掌柜乃知书达理之人，并且早有心思结交这门皇亲国戚，于是速命伙计升火做饼熬汤，自己穿戴整齐亲自到门外迎接贵客，便饭一顿后安置大家在小铺歇息。由此，羊獬人便与万安人，尤其是万安北门结下了千年不解之缘，至今不断，每逢接亲路过万安，都要在此歇息一晚，临走买上一袋万安的"旋子"，回家后与家人共享美食，回味那段历史。

盛情的万安人还未等羊獬亲戚走出杨家庄，早已把锣鼓、旌旗、銮驾仪仗一应接亲队伍安排在了杨家庄村外，羊獬人脚不停步、鼓未落声便与万安锣鼓队合并，同进万安南门，走街串巷来到万安娘娘庙。接着又是一场锣鼓大赛，又是一次焚香，又是一夜促膝长谈，将接亲活动推向又一个高潮。

故园迎亲

初四上午十时，在万安娘娘庙同样要进行焚香祭拜等一系列传统仪式。礼毕万安亲戚仍然锣鼓相送，护驾串街，村外握手言别。

告别万安亲戚之后，还要经过万安镇的东梁村、龙马乡的塾堡村、新庄村、辛村乡的西李村、白石村、杜戍村和临汾尧都区的洪堡村，最后来到尧都区的屯里村渡口，一路迎来送往，食腰饭、庙院祭祀一如惯例。

屯里渡口，高高悬起的红灯笼映照着"远迎近送逍遥过，进退连环运道通"一副全用"走之旁"汉字编撰而成的木刻对联。灯光下，锣鼓奏响《驷马投唐》《笑回乡》，祭拜河神后上船过河，隔河分别奏《东河沙》和《西河滩》，然后鸣炮告别。

这次鸣炮有两个作用。一是夜幕已降临，隔河难辨动作，亲戚双方以此告别；二则为了告知羊獬家里人，接亲队伍已经过河。

听到炮响，故园内一片忙碌，执事分别安排锣鼓队赶赴将军庙准备接应；仪仗队排列园外肃立恭候；炮手立于门楼两侧垛墙；宫娥侍女秉纱灯守候园门内；升旗、升灯手紧握升降索绳；门人扶定门闩……园内一片寂静，人们在焦急等待，在兴奋企盼，企盼着震天炮响和猎猎升起的"尧"字旗，等待离别一年的"姑姑"回銮……

队伍回到将军庙，与接应的人群共同拜谢过"五道将军"神灵，敲响《风搅雪》急步向故园走来。一到庙，锣鼓戛然而止，并按序列队，等候入园号炮。

"咚咚咚、咚咚咚、咚咚咚"，9声炮响之后，接着"哐、哐、哐"三声神锣响过，一面"尧"字旗和两盏大红宫灯在门楼冉冉升起，此时，锣鼓骤响、园门大开，总社社首在前，身后紧随着彩服、秉灯笼的24名宫娥侍女，鱼贯而出径向接亲队伍走去。身着"黄马甲"的总社首与值社社首握手，道声："辛苦了！"而后直至驾楼前恭行大礼，转身引领，秉灯宫娥分别以前6盏、后6盏、左右各6盏队形护驾楼进园至姑姑殿前。落驾后，由值社社首从驾楼内捧出二位姑姑圣像，奉交给总社首至帝尧寝宫复命，之后，奉姑姑圣像入英皇双凤殿安位，社首祭拜后，村民们则排成单行出入，毕恭毕敬地进入姑姑殿分别拈香，顶礼膜拜，最后各奉香一炷回家，燃于自家供奉的姑姑像前（该村大部分人家都设有帝尧和二位姑姑香坛）。

是夜，故园内灯火通明，至次日卯时方熄。

在接姑姑迎娘娘活动中，还有两种民俗现象引人瞩目。一是村民争抬"驾楼"。不论是姑姑（娘娘）驾楼起驾、回銮、还是沿途过村，不论本社村民还是赶庙会游客，只要一见"驾楼"，都会蜂拥而上抢抬驾楼或扶杆簇拥而行，足见人们对二位姑姑（娘娘）的敬仰之情。据传能亲近圣母之身，就可保全家康宁，务农禾丰，经商兴旺，求子得嗣，功名成就。

二是黄色的"吉祥绒绳"。旧俗黄色至尊至贵，自古为皇家独享，除此之外，任何人不得使用，否则便为"大不敬"。而羊獬、历山则不同，因为是古圣所在，属于皇家庙社，因此连同社首身着黄马甲，沿途散舍布施的"吉祥绒绳"，都呈金黄色，历朝历代数千年来相沿，地方官衙从不干涉。

祭尧大典

农历四月二十八，论节气"小满"已过。位于娄山东麓的历山地区，已是麦黄将收的季节。同时，这一天又是尧王的诞辰吉日。在这一天，历山庙社要接二位娘娘回宫以赶农时并为尧王庆寿。而羊獬人亦于前9天就启动庙会，园内园外戏台轮番演出，商贾摊铺挨棚林立，人潮熙攘，胜似节庆。羊獬村各家各户更沽酒备菜，整铺洁屋，但等历山亲戚届时光顾接待。

四月二十七日上午八时，历山总社纠集三社民众，由铳炮开路，銮驾、锣鼓簇拥"驾楼"跟随，与西乔庄接亲队伍汇合一起向羊獬走来，一路敲锣打鼓，于上午十一时来到屯里渡口，羊獬人早在东岸相迎。两厢人马在《东河沙》《西河滩》锣鼓声中过河相汇。之后，羊獬在前引路，历山、西乔庄紧随其后，敲锣打鼓直奔羊獬将军庙祭神拜庙，接着绕行村中，再到故园东南不远处的舜庙，在此举行祭舜仪式后进入唐尧故园。社首们到尧殿请安，其他人马在姑姑殿前恭候，九声炮响，所有亲戚在殿前共同祭拜。仪式完毕，羊獬人各领亲戚数人到家吃午饭歇息，晚上各随自便，或在亲戚家再叙亲情，或游街逛庙看戏，其乐融融。

四月二十八日，主要是举行"祭尧大典"和奉送二位姑姑回历山两项。

一大早，人们像潮水一般从四面八方涌向唐尧故园，将整个园区挤得水泄不通。羊獬各执事严格分工，维持秩序的、负责炮队锣鼓的、掌管伙食的、安置亲戚的、殿上奉香的……各负其责，并用现代通信工具相互联络沟通。但最为忙碌的，莫过于负责"祭尧台"的各位执事了。

大红地毯铺展在台坛和通向帝尧寝宫的甬道以及台阶上，台面9.9尺见方，高3尺3寸，北面三级台阶面对寝宫，南边五级台阶面对尧殿后门，后门两侧汉白玉栏杆前为贵宾座席；右下侧为表演队伍候场区，寝宫内外为禁区，宫内彩女二人、负责燃香上香，宫门外彩女二人，司守护、接神位之职，台后阶下彩女二人司迎神位上坛职，台上供桌左右彩女四人，二人负责导引、二人负责燃烛点香，台南阶下各站二彩女。

午时，祭尧大典开始。通赞官上台，站于台上左侧司仪。其程序如下：

一、鸣炮摆仪。旌旗八面位列台下左右、又旌旗八面列于寝宫宫门两侧，銮驾呈八字形，分列台下正面两侧。

二、燃香点明烛。高香一炷燃于供桌前大香炉中，两支红烛在供桌之上。

三、奉请尧王神位。乐声中，总社首与两社社首自寝宫下台阶，由彩女导引入殿，上香行礼，宫内彩女捧神位交总社首，总社首接神位后退三步，转身将神位交予宫门外彩女，两彩女捧神位在前，三社首随后至北台阶前，台下两彩女接神位上台，至供桌前，复交神位于社首，然后将神位安放在供桌中央，三社首呈品字形后退三步行叩拜礼，在彩女引领下走向祭台。

四、恭请姑姑神位。总社副社首一人，南北两社各一副社首，在威风锣鼓的前后簇拥下，奉二位姑姑神位自姑姑殿出，经"圣德门"至祭台下，上五级台阶至祭台中央，彩女接过神位，安放于帝尧神位前两侧。社首三叩首下。

五、恭请舜帝神位。历山总社首一人，捧神位自南台阶上台，将神位安放帝尧神位下，与姑姑神位一字摆放，三叩首后下。

六、供奉五谷四鲜。一彩女先导，后九彩女各捧装有五谷的木升和四季鲜果的奉盘，按一、二、二、二、二五队排列，依次自南台阶上台，按五谷居中、四鲜两侧各二，一字形摆供，揖身后自后阶下。

七、恭读祭文（2009 年祭文）

惟公元 2009 年 5 月 22 日，岁次己丑、月适己巳、日遇丁卯，时在丙午，我羊獬历山神亲万众，欣然聚首故园，呈丰稔五谷、四鲜、酌斟槐乡甘露美酒，祭拜千古帝君。

  适值尧诞，虔诚祭拜；追思古圣，可歌可泣；
  光披四表，德化八极；其仁如天，其智如神；
  惟善是举，和合为宗；惠信修身，取财节用；
  内平外治，任贤用能，勤政爱民，以固国本；
  实行教育，开启文明；制历刊法，阴阳测定；
  四季有序，诸节顺成；兴修水利，教民凿井；
  耕稼适时，农事俱兴；有教无类，士庶并重；
  人才八股，皆为其用；和合为纲，揖让为绳；
  创立中国，国家雏形；树木求谏，悬鼓征情；
  传贤禅让，历山得舜；二女贤德，父夫俱荣；
  重范后世，传承文明；尧舜遗风，鼎革咸成；
  凝聚心力，国魄民魂；而今而后，中华兴隆；
  九州和谐，古今印证；启尔崇圣，尧泽惟深；
  仁德明允，精神永存。尚飨！

八、羊獬总社祭拜（由总社首携总社，两分社成员上台行三跪九叩大礼）。

九、亲戚各社祭拜（分别由历山、西乔庄各社上台行大礼）。

十、鼓乐祭（分别由羊獬传统傩鼓和相关文艺团体作古典民族舞表演）。

十一、大典结束（群众个人在寝宫外焚香祭祀）。

祭尧大典一般用时 90 分钟，仪式结束后，历山接亲队伍即进行接亲仪式，并启程回历山。

历山接亲仪式在羊獬"姑姑殿"即"英皇双凤殿"进行。程序为羊獬人先入殿请安，历山总社首后入殿，并从羊獬总社首手中接捧"二位娘娘圣像"。然后出殿安放于殿前驾楼内。自娘娘塑像出殿门起，在场所有人同时跪伏在地，威风锣鼓、铳炮齐鸣。最后仍按"袍子"、神锣、銮驾仪仗、驾楼、日月龙凤扇、万民伞的顺序由园内"圣德门"出故园正门，经将军庙返程。

"袍子"即"神汉"，俱由男性充当。

祭尧大典结束后，"祒子"先行进入姑姑殿，跪伏像前不一时，便浑身战栗、冒汗脱衣，接着在两三个人的搀扶下，踉踉跄跄出了殿门，在广场上狂舞，用一把1米多长形似平铁铲，铲体穿12根铁环的"神鞭"，在火内烧红，狠命击打本人头和肩、背部，接着用刃具由头部开顶，血流满面，之后又用两根各长七寸的铁签，从口内向两腮相对穿出，两腮露出签头，名曰"二龙戏珠"，"祒子"一边做着各类骇人的动作，一边在接亲队伍前狂舞奔走，虽有两三个"搭手"搂腰拽臂，却难以控制他的行为。舞腾一番后，各处伤口用香灰一抹，净水一洗不见任何刀痕锥迹，据说"祒子"作法完毕，便浑身瘫软无力，甚至两三天难以恢复体力。

羊獬、历山、西乔庄三社锣鼓共奏"三结义"曲牌后，至屯里渡口分手，历山、西乔庄亲戚过河原路返村，而羊獬人却要在汾河东岸等待另一拨亲戚的到来。

这一拨亲戚是万安的队伍。历史上很多流传下来的风俗，很难有合理解释，不过流传至今，也无人深究。

在汾河西岸的万安亲戚，看到历山人自渡口西去以后，才在对岸敲起"西河滩"锣鼓，羊獬人同时应"东河沙"或"吃凉粉"锣鼓，在一片锣鼓声中，两支队伍在东岸汇合。同样于将军庙祭拜后，向故园奔来。

万安人进入故园，威风锣鼓表演一番，接着吃午饭。午饭用罢，由羊獬、万安两社社首引领三五个"全人"（即上有二老、膝下儿女双全之妇人）进"英皇双凤殿"收拾打扫殿堂什物，铺设新床，然后叩拜出殿，再入尧殿请安祭拜。最后，羊獬人各家引领万安亲戚吃晚饭歇息。

第二天，万安人仍在各家吃过早饭，分别入尧殿、舜庙、姑姑殿焚香叩拜后，在园内广场又是一番热闹。而后，双方锣鼓在将军庙握手告别，万安人亦过河返回。一路经过屯里、洪堡、杜戍、白石、西李、龙张、龙马、塾堡、西梁数村，同样锣鼓相迎送，"腰饭"招待。

万安人同样在沿途赠送"吉祥绳"，不过不是黄色而是红布条、红绒绳了。

送走万安亲戚，每年一度的接姑姑迎娘娘走亲活动落下帷幕。

接亲迎亲习俗，数千年来年年如此。它缔结了永恒的亲情地缘关系，表达了人们向往幸福安乐生活的愿望，以"为人父依于慈，为人子依于孝，为人兄依于友，为人弟依于恭，为人夫依于和，为人妻依于柔，为邻依于睦，为友依于信，为治家依于勤俭，为报国依于忠诚"的社会道德规范，构建了这一文化圈内村与村、人与人之间的亲情关系；同时，接姑姑迎娘娘活动，涵盖了儒、释、道以及其他多种民间信仰，体现了中华民族的包容性，它以庙会为载体，以"社"的组织进行全程运作，表现了同心向善的追求、公平民主的原则，显示了民间组织的统筹协调能力，多种物质和非物质文化形态并存，对于弘扬中华民族优秀传统文化，营造和谐气氛，构建和谐社会都有一定积极意义和推动作用。

县文化部门，在中国民俗学会会长刘奎立、北京大学教授陈永超和国际亚细亚民俗学会秘书长邹明华等专家教授的鼎力相助和中共洪洞县委、县人民政府的大力支持下，经过3年多时间的普查和申报，羊獬、历山走亲习俗，于2008年6月，由中华人民共和国国务院公布为第二批"国家级非物质文化遗产保护项目"。

中国洪洞大槐树寻根祭祖节

中国洪洞大槐树寻根祭祖节，是由政府部门主办、社会协办的一项盛大根祖文化活动。始称"洪洞县大槐树寻根祭祖节暨物资交流大会"，简称"一节一会"，后改现称。该活动自1991年首次举办以来，截至2019年已连续举办了29届，每年4月1日至10日进行，其间，取4月4日或5日的农时"清明"之日为主祭活动日。2008年，国务院公布为全国第二批非物质文化遗产保护项目。

1991—2005年的寻根祭祖节，是在原"古大槐树处"碑亭前举行的。由于受场地等客观条件限制，其规模和内容远不如现在，容纳人数不多，广大群众根本无法进入现场观看。2006年，在县委、县政府做大做强旅游产业战略部署指导下，祭祖园扩建工程胜利竣工，新建了高大壮观的仿古建筑——祭祖堂和献殿，并根据"九九归一"中国传统理念，开辟了可容万人、占地990平方米的堂前广场，同时在公祭仪式的基础上增加了民间祭祀内容。2008年的第18届寻根祭祖节，大典活动组委会邀请中央和省级有关专家组成导演组。经过缜密策划，整个庆典活动的形式和内容得到完善、统一和层面上的提高。与此同时，还举办了地方名优小吃展销、地方土著特产展销、地方戏剧展演，以及书画、摄影展、民间绝活大赛、全国咏槐诗词、楹联大赛、全国鼓王邀请大赛和移民文化研讨会等丰富多彩的配套活动。这些活动的开展，进一步活跃了节庆气氛，增强了亿万槐乡后裔对祖籍地的认知度和老家亲情感，拓展了大槐树旅游品牌的影响力和老家洪洞的知名度，有力地促进了洪洞社会经济和文化软实力的可持续发展。

清明时节情依依，槐乡后裔祭祖魂。清明这天，前来参加祭祖大典的人们早早来到预定场地，等待那令人销魂动魄的九时二十九分（取谐音"久而久"）。那一刻，伴随代表18次大移民迁徙壮举，18省移民后裔思乡之情的18响礼炮声，祭祖堂殿门徐徐开启，拉开了首先进行的公祭仪式序幕。在祭祖音乐声中，参加祭祖大典的各级领导，在礼仪小姐的引导下，向移民先祖主灵位敬献花篮，接着，政府县长诵读祭祖文。

惟公元××××年×月×日，岁次××，时届清明。和风徐徐，香草青青。芸芸后裔，高奏钟鼓雅乐，敬奉三牲五谷，恭祭我古大槐树迁民先祖之英灵。辞曰：

泱泱中华，煌煌神树。六百年来，大槐斯尊！丰壤托其灵秀，茂叶藏其神韵。

赫赫扬扬，下启千载以引其远；威威森森，广昭万里以泽其恩。复兴农桑，迁徙垦荒，则不论抛家舍业；开疆拓土，筚路蓝缕，总难弃汾水乡邦。折槐枝，离愁似如云翠盖，包泥土，悲泣和绕树鹳鸣。洪武十迁，永乐八徙；十八行省，八百姓氏。错节盘根，播华夏文明于九域；开枝散叶，立万世基业于八荒。复兴中华，山川无恙；功垂千古，万世誉延。伟哉大槐，人神共仰！

盛世福临，国运一派昌隆；社会和谐，人民富裕康宁。报本溯源，唯祖功是崇；共襄盛举，唯大业为勤。两大举措，书槐乡大地之绮彩；三城联创，绘秀美莲城之华章。一带十区，强县富民；转型跨越，伟业常新。枝繁天下，一根所系；同心合意，两岸交集。以诚相交，一脉同源共生共荣；以信相守，炎黄子孙福祉愿景。两制三通，一统在望；和平进程，历史见证。誉延嘉树，德厚流光；荫庇九州，根脉绵长。

则曰：先民功德，永重史册；古槐后裔，浩气长存。

同盼福祉，再敬心香；大礼告成，伏维尚飨！

恭读祭文毕，全体人员起立向先祖们三鞠躬礼。根据程序，接下来要进行特邀嘉宾致辞。2011年第21届寻根祭祖节，受邀嘉宾是台湾亲民党主席宋楚瑜先生。宋先生即席发表了热情洋溢的感言致辞，尤其是他用刚刚学来的洪洞方言，流利地念诵了"问我祖先在何处，山西洪洞大槐树；祖先故居叫什么，大槐树下老鹳窝"受到广大群众的高度评价和赞许。

古槐游子怀着虔诚之心，四海归来寻宗亲，大槐树下祭先祖。现场主持人画外音刚刚落，祭祖堂两侧长号奏鸣，金鼓齐响，执事赞仪人员款款就位，民间祭祀仪式正式开始。

首先进行的"布供飨神"程序。供品是"三牲"和"五谷"。三牲（猪、牛、羊）五谷（稻、黍、稷、麦、菽）均为农耕文明时期祭祀礼仪的最高规格供品，代表祭祀人最虔诚的祭拜之心，以祈求天下太平、国泰民安、六畜兴旺、五谷丰登。此时，分别由赤膊短褂、葛中宽裤的18名男礼仪抬"三牲"，5名男礼仪捧"五谷"，依次缓缓自献殿出，通过红地毯铺就的长长甬道，迈上18级台阶在堂前供桌上摆上供品，燃起袅袅高香。

接下来是18名身着明代服饰的女礼仪手捧盛有豆芽、莲菜、大葱等菜肴以及猕猴桃、榴梿、伊丽莎白、火龙果的食盒和奉盘，与18省移民后裔代表、港澳台同胞代表，一同走向祭祖堂前向移民先祖虔诚祭拜并奠酒，完成民祭第二、第三、第四项的敬献肴馔敬香达神、奠酒献礼程序。一敬天、二敬地、三敬祖先，祈求先祖在天之灵，佑护古槐树后裔聪明伶俐，生生不息，血脉相连，代代相传。

民祭仪式的第五项是向大槐树移民先祖敬献乐舞，共分舞祭、鼓祭、歌祭三个篇章。首先出现在祭台上的是身着霓裳羽衣的72名舞蹈演员,伴奏音乐《乡情》。她们在思乡旋律中翩翩起舞,表达对先祖的敬仰之情,抒发槐乡后裔的思乡情结。舞祭余音未了,600名着古代戎装、挎威风战鼓、执铜钹金镲的威风锣鼓表演队队员,在狂风暴雨般的呼喊声中,从祭祖堂两侧跨上舞台。他们用尧舜之韵擂鼓,以师旷之律排曲,表现洪洞人民开创新生活的激情和创建新型城市的雄心;敬献乐舞的最后一个环节是歌祭,分别由国内外著名歌手同台献艺,演绎人有本,树有根,慎终追远传子孙,万水千山思乡路,梦中常念大槐树的思乡之缘、仰祖之情。伴随着优美的歌声,由365名学生合唱队伍在背景台上,不停变换队形,摆出"和"与"根"字形,以及蓝天、碧水、荷莲等图案背景,相得益彰,互为映衬。

大典在彩炮奏鸣,并在全场释放出承载着老家期盼的、印有1562个姓氏五颜六色气球的冉冉升腾的气氛中到达尾声。把那段遥远的历史、动人的传说,化为永久的思念,传遍五湖四海。

"寒衣节"祭祖

中国人向以"事死如生"的信仰理念延续传承,这也是儒家思想长期熏染的结果。人死后,家人就设立灵座,供木主牌位,让亲人与在世时一样,逢年过节享用新衣美肴。春秋时期的人在原先对祖先敬畏和祈求的基础上,又加入了"慎终追远""报本反始"这样一种伦理观念,受到人们的普遍接受。自秦汉以后,由于历代帝王十分重视祭祖,将其列为国家祀典,因而更引起广大民众祭祖礼俗的形成和规范。

民间祭祀祖先的形式非常丰富。按祭祀地点可分为墓祭、祠祭和家祭;按祭祀时间来分,又有忌日祭、春秋祭、上元祭、清明祭、中元祭、十月朔日祭、下元祭等。同时严格规定了"祠祭"中祭器的种类、牺牲以及具馔的数量。

十月朔日祭,即农历十月初一的祭祀活动。届时,民间要祭扫祖坟、祭奠,还要"烧袱子(烧衣裳)"。所谓烧袱子,就是用五色纸剪成衣裤被褥状,内塞籽絮,再加冥币纸锭,一块封入纸糊口袋,上写三代祖宗名讳及宗室婚氏,然后在十字街口或坟前焚烧,俗称"送寒衣节"。

洪洞大槐树寻根祭祖园在民间寒衣节祭祖形式的基础上,参阅大量有关皇家宫廷祭祖祀典资料,整理、设计并实施一套较为隆重的寒衣节祭祖礼俗仪规。设主祭、陪祭、通赞、选仪、执事、礼生等职位;并按惯例要求参祭人须净手洁面、衣冠规整,谢绝身重、经期之妇参与祭礼。是日晨吉时开祭,祭礼共分11项。

首先,鸣鼓"三严"。一严,乐舞礼生按序就位;二严,执事、赞仪就位;三严,主、陪祭人殿前肃立,背景音乐乐起,祭仪正式开始。

第1项:迎请神主。由赞仪1人引导主祭人及执事2人至神坛。主祭人"拂尘"

毕，执事捧木主神位至祭坛。

第2项：敬香通神。由主祭人在木主前上香，行三跪九叩礼。礼毕复位。

第3项：奠帛安神。农历十月，寒气渐袭，提前为先祖送达御寒衣物被衾，以尽后辈孝道。帛即布帛，须五色俱全，这是传统寒衣节祭祀中的首要供祭之品。此项仪程由主陪祭人恭捧奠祭，行跪拜礼后复位。

第4项：敬献供品。供品按三牲、五谷、元宝、肴馔、时鲜顺序，由赞仪执事，依次奉祀。每上一道供品，所有参祭人行跪付三叩礼。礼毕复痊。

三牲者，全猪、全牛、全羊；五谷者，豆、黍、稷、稻、麦；元宝，系用金、银箔纸叠制成元宝形的供品；肴馔则为具有地方特色的花馍、油角儿；时鲜则是苹果、蜜桃、橘子、红枣、石榴、葡萄等干鲜果实。

第5项：奠酒献礼。奠酒三巡，曰初献、亚献、三献。每奠一巡，参祭人行三跪九叩礼。

第6项：敬颂祝文。由主祭人颂诵。文毕，行跪伏三叩礼。

第7项：敬献乐舞。初献歌，歌选新创咏槐颂祖歌曲，以歌先祖背井离乡、开疆拓土之高功；次献舞，献"八佾"之舞。"八佾"者，传统祭礼中最高规格的舞蹈，即舞者8组，每组8人，计64人，象征"大成64卦象"，表明先祖舍家弃亲筚路蓝缕的艰难困苦；再献鼓，首"金鼓"，击"五蝠穿心"，意在托先祖之福；亚敲"威风"，击"笑回乡"，意取槐乡游子四海归来，同祭先祖英灵，以弘扬先祖精神，再创宏伟蓝图之昂扬激情。

第8项：拜神祈愿。由主祭人率众再拜祖先木主，共同祈愿。

第9项：饮福受胙。福即酒，称"福酒"；胙指肉，曰"胙肉"；时鲜类则以置放在顶端之果，称"供尖"，这些都是上乘之供品。这是传统祭祀中接近尾声的一道程序。由参祭者中有一定社会地位的嘉宾，将所供之品物按老少尊卑、供献大小进行分配。"分胙"就是分享上苍神灵的恩赐，谁能受赐，分得什么，得到多少都有严格讲究。俗信先祖神灵飨用过的供品，会将福气寄托其内，给受赐之人带来平安吉祥。该项议程分"回爵饮福"和"撤馔受胙"两步进行。

第10项："望考谢神"。要求祭者受胙后，须焚香仰望先祖牌位致谢礼，答谢先祖的恩赐。

第11项：鞠躬辞神。所有参祭者面对木主行鞠躬礼，以告别祖灵。然后躬身后退3~5步，方可转身离去。

至此，十月朔日祭全部告成。

第五章　民间传统礼俗

人生礼仪民俗，是指在人的一生中不同年龄阶段所举行的与之相应的仪式和礼节，主要由诞生、成人、婚嫁、寿庆、丧葬等礼仪组成。这些礼仪伴随着每一个人度过他的一生，每举办一种礼仪，就意味着迈过了一道人生门槛，进入新的人生阶段。

千百年来，人们在漫漫的历史长河中，约定俗成了许多人生礼仪规程，上自天子皇帝，下至庶民百姓，都在这些规程的约束下传承着这些文化事象。

第一节　诞生礼俗

生育，关系着人类自身的繁衍和生存。家大业大，人丁兴旺，子孙满堂，是人们的普遍愿望。在以孝治国的封建社会里，"不孝有三，无后为大"的古训充分证明了古人对传宗接代、延续香火的重视程度。从孕前祈子、孕妇禁忌、分娩生产直至养育的种种习俗，都反映出人们对生儿育女、子女健康成长的良好愿望。

诞生是人生的开端，在人生各种礼俗中占据首要地位。复杂的规矩礼法贯穿于孕前求子、怀孕、临产、满月、百日（岁）、周岁、生日等每个环节。

一、祈子

婚期祈子

祈子是婚期中恒久的主题，也是许多礼仪风俗赖以存在的基础。"男大当婚，女大当嫁"，其主要目的是组建家庭和传宗接代。所以在婚期中，每一个环节都渗透着祈求生儿育女的意识。《诗经》婚恋诗中的众多诗句就充分表现了先民希求得子、多子多福的强烈愿望和经久不衰的祈子习俗。

· 嫁妆中的祈子

县域在姑娘出嫁时都要准备许多日常生活用品，作为陪嫁品馈送女儿，比如被褥、柜子、化妆品等。

在原赵城县区域有陪被褥（即陪铺房）的习俗，姑娘们在婚嫁前要亲手绣制"遮被巾"和"鞋垫"之类陪嫁物品,在这些物件上分别绣有"鸳鸯戏水""鲤鱼莲花""石榴蜂蝶"等喜庆图案,祈求夫妻恩爱,连生多子。而且这些陪嫁品的底色大多是红色的。

婚礼尚红的含义,源于原始意识。当已婚妇女月经停止并伴有呕吐、厌食、挑食、体倦等妊娠反应时,即为怀孕。这时胎儿即在母体腹中孕育。在人们看来,血即生命,血是红色的,红色就是生命的象征。繁衍子孙既然是婚姻的目的之一,那么红色也就自然而然成了婚礼的基本色调。

柜子是家庭存放什物的必需品,也是女儿出嫁时少不了的大件陪嫁品。姑娘一旦订婚,大人们就要寻找能工巧匠打造柜子,将柜子油漆成大红色或绛红色,上面绘制牡丹、莲花之类图案,用经捣砸后浸满核桃油渍的红布,反复擦拭木柜,直到柜子闪闪发亮。临送嫁妆前还要用红布裹上两颗新核桃放入柜内,并在柜子里放上花生、红枣等干果,取"枣"(早)与"花生"(男女间隔着生)的谐音与寓意,祈求早生贵子,儿女双全。

在早先的嫁妆中,化妆品也是不可少的陪嫁品,不过那时是在洗面盆中有件"梳妆盒",里面装有雪花膏、生发油、桃木梳、笙梳之类,当然少不了的依然是将花生、红枣果品填装其内,以期夫妻和美,早生贵子。

· 铺床、净房

结婚当天,男家在迎亲队伍走后,即邀请两个父母健在、儿女双全的"全人"来为新房铺炕,忌讳孕妇和寡妇参与。炕上最下层是"簟",即炕席,其次是棉褥,最上面是褥单。"簟"上褥下撒放花生和红枣,褥子内要填放一撮带籽棉花,意喻早添丁、快生子。新房布置停当后,要将房门上锁,成礼前闲人再不得入内,谓之"净房",以避免外邪冲喜。

· 传袋归阁

早年新娘下轿后要"踩绢",即从下轿之处到拜堂之间铺衬垫物,新妇从其上缓缓走过。达官贵人及富有之家铺设红色地毯,而一般人家无此条件,便用装粮食的"毛褡口袋"代替地毯。毛褡口袋长1~2米,幅宽30厘米有余,用3~5条毛褡口袋从下轿处开始铺设,新妇下轿后,在搀扶下,从其上缓缓走,走过后抽起,铺接于前面,直至婚礼花堂,俗称"以袋承毯",为"传袋","袋袋相传,以袋寓代","新妇进门,以袋铺地,辗转更替,令妇缓步其上,谓之传袋,亦为传代也"。

"踩绢传袋"的同时,侧旁有人捧"升"撒喜。"升"为旧时的方形量具,升内盛有谷、麦麸、喜糖等物,向新人身上撒,边撒边口中高诵:"一撒麸,吉祥如意满堂福;二撒糖,欢欢喜喜接新娘;三撒谷,来年苗苗爬炕上。"这些习俗都体现了期望多子多孙、瓜瓞绵绵的主题。

神庙里祈子

婚后不孕，急于抱孙子的老人们便焦虑起来，而作为儿子儿媳亦在"无后为大""养儿防老"等传统意识影响下，同样会想尽一切办法尽快怀孕，这样才能在人面前活得有"面子"。在医疗卫生条件落后的情况下，人们会自然想到神的力量，也就产生了入庙求子、借助神力怀孕生产的事项来。

· 女娲陵求子

人类的始祖女神——女娲，在民间留下了"抟土造人"的神话传说。她建立起婚姻制度，成为人类媒人的始祖，从此男女相爱，生儿育女。她被民间视为求子求孙最为灵验的送子神仙。

赵城镇侯村有"女娲陵寝"，传说女娲在完成"炼石补天""始遗六畜""抟土造人""琴瑟合婚"等壮举后，终老埋葬于此。据清道光七年《赵城县志》（卷二十七·坛庙）载："女娲庙，在县东八里侯村，始建无考……庙中旧塑女像，衮冕执圭，旁侍嫔御，殿壁绘断鳌、炼石各图……庙后有陵及补天石，宋以后代有祀典，国朝历次遣官致祭，祭文并勒石立于庙中，守土官每岁春秋二祀……"又："每岁三月，村民赛神于庙，妇女求嗣者穴陵上土，得小石以帛裹之，石方者为男，石圆者为女"。妇女得孕，务必置小绣花鞋一对进庙入殿谢神还愿。

· 姑姑庙求子

洪洞县甘亭镇羊獬村，建有"唐尧故园"，内耸"英皇双凤殿"，为祀奉尧王二女之处。每年农历三月三、四月廿八两届庙会期间，常有婚后无子妇女来此祈子。祈子也谓之"偷子"，在两位姑姑塑像前，有以前还愿者感恩奉送的绣花鞋，但凡求嗣者在像前焚香毕闭目，随手在像前木匣内拿取绣鞋一只，言取得左脚鞋为得男，右脚鞋则为女。在万安历山娘娘殿内求子也是如此。

除此两处规模较大的庙宇外，人们在各地的"观音菩萨庙""送子娘娘殿"玉皇庙等神庙以及其他"道教宫观"亦有求嗣习俗，礼俗规矩大同小异。

二、孕育

媳妇怀孕是一个家庭中十分重大的喜事，因此在胎儿孕育期，人们非常重视孕妇的身心健康，讲究饮食，注重环境，以保障胎儿的安全降生。民间的各种安胎、护胎方式便应运而生了。

保胎

妇女怀孕后，会有头晕、呕吐、偏食、懒倦、浮肿等各种生理反应，如何保护腹中胎儿，防止流产等其他不幸，规范孕妇的举止行为是关键中的关键。所以，民间有着许多有关孕妇禁忌习俗。

· 戒房事

这一点在古文献中多有记载。《胎产护生篇·产前十忌》云："第一最忌共夫寝"。《达生篇》中云："得孕后即宜绝欲，若再扰子宫，其胎或一月、三、五月必堕"。故此，在当地就有娘家人将怀孕女儿接回娘家暂住数月，待分娩期临近再送回婆家的习俗。这样一方面可以避免房事和感染胎毒，其次是孕妇在娘家，母女之间亲密无间，有利于保持心情舒畅，比起在婆家方便，比如可以睡懒觉，不干或少干家务活，挑拣饭食，还可以毫无顾忌地与娘家姐妹说话等等。

过去，家景殷实的人家，在已出嫁女儿怀孕后还有送"椿墩"的习俗，暗示夫妇从此该分床而居了。此俗只限于女儿生第一个孩子，以后怀孕不再馈送。

· 不坐石器、枕头

门墩、碌碡、石狮之类石器，习俗认为是"白虎煞神"，若冒犯白虎会招来不幸。因此，禁止孕妇坐、倚这类石器。枕头是人睡觉头枕之物，俚语说："登脑登脑，三辈神道"，并有"此头上敬天，下叩地，中拜父母"之说，头是神圣不可侵犯的。与之相关联的枕头也必须保持洁净，而孕妇一旦骑坐在上则犯大忌，不但有失教养，传说还会引起婴儿头颅被卡产道，导致难产。

· 不进寺观、工地

俗信神灵至高无上，洁净无瑕，荫佑下民，理应虔诚敬奉。旧俗认为，女子为下贱之身，怀孕更是不洁，若孕妇入庙近神更被视为"大不敬"。又传庙壁所绘人像，经千百年香火熏陶已成仙成神，孕妇一旦看见，其影已入妇之魂魄，将来产下婴儿会变成"童子"，致孩子夭折而空养一场。至于建筑、砖瓦厂这些地方，修造、上梁均为动土，土为地下之物，属阴，妇为坤，亦属阴，阴阴相撞对双方均不利，更何况孕妇为"双身"之人，万万不可接近。

· 不参加婚、丧事

亲戚朋友有婚嫁之事，孕妇不得担任送亲、扶新人等角色。"身重"之妇恐因拥挤、劳累动了胎气，又恐孕妇不洁之身冲犯煞星，对双方都不利。

由于鬼神感应在民间根深蒂固，又有"投胎转世"之说，所以孕妇是不能参与丧事的，即便是孕妇自己家中有丧都必须回避。

此外，孕妇不得坐门槛，否则小儿横生，临盆难产；孕妇不能视秽物，恐冲动胎气；不走夜路，恐鬼魂附身；月夜不在院内纳凉，恐阴气侵身。

出于对孕妇身体健康的考虑，还有孕妇不得攀高眺远，不得搬移重物，不得冷水洗浴等等忌讳，都有一定道理。

· 孕妇饮食禁忌

对于妇女孕期饮食，习俗也有不少讲究，比如忌吃兔肉。若怀孕时吃兔肉所产婴儿会成"豁豁",即"兔唇"。这一习俗流传范围极广,流传年代亦较为久远。西晋人张华的《博物志》中载:"妊娠者不可啖兔肉,又不可见兔,令儿缺唇"。唐代昝殷的《产宝》亦载有"母食兔肉胎儿发生兔唇"的文字。

忌吃狗、驴、马肉。一方面这些畜肉性燥,不利五脏,有伤胎儿;另一方面,如食驴、马肉、会导致孕期延长,俗称"过月"。医圣孙思邈在其医著中曾有"食驴马肉,令子延月"的记载。

忌食鳖。鳖,即甲鱼,俗称王八,虽为高营养滋补食品,但在县域从前无人食用,更不用说给孕妇烹食。《千金方·养胎论》中云:"妊娠食鳖,令子项短",是说鳖常缩头于壳,若食鳖肉生子也是"缩头鳖",没出息,成不了大器。

忌吃芝麻,习俗认为,吃芝麻生子脸上会长"麻子"。还有忌食腥冷食物,认为会伤胎气。另外普遍认为孕妇生病,不能随便吃药,恐动了"胎气"。

·孕期家人禁忌

家有孕妇,一些行为除孕妇本人要慎之又慎外,民间认为家人若有不慎,也会给孕妇和婴儿带来不利影响。在《妇人良方·胎煞避忌前将护法》一书中载:"刀犯者形必伤,泥犯者窍必塞,打击者色青黯,系缚者筋拘挛,甚者母殒,祸如反掌"。民间俗言事物是相互感应的,因此孕妇家人在行为上要倍加谨慎。

如不得在孕妇房间的门、墙、器具任何一处钉"钉子",认为钉钉子会伤胎,致胎儿肢体不全,甚至成为"死胎"。忌在孕妇面前,甚至在自家院内绑缚东西,犯者会使婴儿在母体内脐带缠颈,窒息而死或成为残废,留下终生遗憾。妇女有孕在身,家人不可摔盆打碗,吵吵闹闹,否则不利孕妇养胎。

妇女怀孕期间,最忌院内动土兴工,认为会对孕妇和胎儿造成极为严重的不良后果。

对于以上诸多的避讳和禁忌,不能一律视为迷信和无稽之谈,有许多都是出于对母体和婴儿的保护,具有一定科学道理和保健功能。比如戒房事,禁负重,不在人多场合以防拥挤等等。还有一些忌讳其科学性暂无定论,应持谨慎态度。正如《妇人良方大全》所说:"自妊娠之后,则须行坐端严,性情温和,常处静室,多听美言;令人讲读诗书、陈礼、说乐、耳不闻非言,目不视恶事"。《正俗方》云:"怀孕妇人性宜宽厚,神全气和,不惟安胎,生子必淳厚,古所谓胎教也"。在科学高速发展的今天,运用现代胎教手段,尊重合乎科学的风俗,实行优生优育,优化民族素质是可取的。

附:安胎保胎方

用中药材紫苏加艾叶煮鸡蛋,做成"紫苏艾水蛋"给孕妇吃。紫苏可散寒,艾叶可安胎,服之可安胎保胎。其煮法是先将紫苏、艾叶两味熬水,再将煮熟鸡蛋剥皮放置药水中稍煮，吃蛋喝汤。其熬煮时间因时而异，初孕期用时稍短，怀孕中后期时间稍长可一直服用到产后。

另外，妇人生产前，用紫苏熬水，趁高温倒入盆中，用其蒸气熏产妇下身，有利骨盆开放和产道放松，且能散风寒，防产后生病。

预测胎儿性别

妇女怀孕后，由于受"男尊女卑"封建思想影响，孕妇和家庭成员都盼望多生男少生女，认为男孩才可以延续家族香火。对孕妇来说，生男后在家中的地位就会显著提高，于是便有了预测胎儿是男还是女的习俗。

就孕妇产前的行为而言，民间流传的预测方法有以下几种：

·看走数：俗言"男左女右"。一般人们看孕妇迈门槛时，是先迈左腿还是先迈右腿，若是先迈左腿，便认为会生男孩，一家人欣喜若狂；若先迈右腿，便认为会生女孩，总有几个掉脸不高兴的。

·看回首：孕妇在前面行走，后面有人呼其名，若孕妇从左边回头看，必生男，反之则为女。

·看喜好：俗言"酸男辣女"。孕妇若爱吃酸性食物者为男，若喜好吃葱、蒜之类的食品，则预示生女。

·观腹形面色：孕妇腹部尖形者生男，呈圆形者生女；"花男净女"孕妇面颊眼部有妊娠斑者生男，面皮干净者则生女孩。

·问卜：家长知道儿媳怀孕后，虔诚地问神打卦，算命先生便以一个"测算口诀"答复。曰："七七四十九，问你何月有（指有喜）？减掉母亲年龄，再加一十九。逢单必生男，逢双是女流"。

还有一些人自己在家占卜，方法是"抛钱"。用清顺治、康熙、乾隆年间铜钱1枚（不用道光、光绪和宣统年币），字儿（正面）为男，码儿（反面）为女，上抛落下后看落地币面是什么，来预测生男还是生女。

三、分娩

俗话说："十月怀胎，一朝分娩。"孕妇结束孕期，即"分娩"，俗称"生娃"或"养娃"，这是整个孕育过程中最为关键的时刻，一个充满神秘、敬畏与忐忑的过程。在旧时，由于医疗卫生条件差，对于产妇来说，更是一个前途未卜、生死难测的"鬼门关"，俗语称"跟阎王爷只隔一层纸"。一方面是生子责任的驱使，一方面是祈求避凶趋吉心理，人们为了让婴儿能顺利降生，并保母子平安，都会尽其所能，想方设法，以保证生产顺利。也正是在这样的背景下衍生出许多催生和分娩的习俗。

产前准备

孕妇临产前，称"入月"。人们一般都要在精神上、物质上作好相应的准备，包括接生所用器皿、小儿所穿衣物及用品、安置产房，预约接生婆等。

安置产房的习俗，在先秦时代便产生了。《周礼·内则》载："妻将生子，及月辰，居侧室"。宋时宫廷内称"产阁"，俗称"月子房"。各地都有专设产房的习俗，而县域是将产妇的卧室作产房，不单独另设。当然也有家境较好的专门辟出一间来，但不选正室。产房要求尽量安静、暖和、密封。若遇冬季更是炉火不息，炕温不减。

旧时，人们都要在产房粘贴"安产帖"，并以房子朝向规定产妇临盆身体方位、新生儿衣物包袱摆放位置等等，以避免邪神恶鬼的骚扰和作祟，保护产妇分娩的安全。产妇临产要撤去炕席及日常被褥，以免被产妇分娩时的污物污染，给家庭带来晦气。炕上要铺垫干草之类，多为麦秸等。分娩时，产妇坐在草上，俗称"坐草"。

新生儿衣物由其姥姥提前准备，有裹被、虎头枕、裹肚、小套衫、夹衣、棉衣、小虎帽、尿布等，衣物均为双数，以备替换。当然男家也做相应准备，这些都要在产前准备妥当，并用一方红布包裹好。早年生活困难，娘家人还要省吃俭用攒足鸡蛋，当得知女儿生产消息后，将鸡蛋着染红色圆点后装篮，覆盖红布连同小儿用品，一块带到女儿家去侍候"月子"。

鸡蛋补养产妇，这一习俗不仅过去如此，现在依然如此，鸡蛋营养价值高，符合科学进补，故产妇产前食用鸡蛋已成习俗。一般家庭在产前半个月至一个月，都要让产妇每天吃 3~5 个以储备体力。到临盆当天更让产妇尽量多吃，以使产妇体力充足。

分娩过程

胎儿在母腹里经过漫长的孕育，即将来到人间。人们对生产的"瞬间"特别重视，格外小心，形成了一整套生产习俗，它包括接产和产后仪式等内容。

孕妇临产前一般有出血，俗称"见红"，"见红必有喜"说法即由此得来，一旦子宫收缩便是"有阵啦"。此时男方要着人（一般是产妇丈夫）接来"老婼婆"，即接生婆。接生婆一般由年纪较大、有接生经验的妇女担任，男方母亲、堂伯母、堂叔母等近亲女性陪侍在产妇身边。

妇女生产，旧时直至 20 世纪 60 年代初，多采用坐姿。在妇科医著《十产论》对此就有叙述："儿将欲生，其母疲倦，久坐椅褥，抵其生路。须用手巾一条，拴系高处，令母用手攀之，轻轻屈足作坐状，产户舒张，儿即生下"。故人们将孕妇产期叫"坐月子"。由于用坐姿，为了帮助产妇分娩，有时还需产妇家人在产妇背后紧搂其腰部以作支撑。产妇则蹲坐草上（或木盆上），接生婆即着手接生。与此同时，产妇丈夫与其他家眷守候在外间厅房，一面焚香祷告，一面静候那一声啼哭，此时四周一片寂静肃穆，只有产房内产妇的叫声及悉悉轻声细语。

产妇经过一番生死挣扎，婴儿呱呱落地。"老婼婆"用火烧酒喷过的剪刀剪断婴儿脐带后，则会端抱新生儿，并使其两腿张开，让产房其他人看清婴儿性别。是男孩则高声报喜："大喜大喜，是个带把的。"或者说："是个夹'鸡儿'的。"若是女的，亦报道："恭喜恭喜，是个'千金'。"此后，产房内众人将婴儿稍作擦洗，用裹被裹好新生儿，安放在产妇身旁，并且清理房中秽物，产妇和婴儿安睡后退出产房，生产算是告一段落。

过去，一般大一点的村子都有兼做接生婆的年长妇女，而偏僻小村则要到邻近大村接请。接生婆就是一些有生育经验的老妇人，并没有多少医学知识，如果遇上难产就会束手无策，只能"听天由命"了，所以先前新生儿的成活率很低，接生时的消毒等措施落后，接生器械简陋，药品缺乏，遇到大出血更是毫无办法，所以生孩子也是产妇的一道"鬼门关"，旧时造成母死子亡悲剧的更是屡见不鲜。随着医疗条件的改善，"剖宫产"也成为小手术了，加之交通便利，产妇一有临产征兆，一般都会提前到医院待产，以保证妇婴的健康。

产妇顺利分娩后，须办两件事情。一是送"老嫡婆"，二是到产妇娘家报喜。送老嫡婆时要付工钱，一般家庭付1元，富足人家亦有多给者，费无定例。女婿去丈人家报喜，岳母即携带早已备好的什物随女婿来看望女儿，侍候"月子"。过去，比较讲究的家庭，报喜时，还要执报喜帖，上书"○月○日○时，得弄璋（弄瓦）之喜"的言辞，弄璋者为男，弄瓦则为女。

产妇生产后，在产房外窗台上放置"黑炭"1块，一则镇邪，二则表示此房谢绝外人进入。即便是亲戚探望也要等到6天或者9天后方可入室探望。不过特殊情况例外，如果生产2~3天后，产妇无奶，则要请村内哺乳期的丰乳妇女给新生儿喂奶，一些人缘好的家庭，亦有自动上门送奶的，家中人自然求之不得，意喻孩子自小吃百家奶，日后身体健康，好管带。

产妇产后5日仍无奶下，就要"催奶"了。做法是，取120颗南瓜子剥皮捣碎，倒入刚熬好的小米汤中，产妇连汤喝下，此方一般早晨喝下，当晚见效，也有隔天见效的，的确十分灵验，民间常用之。

产后一月内，俗称"月子里"，产妇饮食一般以耐饥食物葱花饼、鸡蛋为主。汤类以米汤或拌汤为主，拌汤以白面拌作糊状搅入开水锅中，搅入"蛋花"，稍佐以葱、盐、调料。不吃发酵蒸馍等"不耐饥"的饭食。县域还有产妇不食猪肉的习俗，认为猪肉属阴，恐引起母婴咳嗽、腹泻。

早年婴儿出生数日内，如出现不吃奶，昼夜啼哭不止，要请有经验的老妇检查，大多是身上有"痦窟窿"，即外皮看似正常，但皮下有小洞，要将其挑破，敷以药末即愈。另一危险病症是"四六风"，多发生在出生后第四天或第六天，症状为噘口、痉挛、牙关紧，如不及时治疗，极有可能夭折。民间将干燥的老鼠睾丸焙黄为末，奶汁送下即愈，有神效。此类疾病在医院接产的婴儿中基本没有发生，据推测是由于卫生条件差、消毒不彻底所致。

婴儿期是人生最娇嫩的时期，因此需百倍呵护，民俗中有许多禁忌，概源于此。如：太阳落山后，夫妇均不得出门，恐将邪气带入屋内；产后门前用炉灰围一道线以避邪；丈夫因事外出归来天晚，要入院前点明火至房门，把火扔向外边，脚蹬3下才能进门，以为这样可摒去邪气。

第二节　养成礼俗

民间有关婴幼儿成长的传统习俗包含了很多的象征意义。代代相沿袭的传统礼俗，反映了民间古老文化传统的积淀。这些习俗，祝福是核心内容，人们用各种丰富的形式表达了对孩子的衷心祝福，希望孩子顺利成长，将来成为社会栋梁之材。在个别地区保留着古老习俗，如在万安镇的南李村流传有"骑牛夸孙"的习俗。一个人有了孙子后，村里人就把他们夫妻装扮一番，让他们反穿着皮袄，戴上串铃，脸上抹黑，敲锣打鼓沿村游转，表明此人十分牛气。不仅表达了众人对主家的庆贺之意，也表达了主家的兴奋心情。

一、养育

小圆满

小圆满只流行于原洪洞地区，一般说来12周岁才是圆满，而12天则被称为"小圆满"，皆取地支一轮之意。这天的各种程式也比较隆重，与大圆满的仪式大体相同（参见圆满），俗称"闹十二天"。

满月

满月，是婴儿降临人世后的一个重要礼俗节日，虽然婴儿还不会说话，一切人生酸甜苦辣未尝，世事不懂，但大人们还是要为他祝贺的。

满月，又称"弥月"。此俗由来已久。据《中华全国风俗志》载："既生满月，外家以衣服、鞋袜、饰物送至婿家，其他戚族之近者，亦视交情之厚薄而馈物有差，婿家亦飨之以饮食酒礼"。满月这天，以邀请女家亲戚为主，主家设宴招待，俗称"闹满月"。

旧时因生活困难，此礼节一般不大肆铺张，只有殷实富有之家才会大肆张罗，设宴款待亲朋。一般人户只是婴儿的姥姥、舅、姨等携礼祝贺。改革开放后，人民生活普遍提高，生子之家大都设宴款待亲朋，甚至互相攀比，其间不乏借机敛财者。

满月也就是出了"月子"，表示婴儿度过了襁褓中的阶段，是日要给婴儿剃满月头，即将胎毛、眉毛全部剃去，用墨画上眉毛，囟门处以油调烟墨涂抹以防风邪。同时把婴儿从"月子里"一直待的房间抱到奶奶的住处或者别家，表示可以出窝了，如果是夏天，则可以出去见风了。

满月时，奶奶、姥姥、姑姑、姨姨要赠送"银器货"给婴儿，银器货有百家锁、手镯子、脚环子、银铃等。这是婴儿满月时接受的最贵重的礼品。

银器货一般在婴儿出生后即找银匠打造。百家锁有两种，一种是元宝锁子形，一种是"颠倒驴"。元宝锁上铸有"长命百岁""长命富贵"字样，锁链有银质套链，也有用从多家集中起来的丝线拧成的"红线绳"，故名"百家锁"或"长命锁"。百家锁较重，只在婴儿脖子上象征性戴一下，由其母收藏保管。手镯和脚环分别戴在婴儿手腕和脚腕上，环上串接银铃、柏叶等吉祥物件。

原洪洞地区，在"闹十二天"时有送"喜帖""草芽"的习俗。喜帖用整张红纸书写，内容根据婴儿性别而定，早年生男则书"弄璋之禧""麒麟送子""家丁兴旺""天赐麒麟""熊梦征祥""丹桂生枝"，现代书"祖国栋梁""世代英才"。如为女性，旧时书"弄瓦之喜""明珠入掌""祥征弄瓦""木兰再生"，今写"祖国花朵""女中豪杰"等吉祥祝语。"草芽"用谷秆扎制，上缀以绢花，为祈祝婴儿无病无灾茁壮成长之意，悬挂于主家大门或厅门之上。喜帖张贴于前墙较高处。

得子后送草芽的习俗，形成于尧舜时期。据传，周府村有母羊生一独角兽，明是非，辨曲直，帝尧封独角兽为"獬豸"。不料夫人要临盆，侍女们慌忙拔了些蒿草铺到夫人身下，不多时夫人生下了二女儿"女英"，尧大喜，返回故园，用蒿草、树枝编了个六角的"草芽"，挂在了夫人居住的房门上以示吉庆，从那时起妇女生小孩身下都要铺草，并且在生下小孩12天的时候，院门上都要挂"草芽"，这一习俗一直沿袭至今。

"闹满月"和12天时，娘家人还要送一件特殊的礼品，即以酵面经油炸做成一种称为"圐圙"的食物。"圐圙"的数目依年份而定，一般12个，逢闰年多1个。做法是用接好的面剂剂儿每个三两半，和匀擀为内薄外厚的圆饼，中心挖1孔，饼面用顶针、木梳压制"罗汉钱"和"柏叶"状，饼周用手掐成"莲花瓣"状，均代表富贵、长命之意，农村亦有制备的木质或陶质模具，将面团放入按压即成。"圐圙"还要用红线串起，挂在小儿脖子上。过去还要穿顺治或嘉庆、康熙年间的铜钱1串，取其顺利、吉庆、安康、吉祥的含义，俗称"锁儿"，如今铜钱难以寻到，人们便以人民币叠成扇形用红线扎起以代之。

待客宴罢，主家要用蒸制的"疙瘩儿"或"馏阑"回敬亲朋好友，名曰"回头儿""回馈馍"。"回馈馍"由一通晓礼节的妇女具体操作，若是回"疙瘩儿"，则收1个馏阑回1个疙瘩儿；若是回馏阑，则根据亲疏，关系越近，留的越多，若是客人在村里有亲戚，便把回的馈阑分切若干份，分赠亲戚，俗称"花馍馍"。在回馍馍的同时，主家还要给宾客所带的孩子"带锁儿"，来的孩子每人1份。旧时，以铜钱3~5个用五色线穿起，钱串下端缀彩色布条，后铜钱稀缺，改用人民币，金额随地域家境而定，少者5元，多者10元以至更多。且不限带不带孩子，每1份馈阑带1个锁儿，以避免来宾心理不平衡。

百日

婴儿出生100天，主家要备席宴请亲朋好友，预祝孩子"长命百岁"，俗称"闹百岁儿"。其礼节与满月基本相同，所不同的是亲朋们所送祝贺礼物增加了衣物，并且春夏秋冬四季所用衣服齐全，同时孩子已经较前稍大，因此，花色品种则较满月时就丰富得多了。食品类礼品仍为馈阑，其操作方法与闹12天相同。

周岁

周岁，即孩子满1周岁时所进行的仪式，俗称"闹头生儿"，其礼品、规矩大致与前两次相同，只是更加隆重了。

在一些比较讲究的家庭，这一天要准备文具、算盘、玉器、梳子以及化妆品等物品摆在孩子面前，让小孩随手抓起，名曰"抓周"，主要是预测孩子将来的发展前途、志向和兴趣，如抓上纸、笔一类，表示孩子长大后学业有成，可成大器；如抓上算盘、玉器等物，象征孩子将来有经商之才；如果是男孩，若抓上女红以及玩具之类的东西，预示孩子将来好吃懒做，没有多大的出息。为获得心理上的安慰，大人们总是把认为吉祥的物品放到孩子易于拿到的地方，因此抓周只是"闹生儿"的一种游戏活动。

孩子1周岁，也到了给孩子起名的时候了，取名有乳名和"官名"之别，乳名一般在婴儿降生后，父母或爷爷奶奶较为随便地取一昵称，其间也有一些讲究，倘若为了孩子好管（易于成活）一是起一些较为贱、脏的名字，如茅子、茅板、茅勺、气讨、臭气等；二是直接表达意愿，起锁柱、拽柱、扽柱、栓柱、兰（拦）柱、拉柱、抹柱等。一般情况下，生女孩多取兰、珍、花、秀、英、莲、菊、梅、娥等；生男孩多取较威武的虎、龙、彪、雄、杰等。

给孩子起"官名"是一件十分慎重的事情，旧时，较大的宗族给孩子起名有严格的规矩，要根据家族的字辈谱先确定是哪一辈，即用哪一辈的统一字，然后取另外一个字，其另外一个字应避讳与先辈人名有重复，因此要到本族尊长处"请"字，不能随意起名。中华人民共和国成立后，大部分家族的族谱被当作"四旧"破除，孩子取名相对比较随便。改革开放后，人们对起名又十分重视起来，大街小巷兴起了许多"起名馆"，有根据生辰八字推演的，也有根据"天、地、人"三格推演的，各说各有理，其间也有一部分人并不信服他们的说法，而根据自己的喜好，给孩取一些复字名字，如刚刚、军军、涛涛、丹丹、甜甜、平平、乐乐、婷婷等。

在传统社会中，人生最大的事是成家立业，最大的欢乐是合家团聚，共享天伦之乐，最要紧的是养家糊口，发家致富，光宗耀祖，而要达到这些目的，养育便是基础。

寄养

旧时，新生儿成活率低，在人们的传统意识中，认为小娃娃"难管"，是因为家里娃娃少，护不住。或因为孩子总是生病，所以常把孩子寄养到别处，一般有几种寄养方式：

·星辰寄养：一般民间在北斗七星上寄养，由神汉巫婆等人择好日子举行仪式，寄养的仪式很有讲究，准备1把锁子，锁子和钥匙用红线连接在一起。蒸制7对"对对疙瘩"，所谓对对疙瘩就是1大1小两个疙瘩制作时粘在一起，行寄养礼的，当日晚上在院中摆香案，将对对疙瘩摆成北斗七星的形状，前面摆7盏酒，插7炷香，跪拜时孩子的奶奶或母亲恳求北斗七星将孩子收养管带。把锁子锁上即寄养礼成，将锁子妥善藏起。

·干亲寄养：以前的习俗认为，12岁以前的孩子魂魄不全，如孩子身体不好，或者生了几个孩子都没成活，就认为这些孩子是童子转世，专门来阳间欺哄人，不待成年便被神灵收了回去，所以要找一家孩子多的人家，认作孩子的干爸干妈，混进去并迷惑神灵，并在干爸干妈家的家神祖堂祭拜认亲，拜托他们把孩子看管起来，庇护孩子顺利成长。认干亲时，要进行"锁锁子"仪式，意为将孩子锁在了该家。不过，这仅仅是种仪式，并不真的把孩子送到干爸干妈家养活。

·寺庙寄养：把孩子寄到庙宇里托管也是一种寄养方式，取意与上述同，即是求神灵看护孩子。此外还有寄养到巫师、巫婆家的，也有寄养到神树上的，仪式大致相仿。

寄养后每年孩子生日，要祭拜星辰或者去寄养家或寺庙祭拜，寄养到12岁时必须赎回。因为孩子已经成人，不需再托管了。若不赎回，恐怕今生就真不是自己的孩子了。在河西地区，孩子12周岁生日当天，孩子父母携礼品到寄养之处致谢，并举行开锁仪式。而在一些地区当日并不开锁，待到结婚时才被视为正式成人，一般在结婚日举行开锁仪式。仪式祭品大致和寄养时一样。由于长期以来男尊女卑封建观念作祟，"寄养"的一般是男孩，女孩很少。

"开锁"，是将在自家封存多年的钥匙拿出，来到寄养处将铜锁打开，然后用红巾包裹带回自家神祇前，焚香摆供敬献后，在孩童头上左3圈、右3圈、围着身子再旋转左3右3圈后入柜珍藏，即所谓的"开天门"，表示孩子已圆满成人，七窍已开，魂魄已全，成人成才之意。所用的锁子则一般为旧式铜锁，现今，这类寄养形式已基本消失。

圆满

古代用十天干和十二地支循环相配，成60组，60组配完一大圈，称作"六十花甲子"，用以纪年、纪月、纪日、纪时，周而复始。

以干支纪年时，十二地支循行1周为12年，一般男孩年满12岁，虽然发育尚未全面，但已经出现成人的生理迹象，故人们将小孩12岁作为人生一个重要节点，并进行庆祝活动，也就不足为奇了。旧时受"男尊女卑"思想影响，人们只为男孩过"圆满"，一般家庭很少顾及女孩。过"圆满"，讲究男为虚岁12岁，女孩则为周岁12岁。由于时代的进步，男女平等的思想渐渐深入人心，所以，现在的女孩和男孩子一样，享受到这一权利。

过圆满，其仪式内容与"百日""周岁"基本相同，无非是主家设宴款待亲戚朋友，被请之亲戚奉礼相送，以示祝贺。现如今过圆满，不但增加了吹"生日蜡烛"的仪式，而且超越了从前的请客范围，至亲族人当然不可缺，以致延伸到本单位和其他单位稍有接触的人，孩童之间也相互馈赠礼品。

在农村，人们为孩子过圆满，其主要礼品为"圐圙"，馉阑又分"戴圐圙"和"拽圐圙"。戴圐圙有两种，一种是饼形直径20厘米左右，正中用针指挖一孔，内圈向外翻一小棱，外沿用手指掐花边或用梳压花纹，经油炸或石子烙烤即成，俗称"炸圐圙""搭圐圙"；另一种是用发面搓成粗长条，围为圆形，上面点缀面花，然后上笼蒸制为环形馍，可戴到小孩脖上，这种圐圙只流行于南垣地区。拽圐圙是孩子姥姥家一件必不可少的面食礼品，与戴圐圙大小相同，只是稍拉长，呈椭圆形，当日由过圆满的孩子和舅舅家孩子各站在门槛内外，一人拽一头使其分为两片，大人们总是帮过圆满的孩子拽得大一点，然后由众孩童分食。在南垣地区，拽圐圙的外沿与戴圐圙内沿相仿佛，亦呈环形，装饰也简单，并不带着去主家，而是留在自己家里。有关拽馉阑的含义说法不一，一说拽是为了让孩子快快长大；一说作为姥姥不能只给外孙带走好运，而忽视了自家的孙子，要留下一些。如今，在庆典仪式上，还要让过圆满的孩子发表演讲，演讲内容则是感谢父母养育之恩和今后生活和学习的决心，与此同时，孩子家长、亲朋好友亦要发表祝贺演说，希望他好好学习，天天向上，成为一个对社会有用的人才。

二、成人礼俗

冠礼

古代男子年满20岁，要举行冠礼。《礼记·冠义》载："古者冠礼筮日筮宾，所以敬冠事"。筮日，指选择吉日；筮宾，是指为冠者举行冠礼而选择大宾。这就是说，等到男子满20岁时，家长要请先生选择吉日良辰，并选择有地位、有身份的贵宾，届时莅临为儿子举行"冠礼"。可以想象，这个仪式是比较隆重的。

冠礼，即成人礼，也叫"成丁礼"。举行过这个仪式，则表示自此从少年转入了成年阶段。这种礼仪自民国已经消失。至于仪式的规模，基本程序已无从查考。

《礼记·曲礼上》载："二十曰弱冠"。古代男子20岁行冠礼，故"弱冠"专指男子20岁左右的年龄。但对于举行加冠成丁的年龄，我国历朝历代都有不同的规定。如隋朝是21岁，唐天宝年间改为23岁。履行冠礼带有一定的实际性质，它基本表明已经获得一个成年人所拥有的权利和义务，应该承担起如兵役、赋徭、氏族和家庭事务等责任。

《礼记·曲礼上》又载："三十曰壮，有室"。其意思说，男子一旦到了30岁，生理和心理都已经发育成熟，有了强壮的身体和适应社会的心理素质，完全可以担当起社会责任和养家糊口的家庭责任，这时可以成婚立业了，俗话说"三十而立"就是这个道理。

笄礼

古代，年满15岁的女子也要举行成人礼，称"笄礼"，俗称"上头"。即把额顶和两鬓的头发向上拢起，绾成一个发髻，再用簪子固定发髻，表明这个女子已经长大成人，可出闺婚嫁了。清代以后，人们多把女子成人礼和婚嫁礼一并进行，在"上头"的同时进行"开脸洁面"，则是用红细丝线将女子脸上的绒毛（汗毛）绞掉，这也是女子由姑娘成为新娘转换的标志。

第三节　婚嫁礼俗

"男大当婚，女大当嫁"及"女大不中留，留来留去结冤仇"的俗语，都说明了一个人到了一定的年龄，就步入人生的又一个重要节点——婚与嫁。

婚与嫁被人们称作人生"头等大事"，民间有男子成婚为"小登科"的说法，将婚姻列为仅次于登科成名的重大事件，可见人们对婚姻大事的重视程度。

中国传统婚姻的特征首先强调的是家庭延续和氏族外交。《礼记·昏仪》曰："昏礼者，将合二姓之好，上以事宗庙，而下以继后世也，故君子重之"。诠释了传统婚姻的核心价值，即以联姻来确定两个家庭的特殊关系，对上则传宗接代，奉祀宗庙；下则生儿育女，延续家族血统，可见婚姻的重要性非同一般。与此同时，便产生了一整套的约定俗成的礼法规程。

根据古籍《仪礼》和《礼记》记载，古人把结婚程式归纳为"六礼"：即"纳彩""问名""纳吉""纳征""请期""亲迎"6个部分。历代的"户婚律"都以此为范本，勘定婚姻条文，至今已流传2000多年。清道光七年版《赵城县志·卷十八·风俗》

载:"婚礼不纳采,不问名,男女生年月日不相知也。聘必以银,率二十四两,富豪者有加焉,疑于论财矣。婚之日,婿往妇家再拜,以妇归。日夕始入,则以昏为期之义也"。

时至今日,原来的"六礼"则演变成3个阶段,即议婚、订婚、迎娶。但从具体程序来看,仍是沿着"六礼"的基本原则,或借势发展,或化繁为简,形成了烦琐与便捷共存的婚嫁风俗。

一、议婚

旧时民间婚嫁,俱由父母包办,其形式是通过媒人沟通两姓家长,缔结婚姻关系,即"父母之命、媒妁之言","无媒不成婚"。如今虽然完全由年轻男女自由恋爱,但也要找一个中间人沟通两家,称"介绍人"。过去的媒人多由腿勤嘴巧的妇女承担,她们有的以此为业,有的则为兼职,俗称"媒婆子"。此外,男女双方家长若相中对方才貌,也会委托一些热心人或有裙带关系的亲戚为其子女提亲说媒,这些人称之为"月老"。

过去双方结亲,十分讲究门当户对,家景相当,知根知底,品貌般配,一般本地人不会和外来户结亲,财主家也不会和穷人家结亲。即所谓"穷攀穷,富攀富,抄花头攀的拨铃鼓"。双方通过媒人沟通有了大致意向后,还要通过算命先生以男女双方的生肖属相和生辰八字是否相合来进行合婚。

民间流传的《合婚当避歌》称:
黑猪最怕遇毛猴,从来白马怕青牛。
羊鼠相逢一旦休,兔见青龙不长久。
金鸡见狗泪交流,蛇遇猛虎刀下囚。
终身大事求长久,乱点鸳鸯罪自咎。

批八字的阴阳先生也有《婚配相合诀》在民间盛传:
黑鼠黄牛正相合,红马绒羊实稳妥。
青蛇白猴满堂红,红虎黑猪上等婚。
黄龙白鸡更相投,白兔黄狗古来有。
如上匹配好姻缘,夫唱妇随到白头。
荣华富贵福禄寿,万贯家产映北斗。

经过一番招算,所占男女双方属相无冲害,亲事便可以继续向下步进行,否则,即便男女双方非常般配,所议婚事也得作罢。

如果男女到了婚嫁年龄,却无人提亲,父母也会着急,民间有正月二十转灯光佛预测婚姻的习俗。

是日夜,已到婚嫁年龄但未能寻得配偶男女的家长,会在院内中心置一陶盔,盔内注水过半,盔上平放铡刀1口,刀下支木桩1根,令男(女)坐其上,抬腿(男左向,女右向)转动身体,转动停止方位,则认为是婚嫁配偶的方向,更有甚者,说此时若注视盔中水面,还可瞧见对方模样。

议婚之后,双方可继续了解对方,但以前"男女授受不亲",青年男女不能直接见面,只能通过亲友从侧面了解。主要是了解长相、家境以及家长为人处世等情况。中华人民共和国成立后开始兴起双方"见面",通过介绍人选择一个地方见面"谈话",主要是初步了解一下对方品貌,有的还会借机考验一下对方的智力等情况。

见过面后,男方如果觉得满意,会赠给对方一定数量的现金,称"见面礼",女方如果也满意,便会接下见面礼,如果不满意,会婉言谢绝。媒人则根据双方的意愿表达决定是否继续深入。如果双方情投意合,便可安排女方到男家"瞧地方"。双方意见统一后,即可举行下一步的订婚仪式了。

二、订婚

订婚是民间流行的男女结婚前的一道程序。虽程序繁简不同,但一直延续至今。

旧式订婚礼仪

旧时,订婚是极为慎重的事情,男女双方通过媒人互换柬帖,将婚姻关系用书面形式加以确定。比较讲究的家庭,订婚需要用"两启",即初议婚姻意向的"传小启"和签订正式婚约的"传大启",也称"过帖",帖用红纸金字书写。

男家将帖放入木制的礼盒或拜匣中,还要放压帖物件,一般为银器。媒人执礼盒到女家,称"投启"或"恳启",女方接到红帖后要写"回帖",回帖也称"允帖"或"答启",也称"换帖"。

传帖后,婚姻双方即得到社会和亲友承认,此后双方无论哪一方提出退婚都会被认为不道德而受到社会的谴责。

从前,男女双方求、允婚换帖后,接着要进行一个小仪式,即"过礼"。这是男方与女家第一次正面接触。事前,由媒人执男家的"过礼帖"到女家,告知"生亲"上门时间,届时,男家父母或男家主要亲戚在月老先生的陪同下,携礼品登女家门造访。女家也要备宴热情接待。

小仪式过后,婚前的一切事宜,均由媒人来回传话,男家备彩礼,女家置嫁妆开始忙碌起来。在此期间,还有进行"请庚"仪式,这是为求吉利再次"合婚"、议定具体成婚日期的一道手续。请庚,男家要奉"请庚帖",女家要回"庚帖"。

传帖过程中,双方均准备饭菜招待媒人和证人,以及宗族尊长等,男家一般为4个盘子一个火锅,女家可稍简,为饺子和几盘菜。

所有婚姻双方举帖，俱用红纸书写，有全柬帖和四开帖之分。落款"忝眷"为谦称，忝，谦辞，表示辱没他人，自己有愧之意；眷，乃眷属。

新式订婚仪式

中华人民共和国成立后，订婚礼仪趋向简化，一般与女方到男家进行细致了解（俗称"疋地方"）合并进行。旧的帖式不再使用，届时，由双方商定日期，女方由其嫂子、姑姑、姨姨等女眷陪同，在媒人引领下到男家，实地察看男方家境。男方则备酒宴招待。20世纪80年代前，男方通知的亲戚限于近亲，规模较小。80年代后，人们生活改善，规模也大了不少，动辄摆席数十桌。其间，男方要给女方"定亲礼"，数量多寡，因时而异。并备上"头茬礼"，即彩礼的一部分，由媒人带回女家，交给其父母。

三、纳彩

纳彩

纳彩即"送彩礼"。早年此礼金均有定规，甚至旧官府以告示形式告诫乡民。民国版《洪洞县志》载："婚议即成，先送定礼，即古纳彩之义。旧例，多者银10两，红绿绸2匹；次者银5两，红绸1匹；又次者银2两，红梭布1匹。其不愿行者，听便"，"今议聘礼，多者银20两，币16端，裙褂里绢各4件，彩线、金线各1镉。头面止插1糕，金银花不过10对；次者银12两，币10端，裙褂里绢各2件，头面金银花8对；又次者银8两，币6端，裙褂里绢各1件，梭布2匹，头面止用银花6对，食盒至多不过8架"。

彩礼演变

在新中国成立初期，均以粮棉实物纳彩，一般麦数石，粟若干斗，絮棉10斤；在三年自然灾害困难时期，其彩礼的数量简直少得可怜。"文化大革命"以后，民间婚嫁彩礼逐步攀升。当时有顺口溜嘲讽这一陋俗：

"头等女子一千七，车子手表缝纫机，

毛衣毛裤毛哗叽，另随一个带响的（即半导体收音机）；

二等女子一千三，鸳鸯棉被得三床，

缝纫机车子不能少，柜子箱子新做的；

三等女子整一千，加重车子飞鸽的，

凡尔丁、的确良，毛衣一身要红的"

甚至还有：

苏州杭州绸缎被，头等棉花弹好的。

上垣糜黍许村枣，三转一响高级的。

小弟娶亲包彩礼，父母棺板柏木的。

二千票票红包包，少了一样不嫁（gai）与。

改革开放以后，随着人们物质生活的迅速提高，彩礼亦随之攀升更快。娶一个媳妇少则 10 万，多则 30 万~40 万。高级化妆品、床上用品、毛料毛裙、拖鞋皮靴、液晶电视、进口音箱、真皮沙发、甚至新房 1 套、小车 1 辆，一些家庭因之负债累累，不堪忍受。人们戏谑道："礼炮声声新娘到，心里苦涩脸上笑，娃家成婚是喜事，今后日子嘴里掏"，"小的发了，老的塌啦"。

确定婚礼日期，称"送日子"，要由通晓阴阳的先生根据男女双方的生辰八字而择定，并批注婚礼宜忌，用红纸写合婚帖"乾造男命某年某月某时，坤造女命某年某月某时，择吉日某年某月某日合婚大吉大利"，落款"姻弟〇〇〇拜请"的字样。日期一般选两个，由女方根据自家事务的急缓确定，媒人再回传到男方。

四、迎娶

迎娶是婚礼过程中最热闹、也最重要的环节。迎娶称迎亲，迎亲即古礼所指的"亲迎"，俗称"唤媳妇"，俗语有"高兴不过敲锣鼓，欢喜唯有唤媳妇"的说法。

迎娶前，男女两家都要在前两天略备菜肴宴请总管及杂事代劳人，名曰"小请"，席前，主家将宴请人数，其中有多少贵宾，准备了多少米面烟酒糖茶等等事项向婚礼总管做一一交代，并把存放烟酒柜子的钥匙交给总管。"总管"一般由有身份、在群众中有号召力、办事有经验而且与主家有亲密关系的人担任。总管一经接手此事，主家基本上是一个"局外人"了，席间总管分派谁为账房先生，谁为厨师主刀，谁去淘米轧面，谁去拉借桌凳，甚至谁去烧水看火，谁去接待外客等等具体事项。一切安排妥当，随即书写执事单子，张贴在院内显眼处。从 20 世纪 90 年代起，办事有了理事会，减轻了总管许多负担。

迎亲前一日，男家要宴请媒人，对迎亲当日的启程时间、"押柜钱"（铺房钱）数目等具体事项进行商讨，媒人再到女方家沟通，以免迎亲当日出现不必要的纠葛，影响喜庆气氛。

迎亲当天，满院彩灯高悬，婚联衬托出喜庆的气氛，主家穿戴一新，帮忙人各司其职。

拜祖启程

早饭过后，男方等押彩的车一到，新郎即可启程迎娶新人了。迎娶起身前，新郎官要进行拜祖宗之礼，新郎由本族尊长带领，尊长于祖宗神堂前拈香跪拜，新郎跟着跪拜，并由司仪诵读"拜祖宗文"。拜文如下："惟〇〇年〇月〇日〇时，裔孙〇〇承父之命，谨以香楮酒醴之仪，致祭于木门先祖之堂前曰：惟木有本，惟水有源，人有祖先，何以异焉？今遵父命，亲迎在即，天地昭然，参拜祖先，犹木有本，犹水有源，自今以往，默佑扶潜，夫妇和乐，偕老百年，兰森桂茂，瓜瓞绵绵，昌联百世，永继香烟。谨告。"拜毕即启程。现今启程前亦有拜祖程序，但省略了"拜祖文"，只焚香叩首。

验彩

"铺房"车一到，男家亲朋围聚院中，由账房先生唱单，女眷解包"验财（彩）"。因为交单上的陪嫁物名称，经对方先生斟字酌句，比较押韵，因此唱读起来朗朗上口，院中验彩女眷对嫁妆啧啧称赞，气氛十分热闹，别有一番情趣。近些年，这一程序已淡化，有的只看存折金额多少。

"押彩"小儿由办事人引入宴庭，七碟八碗招待一番，男家总管视物多寡给付一定份额的押彩钱，若押彩小儿未满12岁，还要随带一份"馏阑"和"锁儿"。此时小儿根据起身时大人嘱咐的钱数收取，若不足数就会赖着不走，直到足额方才随媒人返回。

乘具

清代以至民国时期，民间迎娶均用轿子，一般为4人抬的"四抬轿"，新郎乘蓝色轿，新娘乘红色轿。轿夫有的雇佣，也有的为村邻帮忙。

一些大村有专门经营婚轿租赁业务的"赁铺"。赁铺内还有办事所用的碗筷、锅灶、蒸笼等物以及轿夫衣着，收取一定数额赁钱。中华人民共和国成立后，政府号召移风易俗，20世纪50年代中后期改为乘马，马稀缺时，以驴代替，忌骑骡。后又有用大车或畜力车迎娶的。60年代，有的新郎、新娘各骑一辆自行车完成娶亲过程。80年代后，一般均用轿车，或租用或借用。有的为了讲排场，用同一型号的高级轿车，少者六七辆，多者十几辆。

鼓乐

旧时，婚娶所用鼓乐，均由男方招雇，鼓手俗称"人役"，招雇人役，俗称"下鼓手"。通常用鼓手4人，吹唢呐2人，唢呐俗称呐子，钹、锣、梆子各1人，旗2面。殷富之家用人较多。鼓乐手于前一日下午到事主家，晚上即开始演奏，俗称"闹夜"，取安神、镇宅之意。闹夜节目有表演戏曲选段者，称"打坐场"，有鼓乐齐奏，节目有《夜行舟》《五蝠捧寿》等，亦有表演快板节目。一般至深夜方散。次日早饭毕，即开始演奏，常奏《当皮袄》等曲牌，新郎起身穿衣奏《祭祖曲》，沿途演奏《迎亲曲》。至女方家，在宴席间有"点鼓"习俗，即点一定曲牌演奏。有家境好的女家也"下鼓手"，但不闹夜，多是当日雇乐手若干，与男方来的鼓手比赛"唱对台戏"。女方更衣、起身时，奏热烈欢快的《马溜子》《上马》。娶亲回来时，鼓乐手列于大门两旁演奏，席间亦有节目表演。曲牌有《得胜回营》《入洞房》等。此俗直延续至60年代末，此后消失。

静房与暖炕

在娶亲队伍走后,男方要整理洞房,并以麦草填装枕头,俗称静房(见祈子)、暖炕。"静房"以前还有一项内容——暖炕,即装麦秸枕头。由一个"全人"妇女带领两个8~10岁的小孩,各执一空枕头到麦场,将枕头内装入干麦秸,然后带回家再填塞核桃、红枣之类果实,不封口置于新房炕上,谓之"暖炕"。之所以填塞干麦秸,是取母鸡孵小鸡时,在窝内铺麦草,借母鸡孵蛋热窝之意,加上干鲜果实之类,意喻新妇像母鸡孵小鸡一样,早生贵子,人丁兴旺,香火延续。

在南垣地区,这种婚枕装麦秸的婚俗更有意思。装麦秸的也是两个小孩,不同的是必须一男一女,两小孩在大人(亦是全人)引领下,快速往枕内装填麦秸,先装满者要抢先往回跑,一般女孩手巧装得快,男孩手拙装得慢,女孩身轻如燕,男孩虎步追赶,女孩先进家就意味着新妇头生的婴儿为女性。由于人们的传统观念是重男轻女,头生添男丁是家族门里最大的企望。所以,即便是女孩跑得快,在门外迎接的人也会故意为难,而让男孩先进家门。

新婚后,新娘回娘家小住。等到再回到婆家,新房内的麦秸枕头就换成装荞麦壳或秕谷的枕头了。其取意是,一对新人开始步入正常生活,艰苦奋斗共建家业,即所谓的"糟糠夫妻"了。

其他习俗

民间还有一个习俗,认为石头是"白虎星",于婚嫁喜事不利,故在迎娶沿路凡有石磨、石碾、石狮及裸露的大石块,都要贴上一红色纸条,上写"青龙大吉""白虎大吉",有的地方在沿途石狮上蒙红绸或贴红纸,以免白虎冲扰喜事。原洪洞区域除门上贴婚联外,还要在院门外墙壁张贴喜标,悬挂喜吊。喜标喜吊用红、绿、黄三色彩纸书写喜庆言辞,以营造喜庆气氛和为远来客人起到引路作用。娶亲路线讲究不走同一条路,尤其是在本村婚宴时,要东出西归或南出北归,以求"圆满"。

迎亲队伍至女家村外时需鸣炮3声,通知对方迎亲人马已到,女家亦鸣炮3声表示已经知晓。此时女方亲眷拥出大门外,等着看女婿。随着鼓乐的喧闹,婚轿进入了女方院落。

写交单

女方在出嫁前有一项重要的准备工作——写交单。交单是女方陪嫁物品的清单,要在出嫁前1~2日请人书写停当。将陪嫁物分类整理,折叠打包,写交单一般由账房先生担任,"交单"书写比较讲究,其形式为折子型,红纸金字,封面书"妆奁之敬"。首句为"启封"计开(启吉之意),以下按从大件到小件,自贵重物至一般顺序从右到左竖写排列,编有8字句或者9字句,也有12个字的陪嫁物名,比如:(8字句)"龙凤呈祥锦绣棉被""金漆彩绘檀木妆盒",(9字句)"龙凤呈祥锦绣红棉被""金漆彩绘紫檀木妆盒",（12字句）"苏州产龙凤呈祥锦绣红棉被""星岛产金漆彩绘紫檀木妆盒",取意"久发""要儿"祈福祈子之意。隔开两字书写数量,数量前加"成"字,如"成床""成双"或"成对"字样,意在"成婚配对"。最后书"谨具奉申",落款处书写"姻弟○○○拜稽""农历○○年○月○日大吉大利"。也有开首写"谨具"表示谨慎奉送的意思,后书"奉申",意为这些嫁妆呈上让男方审收。

押财

也称押彩,即由女方将陪嫁物品运送至男方家中。至期安排阴阳先生预定的启送时分,由新人的弟弟或侄男子弟执"交单"随车押送嫁妆至男家,并由一名媒人伴随。近些年,铺房由男方派车来拉,押财小儿随车而往,亦有一媒人伴随。

接待

新女婿一到,便有专司"男傧"迎接至女家厅屋,稍事休息,引其及伴郎至别处以茶水招待,俗称"前座",以待开席。接待女婿的饭食早年是两顿饭,早饭数盘菜、饺子,午饭为大席。现因起身时间提前,多并为一顿,但仍先上饺子,代早饭。女婿坐的席面档次最高,称"大席",有"八八席""重八席"等名堂。新郎居主位,女家族长居左上作陪,媒人居右上,伴郎偏下位。因都较生疏,上菜后,女方主陪先取筷子,在桌上轻击两下,表示可以吃了,然后众人才开始动筷子。宴席中有"戏婿"之俗。是故意将包有辣椒的饺子,由奉盘人端到女婿席上,新郎若贪吃,便会当场出丑；二是将新郎用的筷子用头发缚住,使用时无法分开；三是将用面捏制成铜钱大小的小馏阑一串别于新郎衣服后面,如不被发现,就是带上馏阑了,辈分上就小了一辈。这就要看伴郎是否机警了,所以女婿是不会动第一筷子的,而是由伴郎挑破"机关",故此举如说是考新郎不若是考伴郎,伴郎由此或许得到某一良机,被婚礼中某位未婚女眷选为如意郎君。

婚宴中有向新郎讨要"奉盘""厨力"工钱的习俗。当席过六菜、酒过三巡后,奉盘人就会反扣1只碗于盘中,站在席间不走,男方伴郎或随班媒人将盘中碗再翻过来,投入装有"奉盘奉资□元","厨力奉资□元"的两个"红包",名曰"翻盘"。此类款项在启程前便由总管预作准备,如果疏忽,也会出丑。奉盘人揣"红包"退出将钱分发,筵席继续进行。

大席过后,才开偏席,偏席是招待参加婚宴的亲戚朋友的,规格低于大席,一般为"六六席"或"十二起",无干鲜糖果类。俗称"流水席"或"跑马席"。一是因为人多桌少一轮客人坐不完,二是厨力面案一次做不出,故让客人分次就餐。一次开二三十桌,菜毕撤走剩盏残盘,另一拨人再就座。赴宴的人要送"婚礼礼品"。故赴婚礼宴又叫做"吃请"或"上礼"。婚嫁双方都要安置专人设座收礼,负责此事的人叫"账房先生",记账之本称"礼簿"。主家收到的所有礼物礼金都由账房先生记录在案。礼簿过去用红纸折叠装订而成,封面书"○宅子婚(嫁女或出阁)礼簿""黄历○○年○月○日",如今写"公元○○年○月○日"。旧时送礼有物(如喜幛、饰物等)有钞币,"文化大革命"前后也有送毛主席相框或风景镜框之类,如今均以现金馈赠。礼金的多少,因关系亲疏有所差别。

早饭

迎亲当日早饭有宾客早饭、劳力早饭和新郎早餐之分。宾客早饭一般为蒸饭、臊子面,在困难时期为蒸饭、胡辣汤,蒸饭的用料河东为红枣、黍米,河西为黍米、红枣、"金豆子"。臊子面在20世纪60年代前由人力压轧,面内加食盐和碱面,将面团置大案上,由两人相对骑在粗擀面杖上,一杆一杆压轧,最后擀为面片,用一尺多长的"切面刀"切为面条,俗称"碱面糕子"。60~70年代,由于处于困难时期,面用玉米面,机械用辛村机械厂制造的面条机,压出来的面已成半熟,吃起来很有劲道,俗称"钢丝面"。80年代大部分地区采用压面机制作,面用白面,加入盐和碱面。劳力早饭主要是厨力、总管、账房等主要人员食用,食饺子,一般在天亮时食用完毕。新郎早饭食饺子,但有许多讲究,新郎吃的饺子由全人(父母健在、儿女俱全的妇女)制作,较小。新郎与伴郎一起食用。食用前,先拨出3个饺子,一个敬天,一个敬地,一个敬祖宗,然后开始食用。新郎年龄多少岁即先吃多少个饺子,然后掉转筷子继续食用,且多多益善。启程前,新郎和伴郎还要吃煮鸡蛋和葱花饼(俗称"烫水面饽馍馍"),葱花饼也由全人饽制,并分别给厨里、账房分送一些,大家分食,以沾喜气。

午饭

旧时,午饭根据家境情况有不同档次。贫苦人家为馍馍烩菜,只给贵宾及舅姨等办席数桌。在困难时期,常用白玉茭面掺少许白面蒸成馍状。而富有人家则全为酒席,只是贵宾为大席,一般宾客为"十样锦""六六席"。改革开放后,农村午饭均改为宴席,由理事会制作。城镇则多在饭店订餐,饭菜丰盛,但浪费现象也相当严重。

五、出阁

梳头

20世纪80年代前,女子出嫁前的梳洗打扮过程称"梳头"。梳头由心灵手巧的"全人"操作,其程序是先要开脸,即"净面",是为出嫁女儿净面修容的一种方法,拿一根红线在手指上打绞,一头含口中用牙齿咬住,一手持线一端,一手框回头扣子,拉动线头,在女子的面额上来回绞动,以去掉脸上的细小绒毛,以达到美容的效果。尔后涂施胭脂,画眉,上油梳头。在南垣地区还流传有"梳头歌",

全人边梳边念:"头一梳,光溜溜,一梳梳到刘海头,敬公婆,亲小姑,人人都夸好媳妇;二一梳,滑溜溜,二梳梳到发跟头,笤帚殷勤相丈夫,儿孙满堂享清福;三一梳,顺溜溜,再梳梳到辫子头,烧香磕头拜姑姑,夫妻双双到白头。"充满了娘家人对女儿今后谨守妇道、敬老爱幼、相夫教子的殷切叮嘱。然后插簪子、首饰、绢花。穿红色绸缎衣裙,头戴花冠,即装扮完毕。旧时官府对婚服有严格的规定,据民国六年《洪洞县志》载:"新妇服饰,许穿绣花盘金大袖,概不许用龙凤斗牛","非绅衿之家,不得僭穿袍带及金银珠宝,钉挂云肩。至首饰金银珠宝花不过十余对,翠帛花足用。庶民家不许滥用珠箍大花"。80年代后,多由全人用梳象征性梳3下,然后由化妆师进行化妆,穿白色婚纱,意取"洁白无瑕"之意。

装扮完毕,新人由本族尊长带领在天地、灶君神龛焚香叩头,然后到神衹前焚香拜祖,也称"辞祖"。意为在此前仍为家庭成员的一分子,此后便成为别人家的人了,且此后再不见娘家的神衹。再拜别父母,鞭炮声起,鼓乐齐鸣穿鞋上轿。近些年,辞祖习俗依旧,只是不再叩头,而以鞠躬代替。旧时上轿时间一般在太阳落山以后,俗称"摸烟筒黑",此俗源于古代的抢婚习俗。

其他习俗

抓福,姑娘出嫁前,家里预先准备好硬钱币若干,并杂以少量麦麸,放入容器内,上轿前由其抓3把,包入红帕内,带到婆家,这一程序俗称"抓福"。

拉底财,由出嫁姑娘在包好的陪嫁衣物或布料中抽出一块交给母亲,由其母处分使用,俗称"拉底财",也称"通财气"。

对于出嫁的姑娘,有不沾带娘家土的习俗,意在嫁人不带走娘家的财,一般在鞋底子上敷贴红纸,由堂兄背负上花轿,现在多由新郎抱新娘上婚车。上轿后换一双准备好的红鞋。

送亲

旧时,女子出嫁要由长兄送亲至女婿家,至今南垣地区仍保留此俗。送亲者由年长的平辈一男一女充任,男性一般为出嫁女子的表兄、堂兄、姐夫,女性则为嫂子、表嫂等。而在其他地区,送亲均由出嫁女子的好友担任。到男家后,送亲者与新娘同坐一席,由媒人和男方陪客作陪。饭毕与新人道别,并返回女家通报平安。

六、拜堂

古习俗

迎亲队伍回到男家,候在房内屋外的亲朋和"看新媳妇"的四围邻居,已把院内院外挤得水泄不通。新娘下轿前,司仪根据阴阳先生预先批注的与新娘相属相冲相克的人回避,大声喝道"属〇属〇的妨着!"这些人只需在下轿时背过脸去即可。

迎亲到家后，新郎官要先行在天地神牌前进行祭拜仪式，并由本人或司仪诵读祭文，文曰："惟××年×月×日，谨以香楮酒醴昭告于天地尊神之前曰：位上位下，乾坤有一定之名；成男成女，阴阳布时和之序。兹者喜值婚期，恪遵亲命，亲迎×姓之女以之为妻。典礼行乎男女，大伦备乎居室，赓歌琴瑟，良缘诧得于河洲；声叶鸾凤，喜耦合欢于冰月。将成嘉礼，特表虔心，伏祈在上之神明，永葆人间之夫妇，俾得采苹采藻，克承宗祧于百年，宜室宜家，允卜昌光于五世。绍雎述之好，麟趾呈祥，资燕婉之贤，螽斯衍庆，尚其昭临，永垂点佑。谨告！"

新娘头蒙"盖头巾"，怀抱织布梭子和秤（织梭者妇所事，秤取"称心"之意）在"全人女傧"的搀扶下出轿，出轿时，人们重点以新娘的脚的大小进行评判，如果脚小，就认为新媳妇好，如果脚大，就会引起非议。出轿后，傧人递过中间挽有花子的红绫，一端由新郎牵引，一端由新娘握持，沿着传袋之径，缓缓"踩绢"到婚礼堂。新娘身后，尾随一男扮女装的"傧人"手捧"升子"将麦麸、粟谷和红绿纸屑抛向新人。新妇进门还有"跳火盆"和"跨马鞍"的习俗，"跳火盆"意取将沿途所沾邪气摒弃于门外，今后日子红红火火；"跨马鞍"意取婚后平安，也有好马不披双鞍的寓意。关于"红盖头"，据传源自伏羲、女娲兄妹成婚，伏羲因怕女娲害羞，便用麻布将其头盖起，后演变为红盖头。

拜堂的地方称"花堂"，花堂正面墙壁一般挂有红色底幔（屏），幔上贴有一个大大的金色"囍"字，或者"和合"两仙彩图，屏下的方桌上供福、禄、寿三仙塑像，前置香炉一尊，龙凤烛台一对，桌旁摆椅子两把，为男方父母之座位，本家近亲侍立两旁，另专设司仪一名，友邻在堂外观看。

三通三眼铳鸣响，人们陡然雀静，主持仪式司仪高唱，"鼓响乐起，新人拜堂"，新郎新娘缓缓步入花堂。当一对新人牵手红绫相对立于花堂中间时，鼓乐停奏，司仪又高声唱道：

金色喜字花烛照，×家院里乐陶陶。

满堂喜气结鸾俦，夫妻双双拜——堂——了！（奏乐）

一拜天地！（奏乐）（两人向南跪拜，行三叩礼）

二拜高堂！（奏乐）（两人面向父母跪拜，行三叩礼）

夫妻对拜！（奏乐）（夫妻相对行三揖手礼）

礼毕！（乐停）

司仪接唱：

你好他好大家好！

两位老人福寿高，

拜天拜地过到老,

明年抱个福娃到,

拜堂礼成。

送——入——洞房——!

仪式结束,夫妻由傧相挽扶,牵红绫步入洞房,随后新郎上炕绕炕一周,名曰"踩四角"。"盖头"遮面的新妇双手扶膝端坐炕沿,这时会有一位男方女眷捧一碗红糖水给新娘,碗上置筷子一根,意谓"一心一意过甜蜜日子",也有驱散一路风寒的含义。新郎出房为参加婚礼的众亲朋敬酒致谢后返回洞房,自此拜堂仪式结束。

结婚典礼

中华人民共和国成立后,提倡喜事新办,移风易俗,拜堂仪式沿变为结婚典礼。内容和形式都有很大改变。20世纪50~70年代,典礼极简朴,取消了拜天地、拜父母、夫妻对拜程序,典礼正中悬挂毛主席像,证婚人、主婚人居中,介绍人男方贵宾居左,女方送亲者及伴娘居右,新郎、新娘站于桌前正中,由司仪宣布典礼的程序,主婚人、证婚人、介绍人、来宾分别讲话,新郎、新妇交换礼物,然后众人簇拥进入洞房。此后又增加了新郎、新娘介绍恋爱经过,新人当众接吻、逗公婆和新郎抱新娘入洞房等新的程序和项目。自80年代中后期起,结婚典礼又恢复了拜天地、拜高堂、夫妻对拜程序,只是叩头改为鞠躬。

娶亲回家的时间也大大提前,一般在中午12点左右,新郎、新娘要赶上给吃午宴的男方宾客敬酒。如果婚期为五一、五四、国庆节国家法定公休日,或一村有两家结婚时,人们有"抢早"的习俗,认为谁家回来得早,于谁家更为有利。

七、闹房

闹房

闹房,是传统婚俗的一部分,也是在婚期内独具特色的一个过程。俗称闹房为"教新妇"。主要内容是以新娘为主要对象,在洞房内嬉戏、戏谑新婚夫妇。

婚后三晚,宾客、亲友、邻里不论辈分,不论男女老幼、贵贱贫富,都可以在洞房里闹上一通,即"新婚三日无老小"。闹房时,人们都要想方设法策划各种诙谐有趣的节目,令新郎、新娘在扭捏为难中表演和应对。

闹房有祝福的含义,俗话说"闹喜闹喜,越闹越喜""不闹不发,越闹越发",以此来增添新婚喜庆气氛,实际上是为了去除男女双方的腼腆与害羞。过去受"男女授受不亲"思想束缚,两性之间不能有所接触,一旦凑在一块免不了害羞和不自然,更何况今后就要睡在一个炕上过日子,"头生头生"一切难以启齿的言语和行动,一经众人推搡闹房,双方身体接触自然就"扯开脸了"。另外,新婚之喜,神鬼也会来凑热闹,新房若过于安静,"人不闹鬼闹",所以闹洞房也是一种驱鬼求吉的仪式。如果新婚之期无人闹房，就会被认为人缘不好，也对新婚夫妇的相处不利。此时，新郎父母要做好饭请孩子的同伴们来闹房。

闹房"三日无老小"虽说肆闹者无限制，但一般来说平辈、晚辈居多，妇女在闹房前期稍有，以后则退到房外在窗户外窥视。

过去是在新郎谢客后进入洞房，用连钩秤杆挑起新娘"盖头"以后，虚掩的房门顿时被人打开，人们蜂拥而入，围住新娘嬉闹，让喝"交杯酒"，学说一些俏皮绕口令，来段情歌戏词，"咬苹果"算是较文雅一点的噱头，有一些简直是在"刁难"新娘。例如让新媳妇点烟，吸烟者嘴含烟锅或纸烟，使劲往外喷气，或者一个劲地努嘴歪嘴，使烟卷不定位，无法点着，但也有一些极不文明的闹法，比如"卷毡子""揣糜黍"，甚至当众"明房"的过度行为，过去就有新娘不堪忍受折磨，险些闹出人命。

听房

闹房过后，人们逐渐散去，新人将新房关闭。这时，听房者就会蹑手蹑脚来到窗下偷听动静了。

有的听房者趁闹房即将结束的混乱场面，或藏入衣柜，或躲于门后，或猫身于门外窗下，偷听小两口的窃窃私语、绵绵情话和合欢亲密情况。这些，不仅是第二天村头巷尾、茶余饭后人们的笑料，更是盼抱孙子的公婆们急于想得到的"头号"情报。

新人对听房接受与否，是对他们秉性的一次测验。所以一般新人发觉有人偷听也不会生气，对这种恶作剧持宽容态度。新人若是不理解，对窗外人加以谩骂和驱赶，便被认为是不懂礼数，没有教养。遇到较为泼辣刁钻的新娘，听房人常被其戏谑，而且有口难言。

八、回门与祝节

回门

这是整个婚期的最后一项程序。已嫁女子第一次返回娘家探望父母，人们称为"回门"，也称"小请"。

早年婚后第三天一大早，新妇娘家备好饭菜，着本家侄男子弟到男家去请姑娘、姑爷回门做客。一来女儿出嫁两天，回家稍作休息，二则新郎此行乃是首次作为女婿登门谒见岳父母及女家其余老小亲属，所以也将回门称作"请女婿"。小宴完毕，女儿不住娘家，天黑以前必须两人同返，取"出双入对"吉祥之意，因此也把回门叫做"走当日"。近俗回门均在婚后第二天进行，可能与人们生活节奏的加快有关。

搬三

在南垣地区有"搬三"的习俗，即新婚第二日，新娘携新郎回娘家，当日返回，即所谓"走当日"。第三日，女方由出嫁姑娘的父亲或哥哥上门，将新娘接回娘家小住，住到第三日，新郎再去岳父家将新妇接回，当地称这一习俗为"搬三"。

出日子

还有"出日子"的习俗，即新娘在走当日后的第六天，第二次回娘家小住。届时由新娘的弟弟或堂弟来接，临行前，新娘要向婆婆请示，回娘家小住的期限，一般婆婆都会答应住9天，取"三、六、九大顺"之意（3日回门后住6日，娘家住9日）。

有的地区小住时间不那么死板，当地称其为"叫三过四"或者"叫六过六"，一般住奇数不住偶数。过四天返回谓之"吾（我）回"，过六第七天返回叫"妻回家"。届时，新郎去女家将新妇唤回。至此，新娘把夫家称"家"，把娘家称为"门"。娘家人（包括邻居）以后若见姑娘回娘家，便以"女子，来啦！"招呼，而不说"回来啦！"

"出日子"后，表示婚礼已全部结束，但由于男女双方处在联姻之初，尚需要加强往来，以沟通两家的关系，同时也为初为人妇的新娘创造一逐渐适应婆家生活的过程，故自此以后，新娘在两家之间走动便自由起来，去留时间长短不再受约定管束。但须得到婆婆的同意。

祝节

姻亲两家的正式往来始于娘家为出嫁闺女祝节之后，祝节又称"看亲戚"，祝节礼品为油饵子，娘家父母除要携带油饵子外，还需带花生、红枣、糖块、核桃等小食品馈赠女儿。其他近亲则只带油饵子。祝节时间在原洪洞河东地区为新婚次年正月初二，河西及原赵城地区则为正月初六或初九。这天，男家备佳肴在家恭候亲家门里众亲戚上门认亲，女家则召集所有近亲女眷提着礼品到男家认门。见面以后，互相介绍辈分和关系，以便今后见面时打招呼及有事相互往来。祝节的待客饮食，早饭为蒸饭、臊子面，午饭一般设宴招待。其"回馍馍""带锁儿"等礼数与前述"闹圆满"礼数相仿。娘家父母炸油饵子的数量要同婆家父母商量，一般婆母要根据儿子同伴人数、家族近亲家数斗算，每家要送给2个。近年，人们为减少麻烦，多以方便面代替油饵子。

九、特殊婚姻

童养婚

是指年龄幼小的女子，早早地来到未来丈夫家生活，等长到婚配年龄时，方才正式成婚的婚姻形式。这种婚姻有两种情况，一是女小男大，多为女家家庭发生变故，或者家境贫苦无力抚养，而由中人说合，出一定数量的银钱，并签订相关契约构成的婚姻关系。这对于男家来说，家中虽多了一个吃饭的，但届时成婚，少了一份彩礼，总算账并不吃亏。二是女大男小，年龄悬殊较大的，其原因同上。女方的家长要签"卖身契约"，待男子长到婚配年龄，再举办成婚仪式。中华人民共和国成立后有一部反映自主婚姻的电影《小女婿》，就是反映的这种婚姻状况。

指腹为婚

多为两个相处极为密切的男性订立，他们的妻子不约而同怀孕，在小孩未出生前，两家约定，所生若是一男一女，将来长大后便配为夫妻，因空口无凭，多签有腹婚文约，若同生男或同生女，则为兄弟姐妹金兰之交。据史书记载，这种婚姻大约起于东汉时期。县域此类婚姻早年虽也存在，但为数甚少。

箩梭亲

箩梭亲是指一家的一男一女与另一家的一女一男互换成婚的一种婚姻习俗，亦称"换亲"。这种婚姻不但无须准备彩礼嫁妆，而且更是"亲上加亲"。这种婚姻一般不同时进行，且遵循"大麦秀了小麦秀"的自然规律，大的完婚后隔年再办小的婚事，这也是当地"一年不办两婚"的婚嫁风俗。

入赘

入赘，也称招亲。一般有三种情况：一是家庭没有子嗣，只有女性后代，无人承继香火，便托人找男孩子多且无力婚娶的人家说合，择人"倒插门"作"上门女婿"。这种婚姻，过去是要订立"招亲婚约"的。在婚约上还要写上"祖宗缺德，小子无能，愿改名换姓"等侮辱人格的词语。因此，若不是家庭特别困难而且子女多、自幼丧亲的孤儿，一般人是不会走这条路的。且上门女婿多受到社会舆论的歧视。这类婚姻称"招亲过继"要改姓女方姓氏。二是招亲不过继，男方不改姓氏，且多言明若日后只生一男，则姓女方姓氏；若生二男，则小者姓男方姓氏。三是女方丧偶不离家，但对前夫子女负有抚养义务。而再招他人上门成婚，称"坐堂招夫"，这一类上门招亲的人一般不改姓，但对前夫子女负有抚养义务。

重亲

"重亲"是指已嫁妇女丧夫，再嫁给丈夫的兄弟，亦称"转房婚"。此种婚姻形成有几个因素，一是一家人相处和睦；二是亡夫遗有子女，再与他人成婚恐子女受罪；三是家庭条件一般比较优越，孀妇比较留恋。

续弦

是男子丧偶后再娶新妇的一种婚姻形式，俗称"填房"。旧时，在"男权"思想支配下，男子丧妻再娶，不受任何约束，而女性被休或丧夫再嫁都会受到方方面面的歧视和干扰。

再嫁

旧时被休妇女和寡妇再嫁在封建伦理道德压迫下是相当困难的，不但本人顾虑重重，还要受到来自婆家、娘家和社会舆论方面的重重阻挠。因此大多数孀妇在"好马不披双鞍，好女不嫁二男"的思想束缚下，宁可孤守空房，苦度一生，也不愿再嫁。如果子女中有出人头地，做官为宦的，还会为其立贞节牌坊，甚至官方也会把守节之妇载入史册，记入贞妇烈女传记。如果妇女丧夫但没有子嗣，生活就会更加艰苦，所以也有改嫁的，但必须征得婆家同意。县域称孀妇另嫁他人为"后改"或"后走"。写婚帖要选择在晚上，俗称"月明地里"，把纸铺于碌碡上写婚帖。

如果是被休妇女更加可怜，不但自己被休遭人耻笑，而且别人总会认为其有不合伦理之事被人丢弃，即是娶他的人也被认为是收拾"二手货"，脸上无光，一辈子抬不起头来。被休之妇若无人再娶，死后亦不能入"祖坟"，而要另立"孤女坟"。即便再嫁也还有不得在自家门里办婚事，须另选它处，从别的人家嫁走的习俗。

现在，妇女的公民权利得到法律保障，阻碍妇女再嫁的清规戒律被彻底革除，除本人不愿再嫁外，任何人不得阻拦其再嫁。但是，再嫁不得从娘家走的习俗仍然存在，须另择亲戚或邻居家嫁出。

十、择偶习俗

婚姻，是人生之第一大事，从古至今，人们无不对婚事慎之又慎，以至于社会上甚至官府衙门对此俗的每一环节均制定了一定的规矩礼法，同时随着朝代的更替而沿变，形成了一整套关于婚嫁宜忌的传统礼俗，在通婚择偶问题上亦不例外。

通婚范围

·地域

人们因水而生，依土而长。身体、思维无不打上地域特征，认为异地婚嫁可"改种利后"，改善后辈智力体质，这与当代科学种田、品种杂交的理论相近；二则认为亲戚两家挨得距离若近，婚后小两口一旦发生口角或打闹，消息很快就会传到对方，引起两家争执，不利亲戚正常关系，故而喜欢隔村联姻，但并不愿意把女儿嫁得太远。与此同时，在一些地区流行"河圪槽女子不上坡，川里女子不进山"，"好女子不出村"的说法，形成了在较窄地域内的通婚习惯。但是在特定环境下，经济条件的变化，改变着人们的看法。比如1959~1962年三年自然灾害时期，平川地区地少粮食不够吃，而丘陵山区的人们还多少可以开一些小块地打些小杂粮，生活状况自然强于平川，于是平川人们纷纷将自己的女儿嫁往丘垣区。一为女儿填饱肚子不受屈，二为自家找上一个能够借上粮食的赊借关系户。

现在随着社会的发展变化，青年男女外出打工挣钱的机会多了，联姻完全突破了本村、本县的范围，而扩展到外省市甚至国外。

·血缘

血缘方面的限制，主要表现在同姓不婚，认为五百年前是一家；同宗不婚和表亲不婚，尤其不允许女儿嫁给舅家表兄弟，认为"骨血不倒流"，而舅家之女嫁与姑家之子和姨表结亲禁忌则不甚严格，有的地方还流行有"姑姑当婆，亲得没挪"的说法。

·阶层

旧时不同社会阶层或等级之间一般不建立婚姻关系。只有社会地位相近的阶层才会联姻，即所谓的"门当户对"。职业和阶层的联系也决定了不同职业之间难以逾越的鸿沟，俗语称"穷攀穷，富攀富，抄花头（叫花子）攀个拨铃鼓（货郎）"。县域曾有不与鼓手家结亲的习俗，认为"龙生龙，凤生凤，老鼠生儿会打洞"，其"遗传因子"会影响后代的成长和家庭的名声。随着社会文明程度的提高，不同阶层之间联婚的限制均已消除，不同职业之间也普遍得到互相理解和尊重。

·年龄

当地曾有"大麦不秀小麦秀"的俗语，以自然界不正常的现象来影射社会上某些家庭中兄姐未婚而弟妹先婚的情况。在过去许多不成文的规定中，同胞子女中结婚顺序应先长后幼，无特殊情况是不能更改的。但这种习俗近年也在逐渐打破，而且由于有的长兄姐因为上学、就业等原因，结婚年龄推迟了很多，家庭中年龄稍小的也就可以先于长者而结婚了。

择偶条件

旧时择偶联姻，全在"媒人一张嘴，父母一句话"，即所谓的"父母之命，媒妁之言"，媒人和家长将对方家庭地址、经济状况、品貌才华等综合权衡后，再通过议婚仪式来决定子女的婚事。儿女们只有遵命的份儿，不能有丝毫的个人意愿表现。

随着社会的不断进步，青年男女在自己婚姻问题上有了发言权和决定权，在择偶这个问题上也"与时俱进"了。

首先在家庭条件上，不论对方贫富，高攀和下嫁的意识逐渐衰退，取而代之的是只要两人情投意合，即可自定终身，再请来媒人与两家大人通气，促成婚事，结为伉俪。

旧时讲究"郎才女貌"，认为"女子无才便是德"，也有"择女一朵花"的说法，如今，虽然容貌仍是主要因素，但却不纯粹是决定因素，双方相互要求有文化、有知识，尤其在商品经济社会里，一些有经济头脑的人成为当今社会择偶的首选。

至于对心上人职业的选择，有着十分鲜明的时代特色。20世纪60年代是戴"鸭舌帽"、帆布工衣白手套的工人阶级；60~70年代是"一颗红星头上戴，革命的红旗挂两边"的解放军官兵、"四个口袋别水笔,围脖搭在前后里"的机关干部和教师;80~90年代则是"会唱的、会演的、露面的、上镜的"歌唱演艺人员。这些人成为他(她)们心中的偶像。

第四节 寿庆礼俗

寿庆,是庆祝人生诞辰的礼俗,它是家人祝福老年长辈人健康长寿的一种风俗,也是亲朋团聚共话友情的一种礼俗。

一、庆寿杂说

庆寿年龄

寿诞庆贺活动,不同年龄形式不同,名称亦有不同。60岁以下的人一般不搞寿庆活动,一家人在一起吃顿好饭以示庆祝,称"过生日"。60岁以上的老人诞辰日称"寿辰",庆祝活动称"庆寿""寿庆"或"闹寿"。老夫妻同时祝寿称"双寿"。给老人祝寿只要开始做起,便不能中断,否则为"断寿",会给老人带来不祥。因此每年都要做寿,只是规模不同。

寿庆礼除60岁为"花甲寿"外,还有66岁的"六六寿"(意在六六大顺),70岁的"古稀寿"(俗言"人生七十古来稀"),77岁的"喜寿"(喜字草书为七加七),80岁以上的"过大寿",其中88岁的"米寿"(米字由八十八组成),还有73、84岁的"坎儿寿"(孔、孟二圣的寿数,俗信"凡人难熬圣人关")和108岁的"茶寿"(八十八加"艹"头)。

《庄子·盗跖》有"上寿百岁,中寿八十,下寿六十"之说。为此,年轻人是不做寿的,人到一定年纪方可过寿庆,这在民间已成惯俗,但是如果父母在世,即使年事再高也是不能"做寿"的,因为"尊亲在,不敢言老"。

服饰与拜寿

旧时寿诞这一天,男性寿星头戴礼帽,身着团寿花绸袍马褂,执寿杖,与女寿星端坐在供桌旁的靠椅上,倾听长子贺寿祝文,亦称"寿文",祝文为四字一句或八字一句的骈体文,合辙押韵,朗朗上口,即列叙寿星为国为家做出的种种贡献,付出的种种艰辛,也表达儿孙们对长辈的敬仰和感激之情。而后,寿星躬身接受儿孙及客人们的叩拜礼。拜寿者叩首前先口诵祝寿辞,祝词大多为"○○(称呼),今天是您○○大寿,祝您福如东海,寿比南山"、"○○(称呼),祝您老年年有今日,岁岁有今朝,高寿万万年"……拜寿次序按亲疏关系可由远及近,有的由近及远。拜罢,主家开宴,在宴会上不论客人辈分、地位多高,都要让寿星居上位(有的地方寿星本人不在正堂就座,而是与年龄相仿的几位老友在内庭另坐一席)。家景富裕的人家还要请戏班（或乐班）吹打唱戏现场助兴演出。戏班坐棚清唱（不化妆、不表演、不登台），大多唱喜庆戏文，如《打金枝》《九锡宫》等。

如今，寿庆之日寿星一般身着"唐服"，胸佩绢花，亦有老者戴礼帽，在偌大蛋糕前点蜡烛，给祝寿晚辈开第一刀切蛋糕，听儿孙晚辈唱生日歌的新风俗。

寿庆宴会的菜肴丰盛，取多福多寿之意。寿宴不可缺的一道佳肴是"长寿面"。一般有讲究的人家在做此面时，要求每根1米，下锅每束不少百根，出锅后盘成塔形，上罩红绿纸花，备双份上桌众人分食。

二、寿礼

贺寿礼品种类繁多，有食品类、图轴类、实物类等。

食品类

寿桃是一般晚辈的祝寿食品，其间又分两种：一种做成歪嘴桃状，桃尖凹处嵌一枚红枣，上压一些花纹；二是做成瓶子状，将面团搓长条压扁，两头向中间卷起，用筷子从两边一夹，然后把脖子处捏细，制为瓶形，取平安之意。寿桃蒸好后，取品色在顶端稍点染为红色，有的以梅红蘸水，点染，以示喜庆吉祥。

寿糕，取"高寿"之意，一般用酵面擀成圆面皮，两层中间夹红枣，红枣间用面隔开，一般制作多个，下面的最大，然后依次缩小，按寿者年龄分别以六、七、八、九个枣糕摞成塔形，顶部置"佛手"，面塔周散染食品红色以作装饰。寿糕一般为女儿和侄女们的馈赠食品。

糕点也是亲友祝寿的馈赠佳品，取"糕""高"谐音。

旧时还有赠寿宴、寿酒的习俗。

寿匾图轴类

一般为寿星的学生、晚辈及挚友赠送，以表彰先生教泽功绩，祝福长寿。匾一般为黑底（或红底）金字，庄严大方。字画图轴内容更为丰富。

有请画师绘制的《松鹤长寿图》；福禄寿《三星图》；多个葫芦根蔓相连的《子孙万代图》；多种字体组成的《百寿图》；天空、大海、磐石、蝙蝠组成的《寿山福海图》；牡丹、蝴蝶组成的《富贵耄耋图》；白头翁、寿石、月季花组成的《长春白头图》；蝙蝠、花鹿组成的《福禄双全图》；几只狮子合踞一图的《四世同堂图》等。

实物类

实物类的礼品依据所处的社会阶层和地位，相差悬殊，一般平民百姓很少有，较高规格的有"玉如意"、宝瓶、屏风等，一般为插瓶、木雕寿星等。

第五节 丧葬礼俗

在人类漫长的进化过程中，文化一代接一代地传承和积累，并随着社会的发展不断赋予新的内涵，丧俗文化是传统文化的重要组成部分。

生命的终结是每个人都无法回避的自然规律。但是人类从远古走来，经过无数代的探索，都无法科学地认识生老病死的本质，死亡使人们倍加恐惧但又是不得不面对的现实，于是便衍生出了丧葬习俗。这些习俗随着社会发展而不断发展，随着历史的变迁而不断变革。将人们原本属于自然的现象通过文化的模式而加以固化，在独特的生存环境和信仰的支配下形成了独特的丧葬文化。

孔子说："视死如生，视亡如存"，就是要人们对待死者像对待生者一样。在亲人死亡后，活着的人要充分表达对死者的哀思和进行相关的处理，包括初丧的祈求死者复生，按照习惯对死者进行各种有序的安葬仪式，死亡之后埋葬前以及埋葬之后"烧七"、周年、节日等不同时间的不同祭祀仪式，也就是俗称的"规矩礼法"。

一、后事准备

寿衣

寿衣，俗称"老衣"，即入殓时为故去人所穿的衣服，县域有为老年人预制寿衣的习俗，以免老人故去后手忙脚乱。寿衣有单衣、夹衣、棉衣之分，寿衣一般用绸料制作，不用缎子料，因"缎"与"断"同音，恐断子绝孙。贫寒家庭用棉布料，忌用皮毛类的料子，不能穿毛衣，恐转世为畜生。寿衣一般穿5件或7件，多者9件至10余件，均用单数，即：内衣、内裤、棉袄、棉裤、外套。男子寿衣多用蓝色棉长袍套马褂，头戴瓜皮帽或者礼帽，女式寿衣为短衫衣裙，或穿红色斜襟棉旗袍。男鞋以蓝色或黑色为主，女鞋以红色为主，一般均为手工制作的棉鞋。所制寿衣，均不钉扣儿，因其与"抠儿"同音，不吉利，而用带子系扣。在河西地区，寿衣由女儿制作。父母年过60岁以后，即列入议程，或早或晚，视父母身体状况而定，制作时间一般选在闰年闰月。无女儿的家庭由自己制作。有的并不制作，而是在寿衣店买现成的。

寿器

寿器即棺材，但民间一般不直呼其名，而讳称"老虎""木头""货"等。棺材可以用不同的物料制作，最常见的以木材制造，以前曾有瓮棺和水泥棺出现，但并不普遍。俗语有"活着睡副好铺盖，死了背副好棺材"的说法，所以对寿器的选材、制作都很讲究。

棺材的外形前端宽大，后端窄小。棺材所用的每一块板材都做成一头宽、一头窄的形状，再用斜面对靠。制作成型后，都是前大后小的斜面，故又将制作棺木的材料又叫"斜货材料"。棺的两个侧面称"帮"，帮和上盖斜中带弧，从棺木正面看，整个棺材好像是一根圆木雕凿而成。棺材的各部分都有固定名称，下边的衬底称"底"，两边的称"帮"，前后称"堵头"，上边的称"盖"。不合盖时总共5块，即所谓"三长两短"。主体下方的底座前部较高，后部较低，称前后"座子"，两侧的护板称"裙板"。此外，还要制作一块活动的前宽后窄的衬板，厚约2厘米，称"七星板"，七星板可平放进棺材内，此板左右两边共打7个孔，为"北斗七星"之意，如为男性，左4右3，女性反之。

棺材的厚度很有讲究。其间有多种规格，"334"是指帮厚3寸，盖厚4寸。"253"帮厚2.5寸，盖厚3寸。"25"的帮2寸，盖2.5寸。还有"22""66"或称"一律2""一律6"的，即帮盖均为2寸或6寸。旧时一般人家用"253"的较多，有钱人家多用"334"或"66"的。现在一般多用"25"的。

木材选择根据家境状况而定，家境好者用柏木、楸木制作。民间有"一楸二柏三桐四柳"说法，说的就是木材的等级。也有用松木制作的，但因松木容易变形，一般很少用。但无论用哪种木料制作，"堵头"必须用柏木，据传是为了避免穿山甲危害遗体，因穿山甲惧柏木，见了柏木会绕着走，这样就不会祸害尸体了。民间还有另一种说法，称最好的棺木是"铜帮铁底榆木盖"，即用桐木为帮，因为桐木耐腐朽；皂角木为底，皂角木纹理密实，坚硬如铁，可防腐防害；榆木为盖。

老人上了年纪，一般过了60岁，儿女们就会选择时机制作寿材。有的家里老人得了重病，也会制作寿材，一为冲去灾殃，二为以防万一。寿材一般在闰年制作，制作时关系较亲近的亲戚要"管饭"，尤其是女儿家比较丰盛。在合帮那天，女儿家即提着食盒，一般炒4盘菜，1个猪头，并有火锅之类，另外还要拿烟、酒等物。

寿材做好后，要进行平整、刨光、打磨，再上漆，漆色根据寿器主人性别而定，男性用黑紫色，女性用铁红色。比较讲究的还要彩绘，以福、寿字图案为主。旧时彩绘图案有严格的等级限制，民国六年版《洪洞县志》中就有明确限定条文："棺椁非品官不许朱漆描金，庶民家亦不得轻画五彩麟凤"。在平川地区，还要用木架套绷窗纱布制作"罾子"，入殓后支盖于棺木上沿两帮之间，以防蚊蝇沾尸。

在寿材制作中忌用铁钉等物构合，木板之间采用传统的木缝对合工艺，用木胶粘合之后再用双楔形的木块，即"拧腰"加固，每条缝用5块，外3内2。封口时，帮和盖之间的四角各用木制"口塞子"为子母楔对合。帮底之间采用卯榫结合，盖上与帮堵头结合处凿小槽，帮上栽簧。

在一些地区，在制作寿器时，装底之前，让寿器主人从装好的方框中钻过，意为"漏"了，传说可以延寿。

旧时，预先做好的寿材，保管也有讲究，一般人家在棺内放蒸制的小寿桃1个和枣糕1个，将其存放在土地庙或其他闲置房间，有钱人家则放在自家的祠堂里，上覆遮盖物，一般不再挪动。使用时，在其上用布覆盖抬拉至院内，按阴阳先生的吩咐摆放。

二、初丧

临终

老人病重时，儿女们均须守在身边，一般居正屋，所以正常死亡也叫"寿终正寝"。病危之时，要给老人剃头、沐浴、梳头打扮一番。换上准备好的寿衣，儿女围于床前守终，民间也称"穿衣裳，等时分"。民间认为，只有死者在咽气前穿上寿衣才能带走，如在咽气后再穿，就是赤身走了。衣服穿好后，无论男女均不系裤带。待到咽气时把事先准备好的口含钱放置到嘴里。"口含钱"用铜钱一枚，俗称"麻钱"，以红线穿过孔眼打结。钱放进嘴里后，将线扣套挂在耳朵上。

民间认定是否死亡一般用两种方法，一是用棉絮检验，即所谓："属纩以俟绝气"。"纩"是丝棉新絮，质地很轻，把它放在临终者的口鼻上察验是否还有呼吸，称"属纩"。也用插手试验的，即用手插于死者腰下，若肌肉松弛，腰部弯曲消失，手插不进去，便可认定死亡。

故后用麻绳捆住手脚，称"绑脚麻、手麻"，据说如果猫狗等动物跳过尸体，尸体会"诈尸"而站起。用麻纸盖脸，俗称"盖脸纸"。并将窗户纸撕开，装玻璃者把窗门打开，以便灵魂出走。然后把死者放到七星板上，无七星板者可放到门板或者其他木板上。脚朝门，头朝窗户，即所谓"调头"，让灵魂出走。在脚前摆设香案，点起灯烛，放上祭品，设酒食，俗称"倒头饭"。部分地区根据男左女右的习俗，在房门角和厅门角点油灯或蜡烛，俗称"指路灯"，给灵魂出走点灯指路。

入殓

人殁后，主家便着人去请阴阳先生，同时安排人剁柏叶。阴阳先生根据亡故者的生辰八字、死亡时间以及院子的格局选择灵柩的摆放位置，根据流年推定摆放朝向，指挥入殓。入殓俗称"停单"（tié dān）或者"停板"（tié bān）。早年，住处为四合院者，南厅即为停灵之地，没有南厅也可选择西屋，意即死者占阴不居阳。原洪洞河西以及原赵城地区一般停灵于院内，原洪洞河东则停灵于主房正厅。入殓时，先在棺材内放七枚铜钱或硬币，即"七星钱"，称"底财"。棺底洒炉灰（以备日后拾骨殖时辨别），上铺柏叶，将七星板连同死者放进棺内，七星板上铺黄纸，以为补金之说。入棺后，由死者亲人将衣服整理齐整，再用七星袋在身体两边垫好。"七星袋"是用红布做成小枕头形状，里边装麦麸或锯末等物，以防搬运灵柩时尸体移位。没有准备七星袋者用煤炭块或"土坯"裹红纸垫好，现多用卫生纸垫放。然后放上棺盖，棺盖与棺体之间加垫高粱秆，留有间隙使棺内透气，以防假死回生。安排停当后，棺材盖上放一块煤炭，然后，便可收拾死者住处，俗称"撤簟"，一般由寡妇婆收拾，把炕上铺的褥子揭起，把簟底下的土扫干净，死者衣物、被褥等物放到土地爷窑前或者院子里曝晒，枕头、贴身衣物、鞋等置于灵柩之下。被褥等物待丧事结束后，趁晚上有月亮时用碌碡在其上来回压滚几次，再拆洗重新使用。

入殓，是在家人、晚辈极其悲痛的情形下由众人协助完成的，讲究悲中不慌，忙中不乱，静默有序地进行。如果事前棺木、寿衣缺件少样，使亡者未能及时入殓而"背炕"，其家人则会被人们耻笑。

入殓完成后，由阴阳先生根据丧家的意愿，选择出殡日期，书写"七单子"，制作引魂幡，并准备镇墓瓦和卤水罐子等物。

出殡日期，一般避开破日和闭日即可，原洪洞一般停丧 5~7 天，原赵城一般为 3~5 天。冷冻设备兴起后，如有特殊情况也可以延长。

搭灵棚

灵棚是为安置灵柩、摆放祭品及供孝子贤孙志哀守孝而搭建的临时简易帐篷，也称"灵堂"。旧时的灵棚较简单，仅在设坛安灵之后，用一块大布遮住上方即可。现在的灵棚比较讲究，多为白、蓝、黑色布条配白色纸花交织而成，有的租赁铁制框架构件、便于拆卸的专用灵棚。灵棚分前、后两间。前边的一间高 2~3 米，宽 3~5 米，供孝子们守灵和祭祀之用。后边的一间较低，呈斜坡状，高处约 2 米左右，低处仅 1.5 米左右，供置灵柩。前置供桌、香案，供桌正中供奉亡亲遗像，前面供献猪头、馒首、糕点、水果、面食等供品。桌前部设香炉、长明灯。桌子两边是纸糊的金童玉女和金斗、银斗、雪柳等。桌前地上放一个烧纸用的瓦盆，灵棚内灵柩周围地上铺谷秆、麦草，是孝子们守灵时跪坐的地方。灵棚两侧贴白纸书写的丧联，上部挂香串、纸串。搭建灵棚的时间各地有所不同，原洪洞河西及原赵城地区在入殓后即行搭建；原洪洞河东地区在殁后第 3 天移灵后才行搭建。

报丧

即通知亲友前来吊唁和帮忙发丧，俗称"谢孝"。一般由孝长子承担，另有一人跟随陪伴。老人故后，孝长子即穿孝服到村内邻里人家及亲戚家报丧，报丧时不穿上身孝衣，系白布腰带，孝帽掖于腰带上，不进家门，由陪伴者在院门口叫主人出来，孝子单腿跪地磕头报丧。邻里及亲戚简单询问几句，孝子简要作答，言明出殡日期即离开。旧时，孝子在报丧途中如遇见人，不论认识与不认识，都要磕头，即使见狗也要叩头，以示孝悌。报丧过程中不能在外吃饭。已出嫁的闺女若娘家长辈亡故，则要回婆家向公婆等亲友叩头报丧。

· 讣闻

讣闻是报丧的一种形式，即以文书形式通知亲友，其格式与现今的讣帖相仿，以父母亡故为例："不孝〇〇（不写姓）罪孽深重，不自陨灭，祸延先考〇〇府君妣〇孺人，痛于〇年〇月〇日〇时寿终正内寝，享寿〇旬有〇，筮于〇月〇日不孝扶柩发引于〇郊〇茔安厝，〇时下葬，是日不孝致祭柩前，届期伏乞光送，殁存均感，哀此讣闻。孤哀子〇〇〇泣血稽颡"。落款父亡用孤子，母亡用哀子，父母俱亡用孤哀子。

· 讣告

讣告也称讣闻，俗称"讣帖"，是进入现代采用的一种报丧方式。"讣"原指报丧的意思，"告"是让人知晓，讣告就是告知某人去世消息的一种丧葬应用文体。它是死者所属单位组织的治丧委员会或者家属向其亲友、同事、社会公众报告某人去世的消息。讣告要在向遗体告别仪式之前发出，以便让死者的亲友及时做好必要的安排和准备，如准备花圈、挽联等。讣告可以张贴于死者的工作单位或住宅门口，还可登报或通过电台向社会发出。

讣告一般有以下内容：死者的姓名、性别、身份、去世原因、时间、地点、终年岁数、举办丧事的时间、地点等要素。个别讣告根据具体情况还写一些死者的简历。

写讣告时按传统习惯，只能用黄、白两种纸。一般长辈之丧用白色纸，幼辈之丧用黄色纸。讣告的语言要求简明、严肃、郑重，以体现对死者的哀悼。

· 挂吊门幡

吊门幡也称吊门圪串，是用白麻纸以回形剪法剪成1米多长的纸条，死者享寿多少即破剪多少条，剪好后抖开用麻绳缚一小块黑炭，分男左女右，挂于大门外框上。看吊门幡，可大致猜测死者的寿数，条数多者为喜丧，条数少者为哭丧。俗传吊门幡还有一个作用，就是防吊门客，传说姜太公的老婆被封为扫帚星，后变为吊门客，如果吊门客进院，主家就要倒霉，为防止吊门客进入，吊门圪串上用麻绳拴炭块，就是用"黑煞神"进行震慑，使其不敢进门，挂吊门圪串虽不是专门报丧的，也起着报丧的作用。

三、治丧

丧服

· 丧服

又称孝服，俗称"白衣裳"或者"嚎衫"，分为重孝服和轻孝服两种。重孝服用白色粗布制作，粗针大线，毛边。县域各地孝服款式基本相同，男式重孝服为斜襟长袍，女式为斜襟短衫，腰间均系麻绳。重孝男子多着毛边白裤，即裤缝的毛边在外。在马牧一带喜丧的人家，多在裤子左下方（女为右下方）和鞋子的外帮缀一点红布。孝服上衣多为借用或租赁，丧事办完即归还。

· 孝帽

在原洪洞地区是缝制的孝帽，孝帽随关系远近而异，或叠折或扎起。孝子的孝帽是缝制的，上部为袋形，耷于脑后。侄男及孙等男性均为"箍褳儿"，即白布折叠为2～3寸宽，然后根据头型大小钉为圆圈，钉钱处缀一小块红布。女婿孝帽最为特别，在上边缝一只红布剪成的公鸡。在原赵城地区是用白布缠头，儿女孝子为"大头"，长2～3米，其他的长1米左右。出殡前在脑后留两端吊头，卸嚎后挽起。

· 护鞋

即在布鞋表层外覆一层白布，将原鞋面全覆盖或部分覆盖。根据穿鞋人与死者的亲疏关系，护的幅面长短不一，父母丧最长，一般鞋面全覆盖，但若父母还有一人在世，则后跟处留一缝隙不连接起来，其他只护鞋面前半部或前面一小段。孝子在治丧期间护鞋后帮部分踩在脚下，俗称"倒靸鞋"。护鞋一般要穿烂后才能换新鞋，孝子的第二双新鞋也是用白布制作，鞋帮黑边裹白脸儿，并且是毛边。第二双鞋烂后才能穿正常的鞋。

· 哭丧棒

也称"嚎棍"，即"苴杖"。用长1米的柳树棍缠裹剪有齿牙的白纸条，用于有服人等送殡路上支撑身体。近时多用高粱秆裹白纸代替。出殡时，灵柩出村后，弃于村外路边。

· 破幕捻

丧事主家自备的纺织粗布或者购买的白布，由前来帮忙的妇女赶做成孝服、孝帽或破送给前来吊孝的亲戚、甥侄之辈孝子，一般是根据五服远近而破。较近的破一身，即1丈2尺，稍远者只破一条裤子的料，即6尺，再远则只破"箍褳儿"或"头布"。

· 披母捻

已婚的孝子，由其媳妇娘家人置备，未婚者不披。一般为丈许白布两块，孝子及孝媳各一块，送灯及出殡时，将披幕捻中段折叠，挽为花状，挽花搭于肩头，两端分别从前胸、后背斜向另一侧腋下打结，余布垂于腋下。出殡时，将孝子的披母捻挽花解开，一端系于老杆上，一端由孝子手持，搭于肩上作牵引状。

20世纪70年代以后，除这些旧有的习俗外，增加了戴黑色的臂幛的习俗。臂幛上有的缀一白色"孝"字，有的镶一个白圈或仅在臂上别一个桃形孝章。最初是在外工作的人遇父母丧，殡葬后因穿白裤、白鞋上班不便而采用的一种变通服丧方式，后也扩展到农村。

古代的丧服称"五服"，指斩衰、齐衰、大功、小功、缌麻五种服制。其中子女为"斩衰"，斩衰，以粗麻布制作且不缉边而得名，是儿子为父母服孝，妻子为丈夫服孝，未出嫁的女儿为父母服丧时穿戴，服期 3 年；死者同父母兄弟的子女（即侄辈）为"齐衰"，齐衰用粗生麻布制作，剪断处缉边，此丧服为祖父母服孝 1 年，为曾祖父母服孝 5 个月，为高祖父母服孝 3 个月；死者同祖父母兄弟的子女为"大功"（细麻布孝服，腰带不缉边）孝子；死者同曾祖兄弟的子女为"小功"（细麻布孝服，腰带缉边）孝子；死者同高祖兄弟的子女为"缌麻"（细棉布孝服）孝子；其他亲属比照上述血缘关系远近而着服。

五服丧制以麻布的粗细来区分家庭成员的亲疏，强化了丧葬仪礼的伦理意识，维系着九族制的家庭体制和社会基础。

治丧组织

丧事，也称白事。涉及与殡葬礼仪相关的诸多事项，事务冗杂，头绪繁多，非少数人可以承担，所以凡有丧事，主家要请有威望、有经验的人来担任总管，成立治丧组织，并由总管分配各项任务，乡里友邻协同帮忙打理。以前凡有丧事，在治丧组织的各项人事安排确定后，要用白纸书写各岗位名单张贴于前墙，俗称"执事单"，上列总管、副总管、早厨、午厨、内库、外库、扶灵等人事分工，现在很少贴了。早年从开始办丧事直至出殡结束，所有人员的饭食均由帮忙的人制作，从 20 世纪 90 年代初起，理事会开始出现，负责做饭制宴，有的理事会还包揽丧事所有事项的处置。

掘墓

生者的居处称"阳宅"，亡者墓地则称"阴宅"，墓穴又称"千年屋"。习俗认为人死后应有一块墓地，否则便是"死无葬身之地"，会影响来世轮回。所谓"事死如生，事亡如存"，即应当像对待生者一样对待死者。

掘墓俗称"打墓儿"，一般由阴阳先生寻垅、点穴选好墓地，定好位置朝向，钉好橛子，破土后开挖。破土时，要向太岁方向摆供，焚香一把，奠酒后，在动土范围的四角及中间各挖一镢头。破土后直至埋葬前，不得停工。

土葬墓制，旱地区一般用掏窑法，水地区一般用圈窑法。墓分墓道和墓室两部分，墓道宽 1 米，长约 2.5 米，深一般为 2.5～3 米，墓道打好后再掏墓室，墓室宽 1.5 米，深 3 米，高 1.5 米左右。

因合葬时此穴需再挖透穴，若土质不好很容易坍塌，所以现在一般人家都用砖券窑洞，直接挖 2.5 米见方的坑，再用砖砌碹为墓室。

跟穴，旧俗，人死后一般要入祖坟，为跟穴。当祖坟无位置时，则另立新坟。跟穴依据左昭右穆排列，长子居左，次子居右，三子居长子之左，四子居次子之右……墓室也要比上辈低3寸左右。

由于条件不成熟，尚不能入正穴者，采取寄埋安葬的形式。山区及丘陵区一般依土垅挖一小窑洞，放入灵柩掩埋。水地区多于平地上用砖砌一方形小屋以置灵柩。

祭礼

· 守灵

尸体入殓后，灵柩前摆供桌，献祭品，点长明灯，上香从停丧到出殡不得间断。孝子贤孙及近亲分男左女右跪在灵柩左右，谓之守灵。守灵不论昼夜，不得无人值守。如停丧时间较长，可轮流值班。一方面是给后辈们一个陪伴、追念亡亲的空间，另一方面也是为了保护尸身，防止猫从灵柩上跳过，引起"诈尸"。守灵期间，如有女性亲戚前来哭号吊丧，守灵的女性眷属要陪哭，并搀扶吊丧者；如有男性吊唁者上香，守灵的男性（一般为长子）要陪跪，并向来客致谢。

· 祭品

有猪头（一般为出嫁女儿供）、馒首（头）、麻饦、各类菜品、瓜果、纸扎等。馒头是县域对祭祀用馍的专用名称，圆形，用面一斤左右，上有用面制作的花卉作装饰。俗传诸葛亮南征孟获，渡泸水时，有邪鬼作祟，诸葛亮令用面裹牛羊豕肉蒸之，像人头以祭，从此始有馒头，并成为祭品。纸扎即是用纸糊的祭品，包括人物和器物等。童男、童女、仙鹤、金斗、银斗是必备的。童男、童女用泥塑头部，彩色纸制衣裳，是古代人殉制度的遗风。在中华人民共和国成立前，还存在土财主买来穷苦男女儿童，灌上水银做童男童女的，其残暴行径令人发指！随着时代的发展，现今轿车、楼房、空调、手机等模型祭品不可胜数。

· 哭道

亡故者的近亲女眷在吊唁亡亲时的哭丧形式。女眷在出发前，准备好孝服，随身携带，至丧家村外，穿好孝服开始号哭。亡故者的儿媳、侄媳等听到哭声，即赶忙迎接，然后同至灵堂前，上香哭号，片刻后搀扶其止哭歇息。

· 挽幛

死者及孝子的亲朋好友送挽幛，一般为黑布或者蓝色的布，在布上缀以挽词，挽幛均悬挂在丧家院内较高且显眼处，挽词根据亡者性别、年龄撰写，以老年人过世为例，男女通用词：福寿全归、驾鹤西游、音容宛在、神游蓬岛；

女性用词：母仪足式、懿范犹存、淑德常照、北堂萱萎；

男性用词：德望常昭、齿德兼隆、老成凋谢、典型尚在。

· 挽联

停丧期间，院门、厅门均贴白色挽联，一般根据逝者的年龄、职业、品行、贡献编写，表达儿孙对亡亲的感恩之情及人们对逝者的哀思。民国时期，张瑞玑先生为荆大觉先生撰写的挽联在县域流传甚广。荆大觉山西猗氏人，历主山西《晋阳公报》《民报》《并州画报》，北京《国风日报》，上海《民闻》《新闻》诸社编辑，民国五年（公元1916年）十二月三十日病故，一生正直贫穷。挽联云："文章误此生，忍将千古牢愁都埋地下；富贵祝来世，不带三分俗骨莫到人间。"此联转登于北京《国风日报》民国六年（公元1917年）二月二十一日第六版，《大觉哀荣录栏目》见《张瑞玑文集》）。但县域亦有人将此挽联误认为是张瑞玑为乔海峰而作，乔海峰虽也为文士，但其悲剧之因在于禀性乖张，而非文章所误。再如某村一老太太九十二岁病故，儿孙成群，家境一般，村人为其撰联云："寿登九二，人生享此寿者有几；儿孙二八，世间有此福者无多。"

四、出殡

祭奠

也称"烧纸"或者"烧香"，是生者对亡故者的最后告别，送亡者上路的仪式。在整个丧葬礼俗过程中，祭奠最为重要，所有亲朋好友、孝子后辈依次在灵前烧香、进表、磕头，磕头要三跪九叩。一般集中进行两次，死者的亲朋好友都到场，第一天送灯前一次，先男后女，第二天出殡前一次，先女后男。烧纸时须由一寡妇或者一光棍老汉（在舞阳河流域为外甥）在灵前点香担任司仪，烧纸根据亲疏顺序，先远后近，年龄先小后大，依次祭奠。灵前祭奠时，后边的守灵者一直跪着，当祭奠的人祭完转向跪着的孝子时，孝子们要向祭者叩头答谢。

烧香所取根数各地不同，原洪洞河西及赵城地区烧两炷香，石止、马牧一带香炉分上下两层，上层桌子上的香炉是祭奠死者父母的，如死者有一亲人（父或母）在世，点一炷香，如双亡则点两炷香。下层香炉是祭奠死者本人的，如死者的配偶尚在，烧一炷香；如已先故去，烧两炷香。

如果死者的父母去世后因特殊原因没有进行出殡仪式，可一并出殡。否则死者则有"不孝"之罪，到了阴间亦不敢与父母相见，故在烧香时为死者父母建一用高粱秆彩色纸制作的"铭旌楼"，将其父母的神主或遗像放到里边供后辈一起祭奠。

封口

· 封口

是将棺盖与棺体扣严钉牢的程序。早年一般在亡故后第三天进行。取三天为期者，恐亲人假死，留有返阳的空间，所以棺盖垫起，以通空气。随着冷冻设备的普遍使用，现多在出殡发丧前封口。封口是人亡故后的一个重要程序，所以亲戚们都要去见死者最后一面。在城内及附近地区，朋友及近邻都带献食（多为饼子）前去吊唁。封口时禁忌属相相冲的人在场，但不涉及孝子们。因为鬼魂不能见光，如灵棚漏光一般打上雨伞或拿床单等物遮盖阳光。取出口含钱，用酒给死者擦脸，剪掉脚麻、手麻，再把准备好的7个"麸蛋子"塞到死者袖筒里，男性左4右3，女性反之。放置元宝以及其生前的喜好物品，但一般不放烟、酒、鲜花等物。有的地方还放上1根棍子。整理好后要把死者上衣的底襟子剪下一块（寿衣制作时就留有缺口，直接撕下即可），称作"拉底财"，意思是死者给后人留下财富。盖好棺盖使严丝合缝，木匠用斧头将衬有红布条的两块木塞，砸进去，当当之声中，孝子们反复高声念"○○，不要害怕，给你盖楼立厦……"，封口时孝子们十分痛苦，但讲究不可将泪珠滴在棺内，封口后方可大声哭号。

·"麸蛋子"

就是用麦麸捏成的鹅蛋大小的圆蛋儿。据说是灵魂入地狱时要途经恶狗村，以此喂之可免遭狗咬。又"麸"与"福"同音，也取携福之意。棍子即打狗棒，遇恶狗时可以自卫。在马牧一带墓穴镇物罐内放岁钱（即麻钱或硬币，1岁1个），还有五谷、木炭、麻线等日常用品，如果亡者为男性，还要放置铧铁，女性则放五色布、五色线等生活用品。口含钱和底财给长子儿媳保存。拴口含钱的丝线可做项链，供孙儿佩戴，据传可避邪气。底襟子可做小儿肚兜儿，相传可避邪气。

在不少地区把洗脸用的碗倒扣于棺材盖上，待起灵时在棺前摔破，有的是用菜刀砸破，表示亡者至此不再食人间烟火。一般封口所用的工具如斧、锯等都要在上边系一红布条，到场帮忙的人也拿一条红布，拴在上衣扣眼上以避邪气侵身，红布条在亡者入殓前就已准备妥当，届时放在显眼处，供前来祭奠的人们随便拿取。

送灯

送灯即"报庙"，是丧葬礼仪中的又一重要程序，在出殡前一日傍晚时分进行。俗习以阎王爷主管生死、为阴间主宰，土地城隍是阎王的下属地方官，死者的灵魂在见阎王爷之前要在土地和城隍处暂押，所以便有了送灯的习俗。

送灯需准备两样物品，一是纸包蓖麻粒等物浸食用油制成的长明灯，也称"路灯"，一是糜黍圪枝缚成的笤帚。

送灯时，由鼓乐响器一路演奏，沿途一人提马灯，一人持勺，将浸有油并点燃的蓖麻籽用筷子夹放路旁，意为为亡亲引路照明。送灯队伍由外甥打引魂幡在前，孝长子一手拄嚎棍，一手执灵盘哭号于后，其余孝子跟随，最后为女眷，如土地庙在村外，女眷则在村口止步，孝男们一直送到土地庙，城内的人送至城隍庙。

到达庙宇后，孝子们进行祭奠，先焚香奠酒，再用笤帚打扫土地庙，边扫边反复念叨："小鬼判官哥，别让我××受恓惶！"意思是请土地爷或城隍爷格外开恩，佑护自己已去世的亲属在黄泉路上不受欺凌，一路走好。送灯队伍在途中还要到高神处焚香跪拜，并鸣炮奏乐。送灯回来时要从另一条路返回。

烧吊门幡

烧吊门幡是由亡人的男性近亲所进行的一种仪式，在亡故后第三天晚上十二点后进行，此时亡亲家里所有人都不能睡觉。一般由孝子们和男性亲属操作，孝子执秤1杆，秤钩上挂亡亲穿过的贴身内衣1件，并带上纸钱、报时鸡（纸剪成的鸡）、登天梯（纸剪成的梯子）、纸褡裢（一边放面饼，一边放金箔元宝和纸钱）。

孝子用秤钩钩着死者衣服，拖在地上，先在死者生前居住的炕上的四角，及居室各角落转3周，再到灵堂绕灵柩转3周，边转边反复念叨，"××，鸡吼（叫）了，该走了，干粮背上，钱褡儿随上，要上天去有梯儿，不知明夜有鸡儿，饿了有馏阑，花钱有盘缠"，另一人边走边敲锣或者盆底。从灵前一直念到十字路口。在一些地区在路口倒扣一鏊，象征望乡台，先跑两次，第三次把吊门幡剪下勾上。孝子将吊门幡和内衣点燃烧掉，烧完后返回时不能回头和说话，尤其不能互唤姓名。

生亲吊唁

已订有婚约的人家，当一方长辈亡故后，另一方男女有前去吊唁的习俗。此俗起于何时无考，至清康熙间已盛行，"姻家率室幼女吊丧送殡……内亲彼此赠布帛金银拜礼，俱非致丧本意"（民国版《洪洞县志·风俗》）。近俗，未婚男女由媒人陪同，前去吊唁，吊唁不着孝服，披蓝色绶带（蓝色布折为三四寸宽的长带，斜挎于肩上，布料由丧家提供），行鞠躬礼，礼金入账退回。若是女到男方吊唁，男方近亲还要给女方见面礼。

助丧习俗

旧时，街坊邻里有丧事，村人常以面粉为助丧之礼，用木升或大碗将面装满，上面堆起高出许多，送至丧家，账房登记"生盘"，亲戚才蒸馒头和莲花祭。改革开放后，助丧礼改为礼金，唯有万安镇上舍村仍保留送"生盘"的习俗，在县域也是仅存的遗风了。

发丧

发丧也称"发引"，是将灵柩运送至墓地埋葬的过程。

发丧时间由阴阳先生择定，一般是在停柩5~7天后进行。旧时，发丧时有鼓乐的称"出殡"，民间也称"出"，没有鼓乐的叫"黑埋"，程序有祭奠（吊丧）、起灵、绕街、下葬等。一般下葬在中午，《赵城县志（清道光版）》载："葬日必多延吊客，奠物取丰恶菲，送殡必以鼓乐，非是谓之黑葬，为不孝。"在一些地方有先葬后闹的习俗，即天不亮即行祭奠，然后直接抬到墓地下葬，一般是大清早进行，中午抬空棺罩串街发丧。"文化大革命"时期，移风易俗，禁止鼓乐。"文化大革命"后的很长时间内也没有鼓乐，改革开放后又恢复鼓乐送丧习俗。

殡葬之日，在下葬的前两个小时行祭奠礼，然后烧香，起灵。祭奠礼比较隆重，祭品也十分丰盛，有插花馒头、献菜、猪头、鸡等，均用食盒装盛，礼金压于馒头之间，祭奠后交内外库账房登记。祭奠顺序根据亲疏关系由远及近进行，一般先由亡故者的姥姥家人祭奠，因年龄较大的人，其姥姥家人已到表侄或表侄孙一代，关系已较远。祭奠后，再次烧纸，烧纸结束后，有孝子们致谢助丧人员的简单仪式，孝子们跪于灵前，由司仪高声颂词，每唱颂一组人员，孝子们叩头一次，颂辞大略为：

大总管、二总管，内外库加账房，孝子谢哩！
剥葱的、捣蒜的，拾掇炉窝添炭的，孝子谢哩！
煞米的、蒸饭的，里外折倒扫院的，孝子谢哩！
剁柏叶、刷棺的，还有借盔子借案的，孝子谢哩！
摘菜的、送喝的，递烟倒茶待客的，孝子谢哩！
拉水的、压面的，还有炉窝里做饭的，孝子谢哩！
刷锅的、洗碗的，数了近的数远的，孝子谢哩！
挖土的、下线的，调泥搬砖做碹的，孝子谢哩！
抬杠的、搭棚的，前后左右扶灵的，孝子谢哩！
借绳的、借锨的，还有荷坟上搬砖的，孝子谢哩！
打火的、卸棚的，招呼烧香祭灵的，孝子谢哩！
端马勺、担罐的，来里来回胡窜的，孝子谢哩！
忙里的、忙外的，不管在的不在的，孝子谢哩！

谢罢，即开始起灵，原洪洞河东地区孝长子把烧纸的瓦盆抱起。执事人大喊："起灵！"孝长子即把烧纸盆摔在棺前地上，称"摔灵盆"。河西及原赵城地区是在起灵之时，将灵柩上扣的碗用菜刀背砸碎，意思是把死者的饭碗打碎了，从此不再食人间烟火。灵柩在两根老杠间用绳索固定，河西一带，孝子们还要用岳父家准备的白布抻开，将一头拴在老杠上，一头手执搭在肩上，叫"扯䌽"。赵城一带由女儿站在棺材前的老杠架子中，媳妇站在棺材后的老杠架子中，名曰"压财"。外甥执引魂幡走在前边，边走边洒引路钱，其后是孝子执灵牌于后，其他孝子们以男前女后的顺序跟在后边。

没鼓乐者不转村，不戴棺材罩，直接抬往坟地。有鼓乐的棺材戴好罩子，要抬着在村里转一圈后再抬往坟地。在村内宽阔之场地或者十字路口常有人拦住，鼓乐就要表演，表演时孝子跪于路边，此时棺材不能落地，要放到前后两条凳子上。凡是送葬队伍经过的沿途人家，都在门口架起柴草，在快经过时点燃，或洒上炉灰。鼓乐送至村外后即返，不随送殡人到墓地。

引魂幡是一种写有咒语的纸幡，各地写法稍有不同。如赵城一带上写："臧唵嘛呢叭咪吽敕令×（姓）××（名字）气化清风肉化泥葬丘虚"。据传"唵（om）、嘛（ma）、呢（ni）、叭（bei）、咪（mi）、吽（hong）"，源于梵文，是观世音菩萨六字大明咒，称六字真言，佛教解释为"保持身心像莲花一样出淤泥而不染"。

引魂幡悬于1米左右长拇指粗的柳枝上。死者埋入坟墓后，引魂幡插在坟上，随风而去。"古人施于柩前，今人多用竹悬出于屋，阴阳家从而传会之，以为死者魂悠扬入于太空，让此以归"。在一些地方则将该幡埋于墓内。引魂幡这一古老的风俗缘自人死后灵魂不会跟随肉体一起死去，而是在它熟悉的地方飘荡，这样的话，人就不能顺利到达阴间。于是，人们就想出并设计制作出引魂幡，用它来控制死人的灵魂，使得灵魂随肉体一起被埋到坟墓中去，或者说被送到人们心目中的天堂。

抬杆习俗。旧时，发丧不论坟地远近，均要抬到坟地，抬杠少者8人，多者16人，由青壮年充任。在路上灵柩忌落地，一般采取换班办法，两班人需16~32人，这是检验丧家人缘好不好的一个标志，如人太少，抬不起杆，则被人耻笑。为人很差的，抬杆的人会故意"撂嗵"，孝子们只得递烟、叩头、央求。

通神点主

该程序在民国以前流行于官宦和富豪之家，一般人家是承办不起的。道光《赵城县志·风俗》载："富家治丧，必择显者题主，费恒不赀"。古人认为，亡亲依木不依墓，即"形归于土，神则依于木主"，木主俗称"牌位子"。一般平民之家的木主为上圆下方的石碑形，下部装底座。富有之家的木主有内函、外函，内函边沿镶花边。平民在题写木主时一次写成，而富有者或官宦之家在写木主时将"神"字的中竖和"主"字的一点留空不写，请有交情的官员或有名望地位的大宾补写完整，俗称"通神点主"。

通神点主程序复杂，礼仪烦琐，古时，多在出殡当日。如在灵柩下葬时悬棺题主，则要在坟地搭设点主棚，设几案，邀请的大宾及礼生端坐其上，孝子抱木主绕棺三匝，行四拜礼，跪颂"下葬悬棺题主请主文"，文曰："维年××维月××维日××，不孝××谨以香楮清酒之仪昭告于先考×府君（先妣×孺人）之主前曰：佳城郁郁，风木恓恓，云乡何在，亲魂未归，恭请尊官，栗木是题，伏维亲灵，是凭是依，敢告。"然后捧木主请大宾用掺朱砂的墨笔填写木主缺笔。有的则更复杂，用新毛笔3支，1支蘸墨，1支蘸朱砂，1支蘸鸡冠血，点毕，点主官随手将笔抛向身后，众人争抢，俗称用此笔为文会有神助。成主后，孝子叩谢大宾，行三拜九叩礼，捧木主乘轿返回丧居安置。安主时亦有祝文，孝子行四拜礼，诵读："亲之殁兮，惟柩是承；亲之葬兮，惟主是凭；兹既成立，永妥亲灵，以享以祀，俎豆馨香，敢告！"

晚清以后，点主仪式的时间提前，多在出殡前一、二日进行，具体时间由阴阳先生选择，届时，在灵堂对面搭设点主棚，延请官员或地方有名望的绅士点主，若能请到县官点主，便是家族莫大的荣耀，然而只有官宦之家才能做到。点主又被称为丧事中的喜事，所以点主当日灵棚需用红黄布遮起，孝子们穿吉服，其大致程序如前。

鼓乐及超度

县域丧事有请鼓乐的习俗，尤其是老年人亡故，没有鼓乐即被认为是"黑埋"，是对亡亲的不孝。其演奏曲牌有《移灵曲》《安灵曲》《封口曲》《开典曲》《祭灵曲》《路祭曲》《孝子答谢曲》等，鼓乐班子人数依家境情况而定。少者7～8人，多者至20余人。鼓手挎鼓的攀带用白布扯条为之，由丧家提供。吹鼓手于出殡前一日下午到达，晚上"送灯"后表演节目，其间有鼓乐合奏、点歌、点戏曲唱段、表快板等。点歌除流行歌曲外，多有《孤儿泪》，戏曲节目有《吊孝》《哭灵堂》，快板有《张连卖布》等。一般表演至晚11时左右方散。次日，发丧时，鼓乐前行，沿途吹打，至人多宽敞处表演节目，至村口处鼓乐停奏返回。如系合葬，骨殖拾出后，有3～4名吹鼓手至坟地，在孝子们祭拜时吹打，俗称"祭干骨"。

丧事招僧道做超度之俗始于何时无考。清康熙年间岁贡生晋淑京等刊《思深格言》，对此俗大加鞭挞。"古礼丧家不招僧道做佛事。今人于初丧次夜做道场，名曰念倒头经，又于七日、百日礼忏诵经，云为死者减罪恶，是自诬其亲为积恶有罪人也。"然此俗仍有流布，但仅限于殷富之家，规模较大的丧事，有闹三昼两夜者，稍次者为一昼一夜。道家除为亡故者超度外，表演钢筋缠颈、喉抵铁枪等硬气功及高抛接蛋、钹、双手三瓶抛接等杂耍项目俗称"撇彩"；僧人除诵经外，有送餐等名目。

卸嚎

扶灵，灵柩出村后，即除去棺罩，女眷们跪在道旁哭嚎，孝子们要把孝服反穿，把缠头挽起，是为"收头"，洪洞地区是除去孝帽。孝子们扔掉哭丧棒，随扶灵队伍直奔墓地。儿媳们则急着回去抢坐炕头了。起灵之后，留在家里的帮忙人员即将灵棚卸去，请鳏寡之人打扫亡人住过的炕头和院子，在左木一带灵棚下的草及垃圾等由儿媳妇们收拾打扫。并将死者用的枕头与破旧衣物等在大门口点燃。火堆旁放一陶瓷盔子，内盛清水，取铡刀刃或者切面刀之类平放于盔子上。

下葬

灵柩抬到坟地后，孝子下至墓室进行一番平整即可下葬。下葬时，用两根粗长的绳索，俗称老绳，从两端缚好，打活结，穿上老杆抬至墓道上方，墓道下垫一长扁担，缓缓放活结，灵柩即缓缓降至墓道内。到底后孝子下去用力推，棺材即滑入墓室内。摆正位置，孝子用嚎衫拂去棺材上的落土，把地下的脚印拂去，放入卤水罐子、童男、童女、金斗、银斗等纸扎和其他陪葬品，点上一盏油灯或者蜡烛，即长明灯，烧一把香后，即可封墓门。墓门一般用砖封砌，封到最后几块砖时，一人将引魂幡伸进墓室内边摇边喊："抬材打墓的都出来了吗？"众人答："出来了。"如是者3遍，然后全部封闭。封好墓门就可以填土了。填土时不互唤姓名，不能拄着锨休息。实在很累时，将锨平放于地，不得插在地上。大的墓葬的墓道要夯实，填土一半时由孝子下去踩实。

立坟

墓道填平后，将余土堆于墓室之上，便垒起一个坟堆了，然后用砖在坟头垒一个香案，再将柳木幡插到坟头，一般要求插上一转身就要倒掉。意思是灵魂升天了。之后放上镇墓瓦，一切就绪，就可以谢土了。

谢土就是谢太岁，将所有工具插于太岁方向，点好香，朝太岁方向放上供品，焚香一把，烧掉告麻纸（上书，五方五土当年太岁之位），摔一个鸡蛋，用白酒向动土的周围洒去。到坟上的众人及孝子们齐跪于地祝曰："道门朝道，烟筒朝天，有什么麻杂由山脉先生一面承担，与抬材打墓的没有相干。"然后叩头，谢土结束。

镇墓瓦和镇墓砖由阴阳先生提前写好。选一块新砖和一块瓦，上边画符，符的画法各有差异，洪洞地区写"敕令雷罡印"，赵城地区上边写"佛煞镇界"。符是用毛笔蘸朱砂写成，合葬时不用。砖放至墓穴内，瓦扣于坟堆之上。

一切完毕后收工，到坟上的人回院门时要用手在盔子里蘸水在刀刃上摸一下，并蘸湿鞋底，跳过盔子方能进门，以避邪气。

复墓

坟上的人埋葬结束返回后，亡者的女眷亲属去墓地拜墓，俗称"复墓"，即向亡亲送福。备好麦麸五谷，每人手拿糜黍圪枝一撮，至坟地后，众人用衣襟裹麦麸，洒向坟头，最后看谁底襟上的麦麸沾得多，谁的福分就大。再向坟上洒五谷，手持糜黍圪枝围着坟转圈，边转边扫，嘴里反复念叨："××，宽敞吗，明快吗？"左三圈，右三圈完毕返回。返回时，不能回头，在出地头时，各人根据自己对亡亲的称呼叫一声，即返回。

五、祭祀

烧七

"烧七"是因佛教的传入而兴起的,始于东汉。俗传:亡人从人间通往阎罗殿的路十分艰险,其间关卡林立,每7天要过一个关口。一直要走49天,亡人才能到达阎罗殿,即所谓,"七七四十九,亡人撒了手。"因此,为了让亡人顺利通过关口,活着的亲人每7天要为死者烧一次纸钱,故称"烧七"。

通常情况下,每七都祭奠的人家不是很多。大多数人家只烧"五七"。据说"五七"那一关审查最严,酷刑拷打最重,所谓"五七三十五,亡人最受苦"。因此,"五七"来不得半点马虎,祭奠也要隆重一些,子夜要开窗,有让亡人魂灵返家的意思,开窗是因为魂灵不再走门。家境较好的人,除了烧"五七",还会烧"尽七"(即"七七"),烧七次数与丧家经济状况紧密相关。烧一次,就是"五七";烧两次,就是"五七"和"尽七";烧三次,则是"头七""五七"和"尽七";烧四次,就再加上"三七"。四次以上就是七七全烧了。旧时家境很好的,每隔7天都请和尚念经超度,自然是更奢侈的了。《赵城县志》载:"七日主人复设奠鼓于门,亲属皆至,曰做七。每七日皆如初,四十九日乃止"。做七之习现在和过去有了不小改变,过去重视做"满七",也就是尽量使死者少遭罪,以表生者孝心。而现在在乎的是排场。

烧七的依据是阴阳先生书写的七单子,根据死者的死亡时间来推出。从亡故之日算起,每7天为"一七"。而在一些地区推七老人推"隔七",凡男满60岁,女满55岁以上即为老人,如没到老人年龄而有了孙子或外孙,也按老人推算。所谓"隔七",就是每七为7天。不够以上年龄的人以"连七"推算,"连七"就是数够7天后再从第七天接着数,即上一个第七天为下一七的第一天,实际成了6天。

七单的格式如下:

显考(妣)生于×年×月×时,因病医治无效,于×年×月×日不幸仙逝,享寿×岁寿终正寝,先父(慈母)勤俭持家,为悼念先父(慈母)特分七祭奠:首七×月×日,二七×月×日……七七×月×日,奉祀儿×××叩首。

七单子写好后由儿媳或女儿收存,待出殡结束后室内外打扫干净,由寡妇斜贴于死者生前居处的厅堂墙角处,放一小桌,置香炉、祭品,称灵桌。

如果七祭之日恰遇七、十七、廿七,称"犯七",犯七要用黄纸剪小旗若干,用穄黍圪枝夹好,在逢七的这天下午由孝子左手握旗,出村后用右手插在路旁,一般十余步插一个,一直插到坟前,把剩余的插到坟头。如果七祭之日为八、十八、廿八日,称"犯八",要用纸叠八角(亦称"八斗儿")插入香炉,并用纸做一小伞插到香炉上,待七满后与七单子一起焚烧。

每逢一七、三七、五七、七七（尽七），子女们都要到家，奉上祭品跪拜，哭泣，到尽七烧掉七单子将纸灰倒于院外十字路口，收起祭品，七祭结束。

烧百日

旧时县域有为亡亲烧百日的习俗。然只在少数人家进行，百日祭设祭案，摆放亡亲牌位、遗像，奉上供品祭拜，女眷号哭。

冥寿

为已故亲人做冥寿的习俗，在县域并不普遍，只在县城及周边地区富有之家流行。

其他祭祀如上坟、中元、十月一送寒衣等习俗见《节日习俗》。

周年祭

周年祭奠，俗称"烧周年"，是死者亡故后10年之内的忌日祭奠活动。县域一般逢1周年、3周年、5周年、9周年进行祭奠，习俗烧单不烧双。"九周年，没周年"，9周年后就不再烧周年了。

周年祭时近亲男女毕集，备祭品、香楮于灵位前，焚香化纸钱，跪拜祭祀，女眷号哭。

守孝

古人云"百善孝为先"，强调"孝"是一切道德的根本，"孝"在维护人伦关系中具有极重要的作用。自汉武帝采纳了董仲舒"罢黜百家、独尊儒术"的建议之后，确立了儒家思想的统治地位，并对政治、经济、文化等方方面面产生了重大的影响。两千多年封建王朝的历史，从很大程度上说就是一部儒家文化史。守孝文化也受其影响颇深。《论语·宰我论礼》："夫君子之居丧，食旨不甘，闻乐不乐，居处不安，故不为也。""予之不仁也！子生三年，然后免于父母之怀，夫三年之丧，天下之通丧也。予也有三年之爱于其父母乎？"孔子认为，守丧三年并不是礼的要求，而是一个人仁心的要求。君子在父母去世的时候，心情是悲痛的，而吃美味的食物、穿华丽的衣服追求快乐，这与悲痛的心情相矛盾，因此在守丧期间追求快乐，会心不安，而只有痛哭悲伤，内心才会安宁，才能满足幸福。礼之所以能实行，是因为礼本于人心，本于仁。礼之所以有变动，是因为仁有了变动，一年之丧亦为礼。

发葬前，儿孙辈皆披麻戴孝，跪于棺前稻草或麦秸上，昼夜守灵，意在报答父母坐草生育之恩。

丧家当年春节不做油炸食品，称恐灼伤亡亲的脸，不贴春联，不走亲访友以志哀。"居丧之日，不饮酒，不食肉，不御内，哭必尽哀，孝之至也"《赵城县志（道光版）》。

旧时，遇父母丧，孝子百日内不理发，因此在逝者弥留期间，儿子们要先行理发。清代发丧期间，孝子不束辫，披头散发，蓬头垢面，俗称"丑孝子"。居丧期间，穿白鞋、白裤，不参与他人家的喜庆之事，民国以前各朝官员丁忧服丧期间，有庐墓守孝之俗，民国以后革除。

六、葬式葬法

关于葬法，人们有着不同的看法。县域自古崇尚土葬，"入土为安"在人们的思想深处根深蒂固。

葬式

死亡是人类的自然淘汰，丧葬是对死者遗体处理的文明形式，是社会发展和文明进步的产物。在社会发展的不同阶段，由于不同的政治制度、社会制度、宗教信仰、自然环境以及精神文化水平等因素的影响，不同地区有着不相同的丧葬活动方式和丧葬习俗。在传统的丧葬礼俗中，葬式包括两个方面，一是死者遗体安葬的方式，如土葬、火葬、水葬等；二是遗体安葬时的姿势，如平躺式、俯卧式、站立式等。

· 土葬

最古老、最普遍的葬式之一。已知最早的土葬是旧石器时代的北京山顶洞人。新石器时代的墓葬已有大量发现。当时人们实行土葬主要是为了防止死者被野兽吃掉，同时也是为了使死者的灵魂得到永恒的安息。初期的土葬不用棺材，只是将死者用树皮等物稍加包裹，埋入地下，不起坟墓，即所谓"墓而不坟"。以后为了便于辨认和纪念，逐步起坟修墓。土葬方式一般通行仰身直肢式，胳膊自然伸直，置于身体两侧。仰身代表睡眠的姿势，表示死者得到了安息。

为了使死者在阴间有个安定的归宿，常要给死者穿上干净的新衣，为了让死者在阴间有房子住，棺材和墓室也就应运而生，地上的墓丘也越修越大。豪奢之家坟墓内外皆华贵精美，还要在灵柩和墓穴之中放入陪葬品、长明灯、墙壁上绘壁画等。

在上古时期，氏族成员死后，都实行氏族丛葬，葬入公共墓地。后来公共墓地往往成为下层社会人民的埋葬地，称为"义冢"，因为坟墓大小不一，墓与墓间的距离也没有定制，比较混乱，所以又称为"乱人坟"。统治者的墓地又演变为家族墓地。

初期的坟墓没有墓碑，立碑的目的只是为了便于识别坟墓，在墓碑上题刻文字，始于汉代。墓志碑铭记载死者的姓名、籍贯、家世、生平事迹，宣扬死者的功德或文章著作，逝世时间、葬地，最后是铭文。石碑可以留存千百年之久，既可以使死者流芳千古，同时也能起到劝化世人的功用。

- 塔葬

塔葬是佛教采用的一种葬式，又称"灵塔葬"。县域多采用砖塔式，即将尸体火化后的骨灰盛入木匣或瓦罐中，放入用砖砌成塔形的建筑内。在万圣寺、广胜寺均有葬塔遗存。

- 瓮棺葬

瓮棺葬是用陶制缸瓮装殓尸体，然后埋葬的一种方法。这种葬法同制陶术密切相关，这种习俗早在半坡遗址的公共墓地中就已出现，在县域的古代墓葬中也有发现。已发现的瓮棺葬有两种形式，一是用两个相同陶瓮对合而成，二是只用一个陶瓮，上面盖上一个陶钵。瓮棺上都有小孔，目的是为了让死者的灵魂自由出入。一般是穷苦人家的葬法。

- 衣冠葬

衣冠葬是墓穴之中只有衣冠而无遗体的葬式。一般是遗体无法找到或已安葬他处，人们为纪念死者，以衣冠代替，其墓称之为衣冠冢。

- 火葬

火葬是一种处理尸体的方式，是用火把尸体烧成骨灰，然后安置在骨灰盒中，或埋于土中或撒于水中。宋太祖赵匡胤曾下令禁止火葬："近代以来，率多火葬，甚愆典礼，自今宜禁之。"朱熹在《朱子文集》中说："自佛法入中国，上自朝廷，下达闾巷，治丧礼者，一用其法。"理学兴盛之后，火葬逐渐衰落。元朝政府规定汉人一律土葬。明清之际官方仍禁止火葬，所以火葬在本地并不多见。中华人民共和国成立后政府曾提倡火葬，但并不成功。

婴幼儿尸体处理

旧时医学不发达，婴幼儿的成活率不高，儿童在成长中，也因卫生条件等诸多原因，死亡率较高。旧时习俗认为，夭亡小儿是童子转世，专门到人世来骗人的，因而在小儿尸体的处理上形成了带巫术色彩的方法，将尸体用破席片卷起，在铡刀下象征铡一下，意为将童子腰斩，使其再不敢到人间骗人；有的在幼儿尸体臀部用力击打，然后抛弃。旧时习俗还认为12岁以下的小儿，魂魄还不完全，所以夭亡后不埋葬，一般用席片等包裹，抛弃到荒郊野外。县域只在万安村北有抛弃死婴的婴儿塔1座。现存为清代建筑。塔为砖砌，平面呈八角形，边长约60厘米，塔身向上逐渐内收，塔高约2.3米，塔顶为砖砌鼓形。塔的东南西北各砌小洞，南面小洞上刻有"泽及婴儿"旁边有落款为"合镇全建"。东刻"东道"，西刻"西道"，北刻"北道"。此塔专供抛弃夭折的婴儿，故名"婴儿塔"，俗称"死娃娃塔儿"。

附：清道光二年《复修婴儿塔记》碑文

尝谓怵惕恻隐，人皆有之，而取验于孩提之童，其立心也为倍真。吾镇东北祖师庙后,旧有婴儿塔一座,历年既久,砖瓦坍塌,以致小儿尸骸暴露,犬狼肆毒。见者生惨,闻者伤心。爰请本镇诰授奉直大夫侯铨员外郎□□刘公者,独出囊资百金,仿照旧制,重加修整。周围垣墙至严且密,由是毒虫不能为害,惨伤莫□或闻。……

葬法

县域丧葬习俗中,死后入祖坟被看作是十分重要的事情,但由于受诸多条件的限制,如男虽先亡,可入祖坟,而该坟方向不能动土,或女先亡则不能先入祖坟,因此形成了多种葬法。

· 一次葬

如果男性先亡,祖坟可以动土,则可一次入正穴,在南垣旱地区,习俗为挖一可放两具棺木的大墓室,将男性灵柩放入,若干年后配偶故去,打开墓门放入棺木即可。在其他地区如用砖砌墓穴,亦砌一大墓室,可放置两具灵柩做法同上,如打土穴,则打能容一具灵柩的小墓室,并在其旁留好配偶位置,在配偶故后,在预留位置另挖一小墓室,并在墓室与墓室之间的隔墙上打一方形洞,两边相透。在马牧一带为防止阴盛阳衰,女墓室的地平要比男性墓室稍低 10～15 厘米。

· 二次葬

也称"寄埋",如果是女性先亡或者儿子先亡者,不入正穴。一般在地垄上临时掏窑安葬,待男性死后再行合葬。民间有"活着看门,死后看垄"之说。在平川地区有的用砖砌一方形小屋,置入灵柩,俗称"丘"。寄埋和丘如果在 10 年以内合葬,则棺材尚未腐烂,启开墓门将棺材抬到祖坟合葬既可。如在 10 年以上的就要拾骨殖,要预先准备放置骨殖的木箱,形状似棺材而小,俗称"匣子"。子女们带麻饦、冥衣前往,如果是女性,还要娘家人去拾。扒开封土,抽去一块砖,即烧香,把麻饦等祭品献上,打开棺盖,在匣子内铺一用布做的小寿衣,把骨殖按上下左右的大体位置放到寿衣上,在头骨的眼眶及口内塞入红枣、捞饭,再以红布覆盖,封口。在南垣地区,夫妇合葬时,有在墓门口贴红色喜联的习俗,意为夫妻久别重逢,亦是一大喜事。

七、葬俗葬歌

孝期

传统习俗,"斩衰"孝期为 3 年,实期为 27 个月,"齐衰"孝期为 2 年,实期为 18 个月,"大功"孝期为 1 年,实期为 9 个月,"小功"孝期为半年,实期为 5 个月,"缌麻"孝期为 3 个月。孝期内,不得剃头剃须,不得娱乐喜庆,不得考取功名,不得脱掉孝服。民国以后不再有守孝期了,孝服也以胸花、臂章代替了。丧葬之俗同古时有所改变,孝子殡后有 3 日脱孝服者,也有当时脱者,但大部分右臂都戴"孝"

字,称"着服",一般戴七七四十九天或百天去服。

葬俗歌(洪洞干板)

清朝疙瘩明朝凹,当今社会随便扎。
豌豆圆来大麦尖,十里风俗不一般。
人生故去如灯灭,殡葬仪式说一说。
人死先把老衣穿,随后放进柏木棺。
风水先生请到场,左邻右舍来帮忙。
孝子穿衣去报丧,各家各户都跑遍。
亲朋好友都请到,理事会来就扎灶。
臊子面,加蒸饭,四碟八碗放中间。
七八人,坐一圈,大叶茶和纸烟。
鼓乐艺人吹又唱,高音喇叭往外放。
孝子个个白衣裳,亲朋好友来烧香。
烧完香,就送灯,外甥引魂灵牌跟。
一趟送到土地庙,先向阎王来报到。
阎王爷你听着,小鬼判官哥,快往旁边挪。
叫我爸(妈)往里藏,别叫爸(妈)受恓惶。
起灵以前要谢孝,所有到场的都谢到。
剥葱的、捣蒜的,炉子前头添炭的,
扛锹的、荷绳的,还有挖墓埋人的,
起早贪黑受苦的,开上三轮拉水的,
担上罐子先走的,鼓手吹打少有的,
账房里头会写的,走京的跑外的,
还有在的不在的,孝子们叩首!
灵前烧香时间到,抬起灵来放鞭炮。
执事举刀大声喊,棺材上头就砸碗。
艺人吹打一股烟,浆水罐子走在先。
二十个人来扶灵,加快步伐送坟茔。
抬到坟地把葬下,坟堆抡得要光滑。
大伙烧香又磕头,嘴里念叨不停休。
"道门朝道,烟筒朝天,
有什么麻杂与咱没有相干,由风水先生一面承担。"
谢土结束不算完,扛起工具往回转。

回到事主家门口，跳过火堆湿过手。
回到家中就吃饭，孝子招待不怠慢。
有百客，没百主，
招呼不到，莫嘀咕。
只望大家吃喝好，回家睡个安稳觉。
办事人员回家走，别忘了每人随上一份祭馒头。

第六章　民间生活习俗

衣食住行，是人们日常生活的四大必需。"求温饱，慎住行""量体裁衣、不俗不媚；素荤稠稀，仓内寻齐；因地建屋，择邻而居；交易探亲，出入择吉"是汉民族治家生活的基本标准。而"俭字当头，勤字为本，广收薄支，奢华为耻"更是洪洞人千百年来一贯坚持的生活原则。

第一节　服　饰

服装

清末民国初，县域内民间服装用料多为自制土布。男女内穿"裹肚"，春秋冬3季男多为白色，亦有红色。妇女四季皆为红色，裹肚上绣花卉图案。外上衣是袖宽身长的大襟、对襟。春秋夹袄夹裤，冬穿棉衣棉裤，内套衬衫衬裤，夏穿单衣，腰际系带。下着宽腰身打叠吊裆裤，裤带男黑女红。男子若逢本命年亦系红裤带。裤管口打黑色腿带。妇女衣襟、领口饰花边，逢节日宴会，富户男子着长袍马褂，女穿束腰绸缎衣料褂衣，外套罗裙。贫户仍穿浆洗干净的土布常服。

机织"洋布"进入后，公职人员及学生推崇翻领或直领中山装，商家依然着绸缎袍褂。女学生则时兴月白色束腰斜襟上衣，家庭妇女依旧。教书先生一类则常穿"东方亮"灰长衫。

中华人民共和国成立后，一度兴起印花"布拉吉"，即所谓的"爱国布"制作服装。之后，男子服装以中山装、劳动服、中式对襟袄为主，女子服装在造型上有大小翻领的"列宁服"。衣料多为咔叽、哔叽、华达呢、斜纹、帆布、灯芯绒等，内衣为针棉织品的背心、衬衣、秋衣裤、绒衣裤和毛线编织的毛衣裤。

"文化大革命"时期，服装色彩仍以灰、蓝、黑为主，式样依旧。青年男女曾一度以能着绿色军装为荣。农民仍然用名为"拧线（拧线是用白与黑线，白与毛蓝线，白与榛子红线合股作为经线而组成的布料）"的土布做衣裤。童装仍以连体开裆裤为主。

20世纪80年代后，人们物质生活水平明显提高，一般不再自己制作衣服，而改为在缝纫铺内裁制服装。其后，西服、夹克、皮夹克、运动服、休闲服、长短袖衬衫、T恤衫、牛仔服、太太服、老板服、礼服、唐装以及女装连衣裙、西服裙、旗袍、七分裤、筒裤、灯笼裤、短裤等产品，成系列充斥服装市场，人们则根据自身特点和喜好选码购买。冬穿羊毛衫、保暖内衣、羽绒服、呢料大衣，色彩日趋多样，衣料采用毛料、合成纤维和化纤等。近年来，又返璞归真兴起"纯棉"热。

鞋、帽

清时，平民百姓春秋季节戴"瓢帽"（瓜皮帽）。冬戴毡帽或风帽，另有"耳套"护耳。夏戴草帽，扎羊肚毛巾，男士或光头不戴帽。

民国时期，人的衣着鞋帽较杂，有保持原装束的，有赶时兴戴礼帽、猴儿帽的。

新中国成立初期，在山区少数民众仍维持原装，但大多数男性戴解放帽、八角帽、鸭舌帽（或叫前进帽和工人帽），冬季戴"火车头"栽绒帽。田间劳作的农民依然扎红、蓝条羊肚毛巾。

20世纪80年代后，春、夏、秋三季不再戴帽子。冬季男女均穿连有风帽的羽绒服。夏季出门喜欢戴化纤编制或草编的"遮阳帽"。施工工人和骑摩托者戴有安全头盔。

女性帽饰变化较大。从前，老年妇女冬春季节戴前有玉片、琥珀片装饰的织绒"婆婆帽"，夏秋捂手帕，现在已很少见，代之以用毛线编织的软帽。年轻女子是不戴帽的，只在出嫁时戴一下花冠而已。中华人民共和国成立后，妇女出门、劳动时捂一方针织头巾，春秋季节风大时捂遮面纱巾。20世纪80年代后，青年妇女夏季出门戴仿麻草帽，秋冬戴镶有饰物的"贝雷帽"或者戴连有风帽的羽绒服，平时或长发披肩，或短发齐耳，或以烫发饰容。

由于现在人多不戴帽，因此在童帽上变化也不大，"虎头"帽只用于两三岁前的婴幼儿。近年随着清代故事电视剧频频播出，亦有戴后缀小长辫的仿瓜皮帽。小学生则戴黄色遮阳帽上学。

鞋袜，清代男子内穿布袜外套福字鞋、靴或双脊"牛鼻子布鞋"，女子裹脚穿金莲鞋，鞋外套鞋，有棉、夹、毡之分。鞋帮绣有图案，用料有布、绸、缎、礼服呢等，多为自家制作。

民国时期，男女均穿自制手工布鞋，式样有圆口、尖口等，女鞋缝有带，以纽扣系固。新中国成立以后，时兴胶制球鞋和皮底布面鞋。20世纪70年代，男士秋冬时穿大头皮鞋。80年代后，鞋的品种多样化，硬底、软底、高跟、坡跟、深腰、浅腰皮鞋，运动鞋、休闲鞋、凉鞋、皮暖鞋、棉暖鞋、女式筒靴琳琅满目，人们不再手工自制，而在市场购置。一种鞋帮间缝有松紧带被人们叫做"懒汉鞋"的布鞋，由于男女老少皆宜，倍受人们青睐。还有一种用黑、深蓝、咖啡色呢绒作里和面，内填丝绵，深腰衬软厚胶棉底的"老头暖鞋"，穿着方便柔软，既抵寒保温，又防水抗滑，不但受老年人的喜爱，甚至壮年人在冬季也多穿。如今，"足力健"之类的中老年鞋以及各种款式的"休闲鞋"，在市场的柜台上琳琅满目，极大地满足了社会需求。

布鞋，早年是由手工制作。鞋底、鞋帮用"褙子"裁剪，鞋底多层，鞋帮单层。"褙子"是将破旧衣服拆开，然后在平板上用糨糊一块块一层层地拼接粘贴，再覆粘于墙面，晒干扒下待用。做鞋时，依穿鞋人脚码裁刻。纳鞋底是一项技能。一般妇女均可纳成平针鞋底，心灵手巧的更是花样迭出。有"圪塔底""万字底""平针加圪塔底"等。鞋底薄厚因人而别，一般男厚女薄。从外形上看有稍加修饰的"毛边底"和包有白色布边的"光边底"。脚上套穿的袜子，早年也是用粗布缝制，帮薄底厚，作靴子状，机制袜出现后消失。现在，人们在市场上即可买到线袜、丝袜、尼龙袜和合成纤维袜，式样有长筒、短筒，女式的还有长至大腿根的和连裤的长袜。与鞋配套的还有"鞋垫"，俗称"衬底"。这也是显示妇女手工技艺的一种工艺品。鞋垫置于鞋内，既可防止污染鞋腔，又可吸收脚汗。人们一般准备多双，穿脏一双抽出洗涤另换一双，可经常保持鞋内清洁。鞋垫更是年轻女子传情的信物，选择红色布或网眼纱做面，在其上纳绣各种喜庆吉祥图案，并附绣"爱情永恒""真爱一生""万里鹏程""步步高升"等祝福文字，更体现了女方对爱情的忠贞。现在也有民间工艺作坊用各种材质制作具有保健祛病功能的鞋垫在市场销售。

饰物

（1）帽饰

民国以前，青年男女结婚，男戴礼帽，上插金翅；女戴花冠。平时男士所戴"瓜皮瓢帽"顶缀红色玉珠，前缀白、湖蓝、翠绿玉片。现人们多不戴帽，冬天穿羽绒服，女装风帽边缀有绒毛，其他如"贝雷帽"，饰以金丝、铜徽等，线条简朴、美观大方。夏天仿麻草帽，帽筒外缘缀有彩色丝飘带，更为女性添色不少。

"老虎童帽"，以虎头为造型，顶部两旁开孔，装嵌绒毛虎耳，脑门正中绣有"王"字，帽筒边缘镶缀银、铜饰物，用料讲究，色彩艳丽，乡土气息浓郁。

（2）衣饰

清时的男式马褂，衣襟绣有万字连枝图案。女式衣裤在衣襟、袖口、裤口绣有花卉图案，纽扣多用铜制，或者挽结麦穗或蝴蝶形"疙瘩盘扣"。缀纽扣以五、七、九……单数为准，不取双数，俗说"四六不成材"，认为扣子双数会影响到穿衣人们的事业成功。此俗至今一直沿袭在服装制造业，成为不成文的制衣"潜规则"。

系腰带，是平民百姓的衣饰习俗。腰带一可束身，使人显得精干利索。二可携物，过去吸旱烟的人居多，腰插烟杆并悬吊烟袋成为过去成年男子的象征。三可藏掖钱币，过去制衣口袋少，上衣1～2个，下衣没有。"财不露白"是人们的普遍心理，因此将零用钱藏在内衣"裹肚"或者随手可取的腰带中，久之成为习惯。从前，在马牧村有个人称"赵麻子"的有钱人，家产丰盈却总是身穿破衣烂衫，他最珍爱自己的腰带。所以当地有一句流传至今的歇后语"赵麻子的腰带——值钱没底儿"，正应了那句"腰缠万贯"的俗语。

（3）佩饰

首饰，自古以来就是妇女的"专利"奢侈品。装饰和固定发辫有打制成形状各异的金簪、银簪、玉簪、骨簪；悬于耳朵上的金、银、玉质耳坠、耳环；挂于颈项的金银、玛瑙、珍珠项链；戴于手腕、手指上的金、银、玉、玛瑙打制的手镯、戒指和手环。如今，铂金、钻石制作的各类首饰，依然为女性所喜好。发卡、勒花仅在学生少女中佩饰。男士在清代实行剃发后，发簪便消失了，只是在富户人家仍有戴扳指、戒指的习惯。

（4）长命锁

俗称"百家锁"。是民间有护身符含义的一种儿童饰物。一般在新生儿满月、百日或周岁时由姥姥家赠予。认为其能避灾祛邪，"锁"住生命，佑护孩子健康成长。外形为各种锁形，也有圆形、如意头等其他造型。锁身有单片状，也有空心匣状。片状的为单面錾花，匣状的两面都有纹饰，有的能开合内可装物。錾刻内容多为"长命百岁""吉祥宝贵"等文字，周围镂雕寿桃、蝙蝠图案。还有一种叫"颠倒驴"的长命锁，寓意"榜上有名"，表达期盼孩子成材的愿望。打制长命锁的材料通常为金、银、美玉，民间以银制居多。悬挂锁片的线材不一，普通人家用红色丝带，讲究的用金、银链条，有的将银项圈与长命锁连体制作。此外，还有打造与手环式样相同并系有小银铃的脚链。

（5）其他佩饰

①红裤带

民俗崇尚红色，认为是生命的象征，可佑护人们避灾离难。红裤带至今仍在沿用，尤其是逢本命年的人系于腰间以避灾。红裤带还有警示信号作用。过去农村厕所男女共用，成年人如厕后，将裤带搭于墙头以示厕内有人，他人暂避勿入。

②荷包

古称"箅（suàn）袋""鞶袋""鱼袋""荷袋"等，宋代以后称作荷包。是指佩于腰间的囊袋，可用于盛储随身使用的小物件，如印章、钱币、针线等。佩带荷包的历史可追溯到先秦，唐代官吏佩带的装吏符的囊袋，为官位品级的象征（唐高宗时规定，三品以上官员皆佩鱼袋）。

荷包多以布帛刺绣或绳带编结而成，有圆、方、葫芦、鸡心、花瓶、银锭等多种形状，配以系带，便于佩挂。

小小荷包，它的装饰性很强，多为吉祥纹饰。绣荷包中几乎囊括了所有刺绣针法，如平针、堆绣、锁绣、辫绣、戳纱、纳纱、打子、铺绒、盘金、钉金等，配色华丽而典雅，体现了中国传统艺术和审美观。佩带荷包的习俗一直延续到清末民初。民歌《绣荷包》中唱道："小小的荷包，金丝双带飘，妹绣荷包挂在郎腰。"就充分体现了闺中女子精绣荷包送情人这一传统姻缘习俗。

小香包也是荷包的一种，不过体积很小。它是用来随身储放香料的小袋，多为各色绫罗绸布精心缝制而成，其上施以精美刺绣。香包内装香草及香料混合物，袋下垂穗，取"长命百岁"之意。袋内香气挥发，有增强体香、驱虫、除秽、保健的作用。佩戴香包的习俗一直延续至今，尤其在每年的"五月端午"，人们多自制或购买香包佩带于身。

③烟袋

同样也是荷包的一种，不过它的用处主要是用来盛装旱烟丝的。其形多为葫芦形或花瓶形。过去，人们多抽旱烟，烟荷包配烟锅，成为男人们聚在一起闲聊和炫耀自家内人心灵手巧的证物。

④褡裢

是一种长方形的布袋。过去人们出行，没有箱包，常用的就是褡裢。俗称"褡子"。褡裢多用自制粗布做成，质地结实，一般一大两小3片缝成，一大片为一面，两小片为一面，两端自然各成一袋。褡裢又分大小两种，大的搭在肩上，小的系于腰间。褡裢对于出远门做生意的商人具有一定的装饰作用，因此做工比较讲究，一般都绣有图案。小的褡裢系在腰间既可保护重要财物的安全，同时又兼有腰带的作用，类似现在人们旅游时系于腰间的腰包。

⑤勾领

衣服领子是极易污损的部位。为减少洗衣揉搓，在20世纪50～70年代，人们的衣服一件穿几年，难有余钱购买新衣。心灵手巧的姑娘们用钩针精心勾制线网假领送给父兄或恋人。勾领附缀于领子面上，脏了可换洗。

⑥腿带

是一条长尺余，宽寸半，缠系于裤管下部的黑色布带。扎腿带有两个作用。一是干活利落，行走方便。从前，打褶子的吊裆裤，裤腿既宽又长，行走干活中不免拽曳杂物，扎起腿带可以避免牵挂。二可保温防虫、尘，黄土高原风沙居多，宽裤腿不可避免地会钻进凉风灌入土尘，扎起裤腿，既挡了土尘，又可保温。田间干活，可防止蛇、虫钻入裤腿，避免不必要的伤害。

第二节 饮 食

一、饮食习惯

饮食习惯，是"人相习，代相传"的产物。源于民间，传之于民间，具有来自习惯势力、传统力量、心理信仰和感情传递等世代相习的思想和行为因素的约束力。

古代文献载："十五国风晋最俭"，"晋人俗俭朴，古称有唐、虞、夏之风。百金之家，夏无布帽，千金之家，冬无长衣，万金之家，食无兼味"。民国五年《洪洞县志·风俗》载："洪洞流风古俗，粤自上世者……勤俭质朴，忧思远虑，有尧之遗风"，"君子忧思远虑，小人俭啬，甘辛苦，薄滋味……考其故，不越勤俭二者而已，实茅茨土阶之遗云"。

经过历朝历代先民兴水利，习稼穑，物质生活资料日渐丰富，但在日常生活中仍克勤尚俭，食以五谷杂粮为主，饭菜合一，重数量，轻质量，尚辛苦，薄滋味。

居家饮食

古人一般是一日两餐，即朝食（称饔）和晡（称飧），这与古人"日出而作，日落而息"的劳作制度相关。根据夏秋昼长、冬春日短的季节变化，人们一向遵循"夏秋季节，早10时、午3时、晚7时，日食3餐。冬春季节早10时、晚5时，日食两餐"的传统食制，而现在由于增加了夜生活的内容，已打破了这种传统食制，均以3餐为制。

农忙季节，农村都习惯往地里送饭，或带干粮在地头进食，民间俗称"打尖"。春暖花开后或田间农活不太忙时，还有端碗出门聚于十字街口、大树下一起吃饭的习惯。村民聚在一起，一边吃饭，一边谈论家常，讲故事，拉笑话，传播新闻趣事，打俏逗骂，其乐融融。这种风俗与农村当时信息闭塞、生活单调的实际状况不无关系。如今，每顿饭间，一家人围坐在电视机前，边吃边看边娱乐，虽说吃饭看电视，从科学角度讲并不好，但人们已经习以为常。

天寒季节，全家老小盘腿上炕，在小炕桌上就餐，长辈居中，子女列旁，媳妇炕沿上坐，随时准备为家人添菜盛饭。吃饭前在桌上摆放筷子，而不将筷插入碗中；饭饱将筷子横放碗上表示不需要再添饭；需添饭则将筷子握在手中或放于面前桌上；主妇添饭问"再舀点吧？"或"再添点吧？"而不能问"还吃吗？""还要吗？"等，回答"再舀半碗""少舀点"，或者"好啦""饱啦"等，而忌讳说"够啦"或"再不吃啦"。

书香商贾之家，无论春夏秋冬，常年日食3餐。全家围桌，长幼有序，男女有别，各就各位，不得违制。进餐中讲究"食不语"，碗中不能剩饭，桌上抛撒更不容许。餐中不能出门，更不准去解手。在大户人家，主仆界限严格。就餐时，男女主人分别进食，一般不与他人共桌。男仆端盘，女仆一旁静立服侍。先酒后菜，先荤后素，先咸后甜，先饭后汤，秩序不乱，摆放有序。餐后主人休息时，下人方可进餐，奴仆用人等另设炉灶，多为粗茶淡饭，基本不摆桌椅。

嗜好面食

县域民众嗜好面食，一日3餐，无面不饭。或稀或稠，或汤或干；有薄有厚，有硬有软；有粗有细，有长有短；通过蒸、煮、炸、烤合理搭配等手段，制成各种各样的面食，加上各类佐料浇头，相沿成习。

同样，喜食汤饭的习惯亦由来已久。县域长年干旱少雨，并且春冬多风，人们日出而作，面朝黄土背朝天少有饮水之便，全靠吃饭时的汤水补充，同时过去餐桌少菜，以盐、醋、辛辣佐饭，口味偏重，从生理上需要水分润和，形成了喜汤食的习惯。县域以早、中两餐为正饭，称晚饭为"喝汤"，正饭多吃蒸制食品、干面等较"打硬""耐饥"的饭食，晚饭以汤类饭食为主。无怪乎在晚饭以后，人们相遇，最常用的问候语就是"喝了汤了吗？"甚至在原洪洞区域里，人们把赴宴也会说成"吃汤水"。

民间流传"吃饭先喝汤，一辈子不受伤""汤水不伤人""原汤化原食"的说法。吃干面前后喝点面汤，吃蒸馍、烙饼时喝点米汤，并且在饭后还有再冲泡一壶大叶茶的习惯。

注重盐醋

曾经有人算过一笔账，一个土生土长的山西人，在一生中最少都要吃掉150～200公斤的醋，难怪历史上就把山西人戏称为"老醯儿"（老西儿）。洪洞人当然也不例外，无论食用面条、包子、饺子，还是烹调菜肴，都离不开醋，这与当地环境的水土特征、自然气候和以五谷杂粮为主的生活条件是密切相关的。

除了爱用醋佐食烹菜外，用盐量也比较大。过去，农家有用自制"椒盐"佐食的习俗。民间有"咸香咸香，无盐不香"和"五味盐作主"之说。20世纪70年代，国家对于安泽、古县、洪洞、浮山4县，除了特殊供应大叶茶外，还有特供食盐一宗业务。

盐、醋之外，人们对辛辣食品的需求量也相当可观。大葱、韭菜、花椒、大料、大蒜、生姜、辣椒是日常生活中必不可少的佐餐小菜和烹调佐料。用蒜、青椒腌制小菜，甚至将香菜辣椒剁碎，掺入食盐，陈醋拌成佐食的"老虎"小菜。当地盛产花椒，广种辣椒，除由河南引进生姜外，"秦壁葱、梗壁蒜，洪洞莲根不一般。耿壁豆腐堤村椒，马牧的韭菜肥又鲜"，就是当地人民群众喜食辛辣食品的生动写照。

第三节 待 客

待客是人际交往的重要组成部分，也是日常生活中不可或缺的一项重要内容。洪洞自古就被称为"礼仪之邦"，县民"不尚奢华，惟务稼穑，习诗书，崇礼让"（民国《洪洞县志》），有热情、好客、唯敬、唯诚的待客习俗。平日里家家省吃俭用，有客来则必尽其所能，务求丰盛；有人黑夜投宿，无论识与不识，从不索银，宁可自己受委屈，也要使客人舒坦。无论是有一技之长的手艺人，还是一贫如洗的流浪者，凡来洪洞谋生的人，都会被热情接纳，因而不少外省人愿意在这里安家落户，充分反映出民众遵循古礼、纯情好客、乐于惠人的传统美德。600多年前那场大移民，特别是延续了4700余年的羊獬走亲习俗，在人们心目中打上了深深的烙印，形成了"路人皆我骨肉，海内皆有血缘"的强烈认亲感。

待邻里帮工

县域无论城乡，凡遇婚丧嫁娶、造屋兴土等重大事项，街坊四邻都会踊跃帮忙，即俗语所称"一家有事，四邻相助"。

旧时，每逢农忙时节，邻里间张家有牲口，李家有劳力，王家有农具，也就凑齐了收种事宜，干完一家再干另一家，谁家有活谁家管饭，谁也不推辞，谁也不客气，自然而然地和谐帮衬。管饭的人家，自然是竭其所能，改善伙食。农村改革开放，责任田到户也是如此。遇到婚、丧、嫁、娶、盖房券窑，本村的能工巧匠会自动上门，邻里人家你干这，他干那的，打杂帮工。主家平时生活虽然艰苦，这个时候也要购买好烟好茶，准备米、面、油、菜、蒸蒸饭、轧饸饹，备上几桌酒席宴请款待帮忙的邻里。尤其是在婚丧大事上，主家或忙于接迎宾客，或悲守灵棚，所有具体事宜，均由总管和众人操持，主家一般不多过问。在总管的安排下，张贴执事单，邻里帮工各司其职，有条不紊。

改革开放后，民间待邻里帮工的饭菜日趋丰盛。但凡大事，一般都要准备"六六"标准以上酒席。在丧事中，对于参与"闹夜"的鼓乐艺人，更是款待有加，过去只能居于门外的"吹鼓手"也被请上宴桌，酒足饭饱后大展技艺。

待亲朋至友

文献载：山西人"自奉极俭，非待宾客，未尝烹鲜击肥"。在县域无论城乡，凡有客来访，必远接亲送，对于登门者，不论何事，人们都遵循"不打上门客"的古训，先请进屋、让座、敬烟、上茶、备饭款待。常来常往者，饮食一般不十分讲究，有什么吃什么，客随主便。如有贵客来到，或虽不是贵客，但恰逢年节期间，待客饭食一般都比较排场，备"四碟八碗加火锅"，宾主围坐一席推杯换盏，谈长说短,其乐融融。招待宾朋的主食一般为饺子,忌做"揪片"(俗称"揪圪垯"),认为"揪"即"断","断"即"断交"的意思。平时,如有不常走动的稀客来访,须以饺子招待,有条件时,炒几个菜佐餐。经常走动的亲友,接待相对随便,多做鸡蛋面、软面饽馍馍、汤面待客,农闲时,也加炒几个菜佐饭。炒两热菜,若是帮助干活,多以炸油饼配米汤待客,另炒4个菜佐食。

女婿为"娇客",尤其新女婿为上等宾客,与舅父母、亲家一样,统称"上宾"。女婿娶亲后第一次上门,丈人、丈母娘要及早备菜备肉,收拾庭内院外,请厨师主厨,准备饭菜,邻里帮忙包饺子,以宴席招待。此后,女婿便成为家中的近亲,往来走动,招待并不十分讲究。

女儿女婿同上门走亲戚,女婿一般是不得住在丈人家的,以避"女婿上炕,家破人亡"的忌讳。

招待亲朋至友就餐时,循长者上坐、幼者居下的座次安排规矩,上菜时先酒后菜,主人须先向客人敬酒,其他陪客随后敬酒,不可颠倒。盘中菜肴,分层而食,不得随意乱搅,不可起身夹取远处食物,酒席未了,主人不退席一陪到底,如有急事,须向同桌揖手道歉"失陪"方可离去,忌不辞而别。客告辞,近客送至院外,远客至村外。

待尊师族长

"一日为师,终身为父",尊敬师长是民间百姓的传统美德之一。数千年以来,教书先生一直受到人们的尊重和爱戴。早年每逢年节,无论贫富,家家都要给先生送上一份礼品。谁家有事,都要把先生邀为上宾。先生回家探亲,学童会派人用毛驴把先生送至家中。新年过后开学,学生的家长都要请先生到家里吃饭,用4个盘子1壶酒,外带饺子招待。学生较多时,先生在正月里是不用做饭的。

洪洞人尚武,拜师学艺乃一大社会风俗。"洪洞通背拳"更是名扬海内外的一门独特拳种,它集攻、防于一体,徒手、器械套路齐备,外练筋、骨、皮,内炼精、气、神,是强身健体、制敌防身重要的竞技项目。自清中期兴起以来,深受人们的喜爱。不少武林高手被商家聘为镖师,被富户聘为看家护院教头。每逢农闲季节,各地"拳坊"扎场授徒,异常火爆。要想入门学艺,必由同门举荐,携"承师帖"拜师,并要设宴招待门内师父师叔,叩见师兄,门规相当严格,德行稍有不规,即被逐出。

学习泥、木、铁匠及其他手艺的,都要依行规行拜师礼,并设拜师宴招待师伯、师叔,师傅年老丧失劳动能力,又无儿孙可依靠时,徒弟要担负起养活师傅的责任,逢年过节送礼敬师。

一个家族,依照辈分高下和年龄长幼都有一位族长,俗称"尊长"。旧时,尊长在宗族中地位显赫,大至宗族事务,小至家庭纠纷,均赖其主持。家中有事需尊长出面解决时，必宴请招待。招待饮食大多4碟8碗，主食汤面（调和的）和圆馍以求四邻调和、融和八舍，圆圆满满解决纷争。家族中的人家有婚丧大事，均要请尊长到场坐镇，上香祭奠等事由尊长带领进行。酒宴之上，尊长居首位。

第四节 民 居

民居，即百姓居住的房舍。它和衣、食、行三大元素构成人们生活的主要内容，是人类赖以生存的一大要素。

民居的建造，受自然条件的影响和制约，不同的气候与地理环境，形成不同的民居营造形式及格局。

县域属温带大陆性季风气候类型，地理环境复杂，在居舍的建构上主要以砖木结构的瓦房、砖石结构的窑洞、依崖而掘或下沉式的土窑洞3种形式，早年建筑以"四合院"的建筑风格为主，充分体现了民居的多样性特点。

一、土窑洞

土窑洞是上古时期"穴居"形成的延续和改进。建筑学家梁思成先生曾指出："……穴居之习，固无疑义，直至今日，河南、山西一带居民，穴居仍极普遍"。（《中国建筑史》）

土窑洞，按其建造方式大体可分为靠崖式窑洞、下沉式窑洞两种形制，按其结构特点又有独立式窑洞和套间式窑洞两种布局。

建造土窑洞，可利用丘陵、坡地、山地的自然形势，因地制宜，因陋就简，具有造价低廉、施工简单的优势，又有冬暖夏凉的优点。

靠崖式土窑洞

这种窑洞，在山头、左木、堤村、刘家垣、万安、苏堡、曲亭、淹底、兴唐寺、大槐树等乡镇广泛存在。

靠崖窑洞，随山就势、靠山打洞。土质，一般选择料礓（liao jiang）卧土，而不选黄壤绵沙立土。朝向尽量选择向阳（朝南）的山崖，首先度势辟出规划面宽，不低于8米的壁面，俗称"窑脸"或"窑面"，然后根据窗面的宽度，规划位置和数量，定位后，向内开挖，窑宽根据土质一般在2.5~3.5米之间，窑间距（俗称"腿子"）2~2.5米。进深可达10米。有的还在窑内再掏后窑和横窑。根据窑面宽度，可开3~5孔，甚至更多。开3孔窑洞者一般为1门两居室，开5孔者多为1门两居室两偏窑，正中开门，居室留窗，厅室与居室间凿小窑洞穿通，俗称"过门"或"曲儿"。偏窑则为独门独窗（偏窑，俗称角窑）。

为了设置神龛、摆放厨具、叠放被褥，在窑壁上掏挖小窑，小窑顶与窑一样均呈弧形，并在挨窗的一角用犁铧接木橼由下向上打凿出烟囱直洞。

窑洞打好风干一段时间后，便可做面墙了。面墙，原洪洞地区称"挂面"，原赵城地区域称"抹面"。垒制面墙的方法有两种，一种称之为"里塞口"，一种称"满塞口"或"外做（zí）口"。家境贫困者多采用"里塞口"。方法是在窑内距离窑面20厘米左右起墙，窗台以下用砖，或者用5～7层砖作墙基，上部用砖坯或胡坷泥砌而成，前面壁不再修饰。家境殷实之户则用青砖一砖到顶做"外做口"，窑面全用青砖包裹，门与居室间建土地小龛，上砌出檐滴水，美观大方。

门框、门板、窗户（含天窗）用木料制作。厅门采用两扇实木门，上置天窗，天窗可与门框连体，也可分别制作。居室窗户，旧时多为霸王窗，窗棂与窗框直接构连，不可开启，利于防盗，天窗较小，置窑顶下方。偏窑一般设1门1窗1天窗。窑面砌成，则要进行窑内"砌灶盘炕"和抹墙面工序。

旧时，居室内所砌炉灶，一般为单口灶，用砖砌成，炉腔上沿嵌铸铁炉圈，炉膛前半部为燃料填装口，炉齿下有敞口长槽灰坑，称"灰炉窝"，紧挨灶体侧挖小窑，称"炭仓儿"。炉膛直通烟道，炉台前便是住宿的土炕了。

土炕高约80厘米，炕沿用砖砌或用厚约7厘米的长木板铺成，炕下烟道在挖窑洞时留足土台，在土台上挖出烟道，或用土坯垒砌，一般为道，汇集到烟囱底口的"狗窝"。烟道上覆石片，上用圪杂泥抹炕皮。

土炕取暖是人们在寒冷季节普遍使用的一种办法，现今，人们多改用现代化的木床、沙发床，传统的土炕已不多见。

土窑洞抹泥是室内装修的工序，俗称"裹泥""灰裹"，泥料用绵土加麦盒子或草纸调和而成。为增加室内亮度和洁净度，在墙皮半干时，再抹上一层白灰膏子。

土窑洞前一般都有或窄或宽的院子，窑洞左右两厢根据需要搭建"厦子"或牲口圈棚。这样的院子由于建在半山崖，因此很少有院墙，有的用土筑墙，或用石块垒墙，但都较低。

下沉式土窑

俗称"圪窝院子"。"圪窝院子"是一种特殊的民居形式。至今，在一些农村还有保留。圪窝院一般在平地上向下挖一方形深坑，深约8～10米，形成人工崖面，再在四面壁上开挖窑洞。窑洞的开挖形式、内部设置、窑面处理与靠崖窑相同。这种窑洞与靠崖窑洞相比，由于要将院中的土全部挖去，所以工程量较大，花费的人力要多很多。由于圪窝院隐于地平线以下，防风效果较好，也较安全，更能发挥土窑洞冬暖夏凉、保温隔热的优势。为了解决排水问题，须在院中开凿旱井1眼，使雨水集入井内，再慢慢渗入地下。

至今，这种民居多被填充，在大槐树树镇秦壁村尚存二处完整的"圪窝院"。

二、砖窑

砖窑，是山区、丘陵区、平川区普遍采用的民居形式。旧时，山区的砖窑多为家景富裕或曾经做官为宦的人家所建造，但由于受地形限制，窑的高度和"入深"深浅，远不如平川砖窑的规模。万安镇的韩家庄过去有一处硕大的"三棚三券"的巨型砖窑。通高10米余，面宽13米，进深20米。可容纳千余人集会，是村民召开大会的场所。此窑于2009年被拆除。

砖窑建造，根据时代不同，大体有土碹、抹碹、模碹、靠碹4种建造方式。

土碹

较为原始的营造办法，即"堆土成碹"。在砌砖好直墙（平身墙）后，将其用土填起，平身墙以上夯筑成弧形圆顶，然后在碹上用白灰砌砖，砖缝间摆入陶瓷片加固，并用白灰化糊灌缝。碹成后搁置一段时间，待灰缝基本凝固干透后，从窑内挖出夯土。这种营造方法，显示了古代工匠的聪明智慧和顽强的探索精神。

抹碹

由土碹演进而来的建造方式。窑洞的平身墙砌好后，上部的拱形部分，用木板搭建而成，板上覆圪杂泥，涂抹光滑作为模具。然后在其上一圈圈砌砖，砌砖、打楔做法与土碹相同。用木材加工成拱形模具，模具宽与窑宽相同，上部为拱形，厚30～50厘米，内部以木架支撑，拱形部分以木条紧密排列钉牢。弓弦部位用两根平行木条作底，再用卯榫连接弓背部分。弓背亦用穿卯弧形粗木条勾合，两条弧形木条上铺钉小木板，弓形中空部分以辐棍支撑。施工时，将此模具架在已砌好的"平身"的立墙上，在弓背上摆插砖块楔入陶片，砖块砌满模具后将模具向外拖出一段。以此类推，直至完全砌成，用石灰化糊灌顶。卸下模具，搭架在下一孔窑的"平身"立墙上，如法砌造。

靠碹

也称插碹，是按窑拱的一半制作模具，首先制作一根宽约10厘米、厚约3厘米的弧形模板。砌拱顶时，两个工匠站在架板上，分别从两端平身处向上合围对砌，以模板来矫正规范砌砖弯度，以使拱顶均匀合缝线路平直，不偏不倚。

插拱顶时，由于弧形原因，砖与砖之间有下窄上宽的楔形缝隙，采用楔形木塞楔入加固，窑内有小工糊缝，糊好后顶上用灰糊灌顶。此种砌造方法在20世纪60年代中后期才开始使用。

以上砌造方法的演进，是工匠们在实施中不断摸索和改进的结果。

用料

砌窑的砖，都要事先用水把砖洇透，待表面无涎水时方可使用。砌砖所用的灰浆，早年只用石灰，现在多用白灰膏或者"电石泥"配河沙调制而成。早年一些有钱人家为增强砖与砖的黏合度，用白灰膏搀糯米粉粥搅拌成浆使用。因此，大户人家所建的砖窑，灰缝都很细薄，不像现在房子的灰缝又粗又厚。

糊缝、勾缝

窑砌插完毕之后，为使灰缝没有空隙，还有一道工序，即"糊缝"，这一工序一般都由比较心细的徒工来完成。糊缝后，有的人家用烟墨调石灰浆为糊状，整体刷一遍，再用长木条、铁钉顺缝划线开缝。大部分人家糊完缝后用铁砂擦刷一遍，达到干净美观的效果。现在盖房建窑没有勾缝工序，而是上一层水泥面后（也有不用水泥裹面的）再刮一层石膏面，或者直接刮仿瓷涂料，室内反光条件更好。

前墙

砖窑的前墙有"大开口"和"挂面"之分，大开口拱形顶外露，挂面则拱形顶包裹在前墙内。门墙厅门两侧的窑腿中上部砌土地神龛，较讲究者还以砌雕装饰。前墙在达到窑顶部位后，要砌压3～5层"狗牙衔砖"，用砖的一个直角，呈犬牙状排列，而且一层比一层向外延出，使其呈檐状。在这几层砖上面再砌"花栏墙"。花栏墙用砖砌成"工""吉""喜"字或"宝瓶"造型，有的用瓦拼为各种花色造型。花栏墙顶部砖砌"戴帽"，压砖3层，呈三角形制。

填槽填顶

早年，砖窑的平身砖墙（俗称腿子）较厚，砖墙的夹缝里要用砖石和泥填充，俗称"填槽"。即墙砌砖2～3层便用半截砖、石块填实，之后用灰泥浆浇灌缝隙，7层以上多用胶泥和"牛踩糊踢"填装，直到与平身齐为止。平身以上便是窑的拱顶了，两窑拱顶间的凹槽的填装则要等窑盖成后，再用大量的黄土填塞了。填土时，要分层平衡填入，以免挤坏，且要上一层土，摊平，用石硪捶筑一遍，再填一层，再捶筑，土要填满窑顶与窑顶的凹槽，并要高出窑顶70厘米左右。讲究的人家为防止窑顶长草和漏水，在窑顶撒一层坩土面，雨后趁湿用小石碌碾压平整。

其他

过去，贫困人家有的只能券起窑洞，而包不起窑的山墙和后背。因此窑的这三面大多为夯筑土墙或用糊踢砌墙。改革开放后才有财力用砖四面砌起。而窑面仍有"大开口"和"挂面"之别。

20世纪90年代，一度兴起称作"火镰碹""梳子背"的平顶砖窑。与拱顶窑的窑顶相比，弧形小了许多，砌插拱顶砖的灰浆改用水泥砂浆，工序做法与靠碹窑相同。

由于砖窑不受土质的限制且干净卫生等诸多优势，产生了融合两种优点的窑洞建筑"土包砖窑"，又称"靠山窑"，土崖上辟出三面崖壁，顺崖壁砌窑。这种窑形制与上述砖窑相同，只是左右山墙和后墙嵌在土崖里，故称"土包砖窑"。

另有一种半砖半土的窑称"砖棚顶"窑。这种窑在平身以下为夯土或糊踢砖坯垒砌，平身以上拱顶用砖砌制。这种窑造价低廉，多为旧时贫困人家的建造形制。砖窑洞历史久远，沿用至今，随着人们生活水平的提高，从20世纪90年代起，农村已很少有人建造，代之以砖混结构的平房，但由于县域气候冬季寒冷，煤炭又十分昂贵，许多人到冬季又住回了窑洞里。

三、瓦房

瓦房，从结构用材上分，有土坯墙瓦房、砖柱瓦房、砖瓦房和砖包柱瓦房；按营造形式分（主要指屋顶），又有双坡硬山顶、悬山顶和歇山顶（民间多用硬山顶和悬山顶，而歇山顶只用于寺庙观），以及单坡（一厦房）房；按用途分，又分为正房、厢房、偏房（角屋）、杂物房和库房。

土坯房

瓦房中最简易的一种类型。墙体以夯土、糊踢、砖坯及少量砖建造；顶部无梁，只有脊檩、腰檩，檩上钉椽，椽上覆苇秆、拍子或栅子，板瓦覆顶。土坯房的面宽、进深都不大，所占面积自然很小，房墙的四角砌砖作柱起夹持坯墙作用，房基以上砌砖3～5层以护墙基，其他部位均以砖坯和糊踢砌造。屋顶简单，不覆筒瓦弥盖瓦隙。多为家境非常贫困的家庭建造。

砖柱瓦房

砖、坯混合墙体，有梁或无梁，四角及门框、窗框周边及窗台以下用砖砌造，其余部分以土坯砌填，并以白灰覆面，内墙以白灰裹面，梁檩下扎仰敞。檩上钉椽，覆苇秆，上覆板瓦，房顶两侧或覆数行筒瓦或不覆。此类房较土坯房坚固美观，面积稍大。

砖瓦房

墙体全用砖灰砌造，俗称"一砖到顶"，房内空间宽敞，内墙墙壁净面或用白灰裹抹。有的砖房建有上下两层，俗称垫拍房。富裕之家用木板隔顶，一般人家则用高粱秸秆铺顶，下罩灰面为顶棚，上层放置杂物，又能隔热保暖，实用价值较高。在房脊装有"缠枝脊瓦"，两坡4椽，山墙或为硬山或为悬山设垂脊，瓦面覆扣筒瓦遮隙，前檐装"滴水"和瓦当。

砖包柱瓦房

砖包柱瓦砖房，是较高等级的建房形式，砖木结构，造价昂贵。只有巨富和宦官之家才能营造得起。

砖包柱瓦房即将房架立柱砌包于墙体之内的一种建房形式，以"三开间"为例，房基打好后，首先放置8个鼓形"柱础"。柱础上立柱，柱顶留榫头，装入4根檩的卯眼中，称"四梁八柱"，形成房屋的基本框架。然后在梁上开卯，上施"二梁"，最后上脊檩和腰檩,这就是人们常说的"立柱上梁"。工程进展到此,房屋的基本框架便完成了,这是考量工匠技艺的重要工序,也是整个工程的重要节点。因此上梁一般都要选择吉日良辰,届时,亲朋厚友要备礼上门祝贺,主家要准备美酒佳肴犒劳工匠和帮工亲朋。

竖柱上梁后,便可砌墙了。砌墙时,用砖将8根立柱全部包裹在内,在立柱与外墙间施铁制构件连接加固,有的在房前设置"穿廊",即所谓的"四明柱穿廊房"。

屋顶形式

传统的屋顶营造形式有庑殿、歇山、悬山、硬山4种。庑殿、歇山顶营造法只用于宫殿建筑,民居不用此法建造,因而不作介绍。民居采用的屋顶形式为悬山顶和硬山顶营造法。

(1)悬山顶

亦称"挑山"。这是传统建筑双坡屋顶形制之一。其特点是将屋顶斜坡向两侧分别扩展,超出山墙之外,加长了腰檩条长度,增加了一些椽条。这样屋顶既保护了山墙少受或不受雨雪侵蚀,又显现建筑的豪放气势。

(2)硬山顶

也是我国传统建筑双坡屋顶的形制之一。其特点是两侧山墙与屋面齐平或略有凸出,房顶斜坡不向外扩展延伸。

(3)单坡厦

民间简易瓦房,屋顶呈一面坡状,后墙较高,兼脊檩功能。可设腰檩,施两担椽,也可不设腰檩,只施一椽,入深较浅,一般作为库房或杂物房使用。

(4)道士帽

即前坡两椽、后坡一椽的屋顶,施脊檩与一条腰檩,状如道士之帽,故名。这种房屋也多用作库房和柴草杂物房。

早年县域建造房舍,不论窑洞或瓦房绝大部分呈"四合院"格局。中华人民共和国成立后,房屋建设实行统一规划,多以排房为主。

四、四合院

所谓"四合院",指四面用房子围合起来的院落。是民居中最基本最普遍常见的一种建造格局。总体来说,无论是比较正规的四合院,还是一面为土窑、其他三面以墙围合,或者是北有正房、东西有厢房的"三面四合制",抑或是北房南屋、无东西厢房的"对面房",都脱离不开"四合院"的基本规制。

较为规整的四合院,一般是由五开间的北房,三开间的南屋,东西各三间厢房组成,大门位于院落的东南角。在县域历史上有名的草集刘家、万安刘家、苏堡刘家、马牧许家、杜戍董家等清代遗存的院落群中,多有前后院,左右偏院,呈现出四周封闭、中轴对称、前后有序的布局特点，是千百年来形成的一种秩序——封建宗法制度的具体反映。

封闭性

四合院是封闭的。从外观上看，院子四周都是高高的院墙，墙上绝少开窗，整个院落被院墙森严封闭，只留1个大门，而且大门在平时总是紧闭的，人们很难从外面窥视到院内的情形。过去有句老话"关起门来过日子"，说的就是这种情形，充分地体现了人们防患于未然、安于现状、与世无争的处世哲学和自给自足的求安内向、保守心态。

四合院的封闭性是出于对安全的考虑，这与历史上的社会长时间动荡不安有着直接关系，社会大气候对人们思想和行为的浸染往往超出自然界对人类的影响。

对称性

四合院强调中轴对称、前后有序的布局。讲究中轴划界，两厢对称的风格，这与奉行中庸之道、阴阳相对的中国传统理念是分不开的。

四合院的主要建筑都位于中轴线上，这些建筑严格对称且沿南北纵深发展。而大户人家的院落往往由若干四合院组成，先纵深后横向，增加了平行于中轴的跨院，既统一又严谨，符合传统家庭起居习惯，也体现了中国家庭"居处有礼"的伦理道德。

有序性

四合院民居突出了家庭的长幼、尊卑伦理关系。在一个三世、四世、甚至五世同居的大院里，长辈住哪间、晚辈居何室、客厅设哪儿、厨房置哪里，甚至便厕安在什么方位，都有严格的要求。比如在一个三代同居的二进四合院中，后院的五间北房高大宽敞，北风向阳，其中间是厅堂，家中长辈居厅堂左边的东房，西屋则是长子夫妇的住处，而东西厢房便是其他子女的所在了。南厦一般不住人，通常作为书房或贮藏间，也可作为招待客人的客房，充满温馨、浓郁的家庭氛围。而在大户人家的多进院子里则很少能见到这种轻松气氛，"男子昼无故不处私室，妇人无故不窥中门""女仆无故不出中门，有故出中门亦必隐蔽其面"。处于院落中轴的通道外，其侧院（即跨院）与正院之间则有一条狭长的夹道，是供用人行走的，这条夹道被两侧高高的房墙所夹持，长年难见阳光，这种布局显得沉闷而压抑，其气势体现了仆人对主人那种不平等的服从关系，从某种意义上说，是封建宗法制度的具体体现。

马牧许家是一个务农兼经商的大户，拥有数百亩土地，各类店铺散布于洪洞、赵城城内，乃至陕西西安，在马牧有占地4万多平方米的庄园建筑群。其中不但有二门院、旗杆院、书院等，同时拥有花园当铺、京货铺、赁铺、油坊、糟房、炭集等众多买卖铺面，还有义学、女学堂、家庙和祠堂等设施。其中"二门院"就是一个典型民居大院。

二门院占地2400平方米，居于许家庄院建筑群的北部，整个院落被高约10米的北、西、南三面院墙围合，东靠油坊大院，该大院是1处6进带花园的建筑。进大门迎面便是砖雕影壁，影壁左侧小门内有一狭长"倒座"小院，内有砖窑5孔，是男佣住处和门房的所在。影壁右侧顺一条南北通道，入垂花小门是一座占地半亩的小花园。花园北为"绣楼"，园内凿有水井1口。通道两侧地势比前院高50厘米余，顺左拐又有1座"垂花"门楼，便是内院。内院四面穿廊围绕，有北房5间、东房5间、西窑5孔、南房3间，此院为主人和女佣的居住之处。内院南房东山墙处又有1院，进拱碹小门，院落内有南窑3孔，西窑3孔，此为看家护院的家丁住所。靠南1孔西窑有夹墙砖梯，为上"看家楼"的通道。看家楼高耸于大院的西南角，俯瞰整个大院内外。西窑顶、南窑顶一线贯通，是家丁巡视区域。曾有许家掌柜到北路采办货务，在旅店里与客人夸富说："马牧有座看家楼，半截子插在天里头。"的传说。内院北房西山墙的隐秘处，又有一小门通后院，此院为总管、二掌柜和账房先生的居所，有北瓦房3间，西房3间和东瓦房3间，北瓦房下有地窑3孔，乃许家的"银库"。大院内错落有致，贵贱居处有别，功能齐全，营造别具一格。可惜在抗日战争时期，因抗日军民在马牧打死进村骚扰的两名日本兵并歼灭伪军1个小队，盘踞在洪洞城内的日军恼羞成怒，隔河炮轰炸毁了看家楼和二郎楼两个高层建筑，此后又一把火将这座大院所有的木结构建筑全部烧毁。

1937年11月太原失守，中国共产党为了抗日救国，令八路军东渡黄河开辟敌后根据地，实行战略展开。是年12月底，以朱德总司令为首的八路军总部，经过长途跋涉进驻马牧村。与此同时，从平型关伏击作战后来休整的一一五师，以及由著名作家丁玲率领的战地服务团相继来到马牧。八路军总部就驻扎在马牧许家书院。

书院位于许家庄园生活区的西南隅，隔路与旗杆院相对。这两座院子同许家其他院落一样，由高墙围拢和4座巷门所护卫，完全处于封闭状态，具有易守难攻的优势。

书院内有4个小院，书房院为最大，占地约1500平方米，总部办公就在该院，中华人民共和国成立后成为马牧第二分校的校址。书院大门面北而建。进大门后为前院，有东门房两间，垫拍单坡瓦房3间，均为用人居处。前院南有一高阶垂花小门，小巧玲珑，雕刻精美，内有砖窑3孔，是主人夏季乘凉及接待宾客之处。该小院西有1甬道可通另1小院，亦有砖窑3孔，自窑内砖阶梯可达院旁二郎楼，此院为护院家丁居处。由小院北过1小门，便来到书院主院。主院北有垫拍北房3间，为主人藏书读书的地方；有垫拍西房 5 间，西窑 3 孔，为私塾先生居处和子弟启蒙教室，窑是厨娘、丫鬟居所。西北角有 1 券门，券门为厨房所在，南建一字廊 3 间，廊下壁间嵌石刻，西南为厕所；院内东房 5 间，进深 10 余米，雕花面墙，宽敞明亮，为祭拜先师孔子和颜、思、曾、孟 4 配圣之享厅。东北角有 1 券门，出券门便进入二门内的小天井院，二门面东而建，3 级门阶上，为垂花式门面，铁裹金钉，旁侧精美石雕狮子 1 对，门楣上悬"映魁"二字匾额一方，迎面北房东山墙影壁嵌寓意应该成功、仕途顺遂的"一路连科"青石雕刻。与二门相对处立一高大隔墙，墙上镶竹节包边，四角刻有文房四宝的浮雕图案的。出二门左拐就到达书院大门了。整个大院青石为阶，方砖铺地，布局严谨，功能完整。

马牧许家的另一座院子称"后院"，其规模较小，占地约 600 平方米，是一座典型的中上富裕家庭的住宅，传说是许门起家发祥之地，抗日战争前夕，许家已趋败落，其后裔便将此院以及院西 3 间烤房院和 2 亩林苑，以 180 大洋卖给了村里另一大户。

此院大门在东南角，东向开设院门。院门八字耳墙，上有"如意门楼"木阁，门后有一约 10 平方米的天井小院，迎面东山墙嵌有砖雕影壁。顺右侧进百余平方米的院中，有 3 间歇山顶北房，两侧各有 1 孔砖窑，经北堂屋木隔后的神龛一侧木梯可上二层阁楼来到两窑顶。另有带阁楼的硬山顶东西厢房各 3 间，南面为硬山顶三开厦，间无隔墙。其他北、东、西房均以雕花木隔分成两间，东、西厢房中厅墙上分别绘有凤凰、牡丹、花鸟一类的中堂壁画，院内西南角设库房 1 间，茅厕两间；院内房基高出院心地平约 20 厘米，滴檐下砌青石条，室内室外方砖铺地。在连接北屋两侧窑洞与东、西两厢房的"卡子墙"内，有单檐敞口"立炉"各一；院落的院墙除两处"卡子墙"外，均以各房的后墙围合而成。整个院落布局，充分体现了北方民居建筑错落有致、尊卑有别、朴素大方、实用美观的建筑风格。

县域最具代表性的民居经 19 世纪的战乱、"文化大革命"摧残以及后来的各种改造都不同程度地遭到破坏。马牧许家的"二门院"，抗日战争时期被日本侵略军烧毁；万安刘家的头宅、二宅、三宅，一个庞大的建筑群，目前保留稍为完整的只有一座"书房院"；洪洞草集刘家大院片瓦未剩；苏堡刘家的旧宅也已仅剩边角；孤零零的杜戍董家堡子已是千疮百孔……这种由于战争的摧毁和缺乏保护传统文化意识的人为破坏，对考查和研究洪洞民居，甚至对研究洪洞的晋商文化历史，造成了不可挽回的损失，留下了令人扼腕的缺憾。

五、现浇平顶房

改革开放后，人们的生活水平得到普遍提高，在住房标准上亦是如此。因此，村中盖房，多以水泥、砖混建造"现浇平顶房"，并采用铝合金安装门窗，使房内布局更加合理，采光充足，客厅、卧室、厨房、库房各具特色而实用。

六、建筑艺术

人类从"穴居野处"到"上栋下宇"有固定居所，受社会环境、自然环境的双重影响，居所逐渐得以改进和完善，在形成具有遮风避雨、安全防护、尊卑有别等各项实用功能的同时，为追求舒适、美观、平安、吉祥，从而产生了建筑艺术，仅就民居的大门、二门、影壁、院墙的建筑便可以从一个侧面反映民居的艺术特色。

大门

大门，是一个家庭的门面，也是主人身份的象征。从古至今，人们便根据各自所处的社会地位、阶层以及经济条件，在大门的建筑上进行充分体现。

县域民居的大门主要有荆条编制的"刺杈门""券门""平顶门"和"门楼"几种形式。

刺杈门

"刺杈门"用料简单，造价低廉，多为贫困人家所采用。其造法是在大门位置的两根砖柱或土墙间栽两根木桩，或在砖柱上嵌两根铁丝箍，套上用树枝或木椽制成的两竖三横框架，再用荆条或酸枣树长条编制而成的单扇门。需要关门时，提起荆门合扣在另一门柱的"搭钩"上，然后上锁即可。这种门安全系数不大，只是象征性的设施。但其若为近山临水之家，却有一种"柴门微闭静，远眺草木青"的农家田园风貌。

· 券门

也称"圈门"，是较简易的建造形式，以其门洞用砖砌碹为圆洞形故名。券门分有檐和无檐两种形式，有檐者在门洞上券口下1/3处的门洞两侧墙上各装拱形厚木板1块，一端嵌入墙内，另一端翘起，与托檐檩柳榫构连，起支撑作用，檩上置椽，椽的另一端嵌于券门上的墙体中，上覆柏子或栅子最后覆瓦。"券门"门扇为两扇，实木木板制作。旧时经营车马运输的人家多用。

· 门楼

最能彰显主人身份的大门。它修建气派，装饰精美。过去婚配讲究"门当户对"，就是说如果两家大门标准相同，那么两家的社会地位和经济条件就基本相当。四合院的门楼建筑有一定的规格标准限制，即使富有之家，如在社会、官场无地位，也是不能建造的，否则便会逾制，招致祸患。

县域传统的四合院大门，有广亮大门、金柱大门、如意门等等，等级标准十分鲜明。

"广亮大门"，是指大门框架两侧砌有"耳壁"的门楼。耳壁呈八字外张形，壁面多为小方砖"菱形"素面贴砌，与影壁相互衬映。由于耳壁向门框架两侧顺势张开，因此门前空间宽敞明亮，故名。

金柱大门，是将门楼顶阁向前延伸，在门楼前沿置"鼓形柱础"两个，石上竖两根包裹铁箍的木柱，顶阁底板用方木横檩穿竖柱，横担下以雕花板装饰衬托。由于竖柱两端用金属裹箍，故名"金柱"。

"如意门"是用头部呈灵芝形或云形的彩绘雕木作"门当"，以象征门户吉祥之意。

大门的制作极为考究，除坚固耐用、保障安全外，也有等级之分，一般是用厚约6厘米的优质木板拼装而成，门板面钉金钉。这种大门在等级森严的过去，只有官府一级的宅院才敢安装使用。大户人家的宅门一般是"攒边门"，它是在厚门板的四周用铁皮板条镶钉框边。而"铁裹门"是将门板用铁页裹面，然后用密密麻麻的铁钉钉牢，铁钉排列为葫芦、祥云等吉祥图案。而且尺寸上也有"财门""官禄门"之别。普通人家一般用"撒带门"，即用3～5根枘子穿带，把门板固定。此种门板看似简单，不用铁钉装配，全靠榫卯结构穿插在一起，门板十分坚固平整。这样的大门都很结实，用上几十年甚至上百年都不成问题。好的大门不仅木料讲究，而且还有许多特殊的金属构件，门钹常用铁或铜铸成虎、螭等兽面模样，兽面衔环，形状威武。一为避邪，二是便于扣环叫门，三为锁门时带门之用。

门闩是门板内侧必有的木制构件。汉字"闩"，其造型门内一横，清楚地表明了其位置和形状。它是门关合后，使门从外推不开的木棍。有的门闩设有暗藏机关——"耍娃娃儿"，这样的机关可防止歹人从外拨开。

一些深宅大院的大门，或者堡子的堡门，还设有粗大的"腰闩"，它是搭在门后两侧墙壁上"石臼"内的装置，可使门闩上后更加牢固。还有的门安有"顶门闩"（顶门圪叉），是用一根"T"型粗木棒，将有横木的一头斜顶在门闩上，另一头插在门内地面特设的凹槽里，这使得想从门缝外拨动门闩或用力强推大门变得难上加难。在"刺权门"上附设的这样东西，叫"顶门圪叉"，它是利用现成的树权做成。一作晚间关门支顶，二是开门后以此棍靠撑门架。

大门是整个院子的门面，因此人们在修建院门时都会不遗余力地采用砖雕、石雕、木雕多种手法对门楼进行装修。一个门楼从上往下看，屋脊砌有缠枝莲花的脊瓦，两端安"吻兽"，盖顶的板瓦上再覆筒瓦，出檐处安有兽面"瓦当"和莲花（蝴蝶形）"滴水"。

屋檐下的显眼处，便是门楼左右墙身上的"墀头"。它是嵌在墙体上端的一块方砖，也有在方砖之后的山墙上，前方留空间，另立雕花板和立柱，形似戏台模样的立体镂空雕塑。墀头砖雕的内容大多为喜鹊登梅、五蝠捧寿、文房四宝等。

"门枕石"是门楼装饰的又一重点。它是连着墙体、卡夹门框的方石，比较讲究的做成鼓形，故又称作"抱鼓石"。鼓面在门槛以外，后面的方石剔槽嵌入门槛。抱鼓石底部为方形长石直延门后，上剔门钻小凹坑，结构十分合理。

抱鼓石、门枕石的面部通常雕琢瑞兽祥鸟、奇花异草等吉祥图案，最精美的则是人物图案。山西是戏剧的摇篮，山西人酷爱戏剧，因此类似伯牙抚琴、长亭送别、渔樵耕读等戏剧人物雕刻处处可见。最简单最常见的门枕石是素面，仅以线条打凿框边，简单大方。

大门木雕是建筑装饰的不可缺少部分。多集中在门楼前檐的罩面上，俗称"挂花"，就是在大门的塞板上的雕花。罩面花板多采用植物图案连续镂雕形式，其势如行云流水并施以彩绘，造型精美。

大门门框下有1块高达30厘米的门槛，过去人进大门需要提袍才能跨进此槛而出入大院。所以现在人们办事遇到麻烦时会说："人家门槛高，难办！"有的门槛是活动的，可以临时装卸，是为方便车辆出入而专门设置的。它是将门槛卡入门枕石的石槽内，一般情况下它是不卸的，只是在家中有婚丧大事往来客人多的情况下方才卸下门槛，以便利众人进出。

大门一般建在高阶之上，台阶用方正光亮的石条砌成，以增加其气势。

二门

二门一般位于整个院落的中轴线上，是前院通向内院的必由之门。二门以内是主家的起居之所。为彰显平和宁静的气氛，二门的修建与大门的威严气氛不同，尽量体现生动活泼、富有情趣的格调。

二门多在门柱上卯嵌一对倒挂垂莲木雕的"垂花门"。垂花门楼一般采用卷棚悬山结构，即屋顶为弧形，上覆小板瓦不留屋脊，两边的戗脊自然融和变化，柔和亲切。屋脊下的罩花板雕刻精细，且极具活力。

二门的檐下横木与门楣之间，往往嵌置一块匾额，大多为浅浮雕的"植槐""平为福""慎俭永固""瑞芝绕屋""福集重门""持盈保泰""绵世德""敦行""凝晖"等题字，以体现主人的情趣爱好和价值趋向。

照壁

照壁即"影壁"。是民居建筑中具有风水学、环境学和美学意义上的一道砖墙，是传统建筑中特有的设施。照壁或建于门外，或建于门内，或内外都有，民间有"没有照壁不成居处"的说法。

照壁历史久远，它的产生与民间信仰直接相关。如风水学上把门前的直路和有角的建筑称"煞"，建影壁，则可以挡煞；民间信仰鬼魂，而俗信鬼魂只会走直路而不会拐弯，建影壁则可使鬼魂无法进入院内。所以民间对照壁又有"鬼碰头"的说法。即便是再小的不成规矩的院子，也要在门内砌一道墙以驱防鬼怪。大的院子还要在门内门外各修一道墙，把门内之墙称"隐"，门外之墙称"避"，后来将内外两墙取两字的谐音，通称为"影壁"了。

门外的照壁，过去只有大户人家才有。特别是带须弥座的八字形照壁，在所有照壁中质量和造型均属上乘。这种照壁多用青石、青砖砌成，瓦顶为四坡顶形式，设有正脊吻兽、仰合筒瓦，做工之精、饰物之细，令人叫绝。院子内的照壁可分为东厢房上的山墙照壁、倒座南房的座山照壁和独立一字影壁几类。现在人们建房仍然采用这几种办法营造。

照壁上的雕塑内容也各具特点。最常见的是将上好的青砖用水研磨成极平滑的青灰色方砖拼砌，拼接处的灰缝极细。有的壁心则嵌团砖雕花心，多为梅、兰、竹、菊、莲等花卉。有的为高浮雕人物图像。

如果一个院子里只有主房，没有其他建筑，一般在院子大门内竖起一道独立的"一"字形照壁。由于照壁的遮挡，即便院门大开，而路过的行人也很难看到院内的情况。这种一字形照壁，在现阶段农村院落中随处可见，只不过传统的砖雕建筑艺术已无踪迹，代之以瓷砖贴框，壁心涂水泥，雕一大"福"字，或用山水图案瓷砖拼砌。比较讲究的则请画师用油彩绘制图案，或用石纹瓷砖素面粘贴而成。最近两年，彩色喷绘艺术得到普及，不少人家做起照壁，则按壁心尺寸到喷绘部喷制大幅山水风景画粘贴上去；一些机关门内照壁取行业口号制作钛金立体字装饰其面。传统的照壁不但没有消失，反而越修越漂亮。

院墙

院墙即民居建筑的围墙。

院墙的构成元素和建筑艺术，与门面、影壁相比，则要朴素简单许多，一般没有雕刻和装饰，也没有复杂的做法和讲究。由此，也更能烘托出门楼、影壁的高大威严和精美细致。

院墙，按其所在位置可分为山墙、檐墙、卡子墙；按造型可分为面墙、花墙、八字墙；按其功能又可分为挡土墙、迎水墙和女儿墙；按所用材质又可分为土墙、砖墙和石墙。

（1）山墙

顾名思义它是像山一样有尖顶有底座耸立的一面墙。它处于房屋的侧面，由两个坡墙面和下面的墙身组成。过去的院墙墙体较厚，大多用青砖两边做面，中间填塞土坯。现在的墙体用砖实砌，大多一砖或半砖厚。墙身下面就是墙的基础称"下碱"，下碱基础多用块石砌成，讲究一点的山墙有两处雕刻，一是挑檐石，它位于山座与墙身的拐角处，呈长方形与三角形的多边结合体，长方形与面墙齐，三角形延出面墙，起托举檐坡的作用，它的侧面铣磨成几道素面半弧形，或雕有"连年封侯"等吉祥浅浮雕图案。另一处是位于挑檐石下方的墀头，在山墙一面是看不到它的装饰的，但从房屋正面两个墀头上却能看到其上分别刻有"吉祥""如意"字样，或者雕刻代表文房四宝的图案等。这些设施都在房子的前檐面墙上。

（2）后檐墙

是指房屋的后墙。这堵墙上一般不装饰。过去因为强调封闭，在后墙是不开窗的。近几年随着现浇平顶房的出现，人们在夏季为了通风散热，在檐墙开窗才蔚然成风。

（3）卡子墙

是位于正房和厢房之间的短墙，墙身在2米以下用砖或土坯砌筑，2米以上大多用砖或瓦片砌成鱼鳞纹、十字纹等纹饰，起活跃建筑气氛的作用。

砌于窑顶四周的墙，称"花栏墙"。墙高1.2米左右，用砖和瓦混拼成各种吉祥文字或图案。花栏墙的作用有二：一是调节院内气氛，二是防止孩童在窑顶玩耍时，不慎坠落造成人身伤害。院墙的砌筑因材料不同，有土墙、砖墙、砖包土墙、石头墙、土坯墙。

（1）土墙

是用土夯筑而成。筑造工具有杆（长木椽）6根、模板（或门板）1块、圆头碓（俗称杵子）1个，锨、镢、绳索等。施工时，在墙基上分段进行，1堵墙3米左右。根据杆的长度栽上模板，板后顶桩，杆的一端靠墙在板两侧各夹1根杆椽，靠墙一端的内侧杆在距杆头约70厘米处系细麻绳，与另一侧的杆活扣连接；夹板一侧的杆用捆麦的绳系好绞紧，然后从墙两侧向两杆中间填土，填土时1人在杆间踩踏，使上土均匀，土满后，踩踏平整，用圆头石碓密密夯筑，夯好后，再上一层杆，继续如法操作。第三层土夯好后，将最下层的杆绳解脱，翻上筑第四层，如法炮制直到预定高度，最后一层土上面多垒一些土，用锨拍出墙脊，再卸杆筑下一堵。木杆上下翻动使用，应了"人生起落无定局，打墙的椽儿上下翻"的俗话。

还有一种土墙叫"土坯墙"。土坯有两种，一种是用土加麦秸、水和泥制成的"圪杂泥"糊踢。将和好的圪杂泥倒入模具，脱出晒干即可使用。还有一种是"牛轧土坯"。这种土坯的制法是选好一块地，撒上麦秸注水后赶牛入内，用牛蹄踩，增强泥土密度，踩好后将面整平，再稍候一两天，将木犁去铧加一把长约20厘米的刀具，于其上如切豆腐似的横竖开缝，再搁置1~2天，人工启动已切成的土块，并在土块底部稍加平整，风干日晒干燥后即垒墙。

（2）砖墙

砖院墙有两种，一种是"实心墙"，一种称"软心墙"。一砖或一砖半厚的薄墙，或者内外墙面用砖砌，中间空隙用碎砖实灌的墙称"实心墙"。而用砖内外砌面，其中空间填土坯的厚墙称之为"软心墙"。过去大户人家的院墙高大厚重，多采用此种垒砌法。砖砌排列为卧砖形式，底层一顺一仞或三顺一仞，以利砖的压缝勾茬，越往上仞砖层越多。下层砖与上层砖压茬砌垒成工字砖缝。

（3）石砌墙

石砌墙多见于石头多的山区村庄。用从山间沟壑采集到的不同石质和不同形状的石块，用三合土进行垒砌，墙体粗犷斑驳别有情趣，这种墙一般较矮。

六、建房民俗

一座民居和院落的建成，给人们提供了一个温馨的家，一个寄托了人们对美好生活不断追求的精神家园，但是它的建造和日后使用的每一个环节无不体现在各种民间传统习俗中……

风水相地

自古以来，人们对于土地始终抱着一种敬畏的态度，"皇天后土"神圣不可动摇。若有不慎动着土了，就可能会招来不顺或灾祸。因此，建房之前，人们一般都要请风水先生来相地。相地得当会使家族兴旺，财源茂盛；相反则门庭冷落，灾祸不断，以至居舍不安，人畜病患，闹得心神不宁。虽然以现代眼光来看，是一种迷信，但是当地的人们至今仍然十分慎重，宁可信其有，不可信其无。在地基选择上虽然山环水绕、青龙高起、白虎重首、朱雀伏地、玄武高起的风水宝地很少，但依然要求地势方整平坦、前无遮挡、采光通风良好等等。即便是现在建房用地紧张，尤其在人多地少的平川地区，人们无法自主选择，许多地基并不理想，也要想方设法予以补救，如在门前挂镜、墙嵌"石敢当"等，以求得心理上的安慰。

择日破土

选好建房地址，在开工前除选聘泥瓦、石木工匠、通知亲朋帮工外，还要进行一项仪式，即择日破土。

择日破土，主要由风水先生和主人来完成。风水先生根据事主"八字"、本年大运和天象地脉等情况，掐指查典确定破土吉日。届时，主家设案上供，并携带香烛、酒、鸡蛋等物，在建房地基中心处向着值年太岁方向焚香叩头祭拜。破土之日一般选在"惊蛰"时节后，这时，春意融融，冻土开封，利于兴工盖房。破土后只要工料齐备，任何一天都可以放线开工了。

开工扎基

开工之日，工匠和亲戚帮工清早来到主家，吃过主家准备的黍米蒸饭、臊子面等开工大餐后，与主事人一同来到工地，燃香奠酒放鞭炮过后，由技术较强的"头把刀"大师傅持方尺、门尺在地基上插桩舆线拉标绳，并亲自在房基四角砌下第一块砖石，其他"二把刀"、小工便可各司其职扎下地基"虎头砖"。只要砌好地平砖，便可回到主家享受开工第一顿美酒佳肴"犒劳饭"了。

上梁合龙

房子砌成山墙、砖窑券成拱顶（居中一孔砖窑拱顶留有最后1块"插砖"），土窑挖到最后一道过门门洞，便是土木工程施工的关键时刻。下一步就要进行瓦房上梁、砖窑合龙、土窑通穴这项有特殊意义的工程了。

一般来说，在这项工程进行的前几天，主家都会传帖各个亲朋好友届时光临贺喜，一是为感谢大家的帮衬出力，二是为共聚一堂庆贺新房即将落成。具体时辰大都定在正午时分。这一天，主家要安排宴席。

另一方面，主家要在工地摆设香案摆放供品，并携带尺子、镜子、菜刀、剪子等物品放在风水先生指定的地方用以驱邪。据说"妖怕镜照，鬼怕尺量"。刀、剪铁器亦是鬼怪惧怕的镇物，有了这些驱邪镇物魑魅魍魉自然远避逃遁，宅院也就安宁了。当然，最热闹最隆重的当是将挂满红布、火蛋子的脊檩安到屋脊梁上梁脊板；最后一块砖插入拱券，悬起红灯；最后一镢打通门洞的那一刻，这一刻爆竹连天响，伴随众人的欢笑声使仪式达到高潮。

"梁脊板"，是将一块长丈余，宽15～20厘米，厚约3厘米，两边有隼头，一面稍刨，一面刨光涂白，其上墨书建造上梁年、月、日、时及建造主人姓名的题款构件，此板虽非建筑必需之品，但却是一件必不可缺、带有一定记年记事性质的物件。接下来的工程便是钉椽、覆顶上瓦，封山粉墙、新窑封口砌炕等零碎杂事细活。

竣工谢土

开工时祈神破土，以求工程顺利进行，工程结束自然还要进行祀神谢土仪式。谢土这一天，主家仍须准备香烛酒果供品到新建院内祀神，在家摆席设宴，兑付工匠工钱。此外还有一件事是由主家与自家家小以及风水先生悄悄完成的。在过去，人们选择"乾隆通宝""康熙通宝""顺治通宝"中的1枚铜钱，系上红绳，藏在"梁脊板"上或主窑的天窗里，祈求吉祥和镇宅，现在这种风俗仍然在一些家有耄耋老者的家庭效行，绝大多数年轻人并不讲究，只是大吃海喝一通了事。

乔迁习俗

在民间，凡遇大的事项，都要选择吉日良辰。新居落成入住，是家庭生活中的一件大事，自然要请风水先生选择吉日。县域虽有"三、六、九只管走"的俗语，但仍以请先生择吉者为多。搬迁习俗，城乡有别。现今，城镇多为购买现房，入住前一晚，要进行谢神仪式，主家根据风水先生的吩咐，摆供品、焚香楮、洒酒浆。而农村因已谢过了土，没有这一程序。

搬迁之日，城镇人在谢神后随即在房中心放置1只瓶子、1方案板、1把筷子、

1把刷子，取"平安快到"的意思。农村乔迁多于前一日在厅屋正中放陶瓮1口，上置案板，取"安稳"之意。搬家多在清早进行。

亲戚们在这一天会携带礼品到新居祝贺。礼品有绾疙瘩圆馍、面杖、筷子、刷子、麦麸。擀面杖俗称"檊柱儿"、刷子称"发子"，连同筷子、麦麸共取谐音"赶快发福"。总之，"平安""财富"是人们对美好生活的希求。对前来祝贺的亲友，主家同样要设宴款待。

搬进了新家，全家男女老少居室如何安排，民间传统是有一定的模式和规定的。

旧时，根据建筑布局，一座院落由大门、二门、庭院、堂、室、房等组成。大门把院内院外分开，二门分隔前院后庭。古时，二门以内为主人起居之所。堂屋也称"厅"，俗称"厅里"，是主人平时自己活动和接待上宾的地方。堂与庭比，堂尊庭卑，堂前檐下为庭，堂屋也为客厅。若主人与宾客在堂，宾客随从人等无特殊情况，只能站立庭下候传。堂前左右各有一石阶，以左为尊，主人迎客至二门入内庭，宾客行左主人居右同入客堂叙事。堂侧各有1室，乃主人起居的地方，不经特许男客（女客例外）是不能进入的。过去，内庭东西两侧的房屋，一般居住男主人的妾或子女。

举家人的起居安排是依照房室的坐向方位、采光明暗、取暖强弱等情况，把院落的房屋做了统一安排。在一座四合院里，坐北面南的北房最好，由家中长辈居住。其次是坐西面东的房子，然后是坐东面西的房子，此两处安排家中成家男子。坐南面北的房子最次，多住家中辈分最低者，或者另作他用。

现在，人们生活条件改善，由于经济收入的不断提高，很多家庭成员或买或建各居一院，家庭趋于小型化，大家互不干扰。除非家有行动不便的老人需要服侍照料的特殊情况，大多一个儿子住一院。每逢家中有事，全家人你欢我乐聚在一起，儿孙绕膝其乐融融。

神灵崇拜

县域是一个多神共存的区域，具有居住功能的院落，多多少少也成了神灵崇拜的重要载体。供奉的神灵最常见的有西天古佛、观世音菩萨、门神、财神、土地、灶君等，在一些信奉天主教的家庭里，还供奉着天主耶稣。不过教徒只祷告而不烧香、叩头。

门神，最早的门神是黄帝手下的两员大将，名为神荼、郁垒，百鬼畏之。人们就把他俩的形象雕刻成桃人悬挂于大门之旁，以护家人平安无事。唐以后，门神变成唐太宗手下的秦琼和尉迟恭两员大将，民间把他俩的画像贴在门上，过年的时候，不管家中有多么穷困，也要请上一对门神画像，恭恭敬敬地贴在门上，表现了老百姓祈盼神灵保佑的朴素心理。直到如今，春节大门贴门神的习俗依然在广大城乡流行。

财神，据说有文财神和武财神多位。人们各取所好请得财神塑像，供在家中门后房角隐秘处，体现了"财不露白"的传统观念。

灶君爷，俗传是天上玉皇大帝派他下凡监察老百姓言行的，并执掌一家一年的祸福。传说灶君爷每年农历腊月二十三要上天述职，把人间尤其是这一家一年来的情况翔实汇报。因此人们每到这个节骨眼上，都要在灶君神像前虔诚祭祀，并把灶君像的嘴上抹上糖饴，供献软米年糕，希望灶君爷吃了软糕糊住嘴，不说自己的坏话以保来年家事顺心称意。祭毕，将神像焚化，意即已上天述职去了。

再有一位神灵是土地神。土地神的神位一般设在房门外的前墙的小龛里。土地神是位小神，在一些神话小说中多有出现，虽然土地爷位卑，但农民靠耕种土地以维持一活，所以对其敬重不减。据说土地爱喝酒，人们供献时总少不了在神龛前恭恭敬敬地满斟3杯酒，摆供品、焚香祭拜。

由于人们从事的行业和所处的地域各有不同，所以供奉的地方神和行业神也是五花八门。如羊獬村，家家供有娥皇、女英两位女神；在洪洞河西左木一带多有供献"通天二郎神"的习俗；饲养牛马牲畜的敬牛王、马王神；土木建筑工匠敬奉鲁班鼻祖；开煤窑及在煤窑干活的供奉太上老君；唱戏卖艺的则供奉一代风流皇帝李隆基"梨园神"……

在民居建筑习俗中还有一种比较普遍的现象，即在院墙外侧、路巷岔口，经常可以看到刻有"石敢当"或者"泰山石敢当"字样大小不等的碣石。这是一种流传了上千年的传统信仰习俗，直到如今仍然在民间继续传承着。

关于"石敢当"的文字记载，最早出现在汉元帝（公元前48年～前33年）时代。当时在汉宫中负责乘舆、驯马、倡优、鼓吹等事务的一名叫史游的黄门令，撰写了我国最早的识字课本《急就篇》。这本启蒙教材共计2016个汉字，分为"姓氏名字""器服百物""文字法理"3个部分，以三言、四言、七言韵语成句，朗朗上口，易读易记，使儿童在识字过程中认事物、达哲理、通世象、释规矩。

"石敢当"3字就出现在本书介绍姓氏的部分中。原文是"师猛虎、石敢当、所不侵、龙未央"，文中"师、石、所、龙"俱为姓氏。后人对此多有注解，比如唐代经学大师颜师古对"石敢当"解释为"卫有石碏、石买、石恶，郑有石癸、石楚、石制，皆为石氏。周有石速、齐有石之纷如。其后亦以命族。敢当，言所当无敌也"。其中卫、郑、周、齐为春秋列国国号，石碏、石买等为石氏人名，而"敢当"二字的解释，"所当（亦可作"向"）无敌，与当今含义则是相通一致的。

关于"石敢当"3字，在清人徐珂的《清稗类钞》中认为："是石敢当云者，亦虚构二字，与石姓相配成文耳。后人乃镌诸石，为禁压之用。"通读《急就篇》

全文，我们好像发现这些三言韵句是只为凑韵而无意搭配，但实际上作者的这些凑合还是要表达某种意义的。如果把"石敢当，所不侵"联系起来，不难发现人们后来立石避邪的踪迹。而"龙""虎"之说，又与后人选择"龙虎之日"镶嵌竖石的习俗是多么的巧合。

"石敢当"作为镇物最早是被埋在地下的，其实物是宋代出土的唐代"石敢当"。任象之在《舆地纪胜》一书中记载："庆历四年（1044），秘书丞张纬出宰蒲田，以新县中堂其基太高，不与他室等，治之使平，得一石铭，长五尺、阔亦如之。驻之无刊镂痕，乃墨迹焉。其文曰：石敢当、镇百鬼、压灾殃，官吏福、百姓康、风教盛、礼乐张。唐大历五年四月十日县令郑押字记，并有石符二枚具存。"这通实物，为石敢当习俗的起源提供了十分珍贵的证据。因此，具有避邪压殃作用的"石敢当"习俗，出现的年代应在唐时，距今已有1400多年的历史了。

在"石敢当"前再加"泰山"二字，据专家考证是宋以后的民俗现象。加"泰山"二字，是由于泰山所处的特殊地理位置和几千年来中国人的灵石信仰以及帝王封禅历史文化因素而衍生。

泰山矗立于中国东部的华北大平原，主峰海拔1545米，方圆460平方公里。仰望泰岳，一种高山平野、凌势磅礴之气油然而生，登攀峰顶则会又有种"会当凌绝顶，一览众山小"的感受。阴阳学认为，东方为"阴阳气始动，万物始生"，泰山位居东方，成为"万物之始""交代之处"，被纳入阴阳五行之说，确定了其尊崇地位。

雄伟高大、拔地通天的自然特征，雄踞东方、得天独厚的地理优势，使泰山在历代庙堂中，成为敬天祀地、赐号封禅的首选。周时立"五岳"，泰山居其首，号其"东岳岱山"。之后多达72位皇帝祭拜泰山。自秦始皇封禅泰山之后，历两汉、唐、宋各朝的1200余年中，均有皇帝亲临泰山封禅，明清两代虽不称封禅，但遣官代祭，或亲临拜祭，"极天之功""极地之功""极群神之功"，封禅盛典，礼遇始终不减。封禅祭祀是为"以劳定国、能御大灾、能捍大患、触石而出、肤寸而合"，能够"遍雨乎天下"。伴随帝王巡狩和封禅在泰山的举行，泰山完成了神灵化和人格化的过程，奠定了民众对泰山信仰的兴起和繁盛。在"山"与"石"两物相连的观念下，泰山信仰在历史发展过程中所逐渐具备的通天、治鬼等固有内容，与石敢当的驱邪、压殃、镇鬼等文化内涵自然而然融合在一起，成为"泰山石敢当"特有的文化现象。

山西是中华民族发祥地之一。明清以来，富甲天下的晋商更把中国的历史文化推向极致。在县域的大小村落的街衢直冲处，人们不时可以看到"泰山石敢当"的嵌壁镌石。直到今天，在一些人家现代建筑居舍的外墙，仍然可以看到或大或小的"泰山石敢当"碣石。

对于石敢当的选石大小，民间亦有规定。一般"高三尺八寸，阔一尺二寸，厚四寸，埋土八寸……"据说，高三尺八寸（应除去埋土八寸），曰：头顶三尺有苍天。阔一尺二寸，代表十二月令，十二时辰；厚四寸，代表四方（东西南北）、四季（春夏秋冬）；埋土八寸，代表八节（立春、春分、立夏、夏至、立秋、秋分、立冬、冬至）；龙虎日寅时安，是因虎为百兽之王，可吞百煞。

为了进一步增强石敢当的法力，人们还对其采取了一些特殊的处理办法。比如于夜间取鸡冠血、拌白芷、朱砂涂于刻字上。在同姓同族共居一村并嵌入"泰山石敢当"的祠堂里，每逢春夏秋冬四季头一个月的初一、十五，有上香祭拜的习俗。

家事礼俗

在一个几代人同居的院落中，年少的长大成人要婚嫁，年长的老人以及病者会不幸离世。生老病死、婚丧嫁娶这些人生大事活动，受传统礼教的影响所形成的一整套习俗规程，都会在这个大院里发生和办理。因此，在这些特殊时期，大院内外的装扮和布置自然而生地也形成了一套定规。

在原洪洞地区，谁家有人过世，就在大门悬挂一束"吊门幡"，以及在院内所有房门上贴白纸挽联，院内扎帐设灵棚，并请吹鼓乐人伴随移灵、封口、烧纸、出殡等各项仪式吹奏不同的丧礼曲牌。殡事结束还要在大门口烧毁亡者生前所用过的一些衣物。同时还有事后头一年春节不贴春联，第二年贴黄色春联，到第三年过年才恢复红色春联的习俗。若看到谁家过年没贴春联或者贴黄色春联，人们就会明白这家人正在服丧期间，入院便要遵循一些禁忌习俗了。在过去，大户人家都还要将朱红门柱裹上白布，摘下红纱灯换上白色纱灯。总之，院内外的一切布置要求肃穆，营造出一种悲伤哀痛的气氛。

婚嫁喜事，院庭内外到处呈现红火热闹的气氛，即便是穷户小家也要把小院打扫得干干净净，大红纸剪的"囍"字贴在照壁上，人们忙着贴婚联、贴窗花、宰猪羊、办喜宴、迎女婿、接新娘，整个小院呈现出喜庆欢乐的氛围。

大户人家的婚事则显气派，不但要清扫院内院外屋角旮旯，还多重新油漆门窗。门楼廊厅悬挂大红灯笼、挽结红色喜幔、地铺红毡毯、硕大红双喜字到处可见。拜堂的北屋正面不是红底金字的双喜屏风，就是和合二仙的巨幅绣像。门楼外的喜帐内吹鼓手肩披腰缠喜带，吹起鼓乐迎送前来祝贺的来宾客人。新人下得轿来，在男妇傧相的搀扶引领下缓缓步入礼堂。等到拜堂结束，主家大开宴席，人们酒足饭饱方才徐徐离去……婚前婚后，大院一直沉浸在喜庆欢乐的气氛之中。

在过去为老人闹寿虽然是本家之事，但也有亲朋前来祝贺。院内外同样热闹非凡，门楼挂红灯贴寿联当然不可少，院内方桌上寿糕寿桃等面塑各显巧妇手艺，堂屋正中的屏风上，大多为寿字、寿星财童、福禄寿三仙绣像，寿星穿戴整齐坐于堂前，接受儿孙们的三叩九拜大礼，把人间亲情表现得淋漓尽致。

过年是中国人普天同庆的日子。临节前人们置办年货，准备年食，忙得不亦乐乎，除夕这天都要张灯结彩贴春联、挂门笺，并在各神位前贴上新的春联。门上贴对联是千百年来的一种文化现象，它寄托着人们对生活的祝福和对来年好运的美好企盼。

第五节 出 行

出行是人的一生中难以避开的一项生活内容。人们出行或经商求财，或探亲访友，或清讨欠账，或寻觅生计，各有所图。在社会安定时期出行压力稍小，若在时局动荡、社会混乱的时段出门远行，便吉凶难以预料，人们多视之为畏途。即便在平时，亦有天灾、遇盗等危险。所以民间有"在家千般好，出门一日难"的俗语。人们为趋吉避凶，形成了许多出行习俗。

一、择吉与祭神

择吉

出门远行，对于出行者及其家庭都是一件大事。旧时，人们为了出行顺利，并在心理上得到安慰，普遍有择吉的习俗。

出行择吉俗称挑日子。出行较近时，多采用"初一、十五不出门""三、六、九赶直走"等俗传吉凶日择定。以有三、六、九的日子为出门吉日，也有"七不出，八不入"的说法。

出行较远时，人们有的借鉴"老皇历"择定吉日。在清末、民国年间出版的历书（俗称皇历）上，每天都标有宜、忌事项。如某某日"宜出行"，某某日"忌出行"之类，很多人依此选定吉日出行。有的以《协纪辩方》中的黄道吉日作为出行吉日。较为慎重者，请阴阳先生根据出行者的生辰八字推算。总之，出行择吉是民间普遍奉行的一种生活习俗。

祭神

因为古时候交通不便路途艰险，因此在出行前多有"祭神"的习俗。民间对俗神的信仰繁多，家中设有多个神龛（见信仰），出行前均要到各神龛前焚香祈愿，求神灵保佑。尤其是家中供奉"观世音"菩萨者，更是虔诚，因观音大慈大悲，能救苦救难，所以自出行始，家人便天天焚香祈愿。有的村在村中或村口建有"五道将军庙"，出行前有祭祀五道将军的习俗。平安返回后，尚有答谢神灵的祭祀活动。被称作"民俗活化石"的羊獬、历山接亲习俗，至今还保留着起程接亲和接亲回程在村旁"将军庙"祭拜的礼仪程序。

二、出行风尚

出行尚早

"行行意恋看还近，去去情牵望转频"。"早去早回"是在人们送别时普遍嘱咐的话语。这既是对出行者的关爱，也是对出行经验的概括总结。出门尚早有两层含义，即早起赶路，天越走越亮，较为安全，早点宿店，不贪黑赶路，避免天黑迷路及遭受其他侵害。

古代的文人官吏出行时，也要早早起身，以求多赶行程。如唐李白《早发白帝城》中"朝辞白帝彩云间，千里江陵一日还"，虽说反映了舟行之速，同时也表明了起程之早。再如两广总督邓廷桢在《羊流驿道中》的头两句："一声鸡唱半天星，仆仆征车不暂停"。可想而知，过去的行旅人，是有三更起床，五更动身习俗的。清末民初赵城名士张瑞玑亦有"晓风残月酒初醒，马上秋寒梦不成"的诗句，描写秋日早行的情景。

财不露白

过去，由于社会不安定，盗贼、土匪、骗子横行，加之一些居心不良的人开办黑店坑害行人，图财害命，露宿者往往成为这些人下手谋害的靶子。故而人们在出行途中必须处处小心谨慎，绝不暴露身上所带钱财和贵重物品。一路上吃用节俭、穿戴平常，以免引起他人注意而招来祸端。所以，"财不露白"是出行人的信条。

即便是现在，人们出行仍然遵守这条俗规。携巨款采办人员为安全起见，宁多花钱住单间不住多人间；宁住高级宾馆不住路旁小店；宁"打的"租专车而不挤人员杂陈的公交车。求快求平安是人们沿袭至今的普遍的出行心态。

穷家富路

"在家千日好，出门一日难"，"好出门不如丑在家"是县域民间的口头禅。因出门常会遇到一些难以预料的困难和问题，所以出行时，盘缠一定要准备充足，以备不时之需。过去平民出行多为步行，极耗费体力，加之精神压力也较大，所以在饮食上不主张节省。

三、其他习俗

接风

县域之民勤劳淳朴，热情好客。人有亲友宾朋自远方来，主要有准备酒饭款待宾朋的习俗，谓之"接风洗尘"。"亲戚来了咱喜欢，亲戚三碗咱四碗"的调侃俗语，反映了人们的待客真情。至于待客饭食的丰盛程度，随家境状况的不同而各有异。一般豪门大族办酒席，一般平民之家以饺子为主食，有条件者炒几盘菜，一壶酒款待。

饯别

饯别的习俗悠久而普遍。古时，上自帝王将相，下至平民百姓，亲与友相别时总要以酒聚会饯行，谓之"壮行酒"。一些文人墨客在饯行时，作诗以表伤别之意并为其壮行。如张瑞玑先生在《上元日，喜孙药痴至，招同张焕忧、汪仞千聚饮巢凤阁，并饯陈凤诏、王玉瑞北上二首》中写道：

小阁晴烘一席春，试灯风漾酒杯鳞。
飘萍飞絮多离别，去燕来鸿谁主宾。
宦海半生鸡肋味，驿亭十里马蹄尘。
樽前莫唱阳关曲，我是天涯抱恨人。
孙郎裤褶气雍容，社鼓声中一笑逢。
九曲屏风灯射虎，万家爆竹火飞龙。
酒兵轻敌无坚垒，诗理通禅有妙峰。
生恐天明分手去，邻僧休打五更钟。

在力空法师所著的《霍山志》中，收录其师弟力明《送力空师兄归霍山》诗一首：

飘然此去成高隐，摆脱人间万斛愁。
一领袈裟欣自得，三生慧业苦参求。
钟鱼贝叶融禅境，岳色河声荡晚秋。
回首城南双塔影，临歧笑我未同舟。

以酒相送曰"饯别"，以诗、物相送曰"赠别"。赋诗赠别是文人墨客的雅举，而一般平民百姓的话别语，"一路顺风""一路保重""到了回信，免得心焦"等，虽言简却意赅。赠物者，是因路途遥远，为济一时不便。或图个吉祥平安，如一块祈福图案的玉佩、一把避邪护身的宝剑、一块绣有龙凤吉祥或鸳鸯戏水的手帕，或者一双结实耐用的布鞋等等。

"十里长亭终有别，暮秋寒舍再相逢"，饯行赠别充分反映了县域之人朴实的人际关系，也是创造和谐社会的人文基础。

第七章 其 他

第一节 庙 会

庙会，是中国民间宗教及岁时风俗活动。也是民间集市贸易形式之一。其形式与发展和地庙的宗教活动有关，多为寺庙的供奉主神诞辰或规定的日期在庙内外进行祭神、娱乐和集市贸易等活动。庙会是广大民众所创造、享用和传承的生活文化，它的产生、存在和演变都与当地百姓的生产生活息息相关。

洪洞的庙会大多集中在春节后至麦收前举办，尤以广胜寺庙会，羊獬历山庙会甚具特色。

"三月十八"庙会

"三月十八"庙会，地点在广胜寺。

据有关传说和碑文记载：广胜寺农历三月十八庙会早在1319年以前就已盛行，相传此日是广胜寺上寺佛塔舍利子降临及下寺霍泉水神庙水神的诞辰日。这一天来自周边地区的广大民众和善男信女便在广胜寺敬香、纳施，感谢佛祖和神灵的保佑，祈求来日的平安、幸福。该庙会主要活动地区集中在广胜寺镇，参与民众则分布广泛，特别是一些物资文化交流活动，来自全国各地的参会者少则有五万人、多则达十万之众。

庙会参与者均为自发，主要形式包括水神庙及上寺、下寺敬香、祈福、唱戏、娱乐、购物、游景区。会期一般为5天（三月十六—三月二十），其中以三月十七晚上和三月十八白天人数多，民众敬香等活动也以这两天为主。反映了人民群众对佛教文化和古代神灵的崇拜，最本质的东西是体现了人民群众对安居乐业、风调雨顺、幸福美满生活的渴望与追求。

红崖寺庙会

红崖寺位于洪洞县广胜寺镇以北七华里的南山底村，这里群峰怀抱，山崖陡峭，主要殿宇隐于悬崖上的天然石洞中，寺庙虽然规模不大，但集险奇灵秀于一身，别有一番风光，是当地一道自然人文景观。

红崖寺于每年农历正月十六举办庙会，为时5天，游人香客，络绎不绝，历代名人题咏、铭记、碑刻见于寺内墙壁院内。《赵城县志》曾有"红崖高接翠衡颠，别是人间一洞天，山径石凉疑有雨，古坛松老不知年，佛香细欲随流水，僧壁寒多带宿烟，悟得纱罗清净理，更从何处觅神仙"，"遂壑朝岚重，春光冷欲秋，飞花连鸟落，细水带云流，练白山容老，崖红日色幽，东风留不住，冉冉过峰头"的赞词。

寺内修有释迦殿、水陆殿、诸神殿，南近广胜，北连喝石，朝拱揖让，有宾主之别而与为周旋，与为附依者也，其崖临险幽径壑坚，岭迭起伏，树深荆丛，叶色缤纷，泉水清澈，汲甜可口，沿山岭曲径蜿蜒，时遇峭壁石蹬，途径悬桥飞架，乃天造地设奇观，也是避光修身的好去处，更是游人览胜之处，身临红崖寺，如入仙境，晨晚闻佛声，客宿游红叶中。

圣王庙会

洪洞县明姜镇圣王村位于县城东北四十余华里的霍山脚下。传说，舜帝曾出生在这里，耕种于村东的历山，后人为纪念舜王的福荫，将耕作之处取名"诸峰屹垯"，村庄命名圣王。唐贞观时期为纪念舜王，当地村民修建舜王庙，并于每年的十月初六举办五天的庙会。届时庙周搭建苇棚唱大戏，地方小吃，集贸物流热闹非凡。

曾有民谣流传至今，"尧生平阳府东关、汤生永和禹夏县，要问舜王生何处，山西洪洞圣王庄"。

舜王庙始建于唐贞观，于明天顺八年（公元1464年）重修，清嘉庆再修建之后，常年无人维护，庙宇破塌、柱朽檐危。1997年由村民林国强发起，重修舜王庙，舜王庙焕然一新，重现旧时风貌。

石佛寺庙会

石佛寺位于广胜寺镇双头村，村中偏南，坐北朝南，三间大殿，内塑石佛，殿门悬一"慈悲广大"匾额，庙内有关于石佛传说以及与坊堆结缘之典故等碑记。

每年农历六月初一至初六（石佛的生日六月初一）双头村都要举办庙会，请戏班唱戏，每台戏都让坊堆村的人点戏（有娘家人一说）。

相传很早以前广胜寺双头村人丁兴旺，物产丰富，人们过着安康的日子，不知何时，村口有一口多年不用的枯井，忽然出现一长着双头的怪蛇，这双头蛇常常在白天从井中出来，吞食人影，行人会当场毙命，惧怕者迁居它处，渐渐地村道中落，人气渐衰。相邻有一坊堆村，村中有一相依为命的石娃母子，石娃性情忠直，勤奋持家，乐于助人，得知双头村有一双头蛇作怪害人，不顾个人安危，决心前去为民除害，以救万民。

次日告别母亲，来到双头蛇藏身之地枯井旁，等到双头蛇出现，即与双头蛇恶斗起来，经过搏斗，石娃竟不敌双头蛇，凶蛇将石娃咬成三节，霎时，血水翻涌，从血水中涌出一石像，形似石娃，人们都说石娃真身显灵，来保佑一方平安。村中老人们都说石像是佛，应送到广胜寺安身，于是人们立即张罗车马把石佛装好，马拉人推向广胜寺走去，但车到大梁坡时，却怎么也拉不动，众人看天已渐黑，只好作罢，明日再行。翌日凌晨，众人来到大梁坡，不见石佛踪影，四处寻找，发现石佛在双头村枯井处，一脚踩住蛇尾，一脚踩住蛇头，那双头蛇早已呜呼丧命。人们为了答谢石佛除害之恩，在石佛像处建一庙，来纪念祭奠石佛，这也是双头村的来历，同时以后为纪念石娃的行为，双头村与坊堆村结为亲盟。也有一种说法，称坊堆村为娘家"亦谓没有娘哪有儿子之说"，因此每逢庙会，双头村唱戏都必须让坊堆村人点戏，以示尊重。

坊堆村庙会

广胜寺镇坊堆村碧霞圣母宫，亦称娘娘庙，原名"泰山圣母财神土地神祠"。位于坊堆村西，庙内存有元代塑像，姿态端庄，衣饰华丽，参拜游览者大有"人行仙道中，身在画中游"的感觉，门窗雕刻镂空花饰精致，几何图形重叠隐显，与广胜寺"天中天"窗雕异曲同工，庙宇建筑用七彩琉璃置顶，在阳光的照射下，霞光四溢，故人们又称琉璃娘娘庙。

庙内残存元代壁画、山水图，每年的农历四月初一逢会，时五天，大多是祈福还愿，庙会活动有社戏、小吃、集贸、粮食交易。该庙始建年代不详，明嘉靖二十年（1541）重修，现属山西省重点文物保护单位。

朝阳庙会

朝阳庙位于左木乡中社村的沟西自然村，据传该庙有 3000 余年历史。庙宇主神"南天二郎"普度众生，神力灵验，有求财、求事业、求婚姻、求平安等庙事活动。

韩侯东岳庙会

韩侯东岳庙建于元代泰安五年，明清两代曾有重修，现存正殿与倒座戏台等古建筑，其中正殿存有元代壁画，殿内左为周朝的文武大臣，右为东王爷的家族，正中塑有黄飞虎、黄飞豹、黄飞龙像，因此农历的三月二十八东王大帝诞辰之日，合社村民都要举办一次盛大的庙会。三月二十五起会，三月三十日闭会，逢会期间，威风锣鼓，唱大戏，热闹非凡，香客信士游者满会，多时达万人以上。

庙会前一天，社首或香首在庙前张贴"报单"，也称"会启"，庙会的前一天夜十一时，众社首斋戒沐浴，而后像前上香、起单、祷告，次日清晨，礼拜众神进献贡物，午间做素斋，与会者香客食之。

东岳庙会的活动，最大特色是要举行东岳大帝出巡的盛大庆典，出巡时东岳大帝圣像奉于八抬大轿内，由社首们抬着，队伍的前面由旌旗鼓乐导引，紧跟其后有竹马、旱船、抬阁，气氛热烈，所经之处观者如潮，出巡之后，社首们则将东岳大帝像抬回庙内大殿中，并进献新的服饰，焚香后礼毕。

乾元山庙会

乾元山为道教名山，距今千年历史。开山鼻祖为太乙真人，奉师命来到此山，在金光洞修成正果，相传太上老君、元始天尊曾在此辟谷修炼；尧舜二帝在此设坛祭天；哪吒三太子魂赴金光洞拜师疗伤，留下许多脍炙人口的传奇故事。

乾元山古碑记载：大清康熙己卯岁，斯地间发出辉光，炫耀数里，居人甚奇之。至一夕，忽雷霆大作掀天揭地，空中竟高悬一七星旗，巍巍荡荡，雄杰高扬，四方乘胜者，无不骇然称异。乾元山周环九峰，是为九龙盘旋之意，乃固地乐神之祥地，众议不可不立祠以谢威灵。遂真武真人云阳成随协山主卫呈祥、举人刘国棠等不殚辛勤，不无寒暑，历二十余载，捐募创建乾元山元阳观诸殿。至雍正、乾隆、光绪年间均有修复。元阳观为三层建筑，地基参差，不啻武当仙境，殿廊宽阔，实为洪邑名山。

由于历朝历代连续修复，元阳观遂称为我国北方著名道教宫观。山中还有"老君葫芦沟""仙人头山""太乙宫""哪吒殿""莲花阁""古法台""渡仙桥""龙头山""八仙亭""古山门"……大批极具价值的人文景观和遗址。

每年农历二月十五日为老君举行寿诞吉庆法会，沿袭至今。

青龙山玄帝宫庙会

青龙山位于洪洞龙马乡，据《平阳方志》记载：西汉末年、王莽篡位，刘秀光复汉室，去河北招兵买马，经此迷路，遇玄天上帝显法相指路，刘秀诺许，如兴复汉室建庙以祀之，公元25年刘秀建立东汉，遂诏令修建玄天上帝庙于北老爷顶。

青龙山玄帝宫是一座三教合一的宗教场所，建筑为七星布局八卦串顶，大体分上、中、下三院及极顶四个群体。

自建庙至今，每年农历三月二十五日是万众朝山的一个日子，三月二十二日起会二十七结束（阴历）会期6天，方圆几万人拜祭，场面非常壮观。

北羊农耕社祭庙会

北羊村"牛王庙"始建于宋代，距今已有千年历史。北宋年间，在辽军铁骑强大攻势下，先后攻大同，陷太原，一路直逼平阳。时值秋收种麦时机，突发瘟疫，宋军战马无力出征迎敌，民间耕牛卧槽不起，朝廷闻报，急派三位使臣赶赴前线，其中一使臣精通医道，遂采草药熬制汤药，并将药物投于井、渠、河中，牛马共饮，不日俱愈，军马上阵驱敌雁门关外，民间耕牛犁地抢种阡陌之间。人们为感谢三位救世能人，便分别立庙建祀塑像，以鲜果、五谷、面轮岁岁祭祀，延续至今。

牛王庙庙会于每年"春分"、四月初十、"秋分"时节三次活动，其中数四月初十牛王寿诞活动最为隆重，村民社首相聚，举办8天的祭祀活动，社民参与之多遍及两县三十余个村庄，而分布在北羊明山古牛王庙四周的南羊、李村、北高、天井、韩村、东芦、梁村为庙会主办村，形成八村轮办规程。

在庙会期间纸扎黄牛，头系黄绫，内置五谷，底座前书写十天干，后书十二地支，左侧书孟、仲、季三春三夏，右侧面书孟、仲、季三秋三冬。"打春牛"执麻拧神鞭三条，柳枝三条，执器人裸露上身。供桌上除五谷祭品外，另置面制油轮，四杆套串，每杆90个，逢闰年再加30个，由当年生肖相同孩童奉举。"打春牛"诵读《击壤歌》，祭牛王、颂祭文；每次活动，举旗各不同，春分祭，执黄面白牙旗12面，四月初十诞辰祭，以及秋分祭，执彩色旗，但避忌红色。

南杜圣母庙会

甘亭镇南杜村圣母庙，坐北面南，成四合格局，东西配殿，北为正殿，供奉皇天后土，东殿商山圣母和记书先生，西边先天圣母和子孙娘娘。

传说建庙原址不在南杜村，而在侯村村外的高土堆上。据说当时的木料砖瓦都已备齐，马上就要动工，一天夜里，有牲口的人家几乎都做了一个相同的梦，梦见有人说要用他们的牲口干个活，当第二天人们醒来的时候，已将侯村建庙所用的砖瓦材料悉数搬至现在建庙的地方，人们都以为是神的安排，就动手在此建起了庙宇。南杜庙会是借每年的农历六月初六龙王生日为会期。历时十天，辐射周边各村及河西万安一带，东到孔峪等村。主要有锣鼓、戏剧表演和商贸集市，庙会上同时有不孕不育妇女求子，许愿还愿活动。

羊獬"三月三"远古走亲庙会

"三月三"走亲习俗庙会活动区域，涉及洪洞县、临汾尧都区的羊獬、屯里、洪堡、南马驹、北马驹、赤荆、赵村、西桥庄、兰家节、神西、东圈头、西圈头、石家庄、韩家庄、杨家庄、万安、东梁、西梁、熟堡、新庄、西李、白石、杜戍等20余村庄，行程跨越汾河两岸盆地和丘陵的不同地形。

每到农历三月初二，村民们穿着节日盛装，到庙堂集结，上午九时许，向尧王祭拜后，整队出发，前面由炮队开道，百人威风队敲锣打鼓，群众打着五色旗举着执事銮驾，浩浩荡荡，向往历山迎亲。沿途各村敲锣打鼓，在村口设香案迎接，各家各户在自家门前备有茶水、果品、食品供迎亲戚解渴，充饥。并且男女老幼，跪于道路两旁恭迎，敬送，此俗沿袭至今已4000余年。

杨曲三霄娘娘庙会

杨曲是属于甘亭镇的行政村，距县城南二十余华里处。明代时期就建有一座规模庞大的三霄娘娘寺院，据传，原庙建有山门、献厅、正殿寝宫等十余间建筑，松树百株，每年九月十五起会，时十天，热闹非凡。临汾、洪洞周边村民都来逛庙会，商家小摊，充塞该村大街小巷。原庙建筑现已无存，村民在旧址上建一小庙，进深一间供奉三霄娘娘，民间又把三霄娘娘称为"送子娘娘"，把每年的四月十八日定为庙会，大多是妇女为求子许愿还愿的。

逢会期间商贸云集，锣鼓喧天，请剧团唱大戏，庆贺风调雨顺，五谷丰收。

安头地灯庙会

安头隶属山头乡，该村原建有"三官庙"，供奉上、中、下三元大帝。后庙毁，村民在原址改建供奉刘备、关羽、张飞的三义庙。现庙内还供奉着送子娘娘。安头庙会最热闹为农历正月十五这一日。是日，人们都要在庙前举办地灯会，由村社选出一个社头带领，12 或 13 人采用高粱秆扎秸墙，上挂灯笼，一般选用的字是"万""寿"两字，字头朝北，在北边开一进口、一出口，连起来组成一个字迷宫，人们敲锣打鼓走进迷宫，从出口出来走到临时搭建的送子娘娘祭台前，举行还愿活动。若家中有不满 12 岁的孩子须用谷秆扎绑一个三角形的"枷"戴到脖子上，从家中一直走到送子娘娘祭台前，然后烧掉，再在祭台前求"一锁"戴到脖子上以求平平安安。

伏珠庙会

刘家垣镇伏珠村，每年的农历四月初一和九月初九，在村中弥勒寺举办两届庙会。

弥勒寺始建于唐朝末年，宋宝元二年重修，寺内塑：孔子、老子、弥勒佛泥像，是三教为一体的综合性寺院。庙院建筑属砖木结构，位于村西沿山坡而立，庙前一陡峭台阶，共计七十二阶，庙内松树数株，瑞色千般，祥云环绕，寺内存有宋真宗诰敕护寺碑石一通。

庙会活动丰富多样，蒲县、汾西等地百姓也前来赶会，每次庙会历时五天，九场戏，周边村锣鼓队均来助兴，万人齐集，热闹非凡。该庙会也是每年两次的集市贸易交易物流活动场所。

干河净石宫庙会

干河村位于洪洞县与霍州市交界处，干河村村中有一龙王山，村民发现一石头奇异，可兆示气候变化，故在此石一侧建一庙宇，命名为"净石宫"，庙内敬奉元始天尊，老百姓叫"祖师爷"。正殿名"融宁宫"，属全国重点文物保护单位。每年的农历三月初三起会，三月初十闭会。

净石宫有一独特还愿方式，即"浮桥"还愿。还愿时必要 12 岁以下的小男孩在两头顶着土布"浮桥"，年轻的妇女身着彩衣，在桥的两边扶着男孩到宫里挂桥，来去都需锣鼓相伴。

第二节 戏 曲

深受当地民众喜爱的戏曲有蒲剧、眉户、碗碗腔和本土戏剧道情及秧歌剧。

蒲剧

是受元代杂剧影响，并融合晋南锣鼓杂戏，于明嘉靖年间产生，流行于山、陕、豫三角地带的一个剧种。自清初，洪洞出现了南秦蒲剧戏班，李村"全盛戏班"后，于清末洪洞涌现出了赵城庆乐班，辛村周老生戏班、王合成戏班、小蛋子戏班、曹生戏班、马驹戏班、孙堡戏班、安乐戏班、连城戏班、白石戏班等十余个戏曲班子。洪洞解放后，李宝兰、孙伯友、舒明贵、扁食娃（艺名）等名艺人是当地蒲剧艺术台柱子。

1950年7月，洪洞以万安剧团为班底，成立了洪洞人民蒲剧团，1951年元旦，时任副省长王世英回乡探亲，建议该团改名为"洪洞县大槐树蒲剧团"，"文化大革命"时期曾改名为"洪洞县毛泽东思想宣传队"，1973年恢复原名。1951年至改革开放前，先后排演现代、传统戏200余出。看家戏有《忠义侠》《王佐断臂》《凤仪亭》《玉堂春》《杨八姐游春》、等剧目，多次为中央、华北局、省有关单位做汇报演出，同时培养了赵喜喜、李凤英、薛红旗、王慧苗等名牌演员。

眉户

洪洞没有专门的演出团体，在"社会主义教育运动"（即"四清"运动）和"文化大革命"时期，各乡镇（原公社）及大批行政村（原生产大队）都成立了文艺宣传队，演出《一颗红心》《梁秋燕》《三世仇》等本戏和眉户表演小节目。在全县业余宣传队中，城关常青宣传队、白石大队宣传队、马二大队宣传队表现尤为突出。

秧歌剧

我县的"垣上秧歌"产生于宋元时期，其表现形式与"二人台"相似，但中华人民共和国成立前就绝迹了，亦未留下任何文字资料和健在的民间艺人。

碗碗腔

碗碗腔连同浮山木偶均为外县小剧种。因其不太受限于演出场地表演，随时随地可做演出，亦受群众喜爱。

道情（原名道腔）

道情，原无戏曲形式，只是化缘道人说教传道的一种应时表演形式。

唐天宝（742—755）年间初具雏形。直到清咸丰（1851—1861）年间，苏堡云游道人尉广甲，博采中原一带各道观音乐，构建了道情音乐的基本框架。后人在此基础上整理出"平调""官调""高调"三大调并配套"慢板""紧板""流板""耍孩儿"等二十八曲牌。适应了各种人物情绪表演需要。

洪洞道情戏曲表演，完全不同于其他地区的表演套路。第一有了生、旦、净、末、丑的角色安排，第二剧目多以劝善行孝为主题，第三剧本有了本、折之分。在乐器上，它以四胡、七眼梅笛、笙、渔鼓简板为主要配置，结合梆子戏所有的打击乐器，拉弦乐器，形成了"多声部、全要素"的乐队组成。

演出台面上，女演员有别于男演员，演出技巧多了"跷功""裙子功""手帕功"和"扇子功"，更具艺术观赏性。

1960年，省、地、县三级政府出资2.5万元，成立了"洪洞县道腔剧团"。1961年，著名戏剧家田汉根据"三教所唱，各有所为，道家唱情，佛家唱性，儒家唱理"的说法，建议将道腔改为道情，洪洞道情由此得名。

1960—1970年十年间，洪洞道情剧团先后排演了《龙虎山》《郭巨埋儿》《董永哭街》《王祥卧冰》《安安送米》《三世修》《眼前报》《断双钉》《乌盆告状》《十万金》《小姑贤》《天仙配》《二度梅》《杜十娘》《玉堂春》等历史传统剧目及《红色娘子军》《白毛女》《血泪仇》《彩礼》《海港》等现代革命戏剧。尤其是自编自演《彩礼》一剧，参加了全省现代自创戏会演，经组委会推荐，还专门为美国记者安娜·路易斯·斯特郎、世界和平理事会秘书长万杜勒里先生做了招待演出。

建团十年间，先后培养了贾金平、陈北香、郝国英、陈白蛋、张香兰、王维海等十余位各行当台柱演员和张贵生、齐学礼、李洪全、南根锁、闫北喜等十多位乐器演奏高手。

1970年，洪洞道情剧团解散，演职人员除部分分流到其他行政事业单位外，绝大多数并入县槐树蒲剧团继续演出生涯。道情剧种曾一度退出群众文化娱乐市场。

为保留和维系这一地方剧种，1991年，县文化系统在临汾市艺术学校的帮助下，开办了道情艺术培训班。后因诸多条件限制，1993年学员毕业后，成立剧团的愿望流产。

2000年，县文化部门再次发起抢救保护道情这一艺术门类行动，成立了"道情演出队"。2005年，配合全国保护非物质文化遗产的政策要求，县文化部门成立了"非遗办公室"，对该项目进行了长达三年的资料搜集整理工作，并上报国家文化部申请国家级非遗项目，经多位专家考察论证，2008年6月16日，洪洞道情由国务院公布为"国家级第二批非物质文化遗产保护项目"。

2015年秋，在县委、县政府的大力支持下，为进一步做好非遗保护资金的合理使用，县文化部门成立了公益性质的"洪洞道情演出剧团"，配置了管理人员，购置了相应设备，招聘了三十余名热爱道情艺术的中青年演员，开展了全县义务巡回演出，使这一土生土长历经七百余年的艺术奇葩再度迸发异彩。

第三节 曲 艺

流行于洪洞的土生土长的曲艺形式主要是琴书和干板两种。1980年前，各村文艺宣传队演出的还有"三句半""晋南道情""天津快板"等以及少量活动在当地农村的外地"河南坠子"说唱班组。

干板

干板，俗称"顺口溜"，是一种纯粹用洪洞方言土话，并且不受场地等客观因素限制的文艺表演形式，无需任何道具和乐队伴奏，演出内容可预先编写，亦可现场现编脱口而出（说词需用洪洞方言土语）。表演者一人，说词风趣逗人，且与观众可随时互动。是当地艺人紧跟形式、配合中心工作最实用、最简便的曲艺表演形式。

如今掌握这个艺术的人已不多，唯有曲亭镇古罗村的高宝林依然坚持不懈地在编写、整理和参加演出活动，他创作的100余篇作品，受到市、县组织和宣传部门的多次奖励和表彰。

下面是由高宝林先生编写的短小、幽默但很实在的干板小段。

老了怎么活

大家坐好别动弹，听我给咱说干板。
今天不说别个的，说说老了怎么活。
喝米汤、蒸馍馍，我和老伴拾柴火，
虽说不是太有的，顿顿不吃太丑的，
家常便饭顺口的，绿色食品常有的，
大叶茶、红塔山，洋柿子、炒鸡蛋。
中午咥碗好干面，日出东山落西山，
快活一天算一天，能受活、就受活，
哪怕活哪一后晌，不与老伴闹隔阂，
白头偕老更黏活，或者吃好饱肚里，
死了入土埋墓里，怎么吆喝不出来，
这个事实要面对，珍爱老伴最可贵，
有个老伴就是美，夜里给咱挖脊背，
不图要活多少岁，管他自己要珍惜，

一天一天加一天,快快乐乐登寿山,
登寿山来登寿山,说到这里算表完。

韩略伏击战

(十九)四三年九月二十六,老百姓刚刚收罢秋。
秋收毕,麦种完,来了三八六旅十六团。
带来队伍一个营,军纪严明兵力强。
恰逢鬼子来扫荡,观战团捎带送给养。
咱的队伍细考量,决定打场伏击战。
伏击地点地势高,两边山头埋伏好。
指挥部下达作战令,地方武装加民兵。
武家庄,下柳村,卦底南头和北头。
当地民兵做向导,火力配备安顿好。
村子妇女打饽饽,放羊老汉做前哨。
风口垣上扎一连,二连布置在槐树垣。
机枪架在斜眼口,捏住口袋截后路。
三连战士能打仗,放在主攻三条坡。
东门外,一个班,防止沙掌的鬼子下碉堡。
民兵配合武工队,专打伪军区小队。
四面八方安置好,就等鬼子入沟坡。
才说哩,才讲哩,对面山头羊倌高吆喝。
鬼子的汽车进了沟,一辆一辆乌龟挪。
车上鬼子唱洋调,咱的铺排他不摸。
司令员果断下号令,截住两头打当中。
沟里小路不好走,车鸣人嚷乱了营。
司令员枪声刚一响,战士们扔开手榴弹。
鬼子慌忙要还击,八路军的机枪连射击。
四面山头枪声响,鬼子抱头胡乱窜。
往东撤,有埋伏,往西退,被截回。
近不得,退不能,敌人只好车下钻。
八路军,真能行,上了刺刀往下冲。
拼刺敢于刀见红,再把车下的鬼子往外拧。
一排排长人彪悍,硬夺下一口东洋刀。
杀敌杀得红了眼,手挥洋刀把鬼子砍,

东砍西杀更带劲,一口气砍了七八个。
沟里打得一股烟,鬼子死了一大堆。
打死两个旅团长,砍死六个联队长。
中队长躺着遍地是,初算也有七八十。
八路军杀敌真勇敢,民兵们不甘落后往前冲。
韩略民兵杨玉秀,爬上汽车斗敌凶,
夺了一把歪把子,捎带杀了两敌兵。
柏村民兵李知礼,敢拼敢打有志气。
夺刀杀敌满身血,东洋鬼子吓破胆。
混战之中身殉难,留下芳名千古传。
伏击战,真漂亮,把鬼子大官小卒歼灭完。
司令员再把命令传,缴获战利莫怠慢。
搬弹药,扛大米,拿不走的砸个稀巴烂。
轻重武器排成堆,子弹手榴弹箱摞箱。
大米得了几万斤,还有不少东洋指挥刀。
三个鬼子算命大,脚底抹油逃出去。
跑到炮楼报消息,临汾的鬼子才知中伏击。
忙派飞机去增援,哪知咱军民早搬完。
无奈扔下几颗弹,回去交差一股烟。
这场伏击打得好,延安嘉奖又来到。
只要军民团结紧,抗战胜利红旗飘。

琴书

琴书是洪洞地方曲艺,俗称"说书"。曲艺的特点是"有说有唱,有表有述,一人多角,跳进跳出"。在一篇艺人说书的开场白中,有这样一段词句:"世上生意甚多,唯独说书难活。紧鼓慢板非容易,千言万语心牢记。一要声音洪又亮,二要阴阳有顿挫。装文扮武靠自己,好比台上唱大戏"。生动地描写了说书艺术表演特色。

洪洞琴书于清中期形成,有散板、慢板、紧板、平板、踏板、哭腔、八仙调等,是曲牌与板腔的混合体唱腔音乐。使用乐器有八角鼓(俗称"八仙鼓")、单排扬琴、三弦、小锣、小鼓、醒木(俗称"甩板"),以四音胡琴为主奏乐器,因此,洪洞琴书又称"四胡书"。2008年山西省政府公布洪洞琴书为省级非遗保护名录。

洪洞琴书的道白,两句为对,四句为诗,六句为词,八句以上为梅。句式以五言、七言为多,如:

立春雨水暖洋洋，惊蛰春分农家忙。清明谷雨种棉花，立夏小满小麦芡。
芒种夏至不见田，小暑大暑忙更心。立秋处暑眊亲道，白露秋分收谷粮。
寒露霜降种麦子，立冬小雪掷骰子。大雪冬至不出门，小寒大寒备年忙。
一年四季都忙活，辛辛苦苦没法子。打下粮食换票子，安居乐业一家子。

在改革开放前，由于文化娱乐条件相对落后，故洪洞琴书这门艺术非常受人们喜欢。改革开放后，随着物质生活的改善，现代传媒技术迅速扩展，洪洞琴书逐渐退出了社会舞台。许多老艺人相继去世，目前仅留的说书艺人是双目失明的郭国元先生。郭师傅是位多才多艺的民间高手，既能心编说唱词，又能掌控各样乐器；尤其是自制的综合乐架，手拉四弦胡琴，口含唢呐铝哨，耳挎唢呐音筒，双脚演奏多种打击乐器，同时还能用一根高粱秆在琴弦上模仿鸟鸣、人语，尽展绝活奇艺。下面是郭国元自编自演的一段说笑逗乐的洪洞琴书正本开场前的小帽。

十不全

高高山上有一家，有十间房子九间塌，
有一间房子没塌掉，四角上插的是枣圪杈。
老头出来拄双拐，老婆出来就地下爬，
他有三个好儿子，三个儿子实可夸，
大儿子生来是秃子，二儿子生下没头发，
唯有三子生得好，卸了帽子光不垃塌是秃子。
他有三个好媳妇，三个媳妇实可夸，
大媳妇生来多干净，喂猪的盔子把面发，
二媳妇也不差，擦脚的毛巾把锅抹，
唯有三媳妇最利洒，尿盆里端的猪肉掐圪塔。
他有三个好姑娘，三个姑娘不算差，
大姑娘生来一只眼，二姑娘生下眼睛瞎，
唯有三姑娘生的巧，眼睛里有对枣花花。
他有三个好女婿，三个女婿不算差，
大女婿生来是矮子，二女婿腿瘸拄拐子，
唯有三女婿人品好，不会说话是哑子。
喂了条狗不会吼，喂了条兔子没尾巴，
他认了一个老干爸，七十八上才学会爬，
又认了一个老干妈，成天哭得哄不下。
要问说得这是什么，十不全的头一家。

第四节 鼓 乐

盛行至今的洪洞鼓乐有威风锣鼓、金鼓乐、秧歌儿鼓子及腰鼓。濒临消失的有万安镇韩家庄鼓子和堤村乡跃上地鼓。

秧歌鼓

秧歌鼓子,又称"小鼓子",乐队组成为一鼓(直径55厘米)、一小锣、一斗锣、一小钹。是舞龙舞狮表演的助势配乐,可配合龙、狮的跳跃、打旋、翻腾、喘息等动作做快、慢节奏变化的演出。

金鼓乐

洪洞金鼓乐,2009年由山西省政府公布为山西省非物质文化遗产保护名录。据传,洪洞金鼓乐为中国音乐鼻祖师旷所创。民间多用于婚丧嫁娶、祭祀拜祖等礼仪。

洪洞金鼓乐的乐队基本配置是大平鼓一、小平鼓四、唢呐二,铰子(小铜钹)一、马锣一组成。

洪洞金鼓乐的表演形式分"路鼓"和"坐场鼓"两类。坐场鼓(婚庆、祭奠场所用)使用乐器在以上配置下,再加"吊鼓架"、梆子及系弦和竹笛。

洪洞金鼓乐的演奏曲牌中,"马蹓子""当皮袄"等用于路鼓表演。"大开门""小开门"用于祝寿过生日;"拜鼓""地里花""鬼拉脸"用于祭祀;而最难演奏"耍娃娃"、"水罗衣"的吊鼓曲牌,没有潜心学艺十年以上的鼓手,根本无法掌握曲牌的情绪内涵。目前,在县文化部门备案的金鼓乐的艺人达200余人。

洪洞金鼓乐的新编曲目"五虎爬山"又称"五福捧寿",是由县文化部门同老艺人在糅合"夜行舟""急急风""小开门""中开门""水罗衣""当棉袄""马蹓子"等,再加"引子"构成的,情绪节奏的快慢重轻多变,表演者的"对鼓""叉鼓""背鼓""圆场"各有所异。"五虎爬山"曾多次受邀在京、津、沪、港澳地区演出,并由文化部选送联合国教科文组织收录和播映。2019年,洪洞金鼓乐这一民间艺术被列为山西省非物质文化遗产保护名录。

威风锣鼓

威风锣鼓,2010年被列入国家级首批非物质文化遗产保护名录。

洪洞威风锣鼓历史悠久,据《吕氏春秋》载:"尧帝王,乃命制为乐,乃效山林溪谷之音以作歌,以麋置缶而鼓之"。可知帝尧时期就有鼓舞之说。尧时,都居平阳,洪洞羊獬村为别都,遐时尧与民击鼓同乐,以祈风调雨顺、国泰民安,曰无乐不为礼,击鼓以成乐,动则如风,静则显威,故名"威风锣鼓"。村民乐艺者甚多,各自以地理环境、自然风雪、国之盛事、家之生活等为题,创作出诸如"东河汾""西河滩""吃凉粉""唐王点兵""风搅雪""四夷投唐"等击鼓乐牌，后尧之二女下嫁历山虞舜，由羊獬到历山渡汾河、登山梁、爬垣坡，曲曲折折行程艰难，又产生"五路垣"曲牌，历山一带土垣沟坎，遍生荆棘，故民众又创作出"狮子滚绣球""刺芥花""二仙盘道"等。河东南垣盛产花果，民众则创作了"小茴香""乱插花""十样景"等曲牌。而处于南垣北端的秦壁因有涧河在村南，河上搭桥，以景再创"金固桥"等。据文化部门2000年普查时，存与失的曲牌已达百余之多。

威风锣鼓的乐队配置，古人以九为最大数，故一般以一鼓二钹二镲四锣九器为一单元，可依具体情况增加数量，直至九个单元81人为最高配量，九九归一是中国数理学的最大量。这样的配置也就是后来人们号称的"百人锣鼓"。

威风锣鼓的记谱法是外人无法理解的音乐密码，但是洪洞当地人只要挎鼓执锣，搭起架势，不论男女老幼均可敲打有节有序、动作划一。

威风锣鼓产于洪洞，盛于华夏。它雷霆般的气势，赢得海内外的喜爱和推崇，它参加过全国农民运动会、国庆五十周年文艺庆典大会、第十一届亚运会开幕式的表演，被誉为"中华第一鼓"。

腰鼓无甚特色，除启鼓和尾鼓的乱点子、截点子外，中间部分鼓点单一，表演者只作场地队形演奏。

第五节 武 术

"文武兼备"是中国封建时期对士大夫的起码要求，而民间普通老百姓为了强身健体、护身自卫，亦有习武的习俗。洪洞早期的武术虽难以考证，但据老者听前辈说：洪洞当地早有习练岳家枪、杨家棍的高手散于民间。至明后期洪洞南垣就有地趟拳、洪拳两大拳种，清乾隆年间，由于镖局盛行，民间习武者逐渐增大，通背、太极的融入，更加激发了人们习武练武的极大热情。

据旧志载：明嘉靖间洪洞知县陈宗仁建校场，临路竖坊，曰"演武场"，"岁试武童骑射于此"。县署东偏北有箭道，"岁试武童步箭技勇于此"。自明至清，洪洞考取武进士10人，武举人70余名。

洪拳、地趟拳

洪拳，又说"红拳"。传说是由明代红巾军时，一（陕西）步将率军在洪驻扎时授予范村人的。洪拳又分大洪拳、小洪拳两大类。其特有的基本拳式"三进步"，是"长拳"的一式。后来，"三进步"成为山西国民军新兵军训的必须课程。

地趟拳，因其对打时与对方近距离俯身用腿部力量横扫，从而击倒对方而得名。技高者甚至全身躺地出腿击垮对方，然后鲤鱼打挺起身再战。相传为清初河北拳师窦尔敦所创，清初由李自成兵败部将返乡传授邑人任国保，后任国保设武馆光大此拳种，并在洪洞南垣一带形成规模。

以上两种拳当时习练之人，绝大多数已经过世，仅留极个别年过七旬以上老人，但均不再习练授徒。

洪洞通背拳

洪洞通背拳，据《山西武术拳械录》载：洪洞通背拳是一种古老的优秀拳种，在我国武术史上占有一定地位。该拳可分通背拳和通背缠拳两大拳系。

通背缠拳，2009年由国务院公布为国家级非物质文化遗产保护名录。

2008年，通背拳由县政府公布为县级非物质文化遗产保护名录。

通背拳和通背缠拳同出一脉，均由当时大槐树移民中的陈卜初创。明洪武五年（1372），洪洞拳师陈卜被迁至河南温县一小村定居，时名陈卜村。自此，陈拳师一边习武种田，一边传授武艺，因家业人丁日渐兴旺，遂将村名改作陈家沟。陈氏之艺传至第11代陈正如时，其外甥郭永福深得真传，后因命案避难又返回祖籍洪洞，在当时任吏部侍郎的苏堡刘秉恬府听差。时刘府中已有贺怀璧、张秀德二人在传授洪洞古拳"红拳"，郭永福与二人关系因艺而交，互帮互学，融会贯通，大有长进。由于郭的武艺超人，刘大人回朝上奏乾隆皇帝，御赐"神拳"。贺、张二人也深得郭氏真谛，便同授槐乡武林弟子。至通背六代传人樊一魁，致力于该拳理论研究，自1919—1936年，系统总结了通背武学理论及武德、武戒要义，汇编成《忠义拳图稿本》8册，深得官方和民间的推崇，全县各地广开武馆，习练通背拳艺之人达万人。

延至第六代，辛村徐克明在洪洞河西授艺时，接受师傅郭清秀徒手缠绕之绝技，继而产生通背缠拳。

总的来说，洪洞通背缠拳在全国影响极大，它以母拳54式，子拳54式，组合成通背拳的108式，同时其套式名称与太极拳套式名称相差无几，1984年，通背第七代传人樊汉武先生偕友李培均编辑整理了《无极通背缠拳》一书，使槐乡这一文化瑰宝再次大放异彩，引起全国武术界的强烈反响。

太极武术、跆拳道

太极武术，是国家级非物质文化遗产，是近年来，受到广大人民群众尤其是中老年人群喜爱的一种强身健体的运动。它是以中国传统儒、道哲学中的太极、阴阳辩证理念为核心思想，集颐养性情、强身健体、技击对抗等多种功能为一体，综合易学的阴阳五行之变化、中医经济学、古代的导引术和吐纳术形成的一种内外兼修、柔和、缓慢、轻灵、刚柔相济的传统武术。

当地人多以陈式、杨式太极拳习练为主，还有太极扇，太极剑、八段锦等项目。

洪洞太极拳协会下设18个分会，习练人数达2万余人。

太极拳与洪洞通背拳在招式名称上有很多相似之处。比如"懒扎衣""单鞭""拗步""金鸡独立""白鹤晾翅""如封似闭"等。

跆拳道自20世纪80年代兴起，源自朝鲜族的传统体育项目。运用手脚技术进行搏击格斗，由品势、搏击、功力检验三部分组成。县域内有跆拳道会馆50余个，参加者多为中小学生。

第六节　洪洞大槐树景区情景剧

情景剧，是将某一件事的起因、过程、结果三个文艺创作要素，透过演出者的语言、表情、肢体动作，在相应音乐效果的陪衬下，全景式将事件的发展脉络展现给观众的一种表演形式。其主题突出，人物鲜明，演出悄然而起，戛然而止，给人以无限的遐想和回味空间。

洪洞大槐树景区情景剧主要有《大槐树移民》、《铁锅记》、《家国情槐》三个较大型剧目。其次还有《苏三路过大槐树》《县官巡游》《根祖情》三个袖珍式剧目。

《大槐树移民》

该剧在高亢的音乐声中，和着"问我祖先在何处，山西洪洞大槐树。祖先故居叫什么？大槐树下老鹳窝……"悲壮浑厚的画外朗诵拉开序幕。

接着则以贴榜宣告、官哄吏逼、砸锅留记、叩槐别离四个章节，环环相扣地描写了六百年前那场历时半个世纪的大槐树移民的历史背景，以及迁民先祖顾全大局、不畏艰险、千里跋涉、开疆拓土的伟大壮举。

该剧由洪洞大槐树寻根祭祖园文化演艺团演出，由一县官、一老者、众百姓、众衙役二十余角色完成。每天两场，每场25分钟。

《铁锅记》

这是洪洞大槐树寻根祭祖园文化演艺团以明洪武年间大移民一个家庭悲欢离合真实故事为背景，经过艺术编排的剧目。

该剧叙述了六百多年前，家住洪洞槐树庄的刘氏三兄弟中，老大、老二被迁移民齐、豫两地，家中只剩下老三和母亲相依为命。在大槐树下分别时，老母亲将一家曾共用的铁锅一分为三，兄弟三人各执一片，言二十年后，以锅片相对成型为证，弟兄再聚首相认。二十年过去了，老大病故，其女代父还乡，老二亦一人回乡认亲。等待多年的老母亲因思念病倒，在大槐树下叔侄相遇，众乡亲一旁作证，一家人终于团圆的故事。

本剧分序曲、相约守候、归心似箭、失而复得、母子相认五个篇章。

《家国情槐》

《家国情槐》情景剧通过"背井离乡"、"家国情怀"、"华夏同根"三个片段,以明朝、民国、现代三个时代为背景,展示了大槐树移民后裔为国分忧,忠义报国的爱国情怀;讲述了"国槐"的来历及国与槐的渊源;反映了"寻根祭祖、饮水思源"的中华传统美德,感召人们凝聚共识,继续努力,为实现中华民族伟大复兴的中国梦而奋斗!

《苏三路过大槐树》情景剧,是《苏三起解》一折戏的扩展,以喜剧效果二度创作演出。

《根祖情》是穿越历史隧道,古今人物对话的一折荒唐戏。人物不多,剧词幽默,使人在笑声中体会寻根问祖的酸甜苦辣。

《县官巡游》情景剧,为演员与观众的互动戏。通过双方的一问一答,展现洪洞大槐树景区各具特色景点的典故,以增加游客对老家洪洞的认知度和老家人对四海宾客、槐乡后裔的深情厚谊。

第八章　槐乡文化著述提要

洪洞，是华夏大地最早的天府之国，有着五千年不曾间断的文明。壮美的山川，耿直的人性，多彩的文化，已经成为洪洞对外的一张亮丽的、无可替代的名片。独有的创世文化、佛道文化，使你神驰心往；悠远的农耕文化、水利文化，让你心灵震撼；多姿的古代建筑、民间艺术，让你目不暇接。博大精深的中华文化孕育了槐乡大地无数文人雅士，妙作巨著相继问世，其中不乏传世珍本。尤其是那场延续50年，虽未见于正史文册，却妇孺皆知，口口相传的大槐树移民，更是槐乡儿女、移民后裔魂牵梦绕挥之不去的乡愁情素。于是编志修谱以续根脉，著书立说，以示敬仰，皆为古槐增色，为家山添彩。

第一节　历代知名文人

师　旷

师旷（约前600—前527年）字子野，春秋时晋国杨人（今洪洞曲亭镇师村），善乐谙律，是我国有文字记载的首位音乐大师，首创五音六律，作《阳春》《白雪》，世有"乐圣"之称。

关康之

关康之（414—471年）字伯愉，河东杨县（今洪洞）人。南北朝宋国著名隐士，治史大家，为《毛诗》作注，撰著《礼论》十卷。《宋书卷九十三·列传第五十三·隐逸》及《南史卷七十五·列传第六十五·隐逸上》中均有记载。

孙思邈

孙思邈（581—682年）原籍陕西省耀州区。隋唐两代著名医学家，一生致力于医学研究和实践，被唐太宗封为"安乐真人"。唐武德二年（619年），东渡黄河，隐居于洪洞南垣一带，创造性地弘扬了中医传统医术，精心为百姓治病，并依据临床实践，先后编成《备急千金要方》和《千金翼方》两本中国最早的临床百科全书。唐永淳元年（682年），孙思邈以102岁的高龄仙逝于洪洞南垣大坂村。当地村民为报答他 64 年在洪洞行医救人的功德，遂依该村张姓居多，合神医孙姓，改大坂为孙张村。附近一村因孙思邈在此曾为唐王医伤，依唐王赐予孙思邈的封号，改为安乐村。至今两村之名未加改动依然沿袭，同时建有"药王庙"，遗有药王墓，岁时供奉。清代洪洞举人王楷苏曾题诗赞曰："崖对箕山楼古羊，先生丹壑此中藏，风云拂树来龙虎，针砭传书失扁仓。霞敛天章拟却诏，涧腾奔马思医唐。莫嫌器大难为用，万代千秋拜药王。"

法 珍

法珍，金代僧尼，原名崔爱爱，山西潞州人。家境优越却体弱口哑，经洪洞广胜寺住持和尚医治痊愈，为感其恩断臂跟随师父来到广胜寺，遁入空门后取法名"法珍"，并发誓了却恩人遗愿，历经三十余年化缘终于筹齐刊刻《大藏经》的经资。又历二十四年，于金世宗完颜雍大定十三年（1173 年）完成经文木刻板的镌制。后经印刷装裱成卷，珍藏于原赵城县广胜寺，故称《赵城金藏》。现珍存于国家图书馆，与《永乐大典》《四库全书》《敦煌遗书》一起成为专藏镇馆之宝。

王 纲

王纲（1180—1240 年）字振之，金代平阳府赵城人。据《辽金元状元奇谈·辽金元状元谱》载：金大安元年（1209 年）己巳科词赋状元，官至翰林编撰，所著有《忠孝歌》行世。清道光《赵城县志》专为王纲立传。又载：金状元王纲墓，在县东北三里官庄村赵筒子祠前，有碑记。

孔天监

孔天监，金代洪洞人。古代图书馆学思想家，著有《藏书记》，提倡在民间建设公共藏书楼。其《藏书记》载入《金文最》卷二十八。

乔 宸

乔宸，字君章，号莲峰真逸。诗、乐府皆有名，亦善书法。元好问《中州集》中有其传记。金代文坛上的"珏山四友"，乔宸为其一。

韩 文

韩文（1441—1526 年）字贯道，号质庵，明代洪洞李堡人。成化三年（1467 年）丙戌科进士，历任户部右侍郎、吏部左侍郎、兵部尚书、户部尚书等要职，是《明史》中唯一有传记的洪洞人。著有《质庵奏议》《质庵存稿》《归田稿》等书行世。其次子韩士奇，弘治十五年（1502 年）壬戌科进士。孙韩廷伟，嘉靖五年（1526 年）丙戌科进士。韩门三代进士，优誉晋南，时噪海内。

王 铎

王铎（1592—1652 年）字觉斯，号嵩樵、痴庵，别署烟潭渔叟。大槐树移民后裔。擅长书画，作品多用"洪洞王铎"落款。其书法长于布局取势，章法奇特，是明末清初最具成就的草体书法家，创造"悬绫书写"，开悬纸书法之先河，有"神笔王铎"之誉。王铎书法传播甚广，日本书界的"明清调"流派即是宗法王铎的书坛主流。王铎的墨迹遗留较多，不少法帖、尺牍、题词均有刻石，最负盛名的是《拟山园帖》和《琅华馆帖》。

李因笃

李因笃（1631—1692年）号天生，字子德。先世为洪洞人，金元时迁居陕西富平东乡。李因笃博学强记，幼年时即被世人称为"神童"。精于古籍考证，是当时著名的史学学者，诗人。诗韵逼杜甫，书意近真卿。参加过《明史》修撰，著有《古今韵考》《春秋说》等。

范鄗鼎

范鄗鼎（1628—1707年）字彪西，号汉铭，清初洪洞师村人，曾创办希贤书院，并参与《山西通志》编撰，著名理学家。范镐鼎一生著述颇丰，主要著作有《明儒理学备考》三十四卷，《广理字备考》四十八卷，《国朝理学备考》二十六卷，《续垂棘编》三十五卷，《三晋诗词》十四卷，《五经堂文集》五卷，《晋诗二集》《师善录》《三晋语录》《五经论略》等，康熙帝称其"是个真正理学家"。

郭永福

郭永福（1736—1796年）河南省温县陈家沟人，大槐树移民后裔，武林高手。乾隆三十五年（1770年）因惩恶济弱打死恶霸，隐姓埋名返回祖籍，在时任吏部侍郎刘秉恬家乡（洪洞县苏堡村）刘府为护院，自此开始了传艺授徒武馆生涯，源于洪洞的通背拳再次焕发生机。据洪洞通背《武林谱系》载，自贺怀璧、张秀德一代传人始，至今已达十代。2009年，洪洞通背拳列入国家非物质文化遗产保护名录。

李克正

李克正（1736—1806年）字端勖，号梅村，洪洞县尹壁村人。平生博雅嗜古，工诗善书，擅八分，精篆刻，为清中期书坛名人，著有《梅村金石录》《汉瓦轩随笔》《慕莲堂印笺隶书石刻》等。"西泠八大家"之黄易，在李克正60岁生日时，曾作"八分一字值千金，雄健谁如金农门。传世千秋唯纸寿，故将片幅寿梅村"，将李克正与金农两书家并称，足见当时推崇之极。

杨恢基

杨恢基（生卒不详）字复庵，号青田、石樵，清初洪洞人。工书善画，曾将自绘竹、兰画稿镌刻于石，拓印装册，题《竹兰谱石刻》。清时首部收录自清初至乾隆年间1150名画家作品的《国朝画征录》中即有杨恢基作品及画评。

王楷苏

王楷苏（1751—？）字眉山，号悟堂，清中期洪洞县薄村人。以诗韵词律名噪当时，著有《悟堂学吟》《骚坛八略》《史记摘讹》等作。数十年后，董文焕在《声调四谱图说》一书中称王楷苏之诗韵成就时，赞其为"发前人所未发"。

王 轩

王轩（1823—1887年）字霞举，号顾斋，王楷苏之孙。一代文学巨匠，工书，精篆。曾任山西晋阳书院主讲，《山西通史》重修版总纂，著有《蓐经庐诗集》初、续本，《勾股备术细草》《几何备术》等九卷，《山西界域沿革图谱》五卷，《洪洞县志稿》十六卷等。其《泰山纪胜》被收录于《国朝正雅集》。晚年辞晋阳书院主持，专心"令德堂"师业。由于令德堂既讲传统经学，又论西学西政，培养了一大批兼容"中西法"的新型人才。

董文焕

董文焕（1833—1877年）字尧章，号岘秋，洪洞县杜戍村人。清晚期著名诗人，亦工书习武。书法劲峭神骨，武可挎刀执矛，轻功高攀，抵数人围战。著有《岘樵山房诗》十二卷、《秋怀唱和诗》二集、《金陵志喜百韵》《岘樵山房日记》《姑射山房诗集》《墨余便录》《蛾术录要》《西昆集选录》《岘樵山房唱合诗存》《四史编雅》《嘤鸣求声集》等巨作。

范国信

范国信（1853—1909年）字符轩，号舒和，洪洞县宜尔泉村人。一生好学，著有《养育恩》《百孝篇》《传家必读》《治家格言》等通俗读本。亦喜文物，藏有历代各朝钱币，亦藏"四书五经"、《北宋志》《浑天星象全图》以及唐寅、苏轼、赵孟頫等名人字画。珍藏的《浑天星象全图》历经天灾人祸，幸免未毁，后由其后人捐赠给国家天文馆。

张于铸

张于铸（1815—1884年）号铁生，清末赵城县城内北街人。出身书香门第，少负才学，教子有方，其六个儿子与其弟第二子，均考取功名，时有赞联：

父鸿儒子名儒数百年诗礼传家南梓北乔自尊美

兄乙酉弟丁酉十二载后贤拔萃金马玉堂共蜚声

张于铸才高书雅，文章"斩金截铁"，书法"金划银钩"。与名士王轩交游甚密，值王轩总纂《山西通志》时，成为王轩得力助手。

樊一魁

樊一魁（1858—1952年）洪洞县高公村人。汉代名将舞阳侯樊哙第六十七代孙，洪洞通背拳第六代传人。他授徒强调德艺并重，主张习武人要忠、孝、义、勇、知、仁、谦、和，毕生致力于武术研究，著有《忠义拳图稿本》八册十八篇，对发扬光大洪洞通背拳做出突出贡献，是继郭永福之后又一宗师。

景大启

景大启（1860—1930年）字尔宇，洪洞县贾村人。大槐树移民文化研究创始者。因其在山东曹州任典史时，看到民众对洪洞大槐树的殷殷赤子心而深受感动，清宣统三年（1911年）辞官告老还乡后与槐乡同僚刘子林、贺柏寿共商筹建古大槐树迁民遗址，同募经资建碑、茶室、牌坊，使遗址得以保存。民国五年（1916年），又与同乡志士编修《洪洞县志》。民国十年（1921年）又编著了中国第一部以树为志的《洪洞古大槐树志》。

张瑞玑

张瑞玑（1871—1928年）字衡玉，号㰐窟野人，清赵城人，清末民初有影响的民主政治家和社会活动家。曾在陕西、山西以及黎元洪总统府担任要职，为官清廉且疾恶如仇，深得民众信赖。民国初军阀混战，他深感国是日非，毅然辞官回乡栖居谁园，并著《谁园记》传世佳作。张瑞玑一生写了大量诗词文章，多为忧国忧民、抨击时弊之作，文笔酣畅，更善唐魏风格书法，用笔豪放，尽显燕赵之风。

孙奂仑

孙奂仑（1885—1956年）字药痴，河北省玉田人。民国三年（1914年）任洪洞知县。任内他主持续修了《洪洞县志》，该县志共18卷，于民国六年（1917年）付梓铅印。他还亲勘境内41条河渠，绘制总图并附各渠沿革事例，编撰出全国唯一的一部县级水利专著《洪洞水利志补》，为洪洞水利事业作出了重大贡献。

力空法师

力空法师（1892—1972年）法号念是，俗姓任，名重远，洪洞县许村人。力空出家前曾在多地为数届县长，颇有政声。出家消息一度在山西引起轰动。民国二十一年（1932年）剃度受戒，先后在太原双塔寺、赵城兴唐寺、广胜寺、陕西省西安大兴善寺、安康双溪寺、终南山悟真寺、户县草堂寺持锡潜修。抗日战争时期为广胜寺主持，与抗日军民成功转移保护了国宝级文物《赵城金藏》。1972年12月圆寂，入广胜寺十方住持普同塔。力空生前著述颇丰，除大量佛学著作外，其《石膏山志》《霍山志》《广胜寺志》《赵城人物志略》《世界形态缘起》《古方论》《医林小传》《脉理正谛》《草堂寺志》《许林村史》等均有重要价值。

董寿平

董寿平（1904—1997）原名董揆，因慕清初画家恽寿平之艺德而改名寿平。洪洞县杜戍村人，董文涣之孙。中国当代书画大师、美术理论家、鉴赏家，全国政协原委员、北京荣宝斋顾问。

董寿平天资聪慧、勤奋好学。受祖辈影响,加之刻苦自学,博采众长,融会贯通,遂成个人艺风,19世纪30年代,即名噪画坛。

董寿平的画作,以山、水、松、竹、梅、兰著称,清新典雅、笔墨精妙,书法如行云流水,纵笔豪放。

贾题韬

贾题韬(1909—1995年),号玄非,法名定密,山西洪洞县罗云村人。我国当代著名佛学家,中国象棋大师。贾题韬一生致力于佛学研究,并同社会要素紧密配合,著有《逻辑学概要讲义》《佛学与气功》《论开悟》《坛经讲学》等。他酷爱象棋,享有"华北棋圣""无冕之王"等盛誉,先后出版有《象棋指归》《象棋残局新论》等经典文著。

郑 笃

郑笃(1914—1996年)洪洞县师屯村人。早年参加牺盟会,后加入抗日决死队。1938年加入中国共产党,先后担任中共晋察冀边区机关报编辑,是我国当代著名文艺评论家、作家。其文章创作形式有小说、报告文学、文艺通讯等,主要作品有《最古最古的世界》《打不完的战争》《情书》《小民兵》《炊事班长杨文彬》《两个新来同志的故事》《英雄沟》《打姬家山》《随军散记》等。

卫一清

卫一清(1915—1988年)洪洞县赵城人。曾任中央军委总参谋部人武部组织部部长,国家地震局副局长。1955年调中科院工作,为发展中国地球物理学科及筹建我国空间技术探测工作做出了重要贡献,其间参与了我国第一颗人造卫星的研制工作。

苏 光

苏光(1918—1999年)原名张树森,洪洞县樊村人。版画家,曾任人民日报社文艺部副主任、山西文联副主席、山西省美术家协会主席。抗日战争时期参加山西新军决死队,任政治部宣传干事,创刊《长城画刊》。抗日战争结束后,担任《晋绥日报》美术编辑,先后创作了大量漫画、壁画、年画和木刻作品。1978年后,创办《山西美术》杂志,主持出版《晋南木版年画资料》。离休以后两次举办个人画展,并出版《观瀑图——苏光漫画集》《苏光画集》《晋南民俗与民艺》等画集。

孟伟哉

孟伟哉(1933—2017年),洪洞县北庄村人。曾任中国文联党组副书记,全国人大常委会常委,我国当代著名作家。主要作品有《昨天的战争》《访问失踪者》《夫妇》《逃兵戈尔巴托夫》《一座雕像的诞生》,《一座雕像的诞生》改编为电影《心灵深处》。作品曾获"解放军文艺优秀作品奖""大众文学优秀作品奖"。

张 一

张一（1931—2008年）字懿，斋名墨一阁，洪洞县淹底村人，著名书法家。1975年前先后在县、市、省各级文化部门工作，后调省文化厅文物局工作，在此期间，对云冈石窟、南禅寺、广胜寺、平遥古城、明代监狱、黄河铁牛、小西天、丁村博物馆、河边村民俗博物馆、垣曲自然博物馆等各种不同类型的省内县、市一级的文博单位进行了相应的改造、扩建、修复、创建工作。

张一自幼喜爱书画，擅长行、楷书体，留存牌匾范围甚广，不少书画作品流传到欧、美、日和东南亚国家。

第二节　历代著书辑录

唐　代
李德裕著《柳氏旧闻》《上党纪叛》

金　代
乔宸著《莲峰真逸诗稿》
郑时昌著《韵类忠节事编》《群书会要》
王纲著《忠孝歌》

元　代
张守大著《云谷集》
杨统著《杨统集》

明　代
于璞著《东崖诗文稿》
王三接著《槐溪文集》（附诗）
韩文著《质庵奏议》《质庵存稿》《归田稿》
韩士奇著《完名荣寿录》
刘廷相著《易说反约》
刘廷臣著《上谷奏议》《上谷须知》《上谷图说》《南山图考》
刘应时著《中斋集》《五山乐府》
刘应浩著《泰山搜玉集》
刘承宠著《蕉鹿集》《枕上吟》《圣臣口碑》
刘循誉著《诗家规范》
晋应槐著《庭训录》《渔樵庄说》
晋承命著《教家言》《维风录》

晋承采著《牧郐初政集》
晋承宪著《千里驹摹古草》
晋淑忾著《六部职掌》
晋淑夏著《渡江草》
王家楹著《水田记》
王泽溥著《看花吟》《捻髭吟》《归来草》
郭世荣著《井蛙集》
郭新著《渡江吟草》《旷林诗草》
邢大壮著《麟经解》
邢大道著《白云巢集》
胡国琏著《南游纪程吟》《蛮音集》
李秉愚著《学吟稿》
李生华著《胜游寄兴诗集》
段让著《企庵诗稿》
李复初著《巡行奏议》《对霍集》
卫英著《箕峰稿》
范村左世嘉著《谨信集要》《读书乐》《庭训录》
左立功著《琼霏玉屑集》
左立德著《明儒理学编》《语录》《左氏庭训后录》
范宏嗣著《仕国人文》《三晋正学编》《做人镜》《养正唾余》《长生笺》《南原野记》《师冈杂俎》《晋诗续雅》《毛诗补亡》《四子秘密藏》《聪圣志》《画粥山房诗草》
范芸茂著《涧南集》《洪乘编》
申嘉言著《兵垣谏草》
王家璋著《辅隐诗草》《遇难记》
李茂实著《戈获编》《涧南诗草》

清 代

杨义著《奏疏稿》《吴越课士录》
阴应节著《疏议稿》
韩象起著《泛舟划》《家起诗词》
杨恢基著《竹兰谱石刻》
董作序著《闲窗抹月集》
韩炼著《春塘文钞》《春塘诗钞》《富而好礼集》
郑埍著《易经家解》《四书循注》《霍麓诗草》

岳亶著《琴堂诗稿》

高鹏元著《卜易集验》

罗腾霄著《南游草》

王树梓著《漱芳书屋文集》《琴堂诗划》《琴堂杂俎》

王椅著《绛雪堂文集》《绛雪堂诗集》《雪堂诗话》《雪堂杂俎》

孟鳌著《沧东诗稿》

商昌著《石生诗草》

韩耀光著《说文十七部表》十七卷、《诗音》一卷

刘令誉著《疏议集》、《按豫集》、《大易补》、《止园诗集》（附文）、《道斋编》

刘循誉著《诗家规范》

晋淑轼著《积庵奏疏》

胡廉著《叔度诗稿》

李乔晋著《南北吟诗稿》

段采著《梅庄诗稿》

薄言震著《玉谷园集》

赵侗著《晏琴草》

靳元隆著《无逸集》

周世德著《千石谱》

张东铭著《传经堂稿》

何思诚著《论语述》

贺绥元著《恬甫诗稿》

薄常泰著《日知类编》120卷、《舒堂备考》、《舒堂语录》、《舒堂小诗》、《舒堂诗话》

刘琨耀著《蕉雨山房诗草》

尉光霞著《餐霞诗稿》

王兴选著《冬烘吟草》

曹心海著《古羊人文杂记》《海内奇人志》

赵文哲著《历下吟》《研耕草》

邢万秀著《秋丞诗草》

王蒙二著《孔子等论》

王鼎元著《齐鲁胜迹图》《书画辑要》

景山著《雪舫诗稿》

姚步云著《怀德堂逸稿》

李敏著《箕峰倡和集》《箕峰倡和续集》《翠游山房逸稿》《兰坡吟草》《兰坡古文稿》《平山日课》

段如苞著《娄东诗草》

邓玉成著《团练方略十六条》

卫绪涣著《筠石诗草》

范鄗鼎著《晋国垂棘续编》《三晋诗选》《晋诗二集》《明儒理学备考》《广理学备考》《清理学备考》《五经堂文集》《五经堂语录》

范凝鼎著《四书句读释义》

范翼著《敬天斋诗文稿》《敬天斋语录》

范翱著《四氏心书》《正蒙摘粹》《心亨录》

范鹤年著《寸芹草》《藐雪山房集》《青影楼诗余》《墨帐杂俎》

范尔梅著《四书札记》、《五经随笔》、《周易轮图》、《琴律考》、《乐律考》、《周礼补解》、《雪庵语录》、《明儒考》、《雪庵文集》（附诗）

范一伟著《愧堂诗文稿》《日知录》《闻见录》《历代法书珍藏》

范仲虎著《乐吾轩文集》

范季随著《新柳唱和诗》

申衍渊著《莲舫诗草》

申芷升著《易传偶解》《历代帝王世纪吟草》

申庚豫著《雪村诗草》

王家辑著《遇叟杂俎》

王昌祉著《屋云诗草》

王昌祐著《忎斋支言》《忎斋诗稿》

王铮著《莲峰诗草》

王淮著《读鉴一得愚》《河东醝务说影》

王泌著《晓亭琴谱》《晓亭印谱》《晓亭诗草》

王经国著《西堂诗草》

王恩重著《我生编文集》

王楷苏著《悟堂文集》《悟堂诗集》《骚坛八略》《史记摘讹》

王楷欧著《四笔文钞》《四笔诗钞》《四笔生杂著》《蕙田诗话》《甲子合易图》

王楷维著《四斋闻见笔记》《四斋诗文集》

王端著《临庄画谱》《寄傲堂诗草》

王竩著《草堂印谱》

王连第著《芸浦诗草》

王承先著《云樵诗稿》

王赞勋著《蓬园印萃》

王轩著《耨经庐诗集初编》《顾斋诗录》《十八叠山房倡和草》《西山游草》

李时升著《杨国诗钞》《享山文稿》《享山诗草》《享山诗话》《古杨画家录》《旧雨怀人集》

张恢著《周易观象玩辞》《圣庙全书》《困学一得》《察习随笔》《十三经传授图》《绰亭较正等韵》《两所当轩文稿》《绰亭诗草》《庐山诗草》。又编辑《蒙养编》《本务编》《天文指掌》《历代舆地沿革》《阳宅摘要》《地学摘要》《医学便读》《我鉴》《韩忠定公年谱》

张嘉绩著《德山诗稿》

张嘉会著《经药山房文稿》《红药山房吟草》《印台冈小草》《古城草》《礼门逸稿》《刈陵消夏录》《桧峰散人印谱》

李质醇著《烧炉新语》

李钟昆著《伴炉居诗草》

李维谦著《小岱宗耕者诗草》

刘我礼著《学思精录》

刘勤著《南汕奏牍》

刘绳祁著《午庄随笔》《午庄印谱》《作舟拓翠》

刘秉恬著《竹轩学古集》《公余集》《竹轩奏牍》《竹轩诗稿》《述职吟》《督饷集》《觐光集》

刘大懿著《苇闲诗文稿》《苇闲尺牍》《知冰轩语录》

刘秉慎著《谨堂印谱》

刘宝筏著《春帆诗稿》

刘肇绅著《四书句辩》《墨园诗集》

刘师陆著《大清通礼》《品官》《士庶仪纂》《历代泉币图考》

刘肇兴著《湘帆诗草》

刘肇疆著《柳桥诗稿》

刘肇淮著《虹桥吟稿》《薇蘅簃诗草》

刘汝辑著《寄情草》

刘韬著《心出家庵诗草》

刘长年著《寿朋逸稿》

刘楹著《秋舲吟稿》

刘钟郁著《戏鸿轩诗草》

刘以衡著《芷坪印谱》

李克正著《汉瓦轩随笔》《梅村金石录》《慕莲堂印笺隶书石刻》

李学曾著《省斋印谱隶书石刻》

李学高著《愚山镜铭笺注》

董麟著《鲁斋汉碑录》

董文涣著《研樵诗集初编》《续编》《咏楼盍簪集》《声调四谱集韵编雅》《李选》《孟诗》《孟诗补遗》

董文灿著《山西金石碑目》《古泉币考》《芸志诗草》

赵氏（刘承骦妻）著《倡随集》

冯思慧（刘秉恬妻）著《绣余吟》

黄友琴（刘师陆妻）著《南滨存稿》

任可憎（景世英妻）著《归西诗稿》

冯婉琳（董文灿妻）著《馌耘室诗稿》

定炤北桥寺僧著《静心上人诗稿》

张瑞玑著《谁园集》

王之纲著《童子尚友篇》

樊一魁著《忠义拳图稿本》

第三节　中华人民共和国成立后著述

贾题韬著《象棋指归》《象棋残局新议》，1954年出版

郭耀东编创话剧《为了六十一个阶级兄弟》，1965年出版

尉致中著小说《寡妇庄》，1968年出版

秦林生著《浪花集》《秦林生精短小说选》，1980年教育出版社出版

燕森甫著《三乐草堂诗歌集》《三乐草堂诗歌续集》，1992年出版

马希斌、汪学文合著长篇小说《大槐树迁民传奇》，1995年北岳文艺出版社出版

王作霖主编《张瑞玑诗文集》，1998年北岳文艺出版社出版

负俊著长篇章回体小说《曹顺演义》，1998年出版

乔全生著《洪洞方言研究》，1999年中共文献出版社出版

徐奎生、徐天生、申葛达合编《洪洞通背缠拳》，2000年山西科技出版社出版

任高杰、李金龙合编《西北望射天狼》，2001年天马图书公司出版

贾北安著《贾北安文集》，2001年中华国际出版社出版

晋廷瑞编《走近孟伟哉》《梨园沧桑》《探索与反思》，2001年天马图书公司出版

贺伟主编《乐圣师旷》，2001年中国戏剧出版社出版，《法祖皋陶》，2005年中国戏剧出版社出版

柴瑞祥编《广胜寺风物传说》《广胜寺》《天下洪洞》，2001年山西经济出版社出版

杨志华主编《西行黄河》《母亲河旁的足迹》《天河》，2003年出版

段末意、范忠义合编《洪洞大槐树》，2003年山西经济出版社出版

梁武魁、范忠义合编《寻根祭祖纵横谈》，2003年出版

景北记著《"一是斋"稿》，2003年印刷

王绍明主编《洪洞道情》（内部资料），2004年出版

吴万锁主编《烽火岁月》（内部图书），2005年出版

周文杰主编《赵氏发祥地——霍泰山》，三晋出版社2005年出版

汪学文主编《洪洞古今书画集》，山西人民出版社2005年出版

刘慧平绘《大槐树迁民始祖画像集》，2005年当代中国出版社出版

张福兴、王绍军合编《八路军总部》，2005年解放军出版社出版

李文生著《有一个美丽的传说》《人在旅途》《石破天惊》《李姓钩沉》，2006年中国广播电视出版社出版

李明安著《李明安歌曲作品选》，2006年八方印业印制

周希斌主编《尧舜之风今犹在》，中国戏剧出版社2006年出版

李国富主编《洪洞金石录》，山西古籍出版社2006年出版

李国富主编《洪洞古今碑刻》，三晋出版社2007年出版

晋桂元著《古井斋文集》，2008年印刷

汪学文主编《三晋石刻大全·洪洞卷》（上下卷），三晋出版社2008年出版

李国富主编《洪洞碑帖》，山西古籍出版社2008年出版

刘国柱主编《赵城与造父》，2008年出版

李学智编《羊獬·历山联姻传记》《舜耕历山在洪洞》，2009年三晋出版社出版

董爱民主编的《洪洞人文大辞典》，2009年天马图书出版

郑国龙主编《秀峙中区兴唐寺》（内部图书），2009年出版

景北记、马斗全、晋廷瑞、曹长河合编《中镇诗词》，2009年出版

杨巨才、张亚西主编《华夏瑰宝·山西洪洞元代壁画》，中国对外翻译出版公司2009年出版

刘国柱主编《赵简子与造父》，三晋出版社2009年出版

王春亮、李新民合编《洪洞曲艺》，2010年八方印业印刷

董爱民主编《话说广胜寺》，2010年出版

王绍明主编《槐乡民俗遗风》，2010年虹昂印业印刷
樊德昌主编《古槐逢春》（内部图书），2010年出版
申双虎主编《申双虎书画集》（内部图书），2016年出版
高洪斌、刘国柱合著《福香妈哭夫》，2011年虹昂印业印制
黄文梅著《文梅诗文》，2011年内蒙古人民出版社出版
韩吉龙主编《中国近现代名家书画集·雷甲寿》，天津人民艺术出版社2011年出版
晋廷瑞主编《洪洞历史文化概览》（上中下三卷），2011年出版
张根年主编《月异文华》，2011年三晋出版社出版
刘国柱主编《造父变星八骏与诗赋》，三晋出版社2012年出版
李国富主编《造父与造父文化园》，山西古籍出版社2015年出版
秦根基、卫明合编《中国洪洞通背拳》，2016年印刷
申双虎绘《舜王传奇》，2010年印刷
孙宗武主编《吐丝集》，2013年出版
杨金才主编《杨金才医案选》（内部图书），2013年出版
田川主编《木兰花开》，2013年三晋出版社出版
马应运主编《马应运书张瑞玑七律百四十四首》，2014年临汾八方印业承印
李晋兴汇编《李劼画集》，2014年北京文博苑艺术品有限公司出品
王英铭主编《王英铭动物画选集》，2015年临汾工艺美术印刷有限公司承印
樊瑞生主编《赵匡胤传说》（内部图书），2016年出版
王春亮主编《洪洞金鼓乐》，2016年山西春秋电子音像出版社出版
范琳强主编《卢葆桐画集》，中国红色收藏杂志社2014年出版
刘国柱著诗集《龙眼泉》《乱垦集》及报告文学集《躁动的土地》
张明亮编《永远的赵城中学》《春华秋实五十载》
郝可铭著《旧事回忆》，诗集《渠西杂吟》
贾文魁编《中医防治中风300方》《古今医家诊治中风经验及发挥》
贾树勋著《人去翰墨香》、广播剧《扫帚肥田》，科普片《家养复齿鼯鼠》
郭芳亭著《铅笔画要诀》《抗日三字经》、戏剧《木兰从军》
董谦著《战时烽烟》
卫树廉著《我这大半生》
韩斌著短篇小说集《汾河恩仇》
薛增荣著《霜叶红于二月花》
薛燕平著长篇小说《欲之魂》《燃烧的向日葵》《独行者》《我的柔情你不懂》，

中篇小说《门后的风景》，散文《周围的灯盏》，崔山原主编《曲亭镇志》，山西古籍出版社 1995 年出版

李勇奇主编《广胜寺镇志》，山西古籍出版社 1999 年出版

王根生主编《洪洞县革命斗争史大事记》（内部图书），2005 年出版

陈振先主编《洪洞县水利志》，2007 年出版

王秋平主编《赵城镇志》，山西人民出版社 2014 年出版

郭俊杰、毛志文主编《洪洞解放战争史》（内部图书），2009 年出版

薄生荣《洪洞春秋》，三晋出版社 2011 年出版

李青城主编《马牧师范》（内部资料），2012 年出版

刘亚俊、张春悦合编《洪洞抗日战争史》，2015 年八方印业印刷

李国富主编《东义村志》，2017 年印刷

柳勇主编《刘家垣镇志》，三晋出版社 2013 年出版

李兴强主编《洪洞合作金融志》，山西曲沃新华印刷有限公司 2005 年出品

李新民主编《马牧古镇志》（内部资料），2016 年印刷

张国平、张青主编《洪洞风物》，山西人民出版社 2014 年出版

刘郁瑞著散文集《洪洞三胜》《三无斋随笔》《一个县委书记的自述》《人写我，我亦写人》

刘毓庆著《古朴的文学》《朦胧的文学》《泽畔悲吟》《历代诗经著述考》《从经学到文学》《诗经图注》《图腾神话与中国传统人生》《诗经百家别解考》

李长青、许光军、张亚喜、贾北安合编《赵城名人史话篇》《赵城革命斗争故事选》《赵城歌谣》《赵城民间故事选》《赵城古今对联集》《赵城名人荟萃》《红军精神代代传》

李骏虎著长篇小说《奋斗期的爱情》；小说《局外人》《解决》《师傅越来越温柔》《流氓兔》；评论随笔集《比南方更南》

郑笃著科普文学《最古最古的世界》《奇怪的世界》《蛤蟆及其他》《打不完的战争》；小说《情书》《小民兵》《两个新来同志的故事》《炊事班长杨文彬》；报告文学《英雄沟》《火线二日》《随军日记》，《郑笃作品自选集》《文艺散论》等

孟伟哉著长篇小说《昨天的战争》；中篇小说《一座雕像的诞生》《黎明潮》《访问失踪者》《战俘》《夫妇》《一百名死者的最后时刻》《逃兵戈尔巴托夫》等

卫建民著《寻找丹枫阁》《夜莺永远在歌唱》《学人谈吃》《冯亦代散文选集》《建国 50 年随笔选》《魂归陶然亭——石评梅》《美术家随笔》《洪洞男人》等

范忠义主编《诗韵槐乡》（内部图书），2014 年临汾市虹昂印业印刷

林中元编著《迁民后裔话迁民》，2013 年三晋出版社出版

李佩甫主编《李氏家族》，2000年百花文艺出版社发行

黄泽岭著《大槐树移民见证》，2005年当代中国出版社出版

洪洞县委县政府对联杂志社主编《洪洞大槐树赋》

张青著《洪洞大槐树移民考》《山西洪洞大槐树》《洪洞大槐树移民志》《山西洪洞大槐树志》《洪洞大槐树寻根》；合著《洪洞古大槐树志》《寻根在洪洞》；编著《历代名人咏洪洞》；主编《洪洞名胜与传说》《苏三监狱志》《洪洞大槐树百家姓》《洪洞大槐树百姓家谱》120姓（部）；点校《洪洞县志》（民国版）《赵城县志》（道光版）、《洪洞水利志补》（民国版）、《增广山西洪洞古大槐树志》（民国版）、主编《洪洞县志》（2005年版）

第四节　主要著述提要

民国版《洪洞县志》

民国五年（1916年）《洪洞县志》，由时任洪洞县知县孙奂仑主修。其在洪洞任期内，亲勘境内41条渠道，曾编纂了全国唯一一部县级水利专著，该书是其任期内第二部志书。清光绪八年（1882年）该志原稿由邑人王顾斋、李亭山、申卉仙修备，但未能付梓出版。孙奂仑就任后修补刊印。该志十八卷，附洪洞县境全图等图三幅，表三十，计约60万字。

清道光《赵城县志》

清道光七年（1827年）《赵城县志》，由时任赵城县知事杨延亮主持编修。共三十七卷，绘赵城疆域全图、县治图、书院图、学宫图、渠道图、霍山图六图，字约22万。该志书初成于明嘉靖年间，由知县贺国定修纂。清顺治年间秦嘉兆、乾隆年间知县李升阶两度增补，至清道光七年（1827年）校补出版。

《洪洞县志》

张青主编。《洪洞县志》的编纂，启动于改革开放之初的1981年，历征集编校，完稿出版达20余载。全书共分32卷143章300余万字，上起事物端，下限至2002年。该书以客观、实事求是的态度，叙述政治、经济、军事、文化、教育及各个层面的历史发展和现状，以及自然地理、风土民情、行政区划诸多方面的演变过程，融史地风物为一体，汇图表传记于一册，横陈百业，纵贯古今，既记载了洪洞的历史沿革、重要人事，也记载了人民群众抗侵抵灾的奋斗壮举。翔实地反映了新中国成立之后洪洞各项事业的蓬勃发展和改革开放以来日新月异的变化。是洪洞县的百科全书和资料数据库，是集存史、资政、化人之大成的鸿篇巨著。

《洪洞风物》

《洪洞风物》由张国平、张青主编。全书上下两卷分36编56章516节及序言、综述、大事记、后记，共计350余万字。

该书于2008年动议，并五次修订编目后，组成老中青18人的编纂工作团队，遂展开田野调查与案头整理，编纂人员不畏酷热严寒足迹遍布平川大镇、山庄窝铺，行程10万余里，拜访千余耆老贤士，历时五年终成大果。

该书本着实事求是客观公正的著书原则，上自事物端梢，下限至当年，以史记语言真实记录了县域的区域演变、地理自然、资源覆盖、文物古迹、人口语言、望族名人、衣食住行、婚丧寿庆、礼仪往来、传说典故，今昔百业……纵横槐乡古今，包罗千门万象，最后三易其稿，付梓出版。抢救性地挖掘整理了洪洞古往今来的洋洋大观，为《洪洞县志》的并蒂姊妹鸿篇。

《山西洪洞古大槐树志》

景大启编辑，韩垌审定，线装16开竖排本，民国十一年（1921）十一月出版。书录序文3篇，其中有大槐树移民后裔，曾任山西省政府主席的赵戴文先生之序。县志古迹碑文4篇，诗、词、歌、行等题咏60余篇，楹联12幅，跋2篇。

是志篇幅虽不大，但首开洪洞大槐树志先河，保存了部分珍贵的历史资料，有较高的史料价值和研究价值。

《增广山西洪洞古大槐树志》

柴汝桢编辑，柳蓉（代县人，大槐树移民后裔，时任洪洞县县长）审定，线装16开竖排本，民国二十年（1931年）十二月积祥斋石印局印刷。

志分上、下两卷，首一卷、末一卷。卷首收录序12篇，编辑姓氏表，凡例。上、下卷按文体分设碑、记、歌、行、赋、五古、七古、五绝、七绝、五律、七律、词、杂体、晚香文社诗歌楹联，女界题咏、楹联、跋17篇。卷末录叙录、原跋、认资姓名商号等。

是志是在原《山西洪洞古大槐树志》的基础上扩充并科学分类，内容更为丰富，具有文献价值和史料研究价值。

《洪洞古大槐树志》

张玉吉、林中园、张青合编，平装32开横排本，13万字，著名方志学家、大槐树移民后裔傅振伦先生撰序，1988年由山西人民出版社出版。

本书博采史籍、方志、碑刻、谱牒、传说，特别是近400个县的大槐树移民后裔寄来的族谱、碑文以及其他综合资料，编为七章，第一章明朝洪洞古大槐树处迁民纪略；第二章洪洞古大槐树处碑、志、记、楹联；第三章谱牒中迁民资料；第四章碑文中迁民资料；第五章部分调查资料；第六章迁民的传说；第七章咏槐诗词选。傅振伦先生称之为"移民之史，人民之史"。

《根在洪洞》

潘永修、郑玉琢编著，平装32开横排本，25万字，中国档案出版社1998年出版。

潘永修、郑玉琢，山东郓城人，夫妻作家，大槐树移民后裔。两人经过十余年的搜集研究，并自费长途跋涉到洪洞进行寻根访祖系列采风，本书即是根据他们搜集到的大量材料编纂而成，其中有系统介绍明初大移民的文学专著，有他们沿着当年移民路线一路寻访、考察的纪实文学，有关于移民的史料记载、碑刻、方志、谱牒、沿途照片及丰富多彩的民间故事，还收录了国内著名专家学者有关明初大槐树移民的学术论著。该书图文并茂，雅俗共赏，具有很强的可读性。

《大槐树寻根》

郑守来、黄泽岭（二人系河南省濮阳市统战部干部）主编，平装32开横排本，43.5万字，1999年1月华文出版社出版。

该书收录诸多专家学者有关明初洪洞大槐树移民的论文及移民聚居地有关迁民的记载、迁民调查，民间有关迁民的谱牒、碑文。内容丰富、涉及地域广泛，是研究、探索明初大槐树迁民史实的资料性专著。

《寻根在洪洞·洪洞古大槐树处移民志》

张青、林中园编著，平装32开横排本，24.6万字，1999年6月山西人民出版社出版。

全书设九章，以明初大移民圣地洪洞古大槐树处为基点，广泛收集明初大槐树移民的正史记载、民间谱牒、碑记、综合调查资料、移民后裔信函、移民传说，有关大槐树移民的诗词歌赋等汇编而成。尤其在第二章，对移民的历史原因、历史记载、移民的分布及历史作用进行了深入分析考证，是研究明初洪洞大槐树移民事件的资料书和工具书，具有较高的资料价值。

《移民大迁徙》

黄泽岭编著，平装32开横排本二册，79万字，当代中国出版社2001年2月出版。

全书分为四部分：移民迁徙的历史背景、移民迁徙与家谱、移民记载及分布、洪洞县村名来历。第一部分列叙自元朝历明、清以至民国各代移民的历史背景及移民流动情况；第二部分收录439个姓氏的家谱总序及97个姓氏家族的迁徙概况；第三部分分述洪洞大槐树移民在全国28个省及海外各地的分布概况；第四部分为洪洞县997个村（包括自然村）村名的来历。是一部内容丰富，取材广泛的资料书和工具书。

《大槐树迁民》

河南省濮阳市委统战部干部郑守来、黄泽岭主编，平装32开横排本，51.2万字，中国档案出版社 2000 年 5 月出版。

全书分两部分，第一部分写关于迁民的历史记载；第二部分为迁民始祖的分布。在第一部分，通过分析元末的社会背景，明初的历史背景以及洪洞迁民在各省的记载，用翔实资料印证了明初洪洞大槐树移民的客观必然性和历史的真实性。第二部分作者引用大量民间谱牒资料，对移民的去向按姓氏进行分类编排。是一部较为系统地介绍明初山西洪洞大槐树移民史实的工具书、资料书，对深入研究洪洞大槐树移民史有较高的参考价值和史料价值。

《洪洞大槐树移民志》

张青主编，平装 32 开横排本，30 万字，2000 年 11 月山西古籍出版社出版发行。

本书设山西洪洞古大槐树处，洪洞大槐树移民事略，大槐树移民家乘提要，大槐树移民人物、事件，大槐树祭先祖文、序文，移民咏大槐树移民诗歌集，洪洞大槐树移民故事，洪洞大槐树移民大事记等九章。该书对大槐树移民的历史背景、移民史实、移民的地理分布、移民的历史地位进行了深入考证，对收集到的 110 种移民家谱进行了提纲挈领式介绍，取材广泛，资料丰富，内容翔实，对研究洪洞大槐树移民史，考证移民流向，研究移民的历史地位和作用都有着十分重要的价值。

《洪洞大槐树百家姓》

张青、史红芳、张淑敏编，平装 32 开横排本，山西省临汾文化局新闻出版内部图书准印证晋（2001）字第 029 号，2001 年 12 月出版。

该书设洪洞大槐树百家姓、百家姓、中华百家姓、洪洞大槐树移民概述等几部分，旨在使广大读者了解自己姓氏的来源，了解自己的族源，根之所在，使移民后裔了解移民概况，为其寻根访祖、联宗修谱提供参考，是一部寻根访祖的资料性书籍。

《同根同祖》

张滋荣编，平装 32 开横排本，5.5 万字。甘新出 019 字总 873 号（2002）090 号批准，2002 年 4 月出版。

作者系甘肃西峰县人，大槐树移民后裔。该书第一部分明初陇东移民考略对明初洪洞大槐树移民到陇东一带的史实进行了深入考证，收集到大量甘肃地方志书及民间谱牒记载，充分证明了明初移民实甘陇的历史史实，对研究大槐树移民的分布状况、历史作用有重要史料价值。

《移民的传说》

黄泽岭编著，平装 32 开横排本，91 万字，2003 年 2 月当代中国出版社出版。

该书以明初洪洞大槐树移民的真实历史为依据，借助夸张、想象、虚构、渲染，形成情节曲折、富有传奇色彩的传说故事。以神奇的幻想、美妙的语言、生动的情节、栩栩如生的人物使人领略到晋南人特有的生活历史、民族心理和文化传统，感受到移民祖先和洪洞人民勤劳、智慧、朴实、善良的品格和伟大的创造力，体悟到移民先祖们新到一处对美好生活的憧憬和执着追求，以及对邪恶势力的仇视和反抗精神。

《洪洞大槐树寻根》

张青著，平装32开横排本，全4册，100万字，2003年8月山西古籍出版社出版发行。

本书主要内容有洪洞大槐树移民考、大槐树姓氏探源、洪洞古大槐树处、洪洞县姓氏分布、大槐树移民故事、寻访移民后裔万里行、洪洞大槐树大事记等。特别对移民一千余个姓氏的姓源始祖、郡望名人、堂号楹联、家谱字辈、迁徙分布等进行了深入研究探讨，内容丰富，资料翔实，是研究洪洞大槐树移民史，探究姓氏渊源，寻根问祖的工具书、资料书，有较高的文献史料价值和学术价值。

《洪洞大槐树寻根祭祖纵横谈》

梁武魁、范忠义著，平装32开横排本，著名作家孟伟哉作序，山西省内部图书准印号2003-22，2003年6月印刷。

全书以三个篇章编写，遗址景点篇介绍各景点的来龙去脉、建筑规模、文化内涵；祭祖活动篇介绍历届祭祖节盛况，收录部分祭古槐迁民先祖文、部分名人题字；移民资料篇收录部分有关移民的方志、移民史实、传说、族谱。作者力图从一个新的角度引导读者解读祭祖园，解读大槐树移民。

《山西洪洞大槐树》

张青编著，平装32开横排本，15.2万字，2004年9月山西古籍出版社出版。

全书四章：山西洪洞古大槐树处，洪洞大槐树移民纪事，大槐树移民家乘提要，祭先祖文，咏槐诗歌辑。第一章介绍祭祖园概况；第二章对大槐树移民的历史背景、史实考证、地理分布、历史地位进行了研究考证；第三章对收录的各地移民125种家谱进行了提纲挈领的介绍，有较高的史料价值和研究价值；第四章收录第一届至第十一届寻根祭祖节祭古槐迁民先祖文10篇，精选咏槐诗歌多篇。

《大槐树移民见证》

黄泽岭著，平装32开横排本。上、下两册，40万字，当代中国出版社2005年12月出版。

本书广征博采各地移民史料，内容包括墓碑、祠堂碑、村碑、墓志铭、祭文、家谱、人物传及各种实物照片1000余幅，以124个迁民姓氏为纲进行分类，取材丰富，资料翔实，是介绍洪洞大槐树移民，推介洪洞旅游的一部资料性、史实性书籍，有着考古学、历史学、社会学、民族学、伦理学、谱牒学、金石学和文学等多学科的文献资料价值和学术价值。

《大槐树》

张青、张书剑编著，平装32开横排本14万字，2009年7月山西人民出版社出版。全书共4篇：中国有个洪洞县、山西洪洞大槐树、重走迢迢移民路、大槐树民间传说。

历史和现实的巨大反差，祖辈和后代不同的人物命运，构成了一幅幅丰富多彩的人生画卷。

《洪洞大槐树志》

《洪洞大槐树志》主编是张青、范忠义。全书上下两卷，分10编31章64节及前序、后记、综述、大事记诸篇，共字300余万。

《洪洞大槐树志》以明朝大移民为历史背景，以民国之《洪洞古大槐树志》《增广山西洪洞古大槐树志》及中华人民共和国成立后诸多有关大槐树史述记载为基础，同时问礼于野，采风于民，重走迢迢移民路，足迹踏遍京津晋冀鲁豫等18省区市，广纳各地官方民间史志谱谍牒、信函碑文汇编而成。

盛世修志，是我国的优良传统，但以一树为志者，仅此一家。本志书自1982年征集资料始，至2012年定稿付梓，历时30年。它的出版是发掘洪洞根祖文化的历史需要，是建立亿万移民后裔共同精神家园的需要。

《来自大槐树》

《来自大槐树》作者黄泽岭，系南乐县政协主席。本书平装32开本，全书分开篇二卷、河南一卷、河北一卷、山东十卷，共计14卷（本）400余万字。

该丛书聚焦洪洞大槐树，以600多年前的大移民为背景，开花散叶于当时移民的18省区市，更以较大篇幅记述论证移民最多的冀、鲁、豫三省的史实轶事，翔实地、全面地记载了移民轨迹，垦荒拓土再建家园，以及部分移民再迁他乡，回迁故土的辛酸过程，归根于五百年前是一家，大槐树下是故居的根祖文化情怀。

《来自大槐树（河南卷）》

《来自大槐树（河南卷）》，由南乐县政协主席黄泽岭主编。该书分上、下两卷，六个章节。作者满怀移民后裔的赤子之心，足迹遍布河南大地，详尽介绍了从大槐树下迁至河南省的移民情况和分布，并具体叙述了河南省濮阳市、安阳市、郑州市三市二十七个县（市、区）的移民后裔的生存状况。以强烈的历史责任感和一颗火热的溯源之心，收集整理关于六百年前那史无前例却支离破碎的正史野传，使洪洞大槐树移民的史事走出"雾朦胧"状态，以收集民间现存家谱、地方志、碑刻和人员来访，进一步核实了"问我祖先在何处，山西洪洞大槐树。祖先故居叫什么，大槐树下老鹳窝"这首妇孺皆知，耳熟能详的世代绝唱。

《祖槐》

《祖槐》由军旅作家李存葆著,纪实文学作品。原载《十月》1999 年第 5 期,平装 32 开横排本,3 万余字,2001 年由山西人民出版社出版发行,后编入《山西历史文化丛书》。全书以九个单元详尽地表达了作者对根祖文化的深切情怀,对洪洞的名胜古迹、风土人情、历史人物、民俗文化,特别对明初大槐树移民史实进行了深入剖析,表达了对祖根故土乃至全国、全球的生态恶化、环境污染问题的深切关怀。该书文笔细腻,堆珠叠玑,诸多深邃哲理给读者留下了许多遐想和思考,一句"华夏的大半部古文明史在这里浓缩,抓一把泥土就能攥出古代文明液汁",更是成为千古经典名句,一个大槐树移民后裔的赤子之心跃然纸上。

《洪洞春秋》

《洪洞春秋》由山西省人民政府参事,山西省发展研究中心研究员,山西定襄县人薄生荣先生著。2009 年,作者偶然来到洪洞,被洪洞的秀美山川,灿烂深厚的文化和纯朴豪爽的洪洞人所感动,由此先后 20 余次来到洪洞走街串巷,进村入庙,查书读碑,寻贤访长乐此不倦,将洪洞的创世文化、根祖文化、农耕文化、尧舜文化、水利文化、乡土文化、佛道文化、建筑艺术、音美艺术、古今名人浓缩在一本 20 万字的《洪洞春秋》书中。

全书共分十章,笔力矫健,文字平实,论事严肃认真,记人赞不绝声,状物如数家珍,把洪洞五千年的文明史鲜活地展现在世人面前。

《张瑞玑诗文集》

《张瑞玑诗文集》,32 开平装横排本,1998 年由山西省图书馆汇编,北岳文艺出版社出版。

张瑞玑(1872—1928),洪洞县赵城人,字衡玉,号羯窟野人,清光绪二十九年(1903)进士,辛亥革命志士。先生为政高风亮节,为人豪爽侠义,为事折冲樽俎,为文大气磅礴,道德文章经济运筹皆为时人推崇。民国五年(1916),袁世凯恢复帝制,先生振臂讨袁,因国内军阀混战,毅然辞官回乡,在其老宅西辟地建"谁园"一座,自撰《谁园记》一文,一时传抄纸贵。服官十余载家无余财,唯藏书巨丰达二十万册(卷)。其子承继父训,扶助乡邻,支持共产党革命,声誉益佳。并将先生文稿十二卷(诗六卷、文六卷)汇集成《谁园集》,中华人民共和国成立后,将其父二十余万藏书悉数捐赠山西省图书馆,成为省图的镇馆之宝。

该书出版颇费周折,首由先生之子整理的《谁园集》,次为陕西省博物馆刊印的《谁园集(断句本)》,再由陕西省博物馆员孙浮生抄录的《谁园集》六卷,分别简称"陕博本""孙抄本",之后再由先生外孙王作霖以陕博、孙抄两本为底本,经辑佚、标注、考证,于 1988 年油印《张瑞玑文集》注释本(简称"王注本")。

王注本 14 卷，计诗 6 卷、文 6 卷、划界函电 2 卷，另有传略、附录。修订后因资金困难未能出版。

1998 年，山西省图书馆得知"王注本"难以付梓的消息后，多次与陕西省有关部门协商未果，后与作霖之子王宪先生达成共识，组织相关统稿人员对王注本进行了复核、修改，增补了部分注释，方得出版问世。

《故渎》

《故渎》，长篇小说，刘金忠（山东省著名作家）著。平装 32 开横排本，23 万余字，1995 年由中国青年出版社出版。

小说以大槐树移民后裔宋氏家族为主线记述了抗战初期发生在古运河两岸的一段惊心动魄的故事，面对日军的入侵，宋氏家族组织义勇军浴血抗敌，表现出不屈不挠的民族气节。然而狭隘的家族意识与传统文化中的弱点，最终导致了义勇军覆灭的悲剧。作品从历史文化的角度切入抗战题材，独辟蹊径，具有深厚的历史内蕴，塑造了一个个鲜活的人物形象，尤其是对抗日英雄宋景周、重气节而又独断的老族长宋衍德等刻画入木三分，给人以全新的深刻的印象。

《李氏家族》

《李氏家族》，李佩甫著，长篇小说，平装 32 开横排本，版本有二：其一，1999 年 4 月百花文艺出版社出版发行，25.4 万字；其二，2001 年 6 月，长江文艺出版社出版发行，24 万字。

小说以洪洞大槐树移民后裔李氏家族为线索，多侧面、全景式地描绘了一个家族迁徙、繁衍、发展的兴衰史，塑造了一个个鲜活的人物形象。在李氏家族的发展历史上，有闯皇城、告御状的男子汉；有心黑手辣、精明干练的少奶奶；有寒窗苦读一举成名的新科状元；有家蓄万贯家产、号令九州十三县的丐帮头子……生活在改革大潮中的李氏族人中，有飞黄腾达的市长、有为富不仁的经理、醉生梦生的情人……

历史和现实的巨大反差，祖辈和后代不同的人物命运，构成了一幅幅丰富多彩的人生画卷。

《三晋石刻大全·洪洞卷》

《三晋石刻大全·洪洞卷》，由洪洞县人民代表大会原主任汪学文主编。是山西省三晋文化研究会领衔编汇《三晋石刻大全》的首部巨作。该书由上、下两本组成。上编《现存石刻》收录自唐以后的石刻文字 793 篇，另附因各种原因未能收录的 61 通石刻目录。下编《佚失石刻》收录唐以后佚碑碑文 306 篇，另附佚碑碑目 292 条。在 1098 篇石刻碑文中，现存 793 篇中有唐 6，五代 1，宋 14，金 9，元 28，明 108，清 336，民国 41，年代不详者 17，中华人民共和国成立后 233；

在305篇佚失石刻中，唐4，宋7，金7，元40，明74，清160，民国13。表现形式有碑碣、墓志、经幢、造像及其他杂类；其内容有神道、功德、墓表、墓志、创建、重修、增修、衙署、寺观记事、造像，以及御制圣旨、诏书、牒文等；涉及政治、经济、文化、宗教、军事、水利、田亩、教育、格言、生产、生活、灾荒、宗祠家族、乡规民约以及颂景感怀等，可谓包罗万象。在造像石刻中，遍及民族先祖、先哲圣贤、帝王将相、英雄豪杰，下至黎民布衣、江湖隐客等各个层面。这些石刻是数千年洪洞历史文化的百科大典，是研究洪洞地方史志的珍贵资料。

这本沉甸甸的鸿篇巨著，是我县历史文化爱好者经田野调查、拓片、辨文断句、整理出版的呕心力作。

《石破天惊》

《石破天惊》，32开平装横排本，18余万字，李文生主编。李文生是军转本土作家，曾任临汾市中级人民法院常务副院长，临汾市人民检察院常务副检察长。

该书以散文体，将自身经历及所思有感，糅合文物遗址、民情风俗、文献典籍夹叙夹议一路写来，介绍了洪洞这片热土，呈现了作者浓浓乡愁，并首次提出"中国神话传说地缘学"的理论，开发了当地对伏羲、女娲"始祖文化"的先河，提出了"让世界了解洪洞，让洪洞走向世界"的宏伟目标。

《舜王传奇》

《舜王传奇》，32开绘图横排本。本图册以白描绘画技法展现了虞舜以孝立身、以勤持家、以诚待人、以德治国的远古圣贤的伟大形象。

舜，生于洪洞，长于洪洞，施仁政于黄河流域，建盛世于九州天地。作为多年苦心研究舜文化的长者李学智先生与擅于工笔、写意中国传统画的申双虎先生，工艺美术师王玉龙先生三人不谋而合，撰稿、绘图一气呵成，可谓"月移夕霞映书室，案展清风描丹青"，共同孕育出图文并茂的《舜王传奇》画册。同时，还将解说词翻译成外文，对宣传舜帝德孝文化、弘扬民族优良传统，让洪洞走向世界，为改革开放做出了突出贡献。

《苏三监狱志》

《苏三监狱志》，32开平装横排本，全书分图例、沿革、传记、职官、传说、诗词等七卷。是方志学者张青先生的早期作品之一。

苏三监狱，又名明代监狱，是我国现存最早的县级监狱。其布局和形制是研究我国封建社会衙门监狱规制的不可移动文物珍贵资料,也是洪洞三大景"一棵树、一座塔、一个弱女蒙冤传天下"的有力佐证。

"参天之木必有其根,怀山之水必有其源。"洪洞作为中华民族古老文化的重要发祥地之一,承载了太多悠久的人文历史,埋藏着太多深厚的文化底蕴,洪洞大槐树也承载了亿万移民后代的故园想象。这与其说是一种历史的巧合,不如说是对明初山西百万移民潮的一种集体追忆,这种广阔的追忆成为落叶归根的精神寄托。"杨国赵里汉唐风"既是我们的光荣,更是我们的责任,更是中华民族的大认同,中华民族的大自信。我们要更加深入地挖掘它,更加认真地研究它,更要在新的时代,使其发扬光大,使其绽放出新的光彩,创造出新的辉煌。

卷十

大事有序史为真

右聯：禋先故臣叫什麼 大槐樹下老鸛窩

左聯：大事有序史為真 中國貢園洪洞縣

大 事 记

元顺帝至正元年（1341）
是年
汴梁、钧州发大水。

至正二年（1342）
四月
睢州仪封县发大水淹没庄稼。
六月
济南山水暴涨，冲东西二关，流入小清河，黑山、天麻、不固等塞及卧龙山水通涌入大清河，湮没上下居民千余家，溺死者无数。

至正三年（1343）
二月
巩昌宁远、伏羌、成纪三县山崩水涌，溺死者无数。
五月
黄河在白茅口决堤。
七月
汴梁中牟、扶沟、尉氏、洧州四县，郑州荥阳、汜水、河阴三县发大水。

至正四年（1344）

是年

黄河北堤一再决口，曹、濮、济、兖等地受灾，河道逐渐北移，影响漕运。

六月

河南巩县发大水，湮没民居数百家。济宁路发大水，人相食。

至正五年（1345）

七月

黄河在济阴决口，官民亭舍被湮殆尽。

十月

黄河泛滥。

至正八年（1348）

正月

黄河决口，陷济宁路。

六月

中兴路骤雨，湮没60余里，死1500余人。胶州发生大水灾。

至正十年（1350）

十月

南阳、安丰一带农民起义成群。

至正十一年（1351）

四月

元朝统治者征派民工15万修治黄河故道，贾鲁任总治河防使。

五月

白莲教首领韩山童发动治河民工起义，被捕处死。其徒刘福通在河北永年领导农民起义，占领颍州和河南南部一带，元末农民战争爆发。起义军以红巾裹头，以红旗为号，称"红巾军"，又名"香军"。

八月

邳县人李二（人称芝麻李）联络赵君用、彭大等8人，响应刘福通，在徐州起义，众至10余万人，攻占徐州所属各县。以徐寿辉、彭莹玉、邹普胜等4人为领袖的西系红巾军在蕲州起义，沔阳人陈友谅参加起义军。

十月

徐寿辉以蕲水为都称帝，置莲台省，建国号天完，建元治平。所部陆续攻克湖广、江西北部，东及江浙，西及川陕，众至数十万。

北琐红巾军攻克唐、邓、南阳、嵩、汝、河南府等地。

南琐红巾军攻克均、房、荆门、归州等地。

至正十二年（1352）

正月

南琐红巾军攻克襄阳。

二月

定远人郭子兴、孙德崖等率众起义，攻克濠州。

闰三月

朱元璋投奔郭子兴，任"亲兵长"，郭子兴以义女马氏嫁朱元璋。

六月

大名路开、滑、浚3州，元城11县，水旱虫蝗，饥民716 980口。

中兴路松溢县骤雨，水暴涨，湮民居千余家，溺死700余人。

七月

元右丞相脱脱率重兵开往徐州镇压芝麻李起义军。

九月

元右丞相脱脱率军攻占徐州，屠其城，芝麻李等突围出走。一个月后，芝麻李在雄州被俘处死。彭大、赵均用等率余部投奔郭子兴，后郭子兴与彭、赵不和，移军滁州。

至正十三年（1353）

正月

泰州白驹场人张士诚率盐徒起义，攻下高邮等地。

八月

金山人民起义。

是年夏

蓟州丰润、玉田、遵化、平谷4县发大水。

至正十四年（1354）

正月

张士诚在高邮称诚王，国号大周，年号天佑。渡江攻下常熟、湖州、松江等地。

六月

河南府巩县大雨，伊、洛水溢，湮没民居，溺死300余人。

至正十五年（1355）

二月

刘福通自砀山迎韩林儿至亳州，立为皇帝，号"小明王"，建元龙凤。不久移驻安丰。

三月

郭子兴在和阳病死。

六月

朱元璋带领郭子兴所部义军,攻占太平。

至正十六年(1356)

正月

张士诚遣弟士德渡江破常熟。二月攻占平江。张士诚自高邮进驻平江,改名隆平府,自称周王,立省院六部百司。

二月

徐寿辉建都汉阳。

三月

朱元璋占领集庆,改名应天府。七月自称"吴国公",遣奉韩林儿,以"龙凤"纪年。

是年

黄河在郑州河阴县决口,官署民居尽废,遂成冲流。

至正十七年(1357)

二月

龙凤将毛贵、浮海破胶州。

三月

毛贵攻陷莱州,据益都。龙凤将领李武、崔德绕过潼关,夺七盘,进据蓝田,直趋兴元。

六月

刘福通自率一军攻汴梁,余军分三路北伐:中路由关先生、破头潘、王士诚等率领攻怀庆,深入晋冀进攻上都;西路由白不信、大刀敖、李喜喜率军进取关中;东路由毛贵率军自山东进攻大都。

是月

暑雨,漳河溢,广平郡邑皆发大水。

八月

天完将领倪文俊谋杀徐寿辉不成,由汉阳奔黄州,被部将陈友凉袭杀。陈友凉自称平章。

是月

张士诚降元。

十月

白不信、大刀敖等攻克兴元，北趋凤翔。

十二月

天完将领明玉珍攻占重庆。

是年

河南发生大饥荒。

至正十八年（1358）

二月

毛贵攻占济南。

三月

毛贵攻克蓟州、漷州，前锋到达柳林，元都大震。后因在柳林作战失利，退回济南。

四月

李喜喜在巩昌被元将察罕贴木儿击败，进入四川，归附明玉珍。

是月

毛贵为部将赵均用所杀。

五月

刘福通攻破汴梁，自安丰迎韩林儿，定为国都。龙凤政权中央分设六部，御史等诸官属，在山东、江南等地分设行省。

十二月

关先生、破头潘等由大同直取元之上都。焚毁宫阙。

是月

朱元璋统兵10万，进攻婺州，过徽州，召见朱升，问以时事，朱升建议"高筑墙，广积粮，缓称王"。朱元璋采纳了其建议。

是年

京师、彰德府发生大饥荒。

至正十九年（1359）

正月

关先生、破头潘东攻全宁，焚鲁王府宫阙，进破辽阳，入高丽境。

八月

元将察罕贴木儿攻陷汴梁，刘福通奉小明王韩林儿退据安丰。

九月

黄河在济州任城县决口。

十二月

徐寿辉至江州,陈友谅尽杀其部属,以江州为都,奉徐寿辉为傀儡,自称汉王。

是年

冀、鲁、豫发生大饥荒,通州民刘五杀其子而食之。保定路军士掠孱弱以食。山东,河南之孟津、新安、渑池出现食蝗、人相食的惨状。

至正二十年(1360)

三月

朱元璋征召刘基、章溢、叶琛、宋濂至建康,他们成为朱元璋的主要谋臣。

闰五月

陈友谅在江州杀徐寿辉,自立为帝,国号大汉,改元大义。

七月

通州发大水成灾。

至正二十一年(1361)

八月

朱元璋在江州大败陈友谅,陈友谅逃往武昌。

是月

察罕贴木儿乘山东红巾军自相攻杀之机,收买招降田丰、王士诚,镇压了山东地区的红巾军。

至正二十二年(1362)

三月

明玉珍在重庆称帝,国号大夏,建元天统。

是月

邵武光泽县发大水成灾。

至正二十三年(1363)

二月

张士诚派部将吕珍围攻安丰,刘福通向建康告急。

三月

张士诚军攻破安丰,杀刘福通。朱元璋率军击败张士诚,救出韩林儿,迎至徐州。

四月

陈友谅大举攻洪都。

七月

朱元璋率舟师20万驰援洪都,大战于鄱阳湖。

是月

黄河在东平、寿张县决口，圮城墙，湮屋庐，人溺死甚众。

八月

陈友谅兵败，在九江口中流矢身亡，其子陈理在武昌继位，改元德寿。

九月

张士诚自称吴王。

至正二十四年（1364）

正月

朱元璋自立为吴王。建百司官属，置中书省左右相国。以李善长为右相国，徐达为左相国，常遇春、俞通海为平章政事。

二月

朱元璋亲自率军围攻武昌，陈理投降。

至正二十五年（1365）

是年秋

蓟州大水。东平须城、东河、平阴3县河水决口，达于清河，坏民居，伤禾稼。

至正二十六年（1366）

二月

明玉珍死，子升年10岁嗣立。

是月

黄河北徙，上至东明、曹、濮，下及济宁皆受灾。

二至四月

朱元璋派徐达率军攻克张士诚控制的高邮、淮安等地。

八月

朱元璋令徐达、常遇春率军20万讨伐张士诚。

十二月

朱元璋遣廖永忠往滁州，伪迎韩林儿至建康，行至瓜州，凿舟沉船，将韩林儿溺死江中。

至正二十七年（1367）

正月

吴王朱元璋宣布不再以龙凤纪年，称1367年为吴元年。

九月

吴大将徐达攻克苏州，俘张士诚，张士诚自尽不死，后将张士诚杖杀于建康。

是月

朱元璋发布讨元檄文,兴师北伐。

十月

朱元璋命徐达为征讨大将军,常遇春为副将军,率军25万,由淮入河北取中原。

十二月

方国珍兵败,向吴征南将军汤和投降。

是月

吴征南将军汤和率军攻克福州。

明太祖洪武元年(1368)

正月

朱元璋在建康称帝,建都应天府,年号洪武,国号大明。

是月

汤和攻克延平,陈友定自尽不死,械送建康处死,福建平定。

二月

明以廖永忠为征南将军,浮海取广东。明北伐军由山东沿黄河进取河南。

三月

元广东行省左丞何真向明军投降,广东平定。

五月

明军入潼关。

六月

明军平定广西。

七月

徐达、常遇春会师河阴,派军分道渡河,进攻河北,走德州,取长芦,扼直沽,水陆并进,克通州,直逼大都。元顺帝带领后妃、皇太子弃城北逃。

八月

北伐军占领大都,元亡。明改大都路为北平府。

洪武二年(1369)

正月

朱元璋下诏减免河北、北平等地税粮。

是年

明初迁山西民于中原诸省(连续10次,历时33年)。

洪武三年（1370）

是年

郑州知府苏琦上言"时宜三事"：其一为屯田积粟以示长久之规，其二为选重臣驻边镇统辖诸番，其三为垦田以实中原。

是年

朱元璋设置司农司于河南专管垦田之事。

是年

山西行省商人向大同仓入米一石，太原仓入米一石三斗，发给淮盐引票一引，商人售引贩盐获利，以偿粮费。

洪武四年（1371）

正月

汤和为征西将军攻夏。

六月

汤和军至重庆，明升投降，夏亡。

是年

召商输粮而给予盐引的"开中法"在各地实行，商人为多获盐引，依民屯办法在边地募民屯田，以获粮食，就近输仓，形成商屯。商屯首先在山西大同等地实施。

洪武六年（1373）

是年

明政府在洪洞大槐树处设立移民局组织大规模移民，迁徙山西、真定民屯田于凤阳。

洪武九年（1376）

十一月

明政府在洪洞大槐树处组织大规模移民，迁徙山西及真定无产业者于凤阳屯田。

洪武十二年（1379）

五月

明政府在洪洞大槐树处办理移民屯田手续，山西民为军者二万四千余户，悉还为民屯田。

洪武二十一年（1388）

八月

户部郎中刘九皋上奏："古者狭乡之民迁于宽乡，盖欲地不失利，民有恒业，今河北诸处，自兵后，田多荒芜，居民鲜少。山东、西之民自入国朝，生齿日繁，宜令分丁徙居宽闲之地，开种田亩，如此则国赋增而民生遂矣。"朱元璋采纳了刘九皋的建议，作出决定："山东地广，民不必迁，山西民众，宜如其言。"明政府在洪洞大槐树处办理有关移民手续，于是迁山西泽、潞二州民之无田者，往彰德、真定、临清、归德、太康诸处闲旷之地，令自便置屯耕种，免其赋役3年，每户给钞20锭，以备农具。

洪武二十二年（1389）

八月

后军都督朱荣奏称从洪洞大槐树处办理移民手续的山西贫民徙居大名、广平、东昌之府者凡给田26 072顷。

九月

山西沁州民张从整等116户告愿应募屯田，户部以闻，命赏从整等钞锭，送后都督佥事徐礼分田给之，在洪洞大槐树处办理有关移民手续。

十一月

朱元璋以河南彰德、卫辉、归德，山东临清、东昌诸处，土宜桑枣，民少而遗地利，山西民众而狭，故多贫。乃命后军都督佥事李恪等往谕其民，在洪洞大槐树处集中办理迁徙手续，愿徙者验丁给田，其冒名多占者罪之，复令工部榜谕。

洪武二十五年（1392）

四月

明皇太子朱标死。

八月

冯胜、傅友德帅开国公常升等分行山西，籍民为军，屯田于大同、东胜立16卫。计平阳，选民丁9卫，太原、辽、沁、汾选民7卫。每卫5600人。平阳选民在洪洞大槐树处集中办理有关立卫军屯事宜。

九月

朱元璋立朱允炆为皇太孙。

十二月

后军都督府都督佥事李恪、徐礼还京。先是命恪等往谕山西民在洪洞大槐树处集中，愿徙彰德者听。至是还报，彰德、卫辉、广平、大名、东昌、开封、怀庆7府民徙居者凡598户，计今年所收谷粟麦300余万石，棉花1 180 300余斤，见种麦苗2180余顷。朱元璋说："如此十年，吾民之贫者少矣。"

洪武二十八年（1395）

正月

山西马步官军26 600人往塞北筑城屯田。

三月

朱元璋诏中军都督府左都督刘谦，右军都督府都督佥事陈春，后军都督府都督佥事朱荣往彰德、卫辉、大名、广平、顺德、真定、东昌、兖州等府，劝督迁民屯田。

十一月

后军都督佥事朱荣言山西洪洞大槐树移民在东昌等 3 府屯田迁民 58 124 户，租 3 225 980 余石，棉花 248 万斤。右军都督佥事陈春言彰德等四府屯田凡 381 屯，租 2 333 319 石，棉花 5 025 500 余斤。

洪武三十年（1397）

五月

户部尚书郁新上言山西狭乡无田之民募至山东东昌、高唐境内屯种，给食已及 3 年，请从本府民地则例，验亩起科，自今年为始，征其赋税。朱元璋说民贫则国不能独富，民富则国不能独贫，其再复 1 年，然后征之。

洪武三十一年（1398）

闰五月

明太祖朱元璋病死，皇太孙允炆即位，是为建文帝。

七月

朱允炆（建文帝）采纳黄子澄、齐泰削藩的建议，将周王棣贬为庶人。

十一月

朱允炆以工部侍郎张昺为北平左布政使，谢贵为都指挥使驻北平密察燕王动静。

明惠帝建文元年（1399）

二月

燕王朱棣奉诏入京师朝觐，四月返回北平，称病家居。

六月

朱允炆密诏张昺、谢贵擒燕王。北平都指挥使张信奉命往燕王府收捕，张信投附燕王，告以密谋。

七月

燕王诱骗张昺、谢贵入府饮宴，在席间杀张、谢。起兵反叛，号称"清君侧"。

八月

朱允炆命长兴侯耿炳文领兵 30 万至真定，燕王领兵至涿州，耿出战，大败。退兵城内，坚守不出，燕王领兵回北平，朱允炆改任李景隆为大将军。

九月

李景隆至德州，燕王朱棣率军趋永平，败明军。

十月

朱棣尽收朵颜三卫军队。

十一月

燕王朱棣回师至北平郊外，内外夹攻明军，李景隆败逃德州。

建文三年（1401）

二月

朱棣先后于滹沱河、夹河、真定等地败明军。

三至四月

燕军连续攻下顺德、广平、大名等地，河北郡县多降。

建文四年（1402）

正月

燕军进入山东，明将铁铉守济南，燕军绕过济南，攻破东阿、汶上、邹县，直趋沛县、徐州。

四月

燕军进抵宿州，直趋扬州攻下高邮、通州、泰州等地。

六月

燕军自瓜州渡江。十三日进抵京师金川门，李景隆和谷王开门迎降。徐辉祖率兵抵御战败。朱允炆与诸妃在宫中纵火自杀。

七月

燕王朱棣即皇帝位是为明成祖，改年号为永乐。杀齐泰、黄子澄，族诛全家。杀名士方孝孺十族。

九月

户部遣官核实太原、平阳2府，泽、潞、辽、沁5州，丁多田少及无田之家，分其丁口，在洪洞大槐树处集中办理移民手续，充实北平各府州县。每户仍给钞，使置牛具子种，5年后征其税。

明成祖永乐元年（1403）

明成祖以北平为北京，改北平为顺天府。

是年

迁山西民于中原各省，连续8次，历时15年。

八月

礼部议奏山东、山西、陕西、河南四布政司就本布政司编成里甲，朱棣下诏照准。山西布政司在洪洞大槐树处办理有关事宜。

永乐二年（1404）

九月

明政府在洪洞大槐树处办理移民手续，发放川资，迁徙山西太原、平阳、泽、潞、辽、汾、沁民万户实北平。

永乐三年（1405）

九月

明政府在洪洞大槐树处移民局办理手续，发放川资，迁徙山西太原、平阳、泽、潞、辽、汾、沁民万户实北平。

永乐四年（1406）

正月

湖广、山西、山东等郡县吏李懋等214人上言，愿迁移到北京为民。山西民在洪洞大槐树处集中，朱棣命户部给道里费遣之。

永乐五年（1407）

五月

朱棣下诏命户部从山西之平阳、泽、潞，山东之登、莱等府州5000户隶上林苑监，牧养栽种。山西民在洪洞大槐树处集中，户给道里费100锭，口粮5斗。

永乐十二年（1414）

三月

朱棣以其（隆庆）当要冲，而土宜稼穑，改为隆庆州……而以有罪当迁谪者在洪洞大槐树移民局集中办理手续以实之。隆庆原编东南、西南、东北、西北四隅，红门、黄报、白庙、版桥、富峪、红寺六屯，谓之前十里。谪发为事官吏充之。榆林、双营、西桑园、泥河岔道、新庄、东园、宝林、阜民九屯，连关厢谓之后十里。迁发山西等处流民充之，每户拨田五十亩，任种办纳粮差。

永乐十四年（1416）

十一月

迁徙山东、山西、湖广流民2300余户于保安州，免赋役3年。山西流民在洪洞大槐树处集中办理迁徙事宜。

永乐十五年（1417）

五月

山西平阳、大同、蔚州、广灵等府州申外山等诣阙上言"乞分丁于北京、广平、清河等宽闲之处，占籍为民，拨田耕种，依例输税，庶不失所"，朱棣准此议，移民在洪洞大槐树处移民局办理迁徙手续，仍免田租一年。

清顺治八年（1651）

六月

汾水暴涨，广济寺被浸塌，乃移建于湾里村，改名北桥寺。记载迁民史实之碑同迁于北桥寺。

清咸丰三年（1853）

九月

太平军北伐先遣队攻占洪洞，北桥寺被付之一炬，迁民史实碑下落不明。

民国元年（1912）

卢永祥部抵洪洞，部下军士多冀、鲁、豫籍。纷纷至大槐树下罗拜，称"回到老家了"。为此，洪洞人民免遭一劫。

民国三年（1914）

是年

洪洞人景大启、刘子林、柴汝桢等乡绅集资修葺洪洞古大槐树处明代迁民遗址，碑亭、茶室、木牌坊竣工。

民国十年（1921）

是年

景大启撰修《古大槐树志》一卷，石印本。

民国十八年（1929）

是年

洪洞知事柳蓉（代县人）重修《古大槐树志》。

民国二十年（1931）

是年

柳蓉、柴汝桢等编辑《增广山西洪洞古大槐树志》上下卷，首一卷，末一卷，由洪洞积祥斋石印局石印。

1952年

洪洞县政府在古大槐树东侧建烈士亭。

1957年

四月

邓小平参观古大槐树处。

1959年

洪洞县人民政府公布古大槐树处为县级文物保护单位，并划定四至：东至贾村，西至汾河，北500米，南1000米。

1974年

第二代槐树被大风吹倒，县政府拨专款整修，用水泥基座固定，树身用铁箍固定，重新竖立。

1982年

洪洞县志办公室在《参考消息》发布征集洪洞县志资料启事，收到全国21个省区市大量移民资料。

1983年

新建了古大槐树处门楼（即中门）与围墙。在古槐北路通往祭祖园的路口修建了牌坊，正面匾额为著名书画家董寿平所书"古槐逢春"，阴面为山西省美协原主席苏光所题"荫蔽九州"。

1984年

古大槐树处移交城建局管理，更名为大槐树公园。芦葆桐创作大型壁画《移民图》。古大槐树处筹建大槐树公园，并建设中门，政府拨款，将二代古槐竖直、加固。

1985年

建设"根"字影壁及"望亲亭"。

1987年

新建大槐树公园"迁民遗址"大门。大门由三个飞檐斗拱的门楼组成，正面门额书"迁民遗址"，阴面书"故土芳华"，为著名书法家潘絜兹所题。

1988年

林中园、张青编撰的《洪洞古大槐树志》出版发行，《山西日报》发表刘国柱、安乐才的《寻根问祖话古槐》，建起槐荫亭及募捐碑林。

1990年

洪洞县人民政府决定每年4月1日至10日为洪洞大槐树寻根祭祖节，清明为主祭日，同时举办物资文化交流大会，简称"一节一会"。

山东大学季刊《民俗研究》发表扈新起的《洪洞大槐树的风俗及其传说》。

1991年

3月8日

洪洞县人民政府发布《关于举办"寻根祭祖节"暨"物资文化交流大会"的实施方案》，成立"一节一会"组委会，主任委员樊纪亨（县政府县长），副主任委员林泽忠（县政府副县长）、马小泉（县政府副县长）、刘寿芳（县人大副主任）、张德英（县委常委、公安局局长）、史德顺（县政协副主席）、薛佩珍（山西焦化厂厂长）、仝立祥（山西维尼纶厂厂长）、高全锁（临汾地区水泥厂厂长）。组委会下设秘书科和物资交流组织管理组、宣传组及文化交流组、礼仪组、接待服务组、经济技术洽谈组、综合协调组、安全保卫组。

4月1日—10日

洪洞县举办首届寻根祭祖节暨物资文化交流大会。《人民日报》（海外版）发新闻，中国国际广播电台播放了吴万锁先生撰写的《山西洪洞大槐树》广播稿，并由美国纽约的华语广播和法国巴黎的"华人之声"等电台转播。

4月5日

在首届祭祖仪式上，县长樊纪亨恭读《祭古槐迁民先祖文》。

1992年

4月1日—10日

洪洞县举办第二届寻根祭祖节。

4月5日

在第二届寻根祭祖主祭仪式上，副县长林泽忠恭读《祭古槐迁民先祖文》。

4月20日

全国人民代表大会常务委员会委员长乔石到大槐树祭祖园参观。

7月17日

国务院原副总理、全国政协副主席谷牧参观大槐树祭祖园。

1993年

3月25日

洪洞县人民政府发布《洪洞县第三届"寻根祭祖节暨物资文化交流大会"组织机构名单》，组委会主任委员黄登高（县政府县长），副主任委员张德英（县委常委、公安局局长）、刘寿芳（县人大副主任）、郝国龙（县政府副县长）、姚素艳（县政府副县长）、王随宝（县政府副县长）、史德顺（县政协副主席）、夏凤鸣（51381部队政委）。组织机构下设秘书处及办公室、宣传组、祭祖礼仪组、接待服务组、经济技术洽谈组、安全保卫组。

4月1日—10日

洪洞县举办第三届寻根祭祖节。

4月5日

在寻根祭祖主祭仪式上，县长黄登高恭读《祭古槐迁民先祖文》。

6月4日

全国政协副主席胡绳到洪洞大槐树祭祖园视察并题词："改革开放，开拓前进，发展经济，振兴洪洞。"

是年

黄有泉、高胜恩、楚刃编撰的《洪洞大槐树移民》出版发行。

1994年

2月1日

中共中央总书记、国家主席江泽民到洪洞视察，并到大槐树祭祖园参观。

4月1日—10日

洪洞县举办第四届寻根祭祖节。

4月5日

在寻根祭祖节主祭仪式上，县长黄登高恭读《祭古槐迁民先祖文》。

6月3日

全国政协副主席杨汝岱参观大槐树祭祖园并题写"饮水思源"。

9月22日

中共中央原政治局常委宋平参观大槐树祭祖园。

1995年

3月22日

中共中央政治局委员、中央书记处书记、国务院副总理姜春云参观大槐树祭祖园。

3月29日

洪洞县人民政府发布《关于举办第五届"一节一会"的通知》，成立"一节一会"领导组，组长姚素艳（县政府副县长），副组长晋廷瑞（县委宣传部部长）、赵双宝（县政府办公室主任）。

4月1日—10日

洪洞县举办第五届寻根祭祖节。

4月5日

在寻根祭祖节主祭仪式上，代县长卢健清恭读《祭古槐迁民先祖文》。

6月18日

全国政协副主席钱伟长参观大槐树祭祖园。

1996年

1月12日

山西省人民政府公布明代迁民遗址为山西省重点文物保护单位。

3月11日

洪洞县人民政府发布《关于举办第六届"一节一会"的通知》，成立"一节一会"领导组。组长刘绍康（县政府副县长），副组长晋廷瑞（县委办公室主任）、赵双宝（县政府办公室主任）。

4月1日—10日

洪洞县举办第六届寻根祭祖节。

4月4日

在寻根祭祖节主祭仪式上，县长卢健清恭读《祭古槐迁民先祖文》。

4月26日

中共中央政治局委员、国务委员李铁映参观大槐树祭祖园。

1997年

4月1日—10日

洪洞县举办第七届寻根祭祖节。

4月5日

在第七届祭祖节主祭仪式上，代县长柴高潮恭读《祭古槐迁民先祖文》。

5月

更名为洪洞大槐树寻根祭祖园，隶属文物旅游局管理。

是年

大槐树祭祖园被评为省级旅游景点管理先进单位。

1998年

4月1日—10日

洪洞县举办第八届寻根祭祖节。

4月5日

在第八届寻根祭祖节主祭仪式上，县长柴高潮恭读《祭古槐迁民先祖文》。

是年

县政府举办祭祖堂扩建募捐活动，集资200万元。

1999年

4月1日—10日

洪洞县举办第九届寻根祭祖节。

4月5日

在第九届寻根祭祖节主祭仪式上，县长柴高潮恭读《祭古槐迁民先祖文》。

4月12日

毛泽东主席原机要秘书张玉凤到大槐树寻根祭祖园寻根祭祖。

6月

张青、林中元编著的《寻根在洪洞》由山西人民出版社发行。

7月16日

美国游人参观大槐树寻根祭祖园。

7月31日

海峡两岸黄河一方土之行,台湾33名同胞寻根祭祖。

9月5日

全国政协副主席孙孚凌参观寻根祭祖园,并题词"爱我中华"。

9月29日

马来西亚客家寻根团来大槐树寻根祭祖园寻根祭祖。

11月11日

全国政协副主席万国权参观大槐树寻根祭祖园并题词"寻根祭祖"。

12月

大槐树寻根祭祖园管理所获"省级文明景区"称号。

是年

大槐树寻根祭祖园管理所对第二代槐树采取了防腐措施。

2000年

2月25日

洪洞县人民政府发布《关于第十届"一节一会"的实施方案》,成立"一节一会"领导委员会,主任委员柴高潮(县政府县长),常务副主任委员刘少康(县委常委、县政府副县长),副主任委员姚素艳(县政府副县长)、关启(县政府副县长)。委员会下设办公室、礼仪组、理论研讨组、安全保卫组。

3月20日

俄罗斯客人参观大槐树寻根祭祖园。

3月28日

台湾同胞到大槐树寻根祭祖园寻根祭祖。

4月1日—10日

洪洞县举办第十届寻根祭祖节。

4月5日

在第十届寻根祭祖节主祭仪式上,县长柴高潮恭读《祭古槐迁民先祖文》。

11月

张青主编的《洪洞大槐树移民志》由山西古籍出版社出版发行。

2001年

3月14日

洪洞县大槐树移民研究会成立。

4月1日—10日

洪洞县举办第十一届寻根祭祖节。

4月5日

在第十一届寻根祭祖节主祭仪式上，代县长高洪元恭读《祭古槐迁民先祖文》。

是日

举行董寿平书法碑林揭碑及孙宗武万寿碑林落成典礼。

8月28日

台北山西同乡会赵清福一行15人到大槐树寻根祭祖园寻根祭祖。

10月1日

全国政协副主席陈锦华一行30人参观大槐树寻根祭祖园。

10月3日

山西省委书记田成平一行20人参观大槐树寻根祭祖园。

10月22日

取得由英国CCAS皇家认证机构颁发的ISO9001质量体系认证证书。

12月1日

国家旅游局质量等级评定组到大槐树寻根祭祖园评定验收AAAA级旅游景区。

2002年

2月20日

国家旅游局公布洪洞大槐树寻根祭祖园为AAAA级旅游景区。

3月25日

洪洞县人民政府发布《关于第十二届"一节一会"的实施方案》，成立"一节一会"领导委员会，主任委员高洪元（县政府县长），副主任委员牛定元（县委副书记）、刘少康（县委常委、县政府副县长）、晋廷瑞（县委常委、宣传部部长）、栗俊昌（县政府副县长）。委员会下设办公室、礼仪组、安全卫生组。

3月

洪洞县人民政府与山西大学历史系联合成立"山西省洪洞大槐树移民研究中心"，并在洪洞县举行挂牌仪式。

4月1日

《根在洪洞大槐树》专题片首映首发式在洪洞大槐树寻根祭祖园举行。

4月1日—10日

洪洞县举办第十二届寻根祭祖节。

4月5日

在第十二届寻根祭祖节主祭仪式上，县长高洪元恭读《祭古槐迁民先祖文》。

4月7日

全国人大常委会副委员长布赫一行20人参观洪洞大槐树寻根祭祖园。

5月21日

全国人大常委会副委员长陈慕华一行45人到洪洞大槐树寻根祭祖园参观指导。

6月16日

台北山西同乡会李仙舟一行12人到洪洞大槐树寻根祭祖园寻根祭祖。

7月5日

全国政协副主席张思卿一行60人参观洪洞大槐树寻根祭祖园,并题"根系天下华夏人"。

9月17日

山西电视台《五千年文明看山西》摄制组到洪洞大槐树寻根祭祖园采风拍摄。

9月29日

中央电视台《发现之旅》摄制组拍摄迁民历史纪录片。

10月17日

海峡两岸关公文化交流团一行28人到洪洞大槐树寻根祭祖园寻根祭祖。

10月30日

《三晋揽胜》摄制组拍"1311"规划专题片。

12月20日

全国质量万里行指导委员会授予洪洞大槐树寻根祭祖园"全国先进单位"称号。

2003年

2月12日

中央电视台第七频道《乡村大世界》栏目记者,到洪洞大槐树寻根祭祖园为制作《龙腾槐乡》节目进行实地拍摄。

2月18日

浙江盾安集团公司总裁姚新义在县领导高洪元、牛定元、栗俊昌等陪同下到洪洞大槐树寻根祭祖园对旅游开发项目进行实地考察。

3月7日

电视专题片《来自大槐树》由中央电视台第十频道《发现之旅》栏目组完成后期制作,于3月7日和14日23时30分在央视一套播出。

3月22日

国家旅游局规划发展与财务司司长魏小安,在省旅游局副局长王春元、临汾市副市长苗元礼、洪洞县县长高洪元、副县长栗俊昌等陪同下,在洪洞大槐树寻根祭祖园参观考察,并召开临汾旅游发展规划座谈会,会上对洪洞大槐树寻根祭祖园发展规划提出了建设性意见。

4月1日—10日

洪洞县举办第十三届寻根祭祖节。

4月4日

洪洞大槐树移民文化研讨会在洪洞举行。

4月5日

在第十三届寻根祭祖节主祭仪式上，县长高洪元恭读祭文。

8月

张青著《洪洞大槐树寻根》由山西古籍出版社出版发行。

12月2日

洪洞大槐树寻根祭祖园旅游信息网站（www.sxhtdhs.com）开通。

12月5日

中央电视台经济频道《旅游风向标》栏目《向北向北》摄制组到洪洞大槐树寻根祭祖园采风创作。

2004年

3月

洪洞县人民政府发布《洪洞县第十四届"一节一会"实施方案》，成立"一节一会"领导委员会，主任委员高洪元（县政府县长），副主任委员牛定元（县委副书记）、晋廷瑞（县委常委、宣传部部长）、王振俊（县政府副县长）。委员会下设办公室、礼仪组、安全保卫组、环境卫生组、文化组、宣传组、经贸组。

4月1日—10日

洪洞县举办第十四届寻根祭祖节。

4月3日

19时45分，中央电视台第十频道《历程》周末版栏目播出了《来自大槐树》专题访谈节目。

4月4日

在第十四届寻根祭祖节主祭仪式上，县长高洪元恭读祭文。

4月13日—21日

中央电视台第七频道《搜寻天下》栏目摄制组在洪洞大槐树寻根祭祖园进行实地拍摄。

5月17日

以中国音乐家协会副主席、著名作曲家赵季平为团长的"华夏之根"文艺作曲采风团在洪洞大槐树寻根祭祖园采风创作。

6月3日

23时15分，中央电视台第七频道《搜寻天下》栏目播出纪录片《大槐树：六百年历史八百余根》。

6月14日

以中国文联原常务副主席、总政文化部部长、著名诗人李瑛为团长的"中国诗人看山西"采风团在洪洞大槐树寻根祭祖园采风。

7月23日

全国政协副主席罗豪才在市委副书记张克强、县领导柴高潮、高洪元、刘绍康等人的陪同下，在洪洞大槐树寻根祭祖园参观，并题词"恋祖爱乡"。

8月10日

洪洞大槐树寻根祭祖园申报第六批全国重点文物保护单位。

9月16日

全国人大常委会委员、广州军区司令员陶伯钧在洪洞大槐树寻根祭祖园参观指导。

是月

张青著《山西洪洞大槐树》由山西古籍出版社出版发行。

10月25日

中共中央委员、中共中央文献研究室主任滕文生，全国政协委员、中国国家博物馆顾问夏燕月等一行6人，在洪洞大槐树寻根祭祖园参观指导。

2005年

2月20日

山西省委、山西省人民政府授予"省级爱国主义教育基地"称号。

3月11日

洪洞大槐树寻根祭祖园被临汾市外事旅游局授予"优秀旅游风景区"称号。

3月

洪洞县人民政府发布《洪洞县第十五届"一节一会"实施方案》，成立"一节一会"领导委员会，主任委员高洪元（县政府县长），副主任委员晋廷瑞（县委常委、宣传部部长）、王振俊（县政府副县长）。委员会下设办公室、礼仪组、安全保卫组、环境卫生组、文化组、宣传组。

4月1日—10日

洪洞县举办第十五届寻根祭祖节。

4月4日

中央电视台在洪洞大槐树寻根祭祖园拍摄有关大槐树的MV。

4月5日

在第十五届寻根祭祖节主祭仪式上,县长高洪元恭读祭文。

5月5日

中央电视台第十频道摄制组在洪洞大槐树寻根祭祖园拍摄大槐树专题片。

5月10日

洪洞大槐树寻根祭祖园申报"省级文明景区"。

7月23日

台湾三晋文化交流团一行90余人在洪洞大槐树寻根祭祖园参观访问,寻根问祖。

10月18日

大槐树扩建开发工程全面启动暨洪洞大槐树寻根祭祖园有限公司成立揭牌仪式在大槐树新建祭祖堂广场隆重举行,参加揭牌仪式的有临汾市政府、临汾市发展与改革委员会、临汾市外事旅游局、临汾市文物旅游局、洪洞县四大班子、洪洞县各乡镇部委局、旅行社、新闻媒体和部分企业负责人共千余人。

10月26日

由著名歌唱家吴碧霞演唱,中央电视台拍摄的音乐电视片《大槐树》MV的开拍仪式在洪洞大槐树寻根祭祖园隆重举行。

2006年

3月5日

山东齐鲁电视台在洪洞大槐树寻根祭祖园拍摄系列纪录片《穿越时空重走洪洞移民路》。

3月14日

由《山西日报》文化部、临汾市楹联协会、洪洞县文物旅游局、洪洞大槐树寻根祭祖园有限公司联合举办的首届大槐树"根祖杯"楹联大赛获奖作品揭晓仪式在洪洞大槐树寻根祭祖园举行。

3月

洪洞县人民政府发布《洪洞县第十六届"一节一会"实施方案》,成立"一节一会"领导委员会,主任委员高洪元(县政府县长),副主任委员张国平(县委副书记)、晋廷瑞(县委常委、宣传部部长)、王振俊(县政府副县长)。委员会下设办公室、经贸洽谈组、礼仪组、安全保卫组、环境卫生组、宣传文化组。

4月1日—10日

洪洞县举办第十六届寻根祭祖节。

4月4日

首届大槐树"根祖杯"楹联大赛颁奖仪式在洪洞大槐树寻根祭祖园隆重举行。

4月5日

洪洞县第十六届寻根祭祖节主祭大典隆重举行，县长高洪元恭读《祭大槐树移民先祖文》。

4月11日

洪洞大槐树寻根祭祖园修建性详细规划评审会在县信合宾馆四楼会议室举行，山西省旅游局规划财务处副处长王毅，临汾市外事旅游局局长王保山，县委副书记张国平，国家发改委国土开发与地区经济研究所所长石培华，南京师范大学教授黄振乡等专家领导参加了会议。

4月19日

中央电视台经济频道《为您服务》栏目摄制组在大槐树考察采风。

5月5日

省长于幼军在临汾市有关领导及洪洞县县长高洪元的陪同下视察大槐树。

6月11日

山西电影制片厂厂长李水合、著名导演王文杰及摄制组一行10余人，在洪洞大槐树旅游区为电视连续剧《大槐树》进行前期考察。

6月30日

香港有线电视台摄制组一行5人在洪洞大槐树寻根祭祖园拍摄采风。

7月7日

台湾青少年"寻根之旅"夏令营一行50余人在大槐树"寻根祭祖"。

7月19日

《中华风旅游》驻中原二十城市营销总监到洪洞大槐树寻根祭祖园考察。

7月20日

洪洞大槐树寻根祭祖园举行广济寺遗址重建奠基典礼。

8月13日

由省委宣传部、山西电影制片厂联合摄制的四十集大型明朝历史剧《大槐树》开拍新闻发布会隆重举行。全国人大常委会委员、山西省原省委书记王茂林，全国政协外事委员会副主任刘华秋，省委常委、政法委书记杜玉林，《大槐树》剧组主要成员及来自全国各地的52家新闻媒体记者参加了新闻发布会。

8月18日

中央党校常务副校长苏荣、中央党校副校长王伟光、省政法委书记杜玉林等一行10人在市委副书记张克强、县委书记高洪元等领导的陪同下到洪洞大槐树寻根祭祖园参观视察。

10月7日

来自北京、河北、河南等18个省市的宗亲代表一行100余人在洪洞大槐树寻根祭祖园举行了隆重的祭祖仪式。

10月20日

临汾市根祖文化研究会授予"根祖文化教育基地"荣誉称号。

10月25日

中国老年报社、中国老年学会老年旅游专业委员会授予"中国老年人最喜欢的景区景点"荣誉称号。

11月16日

省委常委、省政府党组副书记薛延忠在市委书记王国正、县委书记高洪元等领导的陪同下，深入大槐树扩建开发项目建设工地，视察工程建设进展情况。

12月7日

中共洪洞县委办公室、洪洞县人民政府办公室发布《关于成立第十七届寻根祭祖节组委会的通知》，成立洪洞县第十七届寻根祭祖节组委会，主任委员孙延林（县委副书记、县政府代县长），常务副主任李世杰（县委副书记）、副主任委员赵双宝（县委常委、县委办公室主任）、王振俊（县政府副县长）。

12月9日

全国人大代表申纪兰等一行60余人在市长李天太、县委副书记郭紫群、县人大主任邱争战等领导的陪同下到大槐树扩建开发项目建设工地实地察看。

12月29日

洪洞大槐树寻根祭祖园新园区开园仪式隆重举行，市人民政府副市长苗元礼，市外事旅游局局长王保山，县委书记高洪元，县委副书记郭紫群、李世杰，各部委局代表，各乡镇领导，有关新闻媒体及社会各界人士参加了仪式。

2007年

1月8日

洪洞大槐树"祭祖习俗"入选首批山西省非物质文化遗产目录。

1月28日

俄罗斯、瑞典、希腊、爱尔兰等14个国家的驻华使节到洪洞大槐树景区旅游观光。

2月1日

广州电视台南方卫视摄制组在大槐树景区拍摄大槐树专题片。

4月1日—10日

第十七届大槐树寻根祭祖节在洪洞大槐树寻根祭祖园举行，本届祭祖节由山西省人民政府主办，临汾市人民政府、洪洞县人民政府承办。

4月4日

由 CCTV-5 主办的《奥运城市行》栏目组一行走进洪洞大槐树寻根祭祖园录制节目。

4月5日

由山西省政府主办的"中国·洪洞大槐树寻根祭祖大典"在洪洞大槐树寻根祭祖园隆重举行。来自海内外的寻根华人、全国各地的移民后裔及社会各界知名人士共万余人参加了祭祖大典，全国政协副主席李蒙，国家旅游局党组成员王军，省长于幼军，省政协主席刘泽民，省委常委、宣传部部长高建民，省委常委、统战部部长李政文，省人大常务副主任纪馨芳，省人大副主任薛军、范堆相、张铭、谢克昌、赵劲夫，副省长宋北杉，省政协副主席边鸣涛、阎爱英、周然，原省级老领导李立功、王庭栋、李布德、吴达才、张邦应、万良适、刘砚青、魏蕴瑜、李玉明、阎元锁、孟立正、李蓼源、孙祥炎、王民、光敏、彭致圭、白陞、路正西、秦国栋、吴慧琴、赵凤翔、徐大毅、赵耀仁、扅耀光、左祥，市委书记王国正，市长李天太等市四大班子领导及洪洞县四大班子领导出席了祭祖大典。来自天津、河北、内蒙古、辽宁、广西等省区市政府的代表，全国各地的百余家新闻媒体也参加了这次祭祖大典。中央电视台节目主持人朱军、香港凤凰卫视节目主持人吴小莉、山西电视台节目主持人李丽萍应邀主持了大典仪式。著名歌唱家阎维文、谭晶倾情演唱的《母亲》《大槐树》电视剧主题曲，深切表达了古槐后裔对故土的爱恋之情。省长于幼军恭读祭文。

5月2日

全国政协副主席、中央统战部部长刘延东在山西省委副书记金银焕、临汾市委书记王国正等领导的陪同下在洪洞大槐树景区调研。

5月29日

国家外交部原部长李肇星莅临洪洞大槐树寻根祭祖园参观。

7月19日

洪洞大槐树寻根祭祖园召开"2007中国洪洞大槐树标志性纪念品工艺品设计制作大赛"。

7月21日

由中国国务院侨办组织的来自美国、加拿大华裔青少年"中国寻根之旅"一行20余人在洪洞大槐树景区参观游览。

9月24日

中共中央原组织部部长张全景在省委组织部部长任泽民、副部长张凯等领导的陪同下深入洪洞大槐树景区进行调研。

2008年

3月4日

中共洪洞县委办公室、洪洞县人民政府办公室发布《第十八届洪洞大槐树寻根祭祖节实施方案》，成立第十八届中国·洪洞大槐树寻根祭祖节组织委员会，主任段新（县委副书记、县政府县长），副主任委员任保家（县政协主席）、晋廷瑞（县委常委、宣传部部长）、赵双宝（县委常委、县政府常务副县长）、宋保平（县委常委、政法委书记）、荆太峰（县委常委、县政府副县长）、张玉龙（县委常委、县委办公室主任）、乔永生（县政府副县长）、梁秀娟（县政府副县长）、范家续（县政府副县长）、王振俊（县长助理）、李骏虎（县长助理）、张松山（县政协副主席）、樊如荣（县政协副主席）、文林红（县政协副主席）、宋高社（县政协副主席）。组委会下设办公室、组织接待组、宣传报道组、祭祀活动组、文艺表演组、安全保卫组、环境整治组、食品安全组。

4月1日—10日

洪洞县举办第十八届大槐树寻根祭祖节。

4月3日

第二届"根祖杯"摄影大赛启动仪式在洪洞大槐树寻根祭祖园根雕大门前隆重举行。

4月4日

第十八届中国洪洞大槐树寻根祭祖大典隆重举行，县长段新恭读祭文。

6月7日

洪洞大槐树"祭祖习俗"被列入第二批国家级"非物质文化遗产"名录。

12月1日

山西省质量技术监督局发布临汾市旅游行业地方标准《山西洪洞大槐树寻根祭祖园景区旅游服务规范》。

12月13日

中央纪委驻司法部纪检组长韩亨林一行在洪洞大槐树景区视察。

2009年

1月7日

台湾商人林先生为洪洞大槐树寻根祭祖园广济寺捐赠了一套《中华大藏经》。

1月16日

《大槐树》报刊隆重发行。

3月20日

中共洪洞县委办公室、洪洞县人民政府办公室发布《关于举办第十九届中国·洪洞大槐树寻根祭祖节实施方案》，成立第十九届中国·洪洞大槐树寻根祭祖节组织委员会，主任任保家（县政协主席），常务副主任晋廷瑞（县委常委、宣传部部长）、梁秀娟（县政府副县长），副主任范家续（县政府副县长）、李骏虎（县长助理）、张松山（县政协副主席）、樊如荣（县政协副主席）、文林红（县政协副主席）、宋高社（县政协副主席）、吉绍文（县公安局局长）。组委会下设办公室、宣传报道组、活动组织组、安全保卫组、环境整治组。

4月1日—10日

洪洞县举办第十九届中国·洪洞大槐树寻根祭祖节。

4月4日

第十九届中国洪洞大槐树寻根祭祖节祭祖大典隆重举行，县长段新恭读祭文。

4月19日

中共中央政治局委员、中央书记处书记、中宣部部长刘云山一行在景区检查指导工作。

4月30日

"祥瑞杯"第四届中国山西全国书画艺术展暨第三届洪洞大槐树全国书画艺术展在洪洞大槐树景区隆重举行。

5月20日

山西省省长王君、副省长牛仁亮一行在市、县级领导的陪同下在洪洞大槐树景区视察指导工作。

6月17日

书法家田苗旺先生将亲自题写的《祭祖敬根》书法作品敬赠给洪洞大槐树景区。

6月23日

台湾记者代表团一行40余人在洪洞大槐树景区参观。

8月16日

洪洞大槐树景区荣获"中国最佳民俗风情旅游景区"称号。

9月26日

法国联合会译员余月星（Janik）在翻译员及讲解员的陪同下参观洪洞大槐树景区。

9月

被中华爱国英才报效祖国活动组织委员会授予"中华爱国先进示范单位"荣誉称号。

10月

被中国国际名牌发展协会、中国品牌企业联合发展促进会授予"中国著名品牌"荣誉称号。

11月22日

中华周氏网"周遍天下传递活动"回老家，来自山西各地的40名周氏宗亲在洪洞大槐树景区祭祖。

2010年

1月4日

洪洞大槐树景区"2009年度客户答谢会及2010年签约会"在四楼会议室举行。

3月4日

临汾市洪洞县第三次全国文物普查实地调查登录阶段验收会在洪洞大槐树景区隆重召开。

3月6日

被中原旅游奥斯卡组委会授予"2009年度中原旅游奥斯卡十佳营销策划奖"。

3月11日

原北京军区副政委杨建亭一行在洪洞大槐树景区参观。

3月22日

董事会临时召开股东大会。

3月24日

被山西省精神文明建设指导委员会授予"2008—2009文明和谐景区"荣誉称号。

3月

中共洪洞县委办公室、洪洞县人民政府办公室发布《关于举办第二十届中国·洪洞大槐树寻根祭祖节的实施方案》，成立第二十届中国·洪洞大槐树寻根祭祖节组织委员会，主任任保家（县政协主席），常务副主任晋廷瑞（县委常委、宣传部部长）、赵双宝（县委常委、县政府常务副县长）、宋保平（县委常委、政法委书记）、张玉龙（县委常委、县委办主任）、乔永生（县政府副县长），副主任范家续（县政府副县长）、张松山（县政协副主席）、樊如荣（县政协副主席）、文林红（县政协副主席）、宋高社（县政协副主席）、吉绍文（县公安局局长）、董爱民（县文物旅游管理服务中心主任）。组委会下设办公室、组织接待组、宣传报道组、活动组织组、安全保卫组、环境整治组。

4月1日—10日

洪洞县举办第二十届中国·洪洞大槐树寻根祭祖节。

4月5日

第二十届中国·洪洞大槐树寻根祭祖大典隆重举行,县长段新恭读祭文。

4月13日

以国家行政学院纪委书记杨文明为组长的中央检查组一行在省监察厅副厅长刘蓉华等领导的陪同下在洪洞大槐树景区视察。

4月19日

洪洞大槐树景区组建的"大槐树老家威风锣鼓队"正式开始训练。

4月21日

洪洞大槐树景区情系玉树,踊跃捐款,慷慨解囊。

5月12日

国家开发银行总行行务委员、党建巡视二组组长冀忠实及国家开发银行山西分行副行长张京辉等一行在县长段新等相关领导的陪同下在洪洞大槐树景区考察调研。

5月15日

被中共临汾市委、临汾市人民政府授予"2010年度模范单位"荣誉称号。

5月31日

被共青团临汾市委授予"五四红旗团支部"荣誉称号。

7月1日

由中央电视台文艺中心主任邹友开及助理秦春燕、空军政治部文工团李昕、中国音乐家协会流行音乐协会理事陈彤及助理苏一和东方歌舞团山西临汾籍著名歌唱演员王诗沂等人组成的"临汾十首"歌曲创作团一行在洪洞大槐树景区进行歌曲创作采风活动。

7月24日

中组部副部长、中央创先争优活动领导小组办公室主任王秦丰带领相关人员在洪洞大槐树景区就"创先争优"活动进行调研。

8月24日

洪洞大槐树庚寅年中元节祭祖大典隆重举行。

8月20日—9月10日

景区广济寺举办"洪洞大槐树广济寺首届水陆法会"。

8月31日

中央纪委副书记李玉赋一行在山西省纪委领导的陪同下在洪洞大槐树景区考察指导。

10月12日

洪洞大槐树景区出版《情系大槐树》画册。

10月30日

中央电视台大型电视纪录片《大迁徙》在洪洞大槐树景区开拍。

11月2日

中央电视台《腾飞·黄河金三角》系列节目摄制组一行8人在洪洞大槐树景区拍摄。

12月30日

中国·洪洞大槐树寻根祭祖节被山西省文化厅授予"山西十大文化品牌"荣誉称号,同时董事长范忠义被评选为"山西省十大年度文化创新人物"。

2011年

2月26日

洪洞大槐树景区被山西省劳动竞赛委员会办公室、山西省财贸轻纺烟草工会委员会授予"促转型谋跨越优质服务标兵集体"荣誉称号。

2月27日

国务院发展研究中心主任张玉台一行在洪洞大槐树景区考察指导。

3月14日

洪洞大槐树景区被山西省爱国卫生运动委员会授予"爱国卫生先进单位"荣誉称号。

3月19日

洪洞大槐树景区被山西省工艺品旅游纪念品生产经营协会授予"二〇一〇年度创先评优先进集体"荣誉称号。

3月

中共洪洞县委办公室、洪洞县人民政府办公室发布《关于举办第二十一届中国·洪洞大槐树寻根祭祖节的实施方案》,成立第二十一届中国·洪洞大槐树寻根祭祖节组织委员会,主任任保家(县政协主席),常务副主任晋廷瑞(县委常委、宣传部部长)、赵双宝(县委常委、常务副县长)、宋保平(县委常委、政法委书记)、张玉龙(县委常委、县委办主任),副主任张松山(县政协副主席)、樊如荣(县政协副主席)、文林红(县政协副主席)、宋高社(县政协副主席)、吉绍文(县公安局局长)、董爱民(县文物旅游管理服务中心主任)。组委会下设办公室、组织接待组、宣传报道组、活动组织组、安全保卫组、环境整治组。

4月1日—10日

洪洞县举办第二十一届中国·洪洞大槐树寻根祭祖节。

4月5日

第二十一届中国·洪洞大槐树寻根祭祖大典隆重举行,县长孙京民恭读祭文,台湾亲民党主席宋楚瑜夫妇应邀参加并致辞。

4月25日

洪洞大槐树景区被山西省企业养老保险管理服务中心授予"山西省企业养老保险缴费诚信AA级单位"荣誉称号。

4月26日

香港《大公报》记者一行30余人在洪洞大槐树景区考察。

5月8日

中共中央政治局常委李长春来洪洞大槐树景区考察调研。

5月18日

台湾东森电视台《走进城市》栏目摄制组一行4人在洪洞大槐树景区拍摄专题片。

5月19日

中共中央委员、全国"扫黄打非"工作小组专职副组长李长江一行在洪洞大槐树景区检查指导。

7月12日

大槐树旅行社隆重举行揭牌仪式,同日大槐树民俗饭店进入试营业。

8月7日

由台湾各大学及中小学校校长、教师组成的台北文教交流协会山西参访团一行66人在洪洞大槐树景区旅游参观。

8月10日

在由美景中国·中国旅游总评榜组委会、搜狐旅游、中国旅游门票网、《行游天下》杂志等全国20余家权威旅游媒体组成的中国最美潜力景区评选活动中,洪洞大槐树景区获"中国最具潜力的十大遗迹遗址"称号。

8月14日

洪洞大槐树景区举办"辛卯年中元节祭祖大典"。

9月7日

香港著名企业家及慈善人士邵逸夫的夫人、邵逸夫基金有限公司主席邵方逸华女士,以及香港特别行政区长官曾荫权的夫人曾鲍笑薇女士一行50余人在省、市、县各级领导的陪同下在洪洞大槐树景区参观考察。

9月27日

来自世界各地的华人、华侨及全国政协原副主席杨汝岱一行作为中博会参会代表来洪洞大槐树景区考察参观。

10月20日

洪洞大槐树寻根祭祖园有限公司子公司大槐树民俗饭店正式揭牌营业。

10月27日

洪洞大槐树景区隆重举行"辛卯年寒衣节祭祖大典",同日大槐树文化研究中心正式成立。

11月16日

太原卢氏后裔一行在洪洞大槐树景区寻根祭祖。

11月17日

著名歌唱家彭丽媛在洪洞大槐树景区参观。

2012年

3月7日

香港亚洲旅游出版社编撰组一行10人在景区参观考察。

3月

中共洪洞县委办公室、洪洞县人民政府办公室发布《关于成立中国·洪洞大槐树文化节组委会的通知》,成立中国·洪洞大槐树文化节组委会,主任王黎民(县委书记),第一副主任孙京民(县委副书记、县政府县长),常务副主任赵双宝(县委副书记),副主任李世杰(县人大主任)、魏全顺(县政协主席)、王晓斌(县委常委、纪委书记)、张玉龙(县委常委、常务副县长)、李竞(县委常委、组织部部长)、翟建科(县委常委、武装部部长)、乔永生(县委常委、政法委书记)、樊如荣(县委常委、宣传部部长)、刘春林(县委常委、统战部部长、县委办主任)、文林红(县政府副县长)、周希斌(县政府副县长)、牛永福(县政府副县长)、程延平(县政协副主席、财政局局长)、吉绍文(县公安局局长)。

4月1日—10日

洪洞县举办第二十二届中国·洪洞大槐树文化节。

4月4日

第二十二届中国·洪洞大槐树寻根祭祖大典隆重举行,县长孙京民恭读祭文。

6月1日

被山西省精神文明建设指导委员会授予"2010—2011文明和谐景区"荣誉称号。

6月10日

被山西省质量技术监督局授予"山西省质量信誉AA级企业"荣誉称号。

6月20日

全国人大常委会副委员长路甬祥一行在景区参观指导。

7月2日

中央巡视组组长、甘肃原省委书记陆浩一行在景区检查指导。

7月24日

被中共山西省委、山西省人民政府授予"山西省文化产业先进单位""山西省文化体制改革先进单位"荣誉称号。

8月21日

由原全国爱卫办副主任、疾控局副局长白呼群带领的国家爱卫会专家组一行在景区检查指导创卫工作。

8月21日

全国政协常委、经济委员会副主任、原国家工商行政管理总局党组书记、局长王众孚一行在景区参观考察。

8月31日

隆重举办壬辰年中元节祭祖大典暨第三届"根祖杯"摄影大赛启动仪式。

9月23日

河南牛氏宗亲会一行55人在景区祭祖。

11月14日

隆重举办壬辰年寒衣节祭祖大典。

2013年

3月4日

山西省副省长王一新一行在省、市、县旅游局领导及代县长郑步电的陪同下在景区调研。

3月

中共洪洞县委办公室、洪洞县人民政府办公室发布《第二十三届中国·洪洞大槐树文化节实施方案》,成立第二十三届中国·洪洞大槐树文化节组委会,主任王黎明(县委书记),第一副主任郑步电(县委副书记、政府代县长),副主任赵双宝(县委副书记)、李世杰(县人大主任)、魏全顺(县政协主席)、王晓斌(县委常委、纪委书记)、张玉龙(县委常委、常务副县长)、李竞(县委常委、组织部部长)、翟建科(县委常委、武装部部长)、乔永生(县委常委、政法委书记)、樊如荣(县委常委、宣传部部长)、刘春林(县委常委、统战部部长、县委办主任)、王青丽(县政府副县长)、文林红(县政府副县长)、周希斌(县政府副县长)、牛永福(县政府副县长)、程延平(县政协副主席、财政局局长)、吉绍文(县公安局局长)、范忠义(洪洞大槐树寻根祭祖园有限公司董事长)。组委会下设综合组、活动组、安全保卫组、环境整治组。

3月29日—4月9日

洪洞县举办第二十三届中国·洪洞大槐树文化节。

3月29日

第二十三届洪洞大槐树文化节开幕式暨明代民间民俗生活展演开展仪式在景区隆重举行。

4月4日

第二十三届中国·洪洞大槐树寻根祭祖大典隆重举行,代县长郑步电恭读祭文。

4月10日

国家文化部党组副书记、副部长赵少华带领调研组莅临景区就开展公共文化服务体系建设进行调研,山西省文化厅厅长张瑞鹏、临汾市委书记罗清宇、洪洞县委书记王黎明等领导陪同调研。

4月20日

董事长兼总经理范忠义荣获"山西省五一劳动奖章"和"山西省全心全意依靠职工办企业优秀企业家"称号。

5月29日

山西省省长李小鹏一行莅临景区参观指导。

5月30日

香港安达旅运集团主席李祖泽携集团文明之旅秘书长李学筠、集团台北分公司春天旅行社总经理胡嘉昌莅临景区参观考察。

8月21日

隆重举办癸巳年中元节系列活动——"晋善晋美 槐乡风采 第三届'根祖杯'摄影大赛颁奖暨《洪洞大槐树志》发布仪式"和癸巳年中元节祭祖大典。

9月4日

举办了中国数码摄影家协会创作基地授牌仪式,出席仪式的领导有中国数码摄影家协会主席李济山,洪洞县文联主席李清城,洪洞摄影家协会主席段建武、副主席李红久等。

11月3日

隆重举办了"晋善晋美 诗韵槐乡 第二届'根祖杯'海内外诗词大赛启动仪式"暨癸巳年寒衣节祭祖大典。

11月10日

被中国旅游电视协会授予"第四届中国最令人向往的地方"荣誉称号。

2014年

1月10日

隆重举行山西作家洪洞大槐树寻根祭祖园创作基地揭牌仪式,山西省委宣传部副部长、省作协主席杜学文,省文联副主席赵建平,省作家协会创研部主任李骏虎,临汾市委常委、宣传部部长黄翠莲,市文联主席王富山,市作家协会主席张行健,市委宣传部常务副部长董凤妮,洪洞县委书记王黎明,副书记赵双宝,县委常委、宣传部部长樊如荣等领导参加了揭牌仪式。

3月13日

中共洪洞县委办公室、洪洞县人民政府办公室发布《关于做好第二十四届大槐树文化节有关工作的通知》,成立第二十四届大槐树文化节保障协调组。组长赵双宝(县委副书记),副组长张玉龙(县委常委、常务副县长)、乔永生(县委常委、政法委书记)、樊如荣(县委常委、宣传部部长、政府党组成员)、文林红(县政府副县长)、周希斌(县政府副县长)、牛永福(县政府副县长)、程延平(县政协副主席、财政局局长)、吉绍文(县公安局局长)、王欣(县委办公室主任)。下设综合组、活动组、安全保卫组、环境整治组。

3月29日—4月7日

隆重举行了以"启迪智慧,弘扬美德,创新发展"为主题的第二十四届洪洞大槐树文化节暨第二届"根祖杯"海内外诗词大赛。

4月5日

第二十四届洪洞大槐树文化节寻根祭祖大典隆重举行,副县长文林红恭读祭文。来自山西、河南、河北、陕西、山东等全国18个省区市的移民后裔相聚老家大槐树。在此期间,新华社、人民日报社等10余家新闻媒体组成的采访团在此采风。

5月19日

中华王氏家族成员在山西理想国际的组织下在景区举办了一年一度的王氏宗亲祭祖活动。

6月15日

"2014年晋善晋美·中国著名作家山西行"采风团一行20人在景区采风。

7月31日

中华全国总工会副主席、书记处书记陈荣书一行4人组成的调研组在景区考察调研民主管理、工资集体协商情况。

8月7日

由洪洞大槐树寻根祭祖园投资的《源·大槐树之槐根恋》微电影开机仪式在祭祖堂举行。

8月10日

举办了以"告慰先祖 为民祈福"为主题的甲午年中元节祭祖大典。

8月19日

来自山东济南、菏泽的28名移民后裔在景区献殿举办了祭祖活动。

9月12日

中华羊氏宗亲联谊会在大槐树民俗饭店举行,来自全国17省区市的41县市200余位羊氏宗亲列席参加,并于13日在献殿举行了"公祭羊氏始祖列祖列宗大典"。

11月22日

举办了以"缅怀先祖 追思感恩"为主题的甲午年寒衣节祭祖大典,由中华陕西党氏宗亲会澄城分会发起的中华党氏宗亲陕西联谊会103人参加大典并举办了祭祖活动。

12月20日

澳新华裔青少年2014年中国寻根之旅冬令营·山西营开营仪式在根雕大门前举行,30余名来自澳大利亚、新西兰的华裔青少年参加了开营仪式。

2015年

1月30日

被山西省旅游局授予"二〇一四年度全省旅游信息先进单位"荣誉称号。

3月12日

中共洪洞县委办公室、洪洞县人民政府办公室发布《关于做好第二十五届大槐树文化节有关工作的通知》,成立第二十五届大槐树文化节保障协调组。组长赵双宝(县委副书记),副组长张玉龙(县委常委、常务副县长)、乔永生(县委常委、政法委书记)、樊如荣(县委常委、宣传部部长、政府党组成员)、文林红(县政府副县长)、周希斌(县政府副县长)、程延平(县政协副主席、财政局局长)、吉绍文(县公安局局长)、王欣(县委办公室主任)。下设综合组、活动组、安全保卫组、环境整治组。

3月29日—4月7日

以"孝德天下 大美洪洞"为主题的"第二十五届洪洞大槐树文化节暨洪洞善行义举好人榜和书画艺术展系列活动"隆重举行。

4月5日

第二十五届洪洞大槐树文化节寻根祭祖大典隆重举行,副县长文林红恭读祭文。来自全国18个省区市的移民后裔相聚老家大槐树,央视中文国际频道、中国新闻网、中国国际电视台、洪洞电视台四大媒体同步直播,新华网、黄河新闻网、中华网、《山西商报》、《山西经济日报》等主流媒体也同步图文直播。

5月28日

被山西省爱国卫生运动委员会授予"省卫生示范景区"荣誉称号。

6月26日

被共青团山西省委授予"青年文明号"荣誉称号。

8月17日

以中国新闻社总编辑王晓晖为队长的"世界华文媒体高层山西行"考察团来景区考察采访。

8月19日

应山西省政府邀请，我国驻外使节团一行65人在景区考察调研。

8月28日

举办了以"追怀感恩 为民祈福"为主题的乙未年中元节祭祖大典。

10月18日

由国侨办主办，北京市侨办、山西省外侨办承办的"华文教育示范学校和华教机构负责人华夏行"活动一行108人在景区参观考察、寻根祭祖。

10月31日

中央电视台中文国际频道（CCTV-4）《远方的家——长城内外》栏目摄制组一行在景区拍摄，主要通过记者见闻、亲身体验、游客互动及倾听当地人的讲述，多角度、多方面地反映洪洞大槐树自然风光、人文风情、人物故事。

11月12日

举办了以"同祭先祖恩、共圆中国梦"为主题的乙未年寒衣节祭祖大典。

12月30日

被中国旅游报授予"2015年第二届中国最具价值文化（遗产）旅游目的地"荣誉称号。

2016年

3月24日

被山西省旅游局授予"二〇一五年度山西文明旅游先进单位"荣誉称号。

3月12日

中共洪洞县委办公室、洪洞县人民政府办公室发布《第二十六届大槐树文化节实施方案》，成立第二十六届大槐树文化节保障协调组。组长赵双宝（县委副书记），常务副组长张海涛（县委副书记），副组长乔永生（县委常委、政法委书记）、樊如荣（县委常委、宣传部部长、政府党组成员），刘春林（县委常委、县政府党组成员）、邢广勤（县人大副主任）、文林红（县政府副县长）、周希斌（县政府副县长)、宋高社(县政协副主席)、吉绍文(县公安局局长)、王欣(县委办公室主任)。下设宣传活动组、安全保卫组、环境整治组、综合组。

3月29日—4月7日

第二十六届洪洞大槐树文化节暨中国梦·老家情第二届洪洞大槐树"根祖杯"海内外楹联作品大赛隆重举行。新华社、人民网、新华网、中新网和北京、山东、河南等十多个省区市电视台媒体记者及大槐树后裔500余人参加了开幕式。

4月2日

山西省首届崔氏宗亲联谊大会暨山西省崔氏历史文化研究会成立大会在大槐树民俗饭店隆重举行。

4月4日

以"百年追梦·千里寻根"为主题的第二十六届洪洞大槐树文化节寻根祭祖大典隆重举行,副县长文林红恭读祭文。来自全国18个省区市的移民后裔代表及社会各届人士十万余人齐聚景区,虔诚祭奠大槐树移民先祖。

4月26日

被中国文物保护基金会、中国旅游报社、新华视讯手机电视台授予"中国最具价值文化(遗产)旅游景区"荣誉称号。

5月26日

中央政治局原委员、北京市委书记刘淇一行在景区参观。

6月17日

中央政治局委员、中央书记处书记、中央宣传部部长刘奇葆一行在景区调研文化旅游产业。

7月4日

"华文教育·杰出人士、华校校董华夏行"访问团一行在景区参观。此次"华文教育·杰出人士、华校校董华夏行"是由国侨办主办,省外侨办具体承办,访问团由来自美国、加拿大、英国、德国、法国、澳大利亚、新西兰、日本、印尼等25个国家的华校杰出人士和校董210余人组成。

7月14日

被山西省人民政府评为"全省城乡爱国卫生清洁运动综合考核先进景区"。

7月26日

台湾在校大学生组成的华夏山西采访团一行20余人在景区寻根问祖。

8月5日

由国侨办主办、山西省外侨办承办的2016年海外华裔青少年"中国寻根之旅"夏令营·山西营一行40余名华裔青少年在景区寻根问祖。

8月17日

举办了以"尊亲奉孝 共祭先祖"为主题的丙申年中元节祭祖大典，台湾著名艺人凌峰参加了此次活动。

9月4日

罗马尼亚宪兵大队休假团一行10人在大队司令弗洛里奈·布迪萨上校的率领下在景区感受中国传统根祖文化、姓氏文化、祭祀文化。

9月10日

台湾南鲲鯓代天府文化交流参访团一行莅临景区参访，就两岸文化进行交流。

9月13日

国际杨氏太极拳协会、临汾市杨氏太极拳协会及中央电视台摄制组一行150余人在景区拍摄《传统杨氏太极拳》宣传片。

10月25日

全国旅游资源规划开发质量等级评定委员会下发文件，批准同意洪洞大槐树寻根祭祖园通过景观质量评审，列入5A级旅游景区预备名单。

10月30日

中央政治局原委员、国务院副总理吴仪一行在景区参观。

10月31日

举办了以"祭先祖伟绩、祈万民福泽"为主题的丙申年寒衣节祭祖大典，并首次将祭祖大典、祭祖文化、祭祖仪程进行网络直播。

11月9日

被山西省爱国卫生运动委员会授予"省卫生示范景区"荣誉称号。

11月27日

第二届洪洞大槐树"根祖杯"楹联大赛作品评审圆满落下帷幕。此次大赛得到了海内外广大楹联爱好者的广泛支持，包括港澳台在内的国内32个省区市，甚至马来西亚、加拿大华人踊跃投稿，总共征集楹联作品6448副。经过临汾市楹联学会初评、省楹联学会复评、国家楹联学会终评三级高规模的评选，共选出本届楹联大赛等级奖以及优秀作品37副。

12月23日

被中国侨联确认为"第三批中国华侨国际文化交流基地"。

2017年

1月5日

由中央电视台、中国书法家协会、中国楹联学会、中国国家图书馆、临汾市委主办，中国网络电视台、临汾市文联、洪洞县委县政府承办的"春联来了——

CCTV 全球春联征集活动"走进景区,来自中国书法家协会、中国文联等单位的多名国际级书法艺术家挥毫泼墨,书写了上百副春联和"福"字,为广大游客和市民送来了浓浓的新春祝福和关怀。

1月6日

公司被山西省劳动竞赛委员会授予"工人先锋号"荣誉称号。

1月6日

公司被山西省总工会、山西省安全生产监督管理局评为"2015—2016年度'安康杯'竞赛安全示范班组"。

1月23日

根据质检总局关于"全国知名品牌创建示范区"建设规划安排,经文审论证、专家审核,同意洪洞大槐树寻根祭祖园在现有区域的基础上,筹建"全国大槐树寻根祭祖文化旅游知名品牌创建示范区"。

1月28日—2月11日

开展了为期15天的"第十一届大槐树中国年"活动,来自全国各地的10万余名游客前来观光旅游,积极参加景区系列活动。

3月

中共洪洞县委办公室、洪洞县人民政府办公室发布《第二十七届大槐树文化节实施方案》,成立第二十七届大槐树文化节保障协调组,组长赵双宝(县委副书记),第一副组长程延平(县政协主席),副组长樊如荣(县委常委、宣传部部长、政府党组成员)、张晓晖(县委常委、政法委书记)、刘春林(县委常委、常务副县长)、王欣(县委常委、县委办公室主任)、邢广勤(县人大副主任)、师香丽(县政府副县长)、敬三平(县政府副县长)、徐玉(县政府副县长)、史学著(县政协副主席)、陈晋民(县公安局局长)。下设办公室、宣传活动组、祭祀活动组、安全保卫组、环境整治组。

3月29日—4月7日

第二十七届洪洞大槐树文化节举行。本次文化节以"崇宗尊祖心连家国"为主题,为期10天,活动包括第十届洪洞名优小吃节、"中国梦·老家情"楹联书法文化展览、传统戏曲表演、第二届"根祖杯"楹联大赛颁奖仪式、第二十七届洪洞大槐树文化节寻根祭祖大典等。

4月3日

"中国梦·老家情"第二届"根祖杯"楹联大赛颁奖仪式在根雕大门前隆重举行。同时,景区被中国楹联学会授予"中国楹联文化名园"荣誉称号。

4月4日

以"清明大槐树 百姓共寻根"为主题的第二十七届洪洞大槐树文化节寻根祭祖大典隆重举行,由县长恭读祭文。来自全国18个省区市的移民后裔代表及社会各界人士万余人齐聚景区,虔诚祭奠大槐树移民先祖。

4月12日

山西省委常委、组织部部长吴汉圣一行在景区调研指导。

4月15日

举办了"中国梦 翟门行"首届中华翟氏祭祖大典,来自安徽、重庆、河北、山东、河南、山西等28个省区市的翟氏宗亲代表共计700余人齐聚一堂,共同祭奠翟氏大槐树移民先祖。

4月27日

"中国华侨国际文化交流基地"揭牌仪式在根雕大门前隆重举行,中国侨联文化交流部部长刘奇、中国侨联文化交流部新闻宣传处处长易超、省侨联党组书记王维卿、省侨联秘书长陈蕾及临汾市委统战部、临汾市侨联、洪洞县委、洪洞县委统战部等领导参加了揭牌仪式。

5月22日

国家文物局副局长宋新潮、安徽省消防总队总工程师薛亚群对公司2016年度消防工作进行考核。

6月7日

中国文学艺术界联合会党组成员、副主席、书记处书记、中共十八届中央委员赵实一行在景区参观调研。

6月21日

山西省副省长张复明、山西省旅游发展委员会主任盛佃清莅临景区调研旅游景区体制机制改革创新工作。

6月23日

全国"青年文明号"揭牌仪式在根雕大门前隆重举行。

6月26日—8月25日

开展了以"槐孝心,展孝行"为主题的第二届大槐树孝文化节。

8月19日

隆重举办了首届"中华要氏洪洞大槐树祭祖大典",来自全国各地的要氏宗亲代表共计500余人参加了祭奠。

8月22日

国家工商行政管理总局副局长甘霖一行14人在省、市、县相关领导的陪同下在景区调研指导工作。

8月25日

公司被山西省人民政府安全生产委员会办公室授予"山西省安全文化建设示范企业"荣誉称号。

9月2日

中华炎黄文化研究会常务副会长兼秘书长张希清、执行会长王大良、常务副秘书长刘精忠、副秘书长孙学雷莅临景区交流祭祀文化及姓氏文化。

9月5日

举办了以"槐孝天下 共振家邦"为主题的丁酉年中元节祭祖大典，海内外三千多名移民后裔齐聚大槐树下，共祭移民先祖。

9月20日

"全国大槐树寻根祭祖文化旅游知名品牌创建示范区"宣传口号征集活动圆满结束，此次征集活动自8月15日开始至9月20日结束，共收集作品718条，通过初评、终评选出最佳口号1条，入围作品2条。

10月7日

公司被全国厂务公开协调小组授予"全国厂务公开民主管理示范单位"荣誉称号。

10月15日

"华文教育示范学校和华教机构负责人华夏行"访问团一行在景区参观考察，此次活动由国侨办主办，山西省、河南省外侨办具体承办，由来自美国、澳大利亚、德国等20多个国家的近200名海外华文教育示范学校和华教机构负责人组成。

10月22日

2017年中国·临汾"尧王杯"百里汾河骑行自行车公开赛在景区完美闭幕，此次比赛由山西省体育总会和临汾市委市政府主办，临汾市文化局承办。

10月31日

中央电视台音乐频道（CCTV-15）《美丽中国唱起来》节目组一行5人在景区录制新春走基层慰问演出节目。

11月8日

全国人大常委会委员、科教文委员会主任委员柳斌杰，副主任委员张建，委员刘新成等一行12人在省人大常委会委员、科教文卫工委主任李洪，副主任谭继海，省人大常委会委员、省博物院院长石金鸣及市人大常委会相关领导的陪同下莅临景区，对景区文化遗产工作情况进行调研。

11月17日

北京召开全国精神文明建设表彰大会，公司被授予"第五届全国文明单位"荣誉称号。

11月18日

丁酉年寒衣节祭祖大典隆重举行，此次活动以"祈敬先祖 福泽永年"为主题，来自社会各界的三千多名移民后裔及四百余名郝氏宗亲参加了大典。

11月23日

菲律宾菲华联谊总理事会一行26人对景区移民文化、根祖文化进行学习考察。

2018年

2月8日—10日

中央电视台《中国百家姓》栏目组，对景区姓氏文化进行主题拍摄。

2月22日—23日

中央电视台《戏看中国》栏目组导演郭晋一行21人，对景区根祖文化进行主题宣传拍摄。

2月28日

被山西省精神文明建设指导委员会授予"2016—2017文明景区"荣誉称号。

3月9日

山西省政府副省长曲孝丽、省质监局局长张岐云、临汾市副市长陈忠辉、洪洞县委书记郑步电一行莅临景区实地调研标准化建设工作。

3月

中共洪洞县委办公室、洪洞县人民政府办公室发布《第二十八届大槐树文化节实施方案》，成立第二十八届大槐树文化节保障协调组，组长赵双宝（县委副书记），第一副组长樊如荣（县委常委、宣传部部长、县政府党组成员），副组长张晓晖（县委常委、政法委书记）、刘春林（县委常委、常务副县长）、王欣（县委常委、县委办公室主任）、邢广勤（县人大副主任）、师香丽（县政府副县长）、敬三平（县政府副县长）、徐玉（县政府副县长）、史学著（县政协副主席）、陈晋民（县公安局局长）。下设综合组、宣传活动组、祭祀活动组、安全保卫组、环境整治组。

3月29日—4月7日

第二十八届洪洞大槐树文化节举行。本次文化节以"根连四海忠孝天下"为主题，为期10天，活动包括第十一届洪洞名优小吃节、传统戏曲表演、第三届大槐树移民文化研讨会、第二十八届洪洞大槐树文化节寻根祭祖大典等。

4月5日

以"根连四海忠孝天下"为主题的第二十八届洪洞大槐树文化节寻根祭祖大

典隆重举行，县长恭读祭文。来自全国 18 个省区市的移民后裔代表及社会各界人士万余人齐聚景区，虔诚祭奠大槐树移民先祖。

4 月 5 日

第三届洪洞大槐树移民文化研讨会在民俗饭店召开，本次会议由山西省社科院、山西省社科联、洪洞县委宣传部、洪洞县文物旅游管理服务中心、洪洞大槐树寻根祭祖园有限公司主办，洪洞大槐树文化研究中心、洪洞大槐树迁民遗址文物管理所承办。

4 月 11 日

公司被山西省精神文明建设指导委员会授予"2016—2017 文明景区"荣誉称号。

4 月 26 日

以"人说山西好风光"为主题的山西省首届"大槐树杯"百名金牌导游大赛完美收官，景区 3 名参赛选手全获金牌导游荣誉称号。

4 月 26 日

公司被山西省劳动竞赛委员会授予"山西省五一劳动奖状"。

5 月 31 日

山西省副省长、公安厅厅长刘新云莅临景区，对景区各项安全工作进行检查指导。

6 月 8 日

由山西省旅游发展委员会主办，山西日报传媒集团、各市旅发委共同承办的山西旅游品质榜颁奖仪式在山西丽华大酒店举行，公司被评为"2017 年度十佳品质旅游景区"，大槐树旅行社被评为"2017 年度山西品质地接旅行社"，公司常务副总经理代表获奖景区做了主旨发言。

6 月 8 日

公司被山西省财贸轻纺烟草劳动竞赛委员会授予"五一劳动奖状"。

6 月 10 日

国民党前副主席、蒋介石孙子蒋孝严一行在景区参观。

6 月 26 日

以"孝德天下，清凉一夏"为口号的第三届大槐树孝文化节活动盛大开启，开展了"孝德敬茶显古风""亲子拓印识国韵""家风家训延传承""传承非遗动人心""祭祖广场展孝德""抖音哈哈镜，雪花啤酒节"等系列活动。

7 月 31 日

世界旅游联盟秘书长刘士军一行莅临景区参观考察。

8月15日

全国政协港澳台侨委员会副主任，海南省政协原主席于讯带领全国政协海外列席侨胞回国考察团一行在景区考察。

8月24日

全国人大常委会委员、外事委员会副主任委员、民革中央副主席张伯军一行对景区根祖文化、移民文化进行考察调研。

8月25日

举办了以"古训传天下 孝德兴中华"为主题的戊戌年中元节祭祖大典，来自海内外的三千多名移民后裔携数百名研学学子齐聚大槐树下，共祭移民先祖。

9月20日

山西省委书记骆惠宁一行在景区参观指导。

参加全省旅游发展大会的美国、澳大利亚友好城市代表团一行20余人莅临景区参观考察。

9月22日

2018年中国·临汾"尧王杯"第二届百里汾河骑行自行车公开赛闭幕式在公司停车场举办。

9月26日

来自各地的白氏宗亲140余人在献殿举行了隆重的祭祖仪典。

9月28日

联合国原副秘书长吴红波一行莅临景区参观考察。

10月17日

全国旅游资源规划开发质量评定委员会组织评定，山西省临汾市洪洞大槐树寻根祭祖园景区等9家景区达到5A级旅游景区标准要求，拟确定为国家5A级旅游景区。公示期为2018年10月17日至2018年10月24日。

10月29日

国家文化和旅游部在北京举行2018年度新晋5A级旅游景区授牌仪式，这是文化和旅游部组建以来首次为5A级景区授牌，部长雒树刚、副部长李金早、部党组成员李世宏为本次9家新晋5A级旅游景区颁牌。洪洞大槐树寻根祭祖园景区成为临汾市和山西南部地区首家、山西省第八家5A级旅游景区。

11月8日

隆重举办戊戌年寒衣节祭祖大典

11月14日

目前，教育部公布了全国中小学生研学实践教育项目评议结果，377个单位获评全国中小学生研学实践教学基地，洪洞大槐树景区名列其中。

11月16日

洪洞大槐树寻根祭祖园荣膺国家5A级旅游景区揭牌仪式在景区根雕大门举行。山西省人大常委会副主任、临汾市委书记岳普煜，山西省文化和旅游厅厅长盛佃清，市委副书记、市长刘予强，市委常委、宣传部部长李朝旗，洪洞县委书记郑步电，县委副书记、代县长杨建军共同为洪洞大槐树寻根祭祖园国家5A级旅游景区揭牌。临汾市副市长闫建国主持揭牌仪式。

12月25日

公司被中共山西省委组织部、中共山西省委非公经济组织和社会组织工作委员会授予"双强六好"省级示范党组织荣誉称号。

2019年

1月1日

"洪洞大槐树寻根祭祖园新晋国家5A级景区"被《临汾日报》列入2018年度十大新闻事件。

1月4日

"山西新增1家5A级景区"被《山西晚报》列入"2018年度山西文化与旅游十大新闻"。

2月5日至19日

景区开展为期15天的以"金猪拱福来 槐园闹新春"为主题的"第十三届大槐树中国年"活动，来自全国各地的游客10万余名前来观光旅游，积极参加。

2月14日

由民革中央组织的第十八届"台湾高校杰出青年大陆参访团"一行36人在景区寻根问祖。

3月13日

公司董事长兼总经理范忠义受邀参加2019年全省文化和旅游工作会议，并作为景区代表接受国家5A级旅游景区现场表彰颁奖。景区以"国家5A级旅游景区""山西省旅游系统先进集体""山西省五一劳动奖状""三八红旗集体"等荣誉荣登2018年度山西省文化和旅游系统光荣册。

3月29日—4月7日

第二十九届洪洞大槐树文化节举行。本次文化节以"崇宗尊祖 德孝中华"为主题，为期10天，活动包括第二十九届洪洞大槐树文化节开幕式、"全国媒体看槐乡"启动仪式、《小戏骨之洪洞大槐树寻根记》开机仪式、第十二届洪洞名优小吃节、传统戏剧表演、第二十九届洪洞大槐树文化节寻根祭祖大典、"重走移民路"

启动仪式等。

4月5日

以"四海归源 清明共祭"为主题的第二十九届洪洞大槐树文化节寻根祭祖大典隆重举行，县长杨建军恭读祭文。来自全国18个省区市的移民后裔及社会各界代表人士万余人齐聚景区，虔诚祭奠大槐树移民先祖。

后 记

《洪洞大槐树移民史》出版在即。回想这本书，浮想联翩。从最初的详细商谈、周密部署，到 30 多人的呕心沥血、并肩作战，300 多个日夜的笔耕不辍、举要删芜，形成众望所归的 400 余万字鸿篇巨著，这些字字句句凝结着 600 年来亿万移民后裔对根祖圣地的向往和对家乡的思念，更凝聚了编纂人员的心血结晶。

洪洞大槐树是闻名海内外的明代移民遗址，是全球华人寻根祭祖的圣地。少时的我曾在大槐树身边攀爬嬉闹，听老人们讲述明代移民轶事，述说民国遗址修建的盛事，等等，这些事仍记忆犹新，成为我心中的烙印。毕业工作后，目睹了 20 世纪 80 年代政府班子将迁民遗址扩建为大槐树公园，设立为文物保护单位，新增门楼和围墙；特别是 1991 年举办第一届大槐树寻根祭祖节，开启了对大槐树移民的纪念活动。时光流转，1997 年我悉任大槐树迁民遗址文物管理所所长，直到 2005 年大槐树寻根祭祖园区转制改组为洪洞大槐树寻根祭祖园有限公司，由我出任公司董事长、总经理。在县委、县政府的支持下，我带领众多大槐树人开始对祭祖园区扩建开发，发展形成了以寻根祭祖为核心，包含移民古迹区、祭祖活动区、民俗游览区、汾河生态区、根祖文化广场五大功能区的综合性人文寻根祭祖圣地。同时积极响应国家旅游发展目标，抓住机遇，打造大槐树文化品牌，热情服务回乡祭祖移民后裔，到 2018 年，蒙各方支持大槐树寻根祭祖园荣膺为国家 AAAAA 级旅游景区。多年来大槐树景区在发展的同时也关注社会公益，在带动就业、志愿服务、爱心助学、送温暖、旅游扶贫等多方面做出了许多的努力。

跟随着历史的洪流，洪洞大槐树已成为一个文化符号、战略品牌，深深地融入了当代文旅融合的发展大势中，成为洪洞文旅的龙头，擎起槐乡大地一片蓝天。白驹过隙，我见证着大槐树景区的发展壮大，满怀着对故乡这棵树的赤子之心，将大槐树的发扬光大作为己任。从此我与槐乡大地根脉相连，与大槐树的历史变迁密不可分，与全球数亿大槐树移民后裔同舟共济。所以即使知晓天命年逾耳顺，却仍老骥伏枥，对大槐树和故乡心怀热忱，志在千里。

槐荫渐浓，随着品牌文化研究的深入，大槐树文化的优势也正逐步显现。景区展现的寻根祭祖、传孝立德、风俗民情、地域文化、家风家训、姓氏文化吸引了越来越多的大槐树移民后裔和专家学者。众多大槐树人在历史沉淀中深层挖掘着大槐树的文化魅力，对六百年移民历史开展了深入研究，现如今，在各方支持下，大槐树文化研究已经硕果累累：结合洪洞地方民俗和移民地区实地调研走访，形成了独具特色的洪洞大槐树祭祖习俗，并于2008年被列为国家非物质文化遗产；为了更好地传承发展大槐树品牌，先后举办了"大槐树移民文化研讨会""全国楹联大赛""海内外诗词大赛"等文化赛事，并结集出版了《古槐联颂》《大槐树移民轶事》《记得住的乡愁》《诗韵槐乡》等百余部书籍；2011年成立了洪洞大槐树文化研究中心，并召开了三届文化研讨会议。

丁酉年末，县政协程延平主席因第二十八届节会事宜，前来视察工作。知晓第三届移民文化研讨会召开在即，程主席高瞻远瞩，提出系统梳理洪洞大槐树移民历史事迹，并将研讨会成果与多年大槐树文化研究成就汇总成集，以期为移民后裔提供更为翔实的寻根凭据，为多年来大槐树文化研究工作成果统一定调，也为槐乡文化事业贡献心力。我作为一名投身大槐树事业三十余年的主力军，对程主席深思熟虑感到十分钦佩，随即联系县志办原主任张青同志，三人相商，议定了目标任务，书名定为《洪洞大槐树移民史》，随即开始编纂工作。

不日，政协文件下达，程延平主席为编委主任，委任我与张青主任为主编，负责书籍的统筹事宜。程主席带领政协班子成员亲临《洪洞大槐树移民史》编辑组，协调相关力量并部署工作。鉴于工程巨大，专业性强，编辑组成员人手不足，张青主任经与多方同学、好友联系，诚邀了崔云峰、李新民、刘大明等文化专家前来参加编纂工作，我公司根祖文化部的一众研究人员也各尽其能、大显神通。于是紧锣密鼓、探寻脉络、披阅众书、增删数番、几经周折，而终成卷帙。赓即景北记、樊新民、何洪林三位学者前来修改稿件、订正文字，著名作家贾平凹、书画大师李代远题写了书名。书稿既成，山西大学历史文化学院院长李书吉、山西省社科联副主席王志超撰写了序言，中共洪洞县委书记郑步电、洪洞县人民政府县长杨建军为书籍题词，最终刊付予山西人民出版社。众人一年心血，方结成这套《洪洞大槐树移民史》。

信手翻阅，文字纵横，交织的是多年移民研究来之不易的宝贵成果。90年代，我和张青主任曾走访洪洞县的大多村落，探访18省区市的部分移民家族；在大槐树寻根祭祖园的档案室，我们一一翻阅了移民后裔的信函、咨询记录。查遍万卷书，行走万里路，至今忆及，仍历历在目，久久不能忘怀。而《洪洞大槐树移民史》更是将这些年研究成果汇集总结，一章一节，一文一句，都是大槐树文化研究者对自身事业热爱的初心。

十卷移民史，亿万游子心。从明代洪武移民开始，这棵大槐树便在全国各地开枝散叶，生命之根也延伸到九州之域，六百年间敬仰、思慕者何其之众，移民后裔前来寻根祭祖者络绎不绝，大槐树文化的影响亦日益显现。斯树之大，为根祖，为家山，为魂灵，为信仰！八方赤子殷殷，九州根脉绵绵，十八省开枝散叶，亿万人同认根祖。大槐树移民不仅仅是一段人口迁徙史，更是对神州传统文化传播、融合、衍生的文化事件。因此，秉承这一主旨，在书籍编纂过程中，我们以洪洞大槐树移民为主线，分别记述汇编了大槐树移民历史、移民地理分布、移民文献资料、移民姓氏分布、艺文、人物列传等内容，将史实与考证结合，将历史和现实交会，将记叙和论述相结合，客观将大槐树根祖文化的来龙去脉交代清楚，以期通过我们的努力还原出移民时的历史背景、移民中的披荆斩棘风餐露宿、移民后的拓业开荒辛勤劳作、后裔奋发图强传承先祖精神等诸多画面，为大槐树移民文化研究提供真实的史料，也为亿万移民后裔归家寻根问祖、修缮谱牒提供凭据，为大槐树文化发展历程以及槐乡文化事业的发展增添色彩，成为大槐树文化研究的扛鼎之作。同时以此为契机，也坚信洪洞大槐树在未来的发展中综合文化、创意、旅游、休闲、娱乐等元素全方位、多元化地迈向全域旅游新时代。

总之，日日夜夜的辛苦，至此尘埃落定。史书工程浩大，资料繁杂，书籍编撰过程披荆斩棘，其中甘苦，编委会众多同志及山西人民出版社各位编辑深有体会。正是每个人的辛勤付出，使书籍的编纂工作具有强有力的后盾，也保证了书籍的顺利出版。对于为本书的编辑出版、后勤保障等作出贡献的领导、专家及各位工作人员，在此表示深深的感谢！特别感谢出版社各位责编的大力支持。本书的不足之处仍然存在，谨请诸多方家学者批评指正。

洪洞大槐树寻根祭祖园有限公司董事长兼总经理　范忠义

2019 年 9 月

华人老家洪洞县　精神家园大槐树

——大孝成一家之言

治史者德才学识，缺一不可。文章千古事，得失寸心知。洪洞大槐树文化，是集政治、军事、经济、民俗等诸多学科为一体的庞大载体，是一本永远读不完的书，薪火相传，主题永恒。组织编纂与之相匹配的且汇方志、家谱、姓氏资料于一体，究天人之际，通古今之变，成一家之言的《洪洞大槐树移民史》，成为摆在我们前面的首要课题。

丁酉吉年荷月"小荷才露尖尖角"，退休赋闲，没有了"万里风云三尺剑，一庭花草半床书"的豪情，也没有了"天地庄周马，江湖范蠡船"的壮志，过上了"春有百花秋有月，夏有凉风冬有雪，若无闲事挂心头，便是人间好时节"的生活，含饴弄孙，教外孙诗词歌赋、历史地理，享天伦之乐，悠哉乐哉。续走万里路，"沧海日、赤城霞、峨眉雪、巫峡云、洞庭月、彭蠡烟、潇湘雨、武夷峰、庐山瀑布，合宇宙奇观，绘吾斋壁"。重读万卷书，"少陵诗、摩诘画、左传文、马迁史、薛涛笺、右军帖、南华经、相如赋、屈子离骚，收古今绝艺，置我山窗"。赏宇宙万物之奇观，览古今绝艺之经典。然而，次年洪洞大槐树文化节，受洪洞大槐树寻根祭祖园有限公司范忠义董事长之托，组织了第三届洪洞大槐树移民文化研讨会。又次年，第二十八届洪洞大槐树文化节结束后，由县政协程延平主席、洪洞大槐树寻根祭祖园有限公司范忠义董事长动议，编纂《洪洞大槐树移民史》一书。七月份以政协名义下文成立了编纂委员会，程延平主席挂帅，范忠义董事长主持，我才疏学浅，勉为其难，受命忝为执行主编，重出江湖、汗不敢出。编纂办公室设在了洪洞大槐树寻根祭祖园有限公司办公楼及民俗饭店，洪洞大槐树寻根祭祖园有限公司常务副总经理何东海为编纂人员妥当安排了办公食宿，保障了后勤供给。抽调了编纂人员：刘大明，我同期的山西大学中文系校友，博学强记，文字功底深厚，见长于人物考证、事物探源；同班同学崔云峰，见长于历史地理、职官年号；李新民，毕生致力于洪洞地方文化事业，洪洞历史掌故、风土民情、人文地理了然于胸。大槐树寻根祭祖园抽调了根祖文化部副部长陈达明，文化研员刘婷、郭姣姣、刘文，打字员于军霞，档案管理员张莉红，摄像员王鑫、倪朝勋等。七月底八月初，搜集整理大槐树移民的文字、图片及相关资料全面启动。

　　国史、方志、家谱是中华五千年文明史的三大文化支柱，是家国情怀见诸文字的具体体现。国史可知朝代更替执政得失；方志可览一方之历史地理、风土民情；家谱乃一个家族敬宗收族、血缘传承、家风家训的载体。洪洞大槐树寻根祭祖园是全世界最大最完备的百姓寻根祭祖的圣殿，更是正统的全球华人的精神家园。洪洞大槐树大移民时间长、范围广、影响大，为中国历史上的大移民之最，没有之一。大规模的移民在《明史》《明实录》的记载18次，小规模移民在谱牒、碑文、民间传说和诸多的方志资料中的记载比比皆是，数不胜数。据不完全统计，洪洞大槐树移民姓氏1562个，其中单姓1540个，复姓22个。直接移民地理分布18省（市、自治区），1186县（市、区）。课题大、资料多、时间紧、任务重，编纂组成员本着"多少事，从来急；天地转，光阴迫。一万年太久，只争朝夕"的精神，对汗牛充栋的大槐树大移民资料分类整理、编辑论述。欲知大道，心先知史。心生万法，大道至简。在齐太史简，在晋董狐笔。司马迁一家之言，孔子春秋笔法。用毕生之学编纂洪洞方史的华丽史篇是吾辈之心愿。

　　中国有个洪洞县，是《洪洞县志》的综述；大槐树下是家山，是《洪洞大槐树志》的首篇；杨国赵里汉唐风，是《洪洞风物》的乐章；实直义勇洪洞人，是《洪洞大槐树志》的主调。在张青编著的《洪洞大槐树移民志》《洪洞大槐树寻根》《山西洪洞大槐树》《洪洞大槐树志》《洪洞县志》《洪洞风物》等书的基础上，群策群力、集思广益，主题明确、分门别类，经多次研讨论证，确定篇目共十卷：中国有个洪洞县、根系洪洞老鹳村、大槐树下是家山、实直义勇槐乡人、全球后裔数亿众、洪洞移民千百姓、文论文集叙事实、移民故事代代陈、杨国赵里汉唐风、大事有序史为真。学兄学弟、同事朋友踊跃加入课题的研究及章节的论述，樊新民、何洪林、景北记、张瑞金、史耐娃等对书稿提供了诸多建议，并对文稿的修改做了大量细致的订正工作。历经十个月的编纂，初稿400余万字初步完成，图片的收集整理基本结尾。

　　著名作家贾平凹、书画大师李代远题写了书名。书画家张瑞金为封面创作了移民图，十八只老鹳翱翔蓝天白云间，飞往五湖四海、神州大地，开枝散叶，开花结果。大槐树、广胜寺、汾河、老鹳、槐枝、槐叶、古槐逢春、莲花吉祥，移民先辈们开疆拓土筚路蓝缕启山野，万里河山开枝散叶兴华夏，为明初的经济恢复和发展，为中华传统文化的恢复和发展做出了巨大贡献。"人民，只有人民，才是创造世界历史的动力"，诚哉斯言！书画家史耐娃创意绘画竹子梅花，点赞了槐乡精神；书法家李新民泼墨创作，书写了厚重洪洞。在成书之际，深深悼念同班同学王根生兄长，他学识渊博、多才多艺。参与了《洪洞县志》《洪洞风物》《洪洞大槐树志》的编纂，为洪洞大槐树文化做了大量的工作，筹备《洪洞大槐树移民史》的编纂他是主要参与者，但"出师未捷身先死，长使英雄泪满襟"，他在洪洞地方文化、大槐树文化研究上英名永存。

赵城里霍岳朝晖，杨侯国汾川晚霞。家山红莲平安花，祖槐鹳鹳吉祥鸟。"古者富贵而名摩灭，不可胜记，唯倜傥非常之人称焉。"《洪洞大槐树移民史》的出版，首先感谢程延平主席的领导有方，感谢范忠义董事长、何东海常务副总经理的全方位参与，崔云峰、刘大明、李新民、陈达明、刘婷、郭姣姣、刘文等人的辛勤工作，樊新民、何洪林、景北记、史耐娃、张瑞金的鼎力相助。感谢了，学术大家李书吉、王志超等写了序言；翁小绵、杨治平、郭宪纲、赵瑞民、冀满红、刘健生、梁四宝、文新春、孙永和、刘保民、王灵善、高生记参与学术指导；浩如烟海的姓氏资料、大槐树百家姓，郑雪晶、史红芳、史红丽三位女士给予了大力支持；资料的搜集整理、姓氏分类、排版打印，十余年的默默奉献，一个谢字怎能言尽。长年的脑力工作导致体弱三高，我的老伴李桃英、女儿张淑敏给予了关怀与支持，小孙儿瑞瑞闹闹，外孙女儿都都嘻嘻，享天伦之乐，平安如意，家庭温暖，吾之幸福！

《洪洞大槐树移民史》是洪洞大槐树文化数十年研究成果的集大成者，也是对洪洞大槐树文化的全面定位。华人老家、精神家园，是对中华民族的大认同，也是对中华民族向心力、凝聚力的升华。必将对传统文化的传承与发展，对中华民族的复兴、中国梦的实现做出应有的文化贡献，也必将在中国史学史上获得应有的地位。对于该书的概述，余原拟为"实直义勇洪洞人"，然而《洪洞大槐树移民史》内篇已列入，其综述只好另立主题重新写作了，前三部著作的综述是用文学的语言，散文的文体，而今江郎才尽，胸无点墨，老虎吃天不知如何下笔了。只能按老套路用概述的形式，其为：全球有华人的地方就有大槐树移民后裔。俗了，方家见笑了，但很贴切，微言大义是事实。千帆过尽自从容，温柔一笑已半生。我见青山多妩媚，料青山见我应如是。

对于洪洞大槐树大移民的研究，我们仅仅走出了万里长征的第一步。大移民对大明王朝的历史作用，对近现代史的影响，以及对后世的影响，仁者见仁，智者见智，"见博则不迷，听聪则不惑"，期盼各位方家进一步挖掘资料考证研究。"长风破浪会有时，直挂云帆济沧海。"特别感谢山西人民出版社各位编辑的大力支持，在此一并致以感谢，再次衷心地感谢为洪洞大槐树文化做出贡献的各位方家。

套用《石头记》开篇诗改后作为结束语：满纸真实言，苦甜移民泪。都云编者执？可解其中味！

张　青

二〇一九年夏月草于古杨莲花城大槐树民俗饭店

自戊戌旺年初夏，洪洞县汾河公园"小荷才露尖尖角，早有蜻蜓立上头"到己亥财年仲夏"接天莲叶无穷碧，映日荷花别样红"。历经十余月的劳神笔耕，四百余万字的《洪洞大槐树移民史》脱稿定册，已递交山西人民出版社审校。欣慰之余，思绪万千、感触颇多，神往"结庐在人境，而无车马喧。""采菊东篱下，悠然见南山"。一方陋室，心境自如；一壶淡茶，墨韵生花；一份闲情，岁月安好。静，如花在野、如心离尘。"无丝竹之乱耳，无案牍之劳形。""回首向来萧瑟处，归去，也无风雨也无晴。"怎一个美字了得。

仲夏汗出如浆龙城双塔东街玉峰书斋校书有感补拙。